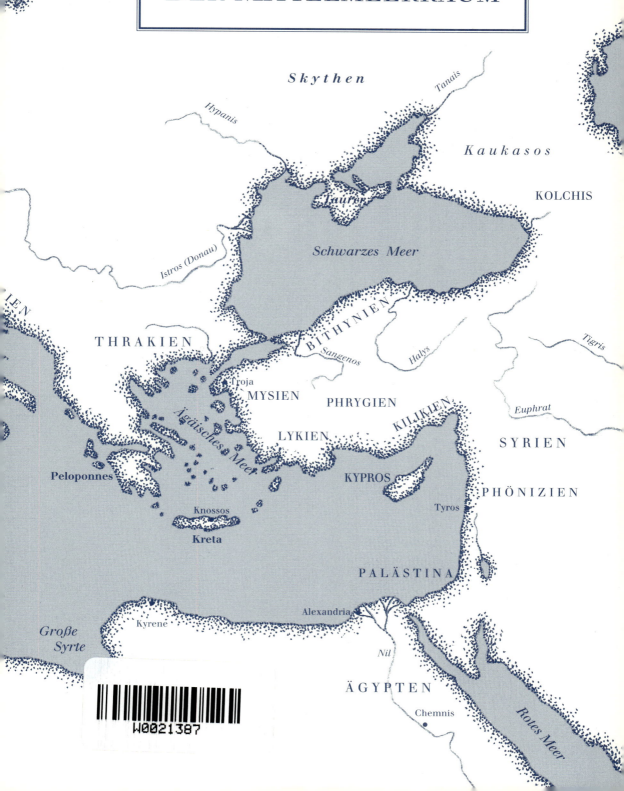

INHALT

VORWORT 11

ERSTER TEIL · FRÜHE GÖTTER- UND HELDENSAGEN

Erstes Buch

Prometheus 17
Deukalion und Pyrrha 21
Io 23
Phaethon 29
Europa 32
Kadmos 37
Pentheus 39
Perseus 44
Ion 49
Dädalus und Ikaros 58

Zweites Buch

DIE ARGONAUTENSAGE

Iason und Pelias 62
Anlass und Beginn des Argonautenzuges 63
Die Argonauten auf Lemnos 65
Die Argonauten im Land der Dolionen 68
Herakles wird zurückgelassen 69
Polydeukes und der Bebrykenkönig 71
Phineus und die Harpyien 72
Die Symplegaden 75
Weitere Abenteuer 76
Iason im Palast des Aietes 79
Medea und Aietes 81
Der Rat des Argos 83
Medea verspricht den Argonauten ihre Hilfe 85
Iason und Medea 86
Iason erfüllt die Forderung des Aietes 90

INHALT

Medea raubt das Goldene Vlies 94
Die Argonauten werden verfolgt und entkommen mit Medea . . 96
Weitere Heimfahrt der Argonauten 99
Die Kolchier verfolgen die Argonauten aufs Neue 104
Die letzten Abenteuer der Helden 105
Iasons Ende 109

Drittes Buch

Meleagros und die Eberjagd 113
Tantalos 116
Pelops 117
Niobe 119

Viertes Buch

AUS DER HERAKLESSAGE

Herakles der Neugeborene 123
Die Erziehung des Herakles 124
Herakles am Scheideweg 125
Des Herakles erste Taten 127
Herakles im Gigantenkampf 128
Herakles und Eurystheus 130
Die ersten drei Aufgaben des Herakles 131
Die vierte, fünfte und sechste Aufgabe des Herakles 134
Die siebte, achte und neunte Aufgabe des Herakles 137
Die letzten drei Aufgaben des Herakles 139
Herakles und Eurytos 144
Herakles bei Admetos 146
Herakles im Dienst der Omphale 150
Die späteren Heldentaten des Herakles 152
Herakles und Deïaneira 154
Herakles und Nessos 156
Herakles, Iole und Deïaneira – Herakles' Ende 157

Fünftes Buch

Bellerophontes 161
DIE SAGEN UM THESEUS

Seine Geburt und Jugend 164
Theseus' Wanderung zu seinem Vater 166
Theseus in Athen 168
Theseus bei Minos 168
Theseus als König 171
Der Amazonenkrieg 172

Theseus und Peirithoos – Lapithen- und Zentaurenkampf 173
Theseus und Phädra 175
Theseus auf Frauenraub 179
Theseus' Ende 181

DIE SAGE VON ÖDIPUS
Des Ödipus Geburt, Jugend, Flucht und Vatermord 182
Die Sphinx –
Ödipus heiratet seine eigene Mutter in Theben 185
Die Entdeckung 186
Iokaste und Ödipus strafen sich 189
Ödipus und Antigone 190
Ödipus auf Kolonos 192
Ödipus und Theseus 194
Ödipus und Kreon 195
Ödipus und Polyneikes 196

Sechstes Buch

DIE SIEBEN GEGEN THEBEN
Polyneikes und Tydeus bei Adrastos 200
Auszug der Helden – Hypsipyle und Opheltes 201
Die Helden vor Theben 204
Menoikeus 205
Der Sturm auf Theben 208
Der Zweikampf der Brüder 209
Kreons Beschluss 212
Antigone und Kreon 213
Haimon und Antigone 214
Kreons Strafe 215
Bestattung der thebanischen Helden 217
Die Epigonen 217
Alkmaion und das Halsband 219

DIE SAGE VON DEN HERAKLIDEN
Die Herakliden kommen nach Athen 221
Demophon 223
Makaria 225
Die Rettungsschlacht 227
Eurystheus vor Alkmene 229
Hyllos, sein Orakel und seine Nachkommen 230
Die Herakliden teilen den Peloponnes 233
Merope und Aipytos 234

INHALT

ZWEITER TEIL · DIE TROJASAGE

Erstes Buch

Wie Troja erbaut wurde 239
Priamos, Hekabe und Paris 241
Der Raub der Helena 244
Die Griechen 248
Botschaft der Griechen an Priamos 251
Agamemnon und Iphigenie 254
Abfahrt der Griechen – Aussetzung des Philoktetes 261
Die Griechen in Mysien – Telephos 262
Rückkehr des Paris 265
Die Griechen vor Troja 266

Zweites Buch

Ausbruch des Kampfes – Protesilaos – Kyknos 270
Palamedes und sein Tod 273
Taten des Achilles und des Ajax 275
Polydoros 277
Chryses, Apollon und der Zorn des Achilles 281
Versuchung des Volkes durch Agamemnon 287
Paris und Menelaos 291

Drittes Buch

Pandaros 297
Die Schlacht – Diomedes 300
Glaukos und Diomedes 309
Hektor in Troja 310
Hektor und Ajax im Zweikampf 316
Waffenstillstand 319
Sieg der Trojaner 321
Botschaft der Griechen an Achilles 324
Dolon und Rhesos 327
Zweite Niederlage der Griechen 331
Kampf um die Mauer 336
Kampf um die Schiffe 339
Poseidon stärkt die Griechen 343
Hektor wird von Apollon gekräftigt 346
Tod des Patroklos 351
Jammer des Achilles 362

Viertes Buch

Achilles wird neu bewaffnet 366
Achilles und Agamemnon versöhnt 370
Schlacht der Götter und Menschen 375
Kampf des Achilles mit dem Stromgott Skamander 379
Die Schlacht der Götter 382
Achilles und Hektor vor den Toren 385
Tod des Hektor 388
Leichenfeier des Patroklos 392
Priamos bei Achilles 398
Hektors Leichnam in Troja 405
Penthesilea 407
Memnon 415
Der Tod des Achilles 421
Leichenspiele des Achilles 425

Fünftes Buch

Der Tod des großen Ajax 428
Machaon und Podaleirios 434
Neoptolemos 436
Philoktetes auf Lemnos 441
Der Tod des Paris 446
Sturm auf Troja 450
Das hölzerne Pferd 452
Die Zerstörung Trojas 460
Menelaos und Helena – Polyxena 464
Abfahrt von Troja – Ajax' des Lokrers Tod 467

DRITTER TEIL · DIE FOLGEN DES TROJANISCHEN KRIEGES

Erstes Buch

DIE LETZTEN TANTALIDEN
 Agamemnons Geschlecht und Haus 475
 Agamemnons Ende 478
 Agamemnon wird gerächt 481
 Orestes und die Eumeniden 490
 Iphigenie in Tauris 497

Zweites Buch

IRRFAHRTEN DES ODYSSEUS
 Telemachos und die Freier 509

INHALT

Telemachos bei Nestor 516
Telemachos in Sparta 520
Verschwörung der Freier 523
Odysseus verlässt Kalypso und scheitert im Sturm 525
Nausikaa 528
Odysseus bei den Phäaken 531
Odysseus erzählt den Phäaken seine Irrfahrten
(Kikonen – Lotophagen – Zyklopen – Polyphemos) 540
Odysseus erzählt weiter (Der Schlauch des Äolus –
Die Lästrygonen – Circe) 548
Odysseus erzählt weiter (Das Schattenreich) 557
Odysseus erzählt weiter (Die Sirenen – Skylla und Charybdis –
Thrinakia und die Herden des Sonnengottes – Schiffbruch –
Odysseus bei Kalypso) 562
Odysseus verabschiedet sich von den Phaiaken 568

Drittes Buch

HEIMKEHR DES ODYSSEUS

Odysseus kommt nach Ithaka 570
Odysseus bei dem Schweinehirten 574
Telemachos verlässt Sparta 579
Gespräche beim Schweinehirten 582
Telemachos kommt heim 584
Odysseus gibt sich seinem Sohn zu erkennen 586
Vorgänge in der Stadt und im Palast 588
Telemachos, Odysseus und Eumaios kommen in die Stadt 590
Odysseus als Bettler im Saal 595
Odysseus und der Bettler Iros 597
Penelope vor den Freiern 600
Odysseus wird abermals verhöhnt 601
Odysseus mit Telemachos und Penelope allein 603
Die Nacht und der Morgen im Palast 607
Der Festschmaus 609
Der Wettkampf mit dem Bogen 611
Odysseus gibt sich den guten Hirten zu erkennen 613
Die Rache 616
Bestrafung der Mägde 621
Odysseus und Penelope 622
Odysseus und Laërtes 625
Athene schlägt den Aufruhr in der Stadt nieder 629
Der Sieg des Odysseus 631

Viertes Buch

ÄNEAS · DIE FLÜCHTLINGE VERLASSEN TROJA

Äneas verlässt die trojanische Küste 634
Den Flüchtlingen wird Italien versprochen 637
Sturm und Irrfahrten – Die Harpyien 639
Äneas an der Küste Italiens – Sizilien und der Zyklopenstrand –
Tod des Anchises 641
Äneas wird nach Karthago verschlagen 644
Aphrodite wird von Zeus mit Rom getröstet
und erscheint ihrem Sohn 646
Äneas in Karthago 649
Dido und Äneas 652
Didos Liebe betört den Äneas 654
Äneas verlässt Karthago auf Zeus' Befehl 656

Fünftes Buch

ÄNEAS · DIE TROJANISCHEN FLÜCHTLINGE LANDEN IN ITALIEN

Der Tod des Palinuros – Landung in Italien – Latinus – Lavinia . 662
Lavinia wird Äneas zugesprochen 665
Hera entfacht Krieg – Amata – Turnus – Die Jagd der Trojaner . 666
Ausbruch des Krieges – Äneas sucht Hilfe bei Euander 670
Der Schild des Äneas 674
Turnus im Lager der Trojaner 676
Nisos und Euryalos 678
Der Sturm des Turnus wird abgewehrt 682
Äneas kommt ins Lager zurück 684
Äneas kämpft mit Turnus – Turnus tötet den Pallas 686
Turnus wird von Hera gerettet – Lausus und Mezentius werden
von Äneas erschlagen 688

Sechstes Buch

ÄNEAS · TROJANER UND LATINER BEGRÜNDEN DAS RÖMISCHE VOLK

Waffenstillstand 692
Volksversammlung der Latiner 694
Neuerlicher Kampf – Camilla fällt 697
Unterhandlung – Versuchter Zweikampf – Friedensbruch –
Äneas wird heimtückisch verwundet 701
Äneas wird geheilt – Neue Schlacht – Sturm auf die Stadt 705
Turnus stellt sich zum Zweikampf und unterliegt – Ende 707

INHALT

ANHANG

Namensübersicht
der bedeutendsten griechischen Gottheiten
und deren römische Entsprechungen 715
Anmerkungen und Worterklärungen 716

REGISTER
Namensregister 737
Ortsregister 747
Schlagwortverzeichnis 750
Abbildungsverzeichnis 751

VORWORT

Geschichten aus der Mythologie sind keine verstaubten Überbleibsel aus einer längst vergangenen Zeit, denn noch heute wirken sie – wenn auch meist unerkannt – in unserer Umgebung fort. Sie sind das Wissen von der Welt, von ihrem Anfang und ihrem Ende, von den Kräften des Himmels und der Erde, das seit Anbeginn der Menschheit von Generation zu Generation weitererzählt und in der Erzählung, abhängig von der jeweiligen Gesellschaftsstruktur, immer wieder verwandelt wurde. Es ist nicht das wissenschaftliche Wissen von heute – es steht im direkten Gegensatz dazu. Der Soziologe Max Weber (1864–1920) bemerkte in seiner Schrift »Wissenschaft als Beruf«, dass es die Bestimmung der Wissenschaft sei, die Welt zu »entzaubern«. Dahinter steht der »fortschrittliche« Gedanke, die Welt sei ein totes Objekt, über das sich der erhabene Mensch mit allem Herrschaftsanspruch erheben dürfe, um nach Belieben darüber zu verfügen. Das mythische Wissen dagegen empfindet die Welt, die Stellung des Menschen und sein Handeln darin grundlegend anders: Der Mensch ist Teil einer ihrerseits beseelten Welt, die er nicht einfach benutzt, sondern in die er eingebettet ist. Er verehrt die Erde für das, was sie hervorbringt, und gibt ihr in symbolischen Handlungen und Ritualen zum Dank auch wieder etwas zurück. Alle Bereiche des täglichen Lebens waren von dieser Haltung durchdrungen.

Auch für uns hat die Vorstellung einer beseelten Welt, wie sie uns durch die griechische Mythologie vermittelt wird, noch immer einen unbestrittenen Reiz. Kaum ein Leser oder eine Leserin kann sich den mythischen Bildern entziehen, in denen die Erscheinungen der Natur – und auch die Emotionen, die so viel Macht über die Menschen besitzen – als Götter und Göttinnen dargestellt sind: Zeus, der Göttervater, der seine Blitze und Donnerkeile vom Olymp herab auf die Erde schleudert, wobei ein solcher Donner als ein Zeichen der Zustimmung oder Ablehnung für eine Unternehmung galt; Poseidon, der als Meeresgott die See beherrscht und Stürme oder gutes Wetter schicken kann; die Erinnyen (oder Furien), die als Rachegöttinnen die Menschen in Raserei versetzen; Aphrodite, die Liebesgöttin, die Männer und Frauen milde stimmt; Athene, die Göttin der Weisheit, die den Menschen Gerechtigkeit gibt – und nicht zuletzt, sondern ganz zu Beginn Gaia, die Erde, die als erstes Wesen aus dem Ur-Chaos hervorgegangen ist. Erst aus ihr entstanden Uranos, der Himmel, Pontos, das Meer, und die Gebirge, und über lange, weit verzweigte Abstammungsketten alle Erscheinungen der Welt, Nymphen, Drachen und Ungeheuer, die Götter und Halbgötter, bis hinunter zu den so genannten Helden, also Menschen, die ebenfalls göttlicher Abstammung waren.

Das Bedürfnis sich die Welt zu erschließen und eine Antwort auf die großen Fragen der Menschheit zu finden – wie ist die Welt erschaffen worden, wo kamen die Menschen her, wie kamen die Übel in die Welt, wohin geht die Seele nach dem Tod? – herrschte in allen Epochen und Kulturkreisen der Menschheitsgeschichte.

Im antiken Griechenland – dem Land, in dem ein Großteil der Wurzeln unserer Kultur verankert liegt – wurde vor allem auch die Geschichte des Volkes in mythologischen Erzählungen übermittelt und durch die Berufung auf die Helden als Nachfahren der Götter natürlich überhöht. Dass diese so genannten Heldentaten aber oft alles andere als verehrungswürdig, sondern nicht selten sogar sehr grausam waren, ist eine Tatsache, die nicht weggeleugnet werden darf. Dabei sind es vor allem die Frauen, die ziemlich in Mitleidenschaft gezogen worden sind: In untergeordneten Positionen stehend – als Dienerinnen etwa – war es oftmals ihr Schicksal, wie ein Gegenstand als Gastgeschenke an fremde Fürsten verschenkt zu werden; Frauen in gehobener Position – wie die Ehefrauen der Helden und Fürsten – wurden in der Regel an ihren Webstuhl verwiesen und ganz auf diesen häuslichen Bereich reduziert, in dem sie schicksalergeben und zur Passivität verdammt alles über sich ergehen lassen mussten. Nur Priesterinnen und Göttinnen wurde, neben den Göttern und Helden, wirklich respektvolle Verehrung zuteil.

Heldenverehrung ist aber nicht der Kern der Mythologie, auch wenn sie in manchen Epochen, selbst in unserer jüngsten Geschichte, dafür missbraucht wurde. Kern der Mythologie ist es, ein allumfassendes Weltgebäude zu liefern. Man muss sich aber vor Augen halten, dass uns das heute in der griechischen Mythologie überlieferte Wissen eben in jener besonderen Ausprägung vorliegt, die es im antiken Griechenland erhalten hat. Das heißt, es spiegelt vor allem die damals herrschende Weltsicht und Gesellschaftsordnung einer stark kriegerisch ausgeprägten Männerwelt wider. Doch in Griechenland beginnt die Mythologie nicht, genauso wenig wie die Geschichte. Das antike Griechenland übernahm – wie es der allgemeine Verlauf der Mythologie-Entwicklung ist – Göttinnen und Götter aus anderen Kulturen, in diesem Fall aus Mesopotamien und Ägypten, und wandelte sie ihren Wertvorstellungen entsprechend um. Dies betrifft ebenfalls wieder im besonderen Maße die weiblichen Gottheiten. Ein gutes Beispiel bietet die Muttergöttin Athens, Pallas Athene. Ursprünglich stammt sie aus Nordafrika. Im klassisch-antiken Griechenland wird Athenes Geburt so dargestellt, als sei sie aus dem Haupt des Zeus entsprungen. In Ägypten aber trug die große Muttergöttin Isis manchmal den Beinamen Athene, denn die Bezeichnung bedeutete, dass sie aus sich selbst entstamme. So hat sich durch die Geschichte hindurch folgende allgemeine Entwicklung vollzogen: Anfangs wurde die große Urmutter für ihre Fruchtbarkeit als höchste Gottheit verehrt, dann wurden die weiblichen Schöpferkräfte mehr und mehr auf männliche Gottheiten übertragen und ihnen untergeordnet, bis sie schließlich – zum Beispiel im Christentum – völlig in ihr Gegenteil verkehrt wurden. In der Lehre des Christentums gibt es nur einen männlichen Schöpfergott, und das weibliche Prinzip verschuldet das Böse. Aber auch die christliche Religion ist nicht als etwas vollständig Neues vom Himmel gefallen. Das Christentum hat zwar versucht, die bis dahin herrschenden mythologischen Vorstellungen – durchaus bisweilen gewaltsam – zu verdrängen und deren Platz einzunehmen, doch dabei hat es sich zugleich viel von dem alten Wissen einverleibt – wenn auch bis zur Unkenntlichkeit verwandelt, denn es sollte ja nicht bewahrt, sondern bekämpft werden.

Dieses verborgene und doch noch immer unbewusst in uns wirksame Wissen wieder aufzuspüren, ist einer der Gründe, warum es auch heute noch so aufregend und spannend für uns ist, die alten mythologischen Geschichten zu lesen und zu begreifen.

Im klassischen Griechenland wurde der unendliche Reichtum an mythologischen Götter- und Heldengeschichten von Dichtern in ihren Werken überliefert. Homer schildert in seinem Epos »Ilias« die Geschehnisse des Trojanischen Krieges, und es ist möglich, dass sein Epos tatsächlich einen nicht geringen Kern an historischer Wahrheit birgt, denn die Stadt Troja hat tatsächlich existiert und ist, wie anhand der Ausgrabungen festzustellen ist, wirklich gewaltsam zerstört worden. In der »Odyssee« berichtet Homer von den Irrfahrten des Odysseus, und es sei nur am Rande bemerkt, dass auch heute noch im übertragenen Sinn von einer »Odyssee« die Rede ist, wenn man sein Ziel nur über widrige, zeitaufwendige Umwege erreicht. Zahlreiche weitere Dichter hielten in Tragödien und Komödien eine Vielzahl anderer mythologischer Stoffe fest.

Es versteht sich von selbst, dass die mythologischen Stoffe auf diese Weise lange Zeit nur einigen wenigen Gelehrten zugänglich waren und auch von ihnen meist nur in groben Ausschnitten erfasst werden konnten. Es ist das große Verdienst Gustav Schwabs, dass er im Zuge der romantischen Bewegung diesen unendlichen Steinbruch für die Öffentlichkeit erschlossen hat. Er sammelte die alten Texte, formulierte sie neu und gliederte sie in ein Werk aus einem Guss, das es ermöglicht, den umfassenden Bogen der Götter- und Heldensagen als ganzes organisches Gebilde wahrzunehmen und sich darin zurechtzufinden. Natürlich war Gustav Schwab innerhalb dieser Vielfalt eine gewisse Beschränkung auferlegt, zudem prägten ihn die Wertvorstellungen des 19. Jahrhunderts, auch konnte er noch nicht über die zusätzlichen Kenntnisse, die historische und psychologische Forschungen über die Bedeutung der Mythologie im Laufe unseres Jahrhunderts für uns erbracht haben, verfügen. Wir nehmen seinen 150. Todestag daher zum Anlass, eine Neuausgabe der »Sagen des klassischen Altertums« von Gustav Schwab zu unternehmen und dabei zugleich einen Schritt in diese Richtung zu gehen. Es ist uns dabei ein Anliegen, neben der Würdigung des Werkes von Gustav Schwab in zahlreichen zusätzlichen Hinweisen auf verschüttete, aber doch wichtige und interessante Zusammenhänge wertvolle zusätzliche Hintergrundinformationen zu geben und sein Werk in zeitgemäßem Sinn zu ergänzen. Der Text wurde in eine sprachlich leichter verständliche Form gebracht, aber nicht im Sinne einer modernen Bearbeitung verfälscht. Der Leser und die Leserin hat dann die Wahl, ob er bzw. sie über die am Ende des Buches beigestellten Anmerkungen verfügen und das Buch auch als Nachschlagewerk verwenden möchte oder nicht.

Die Illustrationen von Asmus Jakob Carstens, John Flaxman, Bonaventura Genelli und Anne Louis Girodet-Trioson aus dem 18. Jahrhundert entstammen der Thienemann-Ausgabe von 1924.

Wir würden uns wünschen, dass sich der Zauber in unserer »entzauberten« Welt wieder entfalten möge.

Januar 2000 *Sonja Hartl*

ERSTER TEIL

FRÜHE GÖTTER- UND HELDENSAGEN

PROMETHEUS

ERSTES BUCH

Prometheus

Himmel und Erde waren erschaffen: Das Meer wogte in seinen Ufern und die Fische spielten darin; in den Lüften sangen die Vögel; der Erdboden wimmelte von Tieren. Aber noch fehlte das Geschöpf, dessen Körper so beschaffen war, dass der Geist darin einziehen und von ihm aus die Erdenwelt beherrschen konnte. Da betrat Prometheus die Erde. Er entstammte dem alten Göttergeschlecht, das von Zeus entthront worden war, sein Vater war Iapetos, Sohn des Uranos und der Gaia, und er war klugen Erfindungsgeistes voll. Prometheus wusste, dass im Erdboden der Same des Himmels schlummerte. Darum nahm er vom Ton, befeuchtete ihn mit dem Wasser des Flusses, knetete ihn und formte daraus eine Gestalt nach dem Ebenbild der Götter, der Herren der Welt. Um seinen Erdbrocken zu beleben, entlehnte er von den Tierseelen gute und böse Eigenschaften und schloss sie in die Brust des Menschen ein. Unter den Göttinnen war Athene, die Göttin der Weisheit. Sie blies dem erst halb beseelten Geschöpf den Geist, den göttlichen Atem ein.

So entstanden die ersten Menschen und füllten bald zahlreich die Erde. Lange aber wussten sie sich nicht ihrer edlen Glieder und des göttlichen Geistes zu bedienen. Sie sahen ohne zu erkennen, und sie hörten ohne zu verstehen. Wie Traumgestalten liefen sie umher. Sie kannten nicht die Kunst Steine auszugraben und zu behauen, aus Lehm Ziegel zu brennen, Balken aus dem gefällten Holz des Waldes zu zimmern und sich daraus Häuser zu erbauen. Unter der Erde, in finsteren Höhlen, wimmelten sie wie Ameisen umher. Nicht den Winter, nicht den blühenden Frühling, nicht den früchtereichen Sommer unterschieden sie, und planlos war alles, was sie begannen. Da nahm sich Prometheus seiner Geschöpfe an. Er lehrte sie die Sternenbahnen zu beobachten, erfand für sie die Kunst zu zählen und die Schrift. Er zeigte ihnen, wie sie Tiere ans Joch spannen und zu Helfern ihrer Arbeit machen konnten, gewöhnte die Pferde an Zügel und Wagen und erfand Kähne und Segel für die Schifffahrt. Auch sonst kümmerte er sich um das Leben der Menschen. Früher, wenn einer

FRÜHE GÖTTER- UND HELDENSAGEN

erkrankte, wusste er kein Mittel oder welche Nahrung ihm gut tue, und lindernde Salben kannte er nicht. Aus Mangel an Arzneien starb er elend dahin. Darum zeigte Prometheus den Menschen die Herstellung milder Heilmittel, die die Kraft hatten, allerlei Krankheiten zu heilen. Dann unterwies er sie in der Wahrsagekunst, deutete ihnen Omen und Träume, den Flug der Vögel und die Opferschau. Ferner führte er ihren Blick unter die Erde und ließ sie hier das Erz, das Eisen, das Silber und das Gold entdecken. Kurz, in alle Fertigkeiten, die das Leben erleichtern, leitete er sie ein.

Im Himmel herrschte seit kurzem Zeus mit seinen Kindern, der seinen Vater Kronos entthront und das alte Göttergeschlecht, von welchem auch Prometheus abstammte, gestürzt hatte.

Jetzt wurden die neuen Götter aufmerksam auf das eben entstandene Menschenvolk. Gerne wollten sie ihnen ihren Schutz gewähren, doch dafür verlangten sie, dass die Menschen sie verehrten. In dem Ort Mekone in Griechenland wurde ein Gerichtstag zwischen Göttern und Menschen gehalten und Rechte und Pflichten der Menschen bestimmt. Bei dieser Versammlung erschien Prometheus als Anwalt seiner Menschen, um dafür zu sorgen, dass die Götter den Menschen nicht allzu hohe Forderungen abverlangten. Da verleitete den Prometheus seine Klugheit dazu, die Götter zu betrügen. Im Namen der Menschen schlachtete er einen großen Stier. Die Götter sollten wählen, welchen Teil sie davon für sich verlangten. Er aber hatte, nachdem er das Opfertier zerteilt hatte, zwei Haufen gemacht. Auf die eine Seite legte er das Fleisch und umhüllte es mit der Haut des Tieres, auf die andere legte er die kahlen Knochen und das Fett. Und dieser Haufen war der größere. Zeus, der allwissende Göttervater, durchschaute seinen Betrug und sprach: »Sohn des Iapetos, erlauchter König, guter Freund, wie ungleich hast du die Teile geteilt!« Prometheus glaubte nun erst recht, dass der Betrug gelungen sei, lachte in sich hinein und sprach: »Erlauchter Zeus, größter der ewigen Götter, wähle den Teil, den dein Herz dir rät.« Zeus wurde böse, doch er ergriff wohlweislich mit beiden Händen das weiße Fett. Als er es nun auseinander gedrückt und die bloßen Knochen sichtbar gemacht hatte, stellte er sich, als entdecke er den Betrug erst jetzt. Zornig sprach er: »Ich sehe wohl, dass du die Kunst des Betrügens noch nicht verlernt hast!«

Zeus beschloss sich an Prometheus für seinen Betrug zu rächen. Deshalb behielt er den Menschen das Letzte, was sie zu ihrer Vervollkommnung noch brauchten, vor, nämlich das Feuer. Doch auch dafür wusste der schlaue Sohn des Iapetos Rat. Er nahm den langen Stiel des kräftigen Riesenfenchels, näherte sich damit dem vorüberfahrenden Sonnenwagen und setzte den Stiel in Brand. Mit dieser Fackel kam er auf die Erde herab

18

und bald loderte der erste Holzstoß zum Himmel. Es schmerzte Zeus, den Donnerer, in tiefster Seele, als er den weithin leuchtenden Schein des Feuers unter den Menschen aufsteigen sah. Sofort erschuf er, zum Ausgleich für das Gut des Feuers, das den Menschen nun nicht mehr zu nehmen war, ein neues Übel für sie. Der für seine Kunstfertigkeit berühmte Feuergott Hephaistos musste ihm das Bildnis einer schönen Frau anfertigen. Athene selbst, die sich nun von Prometheus abgewendet hatte, warf ihr ein weißes, schimmerndes Gewand über, ließ einen Schleier über ihr Gesicht wallen, den die Jungfrau mit den Händen geteilt hielt, bekränzte ihr Haupt mit frischen Blumen und schlang ein goldenes Band darum, das Hephaistos seinem Vater zuliebe gleichfalls kunstvoll verfertigt und mit bunten Tiergestalten prächtig verziert hatte. Hermes, der Götterbote, musste dem bezaubernden Bildnis Sprache verleihen und Aphrodite die Schönheit. So hatte Zeus ein Übel in blendend schöner Gestalt geschaffen. Er nannte die Jungfrau Pandora, die Allbeschenkte. Denn jeder der unsterblichen Götter hatte ihr ein Unheil bringendes Geschenk für die Menschen mitgegeben. Jetzt führte Zeus die Jungfrau hinab auf die Erde, zu den Menschen und Göttern. Sie alle bewunderten die unvergleichliche Gestalt. Sie aber suchte den Epimetheus auf, den argloseren Bruder des Prometheus, um ihm das Geschenk des Zeus zu überbringen. Vergebens hatte ihn Prometheus gewarnt, niemals ein Geschenk des olympischen Zeus anzunehmen, damit den Menschen kein Leid dadurch geschehe, sondern es zurückzuweisen. Epimetheus verwarf diese Warnung, nahm die schöne Jungfrau mit Freuden auf und erkannte das Übel erst, als er es hatte. Denn bisher lebten die Geschlechter der Menschen, denen sein Bruder mit seinem Rat zur Seite stand, frei von jeglichem Übel, ohne beschwerliche Arbeit und ohne quälende Krankheit. Die Jungfrau aber trug ihr Geschenk in den Händen, es war ein großes Gefäß, das mit einem Deckel verschlossen war. Kaum dass sie bei Epimetheus angekommen war, schlug sie den Deckel zurück, und sogleich entflog dem Gefäß eine Schar von Übeln und verbreitete sich mit Blitzesschnelle über die Erde. Ein einziges Gut lag auf dem Grund des Gefäßes verborgen: die Hoffnung. Aber auf Geheiß des Göttervaters Zeus warf Pandora den Deckel wieder zu, ehe sie herausflattern konnte, und verschloss sie für immer in der Büchse. Das Elend erfüllte darauf in allen Formen Erde, Luft und Meer. Die Krankheiten irrten bei Tag und bei Nacht unter den Menschen umher, heimlich und still, denn Zeus hatte ihnen keine Stimme gegeben; eine Schar von Fiebern belagerte die Erde, und der Tod, der früher nur langsam die Menschen beschlich, schritt jetzt schneller voran.

Nun wandte Zeus seine Rache gegen Prometheus. Er übergab den Verbrecher dem Hephaistos und seinen Dienern, dem Kratos und der Bia, dem Zwang und der Gewalt, um ihn in die skythischen Einöden zu

FRÜHE GÖTTER- UND HELDENSAGEN

schleppen. Dort mussten sie ihn mit unauflöslichen Ketten über einem schauderhaften Abgrund an eine Felswand des Berges Kaukasos schmieden. Ungern erfüllte Hephaistos den Auftrag des Zeus, denn er liebte den Titanensohn als ebenbürtigen Göttersohn, der wie er selbst ein Nachkomme seines Urgroßvaters Uranos war. Voller Mitleid ließ er seine ungerührten Knechte die grausame Tat vollbringen. So musste nun Prometheus an der traurigen Klippe hängen, aufrecht, schlaflos und niemals imstande, die müden Glieder zu beugen. »Viele vergebliche Klagen und Seufzer wirst du versenden«, sagte Hephaistos zu ihm, »denn Zeus ist unerbittlich. Alle, die erst seit kurzem die Herrschergewalt an sich gerissen haben, sind hartherzig.« Tatsächlich sollte auch die Qual des Gefangenen ewig oder doch dreißigtausend Jahre dauern.

Prometheus seufzte laut, um Winde, Ströme, Quellen und Meereswellen, die Urmutter Erde und den Sonnenkreis, der alles sieht, was auf Erden geschieht, als Zeugen seiner Leiden anzurufen, doch er widersetzte sich nicht. »Was das Schicksal beschlossen hat«, sprach er, »muss derjenige tragen, der die unbezwingliche Gewalt der Notwendigkeit einzusehen gelernt hat.« Auch ließ er sich durch keine Drohung des Zeus dazu bewegen, die unheilvolle Weissagung näher auszudeuten, dass dem Oberhaupt der Götter durch eine neue Ehe Verderben und Untergang bevorstehe.

Zeus hielt Wort: Er sandte dem Gefesselten einen Adler, der täglich von seiner Leber fraß, die sich, sobald sie abgeweidet war, immer wieder erneuerte. Diese Qual sollte nicht eher enden, als bis ein anderer erschien, der freiwillig den Tod auf sich und seinen Platz einnehmen würde.

Dies geschah früher, als der Verurteilte nach dem Richterspruch des Zeus erwarten durfte. Als er dreißig Jahre an dem Felsen gehangen hatte, kam Herakles, der zu den Äpfeln der Hesperiden unterwegs war, vorbei. Als er den Götterenkel, von dem er sich einen guten Rat erhoffte, so am Kaukasos hängen sah, erbarmte ihn dessen Schicksal, denn er sah, wie der Adler auf den Knien des Prometheus saß und an dessen Leber fraß. Da legte er Keule und Löwenfell hinter sich, spannte den Bogen, entsandte den Pfeil und schoss den grausamen Vogel von der Leber des Gequälten fort. Danach löste er seine Fesseln und führte den Befreiten mit sich davon. Auf dass aber die Bedingung des Zeus erfüllt würde, stellte er den Zentauren Chiron als Ersatz, der bereit war, an seiner Stelle zu sterben; denn zuvor war Chiron unsterblich. Damit jedoch das Urteil des Zeus, der den Prometheus auf weit längere Zeit an den Felsen gesprochen hatte, auch so nicht unvollzogen bliebe, musste Prometheus fortwährend einen eisernen Ring tragen, an welchem sich ein Steinchen von jenem Kaukasosfelsen befand. So konnte sich Zeus rühmen, dass sein Feind noch immer an den Kaukasos angeschmiedet sei.

Deukalion und Pyrrha

Als nun das eherne Menschengeschlecht auf der Erde sein Unwesen trieb und Zeus, der Weltbeherrscher, von dessen Vergehen gegen Götter und Menschen erfuhr, beschloss er selbst in Gestalt eines Menschen die Erde zu durchstreifen. Aber wo er auch hinkam, musste er erkennen, dass die Wahrheit sogar noch schlimmer war als das Gerücht.

Eines Abends, als die Dämmerung schon weit vorangeschritten war, suchte er Unterkunft im ungastlichen Haus des Arkadierkönigs Lykaon, der für seine Wildheit berüchtigt war. Durch einige Wunderzeichen ließ Zeus erkennen, dass ein Gott gekommen war, und die Menge warf sich auf die Knie. Lykaon jedoch spottete über die frommen Gebete. »Lasst uns sehen«, sprach er, »ob es ein sterblicher Mensch oder ein Gott sei.« Damit beschloss er im Stillen den Gast um Mitternacht heimlich im Schlaf zu ermorden. Noch vorher aber schlachtete er eine arme Geisel, die ihm das Volk der Molosser gesandt hatte, kochte die halb lebendigen Glieder in siedendem Wasser und setzte sie dem Fremden zum Nachtmahl vor. Zeus, der alles durchschaut hatte, fuhr zornig vom Mahl auf und sandte seine rächenden Blitze über die Burg des Gottlosen. Bestürzt floh der König aufs freie Feld hinaus. Der erste Klagelaut, den er ausstieß, war ein Heulen, sein Gewand wurde zu Zotteln und seine Arme wurden zu Beinen. Er war in einen blutrünstigen Wolf verwandelt worden.

Zeus kehrte in den Olymp zurück, hielt mit den Göttern Rat und fasste den Entschluss das ruchlose Menschengeschlecht zu vernichten. Sogleich wollte er auf alle Länder seine Blitze schleudern, aber die Furcht, dass der Äther dabei in Brand geraten und die Weltachse verbrennen könnte, hielt ihn davon ab. Er legte die Donnerkeile, die ihm die Zyklopen geschmiedet hatten, wieder beiseite und beschloss über der ganzen Erde einen Platzregen niedergehen zu lassen und so die Menschen unter Wolkengüssen aufzureiben. Sofort wurde der Nordwind, und mit ihm alle anderen Winde, welche die Wolken vertrieben, in die Höhlen des Äolos gesperrt. Nur der Südwind wurde ausgesandt. Mit triefenden Schwingen flog er zur Erde hinab. Sein Furcht erregendes Antlitz war von pechschwarzem Dunkel bedeckt und sein Bart schwer von Wolken umhangen. Von seinem weißen Haar rann die Flut herab, Nebel lag auf seiner Stirn und aus seiner Brust troff das Wasser. Der Südwind griff an den Himmel, packte die weit umherhängenden Wolken und presste sie aus. Es rollte der Donner, schwer stürzte die Regenflut auf die Erde herab. Unter dem wogenden Sturm beugte sich die Saat, die Hoffnung des Landmanns lag darnieder, verdorben war die langwierige Arbeit des ganzen Jahres. Auch Poseidon, der Bruder des Zeus, half bei dem Zerstörungswerk. Er rief alle

FRÜHE GÖTTER- UND HELDENSAGEN

Flüsse und sprach: »Lasst euren Strömungen ungezügelten Lauf, fallt in die Häuser und brecht durch die Dämme!« Die Flüsse gehorchten seinem Befehl, und Poseidon selbst pflügte mit seinem Dreizack die Erde, um den Fluten Eingang zu geben. So strömte das Wasser über die offene Flur, bedeckte die Felder und riss Bäume, Tempel und Häuser mit sich. Wenn wirklich ein Palast stehen blieb, so bedeckte es doch bald seinen Giebel und die höchsten Türme verschwanden im Strudel. Meer und Erde waren eins. Alles war See – aber ein See ohne Ufer. Die Menschen suchten Rettung, so gut es eben ging. Der eine stieg auf den höchsten Berg, der andere ruderte im Kahn über das Dach seines versunkenen Landhauses oder über seine Weinberge hinweg, dass der Kiel des Schiffes daran schrammte. In den Ästen der Bäume zappelten Fische. Selbst den Eber und den schnellen Hirschen erjagte die Flut. Ganze Völker wurden vom Wasser hinweggerafft, und was verschont blieb, starb den Hungertod auf den unbebauten Gipfeln der Heide.

Ein solcher hoher Berg ragte noch mit zwei Spitzen im Land Phokis über die alles bedeckende Meeresflut hervor. Es war der Parnassos. Deukalion – der Sohn des Prometheus, den sein Vater gewarnt und einen Kahn für ihn gebaut hatte – und seine Frau Pyrrha ruderten darauf zu. Niemals gab es einen Mann oder eine Frau auf Erden, die die beiden an Frömmigkeit und Rechtschaffenheit übertroffen hätten. Als nun Zeus vom Himmel herabschaute, die Welt von stehenden Sümpfen überschwemmt sah und erkannte, dass von den vielen tausend mal tausend Menschen nur ein einziges Paar übrig geblieben war, das unbescholten und fromm war, sandte er den Nordwind aus, sprengte die schwarzen Wolken und befahl ihm die Nebel zu verscheuchen. Er zeigte den Himmel der Erde und die Erde dem Himmel wieder. Auch Poseidon, der Meeresfürst, legte seinen Dreizack nieder und besänftigte die Flut. Das Meer erhielt wieder Flüsse, die Ufer kehrten in ihr Bett zurück, Wälder streckten ihre mit Schlamm bedeckten Baumwipfel aus der Tiefe hervor, Hügel folgten, endlich breitete sich wieder ebenes Land aus, und zuletzt war die Erde wieder sichtbar.

Deukalion blickte um sich. Das Land war verwüstet und über allem lag Grabesstille. Tränen rannen über seine Wangen, als er dies sah, und er sprach zu Pyrrha: »Geliebte, einzige Lebensgenossin! So weit ich in die Länder schaue, gleich in welche Gegend der Welt, kann ich keine lebende Seele entdecken. Wir zwei bilden das Volk der Erde, alle anderen sind in der Flut ertrunken. Aber auch unser Leben ist noch immer bedroht. Jede Wolke, die ich sehe, erschreckt meine Seele. Selbst wenn die Gefahr vorüber ist – was sollen wir beide, so einsam wir sind, auf der verlassenen Erde tun? Ach, wenn mein Vater Prometheus mich doch die Kunst gelehrt hätte Menschen zu erschaffen und dem geformten Ton Geist zu geben!«

Das verlassene Paar begann zu weinen. Dann warfen sich beide vor einem halb zerstörten Altar der Göttin Themis auf die Knie und begannen flehend zu beten: »Sag uns, oh Göttin, durch welche Kunst stellen wir unser untergegangenes Geschlecht wieder her! Oh hilf der versunkenen Welt wieder zum Leben!«

»Verlasst meinen Altar«, ertönte die Stimme der Göttin, »legt einen Schleier um euer Haupt, löst eure gegürteten Glieder und werft die Gebeine eurer Mutter hinter den Rücken.«

Lange staunten sie über diesen rätselhaften Götterspruch. Dann brach Pyrrha als Erste das Schweigen. »Verzeih mir, hohe Göttin«, sprach sie, »wenn ich furchtsam und ungehorsam bin. Aber ich will den Schatten meiner Mutter nicht kränken, indem ich ihre Knochen zerstöre!«

Den Deukalion aber durchfuhr eine blitzartige Eingebung. Sogleich beruhigte er Pyrrha mit den Worten: »Wenn mich mein Geist nicht trügt, ist an den Worten der Göttin nichts Schreckliches. Sie sind durch und durch fromm. Unsere große Mutter, das ist die Erde, und ihre Knochen sind die Steine; und die, Pyrrha, die sollen wir hinter uns werfen!«

Zwar misstrauten sie beide dieser Deutung noch lange. Sie dachten jedoch, dass eine Probe nicht schaden könne. Also traten sie zur Seite, verhüllten ihr Haupt, lösten ihre Kleider und warfen die Steine hinter sich, wie ihnen befohlen war. Da geschah ein großes Wunder: Das Gestein begann seine Härte und Sprödigkeit abzulegen, wurde geschmeidig, wuchs und gewann neue Gestalt. Menschliche Formen bildeten sich heraus. Noch waren sie undeutlich und roh, wie an einer Marmorfigur, die der Künstler erst grob gemeißelt hat. Doch was Feuchtes und Erdiges an den Steinen war, das wurde zu Fleisch an dem Körper, das Harte und Feste wurde zu Knochen, die Adern in den Steinen aber blieben Adern. So gewannen mithilfe der Götter jene Steine, die der Mann geworfen hatte, in kurzer Zeit die Gestalt von Männern, und jene, die die Frau geworfen hatte, die Gestalt von Frauen.

Diesen seinen Ursprung verleugnet das menschliche Geschlecht nicht. Es ist ein hartes Geschlecht, das gut zur Arbeit taugt. Jeden Augenblick erinnert es daran, aus welchem Stamm es erwachsen ist.

Io

Inachos, der uralte Stammesfürst und König der Pelasger, hatte eine bildschöne Tochter mit Namen Io. Zeus, der olympische Herrscher, hatte sie erblickt, als sie auf der Wiese von Lerna die Herden ihres Vaters hütete. Sofort entbrannte der Gott in Liebe zu ihr, trat in Gestalt eines Menschen an sie heran und versuchte, sie mit Schmeicheleien zu verfüh-

FRÜHE GÖTTER- UND HELDENSAGEN

ren: »Oh Mädchen, glücklich ist, wer dich besitzen wird! Doch ist kein
Sterblicher dies wert, denn du verdienst es, die Braut des höchsten Zeus
zu sein! So wisse denn, dass ich Zeus bin. Komm mit mir in den schattigen Hain, der uns dort zur Linken in seine Kühle einlädt. Was machst du
dir in der Hitze des Tages zu schaffen? Fürchte dich nicht, den dunklen
Wald und die Schluchten, wo wilde Tiere leben, zu betreten. Ich bin doch
bei dir, um dich zu beschützen, ich, der Gott, der das Zepter des Himmels
führt und die zackigen Blitze über den Erdboden schickt.« Aber die Jungfrau floh mit eiligen Schritten vor dem Verführer, und sie wäre ihm auf
den Flügeln der Angst auch entkommen, wenn der Gott, der sie verfolgte,
seine Macht nicht missbraucht und das ganze Land in Finsternis gehüllt
hätte. Dichter Nebel umgab die fliehende Io und bald musste sie langsamer laufen, denn sie fürchtete an einen Felsen zu rennen oder in einen
Fluss zu stürzen. So geriet die Unglückliche in die Gewalt des Gottes.

Hera, die Göttermutter, war längst an die Treulosigkeit ihres Gatten
gewöhnt, der sich von ihrer Liebe ab und den Töchtern der Halbgötter
und Menschen zuwandte. Aber sie vermochte ihren Zorn und ihre Eifersucht nicht zu bändigen, und voller Misstrauen beobachtete sie stets seine
Schritte auf der Erde. So schaute sie auch jetzt gerade auf die Gegend
hinab, wo ihr Mann wandelte, ohne dass sie es wusste. Zu ihrem großen
Erstaunen bemerkte sie plötzlich, dass der heitere Tag an einer Stelle
durch Nebel getrübt wurde, der weder von einem Gewässer noch von
dunstigem Boden noch von einer anderen natürlichen Ursache herrüh-
ren konnte. Sogleich kam Hera die Untreue ihres Mannes in den Sinn und
sie spähte rings durch den Olymp – tatsächlich fand sie ihn dort nirgends.
»Entweder ich täusche mich«, sprach sie erbost zu sich selbst, »oder ich
werde von meinem Mann betrogen!« Auf einer Wolke fuhr sie vom hohen
Äther zur Erde hinab und befahl dem Nebel, der den Entführer mit seiner
Beute umschlossen hielt, zu weichen. Zeus hatte die Ankunft seiner
Gemahlin geahnt, und um seine Geliebte vor ihrer Rache zu schützen, verwandelte er Io schnell in eine schöne, schneeweiße Kuh. Aber auch so war
die Jungfrau noch schön geblieben. Hera, die die List ihres Gatten gleich
durchschaut hatte, lobte das stattliche Tier und erkundigte sich nach seiner Herkunft, als ob sie nichts von der Wahrheit wüsste. In seiner Not, und
um Hera von weiterem Nachfragen abzuhalten, nahm Zeus Zuflucht zu
einer Lüge und behauptete, die Kuh entstamme der Erde. Hera gab sich
damit zufrieden, aber sie erbat sich das schöne Tier von ihrem Mann als
Geschenk. Was sollte der betrogene Betrüger nun tun? Wenn er die Kuh
hergab, verlor er seine Geliebte, doch wenn er sich weigerte, erregte er
erst recht den Verdacht seiner Gemahlin, und dann würde sie die Unglückliche unweigerlich ins Verderben stürzen! So entschloss er sich denn, für
den Augenblick auf die Jungfrau zu verzichten, und schenkte die schim-

mernde Kuh, die er noch immer für unerkannt hielt, seiner Frau. Hera tat, als sei sie über das Geschenk sehr glücklich, schlang dem schönen Tier ein Band um den Hals und führte die Unselige, der ein verzweifeltes Menschenherz unter der Tiergestalt schlug, triumphierend davon. Doch die Göttin war selbst jetzt noch nicht besänftigt. Sie würde erst dann zur Ruhe kommen, wenn sie die Nebenbuhlerin gut bewacht wusste.

Hera suchte also den Argos, den Sohn des Arestor, auf. Er war ein Ungetüm, das ihr zu diesem Dienst besonders gut geeignet schien. Denn Argos hatte hundert Augen, von denen nur immer ein Paar ruhte und geschlossen war, während alle übrigen, wie funkelnde Sterne über Gesicht und Hinterkopf verteilt, auf ihrem Posten ausharrten. Ihn also gab Hera der armen Io zum Wächter, damit Zeus seine Geliebte, die ihm entrissen worden war, nicht aufs Neue entführen konnte. Tagsüber durfte Io, die Kuh, unter den hundert Augen des Argos auf einer saftigen Wiese weiden. Dabei war Argos stets in ihrer Nähe, und er sah sie, wo immer er stand. Selbst wenn er sich umdrehte und ihr den Hinterkopf zuwandte, hatte er Io vor Augen. Wenn aber die Sonne untergegangen war, sperrte er die Unglückliche ein und legte schwere Ketten um ihren Hals. Bittere Kräuter und Laub waren ihre Speise, ihr Bett war der harte, manchmal nicht einmal mit Gras bedeckte Boden, und zu trinken hatte sie nur Wasser aus schlammigen Pfützen. Io vergaß oft, dass sie kein Mensch mehr war. Sie wollte ihre Arme heben, um den Argos um Mitleid anzuflehen, doch da wurde ihr erst bewusst, dass sie ja gar keine Arme mehr hatte! Und als sie ihm rührende Bitten vortragen wollte, entfuhr ihrer Kehle ein Brüllen, dass sie vor ihrer eigenen Stimme erschrak und daran erinnert wurde, wie sie durch die Selbstsucht ihres Entführers in ein Vieh verwandelt worden war.

Wie Hera Argos aufgetragen hatte, blieb er mit Io nicht an einem Ort, denn nur so, dachte sie, konnte sie Zeus die Geliebte wirklich sicher entziehen. So zog Argos mit Io im Land umher. Dabei kam sie mit ihm auch in ihre alte Heimat und dort an das Ufer des Flusses, wo sie als Kind so oft gespielt hatte. In seiner Flut sah sie zum ersten Mal ihr Spiegelbild. Als das gehörnte Tierhaupt ihr aus dem Wasser entgegenblickte, schauderte sie zurück und floh bestürzt vor sich selbst. Ein sehnsuchtsvoller Trieb führte sie in die Nähe ihrer Schwestern und ihres Vaters Inachos, aber weder Vater noch Schwestern erkannten sie. Inachos streichelte wohl das schöne Tier und gab ihm Blätter, die er vom nächsten Strauch gepflückt hatte, zu fressen, wofür Io ihm dankbar die Hand leckte und sie mit Küssen und heimlichen menschlichen Tränen bedeckte. Aber wen er liebkoste und von wem er liebkost wurde, das ahnte der alte Mann nicht. Da kam der Armen, deren Geist unter der Verwandlung nicht gelitten hatte, ein glücklicher Einfall. Sie begann mit dem Fuß Schriftzeichen in der Erde zu ziehen und erregte durch diese Bewegung die Aufmerksamkeit ihres Vaters. Bald konnte er im Staub die Nachricht lesen, dass er sein eigenes Kind vor sich habe. »Ich Unglückseliger!«, rief da der alte Mann angesichts dieser Entdeckung und hängte sich an Horn und Nacken seiner stöhnenden Tochter. »So muss ich dich wieder finden, der ich in allen Ländern nach dir gesucht habe! Wehe mir! Als ich dich suchte, hast du mir weniger Kummer bereitet als jetzt, wo ich dich gefunden habe! Du schweigst? Du sagst mir kein Wort des Trostes, du antwortest mir nur mit Gebrüll? Was für ein Dummkopf bin ich doch gewesen! Einst war mein einziges Anliegen einen würdigen Bräutigam für dich zu finden, und nun bist du ein Kind der Herde ...«

Argos, der grausame Wächter, ließ den jammernden Vater nicht aussprechen. Er riss Io fort und schleppte sie auf eine einsame Weide. Dann erkletterte er den Gipfel eines Berges und versah sein Amt, indem er mit seinen hundert Augen wachsam in alle vier Himmelsrichtungen hinauslugte.

Zeus konnte Ios Leid nicht länger ertragen. Er rief seinen geliebten Sohn Hermes und befahl ihm seine Listigkeit zu gebrauchen und dem verhassten Wächter das Augenlicht auszulöschen. Hermes legte seine Flügelschuhe an, ergriff mit der mächtigen Hand seinen Zauberstab, der einschläfern konnte, was er berührte, und setzte seinen Reisehut auf. So flog er vom Palast seines Vaters zur Erde hinab. Dort legte er Hut und Flügel ab, er behielt nur den Stab und sah nun wie ein Hirte aus. Hermes lockte einige Ziegen an und trieb sie auf die abgelegenen Wiesen, wo Io weidete und Argos Wache hielt. Als er dort angekommen war, zog er eine Hirtenflöte, die man Syrinx nennt, hervor und begann so anmutig und voll zu blasen, wie man es von keinem irdischen Hirten je vernommen hatte. Heras Diener freute sich an diesem ungewohnten Klang, erhob sich von seinem Felsensitz und rief hinab: »Wer du auch sein magst, willkommener Flötenbläser, du könntest wohl bei mir auf diesem Felsen hier ausruhen. Nirgends wächst das Gras für das Vieh üppiger als hier, und du siehst, wie behaglich der Schatten dieser dicht gepflanzten Bäume für den Hirten ist!« Hermes dankte ihm, stieg hinauf und setzte sich zu dem Wächter, mit dem er so eifrig zu plaudern begann, dass der Tag darüber verging, ehe sich's Argos versah. Dessen Augen wurden müde, und nun griff Hermes wieder zu seiner Flöte und versuchte sein Spiel, um ihn vollends in den Schlummer zu wiegen. Aber Argos dachte daran, wie zornig seine Herrin sein würde, wenn er seine Gefangene ohne Fesseln und Aufsicht ließ, und kämpfte gegen den Schlaf. Und wenn sich der Schlummer doch in einen Teil seiner Augen einschlich, so wachte er trotzdem fortdauernd mit dem anderen und nahm sich zusammen. Da die Rohrflöte erst kürzlich erfunden worden war, fragte er seinen Gesellen nach dem Ursprung dieser Erfindung.

Io

»Das will ich dir gerne erzählen«, sagte Hermes, »wenn du in dieser späten Abendstunde Geduld und Aufmerksamkeit genug hast, um mich anzuhören. In den Schneegebirgen Arkadiens lebte einst eine berühmte Baumnymphe. Sie trug den Namen Syrinx. Die Waldgötter und Satyrn warben schon lange um sie und verfolgten sie, weil sie von ihrer Schönheit so bezaubert waren. Doch immer wusste die Nymphe ihnen zu entwischen, denn sie scheute das Joch der Ehe. Lieber wollte sie wie Artemis, die gegürtet ging und das Jagen liebte, Jungfrau bleiben. Es begab sich, dass auch der mächtige Gott Pan einmal die Nymphe erblickte, während er durch jene Wälder zog, und er näherte sich ihr. Dringend und im stolzen Bewusstsein seiner Hoheit warb er um ihre Hand. Aber die Nymphe verschmähte sein Bitten und flüchtete vor ihm durch die unwegsamen Steppen, bis sie zuletzt an das träge Wasser des versandeten Flusses Ladon kam, dessen Wellen aber doch noch tief genug waren, um sie am Überschreiten des Flusses zu hindern. Hier beschwor sie ihre Schutzgöttin Artemis sich ihrer zu erbarmen und sie zu verwandeln. Schon kam der Gott herbeigeflogen, um sie zu umarmen. Doch wie staunte er, als er statt einer Nymphe nur ein Schilfrohr umschlungen hielt! Seine lauten Seufzer zogen durch das Rohr, welches sie verstärkte und mit klagendem, säuselndem Klang wiederholte. Der Zauber dieses Wohllautes tröstete den getäuschten Gott. »Wohl denn, verwandelte Nymphe«, rief er mit schmerzlicher Freude, »auch so soll unsere Verbindung unauflöslich sein!« Und er schnitt sich von dem geliebten Schilf ungleichförmige Röhren ab, fügte sie mit Wachs aneinander und nannte die lieblich tönende Flöte nach dem Namen der Nymphe. Und seitdem heißt diese Hirtenflöte Syrinx ...«

So lautete die Erzählung des Hermes, bei welcher er den hundertäugigen Wächter unausgesetzt im Auge behielt. Er hatte noch nicht geendet, als er sah, wie eines um das andere Auge sein Lid gesenkt hatte und endlich alle die hundert Leuchten in tiefem Schlaf erloschen waren. Nun senkte der Götterbote seine Stimme, berührte mit seinem Zauberstab die hundert schlafenden Augen und verstärkte ihre Betäubung noch. Während nun der hundertäugige Argos in festem Schlummer lag, griff Hermes schnell nach der Sichel, die er unter seinem Hirtengewand verborgen trug, und schlug ihm den gesenkten Nacken durch. Kopf und Rumpf stürzten nacheinander vom Felsen und färbten das Gestein mit einem Strom von Blut.

Nun war Io befreit, und obwohl sie noch immer verwandelt war, rannte sie ohne Fesseln davon. Doch Heras durchdringenden Blicken war nicht entgangen, was in der Tiefe geschehen war. Sie ersann eine besondere Qual für ihre Nebenbuhlerin und sandte ihr eine Bremse, die sie mit ihren Stichen in den Wahnsinn trieb. Derart gequält, mit dem Stachel im Leibe,

FRÜHE GÖTTER- UND HELDENSAGEN

jagte die geängstigte Io über den ganzen Erdkreis, an der Küste des Schwarzen Meeres entlang bis hin zu den Skythen, an den Kaukasos, zum Amazonenvolk, durch den Bosporus, dann hinüber nach Asien und schließlich, nachdem sie lange und voller Verzweiflung umhergeirrt war, nach Ägypten. Hier, am Ufer des Nil, sank Io auf die Vorderfüße, bog den Nacken zurück und sandte aus stummen Augen einen flehenden Blick zu Zeus in den Olymp empor. Der konnte diesen Anblick nicht ertragen. Er eilte sofort zu seiner Frau Hera, umarmte sie und bat sie um Erbarmen für das arme Mädchen, das doch vollkommen schuldlos war! Und beim Wasser der Unterwelt schwor er, dass er ganz und gar von seiner Neigung zu ihr ablassen wollte. Während er dies sprach, hörte Hera das flehentliche Bitten der Kuh, das zum Olymp empordrang. Da ließ sich die Göttermutter erweichen und sie gestattete ihrem Mann der Verwandelten die menschliche Gestalt zurückzugeben. Zeus begab sich sofort auf die Erde hinab und an den Nil. Hier strich er der Kuh mit der Hand über den Rücken. Was dann geschah, war wunderbar anzuschauen: Die Zotteln verschwanden vom Körper des Tieres, die Hörner schrumpften zusammen, die runden Augen verengten sich, das Maul wurde zu Lippen, Schultern und Hände bildeten sich und die Klauen verschwanden. Nichts blieb mehr von der Kuh, bis auf die schöne weiße Farbe. In nunmehr völlig gewandelter Gestalt erhob sich Io vom Boden. Hoch aufgerichtet stand sie und erstrahlte in menschlicher Schönheit. Am Ufer des Nil gebar sie dem Zeus den Epaphos. Und weil das Volk sie, die so wunderbar verwandelt und gerettet worden war, wie eine Göttin verehrte, herrschte sie lange mit Fürstengewalt über jene Lande.

Dennoch blieb sie noch immer nicht von Heras Zorn verschont, denn diese stiftete das wilde Volk der Kureten an, ihren kleinen Sohn Epaphos zu entführen. Und wieder trat Io eine lange vergebliche Wanderschaft an, diesmal um ihren geraubten Sohn zu suchen. Erst als Zeus die Kureten mit seinem Blitz erschlagen hatte, fand sie ihren Sohn an der Grenze nach Äthiopien wieder. Sie kehrte mit ihm nach Ägypten zurück und ließ ihn an ihrer Seite herrschen. Später heiratete er die Memphis, die ihm Libya gebar, von der das Land Libyen seinen Namen erhielt. Nachdem Mutter und Sohn gestorben waren, errichtete das Nilvolk Tempel für sie und verehrte sie als die Götter Isis und Apis.

Phaethon

Auf prächtigen Säulen erbaut stand die Königsburg des Sonnengottes, funkelnd von blitzendem Gold und glühenden Edelsteinen. Der oberste Giebel war mit blendendem Elfenbein besetzt, die Flügeltüren erstrahlten in Silberglanz. Auf ihnen waren die schönsten Wundergeschichten in erlesenster künstlerischer Arbeit abgebildet.

In diesen Palast trat Phaethon ein, der Sohn des Sonnengottes Helios, und verlangte seinen Vater zu sprechen. Doch hielt er sich in einigem Abstand, denn aus der Nähe war das strahlende Licht nicht zu ertragen. Sein Vater Helios saß in ein Purpurgewand gehüllt auf seinem fürstlichen Thron, der mit glänzenden Smaragden besetzt war. Zu seiner Rechten und seiner Linken stand sein Gefolge: der Tag, der Monat, das Jahr, die Jahrhunderte und die Horen, die Göttinnen der Jahreszeiten: der jugendliche Frühling mit seinem Blütenkranz, der Sommer mit seinen Ähren, der Herbst mit einem Füllhorn voller Trauben und der eisige Winter mit schneeweißem Haar. Helios in ihrer Mitte, der mit seinem allschauenden Auge alles erblickte, bemerkte den Jüngling bald, der über all diese Wunder staunte.

»Was ist der Grund für dein Kommen?«, sprach er. »Was führt dich in den Palast deines göttlichen Vaters, mein Sohn?«

Phaethon antwortete: »Erlauchter Vater, man spottet auf der Erde über mich und man beschimpft meine Mutter Klymene. Es wird behauptet, dass ich nicht wirklich von einem Gott abstamme, sondern der Sohn eines unbekannten Vaters sei. Daher bin ich gekommen, um einen Beweis von dir zu erbitten, der aller Welt zeigt, dass ich wirklich dein Sohn bin.«

Helios legte die Strahlen, die rings um sein Haupt leuchteten, ab und ließ seinen Sohn näher herantreten. Er umarmte ihn und sprach: »Deine Mutter Klymene hat die Wahrheit gesagt, mein Sohn, und niemals würde ich dich verleugnen. Damit du aber nicht länger zweifeln mögest, erbitte dir ein Geschenk von mir! Ich schwöre beim Styx, dem Fluss der Unterwelt, bei dem alle Götter schwören, dass ich deine Bitte erfüllen werde, was immer es sei.«

Phaethon ließ seinen Vater kaum ausreden und sagte sogleich: »Dann erfülle mir meinen glühendsten Wunsch und vertraue mir für einen Tag die Lenkung deines geflügelten Sonnenwagens an!«

Schrecken und Reue zeigten sich auf dem Angesicht des Gottes. Drei-, viermal schüttelte er sein umleuchtetes Haupt, dann rief er: »Oh Sohn, du hast mich ein sinnloses Wort sprechen lassen! Oh dürfte ich doch zurücknehmen, was ich dir versprochen habe! Du verlangst etwas, dem deine Kräfte nicht gewachsen sind, denn du bist ein Mensch, und was du wünschst, ist ein Werk für Götter und nicht einmal den anderen unter den Göttern vergönnt! Denn ich bin der Einzige, der es vermag, auf der Glut sprühenden Achse zu stehen. Der Weg, den mein Wagen zu nehmen hat, ist steil, und nur mit Mühe erklimmt ihn mein Pferdegespann in der Frühe des Morgens. Ist der halbe Weg zurückgelegt, steht mein Wagen ganz oben am Himmel! Glaube mir, wenn ich in solcher Höhe stehe, da kommt mir oft selbst ein Grausen an und Schwindel droht mich zu erfassen, wenn ich in die Tiefe blicke und Meer und Land weit unter mir liegen. Zuletzt ist dann die Straße ganz abschüssig, da muss der Wagen sicher gelenkt sein. Selbst Thetis, die Meeresgöttin, die dann bereit ist mich in ihren Fluten aufzunehmen, fürchtet stets, ich könnte in die Tiefe hinabgeschmettert werden. Bedenke auch, dass der Himmel sich beständig dreht und ich diesem reißenden Kreislauf entgegenfahren muss. Wie könntest du das, selbst wenn ich dir meinen Wagen gäbe? Darum, geliebter Sohn, verlange kein so schlimmes Geschenk und ändere deinen Wunsch, solange noch Zeit ist. Sieh in mein erschrecktes Gesicht. Oh könntest du durch meine Augen in mein besorgtes Vaterherz sehen! Verlange, was immer du sonst von allen Gütern des Himmels und der Erde willst! Ich schwöre dir beim Styx, du sollst es haben. – Weshalb umarmst du mich so heftig?«

Der Jüngling hörte nicht auf zu bitten und der Vater hatte ja den heiligen Schwur getan. So nahm er denn seinen Sohn bei der Hand und führte ihn zu dem prächtigen Sonnenwagen. Die Achse, die Deichsel und der Kranz der Räder waren aus Gold, die Speichen aus Silber, Chrysolithen und Juwelen schimmerten auf dem Joch. Während Phaethon den Wagen begeistert bestaunte, erwachte im Osten die Morgenröte und tat ihr Purpurtor und ihren Vorsaal, der aus Rosen ist, auf. Die Sterne verschwanden allmählich vom Himmel. Der Morgenstern war der Letzte, der seinen Platz verließ, und die äußersten Sichelspitzen des Mondes verloren sich am Rande. Jetzt gab Helios den geflügelten Horen den Befehl die Pferde anzuspannen. Und sie führten die Glut sprühenden Tiere, die noch satt waren von Ambrosia, aus ihren erhabenen Ställen und legten ihnen herrliches Zaumzeug an. Während dies geschah, strich der Vater eine heilige Salbe auf das Gesicht seines Sohnes, damit es die Glut des Feuers ertragen konnte. Um das Haar legte er ihm seine Strahlensonne, aber er seufzte dabei und sprach die warnenden Worte: »Kind, schone mir die Stacheln und halte die Zügel fest. Denn die Pferde rennen von selbst und es ist mühsam, sie im Fluge zu halten. Die Straße verläuft schräg in einem weiten Bogen, Nord- und Südpol musst du meiden – du wirst die Gleise für die Räder gut erkennen. Aber senke dich nicht zu tief, sonst gerät die Erde in Brand, und steige nicht zu hoch, denn sonst verbrennst du den Himmel. Auf, die Finsternis flieht, nimm die Zügel zur Hand. Oder noch besser – besinne dich! Denn noch ist Zeit! Überlasse den Wagen mir, lass mich der Welt das Licht schenken und bleibe du Zuschauer.«

Der Jüngling schien die Worte des Vaters gar nicht zu hören. Er sprang auf den Wagen, hocherfreut die Zügel in den Händen zu halten, und nickte Helios einen kurzen, freundlichen Dank zu. Mittlerweile erfüllten die vier geflügelten Pferde die Luft mit ihrem Wiehern, wobei ihr Atem glühte und ihre Hufe gegen die Barren stampften. Thetis, Phaethons Großmutter, die nicht ahnte, dass ihr Enkel den Sonnenwagen lenkte, öffnete die Tore. Unendlich weit lag die Welt vor Phaethons Blicken. Die Pferde flogen hinauf auf ihrer Bahn und spalteten die Morgennebel, die vor ihnen lagen.

Bald schon spürten sie, dass sie nicht die gewohnte Last zu tragen hatten und dass das Joch leichter war als sonst. Und wie ein Schiff, das im Wasser schlingert, wenn es nicht richtig beladen ist, machte der Wagen Sprünge. Er wurde hoch empor gestoßen und rollte dann dahin, als wäre er leer. Als das Pferdegespann dies merkte, verließ es seine Bahn und rannte nicht mehr in der Ordnung. Phaethon erbebte, denn er wusste weder, wohin er die Zügel lenken sollte, noch wusste er den Weg oder wie er die wilden Pferde bändigen konnte. Als der Unglückliche hoch vom Himmel abwärts blickte und sah, in welch unendlicher Tiefe das Land sich unter ihm erstreckte, wurde er blass und seine Knie begannen vor Schrecken zu zittern. Er sah sich um: Schon lag viel Himmel hinter ihm, aber mehr noch lag vor seinen Augen. Phaethon wusste nicht, was er nun tun sollte. Er starrte nur in die Weite und hielt die Zügel in den Händen, ohne sie zu lockern oder anzuziehen. Er wollte den Pferden rufen, aber er kannte ja ihre Namen nicht! Mit Grausen sah er die mannigfaltigen Gestalten, die als Sternbilder am Himmel hingen. Von Entsetzen gepackt, ließ er die Zügel aus den Händen gleiten, und als sie herabschlotternd die Rücken der Pferde streiften, verließen die Tiere vollends ihre Bahn. Sie schweiften seitlich ab in fremde Luftgebiete, flogen hoch empor, und stürzten dann jäh in die Tiefe, sie stießen an Fixsterne und wurden jäh zur Erde hinabgerissen. Schon berührten sie die erste Wolkenschicht, die in Brand geriet und verdampfte. Doch der Wagen stürzte noch tiefer. Unversehens war er einem Hochgebirge nahe gekommen. Der Boden ächzte unter der Hitze, er trocknete aus und spaltete sich, bis er schließlich erglühte. Das Gras der Heide färbte sich weißgelb und verwelkte, weiter unten loderte das Laub der Waldbäume auf. Bald zog sich die Glut bis in die Ebene hinab; dort verbrannte die Saat. Ganze Städte gingen in Flammen auf, ganze Länder und ihre Bevölkerungen wurden versengt, ringsumher brannten Hügel, Wälder und Berge. Damals sollen auch die dunkelhäutigen Menschen schwarz geworden sein. Die Flüsse versiegten

FRÜHE GÖTTER- UND HELDENSAGEN

oder flohen erschreckt zu ihrer Quelle zurück, das Meer selbst wurde zusammengedrängt, und was zuvor noch ein See gewesen war, wurde ein trockenes Sandfeld.

Zu allen Seiten sah Phaethon den Erdkreis in Flammen. Ihm selbst wurde die Glut unerträglich, die Luft, die er atmete, war so heiß, als entströmte sie einer Feueresse. Er fühlte den Wagen unter seinen Füßen glühen. Den Dampf und die Asche, die von der brennenden Erde empor-geschleudert wurde, konnte er nicht mehr ertragen. Qualm und pech-schwarzes Dunkel umgaben ihn, er war der Willkür der geflügelten Pferde rettungslos preisgegeben. Schließlich erfasste die Glut seine Haare. Er stürzte aus dem Wagen und wurde brennend durch die Luft geschleudert, wie manchmal ein Stern bei klarer Nacht durch den Him-mel zu schießen scheint. Fern seiner Heimat nahm ihn der breite Strom Eridanos auf, der ihm sein schäumendes Gesicht bespülte. Helios, der Vater, der dies alles mit ansehen musste, verhüllte sein Haupt in brüten-der Trauer. Damals, so sagt man, sei ein Tag der Erde ohne Sonnenlicht vorübergeflohen. Der ungeheure Brand leuchtete allein.

Europa

In Phönizien, dem Land der Städte Tyros und Sidon, wuchs in der tiefen Abgeschiedenheit des väterlichen Palastes das Mädchen Europa heran. Sie war die Tochter des Königs Agenor. Einmal nach Mitternacht – der Zeit, in der untrügliche Träume die Menschen besuchen – wurde ein selt-sames Traumbild vom Himmel zu ihr gesandt. Ihr war, als erschienen ihr zwei Weltteile in Gestalt zweier Frauen: Asien und der Weltteil, der gegenüberlag, stritten um ihren Besitz. Die eine der Frauen hatte das Aus-sehen einer Fremden, die andere – und dies war Asien – glich in ihrer Erscheinung und der Art, wie sie sich gebärdete, einer Einheimischen. Mit zärtlichem Eifer kämpfte sie um ihr Kind Europa, indem sie sagte, dass sie es gewesen sei, die die geliebte Tochter zur Welt gebracht und gestillt hätte. Die fremde Frau aber ergriff sie mit kräftigen Armen wie ein Stück Diebesgut und zog sie mit sich fort, ohne dass Europa sich in ihrem Innersten dagegen gewehrt hätte. »Komm nur mit mir, Liebchen«, sprach die Fremde, »ich bringe dich als Beute zu Zeus, wie es dir vom Schicksal beschieden ist.«

Mit klopfendem Herzen erwachte Europa und richtete sich von ihrem Lager auf, denn der Traum war so klar und deutlich gewesen wie die Bil-der des Tageslichts. Lange Zeit saß sie unbeweglich in ihrem Bett und starrte mit großen Augen vor sich hin, wobei ihr noch immer das Bild der beiden Frauen vor Augen stand. Nach einer Weile öffneten sich ihre Lip-

Europa

pen und bang sprach sie zu sich selbst: »Welcher Gott hat mir wohl diese Bilder gesandt? Welch wunderbare Träume haben mich aufgeschreckt, mich, die ich im Vaterhaus soeben noch süß und sicher schlummerte? Wer war die Fremde, die mir im Traum erschienen ist? In meinem Herzen regt sich solche Sehnsucht nach ihr! Denn sie war so voller Liebe. Selbst dann noch, als sie mich gewaltsam entführte, lächelte sie mir mütterlich zu! Mögen die seligen Götter mir den Traum zum Besten kehren!«

Der Morgen war herangekommen und das helle Tageslicht verwischte den nächtlichen Schimmer des Traumes aus der Seele der Jungfrau. Europa erhob sich, um ihren Beschäftigungen und Vergnügungen nachzugehen.

Schon bald scharten sich ihre Altersgenossinnen und Freundinnen um sie, die allesamt Töchter aus vornehmem Hause waren und sie stets zu Chortänzen, Opfern und auf Spaziergänge begleiteten. Auch jetzt kamen sie, um ihre Herrin einzuladen, mit ihnen zu den blumenreichen Wiesen am Meer zu kommen, wo sich die Mädchen der Gegend in Scharen versammelten. Sie freuten sich dort an den üppigen Blumen und am Rauschen des Meeres. Alle Mädchen trugen hübsche Gewänder, die mit Blumen bestickt waren. Europa selbst war in ein wunderbares Gewand mit einer Schleppe gehüllt, mit goldenem Faden waren Bilder aus der Göttersage darauf gestickt. Das wunderbare Gewand war ein Werk des Hephaistos, ein uraltes Göttergeschenk, das einst der Erderschütterer Poseidon der Libya geschenkt hatte, als er um sie warb. Aus ihrem Besitz war es von Hand zu Hand als Erbstück in das Haus des Agenor gekommen. In diesen Brautschmuck gekleidet eilte also die reizende Europa allen voran den Blumenwiesen am Meeresstrand zu. Voller Jubel zerstreute sich die Mädchenschar und jede suchte sich eine Blume aus, die ihr besonders gefiel. Die eine pflückte die glänzende Narzisse, die andere wandte sich der Balsam ausströmenden Hyazinthe zu, eine Dritte suchte das sanft duftende Veilchen aus, anderen gefiel der würzige Quendel, wieder andere pflückten den gelben lockenden Krokus. So wirbelten die Freundinnen umher. Europa aber hatte bald ihr Ziel gefunden. Ihre Begleiterinnen hoch überragend wie unter den Grazien die schaumgeborene Liebesgöttin stand sie da. In ihren Händen hielt sie einen vollen Strauß von glühenden Rosen.

Als sie genügend Blumen gepflückt hatten, setzten sich die Mädchen arglos ins Gras, wobei sie ihre Fürstin in die Mitte nahmen, und begannen Kränze zu flechten. Den Nymphen der Wiese zum Dank wollten sie die Blumenkränze an grünende Bäume hängen. Aber nicht lange sollten sie sich an ihren Blumen erfreuen, denn in das sorglose Jugendleben Europas griff unversehens das Schicksal ein, welches der Traum der vergangenen Nacht ihr vorhergesagt hatte. Zeus war von den Pfeilen der Liebesgöttin, die selbst den unbezwingbaren Göttervater zu besiegen ver-

FRÜHE GÖTTER- UND HELDENSAGEN

mochten, getroffen worden. Die Schönheit der jungen Europa ergriff ihn
tief. Weil er aber den Zorn der eifersüchtigen Hera fürchtete und auch
nicht hoffen durfte, das unschuldige Mädchen verführen zu können,
ersann der verschlagene Gott eine neue List. Er verwandelte seine Gestalt
und wurde ein Stier. Doch was für ein Stier! Kein gewöhnlicher, der
unters Joch gebeugt den schwer beladenen Wagen zieht. Nein, groß und
prächtig von Gestalt, mit schwellenden Muskeln am Hals. Seine Hörner
waren zierlich und klein, wie gedrechselt, und glänzten durchsichtiger
als reine Juwelen. Goldgelb war sein Fell, nur mitten auf der Stirn schimmerte ein silberweißes Mal wie die Sichel des zunehmenden Mondes, und
bläuliche, vor Verlangen funkelnde Augen rollten ihm im Kopfe.

Bevor Zeus diese Verwandlung vornahm, rief er aber Hermes zu sich auf
den Olymp. Ohne ihm etwas von seiner Absicht zu enthüllen, sprach er zu
ihm: »Spute dich, lieber Sohn, getreuer Vollbringer meiner Befehle. Siehst
du dort unten das Land, das links zu uns emporblickt? Es ist Phönizien.
Gehe dorthin und treibe mir das Vieh des Königs Agenor, das auf den Berg-
wiesen weidet, zum Meeresufer hinab.« Schon kurze Zeit später war der
geflügelte Gott auf der Bergweide angekommen, wie sein Vater befohlen
hatte, und trieb die Herde des Königs vom Berg hinab auf jene Wiesen am
Meer zu, wo die Tochter Agenors im Kreise der Mädchen sorglos mit Blumen spielte. Hermes wusste nicht, dass der verwandelte Zeus sich als Stier
unter die Herde gemischt hatte. Der Rest der Herde zerstreute sich fernab
der Mädchen über die Wiese. Nur der schöne Stier, in welchem der Gott
verborgen war, näherte sich dem Grashügel, auf dem Europa mit ihren
Freundinnen saß. Stolz und schön kam er durch das üppige Gras herangeschritten. Über seiner Stirn schwebte kein Drohen, sein funkelndes Auge
flößte keine Furcht ein, seine ganze Erscheinung war voller Sanftmut.
Europa und die Mädchen bewunderten die edle Gestalt des Tieres und sein
friedliches Auftreten, sodass sie Lust bekamen ihn aus der Nähe zu betrachten und seinen schimmernden Rücken zu streicheln. Der Stier schien dies
zu merken, denn er kam näher. Schließlich stellte er sich dicht vor Europa
hin. Erst sprang sie auf und wich einige Schritte zurück. Als das Tier aber
so sanft und zahm vor ihr stehen blieb, fasste sie sich ein Herz, näherte
sich wieder und hielt ihm ihren Blumenstrauß vor das schäumende Maul,
aus dem sie ein ambrosischer Atem anwehte. Der Stier leckte schmeichelnd
die Blumen und die zarte Hand des Mädchens, die ihn zärtlich zu streicheln begann. Immer reizender kam der herrliche Stier dem Mädchen vor,
ja sie wagte es und drückte einen Kuss auf seine glänzende Stirn. Da ließ
das Tier ein freudiges Brüllen hören, doch es klang nicht wie das Brüllen
eines gewöhnlichen Stieres, sondern wie eine lydische Flöte, wenn ihr Ton
durch ein Bergtal hallt. Dann legte er sich zu Füßen der schönen Fürstin
nieder, blickte sie sehnsüchtig an, wandte ihr den Nacken zu und zeigte

34

Europa

ihr den breiten Rücken. Da sprach Europa zu den Mädchen: »Kommt doch auch näher, liebe Freundinnen, dass wir uns auf den Rücken dieses schönen Stieres setzen und unser Vergnügen haben. Ich glaube, vier von uns hätten darauf Platz wie auf einem geräumigen Schiff. So sanft sieht er aus und so freundlich, ganz anderes als andere Stiere! Er hat Verstand wie ein Mensch und es fehlt ihm nichts als die Sprache!« Mit diesen Worten nahm sie ihren Freundinnen einer nach der anderen die Kränze aus den Händen und behängte damit die gesenkten Hörner des Stieres. Dann schwang sie sich lächelnd auf seinen Rücken. Ihre Freundinnen jedoch zögerten und schauten unschlüssig zu.

Als der Stier aber geraubt hatte, wen er haben wollte, sprang er vom Boden auf. Anfangs ging er ganz gemächlich mit dem Mädchen davon, doch schon so, dass ihre Freundinnen nicht Schritt halten konnten. Als er die Wiesen im Rücken und den kahlen Strand vor sich hatte, verdoppelte er seine Geschwindigkeit und schien nun nicht mehr ein trabender Stier, sondern eher ein fliegendes Pferd zu sein. Und ehe sich Europa besinnen konnte, war er mit einem Satz ins Meer gesprungen und schwamm mit seiner Beute davon. Das Mädchen hielt mit der Rechten eines seiner Hörner umklammert, mit der Linken stützte es sich auf den Rücken. Der Wind blähte ihr Gewand wie ein Segel. Ängstlich blickte Europa zu dem verlassenen Land zurück, vergeblich rief sie nach ihren Freundinnen. Das Wasser umströmte den segelnden Stier, furchtsam zog Europa die Beine an, weil sie die Wellen scheute. Aber das Tier schwamm dahin wie ein Schiff und bald war das Ufer ihren Blicken entschwunden.

Als die Sonne unterging, sah das Mädchen im Helldunkel der Nacht um sich her nichts als Wasser und Gestirne. So ging es fort, auch als der Morgen kam. Den ganzen Tag schwamm sie auf dem Rücken des Stieres durch die unendliche Flut dahin, und er wusste so geschickt durch die Wellen zu pflügen, dass kein einziger Tropfen seine geliebte Beute benetzte. Gegen Abend endlich erreichten sie ein fernes Ufer. Der Stier schwang sich an Land, ließ das Mädchen unter einem gebeugten Baum sanft von seinem Rücken gleiten und verschwand. An seine Stelle trat ein herrlicher Mann, der aussah wie ein Gott und ihr erklärte, dass er Herrscher über die Insel Kreta sei und sie beschützen werde – wenn sie ihn dadurch glücklich machen würde, dass sie sich ihm als Frau hingab. In ihrer Verzweiflung darüber, dass sie so einsam war, gab ihm Europa die Hand, was einem Zeichen ihres Einverständnisses gleichkam. Damit war Zeus am Ziel seiner Wünsche angelangt. Auch in Gestalt dieses Mannes verschwand er, wie er gekommen war.

Am nächsten Morgen, als die Sonne schon am Himmel stand, erwachte Europa aus langer Betäubung. Mit unsicheren Blicken sah sie sich um, als ob sie ihre Heimat suchte. »Vater! Vater!«, rief sie und erbärmliches Leid lag in ihrer Stimme. Doch dann besann sie sich und rief: »Ich verworfene Tochter! Wie dürfte ich den Namen meines Vaters noch aussprechen! Welcher Wahnsinn hat mich die Kindesliebe vergessen lassen?« Wieder blickte sie versonnen umher. Und sie fragte sich selbst: »Woher – wohin bin ich gekommen? – Zu leicht ist ein Tod für die Schuld der Jungfrau. Aber bin ich denn wach? Habe ich wirklich Schuld auf mich geladen? – Nein, gewiss bin ich unschuldig an allem, was geschehen ist, und es ist nur ein Traum, der mich gefangen hält, nichts weiter! Wie sollte es auch möglich sein, dass ich mich entschlossen hätte lieber auf dem Rücken eines Untiers durch endlos weite Fluten zu schwimmen, statt sicher zu Hause Blumen zu pflücken!« So sprach sie und strich mit der flachen Hand über ihre Augenlider, als wollte sie den verhassten Traum verwischen. Als sie aber um sich blickte, stand die fremde Landschaft unverändert vor ihren Augen. Unbekannte Bäume und Felsen umgaben sie, und eine unheimliche Meeresflut brach sich schäumend an den Klippen eines Ufers, das sie nie zuvor gesehen hatte. »Ach«, rief sie verzweifelt, »wenn mir jetzt einer den verfluchten Stier ausliefern würde, ich würde ihn zerfleischen! Nicht eher wollte ich ruhen, als bis ich die Hörner des Ungeheuers zerbrochen hätte, das mir vor kurzem noch so liebenswürdig schien! – Doch welch vergeblicher Wunsch! Was bleibt mir denn übrig als zu sterben, nachdem ich so schamlos meine Heimat verlassen habe? Wenn ich nicht von sämtlichen Göttern verlassen bin, dann sendet mir einen Tiger oder Löwen, ihr Himmlischen! Vielleicht reizt sie ja meine Schönheit und es bleibt mir erspart zu warten, bis der entsetzliche Hunger an meinen blühenden Wangen zehrt und ich verhungre!« Aber kein wildes Tier erschien. Lächelnd und friedlich lag die fremde Gegend vor ihr und die Sonne strahlte vom wolkenlosen Himmel. Wie von Furien gejagt sprang da Europa plötzlich auf. »Elende Europa!«, rief sie. »Hörst du nicht die Stimme deines Vaters in der Ferne, der dich verflucht, wenn du deinem schmachvollen Leben kein Ende machst? Zeigt es dir nicht jene Esche, an der du dich mit deinem Gürtel erhängen kannst? Und zeigt er nicht auf jene schroffen Felsen, von welchen herab dich ein Sprung in den Sturm der Meeresflut begräbt? Oder ziehst du es vor, einem Barbarenfürsten als Nebenfrau zu dienen und außerdem als Sklavin Tag für Tag die zugeteilte Wolle zu verspinnen, du, die Tochter eines Königs?« So quälte sich das unglückliche verlassene Mädchen mit Todesgedanken und hatte doch nicht den Mut zu sterben. Da hörte sie plötzlich ein heimliches spottendes Flüstern hinter sich, glaubte sich belauscht und drehte sich erschrocken um. In überirdischem Glanz sah sie die Göttin Aphrodite vor sich stehen, ihren kleinen Sohn, den Liebesgott, mit gesenktem Bogen neben sich. Noch schwebte ein Lächeln auf den Lippen der Göttin, dann sprach sie: »Lass deinen Zorn, schönes Mädchen. Der verhasste

Stier wird kommen und dir die Hörner reichen, damit du sie zerschmettern kannst. *Ich* habe dir jenen Traum gesandt. Tröste dich, Europa! Zeus ist es, der dich geraubt hat. Nun bist du die irdische Gattin des unbesiegbaren Gottes und dein Name wird unsterblich werden. Denn der fremde Erdteil, der dich aufgenommen hat, soll von nun an *Europa* heißen!«

Kadmos

Kadmos war ein Bruder der Europa, auch er ein Sohn des phönizischen Königs Agenor. Als Zeus in Gestalt eines Stieres Europa geraubt hatte, sandte Agenor Kadmos und seine Brüder aus, um sie zu suchen. Ohne sie sollten sie nicht wieder zurückkehren.

Lange war Kadmos vergeblich durch die Welt geirrt, denn er hatte die List des Zeus nicht durchschaut. Schließlich gab er die Hoffnung auf, seine Schwester zu finden. Doch er wagte sich nicht nach Hause, denn er fürchtete den Zorn seines Vaters, und so wandte er sich an das Orakel des Phoibos-Apollon und fragte, in welchem Land er künftig leben sollte. Apollon gab ihm folgende Weisung: »Du wirst ein Rind auf einsamen Wiesengründen treffen, das noch kein Joch getragen hat. Von ihm sollst du dich führen lassen. Dort, wo es ins Gras sinkt, um auszuruhen, baue eine Stadt und nenne sie Theben.«

Kaum hatte Kadmos die kastalische Höhle verlassen, in der sich das Orakel befand, als er auf einer Weide eine Kuh erblickte, die dort gemächlich graste. An ihrem Nacken war kein Zeichen von Dienstbarkeit zu sehen. Also folgte er langsam den Spuren des Tieres, wobei er still zu Apollon betete. Schon hatten er und seine Diener den Fluss Kephissos an einer seichten Stelle durchwatet und eine gute Strecke hinter sich gebracht, als das Rind auf einmal stehen blieb, seine Hörner in den Himmel reckte und ein Brüllen hören ließ. Dann schaute es sich nach den Männern, die ihm folgten, um und legte sich schließlich ins saftige Gras.

Dankbar warf sich Kadmos auf der fremden Erde nieder und küsste sie. Sogleich wollte er dem Zeus ein Opfer darbringen und wies die Diener an, sich aufzumachen, um ihm Wasser aus einer Quelle für ein Trankopfer zu holen. In der Nähe befand sich ein uraltes Gehölz, an das noch nie eine Axt gelegt worden war. Mitten darin bildeten Felsen, verwachsen mit Sträuchern und Gestrüpp, ein niedriges Gewölbe, das reich an Quellwasser war. In dieser Höhle versteckt aber hauste ein grausamer Drache. Weithin sah man seinen roten Kamm schimmern, aus den Augen sprühte Feuer, sein Leib schwoll von Gift, er hatte drei zischende Zungen und sein Rachen war mit drei Reihen Zähnen besetzt. Als die Phönizier den Hain betreten hatten und der Krug, den sie hinabließen, bereits auf dem Was-

FRÜHE GÖTTER- UND HELDENSAGEN

ser plätscherte, streckte der bläuliche Drache plötzlich den Kopf weit aus der Höhle und erhob ein entsetzliches Zischen. Vor Schreck stockte den Dienern das Blut in den Adern und die Schöpfgefäße fielen ihnen aus den Händen. Der Drache aber wickelte seine schuppigen Ringe zu einem schlüpfrigen Knäuel, dann schnellte er hoch, und mehr als zur Hälfte aufgerichtet blickte er auf den Wald hinab. Dann warf er sich auf die Phönizier, tötete den einen durch seinen Biss, den anderen, indem er ihn erdrückte, wieder andere erstickten an seinem Atem und die Übrigen brachte sein giftiger Geifer um.

Kadmos wusste nicht, warum seine Diener so lange fortblieben. Schließlich ging er selbst, um nach ihnen zu sehen. Er legte das Fell, das er einem Löwen abgezogen hatte, um seinen Körper, nahm Lanze und Wurfspieß mit sich, und dazu ein Herz, das besser war als jede Waffe. Gleich, als er den Hain betrat, fand er die Leichen seiner Diener, und über ihnen sah er den Feind, der triumphierend und mit blutiger Zunge die Leichname beleckte. »Ihr armen Genossen!«, rief Kadmos voller Jammer. »Ich will euer Rächer sein – oder der Gefährte eures Todes!« Mit diesen Worten packte er einen Felsbrocken und schleuderte ihn gegen den Drachen. Der Stein war so groß, dass er Mauern und Türme ins Wanken gebracht hätte. Doch der Drache blieb unverletzt. Sein harter schwarzer Wanst und seine Schuppenhaut waren fest wie ein Panzer aus Erz. Nun versuchte es Kadmos mit seinem Wurfspieß. Ihm hielt der Leib des Ungeheuers nicht stand, die stählerne Spitze bohrte sich tief in seine Eingeweide. Wütend vor Schmerz warf der Drache den Kopf in den Rücken, wodurch er die Stange des Spießes zermalmte, aber das Eisen blieb in seinem Körper stecken. Ein Schwerthieb steigerte noch seine Wut, er riss seinen Rachen auf und weißer Schaum troff aus dem giftigen Schlund. Hoch aufgerichtet wie ein Baumstamm schoss der Drache hinaus und rammte die Waldbäume mit seiner Brust. Agenors Sohn wich dem Angriff aus. Er bedeckte sich mit dem Löwenfell und sah zu, wie sich die Drachenzähne an der Lanzenspitze abmühten. Endlich floss des Drachen Blut, es färbte die grünen Kräuter ringsumher rot. Doch die Wunde war nicht schlimm, denn der Drache umging jeden Hieb, sodass er nicht ernstlich verletzt wurde. Zuletzt jedoch stieß ihm Kadmos das Schwert in die Kehle, so tief, dass es rücklings in den Stamm einer Eiche fuhr und mit dem Nacken des Ungeheuers zugleich den Baum durchbohrte. Der neigte sich unter dem Gewicht des Drachen, und er stöhnte, solange dessen Schwanzspitze ihn peitschte. Doch nun war der Feind überwältigt.

Kadmos betrachtete lange den Drachen, den er erlegt hatte. Und als er aufblickte, stand Pallas Athene, die vom Himmel herabgekommen war, an seiner Seite. Sie befahl ihm, sofort die Zähne des Drachen als Nachwuchs

Pentheus

künftigen Volkes in aufgelockertes Erdreich zu säen. Er gehorchte der Göttin, öffnete mit dem Pflug eine breite Furche auf dem Boden und begann die Drachenzähne an der Öffnung entlang auszusäen. Auf einmal begann die Erdscholle aufzubrechen. Erst blickte die Spitze einer Lanze aus den Furchen hervor, dann ein Helm, auf dem ein farbiger Busch wippte, dann ragten Schulter und Brust sowie bewaffnete Arme aus dem Boden, und am Ende stand ein gerüsteter Krieger, der von Kopf bis Fuß aus der Erde gewachsen war, da. Das geschah an mehreren Stellen zugleich, und vor den Augen des Phöniziers erwuchs eine ganze Schar bewaffneter Männer.

Agenors Sohn erschrak und machte sich darauf gefasst, gleich wieder einen neuen Feind bekämpfen zu müssen. Doch einer aus dem Volk, das soeben aus der Erde gesprossen war, rief ihm zu: »Lass die Waffen liegen! Mische dich nicht in innere Kriege ein!« Und im selben Atemzug erschlug er den mit dem Schwert, der neben ihm aus der Furche gewachsen war. Sogleich traf aber auch ihn ein Wurfspieß, der von weiter her geflogen kam, und der, der diesen geworfen hatte, hauchte darauf ebenfalls sein Leben aus. Unter dem Männerschwarm brach ein furchtbarer Kampf aus. Schließlich lagen fast alle mit zuckender Brust auf dem Boden und die Mutter Erde trank das Blut ihrer eben erst geborenen Söhne. Nur fünf waren übrig geblieben. Einer davon – später wurde er Echion genannt – warf als Erster die Waffen nieder, wie Athene befohlen hatte, und erbot sich zum Frieden. Die anderen taten es ihm gleich.

Mithilfe dieser fünf erdentsprossenen Krieger erbaute der phönizische Fremdling Kadmos eine neue Stadt. Er tat dies getreu dem Orakel des Apollon und nannte sie Theben, wie ihm befohlen war.

Pentheus

In Theben wurde Dionysos auf wundersame Art geboren. Er war der Sohn des Zeus und der Semele, zugleich der Enkel des Kadmos, Gott der Fruchtbarkeit und des Weines. Er wurde in Indien erzogen. Doch bald schon verließ er die Nymphen, die ihn gepflegt hatten, und reiste durch die Länder, um die Menschen zu bilden, sie den Anbau des herzerfreuenden Weines zu lehren und die Verehrung seiner Gottheit zu gründen. So gütig er zu seinen Freunden war, so hart bestrafte er jene, die bestritten, dass er ein Gott war.

Schon war sein Ruhm durch die Städte Griechenlands und bis in seine Geburtsstadt Theben gedrungen. Dort aber herrschte Pentheus. Er war der Sohn des erdentsprossenen Echion und der Agauë, die eine Mutterschwester des Dionysos war. Kadmos hatte Pentheus das Königreich übergeben. Pentheus verachtete die Götter, allen voran seinen Verwandten, den Dionysos. Der kam nun mit seinem jauchzenden Gefolge vor die Stadt, um sich dem König von Theben als Gott zu offenbaren. Doch Pentheus hörte nicht auf die Warnung des blinden alten Sehers Teiresias. Als ihm zu Ohren kam, dass auch Männer und Frauen aus Theben hinausströmten, um den neuen Gott zu verehren, begann er sie böse zu schelten: »Welch ein Wahnsinn hat euch betört, ihr drachenentsprossenen Thebaner, dass euch, die kein Schlachtenschwert, keine Trompete jemals erschreckt hat, jetzt ein verweichlichter Zug von betrunkenen Toren und Weibern besiegt? Und ihr Phönizier, die ihr weit über Meere hierher gefahren seid, um für eure alten Götter eine Stadt zu gründen – habt ihr vergessen, aus welchem Heldengeschlecht ihr gezeugt seid? Wollt ihr es dulden, dass ein wehrloses Knäblein Theben erobert, ein Weichling mit von Balsam triefendem Haar, auf dem ein Kranz aus Weinlaub sitzt, und der in Gold und Purpur statt in Stahl gekleidet geht? Der auch nicht mit Pferden umgehen kann und zu keinem Kampf taugt? Wenn ihr nur wieder zur Besinnung kommt, dann will ich ihn bald dazu bringen einzugestehen, dass er ein Mensch ist wie ich, sein Vetter, und dass Zeus nicht sein Vater und all diese prächtige Götterverehrung erlogen ist!« Dann wandte er sich an seine Diener und befahl ihnen, den Anführer dieser neuen Raserei zu ergreifen, in Fesseln zu legen und zu ihm zu bringen.

Die Freunde und Verwandten, die um den König waren, erschraken über diesen frechen Befehl. Sein Ahnherr Kadmos, der in hohem Greisenalter noch lebte, schüttelte das Haupt und missbilligte, was der Enkel tat. Doch mit Ermahnungen wurde dessen Wut nur noch weiter gesteigert und sie schäumte über alle Hindernisse hinweg wie ein rasender Fluss über das Wehr.

Unterdessen kamen die Diener mit blutigen Köpfen zurück. »Wo habt ihr den Dionysos?«, rief ihnen Pentheus zornig entgegen.

»Den Dionysos«, antworteten sie, »haben wir nirgends gesehen. Dafür bringen wir hier einen Mann aus seinem Gefolge. Er scheint noch nicht lange bei ihm zu sein.«

Pentheus starrte den Gefangenen mit grimmigen Augen an und schrie: »Mann des Todes! Denn auf der Stelle musst du sterben, damit du den anderen als warnendes Beispiel dienst! Sage mir, wie ist dein und deiner Eltern Name? Wie heißt dein Land? Und warum verehrst du die neuen Gebräuche?«

Frei und ohne Furcht antwortete er: »Mein Name ist Akoites, meine Heimat Maionien, meine Eltern stammen aus dem einfachen Volk. Mein Vater hinterließ mir weder Weiden noch Herden, er lehrte mich nur die Kunst mit der Angelrute zu fischen, denn diese Fertigkeit war sein ganzer Reichtum. Bald lernte ich auch ein Schiff zu steuern, ich kannte die

Pentheus

Leitsterne, die Winde und wichtigsten Häfen. Einst, auf einer Fahrt nach Delos, geriet ich an eine unbekannte Küste. Wir legten an und ein Sprung brachte mich auf den feuchten Sand. Ich übernachtete ohne meine Gefährten am Ufer. Am nächsten Tag machte ich mich mit dem ersten Morgenrot auf und bestieg einen Hügel, um zu sehen, welches Wetter der Wind uns brachte. Unterdessen waren auch meine Gefährten an Land gegangen, und als ich zum Schiff zurückging, begegnete ich ihnen. Sie schleppten einen Jüngling mit sich, den sie am verlassenen Ufer geraubt hatten. Der Junge, der schön wie ein Mädchen war, schien von Wein betrunken zu sein, denn er taumelte schläfrig und hatte Mühe ihnen zu folgen. Als ich sein Gesicht, seine Haltung und seine Bewegungen genauer betrachtete, schien sich mir an ihm etwas Überirdisches zu offenbaren. ›Welcher Gott in diesem Jüngling sei‹, so sprach ich zu der Mannschaft, ›weiß ich noch nicht recht. Doch *dass* ein Gott in ihm ist, das weiß ich gewiss.‹ Und ich sprach weiter: ›Wer du auch sein magst, schenke uns dein Wohlwollen und fördere unsere Arbeit. Und vergib denen, die dich geraubt haben!‹ – ›Was fällt dir ein!‹, rief ein anderer. ›Ihn anzubeten!‹ Auch die Übrigen lachten mich aus, denn sie hatte die Raubgier gepackt. Sie ergriffen den Jungen, um ihn auf das Schiff zu schleppen. Vergebens stellte ich mich ihnen entgegen. Der Jüngste und Kräftigste aus der Rotte – er war aus einer tyrrhenischen Stadt geflüchtet, weil man ihn dort wegen Mordes suchte – ging mir an die Kehle und warf mich über Bord. Ich wäre im Meer ertrunken, wenn mich die Takelage nicht aufgefangen hätte. Unterdessen lag der Junge an Deck, als ob er schliefe. Doch plötzlich raffte er sich auf, denn er war von dem Geschrei erwacht und wieder nüchtern, trat unter die Schiffer und rief: ›Was ist das für ein Lärm? Sagt, ihr Männer, wie bin ich hierher gekommen? Wohin wollt ihr mich bringen?‹ – ›Fürchte dich nicht!‹, antwortete einer der verlogenen Schiffer. ›Sag uns nur, wohin du gebracht werden möchtest, und wir setzen dich ab, wo du es verlangst.‹ – ›Nun gut‹, sagte der Junge, ›so fahrt zur Insel Naxos, denn dort ist meine Heimat!‹ Die Betrüger versprachen es ihm bei allen Göttern und befahlen mir die Segel zu setzen. Naxos lag zu unserer Rechten. Und als ich nun die Segel rechtshin ausrichtete, winkten und murmelten sie mir alle zu: ›Dummkopf, was machst du? Was für ein Wahnwitz plagt dich? Steure nach links!‹ Ich verstand nicht und stutzte. Dann entgegnete ich: ›Ein anderer soll sich um das Schiff kümmern!‹, und trat zur Seite. ›Als ob das Glück unserer Fahrt nur von dir abhinge!‹, schrie mich ein roher Bursche an und übernahm statt meiner die Arbeit.

So ließen sie Naxos liegen und steuerten in die entgegengesetzte Richtung. Mit höhnischem Lächeln blickte der Götterjüngling vom Heck in die See, als ob er den Betrug erst jetzt bemerkt hätte. Er tat, als würde er weinen, und sprach: ›Wehe! Das ist nicht das Ufer, an das ihr mich bringen

FRÜHE GÖTTER- UND HELDENSAGEN

wolltet. Dies ist nicht das erbetene Land. Ist es denn recht, dass ihr alten Männer ein Kind auf diese Weise täuscht?‹ Aber die gottlose Rotte spottete nur über seine und meine Tränen und ruderte eilig davon. Plötzlich aber bleibt das Boot mitten im Meer stehen. Es steht so still, als wäre es in einer Schiffswerft. Vergebens schlagen die Männer ihre Ruder in die See, vergebens ziehen sie die Segel herab, vergebens verdoppeln sie ihre Kraft. Und plötzlich beginnt Efeu über die Ruder zu ranken, kriecht rückwärts in geschlängelter Windung herauf, streift mit seinen vollen Träubchen schon die Segel – da steht Dionysos selbst, denn er war es – herrlich da. Er trägt einen Kranz mit Trauben um die Stirn, schwingt einen mit Weinlaub umschlungenen Thyrsosstab, um ihn her lagern Tiger, Luchse und Panther, und ein duftender Strom von Wein ergießt sich durch das Schiff. Jetzt springen die Männer auf, in Furcht und Wahnsinn. Dem ersten, der aufschreien will, krümmen sich Maul und Nase zum Fischmaul, und ehe die anderen sich darüber entsetzen können, ist auch ihnen das Gleiche geschehen. Ihre Körper senken sich, plötzlich von blauen Schuppen umgeben, das Rückgrat wird hochgewölbt, die Arme schrumpfen zu Flossen, die Füße laufen zu einem Schwanz zusammen. Sie waren alle zu Fischen geworden, sprangen in das Meer und tauchten auf und nieder. Als Einziger von zwanzig war ich übrig geblieben. Aber ich zitterte am ganzen Leib und rechnete jeden Augenblick mit derselben Verwandlung. Dionysos jedoch sprach mich freundlich an, weil ich ihm ja nur Gutes erwiesen hatte. ›Fürchte dich nicht‹, sagte er, ›und bringe mich nach Naxos.‹ Als wir dort angelegt hatten, weihte er mich an seinem Altar feierlich zu seinem Diener.«

»Viel zu lange schon horchen wir deinem Geschwätz!«, schrie jetzt König Pentheus. »Auf, packt ihn, foltert ihn mit tausend Qualen und schickt ihn zur Unterwelt hinab!« Die Knechte gehorchten und warfen den Schiffer gefesselt in einen tiefen Kerker. Aber eine unsichtbare Hand befreite ihn.

Nun begann die ernstliche Verfolgung der Dionysosfeier. Pentheus suchte seine Mutter und seine Schwestern, da auch sie an dem rauschenden Gottesdienst teilgenommen hatten, dann ließ er alle Bacchantinnen in den Stadtkerker werfen. Aber auch sie entkamen, ohne dass ihnen ein Mensch geholfen hätte. Als sich die Gefängnispforten vor ihnen auftaten, rannten sie frei und in bacchantischer Begeisterung in die Wälder hinaus.

Der Diener, den Pentheus abgestellt hatte, um den Gott selbst mit Waffengewalt festzunehmen, kam ganz bestürzt zurück. Denn lächelnd hatte sich Dionysos fesseln lassen und er leistete nicht den geringsten Widerstand. So stand er jetzt gefangen vor dem König, und selbst er konnte nicht umhin, seine jugendliche göttliche Schönheit zu bewundern. In seiner Verblendung beharrte er aber weiter darauf, dass der so genannte Gott

Pentheus

ein Betrüger sei und den Namen Dionysos zu Unrecht führe. Er ließ den gefangenen Gott in ein dunkles Loch bei den Ställen im hintersten Teil seines Palastes werfen. Doch auf des Gottes Befehl riss ein Erdbeben die Mauern auf, und seine Fesseln verschwanden. Unversehrt und strahlender als zuvor trat er in die Mitte seiner Verehrer.

Bote über Bote erschien vor König Pentheus, um von den Wundern zu berichten, welche die bacchantischen Frauen vollbrachten – allen voran des Königs Mutter und seine Schwestern. Ihr Stab musste nur an einen Felsen schlagen, schon sprang Wasser oder sprudelnder Wein hervor, in den Bächen floss Milch und aus den hohlen Bäumen träufelte Honig. »Ja«, fügte einer der Boten hinzu, »wenn du dabei gewesen wärst, oh Herr, und hättest du den Gott, den du beschimpfst mit deinen eigenen Augen gesehen, dann würdest du dich betend vor ihm niederwerfen!«

Pentheus, den dies nur immer mehr erzürnte, ließ all seine bewaffneten Krieger und Reiter gegen die rasenden Frauen ziehen. Da erschien wieder Dionysos selbst und trat als sein eigener Abgesandter vor den König. Er wolle ihm zeigen, wie alle Bacchantinnen entwaffnet würden, wenn er nur selbst in Frauenkleider schlüpfte, damit er nicht als Mann und Uneingeweihter von ihnen zerrissen werde. Widerwillig und voller Misstrauen ging Pentheus auf den Vorschlag ein: Doch er folgte dem Gott zu seiner Schlachtbank. Als er zur Stadt hinausschritt, war er schon vom Wahnsinn, den ihm der mächtige Gott gesandt hatte, besessen. Ihm war, als sehe er zwei Sonnen am Himmel, ein doppeltes Theben und jedes seiner Stadttore zweifach. Dionysos selbst kam ihm vor wie ein Stier, der mit großen Hörnern am Kopf vor ihm herging. Gegen seinen Willen wurde er selbst von bacchantischer Begeisterung ergriffen. Er verlangte und erhielt einen Thyrsosstab und stürmte in Raserei dahin. So gelangten Pentheus und Dionysos in ein tiefes, quellenreiches, von Fichten beschattetes Tal, wo die Priesterinnen des Dionysos Hymnen sangen und ihre Stäbe mit frischem Efeu schmückten. Pentheus' Augen aber waren mit Blindheit geschlagen – oder sein Führer Dionysos hatte ihn so zu leiten gewusst, dass sie die begeisterten Frauen nicht sahen. Der Gott ergriff nun mit wunderbar in die Höhe reichender Hand den Gipfel einer Tanne, beugte sie herab, wie man eine Weidenrute biegt, setzte den wahnsinnigen Pentheus darauf und ließ den Baum sachte und vorsichtig wieder in seine vorherige Lage zurückgleiten. Wie durch ein Wunder blieb der König fest darauf sitzen und wurde auf einmal, hoch auf dem Tannenwipfel hingepflanzt, für die Bacchantinnen im Tal sichtbar, ohne dass er selbst sie erblickte. Dann rief der Gott mit lauter Stimme hinab: »Meine Dienerinnen! Seht hier den, der unsere heiligen Feste verspottet! Bestraft ihn!« Ringsumher wurde es vollkommen still. Der Äther schwieg, kein Blatt regte sich im Wald, kein Tierschrei ertönte. Da rissen die Bacchan-

FRÜHE GÖTTER- UND HELDENSAGEN

tinnen die Augen auf und lauschten. Als die Stimme zum zweiten Mal ertönte und sie darin ihren Meister erkannten, sprangen sie auf und schossen schneller als Tauben dahin. Wilder Wahnsinn, den der Gott ihnen verliehen hatte, trieb sie mitten durch reißende Bäche, bis sie nahe genug waren, um ihren König und Verfolger auf dem Tannenwipfel sitzen zu sehen. Sogleich warfen sie Kiesel, abgerissene Tannenäste und Thyrsosstäbe nach ihm, doch sie erreichten die Höhe nicht, in der er zitternd schwebte. Schließlich wühlten sie mit harten Eichenästen den Boden rings um die Tanne auf, bis die Wurzel frei lag und Pentheus unter lautem Jammergeschrei mit der stürzenden Tanne aus der Höhe zu Boden fiel. Seine Mutter Agauë, die der Gott geblendet hatte, damit sie ihren Sohn nicht wieder erkannte, gab das erste Zeichen zum Mord. Dem König selbst aber hatte die Angst seine volle Besinnung wiedergegeben. »Mutter«, rief er und umarmte sie, »kennst du deinen eigenen Sohn nicht mehr? Deinen Sohn Pentheus, den du in Echions Haus geboren hast? Hab Erbarmen mit mir! Sei nicht du es, die meine Sünden bestraft! Und an deinem eigenen Kind!« Aber die wahnsinnige Dionysospriesterin, der Schaum vor dem Mund stand und die ihre Augen weit aufgerissen hatte, sah in Pentheus nicht ihren Sohn, sondern einen Löwen. So packte sie ihn an der Schulter und riss ihm den rechten Arm vom Körper. Seine Schwestern verstümmelten den linken. Dann stürmte die ganze wütende Rotte auf ihn ein, jede ergriff ein Glied. Agauë selbst umklammerte das entrissene Haupt mit blutigen Fingern und trug es als ein Löwenhaupt auf einen Thyrsosstab gesteckt durch die Wälder des Kithäron.

So rächte der mächtige Gott Dionysos sich an dem Verächter seines Gottesdienstes.

Perseus

Perseus, der Sohn des Zeus, wurde mit seiner Mutter Danaë von seinem Großvater Akrisios, dem König von Argos, in einen Kasten eingeschlossen und ins Meer geworfen. Denn ein Orakelspruch hatte dem Akrisios geweissagt, dass einer seiner Enkel ihm den Thron und das Leben rauben würde. Zeus behütete Perseus und Danaë in den Stürmen des Meeres, und sie wurden bei der Insel Seriphos an Land geworfen. Dort herrschten zwei Brüder, Diktys und Polydektes. Diktys fischte gerade, als der Kasten angeschwommen kam, und zog ihn an Land. Liebevoll kümmerten sich die beiden Brüder um die Ausgesetzten. Polydektes nahm die Mutter zur Frau, und den Perseus, den Sohn des Zeus, zog er sorgfältig auf.

Als Perseus herangewachsen war, überredete ihn sein Stiefvater, dass er auf Taten ausziehen und etwas Großes unternehmen solle. Perseus zeigte sich dazu bereit, und bald wurden sie sich einig, dass Perseus der Medusa das furchtbare Haupt abschlagen und dem König nach Seriphos bringen sollte. Perseus machte sich auf den Weg und die Götter führten ihn in jene ferne Gegend, wo Phorkys, der Vater vieler entsetzlicher Ungeheuer, hauste. Zuerst traf er auf drei seiner Töchter, die Graien. Sie waren grauhaarig von Geburt an, und alle drei hatten zusammen nur ein Auge und einen Zahn, die sie einander gegenseitig ausliehen, wenn sie sie brauchten. Perseus nahm ihnen beides weg. Und als sie ihn anflehten, er möge ihnen das Unentbehrliche wieder zurückgeben, willigte er ein, aber unter einer Bedingung: dass sie ihm den Weg zu den Nymphen zeigten. Diese Nymphen waren andere Wundergeschöpfe, welche Flügelschuhe, einen Beutel und einen Helm aus Hundefell besaßen. Wer sich damit bekleidete, konnte fliegen, wohin er wollte, sah, wen er wollte und wurde selbst von niemandem gesehen. Die Töchter des Phorkys zeigten ihm den Weg zu den Nymphen und erhielten ihren Zahn und ihr Auge von ihm zurück.

Bei den Nymphen fand und nahm er, was er wollte. Er warf sich den Beutel um, schnallte die Flügelschuhe um seine Knöchel und setzte den Helm auf. Dazu erhielt er von Hermes eine eiserne Sichel. So ausgerüstet flog er zu dem Ozean, wo die anderen drei Töchter des Phorkys, die Gorgonen, hausten. Nur die dritte, welche Medusa hieß, war sterblich. Deshalb war Perseus auch ausgesandt worden, um ihr Haupt zu holen.

Perseus fand die Ungeheuer schlafend vor. Ihre Häupter waren mit Drachenschuppen übersät und mit Schlangen statt Haaren bedeckt; sie hatten große Hauzähne, wie Schweine, eiserne Hände und goldene Flügel, mit welchen sie fliegen konnten. Jeden, der sie ansah, verwandelte dieser Anblick zu Stein. Perseus wusste das, und so stellte er sich mit abgewandtem Gesicht vor die Schlafenden und fing auf seinem glänzenden Schild nur ihr Spiegelbild auf. So erkannte er die Gorgo Medusa. Athene führte ihm die Hand, und er schnitt dem schlafenden Ungeheuer ohne Gefahr das Haupt ab. Doch als dies kaum vollbracht war, sprangen aus dem Rumpf ein geflügeltes Pferd, der Pegasos, und ein Riese, Chrysaor. Beide waren Geschöpfe Poseidons. Perseus steckte nun das Haupt der Medusa in den Beutel und ging rücklings, wie er gekommen war, davon.

Inzwischen waren die Schwestern der Medusa erwacht. Als sie den Rumpf ihrer getöteten Schwester erblickten, schwangen sie sich mit ihren Flügeln auf, um den Mörder zu verfolgen. Den aber verbarg der Helm der Nymphen vor ihren Augen. Perseus wurde nun von den Winden erfasst, wie Regentropfen trieben sie ihn hierhin und dorthin. Als er über den Sandwüsten Libyens schwebte, rieselten blutige Tropfen von dem Medusenhaupt auf die Erde herab. Die Erde fing sie auf und machte schillernde Schlangen daraus. Seit dieser Zeit gibt es dort so viele bösartige Schlan-

FRÜHE GÖTTER- UND HELDENSAGEN

gen. Perseus flog nun weiter westwärts und senkte sich endlich im Reich des Königs Atlas auf den Erdboden nieder, um ein wenig zu rasten. Der König hütete einen Hain voll goldener Früchte, wo auch ein gewaltiger Drache hauste. Vergeblich bat Perseus den König um Unterkunft. Da er um sein goldenes Besitztum fürchtete, schickte er Perseus unerbittlich fort von seinem Palast. Da wurde Perseus zornig und sprach: »Du willst mir nichts gönnen. Dann empfange wenigstens du ein Geschenk von mir.« Er holte die Gorgo aus seinem Beutel hervor, wandte sich ab und streckte sie dem König Atlas entgegen. Groß, wie der König war, wurde er augenblicklich zu Stein und in einen Berg verwandelt. Sein Bart und sein Haar dehnten sich zu Wäldern aus, Schultern, Hände und Knochen wurden zu Felsrücken, und sein Haupt wuchs als hoher Gipfel in die Wolken.

Perseus ergriff seine Flügel, band sie sich an die Füße, setzte den Helm auf und schwang sich erneut in die Lüfte. Nun kam er an die Küste Äthiopiens, wo der König Kepheus regierte. Hier sah er eine Jungfrau an eine Felsenklippe gekettet, die weit ins Meer hinausragte. Er hätte sie für ein Marmorbild gehalten, wenn die Luft nicht ihr Haar bewegt und wenn in ihren Augen keine Tränen gezittert hätten. Er war so bezaubert von ihrer Schönheit, dass er in der Luft beinahe vergessen hätte die Flügel zu schlagen. »Sag, schöne Jungfrau«, sprach er sie an, »warum bist du, die du ganz anderen Schmuck verdienst, hier in Ketten gefesselt? Nenne mir doch den Namen deines Landes und sage mir, wie du heißt!« Das gefesselte Mädchen schwieg verschämt, denn sie hatte Scheu, mit dem fremden Mann zu sprechen. Gerne hätte sie ihr Gesicht mit den Händen bedeckt, wenn sie sie nur hätte regen können. So aber konnte sie nur ihre Augen mit quellenden Tränen füllen. Damit aber der Fremde nicht dachte, dass sie eine Schuld vor ihm zu verbergen hätte, erwiderte sie: »Ich bin die Tochter des Kepheus, des Königs der Äthiopier, und heiße Andromeda. Meine Mutter hatte geprahlt, dass sie schöner als Nereus' Töchter, die Meeresnymphen, sei. Darüber waren die Nereïden böse, und ihr Freund, der Meeresgott, ließ eine Überschwemmung und einen alles verzehrenden Haifisch über das Land kommen. Das Orakel versprach uns, dass wir von der Plage befreit würden, wenn ich, die Tochter der Königin, dem Fisch zum Fraß vorgeworfen würde. Das Volk drang in meinen Vater, dass er diese Rettung ergreifen solle, und die Verzweiflung zwang ihn, mich an diesen Felsen zu fesseln.«

Sie hatte die letzten Worte noch nicht zu Ende gesprochen, als die Wogen aufrauschten und aus der Tiefe des Meeres ein Scheusal emportauchte, das mit seiner breiten Brust die ganze Wasserfläche einnahm. Das Mädchen schrie auf, zugleich kamen ihr Vater und ihre Mutter herbeigerannt. Beide sahen sie trostlos aus und im Gesicht der Mutter spie-

Perseus

gelte sich das Bewusstsein ihrer Schuld. Sie umarmten die gefesselte Tochter, doch außer Tränen und Klagen brachten sie ihr nichts. Da sprach der Fremde: »Zum Jammern bleibt euch noch Zeit genug; jetzt gilt es, das Mädchen zu retten. Ich bin Perseus, der Sohn des Zeus und der Danaë. Ich habe die Gorgo besiegt, und wunderbare Flügel tragen mich durch die Luft. Selbst wenn das Mädchen frei wäre und einen Mann wählen müsste, wäre ich kein übler Schwiegersohn. Jetzt werbe ich um sie und biete an, dass ich sie rette. Nehmt ihr meine Bedingung an?« Wer hätte da gezögert? Die erfreuten Eltern versprachen ihm nicht nur die Tochter, sondern auch ihr eigenes Königreich dazu.

Während so verhandelt wurde, war das Ungeheuer schnell wie ein Schiff herangeschwommen und nur noch einen Steinwurf von dem Felsen entfernt. Da stieß sich der Jüngling vom Boden ab und schwang sich hoch empor in die Wolken. Das Tier sah seinen Schatten auf dem Meer. Sogleich warf es sich auf den Schatten wie auf einen Feind, der ihm die Beute zu entreißen droht. Doch da fuhr Perseus wie ein Adler aus der Luft herab, trat schwebend auf den Rücken des Tieres und stieß das Schwert, mit dem er die Medusa getötet hatte, bis an den Knauf in den Leib des Fisches. Da sprang der Fisch bald hoch in die Luft, bald tauchte er tief unter, bald tobte er nach beiden Seiten, wie ein Eber, den die Hunde hetzen. Perseus brachte ihm Wunde um Wunde bei, bis ein dunkler Blutstrom sich aus seinem Rachen ergoss. Inzwischen waren Perseus' Flügel triefend nass geworden und er wagte nicht länger sich dem wasserschweren Gefieder anzuvertrauen. Glücklicherweise erspähte er ein Felsenriff, das aus dem Meer ragte. Dort fand er Halt, um dem Haifisch noch ein letztes Mal das Schwert in die Eingeweide zu stoßen. Das Meer trieb die ungeheure Leiche fort und bald war sie in den Fluten verschwunden. Perseus schwang sich an Land, bestieg den Felsen und befreite die Jungfrau, die ihn mit dankbaren und liebevollen Blicken begrüßte, und brachte sie zu den glücklichen Eltern. Ihn selbst empfing der goldene Palast als Bräutigam.

Noch dampfte das Hochzeitsmahl, und die Stunden verstrichen dem Vater, der Mutter, dem Bräutigam und der geretteten Braut in sorgloser Eile, als im Vorhof der Königsburg plötzlich ein dumpf brausender Lärm losbrach. Phineus, der Bruder des Königs Kepheus, näherte sich mit einer Schar von Kriegern. Er hatte schon früher um seine Nichte Andromeda geworben, doch sie dann in der Not verlassen. Nun kam er, um seine Ansprüche zu erneuern. Er schwang seinen Speer, als er in den Hochzeitssaal trat und dem erstaunten Perseus zurief: »Sieh mich hier, der ich komme, um mich zu rächen, dass mir die Braut genommen wurde! Weder deine Flügel noch dein Vater Zeus sollen mich daran hindern!« Und während er dies sprach, holte er bereits zum Speerwurf aus.

Da stand Kepheus, der König, von der Tafel auf. »Rasender Bruder«, rief

FRÜHE GÖTTER- UND HELDENSAGEN

er, »was treibt dich zu dieser Untat? Nicht Perseus nimmt dir die Geliebte.
Sie wurde dir schon damals genommen, als wir sie dem Tod übergeben
haben und du zugesehen hast, wie sie gefesselt wurde, ohne ihr zu helfen, obwohl du ihr Onkel und ihr Geliebter warst. Warum hast du dir nicht
selbst den Preis von dem Felsen geholt, an den er geschmiedet war? So
lass wenigstens den, der ihn sich erkämpft hat und mein Alter durch die
Rettung meiner Tochter tröstet, in Ruhe!«

Phineus antwortete ihm nicht. Er betrachtete nur böse erst seinen Bruder und dann seinen Nebenbuhler, als überlege er, auf wen er zuerst zielen sollte. Nach kurzem Zögern schwang er den Speer mit aller Kraft, die
der Zorn ihm verlieh, gegen Perseus. Doch er verfehlte sein Ziel. Die
Waffe blieb im Polster seines Stuhles stecken. Jetzt sprang Perseus auf
und warf seinen Spieß nach der Tür, durch welche Phineus eingedrungen
war, und wenn sich sein Todfeind nicht mit einem Sprung hinter den
Hausaltar geflüchtet hätte, hätte der Speer ihn durchbohrt. Das Geschoss
traf aber einen seiner Begleiter. Nun brach ein Handgemenge zwischen
Phineus' Gefolge und den Hochzeitsgästen aus, die längst von der Tafel
aufgesprungen waren. Lang und mörderisch war der Kampf, aber die
Eindringlinge waren in der Überzahl. Zuletzt wurde Perseus von Phineus
und seinen Tausenden umstellt. Seine Braut und seine Schwiegereltern
flehten, dass sie ihn verschonen sollten, aber umsonst. Von allen Seiten
schossen Pfeile auf sie ein wie Hagelkörner im Sturm.

Perseus hatte die Schultern an einen Pfeiler gelehnt und sich so den
Rücken gedeckt. Von dort aus hatte er die Feinde im Blick. Er wehrte
ihren Ansturm ab und streckte einen um den anderen nieder. Erst als er
einsah, dass mit Tapferkeit allein gegen die Menge nichts auszurichten
war, entschloss er sich zum äußersten, aber unfehlbaren Mittel. »Weil ihr
mich dazu zwingt«, rief er, »will ich mir Hilfe bei meinem alten Feind
holen. Wende sein Gesicht ab, wer noch mein Freund ist!« Mit diesen
Worten zog er das Haupt der Medusa aus dem Beutel, der immer an seiner Seite hing, und hielt es dem Gegner hin, der gerade auf ihn eindrang.
Der warf nur einen kurzen Blick darauf und sagte verächtlich: »Such dir
andere, die du mit deinen Mirakeln erschrecken kannst!« Als er aber
seine Hand heben wollte, um den Speer zu werfen, da blieb er mitten in
der Bewegung versteinert wie ein Standbild stehen. Und so erging es
einem nach dem anderen. Zuletzt waren nur noch zweihundert übrig. Da
hob Perseus das Medusenhaupt hoch in die Luft empor, sodass alle es
sehen konnten, und verwandelte die zweihundert auf einmal in starres
Gestein. Jetzt erst bereute Phineus den unrechtmäßigen und unvernünftigen Kampf. Rechts und links erblickte er nichts als Steinbilder in den
unterschiedlichsten Stellungen. Er rief seine Freunde mit Namen, er
berührte ungläubig ihre Körper: Alles war Marmor. Da packte ihn das

nackte Entsetzen und sein Zorn verwandelte sich in demütiges Flehen: »Lass mir nur das Leben, dein sei das Reich und die Braut!«, rief er und blickte ängstlich zur Seite. Aber Perseus war über den Tod seiner neuen Freunde erbittert und kannte kein Erbarmen. »Verräter!«, schrie er voller Zorn. »Ich will dir für alle Ewigkeit ein bleibendes Denkmal im Haus meines Schwiegervaters stiften!« So sehr sich Phineus auch bemühte dem verhängnisvollen Anblick zu entgehen, so traf doch bald das Schreckensbild sein Auge. Sein Hals erstarrte, sein feuchter Blick erhärtete zu Stein. So blieb er stehen: mit furchtsamer Miene, die Hände gesenkt und in knechtischer, demütiger Haltung.

Ungehindert führte jetzt Perseus seine Geliebte Andromeda heim. Lange glückliche Tage lagen vor ihm, und er traf auch seine Mutter Danaë wieder. Doch sollte er an seinem Großvater Akrisios das Verhängnis erfüllen. Dieser war aus Furcht vor dem Orakelspruch zu einem fremden König ins Land der Pelasger geflohen. Hier half er Kampfspiele feiern, als eben Perseus eintraf, der unterwegs nach Argos war, wo er seinen Großvater begrüßen wollte. Ein unglücklicher Wurf mit der Scheibe traf den Großvater von des Enkels Hand, ohne dass dieser ihn kannte oder treffen wollte. Nicht lange blieb ihm verborgen, was er getan hatte. In tiefer Trauer begrub er den Akrisios außerhalb der Stadt und übernahm das Königreich, das ihm durch den Tod des Großvaters zugefallen war. Doch der Neid des Schicksals verfolgte ihn nicht länger. Andromeda gebar ihm viele herrliche Söhne, und der Ruhm des Vaters lebte in ihnen fort.

Ion

Der König Erechtheus von Athen erfreute sich einer schönen Tochter, die Krëusa hieß. Ohne dass ihr Vater es wusste, hatte sich Apollon mit ihr vermählt und sie hatte einen Sohn von ihm bekommen. Aus Furcht vor dem Zorn ihres Vaters hatte sie das Kind in eine Kiste eingeschlossen und in der Höhle ausgesetzt, wo sie ihre heimlichen Zusammenkünfte mit dem Gott gehalten hatte, denn sie hatte gehofft, dass sich die Götter des verlassenen Jungen erbarmen würden. Um das Neugeborene aber nicht ganz ohne Erkennungszeichen zu lassen, hängte sie ihm den Schmuck um, den sie als Mädchen getragen hatte. Apollon, dem als Gott die Geburt seines Sohnes nicht verborgen geblieben war und der weder seine Geliebte verraten noch den Jungen ohne Hilfe lassen wollte, wandte sich an seinen Bruder Hermes. Ohne Aufsehen zu erregen, verkehrte der als Götterbote zwischen Himmel und Erde. »Lieber Bruder«, sprach Apollon, »eine Sterbliche hat mir ein Kind geboren, es ist die Tochter des Königs Erechtheus von Athen. Aus Furcht vor ihrem Vater hat sie es in einer

FRÜHE GÖTTER- UND HELDENSAGEN

Höhle versteckt. Hilf mir, es zu retten. Bring es in der Kiste, in der es liegt, und mit den Windeln, in die es gewickelt ist, zu meinem Orakel nach Delphi und lege es dort auf die Schwelle des Tempels. Das Übrige lass meine Sorge sein, denn es ist mein Kind.« Hermes, der geflügelte Gott, eilte nach Athen, fand das Kind an der bezeichneten Stelle und trug es in dem geflochtenen Weidenkorb, in dem es verschlossen lag, nach Delphi, wo er es vor den Pforten des Tempels absetzte und den Deckel des Korbes öffnete, damit das Kind bemerkt werden konnte. All dies geschah bei Nacht. Am nächsten Morgen, als die Sonne bereits höher stieg, kam die delphische Priesterin zum Tempel geschritten, und als sie ihn betreten wollte, bemerkte sie das neugeborene Kind, das in der Kiste schlief. Erst hielt sie es für die Ausgeburt eines Verbrechens und wollte es schon von der heiligen Schwelle stoßen. Doch dann überkam sie das Mitleid, denn der Gott wandte ihr Herz und sprach darin für seinen Sohn. Die Priesterin nahm also das Kind aus dem Korb und zog es auf, ohne seinen Vater und seine Mutter zu kennen.

Der Junge wuchs heran, indem er vor dem Altar seines Vaters spielte, und wusste dabei nichts von seinen Eltern. Es wurde ein hübscher Jüngling aus ihm. Die Bewohner von Delphi, die ihn schon als kleinen Tempelhüter gewohnt waren, machten ihn zum Schatzmeister aller Geschenke, die der Gott erhielt, und so brachte er fortwährend ein ehrbares und heiliges Leben im Tempel seines Vaters zu.

Die ganze Zeit über hatte Krëusa kein Zeichen mehr von dem Gott Apollon empfangen und musste daher glauben, dass er sie und ihren Sohn vergessen habe. Um diese Zeit gerieten die Athener in einen Krieg mit den Bewohnern der Nachbarinsel Euböa, der bis zur Vernichtung des Gegners geführt wurde, und in dem die Letzteren unterlagen. Ein Fremdling aus Achaia hatte den Athenern in diesem Kampf besonders wirkungsvoll beigestanden. Es war Xuthos, ein Sohn des Äolos, der selbst ein Sohn des Zeus war. Zum Lohn für seine Hilfe erbat er die Hand der Königstochter Krëusa. Doch es war, als ob der heimlich mit ihr vermählte Gott seine Geliebte seinen Zorn darüber spüren ließe, denn in der Ehe mit Xuthos bekam sie keine Kinder. Nach langer Zeit verfiel Krëusa auf den Gedanken, sich an das Orakel von Delphi zu wenden und den Kindersegen zu erbitten. Das war es, was Apollon gewollt hatte. Denn er hatte seinen Sohn keineswegs vergessen.

So brach die Fürstin mit ihrem Mann und einem kleinen Gefolge von Dienerinnen auf und wallfahrtete zu dem Tempel von Delphi. Als sie vor dem Gotteshaus ankamen, trat gerade der junge Sohn Apollons über die Schwelle, um wie gewöhnlich die Pfosten der Tore mit Lorbeerzweigen zu schmücken. Da erblickte er die vornehme Frau, die auf den Tempel zugewandt kam und der beim Anblick des Heiligtums Tränen über die

Wangen liefen. Er wagte es, die Frau, deren würdige Erscheinung ihm aufgefallen war, nach dem Grund ihres Kummers zu fragen.

»Es wundert mich nicht, oh Jüngling«, erwiderte sie seufzend, »dass meine Traurigkeit deinen Blick auf sich zieht. Habe ich doch ein Schicksal zu beweinen, das man mir wohl ansehen mag. Die Götter verfahren oft hart mit uns Menschen!«

»Ich will deinen Kummer nicht stören«, sprach der Jüngling, »aber sage mir doch, wenn es zu wissen erlaubt ist, wer du bist und von woher du kommst.«

»Ich bin Krëusa«, antwortete die Fürstin, »mein Vater heißt Erechtheus, mein Vaterland ist Athen.«

Nichts ahnend rief der Jüngling freudig aus: »Ei, aus welch berühmtem Land, aus welch berühmtem Geschlecht stammst du! Aber sage mir, ist es wahr, was man auf Bildern bei uns sieht? Dass Erichthonios, der Großvater deines Vaters, wie eine Pflanze aus dem Boden gewachsen ist? Dass die Göttin Athene den Jungen in eine Kiste eingeschlossen hat, ihn von zwei Drachen bewachen ließ und das Kistchen dann den Töchtern des Kekrops zur Aufbewahrung überlassen hat? Und dass die dann das Kistchen aus Neugier geöffnet haben, beim Anblick des Kindes von Wahnsinn befallen wurden und sich von den Felsen der kekropischen Burg herabstürzten?«

Krëusa schwieg auf diese Frage, denn das Schicksal ihres Urahns erinnerte sie zu sehr an das ihres eigenen Sohnes. Der aber, der vor ihr stand, fragte unbefangen weiter: »Und sage mir auch, hohe Fürstin, ist es wahr, dass dein Vater Erechtheus seine Töchter dem Tod geopfert hat? Dass ein Orakel dies wollte und deine Schwestern freiwillig in den Tod gegangen sind? Und wie kam es, dass nur du allein gerettet worden bist?«

»Ich war«, sprach Krëusa, »ein neugeborenes Kind und lag in den Armen meiner Mutter.«

»Und«, so wollte der Jüngling weiter wissen, »ist es auch wahr, dass dein Vater Erechtheus von einer Erdspalte verschlungen worden ist, dass der Dreizack des Poseidon ihn verderbt hat und dass es in der Nähe seines Erdgrabes eine Grotte gibt, die mein Herr, der phytische Apollon, so lieb hat?«

»Oh schweige mir von jener Grotte, Fremdling«, unterbrach ihn Krëusa seufzend. »In ihr ist eine Treulosigkeit und ein Frevel begangen worden.« Die Fürstin schwieg eine Weile, um sich zu sammeln. Dann erzählte sie dem Jüngling, in welchem sie den Tempelhüter des Gottes erkannt hatte, dass sie die Frau des Fürsten Xuthos und mit ihm nach Delphi gewallfahrtet sei, um den Gott um Segen für ihre unfruchtbare Ehe zu bitten. »Phoibos Apollon«, seufzte sie, »kennt den Grund für meine Kinderlosigkeit. Nur er kann mir helfen.«

FRÜHE GÖTTER- UND HELDENSAGEN

»So hast du keine Kinder, du Unglückliche?«, sagte der Jüngling betrübt.

Und Krëusa erwiderte: »Unglücklich bin ich schon lange. Und ich muss deine Mutter beneiden, guter Jüngling, dass sie einen so schönen Sohn besitzt.«

»Ich kenne meine Mutter und meinen Vater nicht«, gab der Jüngling traurig zur Antwort. »Nie habe ich an der Brust einer Frau gelegen. Ich weiß auch nicht, wie ich hierher gekommen bin. Von meiner Pflegemutter, der Priesterin dieses Tempels, hörte ich nur, dass sie Mitleid mit mir hatte und mich aufgezogen hat. Seitdem ist der Tempel des Gottes meine Wohnung und ich bin sein Diener.«

Als sie dies erfuhr, wurde die Fürstin sehr nachdenklich. Doch sie drängte ihre Gedanken zurück und sprach die traurigen Worte: »Mein Sohn, ich kenne eine Frau, der es wie deiner Mutter ergangen ist. Um ihretwillen bin ich hierher gekommen. Ich soll das Orakel befragen. Weil du der Diener des Gottes bist, will ich dir ihr Geheimnis anvertrauen, bevor ihr jetziger Mann den Tempel betritt. Auch er hat diese Wallfahrt gemacht, doch unterwegs hielt er sich auf, um das Orakel des Trophonios zu hören. Jene Frau also behauptet, dass sie vor ihrer Ehe mit dem großen Gott Phoibos Apollon vermählt gewesen war und einen Sohn von ihm bekam, ohne dass ihr Vater es wusste. Sie setzte das Kind aus und hat seitdem nichts über sein Schicksal erfahren. Sie weiß nicht, ob es noch lebt oder gestorben ist. Um dies von dem Gott zu erfragen, bin ich im Namen meiner Freundin hierher gekommen.«

»Wie lange ist das her?«, fragte der Jüngling.

»Falls der Junge noch am Leben wäre, hätte er etwa dein Alter«, sprach Krëusa.

Und schmerzlich rief der Jüngling: »Wie ähnlich ist das Schicksal deiner Freundin dem meinen! Sie sucht ihren Sohn und ich suche meine Mutter! Doch ist das, was ihr geschehen ist, fern von hier geschehen, und leider sind wir beide einander ganz fremd. Doch hoffe nicht, dass der Gott dir von seinem Dreifuß aus die gewünschte Antwort geben wird. Denn im Namen deiner Freundin klagst du ihn der Treulosigkeit an, und er wird kaum sein eigener Richter sein!«

»Still jetzt!«, sagte Krëusa. »Dort sehe ich den Ehemann der Frau, er kommt. Lass dir nichts anmerken von dem, was ich dir vielleicht allzu vertrauensselig vorgeplaudert habe.«

Xuthos kam fröhlich in den Tempel und zu seiner Frau geschritten. »So höre denn!«, rief er. »Trophonios hat einen glücklichen Ausspruch getan: Ich soll nicht ohne Kinder wieder fortgehen! Aber sage mir, wer ist dieser junge Seher?« Der Jüngling trat bescheiden auf den Fürsten zu und erzählte ihm, dass er nur der Tempeldiener sei und dass die Delphier, die

52

Ion

durchs Los ausgewählt worden waren, selbst den Dreifuß umlagern, von dem die Priesterin nun Orakel zu geben bereit sei. Als der Fürst dies hörte, befahl er Krëusa, sich mit den Zweigen zu schmücken, die jene zu tragen pflegen, die dem Orakel eine Bitte stellen, und an den Altar des Gottes zu treten, der mit Lorbeer geschmückt unter freiem Himmel stand. Er selbst begab sich in das Heiligtum des Tempels, während der junge Schatzmeister des Gottes im Vorhof seine Wache fortsetzte. Es dauerte nicht lange, da hörte er die Türen des inneren Heiligtums gehen und dröhnend wieder zuschlagen. Dann sah er den Xuthos in freudiger Bestürzung herauseilen. Voller Ungestüm warf er sich dem Jüngling um den Hals, nannte ihn wieder und wieder seinen Sohn und verlangte von ihm Handschlag und Kindeskuss. Der Jüngling aber verstand nicht. Er hielt den Alten für wahnsinnig und stieß ihn mit jugendlicher Kraft zurück. Doch Xuthos ließ sich nicht abweisen. »Der Gott selbst hat es mir geoffenbart«, sprach er. »Sein Spruch lautete: Der Erste, der mir draußen begegnen würde, der sei mein Sohn und ein Göttergeschenk. Wie das möglich ist, weiß ich nicht, denn meine Frau hat mir nie zuvor Kinder geboren. Doch ich vertraue dem Gott. Mag er selbst sein Geheimnis enthüllen.«

Nun überkam auch den Jüngling Freude. Doch nur halb, und mitten unter den Umarmungen und Küssen seines Vaters musste er seufzen: »Oh geliebte Mutter, wer bist du? Wo bist du? Wann wird es mir vergönnt sein, auch dich zu sehen?« Und er fragte sich bang, wie ihn die kinderlose Gemahlin des Xuthos, die er doch gar nicht kannte, so plötzlich als Stiefsohn aufnehmen würde? Und wie die Stadt Athen ihn, den nicht gesetzlichen Erben des Fürsten, empfangen würde? Sein Vater versuchte diese Bedenken zu zerstreuen. Er versprach ihm, ihn vor den Athenern und vor seiner Frau als einen Fremden und nicht als seinen Sohn auszugeben. Dann gab er ihm den Namen *Ion*, weil er ihn im Tempel als seinen Sohn erkannte, als er ihm entgegenging, und Ion bedeutet Gänger.

Krëusa war unterdessen noch immer nicht vom Altar Apollons aufgestanden, vor dem sie sich betend niedergeworfen hatte. Da kamen ihre Dienerinnen und unterbrachen ihr Gebet. Sie klagten und heulten, als sie ihr entgegenriefen: »Unglückliche Herrin! Zwar ist dein Mann in große Freude versetzt worden – du aber wirst nie ein eigenes Kind in deine Arme nehmen und an deine Brust legen. Deinem Mann hat Apollon nun einen Sohn gegeben, einen erwachsenen Sohn, den ihm vor langer Zeit wohl irgendeine Nebenfrau geboren hat! Als er aus dem Tempel trat, kam ihm dieser Sohn entgegen. Dein Mann wird sich an ihm freuen. Aber dein Leben wird weiterhin öde wie das einer Witwe sein!« Es schien, als habe der Gott selbst Krëusa mit Blindheit geschlagen, dass sie ein so nahe liegendes Geheimnis nicht enthüllte! Stattdessen brütete sie über ihrem

53

FRÜHE GÖTTER- UND HELDENSAGEN

traurigen Schicksal. Nach einer Weile fragte sie, wer denn der Stiefsohn sei, den sie so unvermutet erhalten hatte. »Es ist der junge Tempeldiener, den du schon kennst«, erwiderten sie. »Sein Vater hat ihm den Namen Ion gegeben. Wer seine Mutter ist, wissen wir nicht. Jetzt ist dein Mann zum Altar des Dionysos gegangen, um heimlich für seinen Sohn zu opfern, und dann will er das Wiedererkennensmahl mit ihm feiern. Uns hat er unter Todesdrohung verboten, dir, oh Herrin, das Geheimnis anzuvertrauen. Nur aus unserer großen Liebe zu dir haben wir uns nicht an das Verbot gehalten. Du wirst uns ja nicht bei ihm verraten!«

Da trat aus dem Gefolge ein alter Diener hervor. Er war dem Stamm der Erechthiden treu ergeben und liebte seine Herrin sehr. Er beschimpfte den Fürsten Xuthos als einen treulosen Ehemann und ließ sich von seinem Eifer sogar so weit treiben, dass er ihr anbot, er würde den Bastard, der das Erbe der Erechthiden unrechtmäßig an sich brächte, aus dem Weg räumen. Da Krëusa nun glaubte, sowohl von ihrem ehemaligen Geliebten als auch von ihrem Gatten verlassen worden zu sein, und sie vor Kummer fast besinnungslos war, hörte sie auf die verbrecherischen Pläne des Alten und weihte ihn sogar in das Geheimnis um ihr Verhältnis zu dem Gott ein.

Als Xuthos mit Ion, in dem er unbegreiflicherweise einen Sohn gefunden zu haben glaubte, den Tempel des Gottes verlassen hatte, begab er sich mit ihm auf den doppelten Gipfel des Berges Parnassos. Dort wurde der Gott Dionysos von den Delphiern ebenso verehrt wie Apollon, und vor allem Frauen huldigten ihm mit orgiastischen Feiern. Nachdem Xuthos als Dank für den wieder gefundenen Sohn ein Trankopfer ausgegossen hatte, errichtete Ion im Freien mithilfe der Diener, die ihn begleitet hatten, ein schön geschmücktes und geräumiges Zelt. Das bedeckte er mit prächtigen Teppichen, die er aus dem Tempel des Apollon hatte herbeibringen lassen. Im Innern des Zeltes stellte man lange Tafeln auf, die mit silbernen Schüsseln voll köstlicher Speisen und goldenen Bechern voll der edelsten Weine gedeckt wurden. Dann schickte der Athener Xuthos seinen Herold in die Stadt Delphi und lud sämtliche Einwohner ein, seine Freude mit ihm zu teilen. Bald füllte sich das Zelt mit bekränzten Gästen und sie tafelten üppig und voller Freude.

Beim Nachtisch trat ein alter Mann mitten in das Zelt, dessen sonderbare Gebärden die Gäste belustigten. Der Alte maßte sich an, das Amt des Mundschenks versehen zu wollen. Xuthos erkannte ihn als den greisen Diener seiner Frau Krëusa, und er lobte ihn bei seinen Gästen für seinen Fleiß und seine Treue. Dann ließ er ihn arglos gewähren. Der Alte stellte sich an den Schanktisch und machte sich an den Bechern zu schaffen, um die Gäste zu bedienen. Als gegen Ende des Mahles die Flöten ertönten, befahl er den Dienern die kleinen Becher von der Tafel abzuräumen und

Ion

den Gästen große silberne und goldene Trinkgefäße vorzusetzen. Er selbst nahm sich das prächtigste Gefäß und tat, als wollte er seinen neuen jungen Herrn damit ehren. Er füllte es randvoll mit köstlichem Wein, zugleich schüttete er aber heimlich ein tödliches Gift hinein. Den Becher in der Hand trat er auf Ion zu und goss einige Tropfen des Weines als Trankopfer auf den Boden. Im selben Moment hörte Ion einen der Knechte, die dabei standen, wie ihm zufällig ein Fluch entfuhr. Ion, der unter den heiligen Bräuchen des Tempels aufgewachsen war, erkannte darin ein böses Omen. Er schüttete den Becher aus und befahl, dass man ihm einen neuen bringen solle. Aus diesem goss er dann selbst feierlich das Trankopfer aus, und alle Gäste taten dasselbe. Während dies geschah, flatterte eine Schar heiliger Tauben, die im Tempel des Apollon unter dem Schutz des Gottes aufgewachsen war, in das Zelt. Als sie die Weinströme bemerkten, ließen sie sich auf dem Boden nieder und begannen an dem Wein zu nippen.

Das Trankopfer schadete den Tauben nicht – bis auf einer. Es war die, die sich an jener Stelle setzte, wo Ion seinen Becher ausgegossen hatte. Kaum, dass sie getrunken hatte, schüttelte sie in Krämpfen ihre Flügel, fing vor den erstaunten Gästen zu ächzen und zu toben an und verendete unter Flügelschlägen und Zuckungen. Da erhob sich Ion von seinem Sitz, streifte zornig sein Gewand von seinen Armen, ballte die Fäuste und rief: »Wo ist der Mensch, der mich töten wollte? Rede, Alter! Denn du hast deine Hand dazu geliehen, du hast mir den Trank gemischt!« Und er packte den Alten an der Schulter, um ihn nicht wieder loszulassen. Überrascht und erschrocken gestand er das Verbrechen, behauptete aber, dass Krëusa ihn angestiftet habe. Da verließ Ion das Zelt, und die Gäste folgten ihm in wilder Aufregung. Als er draußen stand, umringten ihn die vornehmsten Delphier. Er hob die Hände und sprach: »Heilige Erde, du bist meine Zeugin, dass dieses fremde Erechthidenweib mich mit Gift aus dem Weg räumen will!«

»Steinigt sie! Steinigt sie!«, riefen die Delphier wie aus einem Munde. Und die ganze Stadt machte sich auf, um die Verbrecherin mit ihm zu suchen. Xuthos selbst, dem die schreckliche Enthüllung die Besinnung geraubt hatte, wurde von dem Strom mit fortgerissen, ohne dass er wusste, was er tat.

Krëusa hatte an Apollons Altar die Folgen ihrer verzweifelten Tat erwartet. Diese aber waren viel heftiger, als sie vermutet hatte. Tosender Lärm aus der Ferne schreckte sie aus ihrer Versunkenheit auf. Noch bevor die heranstürmende Meute sie erreicht hatte, erschien einer der Diener ihres Mannes bei ihr. Er war vorausgeeilt, weil er seiner Herrin in besonderer Treue zugetan war und sie warnen wollte. Es gelang ihm gerade noch, ihr den Beschluss des Volkes mitzuteilen. Da scharten sich

FRÜHE GÖTTER- UND HELDENSAGEN

ihre Dienerinnen um sie und riefen: »Halte dich am Altar des Apollon fest!
Denn auch wenn dich der heilige Ort nicht vor den Mördern schützen
kann, so werden sie mit deiner Ermordung doch eine unsühnbare Blutschuld auf sich laden!« Unterdessen kam die tobende Menge, deren
Anführer Ion war, dem Altar immer näher. Der Wind trug seine zornigen
Worte bis an Krëusas Ohr: »Die Götter haben es gut mit mir gemeint«, rief
er, »dass dieses gottlose Verbrechen mich von der Stiefmutter befreien
sollte, die mich in Athen erwartete. Wo ist die Verruchte, die Viper mit der
Giftzunge, der Drache mit dem Flammenauge? Auf, dass die Mörderin
vom höchsten Felsen in den Abgrund gestürzt werde!« Die Menge brüllte
und jubelte ihm beifällig zu.

Jetzt hatten sie den Altar erreicht. Ion zerrte an der Frau, die seine Mutter war, und in der er nur seine Todfeindin sah, um sie vom Altar fortzureißen. Denn der heilige, unverletzliche Altar war ihr Asyl. Aber Apollon
wollte nicht, dass sein eigener Sohn zum Mörder seiner Mutter würde.
Auf seinen göttlichen Wink war das Gerücht von dem Verbrechen, das
Krëusa plante, und der Strafe, die sie dafür erwartete, schnell bis in den
Tempel und an die Ohren der Priesterin gedrungen. Und der Gott hatte
ihren Sinn erleuchtet, sodass sie gleich erkannte, wie alle Ereignisse
zusammenhingen. Sie verstand, dass Ion nicht Xuthos' Sohn war, wie sie
ihm selbst, ohne wirklich klar zu sehen, prophezeit hatte, sondern der
Sohn von Apollon und Krëusa! Sie verließ den Dreifuß und suchte das
Kistchen hervor, in dem das Neugeborene samt einigen Erkennungszeichen, die sie ebenfalls sorgfältig aufbewahrt hatte, damals vor dem Tem-
peltor ausgesetzt worden war. Schnell lief sie damit zum Altar hinaus, wo
Krëusa gegen Ion um ihr Leben kämpfte. Als Ion die Priesterin sah, ließ
er Krëusa los und ging ihr ehrerbietig entgegen. Er rief: »Sei mir willkommen, liebe Mutter! Denn so muss ich dich nennen, auch wenn du mich
nicht geboren hast! Weißt du, welchen Nachstellungen ich entgangen
bin? Kaum habe ich einen Vater gefunden, will mich meine böse Stiefmutter töten! Sage mir, Mutter, was soll ich tun? Denn auf deinen Rat will ich
hören!«

Die Priesterin hob warnend ihren Finger und sprach: »Ion, gehe mit
unbefleckter Hand und unter günstigen Vogelzeichen nach Athen!«

Ion dachte nach. Dann sagte er: »Hat denn Schuld auf sich geladen, wer
seine Feinde tötet?«

»Tu es nicht!«, sprach die ehrwürdige Frau. »Siehst du dieses alte Körbchen, das ich mit frischen Kränzen geschmückt, in meinem Arm trage?
Das ist das Körbchen, in dem du damals ausgesetzt worden bist.«

Ion staunte. »Davon, Mutter, hast du mir nie etwas gesagt! Warum hast
du es so lang vor mir verschwiegen?«

»Weil der Gott«, antwortete die Priesterin, »dich bis heute zu seinem

Priester haben wollte. Jetzt, wo er dir einen Vater gegeben hat, entlässt er dich nach Athen.«

»Und wofür soll dieses Kistchen nun gut sein?«, fragte Ion weiter.

»Es enthält die Windeln, in welchen du ausgesetzt worden bist, lieber Sohn!«, antwortete die Priesterin.

»Meine Windeln?«, rief Ion. »Das ist ja eine Spur, die mich zu meiner wahren Mutter führen kann!«

Die Priesterin hielt ihm das offene Kistchen hin und Ion griff gierig hinein. Er zog die säuberlich aufgewickelte Leinwand heraus. Mit Tränen in den Augen sah er sie an. Als Krëusa das Kistchen erblickt hatte, hatte auch sie die ganze Wahrheit verstanden, und allmählich hatte sich ihre Angst gelegt. Beherzt verließ sie den Altar und mit dem freudigen Ausruf »Mein Sohn!« umarmte sie den staunenden Ion. Diesen beschlich aufs Neue das Misstrauen. Er fürchtete, dass diese Umarmung nur eine neue List der Fremden sein könnte und machte sich unwillig los. Da fasste sich Krëusa ein Herz. Sie trat einige Schritte zurück und sprach: »Diese Leinwand soll für mich zeugen, Kind! Wickle sie nur auseinander! Dann wirst du die Zeichen finden, die ich dir nun nenne. Ich selbst habe sie als Mädchen eingestickt: In der Mitte des Stoffes wirst du das Schlangenhaupt der Medusa finden, so wie es auf dem Ägisschild dargestellt ist!«

Noch ungläubig entfaltete Ion die Windel. Doch dann stieß auch er einen Freudenschrei aus: »Oh großer Zeus, hier ist Medusa, hier sind die Schlangen!«

»Und das ist nicht alles!«, rief Krëusa. »Es müssen in dem Kistchen auch kleine Drachen sein, ich gab sie zur Erinnerung an die Drachen in der Kiste des Erichthonios hinein, dazu einen Halsschmuck für das neugeborene Kind.« Ion durchforschte weiter den Korb und mit glücklichem Lächeln zog er bald die Drachenbilder hervor. »Das letzte Zeichen«, rief Krëusa, »muss ein Kranz aus den unverwelklichen Oliven sein, die vom erstgepflanzten Ölbaum in Athen stammen, und den ich meinem neugeborenen Sohn aufgesetzt habe.« Ion suchte auf dem Boden des Kistchens, und seine Hand brachte einen schönen grünen Olivenkranz hervor. Mit tränenerstickter Stimme rief er: »Mutter! Mutter!«, fiel Krëusa um den Hals und bedeckte ihre Wangen mit Küssen. Nach einer langen Weile riss er sich los. Er wollte auch seinen Vater Xuthos sehen. Da offenbarte ihm Krëusa das Geheimnis seiner Geburt und dass er der Sohn des Gottes sei, dem er so lange und so treu gedient habe.

Jetzt verstand er alles, was sich zuletzt zugetragen hatte, und selbst dass Krëusa ihn in ihrer Verzweiflung sogar töten wollte, fand er nun verzeihlich.

Xuthos schloss den Ion als Stiefsohn in seine Arme, denn er betrachtete ihn als ein Geschenk der Götter, und alle drei traten in den Tempel, um

FRÜHE GÖTTER- UND HELDENSAGEN

dem Gott zu danken. Die Priesterin aber weissagte von ihrem Dreifuß herab, dass Ion der Vater eines großen Stammes werden sollte, die nach seinem Namen Ionier genannt werden würden. Und auch dem Xuthos sagte sie Nachkommenschaft von Krëusa voraus. Sie werde einen Sohn gebären. Der solle Doros heißen und Vater der weltberühmten Dorier werden.

Mit solchen freudigen Erfüllungen und Hoffnungen brach das Fürstenpaar zusammen mit ihrem Sohn auf den Rückweg in die Heimat auf, und alle Einwohner Delphis gaben ihnen ihr Geleit.

Dädalus und Ikaros

Auch Dädalus aus Athen war ein Erechthide: Er war ein Sohn des Metion und ein Urenkel des Erechtheus. Als Baumeister, Bildhauer und Steinmetz war er einer der kunstbegabtesten Männer seiner Zeit. In den verschiedensten Gegenden der Welt bewunderte man seine Werke und von seinen Skulpturen hieß es, dass sie leben, gehen und sehen, kurz, dass sie wie lebendige Wesen erschienen. Denn während an den Werken der früheren Meister die Augen geschlossen waren und die Hände seitlich am Körper anliegend schlaff herabhingen, war er der Erste, der seinen Figuren offene Augen gab, sie die Hände ausstrecken und sie auf gehenden Füßen stehen ließ. Aber so kunstreich Dädalus war, so eitel und eifersüchtig war er auch mit seinen Werken. Und dieses Laster verleitete ihn zum Verbrechen und stürzte ihn schließlich ins Elend.

Dädalus hatte einen Neffen namens Talos, den er seine Künste lehrte und der noch begabter zu sein schien als er selbst. Schon als Kind hatte Talos die Töpferscheibe erfunden! Den Kiefer einer Schlange, den er einmal irgendwo gefunden hatte, benutzte er als Säge. Als es ihm gelang, damit ein kleines Brett durchzuschneiden, bildete er das Werkzeug in Eisen nach, indem er in die scharfe Kante eine fortlaufende Reihe Zähne schnitt. So wurde er der gepriesene Erfinder der Säge. Ebenso erfand er das Drechseleisen, indem er zuerst zwei eiserne Arme verband, von welchen einer unbeweglich war, während der andere sich drehte. Diese und weitere Werkzeuge entwickelte er ohne die Hilfe seines Lehrers, und er erwarb sich damit hohen Ruhm. Dädalus begann zu befürchten, dass der Name seines Schülers den seinen übertreffen könnte, und ihn überkam der Neid. Er stieß Talos von Athenes Burg hinab und brachte ihn auf diese Weise hinterlistig um. Während er ihn begrub, wurde er überrascht. Er behauptete zwar eine Schlange zu verscharren, doch er wurde vor dem Gericht des Areopags wegen Mordes angeklagt und verurteilt.

Dädalus konnte jedoch entkommen. Erst irrte er durch Attika, doch dann führte ihn seine Flucht nach Kreta, wo ihm König Minos Asyl

Dädalus und Ikaros

gewährte. Dädalus wurde dessen Freund und erwarb sich hohes Ansehen als Künstler. Nun betraute ihn König Minos mit der Aufgabe einen Aufenthaltsort für den Minotauros zu schaffen, wo er vor den Augen der Menschen verborgen bliebe. Der Minotauros war ein Ungeheuer von abscheulicher Abkunft. Er war ein Doppelwesen: Er hatte den Kopf eines Stieres, während der übrige Körper ganz einem Menschen glich.

Der erfindungsreiche Geist des Dädalus ersann zu diesem Zweck das Labyrinth. Die gewundenen Krümmungen mussten jeden verwirren, der es betrat. Die unzähligen Gänge schlangen sich ineinander wie der verworrene Lauf des Flusses Mäander, der bald rückwärts, bald vorwärts floss und oft seinen eigenen Wellen entgegenkam. Als der Bau vollendet war und Dädalus ihn besichtigte, fand er selbst nur mit Mühe wieder heraus, so gut war sein Werk gelungen. Im Innersten dieses Labyrinths wurde der Minotauros gehalten. Seine Speise waren sieben Jünglinge und sieben Jungfrauen, die dem König von Kreta aufgrund alter Schuld alle neun Jahre aus Athen überbracht werden mussten.

Dem Dädalus wurde die lange Verbannung aus seiner geliebten Heimat doch allmählich zur Last. Und es quälte ihn der Gedanke, bei einem tyrannischen König, der selbst gegen einen Freund noch misstrauisch war, sein ganzes Leben zubringen zu müssen, noch dazu auf einer Insel, die von Wasser umschlossen war. Sein erfinderischer Geist sann auf Rettung. Nachdem er lange gebrütet hatte, rief er endlich freudig aus: »Jetzt weiß ich, wie ich mich retten kann! Soll mir Minos ruhig den Zugang zu Wasser und Land verstellen – die Luft bleibt mir doch offen! So viel Minos auch besitzen mag, über die Luft hat er keine Herrschergewalt. Durch die Luft will ich davongehen!« Gesagt, getan. Dädalus überwältigte die Natur mit seinem Erfindungsgeist. Er begann Vogelfedern von unterschiedlicher Größe so aneinander zu legen, dass er mit der kleinsten begann und zu der kürzeren Feder stets eine längere fügte, sodass man glauben konnte, sie seien von selbst ansteigend gewachsen. Diese Federn verknüpfte er in der Mitte mit Fäden, unten verband er sie mit Wachs. Dann bog er die Gebilde leicht, sodass sie wie richtige Flügel aussahen. Dädalus hatte einen kleinen Sohn namens Ikaros. Der stand neben ihm und half dem Vater bei der Arbeit, so gut er es eben konnte. Er berührte mit den Händen das Gefieder, dessen Flaum sich im Luftzug bewegte, und knetete das gelbe Wachs. Der Vater ließ dies sorglos geschehen und lächelte zu den unbeholfenen Bemühungen seines Kindes. Nachdem sein Werk vollendet war, passte er sich selbst die Flügel an, brachte sie ins Gleichgewicht und schwebte leicht wie ein Vogel hinauf in die Lüfte. Als er sich wieder auf den Boden gesenkt hatte, zeigte er dies auch seinem Sohn, für den ein kleineres Flügelpaar bereitlag. »Mein lieber Sohn«, sprach er, »halte dich stets in der Mitte! Zwischen Wasser und Sonne

FRÜHE GÖTTER- UND HELDENSAGEN

fliege dahin, damit nicht, wenn du den Flug zu sehr nach unten senkst, die Flügel das Meerwasser streifen und dich schwer in die Tiefe der Wogen hinabziehen; und dass, wenn du zu hoch in die Luft hinaufflıegst, dein Gefieder nicht der Sonne zu nahe kommt und plötzlich Feuer fängt! Folge nur stets meinem Pfad durch die Luft!« Während er ihn so ermahnte, band Dädalus seinem Sohn die Flügel an die Schultern, doch seine Hände zitterten dabei und eine bange Träne tropfte ihm auf die Hand. Dann umarmte er den Jungen und gab ihm einen Kuss, der auch sein letzter sein sollte.

Jetzt erhoben sich beide mit ihren Flügeln. Sorgenvoll flog der Vater voraus, wie ein Vogel, der seine zarte Brut zum ersten Mal aus dem Nest in die Luft führt. Besonnen schwang er die Flügel, damit sein Sohn es ihm nachmachen konnte. Von Zeit zu Zeit schaute er sich um, um zu sehen, wie es ihm gelänge. Anfangs ging es ganz gut, und bald erblickten sie links die Insel Melos, bald Paros und Delos. Noch weitere Küsten sahen sie unter sich dahinziehen, bis der Junge, den der glückliche Flug zuversichtlich gemacht hatte, seinen väterlichen Führer verließ und in verwegenem Übermut höher hinauf steuerte. Doch wovor der Vater gewarnt hatte, blieb nicht aus: Die nahe Sonne schmolz mit ihren kräftigen Strahlen das Wachs, das die Flügel zusammenhielt, und ehe Ikaros es noch bemerkte, waren die Flügel schon aufgelöst und zu beiden Seiten von seinen Schultern abgefallen. Der unglückliche Junge ruderte in der Luft und schwang seine nackten Arme, doch er bekam keine Luft mehr zu fassen. Mit einem Mal stürzte er in die Tiefe. Er hatte den Namen seines Vaters auf den Lippen, um ihn zu Hilfe zu rufen – doch noch ehe er ihn aussprechen konnte, hatte ihn die blaue Meeresflut verschlungen. Das alles war so schnell geschehen, dass Dädalus es nicht einmal bemerkt hatte. Und als er sich wieder nach seinem Sohn umsehen wollte, fand er ihn nicht mehr. »Ikaros! Ikaros!«, rief er trostlos durch den leeren Himmel. »Wo soll ich dich suchen?« Voller Angst blickte er in die Tiefe. Da sah er im Wasser die Federn schwimmen. Nun senkte er seinen Flug und landete. Er legte die Flügel ab und lief verzweifelt am Ufer auf und ab. Bald schon spülten die Wellen den Leichnam seines unglücklichen Sohnes an. Jetzt war der ermordete Talos gerächt.

Der verzweifelte Vater begrub seinen Sohn. Es war eine Insel, wo er gelandet und wo die Leiche angeschwemmt worden war. Zum ewigen Gedächtnis an das traurige Ereignis erhielt die Insel den Namen Ikaria.

Als Dädalus seinen Sohn begraben hatte, fuhr er weiter zu der großen Insel Sizilien. Dort herrschte König Kokalos. Wie einst bei Minos auf Kreta wurde er auch von ihm freundlich aufgenommen, und seine Kunst versetzte die Einwohner in Staunen. Noch lange zeigte man dort einen künstlichen See, den er angelegt hatte, und von welchem sich ein breiter Fluss

Dädalus und Ikaros

in das nahe Meer ergoss. Auf den steilsten Felsen, der nicht einzunehmen war und der kaum Platz für ein paar Bäume zu bieten schien, baute er eine befestigte Stadt und führte einen so schmalen gewundenen Pfad zu ihr empor, dass drei Männer ausreichten, um die Stadt zu verteidigen. Diese unbezwingbare Befestigung wählte dann der König Kokalos, um seine Schätze dort aufzubewahren. Das dritte Werk des Dädalus auf Sizilien war ein Dampfbad in einer Höhle. Hier fing er den Dampf von unterirdischem Feuer so geschickt auf, dass der Aufenthalt in einer Grotte, wo es sonst feucht war, so angenehm wurde wie in einem leicht geheizten Zimmer. Der Körper wurde hier ganz langsam zum gesunden Schwitzen gebracht, ohne dass er unter der Hitze zu leiden hatte. Auch den Tempel der Aphrodite auf dem Vorgebirge Eryx erweiterte er. Und er weihte der Göttin eine goldene Wabe, die so kunstvoll gearbeitet war, dass sie einer echten Wabe täuschend ähnlich sah.

Nun erfuhr aber König Minos, dass Dädalus, der die Insel Kreta heimlich verlassen hatte, nach Sizilien geflohen war. Er fasste den Entschluss seinen Baumeister mit einem gewaltigen Kriegsheer zu verfolgen. Also rüstete er eine Flotte aus und fuhr damit von Kreta nach Agrigent. Hier ließ er seine Truppen an Land gehen. Dann entsandte er Botschafter zu König Kokalos, die verlangen sollten, dass ihm der Flüchtling ausgeliefert werde. Kokalos aber empörte sich über den Angriff des fremden Tyrannen und sann auf Mittel und Wege, wie er ihn vernichten könnte. Er täuschte vor, dass er mit dem Ansinnen des Kreters einverstanden sei, sagte ihm zu, seine Forderungen gern zu erfüllen und lud ihn zu einer Zusammenkunft ein. Minos kam und wurde sehr gastfreundlich von Kokalos aufgenommen. Ein warmes Bad sollte ihm Erholung von der anstrengenden Reise verschaffen. Als er aber in der Wanne saß, ließ Kokalos das Wasser so lange heizen, bis König Minos darin elend zugrunde ging. Dann übergab der König von Sizilien die Leiche den Kretern, die ihn begleitet hatten, und behauptete, der König sei im Bad ausgeglitten und in das heiße Wasser gestürzt. Hierauf wurde Minos von seinen Kriegern mit großer Pracht bei Agrigent bestattet. Über seinem Grabmal wurde ein offener Aphroditetempel errichtet.

Dädalus stand bei König Kokalos weiterhin in hohem Ansehen. Er zog viele und berühmte Künstler heran und wurde der Gründer seiner Kunst auf Sizilien. Glücklich aber war er seit dem Absturz seines Sohnes nicht mehr. Während er dem Land, das ihm Zuflucht gewährt hatte, mit seinen Werken ein heiteres und lachendes Ansehen verlieh, verbrachte er selbst seinen Lebensabend in Kummer und Trübsinn. Er starb auf der Insel Sizilien und wurde dort begraben.

ZWEITES BUCH

DIE ARGONAUTENSAGE

Iason und Pelias

Von Aison, dem Sohn des Kretheus, stammte Iason ab. Sein Großvater hatte in einer Bucht des Landes Thessalien die Stadt und das Königreich Iolkos gegründet und später seinem Sohn Aison überlassen. Aber der jüngere Sohn, Pelias, bemächtigte sich des Thrones. Aison starb und sein Sohn Iason war bei dem Zentauren Chiron, der viele Helden erzogen hatte, in Obhut gegeben worden und auch ihn bildete er aus. Als Pelias bereits ein alter Mann war, erschreckte ihn ein düsterer Orakelspruch, der besagte, dass er sich vor dem Einschuhigen hüten sollte.

Pelias grübelte vergeblich über den Sinn dieses Wortes nach, als Iason, der nun seit zwanzig Jahren den Unterricht und die Erziehung des Chiron genossen hatte, sich heimlich aufmachte, um in seine Heimat Iolkos zu wandern und das Thronrecht seines Geschlechts vor Pelias zu fordern. Nach Art der Helden war er mit zwei Speeren, den einen zum Werfen, den andern zum Stoßen, ausgerüstet. Er trug ein Reisegewand und darüber die Haut eines Panthers, den er erwürgt hatte. Sein ungeschnittenes Haar hing lang über die Schultern hinab. Auf seinem Weg kam er an einen breiten Fluss. Dort begegnete er einer alten Frau, die ihn flehentlich bat, ihr über den Strom zu helfen. Es war die Göttermutter Hera, eine Feindin des Königs Pelias. Iason erkannte sie in ihrer Verwandlung nicht, und er nahm sie mitleidig auf seine Arme und watete mit ihr durch den Fluss. Dabei blieb ihm der eine Schuh im Schlamm stecken. Dennoch wanderte er weiter.

Iason kam in Iolkos an, als sein Onkel gerade dabei war, inmitten seines Volkes auf dem Marktplatz der Stadt dem Meeresgott Poseidon ein feierliches Opfer darzubringen. Alle im Volk staunten über Iasons Schönheit und seinen majestätischen Wuchs. Sie meinten, Apollon oder der Kriegsgott Ares selbst sei plötzlich in ihre Mitte getreten. Jetzt erblickte auch der

Die Argonautensage

opfernde König den Fremdling, und mit Entsetzen bemerkte er, dass er nur einen Schuh trug. Als die heilige Handlung vollbracht war, trat er ihm entgegen und fragte ihn nach seinem Namen und seiner Heimat, wobei er aber seine Bestürzung verbarg. Iason antwortete mutig, doch ruhig: Er sei Aisons Sohn, sei in Chirons Höhle erzogen worden und komme jetzt, um das Haus seines Vaters zu sehen. Der kluge Pelias empfing ihn auf diese Mitteilung hin freundlich und ohne seinen Schrecken zu zeigen. Er ließ ihn im ganzen Palast herumführen und Iason betrachtete voller Sehnsucht den Ort seiner Kindheit.

Fünf Tage lang feierte er das Wiedersehen mit seinen Vettern und Verwandten. Am sechsten Tag verließen sie die Zelte, die für die Gäste aufgeschlagen worden waren, und traten gemeinsam vor den König Pelias. Sanft und bescheiden sprach Iason zu seinem Onkel: »Du weißt, oh König, dass ich der Sohn des rechtmäßigen Königs bin, und dass alles, was du besitzt, mein Eigentum ist. Dennoch lasse ich dir die Schaf- und Rinderherden und alle Felder, die du meinen Eltern entrissen hast. Ich verlange nichts von dir zurück als das Königszepter und den Thron, auf welchem einst mein Vater saß.«

Pelias hatte sich rasch besonnen. Freundlich erwiderte er: »Ich bin bereit deine Forderungen zu erfüllen, wenn auch du mir eine Bitte gewährst: Vollbringe für mich eine Tat, die zu vollbringen ich selbst zu alt bin und die du in deiner Jugend leicht vollbringen kannst. Seit langem erscheint mir im Traum der Schatten des Phrixos und verlangt von mir, dass ich seine Seele zufrieden stelle, indem ich nach Kolchis zum König Aietes reite und von dort seine Gebeine und das Vlies des goldenen Widders zurückhole. Den Ruhm, den diese Unternehmung erbringt, habe ich dir zugedacht. Wenn du mit der herrlichen Beute zurückkehrst, sollst du Reich und Zepter erhalten.«

Anlass und Beginn des Argonautenzuges

Mit dem Goldenen Vlies aber verhielt es sich so: Phrixos, der Sohn des böotischen Königs Athamas, hatte viel von der Nebenfrau seines Vaters, seiner Stiefmutter Ino, zu erdulden. Um ihn davor zu bewahren, raubte ihn seine leibliche Mutter Nephele, wobei seine Schwester Helle ihr half. Sie setzte die Kinder auf einen geflügelten Widder, dessen Vlies oder Fell aus reinem Gold war und den sie von dem Gott Hermes als Geschenk erhalten hatte. Auf diesem Wundertier ritten Bruder und Schwester durch die Luft über Land und Meere dahin. Unterwegs wurde das Mädchen von Schwindel erfasst. Sie stürzte in die Tiefe und fand ihren Tod in dem Meer, das von ihr seinen Namen, Helles Meer oder Hellespont,

63

FRÜHE GÖTTER- UND HELDENSAGEN

erhielt. Phrixos kam glücklich in das Land der Kolchier, das an der Küste des Schwarzen Meeres liegt. Hier wurde er von König Aietes gastfreundlich aufgenommen, der ihm eine seiner Töchter zur Frau gab. Den Widder opferte Phrixos dem Zeus, der die Flucht begünstigt hatte, sein Fell aber, das Goldene Vlies, gab er dem König Aietes zum Geschenk. Der weihte es dem Ares und befestigte es mit Nägeln in einem Hain, der diesem Gott geweiht war. Zur Bewachung des Goldenen Vlieses bestellte Aietes einen ungeheuren Drachen, denn ein Orakel hatte sein Leben vom Besitz dieses Widderfelles abhängig gemacht.

Das Vlies wurde in der ganzen Welt als ein großer Schatz betrachtet und lange sprach man auch in Griechenland davon. So mancher Held oder Fürst wollte das goldene Fell besitzen. Pelias hatte also nicht falsch gerechnet, wenn er hoffte, seinen Neffen Iason durch die Aussicht auf eine so herrliche Beute anzustacheln. Iason sagte bereitwillig zu. Die eigentliche Absicht seines Onkels, ihn in den Gefahren dieses Zuges den Tod finden zu lassen, durchschaute er nicht und er verpflichtete sich feierlich das Abenteuer zu bestehen.

Nun erging an die berühmtesten Helden Griechenlands die Aufforderung bei dem kühnen Unternehmen dabei zu sein. Am Fuß des Berges Pelion wurde unter Athenes Leitung von dem geschicktesten Baumeister Griechenlands ein Schiff erbaut: Nach ihm, Argos, dem Sohn des Arestor, wurde das Schiff Argo genannt. Es bot Raum für fünfzig Ruder, bestand aus einer Holzart, die im Meer nicht fault, und war das erste lange Schiff, auf welchem die Griechen sich in die offene See hinauswagten. Die Göttin Athene hatte dazu das weissagende Brett einer sprechenden Eiche des Orakels in Dodona gestiftet, und man brachte es in der Takellage an. An der Außenwand war das Schiff reich mit Schnitzereien verziert und doch war es so leicht, dass es die Helden zwölf Tagesreisen weit auf ihren Schultern tragen konnten.

Als das Schiff fertig und die Helden versammelt waren, wurden die Plätze der Argonauten verlost. Iason war Befehlshaber des ganzen Zuges, Tiphys war Steuermann; Lynkeus, der scharf Blickende, machte den Lotsen des Schiffes. Im Bug saß der herrliche Held Herakles, im Heck saßen Peleus, der Vater des Achilles, und Telamon, der Vater des Ajax. In der Mitte saßen unter anderem Kastor und Polydeukes, die Zwillingssöhne des Zeus, Neleus, der Vater Nestors, Admetos, der Gemahl der frommen Alkestis, Meleagros, der Besieger des kalydonischen Ebers, Orpheus, der wundervolle Sänger, Menoitios, der Vater des Patroklos, Theseus, später König von Athen, und sein Freund Peirithoos, Hylas, der junge Gefährte des Herakles, Poseidons Sohn Euphemos, und Oïleus, der Vater des kleineren Ajax. Iason hatte sein Schiff dem Poseidon geweiht und vor der Abfahrt brachte man ihm und allen anderen Meeresgöttern ein feierliches Opfer dar.

Die Argonautensage

Als alle ihre Plätze eingenommen hatten, wurden die Anker gelichtet. Die fünfzig Ruderer begannen ihren regelmäßigen Takt, ein günstiger Wind blähte die Segel und bald ließ das Schiff den Hafen von Iolkos hinter sich. Orpheus beflügelte die Argonauten mit seinen lieblichen Harfentönen und seinem begeisternden Gesang. Guten Mutes fuhren sie an Vorgebirgen und Inseln vorüber. Erst am zweiten Tag kam ein Sturm auf, der sie in den Hafen der Insel Lemnos trieb.

Die Argonauten auf Lemnos

Auf dieser Insel hatten im vorangegangenen Jahr die Frauen, vom Zorn der Aphrodite und von Eifersucht getrieben, alle ihre Männer, ja das ganze männliche Geschlecht ausgerottet, weil sie sich Nebenfrauen aus Thrakien geholt hatten. Nur Hypsipyle hatte ihren Vater, den König Thoas, verschont und ihn in einer Kiste dem Meer zur Rettung übergeben. Seitdem fürchteten die Frauen von Lemnos einen Angriff der Thrakier, den Verwandten ihrer Nebenbuhlerinnen, und blickten oft bang auf die hohe See hinaus. Auch jetzt, wo sie das Schiff Argo heranrudern sahen, stürzten sie erschrocken und wie Amazonen bewaffnet vor die Tore ans Ufer hinaus.

Die Männer der Argo waren höchst erstaunt, als sie am Strand bewaffnete Frauen, aber keinen einzigen Mann erblickten. Sie ließen ein Boot zu Wasser und sandten einen Herold mit einem Friedensstab an Land. Er wurde von den Frauen vor Königin Hypsipyle gebracht, der er bescheiden die Bitte vortrug, dass die Argonauten auf Lemnos rasten dürften. Die Königin ließ die Frauen auf dem Marktplatz der Stadt zusammenkommen, sie selbst aber setzte sich auf den steinernen Thron ihres Vaters. Neben ihr lagerte sich, auf einen Stab gestützt, ihre alte Amme, und zu ihrer Rechten und zur Linken saßen je zwei zarte Jungfrauen. Nachdem sie ihrem Volk das friedliche Ansinnen der Argonauten mitgeteilt hatte, erhob sich Hypsipyle und sprach: »Liebe Schwestern, wir haben einen großen Frevel begangen und uns männerlos gemacht. Wir sollten gute Freunde, wenn sie sich uns darbieten, nicht zurückstoßen. Aber wir müssen auch dafür sorgen, dass sie nichts von unserem Verbrechen erfahren. Darum rate ich, den Fremden Speise, Wein und alles, was sie benötigen, auf ihr Schiff bringen zu lassen und sie durch unsere Großzügigkeit von unseren Mauern fern zu halten.«

Als sich die Königin niedergesetzt hatte, richtete sich die Amme auf. Mit Mühe hob sie ihren Kopf und sprach: »Schickt den Fremden auch Geschenke. Daran tätet ihr gut. Denkt außerdem immer daran, was euch bevorsteht, wenn die Thrakier kommen. Und selbst wenn die Götter gnä-

65

FRÜHE GÖTTER- UND HELDENSAGEN

dig sind und sie uns fern halten – seid ihr darum vor allem Übel sicher? Wir alten Frauen wie ich können zwar ruhig sein, denn wir werden sterben, ehe wir Not leiden müssen, wenn alle unsere Vorräte zu Ende sind. Ihr jüngeren aber, wie wollt ihr überleben? Werden sich die Ochsen für euch selbst ans Joch spannen und den Acker pflügen? Werden sie an eurer Stelle die reifen Ähren schneiden, wenn das Jahr vergangen ist? Denn ihr selbst werdet diese und andere harten Arbeiten nicht verrichten wollen. Ich rate euch also, weist diesen wünschenswerten Schutz nicht ab, der sich euch bietet! Vertraut euer Hab und Gut den edlen Fremden an und lasst sie eure schöne Stadt verwalten!« Diesen Rat hörten die Frauen von Lemnos gern. Die Königin sandte eine der Jungfrauen, die an ihrer Seite gesessen hatten, mit dem Herold auf das Schiff, um den Argonauten den günstigen Beschluss der Frauenversammlung mitzuteilen.

Die Argonauten waren über diese Nachricht hocherfreut, denn natürlich glaubten sie, dass Hypsipyle nach dem Tod ihres Vaters die Herrschaft auf friedliche Weise übernommen hatte. Iason warf den purpurnen Mantel, ein Geschenk der Göttin Athene, über seine Schultern. Wie ein leuchtender Stern wandelte er der Stadt entgegen. Als er durch das Tor geschritten war, folgten ihm die Frauen in Scharen, riefen ihm ihren Gruß zu und freuten sich über den Gast. Er aber blickte scheu zu Boden und begab sich eilig zum Palast der Königin. Dort taten Dienerinnen die hohen Pforten weit vor ihm auf und die Jungfrau führte ihn in das Gemach ihrer Herrin. Hier nahm er vor Hypsipyle auf einem prachtvollen Stuhl Platz.

Die Königin schlug die Augen nieder und ihre Wangen röteten sich. Verschämt wandte sie sich mit schmeichlerischen Worten an ihren Gast: »Fremdling, warum bleibt ihr so scheu vor unseren Toren? Diese Stadt wird ja nicht von Männern bewohnt, sodass ihr euch fürchten müsstet. Unsere Männer sind uns untreu geworden; mit thrakischen Frauen, die sie im Krieg erbeutet haben, sind sie in das Land ihrer Nebenfrauen gezogen und haben ihre Söhne und männlichen Diener mitgenommen. Wir aber sind hilflos zurückgeblieben. Darum kehrt hier bei uns ein, wenn es euch gefällt. Und wenn du das möchtest, sollst du an meines Vaters statt unser Herrscher sein. Du wirst keinen Makel an unserem Land finden. Es ist bei weitem die fruchtbarste Insel in diesem Meer. Gehe also, guter Führer, und melde deinen Gefährten unseren Vorschlag. Bleibt nicht länger vor den Toren.« Dass sie ihre Männer ermordet hatten, verschwieg sie.

Iason erwiderte: »Königin, die Hilfe, die du uns Hilfsbedürftigen anbietest, nehmen wir dankbar an. Wenn ich meinen Gefährten die Nachricht überbracht habe, will ich gern in eure Stadt zurückkehren, aber das Zepter und die Insel behalte du selbst! Nicht dass ich sie verachten würde – aber auf mich warten schwere Kämpfe in einem fernen Land.« Iason

Die Argonautensage

reichte der jungen Königin zum Abschied die Hand, dann eilte er ans Ufer zurück.

Bald kamen auch die Frauen mit vielen Gastgeschenken nach. Ohne Mühe überredeten sie die Helden, die die Botschaft ihres Führers schon vernommen hatten, in die Stadt zu kommen und in ihren Häusern einzukehren. Iason nahm seine Wohnung im Königspalast selbst. Nur Herakles, der sich von Frauen fern hielt, blieb mit wenigen auserlesenen Gefährten auf dem Schiff zurück.

Bald schon erfüllten fröhliche Mahlzeiten und Tänze die Stadt; duftender Opferrauch stieg zum Himmel empor. Zusammen mit den Gästen ehrten die Einwohnerinnen Hephaistos, den Schutzgott der Insel, und Aphrodite, seine Gemahlin. Die Abfahrt wurde einen um den anderen Tag verschoben, und noch lange wären die Argonauten bei den Frauen geblieben, wenn nicht Herakles vom Schiff herbeigekommen wäre und die Gefährten, ohne dass die Frauen es wussten, um sich versammelt hätte. »Ihr Elenden«, rief er erbost, »hattet ihr nicht genügend Frauen zu Hause? Seid ihr hierher gekommen, um euch zu vergnügen? Wollt ihr als Bauern auf Lemnos die Felder pflügen? Gewiss wird ein Gott das Vlies für uns holen und es uns zu Füßen legen! Dann lasst uns besser in die Heimat zurückkehren. Iason soll sich ruhig mit Hypsipyle vermählen, die Insel Lemnos mit seinen Söhnen bevölkern und von den Heldentaten der anderen hören!«

Keiner wagte Herakles anzusehen oder ihm gar zu widersprechen. Sogleich machten sich die Männer zur Abfahrt bereit. Aber die Einwohnerinnen von Lemnos, die ihre Absicht durchschaut hatten, umschwärmten sie mit Klagen und Bitten. Und doch fügten sie sich in Herakles' Entschluss.

Weinend trat Hypsipyle aus der Schar der Frauen hervor, nahm Iason bei der Hand und sprach: »Geh! Mögen dir die Götter samt deinen Gefährten das Goldene Vlies verleihen, so wie du es wünschst! Wenn du je zu uns zurückkehren willst, dann erwarten dich diese Insel und das Zepter meines Vaters. Aber ich weiß sehr wohl, dass du dies gar nicht möchtest. So gedenke denn wenigstens meiner in der Ferne!«

Iason nahm voller Bewunderung von der edlen Königin Abschied und ging als Erster an Bord. Nun wurden die Taue gelöst, die Ruderer setzten sich in Bewegung und schon nach kurzer Zeit hatten die Argonauten den Hellespont hinter sich gelassen.

FRÜHE GÖTTER- UND HELDENSAGEN

Die Argonauten im Land der Dolionen

Der Wind trieb das Schiff in die Nähe der phrygischen Küste. Dort, auf der Insel Kyzikos, lebten die erdgeborenen, wilden Giganten, und neben ihnen die friedlichen Dolionen. Den Giganten hingen sechs Arme vom Körper herab: zwei von den mächtigen Schultern und vier an den Seiten des Körpers. Die Dolionen stammten vom Meeresgott ab, der sie auch vor jenen Ungeheuern schützte. Ihr König war der fromme Kyzikos.

Als König Kyzikos von der Ankunft des Schiffes erfuhr und hörte, welche Helden darauf unterwegs waren, eilte er den Argonauten mit seinem ganzen Volk begeistert entgegen. Gastfreundlich empfing er die Männer und redete ihnen zu, im Hafen der Stadt vor Anker zu gehen. Denn schon vor längerer Zeit hatte der König einen Orakelspruch erhalten, der besagte, dass er die göttliche Schar der Heroen wohlwollend aufnehmen und ja nicht bekriegen solle.

König Kyzikos selbst war noch ganz jung, kaum erst war ihm der Bart gewachsen. Seine Frau lag im Palast gerade in den ersten Wehen. Dennoch folgte Kyzikos dem Götterspruch und verließ sie, um das Mahl mit den Fremden zu teilen. Nun erzählten ihm die Argonauten von Ziel und Zweck ihrer Fahrt, und er gab ihnen Auskunft über den Weg, den sie zu nehmen hätten. Am nächsten Morgen stiegen sie auf einen hohen Berg, um selbst die Lage der Insel und das Meer zu überblicken.

In der Zwischenzeit waren von der anderen Seite der Insel die Giganten hervorgebrochen und hatten den Hafen mit Felsbrocken versperrt. Dort lag aber die Argo – von Herakles, der auch diesmal nicht an Land gegangen war, bewacht. Als er die Ungeheuer das boshafte Werk unternehmen sah, schoss er viele von ihnen mit seinen Pfeilen nieder. Zur gleichen Zeit kamen die übrigen Helden zurück und richteten mit Pfeilen und Speeren unter den Giganten eine furchtbare Niederlage an, sodass sie wie gefällte Bäume in dem engen Hafen umherlagen: die einen mit Kopf und Brust im Wasser und den Füßen am Ufersand, die anderen mit den Füßen im Meer, doch beide als Beute für Fische und Vögel.

Nachdem die Helden diesen glücklichen Kampf bestanden hatten, lösten sie unter günstigem Wind die Ankertaue und segelten hinaus auf die offene See. Doch in der Nacht legte sich der Wind. Bald erhob sich ein Sturm von der entgegengesetzten Seite, und so waren die Argonauten gezwungen, noch einmal am gastlichen Land der Dolionen vor Anker zu gehen, allerdings ohne dass sie es wussten. Sie glaubten bereits die phrygische Küste erreicht zu haben. Ebenso wenig erkannten die Dolionen, die von den Geräuschen der Landung aus dem Schlaf gerissen wurden, die Freunde wieder, mit denen sie gestern so fröhlich gezecht hatten. Sie ergriffen ihre Waffen, und zwischen den Freunden entspann sich

Die Argonautensage

eine unglückselige Schlacht. Iason selbst stieß dem gütigen König Kyzikos den Speer in die Brust, ohne ihn zu erkennen und ohne von ihm erkannt zu werden. Die Dolionen wurden schließlich in die Flucht geschlagen und schlossen sich hinter ihren Stadtmauern ein.

Am nächsten Morgen erkannten alle den Irrtum.

Bitterer Schmerz ergriff den Argonautenführer Iason und alle seine Helden, als sie den guten Dolionenkönig tot auf dem Schlachtfeld liegen sahen. Drei Tage lang trauerten sie gemeinsam mit den Dolionen, dann fuhren die Helden weiter. Klite, die Gemahlin des gefallenen Königs, erdrosselte sich, noch ehe sie entbunden hatte.

Herakles wird zurückgelassen

Nach einer stürmischen Fahrt landeten die Argonauten in einer Meerenge Bithyniens, bei der Stadt Kios. Hier lebten die Mysier. Sie empfingen die Helden freundlich, türmten dürres Holz zu einem wärmenden Feuer auf, bereiteten ihnen aus grünem Laub ein weiches Lager und setzten ihnen noch in der Abenddämmerung Wein und Speise zur Genüge vor. Herakles, der sich nichts aus solcherlei Bequemlichkeiten machte, ließ seine Gefährten beim Mahl zurück und unternahm einen Streifzug in den Wald, um sich ein besseres Ruder für den kommenden Morgen zu schnitzen. Bald fand er eine Tanne, die ihm geeignet schien. Sie war nicht zu sehr mit Ästen beladen und in Größe und Umfang wie der Ast einer schlanken Pappel. Sogleich legte er Köcher und Bogen auf die Erde, legte sein Löwenfell ab, warf seine kräftige Keule auf den Boden und zog den Baum, indem er ihn mit beiden Händen packte, mitsamt den Wurzeln heraus, sodass die Tanne dalag, als hätte sie ein Sturm entwurzelt.

In der Zwischenzeit hatte sich sein junger Gefährte Hylas ebenfalls vom Tisch erhoben und sich von den Gefährten entfernt. Er war gegangen, um Wasser für seinen Herrn und Freund zu schöpfen. Hylas wollte, dass Herakles bei seiner Rückkehr alles vorbereitet fand. Auf seinem Zug gegen die Dryopen hatte Herakles Hylas' Vater im Streit erschlagen, doch den Jungen hatte er mit sich genommen und ihn zu seinem Diener und Freund gemacht. Während der schöne Jüngling nun an der Quelle Wasser schöpfte, leuchtete der Vollmond. Als Hylas sich mit dem Krug über das Wasser beugte, erblickte ihn die Nymphe des Quells. Von seiner Schönheit betört schlang sie den linken Arm um ihn, mit der Rechten ergriff sie seinen Ellbogen und zog ihn so hinab in die Tiefe. Einer der Helden, Polyphemos mit Namen, der die Rückkehr des Herakles in der Nähe der Quelle erwartete, hörte den Hilfeschrei des Jünglings, aber er fand ihn nicht mehr. Dafür begegnete er Herakles, der aus dem Wald

69

FRÜHE GÖTTER- UND HELDENSAGEN

zurückkam. »Unglückseliger!«, rief er ihm entgegen. »Muss ich der Erste sein, der dir die Trauerbotschaft überbringt! Dein Hylas ist zur Quelle gegangen und nicht von dort zurückgekehrt. Entweder führen ihn Räuber gefangen davon, oder wilde Tiere griffen ihn an. Ich selbst habe seinen Angstschrei gehört.«

Dem Herakles troff der Schweiß von der Stirn, als er dies hörte, und sein Blut wallte auf. Zornig warf er die Tanne zu Boden und rannte mit einem durchdringenden Schrei durch das Dickicht auf die Quelle zu.

Jetzt stand der Morgenstern über dem Gipfel des Berges, günstiger Wind kam auf. Der Steuermann der Argo ermahnte die Helden ihn zu nutzen und an Bord zu gehen. Schon bald fuhren sie fröhlich im Morgenlicht dahin, als ihnen viel zu spät auffiel, dass Polyphemos und Herakles am Ufer zurückgelassen worden waren. Da erhob sich heftiger Streit unter den Helden, ob sie ohne ihre tapfersten Gefährten weitersegeln sollten oder nicht.

Iason sagte kein Wort. Stumm saß er da und der Kummer nagte an seinem Herzen. Den Telamon aber übermannte der Zorn: »Wie kannst du so ruhig dasitzen?«, rief er dem Führer zu. »Du fürchtest wohl, dass Herakles' Ruhm den deinen verdunkeln könnte! Doch was helfen da Worte! Selbst wenn alle Gefährten mit dir einer Meinung wären, so wollte ich allein zu dem verlassenen Helden umkehren!«

Mit diesen Worten packte er den Steuermann Tiphys an der Brust, wobei seine Augen wie Flammen funkelten, und gewiss hätte er die Argonauten gezwungen ans Ufer zurückzukehren, wenn nicht die beiden Söhne des Boreas, Kalaïs und Zetes, ihm in den Arm gefallen wären und heftig auf ihn eingeredet hätten, um ihn zurückzuhalten. Zugleich stieg aus der schäumenden Flut Glaukos, der Meeresgott, hervor, fasste mit starker Hand das Heck des Schiffes und rief den Argonauten zu: »Ihr Helden, was streitet ihr euch? Was begehrt ihr gegen den Willen des Zeus, den mutigen Herakles mit euch in das Land des Aietes zu führen? Ihm sind ganz andere Aufgaben vom Schicksal bestimmt. Den Hylas hat eine liebende Nymphe geraubt, und ihm zuliebe ist er zurückgeblieben.« Nachdem er ihnen dies offenbart hatte, tauchte Glaukos wieder in die Tiefe, und das dunkle Wasser um ihn schäumte auf.

Telamon war beschämt. Er ging auf Iason zu, legte seine Hand in die seine und sprach: »Sei nicht zornig auf mich, Iason! Der Schmerz hat mich verführt unvernünftige Worte zu sprechen. Übergib meinen Fehler den Winden, und lass uns einander wieder wohlgesinnt sein wie früher.« Gerne stimmte Iason dieser Versöhnung zu, und so fuhren sie bei starkem und günstigem Wind weiter dahin.

Polyphemos fand sich bei den Mysiern zurecht und erbaute ihnen eine Stadt. Herakles aber ging weiter, wohin die Bestimmung des Zeus ihn rief.

Polydeukes und der Bebrykenkönig

Am nächsten Morgen gingen sie bei Sonnenaufgang an einer weit ins Meer reichenden Landzunge vor Anker. Dort lagen die Ställe und das ländliche Wohnhaus des wilden Bebrykenkönigs Amykos. Dieser hatte allen Fremden das Gesetz auferlegt, dass keiner sein Gebiet verlassen dürfe, ehe er sich nicht mit ihm im Faustkampf gemessen hatte. Auf diese Weise hatte er schon viele Männer getötet, und auch jetzt näherte er sich mit verächtlichen Worten dem fremden Schiff: »Hört, ihr Meervagabunden«, rief er, »was ihr wissen sollt! Kein Fremder darf das Land verlassen, ohne mit mir gekämpft zu haben. So wählt denn euren tapfersten Helden aus und stellt ihn mir. Sonst wird es euch übel ergehen!«

Unter den Argonauten befand sich Polydeukes, Ledas Sohn, der der beste Faustkämpfer Griechenlands war. Ihn reizte die Herausforderung und er rief dem König zu: »Poltere nicht, wir wollen deinen Gesetzen gehorchen, und in mir hast du deinen Mann gefunden!«

Der Bebryke blickte den kühnen Helden grimmig und mit rollenden Augen an. Polydeukes aber, der jugendliche Held, sah so heiter aus wie ein Stern am Himmel. Er schwang seine Hände in der Luft und erprobte, ob sie von der langen Ruderei nicht steif geworden waren.

Als die Helden das Schiff verlassen hatten, stellten die beiden Kämpfer sich einander gegenüber. Ein Sklave des Königs warf zwei Paar Handschuhe zwischen sie auf den Boden. »Wähle, welches Paar du willst«, sagte Amykos, »ich will dich nicht erst lange losen lassen. Du wirst aus Erfahrung sagen können, dass ich ein guter Schläger bin und blutige Backenstreiche auszuteilen verstehe!«

Polydeukes lächelte still, nahm das Handschuhpaar, das ihm zunächst lag, und ließ es sich von seinen Freunden an die Hände binden. Dasselbe tat Amykos.

Jetzt begann der Faustkampf. Wie eine Welle des Meeres, die sich dem Schiff entgegenwälzt, stürmte der fremde Ringer auf den Griechen ein. Der aber wich seinem Angriff stets kunstvoll und unverletzt aus. Er hatte die schwache Seite seines Gegners bald herausgefunden und versetzte ihm so manchen Streich. Doch auch der König bemerkte, was für ihn von Vorteil war, und nun krachten die Kinnbacken, und die Zähne knirschten unter gegenseitigen Schlägen. Beide gaben nicht nach, bevor sie nicht außer Atem waren. Dann traten sie auseinander, um Luft zu schöpfen und sich den Schweiß zu trocknen. Im erneuten Kampf schlug Polydeukes Amykos nieder.

Da jubelten die Argonauten laut. Doch die Bebryken sprangen ihrem König bei. Sie erhoben ihre Keulen und Jagdspieße gegen Polydeukes und stürmten gegen ihn an. Schützend stellten sich seine Gefährten mit blanken Schwertern vor ihn, und es begann ein blutiger Kampf.

Die Bebryken wurden schließlich in die Flucht geschlagen und mussten sich ins Landesinnere zurückziehen. Die Helden aber stürzten sich auf deren Ställe und Viehherden und machten reiche Beute.

Die Nacht über blieben sie an Land, verbanden ihre Wunden, opferten den Göttern und tranken Wein. Sie legten sich Lorbeerkränze um die Stirn und sangen zur Zither des Orpheus. Es schien als lauschte ihnen das stille Ufer; ihr Lied besang Polydeukes, den siegreichen Sohn des Zeus.

Phineus und die Harpyien

Am Morgen fuhren sie weiter. Nachdem sie einige weitere Abenteuer bestanden hatten, warfen sie an einem Ufergebiet des bithynischen Landes die Anker aus. Dort lebte König Phineus, der Sohn des Helden Agenor. Phineus wurde von einem schlimmen Übel geplagt.

Weil er seine Gabe wahrzusagen, die Apollon ihm verliehen hatte, missbraucht hatte, war er im hohen Alter mit Blindheit geschlagen worden. Und die Harpyien, die grässlichen Wundervögel, ließen ihn keine Speise in Ruhe genießen. Sie raubten ihm, was sie ergattern konnten. Was übrig blieb besudelten sie so, dass es ungenießbar und selbst die Nähe dieser Speisen unerträglich wurde. Doch hatte Phineus einen trostreichen Spruch von dem Orakel des Zeus erhalten: Wenn die Söhne des Boreas mit den griechischen Schiffern kämen, sollte er wieder Speise genießen können. So verließ der alte Mann, sobald er von der Ankunft des Schiffes gehört hatte, sein Gemach.

Bis auf die Knochen abgemagert war er und er sah aus wie ein Schatten. Seine Glieder zitterten vor Altersschwäche, vor den Augen schwindelte ihm und er musste sich auf einen Stab stützen, um beim Laufen nicht allzu sehr zu schwanken. Als er bei den Argonauten angelangt war, sank er erschöpft zu Boden. Die Helden umringten den unglücklichen Greis, denn sie waren entsetzt über sein Aussehen. Als der Fürst wieder zu sich kam und die Anwesenheit der Argonauten bemerkte, brach er in flehende Bitten aus: »Ihr teuren Helden, wenn ihr wirklich die seid, die die Weissagung mir genannt hat, so helft mir; denn nicht nur meines Augenlichts haben die Rachegöttinnen sich bemächtigt, auch die Speisen entziehen sie mir durch grässliche Vögel, die sie mir senden! Ihr helft keinem Fremden: Ich bin Phineus, Agenors Sohn und ein Grieche. Einst habe ich über die Thrakier geherrscht, und die Söhne des Boreas, die unter euch sein müssen und mich retten sollen, sind die jüngeren Brüder Kleopatras, die dort meine Frau war.«

Die Argonauten vertreiben die Harpyien

FRÜHE GÖTTER- UND HELDENSAGEN

Auf diese Enthüllung hin warf sich ihm Zetes, der Sohn des Boreas, in die Arme und versprach ihm, ihn mithilfe seines Bruders von der Qual der Harpyien zu erlösen. Sogleich bereiteten sie ihm ein Mahl, das für die räuberischen Vögel das letzte sein sollte.

Kaum dass der König die Speise berührt hatte, brachen die Vögel wie ein Sturm über ihn herein und ließen sich unter gierigen Flügelschlägen auf seinen Speisen nieder. Die Helden versuchten sie mit Geschrei zu vertreiben, doch die Harpyien ließen sich nicht stören. Sie blieben, bis sie alles verzehrt hatten, dann schwangen sie sich wieder in die Lüfte und ließen einen unerträglichen Gestank zurück.

Aber Zetes und Kalaïs folgten ihnen mit gezogenen Schwertern. Zeus verlieh ihnen Flügel und unerschöpfliche Kraft – und die brauchten sie auch, denn die Harpyien flogen schneller dahin als der Wind. Doch die Söhne des Boreas kamen unermüdlich hinter ihnen drein, und oft meinten sie die Ungeheuer schon packen zu können. Schließlich waren sie ihnen so nahe, dass sie sie sicher erlegt hätten, als plötzlich Iris, die Botin des Zeus, sich aus dem Äther herabsenkte und zu den beiden Helden sprach: »Nicht ist's erlaubt, ihr Söhne des Boreas, die Jagdhunde des großen Zeus, die Harpyien, mit dem Schwert zu töten. Doch schwöre ich euch beim Styx den größten Göttereid, dass die Raubvögel den Sohn des Agenor nicht länger belästigen werden.« Die Söhne des Boreas nahmen den Schwur an und kehrten zu ihrem Schiff zurück.

Unterdessen pflegten die griechischen Helden den Leib des Greises Phineus, hielten eine Opfermahlzeit und luden den Ausgehungerten dazu ein. Der verzehrte gierig die guten und reichlichen Speisen, und ihm war, als würde er träumen. Während sie im Laufe der Nacht die Rückkehr der Boreassöhne erwarteten, teilte der alte König Phineus den Argonauten mit, was seine Sehergabe ihm offenbarte: »Zunächst«, so sprach er, »werdet ihr in einer Meerenge den Symplegaden begegnen. Dies sind zwei steile Felsinseln, deren unterste Wurzeln nicht bis zum Meeresboden reichen, sondern die in der See schwimmen. Oft treiben sie aufeinander zu, und dann schwillt das Meer zwischen ihnen mit fürchterlichem Toben an. Wollt ihr nicht mit Mann und Maus zerquetscht werden, so rudert zwischen ihnen durch, so schnell wie eine Taube fliegt. Dann werdet ihr an die Ufer der Mariandyner kommen, wo der Eingang zur Unterwelt liegt. An vielen anderen Vorgebirgen, Flüssen und Küsten segelt ihr im weiteren Verlauf eurer Fahrt vorüber, an den Frauenstädten der Amazonen und am Land der Chalyber, die im Schweiße ihres Angesichts das Eisen aus der Erde graben. Schließlich werdet ihr die kolchische Küste erreichen. Hier werdet ihr den Palast des Königs Aietes erblicken; dort hütet der schlaflose Drache das Goldene Vlies, das über dem Wipfel der Eiche ausgebreitet hängt.«

Die Argonautensage

Die Helden hörten dem alten Mann nicht ohne Grauen zu und wollten eben weiterfragen, als sich die Söhne des Boreas aus den Lüften in ihre Mitte herabsenkten und dem König die tröstliche Botschaft der Iris überbrachten.

Die Symplegaden

Dankbar und gerührt nahm Phineus Abschied von seinen Rettern, die weiter mancherlei neuen Schicksalen entgegenfuhren.

Erst wurden die Argonauten durch vierzig Tage lang während Nordwestwinde aufgehalten, bis schließlich Opfer und Gebete zu allen zwölf Göttern ihnen zu frischer Fahrt verhalfen. Mit geblähten Segeln schossen sie dahin. Da vernahmen sie von fern ein lautes Tosen. Es war das Donnern der aneinander stoßenden Symplegaden, das Echo der Ufer, das Tosen des Meeres und das Zischen der Gischt.

Tiphys, der Steuermann, stellte sich wachsam ans Steuerruder, Euphemos erhob sich im Schiff. Auf der Handfläche hielt er eine Taube. Wenn diese, so hatte Phineus gesagt, furchtlos zwischen den Felsen hindurchflöge, so könnten auch sie die Durchfahrt wagen.

Eben öffneten sich die Felsen. Euphemos ließ die Taube fliegen; aller Blicke folgten ihr: Die Taube flog mitten durch die Felsen hindurch, aber schon schoben sie sich wieder aufeinander zu, und das schäumende Meer spritzte auf. Ein Brausen erfüllte Wasser und Luft. Jetzt stießen die Felsen zusammen; sie klemmten der Taube die Schwanzfedern ab, doch sie war glücklich hindurchgekommen.

Mit kräftiger Stimme spornte Tiphys die Ruderer an. Die Felsen öffneten sich wieder und die strömende Flut zog das Schiff mit sich hinein. Das Verderben schwebte nun über den Argonauten: Eine turmhohe Woge kam heran, und alle duckten sich, als sie sie kommen sahen. Tiphys aber ließ die Ruder innehalten, denn die schäumende Welle wälzte sich unter den Kiel des Schiffes und hob es über die Felsen empor, ohne Schaden anzurichten. Sogleich riss der Strudel das Schiff wieder zwischen die Felsen hinab und die Ruderer arbeiteten wild. Schon stießen die Felsen zu beiden Seiten an den Schiffsrumpf – da gab die Schutzgöttin Athene dem Schiff einen unsichtbaren Stoß, damit es glücklich hindurchkam. Nur die äußersten Bretter am Heck wurden zwischen den Felsen, die schließlich zusammenschlugen, zermalmt.

Erst als sie den Äther und die offene See vor sich liegen sahen, atmeten die Helden von ihrer Todesangst auf. Ihnen war, als wären sie der Unterwelt entronnen. »Das ist nicht aus unserer eigenen Kraft geschehen!«, rief Tiphys. »Wohl fühlte ich hinter mir die göttliche Hand Athenes,

FRÜHE GÖTTER- UND HELDENSAGEN

die das Schiff durch die Felsen stieß! Nichts haben wir fortan zu fürchten. Alles, was auf diese Gefahr noch folgen soll, hat Phineus uns als leicht geschildert.«

Aber Iason schüttelte traurig den Kopf. »Guter Tiphys, ich habe die Götter herausgefordert, als ich mir von Pelias dies Unternehmen auferlegen ließ. Ich hätte mich besser von ihm in Stücke schlagen lassen sollen! Jetzt bringe ich die Tage und Nächte mit Seufzen zu. Nicht um mich bin ich besorgt, nein, nur um euer Glück und Leben, und wie ich euch aus so grässlichen Gefahren unversehrt in die Heimat zurückbringen soll.« Das sagte der Held, um die Gefährten umzustimmen. Sie aber jubelten ihm nur freudig zu und drängten ungeduldig vorwärts.

Weitere Abenteuer

Unter mancherlei Schicksalen fuhren die Helden nun weiter. Auf der Fahrt erkrankte ihr treuer Steuermann Tiphys. Er starb und musste an einem fremden Ufer begraben werden. An seine Stelle wählten die Argonauten den, der des Steuerns am kundigsten war. Er hieß Ankaios und weigerte sich lange das schwierige Amt zu übernehmen, bis ihm die Göttin Hera Mut und Zuversicht ins Herz gab. Dann aber stellte er sich ans Ruder und lenkte das Schiff so gut, als wenn Tiphys selbst noch am Steuerruder stünde.

Nach zwölf Tagen kamen sie mit vollen Segeln an die Mündung des Flusses Kallichoros. Hier sahen sie auf einem Hügel das Grabmal des Helden Sthenelos, der mit Herakles in den Amazonenkrieg gezogen und hier von einem Pfeil tödlich getroffen worden war. Sie wollten eben weitersegeln, als der klägliche Schatten dieses Helden, den Persephone aus der Unterwelt entlassen hatte, vor ihren Augen erschien und sehnsüchtig zu ihnen hinüberblickte. So, wie er in die Schlacht gegangen war, stand er oben auf seinem Grabhügel, ein purpurner Busch mit vier schönen Federn wehte auf seinem Helm. Er war nur wenige Augenblicke sichtbar, dann tauchte er wieder in die schwarze Tiefe hinunter.

Erschrocken ließen die Helden die Ruder sinken. Nur Mopsos der Seher, verstand, was die verstorbene Seele verlangte, und riet seinen Gefährten den Geist des Erschlagenen mit einem Trankopfer zu sühnen. Schnell zogen sie die Segel ein und machten das Schiff am Ufer fest. Sodann stellten sie sich um den Grabhügel auf, besprengten ihn mit Trankopfern und verbrannten geschlachtete Schafe.

Nun fuhren sie weiter und weiter und gelangten schließlich zur Mündung des Flusses Thermodon. Dem glich kein anderer Strom auf der Erde: Aus einer einzigen Quelle tief in den Bergen entsprungen, teilte er

sich bald in eine Vielzahl kleinerer Arme und stürmte in so zahlreichen
Ausflüssen ins Meer, dass nur vier zu einem Hundert fehlten. Wie Schlangen
wimmelten sie in die offene See. An dem breitesten Zufluss wohnten
die Amazonen. Dieses Frauenvolk stammte von dem Gott Ares ab und
liebte den Kampf. Wären die Argonauten hier an Land gegangen, so
wären sie gewiss in einen blutigen Krieg mit den Frauen verstrickt worden,
denn sie waren den tapfersten Helden im Kämpfen ebenbürtig. Die
Amazonen lebten nicht in einer Stadt zusammen, sondern über das Land
verstreut und in einzelne Stämme gegliedert. Ein günstiger Westwind
hielt die Argonauten von den kämpferischen Frauen fern.

Nach einem weiteren Tag und einer Nacht kamen sie, wie ihnen Phineus
vorausgesagt hatte, in das Land der Chalyber. Dieses Volk pflügte
nicht die Erde, pflanzte keine Bäume, erntete weder Früchte noch
Getreide und weidete auch keine Herden – die Chalyber gruben nur Erz
und Eisen aus dem harten Boden und tauschten dafür Lebensmittel ein.
Keine Sonne ging ihnen ohne schwere Arbeit auf. In schwarzer Nacht und
dichtem Rauch verbrachten sie ihre Tage mit schwerer Arbeit.

Noch an mancherlei anderen Völkern kamen die Argonauten vorbei.
Als sie einer Insel mit Namen Aretia oder Aresinsel gegenüberlagen, flog
ihnen von dort ein Vogel mit mächtigem Flügelschlag entgegen. Als er
über dem Schiff schwebte, schüttelte er seine Schwingen und ließ eine
spitze Feder fallen, die sich in die Schulter des Helden Oïleus bohrte. Verwundert
ließ Oïleus das Ruder los, und die Gefährten staunten, als sie das
geflügelte Geschoss in seiner Schulter erblickten. Der neben ihm saß, zog
die Feder heraus und verband seine Wunde. Doch bald erschien ein zweiter
Vogel. Den schoss Klytios, der seinen Bogen schon gespannt hielt, im
Flug, sodass er mitten auf das Schiff stürzte.

»Die Insel ist zwar nahe«, sagte da Amphidamas, ein erfahrener Held,
»doch traut diesen Vögeln nicht. Gewiss sind es so viele, dass unsere Pfeile
nicht reichen würden, wenn wir an Land gingen. Lasst uns besser auf ein
Mittel sinnen, wie wir die kriegslustigen Tiere vertreiben können: Setzt
alle eure Helme mit den hohen, nickenden Büschen auf. Die Hälfte von
euch soll rudern, die anderen legen das Schiff mit blinkenden Lanzen und
Schilden aus. Dann erheben wir alle ein entsetzliches Geschrei. Wenn das
die Vögel hören und dazu die wallenden Helmbüsche, die spitzen Lanzen
und die glänzenden Schilde sehen, dann fürchten sie sich und flattern
davon.«

Der Vorschlag gefiel den Helden und alles geschah, wie Amphidamas
ihnen geraten hatte. Kein Vogel ließ sich blicken, während sie auf die
Insel zuruderten. Doch als sie das Ufer erreicht hatten und mit den Schilden
klirrten, flogen unzählige Vögel aufgeschreckt an der Küste auf und
in stürmischer Flucht über das Schiff hinweg. Die Helden aber hatten sich

FRÜHE GÖTTER- UND HELDENSAGEN

mit den Schilden bedeckt. So konnten die herabfallenden Stachelfedern ihnen nicht schaden. Die Vögel selbst flogen weit über das Meer auf die jenseitigen Ufer zu. Und nach dem Rat des wahrsagenden Königs Phineus gingen die Argonauten auf der Insel an Land.

Hier sollten sie Freunde und Begleiter finden, die sie nicht erwartet hatten. Kaum dass die Argonauten die ersten Schritte am Ufer gemacht hatten, kamen ihnen vier halb nackte Jünglinge von armseligstem Aussehen entgegen. Einer von ihnen ging auf die Männer zu und sprach sie an: »Wer ihr auch seid, kommt armen Schiffbrüchigen zu Hilfe! Gebt uns Kleider, um unsere Blöße zu bedecken, und Speisen, um unseren Hunger zu stillen!«

Iason versprach ihnen freundlich alle Hilfe und erkundigte sich nach ihrem Namen und aus welchem Geschlecht sie stammten.

»Ihr habt gewiss von Phrixos gehört, dem Sohn des Athamas, der das Goldene Vlies nach Kolchis gebracht hat?«, erwiderte der Jüngling. »Der König Aietes hat ihm seine ältere Tochter zur Frau gegeben – wir sind seine Söhne, und ich heiße Argos. Unser Vater Phrixos ist vor kurzem gestorben, und nach seinem letzten Willen hatten wir ein Schiff bestiegen, um die Schätze, die er in der Stadt Orchomenos gelassen hatte, zurückzuholen.«

Die Helden waren hocherfreut, und Iason begrüßte die Jungen als Vettern, denn die Großväter Athamas und Kretheus waren Brüder gewesen.

Die Jünglinge erzählten weiter, wie ihr Schiff im tobenden Sturm zerschellt sei und eine Planke sie an diese unwirtliche Insel getragen habe. Als aber die Helden ihnen ihr Vorhaben, das Goldene Vlies zu holen, mitteilten und sie aufforderten, an dem Abenteuer teilzunehmen, da verbargen sie ihr Entsetzen nicht: »Unser Großvater Aietes ist ein grausamer Mann. Er soll der Sohn des Sonnengottes sein und deshalb übermenschliche Macht haben. Über unzählige Kolchierstämme herrscht er, und das Vlies bewacht ein entsetzlicher Drache.«

So mancher Held erbleichte bei diesem Bericht. Peleus, einer von ihnen, erhob sich jedoch und sprach: »Denkt doch nicht, dass wir dem Kolchierkönig unterliegen müssen. Auch wir sind Göttersöhne! Wenn er uns das Vlies nicht im Guten gibt, so werden wir eben darum kämpfen!« So sprachen und berieten sie noch länger bei einem gemeinsamen Mahl.

Am nächsten Morgen schifften sich die Söhne des Phrixos, bekleidet und gestärkt, mit ein, und die Fahrt ging weiter. Nachdem sie einen Tag und eine Nacht gerudert waren, sahen sie die Gipfel des Kaukasosgebirges über die Meeresoberfläche ragen, und als es schon dunkelte, vernahmen sie in der Höhe ein Geräusch: Es war der Adler des Prometheus, der seiner Nahrung entgegen hoch über ihnen hinwegflog. Der Flügelschlag des riesigen Vogels war so mächtig, dass alle Segel sich blähten.

Nur wenig später hörten die Argonauten aus der Ferne das tiefe Stöhnen des Prometheus, in dessen Leber der Adler nun wühlte. Nach einiger Zeit verhallten die Seufzer und sie sahen den Vogel wieder zurückfliegen.

Noch in derselben Nacht gelangten sie ans Ziel und in die Mündung des Flusses Phasis. Freudig kletterten sie an den Segelstangen empor, um das Schiff abzutakeln. Dann trieben sie es mit den Rudern in das breite Bett des Stromes, dessen Wellen vor der gewaltigen Masse des Schiffsrumpfes scheu zurückzuweichen schienen. Zu ihrer Linken lagen der hohe Kaukasos und Kytaia, die Hauptstadt des Kolcherlandes; zur Rechten erstreckten sich das Feld und der heilige Hain des Ares, wo der Drache das Goldene Vlies, das an den blätterreichen Ästen einer Eiche hing, mit seinen scharfen Augen bewachte.

Iason erhob sich an Bord des Schiffes. Er schwenkte hoch in der Hand einen goldenen Becher, der mit Wein gefüllt war, und brachte dem Fluss, der Mutter Erde, den Göttern des Landes und den auf der Fahrt verstorbenen Helden ein Trankopfer dar. Er bat sie alle, ihnen mit liebevoller Hilfe zur Seite zu stehen und über das Schiff zu wachen.

»So wären wir denn glücklich zum kolchischen Land gelangt«, sprach der Steuermann Ankaios. »Nun ist's an der Zeit, dass wir uns ernstlich beraten, ob wir den König Aietes in Güte angehen oder auf irgendeine andere Weise unser Vorhaben in die Tat umsetzen wollen.«

»Morgen«, riefen die müden Helden. Und so befahl denn Iason, das Schiff in einer schattigen Bucht vor Anker gehen zu lassen. Alle legten sich zum Schlummer nieder. Doch blieb ihnen nur eine kurze Rast, denn bald schon öffnete ihnen das Morgenrot wieder die Augenlider.

Iason im Palast des Aietes

Der frühe Morgen vereinigte die Helden zur Versammlung. Iason erhob sich und sprach: »Wenn euch meine Meinung gefällt, ihr Helden und Gefährten, so sollt ihr Übrigen alle ruhig, doch mit den Waffen im Anschlag auf dem Schiff bleiben. Nur ich, die Söhne des Phrixos und zwei von euch wollen uns zum Palast des Königs Aietes begeben. Hier will ich versuchen, ihn erst mit höflichen Worten zu fragen, ob er uns das Goldene Vlies in Güte überlässt. Ich denke jedoch, dass er unsre Bitte abschlagen und auf seine Stärke verweisen wird. Wir aber werden auf diese Weise aus seinem eigenen Mund erfahren, was wir tun müssen. Und wer kann es verbürgen, dass ihn unsere Worte nicht vielleicht doch günstig stimmen? Hat doch auch früher schon die Rede über ihn vermocht, dass er den unschuldigen Phrixos, der vor seiner Stiefmutter floh, in den Schutz seiner Gastfreundschaft aufnahm.«

FRÜHE GÖTTER- UND HELDENSAGEN

Die jungen Helden stimmten Iason alle zu. So ergriff er den Friedens-stab des Hermes und verließ mit den Söhnen des Phrixos und seinen Gefährten Telamon und Augeias das Schiff.

Sie betraten ein mit Weiden bewachsenes Feld, das kirkaeisches Feld genannt wird. Hier erblickten sie mit Schaudern eine Menge Leichen, die an Ketten aufgehängt waren. Doch waren es keine Verbrecher oder ermordete Fremde. Vielmehr galt es in Kolchis als Frevel, Männer zu ver-brennen oder in der Erde zu begraben. In rohe Stierfelle gewickelt, hängte man sie fern der Stadt an Bäumen auf und überließ sie auf diese Weise der Luft zum Austrocknen. Nur Frauen wurden in der Erde begra-ben, damit auch sie etwas erhalte.

Die Kolchier waren ein sehr zahlreiches Volk. Damit von ihnen und dem Misstrauen des Königs Aietes für Iason und seine Begleiter keine Gefahr ausging, hängte Hera, die die Argonauten auf ihrer Fahrt beschützte, eine Nebelwolke über die Stadt und löste sie erst dann wieder auf, als sie wohlbehalten im Königspalast angekommen waren. Da stan-den sie nun im Vorhof und bewunderten die dicken Mauern des Palastes, die hohen geschwungenen Tore und die mächtigen Säulen, die hier und da an den Mauern hervorsprangen.

Schweigend traten sie über die Schwelle. Hier grünten hohe Reben-lauben, darunter perlten vier wundersame Springquellen, die niemals versiegten: Die eine brachte Milch hervor, die zweite Wein, die dritte duf-tendes Öl, die vierte Wasser, das im Winter warm war und im Sommer kühl. Der kunstreiche Hephaistos hatte diese Werke geschaffen. Er hatte dem Besitzer auch Stierbilder aus Erz gemacht, aus deren Maul ein furchtbarer Feueratem wehte, und einen Pflug aus Eisen. All dies hatte er aus Dankbarkeit für den Vater des Aietes, den Sonnengott, geschaffen, der den Hephaistos einst in der Gigantenschlacht auf seinen Wagen genom-men und gerettet hatte.

Von diesem Vorhof aus kam man zu dem Säulengang des Mittelhofes, der sich zu beiden Seiten erstreckte und hinter welchem viele Eingänge und Gemächer zu sehen waren. Quer dazu standen die beiden Hauptpa-läste. In dem einen wohnte König Aietes selbst, in dem anderen sein Sohn Apsyrtos. Die übrigen Gemächer hielten die Dienerinnen und die Töch-ter des Königs, Chalkiope und Medea, besetzt. Medea, die jüngere Toch-ter, ließ sich selten sehen. Die meiste Zeit brachte sie im Tempel der He-kate zu, denn sie war ihre Priesterin. Diesmal aber hatte Hera, die Schutzgöttin der Griechen, ihr ins Herz gegeben, im Palast zu bleiben. Sie hatte eben ihr Gemach verlassen, um in das Zimmer ihrer Schwester zu gehen, als sie den unerwartet dahinschreitenden Helden begegnete und vor Überraschung aufschrie. Daraufhin stürzte Chalkiope mit allen ihren Dienerinnen aus dem Gemach hervor. Auch sie brach in lauten Jubel aus und streckte dankbar die Hände zum Himmel, denn sie erkannte in vieren der jungen Helden ihre eigenen Kinder, die Söhne des Phrixos. Sie sanken einander in die Arme, und lange nahm das Grüßen und Weinen kein Ende.

Medea und Aietes

Zuletzt kam auch Aietes mit seiner Gemahlin Eidyia herbei, denn der Jubel und die Tränen der Töchter hatten sie herausgelockt. Sogleich war der ganze Vorhof von Getümmel erfüllt: Hier waren Sklaven damit beschäftigt, einen stattlichen Stier für die neuen Gäste zu schlachten, dort spalteten andere dürres Holz für den Herd, wieder andere wärmten Wasser in Becken am Feuer.

Über ihnen allen schwebte unsichtbar Eros, der Liebesgott, hoch in der Luft. Er zog einen Schmerz bringenden Pfeil, senkte sich damit zur Erde herab, und hinter Iason geduckt schnellte er von seinem Bogen den Pfeil auf die Königstochter Medea ab. Bald brannte die Wunde des Pfeils, dessen Flug niemand und auch sie selbst nicht bemerkt hatte, wie Feuer in ihrem Herzen. Als ob sie schwer erkrankt wäre, musste sie wieder und wieder Atem schöpfen, und von Zeit zu Zeit warf sie dem strahlenden Iason verstohlene Blicke zu. Alles andere war aus ihrem Gedächtnis entschwunden. Nur ein einziger süßer Kummer nahm von ihrer Seele Besitz.

In dem fröhlichen Durcheinander bemerkte niemand die Veränderung, die mit der Jungfrau vorgegangen war. Knechte trugen die Speisen herbei, und die Argonauten, die sich in einem warmen Bad vom Schweiß ihrer Ruderarbeit gereinigt hatten, griffen fröhlich zu. Beim Essen erzählten die Enkel ihrem Großvater Aietes, welches Schicksal sie unterwegs ereilt hatte, und nun erkundigte er sich leise nach den Fremden.

»Ich will es dir nicht verheimlichen, Großvater«, flüsterte Argos ihm zu, »diese Männer sind gekommen, um das Goldene Vlies unseres Vaters Phrixos von dir zu erbitten. Ein König, der sie gern aus ihrem Besitz und Vaterland vertreiben möchte, hat ihnen diesen gefährlichen Auftrag erteilt, damit sie Zeus' Zorn und die Rache des Phrixos verderben mögen, bevor sie mit dem Vlies in ihre Heimat zurückkommen. Mit Athenes Hilfe haben sie ein Schiff gebaut – kein solches, wie wir Kolchier sie gebrauchen, von denen wir, deine Enkel freilich das schlechteste bekommen haben, denn im ersten Windstoß ging es schon unter. Nein, sie haben ein Schiff, das so fest gezimmert ist, dass alle Stürme vergebens daran zerren. Sie selbst sitzen unermüdlich an den Rudern. Die tapfersten Helden Griechenlands haben sich in diesem Schiff versammelt.« Er nannte ihm die vornehmsten mit Namen und berichtete ihm auch, dass Iason ihr Vetter sei.

FRÜHE GÖTTER- UND HELDENSAGEN

Als der König dies hörte, erschrak er und wurde zornig auf seine Enkel. Denn er glaubte, dass sie die Fremden an seinen Hof gebracht hätten. Seine Augen brannten unter den buschigen Brauen, als er mit lauter Stimme sprach: »Geht mir aus den Augen, ihr gottlosen Verbrecher! Nicht um das Vlies zu holen, sondern um mir Zepter und Krone zu entreißen, seid ihr gekommen! Säßet ihr nicht als Gäste an meinem Tisch, so hätte ich euch längst die Zunge ausreißen und die Hände abhacken lassen und euch nur die Füße geschenkt, um davonzugehen!«

Als Telamon, der ihm am nächsten saß, dies hörte, wurde er zornig und wollte sich erheben, um dem König seine Worte zu vergelten. Doch Iason hielt ihn zurück und antwortete selbst mit sanfter Stimme: »Fasse dich, Aietes, wir sind keineswegs in deine Stadt und deinen Palast gekommen, um dich zu berauben. Wer würde schon ein so weites und gefährliches Meer befahren, um fremdes Gut zu stehlen? Nur das Schicksal und der grausame Befehl eines bösen Königs veranlasste mich zu diesem Entschluss. Verleihe uns das Goldene Vlies auf unsere Bitte hin als ein Geschenk, und in ganz Griechenland sollst du dafür verherrlicht werden. Auch sind wir bereit, dir schnellen Dank zu leisten. Gibt es einen Krieg in der Nähe, oder willst du ein Nachbarvolk unterwerfen, so nimm uns als Verbündete an. Wir werden mit dir ziehen.«

Der König aber war unschlüssig, ob er sie auf der Stelle töten oder sie ihre Kräfte unter Beweis stellen lassen sollte. Schließlich schien ihm Letzteres vernünftiger und er erwiderte ruhiger: »Wozu die ängstlichen Worte, Fremder? Wenn ihr wirklich Göttersöhne seid und auch sonst nicht schlechter als ich, und wenn es euch nach fremdem Gut verlangt, dann nehmt das Goldene Vlies getrost mit euch fort. Denn tapferen Männern gönne ich alles. Aber vorher müsst ihr eine Probe ablegen und etwas verrichten, was ich sonst selbst zu erledigen pflege, weil es gefährlich ist. Auf dem Aresfeld weiden zwei Stiere, die Feuer speien. Mit ihnen pflüge ich das raue Feld, und wenn ich alles umgeackert habe, säe ich in die Furchen. Doch nicht Demeters gelbes Korn – sondern die grässlichen Zähne eines Drachen. Aus ihnen wachsen mir Männer hervor, die mich von allen Seiten bedrängen und die ich mit meiner Lanze alle erlege. Am frühen Morgen schirre ich die Stiere an, am späten Abend ruhe ich von der Ernte. Wenn du das Gleiche vollbracht hast, so sollst du noch am selben Tag das Vlies erhalten.«

Iason saß bei diesen Worten stumm und unentschlossen da, denn er wagte nicht, ein so furchtbares Werk leichtfertig zu versprechen. Doch dann fasste er sich und antwortete: »So groß dieses Werk auch ist, so will ich es doch bestehen, oh König, und wenn ich darüber sterben sollte. Schlimmeres als der Tod kann einen Menschen nicht erwarten. Ich beuge mich der Notwendigkeit, die mich hierher gesendet hat.«

Die Argonautensage

»Gut«, sprach der König, »geh jetzt zu deinen Männern, aber sieh dich vor! Gedenkst du nicht wirklich alles auszuführen, so überlass es mir und mach dich aus dem Staube!«

Der Rat des Argos

Iason und seine Begleiter erhoben sich. Von Phrixos' Söhnen folgte ihnen lediglich Argos, nachdem er den Brüdern ein Zeichen gegeben hatte zu bleiben.

Iason strahlte vor Schönheit und Anmut. Medea blickte ihm durch ihren Schleier nach, und ihre Gedanken folgten ihm wie im Traum. Als sie in ihrem Gemach allein war, fing sie zu weinen an. Dann sprach sie zu sich selbst: »Was verzehre ich mich vor Schmerz? Was geht mich jener Held an? Mag er der prächtigste von allen Halbgöttern sein oder der schlechteste – wenn er zugrunde gehen soll, nun gut! Und doch – wenn er doch dem Verderben entginge! Lass ihn, ehrwürdige Göttin Hekate, nach Hause zurückkehren! Wenn er aber von den Stieren überwältigt wird, dann soll er wenigstens zuvor erfahren haben, dass ich über sein Schicksal traurig bin.«

Während Medea solchen Kummer hegte, begab sich Iason zu seinem Schiff. Argos sagte zu ihm: »Vielleicht wirst du meinen Rat verwerflich finden, aber ich will ihn dir dennoch mitteilen. Ich kenne eine Jungfrau, die mit Zaubertränken umzugehen weiß, welche Hekate, die Göttin der Unterwelt, sie brauen lehrt. Wenn wir sie auf unsere Seite bringen, so zweifle ich nicht, dass du siegreich aus dem Kampf hervorgehen wirst. Wenn du also willst, dann gehe ich hin, um sie für uns zu gewinnen.«

»Wenn es dir so gefällt, mein Lieber«, erwiderte Iason, »dann widerstrebe ich nicht. Doch steht es schlecht um uns, wenn unsere Heimfahrt in den Händen von Frauen liegt.« Während sie solches sprachen, langten sie bei ihren Gefährten am Schiff an. Iason berichtete, was Aietes von ihm verlangte und was er dem König versprochen hatte.

Eine Zeit lang saßen die Gefährten nur da und blickten einander schweigend an, dann erhob sich Peleus und sprach: »Held Iason, wenn du dein Versprechen erfüllen zu können glaubst, dann rüste dich für den Kampf. Wenn du aber den geringsten Zweifel hegst, so bleibe fern und sieh dich auch nach keinem von diesen Männern hier um. Denn was hätten sie anderes zu erwarten als den Tod?«

Bei diesen Worten sprangen Telamon und vier weitere Helden auf. Sie alle waren kampflustigen Mutes. Aber Argos beschwichtigte sie. »Ich kenne eine Jungfrau, die sich auf Zaubertränke versteht. Sie ist eine Schwester meiner Mutter. Lasst mich zu ihr gehen und sie überreden,

FRÜHE GÖTTER- UND HELDENSAGEN

dass sie die Jungfrau für uns gewinnt. Erst dann kann von diesem Abenteuer, zu welchem Iason sich erboten hat, die Rede sein.«

Kaum dass er ausgesprochen hatte, geschah ein Zeichen aus der Luft. Eine Taube, die von einem Habicht gejagt wurde, flüchtete in Iasons Schoß, der Raubvogel aber stürzte auf die Planken nieder. Da erinnerte sich einer der Argonauten, dass auch der alte Phineus ihnen vorausgesagt hatte, die Göttin Aphrodite würde ihnen zur Rückkehr verhelfen. Alle stimmten darum dem Argos zu. Nur Idas, der Sohn des Aphareus, erhob sich mürrisch. »Bei den Göttern, sind wir als Knechte von Weibern hierher gekommen? Anstatt uns an Ares, den Kriegsgott, zu wenden, rufen wir die Liebesgöttin an? Soll der Anblick von Habichten und Tauben uns etwa vom Kampf abhalten? Dann vergesst eben den Krieg und geht hin, um schwache Jungfrauen zu betrügen.« So sprach er zornig und einige der Argonauten murrten leise.

Iason aber entschied sich für das, was Argos geraten hatte. Das Schiff wurde am Ufer festgemacht und die Männer warteten auf die Rückkehr ihres Boten.

Aietes hatte unterdessen außerhalb seines Palastes eine Versammlung der Kolchier abgehalten. Er erzählte ihnen von der Ankunft der Fremden, was sie wollten und dem Untergang, den er ihnen bereitet hätte. Denn sobald die Stiere den Führer getötet hätten, wollte er einen ganzen Wald roden und das Schiff mitsamt den Männern verbrennen. Auch seinen Enkeln, die diese Angelegenheit herbeigeführt hätten, dachte er eine schreckliche Strafe zu.

Mittlerweile war Argos bei seiner Mutter eingetroffen und bat sie, dass sie ihre Schwester Medea überreden solle, ihnen zu helfen. Chalkiope selbst hatte die Fremden sehr bedauert, doch nicht gewagt sich dem grimmigen Zorn ihres Vaters entgegenzustellen. So kam ihr die Bitte des Sohnes gelegen und sie versprach ihren Beistand.

Medea selbst lag in unruhigem Schlaf auf ihrem Lager. Sie hatte einen Traum, der ihr Angst machte. Ihr war, als hätte Iason bereits seinen Kampf mit den Stieren begonnen. Doch nicht um das Goldene Vlies kämpfte er, sondern darum, sie als seine Frau in seine Heimat zu bringen. Es war Medea aber im Traum, als ob sie selbst mit den Stieren kämpfte. Nun aber wollten die Eltern ihr Versprechen nicht mehr halten und Iason den Kampfpreis nicht geben, weil nicht sie, sondern er die Stiere anzuschirren hatte. Darüber war ein heftiger Streit zwischen ihrem Vater und den Fremden entbrannt, und beide verlangten, dass sie sich entscheiden solle. Da wählte sie im Traum den Fremden. Daraufhin überkam ihre Eltern bitterer Schmerz, sie schrien laut auf – und mit diesem Schrei erwachte Medea.

Nachdem sie dies geträumt hatte, drängte es Medea, ihre Schwester aufzusuchen. Aber sie schämte sich und blieb unschlüssig im Vorhof stehen. Viermal ging sie wieder weg und kam dann wieder, doch am Ende warf sie sich weinend auf ihr Lager. So überraschte sie eine ihrer vertrauten jungen Dienerinnen, und Medeas Anblick dauerte sie. Sie meldete Chalkiope, der Schwester Medeas, was sie soeben gesehen hatte.

Chalkiope empfing diese Botschaft im Kreis ihrer Söhne, als sie sich eben mit ihnen beriet, wie Medea zu gewinnen wäre. Sie eilte sogleich in das Gemach ihrer Schwester und fand sie, sich die Wangen zerfleischend und in Tränen aufgelöst, vor. »Was ist dir geschehen, arme Schwester«, sprach sie mit aufrichtigem Mitleid, »welcher Schmerz quält deine Seele? Hat der Himmel dir eine plötzliche Krankheit gesendet? Hat der Vater etwas Grausames über mich und meine Söhne zu dir gesagt? Oh wenn ich nur fern des Elternhauses wäre und da, wo man den Namen der Kolchier nicht hört!«

Medea verspricht den Argonauten ihre Hilfe

Medea errötete bei all den Fragen ihrer Schwester. Sie war so verlegen, dass sie nicht sprechen konnte. Schließlich machte die Liebe sie kühn und listig, und so antwortete sie: »Chalkiope, ich bin besorgt um deine Söhne und fürchte, dass der Vater sie zusammen mit den Fremden auf der Stelle töten könnte. Dies hat mir ein schrecklicher Traum verkündet. Möge ein Gott ihm die Erfüllung verweigern.«

Unerträgliche Angst bemächtigte sich der Schwester. »Eben deshalb komme ich zu dir«, sprach sie, »und beschwöre dich, mir gegen unseren Vater beizustehen. Wenn du dich weigerst, dann werde ich dich mit meinen ermordeten Söhnen noch vom Hades aus als Erinnye verfolgen!« Mit diesen Worten umschlang sie Medeas Knie, legte den Kopf in ihren Schoß und weinte zusammen mit ihrer Schwester.

Dann sprach Medea: »Was redest du von Erinnyen, Schwester? Beim Himmel und der Erde schwöre ich dir, dass ich alles tun will, um deine Söhne zu retten.«

»Nun«, fuhr Chalkiope fort, »dann wirst du auch dem Fremden um meiner Kinder willen irgendein Zaubermittel an die Hand geben, damit er jenen furchtbaren Kampf glücklich besteht. Denn im Namen des Fremden fleht mein Sohn Argos mich an, deine Hilfe zu erbitten.«

Das Herz hüpfte Medea vor Freude im Leib, als sie dies hörte. Ihr schönes Gesicht errötete, einen Augenblick lang schwindelte ihr vor den strahlenden Augen, dann stieß sie hervor: »Chalkiope, nie wieder soll mir das Morgenrot leuchten, wenn dein und deiner Söhne Leben nicht mein größtes Anliegen ist. Denn du hast mich, wie mir die Mutter oft erzählte,

FRÜHE GÖTTER- UND HELDENSAGEN

zugleich mit deinen Söhnen gestillt, als ich ein kleines Kind war. So liebe ich dich nicht nur wie eine Schwester, sondern auch wie eine Tochter. Morgen früh will ich zum Tempel der Hekate gehen und dort für den Fremden ein Zaubermittel holen, das die Stiere besänftigen wird.« Chalkiope verließ das Gemach ihrer Schwester und brachte den Söhnen die erfreuliche Botschaft.

Die ganze Nacht über lag Medea in schwerem Streit mit sich selbst. »Habe ich nicht zu viel versprochen?«, fragte sie sich. »Darf ich so viel für den Fremden tun? Darf ich allein mit ihm sein und ihn berühren, was doch geschehen muss, wenn das Zaubermittel wirken soll? Ja, ich will ihn retten. Frei soll er gehen, wohin er will. Aber an dem Tag, an dem er den Kampf glücklich bestanden haben wird, will ich sterben. Ein Strick oder Gift soll mich von diesem verhassten Leben befreien. – Doch wird das wirklich meine Rettung sein? Wird nicht üble Nachrede mich durch das ganze Kolchierland verfolgen und sagen, dass ich mein Elternhaus in Schande geworfen habe, dass ich für einen fremden Mann gestorben sei?«

Unter solchen Gedanken ging sie, um ein Kästchen zu holen, in welchem sich sowohl heil- als auch todbringende Mittel befanden. Sie stellte es auf ihre Knie und hatte es bereits geöffnet, um ein tödliches Gift herauszunehmen – da kamen ihr sämtliche Freuden des Lebens in den Sinn, und sie dachte an all ihre Freundinnen und Gefährtinnen. Die Sonne erschien ihr schöner als je zuvor, und es ergriff sie eine unüberwindliche Furcht vor dem Tod. Sie stellte das Kästchen zu Boden. Hera, Iasons Beschützerin, hatte ihr Herz gewandelt. Medea konnte nun kaum das Morgenrot erwarten, um das versprochene Zaubermittel zu holen und damit vor den geliebten Helden zu treten.

Iason und Medea

Als Argos im ersten Morgenrot mit der glücklichen Nachricht zum Schiff der Argonauten eilte, war Medea schon von ihrem Lager aufgesprungen. Sie band ihr blondes Haar auf, das bisher noch traurig herabgehangen hatte, wischte sich Tränen und Kummer von den Wangen und salbte sich mit kostbarem Nektaröl. Dann legte sie ein prachtvolles Gewand an, das von schön gebogenen goldenen Nadeln gehalten wurde, und warf einen weißen Schleier über ihr strahlendes Gesicht. Alle Schmerzen waren vergessen. Geschwind eilte sie durch das Haus und befahl ihren jungen Dienerinnen, von welchen sich zwölf in den Frauengemächern befanden, sogleich die Maultiere anzuspannen, um zum Tempel der Hekate zu fahren. Inzwischen holte Medea aus dem Kästchen die

Die Argonautensage

Salbe hervor, die man Prometheusöl nannte. Wer seinen Körper damit salbte, nachdem er die Göttin der Unterwelt angefleht hatte, konnte an jenem Tag von keinem Schwertstreich verwundet und von keinem Feuer verletzt werden. Ja, er war den ganzen Tag lang jedem Gegner an Kraft überlegen. Die Salbe war aus dem schwarzen Saft einer Wurzel bereitet, die aus dem Blut emporgekeimt war, das aus der zerfressenen Leber des Prometheus auf die Heiden des Kaukasos geträufelt war. Medea selbst hatte den Saft dieser Pflanze in einer Muschel als kostbares Heilmittel aufgefangen.

Der Wagen stand bereit. Zwei Dienerinnen bestiegen ihn zusammen mit ihrer Herrin, die übrigen Dienerinnen begleiteten sie zu Fuß. Medea selbst ergriff Zügel und Peitsche. Überall in der Stadt wich das Volk ehrerbietig vor der Königstochter zurück. Als sie nach der Fahrt übers freie Feld am Tempel angekommen war, sprang sie kühn vom Wagen und sagte listig zu ihren Dienerinnen: »Freundinnen, ich habe schwer gesündigt, weil ich den Fremden, die in unser Land gekommen sind, nicht fern geblieben bin. Nun verlangen meine Schwester und ihr Sohn Argos, dass ich Geschenke von ihrem Führer annehmen soll, der versprochen hat die Stiere zu bändigen, und dass ich ihn mit Zaubermitteln unverwundbar mache. Ich habe aber nur zum Schein zugesagt und ihn hierher in den Tempel bestellt, wo ich allein mit ihm sprechen soll. Da will ich die Geschenke entgegennehmen und wir wollen sie nachher untereinander verteilen. Ihm aber werde ich ein schädliches Mittel geben, damit er umso gewisser zugrunde geht! Entfernt euch, sobald er kommt, damit er keinen Verdacht schöpft und ich ihn allein empfangen kann, wie ich versprochen habe!« Den Dienerinnen gefiel der schlaue Plan.

Während sie sich im Tempel aufhielten, machte sich Argos mit seinem Freund Iason und dem Vogelschauer Mopsos auf den Weg. So schön war nie ein Mensch und auch kein Göttersohn gewesen, wie heute Iason, den Hera, die Gattin des Zeus, mit allen ihren Gaben ausgestattet hatte. Selbst seine beiden Gefährten mussten über seine Herrlichkeit staunen, sooft sie ihn unterwegs betrachteten.

Obwohl sich Medea und ihre Dienerinnen im Tempel die Zeit mit Singen vertrieben, war sie in Gedanken doch ganz woanders, und kein Lied wollte ihr lange gefallen. Ihr Blick glitt voller Verlangen durch die Tempelpforte zur Straße hinaus. Bei jedem Schritt, den sie vernahm, und jedem Windhauch sah sie erwartungsvoll auf. Es dauerte nicht lange, dann trat Iason mit seinen Begleitern ein. Hoch aufgerichtet schritt er einher, schön wie der Stern Sirius, wenn er über dem Ozean aufgeht. Da war Medea, als sinke ihr das Herz aus der Brust, Nacht war vor ihren Augen und heiße Röte bedeckte ihre Wangen.

Inzwischen hatten die Dienerinnen den Tempel verlassen. Lange stan-

FRÜHE GÖTTER- UND HELDENSAGEN

den der Held und die Königstochter einander schweigend gegenüber, wie
schlanke Eichen, die auf den Bergen tief eingewurzelt reglos beieinander
stehen, wenn kein Lufthauch sich regt. Aber plötzlich erhebt sich ein
Sturm, und alle Blätter zittern in rauschender Bewegung. So sollten Iason
und Medea, vom Sturm der Liebe angeweht, bald viele bewegte Worte
tauschen.

»Warum weichst du vor mir zurück«, brach Iason das Schweigen, »nun,
da ich allein bei dir bin? Ich bin nicht wie andere prahlerische Männer
und war auch zu Hause nie so. Fürchte dich nicht zu fragen und zu sagen,
was du möchtest. Aber vergiss nicht, dass wir an einem heiligen Ort sind,
wo es ein Verbrechen wäre zu betrügen. Darum täusche mich nicht mit
süßen Worten. Ich komme als einer, der um Schutz fleht, und erbitte von
dir die Zaubermittel, die du deiner Schwester für mich versprochen hast.
Die harte Notwendigkeit zwingt mich deine Hilfe zu suchen. Verlange als
Dank, was immer du willst, und wisse, dass du den Müttern und Frauen
unserer Helden, die uns vielleicht schon beweinen, durch deinen Beistand die schwarzen Sorgen zerstreuen und dass du in ganz Griechenland
Unsterblichkeit erlangen wirst.«

Medea senkte ihre Augen mit einem süßen Lächeln, ihr Herz freute
sich über sein Lob. Dann hob sie den Blick, die Worte drängten sich auf
ihre Lippen, und gern hätte sie alles auf einmal gesagt. Doch sie blieb
sprachlos und wickelte nur das duftende Band von dem Kästchen ab, das
Iason ihr eilig und froh aus den Händen nahm. Sie aber hätte ihm auch
gern ihre Seele dazu gegeben, wenn er sie verlangt hätte, so süße Flammen wehte ihr der Liebesgott von Iasons blondem Haupt entgegen. Ihre
Seele war durchwärmt, wie der Tau auf den Rosen von den Strahlen der
Morgensonne durchglüht wird. Beide blickten beschämt zu Boden, dann
richteten sie ihre Augen wieder aufeinander und schickten sehnende
Blicke unter den Wimpern hervor. Erst nach einer langen Weile und mit
Mühe begann Medea zu sprechen. »Höre nun, wie ich dir Hilfe schaffen
will. Wenn dir mein Vater die verderblichen Drachenzähne, die du aus-
säen sollst, übergeben hat, dann bade dich einsam im Wasser des Flusses, bekleide dich mit schwarzen Gewändern und grabe eine kreis-
förmige Grube. Errichte darin einen Scheiterhaufen, schlachte ein
weibliches Lamm und verbrenne es darauf. Dann träufle der Hekate ein
süßes Trankopfer aus Honig aus der Schale und entferne dich wieder
von dem Scheiterhaufen. Dreh dich auf keinen Fall um, sonst wird das
Opfer vereitelt. Salbe dich am nächsten Morgen mit dem Zaubermittel,
das ich dir gereicht habe; in ihm wohnt unermessliche Kraft. Du wirst
dich nicht den Männern, sondern den unsterblichen Göttern gewachsen
fühlen. Auch deine Lanze, dein Schwert und dein Schild musst du salben, dann wird kein Eisen in Menschenhand und keine Flamme der

Die Argonautensage

Wunderstiere dir schaden können. Doch du wirst nicht lange so sein, sondern nur an jenem einen Tag. Entziehe dich dennoch nicht dem Kampf, denn ich werde dir auch noch ein anderes Hilfsmittel an die Hand geben. Wenn du nämlich die gewaltigen Stiere angespannt und das Feld gepflügt hast und schon die von dir ausgesäte Drachensaat aufgegangen ist, dann wirf einen mächtigen Stein unter sie. Um diesen werden die rasenden Gesellen kämpfen wie Hunde um ein Stück Brot. Währenddessen kannst du dich auf sie stürzen und sie niedermachen. Dann kannst du das Goldene Vlies unangefochten aus Kolchis mit dir nehmen und fortgehen. Ja, gehe nur, wohin dir zu gehen beliebt!« Während sie dies sagte, rannen heimliche Tränen über ihre Wangen, denn sie dachte daran, dass Iason weit fort über die Meere ziehen würde. Traurig sprach sie ihn an und nahm ihn bei der Hand, denn der Schmerz ließ sie vergessen, was sie tat: »Wenn du nach Hause kommst, so vergiss meinen Namen nicht. Auch ich werde an dich denken, wenn du in der Ferne bist. Sage mir, wo dein Vaterland ist, wohin du auf deinem schönen Schiff zurückkehren wirst!«

Nun nahm auch von Iason eine unwiderstehliche Neigung Besitz. »Glaube mir, hohe Fürstin, dass ich dich, wenn ich dem Tod entrinne, keine Stunde bei Tag und bei Nacht vergessen werde. Meine Heimat ist Iolkos, wo der gute Deukalion, der Sohn des Prometheus, viele Städte gegründet und Tempel erbaut hat. Dort kennt man nicht einmal euer Land.«

»So wohnst du in Griechenland, Fremder«, erwiderte Medea. »Dort sind die Menschen wohl gastlicher als bei uns. Erzähle darum nicht, wie du hier aufgenommen worden bist, sondern denke nur still an mich. Selbst wenn alle anderen dich in unserem Land vergessen sollten, werde ich noch an dich denken. Wenn aber du mich vergessen solltest, oh dass dann der Wind einen Vogel aus Iolkos hierher führte, durch welchen ich dich daran erinnern könnte, dass du durch meine Hilfe von hier entkommen bist. Ja wäre ich doch selbst in deinem Haus und könnte dich daran erinnern!« Als sie dies ausgesprochen hatte, brach sie in Tränen aus.

»Oh du Gute«, antwortete Iason, »lass die Winde flattern und den Vogel dazu, denn was du sagst, ist überflüssig! Wenn du selbst in meine Heimat nach Griechenland kämst, dann würden dich Frauen und Männer wie eine Göttin verehren, weil ihre Söhne, ihre Brüder und ihre Männer durch deine Hilfe dem Tod entronnen und unbeschadet nach Hause zurückgekehrt sind! Und mir, mir würdest du dann ganz gehören, und nichts würde unsere Liebe trennen als der Tod.«

Medea zerfloss die Seele, als sie dies vernahm. Zwar stand vor ihrem Geist alles Schreckliche, was die Trennung von daheim bedeuten würde, aber dennoch zog es sie mit wunderbarer Kraft nach Griechenland, denn

FRÜHE GÖTTER- UND HELDENSAGEN

Hera hatte es ihr ins Herz gegeben. Sie wollte, dass die Kolchierin Medea ihr Vaterhaus verlassen und zu Pelias' Verderben nach Iolkos kommen sollte.

In der Zwischenzeit warteten die Dienerinnen still und traurig in der Ferne. Längst war die Zeit gekommen, wo die Fürstin nach Hause zurückkehren sollte. Medea selbst hätte die Heimkehr ganz vergessen, denn ihre Seele genoss das vertrauliche Gespräch, wenn nicht der vorsichtigere Iason schließlich gesagt hätte: »Wir müssen nun auseinander gehen, denn bald wird die Sonne versinken, und die anderen würden wohl alles erfahren. Doch wir wollen an diesem Ort wieder zusammenkommen.«

Iason erfüllt die Forderung des Aietes

So trennten sie sich. Iason kehrte guten Mutes zu seinen Gefährten auf das Schiff zurück, Medea begab sich zu ihren Dienerinnen. Sie eilten ihr alle entgegen – Medea aber sah es nicht, denn ihre Seele schwebte hoch in den Wolken. Mit leichten Füßen bestieg sie den Wagen, trieb die Maultiere an, die von selbst nach Hause rannten, und kam zum Palast zurück. Hier hatte Chalkiope voller Sorge um ihre Söhne längst auf sie gewartet. Sie saß auf einem Schemel, hatte ihren Kopf in die Hand gestützt und in ihren Augen standen Tränen.

Iason erzählte unterdessen seinen Gefährten, wie ihm Medea das wunderbare Zaubermittel überreicht habe, und zeigte ihnen die Salbe. Alle freuten sich. Nur Idas, der Held, saß abseits und knirschte vor Zorn mit den Zähnen.

Am nächsten Morgen schickten sie zwei Männer, um den Drachensamen von Aietes zu erbitten. Er gab ihnen Zähne ebenjenes Drachen, den Kadmos bei Theben getötet hatte. Aietes war vollkommen unbesorgt, denn er war überzeugt, dass Iason es nicht einmal bis zum Säen der Zähne bringen würde. In der Nacht, die auf diesen Tag folgte, badete sich Iason und opferte der Hekate, ganz so, wie Medea ihn angewiesen hatte. Die Göttin hörte sein Gebet und kam aus ihren tiefen Höhlen hervor. Die Entsetzliche war von grässlichen Drachen umringt, die brennende Eichenäste im Rachen trugen. Eine Meute von Hunden der Unterwelt schwärmte mit Gebell um sie her, unter ihren Schritten erbebte die Erde, und die Nymphen des Flusses Phasis brachen in Geheul aus. Selbst Iason packte das Entsetzen, als er heimkehrte, aber wie die Geliebte ihm befohlen hatte, blickte er sich nicht um, bis er wieder bei seinen Gefährten war. Da schimmerte das Morgenrot schon über dem schneebedeckten Gipfel des Kaukasos.

Die Argonautensage

Jetzt legte Aietes den starken Panzer an, den er im Kampf mit den Giganten getragen hatte. Auf sein Haupt setzte er den goldenen Helm mit den vier Büschen, dann ergriff er den vierhäutigen Schild, den außer Herakles kein anderer Held hätte heben können. Sein Sohn hielt die schnellen Pferde an seinem Wagen. Aietes stieg auf und flog, die Zügel in der Hand, aus der Stadt, und Unzählige aus dem Volk folgten ihm. Er wollte selbst bei dem Schauspiel zugegen sein. Iason aber hatte nach Medeas Anleitung seine Lanze, sein Schwert und seinen Schild mit dem Zauberöl gesalbt. Rings um ihn her versuchten die Gefährten ihre Waffen an der Lanze, aber sie hielt stand ohne sich auch nur zu biegen. In seiner starken Hand war sie wie zu Stein geworden. Dies ärgerte Idas, den Sohn des Aphareus, und er führte einen Streich auf den Schaft unter der Spitze; aber der Stahl prallte zurück wie der Hammer vom Amboss, und fröhlich jubelten die Helden in der Aussicht auf den Sieg. Erst jetzt salbte sich Iason auch den Körper. Da spürte er unglaubliche Kraft in allen seinen Gliedern, seine Hände schwollen vor Kraft und wollten kämpfen. Wie ein Streitross sich vor der Schlacht aufbäumt und wiehernd den Boden stampft, so streckte er sich im Gefühl seiner Stärke und schwang den Schild und die Lanze.

Die Helden ruderten mit ihrem Anführer Iason zum Aresfeld, wo sich König Aietes bereits mit einer Schar von Kolchiern eingefunden hatte. Aietes stand am Ufer, das Volk hatte sich über die Klippen des Kaukasos verteilt. Als das Schiff vertäut war, sprang Iason mit seiner Lanze und dem Schild an Land. Dort erhielt er sogleich einen funkelnden eisernen Helm voll spitzer Drachenzähne.

Iason hängte sich das Schwert mit einem Riemen um die Schultern, schritt vor und war dabei so gewaltig anzusehen wie die Götter Ares oder Apollon selbst. Als er über das Feld blickte, sah er sogleich die Joche der Stiere, den Pflug und die Pflugschar. Alles war ganz aus Eisen geschmiedet. Während er sich die Geräte genauer besah, schraubte er die Eisenspitze an den starken Schaft seiner Lanze und legte den Helm nieder. Im Schutz seines Schildes schritt er dann weiter, um die Fährte der Tiere zu suchen. Da brachen die Stiere unvermutet von der Seite aus einem unterirdischen Gewölbe hervor, beide schnaubten sie Flammen und waren in dicken Rauch gehüllt. Iasons Freunde schraken zusammen, als sie die Ungeheuer erblickten. Er aber stand fest auf gespreizten Beinen, hielt den Schild vor sich und erwartete ihren Ansturm wie ein Fels in der Brandung. Und wirklich kamen sie, mit den Hörnern stoßend, auf ihn zugestürzt. Ohne ihn auch nur zu erschüttern, prallten die Stiere von ihm ab. Brüllend und Flammen speiend wiederholten sie ihre Stöße, sodass ihre Glut Iason wie Blitze umgab. Er aber war durch Medeas Zaubermittel geschützt. Endlich packte er den Stier zu seiner Rechten am Horn, zog ihn

FRÜHE GÖTTER- UND HELDENSAGEN

mit aller Kraft zu der Stelle, wo das Joch lag, und zwang ihn in die Knie. Auf dieselbe Weise warf er auch den zweiten Stier zu Boden. Dann schleuderte er seinen Schild fort und hielt die beiden Stiere, von ihren Flammen bedeckt, mit seinen bloßen Händen. Selbst Aietes musste nun die ungeheure Stärke dieses Mannes bewundern. Kastor und Polydeukes reichten ihm nun, wie sie besprochen hatten, die Joche, und Iason befestigte sie am Genick der Tiere. Dann nahm er seinen Schild wieder auf, warf ihn am Riemen hinter den Rücken, ergriff den Helm voller Drachenzähne, fasste seine Lanze und zwang die wütenden, Flammen speienden Stiere mit seiner Lanzenspitze den Pflug zu ziehen. Durch ihre Kraft und den mächtigen Pflüger wurde der Boden tief aufgerissen, und die gewaltigen Erdschollen krachten in den Furchen. Iason selbst folgte mit festem Schritt, säte die Zähne in den aufgepflügten Boden und blickte sich wachsam um, ob die aufkeimende Gigantensaat sich nicht gegen ihn erhebe. Die Tiere aber arbeiteten sich immer weiter voran. Am Nachmittag war das ganze Feld gepflügt und Iason erlöste die Stiere von ihrem Pflug. Sie aber fürchteten sich vor diesem Helden und seinen Waffen, sodass sie fliehend über das offene Feld davonliefen.

Iason selbst ging nun zum Schiff zurück, denn in den Ackerfurchen zeigte sich noch keine Saat. Die Gefährten jubelten ihm von allen Seiten zu, doch er sagte nichts. Er schöpfte nur Wasser aus dem Fluss mit seinem Helm und löschte seinen brennenden Durst. Dann erfüllte er sein Herz mit neuer Streitlust, denn nun waren im ganzen Feld Giganten hervorgekeimt. Das ganze Aresfeld starrte von Schilden und spitzen Lanzen und glänzte von Helmen, sodass der Glanz durch die Luft bis zum Himmel emporblitzte. Da tat Iason, was Medea ihm geraten hatte: Er hob einen großen runden Stein auf, der so schwer war, dass vier kräftige Männer ihn nicht hätten bewegen können. Springend schleuderte er ihn weit mitten unter die Krieger, die aus dem Boden gesprossen waren. Dröhnend wie das Meer, wenn es sich an den Klippen bricht, schrien die Kolchier auf. Aietes selbst starrte voller Verwunderung dem ungeheuren Steinwurf nach.

Iason aber kniete sich hinter seinen Schild. Die Erdgeborenen begannen nun wie Hunde um den Stein zu springen, gingen aufeinander los, erschlugen einander gegenseitig und krachten mit dumpfem Knirschen auf ihre Mutter Erde nieder, wie Tannen im Sturm. Als sie mitten im Kampf waren, stürzte Iason sich unter sie wie ein fallender Stern, der als Wunderzeichen durch die dunkle Nacht schießt. Er zog sein Schwert, teilte hier und dort Wunden aus, schlug manche, die schon standen, nieder und mähte andere, die erst bis zur Schulter emporgewachsen waren, um wie Gras. Die Verwundeten und Toten stürzten nach allen Seiten hin, wie ein Bach strömte das Blut in den Furchen.

Iason pflügt mit den Ochsen des Königs Aietes

FRÜHE GÖTTER- UND HELDENSAGEN

An der Seele des Königs Aietes nagte die Wut. Wortlos wandte er sich ab. Sein einziger Gedanke galt der Frage, auf welche Weise er wirklich gegen Iason vorgehen konnte.

So war der Tag zu Ende gegangen und Iason der Held ruhte unter den Glückwünschen seiner Freunde von seiner Tat.

Medea raubt das Goldene Vlies

Die ganze Nacht hindurch hielt König Aietes im Palast Versammlung mit den Oberhäuptern seines Volkes. Man beratschlagte, wie die Argonauten zu überlisten wären, denn Aietes war nicht entgangen, dass alles, was sich am Tag zuvor ereignet hatte, nicht ohne die Mithilfe seiner Töchter geschehen war. Die Göttin Hera sah die Gefahr, in der Iason schwebte, und so erfüllte sie Medeas Herz mit solcher Furcht, dass sie zitterte wie ein Reh im tiefsten Wald, das das Gebell der Jagdhunde aufgeschreckt hat. Sie ahnte, dass ihr Vater ihre Mithilfe bemerkt hatte, und sie fürchtete, dass dies auch ihren Dienerinnen nicht verborgen geblieben war. Tränen brannten in ihren Augen. Sie löste ihr Haar und ließ es offen hängen, als ob sie Trauer trüge, und wenn es ihr das Schicksal nicht verwehrt hätte, so hätte Medea ihrem Kummer in dieser Stunde mit Gift ein Ende gemacht. Schon hielt sie die gefüllte Schale in der Hand, als Hera ihren Mut aufs Neue beflügelte. Da raffte sie sich auf, denn nun war sie entschlossen zu fliehen. Sie bedeckte ihr Lager und die Türpfosten mit Abschiedsküssen, berührte mit den Händen noch einmal die Wände ihres Gemachs, schnitt sich eine Locke ab und legte sie weinend zum Andenken für ihre Mutter auf ihr Lager. Und so verließ sie ihre süße Heimat, wie eine Gefangene, die aus dem Sklavenkerker flieht.

Die Pforten des Palastes taten sich vor ihren Zaubersprüchen auf. Mit bloßen Füßen rannte sie durch enge Seitenwege, den Schleier tief in ihr Gesicht gezogen. Bald war sie, von den Wächtern unerkannt, draußen vor der Stadt. Sie schlug den Pfad zum Tempel ein, denn als Zauberweib und Gifttrankmischerin kannte sie alle Wege des Feldes vom Wurzelsuchen her. Selene, die Mondgöttin, die sie so dahinlaufen sah, schien lächelnd auf sie herab und sprach zu sich selbst: »So quält also doch nicht mich allein die Liebe zum schönen Endymion. Oft hast du mich mit deinen Hexensprüchen vom Himmel weggezaubert – jetzt leidest du selbst um einen Iason bittere Qualen. Nun, so gehe nur. Aber so schlau du auch bist, glaube nicht, dass du dem ärgsten Schmerz entfliehen kannst!«

Endlich gelangte Medea ans Ufer des Meeres, wo ein Freudenfeuer, das die Helden die ganze Nacht hindurch für Iasons Sieg brennen ließen, ihr als Leitstern diente. Als sie zum Schiff gekommen war, rief sie mit lauter

94

Die Argonautensage

Stimme ihren jüngsten Neffen Phrontis. Der erwiderte, da er ihre Stimme erkannt hatte, dreimal ihren dreifachen Ruf. Die Helden staunten zuerst, als sie dies hörten, doch dann ruderten sie Medea entgegen an Land.

»Rettet mich!«, rief sie, als sie an Land gegangen waren, und umschlang die Knie ihrer Neffen. »Rettet mich und euch vor meinem Vater! Alles ist verraten, es gibt keine Hilfe mehr. Lasst uns davonsegeln, bevor er seine schnellen Pferde besteigt. Das Goldene Vlies werde ich euch verschaffen, indem ich den Drachen in Schlaf versetze. Du aber, Fremder, schwöre mir bei den Göttern vor deinen Gefährten, dass du mich Heimatlose in der Fremde nicht im Stich lassen wirst!«

Was sie sagte, erfreute Iasons Herz. Er umarmte sie sanft und sprach: »Geliebte! Zeus und Hera, die Beschützerin der Ehe, sollen meine Zeugen sein, dass ich dich als meine Gemahlin in mein Haus einführen will, sobald ich nach Griechenland zurückgekehrt bin.«

Noch in der Nacht ließ Medea die Helden das Schiff zum heiligen Hain rudern, um das Goldene Vlies von dort zu rauben.

Iason und Medea gingen über einen Wiesenpfad auf den Hain zu. Sie suchten die hohe Eiche, an der das Goldene Vlies hing. Das Widderfell strahlte durch die Nacht wie eine Morgenwolke bei Sonnenaufgang. Gegenüber aber reckte der Drache, der mit seinen scharfen Augen in die Ferne blickte, den Herannahenden seinen langen Hals entgegen. Er zischte so fürchterlich, dass die Ufer des Flusses und der ganze Hain davon widerhallten. Mit leuchtenden Schuppen wälzte sich das Untier, dessen Leib sich in unzähligen Biegungen wand, auf sie zu, wie Flammen sich über einen brennenden Wald hinwegwälzen. Medea aber ging ihm furchtlos entgegen. Mit süßer Stimme rief sie den Schlaf, den mächtigsten der Götter, an, dass er das Ungeheuer einlullen solle. Dann rief sie zur mächtigen Göttin der Unterwelt, dass sie ihr Vorhaben segnen solle. Iason folgte ihr nicht ohne Furcht. Doch durch den Zaubergesang der Jungfrau eingeschläfert, senkte der Drache schon seinen Buckel und sein geringelter Leib streckte sich der Länge nach aus. Nur den grässlichen Kopf hielt er noch aufrecht und er drohte die beiden mit seinem aufgesperrten Rachen zu packen. Da sprengte Medea ihm unter Beschwörungsformeln mit einem Wacholderstängel einen Zaubertrank in die Augen, dessen Duft ihn mit Schlummer übergoss. Jetzt schloss sich sein Rachen, und im Schlaf streckte sich der Drache mit seinem ganzen Leib durch den langen Wald hin aus.

Auf Medeas Geheiß ging Iason, um das Vlies von der Eiche zu ziehen, während Medea den Kopf des Drachen weiter mit dem Zauberöl besprengte. Dann verließen beide eilig den dunklen Areshain. Iason hielt voller Freude das große Widderfell hoch, von dessen Glanz seine Stirn und sein blondes Haar golden leuchteten. Auch erhellte sein Schein den nächtlichen Pfad. Er legte sich das Fell über die Schulter und die goldene

FRÜHE GÖTTER- UND HELDENSAGEN

Last hing ihm vom Hals bis zu den Füßen herab, doch dann rollte er es auf, denn er fürchtete, dass ein Mensch oder Gott ihm begegnen könnte, der ihm den Schatz wieder rauben würde.

In der Morgendämmerung gingen sie an Bord der Argo. Die Gefährten umringten ihren Anführer und bestaunten das Vlies, das leuchtete wie die Blitze des Zeus. Jeder wollte es mit seinen eigenen Händen berühren, doch Iason erlaubte es nicht und warf einen neu gefertigten Mantel darüber. Er ließ Medea im Heck des Schiffes Platz nehmen, dann sprach er zu seinen Freunden: »Jetzt, ihr Lieben, lasst uns unverzüglich nach Hause zurückkehren. Durch die Hilfe dieser Jungfrau ist nunmehr vollbracht, weswegen wir unsere Fahrt unternommen haben. Deshalb will ich sie als meine rechtmäßige Gemahlin nach Hause führen. Ihr aber müsst mir helfen, sie, die ganz Griechenland geholfen hat, zu beschützen. Denn ich zweifle nicht daran, dass bald Aietes da sein wird, um mithilfe seines Volkes unsere Ausfahrt aus dem Fluss zu verhindern. So soll die eine Hälfte von euch rudern, während die andere mit unseren mächtigen Schilden die Rückfahrt deckt. Denn in unserer Hand liegt nun die Heimkehr und die Ehre oder Schande Griechenlands!« Mit diesen Worten hieb er die Taue durch. Dann warf er sich in seine volle Rüstung und stellte sich neben Medea bei dem Steuermann Ankaios auf. Das Schiff eilte der Mündung des Flusses entgegen.

Die Argonauten werden verfolgt und entkommen mit Medea

Inzwischen hatten Aietes und alle Kolchier von Medeas Liebe zu Iason, ihren Taten und ihrer Flucht erfahren. Sie versammelten sich bewaffnet auf dem Markt, und bald schon sah man sie lärmend das Flussufer hinabziehen. Aietes fuhr auf einem fest gezimmerten Wagen, der von den Pferden, die ihm der Sonnengott geschenkt hatte, gezogen wurden. In der linken Hand hielt er einen runden Schild, in der rechten eine lange Pechfackel, und an seiner Seite lehnte eine gewaltige Lanze. Die Zügel der Pferde hielt sein Sohn Apsyrtos.

Als sie aber an der Flussmündung angekommen waren, da fuhr das Schiff, von den unermüdlichen Rudern getrieben, schon weit auf hoher See. Der König warf Schild und Fackel zu Boden. Er hob die Hände zum Himmel, rief Zeus und den Sonnengott als Zeugen für jene üblen Taten an und erklärte seinen Untertanen grimmig, dass jeder Einzelne mit seinem Kopf dafür bezahlen müsse, wenn sie ihm seine Tochter nicht wieder herbeischaffen würden, sodass er seine Rache an ihr stillen konnte. Noch am selben Tag ließen die erschrockenen Kolchier ihre Schiffe zu Wasser, spannten die Segel aus und fuhren hinaus aufs Meer. Ihre Flotte,

Die Argonautensage

die Apsyrtos, der Königssohn, befehligte, glich einem riesigen Vogel-
schwarm, der die Sonne verdunkelnd über die See dahinschwirrt.

Günstigster Wind blähte die Segel der Argonauten, denn es war Heras
Wille, dass die Kolchierin Medea sobald wie möglich das Verderben über
Pelias' Haus bringen sollte. Schon im dritten Morgenrot machten sie das
Schiff beim Fluss Halys an der Küste Paphlagoniens fest. Hier forderte
Medea sie auf, der Göttin Hekate, die sie gerettet hatte, ein Opfer darzu-
bringen.

Da fiel Iason ein, dass der alte Wahrsager Phineus ihnen geraten hatte,
zur Rückkehr einen anderen Weg zu wählen. Keiner der Helden jedoch
kannte die Gegend. Argos aber, der Sohn des Phrixos, war auf Priester-
schiffen gefahren und riet, dass sie zum Isterfluss fahren sollten, dessen
Quellen in den fernen rhipaeischen Bergen entspringen und der später
das Füllhorn seiner Wasser halb ins ionische, halb ins sizilische Meer
ergießt. Kaum dass Argos zu Ende gesprochen hatte, erschien ein Regenbogen am Himmel und wies in jene Richtung, nach der sie fahren sollten,
und er hörte nicht auf zu leuchten, bis sie unter günstigem Wind glücklich an die Mündung des ionischen Flusses Ister gelangt waren.

Die Kolchier ließen aber mit ihrer Verfolgung nicht nach, und da sie mit
ihren leichten Schiffen schneller segeln konnten, kamen sie sogar noch
vor den Argonauten an der Istermündung an. Sie legten sich an den Buchten und Inseln in einen Hinterhalt, und als die Helden an der Mündung
des Stromes vor Anker gegangen waren, schnitten sie ihnen den Weg ab.
Aus Furcht vor den Kolchiern, die so zahlreich waren, gingen Iason und
seine Gefährten auf einer Insel des Flusses an Land. Doch die Kolchier
folgten ihnen. Da blieb den bedrängten Griechen keine Wahl: Sie mussten mit Aietes' Männern verhandeln. Nun wurde vereinbart, dass die
Griechen das Goldene Vlies behalten dürften, dass aber Medea, die
Königstochter, auf einer zweiten Insel im Artemistempel so lange ausgesetzt werden solle, bis ein unparteiischer Nachbarkönig als Schiedsrichter entschieden hätte, ob sie zu ihrem Vater zurückkehren oder den Helden nach Griechenland folgen solle.

Bitterer Kummer überkam Medea, als sie dies hörte. Sie zog ihren
Geliebten zur Seite, sodass keiner sie hören konnte, als sie weinend zu
ihm sprach: »Iason, was habt ihr über mich beschlossen? Hat das Glück
bei dir alles in Vergessenheit gesenkt, was du mir in der Not geschworen
hast? In gutem Glauben habe ich Leichtsinnige, Ehrvergessene meine
Heimat und mein Elternhaus verlassen, ich habe aufgegeben, was mein
höchstes Gut war. Für deine Rettung treibe ich mich auf dem Meer mit dir
herum. Meine Vermessenheit hat dir das Goldene Vlies verschafft. Für
dich habe ich Schande auf mich geladen, deshalb folge ich dir als deine
Frau und Schwester nach Griechenland. Darum beschütze mich. Lass

97

FRÜHE GÖTTER- UND HELDENSAGEN

mich nicht alleine hier, überlass mich nicht den Königen zum Urteil. Wenn jener Richter mich meinem Vater zuspricht, bin ich verloren. Wie könntest du dich da an deiner Rückkehr freuen? Wie könnte Hera, die Gattin des Zeus, dies billigen, auf die du dich berufst? Wenn du mich verlässt, so wirst du einst in Elend an mich denken. Wie ein Traum soll dir das Goldene Vlies in den Hades entschwinden! Meine Rachegeister sollen dich aus deiner Heimat vertreiben, wie auch ich durch deine Falschheit aus meiner Heimat vertrieben worden bin!« Dies sagte sie voll wilder Leidenschaft. Medea war entschlossen das Schiff in Brand zu stecken und dann sich selbst in die Flammen zu stürzen.

Bei ihrem Anblick wurde Iason scheu. Das Gewissen schlug ihm und er sprach besänftigend: »Fasse dich, Gute! Dieser Vertrag ist nicht ernst! Wir suchen doch nur Aufschub für die Schlacht, weil eine ganze Wolke von Feinden uns um deinetwillen umringt. Denn alle Völker, die hier leben, sind mit den Kolchiern befreundet und werden deinem Bruder dabei helfen, dass er dich als Gefangene zu deinem Vater zurückbringt. Wir aber werden alle elend sterben, wenn wir jetzt den Kampf beginnen, und deine Lage wird noch hoffnungsloser sein, wenn wir tot sind und du als Beute der Feinde allein zurückbleibst. Der Vertrag ist eine List, die den Apsyrtos ins Verderben stürzen soll. Denn wenn ihr Anführer tot ist, werden die Nachbarvölker den Kolchiern keine Hilfe mehr leisten wollen.«

Medea aber gab ihm den grässlichen Rat: »Höre mich an. Ich habe einmal gesündigt und Übles getan. Dahinter kann ich nun nicht mehr zurück; so muss ich vorwärts schreiten im Frevel. Wehre du die Lanzen der Kolchier ab, wenn ihr kämpft. Ich werde unterdessen meinen Bruder überreden, dass er sich in deine Hände gibt. Empfange ihn dann mit einem üppigen Mahl. Und wenn es mir gelingt, die Herolde von ihm fern zu halten, sodass er schließlich mit dir allein ist – dann töte ihn und liefere den Kolchiern die Schlacht.«

So lockten Iason und Medea den Apsyrtos in einen heimtückischen Hinterhalt. Sie sandten ihm zahlreiche Gastgeschenke, darunter ein prächtiges Purpurkleid, das die Königin von Memnos dem Iason gegeben hatte. Die Huldgöttinnen selbst hatten es einst für den Gott Dionysos angefertigt, und seit der nektartrunkene Gott darauf geschlummert hatte, war es mit himmlischem Duft getränkt. Medea redete den Herolden zu, dass Apsyrtos im Dunkel der Nacht auf die andere Insel zum Artemistempel kommen solle, um dort gemeinsam eine List zu erdenken, wie er doch an das Goldene Vlies käme, damit er es ihrem Vater, König Aietes, zurückbringen könne. Denn sie selbst, so heuchelte sie, sei von den Söhnen des Phrixos gewaltsam den Fremden übergeben worden. Nachdem sie die Friedensboten auf diese Weise betört hatte, sprengte sie so viel von

98

ihren Zauberölen in den Wind, dass der Duft kräftig genug war, um auch die wildesten Tiere vom höchsten Berg herabzulocken.

Alles geschah, wie sie gewünscht hatte. Apsyrtos setzte in dunkler Nacht zu der heiligen Insel über. Als er dort mit seiner Schwester allein war, wollte er sie prüfen, ob sie tatsächlich eine List gegen Iason im Schilde führe. Aber es war, wie wenn ein Kind durch einen kräftigen Bergstrom waten wollte, den nicht einmal ein kräftiger Mann überqueren kann. Denn als sie mitten im Gespräch waren, stürzte plötzlich Iason mit gezücktem Schwert aus dem Hinterhalt hervor. Medea aber wandte die Augen ab und bedeckte ihr Gesicht mit dem Schleier, um den Mord an ihrem Bruder nicht mit ansehen zu müssen. Wie ein Opfertier fiel der Königssohn unter Iasons Hieben, und sein Bruderblut besprizte Medeas Gewand und ihren Schleier. Die Rachegöttin aber, die alles sieht, sah aus ihrem Versteck mit finsterem Auge die grässliche Tat, die hier begangen worden war.

Nachdem Iason sich von dem Mord gereinigt und den Leichnam begraben hatte, gab Medea den Argonauten mit einer Fackel das verabredete Zeichen. Sie gingen auf der Artemisinsel an Land und fielen über die ihres Anführers beraubten Kolchier her, wie Habichte über Taubenscharen herfallen. Iason, der seinen Männern zu Hilfe kommen wollte, erschien zu spät, denn schon war der Kampf entschieden.

Weitere Heimfahrt der Argonauten

Auf den Rat des Peleus hin fuhren die Argonauten aus der Flussmündung und schleunigst davon, ehe die zurückgelassenen Kolchier zur Besinnung kommen konnten. Als sie begriffen, was eigentlich geschehen war, wollten sie die Feinde zunächst verfolgen. Doch Hera schreckte sie mit warnenden Blitzen. Da sie aber den Zorn des Königs Aietes fürchteten, wenn sie ohne seinen Sohn und ohne seine Tochter heimkämen, blieben sie auf den Artemisinseln in der Mündung des Ister zurück und siedelten sich dort an.

Die Argonauten aber segelten an mancherlei Ufern und Inseln vorüber; auch an jener Insel, wo die Königin Kalypso, die Tochter des Atlas, wohnte. Schon glaubten sie in der Ferne die höchsten Gipfel des heimischen Festlandes aufragen zu sehen. Doch Hera fürchtete die Pläne des erzürnten Zeus. So ließ sie einen Sturm aufkommen, der das Schiff an die unwirtliche Insel Elektris trieb. Jetzt begann auch das weissagende Holz, das Athene in den Schiffskiel eingefügt hatte, zu sprechen, und entsetzliche Furcht ergriff die Helden, als sie hörten, was es sprach: »Ihr werdet dem Zorn des Zeus und den Irrfahrten des Meeres nicht entgehen, bevor

FRÜHE GÖTTER- UND HELDENSAGEN

nicht die Zaubergöttin Circe euch von dem grausamen Mord an Apsyrtos rein gewaschen hat. Kastor und Polydeukes sollen zu den Göttern beten, dass sie euch die Pfade des Meeres öffnen und ihr Circe, die Tochter des Sonnengottes Helios und der Perse, finden könnt.«

Allein die Zwillinge Kastor und Polydeukes fanden den Mut aufzuspringen und zu den unsterblichen Göttern um Schutz zu beten. Das Schiff aber schoss weiter bis in die innerste Bucht des Eridanos, wo einst Phaethon verbrannt vom Sonnenwagen in die Flut gestürzt war. Noch jetzt schickt er aus der Tiefe Rauch und Glut aus seinen brennenden Wunden empor, und kein Schiff kann jenes Gewässer überqueren, ohne in die Flammen zu geraten. An den Ufern seufzen, in Pappeln verwandelt, Phaethons Schwestern, die Heliaden, im Winde, und ihre Bernsteintränen tropfen zu Boden, wo die Sonne sie trocknet und in die Fluten des Eridanos zieht.

Den Argonauten verhalf zwar ihr starkes Schiff aus dieser Gefahr, doch sie konnten weder essen noch trinken. Denn bei Tag quälte sie der unerträgliche Geruch, der aus den Fluten von dem dampfenden Phaethon aufstieg, und bei Nacht vernahmen sie deutlich das Klagen der Heliaden und wie die Bernsteintropfen Öltropfen gleich ins Meer troffen. Am Flussufer entlang erreichten sie schließlich die Mündung des Rhodanos und schickten sich an hineinzusegeln. Doch da erschien Hera auf einer Klippe und mahnte sie mit furchtbarer Götterstimme, es nicht zu tun, denn von dort würden sie niemals lebendig herauskommen. Hera hüllte das Schiff in schwarzen Nebel, und so fuhren sie viele Tage und Nächte an unzähligen Keltenvölkern vorbei, bis sie endlich das tyrrhenische Ufer erblickten und bald darauf glücklich in den Hafen der Insel Circe einliefen.

Hier fanden sie die mächtige Zauberin, wie sie, am Meeresufer stehend, ihr Haupt in den Wellen badete. Sie hatte geträumt, ihr ganzes Haus sei von Blut überströmt und ein Feuer vertilge alle ihre Zaubermittel, mit welchen sie sonst die Fremden behexte. Sie aber schöpfte mit der hohlen Hand das Blut und löschte das Feuer damit. Dieser entsetzliche Traum hatte sie im Morgenrot vom Lager aufgeschreckt und ans Meeresufer getrieben. Hier wusch sie ihre Kleider und Haare, als ob sie blutbefleckt wären. Ungeheure Bestien, aus den verschiedensten Gliedern zusammengesetzt und keinen anderen Tieren ähnlich, folgen ihr in Scharen wie die Herde dem Hirten. Die Helden ergriff entsetzliches Grausen, zumal sie der Circe nur ins Angesicht zu blicken brauchten, um zu erkennen, dass sie die Schwester des grausamen Königs Aietes war. Als die Göttin die nächtlichen Schrecken von sich fortgewaschen hatte, kehrte sie schnell wieder um, lockte die Tiere und streichelte sie wie Hunde.

Iason befahl der Mannschaft an Bord zu bleiben. Er selbst ging mit Medea an Land und zog sie, obwohl sie widerstrebte, mit sich fort zum Palast der Circe. Circe wusste nicht, was die Fremden bei ihr suchten. Sie

Die Argonautensage

bot ihnen schöne Sessel an, doch sie zogen sich still und traurig an den Herd zurück und ließen sich dort nieder. Medea stützte ihren Kopf in beide Hände, und Iason stieß das Schwert, mit dem er den Apsyrtos getötet hatte, in den Boden, legte die Hand auf den Griff und stützte sein Kinn darauf, ohne die Augen aufzuschlagen. Da ahnte Circe, dass sie ihren Schutz erflehen wollten, und verstand, dass es um Verbannung und die Sühnung eines Mordes ging. Da sie Scheu trug vor Zeus, dem Beschützer der Flehenden, brachte sie das verlangte Opfer dar, indem sie eine Hündin, die frisch geworfen hatte, schlachtete und den reinigenden Zeus dazu anrief. Ihre Dienerinnen, die Naiaden, mussten die Sühnungsmittel aus dem Haus und ins Meer tragen. Sie selbst stellte sich an den Herd und verbrannte heilige Opferkuchen, wobei sie feierliche Gebete sprach, um den Zorn der Erinnyen zu besänftigen, und Zeus um Vergebung für die Mörder zu bitten.

Als alles vorüber war, hieß Circe die Fremden sich auf die glänzenden Stühle setzen, sie selbst nahm gegenüber Platz. Dann fragte sie die Fremden aus, woher sie kämen, warum sie hier an Land gegangen seien und wofür sie ihren Schutz erbeten hätten, denn ihr blutiger Traum war ihr wieder in den Sinn gekommen. Als Medea nun den Kopf hob und ihr ins Gesicht sah, fielen Circe die Augen des Mädchens auf, denn Medea stammte ja, wie Circe selbst, von Helios, dem Sonnengott, ab, und alle Abkömmlinge dieses Gottes haben strahlende Augen, in denen der Glanz des Goldes liegt. Sie wollte die Muttersprache der Flüchtenden hören, und Medea begann in kolchischer Mundart offen alles zu erzählen, was mit Aietes, den Helden und ihr geschehen war. Nur die Ermordung des Apsyrtos wollte sie nicht gestehen.

Aber der Zauberin Circe blieb nichts verborgen. Dennoch hatte sie Mitleid mit ihrer Nichte. »Du Arme bist in Schande geflohen und hast einen großen Frevel begangen. Gewiss wird dein Vater nach Griechenland kommen, um die Ermordung seines Sohnes an dir zu rächen. Von mir jedoch sollst du keine weiteren Qualen zu befürchten haben, weil du eine Schutzflehende und dazu meine Verwandte bist. Verlange aber auch keine Hilfe von mir. Geh fort von hier mit diesem fremden Mann, wer immer er sein mag. Denn weder was du vorhast noch deine schimpfliche Flucht kann ich billigen!«

Unendlich tiefer Schmerz erfasste Medea bei diesen Worten. Sie warf den Schleier über ihr Gesicht und weinte, bis Iason ihre Hand ergriff und sie mit sich aus Circes Palast führte.

Doch Hera erbarmte sich ihrer Schützlinge. Sie sandte ihre Botin Iris auf dem bunten Regenbogenpfad zur Meeresgöttin Thetis hinab, ließ sie zu sich rufen und empfahl das Schiff der Helden ihrem Schutz. Und kaum dass Iason und Medea wieder an Bord gegangen waren, fingen sanfte

FRÜHE GÖTTER- UND HELDENSAGEN

Zephyre zu wehen an. Leichteren Mutes lichteten die Helden die Anker
und spannten die hohen Segel aus. Im sanften Wind wogte das Schiff weiter, und bald schon erschien eine blühende Insel vor ihren Augen. Es war
der Sitz der trügerischen Sirenen, die halb Vögel, halb Frauen waren, und
die Vorüberfahrenden durch ihre schönen Gesänge anzulocken und zu
verderben pflegten. Kein Fremder, der vorbeikam, konnte ihnen entgehen. Auch jetzt sangen sie den Argonauten die schönsten Lieder zu. Schon
wollten die Helden die Taue an das Ufer werfen, um anzulegen, als
Orpheus sich von seinem Sitz erhob und seine göttliche Leier so mächtig
zu schlagen begann, dass sie die Stimmen der Jungfrauen übertönte.
Zugleich blies heulend der gottgesandte Zephyr und trieb das Schiff
voran, sodass der Gesang der Sirenen ganz in den Lüften verhallte. Nur
einer der Gefährten, Butes, der Sohn des Teleon, hatte ihren hellen Stimmen nicht widerstehen können. Er sprang von der Ruderbank auf, stürzte
sich ins Meer und schwamm dem verführerischen Klang entgegen. Wenn
Aphrodite ihn nicht gerettet hätte, wäre er verloren gewesen. Sie aber riss
ihn aus den Wirbeln heraus und warf ihn auf ein Vorgebirge der Insel Sizilien, wo er von da an wohnen blieb. Die Argonauten nämlich hielten ihn
für tot.

Schon fuhren die Helden neuen Gefahren entgegen. Sie gelangten nun
an eine Meerenge, wo auf der einen Seite der steile Fels der Skylla in die
Fluten ragte und das Schiff zu zerschmettern drohte, auf der anderen
Seite aber der Strudel der Charybdis die Wasser in die Tiefe riss und
gewiss auch die Argo verschlungen hätte. Dazwischen trieben vom Meeresgrund losgerissene Felsen in der Flut, wo sonst die glühende Werkstatt
des Hephaistos liegt. Jetzt aber rauchte es nur über dem Wasser, und der
Äther war erfüllt mit Finsternis. Hier begegneten ihnen von allen Seiten
die Meernymphen, welche Töchter des Nereus waren. Die Fürstin Thetis
lenkte selbst das Steuerruder. So umgaukelten alle das Schiff, und wenn
es den schwimmenden Felsen zu nahe kam, so stieß es eine Nymphe der
anderen zu, als wäre es ein Spiel. Bald stieg das Schiff mit den Wellen
hoch zu den Wolken, bald stürzte es wieder in den Abgrund hinab. Vom
Gipfel einer Klippe aus sah Hephaistos, den Schmiedehammer auf die
Schulter gelehnt, dem Schauspiel zu, und vom gestirnten Himmel herab
verfolgte es Hera.

Endlich waren die Argonauten den Gefahren glücklich entronnen und
fuhren nun weiter auf offener See, bis sie zu der Insel kamen, wo die
guten Phäaken und ihr frommer König Alkinoos wohnten.

Die Argonauten zwischen Skylla und Charybdis

Die Kolchier verfolgen die Argonauten aufs Neue

Hier waren die Helden sehr freundlich aufgenommen worden, und eben wollten sie beginnen die Gastfreundschaft der Phäaken zu genießen, als plötzlich an der Küste ein furchtbares Kolchierheer erschien. Es war auf einem anderen Weg bis hierher vorgedrungen. Die Kolchier forderten die Königstochter Medea, um sie zu ihrem Vater zurückzubringen, und drohten den Griechen mit einer Schlacht, die nur noch schrecklicher würde, wenn erst Aietes mit einem noch gewaltigeren Heer zu ihnen stieße. Der gute König Alkinoos aber hielt sie, da sie schon kämpfen wollten, zurück, und Medea umschlang die Knie seiner Frau Arete: »Herrin, ich flehe dich an, lass nicht zu, dass sie mich zu meinem Vater zurückbringen! Ungewollt bin ich ins Unglück gestürzt. Denn nicht Leichtfertigkeit, sondern entsetzliche Furcht hat mich zur Flucht mit diesem Mann bewogen. Nun will er mich als seine Gemahlin in seine Heimat führen. Darum habe Mitleid mit mir. Die Götter mögen dir langes Leben und Kinder und deiner Stadt unsterbliche Schönheit gewähren!« Auch den Helden warf sie sich zu Füßen, und jeder Einzelne, den sie anflehte, sprach ihr Mut zu, schüttelte seine Lanze, zog sein Schwert und versprach ihr beizustehen, falls Alkinoos sie ausliefern wollte.

In der Nacht beriet sich der König mit seiner Frau über Medea. Arete trat für sie ein und erzählte ihm, dass der große Held Iason sie zu seiner rechtmäßigen Gattin machen wolle. Alkinoos war ein sanfter Mann, und als er dies hörte, wurde sein Gemüt noch weicher. »Gern würde ich, den Helden und Medea zuliebe, die Kolchier sogar mit Waffengewalt vertreiben, aber ich fürchte das Gastrecht des Zeus zu verletzen. Zudem wäre es unklug, den mächtigen König Aietes zu reizen. Denn so fern er auch wohnt, wäre er doch imstande, Griechenland mit einem Krieg zu überziehen. Höre also meinen Entschluss: Wenn Medea noch eine freie Jungfrau ist, dann soll sie ihrem Vater zurückgegeben werden. Ist sie aber die Frau des Helden, dann werde ich sie dem Gemahl nicht rauben, denn ihm gehört sie vor dem Vater.«

Arete erschrak, als sie dies hörte. Noch in der Nacht sandte sie einen Boten zu Iason, der ihm alles berichtete und dazu riet, sich noch vor Anbruch des Tages mit Medea zu vermählen. Und so wurde unter den Liedern des Orpheus Medea in einer heiligen Grotte feierlich zu Iasons Frau geweiht.

Am nächsten Morgen, als die Ufer der Insel und der Tau auf dem Feld in den ersten Sonnenstrahlen schimmerten, strömte das ganze Volk der Phäaken auf die Straßen der Stadt. Auf der anderen Seite der Insel standen die Kolchier bereits unter Waffen. Wie er versprochen hatte, trat Alkinoos aus seinem Palast, das goldene Zepter in der Hand, um über Medea zu richten. Hinter ihm schritten die edelsten Phäaken einher. Auch die Frauen waren zusammengekommen, um die herrlichen Helden der Griechen zu sehen, ebenso hatten sich zahlreiche Bauern eingefunden, denn Hera hatte das Gerücht weithin ins Land gestreut. So war vor den Mauern der Stadt alles bereit, und die Opfer dampften zum Himmel.

Schon seit geraumer Weile erwarteten die Argonauten hier die Entscheidung. Als nun der König auf seinem Thron Platz genommen hatte, trat Iason vor und erklärte unter Eid, dass die Königstochter Medea seine rechtmäßige Gemahlin sei. Sobald Alkinoos dies hörte und Zeugen die Vermählung bestätigt hatten, schwor er feierlich, dass Medea nicht ausgeliefert werden solle und dass er seine Gäste schützen werde.

Die Kolchier widersetzten sich dieser Entscheidung vergebens. Der König bot ihnen an, als friedliche Gäste zu bleiben oder aber das Land zu verlassen. Da aber auch sie den Zorn des Königs Aietes fürchteten, wenn sie ohne seine Tochter zurückkehrten, fuhren sie ab. Nach sieben Tagen brachen die Argonauten, die Alkinoos nur ungern ziehen ließ, reich von ihm beschenkt zur Weiterfahrt auf.

Die letzten Abenteuer der Helden

Wieder waren sie an manchen Ufern und Inseln vorübergesegelt und schon erblickten sie in der Ferne die heimische Küste des Peloponnes, als ein grausamer Nordsturm das Schiff erfasste und volle neun Tage lang durchs libysche Meer dahinjagte. Am Ende wurden sie an das sandige Wüstenufer der afrikanischen Syrten verschlagen, in eine Bucht, deren Gewässer, mit dichtem Seegras und trägem Schaum bedeckt, wie ein Sumpf in starrer Ruhe brütete.

Ringsum breiteten sich Sandflächen aus, auf denen kein Tier und kein Vogel zu sehen waren. Hier wurde das Schiff so dicht an den Strand gespült, dass es im Sand auflief. Mit Schrecken sprangen die Helden vom Schiff, und mit Entsetzen erblickten sie den breiten Sandrücken, der weit wie der Himmel und in immer gleicher Einförmigkeit bis ins Unendliche vor ihnen lag. Keine Quelle, kein Pfad und kein Hof zeigten sich; alles ruhte in totem Schweigen.

»Weh uns, wie heißt dieses Land? Wohin haben uns die Stürme verschlagen?« So fragten die Gefährten einander. »Wären wir doch lieber zwischen die schwimmenden Felsen gefahren! Hätten wir besser gegen den Willen des Zeus etwas Großes versucht und wären dabei untergegangen!«

»Ja«, sagte der Steuermann Ankaios, »die Flut hat uns hier festgesetzt und wird uns nicht wieder abholen. Alle Hoffnung auf Heimkehr ist abge-

FRÜHE GÖTTER- UND HELDENSAGEN

schnitten, vergeblich war die Fahrt, steuere, wer da kann und will!« Damit ließ er das Steuerruder aus seiner Hand gleiten und setzte sich weinend auf den Planken nieder.

Wie Männer in einer verseuchten Stadt untätig und wie Gespenster dem Verderben entgegensehen, so schlichen die Helden traurig am öden Ufer entlang. Als der Abend gekommen war, gaben sie einander die Hände zum Abschied und warfen sich hungrig der eine da, der andere dort in den Sand. In ihre Mäntel gehüllt erwarteten sie eine schlaflose Nacht lang den Tag und den Tod. Ein wenig abseits seufzten die phäakischen Jungfrauen, die Medea von König Alkinoos zum Geschenk erhalten hatte und sich nun um ihre Herrin drängten. Sie stöhnten wie sterbende Schwäne, die ihre letzten Gesänge verhauchen.

Gewiss wären sie alle umgekommen, und niemand hätte sie betrauert, wenn nicht die Beherrscherinnen Libyens, welche drei Halbgöttinnen waren, sich ihrer erbarmt hätten. Von Kopf bis Fuß in Ziegenfelle eingehüllt erschienen sie dem Iason, als es in der Mittagsstunde am heißesten war. Behutsam zogen sie den Mantel, mit dem er seinen Kopf bedeckt hatte, fort. Erschrocken sprang Iason auf, doch sogleich wandte er seinen Blick voll Ehrfurcht von den Göttinnen ab.

»Unglücklicher«, sprachen sie, »wir kennen deine Not, doch sei nicht länger traurig. Wenn die Meeresgöttin den Wagen des Poseidon losgeschirrt hat, dann erweist eurer Mutter, die euch lange in ihrem Leib getragen hat, Dank. Denn dann mögt ihr ins glückselige Griechenland zurückkehren.« Die Göttinnen verschwanden und Iason berichtete seinen Gefährten von dem rätselhaften, aber doch tröstlichen Orakel. Und während sie noch alle erstaunt darüber nachdachten, ereignete sich ein ebenso seltsames Wunderzeichen. Ein ungeheures Meerespferd, dem von beiden Seiten goldene Mähnen über den Nacken wallten, sprang vom Meer ans Land und schüttelte den Wasserschaum ab, der wie mit Windesflügeln von ihm stäubte.

Freudig rief Peleus: »Die eine Hälfte des Orakels ist erfüllt: Die Meeresgöttin hat ihren Wagen abgeschirrt, den dieses Meerespferd gezogen hat. Die Mutter aber, die uns lange in ihrem Leib getragen hat, das ist unser Schiff. Ihm sollen wir jetzt den Dank erweisen, den wir ihm schuldig sind. Lasst uns die Argo auf unsere Schultern nehmen und über den Sand hinwegtragen, den Spuren des Meerespferdes nach. Denn es wird ja nicht im Boden versinken, sondern uns gewiss den Weg zu einem Stapelplatz zeigen.«

Gesagt, getan. Die Göttersöhne nahmen das Schiff auf ihre Schultern, und zwölf Tage und zwölf Nächte lang wanderten sie seufzend unter seiner Last durch öde Wüste dahin. Wenn ihnen ein Gott nicht Kraft verliehen hätte, dann wären sie am ersten Tag bereits gescheitert. So aber

Die Argonautensage

gelangten sie glücklich an die tritonische Meeresbucht. Sie legten das Schiff von ihren Schultern nieder. Es quälte sie brennender Durst und sie suchten wie wütende Hunde nach einer Quelle.

Unterwegs traf Orpheus auf die Hesperiden, jene Nymphen, die auf dem heiligen Feld saßen, wo der Drache Ladon die goldenen Äpfel gehütet hatte, und sich die Zeit mit Singen vertrieben. Orpheus flehte sie an, ihnen den Weg zu einer Quelle zu zeigen. Da hatten die Nymphen Mitleid, und die vornehmste unter ihnen, Aigle, fing zu erzählen an: »Gewiss ist der kühne Räuber, der gestern hier erschienen ist, dem Drachen das Leben und uns die goldenen Äpfel genommen hat, zu eurer Rettung gekommen. Es war ein wilder Mann, seine Augen funkelten unter der zornigen Stirn. Eine rohe Löwenhaut hing ihm über die Schultern, in der Hand trug er einen Ölzweig und die Pfeile, mit welchen er das Ungeheuer erlegt hat. Auch er kam durstig aus der Wüste. Da er aber nirgends Wasser fand, stieß er mit seiner Ferse an einen Felsen, und wie durch einen Zauberschlag floss reichlich Wasser aus dem Stein. Dann legte sich der schreckliche Mann bäuchlings auf den Boden, stemmte sich mit beiden Händen an den Felsen und trank nach voller Gier, bis er sich wie ein satter Stier auf die Erde legte.« Dann zeigte ihnen Aigle den Felsenquell, und alle Helden drängten sich sogleich darum. Der erfrischende Trunk gab ihnen ihren guten Mut zurück.

»Wahrlich«, sprach einer, nachdem er sich die brennenden Lippen noch einmal benetzt hatte, »auch getrennt von uns hat Herakles seine Gefährten noch einmal gerettet. Wie schön wäre es doch, wenn wir ihm auf unserem Weg begegneten!« So machten sie sich auf, der eine da, der andere dorthin, um den Helden zu suchen. Als sie wieder zurückgekommen waren, glaubte nur der scharf blickende Lynkeus Herakles in der Ferne gesehen zu haben, aber nur so, wie ein Bauer den Neumond hinter den Wolken erblickt zu haben meint. Lynkeus war sicher, dass niemand den umherschweifenden Herakles einholen könne.

Schließlich, nachdem sie durch unglückliche Zufälle zwei weitere Gefährten verloren und betrauert hatten, bestiegen sie wieder das Schiff. Lange versuchten sie vergebens aus der tritonischen Bucht in die offene See zu gelangen. Der Wind blies ihnen entgegen, und das Schiff kreuzte unruhig im Hafen, wie eine Schlange, die vergebens aus ihrem Nest zu schlüpfen strebt und zischend mit funkelnden Augen ihr Haupt da und dorthin kehrt. Auf den Rat des Sehers Orpheus hin gingen sie daher noch mal an Land und weihten den einheimischen Göttern den größten Opferdreifuß, den sie im Schiff besaßen, und ließen ihn am Ufer zurück.

Auf dem Rückweg begegnete ihnen der Meeresgott Triton in Gestalt eines Jünglings. Er hob eine Erdscholle auf und überreichte sie dem Helden Euphemos als Zeichen der Gastfreundschaft, und Euphemos barg sie

FRÜHE GÖTTER- UND HELDENSAGEN

an seiner Brust. »Der Vater hat mich zum Beschützer dieser Meeres-
gegend bestellt«, sprach Triton. »Seht, dort wo das Wasser schwarz aus der
Tiefe sprudelt, dort ist der schmale Ausweg aus der Bucht ins offene Meer.
Dorthin rudert, ich schicke euch günstigen Wind. Dann seid ihr der
Pelopsinsel schon nah!« Frohen Mutes stiegen sie in ihr Schiff. Triton
nahm den Dreifuß auf die Schulter und verschwand damit in den Fluten.

Nach einer Fahrt von wenigen Tagen erreichten sie ohne weitere Zwi-
schenfälle die Felseninsel Karpathos. Von dort aus wollten sie zu der
prachtvollen Insel Kreta hinüber. Diese Insel aber wurde von dem
schrecklichen Riesen Talos bewacht. Er allein war aus dem ehernen Menschengeschlecht noch übrig geblieben, das einst aus Buchen entsprossen
war. Zeus hatte ihn der Europa als Schwellenhüter geschenkt, damit er
die Insel dreimal an jedem Tag mit seinen stählernen Füßen umrunden
solle. Er war aus Erz und daher unverwundbar. Nur am Knöchel hatte er
eine fleischige Sehne und eine Ader, in der Blut floss. Wer diese Stelle
kannte und traf, durfte sicher sein ihn zu töten, denn unsterblich war er
nicht. Als die Helden auf die Insel zuruderten, stand er auf einer der
äußersten Klippen. Sobald er sie erblickte, bröckelte er Felsblöcke los und
schleuderte sie gegen das Schiff. Erschrocken ruderten die Argonauten
rückwärts. Und obwohl der Durst sie wieder quälte, hätten sie das schöne
Kreta liegen lassen, wenn nicht Medea sich erhoben und den erschrockenen Männern zugeredet hätte. »Hört, ihr Männer! Ich weiß, wie dieses
Ungeheuer zu bändigen ist. Haltet das Schiff nur außerhalb der Stein-
wurfweite!« Dann raffte sie ihr purpurnes Gewand und bestieg das
Schiffsgeländer, wobei Iasons Hand sie führte. Mit schauerlichen Zauberformeln rief sie dreimal die Leben raubenden Moiren an, die schnellen
Hunde der Unterwelt, die in der Luft hausen und überall nach den Lebendigen jagen. Dann verzauberte sie die Augenlider des erzenen Talos, dass
sie sich schlossen und schwarze Traumbilder vor seine Seele traten.
Sogleich sank er im Schlaf zusammen, wobei seine Ferse an eine spitze
Felskante stieß, dass das Blut wie flüssiges Blei aus der Wunde quoll. Da
erwachte er von dem Schmerz und versuchte sich aufzurichten. Aber wie
eine Fichte, die ein Windstoß erschüttert, dass sie krachend in die Tiefe
fällt, so taumelte er noch eine kurze Zeit, bis er entseelt mit ungeheurem
Schall in die Meerestiefe stürzte. Jetzt konnten die Gefährten gefahrlos an
Land gehen, um sich bis zum nächsten Morgen auf der gesegneten Insel
auszuruhen.

Kaum hatten sie Kreta aber verlassen, da erschütterte sie schon ein
neues Abenteuer. Eine entsetzliche Nacht brach herein, die kein Mond-
strahl und kein Stern erhellte. Die Luft war so schwarz, als ob alle Finsternis aus dem Abgrund losgelassen worden sei; die Helden wussten nicht
mehr, ob sie auf dem Meer oder in den Fluten des Tartaros fuhren. Mit

Die Argonautensage

erhobenen Händen flehte Iason zu Phoibos Apollon, dass er sie aus diesem grässlichen Dunkel befreie, wobei Tränen der Angst über seine Wangen rannen. Der Gott erhörte sein Flehen. Er kam vom Olymp herab, sprang auf einen Meeresfels, und seinen goldenen Bogen hoch in den Händen haltend, schoss er silberne Lichtpfeile über die Gegend hin. In dem plötzlichen Lichtschein zeigte sich den Helden eine kleine Insel. Dort erwarteten sie das tröstende Morgenrot.

Als sie bei heiterstem Sonnenlicht wieder auf hoher See dahinfuhren, dachte der Held Euphemos an einen Traum, den er gehabt hatte. Er hatte geträumt, dass die Erdscholle des Triton, die er an seiner Brust geborgen hatte, sich zu beleben begann, von seiner Brust rollte und die Gestalt einer Jungfrau annahm, die zu ihm sprach. »Ich bin die Tochter des Triton und der Libya, vertraue mich den Töchtern des Nereus an, dass ich bei Anaphe wohne, im Meer. Dann werde ich wieder ans Sonnenlicht kommen und deinen Enkeln bestimmt sein.« Dieser Traum war Euphemos wieder in den Sinn gekommen, denn der Name der Insel, auf der sie den Morgen erwartet hatten, war Anaphe. Iason, dem Euphemos seinen Traum erzählt hatte, verstand sogleich dessen Bedeutung. Er riet dem Freund, die Erdscholle, die er an seiner Brust trug, in die See zu werfen. Euphemos tat es – und vor den Augen der Argonauten erwuchs aus dem Meeresgrund eine blühende Insel. Man nannte sie Kalliste, die Schönste, und Euphemos bevölkerte sie später mit seinen Nachkommen.

Dies war das letzte Wunder, das die Helden erlebten. Bald darauf gingen sie noch einmal auf der Insel Aigina an Land, und von dort steuerten sie ungehindert der Heimat entgegen. Glücklich fuhr das Schiff schließlich in den Hafen von Iolkos ein.

Iason weihte die Argo auf der korinthischen Meerenge dem Poseidon. Und als sie längst zu Staub zerfallen war, glänzte sie, in den Himmel erhoben, am südlichen Firmament als leuchtendes Sternbild.

Iasons Ende

Iason erhielt den Thron von Iolkos nicht, um dessentwillen er die gefährliche Fahrt auf sich genommen, Medea ihrem Vater geraubt und ihren Bruder schändlich ermordet hatte. Er musste das Königreich Akastos, dem Sohn des Pelias, überlassen und mit Medea nach Korinth fliehen. Hier lebte er zehn Jahre lang mit ihr, und sie bekamen drei Söhne. Die beiden ältesten waren Zwillinge, sie hießen Thessalos und Alkimenes; der dritte, Tisander, war um einiges jünger. Während dieser Zeit wurde Medea nicht nur wegen ihrer Schönheit, sondern auch wegen ihrer edlen Denkungsart und ihrer übrigen Vorzüge von ihrem Mann geliebt und

FRÜHE GÖTTER- UND HELDENSAGEN

geehrt. Als aber die Zeit allmählich ihre Schönheit von ihr nahm, wurde Iason von den Reizen eines jungen Mädchens angezogen. Sie hieß Glauke und war die Tochter des Korintherkönigs Kreon. Ohne dass Medea davon wusste, warb er um die Jungfrau, und erst nachdem ihr Vater eingewilligt und den Tag der Hochzeit festgelegt hatte, versuchte er Medea zu bewegen, auf ihre Ehe zu verzichten. Er versicherte ihr, dass er die neue Ehe nicht schließen wolle, weil er sie nicht mehr liebe, sondern nur aus Fürsorge für ihre Kinder. Deshalb wolle er in Verwandtschaft mit dem hohen Königshaus treten. Medea aber war entrüstet über diesen Antrag und rief zornig die Götter an, auf dass sie Zeugen seiner Schwüre würden.

Iason achtete nicht darauf und heiratete die Königstochter. Verzweifelt irrte Medea im Palast ihres Mannes umher. »Wehe mir«, rief sie, »oh wenn mich doch die Flamme des Himmels erschlüge. Was soll ich länger leben? Möchte doch der Tod sich meiner erbarmen. Oh Vaterhaus, das ich in Schande verlassen habe! Oh Bruder, den ich ermordet habe und dessen Blut nun über mich kommt! Aber nicht Iason sollte mich strafen, für den ich gesündigt habe. Oh Göttin der Gerechtigkeit, mögest du ihn und sein junges Weib verderben!«

Noch immer klagte sie so, als Kreon, Iasons neuer Schwiegervater, ihr im Palast begegnete. »Du, die du so finster blickst, und auf deinen Mann so zornig bist!«, sprach er sie an. »Nimm deine Söhne und verlasse auf der Stelle mein Land. Ich werde nicht eher nach Hause gehen, als bis ich dich über meine Grenzen gejagt habe!«

Medea unterdrückte ihren Zorn. Gefasst erwiderte sie: »Warum fürchtest du mich, Kreon? Was hast du mir Böses getan, was warst du mir schuldig? Du hast deine Tochter dem Mann gegeben, der dir gefallen hat. Was ging ich dich dabei an? Nur meinen Mann hasse ich, der mir alles zu verdanken hat. Doch es ist nun geschehen; mögen sie als Eheleute leben. Lass mich aber in deinem Land bleiben. Auch wenn ich tief gekränkt bin, so will ich doch schweigen und mich den Mächtigeren unterwerfen.«

Aber Kreon sah den Zorn in ihren Augen und traute ihr nicht, obgleich sie seine Knie umschlang und ihn beim Namen seiner eigenen, ihr so verhassten Tochter Glauke beschwor. »Geh«, sagte er nur, »und befreie mich von meinen Sorgen!« Da bat sie um Aufschub von einem einzigen Tag, um ihren Weg und das Asyl für ihre Kinder wählen zu können. »Ich bin kein Tyrann«, sprach da der König, »und oft bin ich aus dummer Scheu zu nachgiebig gewesen. Auch jetzt fühle ich, dass ich nicht weise handle, dennoch sei dir der Aufschub gewährt.«

Als Medea die gewünschte Frist erhalten hatte, wurde sie von Wahnsinn erfasst. Sie ging an die Vollführung einer Tat, die ihr schon dunkel vorgeschwebt hatte, ohne dass sie ernsthaft daran geglaubt hatte. Trotz-

Die Argonautensage

dem machte sie zuvor noch einen letzten Versuch, um Iason von seinem Unrecht zu überzeugen. »Oh du schlimmster aller Männer, du hast mich verraten, bist eine neue Ehe eingegangen, wo du doch Kinder hast. Wenn du kinderlos wärst, würde ich dir vielleicht verzeihen, denn dann hättest du einen Vorwand. So aber bist du unentschuldbar. Meinst du, die Götter, die damals herrschten, als du mir die Treue versprachst, regieren nun nicht mehr? Oder die Menschen hätten neue Gesetze erhalten, die ihnen erlaubten ihre Eide zu brechen? Ich will dich fragen, als wärst du mein Freund: Wohin soll ich nun gehen? Schickst du mich zu meinem Vater zurück, den ich verraten und dessen Sohn ich dir zuliebe getötet habe? Oder welche andere Zuflucht rätst du mir? Es wird wahrhaftig rühmlich für dich sein, wenn deine erste Gattin mit deinen eigenen Söhnen durch die Lande zieht und betteln geht!« Doch Iason war verhärtet. Er versprach ihr nur, sie mit genügend Geld und Briefen an seine Gastfreunde zu versehen. Sie aber schlug alles aus. »Geh und vermähle dich«, sprach sie. »Du wirst eine Hochzeit feiern, die du bereuen wirst!« Als sie allein war, taten ihr die letzten Worte Leid. Doch nicht, weil sie die Meinung nun geändert hätte, sondern aus Angst nun beobachtet und an der Ausführung ihres Verbrechens gehindert zu werden. Sie bat daher um eine zweite Unterredung und sagte ruhig zu ihm: »Iason, verzeihe mir, was ich gesagt habe. Blinde Wut hat mich geleitet, und ich sehe ein, dass alles, was du getan hast, nur zu unserem Besten ist. Arm und als Verbannte kamen wir hierher – nun willst du nur für dich, für deine Kinder, und nicht zuletzt auch für mich sorgen. Wenn sie eine Weile in der Ferne waren, wirst du deine Söhne zurückrufen und sie am Glück ihrer Geschwister, die sie erhalten sollen, teilhaben lassen. Kommt, Kinder, umarmt euren Vater, versöhnt euch mit ihm, wie auch ich mich mit ihm versöhnt habe!«

Iason glaubte an ihren Sinneswandel und war hocherfreut darüber. Er versprach ihr und den Kindern das Beste. Medea bat ihn, die Kinder bei sich zu behalten und sie allein ziehen zu lassen. Damit die neue Frau und ihr Vater einverstanden seien, ließ sie aus ihrer Kammer prächtige goldene Gewänder bringen und überreichte sie Iason als Brautgeschenk für die Königstochter.

Erst zögerte Iason, doch ließ er sich schließlich überreden, einen Diener zu schicken, der der Braut die Gaben bringen sollte. Aber die prachtvollen Kleider waren mit Zauberkraft getränkte giftige Gewänder, und nachdem Medea heuchlerisch Abschied von ihrem Mann genommen hatte, erwartete sie ungeduldig die Nachricht, dass die Braut die Geschenke erhalten habe, die ein vertrauter Bote ihr bringen sollte. Der kam schließlich und rief ihr schon von weitem zu: »Steig in dein Schiff, Medea, flieh! Deine Feindin und ihr Vater sind tot. Als deine Söhne mit ihrem Vater das Haus der Braut betraten, freuten wir Diener uns, dass der

Streit nun beigelegt und die Versöhnung vollkommen sei. Die junge Königin empfing deinen Mann mit heiterem Gemüt – als sie aber die Kinder sah, wandte sie sich ab, denn sie wollte sie nicht in ihrer Nähe haben. Doch Iason besänftigte sie und legte ein gutes Wort für dich ein, dann breitete er die Geschenke vor ihr aus. Als sie die herrlichen Gewänder sah, reizte sie deren Pracht. Sie lenkte ein und versprach ihrem Bräutigam mit allem einverstanden zu sein. Sobald Iason mit seinen Söhnen fortgegangen war, griff sie gierig nach dem Schmuck, legte den Goldmantel um, setzte sich den goldenen Kranz ins Haar und betrachtete sich vergnügt in einem Spiegel. Dann wandelte sie durch alle Gemächer und freute sich wie ein Kind an ihrer Herrlichkeit. Doch dann veränderte sich das Schauspiel: Sie begann an sämtlichen Gliedern zu zittern, wankte rückwärts, und noch ehe sie sich stützen konnte, stürzte sie zu Boden. Sie wurde bleich, verdrehte die Augen, und Schaum trat vor ihre Lippen. Da erhob sich lautes Wehklagen im Palast, die einen Diener liefen zu ihrem Vater, die anderen zu ihrem künftigen Mann. Inzwischen ging der verzauberte Kranz in ihrem Haar in Flammen auf. Gift und Flammen zehrten an ihr, und als ihr Vater herbeigestürzt kam, fand er seine Tochter tot. Verzweifelt warf er sich über sie. Da vergiftete auch ihn das mörderische Gewand und auch er hat sein Leben geendet. Von Iason aber weiß ich nichts.«

Statt ihre Wut zu dämpfen, erzürnte Medea dieser Bericht noch mehr. Ganz zur Erinnye der Rachsucht geworden rannte sie fort, um nun Iason und sich selbst den tödlichsten Schlag zu versetzen. Sie stürzte in die Kammer, wo die Söhne schliefen, denn unterdessen war es Nacht geworden. »Wappne dich, mein Herz«, sprach sie zu sich, »was zögerst du, das Grässliche und Notwendige zu vollbringen? Vergiss, dass es deine Kinder sind, dass du sie geboren hast! Vergiss es nur diese eine Stunde. Nachher beweine sie dein ganzes Leben lang. Du tust ihnen selbst einen Dienst. Denn wenn du sie nicht tötest, dann werden sie durch die Hand eines Feindes sterben.«

Als Iason in sein Haus gestürzt kam, um die Mörderin seiner jungen Braut zu stellen und sich an ihr zu rächen, schollen ihm die Schreie seiner Kinder entgegen. Er trat in die Kammer und fand seine Söhne wie Schuldopfer in ihrem eigenen Blut liegen. Medea aber war nirgends zu erblicken. Als er verzweifelt sein Haus verließ, hörte er ein Geräusch über sich. Er blickte empor und sah die fürchterliche Mörderin, wie sie auf einem von Drachen gezogenen Wagen, den ihre Kunst herbeigezaubert hatte, durch die Luft davonfuhr und den Schauplatz ihrer Rache verließ. Iason hatte die Hoffnung verloren, sie jemals für ihr gottloses Verbrechen zu strafen. Nun kam Verzweiflung über ihn, der Mord an Apsyrtos wachte wieder in seiner Seele auf; er stürzte sich in sein Schwert und starb auf der Schwelle seines Hauses.

DRITTES BUCH

Meleagros und die Eberjagd

Oineus, der König von Kalydon, opferte die ersten Früchte eines mit besonderer Fülle gesegneten Jahres den Göttern. Der Demeter gab er die Früchte des Feldes, dem Dionysos Wein, Öl der Athene, und so opferte er jeder Gottheit, was ihr am besten gefiel. Artemis aber vergaß er. Dies erzürnte die Göttin und sie beschloss Vergeltung an ihrem Verächter zu üben.

Sie ließ einen gewaltigen Eber auf die Felder des Königs los. Seine Augen sprühten rot wie Glut, seine struppigen Borsten sträubten sich in seinem Nacken wie Pfähle, aus seinem schäumenden Rachen schossen Blitze und seine Hauer waren riesig wie Elefantenzähne. So stampfte er durch Saaten und Kornfelder dahin; vergeblich warteten Tenne und Scheune auf die versprochene Ernte, denn er fraß die Trauben mitsamt den Reben und die Olivenbäume mitsamt den Zweigen ab. Weder die Schäfer mit ihren Hunden konnten die Herden vor dem Ungeheuer schützen, noch die stärksten Stiere ihre Rinder. Schließlich erhob sich der Sohn des Königs: Meleagros, der Held. Er versammelte Jäger und Hunde um sich, um den grausamen Eber zu töten.

Die berühmtesten Helden aus ganz Griechenland kamen, zu der großen Jagd geladen, zusammen. Unter ihnen befand sich auch die Jungfrau Atalante aus Arkadien, eine Tochter des Iasion. Sie war in einem Wald ausgesetzt, von einer Bärin gesäugt und schließlich von Jägern gefunden und aufgezogen worden. Nun brachte die schöne Männerfeindin ihr Leben im Wald zu und lebte von der Jagd. Sie wehrte alle Männer von sich ab. Zwei Zentauren, die sie in der Einsamkeit des Waldes überwältigen wollten, hatte sie mit ihren Pfeilen getötet. Die Liebe zur Jagd ließ sie nun die Gemeinschaft der Helden suchen. Ihr einfaches Haar hatte sie zu einem Knoten gebunden, über den Schultern hing ihr Köcher aus Elfenbein und in der linken Hand hielt sie den Bogen. Ihr Gesicht wäre an einem Jüngling ein Mädchengesicht, und an einem Mädchen das Gesicht eines Jünglings gewesen. Als Meleagros sie in ihrer Schönheit erblickte,

113

FRÜHE GÖTTER- UND HELDENSAGEN

sprach er zu sich selbst: »Glücklich der Mann, der würdig ist, ihr Gatte zu werden!« Mehr zu denken erlaubte ihm die Zeit nicht, denn die gefährliche Jagd durfte nicht länger aufgeschoben werden.

Die Schar der Jäger ging auf ein Gehölz mit uralten Bäumen zu, das sich von der Ebene aus über einen Abhang erstreckte. Als die Männer dort angelangt waren, legten die einen Netze aus, andere ließen die Hunde los, wieder andere folgten schon der Fährte. Bald kamen sie in ein abschüssiges Tal, das reißende Waldbäche gegraben hatten. Binsen, Sumpfgras, Weidengebüsch und Schilfrohr wucherten unten im Abgrund. Hier hatte der Eber im Versteck gelegen. Von den Hunden aufgejagt, brach er nun durchs Gehölz wie ein Blitz durch die Wolke und stürzte sich wütend mitten unter die Feinde. Die Jäger schrien laut auf und hielten ihm ihre eisernen Speerspitzen entgegen, aber der Eber wich aus und preschte durch eine Gruppe von Hunden. Zahlreiche Speere trafen ihn, aber die Wunden reizten ihn nur und steigerten noch seine Wut. Mit funkelnden Augen und dampfender Brust kehrte er um, flog wie ein vom Katapult geschleuderter Felsblock auf die rechte Flanke der Jäger und riss drei von ihnen, tödlich verwundet, nieder. Ein Vierter – es war Nestor, der später ein so berühmter Held geworden war –, rettete sich auf eine Eiche, an deren Stamm der Eber grimmig seine Hauer wetzte. Hier hätten ihn die Zwillingsbrüder Kastor und Polydeukes, die hoch auf schneeweißen Pferden saßen, mit ihren Speeren treffen können, doch das Borstentier entkam ins Dickicht. Da legte Atalante einen Pfeil in ihren Bogen und traf den Eber unter dem Ohr. Zum ersten Mal rötete Blut seine Borsten.

Als Meleagros die Wunde sah, zeigte er sie jubelnd seinen Gefährten und rief: »Wahrhaftig, Jungfrau, dir gebührt der Preis der Tapferkeit!« Da schämten die Männer sich, dass eine Frau ihnen den Sieg streitig machen sollte, und warfen alle zugleich schnell ihre Speere. Doch gerade deshalb konnte kein Einziger treffen. Unter stolzen Worten schwang nun der Arkadier Ankaios die doppelte Streitaxt mit beiden Händen hoch und stellte sich auf seine Zehenspitzen, um zu einem kräftigen Schlag auszuholen – doch der Eber rammte ihm die Hauer in die Seite, noch bevor er den Hieb vollführen konnte. Blutüberströmt brach er zusammen. Dann warf Iason seinen Speer, doch den lenkte der Zufall in den Nacken einer unschuldigen Dogge. Meleagros schoss zwei Speere hintereinander ab: Der erste fuhr in den Boden, der zweite aber blieb im Rücken des Ebers stecken. Das Tier begann zu toben und sich im Kreis zu drehen, Schaum und Blut quollen aus seinem Maul. Meleagros versetzte ihm mit dem Jagdspieß eine neue Wunde am Hals, und nun fuhren ihm von allen Seiten die Spieße in den Leib. Der gewaltige Eber wälzte sich sterbend in seinem Blut.

Meleagros stemmte den Fuß auf den Kopf des erlegten Tieres, streifte mit seinem Schwert die borstige Haut von seinem Rücken und reichte sie mitsamt dem abgeschlagenen Kopf, aus dem die mächtigen Hauer hervorschimmerten, der tapferen Arkadierin Atalante. »Nimm die Beute, die von Rechts wegen mir gehört. Ein Teil des Ruhmes soll auch auf dich kommen!«

Die Jäger gönnten der Frau diese Ehre nicht und in der Schar erhob sich Gemurmel. Mit geballten Fäusten traten die Söhne des Thestios, die Brüder von Meleagros' Mutter, auf Atalante zu und riefen ihr mit lauter Stimme entgegen: »Lege auf der Stelle die Beute nieder, Weib, und erschleiche dir nicht, was uns zusteht. Deine Schönheit dürfte dir sonst wenig helfen, und dein verliebter Gabenspender auch nicht!« So nahmen sie ihr das Geschenk ab und verboten dem Meleagros, darüber zu verfügen.

Dies konnte Meleagros nicht ertragen. Vor Jähzorn mit den Zähnen knirschend rief er: »Ihr Räuber fremden Verdienstes! Lernt von mir, wie nah Drohung und Tat beieinander liegen!« Und er rammte dem einen, und ehe der sich besinnen konnte, auch seinem zweiten Onkel die Klinge in die Brust.

Althaia, die Mutter des Meleagros, war zum Tempel der Götter unterwegs, um Dankopfer für den Sieg ihres Sohnes zu bringen, als sie sah, wie die Leichen ihrer Brüder herbeigetragen wurden. Klagend zerschlug sie sich die Brust, eilte in ihren Palast zurück, tauschte die goldenen Freudengewänder gegen schwarze Trauerkleider und erfüllte die Stadt mit ihrem Jammer. Als sie erfuhr, dass ihr eigener Sohn Meleagros der Mörder war, versiegten ihre Tränen. Ihre Trauer wandelte sich in Mordlust. Auch war ihr, als würde sie sich plötzlich an etwas erinnern, was längst aus ihrem Gedächtnis geschwunden war: Als Meleagros erst wenige Tage alt war, waren die Moiren an ihrem Wochenbett erschienen. »Aus deinem Sohn wird ein tapferer Held!«, verkündete die erste. »Dein Sohn wird ein großmütiger Mann sein!«, sprach die zweite. »Dein Sohn wird so lange leben«, schloss die dritte, »wie der eben jetzt auf dem Herd glühende Holzscheit vom Feuer nicht verzehrt wird.« Als sich die Moiren entfernt hatten, war Althaia sogleich aufgestanden, um das hell auflodernde Scheit aus dem Feuer zu nehmen und mit Wasser zu löschen. Liebevoll um das Leben ihres Sohnes besorgt, verwahrte sie es im geheimsten ihrer Gemächer. Von Rache entflammt, entsann sie sich jetzt dieses Scheites. Sie eilte in ihre Kammer, ließ Kienholz auf Reisig legen und fachte ein loderndes Feuer an. Dann ergriff sie das hervorgesuchte Holzscheit – doch in ihrem Herzen bekämpften sich Mutter und Schwester. Blasse Angst und glühender Zorn wechselten auf ihrem Gesicht, viermal wollte sie den Scheit in die Flammen legen, viermal zog sie die Hand zurück. Schließlich siegte die Liebe zu ihren Brüdern über das Muttergefühl. »Ihr Strafgöttinnen«, sprach sie, »wendet eure Blicke hierher zu diesem Erinnyenopfer! Und ihr, Geister meiner kürzlich verstorbenen Brüder, fühlt, was ich für euch tue! Siegt und nehmt als teuer erkauftes Totengeschenk die unselige Frucht meines eigenen Leibes an! Mir selbst bricht das Herz vor Mutterliebe, und bald werde auch ich dem Trost nachfolgen, den ich euch sende.« Mit abgewandtem Blick und zitternder Hand legte sie das Holzscheit mitten in die Flammen.

Meleagros, der inzwischen auch in die Stadt zurückgekehrt war, brütete mit widerstreitenden Gefühlen über seinen Sieg, seine Liebe und seine Mordtat nach. Plötzlich fühlte er wie sein Leib im tiefsten Innern von glühendem Fieber ergriffen wurde, doch er wusste nicht, woher es kam. Zehrende Schmerzen warfen ihn auf sein Lager. Die Schmerzen ertrug er mit Heldenkraft, doch es quälte ihn tief, dass er eines unrühmlichen und unblutigen Todes sterben sollte, und er beneidete seine Genossen, die unter den Schlägen des Ebers gefallen waren. Er rief seinen Bruder, die Schwestern, seinen alten Vater und unter Stöhnen auch seine Mutter herbei, die noch immer am Feuer stand und mit starrem Blick in die verzehrende Glut sah. Der Schmerz ihres Sohnes wuchs mit den Flammen. Doch als das Holzscheit verkohlt war, erlosch auch seine Qual und er verhauchte seinen Geist mit dem letzten Funken. Über seiner Leiche trauerten Vater und Schwestern und ganz Kalydon, nur die Mutter war ferngeblieben. Man fand ihre Leiche mit einem Strick um den Hals vor dem Herd, auf dem noch die verglühte Asche des Holzscheites lag.

Tantalos

Tantalos, ein Sohn des Zeus, herrschte zu Siphylos in Phrygien und war außerordentlich reich und berühmt. Wenn die Götter im Olymp je einen sterblichen Mann geehrt haben, dann war es dieser. Um seiner hohen Abstammung willen genoss er die Freundschaft der Götter, und er durfte zuletzt sogar an der Tafel des Zeus speisen und alles mit anhören, was die Götter untereinander besprachen. Aber sein eitler Menschengeist war zu schwach, um das überirdische Glück zu ertragen, und er begann gegen die Götter zu freveln. Er plauderte den Menschen die Geheimnisse der Götter aus, stahl Nektar und Ambrosia von ihrer Tafel und verteilte sie unter seinen sterblichen Freunden; er behielt den prächtigen goldenen Hund, den ein anderer aus dem Zeustempel auf Kreta gestohlen hatte, und behauptete unter Eid, dass er ihn nie erhalten habe, als Zeus ihn zurückverlangte. Schließlich stellte er in seinem Übermut die Allwissenheit der Götter auf die Probe, indem er seinen eigenen Sohn Pelops schlachten und zubereiten ließ und die Götter zum Gastmahl lud. Nur

Demeter verzehrte von dem grässlichen Gericht ein Schulterblatt, die übrigen Götter erkannten das grausige Mahl. Da warfen sie die zerstückelten Glieder des Jungen in einen Kessel, und die Moire Klotho zog ihn mit erneuerter Schönheit wieder daraus hervor. Für die verzehrte Schulter wurde eine elfenbeinerne eingesetzt.

Diesmal war Tantalos zu weit gegangen. Die Götter stießen ihn in die Unterwelt und peinigten ihn mit entsetzlichen Qualen. Er stand in einem Teich, das Wasser berührte sein Kinn – und doch litt er den brennendsten Durst und konnte den Trank, der ihm so nahe war, niemals erreichen. So oft er den Kopf auch gierig zum Wasser neigte, um zu trinken, versiegte die Flut vor ihm, und der dunkle Boden erschien zu seinen Füßen, als hätte ein Dämon das Wasser ausgetrocknet. Außerdem litt er den furchtbarsten Hunger. Am Ufer des Teichs standen Obstbäume, die ihre Äste über ihn wölbten. Er sah saftige Birnen, pralle rote Äpfel, köstliche Feigen und grüne Oliven über sich. Doch sobald er hinaufgriff, um sie zu pflücken, riss ein Sturm die Äste vor ihm hoch und in die Wolken zurück. Zu diesen Höllenqualen gesellte sich noch beständige Todesangst, denn ein Felsblock hing über seinem Kopf in der Luft und drohte unaufhörlich auf ihn herabzustürzen. So litt der Verächter der Götter, der ruchlose Tantalos, in der Unterwelt dreifache Qual, die niemals endet.

Pelops

So schwer sein Vater gegen die Götter gesündigt hatte, so sehr verehrte Pelops sie. Nach der Verbannung seines Vaters in die Unterwelt hatte ihn ein Krieg mit dem König des benachbarten Troja aus seinem Reich vertrieben, sodass er nach Griechenland auswanderte. Zwar begann ihm eben erst der schwarze Bart ums Kinn zu sprießen, doch hatte er bereits in seinem Herzen eine Ehefrau gewählt. Es war Hippodameia, die schöne Tochter des Königs Oinomaos von Elis. Sie war ein Kampfpreis, der nicht leicht zu erringen war. Denn das Orakel hatte ihrem Vater vorausgesagt, dass er sterben werde, wenn seine Tochter einen Mann erhielt. Deshalb tat der erschrockene König alles, um jeden, der um sie warb, von ihr fern zu halten, und ließ in seinem Land verkünden, dass nur derjenige seine Tochter zur Frau haben solle, der ihn selbst im Wagenrennen besiege. Wer aber von ihm besiegt werde, der solle sein Leben lassen. König Oinomaos bestimmte folgende Regeln: Der Wettlauf solle von Pisa aus zum Altar des Poseidon auf der Meerenge von Korinth erfolgen. Dabei solle sein Gegner mit einem vierspännigen Wagen vorausfahren, während er selbst dem Zeus zuvor noch einen Widder opfern wolle. Erst wenn er das Opfer beendete hätte, wolle er den Wettlauf beginnen. Dabei solle der Wagenlenker Myrtilos seinen Wagen leiten und er selbst mit einem Spieß in der Hand im Wagen stehen. Wenn es ihm gelänge, den vorauseilenden Wagen einzuholen, dann solle er das Recht haben, seinen Herausforderer mit dem Spieß zu durchbohren.

Als die vielen Männer, die um Hippodameias Schönheit willen um sie warben, dies vernahmen, machten sie sich nichts daraus, denn sie hielten König Oinomaos für einen altersschwachen Greis, der seinen Gegnern nur deshalb einen so großen Vorsprung einräumte, weil er ahnte, dass er gegen die Jünglinge ohnehin nicht gewinnen konnte. Denn was in Wahrheit eine Niederlage wäre, erschiene so als Großmut. Und so kam einer um den anderen nach Elis gezogen und hielt um die Hand seiner Tochter an. Der König begegnete ihnen stets mit Freundlichkeit, wies ihnen ein schönes Viergespann an und ging, um dem Zeus einen Widder zu opfern, wobei er sich gar nicht beeilte. Dann erst bestieg er einen leichten Wagen, vor welchen seine beiden Pferde Phylla und Harpinna gespannt waren, die schneller als der Nordwind liefen. Mit ihnen holte der Wagenlenker seine Herausforderer jedes Mal noch weit vor dem Ziel ein, und der grausame König durchbohrte sie von hinten mit dem Speer. Auf diese Weise hatte er schon mehr als zwölf Jünglinge getötet.

Auf dem Weg zu seiner Geliebten war Pelops nun auf die Halbinsel gelangt, die später nach ihm benannt werden sollte. Bald hörte er, was in Elis mit den Jünglingen geschah. Da trat er in der Nacht ans Ufer des Meeres und rief seinen Schutzgott, den mächtigen Dreizackschwinger Poseidon, an. Der rauschte zu seinen Füßen aus der Meeresflut empor. »Mächtiger Gott«, rief Pelops, »wenn die Geschenke der Liebesgöttin dir willkommen sind, dann lenke den Speer des Oinomaos von mir ab, entsende mich auf dem schnellsten Weg nach Elis und führe mich zum Sieg. Denn schon hat er dreizehn liebende Männer ins Verderben gestürzt, und noch schiebt er die Hochzeit der Tochter auf. Eine große Gefahr verlangt einen Krieger. Ich bin entschlossen die Gefahr zu bestehen. Wozu arm und ruhmlos alt werden, wenn man doch einmal sterben muss? Ich will diesen Kampf bestehen. Gib du mir den Erfolg, den ich wünsche!«

So betete Pelops, und seine Bitte wurde erhört. Denn wieder rauschte es in den Wassern, und ein glänzender goldener Wagen mit vier pfeilschnellen geflügelten Pferden stieg aus den Wellen empor. Pelops schwang sich hinauf und flog mit dem Wind um die Wette nach Elis. Als Oinomaos ihn kommen sah, erschrak er, denn er erkannte sogleich das göttliche Gespann des Meeresgottes. Doch er verweigerte dem Fremden den Wettkampf nach den gewohnten Bedingungen nicht, denn er vertraute auf die Wunderkraft seiner Pferde, die schneller waren als der Wind.

Nachdem die Pferde des Pelops von der Reise durch die Halbinsel ausgeruht hatten, begab er sich mit ihnen auf die Strecke. Und schon hatte er das Ziel fast erreicht, als der König, der wie gewöhnlich seinen Widder geopfert hatte, ihm mit seinen windschnellen Pferden ganz nahe kam. Oinomaos schwang schon den Speer, um Pelops den tödlichen Stoß zu versetzen. Da fügte es Poseidon, der den Pelops beschützte, dass die Räder des königlichen Wagens in voller Fahrt brachen und der Wagen fiel. Oinomaos stürzte zu Boden und starb in dem Augenblick, als Pelops das Ziel erreichte. Als Pelops sich umblickte, sah er den Königspalast in Flammen stehen, denn ein Blitz hatte ihn getroffen. Bis auf die Grundmauern brannte er nieder, sodass nur eine einzige Säule von ihm stehen blieb. Da eilte Pelops mit seinen geflügelten Pferden auf den brennenden Palast zu und rettete die Braut aus den Flammen.

Niobe

Niobe, die Königin von Theben, besaß vieles, worauf sie stolz war: Amphion, ihr Mann, hatte von den Musen die herrliche Leier erhalten, auf deren Spiel hin sich die Steine der thebischen Königsburg von selbst zusammensetzten; von Tantalos, dem Gast der Götter, stammte sie ab; sie selbst war Gebieterin über ein gewaltiges Reich und mit majestätischer Schönheit und hohen Geistesgaben gesegnet. Nichts von alldem schmeichelte ihr aber so sehr wie die stattliche Zahl ihrer vierzehn blühenden Kinder, die zur einen Hälfte Söhne und zur anderen Hälfte Töchter waren. Niobe galt als die glücklichste aller Mütter, und gewiss wäre sie es auch gewesen, wenn sie sich nur nicht selbst dafür gehalten hätte. Denn so wurde ihr das Bewusstsein ihres Glücks zum Verhängnis.

Einst rief die Seherin Manto, die Tochter des Wahrsagers Teiresias, auf offener Straße die Frauen Thebens dazu auf, Leto und ihre Zwillingskinder Apollon und Artemis zu verehren. Die Frauen sollten Lorbeerkränze in ihr Haar legen und unter Weihrauchopfern fromme Gebete sprechen. Als nun die Thebanerinnen zusammenströmten, kam plötzlich Niobe mit königlichem Gefolge und in golddurchwirkten Gewändern prunkend herangerauscht. Sie strahlte vor Schönheit, soweit ihr Zorn es zuließ. Über beide Schultern wallte ihr Haar herab. So stand sie mitten unter den opfernden Frauen, blickte majestätisch auf die Versammelten herab und rief: »Seid ihr nicht wahnsinnig, Götter zu verehren, von denen euch nur erzählt wird, während unter euch Wesen weilen, die der Himmel besonders begünstigt hat? Wenn ihr für Leto Altäre errichten könnt – warum opfert ihr dann keinen Weihrauch für mich? Mein Vater Tantalos ist doch der einzige sterbliche Mensch, der am Tisch der Götter gesessen hat, und meine Mutter Dione ist die Schwester der Plejaden, die als leuchtendes

FRÜHE GÖTTER- UND HELDENSAGEN

Sternbild am Himmel glänzen. Einer meiner Ahnen ist Atlas der Gewaltige, der das Gewölbe des Himmels auf dem Nacken trägt, der andere ist Zeus, der Vater der Götter. Selbst die Völker Phrygiens gehorchen mir. Mir und meinem Mann ist Theben, die Stadt des Kadmos, untertan, und die Mauern, die sich unter dem Saitenspiel Amphions zusammengefügt haben. Jeder Teil meines Palastes zeigt mir unermessliche Schätze. Ich habe die Schönheit einer Göttin und eine Kinderschar, wie keine Mutter sie sonst aufweisen kann. Sieben blühende Töchter, sieben starke Söhne, bald ebenso viele Schwiegersöhne und -töchter. Und nun fragt, ob ich nicht Grund hätte, stolz zu sein! Und ihr wagt es noch, mir Leto, die unbekannte Titanentochter, vorzuziehen? Sie, der die weite Erde einst nicht einmal einen Platz gegönnt hat, um das Kind des Zeus zu gebären, bis die schwimmende Insel Delos der Umherirrenden aus Mitleid ihren unbefestigten Sitz bot. Dort wurde die Armselige Mutter zweier Kinder. Dies ist nur ein Siebtel meiner Mutterfreude! Wer will noch leugnen, dass ich glücklich bin, wer will noch zweifeln, dass ich glücklich bleibe? Die neidische Schicksalsgöttin hätte viel zu tun, wenn sie meinen Besitz schädigen wollte. Selbst wenn sie mir das eine oder andere aus der Schar meiner Kinder nehmen wollte, wann würde ihre Zahl je zu der armen Zwillingszahl Letos zusammensinken? Darum fort mit den Opfern, fort mit dem Lorbeer! Geht in eure Häuser und lasst euch nicht noch einmal bei solch dummen Verrichtungen antreffen!«

Erschrocken nahmen die Frauen die Kränze aus dem Haar, ließen ihre Opfer unvollendet und schlichen nach Hause, wobei sie der gekränkten Gottheit stille Gebete sandten.

Leto aber stand mit ihren Zwillingen auf dem Gipfel des delischen Berges Kynthos und sah mit ihrem Göttinnenauge, was im fernen Theben vor sich ging. »Seht, Kinder, ich, eure Mutter, die ich auf eure Geburt so stolz bin und keiner Göttin außer Hera weiche, werde von einer frechen Sterblichen beleidigt. Wenn ihr mir nicht beisteht, meine Kinder, wird man mich von den alten heiligen Altären verstoßen! Und auch euch hat Niobe beschimpft, denn sie stellt euch unter ihre Kinderschar!«

Leto wollte noch weitere Bitten anfügen, aber Phoibos Apollon unterbrach sie. »Lass die Klage, Mutter, sie zögert nur die Strafe hinaus!« Und seine Schwester stimmte ihm zu. Sogleich hüllten sich beide in eine Wolke, und mit einem raschen Schwung durch die Lüfte erreichten sie Theben.

Vor den Mauern der Stadt lag ein weites Feld, das nicht zum Anbau, sondern für Wettläufe und Übungen mit Pferd und Wagen bestimmt war. Dort vergnügten sich eben die sieben Söhne Amphions und Niobes. Die einen ritten auf wackeren Pferden, die anderen freuten sich an ihren Spielen. Der älteste, Ismenos, trieb gerade sein Tier im Vierteltrab sicher

Niobe

im Kreis herum, als er plötzlich »Wehe mir!« rief, die Zügel aus seinen Händen gleiten ließ und, von einem Pfeil mitten ins Herz getroffen, vom Pferd sank. Sein Bruder Sipylos hatte das Rasseln des Köchers in der Luft gehört, und er floh nun mit verhängten Zügeln, so schnell sein Pferd ihn trug. Dennoch holte auch ihn ein durch die Lüfte schwirrender Pfeil ein. Am Hals des Pferdes herab glitt der tödlich Getroffene zu Boden. Zwei andere, der eine hieß Tantalos wie sein Großvater, der andere Phädimos, lagen kämpfend Brust an Brust auf dem Boden. Da ertönte aufs Neue der Bogen, und ein Pfeil durchbohrte sie beide zugleich. In einem Atemzug hauchten sie ihre Seelen im Staub aus. Der fünfte Sohn, Alphenor, hatte es gesehen. Er schlug sich die Brust und rannte herbei, um die erkalteten Glieder seiner Brüder durch seine Umarmung wieder zu beleben, doch dabei sank auch er dahin, denn Phoibos Apollon sandte ihm die tödliche Pfeilspitze tief ins Herz hinein. Der sechste, Damasichthon, ein zarter Junge mit langen Locken, wurde von einem Pfeil ins Knie getroffen, und während er sich zurücklehnte, um das Geschoss herauszuziehen, traf ihn ein weiterer, tödlicher Pfeil. Der letzte und jüngste Sohn, Ilioneus, der dies alles mit angesehen hatte, warf sich auf die Knie, breitete die Arme aus und flehte: »Oh all ihr Götter, verschont mich!« Dies rührte den furchtbaren Bogenschützen, doch der Pfeil war nicht mehr zurückzurufen. Der Junge sank zusammen. Doch er starb an der leichtesten Wunde, die kaum bis ins Herz gedrungen war.

Die Nachricht von dem Unglück verbreitete sich schnell in der Stadt. Als Amphion, der Vater, die Schreckensbotschaft vernahm, stieß er sich eine Klinge in die Brust. Das Laute Klagen und Jammern seiner Dienerinnen erreichte bald auch die Gemächer der Frauen.

Lange wollte Niobe das Schreckliche nicht fassen. Denn sie konnte nicht glauben, dass ein Gott das Recht habe, so etwas zu tun, ja, so etwas zu wagen. Bald aber konnte sie sich vor der Wahrheit nicht länger verschließen. Wie wenig ähnelte die jetzige Niobe der vorigen, die eben erst das Volk von den Altären der mächtigen Göttin vertrieben hatte und hocherhobenen Hauptes durch die Stadt geschritten war! Jene war selbst ihren liebsten Freundinnen beneidenswert erschienen, mit dieser aber hatten selbst ihre Feinde Mitleid! Sie stürzte hinaus auf das Feld, warf sich über die erkalteten Leichname und gab ihren Söhnen die letzten Küsse. Dann hob sie die zerschlagenen Arme zum Himmel und rief: »Weide dich nur an meinem Jammer, sättige dein grimmiges Herz, du grausame Leto! Der Tod meiner Söhne bringt mich ins Grab. Triumphiere nun, siegreiche Feindin!«

In der Zwischenzeit waren auch ihre sieben Töchter herbeigekommen. In Trauerkleidung und mit fliegendem Haar standen sie um ihre getöteten Brüder. Da zuckte ein Strahl der Schadenfreude über Niobes blasses

121

FRÜHE GÖTTER- UND HELDENSAGEN

Gesicht, als sie ihre Töchter sah. Sie vergaß, was sie tat, warf einen spöttischen Blick zum Himmel und sagte: »Siegerin! Nein, selbst in meinem Unglück bleibt mir noch mehr als dir in deinem Glück! Auch jetzt, da so viele meiner Kinder tot sind, bin ich noch die Siegerin!« Kaum hatte sie diese Worte ausgesprochen, da hörte man die Sehne eines Bogens surren. Alle erschraken, nur Niobe blieb regungslos. Das Unglück hatte sie beherzt gemacht. Da fuhr sich plötzlich eine ihrer Töchter mit der Hand ans Herz. Ohnmächtig zu Boden sinkend, neigte sie ihr sterbendes Antlitz über den Bruder, der ihr am nächsten lag. Eine ihrer Schwestern eilte auf die Mutter zu, um sie zu trösten, doch auch sie verstummte plötzlich. Eine dritte sank fliehend zu Boden, andere fielen über die sterbenden Schwestern. Nur die letzte, die sich in den Schoß ihrer Mutter geflüchtet hatte, war noch übrig. Unter dem faltigen Gewand drückte sie sich fest an ihre Mutter. »Nur diese Einzige lasst mir!«, schrie Niobe wehklagend zum Himmel. »Nur die jüngste von so vielen!« Aber während sie noch flehte, stürzte schon das Kind hernieder, und einsam saß Niobe zwischen ihres Gatten, ihrer Söhne und ihrer Töchter Leichen. Da erstarrte sie vor Kummer. Kein Lufthauch bewegte mehr ihr Haar, aus ihrem Gesicht wich das Blut. Die Augen standen starr über den traurigen Wangen, in dem ganzen Bild war kein Leben mehr. Die Adern stockten mitten im Pulsschlag, der Nacken, der Arm, der Fuß bewegte sich nicht mehr. Selbst das Innere ihres Leibes war zu kaltem Felsen erstarrt. Nichts lebte mehr an ihr als ihre Tränen; unaufhörlich rannen sie aus ihren steinernen Augen. Nun erfasste ein gewaltiger Sturmwind den Stein, trug ihn durch die Lüfte fort über das Meer und setzte ihn erst in der alten Heimat Niobes, in Libyen, im kargen Gebirge unter den Steinklippen des Siphylos nieder. Hier blieb Niobe als ein Marmorfelsen am Gipfel des Berges, und noch jetzt zerfließt der Marmor in Tränen.

VIERTES BUCH

AUS DER HERAKLESSAGE

Herakles der Neugeborene

Herakles war ein Sohn des Zeus und der Alkmene, Alkmene war eine Enkelin des Perseus. Der Stiefvater des Herakles hieß Amphitryon. Auch er war ein Enkel des Perseus und König von Tiryns, hatte jedoch diese Stadt verlassen, um in Theben zu wohnen.

Hera, die Gemahlin des Zeus, hasste ihre Nebenbuhlerin Alkmene. Daher gönnte sie ihr den Sohn nicht, über dessen Zukunft Zeus den Göttern Großes vorhergesagt hatte. Als Alkmene den Herakles geboren hatte, trug sie ihn deshalb aus Furcht vor der Göttermutter Hera aus dem Palast und setzte ihn an einer Stelle aus, die später noch das Heraklesfeld hieß. Hier wäre das Kind gewiss verdurstet, wenn nicht ein wunderbarer Zufall seine Feindin Hera selbst in Begleitung der Athene des Weges geführt hätte. Athene betrachtete verwundert das schöne Kind, hatte Mitleid mit ihm und überredete Hera, dem Kleinen ihre göttliche Brust zu geben. Der Junge aber sog viel kräftiger an der Brust, als sein Alter erwarten ließ. Hera empfand Schmerzen und warf das Kind unwillig wieder zu Boden. Da nahm Athene es an sich, trug es in die Stadt, brachte es als ein armes Findelkind der Königin Alkmene und bat sie, es aus Barmherzigkeit aufzuziehen. So war also die leibliche Mutter aus Angst vor der Stiefmutter bereit gewesen, ihr Kind umkommen zu lassen, während die Stiefmutter, ohne es zu wissen, ihren verhassten Feind vor dem Tod gerettet hatte. Und noch mehr: Die wenigen Tropfen Göttermilch, die Herakles von Heras Brust empfangen hatte, hatten genügt, um ihm Unsterblichkeit zu geben.

Alkmene hatte ihr Kind auf den ersten Blick erkannt und voller Freude in die Wiege gelegt. Aber auch Hera hatte erfahren, welches Kind sie da gestillt hatte und wie leichtfertig sie den Augenblick der Rache hatte an sich vorüberziehen lassen. Sogleich schickte sie zwei schreckliche Schlangen aus, die das Kind töten sollten, und schon schlängelten sie sich durch die offenen Türen in Alkmenes Schlafgemach. Noch bevor die Dienerinnen oder die schlafende Alkmene selbst es bemerkten, hatten sich die Schlangen an Herakles' Wiege emporgeringelt und sich um den Hals des Jungen gelegt. Er erwachte mit einem Schrei und hob den Kopf, denn das ungewohnte Halsband war ihm unbequem. Da erwies er zum ersten Mal seine Götterkraft: Mit jeder Hand packte er eine Schlange am Genick und erwürgte sie mit einem einzigen Druck.

Unterdessen hatten auch die Dienerinnen die Schlangen bemerkt, doch ihre Angst hielt sie zurück. Alkmene jedoch war von dem Schrei ihres Kindes erwacht. Mit bloßen Füßen sprang sie aus dem Bett, rief nach Hilfe und stürzte auf die Schlangen zu, die der Junge bereits erwürgt hatte. Nun traten die Fürsten der Thebaner, die den Hilferuf gehört hatten, bewaffnet in das Schlafgemach, und mit gezücktem Schwert eilte König Amphitryon herbei, der seinen Stiefsohn Herakles als ein Geschenk des Zeus betrachtete und sehr lieb hatte. So stand er vor der Wiege und sah und hörte mit Freude und Entsetzen über die unerhörte Kraft seines kaum geborenen Sohnes, was geschehen war. Er betrachtete Herakles' Tat als ein großes Wunderzeichen und ließ den Propheten des großen Zeus, den Wahrsager Teiresias, kommen. Der sagte dem König und der Königin vor allen Anwesenden den Lebenslauf des Jungen voraus, wie viele Erden- und wie viele Meeresungeheuer er bezwingen werde, dass er selbst mit Giganten kämpfen und sie besiegen werde, und dass am Ende seines mühseligen Erdenlebens das ewige Leben bei den Göttern, und Hebe, die ewige Jugend, als Gemahlin auf ihn warten würden.

Die Erziehung des Herakles

Als Amphitryon von dem besonderen Schicksal seines Jungen aus dem Mund des Sehers erfahren hatte, beschloss er, ihm eine würdige Erziehung angedeihen zu lassen. Heroen aus allen Gegenden des Landes kamen herbei, um den jungen Herakles auf sämtlichen Wissensgebieten auszubilden. Sein Vater selbst unterwies ihn in der Kunst, einen Wagen zu lenken. Wie man mit Pfeil und Bogen umging, lernte er von Eurytos, Ringen und Faustkampf von Harpalykos. Eumolpos lehrte ihn Gesang und Leierspiel, Kastor, der Sohn des Zeus, zeigte ihm, wie man mit schweren Waffen kämpfte. Linos aber, der bereits alte Sohn des Apollon, brachte ihm die Schrift bei.

Herakles erwies sich als gelehriger Junge, doch Härte konnte er nicht ertragen, und der alte Linos war ein strenger, mürrischer Lehrer. Als er Herakles einmal mit ungerechten Schlägen zurechtwies, packte der Junge seine Leier und schlug sie seinem Lehrer an den Kopf, sodass er tot zu Boden stürzte. Obwohl Herakles die Tat tief bereute, wurde er vor

Aus der Heraklessage

Gericht gestellt. Doch der berühmte und gerechte Richter Rhadamanthys sprach ihn frei. Er stellte das Gesetz auf, dass es keine Blutrache geben solle, wenn ein Totschlag als Folge der Selbstverteidigung geschah.

Amphitryon aber befürchtete, dass sich sein überstarker Sohn von neuem etwas Ähnliches könnte zu Schulden kommen lassen. Daher schickte er ihn zu seinen Ochsenherden aufs Land. Hier wuchs Herakles auf und tat sich durch seine Größe und Stärke hervor. Als ein Sohn des Zeus war er Furcht erregend anzusehen: Er war bedeutend größer als die anderen Männer und seinen Augen leuchteten feurig. Nie verfehlte sein Pfeil das Ziel, und auch mit dem Speer traf er immer. Als er achtzehn geworden war, war er der schönste und stärkste Mann in Griechenland, und es sollte sich nun entscheiden, ob er seine Kraft zum Guten oder zum Schlechten gebrauchen wollte.

Herakles am Scheideweg

Um diese Zeit verließ Herakles die Hirten und ihre Herden und zog sich in eine einsame Gegend zurück, um zu überdenken, welchen Lebensweg er nun einschlagen sollte.

Als er so dasaß und nachdachte, sah er auf einmal zwei Frauen von großer Gestalt auf sich zukommen. Die eine trat mit Anstand und Zurückhaltung auf, sie trug ein fleckenloses weißes Gewand und ihr Blick war bescheiden. Die andere war wohlgenährt und füllig, grell geschminkt, um ihr Aussehen zu heben, die Augen hatte sie aufgerissen und ihre Kleidung war so gewählt, dass sie möglichst viel von ihren Reizen erkennen ließ. Mit feurigen Blicken betrachtete sie sich selbst, blickte dann wieder um sich, um sicherzugehen, dass auch die anderen sie sahen, und schaute oft nach ihrem eigenen Schatten.

Als die beiden Frauen näher kamen, schritt die erste genauso ruhig weiter. Die zweite aber eilte auf den Jüngling zu, um ihr zuvorzukommen, und sprach ihn an: »Herakles! Ich sehe, dass du unschlüssig bist, welchen Weg durch das Leben du einschlagen sollst. Wenn du mich als Freundin wählst, dann werde ich dich über die bequemste und breiteste Straße führen: Kein Genuss soll dir entgehen und jede Unannehmlichkeit wird dir erspart bleiben. Weder um Kriege noch um Geschäfte sollst du dich kümmern, sondern nur darum, dir die köstlichsten Speisen und Getränke schmecken zu lassen und deine Augen, Ohren und anderen Sinne mit den angenehmsten Empfindungen zu erfreuen. Du sollst auf einem weichen Lager schlafen und den Genuss all dieser Dinge ohne die geringste Mühe erlangen. Wenn es dir jemals an Mitteln dazu fehlen sollte, so habe keine Angst, dass du deinen Körper mit Arbeit oder deinen Kopf mit Denken bemühen musst. Im Gegenteil: Dann sollst du die Früchte des Fleißes anderer ernten. Denn meinen Freunden gebe ich das Recht, alles zu benützen.«

Als Herakles dieses verlockende Angebot gehört hatte, fragte er verwundert: »Oh Weib, wie ist denn dein Name?« Und sie antwortete: »Meine Freunde nennen mich Glückseligkeit. Meine Feinde aber, die mich schlecht machen wollen, geben mir den Namen Liederlichkeit.«

Mittlerweile war die andere Frau hinzugetreten. »Auch ich«, sagte sie, »komme zu dir, lieber Herakles, denn ich kenne deine Eltern, deine Talente und deine Erziehung. Und dies alles gibt mir die Hoffnung, dass du, wenn du meinen Weg einschlägst, ein Meister in allem Guten und Großen werden wirst. Ich will dir aber keine Genüsse in Aussicht stellen, sondern die Sache so beschreiben, wie die Götter sie gewollt haben: Wisse also, dass die Götter den Menschen von allem, was gut und wünschenswert ist, nichts ohne Arbeit und Mühe gewähren. Wenn du möchtest, dass die Götter dir gnädig sind, dann musst du sie ehren. Wenn du willst, dass deine Freunde dich lieben, dann musst du ihnen nützlich sein. Wenn du von einem Staat geehrt werden willst, dann musst du ihm Dienste leisten. Wenn ganz Griechenland dich für deine Tugend bewundern soll, dann musst du Griechenlands Wohltäter werden. Wenn du ernten willst, musst du säen. Wenn du kämpfen und siegen willst, dann musst du das Kämpfen lernen. Wenn du deinen Körper beherrschen willst, dann musst du ihn in Anstrengung üben.«

Hier fiel ihr die Liederlichkeit ins Wort. »Siehst du wohl, lieber Herakles, über welch langen, mühseligen Weg dich dieses Weib zur Zufriedenheit führen will? Ich hingegen werde dich auf dem kürzesten und bequemsten Weg zur Glückseligkeit bringen!«

»Elende«, erwiderte die Tugend, »wie könntest du denn etwas Gutes besitzen? Welches Vergnügen kennst du überhaupt, da du jeder Lust durch Sättigung zuvorkommst? Du isst, ehe du Hunger hast, und du trinkst, ehe du Durst hast. Um deinen Appetit zu wecken, gehst du zu den Köchen, um mit Genuss zu trinken, schaffst du dir kostbare Weine an, und im Sommer läufst du herum und suchst nach Schnee. Kein Bett kann dir weich genug sein. Und deine Freunde lässt du die ganze Nacht durchprassen und den besten Teil des Tages verschlafen. Daher hüpfen sie erst sorglos und geputzt durch ihre Jugend – und dann im Alter schleppen sie sich mühselig und ungepflegt dahin, beschämt über das, was sie getan haben, und kaum mehr in der Lage, ihre täglichen Verrichtungen zu erfüllen. Dich selbst haben die Götter verstoßen, auch wenn du unsterblich bist. Die guten Menschen verachten dich. Was für das Ohr am angenehmsten klingt, nämlich das aufrichtige Lob, das hast du niemals vernommen; und was das Auge am meisten erfreut – ein gutes Werk, das man selbst getan hat – das hast du niemals gesehen. Ich hingegen verkehre mit den Göttern und mit allen guten Menschen. An mir haben die Künstler eine willkommene Gehilfin, die Hausväter eine treue Wächterin und das Gesinde einen freundlichen Beistand. Ich bin eine redliche Teilnehmerin an den Geschäften des Friedens, eine zuverlässige Verbündete im Krieg und die treueste Freundin. Speise, Trank und Schlaf schmecken meinen Freunden besser als den trägen Menschen. Die Jungen freuen sich über das Lob der Alten, und die Alten genießen die Ehre der Jungen. Gern denken sie an das zurück, was sie in ihrer Jugend getan haben, und auch jetzt sind sie zufrieden bei allem, was sie tun. Durch mich lieben die Götter und ihre Freunde sie, und von ihrem Heimatland werden sie geachtet. Und wenn sie sterben müssen, so liegen sie nicht ruhmlos in Vergessenheit begraben. Die Nachwelt feiert sie, und so blühen sie fort im Andenken aller Zeiten. Zu einem solchen Leben, Herakles, entschließe dich, und vor dir liegt das seligste Schicksal.«

Des Herakles erste Taten

Die Gestalten waren verschwunden und Herakles wieder allein. Er war entschlossen, den Weg der Tugend zu gehen. Und er fand bald schon die Gelegenheit, etwas Gutes zu tun.

Griechenland war damals noch voll von Wäldern und Sümpfen. Grimmige Löwen, wütende Eber und andere Ungeheuer streiften dort umher. Es war das größte Verdienst der alten Helden, dass sie das Land von diesen Untieren befreiten, die die Wanderer in der Einöde überfielen. Auch Herakles hatte diese Bestimmung. Als er wieder zu seiner Familie zurückgekehrt war, hörte er, dass auf dem Berg Kithäron, an dessen Fuß die Herden des Königs Amphitryon weideten, ein entsetzlicher Löwe sein Unwesen trieb. Sogleich stand Herakles' Entschluss fest. Er nahm seine Waffen, stieg hinauf in das wilde Waldgebirge, bezwang den Löwen, legte seine Haut um sich und setzte seinen Kopf als Helm auf.

Auf dem Rückweg von der Jagd begegneten ihm Herolde des Minyerkönigs Erginos, die einen übermäßig hohen und ungerechten Jahrestribut von den Thebanern eintreiben sollten und sich bereits zuvor schon allerhand Misshandlungen des Landes erlaubt hatten. Herakles, der sich von der Tugend zum Anwalt aller Unterdrückten geweiht fühlte, machte mit den Boten kurzen Prozess. Verstümmelt und mit Stricken um den Hals schickte er sie zu ihrem König zurück. Als Erginos die Auslieferung des Täters verlangte, war König Kreon von Theben fast bereit seine Forderung zu erfüllen, denn er fürchtete eine Ausweitung der Gewalt. Herakles aber überredete eine Schar von mutigen jungen Männern, mit ihm gegen

FRÜHE GÖTTER- UND HELDENSAGEN

den Feind zu ziehen. Nur war nirgends auch nur eine einzige Waffe zu finden, denn die Minyer hatten die ganze Stadt von Waffen gesäubert, damit die Thebaner nicht erst auf den Gedanken kamen, einen Aufstand zu wagen. Da rief Athene den Herakles in ihren Tempel und rüstete ihn mit ihren eigenen Waffen aus. Die Jünglinge nahmen sich die Waffenrüstungen, die von ihren Vorfahren erbeutet, den Göttern geweiht und im Tempel aufgehängt worden waren.

So bewaffnet zog Herakles mit seiner kleinen Mannschaft den herannahenden Minyern bis zu einem Engpass entgegen. Hier konnte dem Feind seine Übermacht nichts nützen. Erginos selbst fiel in der Schlacht, und fast sein gesamtes Heer wurde aufgerieben. Aber in dem Gefecht war auch Amphitryon, der Stiefvater des Herakles, der tapfer mitgekämpft hatte, umgekommen. Nach der Schlacht rückte Herakles sogleich gegen Orchomenos, die Hauptstadt der Minyer, vor, drang durch die Tore, brannte den Königspalast nieder und zerstörte die Stadt.

Ganz Griechenland bewunderte Herakles' außerordentliche Tat. König Kreon von Theben gab ihm seine Tochter Megara zur Frau, um sein Verdienst zu ehren, und sie bekamen drei Söhne. Seine Mutter Alkmene aber vermählte sich ein zweites Mal, mit dem gerechten Richter Rhadamanthys. Und selbst die Götter beschenkten den siegreichen Halbgott: Hermes gab ihm ein Schwert, Apollon Pfeile, Hephaistos einen goldenen Köcher und Athene einen Waffenrock.

Herakles im Gigantenkampf

Herakles fand bald die Gelegenheit, den Göttern für so große Auszeichnungen einen glänzenden Dank abzustatten.

Die Giganten waren Riesen mit schrecklichen Gesichtern, langen Haaren und Bärten und geschuppten Drachenschwänzen anstelle von Füßen. Gaia, die Erde, hatte diese Ungeheuer dem Uranos, dem Himmel, geboren. Nun wiegelte Gaia die Giganten gegen Zeus, den neuen Weltbeherrscher, auf, weil er ihre älteren Söhne, die Titanen, in den Tartaros verstoßen hatte. Auf dem weiten Land von Phlegra in Thessalien brachen die Giganten nun aus der Unterwelt, dem Erebos, hervor. Bei ihrem Anblick erschraken die Gestirne so sehr, dass sie vor Angst erblassten, und selbst Helios wandte den Sonnenwagen um.

»Gehet hin und rächt mich und die alten Götterkinder«, sprach die Mutter Erde. »An Prometheus frisst der Adler, an Tityos zehrt der Geier, Atlas muss den Himmel tragen, die Titanen liegen in Fesseln. Gehet hin und rächt sie. Gebraucht meine eigenen Glieder, die Berge, als Waffen! Erklimmt den Himmel! Du, Typhon, entreiße dem Gewaltherrscher Zeus

Aus der Heraklessage

Zepter und Blitze! Und du, Enkelados, bemächtige dich des Meeres und verjage den Poseidon! Rhoitos soll dem Sonnengott die Zügel nehmen und Porphyrion das Orakel zu Delphi erobern!« Die Riesen jubelten bei diesen Worten, als hätten sie den Sieg bereits errungen, als schleppten sie schon den Poseidon und den Ares im Triumph daher, als zögen sie den Apollon bereits an seinen schönen Locken. Der eine prahlte, er nehme Aphrodite, der andere Artemis und der dritte Athene. So zogen sie zu den thessalischen Bergen, um von dort aus den Himmel zu stürmen.

Indessen rief die Götterbotin Iris alle himmlischen Götter zusammen, und alle, die in Meeren und Flüssen wohnen, dazu. Selbst die Manen aus der Unterwelt rief sie herauf. Persephone verließ ihr schattiges Reich, und ihr Gemahl, Hades, der König der Schweigenden, fuhr mit seinen lichtscheuen Pferden zum strahlenden Olymp empor. Wie die Bewohner einer belagerten Stadt, die von allen Seiten zusammenströmen, um ihre Burg zu verteidigen, so kamen die Götter herbei und versammelten sich um ihren Vater. »Ihr Götter«, sprach Zeus, »ihr seht, wie die Mutter Erde sich mit ihrer neuen Brut gegen uns verschworen hat. Auf, und sendet ihr so viele Leichen hinunter, wie sie uns Söhne hinaufschickt!« Als der Göttervater ausgesprochen hatte, ertönte die Wetterposaune vom Himmel, und Gaia antwortete unten mit einem donnernden Erdbeben. Die Natur geriet aus der Ordnung, wie es bei der ersten Schöpfung geschah, denn die Giganten rissen einen Berg nach dem anderen aus seinen Wurzeln, schleppten die Berge Ossa, Pelion, Oita und Athos herbei, brachen den Rhodope mit der halben Hebrosquelle ab und türmten alle zu einer Leiter auf. Als sie auf diese Weise zum Sitz der Götter emporgeklettert waren, begannen sie den Olymp, mit brennenden Eichen als Fackeln und mit riesigen Felsbrocken bewaffnet, zu stürmen.

Ein Orakelspruch besagte, dass keiner der Giganten von den Himmlischen getötet werden könnte, wenn nicht ein Sterblicher mitkämpfte. Gaia wusste dies, und daher suchte sie nach einem Kraut, das ihre Söhne auch gegen Sterbliche unverwundbar machte. Es gab ein solches Kraut, doch Zeus kam ihr zuvor. Er verbot der Morgenröte, dem Mond und der Sonne zu scheinen, und während Gaia in der Finsternis herumsuchte, schnitt er die Arzneikräuter rasch selbst ab. Dann ließ er seinen Sohn Herakles durch Athene auffordern, am Kampf teilzunehmen.

Auf dem Olymp war die Schlacht bereits im Gange. Ares hatte seinen Kriegswagen mit den wiehernden Pferden mitten unter die heranstürzenden Feinde gelenkt. Sein goldener Schild brannte heller als Feuer, und schimmernd flatterte die Mähne seines Helms. Im Kampfgetümmel durchbohrte er den Giganten Peloros, dessen Füße zwei lebendige Schlangen waren, doch erst als das Ungeheuer den sterblichen Herakles erblickte, hauchte es seine drei Seelen aus. Herakles sah sich auf dem

129

FRÜHE GÖTTER- UND HELDENSAGEN

Schlachtfeld um und wählte ein Ziel. Dann streckte er den Alkyoneus mit einem Pfeilschuss nieder. Der stürzte in die Tiefe, doch sobald er seinen Heimatboden berührt hatte, stand er mit erneuerter Lebenskraft wieder auf. Athene riet dem Herakles, selbst hinabzugehen und ihn über die Grenze seines Geburtslandes zu schleppen. Alkyoneus starb, sowie er auf fremder Erde war.

Jetzt ging der Gigant Porphyrion drohend auf Herakles und Hera zugleich los. Doch Zeus flößte ihm schnell das Verlangen ein, in das himmlische Gesicht der Göttin zu blicken, und während der Gigant an Heras Schleier zerrte, schlug ihn Zeus mit dem Donner, und Herakles tötete ihn vollends mit seinem Pfeil. Bald rannte aus der Reihe der Kämpfenden der Riese Ephialtes mit seinen funkelnden Gigantenaugen hervor. »Leuchtende Zielscheiben für unsere Pfeile!«, lachte Herakles dem Apollon zu und schon erschossen sie beide mit ihren Pfeilen. Den Eurytos schlug Dionysos mit seinem Thyrsosstab nieder, ein Hagel glühender Eisenschlacken, die Hephaistos geschleudert hatte, warf den Klytios zu Boden, den Enkelados, der fliehen wollte, warf Pallas Athene auf die Insel Sizilien. Der Riese Polybotes, den Poseidon über das Meer jagte, flüchtete nach Kos. Aber der Meergott riss ein Stück von der Insel ab und bedeckte ihn damit. Hermes, den Helm des Pluton auf dem Kopf, erschlug den Hippolytos, zwei andere wurden von den stählernen Keulen der Moiren getroffen. Die Übrigen schmetterte Zeus mit seinem Donner nieder und Herakles tötete sie mit seinen Pfeilen.

Für diese Tat wurde Herakles, dem Halbgott, große Anerkennung zuteil. Zeus nannte diejenigen Götter, die im Kampf geholfen hatten, Olympier, um sie von den feigen Göttern zu unterscheiden. Und auch zwei Söhnen von sterblichen Frauen billigte er diese Benennung zu: Es waren Dionysos und Herakles.

Herakles und Eurystheus

Zeus hatte vor der Geburt des Herakles im Götterrat erklärt, dass der erste Enkel, den Perseus erhalten würde, einst der Beherrscher aller übrigen Nachkommen des Perseus sei. Diese Ehre hatte er für Herakles, seinen und Alkmenes Sohn, bestimmt.

Aber Hera, die dem Sohn ihrer Nebenbuhlerin ein solches Glück nicht gönnte, kam dem Zeus mit ihrer Hinterlist zuvor: Sie ließ den Eurystheus, der ebenfalls ein Enkel des Perseus war, früher als Herakles zur Welt kommen, obwohl er erst später als er geboren werden sollte. Dadurch war Eurystheus König von Mykene im Argiverland, und der später geborene Herakles sein Untertan. Mit Besorgnis beobachtete Eurystheus den

Aus der Heraklessage

wachsenden Ruhm seines jungen Verwandten, und so rief er ihn als seinen Untertan zu sich, um ihm verschiedene Aufgaben zu erteilen.

Herakles gehorchte nicht. Da ließ Zeus selbst, der das Wort, das er vor dem Götterrat gegeben hatte, nicht brechen wollte, seinem Sohn befehlen, dass er Eurystheus dienen solle. Doch der Halbgott wollte nur ungern Diener eines sterblichen Menschen sein. Er ging deshalb nach Delphi, befragte das Orakel und erhielt folgende Antwort: Die von Eurystheus erschlichene Herrschaft über Herakles sei von den Göttern dahin abgemildert worden, dass Herakles zehn Aufgaben, die Eurystheus ihm auferlegen würde, vollbringen solle. Wenn das geschehen sei, würde er Unsterblichkeit erlangen.

Diese Antwort lastete schwer auf Herakles' Gemüt, denn es widerstrebte seinem Selbstgefühl, einem Geringeren zu dienen. Einem Befehl des Zeus nicht zu gehorchen, war jedoch bei weitem noch verderblicher, und außerdem unmöglich. Hera aber, aus deren Herz auch Herakles' Verdienste um die Götter den Hass nicht zu tilgen vermocht hatten, nutzte diesen Augenblick. Sie verwandelte seinen düsteren Unmut in wilde Raserei. Herakles geriet so außer sich, dass er seinen geliebten Vetter Iolaos ermorden wollte. Als Iolaos floh, tötete er seine eigenen Kinder in dem Wahn, er kämpfe noch gegen die Giganten. Lange tobte der Wahnsinn in ihm. Doch als er seinen Irrtum erkannte, verfiel er in tiefen Kummer über sein schweres Unglück. Er schloss sich in seinem Haus ein und zog sich von allen Menschen zurück. Als die Zeit seinen Kummer endlich gelindert hatte, entschloss er sich, die Aufgaben des Eurystheus auszuführen, und begab sich zu ihm nach Tiryns, eine Stadt, die ebenfalls zu dessen Königreich gehörte.

Die ersten drei Aufgaben des Herakles

Die erste Aufgabe, die Eurystheus dem Herakles auferlegte, bestand darin, dass er ihm das Fell des nemeischen Löwen bringen sollte. Dieses Ungeheuer hauste auf dem Peloponnes in den Wäldern zwischen Kleonai und Nemea, in der Landschaft Argolis. Der Löwe konnte mit keinen menschlichen Waffen verwundet werden. Die einen sagten, er sei ein Sohn des Riesen Typhon und der Schlange Echidna, die anderen sagten, dass er vom Mond auf die Erde herabgefallen sei. Also zog Herakles gegen den Löwen aus.

Auf seiner Fahrt kam er nach Kleonai, wo er von einem armen Tagelöhner namens Molorchos gastfreundlich aufgenommen wurde. Er traf ihn an, als er gerade für Zeus ein Opfertier schlachten wollte. »Guter Mann«, sprach Herakles, »lass dein Tier noch dreißig Tage am Leben.

FRÜHE GÖTTER- UND HELDENSAGEN

Komme ich bis dahin glücklich von der Jagd zurück, dann kannst du es für Zeus den Retter schlachten. Aber wenn ich erliege, sollst du es mir selbst zum Totenopfer bringen, als einem Helden, der in die Unsterblichkeit eingegangen ist.« So zog Herakles weiter, den Köcher auf dem Rücken, den Bogen in der einen Hand, in der anderen Hand eine Keule vom Stamm eines wilden Olivenbaumes tragend, den er auf dem Helikon mitsamt den Wurzeln ausgerissen hatte.

Als er in den Wald von Nemea kam, spähte Herakles nach allen Seiten, um das reißende Tier zu entdecken, bevor er selbst von ihm entdeckt wurde. Es war Mittag, und nirgends fand sich eine Spur. Auch sah Herakles niemanden, den er nach dem Löwen hätte fragen können, denn alle hatten sich aus Angst vor der Bestie in ihren abgelegenen Höfen eingeschlossen. Den ganzen Nachmittag durchstreifte er den dichten Laubwald, entschlossen, seine Kraft zu erproben, sobald er das Ungeheuer erblickte. Gegen Abend endlich kam der Löwe über einen Waldweg von der Jagd zurück. Augenscheinlich hatte er sich satt gefressen, denn von seiner Mähne und der Brust troff ihm noch das Blut. Er leckte sich das Kinn mit seiner Zunge. Herakles, der ihn von weitem kommen sah, versteckte sich in einem Busch und wartete, bis der Löwe näher kam. Dann schoss er ihm einen Pfeil zwischen Rippen und Hüfte. Doch das Geschoss drang gar nicht durch sein Fell. Es prallte an dem Löwen ab, als wäre er aus Stein. Das Tier hob seinen blutigen Kopf, ließ die Augen forschend nach allen Seiten rollen und die entsetzlichen Zähne in seinem aufgesperrten Rachen sehen. So reckte der Löwe dem Halbgott seine Brust entgegen. Herakles schoss schnell noch einen weiteren Pfeil, um ihn in die Lunge zu treffen, doch auch der verwundete den Löwen nicht. Als Herakles den dritten Pfeil ergreifen wollte, entdeckte ihn der Löwe. Sein Nacken schwoll vor Zorn, seine mächtige Mähne sträubte sich und knurrend krümmte er seinen Rücken. Dann setzte er zum Sprung an. Herakles warf die Pfeile und seine Löwenhaut fort, doch mit der rechten Hand schwang er die Keule und versetzte dem Löwen einen solchen Schlag in den Nacken, dass er mitten im Sprung zu Boden stürzte und auf zitternden Füßen mit wackelndem Kopf zu stehen kam. Noch bevor der Löwe wieder Atem schöpfte, stürzte sich Herakles von hinten auf ihn, legte ihm die Arme um den Hals und schnürte ihm die Kehle zu, bis er erstickte und seine grauenvolle Seele zum Hades zurücksandte.

Lange versuchte Herakles nun vergebens die Haut des getöteten Ungeheuers abzuziehen, doch weder Eisen noch Stein schnitten hindurch. Da kam ihm der Gedanke, es mit den Klauen des Tieres selbst zu versuchen, und dies gelang sogleich. Später fertigte er sich aus dem prächtigen Löwenfell einen Panzer und aus dem Rachen einen neuen Helm. Jetzt aber nahm er alles an sich und machte sich auf den Rückweg nach Tiryns.

Aus der Heraklessage

Als König Eurystheus Herakles mit dem Fell des grässlichen Tieres kommen sah, geriet er über dessen göttliche Kraft in solche Angst, dass er in einen eisernen Topf kroch. Von nun an ließ er den Herakles nicht mehr in seine Nähe kommen. Seine Befehle ließ er ihm künftig nur noch außerhalb der Mauern und durch Kopreus, einen Sohn des Pelops, übermitteln.

Die zweite Aufgabe des Herakles war, die neunköpfige Hydra zu erlegen. Sie war eine Schlange und ebenfalls eine Tochter des Typhon und der Echidna. Im Sumpf von Lerna aufgewachsen, der in Argolis lag, kam sie an Land, riss dort die Herdentiere und verwüstete das Feld. Sie war übermäßig groß. Acht ihrer Köpfe waren sterblich, der neunte aber, der mittlere, war unsterblich.

Herakles ging auch diesem Kampf mutig entgegen. Sofort bestieg er einen Wagen. Sein geliebter Neffe Iolaos, der Sohn seines Stiefbruders Iphikles, der lange Zeit sein unzertrennlicher Gefährte blieb, setzte sich als Wagenlenker neben ihn, und so ging es eilig nach Lerna. Auf einem Hügel bei den Quellen der Amymone lag die Höhle der Hydra. Und wirklich erblickten sie das Ungetüm dort.

Iolaos ließ die Pferde halten. Herakles sprang vom Wagen, schoss brennende Pfeile ab und zwang die vielköpfige Hydra ihren Schlupfwinkel zu verlassen. Zischend kam sie hervor. Ihre neun Hälse schwankten hoch gereckt auf ihrem Leib, wie die Äste eines Baumes im Sturm. Herakles ging furchtlos auf sie zu, packte sie kräftig und hielt sie fest. Sie aber umschlang einen seiner Füße, ohne sich auf weitere Gegenwehr einzulassen. Herakles begann mit einem Sichelschwert ihre Köpfe abzuschlagen, doch er konnte sein Ziel nicht erreichen: Wenn ein Kopf abgeschlagen war, wuchsen daraus sogleich zwei neue hervor. Zugleich kam der Hydra ein Riesenkrebs zu Hilfe, der den Helden empfindlich in den Fuß kniff. Den tötete er jedoch mit seiner Keule, dann rief er Iolaos. Der hatte bereits eine Fackel in Brand gesteckt. Er legte damit Feuer an den nahen Wald und fuhr über die neu wachsenden Köpfe der Schlange, um zu verhindern, dass sie hervortrieben. Nun schlug Herakles der Hydra das unsterbliche Haupt ab. Anschließend begrub er es am Wegrand und wälzte einen schweren Stein darüber. Den Rumpf der Hydra spaltete er in zwei Teile. Seine Pfeile aber tauchte er in ihr giftiges Blut. Seitdem fügten seine Pfeile den Getroffenen unheilbare Wunden zu.

Die dritte Aufgabe des Eurystheus war, die Hirschkuh Kerynitis lebendig zu fangen. Sie war ein prächtiges Tier, hatte ein goldenes Geweih und Füße aus Erz. Die Kerynitis weidete auf einem Hügel Arkadiens.

Sie war eine der fünf Hirschkühe gewesen, an welchen die Göttin Artemis ihre erste Jagdprobe abgelegt hatte, und nur sie hatte Artemis damals wieder entkommen lassen, weil vom Schicksal beschlossen war, dass

FRÜHE GÖTTER- UND HELDENSAGEN

Herakles sich einmal an ihr müde jagen sollte. Tatsächlich verfolgte er sie ein ganzes Jahr lang. Auf seiner Jagd kam er auch zu den Hyperboreern an die Quelle des Flusses Ister. Am Fluss Ladon, nahe der Stadt Oinoe am artemisischen Gebirge, holte er die Hirschkuh schließlich ein. Doch er musste das Tier mit einem Pfeilschuss lähmen, um es mitnehmen zu können. Auf seinen Schultern trug er es durch Arkadien. Hier begegneten ihm Artemis und Apollon. Artemis tadelte ihn, weil er das Tier, das ihr geweiht war, habe töten wollen, und wollte ihm schon die Beute entreißen. Da sagte Herakles, um sich zu rechtfertigen: »Ich habe es nicht mutwillig getan, große Göttin, die Notwendigkeit hat mich dazu gezwungen. Wie könnte ich sonst vor Eurystheus bestehen?« Mit diesen Worten besänftigte er den Zorn der Göttin Artemis, und er brachte das Tier lebendig nach Mykene.

Die vierte, fünfte und sechste Aufgabe des Herakles

Sofort ging es an die vierte Unternehmung. Sie bestand darin, diesmal den erymanthischen Eber, der die Gegend um den Berg Erymanthos verwüstete und ebenfalls der Artemis geheiligt war, lebendig nach Mykene zu bringen.

Als er seinem neuen Abenteuer entgegenwanderte, kehrte Herakles bei dem Zentauren Pholos, dem Sohn des Silen, ein. Der war wie alle Zentauren halb Mensch, halb Pferd. Er empfing seinen Gast sehr freundlich und setzte ihm gebratenes Fleisch vor, während er selbst es roh verzehrte. Herakles wollte aber auch einen guten Trunk zu seinem Braten.

»Lieber Gast«, sprach Pholos, »es liegt wohl ein Fass in meinem Keller, doch es gehört uns Zentauren gemeinsam. Ich wage nicht recht, es zu öffnen, weil ich weiß, dass Zentauren sich aus Gästen recht wenig machen.«

»Öffne es nur guten Mutes«, erwiderte Herakles. »Ich verspreche dir, dich gegen alle Angriffe zu verteidigen. Ich habe Durst!«

Dieses Fass aber hatte Dionysos, der Gott des Weines, selbst den Zentauren mit dem Befehl übergeben, es nicht eher zu öffnen, als bis nach vier Menschenaltern Herakles in diese Gegend einkehren würde. So ging denn Pholos in den Keller. Kaum aber hatte er das Fass geöffnet, da rochen die Zentauren den Duft des starken alten Weines, strömten, mit Felsbrocken und Fichtenstämmen bewaffnet, in Scharen herbei und umringten die Höhle des Pholos. Die Ersten, die einzudringen wagten, jagte Herakles mit Brandgeschossen zurück. Die Übrigen verfolgte er unter Pfeilschüssen bis nach Malea, wo der gute Zentaur Chiron wohnte, der ein alter Freund des Herakles war. Bei ihm suchten die übrigen Zentauren Zuflucht. Aber Herakles hatte, als sie eben zusammentrafen, einen

Aus der Heraklessage

seiner Pfeile auf sie abgeschossen. Er drang durch den Arm des einen Zentauren, und unglücklicherweise fuhr er gerade in das Knie des Chiron. Jetzt erst erkannte Herakles seinen Freund. Bekümmert lief er hinzu, zog den Pfeil heraus und legte ein Heilmittel auf, das von Chiron selbst stammte. Aber die Wunde, die nun vom Gift der Hydra durchdrungen war, war unheilbar.

Chiron ließ sich in seine Höhle bringen, denn er hatte nur noch einen Wunsch: Er wollte in den Armen seines Freundes sterben. Doch war dieser Wunsch vergebens. Der Arme hatte nicht daran gedacht, dass er zu seiner Qual unsterblich war! Herakles nahm von Chiron unter vielen Tränen Abschied und versprach ihm, ihm den Erlöser, den Tod, zu senden, koste es, was es wolle. Und er hat Wort gehalten.

Als Herakles von der Verfolgung der übrigen Zentauren in die Höhle seines Freundes zurückkehrte, fand er auch Pholos, der ihn so freundlich aufgenommen hatte, tot auf. Pholos hatte einen Pfeil aus dem Leichnam eines Zentauren gezogen. Und während er sich noch wunderte, wie ein so kleines Ding so große Geschöpfe zu Fall bringen konnte, glitt der Pfeil ihm aus der Hand, verletzte ihn am Fuß und tötete ihn auf der Stelle. Herakles war darüber tief betrübt. Er bestattete den Zentauren Pholos unter einem Berg, der seit diesem Tag den Namen Pholoe trägt. Dann ging Herakles weiter, um den Eber zu jagen.

Mit Geschrei trieb er ihn aus dem Dickicht des Waldes, dann verfolgte er ihn bis in ein tiefes Schneefeld hinein. Hier fing er das erschöpfte Tier mit einem Strick und brachte es, wie ihm befohlen war, lebendig nach Mykene.

Nun schickte König Eurystheus Herakles zu seiner fünften Aufgabe fort. Die war eines Helden wenig würdig: Herakles sollte die Ställe des Augeias ausmisten, und zwar an einem einzigen Tag.

Augeias war König in Elis und besaß zahlreiche Herden. Wie es damals üblich war, wurde das Vieh in einer großen Umzäunung vor dem Palast gehalten. Dreitausend Rinder hatten jahrelang dort gestanden, und so hatte sich im Laufe der Zeit eine unendliche Menge an Mist angehäuft. Zu seiner Schande sollte Herakles nun diesen Mist beseitigen, und zwar, was ohnehin unmöglich schien, in nur einem Tag.

Als Herakles vor König Augeias trat und ihm diesen Dienst erbot, erwähnte er nicht, dass es eine Aufgabe war, die Eurystheus ihm gestellt hatte. Augeias betrachtete im Stillen die prächtige Löwenhaut und konnte kaum das Lachen unterdrücken, wenn er dachte, dass ein so edler Krieger so gewöhnliche Dienste verrichten wollte. Und so überlegte er bei sich: ›Eigennutz hat schon manchen wackeren Mann verführt; vielleicht will er sich ja an mir bereichern. Das wird ihm aber wenig nützen. Ich kann ihm ruhig einen reichen Lohn dafür versprechen, dass er mir die

FRÜHE GÖTTER- UND HELDENSAGEN

Ställe ausmistet, denn an dem einen Tag wird er wenig genug hinaustragen.‹ Und so sprach er getrost: »Höre, Fremdling, wenn du das kannst und mir an einem Tag den ganzen Mist hinausschaffst, will ich dir ein Zehntel meines Viehbestandes zur Belohnung geben.«

Herakles ging auf die Bedingung ein, und der König dachte natürlich, dass Herakles nun zu schaufeln beginne. Herakles aber, der den Vertrag von Phyleus, dem Sohn des Königs Augeias, bezeugen ließ, riss den Grund des Viehhofs auf der einen Seite auf, leitete die nicht weit davon vorbeifließenden Ströme Alpheios und Peneios durch einen Kanal hinein, ließ sie all den Mist fortspülen und durch eine andere Öffnung wieder ausströmen. So führte er den schmachvollen Auftrag aus, ohne sich zu einer Handlung zu erniedrigen, die eines Unsterblichen unwürdig gewesen wäre. Als aber Augeias erfuhr, dass Herakles im Auftrag von Eurystheus gehandelt habe, verweigerte er ihm den Lohn und leugnete sogar, ihn jemals versprochen zu haben. Er erklärte sich aber bereit, die Streitsache einem Gericht vorzulegen. Da trat Phyleus, nachdem Herakles ihn dazu aufgefordert hatte, vor die Richter und sagte gegen seinen Vater aus, denn er erklärte, dass der Lohn für Herakles wirklich abgesprochen worden sei. Augeias wartete das Urteil gar nicht ab. Zornig befahl er seinem Sohn und dem Fremden, sein Reich auf der Stelle zu verlassen.

Herakles kehrte nun unter neuen Abenteuern zu Eurystheus zurück. Der aber wollte die eben erfüllte Aufgabe nicht gelten lassen, weil Herakles Lohn dafür gefordert habe. Dennoch schickte er ihn gleich wieder auf ein sechstes Abenteuer aus: Er gab ihm auf, die Stymphaliden zu verjagen.

Die Stymphaliden waren ungeheure Raubvögel, groß wie Kraniche, aber mit eisernen Flügeln, Schnäbeln und Klauen bewehrt. Sie hausten um den See Stymphalis in Arkadien und besaßen die Macht, ihre Federn wie Pfeile abzuwerfen und mit ihren Schnäbeln selbst Eisenpanzer zu durchschlagen. Deshalb richteten sie in der Umgegend unter Mensch und Vieh große Verwüstungen an. Wir kennen sie bereits von der Fahrt der Argonauten her.

Herakles, der an das Wandern gewöhnt war, erreichte nach kurzer Zeit den See, der von einem großen und dichten Wald umgeben war. In diesen Wald hatte sich eben eine unermessliche Schar jener Vögel vor den Wölfen geflüchtet. Herakles stand ratlos da, als er den ungeheuren Schwarm erblickte und nicht wusste, wie er über so viele Feinde Herr werden sollte. Plötzlich fühlte er einen leichten Schlag auf seiner Schulter. Als er sich umsah, erblickte er die riesenhafte Erscheinung der Athene, die ihm zwei mächtige, eiserne Klappen in die Hände gab, die Hephaistos für sie angefertigt hatte. Athene bedeutete ihm, die Klappen gegen die Stymphaliden zu verwenden, und verschwand. Herakles

136

Aus der Heraklessage

bestieg nun eine Anhöhe in der Nähe des Berges und schreckte die Vögel auf, indem er die Klappen zusammenschlug. Die Stymphaliden hielten das gellende Getöse tatsächlich nicht aus und flogen ängstlich auf. Darauf ergriff Herakles seinen Bogen und schoss Pfeil um Pfeil auf die Vögel ab. Viele erlegte er im Flug, die übrigen verließen die Gegend und kamen nie mehr dorthin zurück.

Die siebte, achte und neunte Aufgabe des Herakles

König Minos auf Kreta hatte dem Gott Poseidon versprochen ihm zu opfern, was zuerst aus dem Meer auftauchen würde. Denn Minos hatte behauptet kein Tier zu besitzen, das würdig sei, um zu einem so hohen Opfer zu dienen. Darum ließ Poseidon einen ausnehmend schönen Ochsen aus dem Meer aufsteigen. Als der König aber den schönen Stier erblickte, steckte er ihn heimlich unter seine Herde und schob dem Poseidon einen anderen Stier als Opfer unter. Poseidon erzürnte darüber. Zur Strafe ließ er den Stier rasend werden, und das Tier richtete von da an schwere Verwüstungen auf der Insel Kreta an. Diesen Stier zu bändigen und vor Eurystheus zu bringen war die siebte Aufgabe des Herakles.

Als Herakles mit seinem Vorhaben nach Kreta kam, freute sich König Minos sehr den Verderber der Insel loszuwerden, und er half Herakles sogar selbst dabei, das wütende Tier zu fangen. Die Heldenkraft des Herakles bändigte dann den Stier so gründlich, dass er sich den ganzen weiten Weg zum Peloponnes auf dem Rücken des Stieres übers Meer tragen lassen konnte. Eurystheus war mit dieser Arbeit sehr zufrieden, ließ aber den Stier, nachdem er ihn eine Weile mit Wohlgefallen betrachtet hatte, wieder frei. Als das Tier nicht mehr unter Herakles' Fessel stand, begann es aufs Neue zu rasen. Es irrte durch ganz Lakonien und Arkadien, streifte über den Isthmos nach Marathon in Attika und verheerte hier das Land wie zuvor die Insel Kreta. Erst dem Theseus gelang es später, Herr über den Stier zu werden.

Als achte Aufgabe trug nun Eurystheus dem Herakles auf, die Stuten des Thrakiers Diomedes nach Mykene zu bringen.

Diomedes war ein Sohn des Ares und König der Bistonen, die ein besonders kriegerisches Volk waren. Diomedes besaß Stuten von solcher Wildheit und Stärke, dass man sie mit eisernen Ketten an erzene Futterkrippen band. Ihr Futter bestand nicht aus Hafer – Fremdlinge, die das Unglück hatten, in die Stadt des Königs zu geraten, wurden den Stuten zum Fraß vorgeworfen, und ihr Fleisch diente ihnen als Nahrung.

Als Herakles dort ankam, packte er als Erstes den unmenschlichen König und warf ihn seinen eigenen Stuten vor, nachdem er die Wächter

FRÜHE GÖTTER- UND HELDENSAGEN

der Pferde überwältigt hatte. Durch diese Speise wurden die Tiere zahm, und Herakles trieb sie ans Ufer des Meeres. Doch bewaffnete Bistonen kamen hinter ihm her, sodass Herakles sich umkehren und gegen sie kämpfen musste. Er übergab die Stuten seinem Liebling und Begleiter Abderos, dem Sohn des Hermes, damit er sie bewachte. Als aber Herakles fort war, gelüstete es die Tiere wieder nach Menschenfleisch, und Herakles fand, nachdem er die Bistonen in die Flucht geschlagen hatte, seinen Freund von den Stuten getötet vor. Er trauerte um den Toten und gründete ihm zu Ehren eine Stadt seines Namens. Dann bändigte er die Stuten wieder und gelangte glücklich mit ihnen zu Eurystheus. Der weihte die Pferde der Hera. Ihre Nachkommenschaft dauerte noch lange fort, sogar König Alexander von Makedonien ritt noch auf einem ihrer Abkömmlinge.

Nachdem Herakles diese Aufgabe erfüllt hatte, schiffte er sich mit dem Heer des Iason, der das Goldene Vlies holen sollte, nach Kolchis ein, wovon wir schon berichtet haben.

Von langer Irrfahrt zurückgekehrt, unternahm Herakles den Zug gegen die Amazonen, um das neunte Abenteuer zu bestehen: Er sollte dem Eurystheus nun den Gürtel der Amazone Hippolyte bringen.

Die Amazonen bewohnten die Gegend um den Fluss Thermodon in Pontos. Sie waren ein stolzes Frauenvolk, das nur tat, was Männer tun. Von ihren Kindern zogen sie nur die Mädchen auf. In Scharen zogen sie zu Kriegen aus. Hippolyte, ihre Königin, trug zum Zeichen ihrer Herrscherinnenwürde dabei jenen Gürtel, den sie vom Kriegsgott Ares selbst als Geschenk erhalten hatte.

Herakles sammelte zu seinem Zug freiwillige Kampfgenossen auf einem Schiff. Nach mancherlei Ereignissen segelte er auf das Schwarze Meer hinaus, und lief schließlich in die Mündung des Thermodon und den Hafen der Amazonenstadt Themyskira ein. Hier kam ihm die Königin der Amazonen entgegen. Herakles' stattliche Erscheinung flößte ihr Hochachtung ein, und als sie sein Anliegen erfahren hatte, versprach sie ihm den Gürtel. Hera aber, die unversöhnliche Feindin des Herakles, nahm die Gestalt einer Amazone an, mischte sich unters Volk und streute das Gerücht aus, dass ein Fremder ihre Königin entführen wolle. Sogleich schwangen sich alle Amazonen auf ihre Pferde und griffen Herakles' Lager vor der Stadt an. Die einfachen Amazonen kämpften gegen seine Krieger, die vornehmeren traten Herakles selbst gegenüber und bereiteten ihm einen schweren Kampf. Die Erste, die den Streit mit ihm begann, hieß Aëlla oder Windsbraut, weil sie schnell wie der Wind war. Doch sie fand in Herakles einen noch schnelleren Gegner und wurde auf der Flucht von ihm getötet. Eine Zweite fiel beim ersten Angriff, dann Prothoë, die Dritte, die siebenmal im Zweikampf gesiegt hatte. Nach ihr

138

Aus der Heraklessage

unterlagen noch acht andere und kamen zu Tode. Unter ihnen waren drei Jagdgefährtinnen der Artemis, die sonst immer so sicher mit dem Speer getroffen hatten. Doch diesmal verfehlten sie ihr Ziel und deckten sich vergebens mit ihren Schilden: Sie starben unter den Pfeilen des Helden. Auch Alkippe fiel, die geschworen hatte, ihr Leben lang unverheiratet zu bleiben. Den Schwur erfüllte sie – aber am Leben blieb sie nicht.

Nachdem auch Melanippe, die Anführerin der Amazonen, gefangen war, ergriffen die Übrigen die Flucht, und Hippolyte gab ihren Wehrgürtel heraus, wie sie es vor der Schlacht versprochen hatte. Herakles nahm ihn als Lösegeld an und ließ Melanippe dafür frei.

Auf der Rückfahrt bestand Herakles ein neues Abenteuer. Hesione, die Tochter des Laomedon, war an einen Felsen gefesselt und einem Ungeheuer zum Fraß ausgesetzt. Poseidon hatte für ihren Vater die Mauern vor Troja erbaut, doch seinen Lohn dafür nicht erhalten. Zur Vergeltung verwüstete nun ein Seeungeheuer Trojas Gebiet so lange, bis der verzweifelte Laomedon ihm seine eigene Tochter auslieferte. Als Herakles vorüberfuhr, rief ihn der jammernde Vater zu Hilfe und versprach ihm die prächtigen Pferde, die Zeus seinem Vater gegeben hatte, wenn er seine Tochter retten würde.

Herakles legte an und erwartete das Ungetüm. Als es kam und den Rachen aufsperrte, um die Jungfrau zu verschlingen, sprang er in den Rachen des Tieres, zerschnitt alle Eingeweide in seinem Innern und stieg aus dem Getöteten wie aus einer Mördergrube wieder hervor. Aber Laomedon hielt auch diesmal sein Wort nicht, und Herakles fuhr unter Drohungen davon.

Die letzten drei Aufgaben des Herakles

Als Herakles den Gürtel der Amazonenkönigin Hippolyte zu Eurystheus' Füßen niedergelegt hatte, gönnte der ihm keine Rast, sondern schickte ihn gleich wieder aus. Diesmal sollte er die Rinder des Riesen Geryones herbeischaffen.

Geryones besaß auf der Insel Erytheia, im Golf von Gadeira, eine Herde schöner braunroter Rinder, die ein anderer Riese und ein zweiköpfiger Hund für ihn hüteten. Geryones selbst war ungeheuer groß. Er hatte drei Leiber, drei Köpfe, sechs Arme und sechs Füße. Kein Mensch hatte sich je in seine Nähe gewagt. Herakles sah wohl, wie viele Vorbereitungen dieses beschwerliche Unternehmen erforderte. Es war weltbekannt, dass Geryones' Vater Chrysaor, der um seines Reichtums willen den Namen Goldschwert trug, König von ganz Iberien war, dass neben Geryones noch drei weitere tapfere und riesige Söhne für ihn kämpften, und dass jeder

FRÜHE GÖTTER- UND HELDENSAGEN

dieser Sohne selbst ein großes Heer von kämpferischen Männern unter Befehl hatte. Eben darum hatte Eurystheus dem Herakles diese Aufgabe gegeben, denn er hoffte, dass er auf einem Kriegszug in dieses Land doch endlich sein verhasstes Leben lassen müsse.

Doch Herakles hatte auch diesmal keine Angst. Er sammelte seine Heere auf der Insel Kreta und landete zunächst in Libyen. Hier kämpfte er mit dem Riesen Antaios, der immer neue Kräfte aufnahm, sobald er die Erde berührte. Doch Herakles hielt ihn in die Luft und erwürgte ihn dort oben. Desgleichen befreite er Libyen von den Raubtieren, denn er hasste wilde Tiere und gewissenlose Menschen, weil er in ihnen das Bild des ungerechten Herrschers erblickte, dem er so lange dienstbar sein musste.

Nach einer langen Wanderung durch dürre Gegenden kam er schließlich in ein fruchtbares, von Flüssen durchströmtes Gebiet. Hier gründete er eine Stadt von ungeheurer Größe und nannte sie Hekatompylos, was Hunderttor heißt. Zuletzt gelangte er Gadeira gegenüber an den Atlantischen Ozean, wo er die beiden berühmten Heraklessäulen errichtete.

Die Sonne brannte so gnadenlos auf ihn herab, dass Herakles es nicht ertragen konnte. Er blickte zum Himmel empor und drohte dem Sonnengott Helios mit erhobenem Bogen, dass er ihn herabschießen werde. Helios bewunderte Herakles' Mut und lieh ihm, damit er weiterkomme, seine goldene Schale, auf der er selbst in der Nacht seinen Weg nach Osten zurücklegt. Auf dieser Schale fuhr Herakles nach Iberien hinüber, und seine Flotte segelte neben ihm her. Hier fand er nun die drei Söhne des Chrysaor mit ihren drei großen Heeren. Er tötete die Anführer im Zweikampf und eroberte anschließend das Land. Dann kam er zu der Insel Erytheia, wo Geryones mit seinen Herden hauste. Sobald der zweiköpfige Hund ihn bemerkte, ging er auf ihn los. Doch Herakles hatte bereits seinen Knüppel erhoben, erschlug ihn und tötete auch den Riesen, der die Herde bewachte und dem Hund zu Hilfe kommen wollte. Dann eilte er mit den Rindern davon. Geryones aber holte ihn ein und es entfachte ein erbitterter Kampf. Hera selbst kam herbei, um dem Riesen zu helfen, doch Herakles schoss ihr einen Pfeil in die Brust, sodass sie verwundet fliehen musste. Auch der dreifache Leib des Riesen, der etwa da zusammenwuchs, wo der Magen saß, wurde von einem tödlichen Pfeil getroffen.

Herakles' Rückweg war von glorreichen Taten gesäumt. Auf dem Landweg trieb er die Rinder durch Iberien und Italien. Bei Rhegion in Unteritalien entwischte einer der Ochsen, schwamm durch die Meerenge und kam so nach Sizilien. Sogleich trieb Herakles auch die anderen Ochsen ins Wasser, packte einen der Stiere bei den Hörnern und setzte auf diese Weise glücklich nach Sizilien über. Über Illyrien und Thrakien gelangte er schließlich nach Griechenland zurück.

140

Aus der Heraklessage

Jetzt hatte Herakles zehn Aufgaben erfüllt. Weil aber Eurystheus zwei davon nicht anerkennen wollte, musste er noch zwei weitere verrichten.

Einst, als Zeus und Hera sich feierlich vermählten und alle Götter dem erhabenen Paar ihre Hochzeitsgeschenke überbrachten, wollte auch Gaia, die Erde, nicht zurückstehen. Deshalb ließ sie am westlichen Ufer des großen Weltmeeres einen mächtigen Baum wachsen, der goldene Äpfel trug. Die Hesperiden – sie waren vier Jungfrauen und hießen Töchter der Nacht – sollten den heiligen Garten bewachen, und mit ihnen der hundertköpfige Drache Ladon. Ladon war ein Abkömmling des Phorkys, der als Vater vieler Ungeheuer berühmt war, und der erdgeborenen Keto. Niemals kam Schlaf über die Augen des Drachen und ein fürchterliches Zischen kündigte sein Kommen an. Denn jede seiner hundert Kehlen ließ eine andere Stimme hören. Diesem Ungeheuer, so lautete der Befehl des Eurystheus, sollte Herakles die goldenen Äpfel der Hesperiden entreißen.

Der Halbgott machte sich auf den langen und abenteuerlichen Weg, wobei er sich ganz dem blinden Zufall überließ, denn er wusste nicht, wo die Hersperiden wohnten. Zuerst gelangte er nach Thessalien, wo der Riese Termeros hauste, der alle Reisenden, denen er begegnete, mit seinem Schädel zu Tode rannte. An dem Schädel des göttlichen Herakles aber musste sein eigener zersplittern. Ein Stück weiter, am Fluss Eche-doros, kam ihm ein anderes Ungeheuer über den Weg: Es war Kyknos, der Sohn des Ares und der Pyrene. Herakles fragte ihn nach dem Weg zu den Hesperiden. Doch anstelle einer Antwort forderte ihn Kyknos zum Zweikampf heraus. Er wurde von Herakles erschlagen. Da aber erschien der Kriegsgott Ares, um seinen getöteten Sohn zu rächen, und Herakles sah sich gezwungen mit ihm zu kämpfen. Aber Zeus wollte nicht, dass seine Söhne Bruderblut vergössen, und schleuderte einen Blitz zwischen sie, um sie zu trennen, als sie bereits am Kämpfen waren.

Herakles ging nun weiter durch das illyrische Land, überquerte rasch den Fluss Eridanos und kam zu den Nymphen des Zeus und der Themis, die an den Ufern dieses Stromes wohnten. Auch an sie richtete er seine Frage, und die Antwort lautete: »Geh zu dem alten Stromgott Nereus. Der ist ein Wahrsager und weiß alle Dinge. Überfalle ihn im Schlaf und fessle ihn. Dann muss er dir den richtigen Weg sagen.« Herakles befolgte diesen Rat und überwältigte den Flussgott, obwohl der nach seiner Gewohnheit stets seine Gestalt wandelte. Doch Herakles ließ ihn nicht eher los, als bis er erfahren hatte, in welcher Gegend der Welt er die goldenen Äpfel der Hesperiden finden werde. Als er es wusste, zog er weiter durch Libyen und Ägypten.

In Ägypten herrschte Busiris, der Sohn des Poseidon und der Lysianassa. Ihm hatte ein Wahrsager aus Zypern einen grausamen Orakelspruch erteilt: Erst dann werde die Dürre im Land ein Ende haben, wenn

FRÜHE GÖTTER- UND HELDENSAGEN

zum Opfer für Zeus jährlich ein fremder Mann geschlachtet würde. Zum
Dank machte Busiris den Anfang mit dem Wahrsager selbst. Doch dann
fand der Barbar Gefallen an dieser Gewohnheit und tötete alle Fremden,
die nach Ägypten kamen. So wurde denn auch Herakles aufgegriffen und
vor den Altar des Zeus geschleppt. Herakles aber zerriss seine Fesseln
und schlug den Busiris mitsamt seinem Sohn und dem priesterlichen
Herold tot.

Unter weiteren Abenteuern zog Herakles nun weiter. Wie schon berichtet worden, befreite er dabei auch den Titanen Prometheus, der an
den Kaukasos geschmiedet war. Schließlich gelangte er in das Land, wo
Atlas die Last des Himmels trug. In der Nähe dieses Ortes wurde der
Baum mit den goldenen Äpfeln der Hesperiden gehütet.

Prometheus hatte Herakles geraten, nicht selbst die goldenen Äpfel zu
rauben, sondern den Atlas zu schicken, dass er es tat. Herakles bot dem
Atlas nun an, seinerseits solange den Himmel zu tragen. Atlas war mit diesem Handel einverstanden und Herakles stemmte seine mächtigen
Schultern unter das Himmelsgewölbe. Atlas dagegen machte sich auf,
schläferte den Drachen Ladon ein, der sich um den Baum geringelt hatte,
tötete ihn, überlistete die Hesperiden, pflückte drei Äpfel und kam mit
ihnen zu Herakles zurück. »Aber«, sprach er, »meine Schultern haben nun
einmal empfunden, wie es sich anfühlt, wenn der Himmel nicht auf ihnen
lastet. Ich mag ihn nicht wieder tragen.« So warf er die Äpfel vor dem
Halbgott auf die Erde und ließ ihn mit seiner ungewohnten und unerträglichen Last stehen. Herakles musste sich nun eine List ausdenken, um
wieder loszukommen. »Lass mich«, sprach er zu dem Himmelsträger,
»rasch einen Kranz aus Stricken um meinen Kopf winden, damit mir die
furchtbare Last nicht das Gehirn zersprengt.«

Atlas hatte nichts dagegen einzuwenden und stellte sich, wie er dachte,
nur für wenige Augenblicke wieder unter den Himmel. Doch der Betrüger wurde zum Betrogenen. Herakles sammelte die goldenen Äpfel auf
und machte sich mit ihnen aus dem Staub, um sie zu Eurystheus zu bringen.

Eurystheus jedoch gab die goldenen Äpfel dem Herakles als Geschenk
zurück, weil sie ihren eigentlichen Zweck, nämlich den Herakles endlich
aus dem Weg zu räumen, ohnehin nicht erfüllt hatten. Herakles legte sie
auf dem Altar der Göttin Athene nieder. Athene aber wusste, dass es gegen
die heilige Bestimmung der göttlichen Äpfel war, an einem anderen Ort
zu liegen, und so trug sie die Äpfel wieder in den Garten der Hesperiden
zurück.

Anstatt den verhassten Nebenbuhler zu vernichten, hatten die Aufgaben, die Eurystheus dem Herakles aufgetragen hatte, nur dessen Ruhm
vermehrt und ihn in dem bestätigt, was ihm vom Schicksal zugedacht

Aus der Heraklessage

war: Er galt nun als Vertilger aller Unmenschlichkeit auf Erden und als Wohltäter der Menschen. Das letzte Abenteuer aber sollte er in einer Gegend bestehen, wo seine Heldenkraft ihn – wie Eurystheus jedenfalls hoffte – verlassen musste: Er sollte den Höllenhund Zerberus aus dem Hades heraufbringen. Ein Kampf mit den finsteren Mächten der Unterwelt stand Herakles also bevor.

Zerberus hatte drei Hundeköpfe mit grässlichen Rachen, aus denen unaufhörlich giftiger Geifer troff. Ein Drachenschwanz hing ihm vom Körper herab, und das Fell auf Kopf und Rücken bestand aus geringelten zischenden Schlangen. Um sich auf diese Grauen erregende Fahrt vorzubereiten, ging Herakles in die Stadt Eleusis in Attika, wo Priester eine Geheimlehre über göttliche Dinge der Ober- und Unterwelt hüteten. Nachdem er an einem heiligen Ort von seinem Mord an den Zentauren gereinigt worden war, ließ er sich von dem Priester Eumolpos in ihre Geheimnisse einweihen. Auf diese Weise mit der geheimen Kraft ausgestattet, die es ermöglichte, den Schrecken der Unterwelt zu begegnen, wanderte Herakles in den Peloponnes und dort in die lakonische Stadt Tainaros, wo sich der Eingang zur Unterwelt befand. Hier stieg er in die tiefe Erdkluft hinab. Hermes, der Begleiter der Seelen, führte ihn.

In der Unterwelt kam er vor die Stadt des Königs Pluton. Dort wandelten Schatten traurig vor den Toren der Stadt umher, denn in der Unterwelt gibt es kein heiteres Leben wie oben im Sonnenlicht. Als sie Fleisch und Blut in lebendiger Menschengestalt erblickten, ergriffen die Schatten hastig die Flucht. Nur die Gorgo Medusa und der Geist des Meleagros hielten dem Anblick stand. Herakles wollte sein Schwert gegen die Medusa erheben, doch Hermes fiel ihm in den Arm und erklärte ihm, dass die Seelen der Verstorbenen leere Schattenbilder waren, die kein Schwert verwunden konnte. So unterhielt sich Herakles freundlich mit der Seele des Meleagros, der ihm sehnsüchtige Grüße an seine geliebte Schwester Deïaneira auftrug. Als Herakles ganz nah an die Pforten des Hades herangekommen war, erblickte er seine Freunde Theseus und Peirithoos. Letzterer hatte sich in die Unterwelt begeben, weil er die Persephone heiraten wollte, und Theseus hatte ihn begleitet. Beide waren wegen ihres frechen Vorhabens von Pluton an den Stein, an dem sie sich ausgeruht hatten, gefesselt worden. Als sie den Halbgott, der ihr Freund war, nun erblickten, streckten sie flehend die Hände nach ihm aus und zitterten vor Hoffnung, dass sie durch seine Kraft wieder an die Oberwelt gelangen könnten. Den Theseus nahm Herakles auch wirklich bei der Hand, löste seine Fesseln und richtete ihn vom Boden auf. Der Versuch, mit ihm noch den Peirithoos zu befreien, misslang, denn die Erde begann unter seinen Füßen zu beben. Als Herakles weiterging, erkannte er auch den Askalaphos, der einst verraten hatte, dass Persephone von den Granatäpfeln des

143

FRÜHE GÖTTER- UND HELDENSAGEN

Hades gegessen hatte, die die Rückkehr verwehrten. Er wälzte den Stein zur Seite, den Demeter aus Verzweiflung über den Verlust ihrer Tochter auf ihn gewälzt hatte. Dann stürzte er sich unter die Herden des Pluton und schlachtete eines seiner Rinder, um die Seelen mit Blut zu tränken. Menoitios, der Hirt dieser Rinder, forderte Herakles dafür zum Ringkampf heraus. Herakles aber fasste ihn um den Leib, brach ihm die Rippen und gab ihn erst auf Bitten der Unterweltsfürstin Persephone selbst hin wieder frei.

Am Tor der Totenstadt schließlich stand König Pluton und verwehrte Herakles den Zutritt. Aber der Halbgott schoss einen Pfeil auf ihn ab, der ihn an der Schulter verletzte, sodass er wie ein Sterblicher Schmerzen empfand und sich nicht länger widersetzte, als Herakles um Herausgabe des Höllenhundes bat. Die einzige Bedingung, die Pluton stellte, war, dass Herakles ohne den Gebrauch seiner Waffen über den Zerberus Herr werden solle. So kam es, dass Herakles nur mit seinem Brustpanzer und seiner Löwenhaut gerüstet loszog, um den Höllenhund zu fangen. Er fand ihn an der Mündung des Acheron hingekauert. Herakles beachtete das Bellen des dreiköpfigen Zerberus nicht, das wie das Echo eines dumpfen Donners klang. Er umschlang den Hals des Tieres mit seinen bloßen Armen und ließ ihn nicht wieder los, obwohl der Schwanz des Zerberus ein lebendiger Drache war und ihn in die Seite biss. Herakles schnürte den Hals des Ungetüms so lange zu, bis es endlich seinen Widerstand aufgab. Dann packte er den Höllenhund und tauchte durch eine andere Mündung des Hades bei Troizen im argolischen Land wieder an die Oberwelt auf. Den Höllenhund ergriff Entsetzen, als er das Tageslicht erblickte und er begann seinen Geifer zu spucken. Wo er hintraf, wuchs der giftige Eisenhut.

Herakles brachte das gefesselte Ungeheuer sofort nach Tiryns und hielt es dem staunenden Eurystheus, der seinen eigenen Augen nicht traute, entgegen. Nun gab der König alle Hoffnung auf, jemals den verhassten Zeussohn loszuwerden. Er ergab sich in sein Schicksal und ließ den Helden ziehen, der den Höllenhund seinem Eigentümer in die Unterwelt zurückbrachte.

Herakles und Eurytos

Nachdem Herakles endlich von den mühseligen Diensten für Eurystheus befreit war, kehrte er nach Theben zurück. Mit seiner Frau Megara, der er im Wahnsinn die Kinder umgebracht hatte, konnte er nicht mehr leben, und sie war einverstanden, dass sie stattdessen bei Herakles' geliebtem Vetter Iolaos bleiben solle. Aber auch er wollte sich

Aus der Heraklessage

wieder vermählen. Seine Neigung galt der schönen Iole, der Tochter des Königs Eurytos in Oichalia auf der Insel Euböa.

Eurytos hatte den Herakles einst in der Kunst des Bogenschießens unterrichtet und nun hatte er seine Tochter demjenigen versprochen, der in einem Wettkampf ihn selbst und seine Söhne im Bogenschießen besiegen würde. Nachdem Herakles dies erfahren hatte, begab er sich eilig nach Oichalia und mischte sich unter die Bewerber. Herakles bewies, dass er kein unwürdiger Schüler gewesen war, denn er besiegte Eurytos und seine Söhne.

Der König hielt seinen Gast in allen Ehren – insgeheim erschrak er aber gewaltig über dessen Sieg, denn er musste an das Schicksal der Megara denken und fürchtete, dass seine Tochter ein gleiches Schicksal ereilen könnte. Als Herakles vor ihn trat, bat er sich daher für die Heirat noch etwas Bedenkzeit aus. Unterdessen war jedoch Iphitos, der älteste Sohn des Eurytos, ein inniger Freund des Herakles geworden. Iphitos war ebenso alt wie er, und er hatte sich ohne Neid über dessen Stärke und Heldenhaftigkeit gefreut. Er wandte nun alle Überredungskunst an, um Herakles' Gunst bei seinem Vater zu steigern. Eurytos aber beharrte auf seiner Weigerung.

Gekränkt verließ Herakles das Königshaus und irrte lange in der Fremde umher. Was ihm hier bei König Admetos geschah, wird das nächste Kapitel berichten.

Mittlerweile traf ein Bote bei König Eurytos ein und meldete ihm, dass ein Räuber unter den Rinderherden des Königs sein Unwesen trieb. Es war der listige und betrügerische Autolykos gewesen, der für seine Diebereien weit und breit bekannt war. Der erbitterte König aber sprach: »Dies hat kein anderer als Herakles getan. Es ist seine schändliche Rache, weil ich ihm, der seine eigenen Kinder umgebracht hat, meine Tochter nicht geben will!« Iphitos verteidigte seinen Freund mit warmherzigen Worten und bot an, dass er selbst zu Herakles gehen wolle, um mit ihm die gestohlenen Rinder zu suchen. Herakles nahm den Iphitos gastfreundlich auf und war bereit, den Zug mit ihm zu übernehmen. Doch sie fanden die Rinder nicht.

Als sie unverrichteter Dinge zurückgekehrt waren, stiegen sie auf die Mauern von Tiryns, um von dort aus nach den gestohlenen Tieren Ausschau zu halten. Doch da verdunkelte der Wahnsinn plötzlich wieder des Herakles Sinne. Von Heras Zorn getrieben, hielt Herakles den Iphitos für einen Mitverschwörer seines Vaters und stürzte ihn über die hohen Stadtmauern von Tiryns hinab.

FRÜHE GÖTTER- UND HELDENSAGEN

Herakles bei Admetos

Damals, als Herakles gekränkt das Königshaus in Oichalia verlassen hatte und in der Fremde umherirrte, begab sich Folgendes: In Pherai in Thessalien lebte der edle König Admetos mit seiner jungen und schönen Frau Alkestis, die ihren Mann über alles liebte. Beide waren sie von blühenden Kindern umringt und wurden von glücklichen Untertanen geliebt.

Als vor langer Zeit Apollon, der die Zyklopen getötet hatte, aus dem Olymp geflohen war und sich gezwungen sah, in die Dienste eines Menschen zu treten, hatte ihn Admetos, der Sohn des Pheres, herzlich aufgenommen. Apollon hütete als Sklave dessen Rinder. Später wurde Apollon von Zeus wieder in Gnaden aufgenommen, und König Admetos stand seither unter dem besonderen Schutz des Gottes. Als sich die Lebenszeit des Königs dem Ende entgegenneigte, da bewirkte sein Freund Apollon, der dies als Gott erkannte, bei den Schicksalsgöttinnen einen Handel: Dem Admetos solle der Hades erspart bleiben, wenn ein anderer Mensch bereit wäre für ihn zu sterben und in das Totenreich hinabzusteigen. Apollon verließ daher den Olymp und begab sich nach Pherai zu seinem alten Gastfreund, um ihm und seinen Angehörigen die Botschaft von seinem Tod, den das Geschick beschlossen hatte, zu überbringen. Zugleich berichtete er aber auch, wie er seinem Schicksal entgehen könnte. Admetos war ein redlicher Mann, aber er liebte das Leben. Alle, die ihm nahe standen, und selbst seine Untertanen erschraken darüber, dass dem Haus die Stütze, der Frau der Mann, den Kindern der Vater und dem Volk ein milder Herrscher genommen werden sollte. Deswegen ging Admetos umher und forschte, wo er einen Freund fände, der für ihn sterben wolle. Doch da war nicht einer, der dazu bereit gewesen wäre, und sosehr sie zuvor den Verlust, der ihnen drohte, bejammert hatten, so kalt wurde ihr Sinn, als sie von ihm hörten, unter welchen Bedingungen ihm das Leben erhalten bleiben konnte. Selbst Pheres, der betagte Vater des Königs, und seine gleichfalls schon sehr alte Mutter, die dem Tod jede Stunde ins Auge sahen, wollten das wenige Leben, das sie noch zu erhoffen hatten, nicht für den Sohn hingeben. Nur Alkestis, seine strahlende Gattin, die so voller Leben war, die glückliche Mutter hoffnungsvoll heranblühender Kinder, war von so reiner Liebe zu ihrem Mann erfüllt, dass sie sich bereit erklärte, dem Sonnenlicht für ihn zu entsagen. Kaum dass sie dies erklärt hatte, näherte sich auch schon Thanatos, der schwarze Priester der Toten, den Toren des Palastes, um sein Opfer ins Schattenreich hinabzuführen, denn er kannte den Tag und die Stunde, die das Schicksal dem Admetos für seinen Tod bestimmt hatte. Als Apollon den Tod herankommen sah, verließ er schnell den Königspalast, um als Gott des Lebens durch seine Nähe nicht enthei-

146

Aus der Heraklessage

ligt zu werden. Als die fromme Alkestis aber den entscheidenden Tag herankommen sah, reinigte sie sich als Opfer des Todes in fließendem Wasser, kleidete und schmückte sich würdevoll und betete vor ihrem Hausaltar zur Göttin der Unterwelt. Dann umarmte sie ihren Mann und ihre Kinder. Von Tag zu Tag wurde sie abgezehrter. Als die bestimmte Stunde gekommen war, begab sie sich im Kreise ihrer Dienerinnen, ihres Mannes und ihrer Kinder in das Gemach, wo sie den Boten der Unterwelt empfangen wollte, um von allen feierlich Abschied zu nehmen. »Lass mich dir sagen, was ich wünsche«, sagte sie zu ihrem Mann. »Weil mir dein Leben teurer ist als mein eigenes, sterbe ich jetzt für dich, obwohl es noch nicht Zeit gewesen wäre und obwohl ich einen zweiten Mann hätte wählen und in einem gesegneten thessalischen Fürstenhaus hätte leben können. Doch ich wollte nicht leben ohne dich, immer die verwaisten Kinder vor Augen. Dein Vater und deine Mutter haben dich verraten; wenn sie gestorben wären, wärst du nicht einsam geworden und du hättest keine Waisen aufzuziehen gehabt. Da es die Götter nun aber so gefügt haben, bitte ich dich, vergiss meine Wohltat nicht. Mute den Kleinen, die du nicht weniger liebst als ich, keine fremde Frau als Mutter zu. Denn oft sind selbst Drachen sanfter als neidische Stiefmütter.« Unter Tränen schwor Admetos, dass sie auch im Tod die einzige Frau für ihn sein würde, wie sie es zuvor schon im Leben gewesen war. Darauf übergab ihm Alkestis die weinenden Kinder und sank sterbend nieder.

Und nun begab es sich, dass der umherirrende Herakles vor die Tore des Königspalastes kam, während dort die Bestattung vorbereitet wurde. Admetos nahm seinen Gast sehr herzlich auf. Als aber Herakles seine Traurigkeit bemerkte, fragte er ihn betroffen, was denn der Grund dafür sei. Um den Gast nicht zu betrüben oder gar zu verscheuchen, antwortete Admetos so undeutlich, dass Herakles meinte, eine ferne Verwandte des Admetos sei gestorben, während sie zu Besuch bei ihm war, und er bekümmerte sich nicht weiter. Er ließ sich von einem Diener in sein Gemach geleiten und sich noch etwas Wein bringen. Als er aber bemerkte, dass auch der Diener traurig war, wurde er unwirsch: »Was schaust du mich so ernst und feierlich an? Ein Diener muss zuvorkommend zu den Gästen sein! Eine fremde Frau ist in eurem Haus gestorben – und? Weißt du denn nicht, dass dies das Los der Menschen ist? Den Trübseligen ist das Leben eine Qual. Geh, bekränze dich, so wie du mich hier siehst, und trink mit mir! Ich bin sicher, dass ein gut gefüllter Becher deine Sorgenfalten bald vertreiben wird!«

Der Diener wandte sich mit Grauen ab und sagte: »Uns hat ein Schicksalsschlag getroffen, der keine Ausgelassenheit erlaubt. Admetos ist wahrlich allzu freundlich gewesen, dass er in so tiefer Trauer einen so unbeschwerten Gast aufgenommen hat.«

FRÜHE GÖTTER- UND HELDENSAGEN

»Soll ich nicht fröhlich sein«, erwiderte Herakles verdrießlich, »nur, weil eine fremde Frau gestorben ist?«

»Eine fremde Frau?«, rief der Diener verstört. »*Dir* mag sie fremd gewesen sein – *uns* war sie es nicht!«

Herakles stutzte. »So hat mir Admetos nicht genau berichtet, was geschehen ist.«

Doch der Sklave sprach: »Sei du nur ausgelassen und fröhlich. Dich betrifft ja die Trauer der Freunde und Diener nicht.«

Aber Herakles hatte keine Ruhe mehr, bis er schließlich die Wahrheit erfahren hatte, und er rief: »Kann das möglich sein? Ihm wurde seine geliebte Frau genommen – und dennoch hat er einen Fremden so freundlich aufgenommen? Spürte ich doch einen gewissen Widerwillen, als ich durch das Tor trat. Und nun habe ich gar in diesem Trauerhaus mein Haupt mit Kränzen geschmückt, gejubelt und getrunken! Sag mir, wo liegt die fromme Frau begraben?«

»Wenn du geradewegs die Straße nach Larissa gehst«, antwortete der Sklave, »so siehst du ihr prächtiges Grabmal.« Mit diesen Worten verließ der Diener weinend den Fremden.

Als Herakles allein war, hatte er schnell einen Entschluss gefasst. »Ich muss die Tote retten und sie ihrem Gatten wiedergeben. Nur so kann ich seine Freundlichkeit würdig vergelten. Ich werde an das Grabmal gehen und dort auf Thanatos, den Beherrscher der Toten, warten. Denn er wird kommen, um das Opferblut zu trinken, das ihm über dem Denkmal der Verstorbenen gespendet wird. Dann springe ich aus meinem Hinterhalt hervor, packe ihn, und keine Macht der Welt soll ihn mir entreißen, bevor er mir nicht seine Beute überlässt.« Mit diesem Vorsatz verließ er in aller Stille den Palast des Königs.

Admetos war in sein verödetes Haus zurückgekehrt und trauerte mit seinen verlassenen Kindern voll schmerzlicher Sehnsucht um seine Frau. Kein Trost seiner treuen Diener konnte seinen Kummer lindern. Da trat Herakles über die Schwelle. Er führte eine verschleierte Frau an der Hand. »Es war nicht richtig, dass du mir den Tod deiner Frau verschwiegen hast«, sprach er. »So habe ich, ohne es zu wissen, großes Unrecht in deinem Haus getan und fröhliche Trankopfer gefeiert. Doch will ich dich nun nicht weiter betrüben. Höre, warum ich eigentlich gekommen bin: Diese Jungfrau hier habe ich als Siegeslohn in einem Kampfspiel errungen. Ich muss nun gehen, um gegen den König der Bistonier in Thrakien zu kämpfen. Bis ich zurückkomme übergebe ich dir diese Frau als Dienerin. Sorge für sie als das Eigentum eines Freundes.«

Admetos erschrak über Herakles' Worte. »Nicht, weil ich dich nicht als Freund anerkannt hätte, habe ich dir den Tod meiner Frau verschwiegen. Ich wollte mir nur zusätzlichen Schmerz davon ersparen, dass du viel-

Aus der Heraklessage

leicht mein Haus verlassen hättest. Diese Frau aber, Herr, bitte ich dich einem anderen Bewohner von Pherai zu übergeben und nicht mir, der ich so viel gelitten habe. Wie könnte ich diese Frau in meinem Hause sehen, ohne darüber noch trauriger zu werden? Und wo sollte sie wohnen? Sollte ich ihr etwa die Gemächer meiner verstorbenen Frau überlassen? Das ganz gewiss nicht!« So sprach der König abwehrend, aber ein seltsames Sehnen zog seine Blicke doch immer wieder auf die verschleierte Gestalt. »Wer du auch seist«, sagte er seufzend zu ihr, »wundersam gleichst du an Größe und Gestalt meiner Alkestis. Herakles, bei den Göttern beschwöre ich dich, führe diese Frau fort und quäle mich nicht noch mehr. Denn wenn ich diese Frau erblicke, ist es mir, als sähe ich meine verstorbene Gattin, ein Strom von Tränen bricht aus meinen Augen und ich versinke in neuem Kummer.«

Herakles verstellte sich, als er bekümmert antwortete: »Oh wäre mir von Zeus die Macht verliehen, dir deine Frau aus dem Schattenreich ins Licht zurückzubringen, und dir für deine Güte diese Gunst zu erweisen!«

»Ich weiß, dass du es tätest«, erwiderte Admetos. »Doch wann kehrte je ein Toter aus dem Schattenreich zurück?«

»Nun«, fuhr Herakles lebhafter fort, »da dies ja nicht geschehen kann, so erlaube wenigstens der Zeit, deinen Kummer zu lindern. Was haben die Toten davon, wenn du trauerst! Versage dir auch den Gedanken nicht ganz, dass eine zweite Frau dir einst noch das Leben angenehmer machen könnte! Nimm mir zuliebe dieses edle Mädchen bei dir auf! Versuch es wenigstens! Wenn du merkst, dass es dir wirklich nicht gut tut, dann soll sie sofort dein Haus verlassen!«

Admetos fühlte sich von dem Gast, den er nicht kränken wollte, bedrängt. Widerwillig befahl er seinen Dienern, sie in die inneren Gemächer zu bringen. Herakles gab sich damit aber nicht zufrieden. »Vertraue mein Kleinod nur keinen Sklavenhänden an!«, sagte er. »Du selbst sollst sie hineinführen!«

»Nein«, sprach Admetos, »ich rühre sie nicht an. Denn schon dadurch würde ich das Wort, das ich der geliebten Toten gegeben habe, verletzen. Sie möge bleiben – aber ohne mich!«

Doch Herakles nahm die Hand der Verschleierten und sprach voller Freude: »Nun, so schaue sie dir gut an und sieh, ob sie wirklich deiner verstorbenen Gattin gleicht. Dann soll dein Kummer ein Ende haben!« Damit zog er den Schleier fort. Staunend und zweifelnd erblickte der König seine wieder belebte Gattin. Während er selbst die Lebende wie leblos an der Hand hielt und sie ängstlich und zitternd betrachtete, berichtete ihm der Halbgott, wie er den Thanatos am Grabhügel gepackt und ihm die Beute abgerungen hatte. Da sank Admetos in Alkestis' Arme. Sie aber blieb stumm, denn sie durfte seine zärtlichen Worte nicht erwidern. »Du wirst«,

FRÜHE GÖTTER- UND HELDENSAGEN

erklärte Herakles, »ihre Stimme nicht wieder vernehmen, als bis die Totenweihe von ihr genommen und der dritte Tag angebrochen ist. Doch sie darf bei dir bleiben, weil du einem Fremden so viel edle Gastfreundschaft erwiesen hast. Ich aber muss nun fort, wohin das Schicksal mich führt!«

»So ziehe in Frieden, Held!«, rief Admetos dem Herakles nach. »Du hast mich in ein besseres Leben zurückgeführt. Glaube mir, dass ich meine Seligkeit dankbar erkenne! Mit all meinen Bürgern will ich feiern und opfern! Dabei wollen wir dein, oh du mächtiger Sohn des Zeus, in Dank und Liebe gedenken!«

Herakles im Dienst der Omphale

Der Mord an Iphitos lastete schwer auf Herakles, obwohl er ihn im Wahnsinn begangen hatte. Er wanderte von einem Priesterkönig zum anderen, um sich von seiner Schuld reinigen zu lassen. Er ging zu König Neleus von Pylos, dann zu Hippokoon von Sparta, aber beide weigerten sich. Erst der Dritte, Deïphobos, ein König in Amyklai, übernahm seine Sühne.

Dennoch schlugen die Götter Herakles zur Strafe für seine Tat mit einer schweren Krankheit. Der Held, der sonst nur so vor Kraft und Gesundheit strotzte, konnte das plötzliche Siechtum nicht ertragen. Er begab sich nach Delphi und hoffte, dass ihn das pythische Orakel wieder gesund machen würde. Aber die Priesterin verweigerte ihm den Spruch, weil er ein Mörder war. Da wurde Herakles zornig, raubte den Dreifuß, trug ihn aufs offene Feld hinaus und errichtete sein eigenes Orakel. Erbost über diesen Übergriff erschien Apollon und forderte den Halbgott zum Kampf heraus. Aber Zeus wollte auch diesmal kein Bruderblut fließen sehen, und deshalb schlichtete er den Streit, indem er einen Donnerkeil zwischen die Kämpfenden warf. Nun erhielt Herakles endlich seinen Orakelspruch: Er sollte von seinem Leiden wieder befreit werden, aber erst dann, wenn er für drei Jahre zu Sklavendiensten verkauft würde und den Erlös dafür als Sühne dem Vater gebe, dessen Sohn er getötet hatte.

Herakles fügte sich in diesen harten Spruch und schiffte sich mit einigen Freunden nach Asien ein. Dort verkaufte ihn einer seiner Begleiter als Sklaven an Omphale. Sie war die Tochter des Iardanos und Königin des damaligen Maionien, das später Lydien hieß. Den Kaufpreis brachte der Verkäufer dem Eurytos, wie es das Orakel verlangt hatte, und als der das Geld zurückwies, übergab er es den Kindern des getöteten Iphitos. Jetzt wurde Herakles wieder gesund.

Als Herakles endlich seine Körperkräfte wiedererlangt hatte, zeigte er sich anfangs auch als Sklave der Omphale noch als Held und fuhr fort, als

150

Aus der Heraklessage

Wohltäter der Menschen zu wirken. Er verjagte alle Räuber, die das Gebiet seiner Herrin und ihrer Nachbarn unsicher machten. Die Kerkopen, die in der Gegend von Ephesos hausten und durch Plünderungen viel Schaden anrichteten, erschlug er teils, teils brachte er sie gefesselt vor Omphale. Er erschlug den König Syleus in Aulis, einen Sohn des Poseidon, weil er durchreisende Fremde aufgreifen ließ und sie zwang seine Weinberge zu harken; anschließend riss Herakles noch die Weinstöcke mitsamt den Wurzeln aus. Den Itonen, die immer wieder in das Land der Omphale einfielen, zerstörte er die Stadt bis auf die Grundmauern und machte ihre Einwohner zu Sklaven. Auch den Tyrannen Lityerses in Lydien brachte Herakles um: Lityerses war ein Stiefsohn des Midas und ein reicher Mann. Alle Fremden, die vorüberreisten, lud er höflich in sein Haus ein. Nach dem Mahl zwang er sie dann, mit ihm zur Ernte zu gehen, und am Abend schlug er ihnen die Köpfe ab. Herakles aber tötete ihn und warf ihn in den Fluss Mäander.

Einmal kam Herakles auf seinem Zug an der Insel Doliche vorbei. Hier sah er einen Leichnam, der an Land gespült worden war, am Ufer liegen. Es war die Leiche des unglücklichen Ikaros, der mit seinem Vater auf der Flucht vor dem Labyrinth zu Kreta gewesen war, als er mit seinen durch Wachs zusammengefügten Federn der Sonne zu nah kam und ins Meer stürzte. Voller Mitleid begrub Herakles den Verunglückten und gab der Insel ihm zu Ehren den Namen Ikaria. Als Dank dafür errichtete der kunstgewandte Dädalus, der Ikaros' Vater war, die Heraklesstatue in Pisa. Das Bildnis war so lebensecht, dass Herakles selbst es für lebendig hielt, als er einst dorthin kam. In der Dunkelheit der Nacht erschien ihm seine eigene Heldengebärde wie das Drohen eines Feindes, sodass er einen Stein ergriff und so das schöne Denkmal zerschmetterte, das ihm ein Freund für seine Barmherzigkeit gesetzt hatte.

In die Zeit seiner Sklaverei bei Omphale fiel auch Herakles' Teilnahme an der Jagd des kalydonischen Ebers.

Omphale bewunderte die Tapferkeit ihres Sklaven und ahnte bald, dass er ein weltberühmter Held sein musste. Nachdem sie erfahren hatte, dass es Herakles, der Sohn des Zeus, sei, gab sie ihm nicht nur in Anerkennung seiner Verdienste die Freiheit wieder, sondern sie vermählte sich auch mit ihm. Doch im üppig schwelgenden Leben des Morgenlandes vergaß Herakles die Lehren, die ihm damals die Tugend am Scheideweg mitgegeben hatte. Er versank ganz und gar in Lust, sodass ihn selbst Omphale schließlich dafür verachtete. Sie trug die Löwenhaut, das Zeichen seiner Stärke, doch ihn brachte sie in seiner blinden Liebe so weit, dass er weiche orientalische Frauenkleider trug und ihr zu Füßen sitzend Wolle spann. Um den Nacken, der einst das Himmelsgewölbe gehalten hatte, lag nun ein goldenes Halsband, die sehnigen Heldenarme trugen Armreifen, die mit

FRÜHE GÖTTER- UND HELDENSAGEN

Juwelen besetzt waren und sein Haar quoll ungeschnitten unter einer Mitra hervor. So saß er unter anderen ionischen Dienerinnen, spann mit seinen knochigen Fingern den dicken Faden ab und fürchtete den Tadel seiner Herrin, wenn er sein Tagewerk nicht erledigt hatte. Wenn Omphale aber gut gelaunt war, dann musste der Mann in Frauenkleidern ihr und ihren Frauen zur Unterhaltung von den Heldentaten seiner Jugend erzählen: Wie er als Säugling die Schlangen erwürgt hatte, wie er den Riesen Geryones erlegt, wie er der Hydra ihren unsterblichen Kopf abgeschlagen und wie er den Höllenhund aus dem Hades heraufgeschleppt hatte.

Als die drei Jahre seiner Knechtschaft vorüber waren, erwachte Herakles aus seiner Verblendung. Er warf die Frauenkleider ab, und es genügte ein einziger Willensaugenblick, dass er wieder der krafterfüllte Zeussohn war und Heldenentschlüsse fasste. Wieder in Freiheit beschloss er, zuallererst an seinen Feinden Rache zu nehmen.

Die späteren Heldentaten des Herakles

Als Erstes machte er sich auf den Weg, um den gewaltigen und eigenmächtigen König Laomedon, den Erbauer und Beherrscher Trojas, zu bestrafen, weil er sein Wort nicht gehalten hatte: Als Herakles damals vom Amazonenkrieg zurückgekehrt war, hatte er die von einem Ungeheuer bedrohte Tochter des Königs, Hesione, befreit. Laomedon hatte ihm dafür die schnellen Pferde des Ares versprochen, sie ihm aber schließlich nicht gegeben. Herakles war grollend weitergezogen. Jetzt nahm Herakles nur sechs Schiffe und einige wenige Krieger mit. Zu ihnen zählten jedoch die größten Helden Griechenlands: Peleus, Oïkleus und Telamon.

Zu Telamon war Herakles in seine Löwenhaut gekleidet gekommen, als der gerade an der Tafel saß. Telamon erhob sich und reichte dem willkommenen Gast eine goldene Schale mit Wein und lud ihn ein, mit ihm zu essen und zu trinken. Herakles freute sich über solche Gastfreundschaft, hob die Hände zum Himmel und betete: »Vater Zeus, wenn du je meine Bitten gnädig erhört hast, so bitte ich dich jetzt: Schenke dem kinderlosen Telamon einen kühnen Sohn. So unverwundbar soll er sein, wie ich es in der Haut des nemeischen Löwen bin, und hoher Mut soll ihm immer zur Seite stehen!« In diesem Augenblick sandte Zeus einen mächtigen Adler zu Telamon herab, und dem Herakles lachte darüber das Herz im Leib. Begeistert rief er aus: »Ja, Telamon, du wirst den Sohn bekommen, den du dir wünschst. Herrlich wie dieser Adler wird er sein, Ajax wird er heißen und ein gewaltiger Krieger sein.« Als er dies gesagt hatte, setzte er sich wieder an die Tafel. Dann zogen Telamon und Herakles, mit den anderen Helden vereint, in den Krieg gegen Troja.

Aus der Heraklessage

Als sie dort an Land gingen, übertrug Herakles Oïkleus die Wache bei den Schiffen. Er selbst rückte mit den übrigen Männern gegen die Stadt vor. In der Zwischenzeit aber überfiel Laomedon die Schiffe der Helden und tötete den Oïkleus. Als er sich wieder entfernen wollte, wurde er aber von den Gefährten des Herakles umringt.

Dennoch wurde die Belagerung der Stadt unterdessen mit aller Schärfe durchgeführt: Telamon durchbrach die Stadtmauer und war der Erste, der in die Stadt eindrang, dann erst folgte Herakles. Dies war das erste Mal in seinem Leben, dass der Held sich in Tapferkeit von einem anderen übertroffen sah. Schwarze Eifersucht ergriff seinen Geist und ein böser Gedanke stieg in ihm auf. Schon zog er das Schwert und war im Begriff Telamon zu erschlagen. Telamon aber blickte sich um, denn er erriet seine Absicht. Schnell las er ein paar Steine zusammen, und als Herakles ihn fragte, was er da tue, antwortete er: »Ich baue Herakles, dem Sieger, einen Altar!« Diese Antwort bändigte den eifersüchtigen Zorn des Helden, und sie kämpften wieder Seite an Seite.

Herakles brachte Laomedon und all seine Söhne – bis auf einen – mit seinen Pfeilen zu Fall. Als die Stadt erobert war, schenkte er Laomedons Tochter Hesione dem Telamon als Siegesbeute. Zugleich gab er ihr die Erlaubnis einem Gefangenen ihrer Wahl die Freiheit zu geben, und sie wählte ihren Bruder Podarkes. »Er sei dein«, sprach Herakles, »aber er muss zuvor die Schande der Sklaverei erlitten haben. Um den Preis, den du für ihn zahlen willst, sollst du ihn haben!« Als der Junge nun wirklich zum Sklaven verkauft war, riss sich Hesione den königlichen Schmuck aus dem Haar und gab ihn als Lösegeld für ihren Bruder. Der wurde daher Priamos genannt, was »der Losgekaufte« bedeutet. Von ihm wird noch viel zu berichten sein.

Hera gönnte Herakles, dem Halbgott, diesen Triumph jedoch nicht. Als er auf der Heimfahrt von Troja war, sandte sie ihm schwere Unwetter, bis Zeus darüber erzürnte und ihr Einhalt gebot.

Nachdem er noch mancherlei weitere Abenteuer bestanden hatte, beschloss Herakles auch an König Augeias Rache zu nehmen, der ihm einst ebenfalls den versprochenen Lohn vorenthalten hatte. Er nahm die Stadt Elis ein und tötete Augeias und seine Söhne. Anschließend übergab er dem Phyleus, den Augeias damals wegen seiner Freundschaft zu Herakles fortgejagt hatte, das Königreich.

Nach diesem Sieg begründete Herakles in Olympia die Olympischen Spiele und weihte dann sowohl dem Pelops, der ihr erster Stifter war, einen Altar, als auch den zwölf Göttern, wobei je zwei einen Altar erhielten. Damals soll selbst Zeus in Menschengestalt mit Herakles gerungen haben. Als Herakles den Zeus besiegte, beglückwünschte Zeus seinen Sohn für dessen Götterstärke.

FRÜHE GÖTTER- UND HELDENSAGEN

Dann zog Herakles nach Pylos zu König Neleus, der ihm einst die Ent-
sühnung verweigert hatte. Er überfiel seine Stadt und machte ihn mit
zehn seiner Söhne nieder. Nur der junge Nestor, der in der Ferne bei den
Gereniern erzogen wurde, blieb verschont. In dieser Schlacht verwundete Herakles selbst den Hades, den Gott der Unterwelt, der den Pyliern
zu Hilfe gekommen war.

Nun blieb noch Hippokoon von Sparta. Auch er hatte sich geweigert,
Herakles von der Ermordung des Iphitos zu reinigen, und auch dessen
Söhne hatten sich den Hass des Helden zugezogen. Folgender Vorfall hatte
sich ereignet: Als Herakles mit Oionos, seinem Freund und Vetter, nach
Sparta gekommen war, fiel den Oionos ein großer molossischer Schäfer-
hund an, während er den Palast des Hippokoon betrachtete. Oionos wehrte
den Hund mit einem Steinwurf ab. Da rannten die Söhne des Königs herbei und schlugen den Oionos mit Knüppeln tot. Damit er den Tod seines
Freundes rächen konnte, stellte Herakles ein Heer auf, um gegen Sparta
zu ziehen. Auf seinem Marsch durch Arkadien lud er auch den König
Kepheus mit seinen zwanzig Söhnen ein, mit ihm gemeinsam gegen Sparta
zu kämpfen. Anfangs fürchtete Kepheus aber, dass die Argiver, das Nachbarvolk, daraufhin in sein Land einfallen könnten, und weigerte sich. Doch
Herakles hatte von Athene eine Locke der Medusa erhalten, die er nun
Sterope, der Tochter des Kepheus, mit folgenden Worten überreichte:
»Wenn das Heer der Argiver anrückt, dann musst du nur diese Locke dreimal über die Stadtmauern emporhalten, dann werden eure Feinde die
Flucht ergreifen. Doch sieh die Locke nicht an!« Als Kepheus das hörte,
ließ er sich doch dazu bewegen, mit allen seinen Söhnen mitzuziehen. Es
kam tatsächlich so, wie Herakles vorausgesagt hatte: Durch Sterope wurden die Argiver wieder vertreiben. Für Kepheus aber wandte sich die
Unternehmung in einen Unglückszug. Er kam mit allen seinen Söhnen
um, ebenso wie Iphikles, der Bruder des Herakles. Herakles jedoch eroberte Sparta, und nachdem er den Hippokoon und seine Söhne getötet
hatte, brachte er den Tyndareos, den Vater der Dioskuren Kastor und Polydeukes zurück und übergab ihm den Thron. Das eroberte Reich selbst
behielt er sich aber für seine eigenen Nachkommen vor.

Herakles und Deïaneira

Nachdem Herakles noch mancherlei Taten im Peloponnes vollbracht
hatte, kam er nach Ätolien und Kalydon zum König Oineus, der eine
wunderschöne Tochter hatte: Deïaneira. Mehr als irgendeine andere Äto-
lierin hatte sie unter lästigen Brautwerbungen zu leiden. Anfangs hatte

154

Aus der Heraklessage

sie in Pleuron, einer anderen wichtigen Stadt im Reich ihres Vaters, gelebt. Dort hatte der Fluss Acheloos um sie geworben. In drei verschiedenen Gestalten erbat er sie von ihrem Vater. Das erste Mal kam er in einen leibhaftigen Stier verzaubert, das zweite Mal als schillernder gewundener Drache, das dritte Mal schließlich in Menschengestalt, aber mit einem Stierkopf, von dessen zottigem Kinn frische Quellbäche strömten. Deïaneira packte das blanke Entsetzen, wenn sie sich vorstellte, sich mit ihm zu vermählen, und war tief betrübt. Denn obwohl sie sich lange widersetzt hatte, war ihr Vater schließlich nicht abgeneigt, seine Tochter dem Stromgott, der von uraltem Götteradel war, zu geben. Deïaneira aber flehte die Götter an, eher sterben zu dürfen als Acheloos heiraten zu müssen.

Da erschien, wenn auch spät, aber doch noch zur rechten Zeit, Herakles, dem sein Freund Meleagros von der Schönheit dieser Königstochter erzählt hatte. Doch er ahnte schon, dass er um Deïaneira würde kämpfen müssen, und so erschien er in voller Rüstung. Während er auf den Palast zuschritt, flatterte seine Löwenhaut im Wind, in seinem Köcher schepperten die Pfeile und er schwang dazu prüfend die Keule. Als der gehörnte Stromgott ihn so kommen sah, quollen seine Augen aus dem Stierkopf und er senkte die Hörner zum Stoß.

Als König Oineus beide so streitbar und Furcht erregend mit ihrer Werbung vor sich stehen sah, wollte er keinen der mächtigen Liebhaber durch eine Absage beleidigen. So versprach er, dass derjenige seine Tochter erhalten sollte, der den anderen im Kampf besiegte.

Sogleich begann vor den Augen des Königs, der Königin und Deïaneiras der wütende Zweikampf. Sie kämpften lange und heftig, das Gefecht wurde zum Ringkampf, Arm verschlang sich mit Arm, Fuß verschlang sich mit Fuß, beiden strömte der Schweiß von der Stirn, beide stöhnten laut unter der übermenschlichen Anstrengung. Zuletzt gewann Herakles die Oberhand und warf den starken Flussgott zu Boden. Da verwandelte Acheloos sich sofort in eine Schlange. Doch Herakles, der längst schon mit Schlangen umzugehen verstand, packte sie und hätte sie gewiss erwürgt, wenn sich Acheloos nicht plötzlich wieder in einen Stier verwandelt hätte. Aber auch davon ließ Herakles sich nicht beirren. Er packte das Untier an einem Horn und drückte es mit solcher Kraft zur Erde, dass das Horn abbrach. Da erkannte der Stromgott, dass er unterlegen war, und überließ dem Sieger die Braut. Acheloos, der vor langer Zeit das Horn des Überflusses von den Nymphen erhalten hatte, das mit Obst, Granatäpfeln und Trauben gefüllt war, tauschte nun dieses Füllhorn gegen sein eigenes, das Herakles ihm abgebrochen hatte, ein.

Die Vermählung bewirkte keinerlei Veränderung in Herakles' Leben. Wie zuvor eilte er von Abenteuer zu Abenteuer. Als er wieder einmal bei

155

FRÜHE GÖTTER- UND HELDENSAGEN

seiner Frau und ihrem Vater war, ereignete sich ein neuerliches Unglück: Versehentlich erschlug Herakles einen Jungen, der ihm bei der Mahlzeit das Wasser zum Händewaschen reichen sollte. Herakles musste abermals fliehen, doch seine junge Frau und sein kleiner Sohn Hyllos begleiteten ihn.

Herakles und Nessos

Die Reise ging nach Trachis zu Keyx, einem Freund des Herakles. Es war die verhängnisvollste Reise, die Herakles je unternommen hatte. Als er nämlich am Fluss Euenos angelangt war, begegnete er dort dem Zentauren Nessos. Nessos pflegte Reisende gegen Lohn auf seinen Händen über den Fluss zu setzen und er behauptete, seiner Ehrlichkeit halber dieses Vorrecht von den Göttern erhalten zu haben. Herakles selbst brauchte seine Hilfe nicht. Er watete mit großen Schritten durch den Fluss. Deïaneira aber überließ er dem Zentauren, der des Herakles Frau auf seine Schultern nahm und sie rüstig durchs Wasser trug.

Nachdem Herakles bereits das andere Ufer erreicht hatte, hörte er plötzlich ihre Hilferufe. Die Schönheit der Frau hatte den Zentauren betört und er hatte gewagt sie dreist zu berühren. Als Herakles seine Frau in der Gewalt des zottigen Halbmenschen sah, zögerte er nicht lange und schoss einen Pfeil auf ihn ab. Der traf den Zentauren in den Rücken, während er gerade aus dem Wasser steigen wollte. Deïaneira hatte sich aus der Umklammerung des stürzenden Nessos befreit und wollte schon zu ihrem Gatten laufen, als der Sterbende, der selbst jetzt noch auf Rache sann, sie zurückrief und die trügerischen Worte sprach: »Hör mich an, Tochter des Oineus! Da du die Letzte bist, die ich getragen habe, soll dir noch ein zusätzlicher Vorteil aus meinem Dienst zuteil werden. Tu nur, was ich dir sage! Wenn du das frische, durch das Gift verdickte Blut aus meiner Wunde auffängst, dann wird es dir für alle Zeit als Zaubermittel auf das Gemüt deines Mannes dienen: Färbe sein Unterkleid damit, und er wird niemals mehr eine andere Frau lieben als dich!« Nessos verstarb augenblicklich, nachdem er dieses betrügerische Vermächtnis hinterlassen hatte. Deïaneira zweifelte zwar nicht daran, dass ihr Mann sie liebte, dennoch befolgte sie den Rat des Zentauren, sammelte das verdickte Blut in einem Gefäß und bewahrte es auf, ohne dass Herakles, der zu weit entfernt stand, um zu erkennen was sie tat, davon erfuhr.

Nach diesem Zwischenfall und einigen anderen Abenteuern kamen sie glücklich zu Keyx, dem König von Trachis, und ließen sich mit ihren Begleitern aus Arkadien, die dem Herakles überallhin folgten, dort häuslich nieder.

156

Herakles, Iole und Deïaneira – Herakles' Ende

Der letzte Kampf, den Herakles bestand, war sein Feldzug gegen Eurytos, den König von Oichalia. Auch gegen ihn hegte er einen alten Groll, weil er ihm damals seine Tochter Iole verweigert hatte. Herakles stellte ein großes Heer von Griechen auf und zog nach Euböa, um den Eurytos und seine Söhne in ihrer Stadt Oichalia zu belagern. Sein Heer unterwarf die Stadt und tötete den König mit seinen drei Söhnen. Iole, die noch immer jung und schön war, wurde die Gefangene des Herakles.

Deïaneira war zu Hause zurückgeblieben und wartete voller Sorge auf Nachricht von ihrem Mann. Endlich erklangen Freudenschreie im Palast, und ein Bote eilte herbei: »Dein Gemahl lebt und naht in Siegesruhm!«, meldete er. Und bald schon erschien Lichas, der Abgesandte des Herakles, mit seinen Gefangenen, unter denen sich auch Iole befand. Und Lichas sprach: »Die Gefangenen, die wir hier bringen, sollst du gut behandeln, lässt dein Gemahl dir sagen. Vor allem die unglückliche Jungfrau, die sich hier zu deinen Füßen niederwirft.«

Voller Mitleid hob Deïaneira das schöne junge Mädchen vom Boden auf und sagte: »Immer hat mich starkes Mitgefühl erfasst, wenn ich sah, wie Heimatlose durch fremde Länder geschleppt und frei Geborene in Sklaverei geraten sind. Zeus, Überwinder, mögest du niemals deinen Arm so gegen mein Haus erheben! Wer aber bist du, armes Mädchen? Du scheinst mir unvermählt und von hoher Abstammung zu sein. Sag mir, Lichas, wer sind ihre Eltern?«

»Woher sollte ich das wissen?«, entgegnete Lichas und verstellte sich dabei. Vage fuhr er fort: »Sie stammt gewiss aus keinem der niedrigsten Häuser Oichalias.«

Da das arme Mädchen selbst nur seufzte und schwieg, drang Deïaneira nicht weiter in sie, sondern ordnete an, dass sie ins Haus geführt und auf das Rücksichtsvollste behandelt werde. Während Lichas ging, um diese Anordnung auszuführen, trat der Bote, der zuerst gekommen war, an Deïaneira heran und flüsterte ihr zu: »Traue dem Abgesandten deines Gatten nicht! Er verheimlicht die Wahrheit vor dir. Ich selbst habe aus seinem Mund vor vielen Zeugen gehört, dass dein Mann Herakles einzig wegen dieser jungen Frau Oichalia gestürmt hat! Es ist Iole, die Tochter von Eurytos, die du aufgenommen hast. Herakles liebte sie, bevor er dich kennen gelernt hat. Nicht als deine Sklavin, sondern als deine Nebenbuhlerin ist sie in dein Haus gekommen!«

Deïaneira klagte laut, als sie dies hörte. Doch sie fasste sich bald wieder und ließ Lichas selbst, den Diener ihres Gatten, zu sich kommen. Erst schwor Lichas beim höchsten Zeus, dass er die Wahrheit gesagt und keine Ahnung hätte, wer die Eltern der Jungfrau seien. Doch Deïaneira

FRÜHE GÖTTER- UND HELDENSAGEN

drang in ihn, nicht länger den Namen des Zeus zu missbrauchen, und
sagte weinend zu ihm: »Wenn es auch möglich wäre, dass ich mich von
meinem Gatten um seiner Untreue willen abwende – so bin ich nicht so
kleinlich dieser Jungfrau zu zürnen, die mir schließlich nichts getan hat.
Nichts als Mitleid empfinde ich für sie, denn ihre Schönheit hat ihr
Lebensglück zertrümmert, ja ihr ganzes Land in die Sklaverei gestürzt!«

Als Lichas sie so menschlich reden hörte, gestand er alles. Deïaneira
entließ ihn, ohne ihm die geringsten Vorwürfe zu machen. Sie befahl ihm
nur so lange zu warten, bis sie dem Herakles eine Gegengabe für die Schar
von Gefangenen, die er ihr zur Verfügung gestellt hatte, bereitet habe.

Auf den Rat des tückischen Zentauren hin hatte Deïaneira die Salbe, die
sie von seinem giftigen Blut gesammelt hatte, an einem verborgenen Ort
kühl und dunkel aufbewahrt. Zum ersten Mal dachte Deïaneira nun wieder daran. Da sie nicht einmal ahnte, was aus Rache geschehen konnte,
hielt sie die Salbe für vollkommen ungefährlich und wollte nichts weiter,
als das Herz und die Treue ihres Gatten wiederzugewinnen. Nun musste
sie handeln. Sie schlich sich in das Gemach und färbte mit einem Bausch
weißer Schafwolle, den sie zuvor in der Salbe getränkt hatte, ein kostbares Untergewand ein, das für Herakles bestimmt war. Sorgfältig gab sie
Acht, dass während dieser Arbeit kein Sonnenstrahl an die Salbe drang.
Dann faltete sie das blutrote Gewand und legte es in ein Kästchen.
Anschließend warf sie die Wolle, die ja zu nichts mehr zu gebrauchen
war, auf die Erde, und ging, um dem Lichas das für Herakles bestimmte
Geschenk zu überreichen. »Bring meinem Gemahl«, so sprach sie, »dieses schön gewebte Leibgewand, das ich selbst gefertigt habe. Kein anderer soll es tragen, als er selbst. Auch soll er das Kleid weder der Hitze des
Herdes noch der Sonne aussetzen, bevor er es nicht am feierlichen Opfer-
tag getragen und den Göttern gezeigt hat. Dieses Gelübde habe ich abgelegt, für den Fall, dass ich ihn siegreich zurückkehren sehe. Dass es wirklich eine Botschaft von mir ist, die du ihm überbringst, soll er an dem
Siegelring erkennen, den ich dir für ihn anvertraue.«

Lichas versprach alles auszurichten, wie die Herrin es befohlen hatte,
und machte sich unverzüglich auf den Weg, um das Geschenk zu Herakles nach Euböa zu bringen.

Einige Tage später hatte sich Hyllos, der älteste Sohn des Herakles und
der Deïaneira, zu Herakles aufgemacht, um ihm zu sagen, wie ungeduldig seine Mutter auf ihn warte, und dass er bald zurückkommen solle. In
diesen Tagen hatte Deïaneira zufällig wieder das Gemach betreten, wo
das Zaubergewand von ihr gefärbt worden war. Sie fand den Wollebausch
in der Sonne auf dem Boden liegen, wo sie ihn hingeworfen hatte, doch
sein Anblick flößte ihr das blanke Entsetzen ein: Die Wolle war zu Staub
zerfallen, und aus dem, was von ihr übrig geblieben war, zischte giftiger,

Aus der Heraklessage

blasenreicher Schaum auf. Da beschlich Deïaneira die dunkle Ahnung, dass sie vielleicht etwas Schreckliches getan hatte. Ruhelos irrte sie von diesem Augenblick an durch den Palast.

Hyllos kam zurück – aber ohne seinen Vater. Und voller Abscheu rief er seiner Mutter entgegen: »Oh Mutter, ich wollte, du hättest nie gelebt, oder du wärst nie meine Mutter gewesen, oder die Götter hätten dich anders gemacht!«

Deïaneira, die ohnehin schon tief beunruhigt war, erschrak bei diesen Worten noch mehr. »Kind«, erwiderte sie ihm, »was ist denn so Furchtbares an mir?«

Unter lautem Schluchzen entgegnete ihr Sohn: »Ich komme vom Vorgebirge Kenaion, Mutter. Du bist es, die meinen Vater dahingerafft hat!«

Deïaneira wurde totenbleich. »Wer hat das gesagt, mein Sohn, wer hat mir eine so entsetzliche Tat vorzuwerfen?«

»Mit eigenen Augen habe ich es gesehen! Als ich am Vorgebirge des Kenaion ankam, war der Vater soeben dabei, dem Zeus auf Dankaltären Brandopfer zu schlachten. Da erschien Lichas und überreichte ihm dein verfluchtes mörderisches Gewand. Der Vater freute sich und deinem Auftrag folgend, legte er es sogleich an. Anfangs betete er voll Heiterkeit. Doch als die Flammen des Brandopfers schon in den Himmel schlugen, da brach ihm plötzlich heftig der Schweiß aus. Wie angelötet schien das Gewand an seiner Haut zu kleben, und sein ganzer Körper begann zu zucken. In seiner Qual schrie der Vater nach Lichas, der wiederholte unbefangen deinen Auftrag. Da packte ihn der Vater am Fuß und warf ihn über die Klippen ins Meer, wo er zerschmettert unterging. Das ganze Volk schrie angesichts dieser Wahnsinnstat auf, doch keiner wagte es, sich dem Helden zu nähern. Er verfluchte dich und eure Ehe, die ihm zur Todesqual geworden war. Schließlich sagte er zu mir: ›Wenn du Mitleid mit mir hast, mein Sohn, dann segle mit mir ohne Zögern fort, damit ich nicht in einem fremden Land sterbe!‹ So legten wir den Armen in das Schiff, und unter Zuckungen brüllend ist er hier angelangt, und bald wirst du ihn tot oder lebendig vor dir sehen. Das hast du getan, Mutter. Den besten aller Helden hast du elendiglich dahingemordet!«

Wortlos und verzweifelt verließ Deïaneira ihren Sohn. Die Dienerschaft, der sie das Geheimnis von Nessos' Zaubersalbe schon früher anvertraut hatte, belehrte den Jungen, dass sein Jähzorn der Mutter gegenüber ungerecht war. Sofort eilte er ihr nach, doch er kam zu spät: Tot lag sie auf dem Lager ihres Mannes, sie hatte sich die Brust mit einem Schwert durchbohrt. Da umarmte der Sohn klagend die Leiche, legte sich neben sie und bejammerte seine Unachtsamkeit. Doch die Ankunft seines Vaters riss ihn aus seiner kläglichen Ruhe. »Sohn«, rief Herakles, »Sohn, wo bist du! Zieh doch das Schwert gegen deinen Vater und heile so die Wut, in welche deine gottlose Mutter mich versetzt hat! Hab Mitleid mit einem Helden, der wie ein Mädchen schluchzen muss!« Dann wandte er sich verzweifelt an die Umstehenden, streckte seine Arme aus und rief: »Kennt ihr diese Glieder, denen das Mark ausgesaugt ist, noch? Es sind dieselben, die den Schrecken der Hirten, den nemeischen Löwen gebändigt, die den Drachen von Lerna erwürgt, die den erymanthischen Eber erlegen halfen und den Zerberus aus der Unterwelt heraufgetragen haben! Kein Speer, kein wildes Tier, kein Gigantenheer hat mich überwältigt – die Hand einer Frau hat mich zu Fall gebracht. Darum töte mich, mein Sohn, und bestrafe deine Mutter!«

Als aber Herakles von Hyllos erfuhr, dass seine Mutter die unfreiwillige Ursache seines Unglücks gewesen war und mit dem Selbstmord gebüßt hatte, da wandelte sich auch Herakles' Zorn in Wehmut. Und er verlobte seinen Sohn mit der gefangenen Jungfrau Iole, die ihm einst selbst so lieb gewesen war.

Da ein Orakelspruch von Delphi besagte, dass er auf dem Berg Oita, der zu Trachis gehörte, sein Leben beschließen sollte, ließ er sich, all seinen Qualen zum Trotz, auf den Gipfel dieses Berges tragen. Hier wurde auf seinen Befehl hin ein Scheiterhaufen errichtet. Der kranke Herakles nahm darauf Platz und bat die Seinigen, den Holzstoß anzuzünden. Aber niemand wollte ihm den traurigen Liebesdienst erweisen. Bis sich, auf die eindringliche Bitte des vor Schmerz bis zur Verzweiflung gequälten Helden hin, sein Freund Philoktetes entschloss, seinem Wunsch entsprechend zu handeln. Zum Dank reichte Herakles ihm seine unüberwindlichen Pfeile und seinen siegreichen Bogen. Sobald der Scheiterhaufen brannte, schlugen Blitze vom Himmel darein und beschleunigten die Flammen. Da senkte sich eine Wolke auf den Holzstoß herab und trug den Unsterblichen unter Donnerschlägen zum Olymp empor. Als sich, nachdem der Scheiterhaufen niedergebrannt war, Iolaos und die anderen Freunde der Brandstätte näherten, um die sterblichen Überreste des Helden aufzunehmen, fanden sie nichts mehr. Es gab also keinen Zweifel, dass Herakles, wie es ein Götterspruch vorausgesagt hatte, aus dem Kreis der sterblichen Menschen unter die unsterblichen Götter erhoben worden war, und sie brachten ihm als einem Heros ein Totenopfer dar. So weihten sie ihn zu einer allmählich in ganz Griechenland verehrten Gottheit.

Im Olymp wurde Herakles von seiner Freundin Athene empfangen. Sie führte ihn in den Kreis der Unsterblichen, und selbst Hera versöhnte sich mit ihm, nachdem er sein Menschenschicksal vollendet hatte. Sie gab ihm ihre Tochter Hebe, die Göttin der ewigen Jugend, zur Frau, die ihm droben im Olymp unsterbliche Kinder gebar.

FÜNFTES BUCH

Bellerophontes

Sisyphos war der Sohn des Äolos und der Listigste unter den Menschen. Er erbaute und beherrschte die prächtige Stadt Korinth auf der schmalen Landzunge zwischen zwei Meeren und zwei Ländern. Weil er aber im Leben allerlei Betrügereien begangen hatte, erhielt er in der Unterwelt die Strafe, einen Marmorstein, der so schwer war, dass er sich mit seinem ganzen Körper dagegen stemmen musste, eine Anhöhe hinaufzuwälzen. Und jedes Mal, wenn er glaubte den Gipfel erreicht zu haben, rollte der tückische Stein den Abhang wieder hinab. So musste der gequälte Verbrecher immer und immer wieder von neuem den Felsen emporwälzen, dass ihm der Angstschweiß von den Gliedern floss.

Bellerophontes, der Sohn des Korintherkönigs Glaukos, war sein Enkel. Er hatte, ohne es zu wollen, einen Menschen erschlagen und floh nun nach Tiryns, wo König Proitos regierte. Der nahm Bellerophontes freundlich auf und entsühnte ihn von seinem Mord.

Die Götter hatten Bellerophontes Schönheit und Tugend gegeben, und so begehrte Anteia, die Gemahlin des Königs, ihn und versuchte sogar ihn zu verführen. Bellerophontes aber ging auf ihre Verführungsversuche nicht ein. Da schlug die Liebe der Anteia in Hass um. Sie dachte sich eine Lüge aus, um ihn zu verderben, ging zu ihrem Gemahl und sagte: »Erschlage den Bellerophontes, wenn du nicht in Schande sterben willst! Denn der Treulose hat mir sein Verlangen gestanden und versucht mich zur Untreue gegen dich zu verleiten!« Als der König dies gehört hatte, wurde er von blinder Eifersucht gepackt. Weil er Bellerophontes aber so lieb gehabt hatte, konnte er ihn nicht töten, denn der Gedanke flößte ihm Grauen ein. Ins Verderben stürzen wollte er ihn aber trotzdem.

Er schickte daher den Unschuldigen zu seinem Schwiegervater Iobates, dem König von Lykien, und gab ihm ein zusammengefaltetes Täfelchen mit. Dies sollte Bellerophontes dem Iobates als Empfehlungsschreiben vorweisen. Auf dem Täfelchen aber waren einige Zeichen eingeritzt,

FRÜHE GÖTTER- UND HELDENSAGEN

die den Hinweis enthielten, dass der Überbringer hingerichtet werden sollte.

Arglos machte sich Bellerophontes auf den Weg, und die Götter nahmen ihn in ihren Schutz. Als er über das Meer nach Asien gefahren, an den schönen Strom Xanthos und somit nach Lykien gekommen war, trat er vor König Iobates. Der war ein gütiger und gastfreundlicher Fürst nach der alten Art und nahm den edlen Fremdling auf, ohne nach seinem Namen oder seiner Herkunft zu fragen. Bellerophontes' schönes Aussehen und sein fürstliches Betragen genügten dem König zu der Überzeugung, dass er keinen gewöhnlichen Gast aufgenommen hatte. Er gab ihm zu Ehren alle Tage ein neues Fest und brachte den Göttern täglich ein neues Stieropfer dar. Neun Tage waren auf diese Weise vergangen, und erst als am zehnten Tag die Morgenröte am Himmel aufstieg, fragte er Bellerophontes nach seiner Herkunft und seinen Absichten. Da sagte Bellerophontes ihm, dass er von seinem Schwiegersohn Proitos komme und zeigte ihm das Täfelchen. Als Iobates den Sinn der mörderischen Zeichen erkannte, erschrak er in tiefster Seele, denn er hatte den edlen Jüngling sehr lieb gewonnen. Ebenso wenig glaubte er aber, dass sein Schwiegersohn ohne schwerwiegende Gründe die Todesstrafe über ihn verhängt habe, und er nahm an, dass Bellerophontes ein schreckliches Verbrechen verübt hatte. So konnte er sich nicht entschließen, den Menschen, der so lange sein Gast gewesen war und der durch sein ganzes Betragen sich seine Zuneigung zu erwerben gewusst hatte, einfach umzubringen. Also beschloss er, ihm Kämpfe aufzutragen, die er mit ziemlicher Sicherheit nicht überleben würde.

Als Erstes sollte Bellerophontes die Schimäre erlegen, ein Ungeheuer, das Lykien verwüstete und nicht von Menschen, sondern von Göttern abstammte. Der grässliche Typhon hatte es mit der riesigen Schlange Echidna gezeugt. Vorn war die Schimäre ein Löwe, hinten ein Drache, in der Mitte eine Ziege, und aus ihrem Rachen drangen Feuer und ein entsetzlicher Glutatem. Selbst die Götter empfanden Mitleid, als sie sahen, welcher Gefahr der Jüngling nun ausgesetzt wurde. Deshalb schickten sie ihm den unsterblichen Pegasos, das geflügelte Pferd, das Poseidon mit der Medusa gezeugt hatte. Wie konnte der Pegasos dem Bellerophontes aber helfen? Das göttliche Pferd hatte noch nie einen menschlichen Reiter getragen! Es ließ sich weder fangen noch zähmen! Da erschien dem Bellerophontes im Traum seine Beschützerin Athene. Sie stand vor ihm, hielt ein goldgeschmücktes Zaumzeug in der Hand und sprach: »Was schläfst du, Abkömmling des Äolos? Nimm dieses Zaumzeug von mir, das Pferde bändigen kann. Opfere dem Poseidon einen schönen Stier und gebrauche es.« Dann schüttelte sie ihren dunklen Ägisschild und verschwand.

Bellerophontes erwachte aus dem Schlaf, sprang auf, tastete nach dem

Zaum – und hielt ihn wirklich in der Hand! Nun suchte er den Seher Polyidos auf und erzählte ihm von seinem Traum und dem Wunder, das sich zugetragen hatte. Der Seher riet ihm, unverzüglich den Auftrag der Göttin zu erfüllen, dem Poseidon also einen Stier zu opfern und für seine Schutzgöttin Athene einen Altar zu errichten. Bellerophontes tat, wie ihm aufgetragen war. Danach fing und bändigte er den Pegasos ohne jede Mühe, legte ihm das Zaumzeug an und stieg in voller Rüstung auf. Nun schoss er aus den Lüften herab und tötete die Schimäre mit seinen Pfeilen.

Nachdem er dies vollbracht hatte, schickte ihn Iobates gegen das Volk der Solymer aus. Die Solymer waren ein kämpferisches Männervolk, das an den Grenzen von Lykien wohnte. Nachdem Bellerophontes auch diesen Kampf wider alle Erwartung bestanden hatte, trug Iobates ihm auf, gegen die Amazonen zu kämpfen. Doch auch von dort kam er unverletzt und siegreich zurück.

Um der Bitte seines Schwiegersohnes nun aber doch endlich nachzukommen, legte Iobates dem Bellerophontes auf seinem Rückweg einen Hinterhalt, wozu er die tapfersten Männer von ganz Lykien ausgewählt hatte. Doch keiner von ihnen kehrte zurück, denn Bellerophontes tötete alle, die ihn überfallen hatten. Da erkannte der König, dass der Gast, den er beherbergte, kein Verbrecher, sondern ein Liebling der Götter war. Anstatt ihn noch länger zu verfolgen, behielt er ihn in seinem Königreich, teilte die Herrschaft mit ihm und gab ihm seine blühende Tochter Philonoë zur Frau. Die Lykier überließen ihm die besten Äcker und Pflanzungen, und er bekam zwei Söhne und eine Tochter mit seiner Frau.

Doch nun hatte das Glück des Bellerophontes ein Ende. Zwar wuchs sein ältester Sohn Isander ebenfalls zu einem gewaltigen Helden heran, doch er fiel in einer Schlacht gegen die Solymer. Seine Tochter Laodameia wurde von Zeus schwanger und gebar den Helden Sarpedon – doch dann wurde sie durch einen Pfeil der Artemis getötet. Nur sein jüngerer Sohn, Hippolochos, gelangte zu ruhmvollem Alter. Im Trojanischen Krieg schickte er seinen heldenmütigen Sohn Glaukos, den auch sein Vetter Sarpedon begleitete, mit einem Heer von Lykiern den Trojanern zu Hilfe.

Der Besitz des unsterblichen geflügelten Pferdes aber hatte Bellerophontes übermütig gemacht. Er wollte sich in den Olymp emporschwingen und sich unter die Götter mischen. Der göttliche Pegasos aber widersetzte sich seinem kühnen Plan. Hoch in der Luft bäumte er sich auf und schleuderte den irdischen Reiter zur Erde hinab. Zwar erholte sich Bellerophontes von diesem Sturz, doch den Göttern war er nunmehr verhasst. Auch schämte er sich vor den Menschen, und so irrte er für den Rest seines Lebens einsam umher und verzehrte sich in einem ruhmlosen und kummervollen Alter.

FRÜHE GÖTTER- UND HELDENSAGEN

DIE SAGEN UM THESEUS

Seine Geburt und Jugend

Theseus, der große Held und König von Athen, war ein Sohn des Aigeus und der Aithra, der Tochter des Königs Pittheus von Troizen. Von väterlicher Seite her reicht seine Abstammung bis zu König Erechtheus und jenen Athenern zurück, die nach der Sage des Landes unmittelbar aus seiner Erde gesprossen waren. Von mütterlicher Seite her war Pelops, der durch die große Zahl seiner Kinder der mächtigste unter den peloponnesischen Königen war, sein Ahnherr.

Einst – etwa zwanzig Jahre vor dem Argonautenzug – war der kinderlose König Aigeus von Athen bei Pittheus eingekehrt. Pittheus war der Gründer der kleinen Stadt Troizen auf dem Peloponnes. Aigeus, dem ältesten der vier Söhne des Königs Pandion, bereitete es großen Kummer, dass seine Ehe kinderlos geblieben war, denn er fürchtete die fünfzig Söhne seines Bruders Pallas, die feindliche Absichten gegen ihn hegten und ihn für seine Kinderlosigkeit verachteten. Aigeus erwog daher, sich heimlich und ohne dass seine Gattin es wusste mit einer zweiten Frau zu vermählen, weil er hoffte, dass er dann einen Sohn erhalten würde, der die Stütze seines Alters und seines Reiches werden konnte. All dies vertraute er Pittheus an.

Nun war es aber so, dass Pittheus erst vor kurzem ein seltsames Orakel erhalten hatte. Es besagte, dass seine Tochter zwar kein rühmliches Ehebündnis eingehen, wohl aber einen berühmten Sohn zur Welt bringen werde. Dies brachte Pittheus auf den Gedanken, Aigeus heimlich mit seiner Tochter Aithra zusammenzubringen. Nachdem dies geschehen war, blieb Aigeus nur noch wenige Tage in Troizen und reiste dann nach Athen zurück.

Als er am Meeresufer Abschied von seiner neu vermählten Gattin nahm, legte er ein Schwert und Sohlen unter einen Felsen und sprach: »Wenn es die Götter gut mit unserem Bund meinen, den ich nicht aus Leichtfertigkeit geschlossen habe, sondern um meinem Haus und meinem Land eine Stütze zu verschaffen, dann wirst du einen Sohn bekommen. Ziehe ihn heimlich auf und sage keinem Menschen, wer sein Vater ist. Wenn er so weit herangewachsen ist, dass er kräftig genug ist, um diesen Felsen fortzuwälzen, dann führe ihn hierher, lass ihn Schwert und Sohlen hervorholen und schicke ihn zu mir nach Athen.«

Aithra entband tatsächlich einen Sohn, nannte ihn Theseus und ließ ihn unter der Fürsorge seines Großvaters Pittheus aufwachsen. Den wahren Vater des Theseus aber hielt sie geheim, wie Aigeus es verlangt hatte, und Pittheus verbreitete die Sage, dass er ein Sohn des Poseidon sei. Poseidon

164

Die Sagen um Theseus

nämlich war der Schutzgott der Stadt Troizen, weshalb ihre Bewohner ihn besonders verehrten. Stets opferten sie ihm die ersten Früchte der Ernte, und sein Dreizack war das Abzeichen der Stadt. So verwunderte es niemanden, dass die Königstochter eine Leibesfrucht von dem hoch geehrten Gott empfangen haben sollte.

Als nun der Jüngling nicht nur zu eindrucksvoller Körperstärke herangewachsen war, sondern auch Kühnheit, Einsicht und Entschlossenheit zeigte, da führte ihn seine Mutter Aithra zu dem Felsen. Dort sagte sie ihm, wer wirklich sein Vater war, und forderte ihn auf, die Erkennungszeichen seines Vaters hervorzuholen und nach Athen zu segeln. Theseus stemmte den Stein mit Leichtigkeit und schob ihn fort. Er band sich die Sohlen unter die Füße und das Schwert an die Seite. Doch er weigerte sich, über das Wasser zu fahren, obwohl seine Mutter und sein Großvater ihn inständig darum baten. Der Landweg nach Athen war damals nämlich sehr gefährlich, weil überall Räuber und Bösewichte lauerten. Denn jenes Zeitalter brachte Menschen hervor, die sich zwar durch Körperkraft und den Einsatz ihrer Fäuste auszeichneten, diese Fähigkeiten aber nicht zum Wohl, sondern zum Schaden der Menschheit gebrauchten: Sie schlugen und quälten alles, was ihnen in die Hände kam. Einige von ihnen hatte Herakles auf seinen Zügen erschlagen. Um jene Zeit aber diente er gerade als Sklave bei der Königin Omphale in Lydien, und in Griechenland brachen die Gewalttätigkeiten von neuem aus, weil niemand da war, der ihnen Einhalt gebot. Aus diesem Grund war also die Reise vom Peloponnes nach Athen auf dem Landweg mit den größten Gefahren verbunden, und Pittheus schilderte seinem Enkel eindringlich, was alles geschehen konnte.

Theseus aber hatte sich schon längst den Herakles und dessen Tapferkeit zum Vorbild genommen. Als er sieben Jahre alt gewesen war, hatte Herakles einmal den Pittheus besucht, und als beide beim Mahl an der Tafel saßen, durften Theseus und andere kleine Troizenier ihnen beim Schmausen zusehen. Herakles hatte zum Essen seine Löwenhaut abgelegt. Beim Anblick dieser Löwenhaut flohen die Jungen voller Angst. Theseus aber ging ohne Furcht hinaus, nahm einem Diener die Axt ab und rannte damit auf die Haut los, weil er sie für einen lebendigen Löwen hielt. Seit Theseus den Herakles gesehen hatte, träumte er nachts von dessen Taten. Und am Tag bewunderte er ihn und sann auf nichts anderes mehr, als wie er einst ähnliche Taten vollbringen könnte. Zudem war er mit Herakles blutsverwandt, denn ihre Mütter waren Kinder von Geschwistern. So konnte der sechzehnjährige Theseus den Gedanken nicht ertragen, dass er vor all den Kämpfen, die sich ihm nun boten, fliehen sollte, während sein Vetter Land und Meer von den Verbrechern reinigte.

FRÜHE GÖTTER- UND HELDENSAGEN

»Was würde«, so sprach er unwillig, »der Gott, den man meinen Vater nennt, von dieser feigen Reise im sicheren Schoß seiner Gewässer denken, was würde mein wahrer Vater sagen, wenn ich ihm als Erkennungszeichen Schuhe ohne Staub und ein Schwert ohne Blut zeigen würde?« Diese Worte beeindruckten seinen Großvater, der selbst ein tapferer Held gewesen war. Da gab die Mutter ihm ihren Segen und Theseus machte sich auf.

Theseus' Wanderung zu seinem Vater

Der Erste, der ihm in den Weg kam, war der Straßenräuber Periphetes. Er trug eine mit Eisen beschlagene Keule als Waffe mit sich, mit der er die Wanderer zu Boden schmetterte. Dies hatte ihm den Namen Keulenschwinger eingebracht.

Als Theseus in die Gegend von Epidauros kam, stürzte dieser Bösewicht aus einem finsteren Wald hervor und versperrte ihm den Weg. Den Theseus beeindruckte dies wenig. Wohlgemut rief er ihm zu: »Elender! Du kommst mir gerade recht. Deine Keule wird dem zustehen, der in der Welt als zweiter Herakles gelten wird!« Mit diesen Worten warf er sich auf den Räuber und erschlug ihn nach einem kurzen Kampf. Dann nahm er dem Getöteten die Keule aus der Hand und trug sie als Siegeszeichen und Waffe mit sich fort.

Einem anderen Verbrecher begegnete er auf der Landzunge von Korinth. Es war Sinis, der Fichtenbeuger. Ihn nannte man so, weil er, sobald er einen Wanderer in seine Gewalt bekommen hatte, stets mit seinen riesenstarken Händen zwei Fichtenwipfel ergriff, sie herunterbeugte und seinen Gefangenen daran festband, damit er zerrissen würde, sobald er die Bäume zurückschnellen ließ. Theseus tötete dies Ungeheuer und weihte mit dieser Tat seine Keule ein.

Sinis hatte eine schöne Tochter, Perigune mit Namen. Als er ihren Vater ermordete, hatte Theseus sie fliehen sehen, und nun suchte er sie überall. Das Mädchen hatte sich an einem dicht bewachsenen Ort versteckt. Mit kindlicher Unschuld schwor sie den Sträuchern, dass sie sie niemals verletzen oder verbrennen würde, wenn sie sie nur verdecken und damit retten würden. Da Theseus, als er Perigune gefunden hatte, ihr aber versicherte, dass er ihr nichts zuleide tun, sondern im Gegenteil aufs Beste für sie sorgen werde, kam sie aus ihrem Versteck hervor und blieb seitdem in seinem Geleit. Später gab Theseus sie dem Deïoneus, dem Sohn des Königs Eurytos von Oichalia, zur Frau. Und deren gesamte Nachkommenschaft hielt den Schwur und verletzte oder verbrannte nie eines von den Gewächsen, die Perigune verborgen hatten.

Aber nicht nur grausame und rohe Menschen merzte er aus, auch gegen schädliche Tiere glaubte er, wie Herakles, vorgehen zu müssen. So erlegte er unter anderem die Phaia, ein Tier, das kein gewöhnliches Schwein, sondern sehr kämpferisch und schwer zu besiegen war.

Über solche Taten kam er an die Grenze von Megara und stieß hier auf den Skiron, einen dritten berüchtigten Straßenräuber. Er hauste auf den hohen Felsen zwischen dem Megarerland und Attika. Skiron hatte die Gewohnheit den Fremden mutwillig seine Füße entgegenzuhalten, mit dem Befehl sie zu waschen. Während dies geschah, stieß er sie mit einem Tritt ins Meer. Dieselbe Todesstrafe vollzog nun Theseus an ihm selbst.

Als er bereits auf attischem Gebiet, nahe der Stadt Eleusis war, traf er auf den Wegelagerer Kerkyon. Der forderte die Reisenden zum Ringkampf heraus, und wenn er sie besiegte, brachte er sie um. Theseus nahm seine Herausforderung an, bezwang ihn und befreite die Welt von dem Ungeheuer.

Nachdem er noch ein kurzes Stück weitergezogen war, kam er zu dem letzten und grausamsten dieser Straßenmörder, dem Damastes, den aber jedermann nur unter seinem Beinamen Prokrustes, der Gliedausrecker, kannte. Prokrustes hatte zwei Bettgestelle, ein sehr langes und ein sehr kurzes. Wenn ihm nun einer ins Netz ging, der sehr klein war, dann führte ihn der finstere Räuber zu dem langen Bettgestell. »Wie du siehst«, sagte er dann, »ist mein Lager für dich viel zu groß! Lass dir das Bett anpassen, Freund!« Und damit streckte er seinem Gast die Glieder so lange auseinander, bis er den Geist aufgab. Wenn aber ein Langer kam, so brachte er ihn zu dem kurzen Bettgestell. Und zu diesem sagte er dann: »Es tut mir Leid, Guter, dass mein Lager viel zu klein für dich ist, doch dem soll bald abgeholfen sein!« Und damit schlug er ihm die Füße ab, so weit sie das Bett überragten. Theseus aber legte den Prokrustes, der ein Riese von Statur war, in das kleine Bettgestell und schnitt ihm den Leib zusammen, dass er jämmerlich umkam. So wurden die meisten dieser Verbrecher von der Hand des Theseus nach der Art ihres eigenen Unrechts bestraft.

Bis jetzt war dem Theseus auf seiner ganzen Reise nichts Freundliches begegnet. Als er schließlich aber zum Fluss Kephissos kam, traf er auf einige Männer aus dem Geschlecht der Phytaliden, die ihn gastfreundlich aufnahmen. Vor allen Dingen reinigten sie ihn auf seine Bitte hin mit den gewohnten Bräuchen von all dem Blut, das er vergossen hatte. Dann bewirteten sie ihn in ihrem Hause. Nachdem er sich gestärkt und herzlich seinen Dank bezeugt hatte, lenkte er seine Schritte der nahen väterlichen Heimat zu.

FRÜHE GÖTTER- UND HELDENSAGEN

Theseus in Athen

In Athen fand der junge Held nicht den Frieden und die Freude, die er erwartet hatte. Unter den Bürgern der Stadt herrschten Zwietracht und ungeordnete Verhältnisse, und das Haus seines Vaters Aigeus selbst fand er in traurigem Zustand vor.

Medea, die auf ihrem Drachenwagen aus Korinth geflohen war und ihren verzweifelten Gatten Iason dort zurückgelassen hatte, war nach Athen gekommen. Dort hatte sie sich bei Aigeus, der inzwischen alt geworden war, eingeschmeichelt und ihm versprochen, ihm mit ihren Zaubermitteln die Kraft der Jugend zurückzugeben, sodass Aigeus mit ihr in einem vertrauten Verhältnis lebte.

Durch ihren Zauber hatte Medea von der Ankunft des Theseus erfahren. Nun fürchtete sie aber, dass Theseus sie aus dem Haus jagen könnte. Deshalb redete sie dem Aigeus, der nicht ahnte, dass der Fremde sein eigener Sohn war, ein, dass es sich um einen Spion handelte und dass es angeraten sei, ihn erst als Gast zu bewirten, aber dann mit Gift aus dem Weg zu räumen. Da dem Aigeus die Parteikämpfe unter seinen Bürgern Angst machten, willigte er ein. So erschien denn Theseus unerkannt beim Frühmahl, und es bereitete ihm insgeheim Freude, dass sein Vater selbst herausfinden sollte, wen er da vor sich hatte. Doch da stand bereits der Becher mit dem Gift vor ihm auf der Tafel, und Medea wartete ungeduldig, dass er endlich daraus trinken würde. Er aber wollte nun doch von seinem Vater umarmt werden, und so zog er das Schwert, das Aigeus unter den Felsen gelegt hatte, und tat, als wolle er Fleisch damit schneiden. Als Aigeus das Schwert erkannt hatte, warf er sogleich den Becher um. Und nachdem er sich davon überzeugt hatte, dass er wirklich seinen heldenhaften jungen Sohn vor sich hatte, stellte er ihn sofort der Volksversammlung vor. Dort musste er die Abenteuer seiner Reise erzählen und wurde mit freudigem Jubel begrüßt.

Gegen die falsche Medea aber hatte Aigeus nun Abscheu gefasst und sie wurde aus dem Land gejagt.

Theseus bei Minos

Die erste Tat, die Theseus verrichtete, seitdem er als Königssohn und Erbe des attischen Thrones an der Seite seines Vaters lebte, war die Aufreibung der fünfzig Söhne seines Onkels Pallas.

Die Söhne des Pallas hatten stets gehofft die Herrschaft über Athen doch noch an sich reißen zu können, wenn erst der kinderlose Aigeus gestorben wäre. Zudem waren sie erzürnt, dass auch jetzt wieder ein

168

Die Sagen um Theseus

dahergelaufener Fremdling König über sie und das Land werden sollte, wo doch schon Aigeus selbst ein angenommener Sohn gewesen war. Sie griffen daher zu den Waffen und legten dem Ankömmling einen Hinterhalt. Der Herold aber, den sie mit sich führten und der ebenfalls ein Fremder war, verriet dem Theseus ihren Plan. Und so war es schließlich Theseus, der nun plötzlich den Hinterhalt überfiel und alle fünfzig niedermachte.

Um aber durch diese Bluttat nicht seine Beliebtheit beim Volk einzubüßen, zog Theseus im Anschluss daran aus, um ein gutes Werk für alle zu verrichten: Er bezwang den marathonischen Stier, der den Bewohnern von vier attischen Gemeinden große Not bereitet hatte, führte ihn zur Schau durch die Stadt und opferte ihn schließlich dem Apollon.

Um diese Zeit kamen zum dritten Mal Abgeordnete des Königs Minos von der Insel Kreta, um ihren Tribut zu fordern. Mit dem Tribut hatte es nun Folgendes auf sich: Der Sohn des Minos, Androgeos, war der Sage nach auf attischem Gebiet hinterlistig ermordet worden. Minos hatte zur Vergeltung das Land mit einem schrecklichen Krieg heimgesucht, und sogar die Götter selbst hatten Attika durch Dürre und Seuchen zugrunde gerichtet. Da tat das Orakel des Apollon den Spruch, dass der Zorn der Götter und die Leiden der Athener ein Ende hätten, wenn sie den Minos besänftigen und seine Verzeihung erlangen könnten. Auf dieses Orakel hin hatten sich die Athener mit ihren Bitten an ihn gewandt und auch Frieden erhalten, allerdings unter der Bedingung, dass sie jedes Jahr als Tribut sieben Jünglinge und sieben Jungfrauen nach Kreta schickten. Minos soll diese jungen Menschen dann in sein berühmtes Labyrinth gesperrt haben, wo sie der grässliche Minotauros, ein Zwitterwesen, das halb Mensch, halb Stier war, tötete. Nun war die Zeit für den dritten Tribut gekommen. Das bedeutete, dass Väter, die unverheiratete Söhne oder Töchter hatten, damit rechnen mussten, diesem grausamen Schicksal unterworfen zu werden. Der Unwille der Bürger gegen ihren König Aigeus nahm zu, denn es konnte nicht angehen, dass er, als Verursacher des ganzen Unheils, als Einziger von der grausamen Strafe ausgenommen war, und nun, nachdem er einen dahergelaufenen Bastard zu seinem Nachfolger ernannt hatte, zusah, wie den Bürgern ihre rechtmäßigen Kinder genommen wurden.

Theseus, den das Schicksal seiner Mitbürger schon lange nicht mehr gleichgültig ließ, schmerzten solche Vorwürfe. Er erklärte sich daher in der Volksversammlung bereit, an dem nächsten Tribut selbst teilzunehmen. Das ganze Volk bewunderte seinen Edelmut und seinen aufopfernden Bürgersinn. Aigeus jedoch bat ihn inständig, es nicht zu tun, und ihn nicht schon wieder des unerwarteten Glücks zu berauben, einen Sohn und Erben zu besitzen. Aber Theseus blieb bei seinem Entschluss und

FRÜHE GÖTTER- UND HELDENSAGEN

beruhigte seinen Vater mit der Versicherung, dass er nicht ins Unglück gehen, sondern den Minotauros bezwingen werde.

Bisher waren an dem Schiff, das die unglücklichen Opfer nach Kreta brachte, zum Zeichen ihrer Rettungslosigkeit schwarze Segel aufgezogen worden. Nachdem aber Theseus so kühn gesprochen hatte, gab Aigeus dem Steuermann ein weißes Segel mit und befahl ihm, dieses weiße Segel aufzuspannen, wenn Theseus gerettet zurückkehren sollte – wenn nicht, so solle er das schwarze Segel setzen, um das Unglück im Voraus anzukündigen.

Als nun die Übrigen ausgelost worden waren, führte der junge Theseus die Jünglinge und Mädchen, die es getroffen hatte, zuerst in den Tempel des Apollon. Dort opferte er dem Gott in ihrem Namen den mit weißer Wolle umwickelten Ölzweig, der die Gabe der Schutzflehenden war. Nachdem er das feierliche Gebet gesprochen hatte, ging er mit den jungen Menschen zum Ufer des Meeres hinab und das ganze Volk begleitete ihn. Dann bestieg er das Trauerschiff.

Das Orakel von Delphi hatte ihm geraten, dass er die Göttin der Liebe zu seiner Führerin wählen und sie um ihre Begleitung bitten solle. Theseus verstand dieses Orakel nicht, aber dennoch brachte er der Aphrodite ein Opfer dar. Und der Erfolg verlieh dem Orakel seinen Sinn: Als nämlich Theseus auf Kreta gelandet und vor König Minos erschienen war, zog seine Schönheit und jugendliche Heldenhaftigkeit die Augen der reizenden Königstochter Ariadne auf sich. In einer geheimen Zusammenkunft gestand sie ihm ihre Liebe und gab ihm ein Fadenknäuel, das er am Eingang des Labyrinthes festbinden sollte. Dann, während er durch die verwirrenden Gänge des Labyrinthes lief, sollte er den Faden von seiner Hand laufen lassen, bis er an die Stelle kam, wo der Minotauros seine grässliche Wache hielt. Mit dem Faden übergab sie ihm auch ein besonderes Schwert, womit er den Minotauros töten konnte.

Theseus wurde also mit den übrigen Opfern in das Labyrinth geschickt. Doch er tötete den Minotauros mit seiner Zauberwaffe. Dann wand er sich mit allen, die bei ihm waren, mithilfe des abgespulten Zwirns wieder unversehrt aus den Höhlengängen des Labyrinths heraus. Theseus floh zusammen mit seinen Gefährten und Ariadne, die er glücklich mit sich nahm, von Kreta. Auf Ariadnes Rat hin zerschlug er zuvor noch den Boden der kretischen Schiffe, damit ihr Vater ihnen nicht folgen konnte.

Theseus und Ariadne glaubten sich nun in Sicherheit. Sorglos gingen sie auf der Insel Dia, die später Naxos genannt wurde, an Land. Doch da erschien dem Theseus der Gott Dionysos im Traum und behauptete, dass Ariadne seine, des Gottes, vom Schicksal vorbestimmte Braut sei. Und er drohte ihm alles Unheil an, falls Theseus ihm seine Geliebte nicht überlassen wollte. Theseus war von seinem Großvater in Gottesfurcht erzogen

Die Sagen um Theseus

worden und scheute den Zorn des Dionysos. Daher ließ er die verzweifelte Ariadne auf der einsamen Insel zurück und segelte ohne sie weiter. In der Nacht erschien Ariadnes rechtmäßiger Bräutigam Dionysos und entführte sie auf den Berg Drios. Dort verschwand zuerst der Gott und bald darauf auch Ariadne.

Theseus und seine Gefährten waren über all dies tief betrübt. In ihrer Traurigkeit vergaßen sie, dass das Schiff noch schwarze Segel trug, und so fuhr das Schiff in seiner Trauertracht auf die attische Küste zu. Aigeus befand sich eben am Ufer und erblickte von einem Felsvorsprung aus das Schiff. Aus dem schwarzen Segel schloss er, dass sein Sohn tot sei. Da erhob er sich von seinem Felsen. In seinem grenzenlosen Schmerz des Lebens überdrüssig, stürzte er sich in die Tiefe.

Indessen hatte das Schiff des Theseus angelegt. Während Theseus im Hafen die Opfer darbrachte, die er den Göttern bei seiner Abreise feierlich gelobt hatte, schickte er einen Herold in die Stadt, um die Rettung der sieben Jungfrauen und sieben Jünglinge sowie seiner selbst zu verkünden. Der Bote aber erfuhr die Nachricht vom Tod des Königs. Als er zum Hafen zurückkam, fand er den Theseus noch im Tempel mit der Darbringung des Dankopfers beschäftigt vor. Als Theseus vom Tod des Aigeus erfuhr, warf er sich, vom Schmerz wie vom Blitz getroffen zu Boden. Und nicht unter Freudenjubel, wie sie es erwartet hatten, sondern unter Klagen und Weinen kehrten sie in die Stadt zurück.

Theseus als König

Nachdem Theseus unter vielen Klagen seinen Vater bestattet hatte, weihte er dem Apollon, was er ihm feierlich versprochen hatte: das Schiff, in welchem er mit den attischen Jünglingen und Jungfrauen abgefahren und gerettet zurückgekehrt war.

Theseus, der jetzt König geworden war, bewies bald, dass er nicht nur ein Held im Kampf war, sondern auch die Fähigkeit besaß, einen Staat zu leiten und seinem Volk Glück und Frieden zu bescheren. Hierin zeichnete er sich selbst vor seinem Vorbild Herakles noch aus. Denn er unternahm ein großes und bewunderungswürdiges Werk.

Bevor er die Herrschaft angetreten hatte, wohnten die meisten Bewohner Attikas um die Burg und um die kleine Stadt Athen zerstreut auf einzelnen Bauernhöfen und in Weilern. Sie konnten daher kaum zusammenkommen, um die öffentlichen Angelegenheiten gemeinsam zu beraten, und bisweilen gerieten sie sogar in kleinlichen Nachbarschaftsstreit. Theseus war es, der nun alle Bürger des attischen Gebiets in einer Stadt vereinigte und so aus den zerstreuten Gemeinden einen gemeinschaftlichen

Staat bildete. Und dieses große Werk brachte er nicht wie ein Tyrann durch Gewalt zustande, sondern er bereiste die einzelnen Gemeinden und versuchte bei den Bewohnern deren freiwillige Zustimmung zu erlangen. Bei den Armen und einfachen Menschen musste er nicht lange werben, denn sie konnten durch das Zusammenleben mit den Reichen nur gewinnen. Den Mächtigen und Vermögenden aber versprach er Beschränkung der bisher uneingeschränkten Königsgewalt und eine vollkommen freie Verfassung. »Ich selbst«, so sprach er, »will nur euer Anführer im Krieg und der Beschützer eurer Gesetze sein. Im Übrigen sollen alle meine Mitbürger die gleichen Rechte haben.«

So hob Theseus also die einzelnen Rathäuser und unabhängigen Obrigkeiten in den Gemeinden auf und begründete ein allen gemeinsames Rathaus mitten in der Stadt. Auch stiftete er ein Fest für alle Bürger des Staates, das er das All-Athenerfest nannte. Erst jetzt wurde Athen zu einer richtigen Stadt und auch der Name Athen erlangte nun erst seine Bedeutung. Denn zuvor war Athen nur eine Königsburg gewesen, von ihrem Gründer Kekropsburg genannt, um die ein Häufchen Bürgerhäuser stand. Um die neue Stadt noch weiter zu vergrößern, rief Theseus nun aus allen Gegenden neue Siedler herbei und sicherte ihnen die gleichen Bürgerrechte zu, denn er wollte einen allgemeinen Völkerverband gründen. Damit aber die so zusammengeströmte Menschenmenge keine Unordnung in den neu gegründeten Staat brachte, teilte er das Volk erst in Edle, Bauern und Handwerker ein und wies jedem Stand seine besonderen Rechte und Pflichten zu, sodass den Edlen durch ihr Ansehen und ihre Amtstätigkeiten, den Bauern durch ihre Nützlichkeit und den Handwerkern durch ihre Zahl jeweils ein angemessener Vorteil zukam. Seine eigene Macht als König beschränkte er und machte sie vom Rat der Edlen und von der Volksversammlung abhängig.

Der Amazonenkrieg

Theseus bemühte sich den Staat auch durch Gottesfurcht zu festigen. Er begründete den Dienst der Athene – als Schutzgöttin des Landes – und des Poseidon, als dessen Sohn er lange Zeit gegolten hatte und dessen besonderer Schützling er war. Für den Poseidon erneuerte er die heiligen Wettkämpfe auf dem Isthmos von Korinth, so wie einst Herakles Zeus zu Ehren die Olympischen Spiele angeordnet hatte.

Während dieser Zeit wurde Athen von einem seltsamen und außerordentlichen Krieg heimgesucht. In jüngeren Jahren hatte Theseus nämlich auf einem seiner Fehdefeldzüge an der Küste der Amazonen angelegt und damals von den Amazonen Gastgeschenke erhalten. Dem Theseus aber hatten nicht nur die Geschenke gefallen, sondern auch die schöne Amazone, die deren Überbringerin war. Sie hieß Hippolyte, und der Held lud sie ein, sein Schiff zu besuchen. Als sie auf sein Schiff gekommen war, fuhr er einfach mit ihr davon. Wieder in Athen, nahm er sie zur Frau. Die Amazonen waren über die freche Entführung entrüstet und beschlossen Rache zu nehmen. Als die Entführung längst schon vergessen schien, bot sich den Amazonen endlich die Gelegenheit zu einem Rachefeldzug. Der Staat der Athener schien unbewacht, und so fielen sie in das Land ein und stürmten die Stadt. Mitten in der Stadt schlugen sie ein regelrechtes Lager auf, und die erschrockenen Einwohner zogen sich auf die Burg zurück. Nachdem Theseus einem Orakel gemäß dem Phobos, dem Gott des Schreckens, ein Opfer gebracht hatte, begann er den Kampf von der Burg herab, in dessen Verlauf viele Amazonen getötet wurden. Angeblich soll Hippolyte in diesem Kampf gegen ihr eigenes Volk gekämpft haben und es traf sie ein Speer, der sie tot zu Boden streckte. Später wurde in Athen eine Gedenksäule für sie errichtet.

Den Krieg beendete ein Friedensschluss, demzufolge die Amazonen Athen verließen und in ihre Heimat zurückkehrten.

Theseus und Peirithoos
Lapithen- und Zentaurenkampf

Theseus hatte den Ruf, außerordentlich stark und tapfer zu sein. Peirithoos, einer der berühmtesten Helden des Altertums und ein Sohn des Ixion, hatte daher eines Tages Lust, Theseus auf die Probe zu stellen, und trieb dessen Rinder von Marathon fort. Als er hörte, dass Theseus sich bewaffnet hatte und ihm nachsetzte, hatte Peirithoos erreicht, was er wollte. Daher floh er auch nicht, sondern ging dem Theseus entgegen.

Als die beiden Helden einander nahe genug gekommen waren, um sich gegenseitig zu messen, da wurde jeder von Bewunderung der schönen Gestalt und der Kühnheit des anderen so sehr ergriffen, dass sie wie auf ein Zeichen hin ihre Waffen zu Boden warfen und aufeinander zueilten. Peirithoos streckte dem Theseus seine rechte Hand entgegen und forderte ihn auf, selbst als Schiedsrichter über den Raub der Rinder zu entscheiden. Was Theseus auch verlangte, er würde sich dem mit Freuden unterwerfen.

»Die einzige Genugtuung, die ich verlange«, erwiderte Theseus mit leuchtenden Augen, »ist die, dass du von einem Feind zu meinem Freund und Kampfgefährten wirst!« Darauf umarmten sich die beiden Helden und schworen einander treue Freundschaft.

Als Peirithoos kurz danach die thessalische Fürstentochter Hippo-

FRÜHE GÖTTER- UND HELDENSAGEN

dameia aus dem Geschlecht der Lapithen heiratete, lud er auch den The-
seus zu seiner Hochzeit ein. Die Lapithen – bei welchen die Festlichkeit
begangen wurde – waren ein berühmter thessalischer Stamm von rohen
Menschen, die schon fast wie Tiere aussahen und die ersten Sterblichen
waren, die Pferde bändigen konnten. Die Braut aber hatte nichts mit den
Männern ihres Stammes gemein. Sie war von geradezu überirdischer
Schönheit, sodass alle den Peirithoos glücklich priesen, weil sie seine
Frau wurde.

Alle Fürsten Thessaliens waren zu dem Fest erschienen, aber auch die
Verwandten des Peirithoos, die Zentauren, fanden sich ein. Diese Halbmenschen stammten von einem Ungeheuer ab, das von einer Wolke
geboren wurde. Ixion, der Vater des Peirithoos, hatte sie umarmt, weil ihr
die Gestalt der Hera verliehen war. Deshalb hießen sie auch Wolkensöh-
ne. Die Zentauren aber waren die Erzfeinde der Lapithen. Diesmal hatte
sie die Verwandtschaft mit dem Bräutigam den alten Groll jedoch vergessen lassen und zu dem Freudenfest herbeigelockt.

Die festliche Hofburg des Peirithoos hallte vom Lärm des Festes wider.
Brautlieder wurden gesungen, von Hitze, Wein und Speisen dampften die
Säle. Nicht alle Gäste fanden Platz im Palast. So hatten sich einige Zentauren und Lapithen an die Tische gesetzt, die in schattigen Grotten aufgestellt worden waren.

Lange feierten die Hochzeitsgäste ausgelassen und fröhlich. Bis dem
wildesten unter den Zentauren, dem Eurytion, der Wein zu Kopfe stieg
und ihm beim Anblick der schönen Hippodameia der Gedanke kam, dass
er doch dem Peirithoos die Braut rauben könnte. Niemand wusste, wie es
gekommen war, niemand hatte den Beginn der unsinnigen Tat bemerkt,
aber auf einmal sahen die Gäste, wie der wütende Eurytion Hippodameia,
die sich wehrte und nach Hilfe rief, an den Haaren gepackt hatte und über
den Boden schleifte. Dies war für die betrunkenen Zentauren das Zeichen, es ihm gleichzutun, und noch bevor die fremden Helden und die Lapithen sich erheben konnten, hatte schon jeder der Zentauren eines der
thessalischen Mädchen mit seinen groben Händen gepackt. Im Handum-
drehen glichen die Hofburg und die Gärten einer eroberten Stadt, und die
Schreie der Frauen gellten durch das weite Haus. Da sprangen die Freunde
und Verwandten der Braut von der Tafel auf und Theseus rief: »Welche
Verblendung treibt dich, Eurytion, den Peirithoos zu reizen, während *ich*
noch lebe, sodass du zwei Helden auf einmal reizt?« Mit diesen Worten
drang er auf Eurytion ein und riss ihm die Braut aus den Händen. Eurytion
entgegnete ihm darauf nichts, denn wie sollte er sich auch verteidigen?
Statt aller Worte hob er nur die Hand und versetzte Theseus einen Schlag
gegen die Brust. Da erschlug Theseus den Zentauren mit einem Krug.

»Zu den Waffen!«, scholl es jetzt von allen Seiten an den Tischen der

174

Zentauren. Zuerst flogen Becher, Flaschen und Schüsseln, dann brachen Chaos und Verwüstung aus: Ein tempelräuberisches Untier zerrte die Weihgeschenke von den Altären, ein anderer riss den Kerzenleuchter herab, der über der Tafel hing, wieder ein anderer packte ein Hirschgeweih, das an der Wand gehangen hatte, und kämpfte damit. Unter den Lapithen und Zentauren brach ein brutales Gemetzel aus.

Der schönste und jüngste unter den Zentauren war Kyllaros. Er sah mit seinen hellen Locken freundlich aus. Nacken, Schulter, Hände und Brust waren wie von einem Künstler geformt, und auch sein Pferdeleib war makellos. Er war mit seiner Geliebten, der schönen Zentaurin Hylonome, zum Fest erschienen. Beim Mahl hatte sie sich zärtlich an ihn gelehnt und nun kämpfte sie an seiner Seite. Auch er wurde von einem Pfeil tödlich getroffen. Sterbend sank er seiner Geliebten in die Arme. Hylonome streichelte und küsste ihn und versuchte vergebens, seinen entfliehenden Atem aufzuhalten. Als sie Kyllaros verscheiden sah, zog sie den Pfeil aus seinem Herzen und stürzte sich selbst hinein.

Noch lange wütete der Kampf zwischen Lapithen und Zentauren fort. Erst als die Zentauren unterlegen waren und in die dunkle Nacht hinaus geflohen waren, hatte das Gemetzel ein Ende.

Theseus verabschiedete sich am anderen Morgen von Peirithoos. Der gemeinsame Kampf hatte das frisch geknüpfte Band ihrer Verbrüderung schnell zu einem unauflöslichen Knoten verschlungen.

Theseus und Phädra

Theseus stand jetzt am Wendepunkt seines Schicksals. Er wollte sein Glück nicht mehr nur in Abenteuern, sondern in der Gründung einer eigenen Familie finden. Doch gerade dies stürzte ihn nun in schweres Unglück.

Als Theseus damals seine Geliebte Ariadne, die Tochter des Königs Minos, von Kreta entführt hatte, wurde sie von ihrer kleinen Schwester Phädra begleitet, die unter allen Umständen bei Ariadne bleiben wollte. Nachdem Ariadne von Dionysos geraubt worden war, war Phädra mit Theseus nach Athen gekommen, weil sie auf keinen Fall zu ihrem tyrannischen Vater zurückkehren konnte. Erst nachdem König Minos gestorben war, ging das mittlerweile aufblühende Mädchen in ihre Heimat Kreta zurück und reifte dort im Königshaus ihres Bruders Deukalion zu einer schönen und klugen Frau heran. Theseus, der nach dem Tod seiner Frau Hippolyte lange Zeit unvermählt geblieben war, hatte viel Gutes von ihr gehört und hoffte nun, dass sie in Schönheit und Anmut seiner ersten Geliebten, ihrer Schwester Ariadne, ähnlich sei. Und Deukalion, der neue

FRÜHE GÖTTER- UND HELDENSAGEN

König von Kreta, war dem Helden nicht abgeneigt. Nachdem Theseus von der blutigen Hochzeit seines thessalischen Freundes zurückgekehrt war, hatte Deukalion ein Schutz- und Trutzbündnis mit den Athenern geschlossen. An ihn wandte sich Theseus nun mit der Bitte, ihm seine Schwester Phädra zur Frau zu geben.

Phädra wurde Theseus nicht versagt, und schon bald führte er die Jungfrau aus Kreta heim, die wirklich ihrer Schwester so ähnlich war, dass Theseus die Hoffnung seiner jungen Jahre im späteren Mannesalter erfüllt zu sehen glaubte. Damit das Glück aber auch vollständig war, bekamen sie in den ersten Jahren ihrer Ehe noch zwei Söhne: den Akamas und den Demophon. Aber Phädra war weniger treu als schön. Hippolytos, der junge Sohn des Königs, der in ihrem Alter war, gefiel ihr weitaus besser als sein greiser Vater.

Hippolytos war der einzige Sohn, den die von Theseus entführte Amazone bekommen hatte. Als Hippolytos noch fast ein Junge war, hatte ihn sein Vater nach Troizen geschickt, damit er von den Brüdern seiner Mutter Aithra erzogen würde. Als er erwachsen war, kam der schöne und tugendhafte Jüngling, der beschlossen hatte sein ganzes Leben der Göttin Artemis zu weihen und noch niemals einer Frau in die Augen gesehen hatte, nach Athen und Eleusis zurück, um hier die Mysterien mitfeiern zu helfen. Da sah Phädra ihn zum ersten Mal. Sie glaubte dort ihren Gatten in verjüngter Gestalt zu erblicken, und seine schöne Gestalt und Unschuld weckten heftiges Verlangen in ihr. Doch sie behielt dies vorläufig für sich. Als der Jüngling wieder abgereist war, erbaute sie einen Tempel für die Liebesgöttin auf der Burg von Athen, von wo aus man nach Troizen sehen konnte. Später erhielt der Tempel den Namen Aphrodite Fernschauerin. Hier saß sie tagelang und blickte hinaus auf das weite Meer.

Als endlich Theseus eine Reise nach Troizen unternahm, um dort seinen Sohn und seine übrigen Verwandten zu besuchen, begleitete Phädra ihn und blieb dann für längere Zeit dort. Auch hier kämpfte sie noch lange mit dem Feuer in ihrer Brust, suchte die Einsamkeit und verweinte ihr Elend unter einem Myrtenbaum. Schließlich aber vertraute sie sich ihrer alten Amme an, einer verschmitzten und ihrer Gebieterin in blinder und törichter Liebe verbundenen Frau, die es bald übernahm, dem Jüngling die strafbare Leidenschaft seiner Stiefmutter zu verraten. Aber der unschuldige Hippolytos hörte ihren Bericht mit Abscheu, und sein Entsetzen steigerte sich noch, als ihm die pflichtvergessene Stiefmutter sogar den Vorschlag unterbreiten ließ, seinen eigenen Vater vom Thron zu stoßen und mit der Ehebrecherin die Herrschaft zu teilen. In seinem Abscheu verfluchte er alle Frauen, und er meinte, schon durch das bloße Anhören eines so schändlichen Vorschlags entweiht zu sein. Und da Theseus

Die Sagen um Theseus

gerade nicht in Troizen war – Phädra hatte absichtlich diesen Zeitpunkt gewählt –, erklärte Hippolytos, dass er keinen Augenblick länger mit Phädra unter einem Dach verweilen wolle. Er fertigte die Amme nach Gebühren ab und begab sich daraufhin ins Freie, um für seine geliebte Herrin, die Göttin Artemis, so lange in den Wäldern zu jagen und dem Königshaus fern zu bleiben, bis sein Vater wieder zurückgekehrt sei und er ihm sein gequältes Herz ausschütten konnte.

Phädra aber konnte mit dieser Zurückweisung nicht weiterleben. Das Bewusstsein, dass sie etwas Verwerfliches getan hatte, und die unerfüllte Leidenschaft stritten in ihrer Brust – doch die Bosheit gewann die Oberhand. Als Theseus zurückkam, fand er Phädra erhängt. In ihrer rechten Hand hielt sie einen Brief, den sie vor ihrem Tod geschrieben hatte: »Hippolytos hat nach meiner Ehre getrachtet. Um seinen Nachstellungen zu entfliehen, ist mir nur ein einziger Ausweg geblieben. Ich bin gestorben, ehe ich die Treue meines Gatten verletzt habe.«

Lange stand Theseus vor Abscheu und Entsetzen wie gelähmt. Endlich erhob er seine Hände zum Himmel und betete: »Vater Poseidon, der du mich stets geliebt hast wie dein leibliches Kind, du hast mir einst drei Bitten freigegeben, die du mir erfüllen wolltest. Jetzt erinnere ich dich an dein Versprechen. Nur eine Bitte sollst du mir erfüllen: Lass meinem verfluchten Sohn an diesem Tag die Sonne nicht mehr untergehen.« Kaum hatte er diesen Fluch ausgesprochen, als auch Hippolytos in den Palast zurückkam und vor das Antlitz seines Vaters und die Leiche seiner Stiefmutter trat. Auf die Beschimpfungen seines Vaters entgegnete er mit sanfter Ruhe: »Vater, mein Gewissen ist rein. Ich weiß mich dieser Untat nicht schuldig.« Aber Theseus hielt ihm nur den Brief der Stiefmutter entgegen und verbannte ihn des Landes. Hippolytos rief seine Schutzgöttin, die Artemis, zur Zeugin seiner Unschuld auf und sagte Troizen, das seine zweite Heimat geworden war, unter Seufzen und Tränen Lebewohl.

Noch am Abend desselben Tages traf ein Eilbote bei König Theseus ein und meldete ihm: »Herr und König, dein Sohn Hippolytos sieht das Tageslicht nicht mehr!«

Theseus vernahm diese Botschaft ungerührt und sagte mit bitterem Lächeln: »Hat ihn ein Feind erschlagen, dessen Frau er geschändet hat, wie er die Frau seines Vaters schänden wollte?«

»Nein, Herr!«, erwiderte der Bote. »Sein eigener Wagen und dein Fluch haben ihn umgebracht!«

»Oh Poseidon«, sprach Theseus, wobei er die Hände dankend zum Himmel erhob, »so hast du dich heute als ein rechter Vater erwiesen und meine Bitte erhört! – Aber sprich, Bote, wie ist mein Sohn gestorben, auf welche Weise hat meinen Ehrenschänder die Vergeltung getroffen?«

Und der Bote berichtete: »Wir Diener waren gerade dabei, die Pferde

FRÜHE GÖTTER- UND HELDENSAGEN

des Hippolytos am Ufer des Meeres zu striegeln, als die Botschaft von seiner Verbannung und bald darauf er selber kam. Eine Schar von Freunden begleitete ihn, und unter Jammern und Klagen befahlen sie uns, Pferde und Wagen zur Abfahrt bereit zu machen. Als dies geschehen war, erhob Hippolytos die Hände zum Himmel und betete: ›Zeus, mögest du mich vernichten, wenn ich ein schlechter Mann war! Und möge, sei ich nun tot oder lebendig, mein Vater erfahren, dass er mich zu Unrecht entehrt!‹ Dann schwang er sich auf den Wagen, ergriff die Zügel und fuhr von uns Dienern begleitet auf dem Weg nach Argos und Epidaurien davon. Wir waren am öden Meeresufer angelangt, wo rechts das Wasser und zu unsrer Linken nichts als Hügel und vorspringende Felsen lagen, als wir plötzlich ein tiefes Geräusch vernahmen, das wie ein unterirdischer Donner klang. Die Pferde wurden aufmerksam und spitzten die Ohren, und wir alle sahen uns ängstlich um, um zu sehen, woher dieses Geräusch kam. Als unser Blick auf das Meer fiel, sahen wir eine Welle, die sich turmhoch aufgebäumt hatte und uns die Sicht auf das weitere Ufer und den Isthmos nahm. Die Flutwelle ergoss sich bald schäumend und tosend über das Ufer und rollte gerade auf den Pfad zu, auf dem wir ritten. Zugleich mit der tobenden Welle aber spie die See ein Ungeheuer aus. Es war ein riesenhafter Stier, von dessen Brüllen das Ufer und die Felsen widerhallten. Dieser Anblick jagte den Pferden eine plötzliche Angst ein. Unser Herr jedoch, der es gewohnt war, die Pferde zu lenken, zog die Zügel mit beiden Händen straff und gebrauchte sie wie ein geschickter Steuermann sein Ruder. Aber die Pferde waren zu aufgeschreckt und rannten blindwütig weiter, wie es ihnen gefiel. Da kam ihnen das Seeungeheuer in den Weg und drängte sie dicht an den Felsen, indem es neben ihnen herlief. So geschah es, dass auf der anderen Seite die Radfelgen gegen den Felsen schrammten und dein unglücklicher Sohn kopfüber vom Wagen geschleudert und mit dem umgeworfenen Wagen und den Pferden über Sand und Felsgestein dahingeschleift wurde. Alles ging viel zu schnell, als dass wir Diener ihm zu Hilfe hätten eilen können. Halb zerschmettert hauchte er den Zuruf an seine sonst so gehorsamen Pferde und die Klage über den Fluch seines Vaters in die Lüfte. Das Meeresungeheuer aber war wie vom Erdboden verschluckt.«

Theseus starrte, nachdem er dies vernommen hatte, lange schweigend zu Boden. »Ich freue mich nicht über sein Unglück, und ich beklage es auch nicht«, sprach er schließlich nachdenklich und in Zweifel versunken. »Könnte ich ihn doch nur einmal noch lebend sehen und ihn befragen über seine Schuld.« Da wurde er aus seinen Gedanken gerissen. Unter lautem Klagen stürzte eine alte Frau mit fliegendem grauen Haar und zerrissenem Gewand herein. Es war die greise Amme der Königin Phädra, die auf das Gerücht von Hippolytos' jämmerlichem Ende hin hef-

Die Sagen um Theseus

tig von ihrem Gewissen gefoltert wurde und nicht mehr länger schweigen konnte. Unter Schluchzen und Klagen offenbarte sie dem König, wie es wirklich gewesen war.

Noch ehe der unglückliche Vater recht zur Besinnung kommen konnte, wurde Hippolytos von seinen Dienern auf einer Bahre hereingebracht. Er war halb zerschmettert, aber er lebte noch. Theseus warf sich voller Reue und Verzweiflung über seinen sterbenden Sohn, der seine letzten Kräfte zusammennahm und die Umstehenden fragte: »Ist meine Unschuld erkannt?« Ein Wink der Nächststehenden gab ihm diesen Trost. »Unglücklicher, getäuschter Vater«, sprach der Jüngling dann, »ich vergebe dir!«, und starb.

Hippolytos wurde von Theseus unter demselben Myrtenbaum begraben, unter welchem einst Phädra verzweifelt mit ihrer Liebe gekämpft hatte, und wo nun, da es ihr Lieblingsplatz gewesen war, ihre Leiche begraben lag, denn der König wollte seine Gemahlin im Tod nicht entehren.

Theseus auf Frauenraub

Durch die Freundschaft mit dem jungen Helden Peirithoos erwachte in dem verlassenen und alternden Theseus wieder die Lust zu kühnen, ja leichtfertigen Abenteuern. Da Hippodameia, die junge Gattin des Peirithoos, nicht lange nach der Hochzeit gestorben war und auch Theseus keine Frau mehr hatte, gingen die beiden auf Frauenraub.

Damals war die später so berühmt gewordene Helena, die Tochter des Zeus und der Leda, die im Palast ihres Stiefvaters Tyndareos in Sparta aufwuchs, noch sehr jung. Aber sie war bereits die schönste Jungfrau ihrer Zeit, und der Ruf ihrer Anmut begann sich über ganz Griechenland zu verbreiten.

Als Theseus und Peirithoos auf ihrem Raubzug nach Sparta kamen, sahen sie Helena in einem Tempel der Artemis tanzen. Beide entbrannten in Liebe zu ihr. In ihrem Übermut entführten sie Helena aus dem Heiligtum und brachten sie zuerst nach Tegea in Arkadien. Hier ließen sie das Los entscheiden, wer von beiden sie haben sollte, und der eine versprach dem anderen brüderlich, dass er ihm trotzdem helfen wolle, eine andere Schönheit zu entführen. Das Los teilte die Beute dem Theseus zu. Er brachte sie nach Aphidnai in Attika und übergab die Jungfrau dort seiner Mutter Aithra.

Darauf zog Theseus mit seinem Waffenbruder Peirithoos weiter, denn nun hatten sie eine herkulische Tat im Sinn: Peirithoos war fest entschlossen, Persephone, die Gemahlin des Pluton, aus der Unterwelt zu entfüh-

FRÜHE GÖTTER- UND HELDENSAGEN

ren und sich durch ihren Besitz für den Verlust der Helena zu entschädigen. Dass ihnen dieser Versuch missglückte und sie von Pluton auf ewig an ihren Stein gekettet wurden, und dass Herakles, der beide befreien wollte, nur den Theseus aus der Unterwelt retten konnte, ist bereits berichtet worden.

Während nun aber Theseus im Hades gefangen saß, machten sich die Brüder Helenas, Kastor und Polydeukes, mit einer Schar von Begleitern auf den Weg nach Attika, um ihre Schwester zu befreien. Dabei verübten sie anfangs keine Gewalttaten im Land. Sie kamen nach Athen und forderten friedlich, dass Helena zurückgegeben werden solle. Als aber die Leute in der Stadt ihnen entgegneten, dass sie weder die junge Fürstin bei sich hätten noch wüssten, wo Theseus sie zurückgelassen hätte, wurden sie zornig und zettelten einen wirklichen Krieg an. Jetzt erschraken die Athener, und einer aus ihrer Mitte, Akademos, der irgendwie erfahren hatte, wo Helena sich aufhielt, verriet den Brüdern, dass sie in Aphidnai versteckt gehalten wurde. Kastor und Polydeukes rückten gegen diese Stadt vor, siegten in einer Schlacht und eroberten den Ort im Sturm.

In Athen hatte sich inzwischen auch anderes ergeben, was für Theseus ungünstig war. Menestheus, der Sohn des Peteos, ein Urenkel des Erechtheus, hatte sich als Volksführer bei der Menge eingeschmeichelt und auch die Edlen gegen Theseus aufgehetzt, indem er ihnen einredete, der König habe sie dadurch, dass er sie von ihren Landsitzen weg in die Stadt gezogen habe, zu Sklaven und Untertanen gemacht. Dem einfachen Volk dagegen hielt er vor, dass es dem Traum der Freiheit zuliebe seine ländlichen Heiligtümer und Götter habe verlassen müssen und nun einem fremden Despoten diene, anstatt von vielen guten einheimischen Herren abhängig zu sein. Auch als nun Aphidnais Eroberung durch Kastor und Polydeukes Athen mit Angst und Schrecken erfüllte, nutzte Menestheus die Stimmung des Volkes aus. Er riet den Athenern die beiden Söhne des Tyndareos, welche Helena befreit hatten und nun mit sich führten, in die Stadt einzulassen und sie freundlich zu empfangen, da sie nur gegen Theseus als den Entführer der Helena Krieg führten. Und diesmal hatte Menestheus die Wahrheit gesprochen, denn obgleich ganz Athen in ihrer Gewalt war, taten sie doch niemandem etwas zuleide. Sie verlangten nur, wie andere vornehme Athener und Verwandte des Herakles auch, in den geheimen Dienst der eleusischen Mysterien aufgenommen zu werden. Dann zogen sie mit ihrer geretteten Helena wieder in die Heimat, wobei die Bürger, die Helena liebten und ehrten, sie zur Stadt hinausgeleiteten.

Theseus' Ende

Während seiner langen Gefangenschaft im Hades hatte Theseus Zeit gehabt zu erkennen, wie unbesonnen und unedel seine letzten Handlungen gewesen waren, die so gar nicht zu seinem sonstigen Heldentum passten, und er bereute sie tief. Er kam als ein ernster Greis zurück, und die Nachricht, dass Helena von ihren Brüdern gerettet worden war, nahm er ohne jeden Unwillen auf, denn er schämte sich für das, was er getan hatte.

Wesentlich größeren Kummer bereitete ihm die Zwietracht, die sich im Staat verbreitet hatte. Obwohl er in aller Strenge durchgriff und die Partei des Menestheus zurückdrängte, fand er doch sein ganzes übriges Leben lang keine rechte Ruhe mehr. Immer wieder brachen kleinere Aufstände gegen ihn aus, an deren Spitze stets Menestheus stand. Denn er hatte sämtliche Edlen hinter sich gebracht, die sich noch immer, nach Theseus' Onkel Pallas und dessen fünfzig erschlagenen Söhnen, »die Pallantiden« nannten. Aber auch das einfache Volk hatte Menestheus mit seinen Reden so betört, dass es lieber von ihm gelobt werden wollte, als König Theseus zu gehorchen.

Anfangs versuchte Theseus sich mit Gewalt durchzusetzen. Als der offene Widerstand aber immer stärker wurde, beschloss der König die Stadt freiwillig zu verlassen. Seine beiden Söhne Akamas und Demophon hatte er ohnehin bereits heimlich nach Euböa zum Fürsten Elephenor geschickt, damit sie dort untertauchen konnten. In einem Flecken von Attika namens Gargettos sprach er feierliche Verwünschungen gegen die Athener aus. Dann schüttelte er den Staub von seinen Füßen und schiffte sich nach Skyros ein. Die Bewohner dieser Insel hielt er für seine besonderen Freunde und er besaß dort ansehnliche Güter, die er von seinem Vater geerbt hatte.

Als Theseus nach Skyros kam, war Lykomedes dort König. Theseus ging zu ihm und bat sich seine Güter aus, um sich dort niederzulassen. Doch das Schicksal hatte Theseus auf einen schlechten Weg geleitet. Mag sein, dass Lykomedes den großen Mann fürchtete oder dass sich auch er mit Menestheus gegen ihn verschworen hatte – auf jeden Fall suchte er nur eine Möglichkeit, wie er den hohen Gast möglichst unbemerkt aus dem Weg räumen konnte. Unter einem Vorwand führte er ihn daher auf den höchsten Felsgipfel der Insel, der schroff ins Land hineinragte. Er behauptete, dass er Theseus die schönen Güter, die sein Vater auf der Insel besessen hatte, mit einem Blick überschauen lassen wollte. Oben angekommen, ließ Theseus seine Augen gierig über das schöne Land schweifen. Doch da versetzte der falsche König ihm von hinten einen Stoß, dass Theseus über den Felsen hinabstürzte und starb.

FRÜHE GÖTTER- UND HELDENSAGEN

In Athen hatte das undankbare Volk den Theseus bald vergessen und Menestheus regierte, als ob er den Thron von vielen Ahnen geerbt hätte. Die Söhne des Theseus zogen mit dem Helden Elephenor als einfache Krieger nach Troja. Viele Jahrhunderte später, nach dem Perserkrieg, befahl das Orakel von Delphi den Athenern, die sterblichen Überreste des Theseus zu holen und sie ehrenvoll zu bestatten. Wo aber sollten sie suchen? Und selbst wenn sie sein Grab auf Skyros gefunden hätten – auf welche Weise hätten sie die Freigabe seiner Gebeine von den Fremden erwirken können? Da geschah es, dass der berühmte Athener Kimon, der Sohn des Miltiades, die Insel auf einem Feldzug eroberte. Während er glühend nach dem Grab des Helden suchte, bemerkte er einen Adler, der über einem Hügel seine Kreise zog. Kimon ging zu dieser Stelle und bald schon sah er, wie der Vogel herabschoss und die Erde des Grabhügels mit seinen Krallen aufscharrte. Kimon erkannte in diesem Zeichen eine göttliche Fügung, ließ nachgraben und fand tief unten in der Erde den Sarg eines großen Leichnams, daneben eine eiserne Lanze und ein Schwert. Er und seine Begleiter zweifelten nicht daran, dass sie die Gebeine des Theseus gefunden hatten. Die heiligen Überreste wurden von Kimon auf ein schönes Kriegsschiff mit drei Ruderbänken gebracht und in Athen unter Jubel, glanzvollen Aufzügen und Opfern empfangen. Es war, als ob Theseus selbst in die Stadt zurückgekehrt wäre. So zollten die Nachkommen Jahrhunderte später dem Begründer der Freiheit und Bürgerverfassung Athens den Dank, den ihm die verächtliche Mitwelt schuldig geblieben war.

DIE SAGE VON ÖDIPUS

Des Ödipus Geburt, Jugend, Flucht und Vatermord

Laïos, der Sohn des Labdakos aus dem Stamm des Kadmos, war König von Theben und lebte mit Iokaste, der Tochter des vornehmen Thebaners Menoikeus, schon lange in kinderloser Ehe. Laïos aber hatte den dringenden Wunsch einen Erben zu bekommen und befragte deshalb das Orakel von Delphi. Er erhielt folgende Antwort: »Laïos, dir soll ein Sohn gewährt werden. Aber wisse, dass dir vom Schicksal verhängt ist, dass du durch die Hand deines eigenen Kindes dein Leben verlieren wirst. Dies ist das Gebot des Kroniden Zeus, der den Fluch des Pelops erhört hat, dem du den Sohn geraubt hast.« In seiner Jugend war Laïos nämlich aus seiner Heimat geflohen und am Hof des Königs Pelops auf dem Peloponnes als Gast aufgenommen worden. Doch hatte er sich seinem Gastgeber gegenüber undankbar gezeigt und Chrysippos, dessen schönen Sohn, auf

Die Sage von Ödipus

den nemeischen Spielen enführt. Da sich Laïos dieser Schuld bewusst war, glaubte er dem Orakel und lebte lange von seiner Frau getrennt. Doch die herzliche Liebe, mit welcher sie einander zugetan waren, ließ sie der Warnung des Schicksals zum Trotz wieder zusammenkommen, und Iokaste brachte schließlich einen Sohn zur Welt.

Nun fiel den Eltern der Orakelspruch wieder ein, und um dem vorhergesagten Schicksal zu entgehen, ließen sie den neugeborenen Sohn nach drei Tagen mit durchstochenen und zusammengebundenen Füßen in dem wilden Gebirge Kithäron aussetzen. Der Hirt, der den grausamen Auftrag erhalten hatte, aber empfand Mitleid mit dem unschuldigen Kind. Er übergab es einem anderen Hirten, der in demselben Gebirge die Herden des Königs Polybos von Korinth hütete. Dann kehrte er wieder heim und behauptete, er hätte den Auftrag ausgeführt. Laïos und Iokaste waren überzeugt, dass das Kind nicht überleben würde und sich deshalb das Orakel nicht erfüllen werde. Ihr Gewissen beruhigten sie mit dem Gedanken, dass sie das Kind auf diese Weise vor dem Vatermord bewahrt hätten, und lebten nun unbeschwert fort.

Der Hirt des Polybos nahm dem Kind, das ihm übergeben worden war, seine Fesseln ab. Da er nicht wusste, woher der Junge stammte, nannte er ihn nach seinen verletzten Fersen Ödipus, was Schwellfuß bedeutet. Dann brachte er den Ödipus zu König Polybos nach Korinth. Auch der König hatte Mitleid mit dem Findling. Er übergab ihn seiner Gemahlin Merope und zog ihn auf, als ob er sein eigener Sohn wäre, und tatsächlich wurde er am Hof und im ganzen Land dafür gehalten. Als Ödipus zu einem Jüngling herangereift war, galt er stets als der höchste Bürger, und auch er selbst lebte in der glücklichen Überzeugung, Sohn und Erbe des Königs Polybos zu sein, der sonst keine weiteren Kinder hatte.

Da aber ereignete sich ein Zwischenfall, der den Ödipus aus seiner Zuversicht in den Abgrund des Zweifels stürzte.

Ein Korinther, der den Ödipus schon längere Zeit mit seinem Neid verfolgt hatte, rief bei einem Festmahl plötzlich dem Ödipus, der ihm gegenübersaß, zu, dass er nicht der echte Sohn seines Vaters sei. Dieser Vorwurf traf den Jüngling schwer, doch er behielt an diesem Tag seine Zweifel noch für sich. Am nächsten Morgen aber ging er zu seinen Eltern, die ja wirklich nur seine Pflegeeltern waren, und verlangte Auskunft von ihnen. Polybos und seine Frau waren äußerst aufgebracht, als sie dies hörten, und sie versuchten des Ödipus Zweifel zu zerstreuen, ohne ihm allerdings eine klare Antwort zu geben. Zwar tat die Liebe, die sie ihm auf diese Weise entgegenbrachten, sehr wohl, doch das Misstrauen nagte weiter an seinem Herzen. Schließlich verließ Ödipus heimlich den Palast, um zum Orakel von Delphi zu wandern, denn er hoffte, dass er dort die Widerlegung der ehrenrührigen Beschuldigung hören würde.

FRÜHE GÖTTER- UND HELDENSAGEN

Phoibos Apollon aber gewährte ihm keine Antwort auf seine Frage – im Gegenteil, er deutete ihm nur ein neues, weit grauenvolleres Unglück an, das ihm bevorstehe: »Du wirst«, so sprach das Orakel, »deinen eigenen Vater ermorden, deine Mutter heiraten und eine verabscheuungswürdige Nachkommenschaft zeugen.« Als Ödipus dies gehört hatte, packte ihn eine unaussprechliche Angst, und da er im Herzen immer noch glaubte, dass so liebevolle Eltern wie Polybos und Merope nur seine leiblichen Eltern sein konnten, wagte er nicht mehr nach Hause zurückzukehren. Denn er fürchtete, dass er, vom Verhängnis getrieben, Hand an seinen geliebten Vater Polybos legen und, von den Göttern mit Wahnsinn geschlagen, ein Ehebündnis mit seiner Mutter Merope eingehen könnte. So kehrte er nicht mehr nach Korinth zurück, sondern wählte den Weg nach Böotien.

Er befand sich noch auf der Straße zwischen Delphi und Daulia, als er an einer Wegkreuzung einen Wagen auf sich zukommen sah. Darauf saß ein alter Mann, den er nicht kannte, mit einem Herold, einem Wagenlenker und zwei Dienern. Zusammen mit dem Wagenlenker trieb der alte Mann den Fußgänger so ungestüm aus dem Weg, dass Ödipus, der von Natur aus jähzornig war, dem Wagenlenker einen Schlag versetzte. Da schlug der alte Mann den Ödipus mit seinem Stachelstab zurück. Und nun war Ödipus dermaßen außer sich, dass er zum ersten Mal die Heldenkraft benutzte, die die Götter ihm verliehen hatten: Mit seinem Reisestock stieß er den Alten rücklings vom Wagen. Nun entbrannte ein Handgemenge. Es stand drei gegen einen, doch Ödipus siegte in seiner Jugendkraft. Er erschlug sie alle bis auf einen, der entkommen konnte, und zog weiter seines Weges davon. Dass er etwas anderes getan haben könnte, als aus Notwehr einen einfachen Phoker oder Böotier abgewehrt zu haben, der ihm mitsamt seinen Knechten ans Leben wollte, kam Ödipus gar nicht in den Sinn. Denn der Alte hatte keinerlei Anzeichen höherer Würde getragen. Doch es war Laïos, der König von Theben in Böotien und der Vater des Ödipus gewesen, der zum pythischen Orakel unterwegs gewesen war. Und so waren die Weissagungen, die sowohl der Vater als auch der Sohn erhalten hatten und welchen sie beide um jeden Preis entgehen wollten, doch vom Schicksal erfüllt worden.

Die Sphinx
Ödipus heiratet seine eigene Mutter in Theben

Kurze Zeit nachdem dies geschehen war, war die Sphinx – ein geflügeltes Ungeheuer, dessen Leib vorne der einer Frau und hinten der eines Löwen war – vor den Toren der Stadt Theben erschienen. Sie war eine Tochter des Typhon und der Echidna, der schlangenleibigen Nymphe, die die Mutter so vieler furchtbarer Ungeheuer gewesen war. Die Sphinx war deshalb die Schwester des Höllenhundes Zerberus, der Hydra von Lerna und der Feuer speienden Schimäre.

Nun hatte sich die Sphinx auf einem Felsen niedergelassen. Dort legte sie den Einwohnern der Stadt allerlei Rätsel vor, die sie von den Musen gelernt hatte. Wenn das Rätsel nicht gelöst wurde, packte sie denjenigen, der es versucht hatte, zerriss ihn und fraß ihn auf der Stelle auf. Dieses Elend brach über Theben herein, während die Stadt noch um ihren König trauerte, der – niemand wusste von wem – auf einer Reise erschlagen worden war. An seiner Stelle hatte Kreon, Iokastes Bruder, die Herrschaft übernommen. Zuletzt ergab es sich, dass selbst der Sohn des Kreon, dem die Sphinx ein Rätsel aufgegeben hatte, das er nicht lösen konnte, von ihr gefressen worden war. Aus dieser Not heraus ließ Kreon öffentlich bekannt geben, dass derjenige, der die Stadt von dieser Geißel befreien würde, sowohl die Königskrone als auch Iokaste zur Belohnung erhalte.

Eben als jene Bekanntmachung verkündet wurde, betrat Ödipus mit seinem Wanderstab die Stadt. Er empfand sowohl die Gefahr als auch die Belohnung als eine Herausforderung, denn durch die Weissagung, die drohend über ihm schwebte, schien ihm sein Leben nicht mehr viel wert zu sein. So ging er zu dem Felsen der Sphinx und ließ sich von ihr das Rätsel vorlegen. Das Ungeheuer wollte dem kühnen Fremdling ein besonders schweres Rätsel geben, und ihr Spruch lautete so: »Es ist am Morgen vierfüßig, am Mittag zweifüßig, am Abend dreifüßig. Von allen Geschöpfen wechselt es allein mit der Zahl seiner Füße, aber eben wenn es die meisten Füße bewegt, sind Kraft und Schnelligkeit seiner Glieder ihm am geringsten.«

Ödipus lächelte, als er das Rätsel vernahm, da es ihm gar nicht schwierig erschien. »Dein Rätsel ist der Mensch«, sagte er, »der am Morgen seines Lebens, solange er ein schwaches und kraftloses Kind ist, auf seinen zwei Füßen und seinen zwei Händen geht. Wenn er stark geworden ist, so geht er am Mittag seines Lebens nur auf den zwei Füßen. Wenn er endlich als Greis an seinem Lebensabend angekommen ist und eine Stütze braucht, so nimmt er den Stab als dritten Fuß zu Hilfe.« Das Rätsel war tatsächlich gelöst, und aus Scham und Verzweiflung stürzte sich die Sphinx selbst von dem Felsen in den Tod.

FRÜHE GÖTTER- UND HELDENSAGEN

Ödipus erhielt als Lohn das Königreich von Theben und die Hand der Witwe Iokaste, die seine eigene Mutter war. Iokaste bekam vier Kinder von ihm: zuerst die männlichen Zwillinge Eteokles und Polyneikes, danach zwei Töchter, die ältere Antigone und die jüngere Ismene. Diese vier aber waren zugleich seine Kinder und seine Geschwister.

Die Entdeckung

Lange Zeit blieb das grauenhafte Geheimnis unentdeckt, und trotz mancher schwieriger Eigenheiten war Ödipus ein guter und gerechter König. Iokaste liebte ihn und er herrschte an ihrer Seite glücklich über Theben. Nun aber sandten die Götter die Pest über das Land, die grausam unter den Menschen wütete und sich allen Heilmitteln widersetzte.

Da die Thebaner die Pest für eine Geißel der Götter, Ödipus aber für einen Günstling der Götter hielten, suchten sie Schutz bei ihm. Männer und Frauen, Alte und Kinder, allen voran die Priester mit Ölzweigen in der Hand, versammelten sich vor dem Königspalast, setzten sich auf die Stufen des Altars, der davor stand, und warteten, dass ihr Gebieter erschien. Als Ödipus heraustrat und fragte, wie es denn käme, dass die ganze Stadt von Opferrauch und Klagelauten erfüllt sei, antwortete ihm im Namen aller der älteste Priester: »Du siehst selbst, oh Herr, welches Elend auf uns lastet: Die Felder verdorren unter der Hitze und in unseren Häusern wütet die Seuche. Vergebens versucht die Stadt sich aus dem Elend zu erheben. In dieser Not nehmen wir unsere Zuflucht zu dir, geliebter König. Du hast uns schon einmal vor einer tödlichen Geißel gerettet. Gewiss hast du das Rätsel der Sphinx nicht ohne die Hilfe der Götter gelöst. Und deshalb vertrauen wir auf dich, dass du auch diesmal Hilfe finden wirst, sei es bei den Göttern oder den Menschen.«

»Arme Kinder«, erwiderte Ödipus, »ich weiß, dass ihr leidet, aber niemand leidet im Herzen so sehr wie ich. Denn nicht Einzelne sind es, um die ich mich sorge, sondern ich sorge mich um die ganze Stadt. Darum reißt ihr mich nicht aus dem Schlaf, denn auch ich denke seit längerem nach, welches Mittel zur Rettung es geben könnte. Und endlich glaube ich, eines gefunden zu haben. Ich habe meinen Schwager Kreon zum Orakel nach Delphi geschickt, damit er frage, welches Werk oder welche Tat die Stadt befreien kann.«

Ödipus hatte seine Rede noch nicht beendet, da trat auch schon Kreon unter die Menge und teilte dem König vor den Ohren des Volkes mit, was ihm das Orakel gesagt hatte. Seine Antwort lautete alles andere als tröstlich: »Der Gott befahl, ein gottloses Verbrechen, das im Land beherbergt wird, hinauszujagen, und nicht länger das zu pflegen, was keine Säube-

Die Sage von Ödipus

rung zu sühnen vermag. Denn der Mord an König Laïos lastet als eine Blutschuld auf unserem Land.«

Ödipus, der noch immer nicht ahnte, dass jener Alte, den er damals auf dem Weg erschlagen hatte, ebender war, um dessentwillen nun der Zorn der Götter sein Volk heimsuchte, ließ sich die Ermordung des Königs schildern. Aber noch immer blieb sein Geist mit Blindheit geschlagen. Er erklärte, er wolle Sorge für den Toten tragen. Sodann veranlasste er, dass jeder im Land aufgefordert sei, gegen Dank und Belohnung alles anzuzeigen, was auf den Mörder des Königs Laïos hinwies. Derjenige aber, der, um einen Freund zu decken, sein Wissen verschwieg, werde der Mitwisserschaft schuldig und solle von allen Götterdiensten, Opfermahlen und sogar von allem Umgang mit seinen Mitbürgern ausgeschlossen werden. Den Täter selbst schließlich verfluchte Ödipus unter schauerlichen Beteuerungen, wünschte ihm Not und Leid für sein ganzes restliches Leben und zuletzt das Verderben, selbst wenn der Betreffende am Königshof verborgen lebe. Zusätzlich zu all dem schickte Ödipus noch zwei Boten zu dem blinden Seher Teiresias, dessen Blick ins Verborgene fast dem wahrsagenden Apollon selbst gleichkam.

Teiresias erschien auch bald, von einem Jungen, der ihn führte, begleitet vor dem König und seinem Volk. Ödipus trug ihm die Sorge vor, die ihn und das ganze Land quälte, und bat ihn, seine Seherkunst zu gebrauchen, um ihnen auf die Spur des Mörders zu verhelfen.

Aber Teiresias brach in Klagen aus, streckte seine Hände abwehrend gegen den König aus und sprach: »Entsetzlich ist das Wissen, das dem Wissenden nur Unheil bringt! Lass mich heimkehren, König. Trag du das Deine und lass mich das Meine tragen!« Ödipus drang nun natürlich umso mehr in den Seher, und das Volk, das ihn umringte, warf sich flehend auf die Knie. Als aber Teiresias dennoch nicht bereit war, weitere Aufschlüsse zu geben, da entbrannte der Jähzorn des Ödipus und er warf dem Teiresias vor, dass er ein Mitwisser, wenn nicht sogar ein Helfer bei der Ermordung des Laïos sei, und dass er die Tat gewiss gleich selbst begangen hätte, wenn er nicht blind wäre.

Diese Beleidigung löste dem blinden Seher die Zunge. »Ödipus«, sprach er, »höre auf dein eigenes Orakel. Und sprich weder mich noch einen andern aus dem Volk mehr an. Denn du selbst bist das Gräuel, das diese Stadt besudelt! Ja! Du bist der Königsmörder, und du bist derjenige, der mit den Teuersten in einem fluchwürdigen Verhältnis lebt.«

Aber Ödipus war nun einmal verblendet. Er warf dem Seher vor, ein Hexer zu sein und ein hinterlistiger Blender, er verdächtigte nun auch seinen Schwager Kreon und beschuldigte beide, dass sie sich gegen den Thron verschworen hätten, von welchem sie ihn, den Retter der Stadt

FRÜHE GÖTTER- UND HELDENSAGEN

durch ihre Lügengespinste stürzen wollten. Doch daraufhin bekräftigte Teiresias seine Anschuldigungen gegen Ödipus, dass er seinen Vater ermordet und seine Mutter geheiratet habe, nur, und sagte ihm sein nahe bevorstehendes Elend voraus. Dann entfernte sich Teiresias zürnend an der Seite seines Führers.

Auf die Beschuldigung des Königs hin war nun auch Fürst Kreon herbeigeeilt und ein heftiger Streit entfachte zwischen ihm und dem König. Und obwohl Iokaste zu schlichten versucht hatte, schied Kreon unversöhnt und im Zorn von seinem Schwager.

Noch blinder als Ödipus selbst aber war seine Frau Iokaste. Kaum dass sie von Ödipus gehört hatte, dass Teiresias ihn den Mörder des Laïos genannt hatte, begann sie den Seher und die ganze Sehensweisheit lauthals zu beschimpfen. »Sieh nur«, rief sie, »wie wenig die Seher wissen, sieh es an einem Beispiel: Laïos, mein erster Mann, hatte einst auch ein Orakel erhalten. Da hieß es, dass er von seinem eigenen Sohn getötet werden würde. Nun erschlug ihn aber eine Räuberschar an einer Wegkreuzung, und unser einziger Sohn wurde mit gefesselten Füßen im Gebirge ausgesetzt, als er gerade drei Tage alt war. So erfüllen sich die Sprüche der Seher!« Diese Worte, die Iokaste voller Hohn ausgesprochen hatte, wirkten auf Ödipus aber ganz anders, als sie erwartet hatte. »An einer Wegkreuzung«, fragte er bang, »ist Laïos gestorben? Oh sage mir, wie sah er aus, wie alt war er?«

»Er war groß«, antwortete Iokaste, ohne auf die Aufregung ihres Mannes zu achten, »und die ersten Greisenlocken schmückten sein Haupt. Er war dir selbst, mein Gemahl, nicht unähnlich.«

»Teiresias ist nicht blind, Teiresias ist sehend!«, rief Ödipus voller Entsetzen, denn die Nacht seines Geistes wurde auf einmal wie durch einen Blitzstrahl erleuchtet. Und das Grässliche selbst trieb ihn weiterzufragen, in der Hoffnung, dass sich alles doch noch als Irrtum erweise. Aber alle Umstände fügten sich zusammen, und zuletzt erfuhr Ödipus, dass der Diener, der davongelaufen war, den Mord gemeldet hatte. Als dieser den Ödipus auf dem Thron gesehen hatte, hatte er dringend darum gebeten, dass man ihm so weit wie möglich von der Stadt entfernt eine Arbeit zuteile. Ödipus verlangte nun diesen Diener zu sehen. Bevor der jedoch ankam, erschien ein Bote aus Korinth und meldete dem Ödipus, dass sein Vater Polybos gestorben sei und er auf den Thron des Landes gerufen werde.

Bei dieser Botschaft sprach Iokaste noch einmal triumphierend: »Hohe Göttersprüche, wo seid ihr? Der Vater, den Ödipus umbringen sollte, ist sanft an Altersschwäche gestorben!« Doch der frömmere Ödipus nahm diese Nachricht anders auf. Obgleich er noch immer geneigt war, den Polybos für seinen Vater zu halten, konnte er doch nicht begreifen, wie

Die Sage von Ödipus

ein Orakelspruch unerfüllt bleiben sollte. Und er wollte auch nicht nach Korinth zurück, weil seine Mutter Merope dort noch lebte, und der andere Teil des Orakels, nämlich dass er seine Mutter heiraten werde, immer noch erfüllt werden konnte. Doch der Bote nahm ihm bald diesen Zweifel. Es war derselbe Mann, der vor vielen Jahren das neugeborene Kind von einem Diener des Laïos auf dem Berg Kithäron empfangen und ihm die durchborten und gefesselten Fersen befreit hatte. Er bewies dem König, dass er nur ein Pflegesohn, aber dennoch Erbe des Königs von Korinth sei.

Ein dunkler Trieb nach Wahrheit ließ den Ödipus nach jenem Diener des Laïos verlangen, der ihn als Kind dem Korinther übergeben hatte. Von seinem Gesinde erfuhr er, dass es sich um denselben Hirten handelte, der, dem Mord des Laïos entkommen, jetzt an der Grenze das Vieh des Königs hütete.

Als Iokaste dies hörte, verließ sie ihren Gemahl unter lautem Jammer – eine Geste, die Ödipus falsch verstand. Und er sprach zu seinem Volk: »Gewiss fürchtet sie, als ein Weib voll Hochmut, die Entdeckung, dass ich aus einem unedlen Geschlecht stammen könnte. Ich aber halte mich für einen Sohn des Glücks und schäme mich dieser Abkunft nicht!«

Nun kam der mittlerweile alte Hirt, der aus der Ferne herbeigeholt worden war und von dem Korinther sogleich erkannt wurde. Der alte Hirt aber war ganz blass vor Entsetzen und wollte alles leugnen. Erst als Ödipus ihm zornig drohte und ihn zu fesseln befahl, sagte er schließlich die Wahrheit: dass Ödipus der Sohn des Laïos und der Iokaste sei, dass das furchtbare Orakel, wonach er seinen Vater ermorden werde, ihn als Neugeborenen in seine Hände gegeben, er ihn aber aus Mitleid gerettet habe.

Iokaste und Ödipus strafen sich

Der letzte Zweifel war nun beseitigt und das Entsetzliche enthüllt. Mit einem wahsinnigen Schrei stürzte Ödipus davon, irrte im Palast umher und verlangte nach einem Schwert, damit er das Ungeheuer, das zugleich seine Mutter und seine Gattin sei, von der Erde vertilgen könne. Da ihm in seiner Raserei alles aus dem Weg ging, suchte er grässlich heulend sein Schlafgemach auf, sprengte das verschlossene Doppeltor und brach hinein. Doch da bot sich ihm ein grauenhafter Anblick: Mit aufgelöstem und zerrauftem Haar sah er hoch über dem Lager Iokaste schweben, die sich erhängt hatte. Lange war Ödipus wie gelähmt und starrte auf die Leiche, dann näherte er sich ihr unter Stöhnen und ließ sie zur Erde herab. Als sie vor ihm ausgestreckt lag, riss Ödipus die goldenen Spangen aus ihrem Gewand und stach sich damit die Augen aus, denn sie sollten

FRÜHE GÖTTER- UND HELDENSAGEN

nicht mehr sehen, was er tat. Dann verlangte er vor sein Volk geführt zu werden, damit alle Thebaner sahen, dass er ein Vatermörder, Mutterschänder, ein Fluch des Himmels und ein Scheusal sei. Die Diener erfüllten diesen Befehl, doch das Volk empfing den einst so geliebten und verehrten Herrscher nicht mit Abscheu, sondern mit tiefem Mitleid.

Selbst sein Schwager Kreon, den seine ungerechten Anschuldigungen schwer gekränkt hatten, eilte herbei. Nicht um ihn zu verspotten, sondern um den fluchbeladenen Mann dem Sonnenlicht und dem Blick des Volkes zu entziehen und ihn in den Kreis seiner Kinder zu übergeben. So viel Güte rührte den gebeugten Ödipus. Er überließ seinem Schwager den Thron, den er für seine jüngeren Söhne aufbewahren sollte, bat um ein Grab für seine unselige Mutter und um den Schutz des Herrschers für seine verwaisten Töchter. Er selbst aber wollte aus dem Land, das er mit einem zweifachen Verbrechen besudelt habe, verstoßen und auf den Berg Kithäron verbannt werden, den ja bereits seine Eltern als sein Grab bestimmt hätten. Dort wollte er jetzt leben oder sterben – je nach dem Willen der Götter.

Zuvor aber bat er, noch einmal die Stimmen seiner unschuldigen Töchter hören zu dürfen, und legte seine Hand auf ihre Häupter. Den Kreon segnete er für alles Liebe, das er ihm, der es nicht verdiene, erwiesen habe, und wünschte ihm und seinem Volk besseren Schutz der Götter, als er selbst erfahren habe.

Nun sollte Ödipus, der jüngst noch verherrlichte Retter Thebens und mächtige Herrscher, der so tiefe Rätsel erforscht und so spät erst das furchtbare Rätsel seines eigenen Lebens gelöst hatte, wie ein blinder Bettler durch die Tore der Vaterstadt und an die Grenzen seines Königsreichs wandern.

Ödipus und Antigone

In der Stunde der Entdeckung wäre dem Ödipus der schnellste Tod der liebste gewesen. Und er hätte es als eine Wohltat empfunden, wenn sich das Volk gegen ihn erhoben und ihn gesteinigt hätte. Auch die Verbannung, um die er gebeten hatte, erschien ihm zunächst wie ein Geschenk. Als aber sein ohnmächtiger Zorn allmählich verrauchte und er zur Ruhe kam, da begann er erst zu begreifen, wie schrecklich es sein musste, blind und verbannt in der Fremde umherzuirren. Die Liebe zu seiner Heimat erwachte wieder in ihm und er meinte, die unbewusst von ihm begangenen Verbrechen seien durch den Tod Iokastes und die Blendung, die er selbst an sich vollzogen hatte, vielleicht doch genügend bestraft. Daher äußerte er den Wunsch, doch in Theben bleiben zu wollen.

Die Sage von Ödipus

Da zeigte es sich aber, dass die Milde des Fürsten Kreon nur vorübergehend gewesen war und dass auch Eteokles und Polyneikes, die Söhne des Ödipus, sich verhärtet hatten. Kreon nötigte Ödipus bei der beschlossenen Verbannung zu bleiben, zudem verweigerten die Söhne ihrem Vater jeglichen Beistand. Fast wortlos gab man ihm den Bettelstab in die Hand und stieß ihn zum Königspalast von Theben hinaus.

Nur seine Töchter hatten Mitleid mit ihm. Die jüngere, Ismene, blieb im Haus ihrer Brüder zurück, um hier noch so weit als möglich der Sache ihres Vaters zu dienen, Antigone aber, die ältere, ging mit ihm in die Verbannung und führte ihn.

So zog Antigone mit ihrem blinden Vater auf schwerer Irrfahrt umher. Ohne Essen und ohne Schuhe streifte sie mit ihm durch die Wälder. Hitze und Regen ertrug sie gemeinsam mit ihm, und während sie zu Hause bei ihren Brüdern auf das Angenehmste versorgt gewesen wäre, war sie im Elend zufrieden, wenn nur ihr Vater satt wurde.

Anfangs hatte Ödipus in den öden Gegenden des Berges Kithäron sein Leben fristen oder beenden wollen. Weil er aber ein frommer Mann war, wollte er auch diesen Schritt nicht ohne den Willen der Götter tun, und so pilgerte er vorher zum Orakel des Apollon nach Delphi. Und nun erhielt er eine tröstliche Auskunft. Die Götter erkannten, dass Ödipus ohne es zu wollen gegen die Natur und die heiligsten Gesetze der Menschengesellschaft gesündigt hatte. Gebüßt musste ein so schweres Verbrechen freilich werden, selbst wenn es unfreiwillig war – doch die Strafe sollte nicht ewig dauern. Darum eröffnete ihm der Gott: »Nach langer Frist zwar, aber endlich doch, wartet auf dich die Erlösung, wenn du in das dir vom Schicksal vorbestimmte Land gelangst, wo die ehrwürdigen Göttinnen, die strengen Eumeniden, dir eine Zufluchtsstätte gönnen.« »Eumeniden« aber, ein Wort, das »die Wohlwollenden« bedeutet, war ein Beiname der Erinnyen oder Furien, der Göttinnen der Rache. Mit einem so begütigenden Namen hofften die Menschen die Erinnyen zu besänftigen. So war auch dieses Orakel rätselhaft und schauerlich: Gerade bei den Rachegöttinnen sollte Ödipus Ruhe und Erlösung von seiner Strafe für seine Sünden gegen die Natur finden!

Dennoch vertraute er auf die Weissagung des Gottes. Seinem Schicksal überlassend, wann die Erfüllung des Orakels eintreten sollte, zog er durch Griechenland, wobei seine fromme Tochter ihn führte und pflegte und die Almosen mitleidiger Menschen ihn ernährten. Stets bat er nur um weniges und er erhielt auch nur weniges. Doch er begnügte sich damit, denn die lange Dauer seiner Verbannung, die Not und seine eigene edle Gesinnung lehrten ihn Genügsamkeit.

Ödipus auf Kolonos

Nach langer Wanderung waren die beiden eines Abends in einer sehr milden Gegend an einem schönen Dorf, das mitten in einem angenehmen Hain lag, angekommen. Nachtigallen flatterten mit ihrem Gesang durch die Luft, die Rebeblüte duftete und auf den Felsen, welche die Gegend eher schmückten denn entstellten, standen Oliven- und Lorbeerbäume. Selbst der blinde Ödipus empfand die Anmut des Ortes und schloss aus der Schilderung seiner Tochter, dass dies ein heiliger Ort sein müsse.

In der Ferne erhoben sich die Türme einer Stadt und Antigone hatte erfahren, dass sie sich in der Nähe von Athen befanden. Ödipus, der von der Tageswanderung müde war, hatte sich auf einen Stein gesetzt. Ein Bewohner des Dorfes, der vorüberkam, sagte ihm aber, dass er aufstehen solle, weil der Boden geheiligt sei. So erfuhren die Wanderer, dass sie sich in Kolonos und im Hain der alles erspähenden Eumeniden befänden. Denn hier verehrten die Athener die Erinnyen unter ihrem Beinamen Eumeniden.

Da wurde Ödipus klar, dass er am Ziel seiner Wanderung angekommen war und dass sich sein Schicksal nun zum Besseren wenden würde. Seine Worte stimmten den Koloneer, der vorbeigekommen war, so nachdenklich, dass er nicht mehr wagte, den Fremden von seinem Sitz zu vertreiben, ehe er nicht den König von diesem Vorfall unterrichtet hatte.

»Wer ist denn König in eurem Land?«, fragte Ödipus, der sich in seinem langen Elend vom Weltgeschehen entfremdet hatte.

»Kennst du den gewaltigen und edlen Herrscher Theseus nicht?«, fragte der Dorfbewohner. »Die ganze Welt ist erfüllt von seinem Ruhm!«

»Nun, wenn euer Herrscher so hoch gesinnt ist«, erwiderte Ödipus, »dann werde du mein Bote zu ihm und bitte ihn hierher zu kommen. Für eine so kleine Gunst verspreche ich ihm großen Lohn!«

»Welche Wohltat könnte ein blinder Mann unserem König erweisen!«, sagte der Bauer und warf einen lächelnden, mitleidigen Blick auf den Fremden. Doch dann setzte er hinzu: »Wenn da nicht deine Blindheit wäre, Mann, dann hättest du ein edles, hohes Aussehen, das mich zwingen würde dich zu ehren. Darum will ich deine Bitte erfüllen. Bleibe so lange hier sitzen, bis ich deinen Auftrag erfüllt habe. Dann soll entschieden werden, ob du hier bleiben kannst oder weiterwandern musst.«

Als Ödipus und Antigone wieder allein waren, warf Ödipus sich zu Boden, und betete inbrünstig zu den Eumeniden, den furchtbaren Töchtern des Dunkels und der Mutter Erde, die hier in diesem anmutigen Hain ihre liebliche Wohnung aufgeschlagen hatten. »Ihr Grauenvollen und doch Gnädigen«, sprach er, »zeigt mir nun nach dem Orakel des Apollon die Entwicklung meines Lebens, wenn ich noch nicht genug erduldet

Die Sage von Ödipus

habe! Erbarmt euch, ihr Töchter des Dunkels, erbarme dich, ehrenwerte Stadt Athenes, über das Schattenbild des Königs Ödipus, das vor euch steht, denn er selbst ist es nicht mehr!«

Sie blieben nicht lange allein. Die Nachricht, dass ein blinder Mann von Ehrfurcht gebietendem Aussehen sich im Hain der Erinnyen, den sonst kein Sterblicher betreten darf, niedergelassen habe, hatte bald die Ältesten des Dorfes dort zusammenkommen lassen, um die Entweihung des Haines zu verhindern. Doch sie erschraken erst recht, als der Blinde sich ihnen als ein vom Schicksal verfolgter Mann zu erkennen gab. Nun fürchteten sie, dass sie den Zorn der Gottheit auf sich ziehen würden, wenn sie einen vom Himmel Gezeichneten noch länger an diesem heiligen Ort verweilen ließen, und befahlen ihm, auf der Stelle fortzugehen.

Ödipus bat sie inständig, ihn nicht vom Ziel seiner Wanderschaft zu verstoßen, das das göttliche Orakel selbst ihm angewiesen habe, und auch Antigone fiel in seine Bitten ein: »Wenn ihr euch der grauen Haare meines Vaters nicht erbarmen wollt, so nehmt ihn doch um meinetwillen auf, denn auf mir lastet ja keine Schuld! Bewilligt uns eure Gunst!«

Während die Einwohner noch zwischen Mitleid und der Angst vor den Erinnyen hin und her gerissen waren, sah Antigone ein Mädchen, gefolgt von einem Diener, heranreiten. »Es ist meine Ismene!«, rief sie in freudigem Schrecken. »Gewiss bringt sie uns Nachricht aus der Heimat!«

Bald war das jüngste Kind des verstoßenen Königs bei ihnen und vom Pferd gesprungen. Nur mit einem Knecht, der ihr als Einziger vertrauenswürdig schien, hatte sie sich von Theben aufgemacht, um dem Vater Nachricht darüber zu bringen, wie es in Theben stand. Dort waren seine Söhne in große, von ihnen selbst verschuldete Not geraten. Anfangs hatten sie beabsichtigt, den Thron ihrem Onkel Kreon ganz zu überlassen, denn der Fluch ihrer Abstammung schwebte drohend über ihnen. Mit der Zeit aber, und je mehr das Bild ihres Vaters in die Ferne rückte, hatte sich diese Regung verloren. Die Gier nach Macht und Königswürde erwachte in ihnen, und damit auch die Zwietracht. Polyneikes, der das Recht der Erstgeburt auf seiner Seite hatte, setzte sich zuerst auf den Thron. Eteokles, der jüngere, aber gab sich nicht damit zufrieden, abwechselnd zu herrschen, wie es sein Bruder vorgeschlagen hatte. Er hetzte das Volk auf und jagte seinen älteren Bruder aus dem Land. Ein Gerücht besagte, dass Polyneikes nach Argos auf dem Peloponnes geflohen sei, dort der Schwiegersohn des Königs Adrastos geworden sei, sich Freunde und Bundesgenossen verschafft habe und nun seine Vaterstadt bedrohe. Zugleich aber war ein neues Orakel bekannt geworden, das besagte, dass die Söhne des Ödipus ohne ihn selbst nichts ausrichten könnten. Sie müssten ihn finden, tot oder lebendig, wenn ihr eigenes Heil ihnen lieb wäre.

FRÜHE GÖTTER- UND HELDENSAGEN

Dies waren die Nachrichten, welche Ismene ihrem Vater überbrachte. Die Ältesten des Dorfes hatten staunend zugehört.

Nun erhob sich Ödipus und sprach, wobei sein Gesicht von königlicher Hoheit erstrahlte: »So steht es also mit mir. Bei dem Verbannten, bei dem Bettler sucht man Hilfe? Jetzt, wo ich nichts bin, werde ich erst ein rechter Mann?«

»So ist es«, fuhr Ismene in ihrer Schilderung fort. »Auch musst du wissen, Vater, dass unser Onkel Kreon sehr bald schon hier erscheinen wird, und dass ich mich sehr beeilt habe, ihm zuvorzukommen. Denn er will dich überreden oder dich entführen und dich an die Grenzen des thebanischen Gebietes bringen, damit zwar das Orakel sich zu seinen und unseres Bruders Eteokles Gunsten erfüllt, die Stadt aber nicht durch deine Anwesenheit entweiht werde.«

»Von wem weißt du das alles?«, fragte der Vater.

»Von Pilgern, die nach Delphi ziehen.«

»Und wenn ich dort sterbe«, fragte Ödipus weiter, »werden sie mich in thebanischer Erde begraben?«

»Nein«, erwiderte Ismene, »das duldet deine Blutschuld nicht.«

»Nun«, rief der alte König entrüstet, »so sollen sie meiner niemals mächtig werden! Wenn bei meinen Söhnen die Herrschsucht stärker als die Vaterliebe ist, so soll ihnen auch der Himmel nicht ihre verhängnisvolle Zwietracht löschen. Und wenn auf mir die Entscheidung ihres Streites ruht, dann sollte weder der, der jetzt das Zepter hält, auf dem Thron bleiben, noch der Verjagte je seine Heimat wieder sehen! Nur diese Töchter sind meine wahren Kinder! In ihnen ersterbe meine Schuld, für sie bete ich um den Segen des Himmels, für sie bitte ich um euren Schutz, mitleidige Freunde! Gewährt ihnen und mir euren tätigen Beistand, und ihr erwerbt dadurch eine mächtige Schutzwehr für eure Stadt!«

Ödipus und Theseus

Die Koloneer hatte nun tiefe Ehrfurcht vor dem blinden Ödipus ergriffen, der selbst in seiner Verbannung noch so gewaltig schien. Sie rieten ihm aber, durch ein Trankopfer die Entweihung des Erinnyenhaines zu sühnen. Erst jetzt erfuhren auch die Ältesten den Namen und die unverschuldete Schuld des Königs Ödipus, und wer weiß, ob das Grauen über seine Tat sie nicht von neuem gegen ihn aufgebracht hätte, wenn nicht ihr König Theseus eben jetzt in ihren Kreis getreten wäre.

Theseus ging freundlich und ehrerbietig auf den blinden Fremden zu und sprach ihn herzlich an: »Armer Ödipus, ich weiß von deinem Schicksal, und schon deine gewaltsam geblendeten Augen sagen mir, wen ich vor mir habe. Dein Unglück rührt mich tief. Sage mir, was du in meiner Stadt und bei mir suchst. Die Tat, zu der du meine Beihilfe verlangst, müsste schrecklich sein, damit ich sie dir verweigern könnte. Ich habe nicht vergessen, dass auch ich – so wie du – in einem fremden Land aufgewachsen bin und vieles dadurch zu erdulden hatte.«

»Ich erkenne deinen Seelenadel in dieser kurzen Rede«, antwortete Ödipus. »Ich komme, um dir eine Bitte vorzutragen, die eigentlich eine Gabe ist. Ich schenke dir diesen meinen leidesmüden Leib – freilich ein sehr unscheinbares, aber doch ein großes Gut: Du sollst mich begraben und reichen Segen für deine Milde ernten!«

Theseus entgegnete erstaunt: »Was du verlangst, ist wirklich wenig. Bitte um etwas Besseres, etwas Höheres, und ich will dir alles gewähren.«

»Meine Bitte ist nicht so gering, wie es dir scheint«, erwiderte Ödipus, »denn du wirst einen Streit um meinen Körper zu bestehen haben.« Nun berichtete er von seiner Verbannung und von dem späten eigennützigen Verlangen seiner Verwandten, ihn doch wieder zu besitzen, und er bat flehentlich um Theseus' Beistand.

Theseus hörte aufmerksam zu und schließlich sprach er feierlich: »Schon weil jedem Gastfreund mein Haus offen steht, werde ich mich nicht von dir abwenden. Und wie sollte ich auch, da du mir und meinem Land so viel Heil versprichst und die Götter dich zu mir geführt haben!« Er ließ dem Ödipus die Wahl, mit ihm nach Athen zu kommen oder hier in Kolonos als Gast zu bleiben. Ödipus wählte das Letztere, weil ihm vom Schicksal bestimmt war, gerade dort, wo er sich jetzt befand, seine Feinde zu besiegen und sein Leben rühmlich zu beschließen. Der Athenerkönig versprach ihm seinen Schutz und kehrte in die Stadt zurück.

Ödipus und Kreon

Nur kurze Zeit später drang bereits König Kreon von Theben mit bewaffneten Männern in Kolonos ein und eilte auf Ödipus zu. Dann wandte er sich an die Dorfbewohner, die noch immer dort versammelt waren: »Ihr seid von meinem Einfall in das attische Gebiet überrascht. Doch sorgt euch nicht, ich bin nicht mehr so jung, um im Übermut einen Kampf gegen die stärkste Stadt Griechenlands zu beginnen! Ich bin nur ein alter Mann, den sein Volk geschickt hat, um diesem Mann hier zuzureden, dass er mit mir nach Theben zurückkommt.« Darauf kehrte er sich Ödipus zu und drückte in gewählten Worten seine geheuchelte Anteilnahme an seinem und seiner Töchter Elend aus.

Aber Ödipus erhob seinen Stab und streckte ihn gegen Kreon aus, damit er nicht näher komme. »Schamloser Betrüger!«, rief er. »Das fehlte noch

FRÜHE GÖTTER- UND HELDENSAGEN

in meiner Not, dass du kommst und mich als Gefangenen mit dir fort-
führst! Hoffe nur nicht, durch mich deine Stadt von der Strafe zu befreien,
die dir bevorsteht. Nicht ich werde zu euch kommen – nur den Dämon der
Rache werde ich zu euch senden, und meine beiden lieblosen Söhne sollen nur so viel thebanischen Boden besitzen, wie sie brauchen, um tot
darauf zu liegen!«

Kreon wollte nun versuchen, den blinden König Ödipus gewaltsam mit
sich fortzuzerren, aber die Bürger von Kolonos schritten ein, stützten sich
auf Theseus' Wort und duldeten es nicht.

Inzwischen hatten die Thebaner auf einen Wink ihres Herrn hin Antigone und Ismene gepackt, von ihrem Vater fortgerissen und gegen den
Widerstand der Koloneer fortgeschleppt.

Nun sagte Kreon voller Hohn: »Deine Stäbe wenigstens habe ich dir
entrissen. Versuch es jetzt, Blinder, und wandere weiter!« Aufs Neue ging
er auf Ödipus los und hatte ihn bereits gepackt, als Theseus, der von dem
bewaffneten Überfall erfahren hatte, zurückkehrte. Sobald er hörte, was
geschehen war, entsandte er berittene Diener auf die Straße, auf der die
Entführer der Töchter unterwegs waren. Dem Kreon aber erklärte er,
dass er ihn nicht eher freilassen würde, als bis die Töchter des Ödipus
wieder bei ihm wären.

»Theseus«, begann Kreon beschämt, »ich bin wahrlich nicht gekommen, um dich und deine Stadt zu bekriegen. Wusste ich doch nicht, dass
deine Mitbürger so eifrig für meinen blinden Verwandten, dem ich nur
Gutes tun wollte, Partei ergreifen würden! Dass sie den Vatermörder und
Mutterschänder lieber bei sich behalten, als ihn in sein Vaterland zu entlassen!«

Theseus befahl ihm zu schweigen, unverzüglich mit ihm zu kommen
und zu sagen, wohin die Töchter gebracht wurden. Schon kurze Zeit später konnte der tief gerührte Ödipus Antigone und Ismene wieder in die
Arme schließen. Kreon und seine Diener aber waren abgezogen.

Ödipus und Polyneikes

Aber noch sollte der arme Ödipus keine Ruhe finden. Theseus brachte
auch die Nachricht mit, dass ein naher Blutsverwandter des Ödipus,
der aber nicht aus Theben kam, Kolonos betreten und sich als Schutzflehender am Poseidontempel, wo Theseus eben geopfert hatte, niedergelassen habe.

»Das ist mein hassenswerter Sohn Polyneikes!«, rief Ödipus voller Zorn.
»Ich könnte es nicht ertragen ihn anzuhören!« Doch Antigone, die diesen
Bruder liebte, weil er sanfter und besser war, verstand den Zorn ihres

Die Sage von Ödipus

Vaters zu mildern, damit er den Unglücklichen wenigstens sprechen ließ. Nachdem sich Ödipus vergewissert hatte, dass Theseus ihn auch vor Polyneikes schützen werde, falls er versuchen sollte ihn mit Gewalt zu entführen, ließ er ihn kommen.

Schon die Art, wie Polyneikes auftrat, bewies, dass er ganz anders gesinnt war als sein Onkel Kreon. Und Antigone versäumte nicht, ihren blinden Vater darauf hinzuweisen. »Ohne jegliche Begleitung ist er erschienen, und Tränen strömen ihm aus seinen Augen.«

»Ist er es wirklich?«, fragte Ödipus und wendete sein Gesicht ab.

»Ja, Vater, dein Sohn Polyneikes steht vor dir.«

Polyneikes warf sich vor dem Vater nieder und umschlang seine Knie. Er blickte an ihm auf und betrachtete jammernd seine Bettlerkleidung, seine hohlen Augen und sein ungekämmtes graues Haar. »Ach, zu spät erfahre ich all das!«, rief er. »Ja, ich gebe zu, ich hatte meinen Vater vergessen! Was wäre aus ihm geworden, wenn meine Schwester sich nicht um ihn gekümmert hätte! – Ich habe mich schwer an dir versündigt, Vater! Kannst du mir vergeben? Du schweigst? Sag doch etwas, Vater! Zürne nicht so unerbittlich von mir abgewandt! Oh ihr lieben Schwestern, versucht doch, meinen Vater zu rühren!«

»Sage erst, warum du gekommen bist, Bruder«, entgegnete Antigone. »Vielleicht öffnet deine Rede seine Lippen.«

Polyneikes berichtete, wie er von seinem Bruder verjagt worden war, bei König Adrastos in Argos Aufnahme gefunden hatte, der ihm seine Tochter zur Frau gab, wie er dort sieben Fürsten mit siebenfacher Schar für seine gerechte Sache geworben hatte, und dass diese Bundesgenossen das thebanische Gebiet bereits umzingelt hätten. Dann bat er seinen Vater weinend, doch mit ihm nach Theben zurückzukehren, ihm zu helfen seinen Bruder zu stürzen und dann die Königskrone zum zweiten Mal in Empfang zu nehmen.

Der verhärtete Ödipus aber ließ sich auch durch die Reue seines Sohnes nicht erweichen. »Du Verruchter!«, sprach er, ohne seinen Sohn vom Boden aufzuheben. »Als du noch Krone und Zepter hattest, hast du den Vater selbst aus seiner Heimat verstoßen und in dieses Bettlergewand gehüllt, das du jetzt, wo die gleiche Not über dich gekommen ist, bemitleidest. Du und dein Bruder, ihr seid nicht meine wahren Kinder. Hinge ich von euch ab, dann wäre ich längst tot. Nur meinen Töchtern verdanke ich, dass ich noch lebe. Euch erwartet die Rache der Götter. Du wirst deine Vaterstadt nicht vernichten – in deinem eigenen Blut wirst du liegen, und dein Bruder in dem seinen. Dies ist die Antwort, die du deinen Verbündeten bringen kannst!«

Antigone ging auf ihren Bruder zu, der bei dem Fluch seines Vaters entsetzt vom Boden aufgesprungen und zurückgewichen war. »Ich bitte dich

FRÜHE GÖTTER- UND HELDENSAGEN

inbrünstig, Polyneikes«, sprach sie und umarmte ihn, »geh mit deinem Heer nach Argos zurück, bekriege deine Vaterstadt nicht!«

»Das ist unmöglich«, erwiderte ihr Bruder zögernd, »die Flucht brächte mir Schande und Verderben ein! Selbst wenn mein Bruder und ich zugrunde gehen müssen – wir können keine Freunde mehr sein!« Dann machte er sich von seiner Schwester los und stürzte verzweifelt davon.

So hatte Ödipus den Versuchungen seiner Verwandten nach beiden Seiten widerstanden und sie dem Rachegott preisgegeben. Damit war sein Schicksal vollendet. Donnerschlag auf Donnerschlag erscholl vom Himmel. Die ganze Gegend hüllte sich in Gewitterfinsternis. Der alte Mann verstand die Stimme der Gottheit und verlangte sehnlich nach Theseus. Große Angst überkam den blinden König, denn er fürchtete, von Theseus nicht mehr lebend oder mit bereits umnachteten Sinnen angetroffen zu werden, sodass er ihm den vollen Dank für so viel Güte nicht mehr erweisen konnte. Doch da erschien Theseus, und Ödipus sprach seinen feierlichen Segen über die Stadt. Dann forderte er den König auf, dem Ruf der Götter zu folgen und ihn allein an die Stelle zu begleiten, wo er von keiner sterblichen Hand berührt und nur unter Theseus' Augen sterben könnte. Keinem Menschen sollte er sagen, wo Ödipus die Erde verlassen hatte. Wenn das heilige Grab, das ihn verschlingen werde, verborgen bleibe, so werde es mehr als Speer und Schild und alle Bundesgenossen eine Schutzwehr gegen alle Feinde Athens sein.

Seinen Töchtern und den Bewohnern von Kolonos erlaubte er, ihn eine Strecke zu begleiten. So ging der Zug in den schauerlichen Schatten des Erinnyenhaines ein. Niemand durfte Ödipus berühren. Es schien, als ob er, der Blinde, den bisher seine Tochter geführt hatte, plötzlich ein Sehender geworden war. Wunderbar gestärkt und aufgerichtet schritt er allen anderen voran und wies ihnen den Weg zu dem Ziel, das das Schicksal ihm bestimmt hatte.

Mitten in dem Hain der Erinnyen klaffte ein Abgrund, dessen Öffnung eine befestigte Schwelle aufzuweisen hatte. Mehrere Wege endeten dort. Von dieser Höhle ging seit uralter Zeit die Sage, dass sie einer der Eingänge zur Unterwelt sei. Ödipus schlug nun einen dieser Wege ein, doch ließ er sich nicht bis zu der Grotte selbst begleiten. Unter einem hohlen Baum hielt er an, setzte sich auf einen Stein und löste den Gürtel seines schmutzigen Bettlergewandes. Dann ließ er sich Wasser bringen, wusch den Staub der langen Wanderung von sich und zog ein schönes Gewand an. Als er nun völlig umgekleidet und wie erneuert dastand, erscholl unterirdischer Donner vom Boden herauf. Zitternd warfen sich des Ödipus Töchter in seinen Schoß. Ödipus schlang seinen Arm um sie, küsste sie und sprach: »Kinder, lebt wohl! Von diesem Tag an habt ihr keinen Vater mehr!«

Die Sage von Ödipus

Eine Stimme wie ein Donner, von der man nicht wusste, ob sie aus der Unterwelt heraufdrang oder vom Himmel herabdröhnte, riss sie aus dieser Umarmung: »Worauf wartest du, Ödipus? Was zögerst du zu gehen?«

Als der blinde König die Stimme vernahm und wusste, dass der Gott ihn abberief, machte er sich aus den Armen seiner Kinder los, rief König Theseus zu sich und legte ihm die Hände seiner Töchter in die seinen. Dies war ein Zeichen, dass er ihnen immer verpflichtet sein sollte. Dann befahl er allen Übrigen sich abzuwenden und zu gehen. Nur Theseus durfte an seiner Seite mit ihm auf die Schwelle zugehen.

Seine Töchter und das Gefolge waren seinem Befehl gefolgt und schauten sich erst um, als sie eine ganze Strecke gegangen waren. Da hatte sich ein großes Wunder ereignet: Von König Ödipus war keine Spur mehr zu finden. Kein Blitz war zu sehen, kein Donner zu hören, kein Windhauch zu spüren. Tiefste Stille lag in der Luft. Die dunkle Schwelle der Unterwelt schien sich sanft und lautlos für ihn aufgetan zu haben, und durch den Erdspalt war der entsündigte Mann ohne Qualen sacht wie auf Geisterflügeln zur Unterwelt hinabgetragen worden. Den Theseus aber sahen sie allein, wie er mit der Hand seine Augen bedeckte, als hätte sich ihm ein göttlicher, überwältigender Anblick aufgetan. Dann sahen sie, wie er die Hände hoch zum Himmel erhob, um zu den olympischen Göttern zu beten, sich dann aber zu Boden warf, um zu den Göttern der Unterwelt zu flehen. Nun kehrte der König zu den Töchtern zurück, versicherte sie seines väterlichen Schutzes und wanderte mit ihnen in tiefe Gedanken versunken nach Athen zurück.

SECHSTES BUCH

DIE SIEBEN GEGEN THEBEN

Polyneikes und Tydeus bei Adrastos

Adrastos war König von Argos. Er war der Sohn des Talaos und hatte fünf Kinder, darunter zwei schöne Töchter mit Namen Argeia und Deïpyle. Über seine Töchter war ihm ein seltsames Orakel gegeben worden: Er werde sie einst einem Löwen und einem Eber zur Frau geben. Vergebens grübelte der König über den Sinn dieser rätselhaften Worte nach. Als die Mädchen herangewachsen waren, beschloss er sie so zu verheiraten, dass die schreckliche Weissagung nicht erfüllt werden konnte. Dennoch sollte sich das Götterwort bewahrheiten.

Von zwei Seiten her kamen zwei Flüchtlinge durch die Tore von Argos: Aus Theben war Polyneikes von seinem Bruder Eteokles verjagt worden, und aus Kalydon war Tydeus, der Sohn des Oineus, geflohen, weil er auf der Jagd versehentlich einen Verwandten getötet hatte. Vor den Toren des Königspalastes trafen die beiden Flüchtlinge aufeinander. In der Dunkelheit der Nacht hielten sie einander für Feinde und begannen zu kämpfen. Adrastos hörte das Waffengetümmel unter seiner Burg, stieg bei Fackelschein herab und trennte die streitenden Männer. Als er nun zwischen den beiden Heldensöhnen stand, staunte der König verwundert, denn von dem Schild des Polyneikes blickte ihm ein Löwenhaupt entgegen, vom Schild des Tydeus starrte ihn ein Eberkopf an. Polyneikes trug den Löwenkopf Herakles zu Ehren, Tydeus hatte sich das Wappen zum Andenken an die Jagd des kalydonischen Ebers gewählt.

Adrastos sah jetzt die Bedeutung des Orakels vor seinen eigenen Augen stehen: Die Flüchtlinge würden seine eigenen Schwiegersöhne werden. Polyneikes erhielt die Hand der älteren Tochter, Argeia. Die jüngere Tochter, Deïpyle, wurde Tydeus' Frau. Beiden gab Adrastos zugleich das Versprechen, sie bei der Rückkehr in die Länder, aus denen sie vertrieben wurden, zu unterstützen.

Zuerst wurde der Feldzug gegen Theben beschlossen. Adrastos sammelte seine Helden, sieben Fürsten, zu denen er selbst gehörte, und sieben Heere um sich. Ihre Namen waren: Adrastos, Polyneikes und Tydeus; dann Amphiaraos, sein Schwager, und Kapaneus, sein Neffe; dazu seine beiden Brüder Hippomedon und Parthenopaios. Amphiaraos aber war ein Seher, und er sah den unglücklichen Ausgang des Feldzuges voraus.

Nachdem Amphiaraos vergeblich versucht hatte den Adrastos und die übrigen Helden von ihrem Vorhaben abzubringen, verbarg er sich in einem Versteck, das nur seine Frau Eriphyle kannte. Lange suchten sie ihn vergebens, denn ohne ihn, den Adrastos ›das Auge seines Heeres‹ nannte, wagte der König den Feldzug nicht. Polyneikes hatte aus Theben das Halsband und den Schleier mitgenommen, jene Unglück bringenden Geschenke, die einst Aphrodite der Harmonia gegeben hatte, als sie mit Kadmos, dem jungen Gründer von Theben, zusammen gewesen war. Wer sie trug, dem brachten diese Gaben das sichere Verderben, wie schon der Harmonia selbst, der Semele, welche die Mutter des Dionysos war, und schließlich auch Iokaste. Zuletzt hatte sie Argeia, die Gattin des Polyneikes, besessen, die ebenfalls unglücklich werden sollte.

Nun aber beschloss Polyneikes mit dem Halsband Eriphyle zu bestechen, damit sie ihm das Versteck ihres Gatten verriet. Als Eriphyle, die längst auf die Besitzerin des kostbaren Schmuckes neidisch war, die funkelnden Edelsteine und Goldspangen an dem Halsband sah, konnte sie der Verlockung nicht widerstehen. Sie verriet Amphiaraos' Versteck, und jetzt konnte er sich der Teilnahme am Feldzug nicht mehr entziehen. Er legte seine Rüstung an und sammelte seine Krieger. Bevor er jedoch auszog, rief er seinen Sohn Alkmaion zu sich, der ihm schwören musste, ihn, sobald er die Nachricht von seinem Tod erhalten hatte, bei der treulosen Mutter zu rächen.

Auszug der Helden
Hypsipyle und Opheltes

Auch die übrigen Helden rüsteten sich, und bald hatte Adrastos ein gewaltiges Heer um sich geschart, das in sieben Gruppen aufgeteilt und von sieben Helden angeführt wurde. Unter dem Klang von Zinken und Trompeten, jubelnd und voller Hoffnung verließ das Heer die Stadt Argos. Aber schon auf dem Weg nach Theben stellte sich das Unglück ein.

Sie waren in den Wald von Nemea gelangt. Die Hitze des Tages bereitete ihnen quälenden Durst, doch alle Quellen, Flüsse und Seen dort waren ausgetrocknet. Die Panzer und Schilde wurden ihnen zu schwer, der Staub, der von dem Zug auf der Straße aufwirbelte, legte sich ihnen

FRÜHE GÖTTER- UND HELDENSAGEN

auf den trockenen Gaumen, und selbst den Pferden trocknete der Schaum
vor dem Maul, sodass sie knirschend in den Saum bissen.

Während nun Adrastos mit einigen seiner Krieger vergeblich durch den
Wald irrte, um eine Quelle zu finden, begegneten sie auf einmal einer
Frau. Sie war traurig, aber von seltener Schönheit. Ärmlich gekleidet, doch
mit königlichem Aussehen, einen Jungen an ihrer Brust, saß sie mit wallenden Haaren im Schatten eines Baumes. Der überraschte König meinte
eine Nymphe des Waldes vor sich zu haben, warf sich vor ihr auf die Knie
und flehte sie im Namen seines Heeres an, sie aus ihrer Not zu erretten.

Gesenkten Blickes und mit demütiger Stimme antwortete die Frau:
»Fremdling, ich bin keine Göttin. Du selbst magst, wie deine prächtige
Erscheinung mich vermuten lässt, von Göttern stammen. Wenn an mir
aber etwas Übermenschliches ist, so kann es nur mein Leid sein. Denn
ich habe mehr erduldet, als sonst einem Menschen zu leiden auferlegt
wird. Ich bin Hypsipyle, einst war ich die gefeierte Königin der Amazonen
auf Lemnos, die Tochter des Königs Thoas. Unter unbeschreiblichen Qualen wurde ich von Seeräubern entführt und verkauft und zur Sklavin des
Königs Lykurgos von Nemea gemacht. Der Junge, den ich stille, ist nicht
mein eigenes Kind. Es ist Opheltes, der Sohn meines Herrn, und ich soll
ihn beschützen. Doch was ihr von mir wünscht, will ich euch gern verschaffen. In dieser trostlosen Einöde sprudelt nur noch eine Quelle. Ihren
geheimen Zugang kennt niemand außer mir. Sie ist ergiebig genug, um
euer ganzes Heer zu erfrischen. Folgt mir!«

Hypsipyle stand auf, legte den Säugling vorsichtig ins Gras und sang ihn
mit einem Wiegenlied in den Schlaf. Die Helden riefen ihre Gefährten,
und nun drängte sich das ganze Heer hinter Hypsipyle her auf geheimen
Pfaden durch das dichteste Gehölz. Bald gelangten sie zu einer Felsen-
schlucht, aus der kühler Wasserstaub empordrang und die vorauseilenden Krieger erfrischte. Zugleich drang das Tosen eines starken Wasser-
falls an ihr Ohr. Der Ruf »Wasser!« verbreitete sich durch die ganze Schar,
und bald waren die Ersten in die Schlucht geklettert, um mit ihren Helmen Wasser zu schöpfen.

Nun warfen sich alle am Ufer des Baches nieder und genossen in vollen Zügen das lang entbehrte Nass. Bald fanden sie auch für ihre Pferde
und Wagen Pfade, die durch den Wald bequem in die Tiefe hinabführten,
und die Wagenlenker fuhren mitten in die wallende Flut hinein und ließen die Pferde, die ihren Leib in den Wellen kühlten, unausgeschirrt
ihren Durst stillen.

Alle waren erfrischt, und die gute Führerin Hypsipyle brachte Adrastos
und seine Männer auf den breiteren Weg zurück, wobei sie von den Taten
und Leiden der Amazonen erzählte. Das Heer folgte ihnen in ehrerbietiger Entfernung. Als sie in die Nähe des Baumes gekommen waren, wo

Die Sieben gegen Theben

Hypsipyle mit ihrem Pflegekind gesessen hatte, erschrak sie fürchterlich, denn sie hörte in der Ferne das leise Wimmern eines Kindes. Ihre Begleiter vernahmen es kaum, doch sie erkannte sofort die Stimme des Opheltes. Hypispyle hatte eigene Kinder, die sie nach ihrer Entführung auf Lemnos hatte zurücklassen müssen. Nun hatte sie ihre ganze Mütterlichkeit auf diesen Säugling gelegt.

Eine schreckliche Vorahnung krampfte ihr Herz zusammen. Sie eilte den Männern voraus auf den Platz zu, wo sie mit dem Kind an der Brust zu ruhen pflegte. Doch der Kleine war verschwunden! Wo sie auch hinsah, fand sie keine Spur von ihm. Und auch seine Stimme hörte sie nicht mehr. Aber bald schon wurde ihr das entsetzliche Schicksal klar, das ihn getroffen hatte, während sie dem Heer die Quelle gezeigt hatte: Nicht weit von dem Baum lag eine Schlange eingeringelt, ihren Kopf hatte sie auf den schwellenden Bauch zurückgelehnt und so verdaute sie in träger Ruhe das eben gehaltene Mahl.

Der unseligen Pflegemutter sträubte sich das Haar, ihre Klagerufe hallten durch die Luft. Nun kamen auch die Helden herbeigeeilt. Der Erste, der die Schlange erblickte, war Hippomedon. Ohne zu zögern, packte er einen großen Stein und schleuderte ihn auf das Ungetüm, aber sein gepanzerter Rücken schüttelte den Wurf ab, als wäre es eine Hand voll Erde. Da schickte Hippomedon seinen Speer hinterher und der verfehlte sein Ziel nicht. Das Untier bäumte sich auf und hauchte zischend sein Leben aus.

Erst als die Schlange erlegt war, wagte die arme Pflegemutter der Spur ihres Kindes nachzugehen. Fernab vom Ort ihrer Ruhe fand sie schließlich die nackten Knochen des Kindes. Die verzweifelte Hypsipyle sammelte sie auf und übergab sie den Helden, die mit ihrem ganzen Heer dem unglücklichen Jungen, der um ihretwillen gestorben war, herrliche Leichenspiele bereiteten, nachdem sie seine Überreste bestattet hatten. Ihm zu Ehren stifteten sie die nemeischen heiligen Kampfspiele und verehrten ihn unter dem Namen Archemoros, was »der Frühvollendete« bedeutet, als Halbgott.

Hypsipyle entging dem Zorn Eurydikes, die die leibliche Mutter des Kindes war, nicht. Sie wurde in ein grausames Gefängnis geworfen und der fürchterlichste Tod war ihr bestimmt. Das Glück wollte es aber, dass die ältesten Söhne Hypsipyles schon auf den Spuren ihrer Mutter waren und nicht lange nach diesen Begebenheiten in Nemea eintrafen und Hypsipyle befreiten.

FRÜHE GÖTTER- UND HELDENSAGEN

Die Helden vor Theben

Da habt ihr ein Vorzeichen, wie der Feldzug enden wird!«, sprach der Seher Amphiaraos finster, als die Knochen des Jungen Opheltes gefunden worden waren. Aber die anderen dachten eher an die Tötung der Schlange, die ihnen ein günstiges Vorzeichen schien. Und weil das Heer eben einer großen Not entronnen war, waren alle guter Dinge. Der schwere Seufzer des Unglückspropheten wurde überhört, und der Zug ging hastig weiter.

Schon nach wenigen Tagen war das Heer unter den Mauern von Theben angekommen. Hier hatte Eteokles zusammen mit seinem Onkel Kreon alles zu einer hartnäckigen Verteidigung vorbereitet, und er sprach zu den versammelten Mitbürgern: »Bedenkt, was ihr eurer Vaterstadt schuldig seid, die euch in ihrem milden Schoß beherbergt und zu tapferen Kriegern herangezogen hat. Ihre alle, vom Jüngling bis zum alten Mann: Wehrt euch für sie, für die Altäre unserer Götter, für eure Familien und für eure freie Erde! Der Vogelschauer meldet mir, dass das Heer der Argiver in der nächsten Nacht die Stadt angreifen wird. Darum begebt euch alle eilig auf die Mauern und an die Tore! Brecht mit allen Waffen vor! Besetzt die Schanzen, stellt euch mit euren Geschossen in die Türme, verteidigt sorgfältig jeden Ausgang und fürchtet euch nicht vor der Menge der Feinde! Draußen schleichen meine Kundschafter umher, und ich bin sicher, dass sie mir genaueste Meldungen machen. Nach ihnen werde ich handeln.«

Während Eteokles so zu seinen Reitern sprach, stand Antigone mit einem alten Waffenträger ihres Großvaters Laïos auf der höchsten Zinne des Palastes. Nach dem Tod ihres Vaters war sie nicht mehr lange unter dem fürsorglichen Schutz des Königs Theseus in Athen geblieben. Zusammen mit ihrer Schwester Ismene wollte sie in ihre Heimat zurück. Eine unbestimmte Hoffnung, ihrem Bruder Polyneikes helfen zu können, hatte sie getrieben, aber auch die Liebe zu ihrer Vaterstadt, deren Belagerung durch Eteokles sie nicht hinnehmen konnte. Kreon und Eteokles hatten sie mit offenen Armen empfangen, denn sie betrachteten sie als eine freiwillige Geisel und eine willkommene Vermittlerin.

Der Alte erklärte ihr nun die Stellung der Feinde. Ringsum auf den Äckern und Wiesen der Stadt, entlang der Ufer des Ismenos und um die von alters her berühmte Quelle Dirke lagerte das mächtige Feindesheer. Es hatte sich eben in Bewegung gesetzt, und Truppenschar sonderte sich von Truppenschar. Das ganze Umland glitzerte vom Eisen der Rüstungen wie ein wogendes Meer, Massen von Fußvolk und Reitern schwärmten um die Tore der belagerten Stadt. Antigone erschrak bei diesem Anblick. Der Alte jedoch beruhigte sie: »Unsere Mauern sind hoch und fest, unsere

Die Sieben gegen Theben

Eisentore liegen in schweren eisernen Riegeln. Im Innern bietet die Stadt jegliche Sicherheit und sie ist voll von mutigen Kriegern.« Dann beantwortete er Antigones Fragen nach den einzelnen Fürsten: »Der dort, mit dem leuchtenden Helm, der seinen eisernen Schild mit solcher Leichtigkeit schwingt und einer Heerschar vorauszieht, das ist der Fürst Hippomedon, der an der Quelle bei Lerna in Mykene wohnt. Hoch ragt seine Gestalt empor, wie die eines erdentsprossenen Giganten! – Der dort weiter rechts, der an der Dirkequelle entlangläuft und wie ein halber Barbar eine fremde Rüstung trägt, das ist Tydeus, der Schwager deines Bruders und des Oineus Sohn. Er und seine Ätolier sind Schildträger und die besten Lanzenwerfer. Ich erkenne ihn an dem Wappen auf seinem Schild, denn ich bin schon als Unterhändler in das feindliche Lager geschickt worden.«

»Wer ist denn«, fragte jetzt Antigone, »der dort, der trotz seiner grauen Haare so jugendlich wirkt und mit wildem Blick an dem Heldengrab vorüberschreitet und dem die Krieger langsam folgen?«

»Das ist Parthenopaios, der Sohn Atalantes, die eine Freundin der Artemis ist. Aber siehst du die beiden Helden dort am Grab der Niobetöchter? Der ältere ist Adrastos, der Anführer des ganzen Zuges. Und den jüngeren, kennst du den?«

»Ich sehe«, rief Antigone schmerzlich bewegt, »nur die Brust und den Umriss seines Leibes, und doch erkenne ich ihn: Es ist mein Bruder Polyneikes! Oh könnte ich doch mit den Wolken fliegen und bei ihm sein und meinen Arm um ihn legen! Wie seine Rüstung blinkt – wie der Morgenstrahl der Sonne! Doch wer ist der dort, der mit fester Hand die Pferde zügelt, einen weißen Wagen lenkt und so besonnen die Peitsche schwingt?«

»Das ist der Seher Amphiaraos, meine Herrin!«

»Und siehst du dort den, der an den Mauern auf und ab geht, sie misst und genau bekannt gibt, an welchen Stellen sie gestürmt werden könnten?«

»Das ist der übermütige Kapaneus, der so sehr über unsere Stadt höhnt und euch Frauen an Lernas Gewässer in die Sklaverei führen will!«

Antigone wurde blass und wollte umkehren. Der Alte reichte ihr die Hand und brachte sie hinunter in die Gemächer der Frauen.

Menoikeus

Inzwischen hielten Eteokles und Kreon ihren Kriegsrat ab. Wie beschlossen worden war, besetzten sie jedes der sieben Tore Thebens mit einem Führer und stellten den Feinden ebenso viele Männer entgegen.

FRÜHE GÖTTER- UND HELDENSAGEN

Doch bevor der Kampf um die Stadt begann, wollten sie noch die Zeichen erforschen, die die Vogelschau ihnen über den Ausgang des Kampfes geben konnte.

Wie bereits in der Sage um Ödipus berichtet wurde, lebte der Seher Teiresias unter den Thebanern. Er war der Sohn des Eueres und der Nymphe Chariklo. Als Jüngling hatte er die Göttin Athene bei seiner Mutter überrascht und gesehen, was er nicht sehen sollte. Dafür war er von der Göttin mit Blindheit geschlagen worden. Seine Mutter Chariklo hatte Athene zwar angefleht, dass sie ihm das Augenlicht wiedergeben solle, doch Athene konnte dies nun nicht mehr. Dennoch hatte sie Mitleid mit ihm und gab ihm dafür ein Gehör, das alle Stimmen der Vögel verstand. Und so war er von dieser Stunde an der Vogelschauer der Stadt.

Zu ihm, der inzwischen alt geworden war, schickte Kreon seinen jungen Sohn Menoikeus, damit er ihn in den Königspalast bringe. Wankenden Schrittes, von seiner Tochter Manto und dem Jungen geführt, erschien der alte Mann auch bald vor Kreon. Der forderte ihn auf, ihm zu verkünden, was der Flug der Vögel ihm über das Schicksal der Stadt voraussage.

Teiresias schwieg lange. Schließlich sprach er die traurigen Worte: »Die Söhne des Ödipus haben sich schwer gegen ihren Vater versündigt. Sie bringen bittere Not ins Land der Thebaner. Die Argiver und Kadmeer werden einander töten, die Söhne werden sich gegenseitig erschlagen. Nur eine Rettung weiß ich für die Stadt. Doch ist sie für die Geretteten selbst noch zu bitter, als dass mein Mund sie offenbaren könnte. Lebt wohl!«

Er wandte sich ab und wollte gehen, aber Kreon flehte ihn an, dass er bleiben solle. In strengem Ton sprach Teiresias: »Du willst es dennoch hören? So höre es. Aber sage mir zuvor: Wo ist dein Sohn Menoikeus?«

»Er steht neben dir!«, erwiderte Kreon.

»Dann soll er fliehen, so weit er kann, nur fort von meinem Götterspruch!«

»Warum das?«, fragte Kreon. »Er ist mein Sohn und kann schweigen, wenn er soll. Er wird sich freuen, wenn er das Mittel erfährt, das uns retten soll!«

»So hört denn, was ich aus dem Flug der Vögel gelesen habe«, sprach Teiresias. »Das Heil wird kommen – aber über eine harte Schwelle. Der Jüngste von der Drachenzähnesaat muss fallen. Nur wenn diese Bedingung erfüllt ist, werdet ihr den Sieg erringen!«

»Wehe mir«, rief Kreon, »was bedeuten diese Worte?«

»Dass der jüngste Enkel des Kadmos sterben muss, wenn die Stadt gerettet werden soll!«

Die Sieben gegen Theben

»Du verlangst den Tod meines liebsten Kindes, meines Sohnes Menoikeus?«, fuhr der Fürst entrüstet auf. »Packe dich fort in die Stadt, ich brauche deine Sehersprüche nicht!«

»Ist die Wahrheit ungültig, weil sie dir Leid bringt?«, fragte Teiresias ernst.

Nun warf sich Kreon zu seinen Füßen nieder, umfasste seine Knie und flehte den blinden Seher an, den Spruch zurückzunehmen. Aber Teiresias blieb unerbittlich: »Die Forderung ist unabwendbar«, sprach er. »An der Dirkequelle, wo einst der Lindwurm gelagert hat, muss er sein Blut im Opfertod vergießen. Wenn die Erde für das Menschenblut, das sie einst dem Kadmos aus den Drachenzähnen emporsandte, wieder Menschenblut, und zwar verwandtes, empfangen hat, wird sie eure Freundin sein; wenn dieser Jüngling hier sich für die Stadt opfert, dann wird er im Tod ihr Retter sein, und für Adrastos und sein Heer wird die Heimkehr grauenvoll! Wähle nun, Kreon, welches Los von beiden du bevorzugst.« So sprach der Seher und entfernte sich an der Hand seiner Tochter.

Kreon stand in Schweigen versunken. Schließlich rief er voller Angst: »Wie gern wollte ich selbst für das Land meiner Väter sterben! Aber dich, Kind, soll ich opfern? Flieh, mein Sohn, fliehe, so weit dich deine Füße tragen, flieh aus diesem verfluchten Land, das zu schlecht für deine Unschuld ist. Geh über Delphi, Ätolien und Thesprotia zum Heiligtum Dodonas und verstecke dich dort im Schutz des Orakels!«

»Gern«, erwiderte Menoikeus mit leuchtenden Augen. »Gib mir nur, was ich für die Reise brauche, Vater, und glaube mir, ich werde den Weg nicht verfehlen.«

Als Kreon sich darauf beruhigt hatte und auf seinen Posten geeilt war, warf sich Menoikeus auf die Erde nieder und betete innig zu den Göttern: »Verzeiht mir, wenn ich gelogen habe, wenn ich meinem alten Vater durch geheuchelte Worte die unwürdige Furcht genommen habe! Gewiss ist verzeihlich, dass er als alter Mann sich fürchtet. Doch welch ein Feigling wäre ich, wenn ich das Vaterland verriete, dem ich mein Leben verdanke. Hört darum meinen Schwur, ihr Götter, und nehmt ihn gnädig auf. Ich gehe, das Land meiner Väter durch meinen Tod zu retten. Flucht wäre Schande. Auf den Mauernkranz will ich treten, mich selbst in die tiefe, dunkle Kluft des Drachen stürzen und so, wie der Seher verlangt hat, das Land erlösen.«

Voller Freude sprang er auf, eilte zu der Mauer und tat, was er gesagt hatte. Er stellte sich ganz oben auf die Burgmauer, überschaute mit einem Blick die Schlachtordnung der Feinde und sprach einen kurzen, feierlichen Fluch über sie. Dann zog er einen Dolch, den er unter seinem Gewand verborgen hatte, schnitt sich die Kehle durch und stürzte sich am Ufer der Dirkequelle von der Höhe herab in den Tod.

FRÜHE GÖTTER- UND HELDENSAGEN

Der Sturm auf Theben

Der Orakelspruch war erfüllt; Kreon kämpfte seine Trauer nieder und Eteokles teilte den sieben Wächtern an den Toren sieben Heerscharen zu, stellte Reiter hinter Reitern als Ersatz auf, dazu leichtes Fußvolk hinter die Schildträger, um die Mauern wirkungsvoll gegen Angriffe zu verteidigen. Auch das Heer der Argiver brach jetzt auf und der Sturm auf den Wall nahm seinen Anfang.

Vom feindlichen Heer erscholl der Kriegsgesang, und von Thebens Mauern herab schmetterten die Trompeten. An der Spitze führte Parthenopaios, der Sohn der Jägerin Atalante, seine Truppe gegen eines der Tore. Sein Schild zeigte seine Mutter, wie sie einen ätolischen Eber mit einem Pfeilschuss erlegte. Amphiaraos zog auf das zweite Tor los. Der priesterliche Seher führte Opfertiere auf seinem Wagen mit sich. Er trug schlichte Waffen und verzichtete auf Wappenschild und sonstigen Prunk. Gegen das dritte Tor rückte Hippomedon vor; auf seinem Schild war der hundertäugige Argos zu sehen, wie er die von Hera in eine Kuh verwandelte Io bewacht. Zum vierten Tor lenkte Tydeus seine Truppe; er führte eine zottige Löwenhaut auf seinem Schild und in der rechten Hand schwang er eine Brandfackel. Der vertriebene König Polyneikes befehligte den Sturm auf das fünfte Tor; sein Schild zeigte ein Pferdepaar, das sich wütend aufbäumte. Zum sechsten Tor führte Kapaneus, der sich anmaßte, mit dem Gott Ares selbst um die Wette kämpfen zu können, seine Truppen: Auf dem Eisenrücken seines Schildes war ein Gigant zu sehen, der eine ganze Stadt, die aus der Erde gerissen worden war, auf seinen Schultern trug. Das war das Schicksal, das Kapaneus, zugedacht hatte. Auf das siebte und letzte Tor schließlich rückte Adrastos, der Argiverkönig vor. Auf seinem Schild waren hundert Schlangen abgebildet.

Den ersten Angriff wehrten die Thebaner erfolgreich ab, sodass die Argiver wieder zurückwichen. Doch da riefen Tydeus und Polyneikes kurz entschlossen: »Ihr Brüder, warum brecht ihr nicht mit vereinten Kräften die Tore ein, bevor euch die Geschosse treffen?« Dieser Ruf, der sich schnell durch das Heer verbreitete, beflügelte die Argiver aufs Neue. Der Sturm begann mit verstärkter Kraft – aber keineswegs glücklicher als zuvor. Ganze Linien röchelten unter den Mauern ihr Leben aus. Da stürzte Parthenopaios wie ein Sturmwind auf sein Tor zu und rief nach Feuer und Äxten, um es einzuschlagen. Ein thebanischer Held, Periklymenos, der in der Nähe auf seinem Posten stand, beobachtete ihn und riss in letzter Sekunde ein Stück der steinernen Brustwehr aus der Mauer, so groß und schwer wie eine ganze Wagenladung, und dieser Wurf zermalmte Parthenopaios.

Die Sieben gegen Theben

Am vierten Tor wütete Tydeus wie ein Drache, den die Sonne sticht. Mit der rechten Hand warf er seine Lanze hoch über die Mauer, wobei eine ganze Schar von Schildträgern zugleich einen Hagel von Speeren über den höchsten Burgsaum schleuderte, sodass die Thebaner von der Brustwehr flüchten mussten. In diesem Augenblick erschien Eteokles, sammelte sie um sich wie eine Meute fliehender Hunde und führte sie auf die Mauer zurück. Dann eilte er weiter von Tor zu Tor. Da stieß er auch auf den tobenden Kapaneus, der eine Sturmleiter herbeitrug und prahlte, dass ihn selbst die Blitze des Zeus nicht davon abhalten könnten, die Grundfeste der Stadt zu stürmen. Er legte die Leiter an und kletterte im Schutz seines Schildes die Sprossen empor, wobei ein Hagel von Steinen um ihn niederging. Doch nicht die Thebaner straften ihn für seine Frevelei – es war Zeus selbst, der ihn, als er schon auf den Marktplatz drang, mit seinem Donnerkeil erschlug. Es war ein Schlag, dass die Erde davon dröhnte.

König Adrastos erkannte an diesem Zeichen, dass der Göttervater seinem Vorhaben feindlich gesonnen war, führte seine Truppen aus dem Stadtgraben heraus und wich mit ihnen zurück.

Die Thebaner trugen schließlich den Sieg davon und drängten ihre Feinde eine gute Strecke vor die Stadt zurück.

Auf der Flucht der Argiver kam es dazu, dass der thebanische Held Periklymenos den Seher Amphiaraos bis zum Ufer des Flusses Ismenos verfolgte. Dort konnte Amphiaraos, der mit Pferd und Wagen geflohen war, nicht mehr weiter. Periklymenos war ihm auf den Fersen. In seiner Verzweiflung befahl Amphiaraos dem Wagenlenker die Pferde durch die Furt zu treiben, doch noch bevor er im Wasser war, hatte der Feind das Ufer erreicht und sein Speer drohte in seinem Nacken. Zeus wollte seinen Seher jedoch nicht auf einer unrühmlichen Flucht umkommen lassen. Und so spaltete er mit einem Blitz den Boden, dass er sich wie eine schwarze Hölle auftat und die Pferde mitsamt dem Wagen, dem Seher und seinem Gefährten verschlang.

Der Zweikampf der Brüder

Während Kreon und Eteokles mit ihren Kämpfern in die Stadt zurückkehrten, ordnete sich das geschlagene Heer der Argiver aber aufs Neue, und bald war es wieder imstande, auf die belagerte Stadt vorzurücken. Als Eteokles dies bemerkte, fasste er einen Entschluss, denn man durfte nicht hoffen, dass die erschöpften Kämpfer einen zweiten Angriff ebenso erfolgreich abwehren würden. Er sandte seinen Herold zum feindlichen Heer, das nun wieder nahe dem Stadtgraben lag,

FRÜHE GÖTTER- UND HELDENSAGEN

und ließ sich Stille erbitten. Dann stieg er ganz oben auf die Burg und rief den eigenen sowie den argivischen Truppen zu: »Ihr alle, die ihr hierher gezogen seid, und ihr Völker Thebens! Gebt doch wegen uns beiden Brüdern nicht so viele Leben preis! Lasst lieber mich selbst die Gefahr des Kampfes übernehmen und mich mit meinem Bruder Polyneikes allein in einem Kampf messen. Wenn ich ihn töte, so bleibe ich König von Theben, falle ich aber von seiner Hand, so sei ihm das Zepter überlassen, und ihr Argiver senkt die Waffen und kehrt in euer Heimatland zurück, ohne vor diesen Mauern euer Leben nutzlos zu verbluten!«

Polyneikes sprang aus den Reihen der Argiver hervor und rief zur Burg empor, dass er bereit sei, den Vorschlag seines Bruders anzunehmen. Denn auf beiden Seiten war man des blutigen Krieges, der nur einem von zwei Männern zugute kommen sollte, schon lange müde. Es wurde ein Vertrag geschlossen und durch einen Eid der beiden Führer auf dem Feld, das zwischen den beiden Heeren lag, bekräftigt. Die Söhne des Ödipus legten ihre vollen Rüstungen an. Stark und festen Blickes standen sie einander gegenüber.

Bevor der verhängnisvolle Kampf begann, opferten die Seher, die aus beiden Heeren zusammengetreten waren, um aus den Formen der Opferflamme den Ausgang des Streites zu lesen: Das Zeichen war zweideutig. Es schien Sieg oder Untergang beider zugleich zu verkünden.

Als das Opfer vorbei war, erhob Polyneikes flehend seine Hände, wandte sich rückwärts dem Argiverland zu und betete: »Hera, Beherrscherin vor Argos! Aus deinem Land habe ich eine Frau genommen, in deinem Land wohne ich. Lass deinen Bürger diesen Kampf gewinnen!« Auf der anderen Seite wandte sich Eteokles dem Tempel der Athene in Theben zu: »Gib, oh Tochter des Zeus«, flehte er, »dass ich die Lanze siegreich zum Ziel schleudere, in die Brust dessen, der kam, um das Land meiner Väter zu verwüsten!« Bei seinem letzten Wort erscholl schmetternder Trompetenklang zum Zeichen, dass der Kampf beginnen solle.

In wildem Lauf stürmten die beiden Brüder aufeinander los und packten einander wie zwei wilde Eber, die die Hauer grimmig wetzen. Selbst den Zuschauern floss der Schweiß beim Anblick des erbitterten Kampfes. Doch schließlich machte Eteokles einen Fehler: Während er beim Ausfall mit dem rechten Fuß einen Stein, der im Weg lag, fortstoßen wollte, streckte er das Bein unvorsichtig unter dem Schild hervor. Da stürzte Polyneikes mit dem Speer heran und durchbohrte ihm das Schienbein. Das ganze Argiverheer jubelte bei seinem Stoß und sah darin schon den entscheidenden Sieg. Während des Stoßes aber hatte Eteokles, der keinen Augenblick lang die Besinnung verloren hatte, eine Schulter des Polyneikes ungeschützt gesehen und sofort seinen Wurfspieß geworfen. Dann wich er zurück und zertrümmerte die Lanze des Polyneikes mit einem

Marmorstein. Nun war der Kampf wieder gleich. Beide ergriffen ihre Schwerter und rückten einander ganz nahe auf den Leib. Schild schlug gegen Schild, klirrend schlugen die Schwerter aufeinander. Da besann sich Eteokles auf einen Kunstgriff, den er in Thessalien gelernt hatte. Er wechselte plötzlich seine Stellung, zog sich nach hinten auf seinen linken Fuß zurück, deckte sorgfältig seinen Unterleib, setzte dann den vorderen Fuß voran und stach seinen Bruder, der auf eine Stellungsverlagerung seines Bruders nicht gefasst war, über der Hüfte in den Leib. Unter Schmerzen neigte sich Polyneikes zur Seite und brach zusammen. Eteokles, der nun nicht mehr an seinem Sieg zweifelte, warf sein Schwert fort und warf sich über ihn, um ihn zu berauben. Doch das war sein Verderben, denn Polyneikes hielt sein Schwert selbst im Sturz noch fest umklammert, und es war ihm Kraft genug geblieben, es dem Eteokles in die Leber zu stoßen. Eteokles sank neben seinem sterbenden Bruder nieder.

Da gingen Thebens Tore auf, die Frauen und Diener stürzten heraus, um die Leiche ihres Herrschers zu beklagen. Denn mit Eteokles war es schnell zu Ende gegangen. Antigone aber warf sich über ihren geliebten Bruder Polyneikes, um seine letzten Worte zu vernehmen. Polyneikes atmete noch und wandte sich mit brechenden Augen an seine Schwester: »Wie beklage ich dein Schicksal, Schwester, wie beklage ich das Schicksal meines toten Bruders, der von einem Freund zum Feind geworden ist. Erst jetzt, im Tod, empfinde ich, dass ich ihn geliebt habe! Du aber, liebe Schwester, begrabe mich in meiner Heimat und versöhne die Vaterstadt, dass sie mir, auch wenn ich der Herrschaft beraubt worden bin, wenigstens so viel gewähre! Drücke du mir auch die Augen zu, denn schon breitet die Nacht des Todes ihre Schatten über mir aus.« So starb er in den Armen seiner Schwester.

Doch nun erhob sich ein Streit in der Menge. Die einen schrieben Eteokles den Sieg zu, die anderen dem Polyneikes. »Polyneikes führte den ersten Lanzenstoß!«, hieß es da. »Aber er war auch der Erste, der unterlegen ist!«, kam es von der anderen Seite. Der Streit ging so weit, dass die Thebaner schließlich zu den Waffen griffen. Während die Thebaner in ihren Rüstungen geblieben waren, hatten die Argiver die Waffen abgelegt und siegesgewiss und sorglos dem Kampf zugesehen. So stürzten sich die Thebaner auf die Argiver, die sich so schnell nicht wieder rüsten konnten, und trafen daher auf keinerlei Widerstand. Die Lanzen streckten hunderte von fliehenden Argivern zu Boden und bald waren sämtliche Feinde aus der Umgebung von Theben vertrieben. Von allen Seiten brachten die Thebaner die Schilde der getöteten Argiver und andere Beute herbei und trugen sie im Triumph in die Stadt.

Kreons Beschluss

Dann wurden die Toten bestattet. Nachdem beide Brüder gefallen waren, ging die Königswürde an ihren Onkel Kreon über, und der hatte nun über das Begräbnis seiner Neffen zu entscheiden. Den Eteokles, der für die Verteidigung der Stadt gestorben war, ließ er unter allen königlichen Ehren feierlich bestatten, und alle Bewohner der Stadt folgten dem Leichenzug. Was aber Polyneikes betraf, ließ Kreon in der ganzen Stadt verkünden, dass er, der als Feind gekommen sei, um die Stadt zu zerstören, weder betrauert noch begraben werden solle. Der Leichnam des Verfluchten solle unbegraben den Vögeln und Hunden ausgesetzt werden. Außerdem befahl Kreon den Bürgern darüber zu wachen, dass sein königlicher Wille vollzogen werde und niemand den Leichnam stehlen oder begraben würde. Wer dies tue, solle unweigerlich mit dem Tod durch öffentliche Steinigung in der Stadt dafür bestraft werden.

Auch Antigone, die fromme Schwester des Polyneikes, hatte dies gehört. Sie aber hatte Polyneikes versprochen ihn zu begraben. In höchster Not wandte sie sich an ihre jüngere Schwester Ismene und bat sie, ihr dabei zu helfen. Doch Ismene wagte es nicht. Weinend sagte sie: »Hast du denn den grauenhaften Untergang unseres Vaters und unserer Mutter schon vergessen? Und das frische Verderben unserer Brüder, sodass du selbst uns, die wir zurückgeblieben sind, in das gleiche Todeslos hinunterziehen willst?«

Kalt wandte sich Antigone von ihrer Schwester ab. »Ich will gar nicht mehr, dass du mir hilfst. Ich werde alleine gehen, um meinen Bruder zu begraben. Und wenn ich es getan habe, dann werde ich mit Freude sterben und mich neben jenen legen, den ich im Leben geliebt habe!«

Kurze Zeit später kam einer der Wächter furchtsam und mit zögernden Schritten zu Kreon: »Der Leichnam, den wir bewachen sollten, wurde begraben!«, rief er dem Herrscher entgegen. »Und der Täter ist entkommen. Wir wissen nicht, wie es geschehen ist. Nur eine dünne Staubschicht lag auf dem Toten, gerade so viel als nötig, wenn ein Begräbnis vor den Göttern der Unterwelt als ein Begräbnis gelten soll. Kein Hieb, kein Schaufelwurf war zu sehen, und keine Wagenspur zog sich durch die Erde. Unter uns Wächtern brach ein Streit darüber aus, wir beschuldigten uns gegenseitig, und am Ende prügelten wir uns sogar. Zuletzt aber einigten wir uns, dir, oh König, den Vorgang unverzüglich zu melden, und mich traf dieses unselige Los!«

Kreon geriet über diese Nachricht in so heftigen Zorn, dass er allen Wächtern drohte, er werde sie lebendig aufhängen lassen, wenn sie ihm nicht auf der Stelle den Täter brächten. Auch befahl er ihnen den Leichnam wieder freizulegen und weiterhin bei ihm zu wachen.

Die Sieben gegen Theben

So saßen die Wächter vom Morgen bis zum Mittag im heißesten Sonnenschein, ein Stück abseits der schon so lange unbegraben daliegenden Leiche auf einem Hügel, als plötzlich ein Sturm aufkam. Staub wirbelte auf. Und während die Wächter noch überlegten, was dieses Zeichen zu bedeuten habe, sahen sie eine Jungfrau kommen, die so wehmütig klagte wie ein Vogel, der sein Nest leer findet. In der Hand hielt sie eine Kanne, die sie schnell mit Staub füllte. Dann näherte sie sich vorsichtig der Leiche und spendete dem Toten anstelle des Begräbnisses einen dreifachen Aufguss von Erde. Nun zögerten die Wächter nicht länger. Sie rannten herbei, packten sie und schleppten die auf frischer Tat Ertappte vor den König.

Antigone und Kreon

Kreon erkannte in der Täterin seine Nichte Antigone. »Törin«, rief er ihr entgegen, »die du die Stirn zur Erde neigst, gestehst oder leugnest du die Tat?«

»Ich gestehe sie«, erwiderte die Jungfrau erhobenen Hauptes.

»Und kanntest du das Gesetz, das du so ohne Scheu übertreten hast?«, fragte der König weiter.

»Ich kannte es«, sprach Antigone fest und ruhig. »Aber von keinem der unsterblichen Götter stammt diese Bestimmung. Und ich kenne andere Gesetze, die nicht von gestern und nicht von heute sind, sondern die in Ewigkeit gelten und von denen niemand weiß, woher sie stammen. Kein Sterblicher darf sie übertreten, ohne dem Zorn der Götter zu erliegen. Ein solches Gesetz hat mir befohlen den toten Sohn meiner Mutter nicht unbegraben zu lassen. Erscheint dir diese Handlungsweise töricht, so ist es ein Tor, der mich der Torheit beschuldigt.«

»Meinst du«, sprach Kreon, den Antigones Widerstand noch mehr erzürnte, »dass dein Starrsinn nicht zu beugen sei? Der sprödeste Stahl zerspringt als Erster! Wer in der Gewalt eines anderen ist, der sollte nicht trotzen!«

Darauf antwortete Antigone: »Du kannst mir doch nicht mehr antun als den Tod – worauf wartest du also noch? Dadurch dass ich sterbe, wird mein Name nicht ruhmlos bleiben. Und ich weiß auch, dass deine Bürger nur deshalb schweigen, weil sie Angst vor dir haben, und dass alle meine Tat im tiefsten Herzen billigen. Denn den Bruder zu lieben ist die erste Schwesternpflicht.«

»So liebe denn im Hades«, rief der König immer erbitterter, »wenn du unbedingt lieben willst!«

Und schon hatte er seinen Dienern befohlen sie zu ergreifen, als Ismene,

213

FRÜHE GÖTTER- UND HELDENSAGEN

die das Schicksal ihrer Schwester erfahren hatte, herbeigestürzt kam. Nun schien sie ihre Furcht ganz abgeschüttelt zu haben. Mutig trat sie vor ihren grausamen Onkel, bekannte ihre Mitwisserschaft und verlangte mit ihrer Schwester zu sterben. Zugleich erinnerte sie Kreon daran, dass Antigone nicht nur die Tochter seiner Schwester, sondern auch die Verlobte seines eigenen Sohnes Haimon sei. Doch statt jeder Antwort ließ Kreon auch Ismene ergreifen und beide von seinen Schergen abführen.

Haimon und Antigone

Als Kreon seinen Sohn Haimon herbeieilen sah, glaubte er natürlich, dass ihn das Urteil, das er über Antigone verhängt hatte, gegen ihn aufgebracht hätte, und er stellte ihm argwöhnische Fragen. Doch Haimon antwortete voll kindlichem Gehorsam, und erst als er seinen Vater von seiner frommen Verbundenheit überzeugt hatte, wagte er es, für seine geliebte Braut zu bitten. »Du weißt nicht, Vater«, sprach er, »was das Volk in Wahrheit sagt. Dein strenger Blick hält jeden Bürger davon ab, etwas zu äußern, was deinem Ohr nicht willkommen ist. Ich aber habe solche Dinge vernommen. Und deshalb versichere ich dir, dass Antigone das Mitleid aller Bürger auf ihrer Seite hat, und dass ihre Tat gepriesen wird. Niemand glaubt, dass sie, die treue Schwester, die ihren Bruder nicht von Hunden und Vögeln zerfleischen ließ, den Tod als Lohn verdient habe. Darum Vater, gib der Stimme des Volkes nach. Mach es wie die Bäume, die längs des reißenden Stromes stehen und sich ihm nicht entgegenstemmen, sondern der Gewalt des Wassers nachgeben und unverletzt bleiben, während die Bäume, die es wagen Widerstand zu leisten, durch die Wellen entwurzelt werden.«

»Willst du Knabe mich Verstand lehren?«, rief Kreon verächtlich. »Es scheint, als hättest du dich mit dem Weib verbündet!«

»Ja, wenn du ein Weib bist!«, entgegnete Haimon rasch und lebhaft. »Denn nur zu deinem Besten habe ich all dies gesagt!«

»Ich merke wohl«, beendete der Vater entrüstet das Gespräch, »dass blinde Liebe zu der Verbrecherin deinen Verstand gefesselt hält. Aber lebendig wirst du sie nicht heiraten. Denn fern von allen Menschenschritten soll sie bei lebendigem Leib in einem verschlossenen Felsengrab eingeschlossen werden. Nur wenig Speise wird ihr mitgegeben, gerade so viel als nötig ist, um die Stadt davor zu bewahren, dass sie von dem Gräuel eines wirklichen Mordes befleckt würde. Mag sie sich dann vom Gott der Unterwelt, den sie doch so sehr verehrt, ihre Befreiung erflehen. Zu spät wird sie erkennen, dass es klüger ist, den Lebenden zu gehorchen statt den Toten.«

Die Sieben gegen Theben

Zornig wandte sich Kreon von seinem Sohn ab, und bald waren alle Anstalten getroffen, um den grässlichen Beschluss des Tyrannen zu vollziehen. Vor den Augen aller Bürger von Theben wurde Antigone zu dem gewölbten Grab abgeführt, das sie erwartete. Unter Anrufung der Götter und der Menschen, die sie liebte und mit welchen sie vereinigt zu werden hoffte, stieg sie unerschrocken hinab.

Noch immer lag der verwesende Leichnam des erschlagenen Polyneikes unbegraben da. Die Hunde und Vögel nährten sich von ihm und befleckten die Stadt, indem sie die Überreste des Toten da- und dorthin schleppten. Da erschien der alte Seher Teiresias vor dem König Kreon, wie er einst vor Ödipus erschienen war, und verkündete ihm aus dem Vogelflug und aus der Opferschau ein Unheil. Er hatte das Gekrächz böser, übersättigter Vögel vernommen, und das Opfertier war auf dem Altar in trübem Rauch verschmort, statt in hellen Flammen zu verlodern. »Offenbar zürnen uns die Götter«, beendete er seinen Bericht, »wegen der Misshandlung des getöteten Königssohns. Sei darum nicht halsstarrig, Herrscher, weiche dem Toten, siehe nicht nach Ermordeten! Was für ein Ruhm soll es sein, Tote noch einmal zu töten? Lass ab davon, ich rate es dir im Guten!«

Doch wie Ödipus damals wies auch Kreon den Seher mit kränkenden Worten zurück, schimpfte ihn geldgierig und behauptete, er lüge. Da wurde Teiresias im Inneren zornig, und ohne Schonung zog er den Schleier von den Augen des Königs fort, der die Zukunft bedeckte. »Wisse«, sprach er, »dass die Sonne nicht untergehen wird, ehe du aus deinem eigenen Blut einen Leichnam für zwei Leichen zum Ersatz bringst. Ein doppeltes Verbrechen begehst du, indem du der Unterwelt den Toten vorenthältst, der ihr gebührt, und die Lebende, die der Oberwelt angehört, nicht zu ihr herauflässt! – Schnell, Knabe, führe mich fort. Lassen wir diesen Mann mit seinem Unglück allein!« So ging er an der Hand seines Führers auf seinen Seherstab gestützt davon.

Kreons Strafe

Der König blickte dem zornigen Wahrsager bebend nach. Dann rief er die Ältesten der Stadt zu sich und befragte sie, was zu tun sei. »Befreie Antigone aus der Höhle und bestatte den Leichnam des Polyneikes!«, lautete ihr einstimmiger Rat.

Schwer kam es dem unbeugsamen Herrscher an nachzugeben. Aber der Mut war ihm gesunken. So willigte er ängstlich ein, um den einzigen Ausweg zu ergreifen, der das Unheil, das der Seher verkündet hatte, von seinem Haus abwälzen könnte. Er selbst machte sich mit Dienern und

FRÜHE GÖTTER- UND HELDENSAGEN

Gefolge als Erster zu dem Feld, wo Polyneikes lag, und dann zu dem Grabgewölbe, in das Antigone gesperrt worden war, auf. Eurydike, seine Gemahlin, blieb allein im Palast zurück. Bald hörte sie auf den Straßen Klagegeschrei, und als sie, weil die Schreie immer lauter wurden, schließlich in den Vorhof ihres Palastes hinausging, kam ihr ein Bote entgegen. Der hatte den König zu dem Feld hinausgeführt, wo der Leichnam des Polyneikes lag. »Wie beteten zu den Göttern der Unterwelt«, berichtete der Bote, »badeten den Toten im heiligen Bad und verbrannten dann die Überreste seines bejammernswürdigen Leichnams. Nachdem wir ihm aus seiner Heimaterde einen Grabhügel aufgetürmt hatten, gingen wir zu dem steinernen Gewölbe, in das die Jungfrau hinabgestiegen war, um ihr Leben dort im elenden Hungertod zu enden. Schon von weitem hörte der Diener, der vorausgegangen war, einen helltönenden Jammerlaut vom Tor des Gemachs her. Er eilte zu seinem Herrn zurück, um ihm zu berichten, was er gehört hatte. Aber auch an Kreons Ohr war jener betrübliche Klageruf bereits gedrungen, und er hatte darin die Stimme seines Sohnes erkannt. Auf Kreons Befehl eilten wir hin und blickten durch einen Felsspalt. Doch welch schrecklicher Anblick bot sich uns da! Tief im Hintergrund der Höhle sahen wir Antigone, die sich am Schleier ihres Gewandes erhenkt hatte. Vor ihr lag dein Sohn Haimon, der Antigones Leib umschlungen hielt. Weinend beklagte er den Verlust seiner Braut und er verfluchte die Untat seines Vaters. Inzwischen war Kreon vor der Kluft angekommen und hineingeschritten. »Unseliger Knabe«, rief er, »was sinnst du? Was droht uns dein verirrter Blick? Komm heraus zu deinem Vater! Flehend, auf den Knien liegend beschwöre ich dich!« Doch der Sohn starrte ihn nur verzweifelt an, riss wortlos sein zweischneidiges Schwert aus der Scheide – aber Kreon floh hinaus und brachte sich in Sicherheit. Hierauf stürzte sich Haimon selbst in sein Schwert, er fiel und noch im Fallen schlang er seinen Arm fest um Antigones Leichnam. Jetzt liegt er tot, wie er die Tote umfasst hatte, in der Grabeshöhle.«

Schweigend hatte Eurydike seine Botschaft angehört, wortlos eilte sie nun davon.

Dem verzweifelten Kreon, der klagend und unter Begleitung seiner Diener, die die Leiche des Haimon trugen, in den Palast zurückkehrte, kam die Nachricht entgegen, dass seine Gemahlin Eurydike drinnen tot in ihrem eigenen Blut liege, mit einer tiefen Schwertwunde im Herzen.

Die Sieben gegen Theben

Bestattung der thebanischen Helden

Vom ganzen Stamm des Ödipus war außer zwei Söhnen der gefallenen Brüder nur noch Ismene übrig. Von ihr erzählt die Sage nichts. Sie starb unverheiratet oder kinderlos, und mit ihrem Tod erlosch das unselige Geschlecht.

Von den sieben Helden, die gegen Theben ausgezogen waren, kam lediglich König Adrastos aus dem unglücklichen Sturm und der letzten Schlacht mit dem Leben davon. Arion, sein unsterbliches Pferd, das von Poseidon und Demeter gezeugt worden war, rettete ihn auf geflügelter Flucht. Er erreichte glücklich Athen und nahm dort als Schutzflehender Zuflucht an dem Altar der Barmherzigkeit. Einen Ölzweig in der Hand flehte er dann die Athener an ihm zu helfen, sich die vor Theben gefallenen Helden und Mitbürger zu ehrenvoller Bestattung zu erkämpfen. Die Athener erhörten seinen Wunsch und zogen unter Theseus mit ihm aus. Die Thebaner wurden auf diese Weise gezwungen, die Beerdigung zu gestatten.

Adrastos errichtete den Leichnamen der gefallenen Helden sieben Scheiterhaufen und hielt dem Gott Apollon zu Ehren ein Wettrennen am Asopos. Als dann der Scheiterhaufen des Kapaneus brannte, stürzte sich seine Gattin Euadne, die Tochter des Iphis, ins Feuer und verbrannte zusammen mit ihrem Gatten. Der Leichnam des Amphiaraos, den die Erde verschlungen hatte, war nicht aufgefunden worden. Es schmerzte den König, dass er seinem Freund die letzte Ehre des Begräbnisses nicht erweisen konnte. »Ich vermisse das Auge meines Heeres«, sprach er, »den Mann, der beides war: der trefflichste Seher und der tapferste Kämpfer!«

Als die feierliche Bestattung vorüber war, errichtete Adrastos der Nemesis oder Vergeltung einen schönen Tempel vor Theben und zog mit seinen Verbündeten, den Athenern, wieder aus dem Land.

Die Epigonen

Zehn Jahre später entschlossen sich die Söhne der Helden, die vor Theben umgekommen waren, zu einem neuen Feldzug gegen die Stadt, um den Tod ihrer Väter zu rächen. Diese Nachkömmlinge, auch Epigonen genannt, waren acht: Alkmaion und Amphilochos, die Söhne des Amphiaraos; Aigialeus, der Sohn des Adrastos; Diomedes, der Sohn des Tydeus; Promachos, der Sohn des Parthenopaios; Sthenolos, der Sohn des Kapaneus; Thersandros, der Sohn des Parlyneikes, und Euryalos, der Sohn des Mekistheus. ·

Auch König Adrastos, der aus dem Kampf der Väter als Einziger übrig

FRÜHE GÖTTER- UND HELDENSAGEN

geblieben war, gesellte sich zu ihnen. Den Oberbefehl übernahm er allerdings nicht, denn er wollte dies einem jüngeren und rüstigeren Helden
überlassen. Da befragten die Verbündeten das Orakel des Apollon darüber, wen sie zum Anführer wählen sollten, und das Orakel bezeichnete
ihnen den Alkmaion, den Sohn des Amphiaraos. Also wurde Alkmaion von
ihnen zum Feldherrn gewählt. Er aber war sich nicht sicher, ob er diese
Würde wirklich annehmen dürfe, bevor er nicht den Vater gerächt hatte.
Deshalb ging auch er zu dem Gott, um das Orakel zu befragen. Apollon
antwortete ihm, dass er beides ausführen solle.

Eriphyle war bisher nicht nur im Besitz des verderblichen Halsbandes
gewesen, sie hatte sich auch das zweite Unheil bringende Geschenk
Aphrodites, den Schleier, zu verschaffen gewusst. Thersandros, der Sohn
des Polyneikes, der den Schleier als Erbe besaß, hatte ihn ihr geschenkt
und sie auf diese Weise – wie einst sein Vater – bestochen, ihren Sohn Alkmaion zu überreden, dass er nicht an dem Feldzug gegen Theben teilnehmen solle.

Alkmaion gehorchte dem Orakel und übernahm den Oberbefehl. Die
Rache aber verschob er auf die Heimkehr.

Nicht nur aus Argos selbst brachte er ein ansehnliches Heer zusammen, auch viele kampflustige Krieger aus den Nachbarstädten vereinigten sich mit ihm, und nun führte er eine beträchtliche Streitmacht unter
Thebens Tore. Hier erneuerte sich durch die Söhne der hartnäckige
Kampf, wie er zehn Jahre zuvor von den Vätern gekämpft worden war.
Aber die Söhne hatten größeres Glück als die Väter, und der Sieg entschied sich für Alkmaion. Nur einer der Epigonen fiel in der Hitze des
Gefechts, es war Aigialeus, der Sohn des Königs Adrastos, welchen Laodamas, der Anführer der Thebaner und Eteokles' Sohn, mit eigener Hand
tötete. Dafür wurde er von Alkmaion, dem Feldherrn der Epigonen,
erschlagen. Nach dem Verlust ihres Führers und vieler Mitbürger verließen die Thebaner das Schlachtfeld und flohen hinter ihre Mauern zurück.
Hier suchten sie Rat bei dem blinden Teiresias, dem Seher, der jetzt wohl
hundert Jahre alt war und noch immer in Theben lebte. Er riet ihnen den
einzigen Rettungsweg einzuschlagen, die Stadt zu verlassen und zugleich
einen Herold als Unterhändler des Friedens zu den Argivern zu schicken.
Sie gingen auf den Vorschlag ein, beorderten einen Abgesandten zu den
Feinden, und während dieser verhandelte, luden sie ihre Frauen und Kinder auf Wagen und flohen aus der Stadt.

Als es bereits dunkel war, erreichten sie die Stadt Tilphussa in Böotien.
Dort nahm der blinde Teiresias, der mit ihnen geflohen war, einen kalten
Trunk an einer Quelle und starb daran. Noch in der Unterwelt wurde der
weise Seher ausgezeichnet. Er lief dort nicht gedankenlos umher wie
andere Schatten, sondern seine hohe Gesinnung und seine Sehergabe

218

Die Sieben gegen Theben

waren ihm geblieben. Seine Tochter Manto war in Theben geblieben und den Eroberern, die die verlassene Stadt besetzten, in die Hände gefallen. Die Argiver hatten das Gelübde abgelegt, dass sie das Beste, was sie in Theben als Beute finden würden, dem Apollon weihen wollten. Nun kamen sie zu dem Schluss, dass dem Gott nichts anderes besser gefallen konnte als die Seherin Manto, die die göttliche Gabe von ihrem Vater geerbt hatte. Deshalb brachten die Epigonen sie nach Delphi und weihten sie dort dem Gott als Priesterin. Hier erlangte sie immer größere Vollkommenheit in der Wahrsagekunst und anderer Weisheit und wurde bald die berühmteste Seherin ihrer Zeit. Oft sah man bei ihr einen alten Mann aus und ein gehen, den sie herrliche Gesänge lehrte, die bald in ganz Griechenland zu hören waren. Dieser Mann war der Maionier Homer.

Alkmaion und das Halsband

Als Alkmaion von Theben zurückgekehrt war, gedachte er den zweiten Teil des Orakels zu erfüllen und an seiner Mutter, der Mörderin seines Vaters, Rache zu nehmen. Seine Erbitterung über sie war noch größer geworden, nachdem er erfahren hatte, dass Eriphyle auch ihn verraten und dafür Geschenke angenommen hatte. Er glaubte sie nun nicht mehr länger schonen zu müssen, überfiel sie mit dem Schwert und tötete sie. Dann nahm er das Halsband und den Schleier an sich und verließ das Elternhaus, das ihm ein Gräuel geworden war. Aber auch wenn ihm die Rache des Vaters vom Orakel befohlen worden war, so war es doch ein Verbrechen gegen die Natur die eigene Mutter zu töten, und die Götter konnten ihn nicht ungestraft lassen. Deshalb schickten sie eine Erinnye, die ihn verfolgte und ihn mit Wahnsinn schlug.

In diesem Zustand kam er zuerst nach Arkadien zum König Oïkleus. Doch hier gönnte ihm die Erinnye keine Ruhe und er musste weiterwandern. Endlich fand er eine Zufluchtsstätte in Phokis bei dem König Phegeus. Der befreite ihn von seiner Schuld, gab ihm seine Tochter Arsinoë zur Frau, und die verhängnisvollen Geschenke – das Halsband und der Schleier – wanderten nun in ihren Besitz. Zwar war Alkmaion jetzt vom Wahnsinn befreit, der Fluch schwebte aber noch über ihm: Wegen seiner Anwesenheit wurde das Land seines Schwiegervaters mit Unfruchtbarkeit heimgesucht. Alkmaion befragte das Orakel, doch es fertigte ihn mit einer trostlosen Antwort ab: Er werde Ruhe finden, wenn er in ein Land komme, das es bei der Ermordung seiner Mutter noch nicht gegeben habe. Als sie im Sterben lag hatte Eriphyle nämlich jedes Land verflucht, das den Muttermörder aufnehmen würde. Trostlos verließ Alkmaion

FRÜHE GÖTTER- UND HELDENSAGEN

seine Gattin und seinen kleinen Sohn Klytios und ging hinaus in die weite
Welt.

Nachdem er lange umhergeirrt war, fand er schließlich doch, was ihm
die Wahrsagung verheißen hatte. Er kam an den Strom Acheloos und fand
hier eine Insel, die erst vor kurzem entstanden war. Dort ließ er sich nieder und er wurde von seinem Fluch befreit. Doch die Befreiung und das
neue Glück machten ihn übermütig; er vergaß seine Gemahlin Arsinoë
und seinen kleinen Sohn und vermählte sich ein zweites Mal. Er heiratete
die schöne Kallirrhoë, die Tochter des Stromgottes Acheloos, und kurz
nacheinander kamen ihre beiden Söhne Akarnan und Amphoteros zur
Welt. Nachdem aber Alkmaion überall der Ruf vorausging, dass er im
Besitz der unschätzbaren Kleinodien sei, fragte auch seine junge Gemahlin bald nach dem prächtigen Halsband und dem Schleier. Diese Schätze
jedoch hatte Alkmaion bei seiner ersten Gattin gelassen, als er sie heimlich verließ, und seine neue Gemahlin sollte nichts von seiner früheren
Ehe erfahren. So erfand er einen fernen Ort, wo er die Kostbarkeiten verwahrt hätte, und machte sich auf, um sie ihr zu holen. Er wanderte nach
Phokis zurück, trat vor seinen ersten Schwiegervater und seine verstoßene Gattin und behauptete, in einem Rest von Wahnsinn fortgegangen
und noch immer nicht ganz frei davon zu sein. Und er log weiter: »Mir ist
geweissagt worden, dass es nur ein Mittel gibt, um von dem Fluch befreit
zu werden und wieder zurückzukehren: Ich muss das Halsband und den
Schleier, die ich dir geschenkt habe, dem Gott als Weihgeschenk nach
Delphi bringen.« Phegeus und seine Tochter glaubten die Lüge, gaben
beides heraus und Alkmaion machte sich mit seinem Raub fröhlich
davon. Er ahnte nicht, dass die unheilvollen Gaben schließlich auch ihm
den Untergang bringen würden. Denn einer von Alkmaions Dienern, der
sein Geheimnis kannte, hatte König Phegeus anvertraut, dass Alkmaion
eine zweite Gattin habe und den Schmuck zu ihr bringen wolle. Nun nahmen die Brüder der verstoßenen Gattin seine Verfolgung auf, legten ihm
einen Hinterhalt und erschlugen ihn, als er sorglos dahergezogen kam.
Das Halsband und den Schleier brachten sie ihrer Schwester zurück und
rühmten sich, dass sie seine Untreue gerächt hatten. Arsinoë aber liebte
ihren Gatten noch immer und sie verwünschte ihre Brüder, als sie hörte,
dass sie ihn getötet hatten. Jetzt sollten die verderblichen Geschenke ihre
Kraft auch an Arsinoë beweisen. Die Brüder waren erbittert über ihre
Undankbarkeit und glaubten sie nicht hart genug dafür bestrafen zu können. Sie packten sie, sperrten sie in eine Kiste und brachten sie darin zu
ihrem Gastfreund, dem König Agapenor, nach Tegea. Dort behaupteten
sie, dass Arsinoë die Mörderin des Alkmaion sei, und sie starb eines elenden Todes.

Inzwischen hatte auch Kallirrhoë von dem kläglichen Tod ihres Gatten erfahren. Zugleich mit dem tiefsten Schmerz durchzuckte sie nun das Verlangen nach schneller Rache. Sie warf sich nieder und flehte zu Zeus, dass er ein Wunder vollbringen und ihre beiden kleinen Söhne Akarnan und Amphoteros sogleich zu Männern werden lassen solle, damit sie die Mörder ihres Vaters bestrafen könnten. Da Kallirrhoë schuldlos war, erhörte Zeus ihre Bitte, und ihre Söhne, die am Abend als Kinder zu Bett gegangen waren, erwachten als bärtige Männer voll Tatkraft und Rachgier. Sie zogen aus und gingen nach Tegea. Hier trafen sie gerade um dieselbe Zeit ein, als Pronoos und Agenor mit ihrer unglücklichen Schwester Arsinoë dort angelangt waren. Nun wollten sie nach Delphi weiterreisen, um den Unheil bringenden Schmuck Aphrodites im Tempel des Apollon als Weihgeschenk niederzulegen. Pronoos und Agenor ahnten nicht, wen sie vor sich hatten, als die bärtigen Jünglinge auf sie eindrangen, um den Mord an ihrem Vater zu rächen. Sie starben, ohne den Grund für diesen Angriff erfahren zu haben. Alkmaions Söhne rechtfertigten sich bei Agapenor und berichteten ihm, was sich wirklich zugetragen hatte. Dann zogen sie weiter zu König Phegeus, drangen in seinen Palast ein und töteten ihn zusammen mit seiner Gemahlin. Verfolgt und gerettet, verkündeten sie ihrer Mutter, dass sie die Rache vollzogen hatten. Dann gingen sie nach Delphi und legten dort, wie ihr Großvater Acheloos ihnen geraten hatte, Halsband und Schleier als Weihgeschenk im Tempel des Apollon nieder. Als dies geschehen war, erlosch der Fluch, der auf dem Haus des Amphiaraos gelegen hatte, und seine Enkel, die Söhne Alkmaions und Kallirrhoës, sammelten Siedler in Epirus und gründeten Akarnanien. Klytios, der Sohn, den Alkmaion mit Arsinoë hatte, verließ nach der Ermordung seines Vaters seine mütterlichen Verwandten voller Abscheu. Er fand in Elis eine Zuflucht.

DIE SAGE VON DEN HERAKLIDEN

Die Herakliden kommen nach Athen

Als Herakles in den Himmel aufgefahren war und sein Vetter Eurystheus, der König von Argos, ihn nicht mehr zu fürchten brauchte, verfolgte seine Rache die Kinder des Halbgottes. Der größte Teil von Herakles' Kindern lebte mit dessen Mutter Alkmene in Mykene, der Hauptstadt von Argos. Um Eurystheus' Nachstellungen zu entgehen, flohen sie nach Trachis und suchten dort Schutz bei König Keyx. Als aber Eurystheus ihre Auslieferung verlangte und den kleinen Fürsten mit einem Krieg bedrohte, fühlten sie sich auch dort nicht mehr sicher. Sie verließen Trachis und flüchteten durch Griechenland.

FRÜHE GÖTTER- UND HELDENSAGEN

Die Stelle des Vaters vertrat bei ihnen Iolaos, der berühmte Freund und
Neffe des Herakles, der Sohn des Iphikles. Wie er schon in seiner Jugend
alle Mühen und Abenteuer mit Herakles geteilt hatte, so hatte er jetzt, da
er schon ergraut war, die verlassene Kinderschar des Herakles unter seine
Fittiche genommen und schlug sich mit ihnen durch die Welt. Sie hatten
die Absicht, sich den Besitz des Peloponnes, den ihr Vater erobert hatte,
zu sichern. So gelangten sie unter der unablässigen Verfolgung durch
Eurystheus schließlich nach Athen, wo Demophon, der Sohn des Theseus,
regierte. Er hatte den unrechtmäßigen Besitzer des Thrones, Menestheus,
eben verdrängt. In der Stadt suchten sie die Agora, den Marktplatz, auf
und lagerten sich um den Altar des Zeus, um den Schutz der Athener zu
erflehen. Doch kaum dass sie sich dort niedergelassen hatten, kam ein
Herold des Eurystheus herangeschritten. Er stellte sich trotzig vor Iolaos
hin und sagte voller Hohn: »Du meinst wohl hier einen sicheren Sitz gefunden zu haben und in eine verbündete Stadt gekommen zu sein, törichter
Iolaos! Natürlich wird es jemandem einfallen, deine unnütze Bundesge-
nossenschaft gegen die des mächtigen Eurystheus einzutauschen! Drum
verschwinde besser von hier mit allen deinen Sippen und geh nach Argos,
wo euch nach Recht und Gesetz die Steinigung erwartet!«

Iolaos antwortete ihm getrost: »Das sei ferne! Ich weiß sehr wohl, dass
dieser Altar eine Stätte ist, die mich nicht nur vor dir, der du ohnehin
keine Macht hast, sondern auch vor den Heerscharen deines Herrn schützen wird, und dass es das Land der Freiheit ist, in welches wir uns gerettet haben.«

»So wisse«, entgegnete Kopreus – denn so hieß der Herold –, »dass ich
nicht allein gekommen bin. Hinter mir steht eine Streitmacht, die stark
genug ist, um deine Schützlinge bald von dieser vermeintlichen Freistätte
fortzureißen!«

Bei diesen Worten brachen die Herakliden in Klagen aus, und Iolaos
wandte sich mit lauter Stimme an die Bewohner Athens: »Ihr frommen
Bürger! Duldet es nicht, dass die Schützlinge eures Zeus gewaltsam fortgeführt werden. Dass der Kranz, den wir als Flehende auf dem Haupt tragen, besudelt wird, dass die Götter entehrt werden und die Schmach eure
ganze Stadt trifft!« Auf diesen dringenden Hilferuf hin strömten die Athener von allen Seiten herbei und jetzt erst bemerkten sie die Schar von
Flüchtlingen, die um den Altar saß. »Wer ist der ehrwürdige Greis? Wer
sind die schönen lockigen Jünglinge?« So kam es von hundert Lippen
zugleich. Als sie erfuhren, dass es Herakles' Söhne waren, die den Schutz
der Athener erbaten, ergriff die Bürger nicht nur Mitleid, sondern auch
Ehrfurcht. Sie forderten den Herold, der bereit zu sein schien Hand an
einen der Flüchtlinge zu legen, auf, von dem Altar zurückzutreten und
sein Begehren in aller Bescheidenheit dem König des Landes vorzutra-

gen. »Und wer ist der König des Landes?«, fragte Kopreus, den die entschiedene Willensäußerung der Bürger nun doch eingeschüchtert hatte.

»Es ist ein Mann«, war die Antwort, »dessen Schiedsspruch du dich wohl unterwerfen darfst. Demophon, der Sohn des unsterblichen Theseus, ist unser König.«

Demophon

Es dauerte nicht lange, bis auch den König in seiner Burg die Nachricht erreicht hatte, dass sich fremde Flüchtlinge auf dem Markt versammelt hatten, und dass eine fremde Heeresmacht mit einem Herold erschienen sei, um sie zurückzufordern. So begab Demophon sich selbst auf den Markt. Aus dem Mund des Herolds wurde ihm mitgeteilt, was Eurystheus begehrte. »Ich bin ein Argiver«, sprach Kopreus, »und Argiver, über die mein Herr Gewalt hat, sind es auch, die ich mitnehmen will. Du wirst nicht so uneinsichtig sein, oh Sohn des Theseus, dass du dich als Einziger in ganz Griechenland des ausweglosen Unglücks dieser Flüchtlinge erbarmst und einen Kampf mit der Kriegsmacht des Eurystheus und seinen mächtigen Verbündeten vorziehst!«

Demophon war ein weiser und besonnener Mann. »Wie sollte ich«, entgegnete er auf die heftige Rede des Herolds, »die Sache richtig sehen und den Streit entscheiden können, bevor ich nicht beide Parteien gehört habe? Darum sprich du, oh Führer dieser Jünglinge, was hast du für dein Recht zu sagen?«

Iolaos, an den diese Worte gerichtet waren, erhob sich von den Stufen des Altars, verneigte sich ehrerbietig vor dem König und begann zu sprechen: »König, nun erfahre ich zum ersten Mal, dass ich in einer freien Stadt bin. Denn hier gilt reden lassen und anhören. Anderswo aber bin ich mit meinen Schützlingen verstoßen worden, ohne dass mir Gehör geschenkt worden wäre. So höre mich also an: Eurystheus hat uns aus Argos vertrieben. Nicht eine Stunde länger hätten wir in seinem Land bleiben dürfen. Wie kann er uns noch Untertanen und Argiver nennen, wenn er uns alle Untertanenrechte und den Namen selbst genommen hat! Dann müsste der, der aus Argos geflohen ist, auch aus ganz Griechenland fliehen. Nein – aus Athen zumindest nicht. Die Einwohner dieser heldenmütigen Stadt werden die Söhne des Herakles nicht aus ihrem Land jagen. Ihr König wird die Schutzflehenden nicht vom Altar der Götter fortreißen lassen. – Tröstet euch, meine Kinder, wir sind im Land der Freiheit, ja mehr noch: Wir sind bei unseren Verwandten! Denn du musst wissen, König dieses Landes, dass du keine Fremden beherbergst. Dein Vater Theseus und Herakles, der Vater dieser verfolgten Söhne, waren beide

FRÜHE GÖTTER- UND HELDENSAGEN

Urenkel des Pelops und zugleich Waffenbrüder; der Vater dieser Kinder hat deinen Vater sogar aus der Unterwelt erlöst!« Als Iolaos dies gesagt hatte, umschlang er die Knie des Königs, ergriff seine Hände und sein Kinn und verhielt sich in allem so, wie sich ein um Schutz Flehender damals zu verhalten pflegte.

Der König aber hob ihn vom Boden auf und sprach: »Aus dreifachem Grund kann ich deine Bitte nicht zurückweisen, Held. Zuerst Zeus und dieser heilige Altar, dann die Verwandtschaft und schließlich die Wohltaten, die Herakles meinem Vater erwiesen hat. Wenn ich euch von dem Altar fortrisse, dann wäre dieses Land nicht mehr das Land der Freiheit, der Götterfurcht und der Tugend! Darum, du Herold, geh nach Mykene zurück und melde dies deinem Herrscher. Du wirst diese Flüchtlinge niemals mit dir führen!«

»Ich gehe«, sagte Kopreus und erhob drohend seinen Heroldsstab. »Aber ich komme zurück – mit einem argivischen Heer. Zehntausend Schildträger warten nur auf den Befehl meines Königs, und er selbst wird ihr Führer sein. Höre, sein Heer steht schon an deiner Grenze!«

»Geh zum Hades«, sprach Demophon verächtlich, »ich fürchte dich und dein Argos nicht!«

Der Herold entfernte sich, und jetzt sprangen die Söhne des Herakles – eine ganze Schar blühender Jünglinge und Knaben – freudig vom Altar auf, und gaben ihrem Blutsverwandten, dem König von Athen, in dem sie ihren großmütigen Retter sahen, freudig die Hand. Iolaos sprach abermals in ihrem Namen und dankte dem trefflichen Mann und den Bürgern der Stadt mit Worten voller Rührung: »Wenn wir jemals wieder in unsere Heimat zurückkehren dürfen, und wenn ihr Kinder Haus und Würden eures Vaters Herakles wieder in Besitz nehmt, dann vergesst niemals, dass eure Freunde euch gerettet haben, und lasst euch niemals einfallen, diese gastliche Stadt mit Krieg zu überziehen. Erblickt vielmehr in ihr die liebste Freundin und treueste Verbündete!«

König Demophon traf nun alle Anstalten, dem Heer seines neuen Feindes gut vorbereitet entgegenzutreten. Er versammelte die Seher und kündigte feierliche Opfer an. Den Iolaos und seine Schützlinge lud er ein, im Palast zu wohnen. Aber Iolaos erklärte, dass sie am Altar des Zeus bleiben und für das Heil der Stadt beten wollten. »Erst wenn mit der Götter Hilfe der Sieg errungen ist«, sprach er, »wollen wir unsere müden Leiber unter dem Dach der Gastfreunde ausruhen.«

Der König stieg auf den höchsten Turm seiner Burg und beobachtete das heranziehende Heer der Feinde. Dann sammelte er die Streitmacht der Athener, traf alle kriegerischen Anordnungen, beratschlagte sich mit den Sehern und war bereit die feierlichen Opfer darzubringen.

Als Iolaos und seine Schar bereits am Zeusaltar in das Gebet versunken waren, kam Demophon eilig und mit verstörtem Gesichtsausdruck auf sie zugeschritten. »Was ist zu tun, Freunde!«, rief er ihnen sorgenvoll entgegen. »Wohl ist mein Heer für den Kampf gegen die Argiver gerüstet, aber der Ausspruch aller meiner Seher knüpft den Sieg an eine Bedingung, die nicht zu erfüllen ist. Das Orakel, sagen sie, lautet so: Ihr sollt kein Kalb und keinen Stier schlachten, sondern eine Jungfrau von edelstem Geschlecht; nur dann darf die Stadt auf Sieg und Rettung hoffen! Wie soll nun aber solches geschehen? Ich selbst habe blühende Töchter in meinem Königshaus, doch wer darf dem Vater zumuten ein solches Opfer zu bringen? Und welcher andere der edelsten Bürger, der eine Tochter hat, wird sie mir ausliefern, selbst wenn ich wagen sollte, darauf zu bestehen? Es würde mir, während ich den auswärtigen Krieg zu beenden versuche, ein Bürgerkrieg in meiner eigenen Stadt daraus entstehen!«

Mit Schrecken hörten die Söhne des Herakles Demophons angstvolle Bedenken. »Wehe uns!«, rief Iolaos. »Wir sind wie Schiffbrüchige, die schon den Strand erreicht haben und vom Sturm wieder in die hohe See hinausgeschleudert werden! Eitle Hoffnung, warum hast du uns in deine Träume eingelullt? Wir sind verloren, Kinder: Nun wird Demophon uns ausliefern – und wir können es ihm nicht verdenken!« Doch plötzlich blitzte ein Hoffnungstrahl in den Augen des alten Mannes auf. »Weißt du, was der Geist mir eingibt, König, was uns alle retten wird? Hilf mir, es durchzuführen! Liefere mich dem Eurystheus aus, anstelle dieser Söhne des Herakles. Gewiss würde jener am liebsten mir, dem treuen Begleiter des großen Helden, einen schmählichen Tod bereiten. Ich bin ein alter Mann, gern opfere ich meine Seele für diese Jünglinge!«

»Dein Anerbieten ist edel«, erwiderte Demophon traurig, »aber helfen kann es uns nicht. Meinst du wirklich, Eurystheus würde sich mit dem Tod eines alten Mannes zufrieden geben? Nein, das junge, blühende Geschlecht des Herakles selbst will er vernichten. Wenn du einen anderen Rat weißt, dann sage ihn mir, dieser aber ist vergeblich.«

Makaria

Nun hob nicht nur unter den Herakliden, sondern auch unter den Athener Bürgern ein solches Jammergeschrei an, dass es bis zur Königsburg hinauf zu hören war. Dort waren gleich nach dem Einzug der Flüchtlinge Alkmene, Herakles' von Alter und Kummer gebeugte Mutter, und seine blühende Tochter Makaria, die Deïaneira zur Welt gebracht hatte, untergebracht worden, denn Demophon wollte sie vor den Blicken der Neugierigen schützen. Und nun harrten sie dort aus, in stiller Erwartung dessen, was da kommen sollte. Die hochbetagte Alkmene war in sich gekehrt und vernahm von all dem, was draußen vorging, nichts. Ihre Enkelin aber hörte die Jammerlaute, die von unten heraufdrangen. Da ergriff sie solche Angst um das Schicksal ihrer Brüder, dass sie mitten in das Gewühl des Marktplatzes hinuntereilte ohne zu bedenken, dass sie allein und eine in tiefer Zurückgezogenheit aufgewachsene Jungfrau war. So staunten die dort versammelten Bürger mit ihrem König, und Iolaos mit seinen Schützlingen nicht weniger, als sie die Jungfrau in ihre Mitte treten sahen. Sie hatte sich erst eine Weile in der Menge verborgen gehalten und auf diese Weise erlauscht, in welcher Not sich Athen und die Herakliden befanden und welch ein verhängnisvoller Orakelspruch dem Erfolg jeden Ausweg zu versperren schien. Festen Schrittes trat sie daher vor König Demophon und sprach: »Ihr sucht ein Opfer, das euch den glücklichen Ausgang des Krieges verbürgt und durch dessen Tod meine armen Brüder vor der Wut des Tyrannen geschützt werden. Eine unbefleckte Jungfrau aus edlem Geschlecht sollt ihr opfern. Habt ihr denn nicht daran gedacht, dass die jungfräuliche Tochter des adeligsten aller Menschen, des Herakles, unter euch ist? Ja, ich selbst biete mich als Opfer an, das den Göttern umso willkommener sein muss, als es freiwillig ist. Wenn diese Stadt so edelmütig ist, für die Nachkommen des Herakles einen gefahrvollen Krieg auf sich zu nehmen und hunderte ihrer Söhne zu opfern, wie sollte sich dann unter seiner Nachkommenschaft nicht auch ein Leben finden, das bereit ist, so trefflichen Männern durch seine Opferung den Sieg zu sichern? Wir wären nicht wert beschützt und gerettet zu werden, wenn keiner unter uns so dächte! Führt mich darum an den Ort, wo mein Leben geopfert werden soll, bekränzt mich, wie man ein Opfertier bekränzt, erhebt die Klinge – meine Seele wird willig entfliehen!«

Iolaos und alle Umstehen schwiegen noch, nachdem das heldenmütige Mädchen seine feurige Rede längst beendet hatte. Schließlich sprach der Führer der Herakliden: »Jungfrau, deine Rede war deines Vaters würdig. Ich schäme mich deiner Worte nicht, obwohl ich dein Schicksal beweine. Doch es schiene mir gerecht, wenn alle Töchter deines Stammes zusammenkämen und das Los entschiede, welche für eure Brüder sterben soll!«

»Ich möchte nicht durch das Los sterben«, antwortete Makaria freudig, »aber zögert nicht so lange, bis der Feind euch überfällt und der Orakelspruch vergebens war! Gebietet den Frauen des Landes mit mir zu gehen, damit ich nicht vor Männeraugen sterbe!«

So ging die hoch gesinnte Jungfrau, von den edelsten Frauen Athens begleitet, ihrem freiwilligen Tod entgegen.

Die Rettungsschlacht

Der König und die Bürger Athens blickten der scheidenden Jungfrau voller Bewunderung, Iolaos und die Herakliden voller Wehmut und Schmerz nach. Doch das Schicksal erlaubte ihnen allen nicht ihren Gedanken und Empfindungen nachzuhängen. Denn kaum dass Makaria ihren Blicken entschwunden war, kam ein Bote unter freudigem Rufen auf den Altar zugerannt: »Seid gegrüßt, ihr lieben Söhne!«, sprach er. »Sagt mir, wo Iolaos ist, denn ich habe ihm eine Freudenbotschaft zu bringen!« Iolaos erhob sich vom Altar, doch seinen Schmerz konnte er nicht verbergen, sodass der Bote ihn zunächst nach dem Grund für seine Traurigkeit fragte, den Iolaos aber nicht preisgab. Also sprach der Bote: »Kennst du mich denn nicht mehr? Den alten Diener des Hyllos, der ein Sohn des Herakles und der Deïaneira ist? Du weißt, dass mein Herr sich auf der Flucht von euch getrennt hat, um Verbündete zu gewinnen. Eben zur rechten Zeit ist er nun mit einem mächtigen Heer erschienen. Er steht dem König Eurystheus gerade gegenüber!«

Da lief eine Woge der Freude durch die Schar der Flüchtlinge und sprang auch auf die Bürger über. Selbst die greise Alkmene lockte die gute Nachricht aus den Gemächern der Frauen, und der alte Iolaos ließ sich – allen Versuchen ihn abzuhalten zum Trotz – seine Waffen bringen und schnallte sich seinen Harnisch um. Er bat die ältesten Bürger Athens die Kinder seines Freundes sowie Alkmene in ihre Obhut zu nehmen. Er selbst zog mit den jungen athenischen Kämpfern und ihrem König Demophon aus der Stadt, um sich mit dem Heer des Hyllos zu vereinigen. Als nun die verbündeten Truppen in schöner Schlachtordnung standen und das weite Feld vor blanken Rüstungen glänzte und nur einen Steinwurf entfernt das gewaltige Heer des Gegners mit Eurystheus an der Spitze Aufstellung genommen hatte, da stieg Hyllos, der Sohn des Herakles, von seinem Streitwagen, stellte sich mitten auf das freie Feld zwischen den beiden Heeren und rief dem Argiverkönig zu: »Fürst Eurystheus! Ehe nun überflüssiges Blutvergießen seinen Anfang nimmt und zwei große Städte sich um weniger Menschen willen bekämpfen und mit gegenseitiger Vernichtung bedrohen, höre meinen Vorschlag! Lass uns beide durch einen gerechten Zweikampf den Streit entscheiden. Wenn ich durch deine Hand falle, dann sollst du die Kinder des Herakles mit dir fortführen und mit ihnen verfahren, wie es dir beliebt. Wenn aber ich es bin, der dich zu Fall bringt, so sollen des Vaters Würde und seine Besitzansprüche im Peloponnes für mich und alle Seinigen gesichert sein!« Das Heer der Verbündeten tat durch laute Rufe seinen Beifall kund, und auch von den Argivern drang zustimmendes Gemurmel herüber. Nur Eurystheus, der schon vor Herakles seine

FRÜHE GÖTTER- UND HELDENSAGEN

Feigheit bewiesen hatte, schonte auch jetzt sein Leben. Er wollte von diesem Vorschlag nichts hören und verließ die Schlachtreihe, an deren Spitze er stand, nicht. Hyllos ging nun wieder zu seinem Heer zurück. Die Seher opferten und bald ertönte der Schlachtruf. »Mitbürger!«, rief Demophon seinen Kämpfern zu. »Bedenkt, dass ihr für Haus und Herd, für die Stadt, die euch geboren und ernährt hat, kämpft!« Auf der anderen Seite beschwor Eurystheus die Seinen, Argos und Mykene keine Schande zu machen und dem Ruf, der mächtigste Staat zu sein, gerecht zu werden. Jetzt ertönten die tyrrhenischen Trompeten, Schild stieß gegen Schild, das Geräusch der Wagen, Speerstöße und Klirren der Schwerter erscholl, dazwischen die Schmerzensschreie der Gefallenen. Einen Augenblick lang mussten die Verbündeten vor den argivischen Lanzen zurückweichen, die ihre Reihen zu durchbrechen drohten, doch bald hatten sie die Feinde abgewehrt und rückten nun selbst vor. Nun entstand ein Handgemenge, das den Kampf lange unentschieden ließ. Doch schließlich geriet die Schlachtordnung der Argiver ins Wanken, ihre Schwerbewaffneten und ihre Streitwagen wandten sich zur Flucht. Da kam auch dem alten Iolaos die Lust an, seine Greisenjahre noch durch eine Tat zu verherrlichen, und als eben Hyllos auf seinem Streitwagen an ihm vorüberfuhr, um sich dem fliehenden Heer der Feinde in den Rücken zu setzen, da streckte er seine rechte Hand zu ihm empor und bat ihn, dass er ihn an seiner Stelle den Wagen besteigen lasse. Voller Ehrerbietung machte Hyllos dem Freund seines Vaters und Beschützer seiner Brüder Platz, er stieg vom Wagen, und Iolaos schwang sich an seiner Stelle in den Sitz. Es fiel ihm nicht leicht, das Viergespann mit seinen alten Händen zu lenken, doch er trieb es voran.

Er war zum Heiligtum der Athene gekommen, als er den fliehenden Wagen des Eurystheus in der Ferne dahinjagen sah. Da erhob sich Iolaos in seinem Wagen und flehte zu Zeus und Hebe, der Göttin der Jugend und unsterblichen Gemahlin seines in den Olymp aufgefahrenen Freundes Herakles, dass sie ihm nur für diesen einen Tag wieder die Kraft der Jugend verliehen, damit er sich an Herakles' Feind rächen könne. Da war ein großes Wunder zu sehen: Zwei Sterne senkten sich vom Himmel herab und setzten sich auf das Joch der Pferde, zugleich hüllte sich der ganze Wagen in eine dichte Nebelwolke ein. Nach wenigen Augenblicken waren Sterne und Nebel wieder verschwunden, in dem Wagen aber stand Iolaos verjüngt. Mit braunen Locken, aufrecht und mit sehnigen Jünglingsarmen stand er da und hielt die Zügel des Viergespanns in seiner kräftigen Hand. So stürmte er dahin. Er erreichte den Eurystheus, als er schon die skironischen Felsen im Rücken hatte, beim Eingang in ein Tal, durch das er flüchten wollte. Eurystheus erkannte seinen Verfolger nicht und wehrte sich von seinem

Die Sage von den Herakliden

Wagen herab. Doch die Iolaos von den Göttern verliehene Jünglings-
kraft siegte: Er zwang seinen alten Gegner vom Wagen, fesselte ihn auf
seinen eigenen und brachte ihn so als die erste Siegesbeute zu dem verbündeten Heer. Nun war die Schlacht vollends gewonnen. Das Heer der
Argiver, das seinen Anführer verloren hatte, stürzte in wilder Flucht
davon. Alle Söhne des Eurystheus und unzählige Kämpfer wurden
erschlagen, und bald war kein Feind mehr auf attischem Boden zu
sehen.

Eurystheus vor Alkmene

Das Heer der Sieger war in Athen eingezogen, und Iolaos, der nun wieder seine wirkliche Gestalt angenommen hatte, stand mit dem gede-
mütigten Verfolger des herkulischen Geschlechts, der an Händen und
Füßen gefesselt war, vor der Mutter des Herakles. »Kommst du also endlich, Verhasster!«, rief ihm die Greisin entgegen, als sie ihn vor ihren
Augen stehen sah. »Hat dich nach so langer Zeit die Strafgerechtigkeit der
Götter ergriffen? Senke dein Angesicht nicht so zur Erde, sondern blicke
deinen Gegnern ins Gesicht! Du bist also der, der meinen Sohn so viele
Jahre hindurch mit Mühsal und Schmach überhäuft hat; der ihn ausgesandt hat, giftige Schlangen und grimmige Löwen zu erwürgen, damit er
im Kampf umkomme; der ihn in das finstere Reich des Hades hinabgejagt
hat, damit er dort der Unterwelt verfiele? Und nun treibst du mich, seine
Mutter, und seine Kinder durch ganz Griechenland und wolltest sie selbst
noch von den schützenden Altären der Götter fortreißen? Doch jetzt bist
du auf Männer und eine freie Stadt gestoßen, die dich nicht gefürchtet
haben: Jetzt ist es an dir zu sterben, und du darfst dich glücklich schätzen, wenn du nur sterben musst. Denn da du so zahlreiche Verbrechen
verübt hast, hättest du es verdient, durch mancherlei Qualen einen vielfachen Tod zu sterben.«

Eurystheus wollte vor der Frau keine Furcht zeigen. So nahm er sich
zusammen und sprach mit erzwungener Kaltblütigkeit: »Du sollst aus
meinem Munde keine Bitten hören. Ich weigere mich nicht zu sterben.
Zu meiner Rechtfertigung will ich nur so viel sagen: Nicht weil ich es so
wollte, bin ich dem Herakles als Widersacher entgegengetreten. Hera, die
Göttin, war es, die mir auftrug diesen Kampf zu bestehen. Alles was ich
getan habe, ist in ihrem Auftrag geschehen. Da ich mir nun einmal wider
Willen den mächtigen Mann und Halbgott zum Feind gemacht habe, wie
hätte ich nicht Sorge tragen sollen alles aufzubieten, was mich vor seinem
Zorn schützen könnte? Wie hätte ich nicht sein Geschlecht nach seinem
Tod verfolgen sollen, aus dem mir lauter Feinde und Rächer entgegen-

wuchsen? Tue nun mit mir, was du willst. Ich habe kein Verlangen zu sterben, doch es schmerzt mich auch nicht, wenn ich aus dem Leben scheiden soll.« So sprach Eurystheus, und er schien seinem Schicksal gefasst entgegenzublicken.

Hyllos selbst legte ein gutes Wort für seinen Gefangenen ein, und die Bürger Athens drangen auf die milde Sitte ihrer Stadt, die einen überführten Verbrecher zu begnadigten pflegte. Aber Alkmene blieb unerbittlich. Sie dachte an all die Qualen, die ihr unsterblicher Sohn auszustehen hatte, solange er ein Knecht des grausamen Königs war. Der Tod der geliebten Enkelin, die sie hierher begleitet hatte und freiwillig gestorben war, um Eurystheus den Sieg zu vereiteln, schwebte ihr vor Augen; und sie malte sich in grausamsten Farben aus, welches Schicksal wohl sie selbst und die Kinder erwartet hätte, wenn Eurystheus nun nicht als Gefangener, sondern als Sieger vor ihr stünde. »Nein, er soll sterben!«, rief sie. »Kein Sterblicher soll mir diesen Verbrecher entreißen!«

Da sprach Eurystheus zu den Athenern: »Euch, ihr Männer, die ihr gütig für mich gebeten habt, soll auch mein Tod keinen Unsegen bringen. Wenn ihr mich eines ehrenhaften Begräbnisses würdigt und mich dort bestattet, wo das Verhängnis mich ereilt hat, nämlich am Tempel der Athene, so werde ich als ein heilbringender Gast die Grenze eures Landes bewachen, damit kein Heer sie jemals überschreiten soll. Denn wisst, dass die Nachkommen dieser Kinder, die ihr hier beschützt, euch einst mit einem mächtigen Heer überfallen und euch schlechten Lohn für die Wohltat vergelten werden, die ihr ihren Vätern erwiesen habt. Dann werde ich, der eingeschworene Feind des Geschlechts des Herakles, euer Retter sein.«

Mit diesen Worten ging er unerschrocken seinem Tod entgegen und starb besser, als er gelebt hatte.

Hyllos, sein Orakel und seine Nachkommen

Die Herakliden versprachen ihrem Beschützer Demophon ewige Dankbarkeit und verließen, angeführt von ihrem Bruder Hyllos und von Iolaos, dem Freund ihres Vaters, Athen. Da sie nun überall Mitstreiter fanden, zogen sie endlich in ihr väterliches Erbe, den Peloponnes, ein. Ein ganzes Jahr lang kämpften sie hier von Stadt zu Stadt, bis sie alles außer Argos unterworfen hatten. Während dieser Zeit wütete auf der Halbinsel auch eine grausame Pest, die kein Ende nehmen wollte. Schließlich erfuhren die Herakliden durch einen Götterspruch, dass sie selbst die Ursache für dieses Unglück seien, weil sie früher zurückgekehrt waren, als ihnen von Rechts wegen zustand. So verließen sie den bereits einge-

Die Sage von den Herakliden

nommenen Peloponnes wieder, kehrten in das attische Gebiet zurück und wohnten dort auf den Feldern von Marathon.

Hyllos hatte inzwischen, wie sein Vater ihm vor seinem Tod angetragen hatte, die schöne Jungfrau Iole, um die einst Herakles selbst geworben hatte, geheiratet. Nun hielt ihn die Frage, wie er so bald als möglich in den Besitz des väterlichen Erbes gelangen könnte, beständig gefangen. Daher wandte er sich abermals an das Orakel von Delphi und erhielt folgende Antwort: »Erwartet ihr die dritte Frucht, so wird euch die Rückkehr gelingen.« Wie es nahe liegend schien, deutete Hyllos den Spruch nach den Früchten des Feldes. Er wartete geduldig den dritten Sommer ab und fiel dann aufs Neue mit Heeresmacht in den Peloponnes ein.

In Mykene war nach dem Tod des Eurystheus Atreus, der Enkel des Tantalos und Sohn des Pelops, König geworden. Als sich die Herakliden in feindlicher Absicht näherten, schloss er einen Bund mit den Einwohnern der Stadt Tegea und anderen Nachbarstädten und ging den heranrückenden Herakliden entgegen.

An der Landenge von Korinth standen die beiden Heere einander gegenüber. Aber Hyllos, der wie immer Blutvergießen unter den Griechen vermeiden wollte, war auch hier wieder der Erste, der den Streit durch einen Zweikampf entscheiden wollte. Er forderte einen der Feinde, wer immer es sein mochte, heraus. Da er auf den Orakelspruch vertraute, stellte er die Bedingung, dass die Herakliden im Falle seines Sieges das Recht hätten, das alte Reich des Eurystheus friedlich einzunehmen. Wenn aber Hyllos besiegt werde, so sollten die Nachkommen des Herakles fünfzig Jahre lang den Peloponnes nicht mehr betreten dürfen. Als Hyllos' Vorschlag im feindlichen Heer bekannt geworden war, erhob sich Echemos, der König von Tegea, ein kühner Kämpfer in den besten Mannesjahren. Er nahm die Herausforderung an.

Beide kämpften mit seltener Tapferkeit. Schließlich aber unterlag Hyllos, und während er im Sterben lag, verfinsterte der Gedanke an die Zweideutigkeit des Orakels seinen Sinn. Dem Vertrag gemäß nahmen die Herakliden nun Abstand von ihrer Unternehmung, kehrten wieder zum Isthmos um und lebten von neuem in der Gegend von Marathon. Die fünfzig Jahre gingen vorüber, ohne dass die Kinder des Herakles daran dachten, dem Vertrag zuwider ihr Erbland aufs Neue zu erobern.

In der Zwischenzeit war Kleodaios, der Sohn des Hyllos und der Iole, ein Mann von mehr als fünfzig Jahren geworden. Da die Frist nun abgelaufen und ihm die Hände nicht mehr gebunden waren, machte er sich mit weiteren Enkeln des Herakles zum Peloponnes auf, als der Trojanische Krieg bereits dreißig Jahre vorüber war. Aber auch er hatte nicht mehr Erfolg als sein Vater und kam mit seinem ganzen Heer auf diesem Feldzug um. Zwanzig Jahre später machte sein Sohn Aristomachos, der

231

FRÜHE GÖTTER- UND HELDENSAGEN

Enkel des Hyllos und Urenkel des Herakles, einen zweiten Versuch. Dies
geschah, als Teisamenos, ein Sohn des Orestes, über die Peloponnesier
herrschte. Auch ihn führte das Orakel mit einem zweideutigen Spruch in
die Irre: »Die Götter«, sprach es, »verleihen dir den Sieg durch den Pfad
des Engpasses.« Er fiel über den Isthmos ein, wurde zurückgeschlagen
und verlor wie Vater und Großvater das Leben.

Weitere dreißig Jahre vergingen, und Troja lag schon achtzig Jahre in
Schutt und Asche. Da unternahmen die Söhne des Aristomachos, die
Enkel des Kleodaios, Temenos, Kresphontes und Aristodemos mit Namen,
den letzten Zug. Trotz aller Zweideutigikeit der Orakelsprüche hatten sie
den Glauben an die Götter nicht verloren, gingen nach Delphi und befragten die Priesterin. Die Sprüche aber waren die gleichen wie damals für
ihre Väter: »Wenn die dritte Frucht abgewartet worden ist, so wird die
Rückkehr gelingen.« Und: »Die Götter verleihen den Sieg durch den Pfad
des Engpasses.« Temenos, der älteste der Brüder, klagte: »Diesen Sprü-
chen sind mein Vater, mein Großvater und mein Urgroßvater gefolgt, und
alle sind sie ins Verderben gegangen!« Da erbarmte sich der Gott und
teilte ihnen durch die Priesterin den wahren Sinn des Orakels mit: »An all
diesen Unglücksfällen sind eure Väter selbst schuld, weil sie die weisen
Sprüche der Götter nicht richtig zu deuten gewusst haben! Nicht auf die
dritte Frucht der Erde sollten sie warten, sondern auf die dritte Frucht des
Geschlechts: Der erste Sohn war Kleodaios, der zweite Aristomachos. Die
dritte Frucht, das seid nun ihr. Und: Der Engpass, durch den ihr gehen
sollt, ist nicht der Isthmos, wie eure Väter fälschlich glaubten, sondern
das rechts des Isthmos gelegene Meer. Jetzt kennt ihr den Sinn der Orakelsprüche. Was ihr tun wollt, das tut mit der Götter Glück!«

Als Temenos dies vernommen hatte, fiel es ihm wie Schuppen von den
Augen. Rasch stellte er mit seinen Brüdern ein Heer auf und baute Schiffe
in einem Ort, der damals noch Lokri hieß. Danach aber wurde der Ort auf
den Namen Naupaktos, »Schiffswerft«, umbenannt.

Aber auch dieser Zug sollte den Nachkommen des Herakles nicht leicht
werden und sie viel Kummer und Tränen kosten. Als das Heer aufgestellt
war, erschlug der Blitz Aristodemos, den jüngsten der Brüder, und machte
seine Gattin Argeia, die Urenkelin des Polyneikes, zur Witwe und seine
Zwillingssöhne Eurysthenes und Prokles zu Waisen.

Als sie den Bruder bestattet und betrauert hatten und die Flotte aus
Naupaktos auslaufen sollte, fand sich dort ein Seher ein, der Orakelsprüche erteilte. Sie aber hielten ihn für einen falschen Seher und einen Kundschafter der Peloponnesier, der geschickt worden war, um sie ins Verderben zu führen. Hippotes, der Sohn des Phylas und ein Urenkel des
Herakles, warf einen Speer nach ihm, der ihn auf der Stelle tötete. Darüber zürnten die Götter den Herakliden: Die Flotte geriet in einen hefti-

gen Sturm und ging unter; die Landtruppen aber litten unter einer Hungersnot, sodass sich das ganze Heer allmählich auflöste. Auch über dieses Unglück befragte Temenos das Orakel, und der Gott eröffnete ihm: »Um des Sehers willen, den ihr getötet habt, hat euch Unheil getroffen. Seinen Mörder sollt ihr für zehn Jahre des Landes verweisen und dem Dreiäugigen den Oberbefehl übertragen.« Der erste Teil des Orakels war bald erfüllt, Hippotes in die Verbannung geschickt. Der zweite Teil aber trieb die armen Herakliden zur Verzweiflung, denn wie und wo sollten sie einen Menschen mit drei Augen finden! Doch im Vertrauen auf die Götter suchten sie unverdrossen einen, der die Bedingung erfüllte. Da begegneten sie Oxylos, dem Sohn des Haimon und Nachkommen des Oineus, aus ätolischem Königsgeschlecht. In der Zeit, als die Herakliden in den Peloponnes eingedrungen waren, hatte er einen Totschlag begangen und daher aus seiner Heimat Ätolien in das kleine Land Elis auf dem Peloponnes flüchten müssen. Nun war ein Jahr vergangen und er war im Begriff in seine Heimat zurückzukehren. Während er auf seinem Maultier dahinritt, traf er auf die Herakliden. Oxylos hatte nur ein Auge, da er das andere in seiner Jugend verloren hatte. So musste das Maultier ihm sehen helfen und sie hatten zusammen drei Augen. So fanden die Herakliden jetzt auch diesen seltsamen Orakelspruch eingetroffen. Sie wählten den Oxylos zu ihrem Heerführer, und als auf diese Weise die Bedingung erfüllt war, griffen sie mit frisch angeworbenen Truppen und neu gezimmerten Schiffen die Feinde an und töteten deren Anführer Teisamenos.

Die Herakliden teilen den Peloponnes

Nachdem die Nachkommen des Herakles den ganzen Peloponnes erobert hatten, errichteten sie dem Zeus, ihrem väterlichen Ahnherrn, drei Altäre und opferten ihm. Dann losten sie aus, wie die Städte aufgeteilt werden sollten. Das erste Los war Argos, das zweite Lakedaimon, das dritte Messene. Gelost wurde in einem Wassergefäß; jeder sollte ein Los hineinwerfen, auf dem sein Name stand. Da warfen Temenos und die Söhne des Aristodemos, die Zwillinge Eurysthenes und Prokles, gekennzeichnete Steine hinein – der schlaue Kresphontes aber, der am liebsten Messene erhalten hätte, warf einen Erdklumpen ins Wasser, der sich auflöste. Nun wurde zuerst über Argos gelost und der Stein des Temenos kam zum Vorschein; dann über Lakedaimon, und es traf den Stein der Zwillinge. Dann fand man es überflüssig, nach dem dritten Stein zu suchen, und so bekam Kresphontes Messene.

Als sie nun mit ihren Begleitern den Göttern opferten, wurden ihnen

FRÜHE GÖTTER- UND HELDENSAGEN

seltsame Zeichen zuteil, denn jeder fand auf seinem Altar ein anderes Tier. Diejenigen, denen Argos zugefallen war, fanden eine Kröte; die Lakedaimonier einen Drachen; die Messene bekommen hatten, einen Fuchs. Da diese Zeichen sie nachdenklich machten, befragten sie die einheimischen Wahrsager. Die deuteten die Angelegenheit so: »Welche die Kröte erhalten haben, tun gut daran, in ihrer Stadt zu bleiben, denn das Tier hat keinen Schutz auf der Wanderung. Die, die den Drachen gefunden haben, werden gewaltige Angreifer werden und können sich getrost über die Grenzen ihres Landes hinauswagen. Die schließlich, denen der Fuchs auf ihren Altar gelegt worden ist, sollen es weder mit der Einfalt noch mit der Gewalt halten. Denn sie schützt Listigkeit am besten.«

In der Folge wurden diese Tiere die Wappentiere der Argiver, Spartaner und Messener. Dem Oxylos, ihrem einäugigen Führer, gaben sie zum Lohn für seine Feldherrnschaft das kleine Königreich Elis. Auf dem ganzen Peloponnes blieb nur das bergige Hirtenland Arkadien von den Herakliden unbesiegt. Sparta war das einzige der drei auf der Halbinsel neu gegründeten Reiche, dem eine längere Dauer beschieden war. In Argos hatte Temenos dem Deïphontes, der ebenfalls ein Urenkel des Herakles war, seine Tochter Hyrnetho zur Frau gegeben. Sie liebte er von seinen Kindern am meisten. Den Deïphontes aber zog er bei allen Entscheidungen zu Rate, sodass man vermutete, dass er ihm und seiner Tochter eines Tages auch die Herrschaft übertragen werde. Darüber wurden seine Söhne so zornig, dass sie sich gegen ihren Vater Temenos verschworen und ihn erschlugen. Die Argiver kannten den ältesten Sohn nun zwar als König an, doch weil sie Freiheit und Gleichheit über alles stellten, beschränkten sie seine Macht so sehr, dass ihm und seinen Nachkommen nichts als der Königstitel blieb.

Merope und Aipytos

Auch Kresphontes, den König von Messene, traf kein besseres Los als seinen Bruder Temenos. Kresphontes hatte Merope, die Tochter des Königs Kypselos von Arkadien, geheiratet. Sie bekam vier Kinder, von denen Aipylos das jüngste war.

Für seine vielen Söhne und sich selbst baute Kresphontes eine stattliche Königsburg. Da er ein Freund des einfachen Volkes und stets darauf bedacht war, ihm Vorteile einzuräumen, wo immer er konnte, lehnten sich die Reichen gegen ihn auf und erschlugen ihn samt seinen Söhnen. Nur Aipytos, der jüngste, kam davon. Seine Mutter hatte ihn vor den Mördern gerettet und zu ihrem Vater Kypselos nach Arkadien gebracht, wo er heimlich erzogen wurde.

Die Sage von den Herakliden

In Messenien hatte unterdessen Polyphontes, der ebenfalls ein Nachkomme des Herakles war, die Macht an sich gerissen und die Witwe des ermordeten Königs gezwungen seine Frau zu werden. Da aber kam das Gerücht auf, dass noch ein Thronerbe des Kresphontes am Leben sei, und Polyphontes setzte ein hohes Kopfgeld auf ihn aus. Aber es gab niemanden, der sich die Belohnung verdienen wollte oder auch nur konnte. Denn man hatte nur Andeutungen gehört, und niemand wusste, wo man den Geächteten suchen solle.

Aipytos war mittlerweile zu einem Jüngling herangewachsen. Heimlich verließ er den Palast seines Großvaters, und ohne dass jemand davon wusste, kam er nach Messene. Er hatte erfahren, dass ein Preis auf seinen Kopf ausgesetzt worden war, und fasste sich ein Herz. Da ihn, den Fremdling, selbst seine eigene Mutter nicht erkannte, ging er an den Hof des Königs Polyphontes, trat vor ihn hin und sprach in Gegenwart seiner Mutter Merope: »Ich will den Preis verdienen, oh Herr, den du auf den Kopf des Fürsten ausgesetzt hast, der als Sohn des Kresphontes deinem Thron so gefährlich ist. Ich kenne ihn so gut wie mich selbst und will ihn dir ausliefern.«

Die Mutter erblasste, als sie dies vernahm. Rasch schickte sie nach einem alten Diener, der ihr schon bei der Rettung des kleinen Aipytos geholfen hatte und nun fernab von Hof und Königsburg lebte, weil er den neuen König fürchtete. Diesen alten Diener sandte Merope heimlich nach Arkadien, um ihren Sohn zu warnen und vielleicht sogar herbeizurufen, damit er sich an die Spitze der Bürger stelle und den väterlichen Thron wieder erringe. Denn dem Volk war der König durch seine Tyrannei verhasst.

Als der alte Diener nach Arkadien kam, fand er den König Kypselos und das ganze Königshaus in tiefer Bestürzung vor. Denn sein Enkel Aipytos war verschwunden, und niemand wusste, was aus ihm geworden war. Verzweifelt eilte der alte Diener nach Messene zurück und berichtete der Königin, was geschehen war. Beide hatten nun keinen anderen Gedanken, als dass der Fremde, der vor dem König erschienen war, Aipytos in Arkadien ermordet und seine Leiche nach Messene gebracht habe. So zögerten sie nicht lange. Mit einer Axt bewaffnet drang Merope in Begleitung ihres alten Dieners in das Schlafgemach des Fremden ein, den König Polyphontes in seine Königsburg aufgenommen hatte, denn sie wollte ihn im Schlaf ermorden. Der Jüngling schlief ruhig und sanft und das Mondlicht lag auf seinem Antlitz. Schon hatten sich beide über sein Lager gebeugt und Merope hatte die Axt erhoben, als der Diener den Schlafenden plötzlich erkannte. Mit einem angstvollen Schrei fiel er der Königin in den Arm. »Halt ein«, rief er, »es ist dein Sohn Aipytos, den du erschlagen willst!« Merope ließ die Axt sinken und warf sich über ihren Sohn, der

FRÜHE GÖTTER- UND HELDENSAGEN

von ihrem lauten Schluchzen erwachte. Nachdem sie sich lange in den Armen gelegen waren, eröffnete ihr Aipytos, dass er nicht gekommen sei, um sich dem König auszuliefern, sondern dass er im Gegenteil hoffe mithilfe der Bürger den Thron zurückzuerlangen. Polyphontes wolle er bestrafen und sie selbst von der verhassten Ehe erlösen. Zusammen beschlossen sie nun, wie sie vorgehen mussten, um sich an dem verruchten König zu rächen.

Merope legte Trauerkleider an, trat vor ihren Mann und berichtete ihm, dass sie soeben die Nachricht vom Tod ihres einzigen übrigen Sohnes erhalten habe. Von nun an sei sie bereit, mit ihrem Gatten in Frieden zu leben und das vorangegangene Leid zu vergessen. Der Tyrann ging in die Schlinge, die ihm gelegt worden war. Er war erleichtert und froh, weil er von seiner schwersten Sorge befreit war, und erklärte den Göttern ein Dankopfer bringen zu wollen, denn nun waren alle seine Feinde tot. Widerwillig hatte sich die gesamte Bürgerschaft auf dem Marktplatz versammelt, denn das einfache Volk hing dem guten König Kresphontes an und trauerte um seinen Sohn, auf den es seine letzte Hoffnung gesetzt hatte. Doch da überfiel Aipytos den opfernden König und stieß ihm eine Klinge ins Herz. Rasch eilten Merope und der alte Diener herbei, um dem Volk zu beweisen, dass der Fremde Aipytos, der totgeglaubte rechtmäßige Thronerbe war. Unter lautem Jubel begrüßte ihn das Volk. Noch am selben Tag nahm der Jüngling den Thron seines Vaters Kresphontes ein und bezog an der Seite seiner Mutter die Königsburg. Er bestrafte die Mörder seines Vaters und seiner Brüder und alle, die an den Morden beteiligt gewesen waren. Im Weiteren gewann er durch sein zuvorkommendes Wesen selbst die vornehmen Messenier und durch seine Freigebigkeit alle, die zum Volk gehörten. Schließlich erwarb er sich so hohes Ansehen, dass sich seine Nachkommen Aipytiden statt Herakliden nennen durften.

ZWEITER TEIL

DIE TROJASAGE

ERSTES BUCH

Wie Troja erbaut wurde

In uralten Zeiten lebten auf der Insel Samothrake im ägäischen Meer zwei Brüder, Iasion und Dardanos. Sie waren Söhne des Zeus und einer Nymphe und die Fürsten des Landes. Iasion, als Göttersohn, wagte es, sich eine der olympischen Göttinnen zur Frau auszuersehen und warf seine ungestüme Neigung auf Demeter. Zur Strafe wurde er von seinem eigenen Vater mit dem Blitz erschlagen. Tief betrübt über den Tod seines Bruders verließ Dardanos darauf sein Reich und seine Heimat und ging an die Küste Mysiens, das auf dem asiatischen Festland liegt, und zwar dorthin, wo die Flüsse Simoeis und Skamander vereinigt in das Meer strömen und das hohe Idagebirge dem Meer zu in einer Ebene ausläuft.

Hier herrschte der König Teukros, der seine Wurzeln auf Kreta hatte. Nach ihm war auch das Hirtenvolk der Teukrer benannt, das in diesem Lande lebte. Von Teukros wurde Dardanos gastfreundlich aufgenommen. Der König schenkte ihm einen Landstrich und gab ihm seine Tochter zur Frau, sodass Dardanos eine Ansiedlung gründete. Sein Land erhielt den Namen Dardania und die Teukrer wurden fortan Dardaner genannt. Von Dardanos übernahm später der Sohn Erichthonios die Herrschaft. Der zeugte den Tros, nach dem das Gebiet nun Troas, der Hauptort Troja und die Dardaner Troer oder Trojaner genannt wurden.

Nachfolger des Königs Tros war sein ältester Sohn Ilos. Als er einst das benachbarte Land Phrygien besuchte, wurde er vom König der Phrygier zur Teilnahme an den Kampfspielen eingeladen, die soeben stattfanden. Er trug im Ringkampf den Sieg davon. Als Kampfpreis erhielt er fünfzig Jünglinge und fünfzig Jungfrauen, und dazu eine gescheckte Kuh. Die Kuh übergab ihm der König mit der Weisung, dass ein Orakelspruch besage, dort wo die Kuh sich niederlege, solle er eine Stadt gründen. Ilos folgte der Kuh. Die Kuh aber lagerte sich an jenem offenen Flecken, der seit seines Vaters Zeiten bereits der Sitz des Landes und seine eigene Wohnung war und Troja hieß. So erbaute er dort auf einem Hügel die befestigte Stadt Ilion oder Ilios, die auch Pergamos genannt wurde.

DIE TROJASAGE

Bevor er aber mit dem Bau der Stadt begann, bat er seinen Ahnherrn Zeus um ein Zeichen, dass er mit diesem Unterfangen einverstanden sei. Und am folgenden Tag fand er die Statue der Göttin Athene, Palladion genannt, die vom Himmel gefallen war, vor seinem Zelt stehen. Sie war drei Ellen hoch. Athene hielt in der rechten Hand einen erhobenen Speer, in der anderen Rocken und Spindel. Mit dieser Statue hatte es folgende Bewandtnis: Der Sage nach wurde die Göttin Athene von ihrer Geburt an bei einem Triton, einem Meergott, aufgezogen, der eine Tochter namens Pallas hatte. Sie war ebenso alt wie Athene und deren geliebte Freundin. Eines Tages, als die beiden Jungfrauen ihre Kampfübungen ausführten, traten sie auch zu einem spielerischen Kampf gegeneinander an. Als Pallas eben einen Schlag gegen Athene führen wollte, hielt Zeus, der um seine Tochter besorgt war, ihr die Ägis, den Schild aus Ziegenfell vor, um sie zu schützen. Pallas erschrak und blickte ängstlich auf. In diesem Augenblick wurde sie von Athene tödlich verwundet. Tiefe Trauer ergriff die Göttin Athene. Zum immer währenden Andenken an ihre geliebte Freundin Pallas ließ sie eine Statue von ihr anfertigen. Dieser Statue legte sie einen Brustharnisch um, der aus dem gleichen Ziegenfell wie der Schild bestand und nun Ägispanzer oder Ägis hieß. Dann stellte sie das Bildnis neben die Statue des Zeus und hielt es hoch in Ehren. Sie selbst aber nannte sich von da an Pallas Athene. Mit Einwilligung seiner Tochter warf Zeus nun dieses Palladion vom Himmel herab in die Gegend der Stadt Ilios und gab damit ein Zeichen, dass die Stadt unter seinem und seiner Tochter Schutz stand.

Der Sohn des Königs Ilos und der Eurydike war Laomedon, ein eigenmächtiger und gewalttätiger Mann, der Götter und Menschen betrog. Er hatte die Absicht den offenen Flecken Troja, der noch nicht befestigt war, mit einer Mauer zu umgeben und so zu einer förmlichen Stadt zu machen. Damals irrten die Götter Apollon und Poseidon, die sich gegen ihren Vater Zeus aufgelehnt hatten und aus dem Himmel verstoßen worden waren, heimatlos auf der Erde umher. Es war Zeus' Wille, dass sie Laomedon beim Bau der Mauer um Troja helfen sollten, damit seine und der Athene Lieblingsstadt vor Zerstörung sicher sei. So führte sie denn ihr Geschick in die Nähe von Ilios, als eben mit dem Bau der Stadtmauer begonnen wurde. Die Götter trugen dem König ihr Ansinnen vor, und da sie auf der Erde nicht bloß müßig gehen durften und nicht mit Ambrosia gespeist wurden, wenn sie keine Arbeit verrichteten, erbaten sie sich einen Lohn, der ihnen auch zugesichert wurde. Dann begannen sie sogleich mit der Arbeit.

Poseidon half unmittelbar beim Bau. Unter seiner Anleitung wurde die Ringmauer als eine undurchdringliche Schutzwehr um die Stadt breit und schön emporgezogen. Apollon aber weidete in der Zwischenzeit die Rinder des Königs in den verschlungenen Tälern und Schluchten des waldreichen Idagebirges. Auf ein Jahr hatten sie sich beim König verdingt.

Nachdem das Jahr verstrichen und die eindrucksvolle Stadtmauer fertig war, unterschlug der betrügerische Laomedon ihren gesamten Lohn. Als nun die Götter mit ihm verhandelten und der wortgewandte Apollon ihm schwere Vorwürfe machte, jagte Laomedon die beiden fort und drohte dem Apollon, ihn an Händen und Füßen fesseln zu lassen, beiden aber die Ohren abzuschneiden. Voller Erbitterung gingen die Götter fort, doch sie wurden Todfeinde des Königs und des trojanischen Volkes. Auch Athene, die bisher die Beschützerin der Stadt gewesen war, wandte sich nun ab, und einer stillschweigenden Einwilligung des Zeus zufolge waren die Stadt Troja, der König und sein ganzes Volk diesen Göttern – zu welchen sich bald Hera mit glühendstem Hass gesellte – zum Untergang verdammt.

Priamos, Hekabe und Paris

Das weitere Schicksal des Königs Laomedon und seiner Tochter Hesione ist bereits berichtet worden.

Nach Laomedon übernahm dessen Sohn Priamos die Herrschaft. Er heiratete in zweiter Ehe die Hekabe oder Hekuba, die eine Tochter des phrygischen Königs Dymas war. Der erste Sohn, den sie bekam, war Hektor. Als aber die Geburt ihres zweiten Kindes bevorstand, da hatte Hekabe im Traum einer dunklen Nacht eine schreckliche Erscheinung: Ihr war, als gebäre sie einen Fackelbrand, der die ganze Stadt Troja in Flammen aufgehen ließ und vernichtete. Voller Schrecken erzählte sie diesen Traum ihrem Gemahl Priamos. Der ließ den Aisakos, seinen Sohn aus erster Ehe, kommen, denn er war ein Seher und hatte von seinem Großvater Merops die Kunst der Traumdeutung gelernt. Aisakos erklärte, dass Hekabe einen Sohn gebären werde, der das Verderben über seine Stadt brächte, und riet das Kind auszusetzen. Tatsächlich brachte die Königin einen Jungen zur Welt. Da ihre Liebe zum Land ihrer Väter stärker war als ihr Muttergefühl, erlaubte sie ihrem Gatten Priamos das neugeborene Kind einem Sklaven zu geben, damit er es auf dem Berg Ida aussetze. Der Sklave hieß Agelaos. Er tat, was ihm befohlen worden war. Doch eine Bärin gab dem Neugeborenen Milch, und fünf Tage später fand der Sklave das Kind gesund und munter im Wald liegen. Da hob er es auf, nahm es mit sich und erzog es auf seinem Äckerchen wie sein eigenes Kind. Er nannte den Jungen Paris.

Als der Königssohn unter den Hirten zum Jüngling herangewachsen war, zeichnete er sich durch Kraft und Schönheit aus und wurde zum

DIE TROJASAGE

Beschützer aller Hirten des Berges. Daher nannten sie ihn stets nur Alexandros, was »Männerhilf« bedeutet.

Eines Tages, als er fern von seinen Herden, mitten im unwegsamsten Tal des Berges Ida, mit verschränkten Armen an einen Baum gelehnt saß und durch eine Schlucht hindurch auf die Stadt Troja und das ferne Meer hinabblickte, begab es sich, dass er den Schritt eines Gottes vernahm, der die Erde rings um ihn her erbeben ließ. Ehe er sich besinnen konnte, stand, halb von seinen Flügeln, halb von seinen Füßen getragen, den goldenen Heroldsstab in der Hand, der Götterbote Hermes vor ihm. Doch auch er kündigte nur das Erscheinen weiterer Götter an: Drei Göttinnen des Olymp kamen beinahe schwebend über das weiche, niemals abgeweidete Gras geschritten. Ein heiliger Schauer überlief den Jüngling. Doch der geflügelte Götterbote rief ihm zu: »Fürchte dich nicht, denn die Göttinnen kommen zu dir, weil du ihr Schiedsrichter sein sollst. Du bist auserwählt zu entscheiden, welche von ihnen die Schönste ist. Zeus befiehlt dir, dieses Urteil zu fällen; er wird dir seinen Beistand nicht versagen!« Damit erhob er sich auf seinen Flügeln über das schmale Tal empor und entschwand den Blicken des Königssohns.

Seine Worte hatten dem Paris Mut gemacht. Er wagte nun den schüchtern gesenkten Blick zu heben und die drei Göttinnen, die in überirdischer Größe und Schönheit vor ihm standen, zu betrachten. Auf den ersten Blick schien es ihm, dass eine so schön war wie die andere und den Preis der Schönheit verdient hätte. Doch bald gefiel ihm die eine Göttin besser, bald die andere. Allmählich aber schien ihm die Jüngste und Zarteste von allen liebenswerter als die anderen zu sein. Ihm war, als ob aus ihren Augen ein Netz von Liebesstrahlen ausging und sich um seine Stirne spänne.

Da hob die stolzeste der Frauen, die die anderen an Wuchs und Hoheit überragte, zu sprechen an: »Ich bin Hera, die Schwester und Gemahlin des Zeus. Wenn du diesen goldenen Apfel, den Eris, die Göttin der Zwietracht, beim Hochzeitsmahl der Thetis und des Peleus unter die Gäste warf und auf dem ›Der Schönsten‹ geschrieben steht, mir zuerkennst, so soll dir die Herrschaft über das schönste Reich der Erde beschieden sein, obwohl du nur ein aus dem Königspalast verstoßener Hirt bist.«

»Ich bin Athene, die Göttin der Weisheit«, sprach die andere mit der reinen gewölbten Stirn, den tiefblauen Augen und dem jungfräulich ernsten, schönen Gesicht. »Wenn du mir den Sieg zuerkennst, sollst du den höchsten Ruhm der Weisheit und der Tugend unter den Menschen ernten!«

Da schaute die Dritte, die bisher nur durch ihre Blicke gesprochen hatte, den Hirten mit einem süßen Lächeln noch durchdringender an und sagte: »Paris, du wirst dich doch nicht von Geschenken betören lassen, die man dir verspricht, und die beide von ungewissem Wert sind! Ich will dir etwas

Primos, Hekabe und Paris

geben, was dir immer Freude bereiten wird, was du nur zu lieben brauchst, damit du dich daran erfreuen kannst: Ich will dir die schönste Frau der Erde zur Gemahlin geben! Ich bin Aphrodite, die Göttin der Liebe!«

Als Aphrodite dem Hirten Paris dieses Versprechen gab, stand sie mit ihrem Gürtel geschmückt, der ihr den höchsten Zauber der Anmut verlieh, vor ihm. Vor ihrer Schönheit und der Hoffnung, die sie in ihm geweckt hatte, erblasste da der Reiz der anderen in seinen Augen, und voller Betörung überreichte er ihr den goldenen Apfel, den er aus Heras Hand empfangen hatte. Zornig wandten sich Hera und Athene ab und schworen, die Beleidigung, die sie soeben erlitten hatten, an ihm, seinem Vater Priamos und am ganzen Volk und Reich der Trojaner zu rächen und sie alle zu verderben. Besonders Hera wurde von diesem Augenblick an die unversöhnlichste Feindin des trojanischen Volkes. Aphrodite aber wiederholte dem entzückten Paris feierlich ihr Versprechen und verließ ihn dann mit lieblichem Gruß.

Geraume Zeit brachte Paris mit seiner Hoffnung im Herzen als unerkannter Hirt auf dem Berg Ida zu. Da aber die Wünsche, die die Göttin in ihm geweckt hatte, so lange nicht in Erfüllung gingen, vermählte er sich hier mit einer schönen Jungfrau namens Oinone, die als die Tochter eines Flussgottes und einer Nymphe galt. Mit ihr verlebte er in der Abgeschiedenheit des Berges glückliche Tage bei seinen Herden.

Schließlich aber lockten ihn die Spiele, die König Priamos zu Ehren eines verstorbenen Verwandten abhalten ließ, in die Stadt hinunter, die er nie zuvor betreten hatte. Priamos hatte als Kampfpreis einen Stier ausgesetzt, den er bei den Hirten des Ida holen ließ, und es traf sich, dass es gerade der Lieblingsstier des Paris war. Da Paris seinem König diesen Stier nicht vorenthalten durfte, beschloss er, wenigstens den Kampf um ihn zu versuchen. Und wirklich besiegte er in den Kampfspielen alle seine Brüder, ja sogar den Hektor, der der tapferste und stärkste von ihnen war. Ein anderer mutiger Sohn des Königs Priamos, Deïphobos, war von Zorn und Scham über seine Niederlage so überwältigt, dass er den Hirtenjüngling töten wollte. Paris aber flüchtete sich zum Altar des Zeus, und Kassandra, die Tochter des Priamos, die die Gabe des Wahrsagens von den Göttern erhalten hatte, erkannte in ihm ihren ausgesetzten Bruder. Glücklich schlossen ihn die Eltern in die Arme, nahmen ihn wieder als ihren Sohn auf und vergaßen über der Wiedersehensfreude die verhängnisvolle Weissagung, die seiner Geburt vorangegangen war.

Zunächst kehrte Paris wieder zu seiner Gattin und seinen Herden auf das Idagebirge zurück, wo er als Königssohn eine stattliche Wohnung erhielt. Bald jedoch ergab es sich, dass er für seinen König tätig werden sollte. So ging er, ohne es zu ahnen, dem Preis entgegen, den ihm die Göttin Aphrodite versprochen hatte.

Der Raub der Helena

Es wurde bereits berichtet, dass Hesione, die Schwester des Königs Priamos, von Herakles als Siegesbeute fortgeschleppt und seinem Freund Telamon geschenkt wurde, nachdem er Laomedon getötet und Troja erobert hatte. All dies hatte sich ereignet, als Priamos noch ein kleiner Junge war.

Obgleich Telamon Hesione rechtmäßig heiratete und zur Fürstin von Salamis erhob, hatten doch Priamos und die Seinen ihren Kummer über diesen Raub niemals überwunden. Als nun die Entführung am Königshof wieder einmal erwähnt wurde und Priamos deutlich seine Sehnsucht nach der fernen Schwester zu erkennen gab, da erhob sich Paris im Rat der Söhne und erklärte, er wolle Hesione mithilfe der Götter den Feinden gewaltsam entreißen und siegreich und ruhmvoll nach Hause zurückkehren, wenn man ihn nur mit einer Flotte nach Griechenland fahren ließe. Er hoffte dabei auf die Gunst der Göttin Aphrodite und erzählte daher seinem Vater und den Brüdern, was ihm damals auf dem Berge widerfahren war.

Priamos selbst hatte nun keinen Zweifel mehr, dass sein Sohn Paris den besonderen Schutz der Götter erhalten werde, und auch Deïphobos zeigte sich zuversichtlich, dass die Griechen Hesione ausliefern würden, wenn sein Bruder nur mit einem stattlichen Heer dort erschiene. Nun war aber unter den vielen Söhnen des Priamos auch Helenos, der Seher. Er brach plötzlich in weissagende Worte aus und versicherte, dass die Griechen in Troja einfallen, die Stadt schleifen und Priamos mit all seinen Söhnen niedermachen würden, wenn Paris eine Frau aus Griechenland mitbrächte.

Diese Weissagung spaltete den Rat der Söhne. Troilos, der tatendurstige Jüngste, wollte von den Prophezeiungen seines Bruders nichts wissen. Er tadelte Helenos für seine Ängstlichkeit und riet, sich von dessen Drohungen nicht vom Krieg abhalten zu lassen. Andere dagegen waren zurückhaltender. Priamos aber stellte sich schließlich auf Paris' Seite, denn die Sehnsucht nach seiner Schwester überwog.

Nun berief Priamos eine Volksversammlung ein und legte den Bürgern dar, was er zu tun gedachte. Er berichtete, dass er schon früher einmal unter der Leitung von Antenor eine Gesandtschaft nach Griechenland geschickt habe, um Entschädigung für den Raub der Schwester und Hesione selbst zurückzuverlangen. Antenor sei damals schmählich abgewiesen worden. Wenn die Volksversammlung ihre Zustimmung gebe, wolle er nun seinen eigenen Sohn Paris in Begleitung einer ansehnlichen Kriegsmacht nach Griechenland schicken. Er solle sich dort mit Gewalt verschaffen, was im Guten nicht zu erreichen gewesen war.

Zur Unterstützung von Priamos' Vorschlag erhob sich nun auch Ante-

Der Raub der Helena

nor. Voller Unwillen schilderte er, welch schlechte Behandlung er selbst damals als friedlicher Abgesandter in Griechenland erfahren habe, und beschrieb das Volk der Griechen als trotzig im Frieden, aber feige im Krieg.

Antenors Rede feuerte das Volk so sehr an, dass es sich unter lautem Jubel für den Krieg erklärte. Dennoch wollte der weise König Priamos die Sache nicht leichtfertig beschließen und forderte daher einen jeden auf zu sprechen, der Bedenken in dieser Angelegenheit hätte. Da meldete sich Panthoos, einer der Ältesten Trojas, zu Wort. Er berichtete, was sein Vater Othrys, der einen Orakelspruch erhalten hatte, ihm selbst in seinen jungen Jahren anvertraut hatte: Wenn je ein Königssohn aus dem Geschlecht des Laomedon eine Gemahlin aus Griechenland nach Troja mitbrächte, dann stehe den Trojanern der Untergang bevor. »Darum«, so schloss er seine Rede, »sollten wir uns von trügerischem Kriegsruhm nicht verführen lassen, Freunde, und unser Leben lieber in Ruhe und Frieden genießen, anstatt es für eine Schlacht aufs Spiel zu setzen und es am Ende noch gar mitsamt der Freiheit zu verlieren.« Aber das Volk murrte über diesen Vorschlag und rief seinem König Priamos zu, nicht auf die ängstlichen Worte eines alten Mannes zu hören. Lieber solle er tun, was er im Herzen doch schon längst beschlossen habe.

Da ließ Priamos Schiffe ausrüsten, die auf dem Berg Ida gezimmert worden waren, und er sandte seine Söhne aus – Hektor zu den Phrygiern, Paris und Deïphobos ins benachbarte Päonien –, um Verbündete für den Krieg zu gewinnen. Auch die waffenfähigen Männer der Trojaner rüsteten sich, und so kam bald ein gewaltiges Heer zusammen. Der König erteilte den Oberbefehl Paris und gab ihm seinen Bruder Deïphobos, dazu Polydamas, den Sohn des Panthoos, und den Fürsten Äneas an die Seite. Sodann stach die mächtige Flotte in See und nahm Kurs auf die griechische Insel Kythera, wo sie zum ersten Mal anlegen wollte.

Unterwegs begegnete die Flotte dem Schiff des griechischen Völkerfürsten und spartanischen Königs Menelaos, der auf der Fahrt nach Pylos zu dem weisen Fürsten Nestor war. Menelaos staunte beim Anblick der mächtigen Flotte, und auch die Trojaner betrachteten neugierig das schöne griechische Schiff, das prächtig geschmückt war und offensichtlich einen der höchsten griechischen Fürsten trug. Doch sie kannten sich nicht, und so überlegten beide, wo der andere Teil wohl hinfuhr, und flogen auf den Wellen aneinander vorbei.

Die trojanische Flotte erreichte glücklich die Insel Kythera. Von dort aus wollte Paris sich nach Sparta begeben und mit den Zeussöhnen Kastor und Polydeukes in Unterhandlung treten, um Hesione in Empfang zu nehmen. Falls die griechischen Helden sich aber weigerten, ihm Hesione zu übergeben, dann sollte er, laut Befehl seines Vaters, mit sei-

DIE TROJASAGE

ner Flotte nach Salamis segeln und die Fürstin Hesione gewaltsam entführen.

Vor dieser Gesandtschaftsreise nach Sparta wollte Paris jedoch in einem der Aphrodite und Artemis gemeinsam geweihten Tempel noch ein Opfer darbringen. In der Zwischenzeit hatten die Bewohner der Insel das Erscheinen der prächtigen Flotte nach Sparta gemeldet, wo die Fürstin Helena während der Abwesenheit ihres Gemahls Menelaos allein Hof hielt. Helena, eine Tochter des Zeus und der Leda und die Schwester von Kastor und Polydeukes, war die schönste Frau ihrer Zeit. Schon als junges Mädchen war sie von Theseus entführt worden, dem ihre Brüder sie allerdings wieder entrissen hatten. Als sie danach bei ihrem Stiefvater Tyndareos lebte, der damals König von Sparta war, zog ihre Schönheit ein ganzes Heer von Freiern an. Tyndareos fürchtete aber sich alle anderen zum Feind zu machen, wenn er einem von ihnen seine Tochter gab. Da riet ihm Odysseus von Ithaka, der schlaue griechische Held, alle Freier einen Eid schwören zu lassen, dass sie dem Auserwählten mit Waffengewalt zur Seite stehen würden, falls ein anderer es wagen sollte ihn anzufeinden, weil die Wahl des Königs auf ihn gefallen war. Tyndareos befolgte diesen Rat und bestimmte dann selbst den Argiverfürsten Menelaos, den Sohn des Atreus und Bruder des Agamemnon, zum Gemahl seiner Tochter Helena und überließ ihm sein Königreich Sparta. Helena gebar danach die Tochter Hermione, die noch in der Wiege lag, als Paris nach Griechenland kam.

Während der Abwesenheit ihres Mannes verlebte Helena eintönige und freudlose Tage in ihrem Palast. Und als sie nun von der Ankunft eines fremden Königssohns und dessen prächtiger Flotte auf der Insel Kythera erfuhr, da bekam sie Lust sich den Fremden anzuschauen. Unter dem Vorwand, im Artemistempel auf Kythera ein Opfer darbringen zu wollen, begab sie sich dorthin.

Sie betrat das Heiligtum gerade in dem Augenblick, als Paris sein Opfer vollbracht hatte. Als er nun die Fürstin erblickte, ließ er seine zum Gebet erhobenen Hände sinken und versank in Staunen. Paris meinte die Göttin Aphrodite selbst vor sich zu sehen. Zwar war der Ruf von Helenas Schönheit längst zu ihm gedrungen und er hatte auch beabsichtigt Helena in Sparta zu sehen – doch er war überzeugt gewesen, dass die Frau, die ihm die Göttin der Liebe versprochen hatte, noch viel schöner sein musste, als Helena es der Beschreibung nach war. Außerdem nahm er selbstverständlich an, dass diese Frau eine Jungfrau sein müsse und nicht die Gattin eines anderen. Jetzt aber, da die Fürstin von Sparta vor seinen Augen stand und ihre Schönheit fast noch die Schönheit der Liebesgöttin selbst übertraf, wusste er genau, dass nur sie es sein konnte, die Aphrodite ihm als Belohnung für sein Urteil versprochen hatte. Der Auftrag sei-

Der Raub der Helena

nes Vaters, der ganze Zweck seiner Fahrt und seiner Reise war mit einem
Mal vergessen, und es schien Paris, als sei er mit seinem Heer nur dazu
ausgezogen, um Helena zu erobern. Während er in den Anblick ihrer
Schönheit versunken war, betrachtete auch sie den schönen asiatischen
Königssohn, der mit seinem langen lockigen Haar und seinen prächtigen
gold- und purpurgestickten orientalischen Gewändern vor ihr stand, mit
unverhohlenem Wohlgefallen. Das Bild ihres Gemahls verblasste in ihr,
und an seine Stelle trat die schöne Gestalt des fremden Jünglings.

Helena kehrte nach Sparta in ihren Königspalast zurück, versuchte das
Bild des schönen Jünglings aus ihrem Herzen zu verdrängen und
wünschte, dass Menelaos so bald wie möglich von Pylos zurückkäme.
Statt Menelaos aber erschien Paris selbst mit seinem erlesenen Volk in
Sparta und bahnte sich mit seiner Gesandtschaft den Weg in die Halle des
Palastes, obwohl der König gar nicht da war. Helena erwies ihm alle
Ehren, die sie als Fürstin einem fremden Königssohn schuldig war. Nun
aber betörten sein Saitenspiel, sein bezauberndes Gespräch und vor
allem die heftige Glut seiner Liebe das unbewachte Herz der Königin. Als
Paris merkte, dass auch sie ihm zugetan war, vergaß er den Auftrag seines Vaters und seines Volkes ganz. Allein das trügerische Versprechen der
Liebesgöttin beherrschte noch seine Gedanken. Da rief er seine Getreuen
zu sich, die in Waffenrüstung mit ihm nach Sparta gekommen waren, und
überredete sie, indem er ihnen reiche Beute versprach, ihm bei der Ausführung eines gottlosen Verbrechens zu helfen. So stürmten die Männer
den Palast, raubten die Schätze des griechischen Fürsten und entführten
die schöne Helena auf die Insel zu Paris' Flotte.

Während er aber mit seiner bezaubernden Beute über das ägäische
Meer fuhr, lähmte eine jähe Flaute die fliehenden Schiffe. Vor dem Schiff,
das den Räuber mit der Fürstin trug, teilte sich plötzlich das Wasser und
der uralte Meeresgott Nereus hob sein schilfbekränztes Haupt mit dem
triefenden Bart aus den Fluten empor. Er rief dem Schiff, das mit Nägeln
ins Wasser geheftet zu sein schien, das sich wie ein stählerner Wall um
das Fahrzeug aufgeworfen hatte, seinen wahrsagenden Fluch zu:
»Unglücksvögel flattern deiner Fahrt voran, verfluchter Räuber! Die Griechen werden kommen mit Heeresmacht, dazu verschworen, eure verbrecherische Verbindung und das alte Reich des Priamos zu zerstören! Wehe!
Wie viele Pferde und Männer sehe ich! Wie viele Leichen verursachst du
dem trojanischen Volk! Schon rüstet Athene ihren Helm, ihren Schild und
ihre Wut! Jahrelang wird der blutige Kampf währen, und den Untergang
deiner Stadt verzögert nur der Zorn eines Helden. Doch wenn die Zahl
der Jahre voll ist, wird das griechische Feuer die Häuser Trojas zerfressen!« Dann tauchte der Alte wieder in die Flut.

Mit Entsetzen hatte Paris zugehört, doch als der Fahrtwind wieder munter blies und er von neuem in den Armen der Fürstin lag, schlug er bald die Prophezeiung in den Wind. Nun legte die ganze Flotte an der Insel Kranae an, wo die untreue Gattin des Menelaos ihm jetzt aus freien Stücken ihre Hand reichte und das feierliche Beilager gehalten wurde. Da vergaßen beide, wo sie hergekommen waren.

Die Flotte lebte lange von den erbeuteten Schätzen, und Paris und Helena verlebten auf der Insel eine herrliche, freudvolle Zeit. Erst nach Jahren brachen sie wieder auf, um sich nach Troja zu begeben.

Die Griechen

Die Vergehen, die Paris in Sparta gegen Völkerrecht und Gastrecht begangen hatte, zeitigten auf der Stelle ihre Wirkung. Er hatte sich nun das mächtigste griechische Fürstengeschlecht zum Feind gemacht. Menelaos, der König von Sparta, und Agamemnon, sein älterer Bruder und König von Mykene, waren Nachkommen des Tantalos, Enkel des Pelops und Söhne des Atreus. Sie stammten aus einem Geschlecht, das sowohl zahlreiche gute wie schlechte Taten begangen hatte. Diese beiden mächtigen Brüder hatten neben Argos und Sparta auch die meisten Staaten des Peloponnes unter sich, und mit allen übrigen Fürsten Griechenlands waren sie verbündet.

Als Menelaos, der sich noch immer bei seinem Freund Nestor auf Pylos aufhielt, die Nachricht erhielt, dass seine Frau Helena geraubt worden war, begab er sich sofort zu seinem Bruder Agamemnon nach Mykene. Der regierte dort zusammen mit seiner Gemahlin Klytämnestra, die eine Halbschwester der Helena war. Agamemnon teilte den Schmerz und den Zorn seines Bruders und versprach, die ehemaligen Freier Helenas an ihren Eid zu erinnern. So reisten die Brüder durch ganz Griechenland und forderten die Fürsten auf, am Krieg gegen Troja teilzunehmen. Als Erster schloss sich Tlepolemos, ein berühmter Fürst aus Rhodos und ein Sohn des Herakles, an. Er erbot sich, neunzig Schiffe für den Feldzug gegen Troja bereitzustellen. Dann folgte Diomedes, der Sohn des unsterblichen Helden Tydeus. Er versprach achtzig Schiffe und die mutigsten Peloponnesier beizusteuern. Anschließend erging die Aufforderung auch an die Zeussöhne Kastor und Polydeukes, Helenas Brüder. Sie aber waren, sobald sie von Helenas Entführung erfahren hatten, ohnehin sofort aufgebrochen, um dem Räuber nachzusegeln. Auf ihrer Fahrt gelangten sie bis zur Insel Lesbos, nahe der trojanischen Küste. Doch dort geriet ihr Schiff in einen Sturm und sank. Kastor und Polydeukes selbst wurden nicht mehr gesehen. Doch die Sage versichert, dass sie nicht in den Wellen ertrunken sind, sondern dass ihr Vater Zeus sie als Sternbil-

Die Griechen

der an den Himmel versetzt hat, wo sie als Schutzgötter und Beschützer der Seefahrer von Zeitalter zu Zeitalter ihres seelenvollen Amtes walten.

Schließlich kam ganz Griechenland der Aufforderung von Menelaos und Agamemnon nach. Nur zwei berühmte Fürsten fehlten noch. Der eine war der schlaue Odysseus aus Ithaka, der mit Penelope vermählt war. Odysseus wollte seine junge Frau und seinen kleinen Sohn Telemachos nicht um der untreuen Gattin des Spartanerkönigs willen verlassen. Als nun Menelaos mit Palamedes, dem Sohn des Fürsten Nauplios aus Euböa, der ein Vertrauter des Menelaos war, sich bei ihm ankündigte, tat Odysseus so, als wäre er verrückt geworden. Er spannte zu seinem Ochsen noch einen Esel vor den Pflug und pflügte mit dem seltsamen Paar sein Feld, wobei er statt des Samens Salz in die Furchen streute. Er hoffte auf diese Weise dem verhassten Feldzug zu entgehen. Doch der kluge Palamedes durchschaute den listigsten aller Menschen. Und während Odysseus noch pflügte, ging Palamedes heimlich in dessen Palast, nahm den kleinen Telemachos aus der Wiege und legte ihn in die Furche, die Odysseus gerade beackerte. Als der Vater seinen Pflug sorgfältig über das Kind hinweghob, schrien die beiden Helden laut auf, denn nun hatte Odysseus verraten, dass er doch bei Verstand war. Somit konnte er sich nicht mehr länger vor seiner Teilnahme an dem Feldzug drücken. Mit bitterster Feindschaft gegen Palamedes im Herzen versprach Odysseus, zwölf bemannte Schiffe aus Ithaka und den Nachbarinseln zur Verfügung zu stellen.

Der andere Fürst, dessen Zustimmung noch nicht erfolgt war, ja von dem man nicht einmal wusste, wo er sich gerade aufhielt, war Achilles, der junge, aber herrliche Sohn des Peleus und der Meeresgöttin Thetis. Als er eben zur Welt gekommen war, wollte seine unsterbliche Mutter auch ihn unsterblich machen. Ohne dass Peleus davon wusste, steckte sie ihn des Nachts in ein himmlisches Feuer und verbrannte, was vom Vater her an ihm sterblich war. Am folgenden Tag heilte sie die versengten Stellen mit Ambrosia. Dies tat sie jede Nacht. Einmal aber überraschte Peleus sie dabei und er schrie laut auf, als er seinen Sohn im Feuer zappeln sah. Weil sie gestört worden war, konnte Thetis ihr Werk nun nicht vollenden. Sie ließ Achilles, der nun doch sterblich geblieben war, einfach liegen, ging fort und kehrte nie wieder in den Palast ihres Gatten zurück, sondern verschwand in das feuchte Wellenreich der Nereïden. Peleus aber, der meinte, dass sein Sohn schwer verletzt sei, hob ihn auf und brachte ihn zu dem weisen Zentauren Chiron, der ein großer Arzt und der Erzieher so vieler Helden war. Chiron nahm den Säugling liebevoll auf, nährte ihn mit Bärenmark und der Leber von Löwen und Ebern.

Als Achilles neun Jahre alt war, erklärte der griechische Seher Kalchas, dass die ferne Stadt Troja in Asien, der die Vernichtung durch griechische

Waffen bevorstehe, ohne Achilles nicht erobert werden könne. Diese Wahrsagung drang auch zu seiner Mutter Thetis hinab, und weil sie wusste, dass dieser Feldzug ihrem Sohn den Tod bringen würde, stieg sie wieder aus dem Meer empor und schlich sich in den Palast ihres Gatten. Dort steckte sie den Jungen in Mädchenkleider und brachte ihn als ein Mädchen zu König Lykomedes auf der Insel Skyros. Der König ließ ihn unter seinen Mädchen als Jungfrau heranwachsen. Als Achilles aber der Bart zu sprießen begann, vertraute er der schönen Tochter des Königs, Deïdameia, an, wer er wirklich war. Beide begannen zärtliche Neigungen füreinander zu empfinden. Und während Achilles noch immer von allen Inselbewohnern für eine Verwandte des Königs gehalten wurde, war er bereits heimlich Deïdameias Gemahl geworden. Nun aber, da der Göttersohn zur Besiegung Trojas unentbehrlich war, verriet der Seher Kalchas dem Menelaos, wo er sich aufhielt, denn als Seher kannte er nicht nur dessen Schicksal, sondern er wusste auch, wo er war. Da sandten die Fürsten den Odysseus und den Diomedes ab, um ihn in den Krieg zu holen.

Als die Helden auf der Insel Skyros ankamen, wurden sie vor den König und seine Jungfrauen geführt. Aber Achilles' zartes Mädchengesicht verbarg den künftigen Helden. So scharf die beiden Griechenfürsten auch in die Gesichter der Mädchen blickten, so vermochten sie doch nicht den Achilles unter den Mädchen herauszufinden. Da griff Odysseus zu einer List. Als ob es nichts weiter zu bedeuten hätte, ließ er einen Schild und einen Speer in den Saal bringen, in welchem die Mädchen sich befanden. Dann aber ließ er die Kriegstrompete blasen, als ob ein Feind im Anzug wäre. Erschrocken flohen alle Mädchen aus dem Saal. Nur Achilles blieb zurück und ergriff mutig Speer und Schild. Somit war Achilles von den Fürsten entlarvt, und er erklärte sich einverstanden an der Spitze seiner Myrmidonen oder Thessalier und in Begleitung seines Erziehers Phönix und seines Freundes Patroklos, der einst zusammen mit ihm bei Peleus aufgezogen worden war, mit fünfzig Schiffen zum griechischen Heer zu stoßen.

Agamemnon war von den jeweiligen Fürsten zum Oberbefehlshaber des Feldzuges ernannt worden, weil er sich am tatkräftigsten für die Durchführung des Unternehmens eingesetzt hatte. Er bestimmte nun die Hafenstadt Aulis in Böotien, an der Meerenge von Euböa, zum Versammlungsort für alle griechischen Fürsten mit ihren Truppen und Schiffen.

In jenem Hafen sammelten sich nun, neben den genannten Fürsten mit ihren Schiffen, noch unzählige andere. Die vornehmsten darunter waren: der riesige Ajax, der Sohn des Telamon aus Salamis und sein Halbbruder Teukros, der geschickte Bogenschütze; der kleine und schnelle Ajax aus dem Lokrerland; Menestheus aus Athen, Askalaphos und Ialmenos,

Söhne des Kriegsgottes Ares mit ihren Minyern aus Orchomenos; aus Böotien Penelos, Arkesilaos, Klonios, Prothoënor; aus Phokis Schedios und Epistrophos, aus Euböa und mit den Abantern Elephenor; mit einem Teil der Argiver und anderen Peloponnesiern außer Diomedes Sthenolos, der Sohn des Kapaneus, und Euryalos, der Sohn des Mekistheus; aus Pylos der alte Nestor, der schon drei Menschenalter gesehen hatte; aus Arkadien Agapenor, der Sohn des Ankaios; aus Elis und anderen Städten Amphimachos, Thalpios, Diores und Polyxenos; aus Dulichion und den echinadischen Inseln Meges, der Sohn des Phyleus; mit den Ätoliern Thoas, der Sohn des Andraimon; aus Kreta Idomeneus und Meriones, aus Rhodos der Heraklide Tlepolemos; aus Syme Nireus, der schönste Mann im griechischen Heer; aus den kalydnischen Inseln die Herakliden Pheidippos und Antiphos; aus Phylake Podarkes, Sohn des Iphiklos; aus Pherai in Thessalien Eumelos, der Sohn des Admetos und der frommen Alkestis; aus Methone, Thaumakia und Meliböa Philoktetes; aus Trikka, Ithome und Oichalia, die zwei heilkundigen Männer Podaleirios und Machaon; aus Ormenion und der Umgebung Eurypylos, der Sohn des Euaimon; aus Argissa und der Gegend Polypoites, der Sohn des Peirithoos, des Theseusfreundes; Guneus aus Kyphos und Prothoos aus Magnesia.

Dies waren neben den Atriden Menelaos und Agamemnon, Odysseus und Achilles die Fürsten und Herrscher, die sich alle mit zahlreichen Schiffen in Aulis sammelten.

Damals wurden die Griechen, von dem alten ägyptischen König Danaos her, der sich in Argos auf dem Peloponnes niedergelassen hatte, entweder Danaer genannt, oder nach der mächtigsten griechischen Landschaft Argolis Argiver, oder auch Achaier, eine Bezeichnung, die von dem alten Namen Griechenlands, nämlich Achaia herrührt. Später hießen sie nach Graikos, dem Sohn des Thessalos, Griechen, und dann von Hellen, dem Sohn des Deukalion und der Pyrrha, Hellenen.

Botschaft der Griechen an Priamos

Zwar rüstete sich das Heer zum Kampf, aber dennoch beschlossen Agamemnon, seine Vertrauten und der Rat der Fürsten, dass zunächst erst noch ein friedliches Mittel zur Beilegung des Streites versucht werden sollte.

Eine Gesandtschaft sollte zu König Priamos nach Troja gehen, sich über die Verletzung des Völkerrechts und den Raub der griechischen Fürstin beschweren und die entführte Gattin des Menelaos einschließlich seiner Schätze zurückfordern. Als Gesandte wurden in der Versammlung Palamedes, Odysseus und Menelaos gewählt. Obgleich Odysseus im tiefs-

DIE TROJASAGE

ten Grunde seines Herzens der Todfeind des Palamedes war, ließ er ihm doch die Ehre, am Hof des Priamos als Sprecher aufzutreten. Denn Palamedes wurde im griechischen Heer auf Grund seiner Geistesschärfe und seiner Erfahrung von allen hoch geschätzt.

Die Ankunft der griechischen Gesandtschaft mit ihren mächtig gerüsteten Schiffen versetzte die Trojaner und ihren König in nicht geringes Erstaunen. Denn da Paris noch immer mit der geraubten Helena auf der Insel Kranae weilte und in Troja als verschollen galt, wussten die Trojaner von den tatsächlichen Ereignissen nichts. Priamos und sein Volk nahmen an, dass Paris und seine Flotte bei dem Versuch Hesione zurückzuholen vernichtend geschlagen worden waren und dass die Griechen nun über die See herbeigekommen wären, um die Trojaner auch in ihrem eigenen Land zu bekämpfen. Die Nachricht, dass sich griechische Gesandte der Stadt näherten, versetzte sie daher in höchste Spannung. Bereitwillig öffneten sie die Tore, und die drei Fürsten wurden sofort zu König Priamos geführt, der soeben mit seinen zahlreichen Söhnen und den Oberhäuptern der Stadt Ratsversammlung hielt.

Palamedes ergriff das Wort. Im Namen aller Griechen beklagte er sich bitter über die schändliche Verletzung des Gastrechts, die sich sein Sohn Paris durch den Raub der Königin Helena hatte zu Schulden kommen lassen. Dann legte er die Gefahren des Krieges dar, die dem Reich des Priamos aus dieser Tat erwüchsen, zählte die Namen der mächtigsten Fürsten Griechenlands auf, die mit allen ihren Völkern auf insgesamt mehr als tausend Schiffen an Trojas Küste vor Anker lagen, und verlangte die gütliche Auslieferung der geraubten Fürstin. »Du weißt nicht, oh König«, so schloss er seine zornige Rede, »wen dein Sohn beleidigt hat! Es sind die Griechen, die alle lieber sterben als sich von einem Fremden unberechtigt kränken zu lassen. Sie hoffen aber, dass sie nicht sterben, sondern siegen werden, wenn sie kommen, um dieses Unrecht zu rächen, denn sie sind so zahlreich wie die Sandkörner am Meer. Alle sind von Heldenmut erfüllt, alle brennen vor Begierde den Urheber der Schande, die ihr Volk erleiden musste, zu vernichten. Darum fordert Agamemnon, unser höchster Feldherr und König der mächtigen Landschaft Argos, und mit ihm alle übrigen Fürsten der Griechen: Gebt die Griechin, die ihr uns gestohlen habt, heraus, oder ihr alle seid des Untergangs!«

Bei diesen trotzigen Worten wurden die Söhne des Königs zornig, und die Ältesten von Troja zogen ihre Schwerter und schlugen streitlustig gegen ihre Schilde. König Priamos aber gebot ihnen Ruhe. Er erhob sich von seinem Thron und sprach: »Ihr Fremdlinge, die ihr im Namen eures Volkes so strafende Worte an uns richtet, gönnt mir erst, dass ich mich von meinem Staunen erhole. Denn von all dem, was ihr uns vorwerft, wissen wir nichts. Im Gegenteil sind wir es, die wir uns bei euch über das

Botschaft der Griechen an Priamos

Unrecht zu beklagen haben, das ihr uns andichtet. Euer Landsmann Herakles hat unsere Stadt mitten im Frieden angegriffen, meine unschuldige Schwester Hesione als Gefangene entführt und sie seinem Freund, dem Fürsten Telamon auf Salamis als Sklavin geschenkt. Es war nur der Wille dieses Mannes, der sie zu seiner rechtmäßigen Gemahlin erhob, dass sie nicht als Magd zu dienen braucht. Doch dies ändert nichts daran, dass sie auf unehrenhafte Weise geraubt worden ist, und es ist schon die zweite Gesandtschaft, die, diesmal unter meinem Sohn Paris, in euer Land gezogen ist, um meine Schwester zurückzufordern, damit ich mich wenigstens nun, da ich alt bin, an ihrer Gegenwart erfreuen kann. Wie mein Sohn den Auftrag ausgeführt hat, was er getan hat und wo er sich aufhält, weiß ich nicht. In meinem Palast und in unserer Stadt jedenfalls befindet sich keine Griechin, dies weiß ich gewiss. Ich kann euch also die gewünschte Genugtuung nicht verschaffen, selbst wenn ich es wollte. Wenn mein Sohn Paris unversehrt nach Troja zurückkehrt, was ich als sein Vater natürlich wünsche, und wenn er wirklich eine entführte Griechin bei sich hat, so liefern wir sie an euch aus, sofern sie nicht als Flüchtling unseren Schutz erbittet. Aber auch dann werdet ihr sie nicht eher zurückerhalten, als bis ihr meine Schwester Hesione aus Salamis wieder zu mir gebracht habt!«

Der Rat der Trojaner stimmte diesen Worten zu. Palamedes aber erwiderte unbeugsam: »Die Erfüllung unserer Forderung lässt sich an keine Bedingungen knüpfen, oh König. Wir glauben dir, dass die Gemahlin des Menelaos noch nicht in deiner Stadt ist. Doch du kannst sicher sein, dass sie kommen wird! Denn dass dein Sohn sie entführt hat, steht wahrhaftig fest. Für das, was Herakles zu unserer Väter Zeiten getan hat, tragen wir keine Verantwortung mehr. Doch für die Beleidigung, die uns einer deiner Söhne eben jetzt zugefügt hat, verlangen wir Rechenschaft von dir. Hesione lebt glücklich bei Telamon, und sie wird selbst einen Sohn in diesen Krieg gegen euch senden, wenn ihr uns keine Genugtuung gebt. Helena aber ist gegen ihren Willen gewaltsam entführt worden. Dankt dem Himmel, dass er euch Bedenkzeit lässt, weil der Räuber noch nicht eingetroffen ist, und fasst einen Beschluss, der das Verderben von euch abwendet.«

Priamos und die Trojaner verübelten Palamedes seine übermütige Rede, dennoch erwiesen sie ihm alle Ehren der Gastfreundschaft. Als die Versammlung aufgehoben wurde, führte der verständige Antenor, der Sohn des Aisyetes und der Kleomestra und einer der Ältesten Trojas, die fremden Fürsten in sein Haus, wo er sie bis zum nächsten Morgen beherbergte und vor den wüsten Beschimpfungen des Volkes abschirmte. Am folgenden Tag begleitete er sie noch zum Strand, wo sie die prächtigen Schiffe wieder bestiegen, die sie herbeigebracht hatten.

Die Trojasage

Agamemnon und Iphigenie

Solange sich die Flotte in Aulis sammelte, vertrieb sich der Völkerfürst Agamemnon die Zeit mit der Jagd. Da kam ihm eines Tages eine prächtige Hirschkuh in den Schuss, die der Göttin Artemis geheiligt war. Die Jagdlust verführte den Fürsten. Er schoss nach dem schönen Tier und erlegte es mit den prahlerischen Worten, dass selbst Artemis, die Göttin der Jagd, es nicht besser hätte treffen können. Artemis war über diesen Frevel erzürnt. Und als die gesamte Flotte der Griechen mit Schiffen, Pferden und Wagen zum Auslaufen bereit war, legte sie eine tiefe Windstille über das Land, sodass das Heer in Aulis festsaß.

Ratlos wandten sich die Griechen an den Seher Kalchas, den Sohn des Thestor, welcher dem Volk schon früher wichtige Dienste geleistet hatte und sich nun in Aulis eingefunden hatte, um den Feldzug als Priester und Seher zu begleiten. Er tat folgenden Ausspruch: »Wenn der oberste Fürst der Griechen, Agamemnon, sein und der Klytämnestra geliebtes Kind Iphigenie der Artemis opfert, dann wird die Göttin versöhnt sein, Fahrtwind wird kommen und der Zerstörung Trojas wird kein übernatürliches Hindernis mehr im Wege stehen.«

Die Worte des Sehers raubten Agamemnon allen Mut. Sofort ließ er den Herold der Griechen, Talthybios aus Sparta, zu sich kommen, und trug ihm auf, allen Völkern die Nachricht zu verkünden, dass er den Oberbefehl über das griechische Heer niedergelegt habe, weil er keinen Kindsmord auf sein Gewissen laden wolle.

Nachdem sein Entschluss aber verkündet worden war, drohte unter den Griechen ein Aufruhr auszubrechen. Menelaos begab sich mit dieser Schreckensmeldung in das Feldherrnzelt zu seinem Bruder und legte ihm eindringlich die Folgen seines Entschlusses dar und betonte dabei auch, welche Schande es für ihn, Menelaos, bedeuten würde, wenn seine geraubte Frau in den Händen des Feindes bleiben sollte. Schließlich entschloss sich Agamemnon doch, das Gräuel geschehen zu lassen. Er sandte eine Botschaft an Klytämnestra nach Mykene und befahl ihr, Iphigenie nach Aulis zu schicken. Damit seine Gemahlin das Gebot auch wirklich befolgte, behauptete er, Iphigenie solle mit dem jungen Achilles – von dessen geheimer Vermählung mit Deïdameia ja niemand wusste – verlobt werden, noch bevor die Flotte in See stach.

Doch kaum dass der Bote fort war, gewann in Agamemnons Herz das Vatergefühl wieder die Oberhand. Von Reue über den unüberlegten Entschluss gequält, rief er noch in derselben Nacht einen alten, vertrauten Diener und übergab ihm einen zweiten Brief an Klytämnestra, in dem stand, dass sie die Tochter doch nicht nach Aulis schicken solle, da die Vermählung bis zum nächsten Frühjahr verschoben werden müsse. Dieser Brief erreichte aber sein Ziel nicht. Menelaos hatte seinen Bruder, dessen Zweifel ihm nicht entgangen waren, überwachen lassen. Der Bote wurde aufgehalten und der Brief ihm mit Gewalt entrissen.

Den Brief, dessen Inhalt er nun kannte, in der Hand, betrat Menelaos abermals das Zelt seines Bruders. Vorwurfsvoll rief er ihm entgegen: »Es gibt doch nichts Ungerechteres und Treuloseres als Wankelmut! Hast du vergessen, Bruder, wie begierig du nach dieser Feldherrnwürde warst? Wie demütig hast du dich da gegen alle Fürsten gebärdet, wie gnädig hast du jedem Griechen die Hand geschüttelt! Deine Tür war für jedermann geöffnet; jeden, auch den Untersten des Volkes, hast du empfangen – nur, um dir jene Würde zu verschaffen. Als du dann aber Herr geworden warst, da war schnell alles anders. Du kanntest deine alten Freunde nicht mehr, zu Hause traf man dich nur noch selten an und draußen beim Heer zeigtest du dich kaum. So sollte sich kein Ehrenmann verhalten! Und dann, als die Flaute die Flotte lähmte und Unmut im Heer sich breit machte, da wusstest du nicht ein noch aus. Wie verstört und trostlos blicktest du da! In deiner Not kamst du zu mir, der ich dir helfen sollte, damit du deine schöne Feldherrnwürde nicht verlieren würdest! Dann stimmtest du zu, deine Tochter zu opfern. Und nun? Nun beugt dich Wankelmut und du erklärst, nicht der Mörder deines Kindes werden zu können. Aber freilich, tausend anderen ist es schon so ergangen wie dir: Rastlos, bis sie endlich ans Ruder gelangt sind, treten sie später schimpflich zurück, wenn es gilt, das Ruder mit Aufopferung zu lenken. Und doch taugt keiner zum Heeresfürsten und Staatenlenker, der nicht Einsicht und Verstand besitzt und in der Lage ist, sie auch in den schwierigsten Lebenslagen zu gebrauchen.«

Doch diese Vorwürfe aus dem Munde seines Bruders waren nicht geeignet, um Agamemnon zu beruhigen. »Was schnaubst du so schrecklich«, entgegnete er ihm, »warum ist dein Auge wie mit Blut unterlaufen? Wer beleidigt denn dich? Was vermisst denn du? Deine liebenswürdige Gattin Helena? Ich kann sie dir auch nicht wieder verschaffen. Warum hast du nicht besser auf dein Eigentum Acht gegeben! Soll ich denn schlecht sein, weil ich einen Irrtum, nachdem ich mich besonnen hatte, wieder gutgemacht habe? Du bist unvernünftig, weil du um jeden Preis dein untreues Weib zurückhaben willst, anstatt froh zu sein, dass du sie los bist. Nein, niemals werde ich mich entschließen, gegen mein eigenes Blut zu wüten. Weitaus angebrachter wäre es, wenn du dein buhlerisches Weib bestrafen würdest!«

Doch während die Brüder auf diese Weise miteinander stritten, trat ein Bote vor Agamemnon und meldete ihm, dass Iphigenie bereits angekommen sei und die Mutter und der kleine Sohn Orestes in Kürze folgen würden. Da überkam Agamemnon eine so trostlose Verzweiflung, dass Mene-

DIE TROJASAGE

laos selbst die Hand seines Bruders ergriff. Agamemnon reichte sie ihm wehmütig und sprach unter heißen Tränen: »Nun hast du meine Tochter, Bruder! Du hast gesiegt! Ich bin zerstört.« Menelaos aber erklärte, dass er nicht mehr auf seiner Forderung bestehe, und mahnte ihn jetzt sogar selbst, sein Kind nicht zu töten. Er wolle einen guten Bruder nicht um Helenas willen ins Verderben stürzen und verlieren.

Agamemnon umarmte seinen Bruder heftig, doch war er weiterhin über das Schicksal seiner Tochter tief beunruhigt. »Ich danke dir, lieber Bruder«, sprach er, »dass uns wider alle Erwartung dein edler Sinn wieder zusammengeführt hat. Über mich aber hat das Schicksal entschieden. Der blutige Tod meiner Tochter muss vollzogen werden; das ganze Heer verlangt ihn. Kalchas und der schlaue Odysseus sind einverstanden. Sie werden das Volk auf ihrer Seite haben, uns beide ermorden und mein Töchterchen abschlachten lassen. Und wenn wir nach Argos fliehen – glaube mir, dann werden sie uns jagen, uns aus den Mauern hervorzerren und die alte Zyklopenstadt in Schutt und Asche legen! Das Einzige, was du tun kannst, Bruder, ist zu verhindern, dass meine Gemahlin Klytämnestra davon erfährt, bevor unser Kind dem Orakelspruch erlegen ist!«

Doch da kamen die Frauen und unterbrachen das Gespräch. Menelaos entfernte sich in trüben Gedanken.

Agamemnon begrüßte seine Gattin kühl und verlegen. Iphigenie aber umarmte ihren Vater stürmisch und rief: »Oh Vater, wie schön es ist, dich endlich wieder zu sehen!« Als sie aber seinen bekümmerten Blick bemerkte, fragte sie: »Warum schaust du so traurig, wenn du dich doch freust?«

»Lass nur, Töchterchen«, erwiderte der Fürst beklommen, »Könige und Fürsten bekümmert gar vielerlei.«

»So verbanne doch diese Sorgenfalten«, sprach Iphigenie, »und sieh mich freundlich an. Warum hast du denn geweint?«

»Weil uns eine lange Trennung bevorsteht«, erwiderte der Vater.

»Oh wie glücklich wäre ich«, rief das Mädchen, »wenn ich deine Schiffsgefährtin sein dürfte!«

»Nun, auch du wirst eine Reise anzutreten haben«, sprach Agamemnon ernst. »Zuvor opfern wir aber noch – ein Opfer, bei dem du nicht fehlen wirst, liebe Tochter!« Die letzten Worte erstickten in seinen Tränen und er schickte das ahnungslose Kind in das für sie bereitgehaltene Zelt zu den Jungfrauen, die in ihrem Gefolge gekommen waren. Vor Klytämnestra hielt Agamemnon seine Lüge weiter aufrecht und musste nun deren Fragen über die Verhältnisse des für Iphigenie bestimmten Bräutigams ertragen. Nachdem er sich von Klytämnestra losgemacht hatte, begab er sich aber zu dem Seher Kalchas, um mit ihm alles Weitere für das unvermeidliche Opfer zu besprechen.

Agamemnon und Iphigenie

In der Zwischenzeit ergab es sich aber, dass ein tückischer Zufall Klytämnestra im Lager mit dem jungen Achilles zusammentreffen ließ. Achilles war zu dem Feldherrn gekommen, weil seine Myrmidonen den weiteren Aufschub des Feldzuges nicht länger dulden wollten. Klytämnestra sprach den Achilles als ihren zukünftigen Schwiegersohn freundlich an. Der aber trat verwundert zurück. »Von welcher Hochzeit sprichst du, Fürstin? Niemals habe ich um deine Tochter angehalten, niemals habe ich eine Einladung zur Vermählung von Agamemnon erhalten!«

So begann sich das Rätsel vor Klytämnestras Augen aufzuhellen. Unentschlossen und beschämt stand sie vor Achilles. Der aber beruhigte sie mit jugendlicher Gutmütigkeit. »Wenn auch jemand einen Scherz mit dir getrieben hat, Königin, nimm es leicht, und verzeih mir, wenn mein Erstaunen dich verletzt hat.« Und er wollte schon davoneilen, um den Feldherrn aufzusuchen, als ein Diener in das Zelt trat. Es war der vertraute Diener Agamemnons und Klytämnestras, den Menelaos mit dem Brief abgefangen hatte. Verstört und atemlos sagte er leise: »Höre, was dir dein treuer Diener anzuvertauen hat: Agamemnon will deine Tochter eigenhändig töten!« Und nun erfuhr Klytämnestra das ganze Geheimnis aus dem Munde des Sklaven. Voller Verzweiflung warf sie sich Achilles zu Füßen und wie eine Schutzflehende umschlang sie seine Knie. »Ich schäme mich nicht, so vor dir im Staub zu liegen, ich, die Sterbliche, vor dem Göttersohn. Was ist Stolz vor Mutterpflicht! Du aber, oh Sohn der Göttin, rette mich und mein Kind vor der Verzweiflung! Zwar zu Unrecht, aber dennoch habe ich sie für dich als ihren Gatten hierher gebracht. Bei allem, was dir teuer ist, bei deiner göttlichen Mutter beschwöre ich dich, hilf mir jetzt sie zu retten. Siehe, ich habe keinen Altar, zu dem ich flüchten könnte, als dich. Du hast gehört, was Agamemnon zu tun gedenkt, du siehst, wie ich allein inmitten seines gewaltigen Heeres stehe. Breite deinen Arm über uns aus, so wird uns geholfen sein!«

Achilles hob Klytämnestra ehrfürchtig vom Boden auf und sprach: »Sei getrost, Fürstin! Ich bin im Hause eines frommen und hilfsbereiten Mannes aufgezogen worden; bei Chiron habe ich schlichte, redliche Sinnesart gelernt. Ich will Agamemnon als einem Sohn des Atreus gern gehorchen, wenn er mich zum Ruhm führt. Aber verachtungswürdigen Befehlen gehorche ich nicht. Darum will ich dich schützen, so weit es mir möglich ist. Nimmermehr soll deine Tochter von ihrem Vater hingerichtet werden. Ich würde mich schuldig fühlen, wenn der Vorwand, dass Iphigenie meine Braut sei, sie in den Tod führen würde! Vertraue mir! Ich selbst soll sterben, wenn ich dein Kind nicht rette!« Mit dieser Versicherung verließ der Sohn des Peleus Iphigenies Mutter.

Voller Abscheu trat nun Klytämnestra vor ihren Gatten Agamemnon, der, da er ja nicht wusste, dass ihr das Geheimnis verraten worden war,

DIE TROJASAGE

die zweideutigen Worte an sie richtete: »Lass dein Kind nun zu mir kommen, denn Mehl und Wasser und das Opfer, das vor der Hochzeit unter dem Stahl sterben soll, sind schon bereit.«

»Vortrefflich«, rief Klytämnestra mit funkelnden Augen, »und auch Orestes sollen sie bringen!« Und als Iphigenie erschienen war, fuhr sie fort: »Siehe, hier steht sie, um dir zu gehorchen. Doch lass mich zuvor ein Wort an dich richten: Sage mir aufrichtig, willst du wirklich unsere Tochter umbringen?«

Lange stand Agamemnon schweigend da. Schließlich rief er voller Verzweiflung: »Oh mein Verhängnis, mein böser Geist! Aufgedeckt ist mein Geheimnis, alles ist verloren!«

»So höre denn«, sprach Klytämnestra weiter, »ich schütte nun mein ganzes Herz vor dir aus. Mit einem Verbrechen hat unsere Ehe begonnen, denn du hast mich gewaltsam entführt. Du hast meinen früheren Gatten erschlagen, mein Kind von meiner Brust fortgerissen und getötet. Schon zogen meine Brüder Kastor und Polydeukes mit ihrem Heer gegen dich. Nur mein alter Vater Tyndareos war es, der dich gerettet hat, als du ihn darum angefleht hast. Du wirst zugeben, dass ich dir stets eine gute Gattin war und dein ganzer Stolz. Drei Mädchen und diesen Sohn habe ich dir geboren, und nun willst du mir das älteste rauben. Und fragt man dich warum, so antwortest du: Damit Menelaos seine Ehebrecherin wieder zurückerhält. Oh zwinge mich nicht, bei den Göttern! Zwinge mich nicht, schlecht gegen dich zu werden, und sei nicht schlecht gegen mich. Und wenn du deine Tochter opferst – welches Gebet willst du dabei sprechen, was willst du dir bei dem Töchtermord erflehen? – Tue es nicht! Töte unsere Tochter nicht! Besinne dich!«

Nun warf sich auch Iphigenie ihrem Vater zu Füßen und flehte ihn mit erstickter Stimme an: »Besäße ich den Zaubermund des Orpheus, oh Vater, dass ich Felsen lenken könnte, so würde ich mich mit beredten Worten an dein Mitleid wenden. Lass mich leben, Vater! Es ist so schön, das Licht zu sehen, zwinge mich nicht, das zu sehen, was die Nacht verbirgt! Erinnerst du dich nicht, wie du mich als Kind auf deinem Schoß geschaukelt hast? Ich weiß noch alles, was du mir sagtest, dass du hofftest, mich gesund und aufgeblüht zu sehen, wenn du wieder heimgekehrt wärst, und mich in eines edlen Mannes Wohnung einzuführen. Du aber hast das alles vergessen! Du willst mich töten! Tue es nicht, ich beschwöre dich! Elend leben ist besser als der schönste Tod!«

Aber Agamemnon hatte seinen Entschluss gefasst. Er stand unerschütterlich wie ein Fels und sprach: »Wo ich Mitleid fühlen darf, da fühle ich es auch, denn ich liebe meine Kinder – andernfalls müsste ich doch wahnsinnig sein! Mit schwerem Herzen, oh Gemahlin, führe ich die schreckliche Tat aus, doch ich muss! Ihr seht ja, welch eine Flotte mich umringt.

258

Agamemnon und Iphigenie

Troja wird nicht erobert, wenn ich dich nicht opfere, Kind, so lautet der Ausspruch des Sehers. Die Helden selbst sind wild entschlossen. Und erfülle ich nun den Götterspruch nicht, dann töten sie euch und mich. Hier hat meine Macht eine Grenze. Nicht Menelaos, sondern ganz Griechenland gebe ich nach.«

Ohne ein weiteres Wort entfernte sich der König und ließ die klagenden Frauen allein in seinem Zelt zurück. Da hörten sie plötzlich das Klirren von Waffen. »Es ist Achilles!«, rief Klytämnestra erleichtert. Von einigen Bewaffneten begleitet trat der Sohn des Peleus hastig ins Zelt. »Unglückliche Tochter Ledas!«, rief er. »Das ganze Lager ist in Aufruhr und verlangt den Tod deiner Tochter. Ich selbst, der mich ihnen widersetzte, wäre beinah gesteinigt worden!«

»Und deine Truppe?«, fragte Klytämnestra mit stockendem Atem.

»Meine Männer empörten sich am meisten«, fuhr Achilles fort, »und nannten mich einen liebeskranken Schwätzer. Mit diesem treuen Häuflein hier bin ich gekommen, um euch gegen Odysseus zu schützen, der sogleich anrücken wird. Tochter, klammere dich an deine Mutter, mein Leib soll euch decken. Ich will sehen, ob sie es wagen werden, den Sohn der Göttin anzugreifen, von dessen Leib das Schicksal Trojas abhängt!« Diese letzten Worte erfüllten Klytämnestra von neuem mit Hoffnung.

Doch Iphigenie machte sich aus ihren Armen los und stellte sich entschlossen vor die Königin. Hoch erhobenen Hauptes und mit fester Stimme sprach sie: »Hört, was ich zu sagen habe! Du darfst deinem Gatten nicht zürnen, Mutter, er kann sich nicht gegen das Notwendige stemmen. Diesem Fremdling gebührt alles Lob, doch er wird büßen müssen, und über dich wird man lästern. Ich habe deshalb beschlossen zu sterben, ich verbanne jede niedrige Regung aus meiner freien Brust und will es vollenden. Mit Ruhm wird sich mein Name bedecken, die Befreierin Griechenlands werde ich heißen. Soll ich, eine Sterbliche, mich etwa der Göttin Artemis entgegenstellen, wenn es ihr gefällt, mein Leben für das Land meiner Väter zu fordern? Nein, ich gebe es willig hin. Opfert mich, zerstört Troja, das wird mein Denkmal sein und mein Hochzeitsfest.«

Mit leuchtendem Blick, wie eine Göttin, stand Iphigenie vor Klytämnestra und Achilles, während sie sprach. Da kniete Achilles vor ihr nieder und rief: »Kind Agamemnons! Die Götter machten mich zum glücklichsten Menschen, wenn deine Hand mir zuteil würde. Um dich beneide ich Griechenland, und um Griechenland, das dir angetraut ist, dich. Liebessehnsucht ergreift mich nach dir, nun, da ich dein Wesen geschaut habe. Erwäge es gut! Der Tod ist ein schreckliches Übel, ich aber möchte dir gern Gutes erweisen, möchte dich heimführen zu Leben und Glück!«

Lächelnd erwiderte Iphigenie: »Nein, lass mich Griechenland retten, wenn ich es vermag.«

DIE TROJASAGE

»Erhabene Seele«, rief Achilles, »tue, was dir gefällt. Ich aber eile mit meinen Waffen zum Altar, um deinen Tod zu verhindern. Du darfst nicht sterben. Vielleicht hörst du auf mich, wenn die Klinge erst über deinem Nacken schwebt.« Und mit diesen Worten eilte er der Jungfrau voran.

Iphigenie verbot ihrer Mutter zu klagen und legte ihr den kleinen Orestes auf die Arme. Dann schritt sie, in dem beseligenden Bewusstsein das Land zu retten, gefasst dem Tod entgegen. Klytämnestra warf sich im Zelt auf ihr Angesicht. Sie war außerstande ihr zu folgen.

Unterdessen versammelte sich das gesamte griechische Heer in dem blumenreichen Hain der Göttin Artemis vor der Stadt Aulis. Der Altar war errichtet, der Seher und Priester Kalchas stand neben ihm. Ein Ausruf des Staunens und des Mitleids erscholl aus dem Heer, als man Iphigenie, die von ihren Dienerinnen begleitet wurde, den Hain betreten und auf ihren Vater Agamemnon zuschreiten sah. Der seufzte voller Schmerz, wandte sich ab und verbarg, wie sehr er weinte. Die Jungfrau aber trat auf ihn zu und sagte: »Lieber Vater, sieh, hier bin ich schon. Vor dem Altar der Göttin übergebe ich mein Leben, wenn es der Götterspruch so will.«

Ein lautes Staunen ging durch das Heer, als es die edlen Worte vernahm. Nun gebot Talthybios, der Herold, der in ihrer Mitte stand, Schweigen und Andacht. Der Seher Kalchas zog eine blanke, scharfe Klinge und legte sie vor dem Altar in einem goldenen Korb nieder. Jetzt trat Achilles in voller Rüstung und mit gezücktem Schwert vor den Altar. Aber ein Blick der Jungfrau wandelte auch seinen Entschluss. Er warf das Schwert zur Erde, besprengte den Altar mit Weihwasser, ergriff den Opferkorb, schritt wie ein Priester um den Altar und sprach: »Oh hohe Göttin Artemis, nimm dieses heilige, freiwillige Opfer, das Agamemnon und Griechenlands Heer dir weiht, gnädig an. Gib unseren Schiffen glückliche Fahrt und unseren Speeren Trojas Sturz!«

Das ganze Heer stand stumm zur Erde blickend, als der Priester Kalchas die Klinge ergriff. Deutlich hörte man den Schlag. Aber, oh Wunder, im selben Augenblick war die Jungfrau den Blicken des Heeres entschwunden! Artemis hatte sich Iphigeniens erbarmt und eine prächtige Hirschkuh an ihre Stelle gesandt. »Ihr Führer des vereinten Griechenheeres«, rief Kalchas, nachdem er sich von seinem freudigen Staunen erholt hatte, »seht hier das Opfer, das Artemis geschickt hat, und das ihr willkommener ist als die Jungfrau, deren Blut nicht auf diesem Altar vergossen werden sollte. Die Göttin ist versöhnt, gibt unseren Schiffen frohe Fahrt und verspricht uns die Stürmung Trojas. Seid guten Mutes, denn noch heute verlassen wir die Bucht von Aulis!«

Als der letzte Funke des Opfers verloschen war, erhob sich brausender Wind. Die Männer blickten zum Hafen und sahen ihre Schiffe im bewegten Wasser schaukeln. Unter lauten Jubel verließen sie den Hain, und alle eilten zu den Zelten.

Als Agamemnon sein Zelt betrat, war Klytämnestra nicht mehr dort. Ihr treuer Diener war bereits zu ihr geeilt und hatte ihr gemeldet, dass ihre Tochter gerettet worden war. Mit einem flüchtigen Gefühl des Dankes und der Freude hatte sie erst die Hände zum Himmel erhoben, doch dann voll Bitterkeit gerufen: »Und doch ist mir mein Kind genommen worden! Er bleibt der Mörder meiner Mutterfreude! Schnell, fort von hier. Ich will den Kindesmörder nicht sehen.« Der Diener ließ sofort den Wagen und das Gefolge zum Aufbruch rüsten, und als Agamemnon von dem Opferfest zurückkam, war Klytämnestra schon fern auf dem Weg nach Mykene.

Abfahrt der Griechen
Aussetzung des Philoktetes

Noch am selben Tag hisste die Flotte der Griechen die Segel, und der günstige Fahrtwind trug sie schnell hinaus auf hohe See. Nach kurzer Fahrt legten sie an der kleinen Insel Chryse an, um frisches Wasser aufzunehmen.

Philoktetes, der Sohn des Königs Poias aus Meliboia in Thessalien, der erprobte Held und Waffengefährte des Herakles und zugleich Erbe seiner unüberwindlichen Pfeile, entdeckte auf dieser Insel einen verfallenen Altar. Iason hatte ihn einst auf seiner Argonautenfahrt der Göttin Pallas Athene geweiht, der diese Insel heilig war. Der fromme Philoktetes freute sich über seinen Fund und wollte der Beschützerin der Griechen auf ihrem verlassenen Heiligtum opfern. Doch da schoss eine giftige Natter – wie sie oft die Heiligtümer der Götter bewachen – hervor und versetzte ihm einen Biss in den Fuß.

Verletzt wurde Philoktetes zum Schiff zurückgebracht, und die Flotte segelte weiter. Doch die vergiftete, bald vom Brand befallene Wunde quälte den Philoktetes so sehr, dass er vor Schmerzen stöhnte und schrie. Auch ging von der Wunde ein so übler Geruch aus, dass seine Schiffsgenossen dies und seine Schreie bald nicht mehr ertrugen, denn was sie auch taten, des Philoktetes unheimliche Schmerzenslaute begleiteten sie stets dabei.

Schließlich berieten sich Agamemnon, Menelaos und der verschlagene Odysseus, was zu tun sei, denn die Unzufriedenheit begann sich allmählich über das gesamte Heer zu verbreiten. Man fürchtete nämlich, dass Philoktetes das Lager vor Troja mit seiner Wunde verpesten und mit seinen endlosen Schmerzensschreien das Leben im Lager verbittern könnte. So fassten die Heeresführer, als sie an der unbewohnbaren Küste der Insel Lemnos vorüberfuhren, einen grausamen Entschluss: Philoktetes, der arme Held, sollte an dieser Küste heimlich ausgesetzt werden. Dabei bedachten sie jedoch nicht, dass sie zusammen mit ihm auch seine unüberwindlichen Pfeile verloren.

Der schlaue Odysseus erhielt den Auftrag, die hinterlistige Tat auszuführen. Er lud sich den schlafenden Philoktetes auf, fuhr mit ihm in einem Boot an den Strand und legte ihn dort in einer Felsengrotte nieder, nachdem er ihm so viele Kleidungsstücke und so viel Nahrung zurückgelassen hatte, wie er in der nächsten Zeit benötigte, um sein Leben kümmerlich zu fristen. Sobald Odysseus aber zurückgekehrt war, segelte das Schiff weiter und vereinigte sich wieder mit der Flotte.

Die Griechen in Mysien
Telephos

Die griechische Flotte erreichte nun glücklich die Küste von Kleinasien. Da aber keiner der Helden die Gegend recht kannte, ließen sie sich zunächst einmal fern von Troja an die mysische Küste treiben und gingen dort mit allen Schiffen vor Anker. Den ganzen Küstenstreifen entlang fanden sie bewaffnete Wachen aufgestellt, die ihnen im Namen des Landesherrn verboten das Land zu betreten, bevor dem König nicht gemeldet wäre, wer sie seien.

Telephos, der König von Mysien, war aber selbst ein Grieche und ein Sohn des Herakles und der Auge. Nach wunderbaren Schicksalen hatte er seine Mutter bei dem König Teuthras in Mysien angetroffen und dessen Tochter Argiope zur Gemahlin erhalten. Nach Teuthras' Tod war er selbst König von Mysien geworden.

Ohne zu fragen, wer der Herr des Landes wäre, und ohne den Wächtern eine Antwort zu erteilen, griffen die Griechen zu ihren Waffen, sprangen an Land und schlugen die Wachen nieder. Einige wenige konnten aber entkommen und ihrem König melden, dass tausende Fremder in sein Land eingefallen seien, die Wachen niedergemetzelt und die Küste besetzt hätten.

In aller Eile stellte König Telephos ein Heer auf und ging den Fremden entgegen. Telephos selbst war ein stattlicher Held und seines Vaters Herakles würdig. Seine Kämpfer hatte er nach griechischem Vorbild ausbilden lassen. Deshalb stießen die Krieger des Agamemnon auf unerwartet heftigen Widerstand und es entspann sich eine blutige, lang anhaltende Schlacht. Unter den Griechen tat sich dabei besonders Thersandros, der Enkel des berühmten Königs Ödipus und Sohn des Polyneikes, hervor. Er hatte schon an der Seite des Fürsten Diomedes ge-

Telephos

kämpft, der als einer der Epigonen bekannt geworden war. Er richtete im Heer des Telephos eine mörderische Verwüstung an und erschlug schließlich auch den geliebtesten Freund und ersten Kämpfer des Königs. Darüber entbrannte der König in solcher Wut, dass ein grimmiger Zweikampf zwischen dem Enkel des Ödipus und dem Sohn des Herakles entfachte. Telephos siegte und von einer Lanze durchbohrt sank Thersandros zu Boden.

Bald waren die Griechen wieder im Vorteil, denn sie lockten die Feinde in eine Weinpflanzung und behielten selbst die günstigere Stellung. Teuthrantios, der Halbbruder des Telephos, war nun von Ajax niedergestreckt worden. Als Telephos selbst, der gerade dem Odysseus nachsetzte, seinem Bruder zu Hilfe kommen wollte, stolperte er über einen Weinstock und fiel. Diesen Augenblick nutzte Achilles. Während Telephos sich aufrappelte, warf er seinen Speer nach ihm und traf ihn schwer in der linken Seite.

Der Kampf hätte noch lange unentschieden fortgedauert, wenn nicht die Nacht hereingebrochen wäre. Beide Heere zogen sich nun vom Schlachtfeld zurück, die Mysier begaben sich in ihre Königsstadt, die Griechen zu ihrem Ankerplatz.

Auf beiden Seiten waren viele tapfere Männer gefallen und viele verwundet worden. Am folgenden Tag schickten daher beide Teile einen Gesandten ab, der um Waffenstillstand bat, damit die Toten, die noch auf dem Schlachtfeld lagen, begraben werden konnten. Erst jetzt erfuhren die Griechen zu ihrem großen Erstaunen, dass der König, der sein Gebiet so heldenhaft verteidigt hatte, selbst ein Grieche war und dazu der Sohn ihres größten Helden. Und auch Telephos wurde schmerzlich bewusst, dass griechisches Blut an seinen Händen klebte. Es stellte sich zudem heraus, dass es im griechischen Heer drei Fürsten gab, die mit König Telephos verwandt waren: Tlepolemos, ein Sohn des Herakles, und Pheidippos und Antiphos, welche Söhne des Königs Thessalos und Enkel des Herakles waren. Sie boten sich nun an, im Geleit der mysischen Gesandten zu ihrem Bruder und Vetter Telephos zu gehen und ihm näher zu berichten, wer die Griechen seien, die an seiner Küste an Land gegangen waren, und in welcher Absicht sie nach Asien gekommen waren.

Telephos nahm seine Verwandten herzlich auf und konnte sich gar nicht genug von ihnen erzählen lassen. Da erfuhr er, wie Paris mit seiner ehrlosen Tat ganz Griechenland beleidigt hatte, und dass nun Menelaos mit seinem Bruder Agamemnon und allen verbündeten griechischen Fürsten zum Kampf gegen Troja ausgezogen sei. Tlepolemos, der Halbbruder des Königs, forderte ihn schließlich auf, das Griechenblut, das er eben in der Schlacht vergossen habe, zu sühnen und sich dem Feldzug mit seinem Heer anzuschließen. Da richtete sich Telephos mühsam von

DIE TROJASAGE

seinem Lager auf, denn die Lanze des Achilles hatte ihn schwer verwundet, und erwiderte freundlich: »Eure Vorwürfe sind nicht gerecht! Durch eure eigene Schuld seid ihr aus Freunden und Verwandten meine blutigen Feinde geworden. Denn meine Küstenwächter haben euch, meinem strengen Befehl gemäß, geziemend nach Namen und Herkunft gefragt. Nicht wie rohe Barbaren, sondern nach dem Völkerrecht der Griechen haben sie euch behandelt. Ihr aber seid in der Meinung, dass gegen Barbaren alles erlaubt sei, an Land gesprungen, ohne die verlangten Auskünfte zu geben, und habt meine Untertanen, ohne sie anzuhören, niedergemacht. Auch mir habt ihr«, er wies auf seine Wunde, »ein Andenken hinterlassen, das mich wohl – ich fühle es – mein Leben lang an unser gestriges Zusammentreffen erinnern wird. Doch grolle ich euch nicht, denn ich kann die Freude, Blutsverwandte und Griechen in meinem Reich aufgenommen zu haben, nicht zu teuer erkaufen. Was nun aber eure Forderung betrifft: Mutet mir nicht zu, gegen Priamos in die Schlacht zu ziehen. Meine zweite Gemahlin, Astyoche, ist seine Tochter, er selbst ist ein frommer alter Mann, und seine übrigen Söhne sind edelmütig. Sie alle haben mit dem Verbrechen des leichtsinnigen Paris nichts zu tun. Seht hier meinen Jungen Eurypylos. Wie könnte ich ihm den Kummer antun, bei der Zerstörung des Reiches seines Großvaters mitzuhelfen? Wie ich dem Priamos nichts zuleide tun will, so will ich aber auch euch, meine Landsleute, in keiner Weise schädigen. Nehmt Gastgeschenke von mir an und verschafft euch Vorrat, so viel ihr benötigt. Dann geht hin und fechtet in der Götter Namen euren Handel aus, den ich nicht schlichten kann.«

Mit dieser gütigen Antwort kamen die drei Fürsten guter Dinge in das Lager zurück und berichteten dem Agamemnon und den anderen Fürsten, wie sie mit Telephos Freundschaft geschlossen hatten. Der Kriegsrat der Helden beschloss, sofort den Ajax und den Achilles zum König zu senden, damit sie das Bündnis bekräftigten und ihm Trost wegen seiner Wunde zusprachen.

Als Achilles sah, wie schwer Telephos an seiner Wunde zu leiden hatte, warf er sich weinend über sein Lager und beklagte, dass sein Speer unwissentlich einen Landsmann und Sohn des Herakles getroffen hatte. Der König aber verdrängte den Schmerz und bedauerte nur, von der Ankunft so großer Helden nicht unterrichtet gewesen zu sein, um ihnen einen königlichen Empfang zu bereiten. Jetzt lud er auch Agamemnon und Menelaos feierlich in seine Hofburg ein und empfing sie mit festlicher Pracht und kostbaren Geschenken. Vom Krankenlager aus erteilte Telephos nun den Griechen allerlei Ratschläge, versah die Flotte mit Lebensmitteln und bestand darauf, dass sie erst dann abziehen sollten, wenn der Winter mit seinen stärksten Stürmen vorüber sei. Des Weiteren unterrichtete er sich noch genau über die Lage der Stadt Troja, den Weg, den sie dorthin zu nehmen hätten und den einzigen geeigneten Landungsplatz, nämlich die Mündung des Flusses Skamander.

Rückkehr des Paris

Obwohl man in Troja noch nichts von der Abfahrt der großen griechischen Flotte wusste, herrschte dort, seit die griechischen Abgesandten wieder abgereist waren, Angst und Schrecken vor einem bevorstehenden Krieg.

Paris war inzwischen mit der geraubten Fürstin, der kostbaren Beute und seiner ganzen Flotte zurückgekommen. König Priamos hatte die unerbetene Schwiegertochter nur ungern in seinen Palast eintreten sehen und seine zahlreichen Söhne auf der Stelle zu einer Versammlung einberufen. Doch viele von Priamos' Söhnen waren noch jung, unverheiratet und voller Kampfeslust. So fiel es Paris leicht, seine Brüder durch die prächtige Beute, die er mit ihnen zu teilen bereit war, und vor allem durch die schönen Griechinnen aus den edelsten Fürstengeschlechtern, die er im Gefolge Helenas mitgebracht hatte und nun seinen Brüdern als Gemahlinnen geben wollte, auf seine Seite zu ziehen. So wurde also beschlossen, dass die Fremde in den Schutz des Königshauses aufgenommen und nicht den Griechen ausgeliefert werden sollte.

Ganz anders aber hatte das Volk der Stadt, das Angriff und Belagerung durch die Feinde fürchtete, die Ankunft des Königssohnes und seines schönen Raubes aufgenommen. Mancher Fluch hatte Paris durch die Straßen verfolgt, und hier und da war selbst ein Stein nach ihm geworfen worden, als er die erbeutete Gemahlin in den Palast seines Vaters führte. Nur die Ehrfurcht vor dem alten König hielt die Trojaner schließlich davor zurück, sich offen gegen die Aufnahme der neuen Bürgerin zu widersetzen.

Als nun im Rat des Priamos der Beschluss gefasst war, die Fürstin nicht zu verstoßen, sandte der König Hekabe, seine eigene Gemahlin, zu ihr in das Frauengemach, damit sie sich davon überzeugte, dass Helena freiwillig mit Paris nach Troja gekommen war. Helena erklärte, dass sie durch ihre Abstammung ebenso sehr den Trojanern wie den Griechen angehöre, denn Danaos und Agenor seien sowohl ihre als auch die Stammväter des trojanischen Königshauses. Zwar sei sie unfreiwillig geraubt worden, jetzt aber dadurch, dass sie schon so lange Paris' Besitz und nunmehr durch innige Liebe an ihn gefesselt sei, freiwillig die Seine. Im Übrigen könne sie, nach allem, was geschehen sei, keine Vergebung durch ihren Gatten und das griechische Volk erwarten. Nur Schande und Tod stünden

DIE TROJASAGE

ihr bevor, wenn sie ausgeliefert würde. All dies beteuerte sie unter Tränen und schließlich warf sie sich Hekabe zu Füßen, die sie freundlich aufhob und ihr versicherte, dass es der Wille des Königs und seiner Söhne sei, sie gegen alle Angriffe zu schützen.

Die Griechen vor Troja

So lebte Helena also in Sicherheit am Königshof von Troja und bezog schließlich mit Paris einen eigenen Palast. Auch das Volk hatte sich bald an Helena gewöhnt und freute sich an ihrer Schönheit, und als nun die griechische Flotte tatsächlich vor der trojanischen Küste erschien, da waren die Einwohner der Stadt unverzagter denn je. Sie zählten ihre Bürger und Verbündeten und fanden sich an Zahl und Kraft ihrer Helden und Kämpfer den Griechen gewachsen. Und mit dem Schutz der Götter – neben Aphrodite standen noch andere Götter, darunter der Kriegsgott Ares, Apollon und der Göttervater Zeus selbst, auf ihrer Seite – hofften sie, die Belagerer der Stadt bald schon zum Rückzug zwingen zu können.

Zwar war ihr Anführer, König Priamos, zu alt, um selbst noch zu kämpfen, doch seine fünfzig Söhne – von denen ihm neunzehn allein seine Gattin Hekabe geboren hatte – standen alle im besten Alter. Besonders hervor stachen Hektor, dann Deïphobos und danach Helenos, der Seher, Pammon, Polites, Antiphos, Hipponoos, Polydoros und der zarte Troilos. Auch vier Töchter, Krëusa, Laodike, Kassandra, die ebenfalls eine Seherin war, und die in ihrer Kindheit bereits strahlend schöne Polyxena umgaben seinen Thron.

Den Oberfehl über das Heer, das sich nun zum Kampf rüstete, bekam Hektor zugeteilt; an seiner Seite stand Äneas, der Sohn der Göttin Aphrodite und des Anchises. Er war der Gemahl der Krëusa und daher ein Schwiegersohn des Priamos. Pandaros, der Sohn des Lykaon, dem Apollon selbst seinen Bogen geschenkt hatte, stellte sich an die Spitze einer anderen Schar. Weitere Truppen wurden von Adrastos, Amphios, Asios, Hippothoos, Pylaios, Akamas, Euphemos, Pyraichmes, Pylaimenes, Hodios und Epistrophos angeführt. Chromis und Ennomos befehligten eine Hilfstruppe von Mysiern; Phorkys und Askanios eine der Phryger, Mesthles und Antiphos die Maionier, Nastes und Amphimachos die Karier und die Lykier Sarpedon und Glaukos.

Auch die Griechen waren unterdessen an Land gegangen und hatten zwischen den beiden Vorgebirgen Sigeion und Rhoiteion an der Küste ein geräumiges Lager aufgeschlagen, das einer regelrechten Stadt glich: Die Schiffe waren an Land gezogen und auf dem ansteigenden Gelände in mehreren Reihen stufenförmig übereinander angeordnet worden, wobei

Die Griechen vor Troja

man sie zum Schutz vor der Feuchtigkeit auf Steine stellte. In der ersten Reihe, von der Landseite aus betrachtet, hatten jeweils rechts und links, Troja zugekehrt, Ajax und Achilles ihre Schiffe aufgestellt und ihre Lagerhütten errichten lassen. Das Quartier des Achilles war dabei wie ein wirkliches Wohnhaus. Es umfasste Vorratsscheunen und Ställe für die Wagenpferde und das Vieh. Neben seinen Schiffen gab es ein freies Gelände für Wettrennen, Leichenspiele und andere Feierlichkeiten. An Ajax schlossen sich die Schiffe des Protesilaos an, dann kamen andere Thessalier, dann die Kreter, Athener, Phoker, Böotier, Achilles mit seinen Myrmidonen schloss die Reihe ab. In der zweiten Reihe standen unter anderen die Lokrer, Dulichier und Epeier; und in der dritten hatten minder namhafte Völker und deren Schiffe ihren Platz, aber auch Nestor mit den Pyliern, Eurypylos mit den Orchomeniern und Menelaos waren darunter. In der vierten und letzten Reihe standen Diomedes, Odysseus und Agamemnon. Vor Odysseus befand sich die Agora. Das ist der Platz, der zu Versammlungen und Verhandlungen bestimmt war, und auf welchem die Altäre der Götter standen.

Das ganze Schiffslager war von vielen Wegen und Gassen durchzogen. Die Hauptstraßen verliefen zwischen den vier Reihen hindurch, vom Land zum Meer gab es Quergassen, die die Schiffe der einzelnen Völkerschaften untereinander trennten. Die Schiffe selbst waren von den Lagerhütten ihrer Völkerschaften wiederum durch kleine Zwischenräume abgesondert, und jede Völkerschaft war zudem nach den verschiedenen Städten oder Anführern in kleinere Unterabteilungen gegliedert. Die Lagerhütten bestanden aus Holz und Erde und waren mit Schilf gedeckt. Jeder Anführer hatte sein Quartier in der vordersten Reihe der Schar, und jedes war – ja nach dem Rang seines Bewohners – mehr oder weniger ausgeschmückt. Die Schiffe aber dienten dem ganzen Lager zugleich zur Verteidigung. Vor ihnen türmten die Griechen einen Erdwall auf, der erst in der letzten Zeit der Belagerung durch eine Mauer ersetzt werden sollte. Hinter diesem Erdwall lag ein Graben, vorn war er mit einer Reihe von Schanzpfählen versehen. Um all dies zu bewerkstelligen, hatten die Griechen mehr als genügend Zeit, während die Trojaner berieten, auf welche Weise ihre Verteidigung am besten zu erfolgten habe.

Zwischen dem Schiffslager der Griechen und der Stadt Troja erstreckten sich, vier Wegstunden weit, die blumenreiche skamandrische Wiese und die troische Ebene, die zum Schlachtfeld bestimmt worden war. Die beiden Flüsse Skamander und Simoeis, die erst beim griechischen Lager zur Mündung zusammenflossen, rahmten die Ebene ein, hinter welcher sich die hohen Mauern, Zinnen und Türme der von Götterhand befestigten herrlichen Stadt Troja mit ihrem Palast erhoben. Auf einem Hügel gelegen war die Stadt weithin sichtbar. Zahlreiche Straßen durchzogen

DIE TROJASAGE

die bergige Stadt, die nur von zwei Seiten her zugänglich war. Hier befanden sich auf der einen Seite das skaeische, auf der anderen Seite das dardanische Tor mit je einem Turm. Die übrigen Seiten der Stadt waren hügelig und mit Gebüsch bewachsen, ihre Tore und Törchen kamen daher kaum in Betracht. In der oberen Stadt, oder Burg Ilion, auch Pergamos genannt, standen die Paläste des Priamos und des Paris, die Tempel der Hekate, der Athene und des Apollon, überragt vom Tempel des Zeus auf der allerhöchsten Erhebung. Vor der Stadt, am Fluss Simoeis, lag linker Hand der Griechen der Hügel Kallikolone, rechts führte die Straße zu den Quellen des Skamander und dann an dem hohen Hügel Batieia vorbei, der umgangen werden konnte und außen vor der Stadt lag. Hinter Troja lag das ilische Feld, das bereits anstieg und den bewaldeten Fuß des Idagebirges bildete, dessen höchste Erhebung Gargaron hieß, und dessen beide äußersten Ausläufer zur Rechten und Linken der Griechen das sigeische und rhoiteische Vorgebirge bildeten.

Bevor der Kampf seinen Anfang nahm, wurden die Griechen durch die Ankunft eines teuren Gastes überrascht. König Telephos von Mysien, der sie so großmütig unterstützt hatte, war, seit er die Wunde durch den Speer des Achilles davongetragen hatte, unheilbar krank geblieben. Von unerträglichen Schmerzen gequält hatte er das Orakel des Apollon, das sich in seinem Land befand, befragen lassen, und es hatte ihm geantwortet, dass nur der Speer, der ihn verwundet habe, ihn auch heilen könne. So undeutlich der Spruch des Gottes auch war, trieb Telephos schließlich doch die Verzweiflung dazu, sich einschiffen zu lassen und der griechischen Flotte zu folgen. So war er denn bei der Mündung des Skamander angekommen und wurde nun in die Lagerhütte des Achilles getragen.

Der Anblick des leidenden Königs entfachte den Schmerz des jungen Helden von neuem. Voller Kummer brachte er seinen Speer herbei und legte ihn dem König zu Füßen. Aber er wusste keinen Rat, wie man sich des Speeres zur Heilung einer Wunde bedienen sollte, und auch die anderen Helden standen ratlos am Bett ihres leidenden Wohltäters, bis Odysseus auf den Gedanken kam, die großen Ärzte des Heeres zurate zu ziehen. Podaleirios und Machaon eilten herbei. Als sie das Orakel des Apollon vernommen hatten, verstanden sie als weise und erfahrene Söhne des Asklepios sogleich seinen Sinn. Sie feilten ein wenig Rost vom Speer des Achilles ab und streuten ihn sorgfältig auf die ganze Wunde. Und da geschah ein Wunder: Sowie die Feilspäne die Wunde berührt hatten, begann sie vor aller Augen zu heilen, und schon wenige Stunden später war der edle König Telephos, wie das Orakel verheißen hatte, durch den Speer des Achilles von der Wunde, die derselbe Speer ihm geschlagen hatte, genesen. Jetzt erst war die Freude der Helden über den großmütigen Empfang, der ihnen in Mysien zuteil geworden war, vollkommen.

Geheilt und glücklich ging Telephos wieder auf sein Schiff, und so wie zuvor die Griechen ihn, verließ nun er die Griechen unter Danksagungen und Segenswünschen. Rasch ließ er ablegen, um in sein Reich zurückzukehren, denn er wollte nicht Zeuge des Kampfes sein, den seine lieben Gastfreunde gegen seinen ebenso geliebten Schwiegervater beginnen würden.

ZWEITES BUCH

Ausbruch des Kampfes
Protesilaos
Kyknos

Die Griechen waren noch mit dem Geleit des Königs Telephos beschäftigt, als die Tore Trojas sich auftaten und das vollständig gerüstete Heer der Trojaner unter Hektors Führung über die skamandrische Ebene strömte und ungehindert gegen die Schiffe der ahnungslosen Griechen vorrückte.

Die wenigen im Schiffslager, die als Erste planlos nach ihren Waffen griffen, um sich den herannahenden Feinden entgegenzustellen, wurden von deren Übermacht erdrückt. Doch das Gefecht hielt die Trojaner lange genug auf, dass die Griechen unterdessen das Heer sammeln und ihrerseits geordnet vorrücken konnten. Da entbrannte eine wechselhafte Schlacht. Wo Hektor selbst zugegen war, gewannen die Trojaner die Oberhand, in die Schlachtreihen aber, die fern von ihm kämpften, brachen die Griechen erfolgreich ein. Der erste namhafte Held unter den Griechen, der in dieser Schlacht fiel, war Protesilaos, der Sohn des Iphiklos. Als verlobter Jüngling war er nach Troja gezogen. Er war der Erste, der bei der Landung ans Ufer sprang. Nun sollte er auch, von Äneas, dem trojanischen Fürstensohn erschlagen, als Erster fallen. Seine Braut Laodameia, die schöne Tochter des Argonauten Akastos, würde ihren Bräutigam, den sie mit ängstlicher Sorge hatte in den Krieg ziehen lassen, nicht mehr wieder sehen.

Noch war Achilles nicht auf dem Schlachtfeld erschienen. Er hatte den mysischen König Telephos, den er einst mit seinem Speer verwundet und jetzt mit demselben Speer geheilt hatte, zum Meer geleitet, und blickte nun nachdenklich seinem Schiff nach, wie es allmählich in der fernen Flut verschwand. Da kam sein Freund Patroklos zu ihm geeilt, fasste ihn an der Schulter und rief: »Wo bleibst du, Freund, die Griechen brauchen dich! Der erste Kampf hat begonnen. Hektor, der älteste Sohn des Königs Priamos, wütet an der Spitze seines Heeres wie ein Löwe, dessen Höhle

Kyknos

von Jägern umstellt ist. Äneas, der Schwiegersohn des Königs, hat aus der Mitte unsrer Fürsten den edlen Protesilaos erschlagen, der so jung und mutig war wie du, doch dir an Kraft nicht gleichkam. Wenn du nicht kommst, wird es noch mehr Tote unter unseren Helden geben!«

Aus seinen Träumen erwacht wandte Achilles sich um und hörte nun auch den Lärm des Kampfgetümmels. Da lief er, ohne ein Wort zu erwidern, durch die Gassen des Schiffslagers davon auf seine Lagerhütte zu. Erst hier fand er die Sprache wieder. Mit lauter Stimme rief er seine Myrmidonen zu den Waffen und stürzte sich mit ihnen wie ein Gewitter in die Schlacht. Seinem stürmischen Angriff hielt selbst Hektor nicht stand. Zwei Söhne des Priamos erschlug er, und der Vater sah klagend von den Mauern herab, wie seine Kinder von dem fürchterlichen Helden getötet wurden.

An Achilles' Seite kämpfte Ajax, der Sohn des Telamon, dessen Riesenleib alle anderen überragte. Vor den Schlägen dieser beiden Männer flohen die Trojaner wie Hirsche vor einer Meute von Jagdhunden. Schließlich griff die Flucht auf das gesamte Heer über und die Trojaner schlossen sich wieder hinter ihren Toren ein. Die Griechen aber begaben sich in Ruhe zu ihren Schiffen zurück und vollendeten gemächlich an ihrem Lagerbau, was noch nicht fertig war. Agamemnon teilte Achilles und Ajax als Wächter über die Schiffe ein, und sie bestimmten wiederum weitere Wächter über die einzelnen Abteilungen der Flotte.

Dann begruben die Griechen den Protesilaos. Sie legten seinen Leichnam auf einen schön geschmückten und aufgetürmten Scheiterhaufen und begruben seine Gebeine auf einer Halbinsel des Strandes unter schönen, hohen Ulmenbäumen. Noch waren sie mit der Bestattung nicht zu Ende, da schreckte sie ein zweiter Überfall auf.

In Kolonis bei Troja herrschte König Kyknos, den eine Nymphe dem Meeresgott Poseidon geboren hatte, und der auf der Insel Tenedos wunderbarerweise von einem Schwan aufgezogen worden war. Daher hatte er auch seinen Namen Kyknos, was »Schwan« bedeutet, erhalten. Kyknos war ein Verbündeter der Trojaner. Ohne von Priamos dazu aufgefordert worden zu sein, hatte er sich verpflichtet gefühlt seinem alten Freund zu Hilfe zu kommen, als er von der Ankunft und Landung der Griechen erfahren hatte. Daher hatte auch er in seinem Königreich ein ansehnliches Heer gesammelt und sich nahe des griechischen Schiffslagers in einen Hinterhalt gelegt. Er war mit seiner Truppe eben erst in diesem Versteck angelangt, als die Griechen siegreich aus der ersten Schlacht zurückkehrten und ihrem gefallenen Helden die letzte Ehre erwiesen. Während sie arglos um den Scheiterhaufen standen – ihre Rüstungen hatten sie abgelegt – sahen sie sich plötzlich von Streitwagen und Bewaffneten umzingelt, und ehe sie sich überhaupt besinnen konnten, ob die Erde die Männer ausgespuckt hatte oder woher sie sonst gekommen waren, hatte Kyknos mit seinem Heer bereits ein furchtbares Blutbad unter den Griechen angerichtet.

Doch es hatte nur ein Teil des griechischen Heeres der Leichenfeier des Protesilaos beigewohnt. Die anderen, die im Lager geblieben waren, griffen sogleich zu den Waffen und eilten den Ihren, mit Achilles an der Spitze, geschlossen zu Hilfe. Achilles selbst saß auf dem Streitwagen, und wie er seine todbringende Lanze schwang und bald hier, bald dort einen Koloniten erschlug, war er schrecklich anzusehen. Achilles suchte den Anführer der Feinde, und er erkannte ihn im Schlachtengetümmel an den kräftigen Stößen, die er von einem hohen Streitwagen herab rechts und links an die Griechen verteilte. Dorthin lenkte Achilles seine schneeweißen Pferde, und als er nun dem Kyknos gegenüber auf dem Wagen stand, rief er, die bebende Lanze mit seinem sehnigen Arm schwingend: »Wer du auch sein magst, Jüngling! Nimm als Trost mit in den Tod, dass dich der Sohn der Göttin Thetis erschlagen hat!« Und diesem Ausruf folgte sein Geschoss. Aber so sicher er mit seiner Lanze auch gezielt hatte, sie prallte nur mit einem dumpfem Stoß von Kyknos' Brust. Staunend musterte Achilles seinen unverwundbaren Gegner.

»Wundere dich nicht, Sohn der Göttin«, rief Kyknos ihm lächelnd zu, »nicht mein Helm, den du anzustaunen scheinst, oder mein Schild halten die Stöße von meinem Leibe ab. Ich trage sie nur als bloßen Schmuck, ganz so, wie wohl der Kriegsgott Ares zuweilen nur aus purem Scherz die Waffen anzulegen pflegt, die er gewiss nicht braucht, um seinen Götterleib zu schützen. Wenn ich die Rüstung von mir werfe, so wirst du mir doch die Haut mit deinem Speer nicht ritzen können. Wisse, dass ich am ganzen Leib so hart wie Eisen bin, und dass es etwas zu bedeuten hat, nicht etwa der Sohn einer Meernymphe, nein, sondern der geliebte Sohn dessen, der dem Nereus und seinen Töchtern und allen Meeren gebietet, zu sein. Erfahre, dass du dem Sohn Poseidons selbst gegenüberstehst!« Mit diesen Worten schleuderte er seinen Speer auf Achilles und durchbohrte damit den Schild bis auf das Erz und die ersten neun Schichten aus Stierhaut. Erst in der zehnten Lage blieb die göttliche Waffe stecken. Achilles aber schüttelte den Speer aus seinem Schild und sandte dafür seinen eigenen gegen den Göttersohn. Aber Kyknos blieb unverwundet. Selbst der dritte Speer, den Achilles geworfen hatte, blieb ohne Wirkung. Da wurde Achilles wütend wie ein Stier, wenn ihm ein rotes Tuch vorgehalten wird. Noch einmal warf er die Lanze aus Eschenholz nach Kyknos, und diesmal traf er ihn wirklich an der linken Schulter. Achilles jubelte, denn die Schulter war blutig. Doch seine Freude war verfrüht. Nicht Kyknos blutete, sondern Menoites, der neben Kyknos kämpfte und den ein anderer getroffen hatte. Zähneknirschend vor Wut sprang Achilles nun vom Wagen, eilte auf seinen Gegner zu und schlug mit dem Schwert auf ihn ein, doch selbst die Klinge prallte dumpf an seinem eisenharten Körper ab. Da hob Achilles in seiner Verzweiflung den zehnhäutigen Schild und schlug damit auf die Schläfe seines unverwüstlichen Feindes ein. Jetzt erst begann Kyknos zurückzuweichen und Nebel schwamm vor seinen Augen. Als er über einen Stein stolperte, packte ihn Achilles im Nacken und stieß ihn vollends zu Boden. Dann stemmte er sich mit Schild und Knien auf Kyknos' Brust und schnürte ihm mit dessen eigenem Helmband die Kehle zu.

Als die Koloniten ihren göttlichen Führer unterliegen sahen, sank ihnen der Mut und sie stürmten in wilder Flucht davon. Bald waren die vielen Leichen der Griechen und Barbaren, die auf dem Feld um den halb vollendeten Grabhügel des Protesilaos zerstreut umherlagen, das Einzige, was noch auf den Kampf hinwies.

Die Folge dieses Überfalls war, dass die Griechen in das Reich des erschlagenen Königs Kyknos einfielen und dessen Kinder aus der Hauptstadt Metora als Beute mitnahmen. Anschließend griffen sie das benachbarte Killa an, eroberten die Stadt und machten auch hier reiche Beute. Schließlich kehrten sie reich beladen zu ihrem Schiffslager zurück.

Palamedes und sein Tod

Der verständigste Mann im griechischen Heer war Palamedes. Er war weise, gerecht und zuverlässig und stets beschäftigt. Er war von zarter Gestalt und verstand sich auf Gesang und Leierspiel. Mit seiner Überzeugungskraft hatte er die meisten griechischen Fürsten dazu gebracht, sich dem Feldzug gegen Troja anzuschließen, und selbst den Odysseus, den schlauen Sohn des Laërtes, hatte er überlistet. Allerdings hatte er sich dadurch einen unversöhnlichen Feind im Heer gemacht, der Tag und Nacht auf Rache sann und nur umso finsterer darüber brütete, je mehr Palamedes in der Achtung der übrigen Fürsten stieg.

Nun hatte ein Orakelspruch des Apollon die Griechen angewiesen, dass sie dem Apollon Smintheus – unter diesem Namen wurde Apollon in Troja verehrt – an der Stelle eine Hekatombe, also hundert heilige Schafe, opfern sollten, wo seine Statue und sein Tempel standen, und Palamedes war von dem Gott dazu auserwählt worden, die Opfertiere an den heiligen Ort zu führen. Dort wartete Chryses auf sie, der Priester des Gottes, der das feierliche Opfer vollbringen sollte.

Die Verehrung des Gottes in dieser Landschaft hatte einen seltsamen Ursprung: Als die alten Teukrer, die mit ihrem König Teukros von Kreta herübergekommen waren, an der Küste Kleinasiens gelandet hatten, gab

DIE TROJASAGE

ihnen das Orakel den Befehl, an dem Ort zu bleiben, wo sie ihre Feinde aus der Erde würden kriechen sehen. Als sie nun in der Stadt Hamaxitos angekommen waren, nagten Mäuse, die aus der Erde hervorgekrochen waren, über Nacht alle Schilde an. So sahen sie das Orakel des Gottes erfüllt. Deshalb ließen sie sich in dieser Gegend nieder und errichteten dem Apollon eine Statue, der eine Maus zu Füßen lag. In äolischer Mundart bedeutet Maus »Smintha«, und so bekam der Gott den Namen Apollon Smintheus.

Diesem Apollon wurden nun unter Palamedes' Führung von dem Priester Chryses hundert heilige Schafe geopfert. Die Ehre, die Palamedes auf diese Weise zuteil wurde, beschleunigte nur seinen Untergang. Denn in Odysseus, der sonst ein edles Gemüt hatte, gewann der Neid die Oberhand, und er dachte sich eine List aus, durch die er dem edlen Mann das Verderben bereiten konnte. Eigenhändig versteckte er heimlich Gold in Palamedes' Lagerhütte. Dann schrieb er unter dem Namen des Priamos einen Brief an ihn. Darin stand, dass Priamos ihm zum Dank dafür, dass er das griechische Heer an ihn verraten habe, eine bestimmte Menge an Gold zukommen lasse. Dieser Brief wurde nun einem phrygischen Gefangenen in die Hände gespielt, von Odysseus dort entdeckt und in der Fürstenvollversammlung im griechischen Lager vorgewiesen, nachdem der Phrygier umgebracht worden war. Sogleich beschlossen die Fürsten voller Entsetzen, den Palamedes vor einen Kriegsrat zu stellen, den Agamemnon mit den vornehmsten Fürsten besetzte und in welchem sich Odysseus den Vorsitz zu verschaffen wusste. Auf seine Veranlassung hin wurde die Hütte des Beschuldigten durchsucht, und natürlich kam dabei das Gold, das Odysseus tückisch dort versteckt hatte, zum Vorschein. Die Richter, die nichts von den tatsächlichen Vorgängen ahnten, sprachen einstimmig das Todesurteil aus. Palamedes nahm das Urteil schweigend entgegen. Er durchschaute die Zusammenhänge sehr wohl, aber er hatte keine Hoffnung, Beweise für seine Unschuld oder die Schuld seines Gegners erbringen zu können. Und als seine Steinigung vollzogen wurde, stieß er nur hervor: »Oh ihr Griechen, ihr tötet die gelehrteste, die unschuldigste, die gesangreichste Nachtigall!« Die getäuschten Fürsten lachten über diese Verteidigung und führten den edelsten Mann im griechischen Heer seinem unbarmherzigen Tod entgegen, den er standhaft ertrug. Als ihn schon die ersten Steinwürfe niedergeschlagen hatten, rief er noch die Worte: »Freue dich, Wahrheit, du bist noch vor mir gestorben!« Dann aber traf ihn, von dem rachsüchtigen Odysseus geworfen, ein Stein an der Schläfe, sodass er umsank und starb. Aber Nemesis, die Göttin der Gerechtigkeit, schaute vom Himmel herab und beschloss den Griechen und ihrem Verführer Odysseus noch am Ziel ihrer Taten die üble Tat zu vergelten.

Taten des Achilles und des Ajax

Von den folgenden Kriegsjahren berichtet die Sage nichts Weitreichendes. Die Griechen lagen zwar nicht tatenlos vor Troja, doch da die Trojaner ihre Kräfte schonten und selten Ausfälle machten, warfen die Griechen ihre Macht auf die Umgegend.

Achilles zerstörte und plünderte nach und nach zwölf Städte mit seiner Flotte, elf nahm er auf dem Land ein. Dem Priester Chryses führte er auf einem Streifzug nach Mysien seine schöne Tochter Astynome oder Chryseïs als Gefangene fort. Bei der Einnahme von Lyrnessos überfiel er den Palast des Königs oder Priesters Brises, der sich aus Verzweiflung darüber erhängte. Achilles nahm sich seine schöne Tochter Briseïs oder Hippodameia und schleppte sie als seine Lieblingsbeute ins griechische Lager davon.

Auch die Insel Lesbos und die Stadt Theben in Kilikien, die am Fuße des Berges Plakos gegründet worden war, unterlagen seinen Angriffen. In dieser Stadt herrschte König Eëtion, der Schwiegersohn des Königs Priamos. Eëtions Tochter Andromache war mit Hektor, dem tapfersten Helden Trojas, vermählt, und in seinem Haus wuchsen sieben weitere blühende Söhne heran. Da kam Achilles, stürmte die hoch aufragenden Tore der Stadt und erschlug den König mitsamt seinen sieben Söhnen. Als der Leichnam des hohen Fürsten, der von schöner und Ehrfurcht gebietender Gestalt war, vor dem jungen Helden hingestreckt lag, ergriff ihn eine tiefe Scheu. Er wagte nicht den Leichnam des Königs seiner Waffen zu berauben und sie als rühmliche Siegesbeute an sich zu nehmen. Daher verbrannte er den Leichnam in einer ehrenhaften Bestattung in seiner vollen Rüstung und ließ für König Eëtion ein hohes Grabmal errichten, das noch lange, von hohen Ulmen umschattet, die Gegend schmückte. Die Gemahlin des Königs und Mutter der Andromache schleppte Achilles fort und brachte sie in die Sklaverei. Später jedoch gab er sie gegen ein hohes Lösegeld wieder frei, und sie kehrte in ihre Heimat zurück. Dort wurde sie von einem Pfeil der Göttin Artemis am Webstuhl getroffen und starb. Aus dem Stall des Königs wählte sich Achilles dessen treffliches Pferd Pedasos aus, das ebenso stark und schnell wie seine eigenen, unsterblichen Pferde war, obwohl es aus irdischer Herkunft stammte. Auch aus der Waffenkammer des Königs bediente Achilles sich und nahm viele herrliche Dinge mit, darunter eine ungeheure eiserne Wurfscheibe, die so groß war, dass sie einem Bauern fünf Jahre lang Eisen für seine Ackergeräte geliefert hätte.

Neben Achilles war Ajax, der Sohn des Telamon, der tapferste und riesenhafteste unter den griechischen Helden. Auch er verbrachte seine Zeit nicht mit Müßiggang. Er führte seine Flotte an die thrakische Halbinsel, wo die stolze Königsburg des Polymnestor lag. Ihm hatte König Priamos von Troja seinen jüngsten Sohn Polydoros, den er mit Laothoë gezeugt hatte, zum Pflegesohn gegeben und auf diese Weise dem Kriegsdienst entzogen, weil er sein Lieblingssohn war. Für den Unterhalt des Jungen hatte Priamos Polymnestor Gold und zahlreiche andere wertvolle Güter überlassen. Diese Schätze und den ihm anvertrauten Polydoros benutzte der treulose Barbar nun, um sich den Frieden zu erkaufen, als sein Land von Ajax überfallen und seine Burg belagert wurde. Polymnestor verleugnete seine Freundschaft mit König Priamos, verfluchte ihn und verteilte das Geld und das Getreide, das er von ihm für Polydoros erhalten hatte, unter den griechischen Kämpfern. Das Gold und Polydoros selbst gab er dem Ajax.

Ajax kehrte mit seiner Beute nicht sofort zum griechischen Schiffslager zurück, sondern hielt auf die phrygische Küste zu. Dort griff er das Reich des Königs Teuthras an, tötete den König, der ihm an der Spitze eines Heeres entgegengezogen war, in der Schlacht und schleppte dessen Tochter Tekmessa als Kriegsbeute fort. Doch er lernte sie um ihrer Schönheit und edlen Gesinnung willen bald liebevoll zu schätzen, und gerne hätte er sie auch geheiratet, wenn es nicht gegen die Bräuche der Griechen verstoßen hätte, sich mit einer Barbarin zu vermählen.

Die Lastschiffe bis obenhin mit Beute angefüllt, trafen Ajax und Achilles zur gleichen Zeit wieder im griechischen Schiffslager vor Troja ein. Zahlreiche Kämpfer liefen ihnen unter Lobgesängen entgegen und bald umringte sie das halbe Heer. Unter lautem Jubel setzte man ihnen einen Olivenkranz aufs Haupt, als Lohn für ihre Siege. Sodann wurde Ratsversammlung gehalten, um über die mitgebrachte Beute zu entscheiden, die als Gemeingut für alle galt. Dabei wurden auch die gefangenen Frauen vorgeführt, und alle Griechen staunten über deren Schönheit. Achilles bekam die schöne Tochter des Brises zugesprochen. Überdies blieb die Kindheitsfreundin seiner Geliebten, die schöne Jungfrau Diomedeia, in seinem Besitz. Sie hatte sich, als sie vor die griechischen Helden geführt wurde, Achilles zu Füßen geworfen und ihn weinend angefleht, sie nicht von ihrer geliebten Herrin zu trennen, da sie schon zusammen aufgewachsen waren. Ajax hingegen durfte Tekmessa behalten. Nur Astynome, die Tochter des Priesters Chryses, wurde Agamemnon seiner Königswürde zu Ehren zugesprochen und ihm von Achilles auch gerne abgetreten. Die übrige Beute an Gefangenen und Vorrat wurde Mann für Mann unter das griechische Heer verteilt. Anschließend brachte Ajax, nachdem Odysseus und Diomedes ihn dazu aufgefordert hatten, die Schätze des Königs Polymnestor aus seinen Schiffen herbei, und es wurde auch davon dem König Agamemnon ein beträchtlicher Teil an Gold und Silber zugewiesen.

Polydoros

Schließlich berieten die Helden über den allerkostbarsten Teil der Beute, über den Jungen Polydoros, den Sohn des Königs Priamos. Nach kurzer Beratung wurde einstimmig beschlossen, dass Odysseus und Diomedes mit folgendem Angebot als Gesandte zu König Priamos geschickt werden sollten: Priamos würde seinen Sohn auf der Stelle zurückerhalten, sobald er den Griechen Helena ausgeliefert hätte. Menelaos selbst sollte die Gesandtschaft begleiten, und so machten sich die drei zusammen mit Polydoros auf den Weg. Unter dem Schutz des Völkerrechts wurden sie als Gesandte ohne Widerstand von den Trojanern in ihren Mauern aufgenommen.

Priamos und seine Söhne hielten sich im Königspalast auf, der einiges entfernt auf der Burg der Stadt gelegen war. Sie wussten noch nicht, was zu ihren Füßen vor sich ging, als die Gesandtschaft sich bereits auf dem Marktplatz der Stadt befand. Menelaos hielt eine Rede an das trojanische Volk, das die Gesandten umringte. Mit eindringlichen Worten beklagte er sich bitter über die schamlose Völkerrechtsverletzung, die sich Paris mit der frechen Entführung seiner geliebten Ehefrau Helena hatte zu Schulden kommen lassen. Seine Worte waren so herzzerreißend, dass alle Trojaner, darunter auch die Ältesten des Volkes, ihm unter Tränen des Mitleids Recht geben mussten. Als Odysseus ihre Rührung bemerkte, begann auch er zu sprechen: »Mir scheint, ihr solltet wissen, Älteste und alle übrigen Einwohner Trojas, dass wir Griechen ein Volk sind, das nichts Unüberlegtes tut, und dass wir, wie bereits unsere Vorfahren, bei allen unseren Taten darauf bedacht sind, Lob und nicht Schande davonzutragen. Und ihr sollt auch erfahren, dass wir, nach der ungeheuren Beleidigung, die Paris, der Sohn eures Königs, uns allen angetan hat, dennoch versucht haben, die Sache friedlich beizulegen und eine Gesandtschaft an euch schickten. Erst als dies vergeblich war, ist der Krieg, noch dazu durch einen Überfall von eurer Seite, begonnen worden. Auch jetzt, nachdem ihr unsere Macht zu spüren bekommen habt, alle euch unterworfenen oder mit euch verbündeten Städte ringsumher in Trümmern liegen und ihr selbst durch die langjährige Belagerung in Not geraten seid, liegt ein glücklicher Ausgang des Streites in eurer Hand, Trojaner! Gebt uns heraus, was ihr uns geraubt habt, und auf der Stelle brechen wir unser Lager ab, lichten die Anker und verlassen mit der furchtbaren Flotte, die euch so viel Schaden zugefügt hat, für alle Zeiten euer Land. Und wir kommen nicht mit leeren Händen. Wir bringen eurem König einen Schatz, der ihm wertvoller sein sollte als die Fremde, die eure Stadt zu seinem und eurem eigenen Fluch beherbergen muss. Wir bringen ihm den Jüngling Polydoros, sein jüngstes und geliebtestes Kind, das unser Held

DIE TROJASAGE

Ajax dem König Polymnestor in Thrakien entrissen hat und das hier in Fesseln vor euch steht. Von eurem und seines Vaters Entschluss hängt seine Freiheit und sein Leben ab. Gebt ihr uns Helena heraus, so wird der Jüngling von seinen Fesseln befreit und noch heute in Freiheit seinem Vater übergeben. Wenn ihr uns Helena aber verweigert, dann wird eure Stadt zugrunde gehen, und euer König wird zuvor noch ansehen müssen, was er für sein Leben nicht sehen möchte!«

Tiefes Schweigen lag über dem trojanischen Volk, als Odysseus aufgehört hatte zu sprechen. Schließlich ergriff der weise und bejahrte Antenor das Wort: »Liebe Griechen, meine einstigen Gäste! Alles, was ihr uns sagt, ist uns bekannt, und im tiefsten Herzen müssen wir euch Recht geben. Auch fehlt es uns nicht an dem Willen, die Sache zum Besseren zu kehren – wohl aber an der Macht! Wir leben in einem Staat, in dem der Befehl des Königs alles gilt. Sich ihm zu widersetzen erlauben die Verfassung unseres Reiches, der Glaube, den wir von unseren Vätern geerbt haben, und das Gewissen des Volkes keinem von uns. In öffentlichen Angelegenheiten dürfen wir nur dann unsere Meinung äußern, wenn der König uns fragt, und auch dann behält er sich die Freiheit vor zu handeln, wie es ihm beliebt. Damit du aber erfährst, was die Meinung der Besten im Volk über eure Angelegenheit ist, werden die Ältesten zusammentreten und ihre Meinung vor euch kundtun. Das ist, was zu tun uns übrig bleibt und was selbst unser König uns nicht verweigern kann.«

Und so geschah es. Antenor rief einen Ältestenrat zusammen und lud die Gesandten dazu ein. Er selbst führte den Vorsitz und befragte die Volksoberhäupter der Reihe nach zu ihrer Meinung über die Gewalttat des Paris. Fast alle verurteilten die Tat als einen fluchwürdigen Frevel; nur Antimachos, ein kriegslustiger und tückischer Mann, verteidigte den Raub der griechischen Fürstin. Er war von Paris mit reichlichen Gaben bestochen worden, sich, wo immer sich die Gelegenheit dazu bot, für ihn einzusetzen und die Auslieferung der Helena zu verhindern. Auch diesmal arbeitete er für diesen Zweck. Und hinterrücks erteilte er zudem den ruchlosen Rat, die Gesandten der Griechen, drei ihrer tapfersten und klügsten Männer, umzubringen. Als aber die Trojaner diesen Vorschlag mit Abscheu von sich wiesen, riet er, sie wenigstens so lange festzuhalten, bis sie Priamos den Polydoros ohne Lösegeld und Tausch ausgeliefert hätten. Aber auch dieser Rat wurde als treulos verworfen. Und da Antimachos nicht aufhörte, die Helden selbst in der Versammlung noch offen zu beleidigen, wurde er von seinen Mitbürgern, die den Griechen beweisen wollten, dass sie sein Betragen missbilligten, mit Schimpf und Schande aus der Versammlung verwiesen.

Erbittert begab sich Antimachos zum Palast und unterrichtete den König von der Ankunft der griechischen Gesandtschaft. Nun entfachte im

278

im Rat des Königs und seiner Söhne selbst eine lange zwiespältige Beratung, zu welcher auch Panthoos, einer der Ältesten, der das volle Vertrauen des Königs genoss, hinzugezogen wurde. Mit der flehenden Bitte, dem Rat der Trojaner nachzugeben und die unheilvolle Urheberin des Krieges auszuliefern, wandte Panthoos sich an den tapfersten und tugendhaftesten aller Söhne des Königs, an Hektor. »Hat doch«, sprach er, »Paris so viele Jahre Zeit gehabt, sich an seinem ungerechten Raub zu erfreuen! Jetzt sind alle unsere verbündeten Städte zerstört, und ihr Untergang zeigt uns, wie unser eigenes Schicksal aussehen wird. Dazu haben die Griechen deinen kleinen Bruder Polydoros in ihrer Gewalt, und wir wissen nicht, was aus ihm werden wird, wenn wir den Griechen Helena nicht ausliefern!«

Hektor schämte sich und war den Tränen nahe, wenn er daran dachte, was sein Bruder Paris getan hatte. Dennoch sprach er sich im Rat des Königs gegen die Auslieferung der Helena aus. »Sie ist nun einmal«, entgegnete er, »die Schutzflehende unseres Hauses. Als solche haben wir sie aufgenommen, sonst hätten wir sie gleich von der Schwelle des Königspalastes zurückweisen müssen. Statt dies zu tun haben wir aber ihr und dem Paris ein prächtiges Haus gebaut, und sie haben darin in Herrlichkeit und Freuden viele Jahre verlebt. Ihr alle habt dazu geschwiegen, obwohl ihr wusstet, dass es zu diesem Krieg kommen würde! Warum sollen wir sie jetzt vertreiben?«

»Ich habe nicht geschwiegen«, erwiderte Panthoos, »mein Gewissen ist ruhig. Ich habe euch die Prophezeiung meines Vaters mitgeteilt und euch gewarnt, und ich warne euch auch jetzt. Komme, was da kommen mag, dennoch werde ich getreulich helfen, Stadt und König zu verteidigen, auch wenn ihr meinen Rat nicht befolgt.« Mit diesen Worten verließ er die Versammlung der Königssöhne.

Schließlich wurde auf Hektors Vorschlag hin beschlossen, die Fürstin Helena zwar nicht auszuliefern, wohl aber Entschädigung und Ersatz für alles andere zu leisten, was mit ihr geraubt worden war. Als Entschädigung für Helena sollte Menelaos eine der Töchter des Königs Priamos selbst mit königlicher Mitgift zur Gemahlin erhalten: entweder die weise Kassandra, oder Polyxena, die in voller Jugendblüte und Schönheit heranreifte.

Als die griechischen Gesandten vor den König und seine Söhne geführt wurden, wo sie diesen Vorschlag vernahmen, wurde Menelaos zornig und sprach: »Wahrhaftig, es ist weit mit mir gekommen, wenn ich mir, nachdem ich so viele Jahre meiner von mir selbst auserkorenen Gemahlin beraubt war, am Ende von meinen Feinden eine Gattin auswählen lassen muss! Behaltet eure Barbarentöchter und gebt mir meine Frau zurück!«

Nun erhob sich Äneas, der Schwiegersohn des Königs, der Krëusa

DIE TROJASAGE

geheiratet hatte, und rief dem Fürsten Menelaos, der die letzten Worte mit
verächtlichem Hohngelächter gesprochen hatte, mit rauer Stimme zu:
»Du sollst weder das eine noch das andere erhalten, Elender, wenn es
nach meiner Meinung und der Meinung all derer geht, die den Paris lieben und die Ehre dieses alten Königshauses hochhalten! Noch hat das
Reich des Priamos seine Beschützer! Und sollte auch Polydoros ihm verloren gehen, so ist Priamos dadurch nicht kinderlos geworden! Sollen die
Griechen einen Freibrief von uns erhalten, dass sie unsere Frauen rauben dürfen? Genug der Worte! Wenn ihr euch nicht auf der Stelle mit
eurer Flotte davonmacht, so sollt ihr die Macht der Trojaner fühlen! Noch
haben wir kampflustige junge Männer genug, und aus der Ferne kommen
täglich mächtigere Verbündete zu uns, wenn auch die Schwachen in der
Nähe gefallen sind!«

Die Rede des Äneas erhielt lautstarken Beifall in der trojanischen Fürs-
tenversammlung und nur Hektor war es zu verdanken, dass die Gesandten nicht misshandelt wurden. Voll heimlicher Wut entfernten sie sich mit
ihrem Gefangenen Polydoros, den König Priamos nur aus der Ferne gesehen hatte, und kehrten in das Lager zurück. Als sich hier die Nachricht
von dem verbreitete, was ihnen in Troja widerfahren war, von den
Umtrieben des Antimachos, von der Frechheit des Äneas und aller Söhne
des Priamos mit Ausnahme des Hektor, kam das ganze Heer in Aufruhr
zusammengelaufen und alle schrien wütend um Rache. Ohne erst lange
die Fürsten zu fragen, wurde in einer außerordentlichen Versammlung
der Kämpfer beschlossen, den unglücklichen Jüngling Polydoros für das
büßen zu lassen, was sein Vater und seine Brüder verschuldet hatten. Und
auf der Stelle schritten sie zur Tat. Das arme Kind wurde auf Schussweite
unter die Mauern Trojas geführt. Bald schon erschienen Priamos und
seine Söhne, denn der große Heeresauflauf hatte sie herbeigelockt. Da
vernahmen sie schon die kläglichen Schmerzensschreie des Kindes, und
sie mussten mit eigenen Augen mit ansehen, wie die Drohung des Odysseus an dem Jungen vollzogen wurde. Steine flogen von allen Seiten
gegen Polydoros' ungeschützten Körper, und er starb einen grausamen
Tod. Die Griechenfürsten gestatteten, dass Priamos der zerschundene
Leichnam seines Sohnes ausgeliefert wurde, damit er ihn ehrenhaft bestatten konnte. Klagend und weinend erschienen die Diener des Königs,
von dem trojanischen Helden Idaios begleitet, und luden die Leiche des
Kindes auf den Trauerwagen, um sie seinem untröstlichen Vater zu bringen.

Chryses, Apollon und der Zorn des Achilles

Unter diesen Begebenheiten war das zehnte Kriegsjahr angebrochen und der griechische Held Ajax von vielen glücklichen Streifzügen zurückgekehrt. Mit der Ermordung des Polydoros aber flammte der Hass zwischen beiden Nationen stärker auf als zuvor, und selbst die Götter des Himmels nahmen tätigen Anteil an dem Kampf. Ein Teil von ihnen hatte aufgrund der Grausamkeit der Griechen Partei für die Trojaner ergriffen, die anderen wiederum waren den Griechen geneigt: Hera, Athene, Hermes, Poseidon und Hephaistos standen auf der Seite der Griechen, Ares und Aphrodite dagegen auf der Seite Trojas. So kam es, dass von diesem zehnten und letzten Jahr der Belagerung Trojas zehnmal mehr berichtet wird als von den neun Jahren davor. Denn nun hebt das Lied des Dichterfürsten Homer vom Zorn des Achilles an und von allen Übeln, die der Groll ihres größten Helden über die Griechen brachte.

Folgende Begebenheit entfachte des Achilles Zorn: Die Griechen hatten nach der Rückkehr ihrer Gesandten die Drohung der Trojaner nicht vergessen und bereiteten sich in ihrem Lager zu entscheidenden Kämpfen vor. Da erschien der Apollon-Priester Chryses im Lager, dessen Tochter von Achilles geraubt und dem Agamemnon überlassen worden war. Um den goldenen Friedensstab hatte Chryses den Lorbeer seines Gottes geschlungen und er hatte reichlich Lösegeld bei sich, um seine Tochter freizukaufen. Mit dieser Bitte stellte er sich vor die Griechen und deren gesamtes Heer und sprach: »Ihr Söhne des Atreus und ihr anderen Argiver! Mögen euch die olympischen Götter die Vernichtung Trojas und glückliche Heimkehr verleihen, wenn ihr dem Apollon, dessen Priester ich bin, zu Ehren mir gegen das Lösegeld, das ich bringe, meine geliebte Tochter zurückgebt!«

Das ganze Heer gab seinen Worten Beifall und gebot, den Priester zu würdigen und sein Lösegeld anzunehmen. Nur Agamemnon, der die reizende Sklavin nicht verlieren wollte, wurde zornig und sprach: »Lass dich nie wieder bei den Schiffen blicken, Greis, weder jetzt noch in Zukunft. Deine Tochter ist und bleibt meine Dienerin und wird in meinem Königshaus in Argos hinter dem Webstuhl sitzen, bis sie alt ist! Geh und reize mich nicht; mach, dass du gesund in deine Heimat kommst!«

Chryses erschrak und gehorchte. Schweigend eilte er ans Meeresufer. Dort aber erhob er seine Hände zu Apollon, dem Gott, dem er diente, und flehte ihn an: »Höre mich, Sminthier, der du zu Chryse, Killa und Tenedos herrschst! Wenn ich dir je einen Tempel zum Wohlgefallen geschmückt und dir auserlesene Opfer dargebracht habe, dann vergelte den Griechen, was sie getan haben, mit einem deiner Pfeile!«

So betete er laut, und Apollon erhörte seine Bitte. Mit Zorn im Herzen verließ er den Olymp. Den Bogen und den Köcher mit den hallenden Pfeilen auf der Schulter, schritt er heran wie die düstere Nacht. Dann setzte er sich in einiger Entfernung von den griechischen Schiffen nieder und schnellte Pfeil um Pfeil ab, dass sein silberner Bogen grauenvoll erklang. Wen aber sein unsichtbarer Pfeil traf, der starb den plötzlichen Tod der Pest. Anfangs tötete er nur Maultiere und Hunde im Lager, aber bald wandte er seine Pfeile auch gegen die Menschen, sodass einer um den anderen starb und bald die Totenfeuer unaufhörlich aus den Scheiterhaufen loderten. Neun Tage lang wütete die Pest im griechischen Heer. Doch am zehnten Tag gab Hera, als Beschützerin der Griechen, dem Achilles den Entschluss ein, eine Volksversammlung abzuhalten und einen Opferpriester, Seher oder Traumdeuter im Heer zu befragen, durch welche Opfer der Zorn des Apollon besänftigt werden und das Unheil abgewendet werden könnte.

Es erhob sich der weiseste Vogelschauer im Heer, der Seher Kalchas, und erklärte den Zorn des Gottes deuten zu wollen, wenn ihm der Held Achilles seinen Schutz gewähre. Als Achilles ihm dies zusicherte, sprach er: »Nicht versäumte Gelübde oder Opfer haben den Gott erzürnt. Er ist zornig über die Misshandlung seines Priesters durch Agamemnon und wird seine Hand zu unserem Verderben nicht eher zurückziehen, als bis die Jungfrau dem Vater zurückgegeben und ohne Lösegeld, dafür aber mit einem hundertfachen Sühneopfer, nach Chryse heimgebracht wird. Nur auf diese Weise können wir die Gnade des Gottes wiedergewinnen.«

Dem Agamemnon schwoll die Zornesader, als er dies vernahm. Böse drohend funkelten seine Augen, als er begann: »Unglücksseher, der du noch nie ein Wort gesprochen hast, das mir etwas Gutes verhießen hätte. Auch jetzt redest du dem Volk ein, Apollon habe uns die Pest gebracht, weil ich das Lösegeld für die Tochter des Chryses verworfen habe. Ja, es stimmt, ich behielt sie gern in meinem Haus, denn sie ist mir lieber als selbst Klytämnestra, meine Gemahlin, und sie ist ebenso schön und klug! Dennoch will ich sie eher zurückgeben, als mit anzusehen, dass das Volk zugrunde geht. Aber ich verlange ein anderes Ehrengeschenk als Entschädigung für sie!«

Nun ergriff Achilles das Wort: »Ich weiß nicht, ruhmvoller Sohn des Atreus, welches Ehrengeschenk deine Habsucht von uns verlangen sollte. Wo sollte denn noch Gemeingut herkommen? Die ganze Beute aus den eroberten Städten ist längst verteilt und den Einzelnen kann man doch das, was sie erhalten haben, nicht wieder nehmen! Darum gib die Tochter des Priesters frei! Wenn uns Zeus dereinst die Eroberung Trojas vergönnt, dann wollen wir dir den Verlust drei- und vierfach ersetzen!«

»Tapferer Held«, rief ihm Agamemnon zu, »versuche nicht, mich zu betrügen! Meinst du, ich werde mein Geschenk hergeben, während du

Chryses, Apollon und der Zorn des Achilles

das deine behältst? Nein. Geben mir die Griechen keinen Ersatz, dann werde ich mir etwas aus eurer Beute holen, sei es ein Ehrengeschenk des Ajax oder des Odysseus, oder auch das deinige, Achilles, Sohn des Peleus, und wenn ihr dann noch so zornig seid. Doch davon reden wir ein andermal. Jetzt aber macht das Schiff und die Opfer bereit. Nehmt die Tochter des Chryses mit, und einer von euch Fürsten, meinetwegen du, Achilles, soll das Schiff befehligen!«

Finster entgegnete Achilles: »Schamloser, selbstsüchtiger Fürst! Wie sollte dir noch ein Grieche gehorchen wollen! Ich selbst, dem die Trojaner nichts zuleide getan haben, bin dir gefolgt, um dir zu helfen, deinen Bruder Menelaos zu rächen. Und du achtest das nicht, sondern willst mir gar mein Ehrengeschenk entreißen, das ich mir mit dem Schwert erkämpft und das die Griechen mir zugesprochen haben. Bekam ich doch nach keiner Eroberung jemals so prächtige Geschenke wie du. Immer hatte mein Arm die schwerste Last des Kampfes zu tragen, aber wenn es ans Teilen geht, dann trägst du das Beste davon, und ich kehre müde vom Kampf und mit wenigem zufrieden zu den Schiffen zurück. Jetzt aber gehe ich heim nach Phthia. Versuch es, häufe dir Güter und Schätze ohne mich an!«

»Flieh nur, wenn es dir dein Herz befiehlt«, rief ihm Agamemnon zu, »ich habe noch genügend Helden ohne dich, und du säst ohnehin immer nur Zwietracht! Aber wisse, Chryses bekommt zwar seine Tochter zurück, ich aber hole mir die liebliche Briseïs für mich aus deiner Hütte, damit du lernst, wie viel höher ich bin als du, und damit keiner mehr wagt, mir ins Antlitz zu trotzen, wie du es tust!«

Achilles' Zorn entbrannte und er haderte mit sich, ob er das Schwert ziehen und den Agamemnon auf der Stelle töten, oder ob er seinen Zorn besänftigen solle. Da stand plötzlich unsichtbar die Göttin Athene hinter ihm. Sie zeigte sich nur ihm allein und machte sich für ihn bemerkbar, indem sie ihn an seinen braunen Locken berührte und ihm zuflüsterte: »Fasse dich, ziehe dein Schwert nicht, aber grolle nur. Wenn du mir gehorchst, verspreche ich dir dreifache Gabe!« Auf diese Mahnung hin stieß Achilles sein Schwert wieder in die Scheide. Aber seinen Worten ließ er ungehindert freien Lauf: »Unwürdiger«, sprach er, »wann hat dein Herz dir jemals eingegeben, mit den Edelsten Griechenlands in einen Hinterhalt zu ziehen oder in offener Schlacht an der Spitze zu kämpfen? Viel bequemer scheint es dir, hier im Heereslager demjenigen sein Geschenk zu nehmen, der dir zu widersprechen wagt! Aber ich schwöre dir bei diesem Fürstenzepter, so gewiss es niemals mehr grünen wird: Von nun an siehst du mich, den Sohn des Peleus, nicht mehr in der Schlacht. Vergeblich wirst du Rettung suchen, wenn der Männer mordende Hektor die Griechen scharenweise niederwirft. Umsonst wird der Kummer deine

Seele verzehren, weil du den edelsten der Griechen keiner Ehre wert erachtet hast!« So sprach Achilles, warf sein Zepter auf die Erde und setzte sich nieder.

Vergeblich versuchte der ehrwürdige Nestor die beiden Streitenden zu versöhnen. Schließlich rief Achilles, als er die Versammlung verließ, dem König noch zu: »Tu, was du willst, nur mute mir keinen Gehorsam mehr zu. Um des Mädchens willen werde ich weder gegen dich noch gegen irgendjemanden meinen Arm erheben. Ihr gabt sie mir, ihr könnt sie mir auch wieder nehmen. Aber lass dir nicht einfallen auch nur das Mindeste sonst an meinen Schiffen anzutasten, wenn du nicht willst, dass dein Blut von meiner Lanze tropft!«

Die Versammlung löste sich auf. Agamemnon ließ die Tochter des Chryses und die hundert Opferschafe zum Schiff bringen, und Odysseus führte beide ihrer Bestimmung zu. Dann aber rief Agamemnon die Herolde Talthybios und Eurybates und befahl ihnen die Tochter des Brises aus der Lagerhütte des Achilles zu holen. Nur widerwillig gingen die Herolde zum Schiffslager, doch sie gehorchten ihrem Herrscher.

Sie fanden den Achilles vor seiner Hütte sitzend, und ihr Anblick erfreute ihn nicht. Sie selbst aber wagten vor Scheu und Ehrfurcht nicht zu verkünden, weswegen sie gekommen waren. Aber Achilles hatte es ihnen im Geist schon abgelauscht. »Freude sei mit euch«, rief er ihnen entgegen, »ihr Herolde des Zeus und der Menschen! Kommt nur näher, denn nicht ihr tragt die Schuld an eurer Forderung, sondern Agamemnon. Wohlan denn, Freund Patroklos, führe die Jungfrau heraus und übergib sie ihnen. Aber sie selbst sollen mir Zeugen sein vor den Göttern, den Menschen und jenem Wüterich: Wenn man je wieder meine Hilfe braucht, so ist es nicht meine Schuld, sondern die Schuld des Agamemnon, wenn ich nicht erscheine.«

Patroklos brachte das Mädchen, das den Herolden nur widerstrebend folgte, denn es hatte seinen milden Herrn lieb gewonnen. Achilles aber setzte sich weinend an den Strand, schaute hinunter in die dunkle Meeresflut und flehte seine Mutter Thetis um Hilfe an. Da ertönte ihre Stimme aus der Tiefe: »Ich Unglückliche, mein Kind, dass ich dich geboren habe. Von so kurzer Dauer wird dein Leben sein, und nun musst du auch noch so viel Kummer und Kränkung erleiden! Aber ich selbst will hinaufgehen zu Zeus, dem Donnerer, und für dich um Hilfe bitten. Zwar ist er gestern zum Mahl der frommen Äthiopier an den Strand des Okeanos gegangen und erst in zwölf Tagen wird er wiederkommen, doch dann gehe ich zu ihm und umschlinge seine Knie. Bis dahin setze du dich zu deinen Schiffen, zürne den Griechen und halte dich den Kämpfen fern.« Mit der Antwort seiner Mutter im Herzen verließ Achilles den Strand und setzte sich grollend mit verschränkten Armen in seiner Lagerhütte nieder.

Thetis tröstet den weinenden Achilles

In der Zwischenzeit war Odysseus mit dem Schiff in Chryse angelangt. Dort gab er dem freudig überraschten Vater die Tochter zurück. Dankbar hob Chryses die Hände zum Himmel und flehte zu Apollon, dass er die Plage, die er den Griechen geschickt hatte, nun von ihnen abwenden solle, und im selben Augenblick hörte die Pest, die unter dem griechischen Heer gewütet hatte, auf.

Der zwölfte Tag, seit Achilles sich in seine Lagerhütte zurückgezogen hatte, war angebrochen, und Thetis hatte ihr Versprechen nicht vergessen. Im ersten Morgennebel tauchte sie aus dem Meer empor und stieg hinauf zum Olymp. Dort fand sie, auf dem höchsten Gipfel des schroffen Berges, abseits von den anderen Göttern, Zeus, wie er über die Menschen waltete. Sie setzte sich zu ihm, und nach der Sitte der Schutzflehenden umschlang sie mit der Linken seine Knie, mit der Rechten berührte sie sein Kinn. Sie sprach: »Vater Zeus, wenn ich dir je mit Worten oder Taten gedient habe, so erfülle mir nun meine Bitte: Ehre meinen Sohn, der vom Geschick so früh zu welken bestimmt ist. Agamemnon hat ihn aufs Tiefste gekränkt und ihm das Ehrengeschenk entzogen, das er selbst erbeutet hatte. Deswegen bitte ich dich, Göttervater, gib den Trojanern so lange den Sieg, bis die Griechen meinem Sohn wieder die verdiente Ehre erweisen.« Lang verharrte Zeus in Schweigen. Aber Thetis schmiegte sich immer fester an sein Knie und flüsterte: »So gewähre mir doch meine Bitte, Vater, oder verweigere sie mir rundheraus, damit ich weiß, ob ich mehr als alle anderen Götter von dir gewürdigt werde!«

So nötigte sie den Göttervater schließlich zu der unwilligen Antwort: »Es wird nichts Gutes daraus entstehen, dass du mich zwingst mit der Göttermutter Hera zu hadern, die mir ohnehin stets die Stirn bietet. Sieh nur, dass du fortkommst, damit sie dich nicht sieht, und begnüge dich mit einem Wink meines Hauptes, welcher einer Zusicherung gleichkommt.« Und während er dies sagte, erbebten die Höhen des Olymps von seinem Nicken. Zufrieden fuhr Thetis hinab in die Tiefen des Meeres.

Hera aber, die sehr wohl bemerkt hatte, dass Zeus sich mit Thetis beraten hatte, trat an Zeus heran und überhäufte ihn mit Vorwürfen. Doch er antwortete der Göttin bestimmt: »Wage es nicht, dich in meine Entscheidung einzumischen. Schweig und gehorche meinem Gebot!« Da erschrak Hera über die Worte ihres Gemahls, des Götter- und Menschenvaters, und wagte nicht weiter Einspruch gegen seinen Entschluss zu erheben.

Versuchung des Volkes durch Agamemnon

Zeus hielt das Versprechen, das er Thetis gegeben hatte. Er schickte den Traumgott in das Lager der Griechen und in die Lagerhütte des Königs Agamemnon. In Gestalt des Nestor, den Agamemnon von den Ältesten am meisten ehrte, erschien er dem schlafenden Feldherrn und sprach: »Schläfst du, Sohn des Atreus? Ein Mann, der das ganze Volk beraten soll, darf nicht so lange schlafen. Höre mich an, der ich als ein Bote des Zeus zu dir komme. Er befiehlt dir, die Griechen zur Schlacht zu rüsten. Jetzt ist die Stunde, wo Troja bezwungen werden kann. Die Götter sind entschlossen und Verderben schwebt über der Stadt.«

Agamemnon erwachte und sprang von seinem Lager auf. Er band sich die Sohlen unter die Füße, zog das Gewand an, hängte das Schwert über die Schulter, ergriff das Zepter und begab sich in der frühen Morgenstunde zu den Schiffen. Auf seinen Befehl hin gingen die Herolde von Schiff zu Schiff und riefen das Volk zur Versammlung.

Die Fürsten des Heeres aber wurden an Nestors Schiff zu einem Rat zusammengerufen. Hier eröffnete Agamemnon mit folgenden Worten die Beratung: »Freunde, hört her! Die Götter sandten mir einen Traum. Nestor kam zu mir und belehrte mich, dass Zeus das Verderben über Troja verhängt habe. Lasst uns nun sehen, ob es uns gelingt, die durch den Zorn des Achilles entmutigten Männer zur Schlacht zu rüsten. Ich selbst will sie erst in Versuchung führen und sie überreden zu den Schiffen zu gehen und die trojanische Küste zu verlassen. Dann kommt ihr, der eine da, der andere dort, und versucht die Völker zum Bleiben zu bewegen.«

Nach Agamemnon erhob sich Nestor und sprach zu den Fürsten: »Wenn ein anderer Mann uns einen solchen Traum erzählte, würden wir behaupten, dass er lügt und uns verächtlich abwenden. So aber ist der, der diesen Traum gesehen hat, der erste Fürst der Griechen, und darum glauben wir ihm und gehen ans Werk!« Nestor verließ den Rat und alle Fürsten folgten ihm auf den Markt, wo das gesamte Volk bereits wie ein Bienenschwarm zusammenströmte. Neun Herolde waren bemüht, die Menschenmenge zu einem Kreis zu ordnen und dafür zu sorgen, dass Ruhe eintrat.

Nun trat Agamemnon in die Mitte, lehnte sich auf seinen Herrscherstab und sprach: »Liebe Freunde, versammelte heldenmütige Kämpfer des Griechenvolkes! Der grausame Zeus hat mich in schwere Schuld verstrickt, er, der mir einst so gnädig gelobt hatte, dass ich als der Besieger Trojas heimkehren soll! Jetzt aber gefällt es ihm, der schon so viele Städte zu Boden geschmettert hat und in seiner Allmacht noch niederschmettern wird, mir zu befehlen, dass ich ruhmlos nach Argos zurückkehren soll, nachdem so viele Kämpfer für nichts ihr Leben hingegeben haben. Doch

Die Trojasage

es wäre auch eine Schande, wenn ein späteres Geschlecht erfahren würde, dass dieses große Griechenvolk in einem unglücklichen Kampf gegen so viel schwächere Gegner fortfahren würde. Denn wenn wir die Zahl der Trojaner an der Zahl der Unseren im Frieden messen wollten, sodass je ein Trojaner zehn Griechen an einem Tisch den Wein auftrüge, dann blieben, so scheint mir, viele Tische ohne Wein. Andererseits aber haben die Trojaner mächtige Verbündete in anderen Städten, die mir verwehren ihre Stadt zu vernichten. Neun Jahre sind nunmehr vergangen, das Holz unserer Schiffe wird brüchig, die Taue vermodern, unsere Frauen und Kinder sitzen zu Hause und vermissen uns, und so ist es wohl das Beste, uns in das Gebot des Zeus zu fügen, unsere Schiffe zu besteigen und in unser geliebtes Heimatland zurückzukehren.«

Agamemnons Worte bewegten die Versammlung wie schwellende Meereswogen. Das ganze Heer geriet in Aufruhr. Alle stürzten zu den Schiffen, dass der Staub aufwirbelte, und einer ermunterte den anderen, die Schiffe ins Meer zu ziehen. Sie zogen die Balken unter den Schiffen fort, und die Gräben, die mit dem Meer in Verbindung standen, wurden geräumt.

Die Freunde der Griechen im Olymp erschraken, als sie den Eifer der Kämpfer sahen, und Hera wies Athene an, zum Heer hinabzueilen und die Kämpfer von der Flucht abzubringen. Pallas Athene gehorchte ihr und flog von den Felsenhöhen des Olymp hinab ins Schiffslager der Griechen. Hier fand sie den Odysseus, der bekümmert und regungslos vor seinem Schiff stand und es nicht zu berühren wagte. Die Göttin näherte sich ihm, offenbarte sich seinem Blick und sprach freundlich zu ihm: »So wollt ihr denn wirklich fliehen? Wollt dem Priamos den Ruhm und den Trojanern Helena überlassen, die Griechin, um derentwillen so viele Griechen fern der Heimat gestorben sind? Nein, das wirst du nicht dulden, edler, kluger Odysseus! Auf, gehe zum Heer! Gebrauche deine Beredsamkeit, dringe in sie und halte sie auf!« Auf die Worte der Göttin hin warf Odysseus seinen Mantel fort, den sein Herold Eurybates, der ihm gefolgt war, aufnahm, und eilte unter das Volk. Sobald er auf einen der Fürsten oder Edlen traf, sprach er ihn freundlich an: »Ist es wirklich das, was du willst, mein Bester, zu verzagen und dich davonzumachen wie ein Feigling? Vielmehr solltest du ruhig bleiben und versuchen auch die anderen zu beruhigen. Weißt du denn, ob Agamemnon seinen Aufruf ernst gemeint hat? Vielleicht wollte er uns nur auf die Probe stellen!« Wenn ihm aber einer begegnete der herumlärmte, um die Übrigen aufzuwiegeln, den schlug er mit seinem Zepter und schrie ihn an: »Elender, sei still! Hör auf das, was die anderen sagen, du, auf den man weder im Kampf noch in der Ratsversammlung rechnen kann! Wir können doch nicht alle König sein. Nur einem hat Zeus das Zepter verliehen, und dem sollen die anderen gehorchen!«

Versuchung des Volkes durch Agamemnon

So ließ Odysseus seine mächtige Stimme durch das Heer schallen, und schließlich brachte er das Volk dazu, von den Schiffen auf den Versammlungsplatz zurückzuströmen und allmählich beruhigten sich alle. Nur eine einzige krächzende Stimme hörte man noch. Es war die von Thersites, der wie gewöhnlich frech und herausfordernd die Fürsten beschimpfte. Er war der hässlichste Mann, der aus Griechenland mit vor Troja gekommen war: Auf einem Auge schielte er, ein Bein zog er nach, auf dem Rücken hatte er einen Höcker, die Schulter war gegen die Brust eingeengt, und auf seinem spitzen Kopf wuchs nur spärlich das Haar. Besonders war dieser Haderer dem Achilles und dem Odysseus verhasst, denn gegen diese Helden lästerte er unaufhörlich. Diesmal aber kreischte er seine Beleidigungen dem Völkerfürsten Agamemnon entgegen: »Was hast denn du zu klagen, Sohn des Atreus! Ist deine Lagerhütte nicht voll gestopft mit Gold und Weibern? Du machst dir ein schönes Leben, und dafür sollen wir uns von dir ins Elend schicken lassen? Besser wär's, wir segelten heim und ließen sich den da vor Troja allein mit Ehrengeschenken mästen! Jetzt hat er doch sogar den mächtigen Achilles beleidigt und enthält ihm seine Ehrengabe vor! Aber der hat selber keine Galle in der Leber, sonst hätte der Tyrann heute nämlich sein letztes Verbrechen begangen!«

Während Thersites so lästerte, stellte sich Odysseus neben ihn und musterte ihn finster. Dann erhob er sein Zepter, verdrosch ihm Rücken und Schultern und rief: »Wenn ich dich noch einmal so im Wahnsinn toben sehe, du Schuft, dann soll mein Haupt nicht auf meinen Schultern sitzen und Telemachos nicht mein Sohn sein, wenn ich dir nicht die Kleider vom Leib reiße und dich mit Peitschenhieben übersät nackt zu den Schiffen schicke!« Thersites krümmte sich unter seinen Schlägen, dann rannte er tobend vor Schmerz und heulend vor Wut mit blutigen Striemen auf Schultern und Rücken davon. Im Volk aber stieß einer den anderen lachend an, und alle freuten sich, dass der ekelhafte Mensch endlich die Strafe erhalten hatte, die er verdiente.

Jetzt aber trat der Held Odysseus vor das Volk. Neben ihm stand Pallas Athene, die die Gestalt eines Herolds angenommen hatte und dem Volk Stillschweigen gebot. Er selbst hob seinen Fürstenstab und begann zu sprechen: »Agamemnon, Sohn des Atreus! Wahrhaftig, so weit ist es gekommen, dass die Griechen dir Schande machen und ihre Schwüre brechen, sie, die sie versprochen haben, nicht eher von hier zu weichen, als bis Troja in Trümmern liegt! Nun jammern sie wie kleine Kinder, dass sie nach Hause wollen, und klagen einander ihr Leid! Aber welche Schande wäre es für uns, nachdem wir so lange hier geblieben sind, mit leeren Händen heimzukehren! Darum, ihr Freunde, geduldet euch noch ein wenig. Denkt an das Zeichen, das uns vor unserer Abfahrt nach Aulis

DIE TROJASAGE

zuteil wurde, als wir auf geweihten Altären um jene Quelle her hunderte von Schafen unter dem schönen Ahornbaum opferten. Mir ist's, als wäre es erst gestern gewesen! Ein grässlicher Drache mit dunklen Schuppen schlüpfte unter dem Altar hervor und fuhr schlängelnd an dem Ahornbaum hinauf. Dort hing das Nest eines Sperlings, mit nackten Jungen darin, schwankend auf einem Ast. Acht Sperlinge schmiegten sich in die Blätter, der neunte war die brütende Mutter der Vögel. Da hob der Drache sein Haupt, und nachdem er die Mutter mitsamt ihren Jungen gefressen hatte, verwandelte Zeus, der den Drachen gesandt hatte, ihn als sichtbares Wunderzeichen in einen Stein. Ihr alle habt es mit staunendem Grauen gesehen. Kalchas, der Seher, aber rief: ›Was steht ihr da so stumm, ihr Griechen? Wisst ihr nicht, dass dieses Wunder eine Weissagung des Zeus ist? Die neun Sperlinge sind neun Jahre, die ihr um Troja kämpfen werdet; im zehnten aber werdet ihr die prachtvolle Stadt erobern.‹ Nun wird sich alles vollenden! Die neun Jahre des Kampfes sind vorüber, das zehnte Jahr ist angebrochen und der Sieg muss mit ihm kommen. So harret die wenige Zeit noch aus, ihr Griechen! Bleibt, bis wir die Stadt des Königs Priamos zerstört haben!«

Im versammelten Heer brach Jubel aus. Der weise Nestor nutzte den Stimmungsumschwung und riet dem König Agamemnon, dass, falls sich noch immer einer unabänderlich nach der Heimat sehne, er diesen auf der Stelle ziehen lassen solle. Dann aber solle er die Männer aufstellen und kämpfen lassen, und so werde er am sichersten erfahren, wer unter den Kriegern mutig oder feige sei, und ob Göttergewalt, Furcht, oder mangelnde Kriegserfahrung die Eroberung Trojas verhindere.

Erfreut antwortete der Völkerfürst: »Du, Nestor, der du ein alter Mann bist, übertriffst uns alle an Einsicht! Hätte ich im Rat der Griechen noch zehn solche Männer wie dich, so sollte mir Trojas hoch aufragende Burg bald in den Staub sinken! Ich selbst muss gestehen, dass ich unbesonnen gehandelt habe, als ich mich mit Achilles wegen der Jungfrau entzweite. Zeus hatte mich damals mit Blindheit geschlagen. Doch wenn wir uns wieder versöhnen, dann wird Trojas Untergang bevorstehen! Rüsten wir uns nun zum Angriff! Ein jeder stärke sich mit einem Mahl, mache Schild und Lanze bereit, füttere und tränke seine Pferde, überprüfe den Streitwagen und richte seine Gedanken auf die Schlacht, die bis zum Abend dauern wird. Und wenn mir einer absichtlich bei den Schiffen zurückbleibt, dann soll dessen Leib den Hunden und Vögeln nicht entgehen!«

Als Agamemnon ausgeredet hatte, schrie das Heer laut auf, dass es klang wie die Brandung des Meeres, wenn sie sich an den Klippen bricht. Das Volk sprang auf, jeder eilte zu den Schiffen und bald sah man den Rauch des Frühmahles aus den Lagerhütten dampfen. Agamemnon selbst opferte dem Zeus einen Stier und lud die Edelsten zum Mahl ein. Als dies vorüber war, befahl er den Herolden, die Griechen zur Schlacht zu rufen, und bald stürzten die Truppen wie ein Schwarm von Kranichen, die über das Flussufer dahinflattern, auf die skamandrische Ebene. Die Führer, mit Agamemnon an ihrer Spitze, ordneten die Reihen. Herrlich war der Fürst der Fürsten anzusehen: An Augen und Haupt war er dem Göttervater gleich, an breiter Brust dem Poseidon, und gerüstet war er wie der Kriegsgott selbst.

Paris und Menelaos

Das Heer stand – auf Nestors Rat hin nach Volksstämmen aufgestellt – in Schlachtordnung, als man schließlich die Staubwolke, der aus ihren Mauern heranziehenden Trojaner bemerkte. Nun setzten sich auch die Griechen in Bewegung.

Als beide Heere einander nahe genug waren, dass der Kampf beginnen konnte, trat der Königssohn Paris aus den Reihen der Trojaner hervor. Er war in ein buntes Pantherfell gehüllt, hatte den Bogen um die Schultern gehängt und das Schwert an der Seite. Indem er zwei Lanzen schwenkte, forderte er den Tapfersten aller Griechen zum Zweikampf heraus. Als Menelaos ihn aus der sich heranwälzenden Schar hervorspringen sah, freute er sich wie ein hungriger Löwe, dem eine ansehnliche Beute über den Weg kommt. Schnell sprang er in voller Rüstung von seinem Wagen, um den Dieb nun für das Verbrechen an seinem Hause zu bestrafen. Dem Paris aber graute beim Anblick eines solchen Gegners und er entzog sich dem Kampf, indem er rasch ins Gedränge seiner Landsleute fuhr, als hätte er eine giftige Schlange gesehen. Als ihn Hektor so in die Menge der Trojaner zurücktauchen sah, rief er ihm voll Unwillen zu: »Bruder, du bist doch nur dem Aussehen nach ein Held, in Wahrheit bist du nichts als ein feiger, schlauer Verführer. Wärst du lieber gestorben, bevor du um Helena gebuhlt hast! Siehst du nicht, wie die Griechen dich auslachen, weil du dich nicht traust dem Mann zum Kampf gegenüberzutreten, dem du die Gattin gestohlen hast? Du hättest es verdient zu erfahren, an welchem Mann du dich versündigst, und ich hätte nicht einmal Mitleid mit dir, wenn du dich verwundet auf dem Boden wälzt und der Staub dein zierliches Lockenhaar besudelt.«

Paris antwortete ihm: »Hektor, dein Herz ist hart, dein Sinn ist unerbittlich wie eine Axt aus Erz, und du tadelst mich nicht zu Unrecht. Aber mache dich nicht über meine Schönheit lustig, denn auch sie ist eine Gabe der Götter. Wenn du mich jetzt aber kämpfen sehen willst, so gebiete Trojanern und Griechen Ruhe. Dann will ich um Helena und alle ihre Schätze vor dem gesamten Volk den Zweikampf mit dem Helden

DIE TROJASAGE

Menelaos wagen. Wer von uns beiden siegt, der soll sie erhalten. Ein Bund soll es bekräftigen: Ihr baut dann das trojanische Land in Frieden wieder auf und jene segeln heim nach Griechenland.«

Hektor war über die Worte seines Bruders freudig überrascht. Er trat aus der Schlachtordnung heraus, stellte sich vor das Heer und hielt es in seinem Vormarsch auf, indem er ihm den Speer entgegenstreckte. Als die Griechen ihn erblickten, zielten sie sofort mit Lanzen, Pfeilen und Steinen auf ihn, Agamemnon aber rief laut über die griechischen Reihen zurück: »Haltet ein und werft nicht! Der helmumflatterte Hektor möchte reden!« Die Griechen ließen die Hände sinken und es wurde ringsumher still. Nun verkündete Hektor mit lauter Stimme, was sein Bruder beschlossen hatte.

Auf seine Rede folgte tiefes Schweigen. Schließlich ergriff Menelaos vor beiden Heeren das Wort: »Hört mich an«, rief er, »mich, auf dessen Seele der Kummer am schwersten lastet! Am Ende, so hoffe ich, werdet ihr, Griechen und Trojaner, versöhnt voneinander gehen, nachdem ihr um des Streites willen, den Paris entfacht hat, so viel Schlimmes erlitten habt. Einer von uns zweien, welchen das Schicksal auch auserkoren hat, soll sterben. Ihr anderen aber sollt in Frieden scheiden. Lasst uns opfern und schwören, dann soll der Zweikampf beginnen!«

Beide Heere waren froh über diese Worte, denn sie alle sehnten sich nach einem Ende des unseligen Krieges. Auf beiden Seiten zogen die Wagenlenker den Pferden die Zügel an, die Männer sprangen von den Streitwagen, zogen die Rüstungen aus und legten sie, Feind neben Feind, auf die Erde nieder. Hektor schickte eilig zwei Herolde nach Troja, die Opferlämmer bringen und König Priamos herbeirufen sollten, und auch König Agamemnon sandte den Herold Talthybios zu den Schiffen, damit er ein Lamm hole.

Die Götterbotin Iris aber hatte die Gestalt von Priamos' Tochter Laodike angenommen und eilte nun in die Stadt, um der Fürstin Helena zu berichten, was auf dem Schlachtfeld vor sich ging. Sie fand sie am Webstuhl, damit beschäftigt, die Geschehnisse des Kampfes zwischen Trojanern und Griechen in ein prächtiges Gewand einzuweben. »Komm doch heraus, meine Liebe«, sprach sie Helena an, »da wirst du etwas Seltsames sehen! Die Trojaner und Griechen, die eben noch voller Wut gegeneinander aufs Schlachtfeld gezogen sind, sitzen nun friedlich da, an ihre Schilde gelehnt, die Lanzen in den Boden gesteckt. Keine Kämpfe finden mehr statt! Nur deine Gatten Paris und Menelaos werden mit der Lanze um dich kämpfen, und wer den andern besiegt, trägt dich als Gemahlin davon!«

Was sie sagte, weckte in Helena die Sehnsucht nach ihrem Jugendgemahl Menelaos, nach ihrer Heimat und nach ihren Freunden. Sie hüllte sich schnell in einen silberweißen Schleier, in welchem sie die Träne ver-

Paris und Menelaos

barg, die an ihrer Wimper hing, und eilte, gefolgt von ihren Dienerinnen Aithra und Klymene, zum skaeischen Tor. Hier saß König Priamos mit den Ältesten und Weisesten des trojanischen Volkes auf den Zinnen: Panthos, Thymoitos, Lampos, Klytios, Hiketaon, Antenor und Ukalegon. Die beiden Letztgenannten waren die klügsten Männer von Troja. Zwar zogen sie nicht mehr in die Schlacht, weil sie zu alt waren, in der Ratsversammlung aber hatte ihr Wort hohes Gewicht. Als sie Helena vom Turm herabkommen sahen, flüsterten sie einander staunend zu: »Fürwahr, niemand darf Trojaner und Griechen tadeln, dass sie für solch eine Frau so langes Elend ertragen. Denn sie gleicht einer unsterblichen Göttin! Doch obwohl sie so schön ist, soll sie getrost mit den Griechen nach Hause fahren, damit uns und unseren Söhnen kein weiterer Schaden mehr entsteht.«

Priamos aber rief Helena liebevoll herbei: »Komm näher, mein Töchterchen, setze dich zu mir, ich will dir deinen ersten Gemahl, deine Freunde und deine Verwandten zeigen. Du bist ja nicht schuld an diesem schrecklichen Krieg, die Götter sind es, die ihn mir geschickt haben. Und sag, wer ist jener gewaltige Mann, der dort so groß und herrlich alle Griechen überragt? Noch nie habe ich einen Griechen von so königlicher Gestalt gesehen!«

Voller Ehrfurcht entgegnete Helena dem König: »Teurer Schwiegervater, ich nahe dir mit Scheu und Furcht. Der bitterste Tod wäre besser gewesen, als Heimat, Tochter und Freunde zu verlassen, um deinem Sohn hierher zu folgen. In Tränen möchte ich zerfließen, dass es so geschah! Nun aber höre: Der dort, nach dem du fragst, ist Agamemnon, der vortrefflichste König und ein tapferer Krieger. Er war, ach, er war früher mein Schwager!«

»Glücklicher Sohn des Atreus«, rief Priamos und betrachtete den Agamemnon, »Gesegneter, dass deinem Zepter zahllose Griechen gehorchen! Auch ich stand einst an der Spitze eines Heeres, als ich jung war, damals wehrten wir die Amazonen von Phrygien ab. Doch mein Heer war lange nicht so groß wie deines!« Dann fragte Priamos weiter: »Nenne mir nun auch noch jenen, Töchterchen: Er ist nicht so groß wie Atreus' Sohn, doch seine Brust ist breiter, seine Schultern sind mächtiger. Die Rüstung hat er auf den Boden gelegt, und er läuft um die Reihen der Männer wie ein Widder um die Schafe.«

»Das ist der Sohn des Laërtes«, antwortete Helena, »der schlaue Odysseus. Ithaka, die felsige Insel, ist seine Heimat.«

Nun mischte sich Antenor in das Gespräch: »Du hast Recht, Fürstin. Ihn und Menelaos kenne ich gut, denn ich habe sie damals als Gesandte in meinem Haus beherbergt. Im Stehen überragt Menelaos den Helden Odysseus, doch wenn sie sich beide gesetzt haben, erscheint Odysseus als der Stattlichere. Auch redete Menelaos wenig, lauter hingeworfene, aber

DIE TROJASAGE

inhaltsreiche Worte. Und Odysseus stand immer nur da, blickte zu Boden und hielt seinen Stab in der Hand, als ob er verlegen wäre; man wusste nicht recht, ob er nun tückisch ist oder dumm. Doch wenn er einmal seine gewaltige Stimme erhob, dann drängten sich seine Worte wie Schneeflocken im Winter und kein Sterblicher konnte sich mit Odysseus in Beredsamkeit messen.«

Priamos hatte sich indessen weiter umgesehen: »Wer ist denn der Riese dort«, rief er, »der so groß und gewaltig über das ganze Volk hervorragt?«

»Das ist Ajax«, antwortete Helena, »die Stütze des Heeres. Und weiter drüben steht wie ein Gott unter seinen Kretern Idomeneus. Ich kenne ihn gut. Menelaos hat ihn oft in unserer Wohnung beherbergt. Und ach, nun erkenne ich einen um den anderen, die freudigen Krieger aus meiner Heimat. Hätten wir Muße, dann würde ich sie dir alle mit Namen nennen. Nur meine leiblichen Brüder Kastor und Polydeukes sehe ich nicht. Sind sie wohl gar nicht mit hierher gekommen? Oder scheuen sie sich in der Schlacht zu erscheinen, weil sie sich ihrer Schwester schämen?« Über diesem Gedanken verstummte Helena. Sie wusste nicht, dass ihre Brüder schon lange von der Erde verschwunden waren.

Während sie so sprachen, trugen die Herolde die Opfer durch die Stadt: zwei Lämmer und, in einen Schlauch aus Bocksleder gefüllt, ein heimischer Wein, der zum Trankopfer dienen sollte. Der Herold Idaios folgte mit einem glänzenden Krug und einem goldenen Becher. Als sie durch das skaeische Tor schritten, trat Idaios auf Priamos zu: »Mach dich auf, König! Die Fürsten der Trojaner und der Griechen rufen dich aufs Feld hinaus, damit du dort einen heiligen Vertrag mit deinem Schwur besiegelst. Dein Sohn Paris und Menelaos werden mit dem Speer um Helena kämpfen. Der Sieger wird sie und die Schätze bekommen, und die Griechen segeln dann in ihre Heimat zurück.« Der König stutzte, doch er befahl seinen Gefährten die Pferde anzuschirren. Mit Antenor fuhr er dann auf das Schlachfeld hinaus.

Als er zwischen den Heeren angekommen war, stieg der König mit seinem Begleiter vom Wagen und stellte sich in die Mitte. Aus dem griechischen Heer eilten jetzt Agamemnon und Odysseus herbei. Die Herolde brachten die Opfer, mischten den Wein im Krug und besprengten die beiden Könige mit Weihwasser. Dann zog Agamemnon das Opfermesser, das immer neben seiner breiten Schwertscheide herabhing, schnitt den Lämmern, wie es bei solchen Opfern üblich war, das Stirnhaar ab und rief den Göttervater zum Zeugen des Vertrages. Dann durchtrennte er den Lämmern die Kehle und legte die Opfertiere auf der Erde nieder. Unter Gebeten vergossen die Herolde den Wein aus den goldenen Bechern und die Kämpfer der Griechen und Trojaner beteten dazu.

Priamos aber sprach: »Lasst mich nun wieder zu Ilions hoher Burg zurückkehren, ihr Trojaner und Griechen, denn ich kann nicht mit eigenen Augen mit ansehen, wie mein Sohn hier auf Leben und Tod gegen den Fürsten Menelaos kämpft. Weiß doch Zeus allein, welchem von beiden der Untergang verhängt ist!« Priamos ließ die Opferlämmer in den Wagen legen, stieg mit Antenor auf und lenkte die Pferde wieder nach Troja zurück.

Hierauf maßen Odysseus und Hektor den Kampfplatz ab. Dann gaben sie zwei Lose in einen Helm, womit entschieden werden sollte, wer zuerst die Lanze auf den Gegner werfen dürfe, und das Los entschied für Paris. Nun legten die beiden Männer ihre Waffen an und schritten in Panzer und Helm, die mächtigen Lanzen in der Hand und drohenden Blickes zwischen Trojanern und Griechen einher. Schließlich traten sie einander auf dem Kampfplatz gegenüber und schwangen zornig ihre Speere. Paris warf seine Lanze – sie prallte gegen Menelaos' Schild, doch die Spitze verbog sich und sank zurück. Dann erhob auch Menelaos seinen Speer und betete dazu mit lauter Stimme: »Lass mich den strafen, der mich zuerst beleidigt hat, dass man noch unter den späten Enkeln sich scheue, dem Gastfreunde Böses zu tun!« Sein Speer schlug durch den Schild des Paris, drang durch seinen Harnisch und durchschnitt sein Gewand an der Weiche. Nun riss Menelaos sein Schwert aus der Scheide und führte einen Schlag auf den Helm des Gegners, doch unter Klirren zersprang die Klinge. »Grausamer Zeus, warum gönnst du mir nicht den Sieg?«, rief Menelaos und stürmte dann auf Paris los, packte ihn am Helm und zog ihn rückwärts auf das griechische Heer zu, ja er hätte ihn über den Boden geschleift und der Riemen des Helms hätte den Paris erwürgt – wenn nicht Aphrodite die Gefahr gesehen und den Riemen gesprengt hätte. So hatte Menelaos schließlich nur noch den leeren Helm in der Hand. Den warf er in das griechische Heer und wollte nun von neuem auf seinen Gegner einstürmen, doch Aphrodite hatte Paris in einen schützenden Nebel gehüllt und nach Troja entführt. Hier setzte ihn die Göttin in einem duftenden Gemach nieder, dann erschien sie Helena, die mit anderen Frauen auf einem der Türme saß, in der Gestalt einer alten spartanischen Weberin. Sie zupfte Helena am Gewand und sprach: »Komm, Paris ruft dich! Er sitzt zu Hause, festlich geschmückt, und sieht aus, als ginge er zum Tanz, und nicht, als wenn er soeben vom Zweikampf käme!« Als Helena aufblickte, sah sie Aphrodite in ihrer göttlichen Schönheit vor sich entschwinden.

Von den Frauen unbemerkt schlich Helena sich davon und eilte zu ihrem Palast. Dort fand sie ihren Gatten, den Aphrodite geschmückt hatte, bequem in einem Sessel sitzend. Sie setzte sich ihm gegenüber, wandte den Blick ab und schalt ihn: »So kommst du vom Kampf zurück? Lieber sähe ich dich von dem Gewaltigen, der mein erster Gatte war, getötet!

Die Trojasage

Gerade erst hast du noch geprahlt, dass du ihn mit einem Lanzenwurf im Kampf besiegen würdest! Geh nun und fordere ihn noch einmal heraus! Oder nein – ich rate dir, bleib lieber hier. Das zweite Mal dürfte er dir weit übler mitspielen!«

»Beleidige mich nicht!«, erwiderte Paris. »Wenn Menelaos mich besiegt hat, so geschah es mit Athenes Hilfe. Ein andermal werde ich über ihn siegen. Die Götter haben auch uns noch nicht vergessen.« Da wandte Aphrodite Helenas Herz, dass sie ihren Gatten freundlicher ansah und ihm versöhnt die Lippen zum Kuss reichte.

Auf dem Kampfplatz stürmte Menelaos noch immer wie ein Raubtier durch das Heer und suchte den verschwundenen Paris. Keiner, weder unter den Griechen noch unter den Trojanern, konnte ihn dem Fürsten zeigen, und doch hätte ihn gewiss keiner gedeckt, denn er war allen so zuwider wie der Tod. Schließlich erhob Agamemnon seine Stimme und sprach: »Hört meine Worte! Menelaos ist der offenbare Sieger. So gebt uns denn jetzt Helena samt den Schätzen zurück und bezahlt uns für alle weiteren Zeiten einen Tribut!« Die Griechen nahmen diesen Vorschlag mit Jubel auf, die Trojaner aber schwiegen.

DRITTES BUCH

Pandaros

Auf dem Olymp war große Götterversammlung. Hebe wandelte an den Tischen umher und schenkte Nektar ein. Die Götter tranken einander aus goldenen Pokalen zu und blickten auf Troja hinab. Da beschlossen Zeus und Hera, dass Troja untergehen sollte.

Zeus, der Göttervater, befahl seiner Tochter Athene auf den Kampfplatz hinabzueilen, um die Trojaner zu verleiten, dass sie die Griechen, die so stolz auf ihren Sieg waren, mit neuerlichen Vertragsbrüchen reizten. Pallas Athene nahm sogleich die Gestalt des Laodokos, eines Sohnes des Antenor, an und mischte sich unter die Trojaner. Dort suchte sie den trotzigen Pandaros, der ein Sohn des Lykaon war, denn er schien ihr der Geeignete dafür zu sein, um auszuführen, was Zeus ihr aufgetragen hatte. Pandaros war aus Lykien mit seinem Heer gekommen und ein Verbündeter der Trojaner. Die Göttin fand ihn bald, wie er unter seinen Kämpfern stand. Sie trat an ihn heran, klopfte ihm auf die Schulter und sprach: »Höre, Pandaros, jetzt hättest du die Möglichkeit etwas zu tun, wodurch du dir die Dankbarkeit aller Trojaner erwerben könntest, vor allem aber von Paris, der dich gewiss mit den prächtigsten Geschenken belohnen wird. Siehst du dort den Menelaos stehen, den hochmütigen Sieger? Schieß einen Pfeil auf ihn ab.« So sprach die verhüllte Göttin und der Tor gehorchte ihr. Schnell griff er zu seinem Köcher, wählte einen Pfeil und schnellte ihn mit seinem Bogen ab. Athene aber lenkte den Pfeil auf den Gürtel, sodass er zwar durch den Harnisch drang und nur die oberste Haut ritzte, aber dennoch so, dass die Wunde blutete und den Menelaos ein leichter Schauer durchlief. Erschrocken und klagend umringten ihn Agamemnon und die Gefährten. »Teurer Bruder«, rief der Völkerfürst, »die treulosen Feinde haben unser Bündnis mit Füßen getreten. Zwar werden sie dafür büßen, und ich weiß gewiss, der Tag wird kommen, wo Troja mit Priamos und dem ganzen Volk darniedersinkt – doch dein Tod erfüllt mich mit dem bittersten Schmerz. Wenn ich ohne dich heimkehre und deine Gebeine auf trojanischem Boden dahinmodern, bevor das Werk vollendet ist, mit welcher Schmach würde ich zu Hause empfangen, und die Trojaner würden auf deinem Grab tanzen! Täte sich doch die Erde unter mir auf!« Aber Menelaos tröstete seinen Bruder: »Beruhige dich«, sprach er, »ich werde an dieser Wunde nicht sterben, mein Gürtel hat mich geschützt.«

»Oh, wenn dem doch so wäre!«, seufzte Agamemnon und befahl seinem Herold, sofort den Arzt Machaon herbeizuholen. Der kam, besah sich die Wunde und legte eine Heilsalbe auf.

Während man noch so um den verwundeten Menelaos beschäftigt war, rückten die Schlachtreihen der Trojaner bereits vor. Auch die Griechen legten wieder Harnisch und Waffen an und Agamemnon übergab dem Eurymedon Pferde und Wagen mit der Weisung sie ihm sofort zu bringen, wenn er bemerke, dass Agamemnon erschöpft sei. Dann mischte er sich zu Fuß unter die Kämpfer und feuerte sie zur Abwehr an, lobte die Kühnen und tadelte diejenigen, die langsam waren. So gelangte er auf seinem Gang durch das Heer zu den Kretern, die sich in voller Rüstung um ihren Anführer Idomeneus geschart hatten. Der stand an ihrer Spitze, kampflustig wie ein Eber. Die hinteren Reihen feuerte sein Freund Meriones an. Als Agamemnon diese Truppe sah, freute er sich von Herzen: »Du bist doch wirklich einer der Besten, Idomeneus!«, rief er. »Bei allem! Im Krieg wie beim Mahle, wenn man den funkelnden Wein in den mächtigen Krügen mischt. Wenn da die anderen bescheiden trinken, so ist dein Becher doch immer so voll wie der meinige! Jetzt aber stürme mit mir in die Schlacht!«

»Du kannst dich voll und ganz auf mich verlassen, König«, erwiderte Idomeneus. »Doch geh nur und sporne die anderen an, ich brauche es nicht. Tod und Verderben soll die Trojaner treffen, die den Vertrag gebrochen haben!«

Jetzt erreichte Agamemnon die beiden Ajax, hinter denen ein ganzes Gewühl an Fußvolk herzog. »Wenn doch«, rief ihnen der Völkerfürst zu, »alle Griechen so mutig wären wie ihr! Dann würde die Burg des Priamos bald unter unseren Händen in Trümmer gehen!«

Weiter vorn traf er auf Nestor, der gerade seine Truppe ordnete: An der Spitze ritten die Helden zu Pferd, am Ende marschierten tapfere Männer und in der Mitte waren die Feigen eingezwängt. Nestor erteilte der Truppe seine weisen Ratschläge: »Wage sich keiner mit seinem Streitwagen zu weit vor und weiche mir auch keiner zurück! Wenn Wagen aufeinander treffen, dann streckt die Lanze vor!« Da rief ihm Agamemnon zu: »Oh greiser Nestor, wenn doch deine Leibeskräfte deinem Mut noch gleichkommen könnten! Wenn doch ein anderer dir die Last des Alters abnehmen könnte und du wieder zum Jüngling würdest!«

»Gern würde ich der sein, der ich einmal war«, antwortete ihm Nestor, »doch haben die Götter den Menschen nicht alles zugleich verliehen. Sollen nun die Jüngeren die Speere werfen; ich stehe meinen Männern mit Worten und weisem Rat zur Seite, den auch das Alter geben kann.«

Freudig ging Agamemnon an ihm vorüber und stieß nun auf Menestheus, den Sohn des Peteos, um den die Athener versammelt waren, und neben welchen die Kephallener in dichten Schlachtreihen hinter Odysseus standen. Beide Truppen verharrten abwartend still und wollten erst die anderen vorstürmen lassen. Das verdross den Völkerfürsten und mürrisch sprach er sie an: »Was drängt ihr euch so zusammen und wartet auf die anderen? Wenn es Wein und Braten gibt, seid ihr doch immer die Ersten! Jetzt würde es euch wohl gefallen, wenn zehn andere Truppen vor euch in die Schlacht stürmen würden!« Da sah ihn Odysseus finster an und sprach: »Was denkst du, Sohn des Atreus? Du meinst, wir stehen hier herum? Warte nur, wenn wir erst einmal losgebrochen sind, ob du uns dann nicht ganz vorne kämpfen siehst! Darum lass dein voreiliges Geschwätz!« Als Agamemnon den Odysseus so wütend sah, erwiderte er lächelnd: »Ich weiß sehr wohl, edler Sohn des Laërtes, dass du keine Ermahnung brauchst, denn im Grunde deines Herzens bist du ebenso milde wie ich. Lass uns deshalb keine harten Worte wechseln.« So verließ er ihn und eilte weiter.

Da fand er den stolzen Diomedes, den Sohn des Tydeus, neben Sthenelos, dem Sohn des Kapaneus, seinem Freund und Wagenlenker, auf dem prächtigen Streitwagen sitzen und warten. Auch den stachelte er mit verdrossenen Worten auf: »Weh mir, Sohn des Tydeus, du scheinst mir recht ängstlich zu sein! Dein Vater sah sich nicht so bange um, als er gegen Theben zog! Den sah man immer mitten im Kampf!« Diomedes schwieg auf diese Zurechtweisung des Herrschers hin, doch sein Freund Sthenelos antwortete für ihn: »Du weißt es besser, Sohn des Atreus! Wir sind tapferer als unsere Väter, denn wir haben Theben erobert, vor dem sie unterlegen sind!«

Diomedes aber unterbrach seinen Kampfgenossen und sagte finster: »Schweige, mein Freund, ich nehme es dem Völkerhirten nicht übel, dass er die Griechen zum Kampf anreizt. Denn ihm wird der Ruhm zuteil, wenn wir siegen, und unendlicher Kummer, wenn wir überwunden werden! Darum auf, wir wollen uns um die Abwehr kümmern!« Mit diesen Worten sprang Diomedes vom Wagen, dass ihm das Erz um die Brust klirrte.

Nun zogen die Griechen Truppe an Truppe, wie Meereswellen, die sich ans Ufer wälzen, in die Schlacht. Man hörte die Anführer ihre Befehle rufen, die anderen marschierten schweigend. Die Trojaner dagegen lärmten wie eine blökende Schafherde und das Sprachengemisch der verschiedenen Völker tönte aus ihren Reihen. Auch der Schlachtruf der Götter verwob sich darin: Ares, der Kriegsgott, feuerte die Trojaner an, Pallas Athene die Griechen.

Die Schlacht
Diomedes

Bald trafen die Heere aufeinander. Schild schlug auf Schild, Speer kreuzte sich mit Speer, und lautes Getöse, Schmerzensschreie und Jubelrufe erhoben sich ringsum. Wie zwei Gebirgsbäche ineinander fließen, während sie hinabstürzen, so verwoben sich die Schreie der beiden Heere.

Der erste Held, der fiel, war der Trojaner Echepolos, denn er hatte sich im Kampf zu weit vorgewagt. Da packte ihn der Griechenfürst Elephenor schnell am Fuß, um ihn außer Schussweite zu ziehen, denn er wollte seine Rüstung. Als er sich bückte, war seine Seite ungeschützt unter dem Schild. Der Trojaner Agenor hatte dies gesehen. Er verwundete Elephenor mit seiner Lanze tödlich, und er sank in den Staub. Über ihm aber tobte der Kampf der beiden Heere weiter, die einander wie Wölfe zerfleischten.

Ajax traf den blühenden Simoeisios rechts an der Brust, dass er zu Boden taumelte. Ajax stürzte sich auf ihn und beraubte ihn der Rüstung; auf ihn warf der Trojaner Antiphos die Lanze, er verfehlte zwar sein Ziel, traf aber Leukos, den tapferen Freund des Odysseus, der den Toten gerade wegschleifen wollte. Dies traf den Odysseus tief. Er blickte um sich, schleuderte seinen Speer mit solcher Macht, dass die Trojaner zurückwichen, und traf Demokoon, einen Sohn des Königs Priamos. Als Demokoon niederstürzte, wichen die vordersten Kämpfer der Trojaner zurück und selbst Hektor mit ihnen. Die Griechen aber drangen jubelnd noch tiefer in die Reihen der Trojaner ein.

Apollon wurde zornig, als er dies sah, und er ermunterte die Trojaner von der Stadt aus, indem er ihnen zurief: »Räumt doch den Griechen nicht das Feld! Sie sind weder aus Stein noch aus Eisen, und ihr bester Held Achilles kämpft nicht einmal!« Auf der anderen Seite trieb Athene die Griechen in den Kampf, und so fielen in beiden Heeren noch viele Männer.

Da rüstete Pallas Athene Diomedes mit besonderer Kraft und Kühnheit aus, sodass er vor allen anderen Griechen hervorstach und sich unsterblichen Ruhm erwarb. Seinen Helm und seinen Schild ließ sie funkeln wie den Stern einer Herbstnacht, und sie trieb ihn mitten unter das wildeste Getümmel der Feinde. Nun befand sich unter den Trojanern ein Priester des Hephaistos, Dares mit Namen, ein mächtiger und reicher Mann, der auch seine beiden mutigen Söhne Phegeus und Idaios in die Schlacht geschickt hatte. Diese sprengten mit ihren Streitwagen aus den Reihen heraus und auf Diomedes zu, der zu Fuß kämpfte. Zuerst warf Phegeus seine Lanze, doch er verfehlte sein Ziel. Er aber wurde von Diomedes getroffen und sank tödlich verwundet vom Wagen. Als Idaios das sah, wagte er nicht, den Leichnam seines Bruders zu beschirmen, und sprang vom Wagen. Er konnte entkommen, weil Hephaistos, der Beschützer seines Vaters, Dunkelheit um ihn verbreitete, da er nicht wollte, dass sein Priester beide Söhne verlöre.

Jetzt nahm Athene den Kriegsgott Ares, ihren Bruder, bei der Hand und sprach zu ihm: »Bruder, wollen wir die Trojaner und Griechen nicht sich selbst überlassen und eine Weile zusehen, wem unser Vater den Sieg zugedacht hat?« Ares ließ sich von seiner Schwester aus der Schlacht führen, und nun waren die sterblichen Menschen auf sich allein gestellt. Doch Athene wusste sehr wohl, dass ihr Liebling Diomedes mit der Kraft, die sie ihm verliehen hatte, kämpfte.

Die Griechen begannen die Trojaner hart zu bedrängen, und vor jedem griechischen Fürsten sank ein Trojaner tot in den Staub. Diomedes aber tobte über das Schlachtfeld wie ein reißender Strom, und man wusste nicht, gehörte er den Griechen oder den Trojanern an, denn bald war er da, bald dort. Da fasste Pandaros, der Sohn des Lykaon, ihn ins Auge, zielte mit dem Bogen auf ihn und schoss ihm einen Pfeil in die Schulter. Pandaros jubelte auf und rief seinen Kampfgefährten zu: »Kommt herbei, Trojaner! Gebt euren Pferden die Sporen! Ich habe den tapfersten unter den Griechen zu Fall gebracht! Bald wird er ausgewütet haben, wenn nicht Apollon mich selbst aus Lykien zum Kampf herbeigerufen hat!« Den Diomedes aber hatte der Pfeil nicht tödlich verwundet. Er stellte sich vor seinen Streitwagen und rief seinem Freund und Wagenlenker Sthenelos zu: »Steige vom Wagen, mein Geliebter, und ziehe mir den Pfeil aus der Schulter!« Sthenelos tat, worum Diomedes ihn gebeten hatte. Da flehte Diomedes zu Athene: »Blauäugige Tochter des Zeus! Wenn du je meinen Vater beschützt hast, so sei auch mir jetzt gnädig! Lenke meinen Speer auf den Mann, der mich verwundet hat und jetzt frohlockt, auf dass er nicht mehr lange das Sonnenlicht erblicken möge!« Athene hörte seine Bitte und beseelte ihm Arme und Füße, dass sie leicht wurden wie der Leib eines Vogels und er von seiner Wunde unbeschwert in die Schlacht zurückeilen konnte. »Geh«, sprach sie zu ihm, »ich habe auch die Finsternis von deinen Augen genommen, damit du Sterbliche und Götter in der Schlacht unterscheiden kannst! Hüte dich aber, gegen einen Gott zu kämpfen! Nur Aphrodite magst du mit deinem Speer verwunden, wenn sie dir naht.«

Stark wie ein Berglöwe und mit dreifachem Mut flog nun Diomedes in das vorderste Gefecht zurück. Er schlug den Astynoos nieder, durchbohrte den Hypenor mit der Lanze, tötete zwei Söhne des Eurydamas, darauf zwei spät geborene Söhne des Phainops, sodass dem Vater nur noch der Kummer blieb, dann warf er noch Chromios und Echemmon,

DIE TROJASAGE

zwei Söhne des Priamos, zugleich vom Wagen und beraubte sie der Rüstung, während die anderen den erbeuteten Streitwagen zu den Schiffen brachten.

Äneas, der tapfere Schwiegersohn des Königs, sah, wie dünn die Reihen der Trojaner wurden, dort, wo Diomedes kämpfte. Deswegen eilte er durch den Pfeilhagel dahin, bis er Pandaros traf, und sprach ihn an: »Sohn des Lykaon, wo bleiben dein Pfeil und dein Bogen? Wo bleibt dein Ruhm, den kein Lykier und kein Trojaner dir streitig macht? Sende doch dem Mann, der den Trojanern so viel Böses tut, noch einen Pfeil, wenn er kein Gott in Menschengestalt ist!«

Ihm antwortete Pandaros: »Wenn es kein Gott ist, dann ist es Diomedes, den ich niedergeschossen zu haben glaubte. Und wenn er es ist, so hat sich ein Gott seiner erbarmt und steht ihm auch jetzt noch zur Seite! Dann bin ich wohl ein unglücklicher Kämpfer! Zwei griechische Heerführer habe ich bereits getroffen – und keinen tödlich verwundet! Nur noch wütender habe ich sie gemacht! Ich habe wahrhaftig in einer unglücklichen Stunde Köcher und Bogen genommen, um damit vor Troja zu ziehen! Wenn ich je wieder heimkehre, soll mir ein Fremder meinen Kopf abschlagen, wenn ich nicht Pfeil und Bogen mit meinen bloßen Händen zerbrechen will und diesen nichtigen Tand, der mich begleitet hat, ins Feuer werfe!«

»Nicht doch!«, sprach Äneas besänftigend auf ihn ein. »Steige lieber auf meinen Streitwagen und lerne die Gewandtheit der trojanischen Pferde kennen. Wenn Zeus dem Diomedes wirklich den Sieg zukommen lassen will, dann werden sie uns sicher nach Troja zurückbringen! Ich selbst kämpfe inzwischen zu Fuß weiter!« Aber Pandaros bat ihn die Pferde zu lenken, da er selbst es nicht konnte. Dann schwang er sich zu Äneas auf den Wagen und gemeinsam sprengten sie mit den schnellen Tieren auf Diomedes zu. Dessen Freund Sthenelos sah sie kommen und rief: »Sieh da, zwei tapfere Männer, die auf dich losstürmen, es sind Pandaros und der Halbgott Äneas, Aphrodites Sohn! Diesmal lass uns mit dem Wagen fliehen, denn dein Wüten dürfte dir bei ihnen nichts nützen!«

Diomedes aber blickte finster und erwiderte ihm: »Rede mir nicht von Flucht! Es ist nicht meine Art vor einem Kampf davonzulaufen! Meine Kraft ist noch nicht erschöpft. Nein, wie ich hier bin, will ich ihnen zu Fuß entgegengehen. Gelingt es mir, sie beide zu töten, dann mache unsere Pferde fest und bringe die Pferde des Äneas als Beute zu den Schiffen.« Da flog schon die Lanze des Pandoros dem Diomedes entgegen, schlug durch seinen Schild, aber prallte vom Panzer ab. »Gefehlt!«, rief Diomedes dem jubelnden Trojaner zu und warf nun seinen Speer, dass Pandaros tot vom Wagen stürzte. Da sprang Äneas herab, schlich wie ein gnadenloser Löwe um den Leichnam, streckte Schild und Lanze vor und war bereit jeden zu erschlagen, der ihm in den Weg kam. Nun packte Diomedes ein Felsenstück, das so groß war, dass zwei kräftige Männer es nicht hätten aufheben können. Er schleuderte es dem Äneas mit solcher Wucht gegen die Hüfte, dass dieser schwer verwundet zu Boden sank und das Bewusstsein verlor. Und er wäre gestorben, wenn nicht Aphrodite ihren geliebten Sohn mit Lilienarmen umschlungen und mit den Falten ihres silbernen Gewandes umhüllt und aus der Schlacht getragen hätte.

Wie Diomedes ihm befohlen hatte, hatte Sthenelos inzwischen Wagen und Pferde des Äneas zu den Schiffen gebracht und war auf seinem eigenen Wagen gleich wieder an die Seite seines Freundes zurückgekommen. Der hatte mit seinen von Athene geöffneten Augen die Göttin Aphrodite erkannt, durch das Schlachtgetümmel verfolgt und mit ihrer Beute erreicht. Der Held stieß mit der Lanze nach ihr und sein Speer drang durch die ambrosische Haut in die Handwurzel, dass ihr unsterbliches Blut zu rinnen begann. Die verwundete Göttin schrie auf und ließ ihren Sohn zur Erde fallen. Dann eilte sie auf ihren Bruder Ares zu, der seinen Wagen und seine Pferde in Nacht gehüllt hatte, und etwas abseits saß. »Oh Bruder«, flehte sie ihn an, »schaff mich weg, gib mir die Pferde, dass ich zum Olymp entkomme. Mich schmerzt meine Wunde: Diomedes, der Sterbliche, hat mich verletzt. Er wäre imstande selbst mit unserem Vater Zeus noch zu kämpfen!« Ares überließ ihr den Wagen und Aphrodite warf sich weinend in die Arme ihrer Mutter Dione, als sie oben im Olymp angelangt war. Dione tröstete sie und brachte sie zu Zeus, der ihr lächelnd entgegenrief: »Drum wurden dir keine Kriegswerkzeuge gegeben, mein liebes Töchterchen! Stifte du Hochzeiten und überlass die Schlachten dem Kriegsgott!«

Unten auf dem Schlachtfeld hatte sich Diomedes auf Äneas geworfen, der verwundet dalag. Dreimal holte er aus, um ihm den Todesstoß zu versetzen, aber dreimal hielt der zornige Gott Apollon, der herbeigeeilt war, nachdem seine Schwester verletzt worden war, ihm den Schild vor. Und als Diomedes zum vierten Mal ansetzte, drohte er ihm mit schrecklicher Stimme: »Sterblicher, wage nicht dich mit den Göttern zu messen!« Da wich Diomedes ängstlich zurück. Apollon trug den Äneas aber fort in seinen Tempel nach Troja, wo Leto, seine Mutter, und Artemis ihn pflegten. Da, wo Äneas gelegen hatte, schuf Apollon sein Scheinbild, um das nun Trojaner und Griechen mit wilden Schlägen kämpften. Nun forderte Apollon den Ares auf, dass er den frechen Diomedes, der selbst die Götter bekämpfte, aus der Schlacht entfernen solle. Da nahm der Kriegsgott die Gestalt des Thrakiers Akamas an, mischte sich unter die kämpfenden Söhne des Priamos und stachelte sie auf: »Wie lange wollt ihr die Griechen noch morden lassen, ihr Fürsten? Wollt ihr etwa warten, bis um die Tore eurer Stadt selbst gekämpft wird? Wisst ihr nicht, dass Äneas verwundet auf dem Boden liegt? Auf! Retten wir ihn aus den Händen der Feinde!« Nun näherte sich Sarpedon, der Fürst der Lykier, dem Hektor, und sagte zu ihm: »Hektor, wo ist dein Mut geblieben? Eben hast du dich noch gerühmt, ohne Verbündete und selbst ohne Heer, nur mit deinen leiblichen Brüdern und Schwägern wolltest du Troja verteidigen! Nun aber sehe ich keinen von ihnen in der Schlacht, sie ducken sich wie Hunde vor dem Löwen, und wir Verbündeten müssen den Kampf allein bestehen!« Den Hektor traf dieser Vorwurf tief in seinem Herzen. Er sprang vom Wagen, schwenkte die Lanze, lief mahnend durch alle Truppenteile und fachte den tobenden Kampf noch einmal aufs Neue an. Seine Brüder und alle Trojaner boten dem Feind wieder die Stirn. Auch den Äneas, der wieder gesund und kräftig war, schickte Apollon in die Schlacht zurück. Alle freuten sich, ihn plötzlich wieder unverletzt zu sehen, doch keiner nahm sich die Zeit, ihn zu fragen, wie das zugegangen war, sie stürzten sich nur zusammen in die Schlacht.

Aber die Griechen mit Diomedes, den beiden Ajax und Odysseus an der Spitze erwarteten die heranstürmenden Trojaner ruhig wie eine starre Wolkenwand. Agamemnon feuerte die Männer an, dann warf er selbst als Erster seinen Speer und streckte den hoch geehrten Deïkoon, der ein Freund des Äneas war und immer ganz vorne kämpfte, nieder. Aber auch die gewaltige Hand des Äneas tötete zwei der tapfersten Griechen. Es waren Krethon und Orsilochos, die Söhne des Diokles, die in Pherai auf dem Peloponnes wie zwei freudige Berglöwen zusammen aufgewachsen waren. Menelaos trauerte um die Gefallenen, schwenkte seinen Speer und warf sich in das vorderste Gewühl. Ares selbst flößte ihm Mut ein, denn er hoffte darauf, dass Äneas ihn erschlagen würde. Aber Nestors Sohn Antilochos sah Agamemnon mit Sorge kämpfen und stürzte selbst an seiner Seite hervor, als der bereits gegen Äneas angetreten war. Als Äneas sich zwei Helden gegenübersah, wich er zurück. Menelaos und Antilochos retteten die beiden Leichen aus den Händen der Feinde und übergaben sie den Freunden, dann wandten sie sich wieder dem Kampf zu. Menelaos tötete den Pylaimenes und Antilochos dessen Wagenlenker Mydon.

Jetzt aber stürmte Hektor mit den tapfersten Truppen der Trojaner vor, und Ares, der Kriegsgott, war bei ihm. Als Diomedes den Gott kommen sah, stutzte er wie ein Wanderer vor einem tosenden Wasserfall und rief den griechischen Kämpfern zu: »Wundert euch nicht über Hektors Unerschrockenheit, ihr Freunde, denn ein Gott geht neben ihm her und wendet das Verderben von ihm ab. Wenn wir weichen, dann weichen wir nur den Göttern!« Die Trojaner aber jagten unaufhaltsam näher und Hektor erschlug zwei tapfere Griechen auf einem Streitwagen, den Anchialos und den Menesthes. Der große Ajax eilte herbei, um sie zu rächen. Seine Lanze traf den Amphios, einen Verbündeten der Trojaner.

Diomedes verwundet Äneas und Aphrodite

DIE TROJASAGE

Auf einer anderen Seite trieb ein böses Verhängnis Tlepolemos, den Sohn des Herakles, auf den Lykier Sarpedon zu, dem er schon von weitem zurief: »Was vergehst du hier vor Angst, feiger Asiate, der du dich zu Unrecht rühmst, ein Sohn des Zeus zu sein! Selbst wenn du tapfer wärst, du sollst dem Hades nicht entgehen!« Sarpedon entgegnete: »Habe ich mir noch keinen Ruhm erworben, so soll dein Tod ihn mir verschaffen!« Nun kreuzten sich die Lanzen der beiden Männer, und der Wurfspieß des Sarpedon traf den prahlerischen Gegner tödlich. Doch zuvor war auch er von Tlepolemos schwer am Schenkel verwundet worden, und nur sein Vater Zeus verhinderte, dass er starb.

Während Odysseus unter den Lykiern wütete, die ja nun keinen Anführer mehr hatten, sah Sarpedon, der unter der Verfolgung der Griechen von seinen Freunden aus dem Kampf geführt wurde, den Hektor kommen und er rief ihm mit schwacher Stimme zu: »Sohn des Priamos, lass mich nicht als Beute der Griechen hier liegen. Verteidige mich, dass ich mein Leben wenigstens ruhig in dieser Stadt aushauchen kann, wenn ich schon meine Heimat, meine Frau und meinen kleinen Sohn nicht wieder sehen soll!« Ohne ein Wort zu erwidern drängte Hektor die verfolgenden Griechen so unbeugsam zurück, dass selbst Odysseus nicht wagte weiter vorzudringen. Nun legten die Freunde Sarpedon in der Nähe des skaeischen Tores unter der hohen Buche nieder, die seinem Vater Zeus geheiligt war. Einen Augenblick lang verlor Sarpedon das Bewusstsein, doch er atmete bald wieder auf und ein kühler Nordwind wehte seinen matten Lebensgeistern Erfrischung zu.

Ares und Hektor bedrängten die Griechen so sehr, dass sie allmählich zu ihren Schiffen zurückwichen. Sechs herrliche Helden fielen allein von Hektors Hand. Mit Schrecken sah die Göttermutter Hera vom Olymp herab das Gemetzel, das die Trojaner mit Ares' Hilfe anrichteten, und sie veranlasste, dass Athenes Wagen mit den eisernen, vergoldeten Rädern, der silbernen Deichsel und dem goldenen Joch gerüstet wurde. Sie selbst überließ Athene ihr eigenes schnelles Pferdegespann. Athene legte den Panzer ihres Vaters an, setzte den goldenen Helm auf, ergriff den Schild mit dem Gorgonenhaupt, nahm den Speer und schwang sich auf den silbernen Sessel, der in einem goldenen Riemen hing. Hera saß neben ihr, schwenkte die Peitsche und trieb die Pferde an. Das Himmelstor, das die Horen bewachten, krachte von selbst auf und die riesigen Göttinnen fuhren an den schroffen Felsen des Olymp vorüber. Auf dem höchsten Gipfel saß Zeus. Als sie an ihm vorüberkamen, zügelte seine Gemahlin Hera für einen Augenblick die Pferde und rief: »Bist du denn gar nicht zornig, dass dein Sohn Ares das herrliche Volk der Griechen entgegen des Schicksalsbeschlusses verdirbt? Siehst du denn nicht, wie sich Apollon und Aphrodite freuen, die den Wüterich angestachelt haben? Du wirst mir nun wohl erlauben, dass ich ihm einen Streich versetze, der ihn aus dem Kampf stößt!«

»Es soll dir gestattet sein!«, rief Zeus ihr von seinem Sitz aus zu. »Sende nur meine Tochter Athene gegen ihn, die am erbittertsten zu kämpfen versteht!«

Nun flog der Wagen zwischen dem Sternengewölbe und der Erde dahin, bis er sich am Zusammenfluss des Simoeis und des Skamander niedersenkte.

Die Göttinnen eilten sofort in die Männerschlacht, wo sich die Krieger wie Löwen und Eber um Diomedes drängten. Hera nahm Stentors Gestalt an, gesellte sich zu ihnen und rief mit der Donnerstimme des Helden: »Schämt euch, ihr Griechen! Seid ihr nur dann furchtbar, wenn Achilles an eurer Seite kämpft? Der sitzt nun bei den Schiffen und ihr bringt nichts zustande!« Mit diesen Worten fackelte sie den geschwundenen Mut der Griechen aufs Neue an. Athene aber bahnte sich einen Weg zu Diomedes selbst. Er lehnte an einem Wagen und kühlte die Wunde, die der Pfeil des Pandaros ihm beigebracht hatte. Seine Hand fühlte sich kraftlos an und er hatte Mühe sich das Blut zu stillen. Da ergriff Athene das Joch der Pferde, stützte ihren Arm darauf und sprach zu dem Helden: »Wirklich, der Sohn des mutigen Tydeus hat mit seinem Vater wenig gemein. Der war zwar nur klein, aber immer ein tapferer Kämpfer. Vor Theben schlug er sich einmal ganz gegen meinen Willen und doch konnte ich ihm meinen Beistand nicht entziehen. Auch du müsstest meinen Schutz und meine Hilfe genießen, aber ich weiß nicht, was es ist – sind deine Glieder schon müde von der Arbeit oder lähmt dich die Furcht? Genug, du scheinst mir nicht der Sohn des feurigen Tydeus zu sein!« Als die Göttin so gesprochen hatte, blickte Diomedes auf, starrte ihr ins Gesicht und sprach: »Ich erkenne dich wohl, Tochter des Zeus, und ich will dir unverhohlen die Wahrheit sagen. Weder Furcht noch Trägheit ist es, was mich lähmt, sondern einer der gewaltigsten Götter. Du selbst hast mich sehend gemacht, sodass ich ihn erkenne. Es ist Ares, der Gott des Krieges, den ich an der Seite der Trojaner sah. Hierin hast du die Ursache, warum ich zurückgewichen bin und auch den anderen verboten habe sich hier zu sammeln.« Darauf antwortete ihm Athene: »Diomedes, mein auserwählter Freund! Von nun an sollst du weder den Ares noch einen anderen der unsterblichen Götter zu fürchten haben. Ich selbst will deine Helferin sein. Lenke nur mutig deine Pferde dem rasenden Ares entgegen!« Dann gab sie Diomedes' Wagenlenker Sthenelos einen leichten Stoß, sodass er bereitwillig vom Wagen sprang, und setzte sich selbst neben ihn. Die Achse stöhnte unter der Last der Göttin und des stärksten der Griechen. Sofort ergriff Pallas Athene Zügel und Peitsche und lenkte die Pferde auf Ares, den Kriegsgott, zu. Der nahm gerade dem tapfersten Ätolier, dem

DIE TROJASAGE

Periphas, den er erschlagen hatte, die Rüstung ab. Als er aber den Diomedes im Streitwagen auf sich zukommen sah – die Göttin hatte sich in undurchdringliche Nacht gehüllt –, ließ er den Periphas liegen, rannte Diomedes entgegen und zielte dabei mit der Lanze auf seine Brust. Doch die unsichtbare Athene fing seinen Speer ab und gab ihm eine andere Richtung, sodass er ins Leere flog. Nun erhob sich Diomedes in seinem Wagen und Athene selbst lenkte den Stoß seiner Lanze, dass er dem Ares unter dem Leibgurt in die Seite drang. Der Kriegsgott brüllte auf, wie zehntausend sterbliche Menschen brüllen, und Trojaner und Griechen erzitterten, weil sie glaubten aus heiterem Himmel den Donner des Zeus zu hören. Diomedes aber sah, wie Ares sich in Wolken hüllte und wie ein Orkan zum Himmel emporfuhr. Dort setzte er sich neben seinen Vater Zeus, den Donnerer, und zeigte ihm seine blutende Wunde. Aber Zeus blickte nur finster und sprach: »Sohn, winsle mir hier nicht an meiner Seite! Von allen Olympiern bist du mir der verhassteste. Immer hast du nur Zank und Streit geliebt, und mehr als alle anderen gleichst du an Trotz und Starrsinn deiner Mutter. Gewiss hat sie auch dies verursacht! Dennoch kann ich nicht länger mit ansehen, wie du leidest, und der Arzt der Götter wird dich heilen.« Mit diesen Worten übergab er ihn dem Paian, der die Wunde besah, sodass sie sich auf der Stelle schloss.

Inzwischen waren auch die anderen Götter in den Olymp zurückgekehrt, um die Schlacht wieder sich selbst zu überlassen. Zuerst brach jetzt Ajax, der Sohn des Telamon, in die Reihen der Trojaner ein und machte den Griechen wieder Luft, indem er den Thrakier Akamas niederstreckte. Darauf erschlug Diomedes Axylos und seinen Wagenlenker; vor Euryalos erlagen drei andere edle Trojaner, vor Odysseus Pidytes, vor Teukros Aretaon, vor Antilochos Ableros, vor Agamemnon Elatos, und vor anderen noch mehr. Den Adrastos bekam Menelaos zu fassen, als dessen Pferde strauchelten und er zu Boden stürzte. Adrastos umschlang die Knie des Fürsten und flehte jämmerlich: »Töte mich nicht, Sohn des Atreus, nimm mich lebend als Gefangenen! Und nimm als Lösegeld Erz und Gold aus dem Schatz meines Vaters, der sie dir gerne geben wird, wenn er mich nur wieder lebend umarmen darf!«

Menelaos rührten diese Worte. Doch da lief Agamemnon herbei und herrschte ihn an: »Hast du etwa Mitleid mit dem Feind, Menelaos? Nein, keiner soll uns entgehen! Jeder, den Troja hervorgebracht hat, soll erbarmungslos sterben!« Da stieß Menelaos den Adrastos von sich und Agamemnon tötete ihn mit seiner Lanze.

Nun hörte man Nestors schallenden Ruf unter den vorstürmenden Griechen: »Freunde! Keiner soll sich um Raub und Beute kümmern und zurückbleiben! Jetzt gilt es nur, Männer zu töten. Nachher könnt ihr gemächlich den Toten die Rüstungen abziehen.«

Die Trojaner hätten sich nun geschlagen gegeben und sich in ihre Stadt zurückgezogen, wenn nicht Helenos, der Sohn des Priamos und weiseste Vogelschauer, an Hektor und Äneas herangetreten wäre: »Alles liegt jetzt an euch, ihr Freunde. Wenn ihr die Truppen vor den Toren aufhaltet, können wir gegen die Griechen weiterkämpfen. Diese Aufgabe tragen die Götter zunächst dir, Äneas, zu. Du aber, Bruder Hektor, gehe schnell nach Troja und sprich mit unserer Mutter. Sie soll die edelsten Frauen auf der Burg im Tempel Athenes versammeln, ihr prächtigstes Gewand auf die Knie der Göttin legen und ihr zwölf stattliche Kühe versprechen, wenn sie sich der trojanischen Frauen und Kinder und ihrer Stadt erbarmt und den schrecklichen Diomedes abwehrt.« Unverzüglich sprang Hektor vom Wagen, schritt durch die Truppen, wobei er die Männer ermahnte, und eilte dann zur Stadt.

Glaukos und Diomedes

Auf dem Schlachtfeld stürmten nun der Lykier Glaukos, der ein Enkel des Bellerophontes war, und Diomedes, der Sohn des Tydeus, voller Kampfgier in ihren Streitwagen aufeinander zu. Als Diomedes den Gegner aus der Nähe sah, musterte er ihn und sprach: »Wer bist du, edler Kämpfer? Noch nie bist du mir auf dem Schlachtfeld begegnet und jetzt sehe ich dich, der du vor den anderen weit hervorragst, da du es wagst, dich mir mit deiner Lanze entgegenzustellen. Denn mir begegnen nur Kinder, die zum Unglück geboren sind. Wenn du aber ein Gott in Menschengestalt bist, so verzichte ich auf den Kampf, denn ich fürchte den Zorn der Himmlischen. Doch wenn du ein Sterblicher bist, dann komm nur heran, und du sollst dem Tod nicht entgehen.«

Darauf antwortete Glaukos: »Diomedes, warum fragst du nach meinem Geschlecht? Wir Menschen sind wie Blätter im Wald, die der Wind verweht und der Frühling wieder treibt! Wenn du es aber wissen willst, so höre: Mein Urahn ist Äolos, der Sohn des Hellen; der zeugte den schlauen Sisyphos, der den Glaukos, der den Bellerophontes, Bellerophontes zeugte den Hippolochos, und dessen Sohn, wiederum Glaukos, bin ich. Mein Vater schickte mich nach Troja, damit ich den anderen ein Vorbild sei und unserem Geschlecht Ehre mache.«

Als Glaukos ausgeredet hatte, stieß Diomedes fröhlich seine Lanze in die Erde und rief ihm freundlich zu: »Wahrlich, edler Fürst, dann bist du ja mein Gastfreund von den Zeiten unserer Väter her! Oineus, mein Großvater, hat deinen Großvater Bellerophontes zwanzig Tage lang in seinem Haus als Gast beherbergt. Unsere Ahnen haben damals schöne Ehrengeschenke getauscht: Der meine gab deinem einen purpurnen Gürtel, der deine dem meinen einen goldenen Henkelbecher, den ich noch in meiner Behausung aufbewahre. So will ich dich in Argos gerne bewirten und bewirte du mich in Lykien, wenn ich mit meinem Gefolge je dorthin komme. Wir wollen einander auf dem Schlachtfeld aus dem Wege gehen. Denn es gibt für mich noch Trojaner und für dich noch Griechen genug zu töten! Lass uns die Waffen tauschen, damit auch die anderen sehen, wie sehr wir uns von Väterzeiten her rühmen, Gastfreunde zu sein!« So stiegen beide von ihren Streitwagen, fassten sich herzlich an den Händen und gelobten einander gegenseitige Freundschaft. Zeus aber, der alles, was geschah, zugunsten der Griechen lenkte, verblendete den Glaukos, sodass er seine goldene Rüstung gegen die eiserne des Diomedes tauschte. Es war, wie wenn ein Mann hundert junge Stiere für zehn hergab.

Hektor in Troja

Hektor hatte unterdessen die Buche des Zeus und das skaeische Tor erreicht. Hier umringten ihn die Frauen und Töchter der Trojaner und fragten ängstlich nach ihren Ehemännern, ihren Söhnen, Brüdern und Verwandten. Nicht allen konnte er eine Auskunft erteilen, deshalb ermahnte er sie, zu den Göttern zu beten. Viele hatten seine Nachrichten aber in Jammer gestürzt.

Danach langte Hektor am Palast seines Vaters an. Es war ein prächtiges Gebäude, das ringsum mit weiten Säulenhallen geschmückt war. Im Inneren des Palastes gab es fünfzig marmorne Gemächer. Hier wohnten die Söhne des Königs mit ihren Frauen. Auf der anderen Seite des Innenhofs reihten sich zwölf Marmorsäle aneinander, wo die Schwiegersöhne des Königs mit seinen Töchtern lebten. Das Ganze war von einer hohen Mauer umschlossen und bildete für sich allein eine stattliche Burg. Hier begegnete Hektor seiner Mutter Hekabe, die eben zu ihrer liebsten und schönsten Tochter, der Laodike, unterwegs war. Sie eilte auf Hektor zu, nahm seine Hand und sprach besorgt und liebevoll: »Sohn, wie kann es sein, dass du aus der tobenden Schlacht zu uns kommst? Die entsetzlichen Männer müssen uns wohl hart bedrängen und du kommst gewiss, um zu Zeus zu flehen. Warte, ich bringe dir von dem köstlichen Wein, damit du dem Zeus und den anderen Göttern ein Trankopfer darbringen und dich dann selbst ein wenig stärken kannst. Denn Wein ist doch die kräftigste Stärkung für einen erschöpften Kämpfer!« Aber Hektor erwiderte: »Lass mir keinen Wein bingen, geliebte Mutter, damit ich meine Kraft nicht vergesse. Und ich scheue mich auch, dem Göttervater mit ungewaschenen Händen Wein zu opfern. Aber gehe du mit den edelsten

Hektor in Troja

Frauen von Troja zum Athenetempel und nehmt Räucherwerk mit. Lege dort der Göttin dein prächtigstes Gewand auf die Knie und verspreche ihr zwölf stattliche Kühe, wenn sie Erbarmen mit uns hat. Ich aber gehe, um meinen Bruder Paris in die Schlacht zurückzuholen. Oh wenn ihn doch die Erde lebendig verschlänge, denn er ist unser Verhängnis!«

Hekabe tat, was ihr Sohn ihr gesagt hatte. Sie stieg in die duftende Kammer hinunter, wo die schönsten Seidengewänder verwahrt lagen, die Paris aus Sidon mitgebracht hatte, als er mit Helena über Umwege nach Troja zurückgesegelt war. Das schönste und größte, das ganz unten lag und mit wunderbaren Stickereien gearbeitet war, suchte sie hervor und begab sich darauf in Begleitung der edelsten Frauen zum Tempel der Athene. Hier öffnete ihnen Theano, Antenors Gattin, die trojanische Priesterin der Pallas, das Haus der Göttin. Die Frauen stellten sich um das Bild der Athene auf und erhoben klagend ihre Hände zu der Göttin. Dann nahm Theano der Königin das Gewand aus den Händen, legte es auf die Knie des Bildes und flehte zu der Tochter des Zeus: »Pallas Athene, Beschützerin der Städte, erhabene, mächtige Göttin, brich dem Diomedes den Speer und lass ihn selbst sich vor unseren Toren wälzen. Erbarme dich der Stadt, der Frauen und Kinder! In dieser Hoffnung weihen wir dir zwölf prächtige Kühe.«

Aber Pallas Athene verweigerte ihnen ihre Bitte.

Hektor war inzwischen im Palast des Paris angekommen, der hoch auf der Burg in der Nähe des Königspalastes und bei Hektors Wohnung stand, denn die beiden Fürsten hatten vom Königspalast abgesonderte Häuser. Hektor trug in der rechten Hand seinen Speer, dessen Eisenspitze am Schaft mit einem goldenen Ring umlegt war. Er fand seinen Bruder dabei, wie er in seinem Gemach die Waffen musterte und seinen Bogen glättete. Helena war bei den Frauen und damit beschäftigt ihr Tagewerk zu leiten. Als Hektor den Paris erblickte, überhäufte er ihn mit Vorwürfen: »Du tust nicht recht, so unmutig hier herumzusitzen, Bruder, denn um deinetwillen schlägt sich das Volk vor der Stadt in der Schlacht! Du selbst aber würdest jeden anherrschen, wenn du ihn so saumselig sehen würdest. Auf, bevor die Stadt in Flammen aufgeht! Hilf uns, die Stadt zu verteidigen!« Paris antwortete ihm: »Du hast ja Recht, Bruder, doch ich sitze hier nicht aus Unmut untätig herum, sondern aus Kummer. Nun aber hat mich meine Gattin freundlich überredet, wieder in die Schlacht zu gehen. So warte denn, bis ich meine Rüstung angelegt habe, oder geh. Ich hoffe dir bald nachzufolgen.« Da Hektor nichts darauf entgegnete, sprach Helena voller Beschämung zu ihm: »Oh Schwager, ich bin ein schnödes, Unheil stiftendes Weib! Hätte mich doch das Meer verschlungen, ehe ich mit Paris dieses Land betrat. Das Übel ist nun einmal verhängt – aber wäre ich doch zumindest die Gefährtin eines besseren Mannes, der sich die

Schande und die vielen Vorwürfe, die er sich zuzieht, auch zu Herzen nähme. Er aber hat kein Herz im Leib und wird auch niemals eines haben, und die Früchte seiner Feigheit werden nicht ausbleiben. Aber du, Hektor, komm doch herein und ruhe dich ein wenig von der Last aus, die wegen meines und meines Gatten Verbrechen auf deinen Schultern liegt!«

»Nein, Helena, lade mich nicht so freundlich ein, denn ich darf wahrhaftig nicht. Mein Herz drängt mich den Trojanern zu helfen. Muntere du nur diesen Menschen da auf. Er soll sich beeilen, damit er mich noch innerhalb der Stadtmauern erreicht, denn ich will erst noch nach Hause gehen und nach meiner Frau, meinem kleinen Sohn und dem Gesinde sehen!«

Aber als Hektor nach Hause kam, war seine Gemahlin nicht da. Eine der Dienerinnen erteilte ihm Auskunft: »Als sie hörte, dass die Trojaner in Not sind und die Griechen wohl siegen würden, stürzte sie außer sich aus dem Haus, um auf einen der Türme zu steigen. Die Wärterin musste ihr das Kind nachtragen.«

Da eilte Hektor abermals durch die Straßen von Troja. Als er zum skaeischen Tor kam, rannte ihm seine Gemahlin Andromache bereits entgegen. Die Dienerin folgte ihr und trug den kleinen Astyanax, der schön war wie ein Stern, an ihrer Brust. Mit einem stillen Lächeln betrachtete Hektor seinen Sohn, Andromache aber trat weinend neben ihn, nahm zärtlich seine Hand und sprach: »Entsetzlicher Mann! Gewiss tötet dich noch dein Mut, und du erbarmst dich weder deines kleinen Sohnes noch deiner unglückseligen Gattin, die du bald zur Witwe machen wirst. Wenn du mir genommen wirst, dann ist es das Beste, wenn ich sterbe. Meinen Vater hat Achilles umgebracht, meine Mutter hat der Bogen der Artemis getötet, und auch meine sieben Brüder hat Achilles niedergestreckt. Ohne dich habe ich keinen Trost mehr, Hektor; du bist mir Vater, Mutter und Bruder. Darum erbarme dich, bleib hier auf dem Turm. Mach dein Kind nicht zum Waisen und deine Frau nicht zur Witwe. Stelle das Heer dort an den Feigenhügel, dort ist die Mauer ungeschützt und am leichtesten zu besteigen. Schon dreimal haben die tapfersten Griechen, die beiden Ajax, Idomeneus, die Söhne des Atreus und Diomedes den Sturm dorthin gelenkt – sei es, dass ein Seher es ihnen offenbarte, sei es, dass ihr Herz sie trieb!«

Liebevoll antwortete Hektor: »Auch mich bekümmert all dies zutiefst, Geliebteste. Aber ich müsste mich vor ganz Troja schämen, wenn ich wie ein Feigling aus der Ferne zusehen würde. Mein eigener Mut erlaubt es mir nicht, denn er hat mich immer gelehrt, ganz vorne zu kämpfen. Zwar sagt mir mein Herz, dass der Tag kommen wird, an dem die heilige Troja fällt und Priamos und all sein Volk. Doch weder das Leid Trojas noch mei-

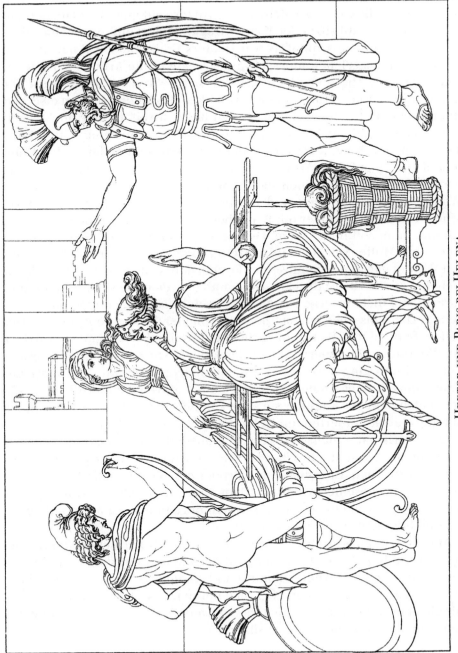

Hektor und Paris bei Helena

DIE TROJASAGE

ner eigenen Eltern oder meiner Brüder, wenn sie unter den Schwertern der Griechen fallen, geht mir so zu Herzen, als wenn dir etwas geschehen würde; wenn die Griechen dich als Sklavin fortschleppten und du dann in Argos am Webstuhl sitzt oder Wasser tragen musst, und wenn einer dich weinen sieht und ausruft: ›Das war Hektors Frau!‹ Eher will ich sterben, als dass ich das erleben muss!« Dann streckte er die Arme nach seinem Söhnchen aus. Aber der Kleine drückte sich schreiend an die Brust der Amme, denn er erschrak vor der Zärtlichkeit des Vaters, seinem eisernen Helm und dem fürchterlich flatternden Rossschweif. Hektor blickte sein Kind und die zärtliche Mutter lächelnd an, nahm schnell den schimmernden Helm vom Kopf, legte ihn zu Boden, küsste sein geliebtes Kind und schaukelte es auf dem Arm. Dann flehte er zum Himmel empor: »Zeus und ihr Götter! Lasst meinen Jungen werden wie mich selbst! Er soll den Trojanern voranschreiten und mächtig werden und die Stadt beherrschen. Und einst, wenn er mit Beute beladen aus dem Kampf nach Hause kommt, dann soll man sagen: ›Der ist noch weit tapferer als sein Vater!‹ Und seine Mutter soll sich aus ganzem Herzen darüber freuen!« Mit diesen Worten gab er den Sohn seiner Frau in den Arm, die ihn unter Tränen lächelnd an ihre Brust drückte. Hektor aber streichelte sie wehmütig und sprach: »Sei nicht traurig. Gegen das Geschick wird mich niemand töten, dem Verhängnis aber ist noch kein sterblicher Mensch entronnen. Auf, geh zu Spindel und Webstuhl zurück und treibe deine Mägde zur Arbeit an. Wir Männer kümmern uns um den Krieg!« Nun setzte sich Hektor den Helm auf und ging davon. Andromache machte sich auf den Weg nach Hause, doch immer wieder sah sie sich um und weinte bittere Tränen. Als die Mädchen in der Kammer sie sahen, teilte sie ihnen all ihren Kummer mit und sie alle trauerten um Hektor, obwohl er noch lebte.

Auch Paris hatte nicht gezögert. In glänzender Rüstung eilte er durch die Stadt, wie ein stattliches Pferd den Halfter zerreißt, um zum Bad in den Strom zu stürmen. Er holte seinen Bruder ein, als der sich eben von Andromache verabschiedet hatte. »Nicht wahr, mein älterer Bruder«, rief ihm Paris von weitem zu, »ich habe dich durch mein Zaudern aufgehalten und bin nicht rechtzeitig gekommen!«

Aber Hektor antwortete ihm freundlich: »Mein Guter, schöne Worte finden kannst du gut! Nur trödelst du oft gern und streubst dich, und dann verletzt es mich tief, wenn ich aus dem Volk der Trojaner, das so viel für dich erduldet, Schmähreden über dich hören muss. Doch das besprechen wir ein andermal, wenn wir die Griechen aus Troja verjagt haben und um den Krug der Freiheit im Palast sitzen!«

Hektors Abschied von Andromache

DIE TROJASAGE

Hektor und Ajax im Zweikampf

Als die Göttin Athene vom Olymp herab die beiden Brüder aufs Schlachtfeld eilen sah, flog sie stürmisch zur Stadt Troja hinab. An der Buche des Zeus begegnete ihr Apollon, der von der Zinne der Burg kam, von wo aus er den Kampf der Trojaner lenkte. Apollon sprach seine Schwester an: »Welch ein heftiger Eifer treibt dich vom Olymp herunter? Willst du noch immer, dass Troja fällt, Erbarmungslose? Hör auf mich, lass die Entscheidungsschlacht für heute ruhen. Sie sollen ein andermal aufs Neue kämpfen, denn Hera und du, ihr werdet ja doch nicht ruhen, ehe ihr nicht die hohe Stadt Troja verwüstet habt!«

Ihm antwortete Athene: »Fernhintreffer, es sei, wie du sagst. In dieser Absicht bin ich vom Olymp herabgekommen. Aber sage mir, wie gedenkst du den Kampf abzubrechen?«

»Wir wollen«, sprach Apollon, »dem gewaltigen Hektor seinen Mut noch steigern, sodass er einen der Griechen zum entscheidenden Zweikampf herausfordert. Lass uns dann sehen, was sie tun.« Athene war mit diesem Vorschlag einverstanden.

Der Seher Helenos hatte dieses Gespräch der Unsterblichen in seiner Seele vernommen. Eilig trat er auf Hektor zu und sagte: »Weiser Sohn des Priamos, willst du diesmal auf den Rat deines leiblichen Bruders hören? Befiehl all den anderen, Trojanern wie Griechen, mit dem Kämpfen aufzuhören. Du selbst aber fordere den tapfersten der Griechen zur Entscheidung heraus. Du kannst dies gefahrlos tun, denn glaube meinem Seherwort, der Tod ist noch nicht über dich verhängt.«

Hektor freute sich über diese Worte. Er gebot den Trojanern die Kämpfe einzustellen, dann trat er, den Speer in der Mitte haltend, zwischen die kämpfenden Heere, und auf dieses Zeichen hin ließen beide Seiten bald die Waffen sinken, denn auch Agamemnon befahl seinen Männern, das Kämpfen einzustellen. Athene und Apollon aber ließen sich in Gestalt zweier Geier auf der Buche des Zeus nieder und sahen zu, bis das Männergewühl sich so weit beruhigte, dass beide Heere, von Schilden, Helmen und hervorstechenden Lanzen dicht umstarrt, Mann an Mann eng nebeneinander saßen und sich nur so viel bewegten wie das Meer, wenn das Gekräusel des leichten Westwindes darüber hinschauert. Nun begann Hektor zu sprechen: »Trojaner und ihr Griechen, hört, was mir mein Herz gebietet! Den Vertrag, den wir jüngst geschlossen haben, hat Zeus nicht gebilligt. Vielmehr hat er beiden Völkern böse Entschlüsse eingegeben, bis entweder Troja fällt oder ihr uns vor euren Schiffen erliegt. Nun sind die tapfersten Helden Griechenlands in eurem Heer versammelt. Welchem von ihnen es gefällt, mit mir, dem göttergleichen Hektor, den Zweikampf zu wagen, der trete vor! Ich stelle folgende Bedingung

316

Hektor und Ajax im Zweikampf

und Zeus soll dafür mein Zeuge sein: Wenn mein Gegner mich mit seinem Speer tötet, so soll er meine Waffen erhalten. Meinen Leib aber sendet nach Troja, damit ihm die Ehre des Scheiterhaufens in der Heimat zuteil werde. Wenn Apollon mir aber Ruhm gewährt und ich meinen Gegner besiege, so will ich seine Rüstung im Tempel des Apollon in Troja aufhängen. Den Toten sollt ihr bei euren Schiffen mit aller Pracht bestatten und ihm am Hellespont ein Grabmal errichten, dass einst in späteren Zeiten die Seeleute noch sagen sollen: ›Seht, hier ragt der Grabhügel des längst verstorbenen Mannes auf, der einst im Kampf dem göttergleichen Hektor unterlag!‹«

Auf Hektors Rede schwiegen die Griechen zunächst und keiner rührte sich. Es war zwar schimpflich, den Kampf zu verweigern, aber auch gefährlich, ihn anzunehmen. Schließlich stand Menelaos auf und strafte seine Landsleute seufzend mit den Worten: »Wehe mir, ihr Prahler! Welch eine unauslöschliche Schande wäre es, wenn kein Grieche es wagte, sich dem Hektor zu stellen! Mögt ihr doch zu Kot und Wasser werden, wie ihr da alle miteinander sitzt, jeder ohne Herz und ohne Ruhm! So will ich denn mich selbst zum Kampf bereitmachen und es den Göttern überlassen, wie er ausgehen soll!« Menelaos legte seine Rüstung an und sein Tod wäre bei den Göttern beschlossen gewesen, wenn ihn da nicht die Fürsten der Griechen entrüstet zurückgehalten hätten. Selbst Agamemnon ergriff seine Hand und sprach: »Bruder, besinne dich! Was fällt dir ein, den stärksten Mann bekämpfen zu wollen, vor dem allen graut und dem selbst Achilles ausgewichen ist! Wir bitten dich alle, tritt von dem Kampf zurück!« Agamemnons Worte brachten den Menelaos wirklich von seinem Vorhaben ab. Aber nun hielt Nestor eine Strafrede an das Volk und berichtete seinen eigenen Zweikampf mit Ereuthalion dem Arkadier. »Wäre ich noch so jung«, schloss er, »und so stark wie damals, dann sollte Hektor seinen Gegner bald gefunden haben!« Nun erhoben sich neun Fürsten aus dem Heer: vor allen Agamemnon, als Nächster Diomedes, darauf die beiden Ajax, dann Idomeneus, dessen Gefährte Meriones, Eurypylos, Thoas und Odysseus. Sie alle waren bereit zu kämpfen. »Das Los soll entscheiden«, sprach nun wieder Nestor, »und wen es auch trifft, die Griechen werden sich freuen und der Auserwählte mit ihnen, wenn er aus dem erbitterten Kampf als Sieger hervorgeht.« Nun bezeichnete jeder sein Los und alle wurden in den Helm des Agamemnon geworfen. Das Volk betete, Nestor schüttelte den Helm und heraus sprang ein Los. Ein Herold schritt an den Fürsten vorbei und zeigte jedem das Los, aber keiner erkannte es, bis die Reihe an den Telamonsohn Ajax kam und der voller Freude ausrief: »Freunde, mein Los ist es und mein Herz ist froh, denn ich hoffe über Hektor zu siegen. Betet nun alle, während ich mich rüste.«

Das Volk gehorchte ihm und bald stürmte Ajax, den riesigen Leib in

317

DIE TROJASAGE

eine glänzende Rüstung gehüllt, zum Kampf, und er war wie der Kriegsgott selbst anzusehen. Ein Lächeln huschte über sein finsterernstes Gesicht, wie er mächtigen Schrittes, die gewaltige Lanze schwingend zum Kampfplatz schritt. Alle Griechen freuten sich ihn so zu sehen, und Schrecken durchschauderte die Reihen der Trojaner. Ja, dem gewaltigen Hektor selbst fing das Herz zu klopfen an, aber er konnte nun nicht mehr ins Gewühl seiner Scharen zurückfliehen, da er den Zweikampf selbst gefordert hatte.

Ajax ging auf ihn zu, wobei er den eisernen siebenhäutigen Schild vor seinem Körper trug, den der berühmte Künstler Tychios einst für ihn gemacht hatte. Als er ganz nah vor Hektor stand, sprach er drohend: »Hektor, nun erkennst du, dass es im Volk der Griechen neben dem löwenherzigen Achilles noch andere Helden gibt, und zwar genug. Wohlan denn, beginne den blutigen Kampf!« Hektor antwortete ihm: »Göttergleicher Sohn des Telamon, sprich mich nicht wie ein schwaches Kind an! Ich kenne das Kämpfen, ich weiß den Schild in alle Richtungen zu wenden, weiß den Tanz des schrecklichen Kriegsgottes zu tanzen und die Pferde im Gewühl zu lenken! Wohlan, nicht heimlich und hinterrücks werfe ich den Speer nach dir, tapferer Held, nein, vor aller Augen lass sehen, ob er dich trifft!« Mit diesen Worten warf er seine Lanze mit mächtigem Schwung und sie bohrte sich dem Ajax in den Schild, durchdrang sechs Schichten und blieb erst in der siebten stecken. Jetzt flog Ajax' Lanze durch die Luft. Sie durchschlug Hektors ganzen Schild und wäre ihm in die Seite gedrungen, wenn er nicht ausgewichen wäre. Nun zogen beide ihre Speere und stürmten wie unverwüstliche Eber aufeinander los. Hektor zielte auf die Mitte von Ajax' Schild, aber seine Lanzenspitze verbog sich und brach nicht durch das Erz. Ajax hingegen durchbohrte mit dem Speer den Schild seines Gegners und streifte ihn am Hals, dass schwarzes Blut aus der Wunde floss. Da wich Hektor etwas zurück, aber seine kräftige Hand packte einen Stein und traf den Schildbuckel seines Feindes, dass das Metall erdröhnte. Im Gegenzug hob Ajax einen noch viel größeren Stein vom Boden auf und schleuderte ihn mit solchem Schwung auf seinen Gegner, dass er den Schild durchschlug und Hektor am Knie verletzte, sodass er rücklings zu Boden stürzte. Doch seinen Schild verlor er nicht, und Apollon, der ihm zur Seite stand, richtete ihn schnell wieder auf. Nun hätten beide für den entscheidenden Kampf ihre Schwerter gezogen, doch da eilten die Herolde der beiden Völker, Idaios, der Trojaner, und Talthybios, der Grieche, herbei und streckten die Stäbe zwischen die Kämpfenden. »Nicht weitergekämpft, ihr Kinder«, rief Idaios, »ihr seid ja beide tapfer, beide von Zeus geliebt; wir alle haben das gesehen! Jetzt aber kommt die Nacht. Gehorcht der Nacht!«

»Sage das deinem eigenen Volksgenossen!«, entgegnete Ajax dem

Herold. »Er ist es ja, der den tapfersten der Griechen zum Kampf herausgefordert hat. Wenn er einverstanden ist, so bin ich es auch!«

Nun sprach Hektor selbst zu seinem Gegner: »Ajax, ein Gott hat dir den gewaltigen Leib, die Kraft und die Gewandtheit mit dem Speer verliehen; darum lass uns vom Entscheidungskampf ausruhen, bis ein Gott einem unserer beiden Völker den Sieg verleiht! Lass uns einander aber auch noch rühmliche Gaben schenken, damit man einst bei Trojanern und Griechen sagen möge: ›Seht, sie kämpften miteinander den Kampf der Zwietracht, aber in Freundschaft haben sie sich getrennt!‹« Damit reichte Hektor dem Gegner sein Schwert mit dem silbernen Griff samt Scheide und prachtvollem Wehrgehenk. Ajax aber nahm seinen purpurnen Gürtel ab und bot ihn dem Hektor da. Dann schieden beide voneinander. Ajax zog sich in die Schar der Griechen zurück, Hektor ins Gewühl der Trojaner. Diese waren froh, ihren Helden unverletzt aus den Händen des furchtbaren Ajax zurückzuerhalten.

Waffenstillstand

Die Fürsten der Griechen versammelten sich jetzt in der Lagerhütte ihres Oberfeldherrn Agamemnon, wohin sie auch den Ajax, der sich über seinen Sieg freute, jubelnd geführt hatten. Hier wurde dem Zeus ein fünfjähriger fetter Stier geopfert, und Ajax wurde beim Festmahl als Sieger mit dem besten Rückenstück geehrt. Als sie sich satt gegessen und getrunken hatten, eröffnete Nestor den Rat der Fürsten mit dem Vorschlag, am nächsten Morgen den Krieg ruhen zu lassen und nach Abschluss eines Waffenstillstandes die Leichname der gefallenen Griechen vom Schlachtfeld zu holen und abseits der Schiffe zu verbrennen. Auf diese Weise könnten sie den hinterbliebenen Angehörigen und Kindern die Asche ihrer Verwandten übergeben, wenn sie wieder nach Hause zögen. Nestors Vorschlag fand allenthalben großen Beifall.

Auf der anderen Seite hielten auch die Trojaner vor dem Palast des Königs eine Versammlung ab, nicht ohne Schmerz und Verwirrung über den Ausgang des Zweikampfs. Hier erhob sich der weise Antenor und sprach: »Hört, was ich sage, ihr Trojaner und Verbündeten. Solange wir im Unrecht gegen den heiligen Vertrag, den Pandaros gebrochen hat, kämpfen, kann unserem Volk kein Glück beschieden sein. Deshalb verhehle ich meine Überzeugung nicht, dass wir die Griechin Helena den Söhnen des Atreus mitsamt ihren Schätzen ausliefern sollten.«

Nun stand Paris auf und erwiderte: »Wenn du dies wirklich ernst meinst, Antenor, dann haben dir die Götter wahrhaftig den Verstand geraubt! Ich aber bekenne rundheraus, dass ich diese Frau nie wieder

DIE TROJASAGE

hergeben werde. Die Schätze, die ich mitgebracht habe, sollen sie meinetwegen haben, und ich will von meinen Schätzen gerne noch dazutun, was sie als Buße verlangen könnten!«

Nach seinem Sohn ergriff der alte Priamos versöhnlich das Wort: »Lasst uns heute nichts Weiteres mehr beginnen, ihr Freunde! Gebt den Kämpfern ihr Abendbrot, stellt die Wachen auf und überlasst euch, behutsam wie immer, dem Schlaf. Morgen früh soll Idaios, unser Herold zu den Schiffen der Griechen gehen und ihnen das friedsame Wort meines Sohnes Paris übermitteln und zugleich in Erfahrung bringen, ob sie mit einem Waffenstillstand einverstanden wären, bis wir unsere Toten verbrannt haben. Wenn wir uns nicht einigen können, so soll die Schlacht danach weitergehen.«

Am anderen Morgen erschien Idaios als Herold bei den Griechen und meldete das Anerbieten des Paris und den Vorschlag des Königs. Als die Helden der Griechen beides vernommen hatten, blieben alle lange stumm. Schließlich äußerte sich Diomedes: »Lasst euch nicht einfallen, ihr Griechen, die Schätze anzunehmen, auch dann nicht, wenn ihr Helena dazubekämt. Denn an diesem Vorschlag merkt selbst noch der Dümmste, dass Troja wohl bald am Ende ist!«

Bei diesen Worten jubelten die Fürsten Beifall und Agamemnon sprach zu dem Herold: »Du hast selbst gehört, wie die Griechen über den Vorschlag des Paris entschieden haben. Die Verbrennung der Toten aber soll euch keineswegs verweigert werden. Zeus, der Donnerer selbst, soll Zeuge unserer Zusage sein!« Damit hob er das Zepter gegen den Himmel.

Idaios kehrte nach Troja zurück, wo sich der Rat aufs Neue versammelt hatte. Auf die willkommene Botschaft hin kam Leben in die Stadt. Die einen holten die Leichname, die anderen holten Holz aus dem Wald. Dasselbe geschah im Schiffslager der Griechen. Friedlich begegneten einander die Feinde im Strahl der Morgensonne und suchten einer an der Seite des anderen nach ihren Toten. Und es war schwer, unter den Toten die Gegner von den Freunden zu unterscheiden, wie sie blutüberströmt und ohne ihre Rüstung dalagen.

Unter heißen Tränen wuschen die Trojaner den Ihren, deren Zahl viel größer war, das Blut von den Gliedern. Doch Priamos hatte jede laute Klage verboten. Stumm legten sie die Toten auf die Wagen und türmten in großer Betrübnis die Scheiterhaufen auf. Dasselbe taten die Griechen, die ebenso voller Trauer waren, und als die Glut ausgelodert hatte, kehrten sie zu ihren Schiffen zurück.

Über dieser Arbeit war der Tag zu Ende gegangen und das Abendmahl begann. Gerade zur rechten Zeit kamen Lastschiffe aus Lemnos an, die Euneos, der Sohn des Iason und der Hypsipyle, abgesandt hatte und die den verwandten Griechen als Gastgeschenk viele tausend Krüge Wein brachten. Als die Krüge ausgeladen waren, wurde ein köstlicher Festschmaus zubereitet und die Griechen setzten sich zum Mahl.

Auch die Trojaner wollten sich beim Schmaus von der Schlacht erholen. Aber Zeus gönnte ihnen keine Ruhe. Die ganze Nacht hindurch erschreckte er sie mit Donnerschlägen, die nur neues Unglück zu verkünden schienen. Da ergriff sie Entsetzen und sie wagten nicht den Becher zum Mund zu führen, ohne dem zornigen Göttervater ein Trankopfer auszugießen.

Sieg der Trojaner

Für den Augenblick jedoch hatte Zeus anderes beschlossen. »Höret mein Wort«, sprach er am anderen Morgen zu den versammelten Göttinnen und Göttern. »Wenn es mir heute einer wagt, sich in die Schlacht einzumischen, um den Trojanern oder den Griechen beizustehen, dann packe ich ihn und schleudere ihn noch mal so tief unter das Erdreich in den Abgrund des Tartaros hinunter, wie die Erde unter dem Himmel liegt! Dann verschließe ich die eiserne Pforte, welche die Schwelle zur Unterwelt verwahrt, und der Missetäter kommt mir nicht mehr hier herauf! Und wenn ihr Zweifel daran habt, versucht es!«

Unter Zeus' zornigen Worten gaben die Götter demütig nach. Er selbst stieg auf seinen Donnerwagen und fuhr zum Berg Ida, wo er in einem Hain einen Altar hatte. Dort setzte er sich oben nieder und blickte mit genüsslichem Trotz auf Troja und das griechische Schiffslager hinab. An beiden Orten legten die Männer ihre Rüstungen an. Die Trojaner befanden sich zwar in der Minderzahl, doch auch sie warteten ungeduldig auf die Schlacht, denn es ging um ihre Frauen und Kinder. Bald öffneten sich die Tore und das Heer stürzte, zu Fuß oder auf Streitwagen, unter Getümmel heraus.

Den Morgen über blieb der Kampf unentschieden, auf beiden Seiten wurde viel Blut vergossen. Als aber die Sonne hoch am Mittagshimmel stand, legte Zeus zwei Todeslose in seine goldene Waage, nahm sie in der Mitte und wog in der Luft. Da sank das Verhängnis der Griechen, dass sich ihr Gewicht bis zur Erde niedersenkte und das der Trojaner zum Himmel emporstieg.

Mit einem Donnerschlag kündigte Zeus dem griechischen Heer an, dass sich sein Schicksal nun wandeln würde, und er sandte einen Blitz mitten unter die Männer. Bei diesem Anblick durchschauderte ein ahnungsvoller Schrecken die Reihen der Griechen, und selbst die größten Helden begannen zu wanken. Idomeneus, Agamemnon und selbst die beiden Ajax hielten nicht mehr stand. Bald war nur noch der alte Nestor

Die Trojasage

an der Spitze des Heeres im Kampf zu sehen, aber auch er nur gezwungenermaßen, denn Paris hatte sein Pferd tödlich getroffen. Das Pferd bäumte sich auf und drohte zu stürzen. Während sich Nestor verzweifelt bemühte, das zweite Pferd aus dem Geschirr zu lösen, kam Hektor mit seinem Wagen schon auf ihn zugestürmt, und um Nestors Leben wäre es geschehen gewesen, wenn nicht Diomedes herbeigeeilt wäre. Der zügelte Nestors Pferde, übergab sie Sthenelos und Eurymedon, nahm Nestor auf seinen Wagen, jagte geradewegs auf Hektor zu und warf seinen Speer auf ihn ab. Zwar verfehlte er sein Ziel, doch den Wagenlenker des Hektor traf er tödlich, sodass er vom Wagen stürzte. Und obwohl Hektor der Tod seines Freundes tief schmerzte, ließ er ihn doch liegen, rief einen anderen herbei, der seine Pferde lenken sollte, und jagte nun seinerseits auf Diomedes zu. Hektor wäre verloren gewesen, wenn er mit ihm gekämpft hätte, und Zeus wusste, dass sich mit Hektors Tod das Blatt gewendet hätte und die Griechen noch am selben Tag in Troja einmarschiert wären. Dies wollte er aber nicht, und so ließ er dicht vor Diomedes' Wagen einen Blitz in die Erde fahren. Nestor ließ vor Schreck die Zügel aus seinen Händen gleiten und rief: »Auf, Diomedes, wende dein Pferd und fliehe. Siehst du nicht, dass Zeus dir hier den Sieg verweigert?«

»Du hast Recht«, sprach Diomedes, »aber es empört mich, dass Hektor in der Versammlung der Trojaner sagen wird: ›Der Sohn des Tydeus ist vor mir zu seinen Schiffen geflohen‹!«

»Meinst du denn, die Troerinnen und Troer werden ihm glauben, wenn er dich feige nennt? Sie, deren Freunde und Ehemänner du in den Staub gestreckt hast?« Mit diesen Worten wendete er den Wagen zur Flucht. Hektor aber stürmte ihm mit seinen Trojanern hinterher und rief: »Sohn des Tydeus! Bisher haben dich die Griechen in der Versammlung und beim Festmahl geehrt. Künftig aber werden sie dich verachten! Du bist es nicht, der Troja erobern und unsere Frauen auf euren Schiffen fortschleppen wird!« Da war Diomedes dreimal nahe daran, die Pferde doch wieder zu wenden und dem höhnenden Hektor entgegenzufahren, doch dreimal donnerte Zeus fürchterlich vom Berg Ida her, und so setzte er die Flucht und Hektor die Verfolgung fort.

Vergebens bat Hera, die all dies mit Kummer sah, Poseidon, den besonderen Schutzgott der Griechen, seinem Volk beizustehen. Denn er wagte nicht sich über die Drohung seines mächtigen Bruders Zeus hinwegzusetzen. Jetzt waren die fliehenden Griechen vor den Schiffen angekommen, und gewiss wäre Hektor eingedrungen und hätte die Brandfackel ins Schiffslager der Griechen geworfen, wenn Hera Agamemnon nicht dazu bewegt hätte, die verstörten Griechen um sich zu sammeln. Er stieg auf das gewaltige Schiff des Odysseus, das in der Mitte stand und die anderen hoch überragte, stellte sich auf das Vorder-

Sieg der Trojaner

deck, warf sich seinen schimmernden Purpurmantel über die Schulter und rief auf das flüchtende Heer hinab: »Schämt euch, Verworfene! Wo ist euer Heldenruhm, ihr Prahler bei den Krügen! Hektor allein hat uns bezwungen, bald wird er unsere Schiffe in Brand stecken! Oh Zeus, mit welchem Fluch hast du mich beladen? Wenn ich dich jemals mit Gebeten und Opfern geehrt habe, so lass uns wenigstens entrinnen und nicht hier bei den Schiffen von der Übermacht der Trojaner erdrückt werden!« Bei seinen Worten weinte er, dass es selbst Zeus, den Göttervater, erbarmte und er ein gutes und hoffnungsvolles Zeichen vom Himmel sandte: einen Adler, der ein junges Reh in den Klauen hielt und vor dem Zeusaltar niederwarf.

Dieses Zeichen gab den Griechen neuen Mut und sie stürmten aufs Neue vorwärts und den auf sie eindringenden Feinden entgegen. Vor allen anderen sprengte Diomedes hervor, aber auch Agamemnon und Menelaos, die beiden Ajax, Idomeneus, Meriones und Eurypylos und Teukros als der Neunte. Hinter dem Schild seines Halbbruders Ajax verschanzt, schoss er einen Trojaner nach dem anderen mit seinen Pfeilen nieder und Agamemnon lobte ihn: »Wenn du so weiter triffst, edler Freund, und uns Zeus und Athene den Sieg über Troja gewähren, dann sollst du der Erste sein, dem ich ein Ehrengeschenk verleihe!« Der Pfeil aber, den Teukros auf Hektor abschoss, verfehlte sein Ziel und tötete Gorgythion, einen der Söhne des Priamos. Und noch einen zweiten Pfeil lenkte Apollon ab. Diesmal traf es Hektors Wagenlenker Archeptolemos. Auch ihn ließ Hektor mit Bitterkeit liegen und wieder rief er einen neuen Lenker auf den Wagen. Dann stürmte er auf Teukros los und verletzte ihn, als er eben den Bogen wieder spannte, mit einem kantigen Stein schwer am Schlüsselbein. Teukros sank in die Knie. Aber Ajax deckte ihn so lange, bis zwei Freunde ihn zu den Schiffen getragen hatten.

Nun aber stärkte Zeus wieder die Trojaner. Wütend und mit funkelnden Augen drang Hektor mit den Ersten voran und verfolgte die Griechen, wie ein Hund den gehetzten Eber im Bergwald verfolgt, indem er immer jeden Äußersten, der ihm in den Wurf kam, niederstreckte. Die Griechen wurden wieder zu den Schiffen zurückgedrängt und beteten ängstlich zu den Göttern. Das erbarmte Hera und sie sprach zu Athene: »Wollen wir das sterbende Volk der Griechen immer noch nicht retten? Siehst du nicht, wie unerträglich Hektor dort unten wütet? Welches Blutbad er schon angerichtet hat?«

»Ja, mein Vater ist grausam«, antwortete Athene, »er hat ganz vergessen, wie treu ich seinem Sohn Herakles bei all seinen Abenteuern zur Seite stand. Nun hat Thetis sich mit ihren süßen Worten bei ihm eingeschmeichelt und ich bin ihm verhasst geworden. Doch eines Tages wird er mich wieder sein blauäugiges Töchterlein nennen. Hilf mir den Wagen anzuspannen, Hera, ich will selbst zu ihm auf den Berg Ida hinabeilen!«

Aber Zeus wurde böse, als er dies erfuhr, und seine windschnelle Botin Iris musste den Wagen aufhalten, als er mit den beiden Göttinnen eben das äußerste Tor des Olymp passiert hatte. Auf seine zornige Botschaft hin kehrten beide um, und bald erschien Zeus selbst auf seinem Donnerwagen wieder, dass die Höhen des Götterberges unter seinem Kommen erbebten. Er blieb den Bitten seiner Frau und seiner Tochter gegenüber taub. »Morgen sollst du einen noch größeren Sieg der Trojaner erleben«, sprach er zu Hera. »Nicht eher soll der gewaltige Hektor vom Kampf ruhen, als bis die Griechen in schrecklicher Bedrängnis, um die Steuerruder ihrer Schiffe zusammengedrängt, kämpfen und der zürnende Achilles sich wieder aus seiner Lagerhütte erhebt. So ist es der Wille des Verhängnisses.« Hera war traurig und schwieg.

Bei den Schiffen hatte die Nacht den Kämpfen ein Ende gesetzt. Hektor hatte seine Krieger bei den Strudeln des Skamander zu einer Ratsversammlung zusammengerufen und sprach: »Wenn uns die Nacht nicht ereilt hätte, wären die Feinde jetzt besiegt. Aber wir wollen auch so nicht in die Stadt zurückkehren, sondern Rinder und Schafe holen und uns Wein und Brot aus der Stadt bringen lassen. Wachtfeuer sollen uns vor einem Überfall der Feinde schützen, während wir das Mahl und den Wein genießen. Wenn der Tag anbricht, setzen wir den Angriff auf die Schiffe fort; dann will ich sehen, ob Diomedes mich an die Mauer drängt, oder ob ich es bin, der ihm die Rüstung vom Leibe zieht!« Die Trojaner zollten ihm für diese Worte rauschenden Beifall und für die Nacht wurde alles gerichtet, wie Hektor geraten hatte.

Botschaft der Griechen an Achilles

Im griechischen Lager hatte sich der Schrecken von der Flucht noch nicht gelegt, als Agamemnon die Fürsten Mann für Mann zu einer Ratsversammlung rufen ließ. Tief bekümmert saßen sie bald zusammen und unter Seufzern sprach der Völkerfürst: »Freunde! Zeus hat mich in große Schuld verstrickt! Er, dessen gnädiger Wink mir verhießen hatte, dass ich nach der Vernichtung Trojas als Sieger heimkehren sollte, hat mich betrogen und befiehlt mir jetzt, nachdem so viele Männer auf dem Schlachtfeld geblieben sind, ruhmlos nach Griechenland zurückzufahren. Vergebens widersetzen wir uns dem Willen dessen, der schon so vielen Städten das Haupt zerschmettert hat und noch zerschmettern wird. Aber Troja sollen wir nicht erobern. So gehorcht mir denn! Wir wollen schnell mit unseren Schiffen nach Hause fliehen!«

Botschaft der Griechen an Achilles

Lange blieben die bekümmerten Helden Griechenlands stumm, nachdem sie die traurige Rede gehört hatten, bis sich schließlich Diomedes erhob. »Zwar hast du erst vor kurzer Zeit meinen Ruhm und meine Tapferkeit vor den Griechen geschmäht, oh König! Jetzt aber scheint es mir, dass Zeus dir zwar das Zepter der Macht, nicht aber die Tapferkeit verliehen hat. Glaubst du denn im Ernst, dass die Männer Griechenlands so feige sind? Nun, wenn es dich so sehr nach Hause zieht, dann geh! Der Weg ist frei und dein Schiff steht bereit! Wir anderen aber, wir wollen bleiben, bis wir die Stadt des Priamos zerstört haben. Und wenn alle davongingen, dann wollten doch wir, mein Freund Sthenelos und ich, allein hier bleiben und weiterkämpfen, denn wir glauben daran, dass es eine Gottheit war, die uns hierher geführt hat!« Die Helden jubelten bei diesen Worten und Nestor sprach: »Du könntest mein jüngster Sohn sein, oh Jüngling, und doch hast du sehr klug gesprochen. Also auf, Agamemnon, gib den Führern ein Mahl, du hast ja Wein genug in den Lagerhütten. Die Wachtposten sollen sich draußen vor der Mauer lagern, du aber bleibe hier und höre beim Mahl, was die Besten des Volkes dir zu sagen haben!«

So geschah es. Die Fürsten schmausten gehobenen Mutes bei Agamemnon, und nach dem Mahl ließ sich Nestor noch einmal vernehmen: »Agamemnon, du weißt, was seit dem Tag geschehen ist, an dem du dem zürnenden Achilles die schöne Tochter des Brises aus der Lagerhütte geraubt hast. Das hast du ohne unsere Einwilligung getan und ich riet dir ernsthaft davon ab. Jetzt ist es Zeit darüber nachzudenken, wie wir den gekränkten Achilles wieder versöhnen können.«

»Du hast Recht, Nestor«, antwortete Agamemnon, »ich habe falsch gehandelt und ich streite es nicht ab. Ich will es gerne wieder gutmachen und Achilles großzügig Entschädigung leisten: zehn Talente Gold, sieben Dreifüße, zwanzig Becken, zwölf Pferde, sieben blühende Frauen aus Lesbos, die ich selbst erobert habe, und schließlich die liebliche Jungfrau Briseïs selbst, die ich, wie ich mit heiligem Eid beschwören kann, immer in Ehren gehalten habe. Und wenn wir Troja erobert haben und die Beute aufteilen, dann will ich ihm sein Schiff mit Erz und Gold füllen, und er kann sich zwanzig Trojanerinnen als Beute aussuchen. Kommen wir dann heim, so soll er sich eine meiner Töchter zur Frau erwählen, er wird mir ein willkommener Schwiegersohn sein, meinen einzigen Sohn Orestes will ich nicht höher halten. Sieben Städte werde ich ihm als Mitgift geben. Das alles will ich tun, wenn er nicht mehr zornig ist.«

»Wahrhaftig«, antwortete ihm Nestor, »du bietest dem Fürsten Achilles keine verächtlichen Gaben. Schicken wir denn auf der Stelle auserlesene Männer zu ihm: Phönix als Führer, dann den großen Ajax und den edlen Odysseus, und mit ihnen die beiden Herolde Hodios und Eurybates.«

Nach einem feierlichen Trankopfer verließen wirklich die von Nestor

Die Trojasage

ausgewählten Helden die Versammlung, um sich sogleich zu den Myrmidonen zu begeben. Sie trafen den Achilles an, wie er auf der schönen, geschwungenen Leier mit silbernem Steg spielte, die er in der Stadt Eëtions erbeutet hatte, und die Siegestaten der Helden besang. Sein Freund Patroklos saß ihm gegenüber und hörte ihm zu. Als Achilles die Abgesandten mit Odysseus an der Spitze kommen sah, erhob er sich bestürzt mit seiner Leier, und auch Patroklos stand auf. Beide gingen sie den Helden entgegen, Achilles nahm Phönix und Odysseus bei den Händen und rief: »Freude sei mit euch, ihr Treuen! Zwar führt euch gewiss irgendeine Not zu mir, doch euch liebe ich so sehr, dass ihr mir auch in meinem Zorn willkommen seid!« Schnell brachte nun Patroklos einen großen Krug mit Wein, Achilles selbst steckte den Rücken einer Ziege und eines Schafes und eine Schweineschulter an den Spieß und briet alles mithilfe seines Gefährten Automedon. Nachdem sie sich zum Mahl niedergelassen hatten, gab Ajax dem Phönix ein Zeichen, dass er sprechen sollte, doch Odysseus kam ihm zuvor. Er füllte seinen Becher mit Wein, trank dem Achilles zu und dann begann er: »Heil dir, Achilles, dein Mahl ist wahrhaft üppig; doch nicht das Mahl ist es, wonach es uns verlangt, sondern unser großes Unglück führt uns zu dir. Denn jetzt geht es um Tod oder Leben, je nachdem, ob du mit uns gehst oder nicht. Die Trojaner bedrohen den Steinwall und unsere Schiffe. Hektor ist voller Mordlust; im Vertrauen auf Zeus wütete er unter uns Griechen. Erhebe dich denn, um die Griechen zu befreien, bezähme deinen Stolz. Glaube mir, eine freundliche Gesinnung ist besser als Streit. Dein Vater Peleus selbst hat dir doch solche Ermahnungen mit auf den Feldzug gegeben!« Dann zählte ihm Odysseus all die herrlichen Gaben auf, die Agamemnon ihm zur Sühne anbieten ließ.

Aber Achilles erwiderte: »Edler Sohn des Laërtes, ich muss deine schöne Rede mit Nein beantworten. Agamemnon ist mir verhasst wie die Pforte des Hades, und weder er noch die Griechen werden mich überreden können, jemals wieder in ihren Reihen zu kämpfen, denn wann habe ich je einen Dank für meine Heldentaten davongetragen? Wie eine Mutter, die ihren nackten Jungen jeden Bissen überlässt, den sie gefunden hat, auch wenn sie selbst hungern muss, so habe ich unruhige Nächte und blutige Tage genug zugebracht, um für jene Undankbaren eine Frau zu erbeuten, und was ich erbeutet habe, das gab ich Agamemnon. Er aber nahm die Schätze, behielt das meiste und verteilte nur weniges davon. Und mir selbst hat er die lieblichste Braut entrissen. Darum will ich morgen dem Zeus und den anderen Göttern opfern, noch im Morgenrot werden meine Schiffe ablegen und in drei Tagen hoffe ich in Phthia zu Hause zu sein. Einmal hat er mich bereits betrogen, ein zweites Mal soll er mich nicht mehr täuschen. Geht und übermittelt dem Fürsten diese Botschaft.

Phönix aber soll bleiben, wenn er möchte, und mit mir nach Hause segeln!«

Vergeblich versuchte Phönix, der Achilles' alter Freund und Führer war, den jungen Helden umzustimmen. Da stand Ajax auf und sprach: »Odysseus, lass uns gehen. In der Brust des Grausamen wohnt keine Milde. Ihn rührt die Freundschaft der Gefährten nicht, er trägt ein unversöhnliches Herz in seiner Brust!« Auch Odysseus erhob sich nun von seinem Mahl, und nachdem sie den Göttern das Trankopfer dargebracht hatten, verließen sie mit den Herolden die Lagerhütte des Achilles, bei dem nur Phönix zurückblieb.

Dolon und Rhesos

Als Odysseus die unwillkommene Botschaft des Achilles überbrachte, verstummten Agamemnon und die Fürsten und in der Nacht fanden sie keinen Schlaf. Schon vor Tagesanbruch erhoben sich Agamemnon und Menelaos, um die Zeit nicht untätig verstreichen zu lassen: Menelaos ging in die einzelnen Lagerhütten, um die Fürsten Mann für Mann zu überzeugen, Agamemnon suchte Nestor auf. Er fand ihn noch im Bett liegend. Rüstung, Schild, Helm, Gurt und zwei Lanzen lagen neben seinem Lager. Der alte Mann erwachte, stützte sich noch im Halbschlaf auf seinen Ellbogen und rief Agamemnon zu: »Wer bist du, der du in finstrer Nacht, wenn andere Sterbliche schlafen, so einsam durch die Schiffe wandelst, als suchtest du einen Freund oder ein verlaufenes Maultier? So rede doch, du Schweigender, was suchst du?«

»Erkenne mich, Nestor«, sprach leise der Fürst, »ich bin Agamemnon, den Zeus in so tiefes Elend gestürzt hat. Kein Schlaf kommt in meine Augen, mein Herz klopft, meine Glieder zittern vor Angst um die Griechen. Lass uns zu den Wächtern hinabgehen und nachsehen, dass sie nicht schlafen. Denn keiner von uns weiß, ob die Feinde uns nicht noch in der Nacht angreifen werden!«

Da zog Nestor eilig seinen wollenen Leibrock an, warf den Purpurmantel um, nahm seine Lanze und wandelte an Agamemnons Seite durch die Schiffsgassen. Als Ersten weckten sie Odysseus, der auf ihren Ruf hin sogleich den Schild um die Schultern warf und ihnen folgte. Dann kamen sie zum Lager des Diomedes. Nestor berührte ihn mit der Ferse am Fuß und weckte ihn. Da antwortete Diomedes, noch halb im Schlaf: »Rastloser Greis, kannst du denn niemals von der Arbeit ruhen? Gäbe es nicht Jüngere genug, um in der Nacht durch das Heer zu streifen und die Helden aufzuwecken? Aber nein, du bist unbändig, Alter!«

»Das hast du gut gesagt«, erwiderte Nestor, »ich selbst habe ja Söhne

DIE TROJASAGE

genug, die dieses Amt verrichten könnten. Aber die Bedrängnis der Griechen ist viel zu groß, um nicht zu tun, was mir mein Herz gebietet. Unser Leben steht auf der Kippe. Also steh auf und hilf uns die beiden Ajax und den Meges zu wecken.« Diomedes warf sogleich sein Löwenfell um die Schultern und holte die verlangten Helden. Dann musterten sie zusammen die Schar der Wächter, doch kein Einziger von ihnen schlief, alle saßen sie munter und wach in ihren Rüstungen da.

Als die Fürsten geweckt waren, fanden sich bald alle zur Ratsversammlung zusammen. Nestor sprach als Erster: »Wie wäre es, ihr Freunde«, sagte er, »wenn nun einer die Kühnheit hätte zu den Trojanern zu gehen und ihre weiteren Pläne auszukundschaften und in Erfahrung zu bingen, ob sie nun hier auf dem Schlachtfeld bleiben wollen oder sich mit ihrem Sieg in die Stadt zurückziehen? Edle Gaben sollen jenen Mann belohnen, der den Mut dazu hat!« Diomedes stand auf und erbot sich, das Wagnis auf sich zu nehmen, falls einer ihn begleiten würde. Da fanden sich viele dazu bereit: die beiden Ajax, Meriones, Antilochos, Menelaos und Odysseus. Diomedes sprach: »Wenn ich meinen Gefährten selbst auswählen dürfte, wie könnte ich dann Odysseus vergessen, der jeder Gefahr beherzt begegnet und den Pallas Athene liebt. Wenn er mich begleitet, so glaube ich, würden wir selbst aus einem Flammenofen heil zurückkehren, denn er weiß Rat wie keiner!«

»Lobe mich nur nicht zu sehr«, antwortete Odysseus, »du sprichst vor erfahrenen Männern! Aber gehen wir, denn die Sterne sind schon weit vorgerückt. Uns bleibt nur noch ein Drittel der Nacht!«

Darauf hüllten sich beide in Furcht erregende Rüstungen und machten sich unkenntlich. Diomedes ließ Schwert und Schild bei den Schiffen und nahm das zweischneidige Schwert des Thrasymedes sowie dessen Sturmhaube und Stierhaut. Dem Odysseus gab Meriones Bogen, Köcher und Schwert und einen Helm aus Leder und Filz mit Schweinshauern. So verließen sie das griechische Lager, und während sie durch die Nacht dahinschlichen, hörten sie von rechts den Schrei eines Reihers, der vorüberflog. Dieses glückliche Zeichen, das Pallas Athene ihnen gesandt hatte, stimmte sie zuversichtlich und sie beteten zu ihr, dass sie ihr Unternehmen unterstützen möge. Mit dem Mut zweier wilder Löwen schritten sie nun im Dunkeln an Waffen, Blut und Leichen vorbei.

Während der Kundschaftszug im griechischen Lager beschlossen worden war, hatte Hektor in der Versammlung der Trojaner denselben Vorschlag gemacht und demjenigen Mann, der es wagen würde, den Zustand des griechischen Lagers auszukundschaften, reiche Belohnung versprochen. Nun befand sich unter den Trojanern Dolon, der Sohn des edlen Herolds Eumedes. Er war zwar unansehnlich an Gestalt, aber ein schneller Läufer und reich begütert an Geld und Erz. Ihn reizte die Aussicht, als

Dolon und Rhesos

Belohnung den Wagen und die Pferde des Achilles zu erhalten, und so erklärte er sich bereit, durch das feindliche Kriegsheer bis zu Agamemnons Lagerhütte zu schleichen und dort den Fürstenrat der Griechen zu belauschen. Geschwind hängte er sich den Bogen um die Schulter, hüllte sich in ein graues zottiges Wolfsfell, setzte einen Otterhelm auf, nahm seinen Wurfspieß und ging voller Gier im Herzen seinen Weg. Der aber führte ihn ganz nahe an den beiden Griechen vorüber, die mit demselben Plan durch die Nacht schlichen. Odysseus hörte ihn kommen und flüsterte seinem Gesellen zu: »Diomedes, dort kommt ein Mann aus dem trojanischen Lager. Entweder ist er ein Kundschafter oder er will die Leichname auf dem Schlachtfeld berauben. Lassen wir ihn erst vorbei, aber dann wollen wir ihm nach und ihn fangen.« Sie legten sich zwischen die Toten und Dolon lief arglos an ihnen vorüber. Als er einen Bogenschuss weit entfernt war, hörte er ein Geräusch hinter sich und blieb stehen, denn er vermutete, dass Hektor ihn durch Boten zurückrufen lasse. Bald aber waren die Helden nur noch einen Speerwurf entfernt und er erkannte, dass es Feinde waren. Da begann er zu rennen wie ein Hund, der einen Hasen hetzt. »Bleib stehen oder ich werfe meine Lanze nach dir!«, donnerte Diomedes und zur Warnung warf er einen Speer nach ihm ab, der neben ihm in den Boden fuhr. Dolon stand starr und bleich vor Schreck, mit zitternden Knien und klappernden Zähnen. »Tötet mich nicht!«, rief er unter Tränen, als die beiden Helden herbeigeeilt waren und ihn gepackt hatten. »Ich bin reich und will euch als Lösegeld Eisenerz und Gold geben, so viel ihr nur wollt!«

»Keine Sorge, wir töten dich nicht«, beruhigte Odysseus ihn, »aber sag uns ehrlich, was du hier zu suchen hast.«

Als Dolon zitternd und bebend alles gestanden hatte, entgegnete Odysseus lächelnd: »Du hast wahrlich keinen schlechten Geschmack, wenn du auf das Gespann des Achilles aus bist! Jetzt aber sage mir auf der Stelle: Wo hast du Hektor verlassen, wo stehen seine Pferde, wo sein Kriegsgerät? Wo sind die anderen Trojaner und wo eure Verbündeten?«

Dolon antwortete: »Hektor berät sich mit den Fürsten am Grabmal des Ilos. Das Kriegsheer lagert ohne besondere Wachen am Feuer und die Verbündeten schlafen abseits des Heeres und sind unbewacht. Wenn ihr in das trojanische Lager kommt, dann stoßt ihr zuerst auf die Thrakier, die eben angekommen sind und um ihren Fürsten Rhesos, den Sohn des Eioneus, ruhen. Seine weißen Pferde sind die schönsten, größten und schnellsten, die ich je gesehen habe. Sein Wagen ist mit Silber und Gold prächtig geschmückt. Er selbst trägt eine wundervolle goldene Rüstung wie ein Gott, nicht wie ein Mensch. Nun wisst ihr alles. Bringt mich jetzt zu euren Schiffen oder fesselt mich und lasst mich hier und überzeugt euch, dass ich die Wahrheit gesagt habe.«

DIE TROJASAGE

Aber Diomedes schaute den Gefangenen finster an und sprach: »Ich merke wohl, Betrüger, du willst fliehen! Aber meine Hand wird dafür sorgen, dass du den Griechen nicht mehr schaden kannst!«

Zitternd hob Dolon die rechte Hand, um flehend das Kinn das Helden zu berühren, doch da fuhr das Schwert des Diomedes schon durch seinen Nacken, dass sein Kopf in den Staub rollte. Die Helden nahmen ihm seinen Otterhelm und das Wolfsfell sowie seine Waffen ab und legten alles als Wegmarkierung für den Rückweg auf einige Rohrbüschel. Dann gingen sie weiter und stießen tatsächlich auf die arglos schlafenden Thrakier. Bei jedem stand ein Doppelgespann von stampfenden Pferden, die Rüstungen lagen sorgfältig geordnet und in Dreierreihen blinkend auf dem Boden. In der Mitte schlief Rhesos, seine Pferde standen mit Riemen angebunden am hintersten Wagenring.

»Jetzt sind wir an Ort und Stelle«, flüsterte Odysseus dem Diomedes ins Ohr, »nun müssen wir handeln. Binde du die Pferde los, oder besser: Töte du die Männer und überlass die Pferde mir.«

Diomedes antwortete ihm gar nicht erst; wie ein Löwe unter Schafen wütet, so schlug er um sich, dass sich unter seinem Schwert ein Röcheln erhob und sich die Erde blutrot färbte. Bald hatte er zwölf Thrakier hingemordet. Der schlaue Odysseus aber zog jeden Getöteten am Fuß zurück, um eine Bahn für die Pferde freizumachen. Nun erschlug Diomedes auch den dreizehnten, und dies war König Rhesos selbst, der eben unter einem schweren Traum, den die Götter ihm gesandt hatten, aufgestöhnt hatte. Inzwischen hatte Odysseus die Pferde von den Wagen los- und zusammengebunden und nun trieb er sie aus dem Haufen. Während Diomedes noch überlegte, ob er König Rhesos' prächtigen Wagen an der Deichsel wegziehen oder auf seinen Schultern hinaustragen sollte, näherte sich ihm die Göttin Pallas Athene und mahnte ihn zur Flucht. Geschwind stieg Diomedes auf ein Pferd, Odysseus trieb die anderen mit seinem Bogen an, und so eilten sie ins Schiffslager zurück.

Apollon, der Schutzgott der Trojaner, hatte bemerkt, dass Athene den Diomedes gewarnt hatte, und dies verdross ihn. Daher weckte er den tapferen Freund des Rhesos, den Thrakier Hippokoon, aus dem Schlaf. Als der die Stelle leer fand, wo die Pferde des Fürsten gestanden hatten, und die sterbenden Männer am Boden sah, rief er laut klagend den Namen seines Freundes. Da stürzten die Trojaner in Aufruhr heran und sie erstarrten vor Entsetzen, als sie das Schreckliche sahen.

Unterdessen hatten Diomedes und Odysseus wieder die Stelle erreicht, wo sie den Dolon getötet hatten. Dort nahmen sie schnell dessen Rüstung an sich und bald waren sie im Schiffslager angekommen. Nestor hörte als Erster das Stampfen der Hufe und machte die anderen darauf aufmerksam, und ehe er sich noch vergewissern konnte, ob er sich nicht vielleicht getäuscht hatte, waren die Helden schon da, sprangen von den Pferden, reichten den Freunden ringsum die Hände zum Gruß und berichteten unter dem Jubel des Heeres den glücklichen Ausgang ihres Unternehmens. Dann trieb Odysseus die Pferde durch den Graben, und die anderen Griechen folgten ihm jauchzend zur Lagerhütte des Diomedes. Dort wurden die Pferde zu den anderen Pferden des Fürsten an die reichlich mit Weizen gefüllte Krippe gebunden. Die blutige Rüstung des Dolon aber legte Odysseus im hinteren Teil des Schiffes nieder, bis sie bei einem Dankfest für Athene zur Schau gestellt werden konnte. Dann reinigten Odysseus und Diomedes ihre Hände im Meer von Schweiß und Blut, setzten sich zum warmen Bad in Wannen, salbten sich mit Öl und ließen sich das Morgenmahl mit vollen Krügen schmecken. Pallas Athene wurde dabei mit einem Trankopfer bedacht.

Zweite Niederlage der Griechen

Es war Morgen. Agamemnon befahl den Kämpfern sich zu rüsten und legte selbst seinen herrlichen Harnisch an, an dem zehn bläuliche Streifen mit zwölf aus funkelndem Gold und zwanzig aus Zinn abwechselten. Den Halspanzer bildeten drei Drachen, die wie Regenbogen leuchteten, der Brustpanzer war ein Geschenk von Kynyras, dem Fürsten von Kypros. Dann warf er sein Schwert über die Schulter, dessen Griff goldene Verzierungen trug und das an einem glänzenden Goldgehänge in einer silbernen Scheide steckte. Er ergriff seinen kunstvoll gefertigten Schild, um dessen Verzierungen aus Zinn zehn Erzkreise liefen; auf einem dunkelblauen Feld in der Mitte war das Haupt der Medusa abgebildet, das Schildgehenk hatte die Gestalt eines bläulichen Drachens mit drei gekrümmten Häuptern. Schließlich setzte er sich seinen Helm mit dem fürchterlich nickenden Helmbusch auf und ergriff zwei Lanzen mit glänzenden eisernen Spitzen. So schritt er in die Schlacht. Hera und Athene begrüßten vom Himmel herab den prächtig gerüsteten König der Völker mit einem freudigen Donner. Das Fußvolk voran, gefolgt von den Wagenkämpfern, drängte das gesamte Heer unter lautem Getümmel vorwärts.

Auf der anderen Seite hielten die Trojaner einen Hügel mit ihren Truppen besetzt. Ihre Anführer waren Hektor, Polydamas und Äneas, dazu Polybios, Agenor und Akamas, die drei tapferen Söhne des Antenor. Hektor wandelte durch das Heer wie ein Stern in der Wolkennacht und ordnete die Reihen der Kämpfer. In seiner eisernen Rüstung leuchtete er wie ein Blitz.

Bald stürmten nun Trojaner und Griechen mordend aufeinander ein

DIE TROJASAGE

und mähten einander nieder. Die Kämpfer drängten sich Haupt an Haupt, in beiden Heeren tobten sie wie Wölfe. Schließlich durchbrachen die Griechen die Schlachtreihen der Feinde, und Agamemnon, der voranstürmte, streckte den Fürsten Bianor und seinen Wagenlenker nieder. Dann stürzte er sich auf zwei Söhne des Priamos, tötete sie und zog ihnen schnell die Rüstung ab. Jetzt begegnete er zwei Söhnen des Trojanerfürsten Antimachos, der einst, als ihn Paris mit Gold bestochen hatte, Helenas Auslieferung verbot. Vergebens flehten sie Agamemnon an, dass er sie verschonen sollte. Doch der dachte nur an das, was Antimachos getan hatte, und tötete auch sie. Wie ein Feuersturm verbreiteten sich die Griechen unter dem trojanischen Heer.

In all dem Getümmel entzog Zeus selbst den Hektor den Geschossen, indem er ihn sehnsüchtig der Stadt zufliehen ließ. Agamemnon aber verfolgte ihn unter lauten Schreien. Und an der Buche des Zeus, nahe des skaeischen Tores, stand Hektor mit all jenen, die mit ihm geflohen waren. Da sandte Zeus die Götterbotin Iris zu ihm und befahl ihm, sich so lange des Kampfes zu enthalten und das Fußvolk kämpfen zu lassen, bis Agamemnon verwundet sein würde. Dann wollte der Göttervater ihn selbst wieder zum Sieg führen. Hektor gehorchte und feuerte die Seinen an. Das Gefecht begann von neuem; Agamemnon stürmte vor und begann aufs Neue unter den Truppen der Trojaner und ihrer Verbündeten zu wüten. Er erschlug Agenors Sohn Iphidamas, ein großer, gewaltiger Held, und prahlte mit dessen prachtvoller Rüstung. Als ihn so der ältere Sohn des Antenor, Koon, einer der besten trojanischen Kämpfer, einherschreiten sah, überkam ihn unaussprechliche Trauer über den Tod seines Bruders. Dennoch lähmte der Schmerz ihn nicht. Unbemerkt stach er Agamemnon von der Seite mit dem Speer dicht unter dem Ellbogen in den Arm. Agamemnon spürte, wie ihn ein plötzlicher Schauer durchfuhr, aber er kämpfte trotzdem weiter. Und während Koon versuchte seinen Bruder aus dem Kampfgewühl zu ziehen, traf ihn der Speer des Agamemnon unter dem Schild, sodass er tödlich getroffen auf den Leichnam seines Bruders niedersank.

Solange die Wunde noch blutete, kämpfte Agamemnon weiter und tötete mit Steinen, Lanze und Schwert. Als aber das Blut in der Wunde gerann, da mahnte ihn ein scharfer, zuckender Schmerz, sich aus der Schlacht zurückzuziehen. Schnell sprang er auf seinen Streitwagen und befahl dem Lenker zu den Schiffen zurückzukehren.

Als Hektor sah, wie der Sohn des Atreus sich entfernte, befolgte er den Befehl des Zeus, eilte unter die vordersten Truppen der Trojaner und Lykier und rief mit lauter Stimme: »Jetzt, ihr Freunde, seid Männer und wehrt euch! Der tapferste Mann Griechenlands ist fort und Zeus wird mir zum Sieg verhelfen! Auf, mit den Pferden mitten unter die Griechen hi-

Zweite Niederlage der Griechen

nein, damit wir um so größeren Ruhm erlangen!« Mit diesen Worten stürzte sich Hektor wie ein Sturmwind als Erster in die Schlacht. Und nach kurzer Zeit waren neun Fürsten der Griechen sowie zahlreiche einfache Kämpfer unter seinen Händen erlegen. Schon war er nahe daran, die fliehenden Griechen zu den Schiffen zurückzudrängen. Da ermahnte Odysseus den Diomedes: »Ist es möglich, dass wir die Abwehr so ganz vergessen? Tritt doch näher, Freund, und stelle dich neben mich, lass uns die Schande nicht erleben, dass Hektor unsere Schiffe erobert!« Diomedes nickte ihm zu und warf zugleich einen Speer gegen den Trojaner Thymbraios ab; unter Odysseus sank dessen Wagengenosse Molion zu Boden, und zusammen töteten sie im Ansturm noch weitere trojanische Kämpfer. Die Griechen begannen wieder aufzuatmen. Zeus, der noch immer vom Berg Ida herabblickte, ließ die Schlacht unentschieden in der Schwebe. Da erkannte Hektor durch die Reihen hindurch die beiden rasenden Helden und stürmte mit seinen Truppen auf sie ein. Gerade noch rechtzeitig bemerkte Diomedes ihn und schleuderte ihm eine Lanze an den Helm. Zwar prallte sie ab, doch Hektor taumelte rückwärts und ging in die Knie, als es schwarz vor seinen Augen wurde. Nun war er es, der sich gerade noch rechtzeitig retten konnte, indem er sich in das Gewühl zurückzog. Unwillig wandte sich Diomedes einem anderen Trojaner zu, um ihn niederzustrecken und der Rüstung zu berauben.

Diesen Augenblick nutzte Paris. Er verbarg sich hinter der Säule des Ilos und schoss dem knienden Helden von hinten einen Pfeil in die Ferse. Dann sprang er lachend aus dem Hinterhalt und verspottete jauchzend den Getroffenen. Diomedes schaute sich um, und als er den Schützen erkannte, rief er ihm zu: »Bist du es, Weiberheld? Mit offener Gewalt kannst du nichts gegen mich ausrichten und jetzt prahlst du, dass du mir den Fuß von hinten geritzt hast? Das macht mir überhaupt nichts aus!« Inzwischen war Odysseus eingetroffen, um Diomedes zu decken, damit er den Pfeil aus der schmerzenden Wunde ziehen konnte. Dann schwang sich Diomedes zu seinem Freund Sthenelos auf den Wagen und ließ sich zu den Schiffen bringen.

Nun blieb Odysseus allein im tiefsten Gedränge der Feinde zurück, und kein Grieche wagte sich in die Nähe. Er fragte sich, ob er fliehen oder bleiben solle, doch er sah ein, dass es die Ehre verlangte zu bleiben. Während er all dies erwog, umzingelten ihn die Trojaner, wie Jäger und Jagdhunde einen stürzenden Eber umringen. Er aber stellte sich entschlossen ihrem Ansturm, und schon nach wenigen Augenblicken hatte er fünf Trojaner niedergestreckt. Da kam Sokos heran, dessen Bruder Odysseus eben erstochen hatte, und rief: »Odysseus, heute trägst du entweder den Ruhm davon, dass du beide Söhne des Hippasos zu Boden gestreckt und ihre Waffen erbeutet hast, oder aber du hauchst unter meiner Lanze das Leben aus!«

DIE TROJASAGE

Dann durchschlug er Odysseus' Schild und verletzte ihn leicht, denn Athene ließ den Stoß nicht tiefer dringen. Odysseus wich nur ein wenig zurück, dann stürzte er auf seinen Gegner los, der sich umwandte, um zu fliehen, und tötete ihn mit einem Lanzenhieb. Als nun aber die Trojaner sahen, dass auch Odysseus blutete, drängten erst recht alle auf ihn ein, sodass er zurückwich und dreimal einen lauten Hilferuf ausstieß.

Menelaos hatte ihn als Erster gehört und rief seinem Nebenmann Ajax zu: »Kämpfen wir uns durch das Getümmel, ich habe einen Schrei des Odysseus gehört!« Kurze Zeit später hatten sie ihn erreicht und sahen ihn gegen unzählige Feinde seine Lanze schwingen. Als aber der Schild des Ajax plötzlich wie eine Mauer vor Odysseus stand, erzitterten die Trojaner. Diesen Augenblick nutzte Menelaos. Er packte den Odysseus bei der Hand und half ihm auf seinen eigenen Streitwagen. Ajax aber sprang jetzt mitten unter die Trojaner und wälzte Leichen vor sich her wie ein Bergstrom im Herbst dorrende Kiefern und Eichen. Hektor bemerkte nichts davon; er kämpfte auf der linken Flanke am Ufer des Skamander und hinterließ in den Reihen der Jünglinge, die den Helden Idomeneus umgaben, eine Spur der Verwüstung. Dennoch wären die jungen Helden nicht von seiner Seite gewichen, hätte nicht ein Pfeil des Paris Machaon, den großen Arzt des griechischen Heeres, an der rechten Schulter verwundet. Da rief Idomeneus erschrocken: »Nestor! Hilf dem Freund auf den Wagen! Ein Mann, der Pfeilwunden behandelt und heilenden Balsam auf die Wunden legt, ist hundert andere Helden wert!« Schnell schwang sich Nestor auf seinen Wagen, der verwundete Machaon mit ihm, und beide flogen den Schiffen zu.

Aber der Wagenlenker Hektors machte jetzt auf die Verwirrung aufmerksam, in der sich der andere Flügel der Trojaner befand, dort wo Ajax im Gewühl der Feinde tobte. Im Nu waren sie mit ihrem Wagen dort und Hektor begann unter den Griechen zu rasen. Nur um Ajax machte er einen Bogen, denn Zeus hatte ihn davor gewarnt, sich mit dem stärksten Mann zu messen. Zugleich aber senkte Zeus Furcht in Ajax' Seele, sodass er, als er Hektor erblickte, seinen Schild auf die Schulter warf und in Sorge um die Schiffe floh. Als die Griechen dies bemerkten, schleuderten sie ihre Lanzen auf seinen Schild, der ihm vom Rücken hing. Doch Ajax musste sich nur umdrehen, um sie anzusehen, und schon wichen sie wieder vor ihm zurück. Am Weg zu den Schiffen bezog er Posten, hielt zum Schutz den Schild vor seinen Leib und wehrte die vordringenden Trojaner ab, deren Speere teils in die Erde fuhren, teils in seinem siebenhäutigen Schild stecken blieben. Als Eurypylos ihn so von Geschossen bedrängt sah, eilte er Ajax zu Hilfe, wurde aber selbst von einem Pfeil des Paris ins Bein getroffen und musste sich wieder zurückziehen.

In der Zwischenzeit war Nestor mit dem verwundeten Machaon an

Zweite Niederlage der Griechen

dem grollenden Achilles vorbeigekommen, der auf dem Hinterdeck seines Schiffes saß und ruhig zusah, wie seine Landsleute von den Trojanern verfolgt wurden. Da rief er den Patroklos, ohne zu ahnen, dass er damit das Unglück seines Freundes vorbereitete, und sprach: »Geh doch, und bringe für mich von Nestor in Erfahrung, wen er da verwundet aus der Schlacht geholt hat. Denn ich weiß nicht, welches Mitleid für die Griechen sich in meiner Seele regt!« Patroklos gehorchte und lief zu den Schiffen. Er kam an Nestors Lagerhütte an, als der gerade vom Wagen stieg, seinem Diener Eurymedon die Pferde übergab und in die Hütte trat, um dort mit Machaon eine stärkende Mahlzeit einzunehmen, die seine erbeutete Sklavin Hekamede für sie zubereitet hatte. Als der alte Mann den Patroklos an der Pforte bemerkte, sprang er auf, nahm ihn bei der Hand und lud ihn freundlich ein sich zu ihnen zu setzen. Patroklos aber lehnte ab. »Achilles hat mich nur geschickt, um nachzusehen, wen du verwundet zurückgebracht hast. Nun habe ich ihn selbst gesehen und eile, um Achilles dies zu melden. Du kennst ja das heftige Gemüt meines Freundes, der manchmal selbst Unschuldige leicht beschuldigt.«

Aber Nestor antwortete ihm tief bewegt: »Was kümmert sich doch Achilles so sehr um die Griechen, die bereits tödlich verwundet sind? Alle Tapferen liegen bei den Schiffen: Diomedes wurde von einem Pfeil verwundet, Odysseus und Agamemnon von einer Lanze; und diesen unschätzbaren Mann bringe ich ebenfalls von einem Pfeil verwundet. Aber Achilles kennt kein Erbarmen! Will er vielleicht warten, bis unsere Schiffe in Flammen aufgehen und wir Griechen einer nach dem anderen der Reihe nach verbluten? Wäre ich doch noch so kräftig wie in meiner Jugend und in meinen besten Mannesjahren, wo ich als Sieger im Haus des Peleus eingekehrt bin! Da sah ich auch deinen Vater Menoitios und dich und den kleinen Achilles. Ihn ermahnte der bereits ergraute Peleus, stets der Erste und allen anderen ein Vorbild zu sein, dich aber ermahnte dein Vater, der Freund und Leiter des Achilles zu sein, weil er zwar stärker, aber jünger sei als du. Erzähle dies dem Achilles, vielleicht rührt es ihn ja.« Den Patroklos ergriff die Rede des alten Nestor jedenfalls.

Als er auf der Rückkehr an den Schiffen des Odysseus vorbeieilte, traf er auf den am Bein verwundeten Eurypylos, der mühsam aus der Schlacht gehinkt kam. Als Eurypylos ihn kläglich bat, doch die Heilkünste des Zentauren Chiron, die er gewiss von Achilles gelernt habe, bei ihm anzuwenden, erbarmte sich Patroklos. Er umfasste den Verwundeten, führte ihn in die Lagerhütte, legte ihn auf ein Stierfell und schnitt ihm den scharfen Pfeil aus der Wunde. Dann spülte er das dunkle Blut sogleich mit lauem Wasser ab, zerrieb eine bittere Heilwurzel zwischen den Fingern und streute das Pulver auf die Wunde, bis das Blut zu stocken begann. Auf diese Weise versorgte Patroklos den verwundeten Helden.

335

Kampf um die Mauer

Der Graben und die Mauer, welche die Griechen um ihre Schiffe gebaut hatten, waren ohne ein Festopfer für die Götter errichtet worden. Deshalb sollten sie ihnen auch keinen Schutz gewähren und nicht lange unerschüttert bestehen. Schon jetzt, wo Troja im zehnten Jahr unter der Belagerung litt, beschlossen Poseidon und Apollon, das Bauwerk einmal zu zerstören, die Bergströme auf sie hinabzuleiten und das Meer gegen sie aufzubringen. Doch sollte dies alles erst nach der Zerstörung Trojas ins Werk gesetzt werden.

Jetzt aber war rings um den gewaltigen Bau ein Kampf entfacht und die Griechen, an die Schiffe zurückgedrängt, fürchteten sich vor Hektors Wut. Der stürmte wie ein Löwe durch das Heer und feuerte seine Kämpfer an, über den Graben zu setzen. Das aber wollte kein Pferdegespann wagen. Kurz vor dem Absprung scheuten die Pferde, denn der Graben war zu breit und zu abschüssig, zudem staken dicht gereihte spitze Pfähle daraus hervor. So konnte nur das Fußvolk den Übergang wagen. Als Polydamas dies sah, beriet er sich mit Hektor und sprach: »Wir wären alle verloren, wenn wir es mit den Pferden versuchen würden. Wir kämen kläglich in der Tiefe des Grabens um. Die Kämpfer auf den Wagen sollten absteigen und unter deiner Führung zu Fuß über den Graben setzen und die Mauer durchbrechen.«

Hektor war einverstanden. Auf seinen Befehl hin stürmten alle Helden von den Wagen und stellten sich in fünf Gruppen auf: die erste unter Hektor und Polydamas, die zweite unter Paris, die dritte führten Helenos und Deïphobos, die vierte Gruppe führte Äneas. An der Spitze der Verbündeten standen Sarpedon und Glaukos. Sie alle hatten weitere bewährte Helden an ihrer Seite. Nur Asios wollte seinen Wagen nicht verlassen. Er wandte sich auf die linke Seite, wo die Griechen einen Durchgang für ihre eigenen Streitwagen gelassen hatten. Er sah, dass die Torflügel dahinter offen standen, denn die Griechen warteten, ob nicht vielleicht noch ein der Hilfe bedürftiger, verwundeter Kämpfer vom Schlachtfeld kam. So lenkte Asios seine Pferde geradewegs auf diesen Durchgang zu, und andere Trojaner folgten ihm zu Fuß mit lautem Gebrüll. Am Tor aber standen Polypoites, der Sohn des Peirithoos, und Leonteus wie zwei hohe Bergeichen, die mit langen, breiten Wurzeln in die Erde gepflanzt Sturm und Regen unverrückt bestanden. Plötzlich stürzten diese beiden auf die hereinstürmenden Trojaner los, und zugleich flog ein Steinhagel von den Türmen der Mauer herab.

Während sich Asios und das Fußvolk verdrießlich dem unvermuteten Kampf stellten, bei dem viele zu Tode kamen, waren die Übrigen zu Fuß über den Graben gestürmt und kämpften nun um andere Tore des grie-

Kampf um die Mauer

chischen Lagers. Jetzt blieben den Griechen nur noch ihre Schiffe als Schutz, und die Götter, die auf der Seite der Griechen standen und vom Olymp herabblickten, waren aufrichtig betrübt.

Nur die stärkste und tapferste Truppe der Trojaner, der auch Hektor und Polydamas angehörten, zögerte noch am jenseitigen Rand des Grabens, aus dem sie soeben herausgeklettert waren, denn vor ihren Augen hatte sich ein bedenkliches Zeichen ereignet: Ein Adler streifte links über das Kriegsheer hin; er trug eine rote zappelnde Schlange in den Klauen, die sich unter seinen Krallen wehrte, schließlich den Kopf zurückbog und den Vogel in den Hals biss. Von Schmerzen gequält ließ der Adler sie los und flog davon. Die Schlange aber fiel mitten unter den Trojanern nieder, die sie mit Schrecken im Staub liegen sahen und in dem Vorfall ein Zeichen des Zeus zu sehen meinten. »Lass uns nicht weitergehen!«, rief Polydamas erschrocken seinem Freund Hektor zu. »Es könnte uns wie diesem Adler ergehen, der seine Beute nicht heimbrachte.«

Aber Hektor erwiderte finster: »Was kümmern mich die Vögel, ob sie rechts oder links daherfliegen. Ich verlasse mich auf den Rat des Zeus. Ich kenne nur ein einziges Wahrzeichen und das heißt Rettung unseres Landes! Warum fürchtest du dich vor dem Kampf? Sei gewiss: Wenn du dich dem Kampf entziehst, so wirst du durch meine Lanze fallen!«

Nun stürmte Hektor voran und alle anderen folgten ihm unter grässlichem Gebrüll. Zeus aber sandte einen ungeheuren Sturm vom Berg Ida herab, der wirbelnd den Staub zu den Schiffen blies, sodass den Griechen der Mut sank. Die Trojaner vertrauten nun auf den Wink des Zeus und auf ihre eigene Kraft und schickten sich an, die Verschanzung der Griechen zu durchbrechen, indem sie die Zinnen der Türme herabrissen, an der Brustwehr rüttelten und die vorstehenden Pfeiler der Mauer mit Hebeln umzuwühlen begannen.

Aber die Griechen wichen nicht von der Stelle. Wie ein Zaun standen sie mit ihren Schilden an der Brustwehr und begrüßten die Mauerstürmer mit Steinen und Geschossen. Die beiden Ajax machten die Runde auf der Mauer und feuerten die Kämpfer an, lobten die Tapferen und tadelten die Nachlässigen. Inzwischen flogen die Steine wie Schneeflocken hin und her. Doch Hektor hätte mit seinen Trojanern den mächtigen Riegel an der Mauerpforte noch immer nicht durchbrochen, wenn nicht Zeus seinen Sohn Sarpedon, den Lykier, wie einen heißhungrigen Berglöwen auf die Feinde gehetzt hätte. Er sprach zu Glaukos: »Auf! Wir wollen entweder den eigenen Ruhm oder durch unseren Tod den Ruhm der anderen verherrlichen!« Sodann stürmten sie beide mit den Lykiern vorwärts. Menestheus, der auf einem Turm stand, stutzte, als er sie so wütend herannahen und sich und die Seinigen dem Verderben ausgesetzt sah. Ängstlich schaute er sich nach Hilfe um. Zwar erspähte er in der Ferne

DIE TROJASAGE

die beiden Ajax unerschütterlich im Kampf und auch den Teukros, der eben von den Lagerhütten kam, doch sein Hilferuf ging im Lärm des Schlachtgetümmels unter. So schickte er den Herold Thootes zu den beiden Ajax hinüber mit der Bitte, ihm aus der Bedrängnis zu helfen. Der große Ajax kam sofort. Mit Teukros und Pandion langte er bei Menestheus an, als die Lykier soeben begannen die Brustwehr zu erklimmen. Ajax brach sogleich einen scharfkantigen Marmorstein aus der Brustwehr und erschlug damit den Epikles, einen Freund des Sarpedon, und Teukros verwundete Glaukos am Arm. Der aber sprang heimlich von der Mauer, um von den Griechen nicht verwundet gesehen und wegen seiner Wunde verhöhnt zu werden. Mit Schmerzen sah Sarpedon seinen Bruder aus der Schlacht gehen, er selbst aber kletterte weiter voran, tötete einen Griechen, packte dann mit aller Kraft die Brustwehr, dass sie von seinem Stoß zusammenstürzte und für viele einen Zugang gewährte. Doch Ajax und Teukros bedrängten ihn schwer. Einen Augenblick lang zuckte Sarpedon zurück, doch dann riss er sich wieder zusammen, wandte sich um und feuerte seine Kämpfer an: »Lykier! Habt ihr das Stürmen vergessen? Mir allein ist es unmöglich, die Mauer zu durchbrechen! Nur wenn wir zusammenhalten, können wir uns eine Bahn zu den Schiffen öffnen!« Da stürmten die Lykier voran. Aber auch die Griechen verdoppelten ihren Widerstand. So standen nun beide Heere einander an der Brustwehr gegenüber und schlugen wild aufeinander ein, wie zwei Bauern, die um die Grenze ihrer Äcker hadern.

Die Schlacht blieb lange unentschieden, bis Zeus schließlich dem Hektor die Oberhand gab und er als Erster an das Tor der Mauer vordrang. Ein Teil seiner Gefährten folgte ihm, die anderen kletterten rechts und links über die Zinnen. Am verschlossenen Tor, dessen Doppelflügel von zwei gegeneinander laufenden Riegeln zusammengehalten wurde, stand ein mächtiger, oben zugespitzter Feldstein. Den riss Hektor mit übermenschlicher Kraft aus dem Boden und zerschmetterte damit die Angeln und die Bohlen, dass die mächtigen Riegel barsten, das Tor dumpf aufkrachte und der Stein schwer hineinfiel. Furchtbar anzusehen in seiner glänzenden Eisenrüstung, mit funkelnden Augen und in jeder Hand eine Lanze schüttelnd, sprang Hektor durch das Tor. Seine Kampfgenossen strömten ihm durch die offene Pforte nach, andere waren zu hunderten über die Mauer geklettert. Aufruhr tobte überall im Vorlager und die Griechen flüchteten zu ihren Schiffen.

Kampf um die Schiffe

Als Zeus die Trojaner so weit gebracht hatte, überließ er die Griechen ihrem Elend. Er wandte, noch immer auf dem Gipfel des Berges Ida sitzend, seine Augen vom Schiffslager ab und schaute gleichgültig ins Land der Thraker hinüber.

In der Zwischenzeit jedoch blieb der Meeresgott Poseidon nicht untätig. Der saß auf einem der höchsten Gipfel des waldreichen Thrakiens, wo das Idagebirge samt Troja und dem Schiffslager der Griechen unter ihm lagen. Voller Kummer sah er die Griechen vor den Trojanern in den Staub sinken. Daher erhob er sich, und mit vier Götterschritten, unter denen Höhen und Wälder erbebten, stand er bei Aigai am Meeresstrand, wo tief unter den Fluten sein von unvergänglichem Gold schimmernder Palast stand. Hier legte er seine goldene Rüstung an, spannte seine goldmähnigen Pferde ans Joch, ergriff die goldene Peitsche, schwang sich auf seinen Wagen und lenkte die Pferde über die Flut. Die Meerungeheuer erkannten ihren Herrscher und kamen aus den Klüften herbeigesprungen, die Wogen trennten sich freudig und mit trockener Wagenachse gelangte Poseidon in einer tiefen Grotte zwischen Tenedos und Imbros bei den Schiffen der Griechen an. Dort spannte er die Pferde ab, legte ihnen goldene Fesseln um die Hufe und gab ihnen zur Stärkung Ambrosia. Er selbst eilte mitten hinein in das Gewühl der Schlacht. Mit brausendem Gebrüll wie ein Orkan drängten sich die Trojaner um Hektor, der eben in diesem Augenblick die Schiffe der Griechen zu erobern hoffte. Poseidon hatte die Gestalt des Sehers Kalchas angenommen und gesellte sich zu den Griechen. Zuerst rief er den beiden kampflustigen Ajax zu: »Ihr beide wärt wohl in der Lage die Griechen zu retten, wenn ihr nur eure ganze Kraft einsetzen würdet! Anderswo machen mir die Trojaner keine Angst, so beherzt sie sich auch über unsre Mauer stürzen; die vereinten Griechen werden sie schon abzuwehren wissen. Nur hier, wo der rasende Hektor wie ein Feuerbrand wütet, fürchte ich um unsere Rettung. Wenn doch nur ein Gott euch den Gedanken in die Seele gäbe, hierhin euren Widerstand zu wenden und auch andere dazu zu bringen!« Zu diesen Worten gab ihnen der Erderschütterer einen Schlag mit seinem Stab, von dem ihr Mut größer und ihre Glieder leichter wurden. Der Gott aber entschwang sich ihren Blicken wie ein Habicht, und Ajax, der Sohn des Oïleus, erkannte ihn zuerst: »Ajax«, sprach er zu seinem Namensgenossen, »das war nicht Kalchas, das war Poseidon! Ich habe ihn von hinten an Gang und Schenkeln erkannt, denn die Götter sind leicht zu erkennen. Jetzt verlangt es mich tief im Innern nach dem Entscheidungskampf!«

Der andere Ajax erwiderte ihm: »Auch mir zucken die Hände ungestüm

DIE TROJASAGE

um den Speer, meine Seele hebt sich, meine Füße wollen fliegen und mich packt eine Sehnsucht gegen Hektor im Einzelkampf zu bestehen!«

Während die beiden Ajax noch so sprachen, munterte Poseidon hinter ihnen die Helden wieder auf, die vor Kummer und Müdigkeit bei den Schiffen ausruhten, und redete so lange auf sie ein, bis sie sich um die beiden Ajax scharten und gefasst den Hektor und die Trojaner erwarteten. Lanze drängte sich an Lanze, Schild auf Schild, Helm an Helm, Krieger an Krieger, so dicht stand das Heer. Ihre Speere aber zitterten dem Feind entgegen.

Doch auch die Trojaner drangen mit voller Kraft herein. Hektor stürmte voran, wie ein Felsen, der vom Gipfel eines Berges bricht und, während er den Hang hinabrollt, alles niederwälzt. »Haltet euch, Trojaner und Lykier«, rief er nach hinten gewandt, »dieses wohl geordnete Heer wird nicht lange bestehen! So gewiss, wie Zeus, der Donnerer, mich führt, weichen sie vor meinem Speer zurück!« Auf diese Weise spornte er seinen Kämpfer an.

In seiner Truppe schritt trotzig, aber mit leisem Schritt Deïphobos hinter seinem Schild. Auch er war ein auserwählter Sohn des Priamos. Ihn wählte sich Meriones zum Ziel und warf seine Lanze nach ihm. Doch Deïphobos hielt den Schild weit vor seinen Körper und wehrte die Lanze ab, sodass sie brach. Meriones erbitterte der Misserfolg. Er wandte sich ab und ging zu den Schiffen, um sich einen mächtigeren Speer zu holen.

Unterdessen kämpften die anderen weiter und der Kampfplatz hallte von Schlachtrufen wider. Teukros tötete den Imbrios, Hektor erschlug den Amphimachos. Der aber war ein Sohn des Poseidon, und sein Tod empörte ihn. Er eilte zu den Lagerhütten hinunter, um die Griechen noch mehr anzufeuern. Da begegnete ihm Idomeneus, der einen verwundeten Freund zu den Ärzten geschafft hatte und jetzt seinen Speer in der Hütte suchte. Poseidon nahm die Gestalt des Thoas an, schritt auf ihn zu und sprach zu ihm mit kräftig tönender Stimme: »Kreterkönig, wo sind eure Drohungen? Keiner soll in diesen Tagen von Troja heimkehren, der dem Kampf aus dem Weg geht! Den sollen die Hunde zerfleischen!«

»So soll es sein!«, rief Idomeneus dem Gott hinterher, der bereits weitereilte, suchte sich zwei Lanzen aus der Lagerhütte hervor, legte eine schönere Rüstung an und flog, herrlich wie der Blitz des Zeus, an der Lagerhütte vorüber. Da begegnete er dem Meriones, dessen Speer an Deïphobos' Schild zerbrochen war. »Tapferer Mann«, rief Idomeneus ihm zu, »ich sehe, in welcher Not du bist; in meiner Lagerhütte lehnen wohl zwanzig erbeutete Speere an der Wand, hole dir den besten davon.« Und als Meriones eine stattliche Lanze ausgewählt hatte, eilten sie beide in die Schlacht zurück und gesellten sich zu den Freunden, die gegen den vordringenden Hektor kämpften. Obgleich Idomeneus schon halb ergraut

Kampf um die Schiffe

war, war er es, der die Griechen wie ein Jüngling anspornte, sobald sie ihn wieder in ihren Reihen begrüßt hatten. Der Erste, den er mit seinem Wurfspieß tötete, war Othryoneus, der als Bräutigam Kassandras, der Tochter des Königs Priamos, für die Trojaner kämpfte, und er spottete über ihn. Als Asios auf seinem Wagen herankam, um Othryoneus zu rächen, tötete er auch ihn, und Antilochos, ein Sohn des Nestor, brachte den Wagenlenker zu Fall.

Nun aber kam Deïphobos auf Idomeneus zu. Er war entschlossen, seinen Freund Asios zu rächen, und schleuderte seine Lanze gegen den Kreter. Der aber duckte sich ganz unter seinen Schild, sodass der Speer über ihn hinwegflog und den Schild nur klirrend streifte, dafür aber den Fürsten Hypsenor traf, der sogleich in die Knie sank. »So bist du doch nicht ungerächt, lieber Freund Asios«, freute sich der Trojaner, »denn ich habe dir einen Begleiter gegeben!« Der schwer verletzte Hypsenor wurde unterdessen von zwei Freunden aus dem Getümmel getragen.

Idomeneus ließ den Mut nicht sinken. Er erschlug den Alkathoos, den edlen Schwiegersohn des Anchises, und rief freudig aus: »Geht unsere Rechnung nicht wunderbar auf, Deïphobos? Ich gebe dir drei für einen! So prüfe denn du selbst, ob ich wirklich aus Zeus' Geschlecht stamme!« Denn Idomeneus war ein Enkel des Königs Minos und ein Urenkel des Zeus. Deïphobos erwog einen Augenblick lang, sich dem Zweikampf allein zu stellen, doch dann entschied er, einen zweiten heldenmütigen Trojaner zu Hilfe zu holen. Und bald führte er dem Idomeneus seinen Schwager Äneas entgegen. Selbst beim Anblick dieser beiden Helden verzagte Idomeneus nicht, sondern er erwartete sie wie ein Gebirgseber die Hetzhunde. Dennoch rief auch er seine Gefährten herbei, die er in der Nähe kämpfen sah, und sprach: »Kommt hierher, Freunde, und helft mir gegen Äneas, der ein gewaltiger Kämpfer ist und noch vor Jugend strotzt!« Auf diesen Ruf versammelten sich Aphareus, Askalapos, Deïpyros, Meriones und Antilochos um ihn. Nun ließ auch Äneas seine Gefährten Paris und Agenor kommen, und die Trojaner folgten ihm wie die Schafe dem Widder. Bald stieß Eisen an Eisen und aus dem Zweikampf wurde der Kampf zahlreicher Männer. Äneas warf seinen Speer auf Idomeneus ab, traf ihn aber nicht. Idomeneus dagegen tötete den Oinomaos. So dicht hagelten die Geschosse auf Idomeneus nieder, dass er zurückweichen musste. Doch sein Alter wirkte sich aus, seine Füße trugen ihn nur langsam davon und Deïphobos schickte ihm voller Zorn seine Lanze nach, die zwar ihn selbst verfehlte, dafür aber den Askalaphos, den Sohn des Ares, in den Staub warf. Der Kriegsgott, der durch den Beschluss des Zeus mit den anderen Göttern dazu verbannt war, auf den goldenen Wolken des Olymp zu bleiben, ahnte nicht, dass sein Sohn gefallen war.

Im weiteren Kampf zog sich Deïphobos eine Verwundung am Arm zu,

Die Trojasage

sein Bruder Polites aber brachte ihn über den Graben zu den Streitwagen, die dort warteten, damit der Blutende sogleich in die Stadt zurückgebracht wurde. Die Übrigen aber kämpften erbittert weiter. Menelaos trat gegen Helenos, den Sohn des Priamos, an und verwundete den Seher an der Hand, dann tötete er den Trojaner Peisandros.

Hektor ahnte indessen nicht, dass sich an der linken Flanke ein Sieg der Griechen abzuzeichnen begann. Er befand sich immer noch dort, wo er zuerst durch das Tor gesprungen war und die Mauer am niedrigsten war, und drang weiter siegreich durch die Reihen der Griechen. Zunächst hatten ihn die Böotier, Thessalier, Lokrier und Athener vergeblich abgewehrt, denn es gelang ihnen nicht ihn fortzudrängen. Doch wie zwei Stiere am Pflug kamen die beiden Ajax dicht nebeneinander. Dem einen war auch seine Truppe zur Seite geblieben, die Lokrer aber waren ihrem Ajax nicht gefolgt. Voller Zuversicht waren sie ohne Helme, Schilde und Lanzen, nur mit Bogen und Schleudern bewaffnet, gegen Troja gezogen und hatten mit ihren Geschossen manche trojanische Truppe gesprengt. Und auch jetzt, da sie sich verborgen hatten und von ferne schossen, richteten sie mit ihren Pfeilen keine geringe Verwirrung unter ihnen an.

Und wirklich wären die Trojaner nun unter Schande wieder in ihre Stadt zurückgetrieben worden, wenn nicht Polydamas auf den trotzigen Hektor eingeredet hätte: »Verschmähst du jeden Rat, mein Freund, weil du im Kampf der Kühnere bist? Siehst du nicht, wie die Flamme des Krieges über dir zusammenschlägt, die Trojaner sich teils mit den erbeuteten Rüstungen aus dem Gefecht entfernen, teils zwischen den Schiffen kämpfen? Auf, rufe die Edlen zur Beratung, dann wollen wir entscheiden, ob wir uns in das Labyrinth der Schiffe stürzen oder unbeschadet abziehen wollen. Denn ich fürchte, die Griechen werden uns unsere Schuld mehrfach heimzahlen, solange uns ihr unersättlichster Krieger noch bei den Schiffen erwartet.« Hektor war einverstanden und beauftragte seinen Freund die Edelsten des Volkes zu versammeln. Er selbst eilte in die Schlacht zurück, und wo er einen der Anführer traf, befahl er ihm sich bei Polydamas einzufinden. Seine Brüder Deïphobos und Helenos, den Asios und seinen Sohn Adamas fand er ganz vorne, die Ersten verwundet, die anderen tot. Als er seinen Bruder Paris erblickte, rief er ihn zornig an: »Wo sind unsere Helden, du Weiberverführer? Bald ist es aus mit unserer Stadt, dann droht auch dir das Verderben. Jetzt aber komm in den Kampf, während die anderen sich zum Rat versammeln.«

»Ich will dich gern begleiten«, sprach Paris, um seinen Bruder zu beschwichtigen, »du sollst meinen Mut nicht vermissen!« So eilten sie zusammen in das heftigste Gefecht, wo die tapfersten Trojaner wie ein Sturmwind im rollenden Wetter daherrauschten; und bald war Hektor wieder an ihrer Spitze. Doch nun fürchteten ihn die Griechen nicht mehr so sehr, und der gewaltige Ajax forderte ihn kühn zum Kampf heraus. Hektor stürmte vorwärts und warf sich ins Getümmel der Schlacht.

Poseidon stärkt die Griechen

Während draußen der Kampf tobte, saß der alte Nestor ruhig in seiner Lagerhütte, wo er den verwundeten Arzt Machaon bewirtete. Als nun aber die Schlachtrufe immer näher kamen, überantwortete er seinen Gast der Dienerin Hekamede, die ihm ein warmes Bad bereiten sollte. Er selbst ergriff Schild und Lanze und trat hinaus. Sofort erkannte er, welche unerfreuliche Wendung der Kampf genommen hatte, und während er sich noch fragte, ob er sich in die Schlacht stürzen oder den Völkerfürsten Agamemnon aufsuchen solle, um mit ihm zu beraten, begegnete ihm Agamemnon selbst, wie er mit Odysseus und Diomedes vom Meeresstrand kam. Alle drei waren verwundet und gingen auf ihre Lanzen gestützt. Sie waren nur gekommen, um dem Kampf zuzusehen, denn selbst kämpfen konnten sie nicht. Besorgt berieten sie mit Nestor die Lage. Schließlich sprach Agamemnon: »Freunde, ich habe keine Hoffnung mehr. Da der Graben, der uns so viel Mühe gekostet hat, und da die Mauer, die wir für unüberwindbar hielten, den Schiffen nicht zur Abwehr gereicht haben, gefällt es wohl dem Zeus, uns alle hier in der Fremde schändlich umkommen zu lassen, wenn wir nicht freiwillig abziehen. Lasst uns mit den vorderen Schiffen auf hoher See vor Anker gehen und dort die Nacht erwarten. Wenn sich daraufhin das trojanische Heer zurückzieht, dann wollen wir auch die übrigen Schiffe zu Wasser lassen und noch in der Nacht der Gefahr entfliehen.«

Nur unwillig hörte sich Odysseus diesen Vorschlag an. »Sohn des Atreus«, sprach er, »du verdienst es, ein noch feigeres Kriegsvolk anzuführen als das unsere. Mitten in der Schlacht sollen wir die Schiffe zu Wasser lassen? Die Armen, die kämpfen, werden sich voller Angst umsehen und die Streitlust vergessen; sollen sie verlassen auf der Schlachtbank zurückbleiben?«

»Dies sei mir fern«, erwiderte Agamemnon, »nicht ohne den Willen der Griechen werde ich das tun! Auch verzichte ich gern auf meinen Vorschlag, wenn jemand etwas Besseres weiß!«

»Das Beste«, rief Diomedes, »ist es, wenn wir sogleich zum Kampfplatz gehen und dort zumindest die anderen zur Tapferkeit anfeuern, wenn wir schon selbst nicht kämpfen können!«

Dies hörte Poseidon, der Beschützer der Griechen, gern, der schon lange das Gespräch belauscht hatte. Er trat in Gestalt eines alten Kriegers zu ihnen, drückte dem Agamemnon die Hand und sprach: »Schande dem Achilles, der sich jetzt der Flucht der Griechen freut! Aber seid getrost, noch hassen euch die Götter nicht so, dass ihr nicht bald den Staub von der Trojaner Flucht aufwirbeln sehen sollt!« So sprach der Meeresgott und stürmte fort, indem er seinen Schlachtruf in das Heer der Griechen hineinschallen ließ, der gewaltig wie zehntausend brüllende Männerstimmen war und Mut in das Herz eines jeden legte.

Auch die Himmelskönigin Hera, die vom Olymp herab den Kampf überschaute, blieb jetzt nicht länger untätig, als sie Poseidon, ihren Schwager und Bruder, sich zugunsten ihrer Freunde in die Schlacht mischen sah. Und wie sie ihren Gemahl Zeus so feindselig auf dem Gipfel des Ida sitzen sah, wurde sie in tiefster Seele zornig und überlegte hin und her, wie sie ihn täuschen und vom Kampfgeschehen ablenken könnte. Da stieg ein glücklicher Gedanke in ihrem Herzen auf: Eilig begab sie sich in das abgelegenste Gemach, das ihr ihr Sohn Hephaistos im Göttertempel kunstreich gezimmert und dessen Pforte er mit einem schweren Riegel befestigt hatte. Sie trat ein und schloss die Türflügel hinter sich. Hier badete und salbte sie ihren schönen Leib mit ambrosischem Öl, flocht ihr Haar in glänzende Locken, hüllte sich in das prächtige Gewand, das Athene ihr zart und kunstvoll gewebt hatte, heftete es über der Brust mit goldenen Spangen fest, legte einen glänzenden Gürtel an, fügte sich die funkelnden Juwelengehänge in die Ohren, legte einen durchsichtigen Schleier um ihr Haupt und band sich zierliche Sohlen unter ihre glänzenden Füße. So von Anmut strahlend verließ sie das Gemach und suchte Aphrodite, die Liebesgöttin, auf. »Sei mir nicht böse«, sprach sie schmeichelnd, »weil ich die Griechen beschütze, wo du doch auf der Seite der Trojaner stehst, und schlage mir meine Bitte nicht ab: Leihe mir den Zaubergürtel der Liebe, der Menschen und Götter bezähmt, denn ich will an die Grenze der Erde gehen, um Okeanos und Thetis, meine Pflegeeltern, aufzusuchen, die in Streit miteinander leben. Ich möchte sie gern zur Versöhnung bewegen und dazu brauche ich deinen Gürtel.«

Aphrodite, die die Täuschung nicht durchschaute, erwiderte arglos: »Mutter, du bist die Gemahlin des Götterkönigs, es wäre nicht recht, dir eine solche Bitte zu verweigern.« Damit nahm sie den prachtvoll bestickten Gürtel ab, in dem alle Zauberreize gesammelt waren. »Birg ihn nur an deiner Brust«, sagte sie, »sicher kehrst du nicht ohne Erfolg zurück.«

Als Nächstes ging Hera ins ferne Thrakien, wo der Schlaf wohnte, und beschwor ihn, in der folgenden Nacht dem Göttervater Zeus die leuchtenden Augen unter seinen Wimpern in tiefen Schlaf zu versetzen. Aber der Schlaf erschrak. Schon einmal hatte er Zeus auf Heras Befehl hin betäubt, als Herakles vom verwüsteten Troja zurückkehrte und Hera, die seine Feindin war, ihn auf die Insel Kos verschlagen wollte. Damals hatte Zeus,

Poseidon stärkt die Griechen

als er erwachte und den Betrug erkannte, die Götter im Saal herumgeschleudert, und den Schlaf selbst hätte er gewiss vertilgt, wenn er nicht in die Arme der Nacht geflohen wäre, die Götter und Menschen bändigt. Daran erinnerte der erschrockene Gott Hera, doch sie beruhigte ihn und sprach: »Was denkst du, Schlaf! Meinst du, Zeus verteidigt die Trojaner so eifrig, wie er seinen Sohn Herakles liebte? Sei klug und gewähre mir die Bitte. Wenn du es tust, dann will ich dir die jüngste und schönste der Chariten zur Gemahlin geben.« Der Gott des Schlafes ließ sie beim Styx schwören, dass sie dies Versprechen auch halten würde, dann versprach er zu gehorchen.

Nun bestieg Hera im Glanz ihrer Schönheit den Gipfel des Berges Ida. Als Zeus sie so erblickte, ergriff ihn die Leidenschaft, sodass er sogleich den Kampf der Trojaner vergaß. »Wie kommst du hierher vom Olymp«, sprach er, »wo hast du Pferde und Wagen gelassen, meine liebe Frau?«

Listig erwiderte Hera: »Väterchen, ich will ans Ende der Erde gehen, um Okeanos und Thetis, meine Pflegeeltern zu versöhnen.«

»Bist du mir denn immer noch böse?«, antwortete Zeus. »Diese Ausfahrt kannst du doch auch später besorgen. Lass uns hier ein wenig zusammen ruhen und uns an dem Kampf der Völker ergötzen.«

Als Hera diese Worte hörte, erschrak sie, denn sie erkannte, dass nicht einmal ihre Schönheit und Aphrodites Zaubergürtel den Gedanken an den Kampf und den Groll gegen die Griechen ganz aus Zeus' Herz zu vertreiben vermochten. Sie ließ sich ihren Schrecken nicht anmerken, umarmte ihn zärtlich und sprach, indem sie seine Wange streichelte: »Väterchen, ich will ja gerne deinen Willen tun.« Zugleich aber winkte sie dem Schlaf, der ihr unsichtbar gefolgt war, hinter dem Rücken des Zeus stand und ihren Befehl erwartete. Er senkte sich auf dessen Augenlieder, dass er ohne zu antworten seinen Kopf in Heras Schoß sinken ließ und in tiefen Schlummer fiel. Eilig schickte Hera nun den Gott des Schlafes als Boten zu den Schiffen des Poseidon, und er sagte ihm: »Jetzt lass dir's ernst sein und verleih den Griechen Ruhm, denn Zeus liegt auf dem Gipfel des Ida, durch mich in tiefen Schlaf versetzt!«

Da stürzte Poseidon sogleich ins vorderste Kampfgeschehen und rief den Griechen zu: »Wollen wir dem Hektor auch jetzt noch den Sieg lassen, ihr Männer? Soll er vielleicht die Schiffe erobern und den Ruhm ernten? Ich weiß zwar, dass er auf den Zorn des Achilles baut, doch es wäre eine Schande für uns, wenn wir nicht ohne Achilles den Sieg erringen könnten! Nehmt eure stärksten Schilde, setzt die glänzendsten Helme auf, schwingt die mächtigsten Lanzen, wir wollen gehen und ich führe euch. Dann wollen wir sehen, ob Hektor vor uns besteht!« Die Krieger gehorchten der gewaltigen Stimme des mächtigen Kämpfers, die verwundeten Fürsten selbst ordneten die Schlacht und tauschten Waffen aus. Dann

345

DIE TROJASAGE

drang alles vor. Poseidon, der Erderschütterer, selbst war ihr Anführer. In der rechten Hand hielt er ein entsetzliches Schwert wie einen flammenden Blitz. Niemand wagte es, sich ihm entgegenzustellen. Zugleich brachte er das Meer in Aufruhr, dass es wogend an die Schiffe und Lagerhütten der Griechen schlug.

Doch ließ sich Hektor durch all dies nicht schrecken. Er stürzte mit seinen Trojanern in die Schlacht, wie ein Waldbrand mit rasenden Flammen durch ein Bergtal prasselt, und ein erneuter Kampf entfachte zwischen den beiden Heeren.

Zuerst zielte Hektor mit der Lanze auf den großen Ajax und traf ihn gut, doch sein Schild schützte ihn. Da Hektor seinen Speer verloren hatte, zog er sich unwillig in die Reihen der Seinen zurück. Ajax aber warf mit einem Stein nach ihm, sodass er zu Boden stürzte, Schild und Helm verlor und seine Rüstung klirrte. Die Griechen jubelten, ein Speerhagel folgte, doch die ersten Helden der Trojaner standen Hektor bei. Äneas, Polydamas, der edle Agenor, der Lykier Sarpedon und sein Gefährte Glaukos – sie alle hielten ihre Schilde zur Abwehr vor Hektor, hoben den Betäubten auf und brachten ihn sicher zu einem Streitwagen, der ihn in die Stadt zurücktrug.

Als sie den Hektor fortfahren sahen, stürmten die Griechen noch heftiger auf den Feind ein. Um Ajax erhob sich ein Getümmel, denn sein Wurfspieß und seine Lanze trafen nach allen Seiten hin, und auf beiden Seiten gab es zahlreiche Tote. Am allermeisten aber wütete unter den Trojanern, die schon draußen vor der Mauer durch den Graben zu fliehen begannen, der kleine Ajax, der flinke Lokrer, dessen Augenblick jetzt gekommen war.

Hektor wird von Apollon gekräftigt

Bleich vor Angst machten die erschrockenen Trojaner erst bei ihren Streitwagen Halt. Jetzt aber erwachte Zeus auf dem Berg Ida und erhob sein Haupt aus Heras Schoß. Schnell sprang er auf und mit einem Blick übersah er die Lage: Die Griechen hatten die Trojaner stürmisch in die Flucht getrieben. Im Heer der Griechen bemerkte er seinen Bruder Poseidon. Auch sah er den bewusstlosen Hektor auf dem Wagen liegen, der verwundet in die Stadt gebracht wurde. Voll Mitleid ruhte der Blick des Vaters der Götter und Menschen auf ihm. Dann wandte er sich drohend zu Hera. Seine Miene verdüsterte sich, als er sprach: »Arglistige Betrügerin, was hast du getan? Fürchtest du nicht, die erste Frucht deines Frevels selbst zu ernten? Weißt du nicht mehr, wie du, zwei Ambosse an die Füße gehängt, die Hände mit goldenen Fesseln gebunden, zur Strafe

Hektor wird von Apollon gekräftigt

in der Luft schweben musstest, und kein Gott sich dir nähern konnte, ohne von mir auf die Erde geschleudert zu werden, damals, als du die Götter der Stürme gegen meinen Sohn Herakles aufgewiegelt hast? Verlangt dich danach ein zweites Mal?«

Hera schwieg. Dann sprach sie: »Himmel und Erde und die Flut des Styx sollen meine Zeugen sein, dass nicht ich es war, die den Erderschütterer Poseidon gegen die Trojaner aufgewiegelt hat. Ihn wird sein eigener Wille getrieben haben. Und gerne würde ich ihm freundlich zureden, dass er sich deinem Befehl, du wolkig Blickender, unterwerfe!«

Da hellte sich das Gesicht des Gottes auf, denn noch immer tat der Gürtel der Aphrodite, den Hera bei sich trug, seine Wirkung. Und schließlich sagte er in besänftigtem Ton: »Wenn du im Götterrat meine Meinung teilen wolltest, Gemahlin, dann würde Poseidon seinen Sinn gewiss sogleich nach unser beider Herzen wandeln. Wenn es dir wirklich ernst ist, dann geh und rufe mir Iris und Apollon herbei. Iris soll meinem Bruder befehlen, in seinen Palast zurückzukehren, und Phoibos Apollon soll Hektor heilen, ihn anfeuern weiterzukämpfen und ihn mit neuer Kraft beseelen!«

Hera erschrak, doch sie gehorchte und begab sich in den olympischen Saal, wo die Unsterblichen zechten. Die sprangen ehrerbietig von ihren Sitzen auf und streckten ihr den Becher entgegen. Hera nahm den Becher der Themis, schlürfte den Nektar und meldete, was Zeus befohlen hatte.

Schnell wie der Wind fuhr Iris auf das Schlachtfeld hinab. Als Poseidon den Befehl seines Bruders von ihr vernahm, sprach er voller Unmut: »Dies ist wahrhaftig nicht brüderlich gesprochen! Er darf mir nicht mit seiner Macht den Willen verbieten, denn ich bin das Gleiche wie er. Nur hat das Los um die Herrschaft mir nur das graue Meer zugeteilt, dem Pluton die Hölle und ihm den Himmel. Erde wie Olymp aber sind uns allen gemein!«

»Soll ich ihm deine trotzigen Worte so übermitteln?«, fragte Iris zögernd.

Da besann sich Poseidon noch einmal, und während er das Heer der Griechen verließ, rief er: »Nun wohl, ich gehe! Das aber sage Zeus: Wenn er sich von mir und den anderen Göttern, die auf Seiten der Griechen stehen, trennt und beschließt, dass Troja nicht zerstört werden soll, dann entflammt uns unheilbarer Zorn!« Mit diesen Worten tauchte er in die Fluten; sogleich vermissten die Griechen seine Gegenwart.

Zeus sandte unterdessen seinen Sohn Phoibos Apollon vom Olymp zu Hektor hinab. Als Apollon eintraf, war Hektor wieder bei Bewusstsein, denn Zeus hatte ihn bereits gestärkt. Der Angstschweiß hatte nachgelassen, er atmete leichter und das wiederkehrende Leben erfrischte ihn. Voller Mitleid trat Apollon auf ihn zu. Da blickte Hektor traurig auf und sprach: »Wer bist du, bester aller himmlischen Götter, der nach mir fragt? Hast du schon gehört, dass der gewaltige Ajax mich bei den Schiffen mit einem Stein an die Brust getroffen und mir den fast vollbrachten Sieg vereitelt hat? Ich glaubte noch an diesem Tag den schwarzen Hades zu erblicken!«

»Sei getrost«, antwortete Apollon, »siehe, mich, seinen Sohn Phoibos, sendet Zeus zu dir. Nun soll ich auf seinen Befehl hin tun, was ich aus freiem Willen bereits tat, und dich beschützen. Ich werde das goldene Schwert, das du in meinen Händen siehst, für dich schwingen. Steige nun wieder auf deinen Wagen. Ich selbst eile voran, ebne deinen Pferden den Weg und helfe dir die Griechen in die Flucht zu schlagen!«

Kaum dass Hektor die Stimme des Gottes vernommen hatte, sprang er ungestüm auf und schwang sich in seinen Wagen. Die Griechen aber erstarrten, als sie den Helden herbeifliegen sahen und ließen sofort von der Verfolgung ab, wie Jäger und Hunde, die einen Hirsch ins Dickicht treiben und vor einem zottigen Löwen erschrecken, der sich ihnen drohend in den Weg stellt. Der Erste, der Hektor erblickte, war der Ätolier Thoas, ein wortgewandter Mann, der sofort die ersten Fürsten der Griechen, in deren Mitte er kämpfte, auf ihn aufmerksam machte und rief: »Wehe mir! Welches Wunder erblicke ich dort! Hektor, den wir alle unter Ajax' Steinwurf stürzen sahen, kommt aufrecht auf dem Wagen heran und eilt freudig in den Kampf! Gewiss steht ihm Zeus, der Donnerer, zur Seite! So hört denn, was ich euch rate: Das Heer soll sich zu den Schiffen zurückziehen. Wir aber, die Tapfersten, wollen uns Hektor entgegenstellen. Dann wird er nicht wagen unsere Schar zu durchbrechen, auch wenn er noch so mörderisch herantobt!«

Dieser vernünftige Rat wurde befolgt. Man rief die edelsten Fürsten und Kämpfer, die sich sogleich um die beiden Ajax, Idomeneus, Meriones und Teukros reihten. Hinter ihnen aber zog sich das Heer zu den Schiffen zurück.

Die Trojaner drangen ihrerseits mit dem gesamten Heer vor. Hoch auf seinem Streitwagen stehend führte Hektor sie an, ihn selbst leitete der Gott Apollon; er trug den schrecklichen Ägisschild in der Hand und hatte sich in eine Wolke gehüllt. Sobald er seinen Schild gegen die Griechen erhob und laut und fürchterlich aus seiner dunklen Wolke herausbrüllte, bebte den Griechen das Herz in der Brust und sie vergaßen die Abwehr. So brachten die Trojaner unter Apollons Beistand zahlreiche Griechen zu Fall, und schon flohen die Griechen in Auflösung ihrem Graben zu, stürzten da- und dorthin und manch einer sprang in seiner Not über die Mauer. Mit donnernder Stimme rief Hektor seinen Trojanern zu: »Auf die Schiffe! Wen ich nicht auf dem Weg dorthin treffe, der ist des Todes!« Er trieb seine Pferde mit der Peitsche an, lenkte auf den Graben zu und alle Helden Trojas folgten ihm mit ihren Streitwagen. Apollon stampfte mit seinen Götterfüßen die Ränder des Grabens um, schuf ihnen so eine Brücke und

Hektor wird von Apollon gekräftigt

schritt als Erster darüber. Dann warf er mit einem Stoß seiner Ägis die Mauer der Griechen um.

Die Griechen waren jetzt wieder in den Schiffsgassen zusammengedrängt und hoben ihre Hände flehend zu den Göttern empor. Auf Nestors Gebet hin ließ Zeus ein gnädiges Donnern hören. Die Trojaner aber deuteten das Zeichen vom Himmel zu ihren eigenen Gunsten, sprengten unter Wutgeheul mit Pferden und Wagen über die Brücke und kämpften von ihren Streitwagen herab, während die Griechen an Deck ihrer Schiffe flüchteten und sich von dort herab wehrten.

Währenddessen saß Patroklos noch immer in der schönen Lagerhütte des Eurypylos und pflegte dessen Wunde, indem er lindernde Flüssigkeiten darauf träufelte. Als er aber hörte, wie die Trojaner gewaltsam gegen die Mauer anrannten und das Angstgeschrei der Griechen an sein Ohr drang, rief er: »Nein, Eurypylos, so gern ich dich noch weiter pflegen möchte, ich darf nicht länger bei dir bleiben. So behilf dich denn mit deinen Waffengenossen. Ich selbst aber eile zu meinem Freund Achilles, um zu sehen, ob ich ihn mithilfe der Götter nicht dazu bewegen kann, an der Feldschlacht endlich wieder teilzunehmen!« Kaum hatte er dies gesagt, da trugen ihn seine flinken Füße auch schon hinaus.

Nun tobte der Kampf bei den Schiffen, ohne dass der Vorteil sich auf eine Seite geneigt hätte. Um eines der Schiffe kämpften Hektor und Ajax, aber Hektor vermochte nicht den Ajax zu vertreiben und Feuer auf das Schiff zu werfen – ebenso wenig gelang es Ajax, den Hektor zurückzudrängen. Wieder fielen Griechen und Trojaner unter Lanzen, Pfeilen und Speeren. Hektor rief seinen Kämpfern zu: »Mutig vorwärts, ihr Männer! Eben sah ich, wie Zeus, der Donnerer, einem der tapfersten Griechen die Lanze zerbrochen hat! Darum auf, das ganze Heer zum Kampf um die Schiffe! Die Götter sind mit uns!«

Und auf der anderen Seite rief Ajax: »Schande über euch, Griechen! Nun heißt es sterben oder die Schiffe retten! Wenn der gewaltige Hektor Feuer an die Schiffe legt – wollt ihr dann zu Fuß über das Meer nach Hause gehen? Oder meint ihr, Hektor fordert euch zum Tanz und nicht zum Kämpfen auf? Es ist besser, sich gleich für Tod oder Leben zu entscheiden, statt in schändlicher Unentschlossenheit dahinzuwarten, um schließlich von schlechteren Männern, die unter dem Schutz der Götter kämpfen, hingemordet zu werden!« So rief Ajax und streckte einen Trojaner nieder. Aber jeden toten Trojaner vergalt ihm Hektor mit dem Tod zweier Griechen.

Hektor bot alle Brüder und Verwandte auf, Ajax und seine Freunde dagegen bildeten einen eisernen Zaun aus Schilden und Lanzen um die Schiffe. Da spornte Menelaos den schönen Sohn des Nestor, Antilochos, an und rief ihm zu: »Keiner im ganzen Heer ist so schön und schnell wie

349

DIE TROJASAGE

du! Auch nicht so tapfer, oh Jüngling! Es wäre schön, wenn du hervorspringen und einen der Trojaner erlegen würdest!« Sofort eilte Antilochos
aus dem Gewühl hervor, schaute sich um und warf seinen blinkenden
Wurfspeer ab. Als er zielte, stoben die Trojaner auseinander. Dennoch traf
sein Geschoss den Melanippos. Antilochos sprang auf ihn zu, wie der
Hund auf das Hirschkalb, das der Jäger auf der Lauer geschossen hat. Als
aber Hektor ihm entgegenlief, entfloh er wie ein Wild, das einen Hirten
zerrissen hat und schuldbewusst flieht, sobald es eine Schar von Männern
kommen sieht. Die Geschosse der Trojaner flogen hinter ihm her und er
wandte sich erst wieder um, als er in Sicherheit war.

Nun stürzte sich Trojas Heer wie ein Rudel blutgieriger Löwen auf die
Schiffe. Zeus hatte beschlossen, den unbarmherzigen Wunsch der Thetis,
die auf ihren Sohn Achilles zornig war, ganz zu erfüllen. Doch er wartete
noch, bis das erste griechische Schiff in Flammen stand, um dann wieder
Flucht und Verfolgung über die Trojaner zu verhängen und den Griechen
aufs Neue den Sieg zu gewähren.

Unterdessen wütete Hektor grässlich. Schaum stand ihm um die Lippen, seine Augen funkelten unter den düsteren Brauen und fürchterlich
wehte der Busch von seinem Helm. Weil ihm nur noch wenige Lebens-
tage gewährt waren, gab ihm Zeus noch einmal Kraft und Herrlichkeit
vor allen Männern; denn schon lenkte ihm Pallas Athene das grausige
Todesverhängnis entgegen. Jetzt aber stürzte er sich auf die Reihen der
Feinde, wo er die dichtesten Haufen und die besten Rüstungen sah. Lange
versuchte er vergeblich einzubrechen, denn die dicht geschlossene Schar
der Griechen stand wie ein Fels in der Brandung. Dennoch warf er sich
auf die Heerscharen, wie eine Welle im Sturm über ein Schiff herein-
bricht, dass die Griechen das Grauen packte und sie schließlich die Flucht
ergriffen. Einen jedoch, Periphetes aus Mykene, den Sohn des berühmten
Kopreus, der ein besserer Mann als sein Vater war, tötete er noch, als er
sich zur Flucht wenden wollte und über seinen Schild fiel.

Nun wichen die Griechen selbst von den vorderen Schiffen zurück.
Doch sie verstreuten sich nicht über die Gassen des Lagers; aus Scham
und Furcht blieben sie bei den Lagerhütten versammelt, wo sie sich
gegenseitig Mut machten. Vor allem der alte Nestor feuerte die Männer
mit seinem Schlachtruf an. Nur der große Ajax wanderte über die Schiffs-
verdecke. Er hielt ein zweiundzwanzig Ellen langes Ruder in der Hand,
und wie ein geschickter Pferdespringer zum Erstaunen der Zuschauer
von einem Pferd zum anderen springt, so sprang er von Schiff zu Schiff
und schrie mit schrecklicher Stimme zu den Griechen hinab, dass sie
Schiffe und Lagerhütten verteidigen sollten.

Aber auch Hektor war nicht untätig geblieben. Wie ein Adler sich auf
die Schwärme von Kranichen oder Schwänen stürzt, die sich am Ufer

eines Stromes niedergelassen haben, so drang er geradewegs auf eines der Schiffe ein, und Zeus selbst gab ihm einen Stoß in den Rücken, dass er voranflog und die ganze Truppe ihm nachstürmte. Da erhob sich von neuem ein erbitterter Kampf um die Schiffe. Die Griechen wollten lieber sterben als zu fliehen, und unter den Trojanern hoffte ein jeder der Erste zu sein, der eine Brandfackel gegen die Schiffe schleuderte. Nun packte Hektor das Steuerruder des schönen Schiffes, das den Protesilaos nach Troja gebracht hatte, aber nicht wieder heimführen sollte, denn er war der Erste gewesen, der im Gefecht gegen Troja gefallen war. Um dieses Schiff kämpften und töteten nun Griechen und Trojaner, und Hektor rief: »Jetzt Feuer her und den Schlachtruf erhoben! Jetzt schickt uns Zeus den Tag, der uns für alle anderen entschädigt! Jetzt die Schiffe erobert, die uns so viel Leid gebracht haben! Jetzt wird kein Ältester uns hindern, Zeus selbst ermahnt und befiehlt uns!«

Auch Ajax konnte Hektor nicht mehr länger standhalten. Er schwang sich auf die Bank des Steuermanns. Von dort donnerte er das Griechenheer an: »Freunde, jetzt seid Männer! Oder meint ihr etwa, dass hinter den Schiffen noch andere Helfer stehen, oder ein stärkerer Wall, der euch schützen könnte? Ihr habt keine Stadt, hinter deren Mauern ihr euch flüchten könntet, wie die Trojaner. Wir haben nur die Kraft unserer Arme!« Und er stach jeden Feind, der sich mit einer Fackel dem Schiff nähern wollte, mit seiner Lanze nieder.

Tod des Patroklos

Während das Schiff, auf welchem Ajax stand, auf Tod und Leben umkämpft wurde, war Patroklos von der Lagerhütte des verwundeten Eurypylos zu seinem Freund Achilles geeilt. Als er in dessen Lagerhütte trat, stürzten ihm die Tränen wie eine finstere Quelle, die ihr dunkles Wasser aus steilen Klippen ergießt, aus den Augen. Voller Mitleid sah Achilles ihn an und sagte zu ihm: »Du weinst ja wie ein kleines Kind, Freund Patroklos, das der Mutter nachläuft und sich so lange an ihr Kleid klammert, bis die Mutter es schließlich aufhebt! Bringst du meinen Myrmidonen, mir oder dir selbst eine schlimme Botschaft aus Phthia? Unsere Väter sind doch am Leben! Oder beklagst du vielleicht das Volk der Griechen, dass es als Lohn für seinen Frevel so jämmerlich zugrunde geht? Sprich nur ehrlich heraus und lass mich alles wissen!«

Da seufzte Patroklos schwer, bevor er schließlich antwortete: »Sei mir nicht böse, erhabenster Held! Es ist wirklich das Schicksal der Griechen, das mir auf der Seele liegt! Die Tapfersten sind alle verwundet: Diomedes, Odysseus und Agamemnon, den Eurypylos traf ein Pfeil in den Schenkel. Sie alle sind den Ärzten zur Heilung übergeben, statt in unseren Reihen zu kämpfen. Du aber bleibst unerbittlich! Nicht Peleus und Thetis, der Mensch und eine Göttin, können deine Eltern sein – dich muss das finstere Meer oder ein starrer Fels geboren haben, so hart ist dein Herz! Nun denn, wenn die Worte deiner Mutter und ein Bescheid der Götter dich zurückhalten, so sende wenigstens mich und deine Krieger, damit wir den Griechen Beistand leisten können! Und lass mich deine Rüstung tragen. Vielleicht weichen die Trojaner ja zurück, wenn sie glauben, dass sie dich erblicken!«

Aber Achilles erwiderte nur voller Unmut: »Wehe mir, Freund! Nicht das Wort meiner Mutter und auch kein Götterspruch hindert mich! Es ist allein der bittere Schmerz, dass ein Grieche es gewagt hat, mir, dem Ebenbürtigen, das Ehrengeschenk zu rauben, der an meiner Seele nagt. Doch ich habe nicht die Absicht, für alle Zeiten zu grollen. Von jeher war ich fest entschlossen meinen Groll zu lassen, wenn die Schlacht bis zu den Schiffen vorgedrungen ist. Zwar kann ich mich noch nicht entschließen, selbst wieder zu kämpfen; du aber hülle dich in meine Rüstung und führe unsere Truppe in den Kampf. Stürze dich mit aller Macht auf die Trojaner und jage sie fort von den Schiffen! Nur einen sollst du meiden, und das ist Hektor. Hüte dich auch, dass du keinem Gott in die Hände fällst, denn Apollon liebt unsere Feinde! Wenn du die Schiffe gerettet hast, dann komm zurück. Sollen die anderen einander auf offenem Schlachtfeld ermorden, denn eigentlich wäre es doch am besten, wenn kein Trojaner und auch kein Grieche davonkäme, und nur wir zwei dem Tod entgingen und Trojas Mauern niederreißen könnten!«

Bei den Schiffen hatte Ajax inzwischen immer größere Not. Sein Helm klirrte von den feindlichen Geschossen, seine Schulter, die den Schild stützte, wurde ihm starr, der Angstschweiß floss ihm in Strömen und es war ihm keine Erholung vergönnt. Als schließlich Hektors Schwert seine Lanze dicht am Ohr durchschmetterte, sodass er nur noch das hintere abgebrochene Stück in der Hand hielt und die eiserne Spitze klirrend zu Boden fiel, da erkannte Ajax, dass die Macht eines Gottes den Griechen entgegenstand, und wich vor dem Geschoss zurück. Nun warf Hektor eine gewaltige Brandfackel auf das Schiff, und bald ging das Steuerruder in lodernde Flammen auf.

Als Achilles von seiner Lagerhütte aus das Feuer sah, schmerzte es auch ihn, den unbeugsamen Helden. »Auf, edler Patroklos«, rief er, »erhebe dich! Dass sie unsre Schiffe nicht einnehmen und uns jeglichen Ausweg versperren! Ich selbst will gehen, um meine Truppe zu sammeln.«

Patroklos war froh über die Worte seines Freundes. Schnell legte er die Beinschienen an, schnallte den kunstvoll gearbeiteten Harnisch um die

Ajax verteidigt die Schiffe der Griechen

Brust, hängte sich das Schwert um die Schulter, setzte den von Rosshaar umwehten Helm auf sein Haupt, packte mit der linken Hand den Schild, mit der rechten zwei gewaltige Lanzen. Gern hätte er den Speer seines Freundes Achilles genommen, der aus einer Esche des thessalischen Berges Pelion geschnitzt war und den sein Erzieher, der Zentaur Chiron, seinem Vater Peleus geschenkt hatte. Dieser Speer aber war so groß und schwer, dass ihn kein anderer Held außer Achilles schwingen konnte. Nun ließ Patroklos seinen Freund und Wagenlenker Automedon die Pferde Xanthos und Balios, die unsterblichen Kinder der Harpyie Podarge und des Zephyros, anspannen, die Achilles einst aus der Stadt Theben als Beute mitgenommen hatte.

Achilles aber rief sein Myrmidonenvolk unter die Waffen. Wie junge Wölfe, die begierig sind zu kämpfen, stürmten sie herbei, je fünfzig Männer aus fünfzig Schiffen. Fünf Männer führten die Truppe an: Menesthios, der Sohn des Stromgottes Spercheios; Eudoros, der Sohn des Hermes und der Jungfrau Polymele; Peisandros, der Sohn des Maimalos, nach Patroklos der beste Kämpfer in der Truppe; und schließlich der bereits ergraute Phönix sowie Alkimedon, der Sohn des Laërkes.

Als sie in die Schlacht zogen, rief Achilles ihnen zu: »Vergesse mir keiner, wie oft ihr während meines Zorns den Trojanern gedroht und missmutig meinen Groll gescholten habt, der euch vom Kampf zurückhielt! Nun ist die Stunde gekommen, die ihr so sehnlich erwartet habt. Kämpfe nun, wem es das mutige Herz befiehlt!« Dann zog er sich in seine Lagerhütte zurück und ging zu dem Kasten, den ihm seine Mutter Thetis mit aufs Schiff gegeben hatte. Neben Leibröcken, Decken, Mänteln und anderen kostbaren Dingen enthielt er einen kunstvoll gefertigten Becher, aus dem kein anderer je den funkelnden Wein getrunken, und aus dem kein anderer Gott je ein Trankopfer empfangen hatte, als Zeus, der Donnerer, selbst. Diesen Becher holte Achilles hervor, trat in die Mitte seines Hofes und spendete auch jetzt unter Gebeten dem Göttervater Zeus und bat ihn, den Griechen den Sieg zu verleihen und seinen Waffengenossen Patroklos unversehrt zu den Schiffen zurückzubringen. Zur ersten Bitte nickte Zeus gewährend, zu der zweiten Bitte aber schüttelte er sein Haupt, beides ohne dass Achilles es sah. Nun ging Achilles in seine Lagerhütte zurück, um den Becher wieder aufzubewahren, dann stellte er sich aufs Neue vor seine Lagerhütte, um dem Kampf zwischen Griechen und Trojanern zuzusehen.

Wie ein Wespenschwarm zogen Achilles' Myrmidonen unter der Führung des Patroklos über den Heerweg. Als die Trojaner den Patroklos kommen sahen, schlug ihnen das Herz vor Schrecken und ihr Heer geriet aus der Ordnung, denn sie glaubten, Achilles habe den Groll aus seiner Seele verbannt und sich nun selbst zum Kampf aufgemacht. Verwirrt

Tod des Patroklos

blickten sie um sich, wie sie dem Verderben entrinnen könnten. Patroklos nutzte ihre Furcht und schleuderte seine blinkende Lanze mitten unter sie hinein, wo am Schiff des Protesilaos das Getümmel am stärksten war. Sie traf den Päonier Pyraichmes, dass er an der rechten Schulter schwer getroffen zu Boden stürzte und alle Päonier rings um ihn her aus Angst vor dem gewaltigen Patroklos flüchteten. Das Schiff ließen sie halb verbrannt zurück und die Heerhaufen der Griechen stürzten sich in die Schiffsgassen, um sie zu verfolgen. Überall tobte der Aufruhr. Doch bald schon fassten sich die Trojaner wieder und die Griechen sahen sich genötigt, ohne ihre Streitwagen Mann gegen Mann zu kämpfen.

Der große Ajax hatte nichts anderes im Sinn, als wie er mit seinem Speer Hektor treffen könne. Der aber, der ein erfahrener Kämpfer war, deckte sich so geschickt mit seinem Schild aus Stierleder, dass Pfeile und Wurfspieße daran abprallten. Zwar hatte Hektor bereits erkannt, dass der Sieg sich nun von ihm und seinem Heer abgewendet hatte, dennoch blieb er unerschütterlich in der Schlacht, um zumindest seine treuen Gefährten zu beschützen und zu retten. Erst als der Andrang allzu stark wurde, kehrte er mit seinem Wagen um und setzte mit seinen vortrefflichen Pferden über den Graben. Die anderen Trojaner hatten weniger Glück: Viele Pferde ließen die Wagen ihrer Herrn zerschmettert hinter sich im Graben zurück. Doch wer glücklich hinüberkam, jagte in eiliger Flucht zur Stadt zurück. Patroklos sprengte den Fliehenden unter wilden Rufen nach und trieb seine unsterblichen Pferde an, den auf seinem Wagen dahineilenden Hektor einzuholen. Dabei tötete er zwischen Schiffen, Mauer und Strom, wer immer ihm in den Weg kam. Pronoos, Thestor, Eryalos und neun andere Trojaner waren auf seinem stürmenden Weg teils durch seinen Speer, teils durch seine Lanze oder seinen Steinwurf erlegen. Dies sah der Lykier Sarpedon mit Schmerz und Zorn und sprang zum Kampf bereit von seinem Wagen. Patroklos tat ein Gleiches, und nun stürzten sie schreiend aufeinander los wie zwei scharfklauige, krummschnäbelige Habichte. Voller Erbarmen blickte Zeus vom Olymp auf seinen Sohn Sarpedon herab. Hera aber schalt ihn und sprach: »Was denkst du dir, Gemahl! Einen sterblichen Menschen willst du schonen, der dem Tod doch schon längst verfallen ist? Bedenke, was aus den Geschicken, die du selbst zu vollführen beschlossen hast, würde, wenn alle Götter ihre Söhne aus der Schlacht führen wollten! Glaub mir, es ist besser, wenn du ihn in der Schlacht umkommen lässt und dem Schlaf und dem Tod übergibst, und seiner Truppe gestattest ihn aus dem Getümmel zu tragen und einst in Lykien unter Grabhügel und Säule zu bestatten!« Zeus ließ die Göttin gewähren und nur eine Träne, die dem fallenden Sohn geweiht war, fiel aus seinem Götterauge auf die Erde herab. Als Sarpedon verschieden war, betete sein Freund Glaukos zu Phoibos Apollon, ihm die Armwunde zu

DIE TROJASAGE

heilen, die Teukros ihm bei der Erstürmung der Mauer mit dem Pfeil beigebracht hatte und die ihn noch immer zum Kämpfen untauglich machte. Der Gott erbarmte sich seiner und stillte auf der Stelle den Schmerz. Nun eilte Glaukos durch die Reihen der Trojaner und rief die Helden Polydamas, Agenor und Äneas auf, Sarpedons Leichnam zu schützen. Die Fürsten trauerten, als sie von Sarpedons Tod erfuhren, der, obwohl er aus einem fremden Geschlecht stammte, ihre Stadt wie eine Säule gestützt hatte. Doch ihre Trauer war nicht feige. Wild drangen sie auf die Griechen ein und Hektor stürmte voran. Patroklos dagegen feuerte die Griechen an, und so rannten sie unter grauenvollem Gebrüll aufeinander los und kämpften um die Leiche des Sarpedon.

Zeus, der den Kampf aufmerksam beobachtete, erwog eine Weile den Tod des Patroklos, doch dann schien es ihm besser, ihm vorerst noch einen Sieg zu verleihen. So drängte denn der Freund des Achilles die Trojaner samt den Lykiern zur Stadt zurück. Die Griechen beraubten den gefallenen König seiner Rüstung, und eben wollte ihn Patroklos seiner Truppe übergeben, als Apollon auf den Befehl des Zeus hin vom Gebirge in die Schlacht hinabfuhr, den Leichnam auf seine göttlichen Schultern nahm und ihn weit fort an den Strom des Skamander trug. Hier wusch er ihn im Wasser des Stromes, salbte ihn mit Ambrosia und gab ihn den Zwillingen Schlaf und Tod, um ihn hinwegzutragen. Diese flogen mit ihm davon und brachten ihn in sein lykisches Heimatland.

Aber Patroklos, vom bösen Geschick getrieben, spornte seinen Wagenlenker und seine Pferde an und rannte den Trojanern und Lykiern nach in sein eigenes Unheil. So unaufhaltsam tobte er mit seiner Lanze vorwärts, dass er die Stadt Troja selbst erobert hätte, wäre nicht auf dem festesten Turm der Gott Apollon gestanden und hätte auf sein Verderben gesonnen. Dreimal klomm Patroklos auf die Mauer, dreimal drängte ihn Apollon zurück, indem er ihm mit unsterblicher Hand den leuchtenden Schild entgegenhielt und »Weiche!« rief. Da wich Patroklos rasch vor dem Befehl des Gottes zurück.

Der fliehende Hektor zügelte am skaeischen Tor seine Pferde und besann sich einen Augenblick, ob er wieder in die Schlacht zurückkehren oder dem Heer befehlen sollte, sich hinter die Stadtmauer zurückzuziehen. Während er so unentschlossen die Zügel in der Hand hielt, kam Apollon in der Gestalt von Hekabes Bruder Asios auf ihn zu und sprach zu ihm: »Hektor, warum kämpfst du nicht? Wenn ich so viel stärker wäre, als du wie ich schwächer bin, ich würde dich für deine Untätigkeit zum Hades schicken! Aber wohlan, wenn du solche Worte nicht hören willst, dann lenke deine Pferde auf Patroklos zu. Wer weiß – vielleicht schenkt Apollon dir den Sieg?« Darauf verlor sich der vermummte Gott im Gewühl der Schlacht. Da ermunterte Hektor seinen Wagenlenker Kebriones, der

356

Tod des Patroklos

sein Halbbruder war, die Pferde in die Schlacht zurückzutreiben, und Apollon, der vor ihm in die Reihen der Griechen eindrang und Verwirrung unter ihnen anrichtete, bahnte ihnen den Weg. Hektor stob nun geradewegs auf Patroklos zu.

Als Patroklos ihn kommen sah, sprang er vom Wagen. In der linken Hand hielt er den Speer, mit der rechten hob er einen scharfkantigen Marmorstein auf und schleuderte ihn auf Kebriones, der tödlich getroffen vom Wagen sank. Patroklos sandte ihm beißenden Spott nach und rief: »Bei den Göttern! Ein geschickter Mann! Wie leicht er in den Staub taucht! Hat er das Taucherhandwerk etwa auf dem Meer gelernt und einen Austernhandel betrieben?« Mit diesen Worten sprang er wie ein Löwe auf die Leiche zu, die Hektor ebenso grimmig verteidigte. Von beiden Seiten drangen nun Trojaner und Griechen aufeinander ein, wie wenn Ost- und Südwind miteinander kämpfen. Gegen Abend entschied sich das Gefecht zugunsten der Griechen. Nun warf sich Patroklos mit verdoppelter Wut auf die Trojaner und erschlug dreimal neun von ihnen. Aber als er das vierte Mal angestürmt kam, da lauerte der Tod auf ihn, denn Phoibos Apollon selbst begegnete ihm in der Schlacht. Patroklos bemerkte ihn nicht, denn er war in dichten Nebel eingehüllt. Apollon aber stellte sich hinter ihn und versetzte ihm mit der flachen Hand einen Schlag auf Rücken und Schulter, dass sich ihm alles vor den Augen drehte. Dann schlug der Gott ihm den Helm vom Kopf, dass er klirrend weithin unter die Pferdehufe dahinrollte. Nun zerbrach er ihm die Lanze in der Hand, löste ihm den Tragriemen des Schildes von der Schulter und den Harnisch vom Leib und betäubte ihn so, dass er vor sich hin starrend dastand. Jetzt stieß ihm Euphorbos seine Lanze in den Rücken und eilte wieder in seine Truppe zurück. Hektor aber stürmte vor und stieß dem schon Verwundeten den Speer in den Bauch. So bezwang er ihn, wie ein Löwe den Eber. Er entriss ihm den Speer und mit ihm das Leben und jubelte: »Ha, Patroklos! Du wolltest unsere Stadt in einen Schutthaufen verwandeln und unsere Frauen auf euren Schiffen als Sklavinnen in eure Heimat verschleppen! Nun ist der Tag zumindest aufgeschoben und dich werden die Geier fressen! Wie hat dir nun dein Achilles geholfen?«

Mit schwacher Stimme antwortete ihm der sterbende Patroklos: »Juble du nur nach Herzenslust, Hektor! Zeus und Apollon gaben dir einen mühelosen Sieg, denn sie waren es, die mich entwaffneten. Sonst hätte meine Lanze dich und zwanzig deinesgleichen zu Fall gebracht. Von den Göttern hat mich Apollon, von den Menschen Euphorbos bezwungen. Und du nimmst mir nun die Rüstung ab! Aber eines verkündige ich dir: Du wirst nicht mehr lange so einherschreiten, denn das Verhängnis steht schon neben dir, und ich weiß, durch wen du fallen wirst!« Unter Mühen brachte er diese Worte hervor, denn seine Seele verließ bereits den Leib und floh hinunter in den Hades.

Hektor aber rief dem Toten noch zu: »Welches Verderben willst du mir voraussagen, Patroklos? Wer weiß, ob ich nicht Achilles selbst mit meiner Lanze töten werde?«

Unterdessen kämpften Euphorbos und Menelaos um die Leiche des Patroklos. »Du sollst mir büßen«, rief der Trojaner, »dass du meinen Bruder Hyperenor getötet und seine Frau zur Witwe gemacht hast!« Er rannte mit der Lanze gegen den Schild des Menelaos an, doch die Eisenspitze verbog sich. Ihn aber tötete Menelaos, dann nahm er ihm sogleich die Waffen ab. Und er hätte die Rüstung davongetragen, wenn nicht Apollon ihn darum beneidet hätte. In der Gestalt des Mentes, des Fürsten der Kikonen, feuerte er Hektor an, von den unsterblichen, auf der Flucht begriffenen Pferden des Achilles abzulassen, da er sie ohnehin nicht eingeholt hätte, und sich stattdessen wieder dem Euphorbos zuzuwenden. Er drehte um. Da erblickte er den Menelaos, wie er sich die prächtige Rüstung des Euphorbos aneignen wollte. Als nun Menelaos den Hektor bemerkte, musste er sich eingestehen, dass er ihm und seinen heranstürmenden Trojanerscharen nicht standhalten konnte. Unwillig wich Menelaos zurück, doch er suchte den großen Ajax im Getümmel der Schlacht. Als er ihn fand, forderte er ihn auf, mit ihm weiter um die Leiche des Patroklos zu kämpfen.

Als sie wieder auf dem Kampfplatz eintrafen, war es höchste Zeit. Denn schon war Hektor dabei, die Leiche fortzuziehen, denn er wollte sie den Hunden zum Fraß vorwerfen. Als er aber Ajax kommen sah, floh er schnell unter seine Kampfgenossen zurück, sprang auf seinen Wagen und übergab die Rüstung des Patroklos seinen Freunden, damit sie sie in die Stadt brachte, wo sie als Denkmal seines Ruhmes aufbewahrt werden sollte. Vor die Leiche selbst warf sich Ajax wie ein Löwe vor seine Jungen, und neben ihm stellte sich Menelaos auf.

Glaukos, der Lykier, aber blickte Hektor finster an und sprach die strafenden Worte: »Dein Ruf ist besser als du selbst, Hektor, wenn du so feige vor dem Helden fliehst. Nun kannst du überlegen, wie du die Stadt allein verteidigen willst. Lykier wird keiner mehr an deiner Seite kämpfen. Denn wen im Heer willst du noch verteidigen, nachdem du unseren Fürsten Sarpedon, deinen Gastfreund und Kampfgenossen, den Griechen und den Hunden preisgegeben, hast liegen lassen? Wenn die Trojaner so kühn wären wie wir, würden wir bald die Leiche des Patroklos hinter Trojas Mauern ziehen. Sofort würden die Griechen dann den Leichnam Sarpedons ausliefern, um nur wieder des Patroklos Rüstung zu erhalten!« Glaukos wusste nicht, dass Apollon Sarpedons Leiche fortgetragen hatte.

»Du irrst dich«, sprach Hektor, »wenn du meinst, dass ich mich vor Ajax'

Tod des Patroklos

Stärke fürchte. Mich hat noch nie ein Kampf erschreckt. Doch der Entschluss des Zeus ist mächtiger als unsere Tapferkeit. Tritt näher, mein Freund, sieh, was ich tue, und urteile dann, ob ich wirklich so feige bin, wie du behauptet hast!« Mit diesen Worten flog er seinen Freunden nach, die Achilles' Waffen, welche Patroklos getragen hatte, als Beute in die Stadt brachten. Als er sie erreicht hatte, tauschte er seine eigene Rüstung gegen die Rüstung des Achilles, die die Götter des Himmels selbst dem Helden Peleus bei seiner Hochzeit mit der Meeresgöttin Thetis geschenkt hatten und die Peleus seinem Sohn übergeben hatte, als er alt zu werden begann. Doch der Sohn sollte nicht alt werden in den Waffen des Vaters.

Als Zeus, der Herr der Götter und Menschen, aus der Höhe zuschaute, wie Hektor die Waffen des göttergleichen Achilles anlegte, schüttelte er mit trübem Ernst sein Haupt und sprach aus der Tiefe seines Herzens: »Du Armer, du ahnst noch nicht den Tod, der schon an deiner Seite geht. Du hast dem erhabenen Helden den geliebten Freund erschlagen, ihm von seinem Kopf und seinen Schultern die Rüstung abgezogen und schmückst dich nun selbst mit der unsterblichen Rüstung der Göttin. Weil du aus der Schlacht nicht zurückkehren wirst, dir deine Gattin Andromache diese schönen Waffen nicht ablösen und dich nie wieder begrüßen wird, so will ich dir zur Entschädigung noch einmal Siegesruhm verleihen.« Als Zeus diese Worte gesprochen hatte, schloss sich die Rüstung enger an Hektors Leib, der kriegerische Geist des Ares durchdrang ihn, seine Glieder strotzten ihm innerlich vor Kraft und Stärke. Unter lauten Rufen jagte er zu seinen Kampfgenossen und führte sie mit erhobenen Lanzen gegen den Feind. Da entbrannte aufs Neue der Kampf um Patroklos' Leiche, und Hektor wütete so sehr, dass Ajax zu Menelaos sprach: »Lieber Held, ich bin nicht mehr so sehr um unseren toten Patroklos besorgt, der nun einmal die Speise trojanischer Vögel und Hunde werden muss, als um mein eigenes Haupt und um das deine. Denn Hektor umgibt uns mit seinem Heer wie eine Wolke! Versuche doch, ob die griechischen Helden unseren Hilferuf hören!« Menelaos rief, so laut er konnte, und der Erste, der seinen Ruf hörte, war Ajax der Lokrer, der schnelle Sohn des Oïleus. Er eilte zuerst herbei; dann Idomeneus mit Meriones, und bald unzählige andere.

Schließlich wichen die Trojaner mit Hektor zurück, und die Griechen hätten selbst gegen den Beschluss des Zeus gesiegt, wenn nicht Apollon in der Gestalt des Periphas, des greisen Herolds, den gewaltigen Äneas zum Kämpfen angetrieben hätte. Der erkannte den Gott und feuerte seine Männer an. Er selbst sprang vor und kämpfte an der Spitze. Jetzt boten die Trojaner den Feinden wieder die Stirn. Den ganzen Tag über währte die Schlacht.

Während gekämpft wurde, standen die unsterblichen Pferde des Achil-

DIE TROJASAGE

les abseits. Als sie vernahmen, dass ihr Wagenlenker Patroklos erschlagen im Staub lag, begannen sie wie Menschen zu weinen. Vergebens bemühte sich Automedon sie mit der Peitsche zu beflügeln, vergebens trieb er sie mit Schmeichelworten, dann mit Drohungen an. Weder heim zu den Schiffen wollten sie gehen noch zu den Griechen in die Schlacht, sondern wie die Säule, die starr über dem Grabhügel eines Verstorbenen steht, standen sie beide still vor dem Wagen, ihre Häupter zu Boden gesenkt. Ihre Mähnen sanken wallend und mit Staub bedeckt aus dem Ring des Jochs hervor, und von den Wimpern tropften ihnen heiße Tränen. Nicht ohne Mitleid sah Zeus sie von seiner Höhe herab. »Ihr armen Tiere«, sprach er bei sich selbst, »warum haben wir euch ewig Junge, Unsterbliche, dem sterblichen Peleus geschenkt! Etwa, dass ihr mit den unseligen Menschen Kummer und Leid ertragen sollt? Denn es gibt doch nichts Jammervolleres auf Erden, was atmet und sich regt, als den Menschen! Doch Hektor irrt sich, wenn er meint euch bändigen und vor seinen Wagen spannen zu können! Niemals werde ich ihm dies erlauben! Ist es nicht genug, dass er in seiner Eitelkeit sich rühmt, die Waffen des Achilles zu besitzen?« Da beseelte Zeus die Pferde mit Mut und edler Stärke. Plötzlich schüttelten beide den Staub aus ihren Mähnen und sprengten mit dem Wagen rasch unter die kämpfenden Trojaner und Griechen. Automedon musste sie gewähren lassen und wehrte sich so gut er konnte. Aber allein auf dem hohen Wagensitz war es ihm unmöglich, zugleich die Pferde zu lenken und die Lanze gegen den Feind zu schwingen. Endlich erspähte ihn sein Gefährte Alkimedon, der Sohn des Laërkes, und wunderte sich, dass er sich mit seinem leeren Wagen und allein dem Schlachtgetümmel aussetzte. »Neben meinem erschlagenen Freund Patroklos bist du der beste Pferdebändiger, Alkimedon«, rief Automedon ihm als Antwort zu, »wenn du Peitsche und Zügel übernimmst, dann wende ich mich dem Kampf zu!«

Hektor bemerkte, wie sich Automedon aus dem Sitz schwang, und sprach zu Äneas, der neben ihm kämpfte: »Schau, dort sprengen die Pferde des Achilles mit sehr unkriegerischen Lenkern vor in die Schlacht. Wenn es dir recht ist, dann wollen wir sie bestürmen; diese Beute dürfen wir uns nicht entgehen lassen!« Äneas winkte ihm zu, und schon sprengten sie beide unter ihren Schilden heran, Chromios und Aretos ihnen nach. Aber Automedon betete zu Zeus, und der erfüllte sein Herz mit ungewohnter Kraft: »Halt mir die schnaubenden Pferde dicht am Rücken, Alkimedon!«, sprach er und rief: »Ajax und Menelaos, herbei! Überlasst den Gestorbenen anderen Tapferen und wehrt von uns Lebenden das Verderben ab! Uns bedrängen Hektor und Äneas, die tapfersten Helden Trojas!« Mit diesen Worten schwang er die Lanze gegen Aretos, dass er tödlich verwundet in den Staub sank. Dann warf Hektor seinen Speer auf

Tod des Patroklos

Automedon, doch er flog über dessen Kopf hinweg und fuhr zitternd in die Erde. Nun wären sie sich im Schwertkampf begegnet, hätte nicht die Ankunft der beiden Ajax die Kämpfenden getrennt und die Trojaner zur Leiche des Patroklos zurückkehren lassen.

Dort flammte der Entscheidungskampf wieder heftiger auf. Dem Zeus hatte sich das Herz gewandt. In einer dunklen Wolke senkte sich seine Botin Athene herab und stellte sich, nachdem sie in der Gestalt des alten Phönix sichtbar geworden war, neben Menelaos. Der sprach, als er den Helden erblickte: »Vater Phönix, würde mir Athene heute Kraft verleihen, so wollte ich dem toten Freund wohl helfen, denn ich verstehe den Vorwurf in deinem Blick.« Da freute sich die Göttin, dass er, ohne es zu wissen, zu ihr selbst vor allen anderen Göttern gefleht hatte, stärkte ihm seine Schultern und Knie mit Kraft und gab ihm ausdauernden Trotz ins Herz. Die Lanze schwingend eilte er auf die Leiche zu und brachte dabei Podes, Hektors geehrtesten Tischfreund, zu Fall.

Nun trat Apollon in der Gestalt des Phainops auf Hektor zu und ermahnte ihn: »Nun, Hektor, welcher Grieche wird dich künftig noch fürchten, wenn ein Menelaos dich zurückzuschrecken vermag? Er hat dir deinen besten Freund erschlagen, und jetzt wird er, der weichlichste unter allen Griechen, dir noch die Leiche des Patroklos entführen!« Diese Worte senkten Hektors Herz in Schwermut und er eilte im Glanz seiner erzenen Rüstung voran. Zeus aber schüttelte den Ägisschild, hüllte den Berg Ida in Wolken und gab durch Blitz und Donner den Trojanern das Zeichen des Sieges.

Der Böotier Penelos, dessen Schulter der Speer des Polydamas gestreift hatte, war der Erste, der floh; dann hob Meriones die Zügel aus dem Staub auf und gab sie seinem Freund Idomeneus, der schwang sich schnell in den Wagensitz und trieb das Gespann zu den Schiffen. Als der herrliche Ajax dies sah, brach er in so lauten Jammer aus, dass selbst Zeus Mitleid mit ihm fühlte, die Nebel teilte und die Schlacht wieder von der Sonne bescheinen ließ. »Sieh doch zu, Menelaos«, sprach Ajax nun, »ob du nicht den Antilochos, den Sohn des Nestor, noch irgendwo lebend erblickst. Der wäre ein geeigneter Bote zu Achilles, um ihm zu melden, dass sein Freund Patroklos tot im Staub liegt.« Menelaos ging mit spähendem Blick, wie ein Adler nach einem fliehenden Hasen späht, und bald erkannte er ihn links im Gewühl des Treffens. »Weißt du noch nicht, Antilochos«, rief er ihm zu, »dass ein Gott den Griechen Unheil und den Trojanern den Sieg zuschleudert? Patroklos ist gefallen, und alle Griechen vermissen ihre tapfersten Helden: Nur ein Kühnerer lebt noch: Achilles. Eile zu ihm und bringe ihm die Trauerbotschaft. Ob er dann nicht kommen wird, um den nackten Leichnam zu retten, dem Hektor die Rüstung abgezogen hat?«

Ein Schauer durchfuhr den Jüngling, sein Auge füllte sich mit Tränen bei der Nachricht, und lange blieb er stumm. Schließlich gab er seinem Wagengenossen Laodokon die Rüstung und eilte fliegenden Schrittes zu den Schiffen.

Als Menelaos wieder bei der Leiche angekommen war, beriet er sich mit Ajax, wie sie den erschlagenen Freund aus der Schlacht ziehen könnten, denn sie erhofften sich selbst von Achilles' Kommen wenig, da er seiner göttlichen Rüstung beraubt war. Sie hoben den Leichnam mit Gewalt von der Erde auf, und obgleich die Trojaner von hinten ein grauenvolles Gebrüll erhoben und mit Schwertern und Lanzen folgten, so brauchte sich Ajax doch nur umzuwenden, dass sie erblassten und es nicht wagten, ihnen ihre Last streitig zu machen. So trugen sie unter großen Anstrengungen den Leichnam aus der Schlacht zu den Schiffen, und mit ihnen flohen auch die übrigen Griechen. Hektor und Äneas waren ihnen auf den Fersen, und hier und dort verloren die Fliehenden ein Waffenstück, als sie in wilder Unordnung über den Graben setzten.

Jammer des Achilles

Antilochos fand Achilles, wie er nachdenklich vorn an den Schiffen saß und über sein Schicksal grübelte, dessen Vollendung er noch nicht kannte. Als er die fliehenden Griechen in der Ferne kommen sah, sprach er unmutig zu sich selbst: »Wehe mir, was schwärmen sie doch so voller Angst wieder zu den Schiffen? Die Götter werden doch nicht zu meinem Kummer das Unglück verwirklichen, das meine Mutter mir einst verkündet hat, nämlich dass der Tapferste der Myrmidonen noch während ich lebe sein eigenes Leben durch die Hand eines Trojaners lassen muss?«

Während er noch über solches nachdachte, kam Antilochos weinend mit der Schreckensbotschaft und rief ihm schon von weitem zu: »Wehe mir, wenn doch nie geschehen wäre, was du jetzt vernehmen musst: Unser Patroklos ist gefallen, sie kämpfen um seinen nackten Leichnam, Hektor hat ihm die Waffen abgezogen.«

Nacht wurde es vor den Augen des Achilles, als er dies hörte. Mit beiden Händen streute er sich schwarzen Staub auf Haupt, Gesicht und Gewand. Dann warf er sich ganz zu Boden und raufte sich das Haupthaar aus. Jetzt stürzten auch die Sklavinnen, die Achilles und Patroklos erbeutet hatten, aus der Lagerhütte. Mit wankenden Knien rannten sie herbei, als sie ihren Herrn zu Boden gestreckt sahen, und als sie erfuhren, was geschehen war, schlugen sie wehklagend an ihre Brust. Auch Antilochos schwamm in Tränen und jammernd hielt er die Hände des Achilles fest, denn er fürchtete, dass er sich mit dem Schwert die Kehle durchschneiden würde.

Jammer des Achilles

Achilles weinte so fürchterlich in die Lüfte hinaus, dass seine Mutter, die am Meeresgrund neben ihrem grauen Vater saß, die Stimme des Weinenden hörte und selbst so laut zu schluchzen begann, dass ihre silberne Grotte sich bald mit den Nereïden füllte, die sich alle zugleich an die Brust schlugen und in die Wehklage ihrer Schwester mit einstimmten. »Wehe mir Armen«, rief sie ihren Geschwistern zu, »wehe mir unglücklichen Heldenmutter, dass ich einen so edlen, so tapferen, so herrlichen Sohn gebar! Er wuchs wie eine Pflanze empor, die die Hand eines Gärtners pflegt, dann schickte ich ihn zu den Schiffen nach Troja und nun werde ich ihn niemals wieder sehen, nie mehr kehrt er in den Palast des Peleus zurück. Und solange er das Sonnenlicht noch sieht, muss er solche Qualen erleiden und ich kann ihm nicht helfen. Dennoch will ich gehen, um meinen geliebten Sohn zu sehen, will hören, welcher Kummer ihn getroffen hat, während er abseits des Kampfes bei den Schiffen saß!« Nun stieg sie mit ihren Schwestern durch die geteilten Wogen zum Ufer hinauf, tauchte bei den Schiffen ans Licht und eilte zu ihrem schluchzenden Sohn. »Kind, warum weinst du«, rief sie, während sie klagend sein Haupt umschlang, »was betrübt dir dein Herz? Rede, verschweige mir nichts! Es ist doch alles so gekommen, wie du gewollt hast, die Männer Griechenlands drängen sich trostlos um die Schiffe und warten nur, dass du ihnen hilfst!«

Endlich sprach Achilles unter schweren Seufzern: »Mutter, was hilft mir das, seit mein Patroklos, der mir so lieb war wie mein eigenes Haupt, in den Staub gesunken ist! Meine eigenen kostbaren Waffen, das Ehrengeschenk, das die Götter dem Peleus bei deiner Hochzeit dargebracht haben, hat ihm sein Mörder Hektor vom Leib gezogen. Oh bliebest du doch lieber immer im Meer und hätte Peleus eine sterbliche Menschenfrau, dann müsstest du nicht unsterbliches Leid ertragen um deinen gestorbenen Sohn, denn nie mehr wird er in die Heimat zurückkehren! Ja, mein Herz verbietet mir weiter am Leben zu bleiben, wenn nicht Hektor von meiner Lanze durchbohrt und sein Leben aushauchend den Raub meines Patroklos büßt!«

Weinend antwortete Thetis: »Ach, nur allzu bald verblüht dir das Leben, mein Sohn, denn gleich nach Hektor ist dir dein eigenes Ende bestimmt.«

Aber Achilles rief voller Unmut: »Könnte ich doch auf der Stelle sterben, da das Schicksal mir nicht vergönnt hat meinen ermordeten Freund zu verteidigen. Ohne meine Hilfe, fern von der Heimat musste er sterben. Was hilft den Griechen nun mein kurzes Leben? Kein Glück habe ich Patroklos, kein Glück unzähligen erschlagenen Freunden gebracht. Bei den Schiffen sitze ich, eine unnütze Last der Erde, so schlecht im Gefecht wie kein anderer Grieche, und im Rat besiegen mich andere Helden. Ver-

DIE TROJASAGE

flucht sei der Zorn bei Göttern und Menschen, der zuerst dem Herzen süß wie Honig eingeht, aber bald schon wie eine Flamme in der Brust emporwächst!« Und plötzlich fuhr er fort und fasste sich: »Doch Vergangenes sei vergangen. Ich gehe, um Hektor, den Mörder meines geliebten Freundes, zu stellen. Mag mein Schicksal sich vollenden, wann Zeus und die Götter es wollen, wird doch manche Trojanerin sich die Tränen ihres Kummers von ihrer rosigen Wange trocknen und zitternde Seufzer werden ihrer Brust entsteigen. Die Trojaner sollen merken, dass ich lange genug dem Kampf ferngeblieben bin! Verwehre mir das Kämpfen nicht, liebe Mutter!«

»Du hast Recht, mein Kind«, antwortete ihm Thetis. »Es ist nur schade, dass deine strahlende Rüstung in der Gewalt der Trojaner ist und Hektor selbst in ihr einherstolziert. Doch er soll nicht lang darin frohlocken, denn in aller Frühe, sobald die Sonne aufgeht, bringe ich dir neue Waffen, die Hephaistos selbst geschmiedet hat. Nur geh mir nicht in die Schlacht, bevor du mich nicht mit eigenen Augen zurückkommen siehst.« Nun befahl die Göttin ihren Schwestern, wieder in den Schoß des Meeres hinabzutauchen. Sie selbst eilte hinauf zum Olymp, um Hephaistos, den Gott der Schmiedekunst, aufzusuchen.

In dieser Zeit wurde noch einmal um den Leichnam des Patroklos gekämpft, den seine Freunde davontrugen. Hektor kam ihm wie ein daherstürmendes Feuer so nah, dass er ihn dreimal hinten am Fuß packte, um ihn wegzuziehen, und dreimal die beiden Ajax ihn von dem Toten fortstoßen mussten. Nun wütete er seitwärts durch das Schlachtengewühl, stand dann wieder von neuem und stieß einen lauten Schrei aus. Er wollte nicht mehr zurückweichen. Vergebens versuchten die beiden Helden ihn von dem Leichnam abzuschrecken, wie Hirten in der Nacht umsonst einen hungrigen Berglöwen vom Leib des erlegten Rindes zu verscheuchen bemüht sind. Und wirklich hätte Hektor zuletzt die Leiche geraubt, wäre nicht Iris auf Heras Befehl mit der Botschaft zu Achilles geeilt, dass er sich, unbemerkt von Zeus und den anderen Göttern, heimlich bewaffnen solle. »Aber wie soll ich in die Schlacht gehen«, erwiderte Achilles, »da die Feinde meine Rüstung haben? Auch hat mir meine Mutter verboten mich zu bewaffnen, bis ich sie nicht selbst mit einer neuen Rüstung von Hephaistos zurückkehren sehen würde. Ich weiß niemand, dessen Waffen mir gerecht würden, es müsste schon der Riesenschild des Ajax sein. Aber der braucht ihn selbst, um meinen erschlagenen Freund zu schützen!«

»Wohl wissen wir«, antwortete Iris, »dass du deiner herrlichen Waffen beraubt bist. Aber gehe einstweilen so zum Graben, wie du bist, und zeige dich den Trojanern. Vielleicht hören sie zu kämpfen auf, sobald sie dich nur sehen, und den Griechen ist Erholung gegönnt.«

Jammer des Achilles

Als Iris wieder fortgeflogen war, erhob sich der göttliche Achilles. Athene selbst hängte ihm ihren Ägisschild um die Schulter und umgab sein Gesicht mit überirdischem Glanz. So trat er schnell durch Wall und Mauer zum Graben.

Doch er befolgte die Warnung seiner Mutter und mischte sich nicht in den Kampf ein, sondern blieb in einiger Entfernung stehen und schrie, und in seinen Schrei mischte sich der Ruf Athenes, dass er wie eine Kriegsposaune im Ohr der Trojaner dröhnte. Als sie die eherne Stimme des Achilles vernahmen, erfüllte eine unheilvolle Ahnung ihr Herz, und Wagen und Pferde wandten sich rückwärts. Mit Grauen sahen die Lenker um das Haupt des Achilles die Flamme brennen, und vor seinem dreifachen Schrei vom Graben her stoben dreimal die Reihen der Trojaner auseinander, wobei zwölf ihrer tapfersten Männer unter den Wagen und Lanzen ihrer eigenen Freunde fielen.

Jetzt war Patroklos den Trojanern entrissen. Die Helden betteten seinen Leichnam auf eine Bahre und umringten ihn voller Wehmut. Als Achilles seinen treuen Genossen, von Speeren verwundet, auf der Bahre liegen sah, mischte er sich zum ersten Mal wieder unter die Griechen und warf sich mit heißen Tränen über den Leichnam. Die untergehende Sonne beleuchtete das jammervolle Schauspiel.

VIERTES BUCH

Achilles wird neu bewaffnet

Beide Heere ruhten jetzt von den erbitterten Kämpfen. Die Trojaner spannten ihre Pferde von den Streitwagen ab, aber noch bevor sie ihr Mahl einnahmen, eilten sie zur Versammlung. Da standen alle aufrecht im Kreis, keiner wagte sich zu setzen, denn noch zitterten sie vor Achilles und fürchteten sich, weil er wieder erschienen war. Schließlich ergriff der weise Polydamas, der Sohn des Panthoos, das Wort, der als Einziger voller Umsicht war, und riet nicht erst bis zum Morgen zu warten, sondern gleich in die Stadt zurückzukehren. »Wenn Achilles uns morgen noch hier findet, dann werden diejenigen, denen es gelingt, in die Stadt zu entkommen, Glück gehabt haben. Viele aber werden den Hunden und Geiern zum Fraß dienen. Möge mein Ohr solches niemals vernehmen! Darum rate ich, die Nacht auf dem Marktplatz der Stadt zu verbringen, wo hohe Mauern und feste Tore uns ringsum beschützen. In aller Frühe stehen wir dann auf der Mauer, und wehe ihm, wenn er von den Schiffen angestürmt kommt, um mit uns um die Mauer zu kämpfen.«

Nun stand auch Hektor auf und begann mit finsterem Blick: »Mir gefällt keineswegs, was du da vorgeschlagen hast, Polydamas. In einem Augenblick, in dem Zeus mir den Sieg zugesprochen hat, sodass ich die Griechen bis ans Meer zurückgedrängt habe, muss dein Rat dem Heer dumm erscheinen und kein einziger Trojaner wird dir gehorchen. Vielmehr befehle ich Truppe um Truppe, das Abendbrot unter das Heer zu verteilen und Wachen aufzustellen. Am Morgen wiederholen wir dann den Sturm auf die Schiffe. Wenn Achilles wirklich wieder auferstanden ist, dann hat er sich das schlimmere Los erkoren, denn ich werde den grässlichen Kampf nicht eher verlassen, ehe er oder ich gesiegt haben!« Die Trojaner vergaßen die heilsamen Worte des Polydamas, belohnten die Unheilsworte Hektors mit rauschendem Beifall und warfen sich hungrig auf ihr Mahl.

Die Griechen aber trauerten die ganze Nacht über der Leiche des Patroklos, und vor allen erhob Achilles die Klage, während seine Hände auf der

Achilles wird neu bewaffnet

Brust des Freundes lagen. »Oh leeres Wort«, sprach er, »das ich damals gesprochen habe, als ich, um den alten Helden Menoitios im Palast zu trösten, versprach, seinen Sohn nach Trojas Zerstörung reich an Ruhm und Beute in seine Heimat Opus zurückzubringen! Nun wurde es uns beiden bestimmt, dieselbe fremde Erde mit unserem Blut rot zu färben, denn auch mich werden mein grauer Vater Peleus und meine Mutter Thetis niemals mehr im Palast empfangen, sondern hier vor Troja wird mich die Erde bedecken. Aber weil ich doch nach dir in den Boden sinken soll, Patroklos, so will ich dir nicht eher dein Leichenfest feiern, als bis ich dir die Waffen und das Haupt deines Mörders Hektor gebracht habe. Auch will ich dir zwölf der edelsten Söhne Trojas an deinem Scheiterhaufen opfern. Bis dies geschieht, ruhe du hier bei meinen Schiffen, geliebter Freund!« Nun befahl Achilles seinen Gefährten, einen großen Dreifuß voll Wasser an das Feuer zu stellen und den Leichnam des gefallenen Helden zu waschen und zu salben. Anschließend wurde er auf schöne Betten gelegt und kostbares Tuch vom Haupt bis zu den Füßen über ihn gebreitet und ein schimmernder Teppich über den Toten geworfen.

Unterdessen gelangte Thetis an den unvergänglichen, sternenhellen Palast des Hephaistos, den der hinkende Künstler sich selbst aus Erz erschaffen hatte. Sie fand ihn dort schwitzend bei der Arbeit um seine Blasebälge beschäftigt. An die zwanzig Dreifüße fertigte er an; unter dem Boden eines jeden befestigte er goldene Räder, mit welchen sie, ohne von fremder Hand geschoben zu werden, in den Sälen des Olymp vor die Götter rollten und dann wieder zu ihrem Gemach zurück. Wie wahre Wunderwerke waren sie anzusehen. Bis auf die Henkel waren sie fertig und diese fügte er jetzt eben an, indem er mit dem Hammer die Nägel einschlug. Seine Gattin, die schöne Charis, eine der Huldgöttinnen, ergriff die Hand der eintretenden Göttin, führte sie zu einem silbernen Sessel, rückte ihr einen Schemel unter die Füße und rief ihren Gemahl herbei. Als der die Meeresgöttin erblickte, rief er freudig aus: »Wohl mir, ist doch einmal die Edelste der Unsterblichen bei mir im Hause, die mich, den Neugeborenen, vor dem Verderben gerettet hat! Denn weil ich lahm auf die Welt kam, verstieß mich meine Mutter und ich wäre elend verkommen, wenn nicht Eurynome und Thetis mich in ihrem Schoß aufgefangen und in ihrer Meeresgrotte großgezogen hätten, bis ich neun Jahre alt war. Dort schmiedete ich allerlei Kunstwerke, Spangen, Ringe, Ohrgehänge, Haarnadeln und Kettchen aller Art, und rings um uns her schäumte brausend der Strom des Ozeans. Diese meine Retterin besucht jetzt mein Haus! Bewirte sie, liebe Gattin, mich aber lass diesen Wust hier aus dem Weg schaffen!« So sprach der rußgeschwärzte Gott, stand hinkend von seinem Amboss auf und mühsam hin und herwankend nahm er die Blasebälge vom Feuer weg, verschloss die mancherlei Gerätschaften in einen silbernen Kasten, wusch sich dann mit einem Schwamm Hände, Gesicht, Hals und Brust und hinkte, in einen Leibrock gehüllt und von geschäftigen Mägden gestützt, wieder aus der Kammer. Diese Dienerinnen aber waren keine Wesen aus Fleisch und Blut, wenn sie auch so aussahen. Sie waren voller Jugend, alle von Hephaistos aus Gold geschmiedet und mit Kraft, Verstand, Sprache und Kunsttrieb begabt. Mit hurtigen Füßen eilten sie fort von ihrem Herrn. Er nahm sich einen schönen Sessel, setzte sich neben Thetis, nahm ihre Hand und sprach: »Ehrenwerte, geliebte Göttin, was führt dich zu meiner Wohnung, die du sonst nur selten besuchst? Sage mir, was du begehrst: Alles wird dir mein Herz gewähren, was ich nur gewähren kann und was an sich gewährbar ist.«

Da erzählte ihm Thetis ihren ganzen Kummer und bat ihn, indem sie seine Knie umschlang, ihrem früh verwelkten Sohn Achilles, solange er noch zum Schutz der Griechen lebe, einen neuen Helm, Schild, Harnisch, Beinschienen und Knöchelbedeckungen zu schmieden. Denn die Rüstung, die er zuvor besessen hätte, habe sein gefallener Gefährte vor Troja verloren.

»Nur Mut, edle Göttin, dies soll dich nicht bekümmern! Möchte ich deinen Sohn doch so gewiss aus der Gewalt des Todes retten können, wenn sein Verhängnis herannaht, als ich ihm jetzt eine prachtvolle Rüstung fertigen will, die ihn erfreuen soll, und die noch mancher Sterblicher, der sie erblickt, bestaunen wird!«

Mit diesen Worten verließ er die Göttin, kniete sich an seine Esse, richtete die Blasebälge aufs Feuer und ließ sie mit Macht arbeiten. Ihrer zwanzig schickten den glühenden Wind zugleich in die Öfen hinein, während in mächtigen Töpfen, Erz, Zinn, Silber und Gold auf der Glut standen. Anschließend richtete er den Amboss auf dem Block zurecht, nahm mit der Rechten seinen gewaltigen Hammer, mit der Linken die Zange. Und nun fing er an zu schmieden und formte zuerst den riesenmäßigen starken Schild aus fünf Schichten, mit einem Silbergehenk und dreifachem blankem Rand. Auf der Wölbung des Schildes bildete er die Erde, das wogende Meer, den Himmel mit der Sonne, dem Mond und allen Gestirnen ab; ferner zwei blühende Städte, die eine voll von Hochzeitsfesten und Gelagen, mit Volksversammlung, Markt, hadernden Bürgern, Herolden und Obrigkeiten, die andere von zwei Heeren zugleich belagert, hinter ihren Mauern Frauen, Kinder und Greise. Die Männer der Stadt draußen in einem Hinterhalt gelagert, wie sie den Hirten in die Herde einfielen. Auf einer anderen Seite Schlachtgetümmel, Verwundete, Kampf, Leichname und Rüstungen. Dann schuf er noch ein Brachfeld mit Bauern und Ochsen am Pflug, ein wallendes Ährenfeld voller Schnitter; seitwärts unter einer Eiche eine bereitete Mahlzeit; weiter einen Rebengarten voll schwarzer, schwellender Trauben an Pfählen aus Silber, ringsum einen

Achilles wird neu bewaffnet

Graben aus blauem Stahl und ein Gehege aus Zinn. Eine einzige Furche führte durch den Weingarten, und eben war Lese: Jünglinge jauchzten und rosige Jungfrauen trugen die süßen Früchte in schönen Körben davon; mitten unter der Schar schritt ein Junge mit einer Leier, den andere umtanzten. Weiter schuf Hephaistos eine Rinderherde aus Gold und Zinn an einem wallenden Fluss, mit vier goldenen Hirten und neun Hunden. Vorn waren zwei Löwen in die Herde eingefallen und hatten einen Stier gepackt, die Hirten hetzten ihre Hunde, die bellend auf Sprungweite vor den Löwen standen. Dann schuf er noch eine anmutige Taldrift, in der silberne Schafe umherschwärmten, mit Hirtengehegen, Hütten und Ställen; schließlich einen Reigen von blühenden Jünglingen und Jungfrauen in glänzenden Gewändern, jede Tänzerin schmückte ein Kranz, die Tänzer hatten goldene Dolche an silbernen Riemen hängen; zwei Gaukler drehten sich im Kreis zur Harfe eines Sängers, Zuschauer drängten sich um die Tanzenden. Um den äußersten Rand des Schildes schlang sich wie eine Schlange der Ring des Ozeans.

Als er den Schild vollendet hatte, schmiedete er den Harnisch und gab ihm einen helleren Schein, als ihn das Feuer hat; dann den schweren prangenden Helm, passend zu den Schläfen, mit einem goldenen Haarbusch. Zuletzt fertigte er Beinschienen aus dem feinsten Zinn. All dies legte er vor die Mutter des Achilles hin. Sie aber warf sich auf die Rüstung wie ein Habicht auf die Beute, dankte und trug das glänzende Waffengeschmiede mit ihren Göttinnenhänden fort.

Mit dem ersten Morgenlicht war sie wieder bei ihrem Sohn, der noch immer weinend und von klagenden Gefährten umgeben über seinem Freund Patroklos lag. Sie legte die wunderbaren Waffen vor Achilles nieder, dass sie rasselten. Die Myrmidonen erzitterten bei ihrem Anblick, und keiner wagte der Göttin gerade ins Gesicht zu schauen. Achilles' Augen aber funkelten unter seinen Wimpern wie Flammen vor Zorn und vor Freude. Er hielt die prächtigen Gaben des Gottes eine nach der anderen in die Höhe, und er weidete sein Herz lange an ihrer Betrachtung. Dann brach er auf, um sich damit zu bewaffnen. »Sorgt mir dafür«, sagte er im Weggehen zu seinen Freunden, »dass nicht Fliegen in die Wunden meines erschlagenen Freundes schlüpfen und den schönen Leichnam entstellen!«

»Lass dies meine Sorge sein«, sprach Thetis und flößte dem Patroklos Nektar und Ambrosia in die halb geöffneten Lippen ein, und dieser Götterbalsam durchdrang seinen Leib, dass er wie ein Lebender blieb.

Achilles aber ging an den Meeresstrand und seine Donnerstimme rief die Griechen herbei. Da lief zusammen, was wandeln konnte. Selbst die Steuermänner, die noch nie ihre Schiffe verlassen hatten, fanden sich ein. Auf ihre Lanzen gestützt hinkten auch Diomedes und Odysseus, beide

DIE TROJASAGE

verwundet, heran. Alle Helden kamen. Als Letzter erschien Agamemnon. Auch er litt noch an der Wunde, die ihm Koon, der Sohn des Antenor, mit dem Speer versetzt hatte.

Achilles und Agamemnon versöhnt

Als die Versammlung vollzählig war, erhob sich Achilles und sprach: »Agamemnon, Sohn des Atreus! Hätte doch besser der Pfeil der Artemis an jenem Tag die Tochter des Brises bei den Schiffen getötet, an dem ich sie mir aus dem zerstörten Lyrnessos als Beute ausersehen habe, bevor so viele Griechen fallen mussten, während ich zürnte! Das Vergangene sei nun vergessen, wenn es uns auch in der Seele schmerzt; mein Zorn zumindest ist besänftigt. Nun auf zum Gefecht! Ich will herausfinden, ob die Trojaner noch bei den Schiffen ruhen!«

Bei diesen Worten erfüllte der unermessliche Jubel der Griechen den Meeresstrand. Und jetzt erhob sich Agamemnon, der Völkerfürst, und sprach, jedoch ohne in den Kreis zu treten, wie es für einen Redner üblich war: »Bändigt eure Zungen! Wer vermag bei solchem Getümmel zu reden oder zu hören? Ich will mich Achilles, dem Sohn des Peleus, erklären. Ihr anderen hört zu und beherzigt meine Worte.

Oft schon haben mich die Söhne Griechenlands für mein Verhalten an jenem Unglückstag bestraft. Doch war dies nicht meine Schuld: Zeus, die Moira und die Erinnyen schickten mir damals in der Volksversammlung die verderbliche Verblendung. So konnte ich mich nur falsch verhalten. Doch während Hektor an unseren Schiffen wütete und Scharen von Griechen tötete, wurde ich mir meiner Schuld bewusst und ich erkannte, dass Zeus mir den Verstand genommen hatte. Nun will ich gerne büßen. Ich biete dir Sühnung, Achilles, so viel du begehrst. Ziehe du in den Kampf, und ich bin bereit, dir all die Geschenke reichen zu lassen, die dir Odysseus jüngst verheißen hat, als ich ihn zu dir sandte. Oder wenn du das lieber willst, so bleib noch so lange, bis meine Diener sie aus dem Schiff herbeigebracht haben, damit du mit eigenen Augen sehen kannst, wie ich mein Versprechen erfülle.«

»Ruhmvoller Völkerfürst Agamemnon«, antwortete der Held, »mag es dir gut dünken, mir die Geschenke zu überreichen, wie es schicklich wäre, oder magst du sie behalten – mir ist es gleich. Jetzt aber lass uns unverzüglich ans Kämpfen denken, denn noch ist vieles ungetan und mich verlangt danach, dass man den Achilles wieder an der Spitze der Truppe kämpfen sehe!«

Aber der schlaue Odysseus wandte ein: »Göttergleicher Achilles, treibe die Griechen nicht mit leerem Magen vor Troja! Lass sie sich zuvor bei

Thetis überreicht dem Achilles neue Waffen

DIE TROJASAGE

den Schiffen mit Speise und Wein erquicken, denn nur das gibt Kraft und
Stärke! In der Zwischenzeit soll Agamemnon das Geschenk in unseren
Kreis bringen, damit es alle sehen können und dein Herz sich daran
erfreut. Und anschließend soll er dich in seiner Lagerhütte feierlich mit
einem köstlichen Mahl bewirten!«

»Mit Freude habe ich dein Wort vernommen, Odysseus«, antwortete
Agamemnon, »du aber, Achilles, wähle dir selbst die edelsten Jünglinge
aus dem ganzen Heer aus, dass sie dir alle Geschenke aus meinem Schiff
heranbringen, und der Herold Thalthybios schaffe uns einen Eber herbei,
damit wir Zeus und dem Sonnengott opfern und den Bund der Eintracht
beschwören!«

»Tut ihr, wie es euch beliebt«, sprach Achilles, »ich aber will weder
essen noch trinken, solange mein Freund dort aufgebahrt in seinen Wunden liegt. Mein einziges Bedürfnis ist Rache!«

Aber Odysseus besänftigte ihn: »Erhabenster Held aller Griechen, du
bist viel stärker als ich und viel tapferer im Speerkampf. Was aber guten
Rat betrifft, so könnte ich mich vor dir vielleicht hervortun, denn ich bin
älter als du und habe mehr Erfahrung. So höre dieses Mal auf meine
Ermahnung. Die Griechen müssen ja ihre Toten nicht mit dem Bauch
betrauern. Wenn einer gestorben ist, dann bestattet man ihn und beweint
ihn einen Tag; wer aber entronnen ist, der soll sich mit Trank und Speise
stärken, damit er umso besser kämpfen kann!« Dann ging er fort, um Nestors Söhne und dazu Meges, Meriones, Thoas, Melanippos und Lykomedes zu holen, um mit ihnen zu Agamemnons Lagerhütte zu gehen. Dort
nahmen sie die versprochenen Geschenke, sieben Dreifüße, zwölf Pferde,
zwanzig Becken, sieben Frauen und die schöne Briseïs als achte. Odysseus wog zehn Talente Gold ab und schritt damit voraus. Die Jünglinge
folgten ihm mit den anderen Geschenken.

Sie traten in den Kreis. Agamemnon erhob sich, der Herold Thalthybios
packte den Eber, richtete ihn für das Opfer her, betete und schnitt ihm die
Kehle durch. Dann warf er das geschlachtete Tier ins Meer, den Fischen
zum Fraß.

Nun stand Achilles auf und sprach zu den Griechen: »Vater Zeus, welche Verblendung sendest du oft den Männern! Gewiss hätte Agamemnon,
der Sohn des Atreus, meinen Zorn nicht so heftig geweckt oder mir mit so
unbeugsamer Gewalt das Mädchen entrissen, wenn du nicht den Tod so
vieler Griechen gewollt hättest! Doch nun lasst uns das Mahl halten, dann
wollen wir uns zum Angriff rüsten.«

Die Versammlung löste sich auf. Als die Tochter des Brises, die schön
wie Aphrodite war, in die Lagerhütte ihres früheren Gebieters trat und
den Helden Patroklos mit seinen tiefen Speerwunden auf den Teppichen
ausgestreckt liegen sah, zerschlug sie sich Brust und Wangen und warf

Achilles und Agamemnon versöhnt

sich weinend über ihn. »Ach, mein teurer Patroklos«, rief sie, »der du mein bester Freund im Elend warst, blühend ließ ich dich im Zelt zurück, tot finde ich dich wieder! So verfolgt mich Unheil über Unheil. Meinen Bräutigam sah ich vor unserer Stadt vom Speer getötet, drei geliebte Brüder riss mir derselbe Unglückstag von der Seite weg. Dennoch, als Achilles meinen Freund erschlagen und meine Heimat verwüstet hatte, wolltest du, dass ich niemals weinen müsste. Du versprachst mir, mich mit Achilles zu vermählen, sobald du mich auf den Schiffen nach Phthia gebracht hättest, und dort unter den Myrmidonen meine Hochzeit zu feiern. Nie werde ich aufhören um dich zu trauern, du guter Freund.« Sie weinte, und die gefangenen Frauen weinten mit ihr, zum Schein über Patroklos, im Grunde aber jede über ihr eigenes Elend.

Die edelsten Griechenfürsten umringten unterdessen den Achilles und baten ihn flehentlich, er möge doch auch etwas essen. Doch er weigerte sich unter Seufzern. »Wenn ihr mich wirklich liebt, so verlangt nicht mir das Herz zu erfrischen, ihr Freunde, mein Kummer duldet es nicht. Lasst mich, bis die Sonne im Meer versinkt.« Mit diesen Worten entließ er die anderen Fürsten, und nur Agamemnon, Menelaos, Odysseus, Nestor, Idomeneus und Phönix blieben zurück. Sie alle bemühten sich vergebens den Trauernden aufzuheitern, doch er blieb ungerührt, und wenn er einmal sprach, so flog sein Atem schneller und seine Rede galt dem toten Freund. »Ach wie oft hast du mir«, sagte er, »selbst noch eilig das Frühstück gebracht, wenn das Heer der Griechen in die Schlacht ging! Jetzt liegst du erschlagen hier, und mich vermag von all dem reichlichen Vorrat nichts zu erquicken. Etwas Schlimmeres hätte mich nicht treffen können, nicht einmal die Nachricht vom Tod meines Vaters oder meines lieben Sohnes Neoptolemos, wenn er überhaupt noch lebt. Zuvor tröstete mich zumindest immer noch die Hoffnung, dass nur ich hier sterben würde und dass du nach Phthia zurückkehren würdest, um meinen Sohn von Skyros abzuholen und ihn in all meine Habe einzusetzen. Denn dass mein Vater Peleus, der ja immer auf die schreckliche Nachricht gefasst ist, die ihm meinen frühen Tod verkündet, längst vor Alter und Traurigkeit gestorben ist, das ahne ich ja.« Als er dies unter Tränen gesagt hatte, seufzten die Fürsten mit ihm, denn jeder dachte an seine Lieben, die er selbst zurückgelassen hatte.

Mitleidig sah Zeus von seiner Höhe auf die Trauernden hinab. Dann wandte er sich zu seiner Tochter Pallas Athene und sagte: »Kümmert sich denn dein Herz gar nicht mehr um den edlen Helden, liebes Töchterchen, der dort um seinen Freund trauernd sitzt, ohne Speise und Trank anzurühren, während die anderen zum Frühmahl gegangen sind? Auf, labe ihn sogleich mit Nektar und Ambrosia, dass ihn in der Schlacht kein Hunger befällt!«

DIE TROJASAGE

Wie ein Adler mit breiten Flügeln schwang sich die Göttin, die sich längst danach gesehnt hatte, ihrem Freund zu helfen, durch den Äther, und während das Heer sich eifrig für die Schlacht bereitmachte, flößte sie sanft und unbemerkt Nektar und Ambrosia in die Brust des Achilles ein, damit ihm seine Knie im Kampf nicht vor Hunger steif würden. Dann kehrte sie zum Palast ihres allmächtigen Vaters zurück.

Inzwischen drangen Helm an Helm, Schild an Schild, Harnisch an Harnisch und Lanzen an Lanzen die Griechen aus den Schiffen hervor. Das ganze Erdreich leuchtete von Erz und dröhnte von Erz unter ihren Schritten. Mitten unter ihnen bewaffnete sich Achilles, Glut in den Augen. Erst legte er Schienen und Knöchelbedeckung an, dann bedeckte er seine Brust mit dem Harnisch, warf das Schwert um seine Schulter und ergriff den Schild, der wie der Vollmond durch den Äther leuchtete. Dann setzte er den schweren Helm mit dem hohen goldenen Busch auf sein Haupt, der strahlte wie ein Gestirn, und die goldene Mähne flatterte von ihm herab. Nun versuchte er, ob die Rüstung ihm auch passte und ob er seine Glieder ungehemmt bewegen konnte, und siehe da, seine Waffen schienen ihm wie Flügel, die ihn vom Boden emporheben wollten. Jetzt zog er den schweren Speer seines Vaters Peleus, den kein anderer Grieche schwingen konnte, aus seinem schönen Schaft. Automedon und Alkimos schirrten die Pferde ein und Automedon stieg auf. Hinter ihm schwang sich Achilles in seiner glänzenden Rüstung auf den Wagen.

»Ihr unsterblichen Pferde«, rief er dem Gespann seines Vaters zu, »ich sage euch: Bringt mir die Helden, die ihr führt, anders aus der Schlacht zurück als Patroklos, den ihr tot auf dem Schlachtfeld liegen ließet!«

Kaum dass er dies gesagt hatte, wurde ihm ein grauenhaftes Wunderzeichen zuteil: Sein Pferd Xanthos neigte das Haupt tief zur Erde. Und da die Göttin Hera ihm für den Augenblick die Sprache gegeben hatte, erteilte es ihm unter dem Joch die traurige Nachricht: »Wohl, starker Achilles, führen wir dich jetzt lebend dahin. Aber der Tag des Verderbens ist dir nahe. Nicht unser Säumen oder unsre Fahrlässigkeit, sondern das Verhängnis und die Allmacht der Götter hat dem Patroklos das Leben geraubt und dem Hektor den Siegesruhm gegeben. Wir können mit Zephyros, dem schnellsten der Winde, um die Wette laufen und werden nicht müde. Dir aber ist bestimmt, von der Hand eines Gottes zu sterben.« So sprach das Pferd, und es hätte noch weiter gesprochen, doch die Macht der Rachegöttinnen unterband seine Rede.

Achilles antwortete voller Unmut: »Xanthos, was redest du mir da vom Tod? Ich brauche deine Weissagung nicht. Ich weiß doch selbst, dass mich das Schicksal hier, fern von Vater und Mutter, hinwegraffen wird. Und dennoch ruhe ich nicht, ehe nicht genug Trojaner durch mich im Kampf gefallen sind!« Dann trieb er unter lauten Rufen die Pferde an.

Die Schlacht der Götter und Menschen

Im Olymp hatte Zeus eine Götterversammlung einberufen, in der er allen Göttern erlaubte, nunmehr einem jeden Griechen oder Trojaner beizustehen, ganz wie es ihnen beliebte. Denn wenn Achilles jetzt gegen die Trojaner kämpfte, so würde er selbst gegen den Beschluss des Schicksals Troja auf der Stelle erobern. Auf dieses Zugeständnis hin teilten sich die Götter sogleich auf: Die Göttermutter Hera, Pallas Athene, Poseidon, Hermes und Hephaistos eilten zu den Schiffen der Griechen; Ares ging unter die Trojaner und mit ihm Phoibos Apollon und Artemis, deren beider Mutter Leto, der Flussgott Skamander, der bei den Göttern Xanthos genannt wurde, und Aphrodite.

Solange sich die Götter noch nicht unter die vorrückenden Heere gemischt hatten, gingen die Griechen hoch erhobenen Hauptes, weil der schreckliche Achilles wieder in ihrer Mitte war. Den Trojanern zitterten die Glieder vor Angst, als sie Achilles von ferne in seiner glänzenden Rüstung erblickten, in der er wie der furchtbare Kriegsgott selbst aussah. Plötzlich aber erschienen die Götter in beiden Heeren und drohten den Kampf wieder unentschieden zu machen. Da stand Athene bald außerhalb der Mauer am Graben, bald am Meeresstrand und ließ ihren mächtigen Schlachtruf hören. Auf der anderen Seite feuerte Ares bald von der höchsten Höhe der Stadt herab die Trojaner an und brüllte wie ein Sturm, bald flog er am Fluss Simoeis durch die Reihen. Durch beide Heere tobte Eris, die Göttin der Zwietracht, dazu donnerte Zeus, der Beherrscher der Schlachten, grässlich vom Olymp herab. Poseidon ließ die Erde von unten erbeben, dass alle Bergesgipfel und selbst die Wurzeln des Berges Ida erzitterten und sogar Pluton, der Fürst der Nacht, erschrak und von seinem Thron sprang, weil er fürchtete, ein Erdriss könnte sein geheimnisvolles Reich Menschen und Göttern offenbaren.

Nun kämpften die Götter unmittelbar gegeneinander: Dem Meeresgott Poseidon begegnete Phoibos Apollon mit seinen Pfeilen, der Kriegsgott Ares stellte sich Pallas Athene entgegen, Artemis mit dem Bogen kämpfte gegen Hera, Hermes gegen Leto, und Hephaistos stellte sich dem Skamander entgegen.

Während so die Götter gegeneinander vorrückten, suchte Achilles im Gewühl den Hektor. Apollon aber, in Gestalt des Lykaon, eines Sohnes des Priamos, schickte ihm den Helden Äneas entgegen, sodass er mutig in seiner glänzenden Rüstung gleich in die vordersten Reihen vordrang. Doch Hera bemerkte ihn. Schnell sammelte sie die ihr befreundeten Götter um sich und sprach: »Überlegt ihr beide, Poseidon und Athene, wohin unsere Sache sich jetzt wende. Dort kommt, von Apollon angestachelt, Äneas auf Achilles zugestürmt. Wir müssen ihn entweder wegdrängen, oder einer

DIE TROJASAGE

von uns muss die Kraft des Achilles erhöhen, damit er spüre, dass die mächtigsten Götter mit ihm sind. Heute nur soll ihm nichts durch die Trojaner geschehen, wir sind ja nur deshalb alle vom Olymp herabgekommen. Dann mag er erleiden, was die Parze ihm bei seiner Geburt gesponnen hat.«

»Besinne dich, Hera«, erwiderte Poseidon, »nur ungern möchte ich, dass wir – ich und ihr anderen – vereinigt gegen die Götter anrennen. Es wäre nicht gerecht, denn wir sind weit überlegen. Wir wollen uns lieber dort, ein Stück abseits des Weges, auf die Warte niedersetzen. Wenn aber Ares oder Apollon den Kampf eröffnen, um Achilles zu behindern, dann haben auch wir das Recht, am Kampf teilzunehmen, und gewiss kehren unsere Gegner dann, von unserer Kraft gebändigt, eilig in den Olymp zu den anderen Göttern zurück!« Der Meeresgott wartete die Antwort gar nicht erst ab, sondern schüttelte seine finsteren Locken und ging auf den Wall des Herakles, den vor Zeiten Pallas und die Trojaner zum Schutz gegen die Meerungeheuer aufgetürmt hatten. Dorthin eilte Poseidon. Die anderen Götter folgten ihm und hier saßen sie nun, die Schultern in undurchdringlichen Nebel gehüllt. Gegenüber, auf den Hügel Kallikolone, setzten sich Ares und Apollon, und so saßen die unsterblichen Götter nachdenklich, kampfbereit und nicht weit voneinander entfernt.

Unterdessen füllte sich das Schlachtfeld ringsum und leuchtete vom Erz der Kämpfer und Wagen, und der Boden dröhnte unter den Schritten der aufmarschierenden Truppen. Doch bald kamen zwei Männer, einer aus jedem Heer, zum Kampf bereit hervorgerannt: Äneas, der Sohn des Anchises, und Achilles, der Sohn des Peleus. Äneas schritt als Erster vor. Sein Federbusch wippte auf dem schweren Helm, seinen riesigen Stierschild hielt er vor die Brust und drohend schwenkte er seinen Wurfspieß. Als Achilles dies sah, drang auch er ungestüm wie ein grimmiger Löwe vor. Als sie einander ganz nahe gegenüberstanden, rief er: »Was wagst du dich so weit aus der Menge hervor, Äneas? Hoffst du etwa das Volk der Trojaner zu beherrschen, wenn du mich erschlägst? Da irrst du dich; niemals wird Priamos dir diese Ehre zuteil werden lassen, er hat doch Söhne genug. Und er selbst gedenkt noch nicht vom Thron zu steigen. Oder versprachen dir die Trojaner vielleicht ein wertvolles Landgut als Belohnung, wenn du mich tötest? Ich habe dich doch zu Beginn dieses Kampfes, wie mir scheint, schon einmal mit der Lanze verfolgt? Hast du schon vergessen, wie ich dich von den Rinderherden fort die Hänge des Ida hinabjagte? Da sahst du dich auf der Flucht nicht einmal um, und bis zur Stadt Lyrnessos trugen dich deine Füße. Ich aber warf die Stadt mit Zeus und Pallas in Trümmer, und nur die Barmherzigkeit des Letzteren rettete dich, während ich Frauen und Beute in Hülle und Fülle forttrug. Doch heute werden dich die Götter kein zweites Mal retten. Ich rate dir, begib

Die Schlacht der Götter und Menschen

dich schleunigst wieder unter die Menge und hüte dich mir zu begegnen, damit dir kein Leid geschieht!«

Äneas erwiderte: »Glaube ja nicht, dass du mich mit deinen Worten schrecken kannst, Achilles. Auch ich könnte dir gemeine Worte entgegenschleudern. Ich weiß doch genauso, was man dir und deinem Geschlecht nachsagt. Dass dich die Meeresgöttin Thetis gebar, weiß ich; aber ich rühme mich, Aphrodites Sohn und der Enkel des Zeus zu sein. Doch wir wollen nicht mit kindischen Worten vom Schlachtfeld gehen. Lass uns also nicht länger schwatzen. Die ehernen Kriegslanzen sind es, die wir einander zu kosten geben wollen.« Mit diesen Worten schwang er seinen Speer und warf. Der entsetzliche Schild des Achilles hallte nach von seinem Geschoss, doch es fuhr nur durch die äußeren beiden Schichten aus Erz, die beiden inneren waren aus Zinn, und die mittlere aus Gold hielt die Lanze auf.

Nun schwang auch Achilles seinen Speer. Er traf den Schild des Äneas am äußersten Rand, wo das Erz und die Stierhaut am dünnsten waren. Äneas duckte sich und streckte in der Angst den Schild in die Höhe. So sauste die Lanze, indem sie durch die beiden Schildränder fuhr, über seine Schulter und bohrte sich dicht neben ihm in den Boden, dass ihm von der Todesgefahr schwindelte. Schon rannte Achilles mit gezücktem Schwert und laut brüllend auf ihn los. Da packte Äneas einen ungeheuren Stein, der so gewaltig war, dass zwei Männer ihn nicht hätten aufheben können, und schwang ihn behände. Hätte er mit dem Stein nur den Helm oder den Schild seines Gegners getroffen, so wäre er unfehlbar dem Schwert des Achilles erlegen.

Das erbarmte selbst die Götter, die als Freunde der Griechen auf dem Herakleswall saßen. »Es wäre doch schade«, sprach Poseidon, »wenn Äneas, weil er Apollons Worte gehört hat, zum Hades hinabfahren sollte; außerdem fürchte ich, dass Zeus dann zornig werden würde, denn wenn er auch den Stamm des Priamos hasst, so will er ihn doch nicht ganz vernichten, und durch Äneas soll das Herrschergeschlecht in Kindern und Enkeln fortgeführt werden.«

»Tu, was du willst«, erwiderte Hera, »ich und Pallas, wir haben jedenfalls mit einem Eid geschworen, dass wir kein Unglück, welches auch immer es sei, von den Trojanern abhalten wollen.«

Diese Unterredung war das Werk eines Augenblicks. Poseidon flog in den Kampf, zog unsichtbar den Speer aus dem Schild des Äneas und legte ihn dem Achilles quer vor die Füße, nachdem er die Augen des Helden mit einem dichten Nebel umgossen hatte. Den Trojaner selbst hob er hoch von der Erde auf und schleuderte ihn über Wagen und Kämpfer hinweg an den Rand der Schlachtordnung, wo die Truppen der kaukonischen Verbündeten zum Kampf gerüstet heranzogen.

Die Trojasage

»Welcher Gott«, so schalt Poseidon hier den geretteten Helden, »hat dich so verblendet, Äneas, dass du gegen den Liebling der Götter, den weit stärkeren Achilles kämpfen willst? Weiche in Zukunft zurück, sooft du ihm begegnest. Wenn ihn sein Schicksal erst einmal ereilt hat, dann darfst du dich getrost in der vordersten Reihe schlagen!« Damit verließ ihn der Gott und zog den Nebel von Achilles' Augen fort, der verwundert seine Lanze auf dem Boden liegen und den Mann verschwunden sah.

»Troll er sich immerhin mit der Hilfe eines Gottes«, sprach Achilles verdrießlich, »ich bin sein Fliehen ja schon gewohnt.« Dann sprang er in die Reihen seiner Truppen zurück und spornte sie an zu kämpfen.

Drüben aber ermunterte Hektor seine Männer und nun folgte ein wild gemischter Angriff. Als Phoibos Apollon bemerkte, mit welcher Gier Hektor dem Achilles entgegenstrebte, flüsterte er ihm ein mahnendes Wort ins Ohr, sodass Hektor erschrocken in den Haufen seiner Kämpfer zurückwich. Achilles dagegen drang stürmend unter die Feinde ein, und sein erster Speerwurf tötete den Iphition, darauf folgten Demoleon, Hippodamas und Pammon, ein Sohn des Priamos.

Als Hektor seinen Bruder sich schwer verletzt auf dem Boden krümmen sah, wurde es Nacht vor seinen Augen. Er konnte dem Kampf nicht länger fernbleiben und ungeachtet der Warnung des Gottes stürmte er mit blitzendem Speer geradewegs auf Achilles los. Achilles freute sich, als er ihn sah. »Dies ist der Mann«, sprach er, »der meinem Herzen in der tiefsten Tiefe wehgetan hat. Wollen wir noch länger voreinander fliehen, Hektor? Komm nur näher heran, dass du auf der Stelle sterben sollst!«

»Ich weiß wohl, wie tapfer du bist«, sprach Hektor unerschrocken, »und wie weit ich dir nachstehe. Doch wer kann wissen, ob die Götter nicht mein Geschoss begünstigen, sodass es dir, obwohl ich schwächer bin als du, dennoch dein grausames Leben raubt?« Und er schickte seinen Worten seine Lanze hinterher. Aber hinter Achilles stand Athene; sanft hauchte sie die Lanze an und trieb sie so zu Hektor zurück, dass sie ihm matt vor die Füße fiel. Nun stürzte Achilles heran, um seinen Gegner mit dem Schwert zu durchbohren; doch Apollon legte einen Nebel um Hektor, hob ihn fort, und dreimal stach der Heranstürmende ins Leere. Als er das vierte Mal vergebens anrannte, rief er mit drohender Stimme: »So entgehst du abermals dem Tod, du Hund, und sicher hast du zu deinem Apollon gebetet. Doch falls auch mir ein Gott zur Seite steht, wirst du in Zukunft dem Verderben von meiner Hand nicht entgehen! Aber nun gehe ich, um andere zu packen.«

Der göttergleiche Held wütete nun wie der Wind im entsetzlichen Waldbrand.

Kampf des Achilles mit dem Stromgott Skamander

Als die Fliehenden und ihre Verfolger an die wirbelnden Fluten des Skamander gekommen waren, teilten sie sich. Die einen stürzten Richtung Stadt auf das freie Feld zu, wo am Vortag Hektor seinen Sieg über die Griechen errungen hatte. Jene hüllte Hera in dichte Wolken ein und hinderte sie so an der weiteren Flucht. Die anderen aber, die dicht an das Wasser des Stromes gedrängt standen, stürzten sich in seine tosenden Fluten. Dort schwammen sie aufgelöst umher, wie Heuschrecken, die man mit Feuer ins Wasser gescheucht hat. So füllte sich der ganze Fluss mit einem Gewirr von Pferden und Männern.

Achilles lehnte seine Lanze an einen Tamariskenbaum am Ufer, und nur mit dem Schwert in der Hand, stürzte er sich wie ein Gott ihnen nach. Bald rötete sich das Wasser vom Blut und unter seinen Schlägen erhob sich hier und dort ein Röcheln aus den Wellen. Er wütete wie ein Hai in einer Hafenbucht, der verschlingt, was er fängt. Als ihm die Hände vom vielen Morden allmählich schon starr wurden, packte er doch noch zwölf lebende Jünglinge und zog die halb Ohnmächtigen aus der Strömung. Dann übergab er sie seinen Männern, weil sie als Sühneopfer für den Tod seines Freundes Patroklos sterben sollten.

Als sich der Held von neuem in die Fluten stürzte, traf er auf Lykaon, den Sohn des Priamos, der soeben aus den Wellen tauchte. Achilles stutzte bei seinem Anblick, denn einst hatte er ihn bei einem nächtlichen Überfall im Obsthain seines Vaters Priamos überrascht, gewaltsam fortgeschleppt und zu Schiff auf die Insel Lemnos verbracht, wo Euneos, der Sohn des Iason, ihn als Sklaven kaufte. Als nun ein anderer Sohn des Iason, Eëtion, der Fürst von Imbros, seinen Halbbruder auf Lemnos besuchte, kaufte er ihm den feinen Jüngling für teures Geld ab und schickte ihn in seine Stadt Arisbe. Dort blieb Lykaon eine Weile, doch dann schlich er sich fort und rettete sich nach Troja. Dies war erst der zwölfte Tag, seit er aus der Gefangenschaft zurückgekehrt war, und nun fiel er zum zweiten Mal dem Achilles in die Hände. Als er ihn mit wankenden Knien kraftlos aus dem Strom auftauchen sah, sprach er staunend zu sich selbst: »Wehe mir, welch ein Wunder muss ich sehen! Gewiss werden jetzt auch die anderen Trojaner, die ich erschlagen habe, aufs Neue aus der Nacht hervorkriechen, da dieser wiederkommt, den ich vor langer Zeit nach Lemnos verkauft habe. Nun, so soll er denn unsere Lanzenspitzen kosten und dann versuchen, ob er auch aus dem Boden zurückkehren kann!«

Doch bevor Achilles noch recht mit seinem Speer zielen konnte, hatte sich Lykaon schon heraufgeschwungen, umschlang mit einem Arm seine Knie und packte mit der anderen Hand die Lanze. »Erbarme dich meiner,

Achilles! Einst stand ich unter deinem Schutz. Damals brachte ich dir hundert Stiere ein, jetzt will ich das dreifache Lösegeld zahlen! Erst seit zwölf Tagen bin ich nach langer Qual der Gefangenschaft wieder in meiner Heimat, aber Zeus muss mich wohl hassen, dass er mich von neuem in deine Hand gegeben hat. Doch töte mich nicht; ich bin ein Kind Laothoës und kein leiblicher Bruder des Hektor, der deinen Freund getötet hat!«

Doch Achilles zog die Brauen zusammen und sprach mit unbarmherziger Stimme: »Schwatze mir nicht von Lösegeld, du Tor. Bevor Patroklos starb, war ich bereit zu schonen; jetzt aber soll keiner dem Tod entgehen. So stirb denn auch du, mein Guter; schau mich nicht so kläglich an! Auch Patroklos ist gestorben, und er war viel herrlicher als du. Sieh außerdem mich an, wie schön und groß ich bin; dennoch, das weiß ich gewiss, wird das Verhängnis mich ebenso ereilen, sei's am Morgen, am Mittag oder am Abend!«

Zitternd ließ Lykaon den Speer los, als er den Achilles so reden hörte. Er breitete die Arme aus und so empfing er den Stoß des Schwertes.

Achilles packte den Getöteten am Fuß, schleuderte ihn in den Strudel des Flusses und rief ihm höhnend nach: »Lass sehen, ob der Strom dich rettet, dem ihr vergebens so viele Sühneopfer gebracht habt.«

Über diese Worte wurde der Stromgott Skamander zornig, der ohnehin auf der Seite der Trojaner stand. Nun erwog er, wie er dem grässlichen Helden Einhalt gebieten und die Plage von seinen Schützlingen abwenden könne. Achilles sprang indessen mit seiner Lanze auf Asteropaios ein, der mit zwei Speeren in den Händen eben aus dem Strom stieg. Ihm hauchte der Flussgott Mut in die Seele, dass er voller Zorn das erbarmungslose Gemetzel des Achilles überblicke und ihm kühn entgegentrete.

»Wer bist du, der es wagt, mir entgegenzugehen«, rief Achilles ihm zu, »nur die Kinder unglückseliger Eltern begegnen meiner Kraft.«

Asteropaios antwortete ihm: »Was fragst du nach meiner Abstammung? Der Enkel des Stromgottes Axios bin ich, und Pelegon hat mich gezeugt. Vor elf Tagen bin ich mit meinen Männern als Verbündeter Trojas gekommen. Und jetzt kämpfe mit mir, großer Achilles.«

Da erhob Achilles seine Lanze. Asteropaios aber warf zwei Speere zugleich, einen mit jeder Hand: Der eine brach das Schildgewölbe des Achilles, ohne den Schild selbst zu brechen, der andere streifte ihn am rechten Arm, dass das Blut hervorrieselte. Jetzt erst schwang Achilles seine Lanze, aber sie verfehlte den Gegner und fuhr bis zur Hälfte in den Boden. Dreimal zog Asteropaios mit seiner sehnigen Hand vergeblich an ihr, ohne sie herausziehen zu können. Als er zum vierten Mal ansetzte, überfiel ihn Achilles mit dem Schwert und stieß es ihm in den Leib, dass

Kampf des Achilles mit dem Stromgott Skamander

er röchelnd auf die Erde sank. Achilles zog ihm jubelnd die Rüstung ab und ließ den Leichnam den Aalen zur Beute am Ufer liegen. Dann stürzte er sich auf die Päonier, die noch voller Angst am Ufer umherrannten. Sieben von ihnen hatte sein Schwert bereits erschlagen, und er wollte noch weiter unter ihnen wüten, als plötzlich Skamander, der zürnende Herrscher des Stromes, in Menschengestalt aus dem tiefen Strudel emportauchte und dem Helden zurief: »Achilles, du wütest entsetzlich mit übermenschlicher Kraft! Meine Wasser sind voll von Toten, nur mit Mühe ergießt sich mein Strom noch ins Meer. Hör auf!«

»Ich gehorche dir, denn du bist ein Gott«, antwortete Achilles, »doch deshalb werde ich nicht aufhören Trojaner zu morden, bis ich sie in ihre Stadt zurückgejagt und mich mit Hektor gemessen habe!« Mit diesen Worten stürzte er sich auf die fliehenden Trojaner, trieb sie aufs Neue auf das Ufer zu, und als sie sich ins Wasser retteten, sprang auch er wieder in die Fluten und schlug den Befehl des Gottes in den Wind.

Nun begann der Strom wütend zu schwellen, türmte trübe Wellen auf, warf die Toten mit lautem Gebrüll ans Ufer. Seine Brandung schlug schmetternd gegen den Schild des Achilles. Der wankte, packte ein Ulme, riss sie mitsamt den Wurzeln aus und kletterte über ihre Äste ans Ufer. Nun flog er über das Feld, aber der Flussgott rauschte ihm mit tosenden Wellen nach und holte ihn ein, so rasch er auch war. Und so oft er ihm trotzen wollte, schlugen die Wellen über seiner Schulter zusammen und raubten ihm den Boden unter den Füßen. Da klagte der Held zum Himmel: »Vater Zeus, erbarmt sich denn keiner der Ewigen meiner und rettet mich aus der Gewalt des Stromes? Meine Mutter hat mich betrogen, als sie mir voraussagte, dass ich durch Apollons edlen Pfeil sterben soll! Hätte mich doch Hektor getötet, der Starke den Starken! So aber soll ich einen schmählichen Tod in den Fluten sterben, wie das Kind eines Schweinehirten, das im Winter durch den Sturzbach watet und fortgerissen wird!«

Als er so jammerte, gesellten sich Poseidon und Apollon in Menschengestalt zu ihm, nahmen seine Hand und trösteten ihn, dass ihm nicht vom Schicksal bestimmt sei, im Strom zu ertrinken. Dann ließen sie ihn wieder allein, doch Athene erfüllte ihn zuvor mit Kraft, dass er leichtfüßig aus der Flut sprang und das Feld wieder erreichte. Aber noch immer ließ Skamander von seinem Zorn nicht ab. Mit immer höherer Brandung bäumte er sich auf und laut rief er seinem Bruder Simoeis zu: »Komm, Bruder, lass uns beide zusammen die Gewalt dieses Mannes da bändigen, sonst wirft er uns heute noch die Stadt des Priamos in den Staub! Auf! Hilf mir, nimm die Gebirgsquellen auf, ermuntere alle Bäche, hebe deine Flut und rolle Steinblöcke daher! Weder seine Kraft noch seine Rüstung sollen ihm helfen; tief im Sumpf soll sie mit Schlamm bedeckt liegen. Ihn selbst verschütte ich mit Muscheln, Kies und Sand, dass die Griechen nicht einmal mehr seine Gebeine in dem Wust wieder finden. So türme ich ihm selbst sein Denkmal auf und die Griechen brauchen ihm für kein Rasengrab zu sorgen!« Unter diesen Worten rauschte er mit Schaum, Blut und Leichen auf Achilles zu, dass bald seine Welle sich über ihm aufbäumte, während auch der Strom Simoeis sich aus der Ferne aufmachte.

Voll inniger Angst um ihren Liebling schrie Hera laut auf, als sie dies sah. Dann sprach sie schnell zu Hephaistos: »Lieber hinkender Sohn, nur deine Flammen sind dem gewaltigen Strom gewachsen: Bringe Achilles deine Hilfe; ich selbst will den West- und Südwind vom Meeresufer wecken, damit sie die schreckliche Glut bis ins Heer der Trojaner tragen. Du aber zünde die Bäume am Ufer des Flusses an und durchlodere ihn selbst. Lass dich durch keine Schmeichelei und durch keine Drohung davon abhalten!« Auf ihr Wort hin flog die Flamme des Hephaistos über das Feld, und als Erstes verbrannte sie die Leichname der Trojaner, die von Achilles' Hand gefallen waren. Dann war das Feld ausgedörrt, die Fluten wurden aufgehalten. Am Ufer fingen die Ulmen, die Weiden, die Tamarisken und alles Gras zu brennen an. Matt von der Glut und voller Angst schnappten die Aale und anderen Fische nach frischem Wasser. Schließlich wogte der Fluss selbst in Flammen, und Skamander, der Gott, rief wimmernd aus seinen Flammen hervor: »Glut atmender Gott, ich will nicht mit dir kämpfen. Lass uns Frieden schließen! Was geht mich der Streit zwischen Achilles und den Trojanern an!« So klagte er, während seine Wasser sprudelten, wie Fett im Kessel über der Flamme brodelt. Schließlich wandte er sich unter lautem Wehklagen an die Göttermutter: »Hera, warum quält denn dein Sohn Hephaistos meinen Strom so entsetzlich? Ich habe mir doch nicht mehr zu Schulden kommen lassen als die anderen Götter, die den Trojanern beistehen. Ich will ja gerne ruhig sein, wenn du es befiehlst, nur soll auch er mich in Ruhe lassen!«

Da sagte Hera zu ihrem Sohn: »Halt ein, Hephaistos, martere mir den unsterblichen Gott nicht länger um der sterblichen Menschen willen!« Da löschte der Feuergott seine Flamme, der Strom rollte in seine Ufer zurück, und auch der ferne Simoeis gab sich zufrieden.

Die Schlacht der Götter

Den anderen Göttern tobte dafür das Herz in ungestümer Feindschaft, und im Sturm prallten sie gegeneinander, dass der Erdkreis dröhnte und die Luft ringsum wie von Posaunen erscholl. Zeus, der auf der Spitze des Olymp lagerte, hörte es, und sein Herz bebte vor Freude, als er die Unsterblichen zum riesenhaften Kampf aufeinander losstürmen sah.

Achilles im Kampf mit dem Stromgott Skamander

Als Erster drang Ares, der Kriegsgott, vor, stürmte mit seinem Speer auf Pallas Athene ein und rief ihr dabei beleidigende Worte zu: »Du schamlose Fliege, was treibst du voll stürmischer Dreistigkeit die Götter in den Kampf? Hast du vergessen, wie du den Diomedes gereizt hast, dass er dich mit seiner Lanze verwundete, ja wie du selbst mir mit dem glänzenden Speer den unsterblichen Leib verletzt hast? Jetzt wollen wir unsere Rechnung begleichen, du Unbändige!« Er schlug an seinen schrecklichen Ägisschild und stieß mit dem Speer nach der Göttin. Athene wich aus, hob einen schroffen Stein auf und traf damit den Wüterich am Hals, sodass er, riesig wie er war, in seiner eisernen Rüstung klirrend zu Boden sank und sein göttliches Haar mit Staub beschmutzt wurde.

Da lächelte Athene und sprach: »Du Tor, hast du nicht daran gedacht, dass ich viel stärker bin als du, da du es gewagt hast, dich mit mir zu messen! Nun büße die Verwünschungen deiner Mutter Hera, die voller Zorn gegen dich ist, weil du dich von den Griechen abgewendet hast und den übermütigen Trojanern zur Seite stehst!« Nachdem sie dies gesagt hatte, wandte sie ihre strahlenden Götteraugen ab.

Den schwer aufstöhnenden Kriegsgott, der erst allmählich wieder zu Atem kam, führte Aphrodite, die Tochter des Zeus, aus der Schlacht. Als aber Hera die beiden bemerkte, sagte sie zu Athene: »Wehe mir, Pallas, siehst du nicht, wie dreist dort die Liebesgöttin den wilden Mörder mitten aus dem entscheidenden Kampf, aus dem Getümmel hinwegführt? Wirst du sie nicht schnell verfolgen?« Nun stürmte Pallas Athene den beiden nach und versetzte der zarten Göttin mit ihrer mächtigen Hand einen solchen Schlag gegen die Brust, dass sie zu Boden sank, und der verwundete Kriegsgott mit ihr. »Es sollen alle so stürzen«, rief sie, »die es wagen, den Trojanern beizustehen! Wenn es allen so gelungen wäre wie mir, so hätten wir längst Ruhe, und Troja wäre unter unseren Händen zu einem Schutthaufen geworden!« Ein Lächeln huschte über Heras Gesicht, als sie dies sah und hörte.

Darauf sprach der Erderschütterer Poseidon zu Apollon: »Phoibos, warum stehen wir noch abseits, da doch andere den Kampf schon begonnen haben? Es wäre eine Schande für uns, wenn wir beide zum Olymp zurückkehren würden, ohne unsere Kraft aneinander versucht zu haben. So hebe denn an, denn du bist der Jüngere! Was zögerst du? Hat dein Herz ganz vergessen, wie viel wir beide vor allen Göttern bereits Böses um Troja erlitten haben, seid wir dem stolzen Laomedon beim Bau der Stadtmauer mit unseren Frondiensten halfen und er unsere Dienste so schnöde vergalt? Du denkst wohl nicht mehr daran, sonst würdest du mit uns anderen auf die Vernichtung Trojas bedacht sein und nicht dem Volk des betrügerischen Laomedon beistehen!«

»Beherrscher des Meeres«, antwortete ihm Apollon, »du würdest doch selbst an meinem Verstand zweifeln, wenn ich der sterblichen Menschen wegen, die hinfällig sind wie das Laub im Wald, mit dir, dem Ehrfurcht gebietenden Gott, kämpfen wollte!« Und so wandte er sich, voller Scheu, gegen den Bruder seines Vaters kämpfen zu sollen.

Da verspottete ihn seine Schwester Artemis und rief voller Hohn: »Fliehst du schon vor der Schlacht und lässt dem prahlerischen Poseidon den Sieg? Wozu trägst du dann deinen Bogen über deiner Schulter, ist er denn nichts weiter als ein Spielzeug?«

Doch Hera wurde ärgerlich über diese Spötterei: »Hast du etwa vor, dich mit mir zu messen, du Schamlose, nur weil du einen Bogen auf dem Rücken trägst? Du tätest besser daran, in den Wald zu gehen und einen Eber oder Hirsch zu erlegen, statt frech gegen höhere Götter zu kämpfen! Weil du so trotzig bist, sollst du meine Hand zu spüren bekommen!« So schimpfte sie, umfasste mit ihrer Linken beide Handgelenke der Göttin, nahm ihr mit der Rechten den Köcher samt den Pfeilen von der Schulter und versetzte ihr damit solche Streiche um die Ohren, dass die Pfeile klirrend aus dem Köcher fielen. Wie eine schüchterne Taube, die ein Habicht verfolgt, ließ Artemis Köcher und Pfeile liegen und lief unter Tränen davon. Ihre Mutter Leto wäre ihr zu Hilfe geeilt, wenn nicht Hermes in der Nähe auf der Lauer gestanden hätte. Nachdem er dies gesehen hatte, sagte er freundlich zu ihr: »Ich habe keineswegs die Absicht, mich mit dir zu streiten, Leto; gefährlich ist der Kampf mit den Frauen, die Zeus, der Donnerer, seiner Liebe gewürdigt hat. So kannst du dich gern im Kreis der Götter rühmen, mich besiegt zu haben.« Da eilte Leto, um den Bogen, den Köcher und die Pfeile aufzusammeln, die in den Staub gefallen waren, und eilte ihrer Tochter nach zum Olymp.

Unten aber ging Apollon in die Stadt der Trojaner hinein, denn er war ernstlich besorgt, dass die Griechen, dem Schicksal zum Trotz, noch heute die Mauer der Stadt niederreißen könnten. Die übrigen Götter eilten – manche siegessicher, die anderen voller Zorn und Kummer – in den Olymp zurück und setzten sich um den Vater, den Donnergott, im Kreis.

Achilles und Hektor vor den Toren

In der Stadt stand der greise König Priamos auf einem hohen Turm und schaute auf den gewaltigen Achilles hinab, wie er die fliehenden Trojaner vor sich hertrieb, ohne dass ein Gott oder ein Sterblicher erschien, um ihn aufzuhalten. Klagend stieg der König vom Turm herab und ermahnte die Hüter der Mauer: »Öffnet die Flügel der Tore und haltet sie, bis das ganze fliehende Heer sich in die Stadt gedrängt hat, denn Achilles ist dicht hinter ihnen und ich fürchte, dies wird böse ausgehen! Wenn sie innerhalb der Mauer sind, dann schließt das Tor wieder fest, denn sonst stürmt der Verderbliche hinter ihnen durch das Tor zu uns herein!« Die Wächter schoben die Riegel zurück, die Torflügel taten sich auf und eine Rettungspforte stand offen.

Während aber die Trojaner ausgedörrt vom Durst und staubbedeckt über das Feld flohen und Achilles sie mit seiner Lanze wie ein Wahnsinniger verfolgte, verließ Apollon das geöffnete Tor, um die Not von seinen Schutzbefohlenen abzuwenden. Er ermahnte den Helden Agenor, den tapferen Sohn Antenors, und stand ihm, in dunklen Nebel gehüllt, an die Buche des Zeus gedrängt, zur Seite. So geschah es, dass Agenor als Erster aller Trojaner im Fliehen innehielt, sich besann und beschämt zu sich selbst sagte: »Wer ist es denn, der dich verfolgt – ist nicht auch sein Leib mit Lanzenspitzen verwundbar? Ist nicht auch er sterblich wie jeder andere Mensch?« So fasste er sich in Gedanken und erwartete den heranstürmenden Achilles. Er streckte den Schild vor und rief ihm, die Lanze schwingend, entgegen: »Hoffe nur nicht, so bald die Stadt der Trojaner zu verheeren, Tor! Noch gibt es Männer unter uns, die für ihre Eltern, Frauen und Kinder die Stadt verteidigen!« Er warf den Speer und traf die neu gegossene Knieschiene des Helden, von der die Lanze jedoch abprallte, ohne ihn zu verwunden. Achilles stürzte sich auf seinen Gegner, aber Apollon entführte ihn in einem Nebel und lenkte Achilles durch eine List von der weiteren Verfolgung der Trojaner ab. Er nahm nämlich selbst die Gestalt des Agenor an und bahnte sich einen Weg durch das Weizenfeld auf den Fluss Skamander zu. Achilles eilte ihm nach, um ihn einzuholen. Unterdessen flüchteten die Trojaner glücklich durch das offene Tor in die Stadt, die sich bald mit sich drängenden Heerscharen füllte. Keiner wartete auf den anderen, keiner schaute sich um, um zu sehen, wer gerettet und wer gefallen war; alle waren nur froh, sich selbst sicher hinter der Mauer zu wissen. Da kühlten sie sich den Schweiß, löschten ihren Durst und streckten sich entlang der Mauer an der Brustwehr aus.

Doch Schild an Schulter marschierten die Griechen in eng geschlossenen Reihen auf die Mauer zu. Als einziger Trojaner war nur Hektor vor dem skaeischen Tor geblieben, denn sein Schicksal verlangte es so. Achilles aber jagte noch immer hinter Apollon her, den er für Agenor hielt. Da blieb der Gott plötzlich stehen, drehte sich um und sprach mit seiner Götterstimme: »Was verfolgst du mich so hartnäckig, Achilles, und vergisst darüber die Verfolgung der Trojaner? Du glaubtest einen Menschen zu jagen und ranntest einem Gott hinterher, den du ja doch nicht töten kannst!«

Da fiel es wie Schuppen von den Augen des Helden und er rief ärgerlich: »Grausamer, trügerischer Gott! Dass du mich so von der Mauer fortlocken konntest! Wahrlich, viele hätten mir noch in den Staub beißen

Achilles und Hektor vor den Toren

sollen, bevor sie hätten in Troja einziehen können! Du aber hast mir den Siegesruhm geraubt und sie gefahrlos gerettet, denn als Gott hast du keine Rache zu befürchten, so gern ich mich auch an dir rächen würde!«

Achilles wandte sich ab und flog trotzig, wie ein stolzes, zu siegen gewohntes Pferd, auf die Stadt zu. Als Erster erblickte ihn Priamos von seinem Turm aus, auf dem er sich wieder eingefunden hatte, und er schien ihm so leuchtend, wie der ausdörrende Sirius dem Landmann am Nachthimmel Verderben bringend entgegenfunkelt. Der alte Mann schlug sich die Brust mit seinen Händen und rief klagend zu seinem Sohn hinab, der vor dem Tor stand und Achilles mit heißer Kampfgier erwartete: »Hektor, teurer Sohn! Warum bist du da draußen, einsam und von allen anderen getrennt! Willst du dich denn mutwillig dem Verderben in die Hände geben, ihm, der mir schon so viele tapfere Söhne geraubt hat? Komm in die Stadt herein, beschütze hier Trojas Männer und Frauen, verherrliche nicht Achilles' Ruhm durch deinen Tod! Erbarme dich auch meiner, deines elenden Vaters, solange er noch atmet, den Zeus dazu verdammt hat, an der äußersten Schwelle des Alters in Kummer zu vergehen und so unendliches Leid mit anzuschauen! Ich werde meine Kinder erwürgt sehen müssen, meine Töchter fortgerissen, ausgeplündert die Kammern meiner Burg, die stammelnden Kinder zu Boden geschmettert, die Schwiegertöchter entführt. Zuletzt liege ich wohl selbst, von einem Speerwurf oder Lanzenstich ermordet, am Tor des Palastes, und die Haushunde, die ich aufgezogen habe, zerfleischen mich und lecken mein Blut!«

So rief der Greis vom Turm herab und raufte sein weißes Haar. Auch Hekabe, Hektors Mutter, erschien an seiner Seite, zerriss ihr Gewand und rief weinend hinab: »Hektor, gedenke, dass meine Brust dich gestillt hat; erbarme dich meiner! Wehre den schrecklichen Mann hinter der Mauer ab, aber kämpfe nicht mit ihm, du Rasender!«

Doch die Rufe und die Tränen seiner Eltern vermochten Hektor nicht umzustimmen. Reglos blieb er auf der Stelle und erwartete Achilles. »Damals hätte ich zurückweichen sollen«, dachte er bei sich, »als mein Freund Polydamas mir den Rat gab, das Heer der Trojaner in die Stadt zurückzuführen! Jetzt, nachdem ich das Volk durch meine Verblendetheit ins Unglück gestürzt habe, fürchte ich die Männer und Frauen Trojas, fürchte, dass einer der Schlechteren einst sagen könnte: ›Im Vertrauen auf seine eigene Stärke hat Hektor das Volk preisgegeben.‹ Entweder ich siege oder ich falle im Kampf mit dem Gefürchteten – beides ist besser. Oder, wenn ich Schild und Helm jetzt auf die Erde legte, meinen Speer an die Mauer lehnte, ihm entgegeginge und ihm Helena, alle Schätze, die Paris geraubt hat, und außerdem andere Güter in Hülle und Fülle anböte, was wäre dann? Oder wenn ich die Fürsten Trojas einen Eid schwören

DIE TROJASAGE

ließe, dass all unsere Schätze und Vorräte in zwei Hälften geteilt werden sollten ... Doch, wehe mir, welche Gedanken kommen mir ins Herz? Ich soll mich ihm flehend nahen? Ohne Erbarmen würde er mich niederhauen wie ein Weib! Nein, besser wir rennen aufeinander an zum Kampf, da es sich bald entscheiden muss, wem von uns beiden die Götter den Sieg verleihen!«

Tod des Hektor

Immer näher kam Achilles geschritten, dem Kriegsgott an furchtbarer Gewaltigkeit gleich. Auf der rechten Schulter bebte ihm entsetzlich seine Lanze, seine erzenen Waffen leuchteten um ihn her wie eine Feuersbrunst oder wie die aufgehende Sonne. Als Hektor ihn sah, musste er unwillkürlich zittern, er konnte nicht stehen bleiben. Er drehte sich zum Tor um, und Achilles jagte hinter ihm her, wie ein Falke der Taube nachstürzt, die oft seitwärts abtaucht, während der Raubvogel in seinem Flug gerade auf sie eindringt. So flüchtete Hektor an der Mauer entlang und über den Fahrweg hinüber an den beiden sprudelnden Quellen des Skamander vorbei. Ein Starker floh, aber ein Stärkerer verfolgte ihn. So kreisten sie drei Mal um die Stadt des Priamos, und vom Olymp sahen alle ewigen Götter dem Schauspiel mit gespannter Aufmerksamkeit zu. »Bedenkt es gut, ihr Götter«, sprach Zeus, »die Stunde der Entscheidung ist gekommen. Jetzt fragt es sich, ob Hektor dem Tod noch einmal entkommen oder, so tapfer er auch ist, fallen soll?«

Da ergriff Pallas Athene das Wort und sprach: »Vater, wo denkst du hin? Einen Sterblichen, der längst dem Tod geweiht ist, willst du vom Tod erlösen? Tu, was du für richtig hältst, aber erwarte nicht, dass die Götter deinen Entschluss billigen!« Zeus nickte seiner Tochter zu, und sie schwang sich wie ein Vogel von den Felsenhöhlen des Olymp aufs Schlachtfeld hinab.

Hier floh Hektor noch immer vor seinem Verfolger, der ihn bedrängte wie ein Jagdhund den Hirsch und ihm keine Rast gönnte. Auch winkte Achilles seinem Heer zu, dass keiner ein Geschoss auf Hektor abwerfen und ihn um den Ruhm bringen solle, der Erste und Einzige gewesen zu sein, der den furchtbarsten Feind der Griechen zu Fall brachte.

Als sie nun auf ihrer Runde um die Mauer zum vierten Mal an die Quellen des Skamander gekommen waren, da erhob sich Zeus auf dem Olymp, streckte die goldene Waage vor und legte zwei Todeslose hinein, das eine für Achilles, das andere für Hektor. Dann hielt er die Waage in der Mitte und wog; da sank Hektors Waagschale tief nach dem Hades zu, und augenblicklich verließ Phoibos Apollon ihn. Zu Achilles aber trat die

Tod des Hektor

Göttin Athene und flüsterte ihm zu: »Bleib stehen und erhole dich, solange ich dem anderen zurede, dass er kühn gegen dich kämpfen soll.« Achilles gehorchte der Göttin und stützte sich auf seinen Speer. Sie aber nahm die Gestalt des Deïphobos an, trat an Hektor heran und sagte zu ihm: »Ach, mein älterer Bruder, wie bedrängt dich Achilles! Wohlan, lass uns standhalten und ihn abwehren!«

Hektor sah freudig auf und erwiderte: »Du warst immer mein treuester Bruder, Deïphobos. Jetzt aber muss ich dich tief im Innern noch höher achten, dafür dass du dich aus der Stadt gewagt hast, als du mich sahst, während alle anderen sicher hinter Trojas Mauern sitzen!« Athene winkte dem Helden zu und schritt, mit erhobener Lanze voran, auf Achilles zu.

Hektor rief ihm zu: »Ich fliehe nicht mehr länger vor dir, Achilles. Mein Herz treibt mich, dir entschlossen entgegenzutreten, damit ich dich entweder töte oder falle! Lass uns aber die Götter Zeugen eines Eides sein: Wenn Zeus mir den Sieg verleiht, werde ich dich nicht weiter misshandeln, sondern deine Leiche, nachdem ich dir die Rüstung abgezogen habe, an deine Volksgenossen zurückgeben. Das Gleiche sollst du auch mit mir tun!«

»Lass dieses Gerede von Verträgen«, erwiderte Achilles finster, »so wenig wie ein Hund zwischen Löwen und Menschen Freundschaft stiftet und so wenig wie zwischen Wölfen und Schafen Eintracht besteht, so wenig wirst du mich mit dir befreunden. Einer von uns muss blutend zu Boden gehen. Nimm deine ganze Kunst zusammen, denn du musst Lanzenschwinger und Schwertfechter zugleich sein. Dennoch wirst du mir nicht entkommen. All das Leid, das du meinen Freunden mit deiner Lanze angetan hast, wirst du mir jetzt büßen!« So sprach Achilles und schleuderte die Lanze, doch Hektor sank ins Knie und die Lanze flog über ihn hinweg und blieb in der Erde stecken. Athene packte den Wurfspieß und gab ihn Achilles, ohne dass Hektor es merkte, sogleich zurück. Mit zornigem Schwung warf nun auch Hektor seinen Speer, und er verfehlte sein Ziel nicht. Er traf mitten auf den Schild des Achilles, aber prallte auch davon ab. Bestürzt sah sich Hektor nach seinem Bruder Deïphobos um, denn er hatte keine zweite Lanze mehr. Doch Deïphobos war verschwunden. Nun wurde Hektor klar, dass es Athene gewesen war, die ihn getäuscht hatte, und dass ihn sein Schicksal jetzt ereilen würde. Da war sein einziger Gedanke, nicht ruhmlos zu sterben. Er zog sein gewaltiges Schwert und stürmte wie ein Adler einher, der aus der Luft herabschießt. Achilles wartete den Schlag nicht ab, auch er drang unter der Deckung seines Schildes vor. Sein Helm nickte, die Mähne flatterte und hell wie ein Stern strahlte sein Speer, den er grimmig schwenkte. Er fasste den Hektor genau ins Auge, wo er ihn treffen könne, doch alles war von der geraubten Rüstung umhüllt. Nur die Kehle, die empfindlichste Stelle des

DIE TROJASAGE

Lebens im Leib, war ein wenig entblößt. Dorthin lenkte Achilles seinen Stoß und durchstach Hektors Hals so mächtig, dass die Lanzenspitze zum Genick herausdrang. Dennoch konnte Hektor noch sprechen, als er in den Staub sank, während Achilles jubelte und drohte, seinen Leichnam den Hunden und Vögeln preiszugeben. Da begann Hektor, schon schwächer atmend, zu flehen: »Ich beschwöre dich bei deinem Leben, Achilles, bei deinen Knien, bei deinen Eltern, setze meinen Leichnam nicht den Hunden aus! Nimm Erz und Gold, so viel du willst, zum Geschenk und entsende dafür meinen Leib nach Troja, damit ihm dort die Ehre des Scheiterhaufens zuteil werde!«

Aber Achilles schüttelte sein fürchterliches Haupt und sprach: »Beschwöre mich nicht, du Mörder meines Freundes! Niemand soll die Hunde von deinem Haupt verscheuchen, und wenn mir deine Landsleute zwanzigfache Entschädigung und noch mehr böten, ja, selbst wenn Priamos dich mit Gold aufwiegen wollte!«

»Ich kenne dich«, stöhnte Hektor sterbend, »ich ahnte, dass du dich nicht erweichen lässt! Du hast ein eisernes Herz! Doch du wirst an mich denken, wenn die Götter mich rächen werden und du am skaeischen Tor von Apollons Pfeil getroffen im Staub verenden wirst, wie ich jetzt!« Mit dieser Weissagung verließ Hektors Seele seinen Körper und flog zum Hades hinunter. Achilles aber rief der fliehenden Seele nach: »Sterbe du! Ich empfange mein Los, wenn Zeus und die Götter es wollen!« Er und zog den Speer aus dem Leichnam, legte ihn beiseite und nahm die blutige Rüstung von den Schultern des Getöteten.

Nun kamen viele Kämpfer aus dem griechischen Heer herbeigelaufen und betrachteten voller Bewunderung Hektors hohen Wuchs und seinen ausgebildeten Körper, und mancher sprach, indem er ihn berührte: »Wunderbar, wie viel sanfter fühlt er sich jetzt doch an, er, der die Brandfackeln auf unsere Schiffe schleuderte!«

Da stellte sich Achilles mitten unter die Männer und sprach: »Freunde und Helden! Nachdem die Götter mir zugestanden haben diesen Mann hier zu Fall zu bringen, der uns größeres Unheil bereitet hat als alle anderen zusammen, so lasst uns in unserer Rüstung ein wenig die Stadt auskundschaften, um in Erfahrung zu bringen, ob sie uns nun die Stadt räumen oder ob sie auch ohne Hektor wagen uns Widerstand zu leisten. Aber was rede ich? Liegt nicht mein Freund Patroklos noch unbestattet bei den Schiffen? Darum stimmt den Siegesgesang an, ihr Männer, und lasst uns vor allen Dingen meinem Freund das Sühneopfer bringen, das ich ihm geschlachtet habe!«

Unter diesen Worten wandte sich der Grausame dem Leichnam aufs Neue zu, durchbohrte ihm an beiden Füßen die Sehnen zwischen Knöchel und Fersen, zog Riemen aus Stierleder hindurch, band sie am Wagen fest,

Tod des Hektor

schwang sich hinauf und trieb seine Pferde mit der Peitsche zu den Schiffen an, wobei er den Leichnam hinter sich herschleifte. Staub wirbelte um Hektor auf, sein eben noch so schönes Haupt zog mit zerrauftem Haar eine breite Furche durch den Staub.

Von der Mauer herab sah seine Mutter Hekabe das grauenvolle Schauspiel, warf ihren Schleier weit von sich und sah jammernd ihrem Sohn nach. Auch König Priamos weinte und klagte. Das Weinen und die Angstschreie der Trojaner und ihrer Verbündeten hallte durch die ganze Stadt. Nur mit Mühe ließ der alte König sich abhalten, selbst in seinem zornigen Schmerz durch das Stadttor hinauszustürmen und dem Mörder seines Sohnes nachzueilen. Er warf sich auf die Erde und rief: »Hektor, Hektor! Alle anderen Söhne, die der Feind mir erschlug, vergesse ich über dir. Oh wärst du doch nur in meinen Armen gestorben!«

Andromache, Hektors Gemahlin, hatte von dem ganzen Jammer noch nichts vernommen, es war noch nicht einmal ein Bote zu ihr gekommen, der ihr gemeldet hätte, dass sich ihr Gatte noch draußen vor den Toren befinde. In aller Ruhe saß sie in einem der Gemächer des Palastes und schmückte ein schönes Purpurgewand mit bunter Stickerei. Und eben rief sie eine der Dienerinnen, dass sie einen großen Dreifuß ans Feuer stellen solle, um ihrem Gemahl ein warmes Bad zu bereiten, wenn er aus der Schlacht käme. Da hörte sie vom Turm her das Weinen und Klagen. Eine finstere Ahnung beschlich sie und sie rief: »Wehe mir, ihr Mägde, ich fürchte, Achilles hat meinen mutigen Gatten von der Stadt abgeschnitten, sodass er jetzt allein ist und Achilles ihn bedroht. Zwei von euch sollen mit mir kommen, um zu sehen, was geschieht!« Mit pochendem Herzen eilte sie durch den Palast und auf den Turm. Dann sah sie, wie die Pferde des Achilles den Leichnam ihres Gatten, erbarmungslos an den Wagen des Siegers gebunden, hinter sich über das Feld schleiften. Andromache sank ohnmächtig in die Arme ihrer Schwager und Schwägerinnen, und ihr kostbarer Haarschmuck, das Band, die Haube und die schöne Binde, die ein Hochzeitsgeschenk Aphrodites gewesen waren, flogen weit von ihrem Haupt. Als sie nach einer langen Weile wieder zu sich kam, weinte sie und klagte mit gebrochener Stimme vor Trojas Frauen: »Hektor! Wehe mir Armen! Du, elend wie ich, zu Elend geboren wie ich! In Schmerz und Jammer verlassen sitze ich nun zu Hause, eine Witwe mit unserem unmündigen Kind, das vaterlos und mit Tränen in den Augen aufwachsen muss! Betteln wird es müssen bei den Freunden des Vaters und bald diesen oder jenen am Ärmel zupfen, dass er ihm das Schälchen reiche und ihn daran nippen lasse! Was helfen mir nun die schönen, zierlichen Gewänder? Ich will sie alle verbrennen! Hektor wird nicht mehr auf ihnen ruhen, nicht mehr in ihnen prangen!« So sprach sie weinend und ringsumher seufzten die Trojanerinnen mit ihr.

Leichenfeier des Patroklos

Sobald Achilles mit der Leiche seines Feindes bei den Schiffen angekommen war, ließ er sie an der Bahre des Patroklos mit dem Gesicht nach unten im Staub liegen. Die Griechen hatten unterdessen ihre Rüstungen abgelegt und setzten sich nun zu tausenden am Schiff des Achilles zum feierlichen Leichenschmaus nieder. Stiere, Schafe und Schweine wurden geschlachtet, und Achilles ließ für seine Kämpfer eine köstliche Mahlzeit zubereiten. Den Helden selbst führten seine Freunde nur widerstrebend von Patroklos' Leiche weg ins Zelt des Agamemnon. Hier war ein großer Kessel aufs Feuer gestellt worden, und man versuchte Achilles zu überreden, sich den blutigen Schlachtstaub von seinen Gliedern abzuwaschen. Er aber weigerte sich hartnäckig und schwur einen großen Eid: »Nein, so wahr Zeus lebt soll kein Bad meinen Scheitel benetzen, ehe nicht Patroklos von mir auf den Scheiterhaufen gelegt wurde, ehe ich nicht mein Haar geschoren und ihm ein Denkmal aufgetürmt habe! Meinetwegen halten wir nun das traurige Festmahl ab. Morgen aber lass Holz im Wald fällen, Fürst Agamemnon, und biete alles auf, was meinem Freund zur Leichenfeier gebührt, damit uns das Feuer schnell von dem jammervollen Anblick befreit und das Heer sich wieder dem Krieg zuwenden kann!« Die Fürsten ließen ihm seinen Willen, setzten sich ans Mahl und schmausten. Dann ging ein jeder zur Nachtruhe. Achilles aber legte sich, von seinen Myrmidonen umringt, am Meeresstrand nieder, weil die Toten in seiner Lagerhütte waren.

Lange seufzte er hier noch auf dem harten Lager um seinen erschlagenen Freund. Als ihn aber endlich der Schlaf übermannt hatte, da kam die Seele des Patroklos im Traum zu ihm. Der Schatten trat an Achilles' Haupt und sprach: »Schläfst du, ohne an mich zu denken, Achilles? Du hast zwar immer an den Lebenden gedacht, doch nun denkst du nicht an den Toten! Gib mir ein Grab, denn es verlangt mich sehr danach, durch das Tor des Hades einzugehen! Bis jetzt bin ich nur irrend darum umhergewandelt, als Wächter sitzen Seelen dort, die mich zurückscheuchen! Ehe der Scheiterhaufen mir nicht gewährt worden ist, kann ich nicht zur Ruhe kommen! Du sollst aber wissen, mein Freund, dass auch dir vom Schicksal bestimmt ist, nicht fern von der Mauer Trojas zu fallen. Mache mein Grab so, dass wir beide nebeneinander ruhen können, so wie wir bei deinem Vater zusammen aufgewachsen sind.«

»Das alles gelobe ich dir, Bruder!«, rief Achilles und streckte seine Hände nach dem Schattenbild aus. Da sank die Seele schwirrend zur Erde hinab wie Rauch. Der Held sprang bestürzt von seinem Lager auf, schlug die Hände zusammen und klagte: »So leben denn die Seelen wirklich noch im Hades! Aber ach – ein besinnungsloses Leben! Diese Nacht stand des

Leichenfeier des Patroklos

Patroklos Seele leibhaftig vor mir, traurig und klagend, doch er sah aus wie immer!« Mit diesen Worten erweckte Achilles von neuem in allen Helden die Sehnsucht nach dem toten Patroklos.

Als aber das Morgenrot heraufzog, da verließen auf Agamemnons Befehl Männer und Maultiere mit Äxten und Seilen die Lagerhütten. Meriones führte sie an. Da wurden auf den bewaldeten Hängen des Ida hohe Bäume gefällt, die Stämme zerhackt und das Holz den Maultieren aufgeladen. So trabten sie zu den Schiffen hinab, und am Meeresstrand wurde alles in Reihen niedergelegt. Nun befahl Achilles seinen Myrmidonen ihre Rüstungen anzulegen und die Wagen anzuspannen. Kurze Zeit später setzte sich der Leichenzug in Bewegung, die Fürsten, Kämpfer und Wagenlenker voran, das Fußvolk zu tausenden hinterdrein. In der Mitte trugen die Kampfgefährten und Freunde den Patroklos: Sein Leichnam war ganz mit geschorenen Locken bedeckt, und Achilles selbst hielt, in tiefe Trauer versenkt, sein Haupt in den Händen.

Als sie den Ort erreicht hatten, den Achilles zum Grab seines Freundes bestimmt hatte, setzten sie die Totenbahre ab und ein ganzer Wald von Bäumen wurde für den Scheiterhaufen herbeigebracht. Achilles ging etwas abseits und schor sein braun gelocktes Haar, dann blickte er in die finsteren Fluten des Meeres und sprach: »Oh Spercheios, thessalischer Heimatfluss, vergebens gelobte mein Vater Peleus, dass ich, wenn ich heimgekehrt sei, mein Haar für dich scheren und dir fünfzig Widder opfern solle! Du hast sein Flehen nicht gehört, Stromgott! Du lässt mich nicht nach Hause zurückkehren. So zürne mir auch nicht, wenn ich meine Locken meinem Freund Patroklos in den Hades mitgebe!« Dann legte er sein Haupthaar in die Hände seines Freundes, trat zu Agamemnon und sprach: »Schicke das Volk nun fort zum Mahl und lass das Werk der Bestattung vollenden!«

Auf Agamemnons Befehl zerstreute sich das Kriegervolk zu den Schiffen, und nur die Fürsten blieben für die Bestattung zurück. Sie begannen ein ungeheures Gerüst aus den Baumstämmen aufzubauen. Den Leichnam legten sie voller Betrübnis oben hinauf. Dann zogen sie einige Schafe und Rinder vor dem Scheiterhaufen ab, die abgezogenen Leiber wurden aufgehäuft, der Leichnam mit dem Fett bedeckt, Honig- und Ölkrüge an die Bahre gelehnt. Außerdem wurden vier lebendige Pferde auf das Gerüst gebracht, zwei der neun Haushunde geschlachtet und schließlich zwölf Jünglinge aus der Schar der trojanischen Gefangenen mit dem Schwert getötet. Denn entsetzlich rächte Achilles den Tod seines Freundes.

Nun befahl er den Scheiterhaufen anzuzünden, und als die Flammen wüteten, rief er dem Toten zu: »Möge dich noch in die Unterwelt Freude begleiten, Patroklos! Was ich gelobt habe, ist vollbracht. Zwölf Opfer ver-

DIE TROJASAGE

zehrt die Glut. Nur den Hektor soll sie nicht verzehren. Nicht der Flammen, sondern der Hunde Raub soll er sein!« So drohte er. Doch die Götter fügten es nicht so. Tag und Nacht wehrte Aphrodite die heißhungrigen Hunde von Hektors Leichnam ab und salbte ihn mit ambrosischem Balsam voll Rosenduft, damit keine Spur von der Schleifung übrig blieb. Und Apollon zog eine dunkle Wolke über die Stelle, wo er lag, sodass die Sonne sein Fleisch nicht ausdörren konnte.

Der Scheiterhaufen des Patroklos war nun zwar angezündet, aber die Glut wollte nicht lodern. Da gelobte Achilles den Winden Boreas und Zephyros Opfer, spendete ihnen Wein aus einem goldenen Becher und flehte sie an, das Feuer mit ihrem Windhauch anzufachen. Iris überbrachte den Winden die Botschaft und sie kamen mit grauenvollem Getöse über das Meer gestürmt und stürzten sich über den Scheiterhaufen. Die ganze Nacht sausten sie um das Gerüst und durchwühlten es mit Flammen, während Achilles unaufhörlich mit einem goldenen Krug und Becher der Seele seines toten Freundes Opferspenden brachte. Mit dem Morgenrot legten sich die Winde, das Feuer erlosch und der Holzstoß zerfiel zu Asche. In der Mitte der Kohlen lag abgesondert das Gebein des Patroklos; an den äußeren Rändern lagen vermischt die Gebeine der Tiere und Männer. Auf Achilles' Befehl löschten die Helden die letzte Glut mit rotem Wein, sammelten unter Tränen die Gebeine ihres Freundes ein, bargen sie, mit einer doppelten Lage von Fett umgeben, in einer goldenen Urne und stellten sie in der Lagerhütte auf. Dann legten sie rings um den niedergebrannten Scheiterhaufen ein Fundament aus Steinen an und schütteten Erde zum Grabhügel auf.

Auf die Bestattung folgten die Leichenspiele zu Ehren des gefallenen Helden. Achilles rief alle Griechen zusammen, ließ sie sich in einem großen Kreis setzen und stellte Dreifüße, Becken, Pferde, Maultiere, mächtige Stiere, begabte Frauen von den Gefangenen in kostbaren Gewändern und außerdem noch Gold als Preise auf.

Zuerst fand das Wagenrennen statt. Achilles selbst nahm nicht an diesem Wettkampf teil – lag doch sein geliebter Wagenlenker im Grab! Eumelos, dagegen, der Sohn des Admetos trat vor, er war der wagenkundigste Held; ebenso Diomedes, der die Pferde anschirrte, die er Äneas geraubt hatte; Menelaos mit seinem Hengst Podargos und Agamemnons Stute Aithe; dann als Vierter Antilochos, Nestors junger Sohn, dem sein Vater allerlei weise Ermahnungen in das Wettrennen mitgab; und als Fünfter schirrte schließlich Meriones seine glänzenden Pferde an. Alle fünf Männer stiegen in ihre Wagensitze, und Achilles schüttelte die Lose, in welcher Reihenfolge sie aus den Schranken fahren sollten. Da sprang als Erstes das Los des Antilochos aus dem Helm, dann kamen Eumelos, Menelaos und Meriones, und als Letzter Diomedes. Zum Schiedsrichter

Leichenfeier des Patroklos

wurde Phönix, der Kampfgenosse seines Vaters, von Achilles benannt. Nun hoben alle fünf Fürsten zugleich die Peitsche, schlugen mit den Zügeln, trieben die Pferde an und stürmten über das Feld dahin. Dichte Staubschwaden wirbelten auf, wild flatterten die Mähnen der Pferde, die Wagen rollten bald tief an der Erde, bald flogen sie in schwebendem Sprung durch die Luft. Hoch standen die Lenker in den Sitzen, und jeder wollte der Sieger sein. Als sich die Pferde dem Ende der Rennbahn, die ans Meer grenzte, nahten, da schien jedes ganz Schnelligkeit zu sein, und alle rannten in gestrecktem Galopp. An der Spitze liefen die Stuten des Eumelos, doch über seinen Schultern atmete bereits das Hengstgespann des Diomedes, dem aber Apollon zornig die Peitsche aus den Händen riss, damit seine Pferde langsamer würden. Athene jedoch hatte die List bemerkt. Sie gab Diomedes die Peitsche zurück und zerbrach dafür dem Eumelos das Joch, dass die Stuten auseinander sprengten und sich der Wagenlenker verwundet auf dem Boden wälzte. Diomedes flog vorüber, gefolgt von Menelaos, hinter welchem wiederum Antilochos seine Pferde anfeuerte. An einem holprigen Hohlweg geriet Menelaos ins Straucheln; Antilochos aber fuhr kühn durch den engen Pass an ihm vorüber. Während die Zuschauer versuchten, im Staub die Pferde und Wagen zu erkennen, und sich darüber stritten, war Diomedes mit seinem von Gold und Zinn leuchtenden Wagen im Ziel angekommen und hatte die anderen weit hinter sich gelassen. Seinen dampfenden Pferden rann der Schweiß in Strömen vom Nacken. Der Held selbst sprang von seinem Sitz auf und lehnte die Peitsche ans Joch. Sein Freund Sthenelos nahm den Kampfpreis entgegen, eine schöne Frau und einen Kessel mit Henkel, übergab beides den Freunden, die sie fortzubringen sollten, und schirrte die Pferde aus. Nach ihm ging Antilochos ins Ziel, und fast gleichzeitig Menelaos. Eine Speerwurfweite davon entfernt fuhr etwas träger Meriones einher, und ganz zuletzt schleppte Eumelos mit verrenkten Gliedern seinen beschädigten Wagen ins Ziel. Dennoch wollte Achilles ihm den zweiten Preis verleihen, weil ihn unverschuldetes Unglück getroffen hatte und weil er der beste Wagenlenker war. Da fuhr Antilochos zornig auf: »Mir gehört der zweite Preis! Die prachtvolle ungezähmte, sechsjährige Stute! Wenn er dir Leid tut, dann hast du wohl Gold, Erz, Vieh, Pferde und Mägde genug. Gib ihm davon, was du willst!«

Achilles lächelte, sprach seinem lieben Altersgenossen das Pferd zu und schenkte dem Eumelos einen prächtigen Harnisch. Nun beschuldigte aber Menelaos seinerseits den Antilochos, seine Pferde durch eine List behindert zu haben, und wollte, dass er bei Poseidon, dem Schöpfer des Pferdes, einen Eid schwöre. Da gestand der beschämte Jüngling sein Vergehen ein und gab die gewonnene Stute dem Menelaos. Dies besänftigte dessen Zorn. Er überließ dem Jüngling das Pferd und nahm sich den dritten Preis, das Becken. Zwei Talente Gold als vierten Preis erhielt Meriones. Den fünften Preis, einen noch ungebrannten Mischbecher mit Henkeln, überließ Achilles dem Nestor als Geschenk.

Als Nächstes stand der Faustkampf an. Diesmal sollte der Sieger ein Maultier und der Besiegte einen Henkelbecher erhalten. Sogleich erhob sich Epeios, der Sohn des Panopeus, ein kräftiger, gewaltvoller Mann. Er packte das Tier und rief: »Dies gehört mir, den Becher soll nehmen, wer will! Das aber verkünde ich: Der Leib wird ihm von meiner Faust zerschmettert werden und die Knochen zermalmt!« Auf diesen Gruß hin verstummten die Helden, bis sich Euryalos, der Sohn des Mekistheus, ihm gegürtet und kampfbereit entgegenstellte. Bald kreuzten sich ihre Arme, die Fäuste klatschten auf die Kiefer, der Angstschweiß floss von ihren Gliedern. Schließlich versetzte Epeios seinem Gegner einen Schlag auf die Wange, dass er wie ein Fisch, der an Land gesprungen ist, zu Boden fiel. Epeios hielt ihm die Hand hin und hob ihn auf, und seine Freunde führten ihn Blut spuckend und mit hängendem Kopf aus der Versammlung.

Nun gab Achilles die Preise für den Ringkampf aus: für den Sieger einen goldenen Dreifuß, der zwölf Rinder wert war, der Besiegte sollte eine blühende und kunstfertige Frau erhalten. Da umklammerten sich bald Odysseus und der große Ajax, ineinander gefügt, wie ein Zimmermann Zinken zusammenfügt. Ihr Schweiß floss, ihre Rücken knirschten, an ihren Seiten und Schultern zeigten sich blutige Striemen. Schon begannen die Griechen zu murren. Da hob Ajax den Odysseus in die Höhe, doch der gab seinem Gegner mit dem gebeugten Knie von hinten einen Stoß, warf ihn rücklings nieder und setzte sich auf seine Brust. Schließlich rollten beide in den Staub. »Ihr habt beide gesiegt«, rief Achilles, »und ich belohne euch mit dem gleichen Preis.«

Für den nun folgenden Wettlauf wurde dem Sieger ein großer silberner, kunstvoll gefertigter Krug bestimmt. Der zweite Läufer sollte einen Stier erhalten, der dritte ein halbes Talent Gold. Hier traten der schnelle Ajax, Odysseus und Antilochos an. Achilles gab das Zeichen, und Ajax stürmte voran, dicht gefolgt von Odysseus, den alle Griechen anfeuerten. Als sie kurz vor dem Ziel waren, betete Odysseus zu seiner Beschützerin Athene. Sie machte seine Glieder leicht, und den Ajax ließ sie über die Abfälle der für Patroklos geschlachteten Rinder stolpern, sodass er in den Staub fiel. Lautes Gelächter erklang, als dem Odysseus der Krug und Ajax gleich darauf der Stier überreicht wurde. Den letzten Preis nahm Antilochos lächelnd entgegen. Er sprach: »Die Götter ehren ältere Menschen. Zwar ist Ajax nur wenig älter als ich, doch er stammt aus einem älteren Geschlecht.«

»Du sollst nicht umsonst so ohne Neid gesprochen haben«, sprach

Leichenfeier des Patroklos

Achilles zu ihm, »ich füge deinem Preis noch ein halbes Talent Gold hinzu.«

Nun brachte Achilles die Lanze des Sarpedon, die Patroklos vor kurzem noch erbeutet hatte, und legte sie zusammen mit Schild und Helm in den Kreis. Zwei der tapfersten Helden sollten mit ihren Waffen kämpfen, wobei beide zusammen die Rüstung erhalten und in der Lagerhütte des Achilles köstlich bewirtet werden sollten. Für den Sieger aber war das thrakische Schwert des Asteropaios bestimmt.

Mit drohenden Blicken stürmten der große Ajax und Diomedes dreimal mit ihren Waffen aufeinander los. Ajax durchbohrte den Schild des Diomedes, der aber zielte auf Ajax' Hals. Da trennten die Griechen die Kämpfenden, denn sie hatten um Ajax Angst. Das Schwert jedoch erhielt Diomedes.

Nun wurden noch Wettkämpfe mit der eisernen Scheibe des Eëtion, des Königs von Theben, abgehalten, den Achilles erschlagen hatte. Epeios drehte sich um sich und warf, doch nur so, dass alle lachten. Dann warf Leonteus, darauf der gewaltige Ajax, und er warf die Scheibe so weit, dass sie über das Zeichen hinausflog. Noch weiter aber schleuderte sie Polypoites und trug sie als Preis davon.

Zehn Äxte und zehn Beile aus bläulich schimmerndem Eisen gab Achilles für die Bogenschützen aus. Am Mast eines Schiffes wurde eine Taube mit dünnen Fäden angebunden. Wer die Taube traf, sollte die Äxte bekommen, der Besiegte musste sich mit den kleineren Beilen begnügen. Um den ersten Schuss losten Teukros und Meriones. Das Los des Teukros sprang aus dem Helm, doch Apollon war gegen ihn eingestellt, und so verfehlte er die Taube, schoss aber den Faden durch, sodass sich die Taube in die Lüfte schwang. Als Teukros ihr verdrossen nachblickte, riss Meriones ihm den Bogen aus der Hand, legte einen Pfeil ein und durchschoss der Taube im Flug die Flügel, denn er hatte Apollon eilig ein Dankopfer gelobt. Die Taube setzte sich verwundet auf den Mast, ließ Kopf und Flügel hängen, und bald fiel sie tot zur Erde herab. Da jubelten die Zuschauer voller Staunen, Meriones nahm die Äxte in Empfang und Teukros schlich sich mit den Beilen davon.

Zuletzt wurden ein Speer und ein mit Blumen verziertes Becken als Preis für den Speerwerfer in den Kreis gebracht. Da stand als Erster Agamemnon auf, und Meriones nach ihm. Aber Achilles sprach: »Agamemnon, wir wissen alle aus der Schlacht, dass du die Helden im Speerwurf besiegst. Lass daher dem Meriones den Speer und nimm ohne Kampf das Becken.« Agamemnon war einverstanden, reichte dem Kreter die Lanze und griff nach dem Becken. Und damit hatten die Spiele ein Ende.

397

Die Trojasage

Priamos bei Achilles

Als sich die versammelten Männer getrennt hatten, aßen sie sich satt und schliefen sich aus. Nur Achilles blieb wach und gedachte seines bestatteten Freundes. Erst wälzte er sich schlaflos von einer Seite zur anderen, doch dann stand er auf und schweifte am Meeresstrand umher. Am frühen Morgen spannte er seine Pferde an, band Hektors Leichnam an den Wagen und schleifte ihn dreimal um das Denkmal des Patroklos. Doch Apollon beschirmte ihn mit seinem goldenen Ägisschild und schützte so den Leib vor Entstellungen. Achilles ließ den Leichnam mit dem Gesicht im Staub liegen. Das erbarmte die Götter im Olymp – mit Ausnahme Heras – und Zeus befahl Thetis, der Mutter des Achilles, schleunigst zum Heer zu gehen und ihrem Sohn zu verkünden, dass den Göttern und Zeus selbst das Herz vor Zorn glühe, weil er Hektors Leichnam bei den Schiffen zurückhalte.

Thetis gehorchte. Sie ging in die Lagerhütte ihres Sohnes, setzte sich zu ihm, streichelte ihn sanft und sprach: »Lieber Sohn, wie lange willst du dir mit deinem Kummer noch das Herz verzehren und weder schlafen noch essen? Es wäre gut, wenn du dich den Freuden des Lebens wieder zuwenden würdest, denn du wirst nicht mehr lange auf der Erde wandeln. Das grausame Verhängnis lauert schon an deiner Seite. Höre denn die Worte des Zeus, die ich dir melde. Er und alle Götter sind zornig, weil du Hektors Leiche misshandelst und bei den Schiffen zurückhältst. Gib ihn doch frei, mein Sohn, gegen ein hohes Lösegeld.«

Achilles sah auf, blickte seiner Mutter ins Gesicht und sprach: »Was Zeus und der Rat der Götter gebieten, muss geschehen. Wer mir das Lösegeld bringt, soll den Leichnam bekommen.«

Zur selben Zeit schickte Zeus die schnelle Götterbotin Iris mit seinen Aufträgen in die Stadt des Priamos. Als sie dort ankam, fand sie nichts als Weinen und Wehklagen. Im Vorhof saßen die Söhne um ihren Vater im Kreis und weinten sich ihre Kleider feucht; in ihrer Mitte saß der alte Priamos, straff in seinen Mantel gehüllt, er hatte Staub auf Nacken und Haupt gestreut. Im Palast lagen die Töchter und Schwiegertöchter auf den Knien und weinten um den getöteten Helden. Da trat plötzlich die Botin des Zeus vor den König und begann mit leiser Stimme, dass ihm ein Schauer durch die Glieder fuhr: »Fasse dich, Sohn des Dardanos, verzage nicht, ich habe dir kein übles Wort zu verkünden. Zeus erbarmt sich deiner. Er gebietet dir zu Achilles zu gehen und ihm Geschenke darzubringen, die du als Lösegeld für den Leichnam deines Sohnes überbringen sollst. Allein sollst du gehen, niemand soll dich begleiten. Nur einer der älteren Herolde soll deinen Wagen lenken und dich mit dem Toten in die Stadt zurückbringen. Du musst dich nicht fürchten, denn Zeus wird dir Hermes zum Schutz an die Seite stellen. Er wird dich auf deinem Weg zu Achilles geleiten und dich auch dort beschützen. Doch ist Achilles selbst ja nicht unvernünftig und auch kein blinder Verbrecher. Er wird den Bittsteller schonen und sich selbst bemühen, alles Leid von dir abzuwehren.«

Priamos vertraute den Worten der Göttin, befahl seinen Söhnen Maultiere vor einen Wagen zu spannen, dann stieg er in die duftende, mit Zedernholz getäfelte Kammer hinab, in welcher viele Kostbarkeiten aufbewahrt lagen. Dort sprach er zu seiner Gattin Hekabe: »Zeus hat mir eine Botschaft gebracht: Ich soll zu Achilles gehen, ihn mit Geschenken versöhnen und so den Leichnam unseres geliebten Sohnes einlösen. Was hältst du davon? Mich selbst drängt es heftig, zu den Schiffen zu gehen.«

Seine Gemahlin aber erwiderte ihm schluchzend: »Wehe mir, Priamos, wohin ist dein einst so gepriesener Verstand entflohen? Welch ein Gedanke, dass du als alter Mann allein zu den Schiffen der Griechen gehen und dem Mann unter die Augen treten sollst, der so viele deiner tapferen Söhne erschlagen hat! Meinst du etwa, der Falsche, Blutgierige wird Mitleid mit dir haben? Besser, wir weinen von fern um Hektor, dem das Geschick schon bei seiner Geburt bestimmt hat, von den Hunden gefressen zu werden!«

»Halte mich nicht«, antwortete Priamos entschlossen, »und werde mir nicht zum Unglücksvogel in meinem eigenen Haus! Und wenn mich der Tod bei den Schiffen erwartet; soll der Wüterich mich doch ermorden, wenn ich nur meinen geliebten Sohn weinend in den Armen halten darf!«

Unter diesen Worten machte er die Kisten auf und wählte zwölf kostbare, feierliche Gewänder, zwölf Teppiche, ebenso viele Schlafröcke, Leibröcke und prächtige Mäntel aus. Dann wog er zehn Talente Gold ab, nahm noch vier glänzende Becken, zwei Dreifüße und selbst den goldenen Becher, den ihm die Thrakier geschenkt hatten, als er zu ihnen auf Gesandtschaft kam, sparte er nicht aus. Dann scheuchte er alle Trojaner, die ihn aufhalten wollten, aus der Halle und drohte ihnen: »Ihr Nichtswürdigen, habt ihr nicht selbst bei euch zu Hause Kummer genug, dass ihr hierher kommt, um auch noch mich zu bekümmern? Meint ihr etwa, es sei eine Kleinigkeit, dass Zeus den Schmerz über mich verhängte, meinen tapfersten Sohn zu verlieren? Ihr werdet es schon noch erfahren. Wenn ich nur in den Hades hinuntergehe, bevor ich den Trümmerhaufen eurer Stadt erblicke!« Dann rief er scheltend seine Söhne: »Ihr Schändlichen, Untüchtigen, lägt ihr mir doch an Hektors statt getötet bei den Schiffen. Alle Guten sind tot, nur die Schandflecken sind übrig, die Lügner, Gaukler und Reigentänzer, die im Fett des Volkes schwelgen! Werdet ihr mir nicht auf der Stelle den Wagen rüsten und all dies in den Korb legen, damit ich meinen Weg vollenden kann?« Erschrocken gehorchten die Söhne.

Der Herold, der Priamos begleiten sollte, erschien. Voller Kummer reichte Hekabe dem König den goldenen Becher zum Opfertrank, eine Magd brachte Schüssel und Kanne, und als Priamos sich die Hände benetzt hatte, empfing er den Becher, begab sich in die Mitte des Hofes, spendete vom Wein und betete mit erhobener Stimme zu Zeus: »Vater Zeus, Herrscher vom Ida, lass mich vor Achilles Barmherzigkeit und Gnade finden! Gib mir ein Zeichen, dass ich getrost zu den Schiffen der Griechen gehen kann!« Da stürmte mit ausgebreiteten Flügeln ein Adler von rechts her über die Stadt. Die Trojaner sahen dies voller Freude, und Priamos stieg zuversichtlich auf den Wagen. Der Herold Idaios lenkte seinen Wagen und hinter ihm trieb Priamos mit seiner Peitsche die Pferde an. Die Trojaner aber folgten ihm unter Jammern und Klagen, als ob er in seinen sicheren Tod führe.

Als die Wagen draußen vor der Stadt waren und Priamos und der Herold am Denkmal des alten Königs Ilios vorbeikamen, hielten sie an, um die Pferde und Maultiere unten am Strom zu tränken. Der Abend war hereingebrochen und die Dämmerung hatte sich herniedergesenkt. Da bemerkte Idaios ganz in der Nähe die Gestalt eines Mannes. Erschrocken sagte er zu Priamos: »Sieh dich vor, Herr! Siehst du den Mann dort? Ich fürchte, er liegt auf der Lauer und will uns töten! Wir sind unbewaffnet und dazu alt. Lass uns entweder umkehren und in die Stadt fliehen oder aber seine Knie umfassen und ihn um Erbarmen bitten.«

Priamos durchfuhr ein banger Schauer und seine Haare sträubten sich. Nun näherte sich die Gestalt; doch es war kein Feind, sondern Hermes, der Abgesandte des Zeus, der Heilsbringer, der auserwählte Sterbliche auf ihren Wegen zu begleiten hat. Der nahm den König bei der Hand, und ohne dass Priamos ihn erkannte, sprach er zu ihm: »Vater, wohin lenkst du deine Pferde und Maultiere in finsterer Nacht, während andere Menschen schlafen? Fürchtest du dich denn gar nicht vor den Griechen? Wenn einer sähe, dass du so viel wertvolle Dinge bei dir hast, wie würde dir dann wohl zumute werden? Aber sorge dich nicht, dass ich dir etwas zuleide tue. Ich will dich beschützen, denn du gleichst meinem geliebten Vater! Aber sage mir, hast du deshalb so viele auserlesene Güter bei dir, weil du in ein fremdes Land fliehen willst? Oder verlasst ihr nun alle Troja, jetzt, da ihr den tapfersten Mann verloren habt, der sich vor keinem Griechen fürchtete?«

Da fiel die Anspannung allmählich von Priamos ab und er antwortete: »Fürwahr, nun sehe ich, dass die Hand eines Gottes mich beschützt, da mir ein so gütiger und wissender Gefährte auf meinem Weg begegnet, der so schön vom Tod meines Sohnes spricht. Doch wer bist du, mein Guter, und wer sind deine Eltern?«

»Mein Vater heißt Polyktor«, antwortete Hermes. »Ich bin von sieben

Achilles schleift Hektors Leiche

DIE TROJASAGE

Söhnen der jüngste, ein Myrmidone und Landsmann des Achilles. Daher sah ich deinen Sohn oft mit meinen eigenen Augen kämpfen und die Griechen zu den Schiffen treiben, während wir bei unserem zürnenden Herrn standen.«

»Wenn du ein Gefährte des schrecklichen Achilles bist«, fragte Priamos jetzt voller Ungeduld, »oh dann sage mir, ob mein Sohn noch bei den Schiffen ist oder ob Achilles ihn schon in Stücke gehauen und den Hunden vorgeworfen hat?«

»Nein«, antwortete Hermes, »er liegt noch in der Lagerhütte des Achilles ohne verfallen zu sein, obgleich schon der zwölfte Morgen vergangen ist und der Held ihn bei jedem Sonnenaufgang erbarmungslos um das Grab seines Freundes schleift. Du würdest dich wundern, wenn du sähst, wie frisch und rosig er daliegt. Er ist vom Blut gereinigt, die Wunden geschlossen. Selbst im Tod pflegen die Götter ihn noch.«

Voller Freude holte Priamos den prächtigen Becher hervor, den er bei sich im Wagen liegen hatte. »Nimm ihn«, sprach er, »und gib mir dafür deinen Schutz. Geleite mich zur Lagerhütte deines Herrn.«

Hermes wies die Gabe ab, so als scheute er sich, ohne Achilles' Wissen Geschenke anzunehmen, schwang sich jedoch zu Priamos in den Wagen, ergriff Zügel und Peitsche und bald hatten sie Mauer und Graben erreicht. Hier fanden sie die Wächter beim Abendessen vor. Doch ein Wink des Gottes ließ sie in tiefen Schlaf sinken und mit einem Druck seiner Hand schob er den Riegel vom Tor zurück. So gelangte Priamos mit seinem Wagen glücklich vor die Lagerhütte des Achilles, die aus hohen Balken erbaut, mit Schilf bedeckt und von einem geräumigen Vorhof umgeben war, den eine dichte Reihe von Pfählen umzäunte. Lediglich ein einziger Riegel verschloss die Pforte, aber er war so schwer, dass nur drei starke Griechen ihn vor- oder zurückschieben konnten; nur Achilles selbst war alleine stark genug. Jetzt aber öffnete Hermes mühelos das Tor, stieg ab, gab sich als Gott zu erkennen und verschwand, nachdem er Priamos geraten hatte, Achilles' Knie zu umschlingen und ihn bei Vater und Mutter zu beschwören.

Nun sprang auch Priamos vom Wagen und übergab dem Idaios Pferde und Maultiere. Er selbst ging geradewegs auf Achilles' Lagerhütte zu. Achilles war allein, nur Automedon und Alkimos waren bei ihm, während er von der Mahlzeit ruhte. Unbemerkt trat der erhabene Greis ein, eilte auf Achilles zu, umschlang seine Knie, küsste ihm die entsetzlichen Hände, die so viele seiner Söhne ermordet hatten, und sah ihm ins Gesicht. Staunend musterten ihn Achilles und seine Freunde. Da begann Priamos zu flehen: »Göttergleicher Achilles, gedenke deines Vaters, der alt ist wie ich, vielleicht ebenfalls von feindlichen Nachbarn bedrängt wird, in Angst und ohne Hilfe ist wie ich. Doch ihm bleibt jeden Tag die

402

Priamos bei Achilles

Hoffnung, seinen geliebten Sohn von Troja heimkehren zu sehen. Ich aber, der ich fünfzig Söhne hatte, als die Griechen herangezogen kamen, und neunzehn davon von einer Frau, habe die meisten von ihnen in diesem Krieg verloren, und zuletzt raubtest du mir den Einzigen, der die Stadt und uns alle zu schützen vermochte. Darum komme ich nun zu den Schiffen, um ihn, meinen geliebten Hektor, von dir zu erkaufen, und bringe unermessliches Lösegeld. Achte die Götter, Achilles, erbarme dich meiner und denke an deinen eigenen Vater! Ich habe noch mehr Mitleid verdient, da ich ertragen muss, was noch kein Mensch ertragen hat, und drücke die Hand, die meine Kinder getötet hat, an meine Lippen.«

Mit seinen Worten erweckte er Sehnsucht und Kummer um seinen Vater in Achilles, sodass er ihn sanft bei der Hand nahm und von sich schob. Da gedachte der alte Mann seines Sohnes Hektor, wand sich zu Füßen des Achilles und fing laut zu weinen an. Achilles aber weinte bald um seinen Vater, bald um seinen Freund, und die ganze Lagerhütte erscholl von Jammer. Endlich spang der edle Achilles auf, hob den alten Mann voller Mitleid auf und sprach: »Du Armer, du musstest wirklich großen Schmerz ertragen! Und welchen Mut hast du erwiesen, allein zu den Schiffen der Griechen zu kommen und einem Mann unter die Augen zu treten, der so viele deiner tapferen Söhne erschlagen hat. Du musst ja ein eisernes Herz in der Brust tragen! Aber nun setze dich in den Sessel, lass uns unseren Kummer ein wenig beruhigen, so sehr er uns auch ans Herz greift. Unsere Schwermut bewirkt doch nichts. Es ist nun einmal das Schicksal, das die Götter den elenden Menschen bestimmt haben, Kummer zu leiden, während sie selbst ohne Sorgen sind. Denn zwei Fässer stehen an der Schwelle der Behausung des Zeus, das eine voll Gaben des Unglücks, das andere voll Gaben des Glücks. Wem der Gott beides gibt, den trifft abwechselnd ein gutes und ein schlechtes Los; wem er nur Unglück gibt, der wird von herzzerfressender Not über die Erde hin verfolgt. So schenkten die Götter meinem Vater Peleus zwar wertvolle Gaben, Besitztum und Macht, ja selbst eine Göttin zur Gattin; doch hat ihm ein Gott auch Böses gegeben, denn er bekam nur einen einzigen Sohn, der schon früh sterben wird, sodass er ihn im Alter nicht pflegen kann. Denn hier in weiter Ferne sitze ich vor Troja und bringe Kummer über dich und die Deinen. Auch du wurdest glücklich gepriesen; nun aber haben dir die Götter dieses Leid gesandt, und seitdem toben nur Schlacht und Morden um deine Mauern. Du musst es ertragen ohne zu klagen, denn du kannst deinen edlen Sohn doch nicht wieder auferwecken!«

Da antwortete Priamos: »Verlange nicht von mir stillzusitzen, Liebling des Zeus, solange Hektor noch unbestattet in deiner Lagerhütte liegt. Übergib ihn mir nun, denn ich möchte ihn endlich sehen. Freue dich über das reiche Lösegeld, verschone mich und kehre heim in dein Vaterland!«

DIE TROJASAGE

Achilles runzelte die Stirn, als er dies hörte, und sprach: »Reize mich nicht mehr! Ich habe ja selbst die Absicht dir den Hektor zu überlassen, denn meine Mutter brachte mir eine Botschaft des Zeus. Und ich erkenne, dass auch dich ein Gott zu unseren Schiffen geführt hat. Denn wie könnte ein gewöhnlicher Mensch, und wäre er ein noch so kühner Jüngling, dies wagen, wie könnte er unseren Wachen entgehen, wie die Riegel der Tore zurückschieben? Darum errege mir mein trauriges Herz nicht noch mehr, sonst könnte ich des Zeus Befehl, dass ich dich schonen soll, vergessen, so demütig du auch flehst.«

Ängstlich gehorchte Priamos. Achilles aber sprang wie ein Löwe hinaus, und seine Gefährten folgten ihm. Vor der Lagerhütte spannten sie die Tiere aus dem Joch und führten den Herold herein. Dann hoben sie die Geschenke vom Wagen und ließen nur zwei Mäntel und einen Leibrock zurück, um damit Hektors Leiche gebührlich zu verhüllen. Dann ließ Achilles, abseits und ohne dass Priamos es sah, den Leichnam waschen, salben und bekleiden. Achilles selbst legte ihn auf ein Lager, und während seine Freunde ihn auf den Wagen hoben, rief er den Namen seines Freundes an und sprach: »Zürne mir nicht, Patroklos, wenn du vielleicht in der Nacht der Unterwelt vernimmst, dass ich Hektors Leiche seinem Vater zurückgebe! Er hat kein unwürdiges Lösegeld gebracht, und auch du sollst deinen Teil davon erhalten!«

Darauf kehrte er in seine Lagerhütte zurück, setzte sich dem König wieder gegenüber und sprach: »Siehe, nun hast du deinen Sohn, wie du es gewünscht hast. Er liegt in ehrbare Gewänder gehüllt. Sobald der Morgen graut, sollst du ihn sehen und mit dir nehmen. Jetzt aber lass uns zur Nacht speisen; du hast noch genügend Zeit deinen geliebten Sohn zu beweinen, wenn du ihn zur Stadt gebracht hast. Denn er verdient viele Tränen.«

Ert erhob sich wieder, eilte hinaus und schlachtete ein Schaf. Seine Freunde zogen die Haut ab, schnitten das Fleisch in Stücke und brieten es sorgfältig am Spieß. Dann setzten sie sich zu Tisch. Automedon verteilte in zierlichen Körben das Brot, Achilles das Fleisch, und alle aßen und tranken sich satt. Voller Staunen betrachtete Priamos den Wuchs und die Gestalt seines edlen Wirtes, denn er war wirklich wie ein Gott. Aber auch Achilles staunte vor Priamos, wenn er in dessen würdevolles Gesicht sah und hörte, wie weise er sprach.

Als nun das Mahl vorüber war, sagte Priamos: »Gebt mir ein Lager, edler Held, dass wir uns auch an erfrischendem Schlaf sättigen mögen. Denn seit mein Sohn gestorben ist, habe ich kein Auge zugetan. Auch habe ich nun zum ersten Mal wieder von Fleisch und Wein gekostet.«

Sofort befahl Achilles, dass ein Bett unter die Halle gestellt und mit purpurnen Polstern und Teppichen und einem dicken Mantel als Decke belegt werden solle. Für jeden der Fremden wurde ein gesondertes Lager bereitet. Nun sprach Achilles freundlich: »Lege dich jetzt draußen nieder, lieber Greis. Sonst könnte sich noch einer der Völkerfürsten, die sich ständig in meiner Lagerhütte zum Rat versammeln, durch die Dunkelheit schleichen und dem Agamemnon melden, dass er dich gesehen hat. Denn der könnte dir den Leichnam streitig machen. Jetzt sage mir aber noch eins: Wie viele Tage möchtest du auf die Bestattung deines edlen Sohnes verwenden, damit ich mich solange zurückhalte und auch unser Heer von jedem Angriff abhalte?«

»Wenn du es mir vergönnst«, antwortete Priamos, »für meinen Sohn eine Leichenfeier abzuhalten, so gestatte mir elf Tage. Du weißt, wir sind in der Stadt eingeschlossen und müssen das Holz aus dem fernen Gebirge holen. So brauchen wir neun Tage zur Vorbereitung, am zehnten möchten wir ihn bestatten und das Totenmahl feiern, am elften einen Ehrenhügel für ihn auftürmen, und am zwölften Tag, wenn es denn sein muss, wollen wir wieder kämpfen.«

»Auch dies soll geschehen, wie du es wünschst«, erwiderte Achilles, »ich werde das Heer so lange zurückhalten, wie du verlangt hast.« Er nahm Priamos' rechte Hand, um ihm die letzte Furcht zu nehmen, dann entließ er ihn zum Schlaf und legte sich selbst im innersten Raum seiner Lagerhütte nieder.

Während alle anderen schliefen, blieb nur der Gott Hermes wach und sann darüber nach, wie er Trojas König wieder aus dem griechischen Lager herausführen konnte, ohne dass die Wachen ihn sahen. Deshalb trat er an das Haupt des schlafenden Königs heran und sprach zu ihm: »Du schläfst wirklich sehr sorglos, mitten in diesem feindlichen Lager, da dir nichts geschehen ist. Und du hast deinen Sohn für teures Lösegeld erhalten. Wenn aber Agamemnon und die anderen Griechen erführen, dass du in ihrem Lager bist, dann müssten deine Söhne dich mit einem noch höheren Lösegeld wieder freikaufen!« Da erschrak der alte Mann und weckte seinen Herold. Hermes selbst spannte ihre Pferde und Maultiere an und schwang sich zu dem König in den Wagen. Idaios lenkte die Maultiere mit dem Leichnam. So fuhren sie unbemerkt durch das Heer, und bald hatten sie das griechische Lager verlassen.

Hektors Leichnam in Troja

Hermes begleitete den König bis an die Furt des Skamander. Dann verließ er Priamos und entflog zum hohen Olymp. Priamos und der Herold aber trieben unter Seufzen und Klagen die Pferde mit dem Wagen des Königs und die Maultiere mit dem Leichnam in die Stadt. Es war frü-

DIE TROJASAGE

her Morgen, alles lag noch im Schlaf, und niemand sah sie kommen. Nur Kassandra war auf die Burg von Pergamos gestiegen und sah den Wagen mit dem Leichnam in der Ferne herannahen. Da begann sie laut zu klagen und rief, dass es durch die ganze stille Stadt hallte: »Seht doch hin, ihr Trojaner und ihr Trojanerinnen, dort kommt ja Hektor, ach, nur der tote Hektor! Wenn ihr euch jemals an dem Lebenden erfreut habt, wie er siegreich aus der Schlacht heimkehrte, so begrüßt jetzt auch den Toten!« Auf ihren Ruf hin blieb niemand zu Hause, denn aller Herzen waren von tiefer Trauer erfüllt. Alle versammelten sich am Tor, um dort den Leichenwagen zu erwarten, die Mutter und die Gattin Hektors allen voran. Jene beiden rauften sich das Haar, stürzten sich auf den Wagen und legten ihre Hände auf das Haupt des erschlagenen Hektor. Die Menge umringte sie weinend, und sie hätten den Wagen bis zum Abend nicht weiterfahren lassen, wenn nicht Priamos zu seinem Volk gesprochen hätte: »Macht den Maultieren Platz und lasst sie durch. Wenn ich Hektor in den Palast gebracht habe, dann könnt ihr euch ausweinen!« Nun wich die Menge ehrfurchtsvoll vor dem Wagen zurück.

Sobald die Leiche im Königspalast angekommen war, wurde sie auf ein schönes Gestell gelegt; Sänger wurden der Leiche zur Seite gestellt, die einen Trauergesang unter den klagenden Frauen anstimmten. Vor allen Frauen aber trauerte die Fürstin Andromache, die, noch in der Blüte ihres Lebens, vor dem Leichnam stand und sein Haupt in den Händen hielt. »Herrlicher Gatte«, rief sie, »so verlorst du dein Leben und lässt mich als Witwe mit einem unmündigen Kind im Palast zurück. Ach, nur schwerlich wird er zu einem blühenden Jüngling heranwachsen! Denn vorher noch wird Troja zerstört werden, da du gestorben bist, du, der du die Stadt verteidigt und Frauen und Kinder beschützt hast! Bald werden sie nun als Sklaven zu den Schiffen gebracht, ich mitten unter ihnen. Du aber, mein geliebter Astyanax, wirst Schmach und Arbeit unter einem grausamen Fronherrn mit deiner Mutter teilen. Oder es packt dich ein Grieche und stürzt dich von der Mauer, weil dein Vater Hektor seinen Bruder, Vater oder Sohn getötet hat. Denn freilich verschonte dein Vater auch keinen, wenn es um die Entscheidung ging. Unaussprechlichen Kummer hast du deinen Eltern bereitet, Hektor, endlose Verzweiflung mir selbst. Du hast mir nicht die Hand von deinem Sterbelager gereicht, hast mir kein weises Abschiedswort gesagt, an das ich Tag und Nacht in Wehmut denken könnte!«

Nach Andromache erhob Hektors Mutter Hekabe klagend ihre Stimme: »Hektor, oh du mein Herzenskind, wie sehr haben dich selbst die Götter geliebt, die dich auch im bittersten Tod nicht vergessen haben! Mit dem Schwert getötet und geschleift, ruhst du doch so frisch in unserem Haus, als hätte dich der sanfte Pfeil vom silbernen Bogen Apollons unversehens hingestreckt.« Mit solchen Worten tröstete sie auch sich selbst und vergoss eine Flut von Tränen.

Nun ergriff auch Helena das Wort. »Hektor«, klagte sie, »der du mir lieber geworden bist als alle anderen Brüder meines Mannes, zwanzig Jahre sind vergangen, seit Paris mich Unselige nach Troja gebracht hat, und nie im Laufe dieser langen Zeit hörte ich ein böses Wort von dir. Zwar war König Priamos selbst immer milde wie ein Vater zu mir, doch wenn ein anderer im Hause – Bruder oder Schwester meines Mannes, Schwägerin oder Schwiegermutter – hart gegen mich war, so warst immer du derjenige, der sie besänftigt hat, und du redetest mir gut zu. Mit dir ist mir mein Tröster und Freund gestorben; nun werden sich alle mit Abscheu von mir abwenden!« Helena weinte und die Menge, die sich um sie scharte, seufzte.

Da rief Priamos über das Gedränge hin: »Jetzt, ihr Trojaner, bringt Holz für den Scheiterhaufen in die Stadt und sorgt euch nicht, dass ein Hinterhalt der Griechen auf euch lauert. Achilles hat versprochen uns keinen Schaden zuzufügen, bis der zwölfte Morgen gekommen ist.« Die Menge gehorchte. Es wurden Stiere und Maultiere vor die Wagen gespannt und alles versammelte sich vor der Stadt.

Neun Tage lang brachten sie Holz aus dem Wald herbei. Am zehnten Morgen wurde Hektors Leiche unter lautem Klagen hinausgetragen, auf dem hohen Scheiterhaufen niedergelegt und der Scheiterhaufen in Brand gesteckt. Das ganze Volk stand um den brennenden Holzstoß versammelt. Als er niedergebrannt war, löschten sie den glimmenden Schutt mit Wein, und die Brüder und Kampfgefährten lasen das weiße Gebein unter Tränen aus der Asche zusammen. Die Knochen wurden mit weichen Purpurgewändern umhüllt, in ein goldenes Kästchen gelegt und dieses in eine hohle Gruft versenkt, die man mit schweren Quadersteinen verschloss. Nun wurde der Grabhügel aufgeschüttet. Ringsumher saßen Wächter, damit kein plötzlicher Überfall der Griechen sie störte. Als die Erde aufgeschüttet war, zog das ganze Volk in die Stadt zurück, und im Königshaus des Priamos wurde das feierliche Totenmahl begangen.

Penthesilea

Nach Hektors Bestattung hielten sich die Trojaner wieder innerhalb ihrer Stadtmauern auf, denn sie fürchteten sich vor der Stärke des unbändigen Achilles, und wie Stiere, die sich sträuben, sich dem Lager eines entsetzlichen Waldlöwen zu nähern, scheuten sie sich in seine Nähe zu kommen. In der Stadt herrschten Trauer und Klage über den Verlust ihres edelsten Bürgers und mächtigsten Beschützers, und der Jammer

DIE TROJASAGE

war so groß, als wenn Troja bereits von den Flammen der Eroberer verzehrt würde.

In dieser trostlosen Lage kam den Belagerten Hilfe von einer Seite, von der sie sie nicht erwartet hätten. Vom Strom Thermodon in der kleinasiatischen Landschaft Pontos her, kam mit einer kleinen Schar von Heldinnen die Amazonenkönigin Penthesilea gezogen, um die Trojaner zu unterstützen. Teils trieb sie die männliche Lust an Kriegsgefahren, die dieses Frauenvolk besitzt, zu dieser Unternehmung, teils eine Blutschuld, die sie unbeabsichtigt begangen hatte und wegen derer sie in ihrem Land übel angesehen wurde. Sie hatte nämlich auf der Jagd nach einem Hirsch versehentlich ihre eigene Schwester Hippolyte mit dem Speer getötet. Nun begleiteten sie die Rachegöttinnen auf allen ihren Wegen, und kein Opfer hatte sie bisher versöhnen können. Nun hoffte sie, diesen Qualen am ehesten durch einen den Göttern wohlgefälligen Kriegszug zu entgegen, und so brach sie mit zwölf auserlesenen Gefährtinnen nach Troja auf, die alle, so wie sie, Lust auf Krieg und Kämpfe verspürten. Doch vor ihrer Königin Penthesilea erschienen selbst diese erhabenen Jungfrauen nur wie Sklavinnen. Wie der Mond unter den Sternen am Himmel hervorstrahlt, so überragte die Fürstin alle ihre Dienerinnen an Glanz und Schönheit. Sie war prachtvoll wie Eos, die Göttin der Morgenröte, wenn sie, von den Horen umgeben, aus den Höhen des Olymp zum Rand der Erde herabfährt.

Als die Trojaner die zarte und doch gewaltige Königin in ihrem erzenen Panzer von ihren Mauern herab an der Spitze ihrer Jungfrauen wie eine Göttin einherschreiten sahen, strömten sie von allen Seiten voller Bewunderung herbei. Sie konnten sich an der Schönheit der Fürstin nicht satt sehen, in deren Zügen das Schreckliche wunderbar mit dem Lieblichen verbunden war. Ein Lächeln lag auf ihren Lippen, und wie Sonnenstrahlen leuchteten unter ihren langen Wimpern ihre lebensvollen Augen. Ihre Wangen bedeckte eine leichte Röte, über dem ganzen Antlitz lag mädchenhafte Anmut, beseelt von kriegerischem Feuer. So betrübt Trojas Volk zuvor gewesen war, so sehr jauchzte es jetzt bei diesem Anblick. Selbst das trauernde Herz des Königs Priamos wurde wieder etwas freundlicher gestimmt. Und als er die schöne Penthesilea erblickte, da war ihm wie einem Halbverblendeten, dem ein wohltuender Lichtstrahl ins kranke Auge fällt. Dennoch war seine Freude nur mäßig und durch die Erinnerung an den Verlust seiner eigenen trefflichen und nicht weniger schönen Söhne gedämpft. Doch er empfing die Königin in seinem Palast, ehrte sie, als ob sie seine eigene Tochter wäre, und bewirtete sie auf das Köstlichste. Auf seinen Befehl hin wurden die auserlesensten Geschenke für sie herbeigebracht, und er versprach ihr noch mehr, falls es ihr gelingen sollte, die Trojaner aus der Gefahr zu retten. Da erhob sich die Amazonenkönigin und leistete einen vermessenen Schwur, der noch keinem sterblichen Menschen in den Sinn gekommen war: Sie verhieß dem König den Tod des göttergleichen Achilles. Ihn und alle Griechen wolle sie vertilgen und ihr Feuer sollte die feindlichen Schiffe in Asche legen! So schwur sie töricht, die den lanzenschwingenden Helden und seinen furchtbaren Arm noch nicht kannte. Als Andromache, Hektors trauernde Witwe, dies hörte, da dachte sie bei sich selbst: »Oh du Arme, du weißt nicht, was du da gesagt hast und welche Vermessenheit du in deinem Stolz begehst! Wie solltest du die Kraft besitzen, die man braucht, um mit dem Männer mordenden Helden zu kämpfen? Bist du von Sinnen, Verlorene, und siehst den Tod nicht, der schon jetzt vor deinen Augen steht? Blickten doch alle Trojaner auf Hektor wie auf einen Gott, und doch hat der Speer des Achilles ihn getötet! Oh möchte mich doch die Erde verschlingen!«

Unterdessen war der Tag zu Ende gegangen, und nachdem die Heldinnen sich ausgeruht und gegessen hatten, wurde für die Fürstin und ihre Begleiterinnen von den Dienstmägden des Palastes ein behagliches Lager bereitet, auf welchem Penthesilea bald in tiefen Schlaf sank. Da erschien ihr auf Athenes Befehl ein unheilvolles Traumbild. Ihr eigener Vater kam im Schlaf zu ihr und drang in sie, den Kampf mit dem schnellen Achilles zu beginnen. Als die Jungfrau das Trugbild sah, begann ihr Herz schneller zu schlagen, und sie hoffte das Ungeheuere noch am selben Tag zu vollbringen. Sie erwachte, sprang von ihrem Lager auf, legte die glänzende Rüstung, die Ares selbst ihr geschenkt hatte, an und warf sich das Wehrgehenk über die Achsel, an dem in einer Scheide aus Silber und Elfenbein das mächtige Schwert hing. Dann nahm sie ihren Schild, der schimmerte wie der Mond, wenn er aus dem Spiegel des Meeres aufsteigt, und setzte den Helm, von dem eine goldene Mähne herabfloss, aufs Haupt. In die linke Hand nahm sie zwei Speere und in die rechte eine Doppelaxt, die ihr einst die verderbliche Göttin der Zwietracht als Kriegswaffe geschenkt hatte. Als sie so in ihrer blinkenden Rüstung hinausstürmte, glich sie einem Blitzstrahl, den die Hand des Zeus vom Olymp auf die Erde herabschleudert.

Jauchzend vor Lust eilte sie zu den Mauern Trojas hinaus und spornte die Trojaner zum Kampf an. Auf ihren Ruf hin versammelten sich sogleich die tapfersten Männer, die zuvor nicht mehr gewagt hätten dem Achilles entgegenzutreten. Penthesilea selbst schwang sich auf ein schönes, schnellfüßiges Pferd, das ein Geschenk der Gemahlin des thrakischen Königs Boreas war und so schnell flog wie die Harpyien. Auf dem Rücken dieses Pferdes jagte sie aufs Schlachtfeld hinaus, und alle ihre Jungfrauen ritten ihr nach. Die trojanischen Heerscharen folgten ihr.

König Priamos, der im Palast zurückgeblieben war, hob die Hände zum

Himmel und betete zu Zeus: »Höre, oh Vater, und lass die griechischen Truppen heute vor der Tochter des Ares in den Staub sinken, sie selbst aber wohlbehalten in meinen Palast zurückkehren. Tue es deinem gewaltigen Sohn Ares zu Ehren. Tue es auch ihr selbst zuliebe, die aus einem Göttergeschlecht stammt und euch unsterblichen Göttern so ähnlich ist. Tue es auch um meinetwillen, der ich so viel erlitten habe und so viele schöne Söhne unter den Händen der Griechen habe fallen sehen! Tue es, solange vom edlen Blut des Dardanos noch etwas bleibt und die alte Stadt Troja noch unzerstört ist!« Er hatte seine Bitte kaum beendet, da stürzte zu seiner Linken ein kreischender Adler durch die Luft, der eine zerrissene Taube in den Krallen hielt. Ein angstvoller Schauer durchbebte die Brust des Königs, als er dies Vorzeichen sah, und all seine Hoffnung schwand dahin.

Inzwischen sahen die Griechen in ihrem Schiffslager zu ihrem Erstaunen die Trojaner, die in den letzten Tagen stets so mutlos gewesen waren, wie reißende Tiere heranziehen. Einer sprach voll Verwunderung zum anderen: »Wer mag wohl die Trojaner wieder vereinigt haben, die doch seid Hektors Tod alle Lust verloren zu haben schienen, jemals wieder gegen uns zu kämpfen? Es muss wohl ein Gott sein, der sich ihrer annimmt! Nun gut, auch uns stehen Götter zur Seite, und wenn wir die Trojaner bisher bezwungen haben, so wird es uns auch heute gelingen!« So warfen sie sich in ihre Rüstungen und strömten kampflustig hinaus.

Bald begann die blutige Schlacht. Speer streckte sich gegen Speer, Harnisch stieß auf Harnisch, Schild prallte an Schild und Helm an Helm, einmal mehr färbte sich Trojas Boden rot vom Blut.

Penthesilea wütete unter den griechischen Helden und ihre Kriegerinnen wetteiferten mit ihr an Tapferkeit. Als aber die Amazone Klonia Menippos, den Freund des gewaltigen Podarkes niederschlug, rächte der sich grimmig und brachte sie selbst zu Tode. Dann schlug das Glück auf die Seite der Griechen um. Idomeneus verwundete die Amazone Bremusa tödlich, Meriones erschlug Euandra und Thermodessa, und auch Alkibia und Derimacha fielen. Schließlich kehrte sich der Kampf gegen die Trojaner selbst. Ein furchtbares Schlachtgetümmel tobte durch die Reihen, und auf beiden Seiten sanken an diesem Tag viele Helden in den Staub.

Penthesilea aber stürmte noch immer unbezwungen unter die Griechen wie eine Löwin, die unter einer Rinderherde wütet. Von Schreck ergriffen wichen die Griechen zurück, wo sie nahte. Berauscht rief ihnen die Siegerin entgegen: »Noch heute, ihr Hunde, sollt ihr mir die Schmach des Königs Priamos büßen. Als Fraß von Raubtieren und Vögeln sollt ihr vermodern und keiner von euch soll seine Frau und seine Kinder wieder sehen, kein Erdhügel soll sich je über euren Gebeinen erheben! Wo ist Diomedes, wo ist Ajax, der Sohn des Telamon, wo ist Achilles – die Besten

Penthesilea

in eurem Heer? Warum kommen sie nicht und kämpfen mir mir? Natürlich, weil sie wissen, dass sie von mir zerschmettert werden und sterben müssen!« Voller Verachtung drang sie auf die Griechen ein. Bald wütete sie mit der Axt, bald mit dem Speer, und ihr Pferd trug ihren Köcher voller Pfeile. Die Söhne des Priamos und die obersten Trojaner drängten ihr nach. Diesem Angriff konnten die Griechen nicht standhalten. Wie Blätter im Wind fielen sie einer nach dem andern. Den Trojanern war, als ob eine Göttin selbst vom Himmel gestiegen sei, um ihnen im Kampf zu helfen, und mit einer törichten Freude im Herzen glaubten sie schon, ihren Gegner ganz zu vernichten.

Doch noch hatten weder Ajax oder der Göttersohn Achilles von dem Kampf erfahren. Beide lagen fern am Grab des Patroklos und gedachten ihres erschlagenen Freundes. So war es vom Geschick bestimmt worden, das der Amazonenfürstin einige Stunden der Ernte gönnen wollte, ehe es sie mit Ruhm bekränzt in den Tod trieb.

Die trojanischen Frauen standen auf der Stadtmauer und bewunderten jubelnd die Heldentaten ihrer Schwester. Eine von ihnen, Hippodameia, die Gattin des tapferen Trojaners Teisiphonos, packte plötzlich die Lust zu kämpfen. »Freundinnen«, rief sie, »warum kämpfen nicht auch wir wie unsere Männer für unser Land, für uns und unsere Kinder? So unähnlich sind wir unseren Jünglingen doch nicht, wir haben ebenso viel Kraft wie sie, unsere Augen sehen ebenso gut, unsere Knie wanken so wenig wie ihre. Warum sollten nicht auch wir aufs Schlachtfeld ziehen? Seht ihr denn die Frau dort nicht, die die Männer noch überragt? Und doch ist sie nicht einmal eine von uns! Sie kämpft für einen fremden König, für eine Stadt, die nicht ihre Heimat ist, und tut es, ohne sich um die Männer zu scheren. Mutig ist sie und sinnt auf das Unheil der Feinde. Wir aber hätten für unser eigenes Glück zu kämpfen, und eigenes Unglück hätten wir zu rächen. Welche von uns hat in diesem unseligen Krieg noch kein Kind, keinen Ehemann, Vater, Bruder oder sonst einen nahen Verwandten verloren? Und wenn unsere Männer unterliegen, was anderes steht uns bevor als die Sklaverei? Darum lasst uns das Kämpfen nicht länger aufschieben. Lieber wollen wir sterben, als uns mitsamt unseren Kindern von den Feinden verschleppen zu lassen, wenn unsere Männer tot sind und die Stadt hinter uns in Flammen steht!«

Mit ihren Worten erweckte Hippodameia in allen die Begierde zu kämpfen. Sie legten Wolle und Webkorb zur Seite, zerstreuten sich wie ein Bienenschwarm in ihre Häuser und holten sich Waffen. Und sicher wären sie Opfer ihres Eifers geworden, wenn nicht Theano, die Gemahlin Antenors und Schwester der Königin Hekabe, die weiser war als alle anderen, sich ihnen widersetzt und sie beschwichtigt hätte. »Was wollt ihr anfangen, ihr Unvernünftigen«, rief sie den Frauen, die bereits auszogen, zu. »Gegen die Griechen wollt ihr ziehen? Die in Kampf und Waffen geübten Männer? Wie könnt ihr nur hoffen, es mit ihnen aufnehmen zu können? Habt ihr je das Kämpfen gelernt wie die Amazonen, oder das Reiten? Und vergesst nicht, dass jenes Wunderweib noch eine Tochter des Kriegsgottes ist, ihr aber seid alle Kinder von sterblichen Menschen. Deshalb solltet ihr Frauen bleiben und euch von der Schlacht fern halten. Noch stehen unsere Männer ja aufrecht und schützen unsre Stadt. Noch ist es nicht so weit gekommen, dass sie die Hilfe ihrer Frauen benötigen und sie zur Verteidigung der Stadt aufrufen müssten!«

Allmählich hörten die aufgeregten Frauen auf die klugen Worte der betagten Trojanerin. Sie kehrten auf die Mauer zurück, und bald sahen sie wie zuvor wieder aus der Ferne der Schlacht zu. Unterdessen wütete und tötete Penthesilea weiter und das griechische Heer erbebte vor ihr. Die Helden begannen zu fliehen und zerstreuten sich in sämtliche Richtungen.

Immer weiter drangen die Trojaner vor. Schon hatten sie fast die Schiffe der Griechen erreicht und machten Anstalten sie in Brand zu stecken. Da endlich hörte der gewaltige Ajax das Kriegsgebrüll, hob sein Haupt vom Grabhügel des Patroklos und sprach zu Achilles: »Ich hörte eben ein unendliches Getöse, als hätte sich irgendwo ein gefährlicher Kampf erhoben! Lass uns gehen, damit die Trojaner uns nicht überrumpeln und doch noch die Schiffe verbrennen!«

Nun hörte auch Achilles das Geschrei. Schnell warfen sich beide in ihre glänzenden Rüstungen und gingen voller Kampflust den Geräuschen entgegen.

Freude ging durch die gebrochenen Reihen der Griechen, als sie ihre beiden tapfersten Männer herbeieilen sahen. Diese stürzten sich sogleich mit brennendem Eifer in die Schlacht und fingen an im trojanischen Heer zu wüten. Ajax warf sich auf die Männer, und seinen ersten Speerstößen erlagen vier Trojaner. Achilles aber kehrte sich gegen die Amazonen, und vier der Jungfrauen kamen unter seinen Hieben zu Tode. Dann warfen sich beide auf die Masse des feindlichen Heeres und lichteten mühelos die eben noch so geschlossen stehenden Reihen der Feinde.

Als Penthesilea dies bemerkte, stürzte sie mutig wie ein Panther ihren Feinden entgegen. Sie warf ihren Speer zuerst auf Achilles. Doch sein Schild fing ihn ab, dass er zersplitternd abprallte, als wäre er auf einen Felsen gestoßen. Mit der zweiten Lanze zielte sie auf Ajax und zugleich rief sie beiden Helden zu: »Wenn auch mein erster Wurf misslungen ist, der zweite soll euch Prahlern Kraft und Leben rauben, euch, die ihr euch rühmt, die Stärksten im Heer der Griechen zu sein, jetzt aber nur hergekommen seid, um zu erfahren, dass eine Frau mehr ausrichten kann als ihr beide zusammen!«

Penthesilea

Die beiden Helden lachten nur über ihre Worte. Ihre Lanze aber traf die silberne Beinschiene des Ajax. Doch so gern sie in seinem Blut geschwelgt hätte – sie brachte ihm nicht einmal einen Kratzer bei, denn die Waffe prallte von der Schiene ab. Ohne sich weiter um Penthesilea zu kümmern, stürzte sich Ajax wieder auf die Trojaner und überließ Achilles die Feindin, denn er zweifelte keinen Augenblick, dass er sie allein bezwingen würde wie ein Habicht eine Taube.

Als Penthesilea sah, dass auch ihr zweiter Wurf erfolglos geblieben war, stieß sie einen lauten Seufzer aus. Achilles aber musterte sie und rief ihr zu: »Sage mir, Weib, wie konntest du es wagen, dich uns so übermütig entgegenzuwerfen, uns, die wir von Zeus, dem Donnerer, selbst abstammen und vor welchen Hektor bebte und erlegen ist? Der Wahnsinn muss aus deinem Mund gesprochen haben, als du uns den Tod androhtest. Denn nun ist dein eigenes letztes Stündlein gekommen!« Mit diesen Worten drang er auf sie ein, in seiner Rechten schwang er die unbezwingbare Lanze des Zentauren Chiron, seines Lehrers. Der Wurf traf die Kriegerin über der rechten Brust, so tief, dass bald das schwarze Blut aus ihrer Wunde floss und ihre Kräfte schwanden. Die Axt fiel ihr aus der Hand und es wurde Nacht vor ihren Augen. Doch sie erholte sich noch einmal und blickte ihrem Feind, der eben herangeschossen kam, um sie vom Pferd zu ziehen, fest in die Augen. Sie erwog einen Augenblick, ob sie ihr Schwert ziehen und sich wehren oder den Achilles anflehen solle, ihr Leben für Erz und Silber zu verschonen. Doch Achilles ließ ihr nicht die Zeit sich zu besinnen. Zornig, weil sie so stolz gewesen war, durchbohrte er Pferd und Reiterin mit einem einzigen Stoß. Da sank sie in den Staub hinab, den Rücken an ihr Pferd gelehnt, das sterbend auf den Knien lag. Sie selbst glich einer schlanken Tanne, die der Nordwind gebrochen hat.

Als die Trojaner bemerkten, dass ihre Heldin gefallen war, taumelten sie zurück und flohen klagend zu den Toren ihrer Stadt. Achilles aber rief: »So liege du denn, du armes Geschöpf, den Raubvögeln und Hunden zum Fraß. Was musstest du auch mit mir kämpfen? Du hofftest wohl, reiche Gaben des Priamos als Belohnung dafür zu erhalten, dass du so viele Griechen erschlagen hast! Nun wurde dir ein anderer Lohn zuteil!« Er nahm ihr den Helm vom Haupt und betrachtete das Antlitz der Sterbenden. Obgleich ihr Gesicht von Staub und Blut bedeckt war, waren ihre edlen Züge auch im Tod noch voll Anmut, und die Griechen, die den Leichnam umringten, mussten alle über die überirdische Schönheit der Jungfrau staunen, wie sie in ihrer Rüstung dort lag wie die schlafende Artemis nach einer heißen Gebirgsjagd. Achilles überkam Schmerz, als er sie länger betrachtete, und musste sich eingestehen, dass die Fürstin viel eher verdient hätte als prachtvolle Gattin mit ihm nach Phthia zu ziehen, anstatt von ihm getötet zu werden.

DIE TROJASAGE

In den tiefsten Schmerz über ihren Tod aber versank Ares, der Kriegsgott und Vater der Amazone. Wie ein Blitz mit rollendem Donner stürzte er sich in seinen Waffen vom Olymp zur Erde herab und schritt über die Gipfel und Schluchten des Berges Ida hin, dass Gebirge und Tal unter seinen Schritten erbebten. Und sicherlich hätte er das Verderben über die Griechen gebracht, wenn nicht Zeus, der den Griechen gewogen war, ihn durch ein furchtbares Gewitter gewarnt hätte, das sich Donner auf Donner über seinem Haupt entlud und in welchem er die Stimme seines allmächtigen Vaters vernahm. Sosehr er sich nach dem Kampf gesehnt hatte, wagte Ares es doch nicht sogleich, dem Willen des Donnerers entgegenzuhandeln. Mitten auf seinem Weg zum Schlachtfeld blieb er stehen. Er war sich unschlüssig, ob er zum Olymp zurückkehren oder doch seinem Vater trotzend hingehen und seine Hände in das Blut des Achilles tauchen sollte. Schließlich dachte er aber an die vielen Söhne des Zeus selbst, die nach dem Beschluss des Vaters sterben mussten und die vor dem Tod zu schützen er nicht imstande gewesen war. So besann er sich schließlich eines Besseren. Denn er kannte doch seinen allgewaltigen Vater und wusste, dass, wer sich ihm widersetzt, vom Blitz gebändigt und zu den Titanen in die Unterwelt geschleudert wird.

Um den Leichnam der Penthesilea drängten sich unterdessen die Griechen und begannen der Toten ihre Waffen zu rauben. Achilles aber, der eben noch ihren Leib den Hunden und Vögeln zum Fraß preisgeben wollte, stand nun mit gänzlich gewandeltem Gemüt daneben. Mit tiefer Wehmut blickte er auf die Jungfrau herab, und es nagte kein geringerer Schmerz an seinem Herzen als damals, als er um seinen geliebten Freund Patroklos getrauert hatte.

Unter den Griechen, die herbeigeströmt kamen, befand sich auch der hässliche Thersites und ging den Helden mit Schmähreden an: »Bist du denn ein Tor«, rief er, »dass du nun um diese Jungfrau trauerst, die so viel Unheil über uns gebracht hat? Du bist wahrhaftig ein weibischer Lüstling, dass dich Sehnsucht nach der Schönheit dieser Erschlagenen ergreift. Hätte dich doch ihre Lanze in der Schlacht getötet, du Unersättlicher, der du meinst, dass alle Frauen deine Beute werden müssten!«

Da packte den Helden wütender Zorn, als er solche Beleidigungen aus dem Mund des Elenden hören musste. Er versetzte dem hässlichen Eiferer einen solchen Faustschlag ins Gesicht, dass ihm die Zähne aus dem Mund flogen, ein Blutstrom hervorschoss und Thersites sich auf dem Boden krümmte und seine feige Seele aushauchte. Keiner der Umstehenden bedauerte ihn. Denn sein einziges Geschäft war es gewesen, andere zu beleidigen, während er sich selbst im Rat und auf dem Schlachtfeld immer nur als armseliger Wicht erwies.

Voller Unmut sprach Achilles: »Hier magst du denn im Staub liegen und lernen deine Dummheit zu vergessen! Denn Dummheit ist es, wenn der Schlechtere sich mit dem Besseren auf eine Stufe stellen will! Wie mich hast du früher schon den Odysseus gereizt, doch er war zu großmütig, um dich zu bestrafen. Nun hast du erfahren, dass Achilles sich nicht ungestraft beleidigen lässt. Gehe jetzt und führe deine Reden bei den Schatten weiter!« Einer aber befand sich unter den Griechen, dem der Tod des Thersites die Galle übergehen ließ: Es war Diomedes, der Sohn des Tydeus, weil Thersites aus dem gleichen Geschlecht wie er stammte. Sein Großvater Oineus und der Vater des Thersites waren Brüder gewesen. Darum war Diomedes zornig, und er hätte die Waffen gegen Achilles erhoben, wenn nicht die edelsten Griechen dazwischengetreten wären, denn auch Achilles hatte fast schon sein Schwert gezückt. So aber ließen sich beide beschwichtigen.

Agamemnon und Menelaos selbst gestatteten nun, da sie voll Mitleid und Bewunderung für die getötete Jungfrau waren, dass ihr Leichnam dem König Priamos ausgeliefert werden solle. Er hatte durch eine feierliche Botschaft den Leichnam erbeten, um sie in der Gruft des Königs Laomedon zu bestatten. Priamos errichtete ihr vor der Stadt einen mächtigen Scheiterhaufen und verbrannte den Leib der Jungfrau zusammen mit vielen prächtigen Gaben darauf. Dann trug man die Überreste in einem feierlichen Aufzug in die Gruft des Königs Laomedon, die sich an einem der Türme der Stadt befand. Neben Penthesilea wurden ihre zwölf Begleiterinnen, die alle ebenfalls in der Männerschlacht gefallen waren, beigesetzt, denn auch ihnen hatten die Söhne des Atreus diese Ehre gegönnt.

Auch die Griechen begruben ihre Toten und trauerten vor allem um Podarkes. Abgesondert von den anderen wurde ein eigener Grabhügel für ihn aufgehäuft, der ein weithin sichtbares Denkmal bildete. Zuletzt verscharrten sie den hässlichen Thersites, dann kehrten sie wieder zu den Schiffen zurück, Dank im Herzen für den gewaltigen Achilles, der wie so oft der Retter der Griechen gewesen war.

Memnon

Die aufgehende Sonne strahlte in Troja nur über Kummer. Ausschau haltend saßen die Trojaner auf der Mauer, denn sie fürchteten, dass der gewaltige Sieger jeden Moment über die Mauer setzen und ihre alte Stadt in Schutt und Asche legen könnte.

Im Rat aber erhob sich ein alter Mann mit Namen Thymoites und sprach: »Freunde! Kein Mittel kommt mir in den Sinn, wie das drohende Verderben von uns abgewendet werden kann. Seit Hektor unter Achilles gefallen ist, müsste, so glaube ich, selbst ein Gott im Kampf erliegen, wenn er sich unser annehmen wollte. Achilles hat sogar die Amazone bezwungen, vor der alle anderen Griechen zitterten! Und doch war sie so furchtbar, dass wir alle in ihr eine Göttin zu erblicken glaubten und uns bei ihrem Anblick Freude überkam! Doch leider war sie nicht unsterblich. So fragt es sich denn nun, ob es nicht besser für uns wäre, wenn wir diese unglückselige Stadt, die doch zum Untergang bestimmt ist, verließen und anderswo sichere Wohnsitze aufsuchten, wo die verderblichen Griechen uns nicht erreichen können!«

Priamos aber entgegnete ihm: »Lieber Freund, Trojaner und alle Verbündeten! Lasst uns doch unsere geliebte Heimat nicht feige aufgeben und uns noch größerer Gefahr preisgeben, wenn wir uns durch unsere Feinde, die uns umzingeln, durchschlagen sollen! Lasst uns lieber auf Memnon, den Äthiopier aus dem Land der schwarzen Männer, warten. Er muss mit seinem riesigen Heer bereits unterwegs sein, um uns Hilfe zu bringen, denn viel Zeit ist bereits verflossen, seit meine Boten zu ihm gegangen sind. Deswegen haltet nur noch ein wenig aus. Und selbst wenn ihr alle im Kampf euer Leben verliert, so ist es immer noch besser, als bei Fremdlingen sein Leben in Schande fristen zu müssen!«

Auf diese gegensätzlichen Meinungen ließ sich der Held Polydamas, der ein bedächtiger Mann war, vernehmen und gab folgenden Rat: »Wenn Memnon tatsächlich kommt, so bin ich einverstanden, König und Herr. Doch ich fürchte, der Mann wird mitsamt seinen Gefährten den Tod bei uns finden und uns nur noch mehr Kummer bereiten. Doch auch ich bin keineswegs der Meinung, dass wir das Land unserer Väter verlassen sollten. Wenn es jetzt auch schon spät ist, so wäre es doch vielmehr immer noch das Beste, wenn wir die Ursache dieses ganzen Krieges, die Fürstin Helena, und alle Schätze den Griechen auslieferten, bevor die Feinde unsere Besitztümer untereinander aufteilen und unsere Stadt niederbrennen!«

Zwar befürworteten alle Trojaner im Stillen diese Rede, doch keiner wagte es, dem König offen zu widersprechen. Dafür erhob sich aber Paris, Helenas Gemahl, und beschuldigte den Schutzredner der Griechen, wie er Polydamas nannte, der äußersten Feigheit. »Ein Mann, der einen solchen Rat geben kann, wird auf dem Schlachtfeld der Erste sein, der die Flucht ergreift!«, sprach er. »Überlegt es euch gut, Trojaner, ob es klug ist, dem Rat eines solchen Mannes zu folgen!«

Polydamas wusste sehr wohl, dass Paris von Helena nicht lassen konnte, und dass er eher einen Aufruhr im Heer anzetteln oder sogar sterben würde, als auf sie zu verzichten. Darum schwieg er, und die ganze Versammlung mit ihm.

Während sie noch Rat hielten, erreichte sie die frohe Botschaft, dass

Memnon

Memnon im Anmarsch sei. Den Trojanern war nun wie Seefahrern zumute, die, bereits im Rachen des Todes, nach einem schrecklichen Sturm wieder die Sterne am Himmel funkeln sehen. Besonders aber freute sich der König Priamos, denn er zweifelte nicht daran, dass es der Überzahl der Äthiopier gelingen müsste, die feindlichen Schiffe niederzubrennen.

Als Memnon, der hohe Sohn der Eos, angekommen war, ehrte ihn Priamos daher mit den prachtvollsten Gaben und einem Festmahl. Das Gespräch wurde wieder lockerer und man gedachte in Ehren der gefallenen Trojaner. Memnon aber erzählte von seinem göttlichen Elternpaar, von Tithonos und Eos; dann vom unendlichen Weltmeer und von den Grenzen der Erde, vom Aufgang der Sonne und von dem ganzen weiten Weg, den er von den Ufern des Ozeans bis zu den Gipfeln des Idagebirges und der Stadt des Königs Priamos zurückgelegt und welche Heldentaten er unterwegs verrichtet hatte. Voller Wohlgefallen hörte der Trojanerkönig ihm zu. Dann ergriff er herzlich seine Hand und sprach: »Memnon, wie danke ich den Göttern, dass sie es mir altem Mann noch vergönnt haben, dich und dein Heer zu erblicken und dich selbst in meinem Palast zu bewirten! Fürwahr, mehr als irgendein Sterblicher gleichst du den Göttern, und deswegen hege ich Zuversicht, dass du unter unseren Feinden furchtbar wüten wirst!« Mit diesen Worten hob der König einen goldenen Pokal und trank seinem neuen Verbündeten zu.

Memnon drehte staunend den goldenen Becher in seiner Hand, der ein Werk des Hephaistos und ein Erbstück der trojanischen Königsfamilie war, dann erwiderte er: »Es ziemt sich nicht, beim Schmaus zu prahlen und großspurige Verheißung abzugeben. Ich antworte dir daher nicht, oh König, sondern genieße in Ruhe das Mahl, im Geiste will ich alles Nötige vorbereiten. Erst in der Schlacht zeigt sich, ob ein Mann ein Held ist. Nun aber lass uns bald zur Ruhe gehen, denn wer in eine entscheidende Schlacht geht, dem schadet der übermäßige Genuss des Weines und eine durchschwärmte Nacht!«

Damit erhob sich der besonnene Memnon von der Tafel und Priamos hütete sich seinen Gast zu längerem Bleiben zu nötigen. Auch die übrigen Gäste gingen zur Ruhe und alle überließen sich einem wohltuenden Schlaf.

Während nun die sterblichen Menschen auf der Erde schliefen, saßen die Götter noch im olympischen Palast des Zeus beim Schmaus zusammen und berieten sich über den Kampf um Troja. Zeus, der Sohn des Kronos, dem die Zukunft so deutlich war wie die Gegenwart, ergriff als Letzter das Wort: »Umsonst macht ihr euch Gedanken, die einen um die Griechen, die anderen um die Trojaner. Noch unzählige Pferde und Männer werdet ihr auf beiden Seiten im Kampf dahinsinken sehen. So sehr euch nun mancher, der des einen oder des anderen Freund ist, am Her-

417

DIE TROJASAGE

zen liegen mag, so lasse sich doch keiner von euch einfallen irgendwelche Fürbitten um einen Freund oder Sohn an mich zu richten, denn die Schicksalsgöttinnen sind unerbittlich!«

Keiner der Götter wagte es, dem Göttervater zu widersprechen. Schweigend gingen sie auseinander und jeder warf sich traurig auf sein Lager, bis sich der Schlaf auch der Götter erbarmte.

Am nächsten Morgen stieg Eos nur widerstrebend am Himmel auf, denn auch sie hatte das Wort des Zeus vernommen und ihr Herz sagte ihr voraus, welches Schicksal ihrem geliebten Sohn Memnon bevorstand. Dieser war schon früh am Morgen erwacht, als die Sterne kaum erblasst waren. Er schüttelte sich den Schlaf, den letzten auf Erden, von den Wimpern und sprang voll ungeduldiger Erwartung, für seine Freunde gegen die Griechen in den entscheidenden Kampf zu ziehen, von seinem Lager auf. Auch die Trojaner warfen sich in ihre Rüstungen und mit ihnen die zahllosen Gäste aus Äthiopien. Unverzüglich strömten die Truppen wie Wolken im Sturm zu den Toren hinaus auf das Kampffeld. Die ganze Straße wogte von dichtem Gedränge und der Staub wirbelte unter ihren Füßen auf.

Als die Griechen sie aus der Ferne heranziehen sahen, staunten sie, bewaffneten sich geschwind und zogen ihrerseits aus. Achilles, auf den sie vertrauten, war in ihrer Mitte. Stolz wie ein Titan und wie ein Donnergeschoss in der Hand des Zeus stand er auf seinem Wagen. Doch mitten im trojanischen Heer zog Memnon nicht weniger herrlich einher, er war dem Kriegsgott selber ähnlich. Und sein zahlreiches Volk, das gehorsam und kampflustig war, hatte sich um ihn geschart.

Nun begann der Kampf. Wie zwei Meere wogten die Heere einander entgegen und schlugen Welle an Welle aneinander. Schwerter zischten und Speere sausten, lautes Getöse hallte durch die Schlachtreihen, schon erhoben sich Klagelaute um die Gefallenen in beiden Heeren. Bald stürzte ein Trojaner um den anderen unter den Stößen des Achilles nieder, wie Bäume, die im Sturm entwurzelt werden. Auf der anderen Seite brachte Memnon die griechischen Kämpfer zu Fall, wie ein böses Verhängnis, das Jammer und Unheil über die Sterblichen bringt. Zwei edle Genossen des Nestor fielen von seiner Hand, jetzt nahte er Nestor selbst, und es hätte nur wenig gefehlt, dass Nestor unter der Lanze des Äthiopiers gefallen wäre. Denn eines der Pferde an seinem Wagen war eben von einem Pfeil des Paris verwundet worden und hielt seinen Wagen auf, als Memnon mit seinem Speer auf ihn zugerannt kam. Erschrocken rief Nestor seinen Sohn Antilochos zu Hilfe und sein Wort verhallte nicht ungehört in den Lüften. Der fromme Jüngling eilte herbei, stellte sich vor seinen Vater und warf seinen Speer nach dem Äthiopier. Der wich dem Geschoss aus, aber es traf seinen Freund Äthops. Darüber wurde Mem-

418

Memnon

non zornig, und wie sich der Löwe auf einen Eber stürzt, so warf er sich nun auf Antilochos. Der schleuderte einen Stein auf ihn, der jedoch an seinem festen Helm abprallte. Nun stieß ihm Memnon die Lanze durchs Herz, und Antilochos erkaufte so die Rettung seines Vaters mit seinem eigenen Tod. Als die Griechen ihn fallen sahen, ergriff sie alle heftiger Schmerz; den bittersten Schmerz aber empfand sein Vater, als sein Sohn um seinetwillen vor seinen eigenen Augen erschlagen wurde. Dennoch blieb Nestor besonnen genug, um einen anderen seiner Söhne, den Thrasymedes, herbeizurufen, damit er den Mörder von der Leiche seines Sohnes fortjage. Thrasymedes hörte seinen Ruf durch das Getümmel der Schlacht, und zusammen mit ihm machte sich Pheres auf, um den tobenden Sohn der Eos zu bekämpfen. Unerschütterlich ließ Memnon sie kommen, und alle ihre Speere flogen an seiner Rüstung vorüber, die ihm seine göttliche Mutter unzerstörbar gemacht hatte. Doch alle Lanzen erreichten immer ein Ziel, nur nicht das, wofür sie bestimmt waren, und so fielen einige trojanische Helden. Währenddessen begann Memnon den getöteten Antilochos seiner Rüstung zu berauben und die griechischen Kämpfer umkreisten ihn vergebens, wie heulende Schakale einen Hirsch, den ein Löwe zerfleischt. Als Nestor dies sah, klagte er laut, rief seine übrigen Freunde und sprang sogar selbst vom Wagen, um trotz seiner schwindenden Kräfte um den Leichnam seines Sohnes zu kämpfen. Memnon aber, als er ihn kommen sah, wandte sich freiwillig von Antilochos ab, so ehrfürchtig, als sähe er seinen eigenen Vater kommen. »Greis«, sagte er, »es ziemt sich nicht, gegen dich zu kämpfen. Aus der Ferne hielt ich dich für einen jungen kriegerischen Mann, darum zielte ich mit der Lanze auf dich. Nun aber sehe ich, dass du viel älter bist. Geh und meide den Kampf, damit ich dich nicht doch noch gegen meinen Willen töten muss und du zu deinem Sohn in den Staub sinkst! Denn man würde dich einen Dummkopf schimpfen, wenn du dich auf einen so ungleichen Kampf einließest!«

Nestor aber antwortete: »Deine Worte sind nichtig, Memnon. Niemand würde einen Mann dumm nennen, der aus Kummer über den Tod seines Sohnes kämpft und versucht den grausamen Mörder von dem Leichnam zu vertreiben! Hättest du mich kennen gelernt, als ich noch jung war! Jetzt gleiche ich freilich nur einem alten Löwen, den jeder Hund von einer Schafherde fern halten kann! Doch nein – noch besiege ich viele Krieger und nur wenigen weicht mein Alter!«

Mit diesen Worten zogen sich Nestor, Thrasymedes und Pheres zurück, und Memnon wütete ungehindert mit seinen Äthiopiern weiter in der Schlacht.

Nun wandte sich Nestor an Achilles: »Beschützer der Griechen«, sprach er, »siehe, dort liegt mein Sohn. Er ist tot und Memnon hat ihm seine Waf-

DIE TROJASAGE

fen geraubt. Bald wird er von den Hunden gefressen werden. Hilf ihm, denn nur der ist ein echter Freund, der sich eines toten Freundes annimmt!« Achilles horchte auf und es ergriff ihn tiefer Kummer, als er sah, wie der Äthiopier die Griechen scharenweise zu Fall brachte, denn er hatte bis jetzt unter den Trojanern gekämpft und viele von ihnen getötet. Da ließ er von den Trojanern ab und wandte sich Memnon zu. Als der ihn kommen sah, hob er einen schweren Stein vom Boden auf und schleuderte ihn gegen den Schild des Feindes. Aber der Stein prallte ab und Achilles, der seinen Streitwagen hinter den Kampfreihen gelassen hatte, drang zu Fuß auf Memnon ein und traf ihn mit dem Speer an der rechten Schulter. Der Äthiopier achtete nicht weiter auf diesen Stoß, sondern stürmte vorwärts und stieß dem Achilles seine mächtige Lanze in den Arm, dass das Blut des Helden auf die Erde tropfte. Da brüstete sich Memnon in eitler Freude und rief: »Elender, der du so mitleidlos die Trojaner erschlagen hast. Nun tritt dir ein Göttersohn entgegen, dem du nicht gewachsen bist, denn Eos, meine Mutter, die Olympierin, ist mehr als deine Mutter Thetis, die sich unter den Scheusalen des Meeres gefällt!«

Aber Achilles lächelte nur und sprach: »Der Erfolg wird lehren, welcher von uns von edleren Eltern abstammt! Ich fordere nun Rache von dir für den jungen Helden Antilochos, so wie ich an Hektor Rache genommen habe für meinen Freund Patroklos!«

Damit packte er seinen Speer mit beiden Händen, und dasselbe tat Memnon. So stürzten sie aufeinander los. Zeus selbst machte sie in diesem Augenblick größer, stärker und unermüdlicher, als Menschen sind, sodass kein Stoß des einen den anderen zu Fall brachte und sie so nahe aneinander kamen, dass Helmbusch an Helmbusch streifte. Vergebens versuchten sie einander bald über dem Schienbein, bald unter dem Panzer zu verwunden. Ihre Rüstungen klirrten, das Kampfgeschrei der Äthiopier, Trojaner und Griechen stieg zum Himmel empor, Staub wirbelte unter ihren Füßen auf. Die Götter, die von der Höhe herab zuschauten, hatten ihre Freude an dem unentschiedenen Kampf, die einen an der Stärke des Achilles, die anderen an Memnons unbesiegtem Widerstand, je nachdem, ob sie dem einen oder dem anderen zugetan waren. Und fast wären die Götter darüber in Streit geraten, wenn nicht Zeus plötzlich zwei der Parzen aufgerufen und befohlen hätte, dass die finstere sich zu Memnon, die helle aber zu Achilles gesellen solle. Laut schrien die Bewohner des Olymp auf bei diesem Befehl, die einen vor Freude, die andern vor Schmerz.

Die beiden Helden kämpften weiter, ohne die Schicksalsgöttinnen zu sehen. Beide standen fest wie Felsen. Schließlich aber siegte das Geschick. Achilles bohrte seinem Gegner die Lanze in die Brust.

Eos aber stieß am Himmel einen tiefen Seufzer aus und hüllte sich in

Wolken, dass Finsternis die Erde bedeckte. Sie sandte ihre Kinder, die Winde, auf das Schlachtfeld hinab. Sie ergriffen den Leib des Erschlagenen und entführten ihn durch die Lüfte aus den Händen seiner Feinde. Nichts als die Blutstropfen, die herabfielen, während er von den Winden emporgetragen wurde, blieb auf der Erde von ihm zurück. Daraus wurde ein blutiger, unversieglicher Strom, der später noch an jedem Todestag des Memnon am Fuße des Ida mit Modergeruch zu fließen begann.

Die Winde hielten sich mit dem Leichnam nicht allzu hoch über der Erde und flogen mit ihm quer über das Feld. Die Äthiopier aber, die sich von Memnon nicht trennen wollten, folgten ihm unten, bis sie und die Leiche den Augen der staunenden Trojaner und Griechen entschwunden waren. Die Winde legten den Leichnam an der Quelle des Flusses Aisepos nieder, dessen Töchter, anmutige Nymphen, ihm in einem lieblichen Hain ein Grabmal errichteten, wo seine Mutter Eos, die vom Himmel herabgestiegen war, ihn mit vielen anderen Nymphen unter heißen Tränen bestatten half.

Die Trojaner, die in ihre Stadt zurückgekehrt waren, trauerten aufrichtig um den hohen Memnon. Auch die Griechen empfanden keine ungetrübte Freude. Zwar priesen sie den Sieger Achilles, den Stolz ihres Heeres, doch sie weinten mit Nestor um seinen geliebten Sohn Antilochos. Und so wachten sie die ganze Nacht mit Freude und Schmerz in ihren Herzen auf dem Schlachtfeld.

Der Tod des Achilles

Am nächsten Morgen trugen die Pylier die Leiche ihres Landsmannes, des Königssohnes Antilochos, zu den Schiffen und bestatteten ihn an den Ufern des Hellespont. Der alte Nestor war gefasst und bewältigte seinen Schmerz durch Besonnenheit. Achilles aber kam nicht zur Ruhe. Sein Zorn über den Tod des Freundes jagte ihn schon bei Tagesanbruch unter die Trojaner, die auch schon kampflustig ihre Mauern verlassen hatten, obgleich sie vor dem Speer des göttergleichen Achilles zitterten. Bald wurde der Kampf wieder aufgenommen. Achilles verfolgte die Trojaner bis vor die Stadt. Er hatte viele von ihnen erschlagen. Sich seiner übermenschlichen Kraft bewusst, versuchte er die Tore aus den Angeln zu heben, die Riegel zu öffnen und die Stadt des Priamos den Griechen zu öffnen.

Aber als Apollon vom Olymp herab die vielen Toten sah, die auf dem Schlachtfeld geblieben waren, ergriff ihn unerbittlicher Zorn über den Sohn des Peleus. Wie ein reißendes Tier stieg er hinab, den Köcher mit den unheilbar tötenden Pfeilen auf dem Rücken. So trat er Achilles entgegen. Köcher und Pfeile klirrten, sein Auge flammte und der Boden bebte unter seinen Schritten. Nun, als er hinter dem Helden stand, ließ er seine furchtbare Stimme erschallen: »Lass von den Trojanern ab, Achilles, wüte nicht so rasend! Sonst wird ein Gott dich ins Verderben stürzen!«

Achilles erkannte die Stimme Apollons, doch er ließ sich nicht einschüchtern und, ohne auf seine Warnung einzugehen, rief er ihm entgegen: »Warum stachelst du mich gegen die Götter auf, indem du stets die trojanischen Verbrecher begünstigst? Du hast mich schon einmal in Zorn versetzt, als du mir zum ersten Mal den Hektor entrissen hast! Ich rate dir nun, geh zu den Göttern zurück, damit dich meine Lanze nicht treffe, auch wenn du unsterblich bist!« Mit diesen Worten wandte er sich von Apollon ab und den Feinden wieder zu.

Der zürnende Apollon aber hüllte sich in schwarze Wolken, legte einen Pfeil in seinen Bogen und schoss aus dem Nebel heraus Achilles in seine verwundbare Ferse. Ein stechender Schmerz durchfuhr Achilles bis ins Herz, und wie ein unterhöhlter Turm stürzte er plötzlich zu Boden. Auf dem Boden liegend spähte er um sich und schrie mit schneidender, furchtbarer Stimme: »Wer hat den tückischen Pfeil auf mich geschossen? Er soll offen mit mir kämpfen, ich werde ihm sein Gedärm aus dem Leib zerren und all sein Blut vergießen, bis seine verfluchte Seele in den Hades fährt! Aber ein Feigling stellt einem Tapferen immer aus dem Verborgenen nach. Das soll er wissen, und wenn es ein Gott wäre, der mir zürnt, denn ich ahne, dass es Apollon gewesen ist. Meine Mutter Thetis hat mir einst vorausgesagt, dass ich am skaeischen Tor dem verderblichen Pfeil des Apollon erliegen werde, und sie hat wohl die Wahrheit gesprochen!«

So stöhnte der Held und zog den Pfeil aus der unheilbaren Wunde. Zornig schleuderte er ihn fort. Apollon hob ihn auf und kehrte, in einer Wolke verhüllt, auf den Olymp zurück. Hier trat er aus dem Nebel hervor und mischte sich wieder unter die anderen Olympier. Hera, die den Griechen freundschaftlich zugetan war, bemerkte ihn und begann ihn mit bitterem Unmut zu schelten: »Du hast eine verderbliche Tat begangen, Phoibos Apollon! Hast du bei der Hochzeit des Peleus etwa nicht am Festmahl teilgenommen, dem Peleus zugetrunken und ihm Nachkommen gewünscht? Und dennoch hast du die Trojaner begünstigt und schließlich seinen einzigen Sohn getötet! Das hast du aus Neid getan. Du Tor! Wie willst du künftig der Tochter des Nereus unter die Augen treten?«

Apollon schwieg und setzte sich abseits der Götter nieder, den Blick zu Boden gesenkt. Die einen waren zornig auf ihn, die anderen dankten ihm von Herzen. Dem Achilles aber kochte noch immer das Blut in seinen unbändigen Gliedern vor Kampfeslust und kein Trojaner wagte es, dem Verwundeten nahe zu kommen. Noch einmal sprang er vom Boden auf, stürzte sich mit seiner Lanze unter die Feinde, verletzte den Orythaon,

Der Tod des Achilles

einen Freund des Hektor, tödlich und raubte noch vielen Fliehenden das Leben. Jetzt aber wurden seine Glieder kalt. Er musste sich auf seine Lanze stützen. Die Trojaner flohen noch immer vor ihm und seiner Stimme, denn er donnerte ihnen nach: »Lauft nur davon, auch nach meinem Tod werdet ihr meinem Speer nicht entgehen, denn meine Rachegötter werden euch bestrafen!« Weil sie glaubten, dass er noch unverwundet sei, rannten sie zitternd weiter. Ihm jedoch erstarrten die Glieder, und er sank unter die anderen Toten, dass die Erde dröhnte und seine Rüstung einen dumpfen Klang von sich gab.

Sein Todfeind Paris war der Erste, der seinen Fall bemerkte. Mit einem lauten Freudenschrei spornte er die Trojaner an, sich seiner Leiche zu bemächtigen, und nun scharte sich ein Menge Kämpfer um den Toten, in dessen Nähe sie sich zuvor nicht gewagt hatten. Doch Ajax umkreiste mit hoch erhobenem Speer Achilles' Leiche, und wenn einer zu nahe kam, empfing er sofort den Todesstoß. Schließlich brach Ajax gegen die Trojaner los und richtete ein grässliches Blutbad unter ihnen an. Jetzt fiel auch der Lykier Glaukos und der edle Äneas wurde verwundet.

Unterdessen hatten die Könige den Leichnam des Achilles vom Schlachtfeld zu den Schiffen getragen und umringen ihn nun in grenzenlosem Schmerz. Am lautesten klagte Ajax, der in Achilles zugleich einen geliebten Vetter verloren hatte. Auch der alte Fürst Phönix ergoss sich in bitterstem Schmerz, als er den riesigen Leib des gewaltigen Achilles umschlungen hielt. Er dachte an den Tag, als Peleus, der Vater des gefallenen Helden, ihm das Kind ans Herz gelegt und ihm seine Erziehung übertragen hatte, und an jenen Tag, als Achilles sich mit ihm aufmachte, um gegen Troja zu ziehen. Nun mussten sowohl sein Vater als auch sein Erzieher das Kind überleben!

Auch Agamemnon und Menelaos und alle Griechen weinten um ihn. Endlose Klagerufe drangen zum Himmel empor und hallten dumpf von den Schiffen wider.

Schließlich war es der alte Nestor, der dem Klagen ein Ende bereitete, indem er mahnte, den Leichnam des Helden zu waschen, ihn auf ein Lager zu legen und ihm die letzte Ehre zu erweisen. Dies geschah. Achilles' Leib wurde mit warmem Wasser gewaschen und mit den schönen Gewändern umhüllt, die ihm seine Mutter Thetis mitgegeben hatte. Als er nun so in seiner Lagerhütte aufgebahrt lag, warf Athene vom Olymp herab einen mitleidigen Blick auf ihren Liebling und träufelte einige Tropfen Ambrosia auf sein Haupt, jenen Götterbalsam, von dem es heißt, dass er die Toten vor der Verwesung bewahrt. Auf die Stirn legte sie ihm jenen schrecklichen Ausdruck, der ihn beseelte, als er über den Tod seines geliebten Freundes Patroklos zürnte, und seinem ganzen Körper verlieh sie ein schönes und lebensvolles Aussehen. Alle Griechen, die gekommen waren, um ihn zu sehen, staunten darüber, wie der Held in riesiger Größe schön und göttergleich auf seinem Lager ruhte, als läge er in friedlichem Schlummer und würde nun bald wieder erwachen.

Das laute Klagen der Griechen um ihren größten Helden drang auch bis zu seiner Mutter Thetis und den anderen Töchtern des Nereus bis in das tiefste Meer hinab. Ungeheurer Schmerz bemächtigte sich ihrer, und sie stöhnten so jammervoll, dass der Hellespont davon widerhallte. Voller Begierde eilten sie in der Nacht durch die Meeresflut, die sich vor ihnen teilte, hinauf an den Strand, wo die Schiffe der Griechen standen. Alle Meeresungeheuer stöhnten mit ihnen. Wehklagend nahten sie sich dem Leichnam, und Thetis umschlang ihr Kind mit den Armen, küsste Achilles auf den Mund und weinte, dass der Boden nass wurde von ihren Tränen. Die Griechen aber wichen mit ehrfürchtigem Grauen vor den Göttinnen des Meeres zurück und nahten sich dem Leichnam erst wieder, als sie sich entfernt hatten und der Morgen anbrach. Da trugen sie unzählige Bäume vom Berg Ida herab, türmten sie hoch auf und legten die Rüstungen vieler Erschlagener, geschlachtete Opfertiere, Gold und Metalle darauf. Die Helden der Griechen schoren ihr Haar, und auch Briseïs, die geliebte Sklavin des Toten, brachte ihre Locken als letztes Geschenk für ihren Gebieter dar. Dann gossen sie zahlreiche Krüge Öl als Trankopfer über das aufgeschichtete Holz und stellten Schalen mit Honig und süßem Wein, der mit Gewürzen veredelt war und wie Nektar duftete, auf das Gerüst. Zuoberst auf den Holzstoß wurde der Leichnam gelegt. Nun wurde der Scheiterhaufen angezündet, und die verzehrenden Flammen schlugen unter den Klagen der Krieger empor. Auf Zeus' Befehl sandte Äolos seine schnellsten Winde, die mit einem Sturmhauch in die aufgeschichteten knisternden Bäume fuhren, sodass die Glut den Holzstoß mitsamt dem Leichnam binnen weniger Stunden in Asche verwandelte. Achilles' Gefährten senkten seine Gebeine auf der erhabensten Stelle des Ufers neben seinem Freund Patroklos in die Erde und deckten einen hohen Grabhügel darüber.

Auch die unsterblichen Pferde des Helden ahnten, dass er gefallen war. Sie rissen die Pflöcke um, an denen sie angebunden waren, und wollten nicht länger die Mühseligkeiten der Menschen teilen. Nur mit Mühe wurden sie von Achilles' Freunden eingeholt und ihr Kummer besänftigt.

Leichenspiele des Achilles

Auch in Troja wurde in diesen Tagen eine Totenfeier begangen. Der Lykier Glaukos, der treue Verbündete der Trojaner, wurde verbrannt und bestattet.

Am folgenden Tag erhob sich Diomedes, der Sohn des Tydeus, in der Versammlung der Griechen mit dem Rat, sogleich, bevor die Trojaner durch den Tod des Achilles ermutigt würden, mit Wagen, Pferden und Männern die Stadt zu stürmen. Ajax, der Sohn des Telamon, aber war dagegen. »Es wäre nicht recht, die erhabene Meeresgöttin, die ihren Sohn betrauert, ungeehrt zu lassen und um das Grabmahl ihres Sohnes keine festlichen Leichenspiele zu feiern! Sie selbst ermahnte mich dazu, als sie gestern an mir vorüber ins Meer zurückrauschte: Wir sollten ihren Sohn nicht ohne Ehren lassen, sie werde selbst bei seiner Leichenfeier erscheinen. Was die Trojaner betrifft, so glaube ich nicht, dass sie neuen Mut schöpfen werden, solange nur du und ich und Agamemnon noch am Leben sind!«

»Ich will mich deiner Meinung fügen«, erwiderte Diomedes, »wenn Thetis heute wirklich selbst erscheint. Ihr Wunsch soll vor dem dringendsten Kampf Vorrang haben.«

Kaum hatte Diomedes diese Worte gesprochen, als sich die Wogen des Meeres am Ufer teilten und die Gemahlin des Peleus wie ein leichter Hauch des Morgens aus den Fluten heraufrauschte und unter die Griechen trat. Mit ihr kamen Nymphen als Dienerinnen, die aus ihren Schleiern prachtvolle Kampfpreise hervorzogen und sie vor den Griechen auf dem Kampfplatz ausbreiteten. Thetis selbst ermunterte die Helden, mit den Kampfspielen zu beginnen. Da erhob sich Nestor, doch nicht um zu kämpfen, denn das hohe Alter hatte seine Glieder steif werden lassen, sondern um eine Rede zu halten, und er pries die schöne Tochter des Nereus. Er erzählte von ihrer Hochzeit mit Peleus, bei der die Götter selbst am Festmahl teilgenommen hatten, wo die Horen in goldenen Körben göttliche Speisen herbeibrachten, die sie mit ambrosischen Händen reichten. Die Nymphen mischten den Göttertrank in goldene Becher, die Chariten tanzten ihre Reigen und die Pieriden sangen. Der Äther und die Erde, Menschen und Götter, alles nahm damals an der Freude teil.

So erzählte Nestor und pries dann die unvergänglichen Taten des Achilles, der dieser Ehe entsprossen war. Seine Rede goss sanften Trost in die Seele der betrübten Mutter, und auch die Griechen hörten mit Freude zu, obwohl es sie zu kämpfen drängte. Thetis übergab Nestor als Vermächtnis zwei der prächtigsten Pferde ihres Sohnes, dann wählte sie aus den Geschenken, die sie mitgebracht hatte, zwölf stattliche Kühe mit jeweils einem Kälbchen aus und bestimmte sie als Siegespreis für den Wettlauf.

DIE TROJASAGE

Es waren Kühe, die ihr Sohn einst im Kampf auf dem Berg Ida erbeutet hatte.

Nun traten Teukros und der schnelle Ajax vor und legten zum Wettlauf all ihre Kleider bis auf den Gürtel ab. Agamemnon bestimmte das Ziel. Wie Habichte stürmten die beiden dahin, und die Griechen feuerten sie vom Rand der Rennbahn aus an. Kurz vor dem Ziel stolperte Teukros über einen Tamariskenstrauch und fiel. Da ging ein Aufschrei durch die Griechen, Ajax aber stürmte an ihm vorbei, rannte ins Ziel und führte dann im Triumph die Kühe zu den Schiffen. Teukros jedoch wurde hinkend von seinen Freunden fortgeführt. Ärzte wuschen ihm das Blut vom Fuß und verbanden ihn mit ölgetränkten Tüchern.

Zum Ringkampf traten nun zwei andere Helden an: Diomedes und der große Ajax. Unter den neugierigen Blicken ihrer Gefährten kämpften sie mit gleicher Kraft und Verbissenheit, endlich aber umklammerte Ajax den Diomedes mit seinen sehnigen Händen, und es schien, dass er ihn erdrücken wollte. Diomedes, der ebenso stark und gewandt war wie er, entzog sich jedoch seitwärts, stemmte seine Schultermuskeln an, hob den gewaltigen Gegner in die Höhe, dass seine Arme abglitten, und warf ihn mit einem Stoß des linken Fußes zu Boden. Die Zuschauer jubelten laut. Ajax aber raffte sich auf und griff wieder an, und so wüteten sie weiter wie zwei Stiere. Schließlich stellte sich Nestor zwischen die beiden und sprach: »Macht diesem Ringkampf doch ein Ende, Kinder, wir alle wissen auch so, dass ihr, seit wir den großen Achilles verloren haben, die Tapfersten unter' den Griechen seid!« Ein Ruf der Zustimmung hallte durch das Heer, die Ringer wischten sich den Schweiß von der Stirn, fielen einander in die Arme und küssten sich. Thetis schenkte ihnen vier Sklavinnen, die besonders fleißig und gütig waren und die Achilles einst auf Lesbos erbeutet hatte.

Als Nächstes begann der Faustkampf, zu dem Idomeneus, der geübteste Faustkämpfer, antrat. Darum und auch weil er einer der ältesten Helden war, traten die anderen ehrfürchtig zurück und es fand sich keiner, der den Wettstreit mit ihm versuchen wollte. Thetis gab ihm daher den Wagen des Patroklos zum Geschenk.

Nun rangen Ajax und Teukros, die sich schon im Wettlauf gemessen hatten, um den Preis des Bogenschießens. Als Ziel stellte Agamemnon seinen Helm mit der flatternden Mähne in einiger Entfernung auf. Sieger sollte derjenige sein, dessen Pfeil das Rosshaar des Schweifes durchschnitt. Ajax schoss zuerst, und sein Pfeil traf den Helm, sodass man das Scheppern auf dem Eisen hörte. Gleich danach schoss Teukros seinen Pfeil ab, und seine Pfeilspitze durchtrennte tatsächlich den Pferdeschweif. Lauter Jubel ging durch die Menge, denn obwohl Teukros' Fuß von seinem Sturz beim Wettlauf noch halb gelähmt war, hatte er doch so

Leichenspiele des Achilles

sicher zu zielen gewusst. Thetis beschenkte ihn mit der Rüstung des Troilos, des königlichen Jünglings aus Troja, den Achilles in den früheren
Jahren des Kampfes erschlagen hatte.

Auf diesen Wettkampf folgten noch Weitsprung, Speerwerfen, Wagenrennen und Diskuswerfen. Im Diskuswerfen versuchten sich viele Helden, doch keiner vermochte die schwere Scheibe so weit zu werfen wie
der große Ajax, der sie fortschleuderte, als ob sie nichts als ein dürrer Ast
wäre. Ihm schenkte Thetis die Rüstung des Göttersohnes Memnon, die
Ajax auch sogleich anlegte. Mit Staunen sahen die Griechen, wie sich
Stück für Stück des riesigen Panzers um seine Glieder schloss, als wären
sie ihm angegossen.

FÜNFTES BUCH

Der Tod des großen Ajax

So gingen die Leichenspiele zu Ehren des göttlichen Achilles zu Ende. Von allen Fürsten des griechischen Heeres hatte nur Odysseus nicht daran teilnehmen können, denn im Kampf um den Leichnam des Achilles hatte ihm der Trojaner Alkon eine schmerzhafte Wunde beigebracht, an der er immer noch litt.

Zum Schluss gab Thetis den Griechen die unsterblichen Waffen ihres edlen Sohnes als Kampfpreis aus. Weithin schimmerte der Schild des Helden, auf welchem die kunstvollen Bilder von Hephaistos' Hand glänzten. Daneben lag der gewaltige Helm auf dem Boden, der das Bild des Zeus trug, wie er zornig auf dem Himmelsgewölbe stand und mit den Titanen kämpfte. Des Weiteren lag der schöne Harnisch auf der Erde, der schwarz und undurchdringlich die Brust des Achilles umschlossen hatte, dann die schweren und doch so bequemen Beinschienen, die er getragen hatte, als wären sie federleicht, gleich daneben glänzte sein unbezwingbares Schwert in seiner silbernen Scheide mit der goldenen Kuppel und dem Griff aus Elfenbein, daneben lag der schwere Speer, wie eine gefällte Tanne und noch rot von Hektors Blut.

Hinter den Waffen stand Thetis. Sie hatte ihr Haupt mit einem Trauerschleier verhüllt und tief betrübt sprach sie zu den Griechen: »Die Siegespreise zur Leichenfeier meines Sohnes sind nun alle vergeben. Jetzt aber trete der beste aller Griechen vor, der den Leichnam meines Sohnes rettete, damit ich ihm die prachtvollen Waffen meines Sohnes verleihen kann. Es sind alles Göttergeschenke, an denen die Unsterblichen selbst ihre Freude hatten.«

Da sprangen unter heftigem Wortwechsel zwei Helden zugleich auf: Odysseus, der große Sohn des Laërtes, und der riesige Ajax, Telamons Sohn. Strahlend wie der Abendstern schwang sich Ajax zu den Waffen und rief Idomeneus, Nestor und Agamemnon zu Zeugen seiner Taten auf. Doch auch Odysseus wandte sich an sie, denn sie waren die Verständigsten und Untadeligsten des ganzen Heeres. Nestor nahm die beiden ande-

Der Tod des großen Ajax

ren Helden zur Seite und sprach bekümmert: »Großes Unglück steht uns bevor, wenn unsere beiden besten Helden um die Waffen des Achilles streiten. Wer zurückgesetzt wird, wird beleidigt und böse sein und sich vom Kampf zurückziehen, und wir alle werden dies zu spüren bekommen. Deshalb hört den Rat eines alten erfahrenen Mannes: Wir haben hier im Lager viele, erst vor kurzem gefangen genommene Trojaner – lassen wir sie den Streit zwischen Ajax und Odysseus entscheiden. Sie sind unparteiisch und werden keinen der beiden Helden bevorzugen!« Man war einverstanden, und so legten auch die anderen beiden ihr Amt als Schiedsrichter nieder, und die edelsten der Trojaner hielten Gericht, obwohl sie nur Kriegsgefangene waren.

Als Erster trat Ajax vor ihnen auf. »Welcher Dämon hat dich geblendet, Odysseus«, rief er verdrossen, »dass du dich mit mir messen willst? Du stehst mir doch nach wie ein Hund dem Löwen, oder hast du schon vergessen, wie gern du dich dem Feldzug nach Troja entzogen hättest? Oh wärst du doch zu Haus geblieben! Du bist es doch gewesen, der uns überredet hat, den Philoktetes in seinem schrecklichen Leid auf Lemnos zurückzulassen; du hast den Tod des Palamedes verschuldet, der sowohl stärker als auch klüger war als du! Und nun vergisst du alle Dienste, die ich den Griechen geleistet habe; und du vergisst, dass ich dir selbst das Leben gerettet habe, als du dich, von allen anderen verlassen, allein mitten im Schlachtgetümmel befandest und vergebens nach einem Ausweg suchtest! Und damals, als wir um Achilles' Leiche kämpften, bin nicht ich es da gewesen, der seine Leiche mitsamt seinen Waffen fortgetragen hat? Du selbst aber hättest nicht einmal die Kraft gehabt, die Waffen des Helden fortzuschleppen, geschweige denn ihn selbst. Darum gib nach, denn ich bin nicht nur stärker als du, sondern stamme auch aus einem edleren Geschlecht und bin mit dem Helden verwandt, um dessen Waffen wir hier streiten!«

Doch Odysseus entgegnete nur mit einem spöttischen Lächeln: »Wozu verlierst du so viele unnütze Worte, Ajax! Du schimpfst mich schwach und feige und bedenkst darüber nicht, dass nur die Klugheit wahre Stärke verleiht. Erst sie ermöglicht es dem Seemann, das aufgepeitschte Meer zu durchfahren, erst sie ermöglicht es, wilde Tiere wie Panther oder Löwen zu zähmen oder die Stiere in den Dienst der Menschen zu zwingen. Und deshalb ist in der Not ein Mann mit Verstand mehr wert als ein Dummkopf, der nur Körperkraft besitzt. Dies war auch der Grund, warum Diomedes mich, als den Listigsten, zu seinem Gefährten erkoren hat, um in das Lager des Rhesos zu gehen! Ja, allein meiner Schlauheit hatten es die Griechen zu verdanken, dass Achilles, um dessen Waffen wir hier streiten, überhaupt für den Feldzug nach Troja gewonnen wurde! Und wenn den Griechen je ein neuer Held vonnöten wäre, glaube mir, Ajax, dann wird nicht dein plumper Arm und nicht der Witz eines anderen im Heer es sein, der ihn ihnen verschafft, sondern ich allein werde es sein, dessen Schmeichelworten er folgt. Zudem haben mir die Götter nicht nur Klugheit, sondern auch die nötige Körperkraft dazu verliehen, und es ist nicht wahr, dass du mich auf der Flucht vor den Feinden gerettet hast. Ich stellte mich dem Kampf und tötete jeden, der mich angriff. Du aber standest dort sicher aufgepflanzt!«

So stritten sie noch lange miteinander. Zuletzt überwogen bei den Trojanern, die als Richter eingesetzt worden waren, die Gründe, die Odysseus ins Feld führte, und sie erkannten ihm einstimmig die prachtvolle Rüstung des Achilles zu.

Ajax erbebte im Innersten, als er diesen Urteilsspruch vernahm. Das Blut in seinen Adern kochte vor Wut, Galle vermischte sich damit, ein stechender Schmerz zuckte durch sein Gehirn und jede Faser seines Leibes zitterte. Lange stand er mit zu Boden gehefteten Blick starr wie ein Standbild da, bis ihn seine traurigen Freunde unter beschwichtigenden Worten schließlich zu den Schiffen brachten.

Unterdessen stieg die dunkle Nacht aus dem Meer. Ajax aber saß in seiner Lagerhütte, rührte kein Mahl an und dachte nicht an Schlaf. Er warf sich dagegen in seine volle Rüstung, nahm sein scharfes Schwert und erwog, ob er Odysseus in Stücke hacken oder lieber die Schiffe in Brand stecken oder mit seinem Schwert unter den Griechen wüten sollte. Und gewiss hätte er wirklich eine solche Untat begangen, wenn nicht die Göttin Athene, die eine Abneigung gegen seinen Trotz und seine Leibeskräfte hegte, ihn aus Sorge um ihren Freund Odysseus mit Wahnsinn geschlagen hätte. Den Stachel seiner Qual im Herzen stürmte er aus seiner Lagerhütte und unter die Schafherden der Griechen, die er vom Wahnsinn geblendet für das griechische Heer hielt. Die Hirten versteckten sich im Gebüsch am Ufer des Xanthos, als sie den Rasenden kommen sahen, um dem Tod zu entgehen. Er aber fuhr unter die Schafe und richtete ein Gemetzel unter ihnen an. Und als er zwei Widder niedergestochen hatte, rief er lachend und höhnend: »Jetzt liegt ihr im Staub, Agamemnon und Menelaos, den Raubvögeln zur Beute, ihr Hunde! Ihr werdet keinen schändlichen Richterspruch mehr bestätigen! Und du«, fuhr er fort, »der du dich dort in der Ecke versteckst und vor schlechtem Gewissen deinen Kopf in den Strauch steckst, was nützen dir die Waffen des Achilles, die du mir gestohlen hast und in denen du dich brüstest, denn was nützt die Rüstung eines Helden, wenn ein feiger Mann sie trägt?« Mit diesen Worten packte er einen anderen großen Hammel, schleppte ihn in seine Lagerhütte, band ihn dort an einen Pfosten, nahm eine Peitsche und fing an mit aller Kraft auf das Tier einzuschlagen. In diesem Augenblick trat Athene von hinten an ihn heran, berührte sein Haupt und befahl dem

Der Tod des großen Ajax

Wahnsinn, von ihm zu weichen. So fand sich der unglückliche Held wieder, mit der Peitsche in der Hand und vor sich den angebundenen Widder mit dem zerfleischten Rücken. Dieser Anblick sagte ihm genug. Die Peitsche fiel ihm aus der Hand und er sank zu Boden, denn die Erkenntnis, dass ihn der Zorn der Götter heimgesucht hatte, traf ihn wie ein Schlag. Unsagbarer Schmerz strömte durch sein Herz. Als er wieder aufgestanden war, stand er nur lange unbeweglich da, wie ein Turm, der in einem Felsen wurzelt. Schließlich stieß er einen tiefen Seufzer aus und sprach: »Wehe mir, warum hassen mich die Götter, warum haben sie mich dem arglistigen Odysseus zuliebe in so tiefe Schande gestürzt? Hier stehe ich, ein Mann, der sich immer ehrenhaft verhalten hat, die Hände mit unschuldigem Lämmerblut besudelt, ein Gespött meiner Feinde und lächerlich vor meinem Heer!«

Während er so klagte, suchte ihn die phrygische Königstochter Tekmessa, Ajax' kleinen Sohn Eurysakes auf dem Arm, im ganzen Lager. Ajax hatte sie als seine Beute fortgeschleppt, als er ihr Vaterland überfallen hatte, doch er behandelte sie wie eine Ehefrau und sie liebte ihn zärtlich. In der Lagerhütte hatte sie seinen finsteren Zorn bemerkt, doch sie wusste die Ursache dafür nicht, weil Ajax auf keine Frage geantwortet hatte. Kurz nachdem er seine Lagerhütte verlassen hatte, beschlich sie eine finstre Ahnung, und schließlich erblickte sie das traurige Schlachtfeld, das Ajax bei der Schafherde zurückgelassen hatte. In heller Verzweiflung eilte sie zur Lagerhütte zurück und fand ihn hier aufgelöst und beschämt, bald nach seinem Bruder Teukros rufend, bald nach seinem Sohn Eurysakes, dann wieder einen edlen Tod verlangend. Tekmessa ging weinend zu ihm, umschlang seine Knie und flehte ihn an, sie, seine Lebensgefährtin, nicht als Gefangene unter Feinden allein zu lassen. Auch erinnerte sie ihn an seinen alten Vater und seine Mutter in Salamis, hielt ihm seinen Sohn entgegen und mahnte ihn, welches Schicksal der Junge zu tragen hätte, wenn er vaterlos unter einem strengen Vormund aufwachsen müsste. Da nahm der Held seinen Sohn an sich, herzte ihn und sprach: »Oh Kind, übertreffe deinen Vater an Glück, aber sei in allem anderen wie er, dann wirst du wahrhaftig kein schlechter Mann werden. Mein Halbbruder Teukros wird sich gut um dich kümmern. Jetzt aber sollen dich meine Schildträger zu meinen Eltern Telamon und Eriboia nach Salamis bringen, wo du die Freude ihres Alters sein wirst, bis auch sie in die Unterwelt hinabgehen.« Damit reichte er das Kind den Dienern, empfahl durch sie auch seine geliebte Tekmessa seinem Halbbruder, riss sich aus ihrer Umarmung los, zog das Schwert, das ihm einst sein Feind Hektor als Gastgenosse geschenkt hatte und pflanzte es in den Boden seiner Lagerhütte. Dann hob er die Hände zum Himmel und betete: »Um eine bescheidene Wohltat flehe ich zu dir, Vater Zeus: Sende mir meinen Bruder Teukros her, sobald ich gefallen bin, dass mich mein Feind nicht als Erster finde und mich den Hunden und Vögeln zum Fraß vorwerfe. Euch aber, ihr Erinnyen, rufe ich an: Wie ihr mich hier als Selbstmörder enden seht, so lasset jene meuchelmörderisch durch ihr eigenes Blut dahingewürgt fallen, kommt, keinen sollt ihr verschonen, sättigt euch am ganzen Heer! Du aber, oh Sonnengott, der du strahlend am hohen Himmel dahinfährst, wenn du mit deinem Wagen über meiner Heimat Salamis kreist, so zügle deine Pferde und verkünde meinem alten Vater und meiner Mutter mein bitteres Schicksal. Lebewohl, du heiliger Strahl, lebewohl Salamis, meine Heimat. Lebewohl Athen mit deinen Flüssen und Quellen, lebe auch du wohl, Land der Trojaner, das du mich so lange erhalten hast! Komme jetzt, Tod, und wirf einen Blick des Mitleids auf mich!« Unter diesen Worten stürzte sich Ajax in sein Schwert und fiel wie vom Blitz getroffen.

Auf die Nachricht von seinem Tod eilten die Griechen in Scharen herbei, warfen sich zu Boden und streuten klagend Asche auf ihr Haupt. Teukros, dem sein Vater Telamon befohlen hatte, nicht ohne seinen Halbbruder Ajax von Troja heimzukehren, wollte sich an seiner Seite ebenfalls den Tod geben, und er hätte es sicher getan, wenn die Griechen ihm nicht sein Schwert abgenommen hätten. Dann warf er sich über die Leiche und weinte mehr als ein vaterloses Kind an dem Tag, an dem auch seine Mutter gestorben ist. Doch dann fasste er sich wieder, raffte sich auf und wandte sich an Tekmessa, die starr vor Verzweiflung bei der Leiche saß und den Sohn in den Armen hielt, den der Diener ihr zurückgegeben hatte. Teukros versprach die Gefangene zu schützen und für den Jungen als sein zweiter Vater zu sorgen, auch wenn er die beiden nicht nach Salamis bringen konnte, weil er den Zorn seines Vaters fürchtete.

Nun wollte er den Leichnam seines geliebten Halbbruders bestatten, doch Menelaos trat ihm abwehrend in den Weg: »Unterstehe dich nicht, diesen Mann zu bestatten«, sprach er, »der schlimmer als unsere Feinde ist. Nach seinem bösen Mordanschlag hat er kein ehrenhaftes Begräbnis verdient!«

Während Menelaos so mit Teukros um den Leichnam stritt, kam Agamemnon dazu, ergriff für seinen Bruder Partei und nannte den Teukros im Eifer des Streites einen Sklavensohn. Vergeblich erinnerte Teukros sie an alles, was das Heer dem gefallenen Helden zu verdanken hatte, wie er das Heer gerettet hatte, als die Trojaner die Schiffe angezündet hatten und Hektor schon auf die Schiffe eingedrungen war. »Wie kommt ihr außerdem dazu, mich einen Sklaven zu nennen«, rief er, »denn mein Vater ist der herrliche Griechenheld Telamon und meine Mutter Laomedons königliche Tochter! Soll ich, der ich von den Edelsten abstamme, mich etwa meiner Herkunft schämen? Zugleich mit dem gefallenen Helden verstoßt ihr auch seine geliebte Frau, seinen Sohn und mich. Denkt ihr

Der Tod des großen Ajax

daran, welchen Ruhm bei den Menschen und welchen Segen bei den Göttern euch dies einbringen wird?«

Nun trat Odysseus dazwischen und wandte sich hastig an Agamemnon: »Darf ein treuer Freund euch ehrlich seine Meinung sagen, ohne übel dafür angesehen zu werden?«

»Sprich«, sagte Agamemnon und schaute ihn verwundert an, »denn ich halte dich für meinen besten Freund im ganzen griechischen Heer!«

»Dann hör mich an. Wirf diesen Mann nicht erbarmungslos und ohne ihn zu bestatten hinaus! Lass dich durch deine Macht nicht zu ungerechtem Hass verleiten. Bedenke, wenn du einen solchen Helden schändest, dann würde nicht er dadurch herabgewürdigt, sondern das Recht und der Wille der Götter würden verachtet!«

Als die Söhne des Atreus dies vernommen hatten, verharrten sie lange in sprachlosem Staunen. Schließlich rief Agamemnon: »Und du, Odysseus, willst um dieses Mannes willen mit mir streiten? Hast du vergessen, dass es dein Todfeind ist, dem du so hohe Gunst verschaffen willst?«

»Es stimmt, dass er mein Feind war«, antwortete Odysseus, »und ich hasste ihn, solange es noch nicht unrecht war, ihn zu hassen. Jetzt aber, da er gefallen ist und wir über den Verlust eines so edlen Helden trauern müssen, kann und darf ich ihn nicht länger anfeinden. Ich selbst bin bereit ihn zu bestatten und seinem Bruder bei dieser heiligen Pflicht zur Hand zu gehen.«

Als Teukros, der mit Abscheu beiseite getreten war, als Odysseus kam, dies hörte, ging er auf den Helden zu und streckte ihm seine Hand entgegen. »Edler Mann«, rief er, »du, sein größter Feind, bist die einzige Stütze des Toten! Dennoch kann ich nicht zulassen, dass du ihn berührst, denn seinem unversöhnt dahingeschiedenen Geist wird das nicht willkommen sein. Doch bei allem anderen sei mein Helfer, denn für deinen Edelmut gibt es noch genug zu tun!« Mit diesen Worten deutete Teukros auf Tekmessa, die noch immer schweigend dasaß. Odysseus wandte sich ihr wohlwollend zu: »Niemals sollst du die Sklavin eines anderen werden. Solange Teukros und ich am Leben sind, sollen du und dein Kind geborgen sein, als stände euch Ajax selbst noch zur Seite.«

Nun schämten sich Agamemnon und Menelaos Einwände gegen dieses edle Ansinnen zu erheben. Und so wurde der riesige Leib mit vereinten Kräften aufgehoben und zu den Schiffen gebracht, wo er schließlich auf einem ebenso stattlichen Scheiterhaufen wie dem von Achilles verbrannt wurde, der noch in seinem Tod die Ursache für einen zweiten unersetzlichen Verlust für die Griechen geworden war.

Machaon und Podaleirios

Am nächsten Tag strömten die Griechen in die Versammlung, die Menelaos einberufen hatte. Als alle beisammen waren, erhob er sich und sprach: »Ihr Fürsten des Volkes! Mir blutet das Herz, wenn ich sehe, wie unser Heer dahinsinkt. Die Männer sind für mich in den Kampf gezogen, und nun soll am Ende keiner mehr seine Heimat und seine Familie wieder sehen! Doch so weit soll es nicht kommen! Lasst uns vorher diesen unheilvollen Strand verlassen. Wer noch übrig ist, soll in seine Heimat zurücksegeln. Mit dem Tod von Achilles und Ajax ist die Hoffnung auf einen erfolgreichen Ausgang unseres Unternehmens dahingesunken. Was mich betrifft, so bereitet mir meine unwürdige Gemahlin Helena nun weniger Kummer als euch. Meinetwegen soll sie bei dem Weichling Paris bleiben!«

Dies sagte Menelaos, doch nur, um die Griechen zu versuchen, denn im Grunde seines Herzens wünschte er sich nichts sehnlicher als die Vernichtung Trojas. Diomedes aber, der Sohn des Tydeus, durchschaute seine List nicht. Unwillig sprang er auf und begann zu schelten: »Unbegreiflicher! Welch schmähliche Furcht hat deine Heldenbrust ergriffen, dass du so etwas sagen kannst? Aber ich bin ganz ruhig. Niemals werden dir die mutigen Söhne Griechenlands folgen, bevor sie nicht Trojas Mauern niedergerissen haben! Wenn sich aber doch einer entschließt dir zu folgen, dann soll ihm diese Klinge das Haupt vom Körper trennen!«

Als sich Diomedes gesetzt hatte, erhob sich der Seher Kalchas, um mit einem weisen Vorschlag in dem scheinbaren Streit zu vermitteln: »Ihr wisst doch alle noch«, sagte er, »wie wir vor mehr als neun Jahren, als wir zur Eroberung dieser unseligen Stadt ausgezogen sind, den Philoktetes, den Freund des Herakles, der an einer vergifteten Wunde litt, auf der Insel Lemnos aussetzten und ihn dort zurücklassen mussten. Es war unrecht und erbarmungslos von uns, den Armen auf diese Weise preiszugeben. Nun aber hat mir einer der Gefangenen, der ebenfalls ein Seher ist, geoffenbart, dass Troja nur mithilfe der heiligen und stets treffenden Pfeile, die Philoktetes von seinem Freund Herakles geerbt hat, sowie durch seine und des Pyrrhos, des jungen Sohnes des Achilles, Gegenwart zerstört werden kann. Vermutlich hat mir der Trojaner diese Weissagung nur deshalb mitgeteilt, weil er ihre Erfüllung für unmöglich hielt. Denn wie sollte er, Philoktetes, der die Griechen hassen muss, nachdem sie ihn so schändlich ausgeliefert haben, ihnen seine Pfeile überlassen, ohne selbst vor Troja zu erscheinen? Ich rate daher, unverzüglich Diomedes, den stärksten unserer Helden, und Odysseus, den beredtesten, zur Insel Skyros zu schicken, wo der Sohn des Achilles beim Vater seiner Mutter erzogen wird. Mit seiner Hilfe wollen wir dann auch Philoktetes auf Lemnos überreden sich wieder mit uns zu vereinen und die unsterblichen Waffen des Herakles, durch welche Troja bezwungen werden soll, zu bringen.«

Der Vorschlag erhielt jubelnden Beifall und die beiden Helden gingen zu ihren Schiffen.

Unterdessen rüsteten sich die Heere wieder zum Kampf. Den Trojanern war Eurypylos aus Mysien mit seinem Heer zu Hilfe gekommen, und so fühlten sie sich von neuem gestärkt und ermutigt. Den Griechen dagegen fehlten ihre beiden besten Helden, und so kam es, dass die Schlacht für sie verderblich endete. Da wurde auch Nireus, der Schönste unter den Griechen, von der Lanze des Eurypylos getroffen. Nun lag er mit den anderen Erschlagenen im Staub wie der blühende Zweig eines Olivenbäumchens, das vom Fluss entwurzelt wieder ans Ufer gespült wurde, wo es nun mit Blüten bedeckt daliegt. Eurypylos aber spottete über ihn und wollte dem Leichnam seinen schönen Harnisch rauben. Da stellte sich ihm Machaon, der Bruder des Podaleirios entgegen, der schon den Tod des Nireus voller Zorn mit angesehen hatte. Er stieß dem Eurypylos seinen Speer in die Schulter. Der aber drang wie ein verwundeter Eber auf ihn ein und versuchte ihn mit einem Steinwurf abzuwehren. Schließlich tötete ihn Eurypylos mit seiner Lanze und warf sich dann höhnend wieder in die Schlacht.

Teukros, der die beiden hatte fallen sehen, rief die Griechen auf, um ihre Leichname zu kämpfen. Schließlich unterlagen sie aber den Trojanern. Nachdem auch der schnelle Ajax von Äneas durch einen Steinwurf verwundet wurde, zogen sich die Griechen zu ihren Schiffen zurück. Noch unter den Fliehenden richteten die Trojaner eine große Niederlage an, und sie hätten gewiss die Schiffe in Brand gesteckt, wenn nicht die Nacht dazwischengekommen wäre.

Aber kaum glühte die Morgenröte am Himmel, als einige Griechen, voller Begierde, sich an Eurypylos zu rächen, wieder aufbrachen. Die anderen begruben den schönen Nireus und ihren hoch begabten Arzt und mächtigen Kämpfer Machaon.

Während in der Ferne von neuem die Schlacht tobte, lag Podaleirios, der Machaons Bruder und wie er als guter Arzt im Heer berühmt war, laut stöhnend am Grab seines Bruders. Auch er wollte sich töten und bald griff er zu seinem Schwert, bald tastete er nach einem schnell wirkenden Gift, das er selbst gemischt hatte und immer bei sich trug. Seine Freunde aber versuchten ihn davon abzubringen und ihn zu trösten. Und doch hätte er sich gewiss am Grab seines Bruders umgebracht, wenn nicht der alte Nestor zu ihm gekommen wäre. Er traf den verzweifelten Podaleirios an, wie er sich immer wieder jammernd auf das Grab warf, dann wieder Staub auf sein Haupt streute, sich die Brust mit seinen sehnigen Händen zerschlug und dabei den Namen seines getöteten Bruders rief. Da fing Nestor an zu trösten: »Liebes Kind«, sagte er sanft, »mach deinem bitteren Kummer doch ein Ende. Es gehört sich nicht für einen Mann, wie eine Frau am Grab eines Toten zu jammern. Deine Klage ruft ihn doch nicht mehr ins Licht zurück. Das Feuer hat seinen Körper verzehrt und seine Gebeine ruhen in der Erde. Er schwand, wie er gekommen ist. Du aber ertrage deinen Schmerz, wie auch ich meinen Schmerz ertragen habe, als der Sohn der Eos meinen Sohn erschlug, der mir der liebste war, und der mich wie kein anderer meiner Söhne liebte. Als er für mich gestorben war, nahm ich doch Nahrung zu mir wie vorher. Ich ertrug es, weiter das verhasste Tageslicht zu sehen, denn ich dachte daran, dass wir doch alle denselben Weg zum Hades gehen müssen.«

Weinend hörte Podaleirios den alten Nestor an. Dann sprach er: »Vater, wie sollte der Schmerz über meinen getöteten Bruder nicht mein Herz beugen? Denn er, der Ältere, hat mich wie ein eigenes Kind auf seinen Armen getragen, als unser Vater Asklepios zum Olymp auffuhr. Er teilte mit mir den Tisch, das Bett und seine ganze Habe, er hat mich in seiner wunderbaren Kunst unterrichtet. Nachdem er gestorben ist, will ich das Tageslicht nicht mehr sehen!«

Doch Nestor drang weiter in ihn: »Bedenke doch, dass die Götter es sind, die uns das Schicksal senden, gutes und schlimmes, und dass über allem die dunkle Moira wacht, die die Geschicke blind zur Erde hinabwirft. Darum stürzt oft großes Unheil auf redliche Männer, und keiner ist davor gefeit. Das Leben ist voller Wechselfälle. Bald führt es uns in großen Kummer, bald in bessere Zeiten. Deshalb geht auch die Sage unter den Menschen, dass der Gute in den seligen Himmel auffahre, der Verbrecher aber in die Schrecken der Finsternis. Dein Bruder aber war ein menschenfreundlicher Mann, dazu ein Göttersohn. Hoffe deshalb, dass er zu den Göttern emporgestiegen ist.« Unter diesen Worten hob Nestor den Podaleirios vom Boden auf und führte ihn von dem traurigen Grab fort.

Unterdessen rückte Eurypylos auf dem Schlachtfeld wieder vor, und die Griechen flohen von neuem zu den Schiffen, um ihr Lager zu verteidigen.

Neoptolemos

Während dies vor Troja geschah, kamen Odysseus und Diomedes, die Abgesandten der Griechen, glücklich auf der Insel Skyros an. Hier trafen sie Pyrrhos, den jungen Sohn des Achilles, der später von den Griechen Neoptolemos, also Jungkrieger, genannt wurde. Er stand vor dem Haus seines Großvaters und übte sich im Bogenschießen, Speerwerfen und dem Umgang mit schnellen Pferden. Wohlgefällig sahen sie ihm eine Weile zu und mit inniger Anteilnahme lasen sie die Spuren der Trauer in seinem Gesicht, denn der Tod seines Vaters war ihm bereits bekannt. Als sie näher traten, mussten sie staunen, denn der Jüngling war fast ebenso schön und groß wie sein Vater.

Pyrrhos begrüßte sie: »Seid mir von Herzen willkommen, Fremde! Wer seid ihr und woher kommt ihr? Was wollt ihr von mir?«

Darauf erwiderte Odysseus: »Wir sind Freunde des Achilles und du musst sein Sohn sein, denn du bist ihm sehr ähnlich. Ich bin Odysseus aus Ithaka, der Sohn des Laërtes, mein Gefährte aber ist Diomedes, der Sohn des unsterblichen Tydeus. Wir sind gekommen, um die Weissagung unseres Sehers Kalchas zu erfüllen und dich auf das Schlachtfeld vor Troja mitzunehmen, damit wir den Krieg glücklich beenden können. Die Söhne der Griechen werden dir prächtige Gaben verleihen, ich selbst will dir die unsterblichen Waffen deines Vaters, die mir zugesprochen sind, überlassen.«

Voller Freude antwortete Pyrrhos: »Wenn die Griechen mich auf Weisung eines Gottes rufen, dann lasst uns gleich morgen in See stechen. Jetzt aber kommt mit mir in den Palast meines Großvaters und an seinen gastlichen Tisch!«

Im Königshaus fanden sie Deïdameia, die Witwe des Achilles, die noch immer vor Trauer weinte. Ihr Sohn trat zu ihr, meldete ihr die Fremden, verschwieg ihr aber bis zum nächsten Morgen, warum sie gekommen waren, um ihr nicht noch mehr Kummer zu bereiten.

Nach dem reichlichen Mahl fielen die Helden in tiefen Schlaf. Deïdameia aber tat kein Auge zu. Der Gedanke, dass ebenjene beiden Helden, die sie unter ihrem Dach beherbergte, es gewesen waren, die Achilles dazu überredet hatten, mit ihnen in den Kampf zu ziehen, ließ sie nicht zur Ruhe kommen. Sie waren schuld daran, dass sie ihn nun als Witwe betrauern musste, und sie ahnte, dass nun ihr Sohn in denselben Sturm hinausgerissen werden sollte. Deshalb erhob sie sich im ersten Morgenlicht und warf sich weinend an die Brust ihres Sohnes. »Oh mein Kind«, rief sie, »ich weiß es, ohne dass du mir es sagst: Du willst mit den Helden nach Troja ziehen, wo so viele Helden und auch dein Vater gestorben sind! Aber du bist noch so jung und hast keine Erfahrung im Kämpfen. Darum höre auf mich und bleibe zu Hause bei mir, damit ich nicht auch noch von deinem Tod auf dem Schlachtfeld erfahren muss!«

Aber Pyrrhos erwiderte: »Mutter, lass doch diese Unglücksworte sein! Keiner fällt gegen den Willen des Schicksals! Wenn der Tod mein Los sein soll – was könnte ich dann Besseres tun, als meiner Abstammung würdig für die Griechen zu sterben?«

Da erhob sich sein Großvater Lykomedes aus dem Sessel, in dem er zu schlafen schien, trat vor den Enkel und sprach: »Entschlossenes Kind, ich sehe, dass du wie dein Vater bist. Doch selbst wenn du unversehrt aus Troja heimkehrst, wer weiß, ob nicht noch auf dem Heimweg das Verderben auf dich lauert, denn eine Seefahrt ist voller Gefahren!« Dann küsste er seinen Enkel, doch er hielt ihn nicht auf.

Pyrrhos aber, dessen Heldenantlitz ein Lächeln verklärte, riss sich aus der Umarmung seiner weinenden Mutter los und ließ den Palast seines Vaters und seine Heimat hinter sich, und er glänzte hell wie ein Stern am Himmel.

Poseidon gab ihnen günstige Fahrt, und schon nach kurzer Zeit lagen im Morgenlicht die Höhen des Idagebirges, die Stadt Chryse, das Vorgebirge Sigeion und das Grab des Achilles vor ihnen. Odysseus sagte dem Pyrrhos aber nicht, wessen Grabhügel es war, und sie fuhren schweigend an der Insel Tenedos vorüber und dann weiter bis in die Nähe von Troja. Sie erreichten den Strand, als der Kampf gegen Eurypylos an der Mauer gerade am heftigsten war, und der Mysier hätte sie gewiss niedergerissen, wenn nicht Diomedes an den Strand gesprungen wäre und mit ihm die Mannschaft des Schiffes.

Unverzüglich eilten sie zur Lagerhütte des Odysseus, die dem Strand am nächsten stand und wo sich dessen eigene Waffen sowie ein Teil der erbeuteten Rüstungen befanden. Jeder wählte sich eine Rüstung aus. Neoptolemos aber – so dürfen wir ihn von jetzt ab nennen – legte die Rüstung seines Vaters Achilles an, welche allen anderen zu groß war. Ihn aber drückte weder der Panzer noch der Helm. Das Schwert, den Speer und den Schild schwang er mit Leichtigkeit, und wie sein Vater stürzte er in den hitzigen Kampf hinaus und alle anderen Helden ihm nach. Jetzt erst begannen die Trojaner wieder von der Mauer zurückzuweichen und drängten sich, von allen Seiten bestürmt und beschossen, um Eurypylos zusammen, wie ängstliche Kinder beim Rollen des Donners zu ihrem Vater fliehen. Doch jedes Geschoss, das aus der Hand des Neoptolemos flog, brachte den Tod über die Feinde, und die verzweifelten Trojaner glaubten, den riesigen Achilles selbst in seiner Rüstung vor sich zu sehen. Auch kämpfte er unter dem Schild der Göttin Athene, die seinem Vater gewogen gewesen war, und wie Schneeflocken um einen Felsen flattern, so flatterten die Geschosse um ihn her, ohne ihm auch nur die Haut zu ritzen. Ein Schlachtopfer um das andere brachte er seinem gefallenen Vater dar. Gegen Abend endlich traten Eurypylos und das feindliche Heer den Rückzug vor dem Sohn des Achilles an.

Als Neoptolemos das Schlachtfeld verließ, kam der alte Phönix, der Freund seines Großvaters Peleus und Erzieher seines Vaters Achilles, auf ihn zu und sah verwundert, wie ähnlich er seinem Vater war. Schmerz und Freude überkamen ihn zugleich. Ein Tränenstrom quoll aus seinen Augen, er umarmte den herrlichen Jüngling, küsste ihm Haupt und Brust und rief: »Mir ist, als wandle dein Vater, um den ich mich täglich sorgte, wieder lebend unter uns! Doch still, die Trauer um deinen Vater darf dir jetzt den Mut nicht schwächen. Vielmehr sollst du, das Herz voller Zorn, den Griechen zu Hilfe kommen und den grimmigen Eurypylos töten, der uns so viel Übles angetan hat. Denn du bist doch so viel stärker als er, wie dein Vater stärker als sein Vater war!«

Bescheiden erwiderte der Jüngling: »Wer der Tapferste ist, werden erst die Schlacht und das Schicksal entscheiden!« Mit diesen Worten wandte er sich zum Schiffslager zurück, denn die Nacht war eingebrochen und die Helden zogen sich in ihre Lagerhütten zurück.

Bei Tagesanbruch begann der Kampf aufs Neue. Lange blieb das Gefecht unentschieden, auf beiden Seiten mordeten und fielen die Helden. Dem Eurypylos wurde ein Freund erschlagen. Darüber verdoppelte sich seine Wut. Er warf die Griechen nieder, wie man Bäume in dichten Waldungen fällt, sodass die Stämme die Schluchten füllen. Schließlich aber trat ihm Neoptolemos entgegen und beide schüttelten ihre mächtigen Lanzen. »Wer bist du, Jüngling, woher bist du gekommen, um mit mir zu kämpfen?«, rief Eurypylos seinem Gegner zu. »Das Geschick wird dich in die Unterwelt hinabreißen!«

Neoptolemos erwiderte: »Warum willst du meine Abstammung wissen wie ein Freund, da du doch ein Feind bist? So wisse denn, dass ich der Sohn des Achilles bin, der einst deinen Vater niedergestreckt hat. Die Pferde vor meinem Wagen sind die windschnellen Kinder der Harpyien und des Zephyros, die selbst über das Meer laufen können. Die Lanze, die vom Kamm des hohen Berges Pelion stammt, ist die Lanze meines Vaters, und die sollst du nun erproben!« Neoptolemos sprang vom Wagen und schüttelte den Speer. Auf der anderen Seite hob Eurypylos einen gewaltigen Stein vom Boden auf und warf ihn nach dem goldenen Schild seines Feindes, doch der Schild erzitterte nicht einmal. Wie zwei Raubtiere drangen beide jetzt aufeinander ein, und rechts und links von ihnen wogte die Schlacht. Die beiden Kämpfer zerschlugen einander die Schilde und trafen bald die Schienen, bald die Helme, ihre Kraft wuchs mit dem Kampf, denn beide stammten von Göttern ab. Schließlich gelang es der Lanze des Neoptolemos, den Eurypylos zu verwunden, und wie ein entwurzelter Baum fiel er entseelt zu Boden.

Nun wären die Trojaner vor Neoptolemos hinter die Mauer geflohen wie Kälber vor dem Löwen, wenn nicht Ares, der schreckliche Kriegsgott selbst, von den anderen Göttern unbemerkt den Olymp verlassen und mit seinen feuerschnaubenden Pferden seinen Kriegswagen mitten in die Schlacht getrieben hätte, um den Trojanern zu helfen. Hier schwang er seinen mächtigen Speer und ermahnte die Trojaner mit lauten Rufen vor dem Feind zu bestehen. Sie staunten, als sie die göttliche Stimme hörten,

Die Trojasage

denn Ares, den ein Nebel unsichtbar machte, sahen sie nicht. Helenos, der Seher und Sohn des Priamos, war der Erste, der den Gott erkannte. Er rief seinen Männern zu: »Habt keine Angst, euer Freund, der mächtige Kriegsgott ist selbst unter euch. Habt ihr den Ruf des Ares nicht gehört?« Da hielten die Trojaner aus und das Gemetzel begann von neuem. Ares hauchte den Trojanern gewaltigen Mut ein und schließlich gerieten die Reihen der Griechen ins Wanken. Nur Neoptolemos konnte er nicht schrecken. Er kämpfte mutig weiter und tötete mehrere Trojaner. Der Gott war erzürnt über seine Kühnheit, und schon wollte er die Wolke, die ihn umgab, zerreißen, um ihm offen im Kampf entgegenzutreten, doch da eilte Athene, die Freundin der Griechen, vom Olymp auf das Schlachtfeld herab. Die Erde und die Wellen des Xanthos erbebten vor ihrer Ankunft, leuchtende Blitze zuckten um ihre Waffen, die Schlangen auf ihrem Gorgonenschild spuckten Feuer. Und während ihre Sohlen auf dem Boden standen, berührte ihr Helm die Wolken. Für die Blicke der Menschen aber war sie unsichtbar. Und jetzt hätte sich ein Zweikampf zwischen den Göttern erhoben, wenn Zeus sie nicht mit einem warnenden Donnerschlag geschreckt hätte. Beide erkannten den Willen ihres Vaters. Ares zog sich nach Thrakien zurück, Athene wandte sich nach Athen. Das Schlachtfeld war nun wieder den Menschen überlassen, und jetzt verließ die Trojaner die Kraft. Sie flohen in ihre Stadt zurück und die Griechen drängten ihnen nach. Tapfer verteidigten die Trojaner ihre Stadt von der Mauer herab, dennoch wären die Griechen durch ihre Tore gebrochen, wenn Zeus, der den Willen des Schicksals kannte, die Stadt nicht in Wolken gehüllt hätte. Da riet der alte Nestor den Griechen sich zurückzuziehen, die Toten zu bestatten und sich vom Kampf zu erholen.

Am folgenden Tag sahen die Griechen mit Staunen, dass Troja wiederum von Wolken eingehüllt vor dem blauen Morgenhimmel stand, und da erkannten sie, dass der Nebel des Vorabends ein Wunder des Göttervaters gewesen war. An diesem Tag herrschte Waffenruhe. Die Trojaner nutzten sie, um den Mysier Eurypylos feierlich zu bestatten. Neoptolemos aber ging ans Grab seines Vaters, küsste die Säule, die sich darüber erhob, und sprach unter Seufzen und mit Tränen der Wehmut: »Sei mir gegrüßt, mein Vater, auch wenn du unter den Toten weilst, denn ich werde dich nie vergessen! Wenn ich dich doch lebend bei den Griechen angetroffen hätte! So aber hast du dein Kind nie gesehen und ich meinen Vater nicht, so sehr ich mich auch nach dir gesehnt habe! Doch noch lebst du in mir und in deinem Speer. Beide jagen in der Schlacht den Feinden Schrecken ein, und die Griechen sehen mich freudig an und sagen, dass ich dir, mein Vater, ähnlich bin!« Weinend kehrte er zu den Schiffen zurück.

Den ganzen folgenden Tag über wütete der Kampf wieder um die Mauern von Troja, doch es gelang den Griechen nicht, die Stadt zu stürmen.

Und an den Ufern des Skamander, wo Neoptolemos nicht war, fielen die Griechen sogar in Scharen. Dort hatte Deïphobos, der mutige Sohn des Priamos, erfolgreich einen Ausfall gewagt und bedrängte nun die Belagerer. Als Neoptolemos dies erfuhr, befahl er seinem Wagenlenker Automedon die göttlichen Pferde dorthin zu treiben. Staunend sah ihn der trojanische Königssohn kommen. Er wankte zwischen dem Entschluss zu fliehen oder dem entsetzlichen Helden entgegenzutreten. Neoptolemos aber rief ihm schon von weitem zu: »Sohn des Priamos, wie wütest du gegen die Griechen! Kein Wunder, dass du dich für den tapfersten Helden auf Erden hältst. Nun gut, so versuch es auch mit mir!« Dann stürmte er auf ihn zu wie ein Löwe, und sicher hätte er ihn mitsamt seinem Wagenlenker niedergestreckt, wenn nicht Apollon, in finstere Wolken gehüllt, vom Olymp herabgeeilt wäre und den Gefährdeten in die Stadt entrückt hätte, wohin auch die übrigen Trojaner ihm nachflohen. Als Neoptolemos mit seinem Speer ins Leere stieß, schrie er verdrossen: »Hund, du bist mir entgangen, doch nicht deine Tapferkeit hat dir geholfen, sondern ein Gott hat dich mir gestohlen!« Dann warf er sich wieder in den Kampf. Doch Apollon, der hinter den Mauern Trojas war, beschützte die Stadt. Da ermahnte der Seher Kalchas die Griechen, sich zu den Schiffen zurückzuziehen und sich eine Weile dem mühseligen Kampf zu entziehen, und er sprach: »Wir mühen uns vergeblich im Kampf um diese Stadt ab, wenn nicht auch der andere Teil der Weissagung, die ich euch enthüllt habe, erfüllt wird und Philoktetes mit seinen tödlichen Pfeilen von Lemnos herbeigeschafft wird.«

Sofort wurde beschlossen, den schlauen Odysseus und den tapferen Jüngling Neoptolemos nach Lemnos zu senden. Unverzüglich gingen sie an Bord.

Philoktetes auf Lemnos

Die Helden legten an der unbewohnten Küste der öden Insel Lemnos an. Hier hatte Odysseus den Philoktetes vor mehr als neun Jahren ausgesetzt, weil dessen unheilbare Wunde den Griechen seine Gegenwart unerträglich machte. In einer Höhle mit zwei Ausgängen hatte er sich dort im Winter in der Sonne vor der Kälte schützen und sich im Sommer an einer anderen Stelle im kühlen Schatten aufhalten können; ganz in der Nähe gab es eine erfrischende Quelle. Die beiden Helden hatten die Stelle sogleich wieder gefunden, alles war noch so wie damals. Doch die Höhle war leer. Nur eine mit zusammengedrücktem Laub ausgelegte Stelle, ein kunstlos geschnitzter Becher aus Holz und einige Feuergeräte deuteten auf einen Bewohner hin. In der Sonne lagen eitrige Verbände ausgebreitet, die keinen Zweifel daran ließen, dass der kranke Philoktetes noch immer der Bewohner war.

Zunächst trugen sie einem Diener auf, die Umgegend im Auge zu behalten, damit Philoktetes sie nicht überraschen konnte. Dann sagte Odysseus zu Neoptolemos: »Nutzen wir Philoktetes' Abwesenheit, um unseren Plan durchzusprechen. Denn wir müssen ihn täuschen, wenn wir uns seiner bemächtigen wollen. Bei eurer ersten Zusammenkunft darf ich nicht dabei sein, denn er hasst mich auf den Tod, und das zu Recht! Wenn er dich nun fragt, wer du bist und woher du kommst, dann sagst du wahrheitsgemäß, dass du Achilles' Sohn bist. Dann aber dichtest du dazu, dass du dich im Zorn von den Griechen abgewendet hättest und nach Hause fahren würdest. Denn die dich mit Bitten und Flehen von Skyros nach Troja geholt hätten, damit du ihnen hilfst, die Stadt zu erobern, hätten dir die Waffen deines Vaters verweigert und sie mir, dem Odysseus gegeben. Mache mich nur so schlecht wie möglich, es macht mir nichts aus. Ohne List bekommen wir den Mann und seine Pfeile nicht. Und du musst dir überlegen, wie du ihm die tödlichen Pfeile abnehmen kannst.«

Doch da fiel ihm Neoptolemos ins Wort: »Sohn des Laërtes«, sprach er, »eine Sache, die ich ohne Abscheu nicht hören kann, kann ich auch nicht ausführen. Weder mein Vater noch ich sind zur Boshaftigkeit geboren worden. Gern will ich den Mann mit Gewalt festhalten, doch die Arglist erspare mir. Wie sollte auch ein einzelner Mann, der noch dazu nur auf einem Bein stehen kann, uns überwältigen?«

»Mit seinen tödlichen Pfeilen«, entgegnete Odysseus ruhig. »Ich weiß sehr wohl, dass du kein Betrüger bist, und auch ich selbst, der ich von einem rechtschaffenen Vater abstamme, war in meiner Jugend nicht so wortgewandt. Erst die Erfahrung zeigte mir, dass die Welt weniger durch Taten als durch Worte gelenkt wird. Wenn du nun bedenkst, dass die Pfeile des Herakles allein in der Lage sind, Troja zu erobern, und du durch diese Tat den Ruhm, klug und tapfer zu sein, davontragen wirst und dich der Erfolg ganz und gar rechtfertigen wird, so wirst du dich gewiss nicht länger weigern, ein wenig listig zu sein!«

Neoptolemos ließ sich von den Worten seines älteren Freundes überzeugen und Odysseus entfernte sich, wie sie besprochen hatten. Und es dauerte nicht lange, bis man von ferne bereits die Schmerzensrufe des leidenden Philoktetes hörte. Er hatte nämlich das Schiff am Strand gesehen und nun eilte er auf Neoptolemos und seine Begleiter zu.

»Wehe mir«, rief er, »wer seid ihr, die ihr an dieser unwirtlichen Küste gelandet seid? Zwar erkenne ich euch an der geliebten Tracht als Griechen, doch ich möchte auch eure Sprache hören. Habt keine Angst vor meinem verwilderten Aussehen, bedauert vielmehr mich unglücklichen,

Philoktetes auf Lemnos

von allen Freunden verlassenen gequälten Mann und antwortet mir, wenn ihr in friedlicher Absicht gekommen seid!«

Neoptolemos antwortete, wie Odysseus ihm geraten hatte. Da brach Philoktetes in Jubel aus. »Oh teure griechische Sprache, nach wie langer Zeit höre ich dich! Oh Sohn des liebsten Vaters! Geliebtes Skyros! Guter Lykomedes! Und du, Pflegekind des Alten, was sagst du da? So haben dich die Griechen ja genauso behandelt wie mich! Ich bin Philoktetes, der Sohn des Poias, den Agamemnon, Menelaos und Odysseus einst auf dem Zug nach Troja von seiner entsetzlichen Wunde gequält hier ausgesetzt haben. Sorglos schlief ich am Meeresstrand unter diesem hohen Felsendach; da haben sie mich treulos verlassen, nur kümmerliche Lumpen und notdürftige Kost wie für einen Bettler ließen sie mir. Was meinst du, wie mir beim Aufwachen zumute war? Mit welchen Tränen, welcher Angst, als ich von dem ganzen Schiffszug keine Seele mehr erblickte, keinen Arzt und keine Hilfe für mein Übel; gar nichts mehr ringsum, außer meinem Jammer, und den dafür im Überfluss! Seitdem sind mir Armem Tage um Tage und Jahre um Jahre verstrichen, und unter diesem engen Dach bin ich mein einziger Pfleger gewesen. Mit meinem Bogen verschaffe ich mir die nötige Nahrung. Aber wie kläglich musste ich mich mit meinem kranken Fuß zu meiner Beute schleppen. Doch erfahre nun auch etwas über diese Insel: Es ist das armseligste Fleckchen Erde. Niemals geht freiwillig ein Seemann an dieser Küste an Land, es gibt auch keine Hafenbuchten, und an Umgang mit Menschen fehlt es mir ganz und gar. Wen es hierher verschlägt, der geht nur gezwungenermaßen an Land. Solche Seeleute beklagen mich dann wohl, geben mir auch etwas zu essen oder ein Kleidungsstück, aber heimgeleiten will mich keiner, und so leide ich hier schon im zehnten Jahr Not und Hunger. Das alles haben Odysseus und die Söhne des Atreus mir zuleide getan. Die Götter sollen es ihnen mit Gleichem vergelten!«

Als Philoktetes all dies erzählt hatte, geriet Neoptolemos in starken inneren Aufruhr. Doch er dachte an das, was Odysseus gesagt hatte, und drängte seine Gefühle zurück. Er erzählte dem jammernden Helden den Tod seines Vaters und was er sonst über seine Landsleute und andere erfahren wollte, und erzählte dabei auch die Lügengeschichte, die Odysseus ihm vorgeschlagen hatte.

Philoktetes hörte unter lauten Bezeugungen der Anteilnahme und der Überraschung zu, dann fasste er den Sohn des Achilles bei der Hand, weinte bitterlich und sprach: »Nun, liebes Kind, beschwöre ich dich bei Vater und Mutter, lass mich nicht in diesen meinen Qualen hier zurück. Ich weiß wohl, dass ich eine unangenehme Ladung bin! Aber entschließe dich dennoch und nimm mich mit, wirf mich, wohin du willst, ans Steuerruder, in den untersten Schiffsraum, wo ich deine Schiffsgenossen am wenigsten quäle! Lass mich nur nicht in dieser schrecklichen Einsamkeit. Rette mich und bringe mich in die Heimat! Von dort bis zum Oeta und dem Land, wo mein Vater wohnte, ist die Fahrt nicht mehr weit. Zwar habe ich Seefahrern, die hier an Land gegangen sind, schon oft die herzliche Bitte mitgegeben, aber niemand brachte mir Nachricht von ihm, und wahrscheinlich ist er schon lange tot. Aber ich wäre froh, wenn ich nur an seinem Grab liegen dürfte!«

Mit schwerem Herzen gab Neoptolemos dem kranken Mann, der sich ihm zu Füßen warf, die falsche Zusage und rief: »Sobald du willst, können wir aufs Schiff gehen. Möge uns nur ein Gott günstigen Wind verleihen, dass wir rasch von dieser Insel fortkommen, zu unserem Ziel!«

Philoktetes sprang auf, so schnell sein kranker Fuß es zuließ, und ergriff mit einem Freudenschei die Hand des Jünglings. In diesem Augenblick erschien der Späher der Helden als ein griechischer Schiffsherr verkleidet mit einem anderen Schiffer aus ihrem Gefolge. Er überbrachte Neoptolemos die falsche Nachricht, dass Diomedes und Odysseus zu einem gewissen Philoktetes unterwegs seien, den sie, einer Weissagung des Sehers Kalchas zufolge, fangen und nach Troja bringen müssten, wenn die Stadt erobert werden sollte. Auf diese Schreckensnachricht hin warf sich Philoktetes in Neoptolemos' Arme, raffte die Pfeile des Herakles zusammen, übergab sie dem jungen Helden, der angeboten hatte, sie zu tragen, und schritt mit ihm unter das Tor der Höhle. Doch da hielt es Neoptolemos nicht länger aus, die Wahrheit siegte im Herzen des jungen Helden, und noch bevor sie das Ufer erreicht hatten, sagte er: »Philoktetes, ich kann es dir nicht länger verheimlichen: Du musst mit mir nach Troja, zu den Söhnen des Atreus und den Griechen fahren!«

Philoktetes bebte zurück, flehte und stieß Flüche aus. Da sprang Odysseus aus dem Gebüsch hervor, in dem er sich versteckt hatte, und befahl den Dienern den unglücklichen alten Helden zu fesseln. Philoktetes hatte ihn sofort erkannt. »Oh wehe mir, ich bin verkauft und ermordet! Der ist es, der mich ausgesetzt hat, der mich jetzt fortschleppt und durch dessen List mir meine Pfeile gestohlen worden sind! – Gutes Kind«, sprach er nun schmeichelnd zu Neoptolemos, »gib mir den Bogen und meine Pfeile wieder!«

Doch Odysseus fiel ihm ins Wort: »Niemals, selbst wenn er es wollte. Du musst mit uns gehen, du musst. Es geht um das Glück der Griechen und um Trojas Untergang!« Damit überließ ihn Odysseus den Dienern und zog den stummen Neoptolemos mit sich fort.

Philoktetes blieb mit den Dienern im Eingang der Höhle stehen, klagte über den schamlosen Betrug und schien vergeblich die Rache der Götter anzurufen, doch da sah er plötzlich die beiden Helden, die offensichtlich in einem Streit begriffen waren, zurückkehren. Und er hörte, wie der

PHILOKTETES UND ODYSSEUS

Jüngling Odysseus zornig zurief: »Nein, ich habe nicht recht gehandelt! Ich habe durch schnöde List einen edlen Mann betrogen! Dies will ich ungeschehen machen! Bevor du diesen Mann nach Troja schleppst, musst du mich schon töten!«

Beide zogen die Schwerter. Philoktetes aber warf sich Neoptolemos zu Füßen. »Wenn du mir versprichst, dass du mich rettest, dann sollen die Pfeile des Herakles jeden Einfall von deinem Land abwehren!«

»Folge mir«, sprach Neoptolemos und hob den alten Helden vom Boden auf, »wir fahren noch heute nach Phthia, in meine Heimat.«

Da wurde es über den Häuptern der Helden dunkel. Sie blickten nach oben, und Philoktetes war der Erste, der seinen Freund, den vergötterten Herakles, in einer dunklen Wolke schwebend, erblickte.

»Nicht weiter!«, rief der mit hallender Götterstimme vom Himmel herab. »Freund Philoktetes! Vernimm aus meinem Mund den Ratschluss des Zeus und gehorche! Du weißt, durch welche Mühsal ich Unsterblichkeit gewann, und auch dir ist vom Schicksal vorherbestimmt, aus deinem Leid verherrlicht hervorzugehen. Wenn du mit diesem Jüngling nach Troja fährst, wirst du von deiner Krankheit erlöst. Die Götter haben dich auserwählt, Paris, den Urheber allen Leides, zu vertilgen. Du wirst Troja stürzen. Das Kostbarste der ganzen Beute wird dein Anteil sein, mit Schätzen beladen wirst du zu deinem Vater Poias zurückkehren, der noch am Leben ist. Wenn du von der Beute etwas übrig hast, so opfere es auf dem Scheiterhaufen bei meinem Denkmal. Lebe wohl!«

Philoktetes streckte seine Arme dem verschwindenden Freund entgegen zum Himmel. »Wohlan«, rief er, »aufs Schiff, ihr Helden! Gib mir die Hand, edler Sohn des Achilles. Und du, Odysseus, bleibe immer neben mir, denn dein Wille war der Wille der Götter!«

Der Tod des Paris

Als die Griechen das ersehnte Schiff, das den Philoktetes und die beiden Helden an Bord hatte, in den Hafen des Hellespont einlaufen sahen, eilten sie scharenweise unter lautem Jubel an den Strand. Philoktetes streckte seine schwächlichen Hände hinaus und seine beiden Begleiter hoben ihn ans Ufer und führten den mühselig Hinkenden in die Arme der Griechen, die ihn erwarteten. Sein Anblick dauerte sie. Da sprang einer der Helden aus der Menge hinaus, blickte die Wunde forschend an, rief voller Rührung seinen Vater Poias an und versprach, Philoketes mit der Götter Hilfe zu heilen. Da jauchzten die Griechen laut. Es war Podaleirios, der Arzt, ein Freund des Poias, der das Versprechen gegeben hatte. Schnell schaffte er die nötigen Heilmittel herbei, die Griechen

Der Tod des Paris

aber wuschen und salbten den Körper des alten Helden und die Götter gaben ihren Segen dazu. Das verzehrende Übel schwand aus seinen Gliedern und mit ihm schwand aller Jammer aus seiner Seele. Der kranke Leib des Philoktetes erblühte wie ein Kornfeld im frischen Sommerwind nach der Fäulnis des Regens. Selbst Agamemnon und Menelaos, die Oberbefehlshaber des Heeres, staunten, als sie ihn so gleichsam von den Toten auferstehen sahen. Und nachdem er sich satt gegessen und getrunken hatte, trat Agamemnon zu ihm, ergriff seine Hand und sprach sichtlich beschämt: »Lieber Freund, es ist in Betörung unseres Geistes, aber auch nach göttlicher Fügung geschehen, dass wir dich damals auf Lemnos zurückgelassen haben. Grolle uns nicht länger in deinem Herzen, die Götter haben uns genug dafür bestraft und uns ihren Zorn spüren lassen. Nimm die Geschenke freundlich auf, die wir für dich bereitet haben: Es sind sieben trojanische Jungfrauen, zwanzig Pferde und zwölf Dreifüße. Erfreue dich daran und nimm in meiner eigenen Lagerhütte Platz. Stets soll dir königliche Ehre erwiesen werden.«

»Liebe Freunde«, entgegnete Philoktetes gütig, »ich zürne euch nicht mehr, weder dir, Agamemnon, noch irgendeinem anderen Griechen, der sich vielleicht an mir vergangen hat. Ich weiß, dass edle Männer bald streng, bald nachgiebig sein müssen. Doch jetzt lasst uns schlafen gehen, denn wer kämpfen möchte, tut besser daran zu schlafen, als zu viel zu speisen!« Mit diesen Worten eilte er in die Lagerhütte der Freunde, wo er bis zum nächsten Morgen behaglich schlief.

Am darauf folgenden Tag waren die Trojaner vor ihrer Mauer damit beschäftigt, ihre Toten zu begraben, als sie die Griechen schon wieder zum Kampf heranrücken sahen. Polydamas, der weise Freund des gefallenen Hektor riet, da er um die Schwäche des trojanischen Heeres wusste, sich hinter die Mauern zurückzuziehen und die Stadt von dort aus zu verteidigen. »Troja«, sprach er, »ist das Werk der Götter, und deren Werke sind nicht so leicht zu zerstören. Auch haben wir genügend Nahrungsmittel, und in den Speichern unseres Königs Priamos liegen noch Vorräte genug, um dreimal so viele Menschen zu ernähren, wie wir es sind.«

Doch die Trojaner befolgten seinen Rat nicht. Stattdessen jubelten sie Äneas zu, der sie aufforderte, auf dem Schlachtfeld entweder rühmlich zu siegen oder zu sterben. Und so tobte der Kampf bald wieder unter den Heeren.

Unter den Trojanern wütete Philoktetes wie der unbezwingliche Ares selbst, oder wie ein tosender Strom, der breite Fluren überschwemmt. Wenn ein Feind ihn nur von ferne erblickte, so war er verloren. Schon die prächtige Rüstung des Herakles, die er trug, schien die Trojaner ins Verderben zu stürzen, als stünde das Haupt der Medusa auf seinem Panzer.

DIE TROJASAGE

Schließlich aber wagte Paris es doch und drang auf ihn ein, wobei er Pfeil und Bogen mutig in der Luft schwenkte. Er schoss auch einen Pfeil, doch der schwirrte an Philoktetes vorüber und verwundete seinen Nebenmann Kleodoros an der Schulter. Der wich zwar zurück, doch ein zweiter Pfeil des Paris traf ihn tödlich. Jetzt griff Philoktetes zu seinem Bogen und rief mit donnernder Stimme: »Du trojanischer Dieb, du bist der Urheber allen Unheils, du sollst nun büßen, dass du in meine Nähe gekommen bist. Wenn du erst einmal tot bist, dann wird das Verderben mit schnellen Schritten dein Haus und deine Stadt ereilen!« Er zog die Sehne seines Bogens an die Brust, sodass der Bogen sich krümmte, und legte den Pfeil so auf, dass er nur wenig über den Bogen hervorragte. Mit einem Schwirren der Sehne flog der Pfeil dahin und er verfehlte nicht sein Ziel. Jedoch ritzte er dem schönen Paris nur die Haut, und auch er spannte seinen Bogen wieder. Da traf ihn ein zweiter Pfeil des Philoktetes in die Weiche, sodass er nicht mehr kämpfen konnte. Er zitterte am ganzen Leib und lief davon wie ein Hund vor dem Löwen.

Während die Ärzte sich um die blutende Wunde des Paris bemühten, dauerte der Kampf noch eine Weile fort. Als aber die Nacht hereinbrach, zogen sich die Trojaner hinter ihre Mauern und die Griechen zu ihren Schiffen zurück. Paris stöhnte die ganze Nacht hindurch schlaflos auf seinem Schmerzenslager. Der Pfeil war ihm bis ins Knochenmark gedrungen und die Wunde durch die Wirkung des scheußlichen Giftes, in das die Pfeile des Herakles getaucht worden waren, schwarz geworden. Kein Arzt konnte ihm helfen, obwohl Mittel aller Art angewandt wurden. Da erinnerte sich der Verwundete an einen Orakelspruch, der besagte, dass ihm einst in größter Not nur seine verstoßene Gattin Oinone helfen könnte, mit der er, als er noch Hirt auf dem Berg Ida gewesen war, glückliche Tage verlebt hatte. Er hatte diese Weissagung damals, als er nach Griechenland gezogen war, aus ihrem eigenen Munde vernommen. So ließ er sich denn zum Berg Ida bringen, wo Oinone noch immer wohnte. Unglücksvögel krächzten vom Gipfel herab, als die Diener mit ihm hinaufstiegen. Ihr Krächzen erfüllte ihn bald mit Entsetzen, doch dann trieb ihn wieder die Lebenshoffnung, nicht darauf zu achten. So erreichte er die Hütte seiner Gattin.

Die Dienerinnen und Oinone selbst versetzte der unerwartete Anblick in Staunen. Er aber warf sich zu Füßen der Frau, die er verlassen hatte, und rief: »Oh ehrwürdige Frau, hasse mich jetzt nicht, weil ich dich einst unfreiwillig allein zurückgelassen habe. Denn es waren die unerbittlichen Moiren, die mich Helena entgegengeführt haben. Oh wäre ich doch gestorben, bevor ich sie in den Palast meines Vaters brachte. Aber jetzt beschwöre ich dich bei den Göttern und unserer früheren Liebe, habe Mitleid mit mir und befreie mich von den quälenden Schmerzen, indem du Mittel auf meine Wunde legst, die allein mich deiner eigenen Weissagung nach retten können!«

Doch seine Worte konnten die Verstoßene nicht erweichen. »Was kommst du nun zu der«, sprach sie böse, »die du verlassen und dem bittersten Schmerz preisgegeben hast, weil du hofftest, dich an Helenas ewiger Jugend erfreuen zu können? Geh und wirf dich ihr zu Füßen und frag, ob sie dir helfen kann, aber hoffe nicht mich mit deinen Klagen und Tränen mitleidig zu stimmen!« Mit diesen Worten schickte sie ihn fort, doch sie ahnte nicht, dass ihr eigenes Schicksal an das ihres Gatten geknüpft war. Kummervoll schleppte sich Paris, von seinen Dienern gestützt und getragen, über die Höhen des gewaltigen Ida hin, und Hera, die vom Olymp herabblickte, erfreute sich an diesem Anblick. Er war noch nicht an den Fuß des Berges gelangt, als er seiner vergifteten Wunde erlag und noch auf den Gipfeln des Ida seine Seele aushauchte, sodass Helena ihn nicht wieder sah.

Ein Hirt brachte seiner Mutter Hekabe die Nachricht von seinem traurigen Tod. Da wankten ihr die Knie und sie sank bewusstlos nieder. Priamos aber wusste noch nichts davon. Er stand klagend am Grab seines Sohnes Hektor und ahnte nicht, was draußen vorging. Helena dagegen ließ ihren Tränen freien Lauf, und es war vor allem auch die Erinnerung an ihre eigene Schuld, die sie nun quälte.

Oinone ergriff unerwartete Reue, als sie fernab von allen trojanischen Frauen oben auf dem Ida allein in ihrer einsamen Hütte lag. Erst jetzt kehrte ihr die Erinnerung an die mit Paris in Liebe verlebte Jugend zurück. Wie das Eis unter dem lauen Hauch des Westwindes schmilzt und in strömende Quellen schießt, so schmolz die Härte ihres Herzens vor Kummer dahin. Das Herz ging ihr auf, und Tränenströme quollen aus ihren lang vertrockneten Augen. Schließlich raffte sie sich auf, riss die Pforte ihrer Hütte auf und stürzte wie der Sturmwind hinaus. Von Fels zu Fels, über Schluchten und Bäche lief sie durch die Nacht und die Mondgöttin blickte voller Mitleid vom blauen Nachthimmel auf sie herab. Da gelangte sie dorthin, wo der Leichnam ihres Mannes auf einem Scheiterhaufen verbrannte, umringt von den Schafhirten, die dem Freund und Königssohn die letzte Ehre erwiesen. Als Oinone ihn erblickte, machte der Schmerz sie sprachlos. Sie verhüllte ihr schönes Gesicht, stürzte sich ins Feuer, und ehe die Umstehenden sie retten, ja nur beklagen konnten, war sie mit dem Leichnam ihres Gatten ein Opfer der Flammen geworden.

Sturm auf Troja

Während sich dies auf dem Berg Ida ereignete, wurde der Kampf zwischen den beiden Heeren erbittert fortgesetzt. Apollon hauchte dem Äneas, Anchises' Sohn, und dem Eurymachos, dem Sohn des Antenor, Mut und Stärke ein, dass sie die Griechen mit großen Verlusten zurückdrängten und Neoptolemos nur mit Mühe die Ordnung aufrechterhalten konnte. Doch die Trojaner wichen nicht eher, als bis Pallas Athene selbst den Griechen zu Hilfe eilte. Nun mischte sich auch die Göttin Aphrodite in den Kampf und, in Sorge um das Leben ihres Sohnes Äneas, hüllte sie ihn in eine Wolke und entrückte ihn aus der Schlacht.

Aus diesem unbarmherzigen Kampf entkamen nur wenige Trojaner, müde und verwundet, in die Stadt. Frauen und Kinder nahmen ihnen unter Klagen die blutigen Rüstungen ab, und die Ärzte hatten alle Hände voll zu tun. Auch die Griechen waren müde und erschöpft von der Schlacht, denn der Sieg hatte sich ihnen erst nach langem Zögern zugewendet. Doch am nächsten Morgen waren sie wieder ausgeruht, und nachdem sie eine Wache bei den Verwundeten zurückgelassen hatten, zogen sie von neuem kampfeslustig von ihren Schiffen auf Trojas Mauern zu, und diesmal ging es zum Sturm. Die Griechen hatten ihre Truppen aufgeteilt, und jede hatte den Angriff auf eines der Tore übernommen. Die Trojaner aber kämpften auf allen Seiten von Mauern und Türmen herab, und überall erhob sich ein gewaltiges Getümmel. An das skaeische Tor wagten sich als Erste Sthenelos, der Sohn des Kapaneus, und der göttergleiche Held Diomedes. Über dem Tor jedoch wehrten sie der ausdauernde Deïphobos und der starke Polites zusammen mit vielen Gefährten mit Pfeilen und Steinen ab, dass die Helme und Schilde von den Würfen erklangen. Am idaeischen Tor kämpfte Neoptolemos mit allen seinen Myrmidonen, die in den Künsten des Stürmens erfahren waren. In der Stadt kämpften Helenos und Agenor unermüdlich für ihre Heimat. An denjenigen Toren, die zur Ebene und zum Schiffslager der Griechen führten, waren Eurypylos und Odysseus in einem endlosen Kampf, und hier war es der tapfere Äneas, der sie durch Steinwürfe von der hoch aufragenden Mauer herab abzuwehren versuchte. Am Fluss Simoeis kämpfte Teukros unter großen Mühen, und anderen ging es anderswo ähnlich. Endlich kam Odysseus auf den glücklichen Gedanken, seine Kämpfer ihre Schilde wie ein riesiges Dach eines neben dem anderen über ihre Köpfe halten zu lassen. Nun rückten sie eng aneinander gedrängt wie ein einziger Körper vorwärts, und ohne Angst hörten sie dabei das Getöse der zahlreichen Steine, Pfeile und Lanzen, die die Trojaner von der Mauer auf sie herabwarfen, ohne einen einzigen Mann zu verwunden. Die Griechen nahten sich den Mauern wie die schwarzen

Sturm auf Troja

Wolken eines Wintersturms, der Boden dröhnte unter ihren Füßen, der Staub wirbelte über ihren Köpfen auf und unter dem Schilddach tönten ihre Stimmen durcheinander wie das Summen der Bienen in ihren Körben. Freude erfüllte Agamemnons und Menelaos' Herz, als sie das unerschütterliche Bollwerk heranziehen sahen. Sie drängten all ihre Krieger zum Sturmangriff auf die Tore der Stadt zu und rüsteten sich, die Tore aus den Angeln zu heben, die Torflügel mit Doppeläxten zu durchbrechen und niederzuwerfen. Mit der neuen Erfindung des Odysseus schien der Sieg unzweifelhaft zu sein.

Da stärkten die Götter, die auf der Seite der Trojaner waren, die Arme des Äneas, dass er mit beiden Händen einen ungeheuren Stein herbeischleppte und voller Wut auf das Schilddach der Griechen hinabschleuderte. Dieser Wurf richtete eine klägliche Niederlage unter den Stürmenden an und sie sanken wie Bergziegen, auf die ein losgerissener Fels herabrollt, zerschmettert unter ihren Schilden zu Boden. Äneas aber stand mit strotzenden Gliedern auf der Mauer, und seine Rüstung funkelte wie ein Blitz. Neben ihm stand in einer dunklen Wolke unsichtbar der gewaltige Ares, der den Geschossen, die der Held auf den Stein hatte folgen lassen, die richtige Richtung gab, sodass Tod und Entsetzen unter die Reihen der Griechen fuhr. Laut ertönte von der Mauer herab der Ruf des Äneas, der die Seinen anfeuerte, und von unten herauf ertönte die Stimme des Neoptolemos, der die Myrmidonen ermahnte standzuhalten, und so dauerte der Kampf den ganzen Tag fort.

An einer abgelegeneren Seite der Mauer hatten die Griechen mehr Glück. Dort säuberte der schnelle Lokrer Ajax die Zinnen allmählich von ihren Verteidigern, indem er bald mit dem Pfeil einen fortschoss, bald mit dem Speer einen niederstieß. Und nun erspähte sein tapferer Landsmann und Mitkämpfer Alkimedon eine vollkommen freie Stelle an der Mauer. Er legte die Sturmleiter an und stieg, im Vertrauen auf seinen Mut und seine Jugend, voll Kriegslust behände die Sprossen empor, wobei er den Schild über seinen Kopf hielt. So wollte er seinen Männern den Weg in die Stadt bahnen. Aber Äneas hatte sein Unterfangen aus der Ferne beobachtet, und als nun Alkimedon über die Mauer sah und zum ersten und letzten Mal einen Blick in das Innere der Stadt warf, da traf ihn ein Stein, den der gewaltige Äneas geworfen hatte, am Kopf. Wie ein Pfeil, der von der Sehne schnellt, stürzte er hinab, und er hauchte seine Seele aus, noch bevor er auf dem Boden aufschellte. Die Lokrer seufzten laut auf, als sie ihn zermalmt auf der Erde liegen sahen. Jetzt fasste Philoktetes Äneas, den Sohn des Anchises, der wie ein reißendes Tier an der Mauer entlangtobte, ins Auge und richtete seine gepriesenen Pfeile auf ihn. Er traf zwar sein Ziel, doch er ritzte ihm nur leicht das Leder seines Schildes und traf stattdessen den Trojaner Menon, der wie ein Wild, das der Pfeil des

DIE TROJASAGE

Jägers erlegt hat, von der Mauer stürzte. Äneas erschlug dafür den Toxaichmes, einen wackeren Gefährten des Philoktetes, mit einem Stein. Grimmig blickte Philoktetes zu dem feindlichen Helden empor und rief: »Äneas! Du glaubst der Tapferste zu sein, wenn du deine Feinde von der Mauer herab mit Steinen bewirfst wie ein schwaches Weib. Wenn du ein Mann bist, so komm vor die Tore hinaus und erprobe deinen Bogen und deine Lanze im Kampf mit mir!« Der Trojaner hatte keine Zeit ihm zu antworten, denn die Verteidigung der Stadt rief ihn an eine andere Stelle der Mauer, und auch Philoktetes wurde zu einem neuen rastlosen Kampf hinweggerissen.

Das hölzerne Pferd

Nachdem nun die Griechen lange erfolglos um die Tore und Mauern der Stadt Troja gekämpft hatten und der versuchte Sturm auf allen Seiten abgewehrt worden war, berief der Seher Kalchas eine Versammlung der edelsten Helden ein und sprach: »Unterzieht euch nicht länger den Qualen eines gewaltsamen Kampfes, denn auf diesem Weg kommt ihr nicht zum Ziel. Hört, welches Zeichen ich gestern gesehen habe: Ein Habicht jagte einem Täubchen nach, dieses aber schlüpfte in einen Felsspalt, um seinem Verfolger zu entgehen. Der verweilte grimmig, aber das Täubchen kam nicht mehr heraus. Schließlich versteckte sich der Raubvogel verdrossen im nahen Gebüsch, und siehe da, nun schlüpfte das Täubchen in seiner Torheit wieder heraus. Da schoss der Habicht auf das arme Tier herab und tötete es erbarmungslos. Wir wollen uns diesen Vogel zum Vorbild nehmen und Troja nicht länger mit Gewalt bestürmen. Wir sollten es einmal mit einer List versuchen.«

Keinem der Helden wollte jedoch ein Mittel einfallen, so sehr sie auch überlegten. Nur Odysseus kam schließlich durch seine Schlauheit auf einen gewitzten Gedanken: »Wisst ihr was, Freunde«, rief er freudig bewegt über seinen glücklichen Einfall, »lasst uns ein riesengroßes Pferd aus Holz zimmern, in welchem sich die edelsten Helden der Griechen verstecken sollen. Das übrige Heer soll sich in der Zwischenzeit zur Insel Tenedos zurückziehen, hier im Lager aber alles Zurückgelassene verbrennen, damit die Trojaner, die das von ihren Mauern aus sehen werden, sich wieder arglos auf das Feld hinaus begeben. Von uns Helden aber soll ein mutiger Mann, der keinem der Trojaner bekannt ist, außerhalb des hölzernen Pferdes bleiben, als Flüchtling zu ihnen gehen und ihnen das Märchen auftischen, dass er vor der verbrecherischen Gewalt der Griechen geflohen sei, die ihn für ihre glückliche Heimfahrt als Opfer für die Götter schlachten wollten. Er habe sich nämlich unter dem künstlichen Pferd,

Das hölzerne Pferd

das der Göttin Pallas Athene, der Feindin der Trojaner, geweiht sei, versteckt und sei erst jetzt, nachdem seine Feinde abgefahren seien, wieder hervorgekrochen. Dies muss er so lange wiederholen, bis die misstrauischen Trojaner, die ihn verhören werden, ihm zu glauben beginnen. Dann werden sie ihm als einem beklagenswerten Fremdling Einlass in ihre Stadt gewähren. Nun soll er die Trojaner dazu bringen, dass sie das hölzerne Pferd in ihre Mauern ziehen. Und wenn unsere Feinde dann ahnungslos schlafen, soll er uns ein Zeichen geben, woraufhin wir unseren Schlupfwinkel verlassen, den Freunden bei Tenedos mit einem Fackelbrand ein Signal geben und die Stadt mit Feuer und Schwert zerstören.«

Als Odysseus ausgeredet hatte, lobten alle seinen findigen Verstand, und am meisten lobte ihn Kalchas, der Seher, denn das war es, was er erhofft hatte. Er machte auf günstige Vogelzeichen und zustimmende Donnerschläge des Zeus, die sich vom Himmel herab hören ließen, aufmerksam und drängte die Griechen, sogleich ans Werk zu gehen.

Doch da erhob sich der Sohn des Achilles verdrossen in der Versammlung. »Kalchas«, sprach er, »tapfere Männer pflegen ihre Feinde in offener Feldschlacht zu bekämpfen. Mögen die Trojaner, die sich vor der Schlacht drücken, feige von ihren Türmen herab kämpfen, uns aber lasst an kein anderes Mittel denken als den offenen Kampf! Dort müssen wir beweisen, dass wir die besseren Männer sind!«

Als er dies gesagt hatte, musste Odysseus selbst den Jüngling bewundern. Doch er erwiderte ihm: »Oh du edles Kind eines ebenso furchtlosen Vaters, du hast wie ein Held und mutiger Mann gesprochen. Aber doch konnte selbst dein Vater, der an Mut und Stärke ein Halbgott war, diese stolze Stadt nicht zerstören. Du siehst also, dass Tapferkeit allein nicht alles auf der Welt bewirken kann. Deshalb beschwöre ich euch, ihr Helden, dass ihr den Rat des Kalchas befolgt und meinen Vorschlag unverzüglich in die Tat umsetzt!«

Alle spendeten Odysseus Beifall; nur Philoktetes stellte sich auf die Seite des Neoptolemos, denn er lechzte noch immer nach Kampf und Schlachtgetümmel und sein Heldenherz war noch nicht gesättigt. Und am Ende hätten sie fast doch noch den Rat der Griechen auf ihre Seite gezogen. Doch da bewegte Zeus den ganzen Luftkreis, schleuderte Blitz auf Blitz unter krachendem Donner zu den Füßen der widerstrebenden Helden herab und gab so hinlänglich zu verstehen, dass sein Wille mit dem Vorschlag des Sehers und des Odysseus übereinstimmte. So verloren die beiden Helden den Mut, sich länger zu widersetzen, und gehorchten, wenn auch mit Widerwillen.

So gingen sie denn alle zu den Schiffen zurück, und bevor ans Werk gegangen wurde, überließen sich die Helden dem wohltuenden Schlaf. Da stellte sich um Mitternacht Athene an das Haupt des griechischen Helden

DIE TROJASAGE

Epeios und trug ihm im Traum auf, dass er als ein geschickter Mann das hölzerne Pferd aus Balken zimmern solle. Sie selbst werde durch ihren Beistand für eine schnelle Vollendung des Werkes sorgen. Der Held hatte die Göttin erkannt und sprang freudig aus dem Schlaf auf. Fürderhin dachte er nur noch an diesen Auftrag und überlegte, wie er ihn ausführen solle. Bei Tagesanbruch erzählte er den anderen, dass die Göttin ihm erschienen war, und nun ließen die Söhne des Atreus in aller Eile Tannen auf dem Idagebirge fällen. Rasch wurden sie zum Hellespont hinabgetragen. Nun halfen viele Jünglinge dem Epeios bei der Arbeit: Die einen zersägten die Balken, die anderen schlugen die Äste von den Stämmen, wieder andere taten anderes. Epeios aber machte zuerst die Füße des Pferdes, dann den Bauch, darüber fügte er dann den gewölbten Rücken, hinten die Weichen, vorne den Hals. Darüber formte er eine Mähne zum Schmuck, die im Wind zu flattern schien. Kopf und Schweif wurden reichlich mit Haaren versehen, aufgerichtete Ohren an den Pferdekopf gesetzt und gläserne leuchtende Augen unter der Stirn angebracht. Kurz, es fehlte nichts, was sich an einem lebendigen Pferd bewegt. So vollendete er mit Athenes Hilfe in drei Tagen das Werk, und das ganze Heer bewunderte, was der Künstler geschaffen hatte, denn er hatte das Pferd so lebensecht nachzubilden gewusst, dass man meinte, es werde jeden Augenblick zu wiehern beginnen. Epeios aber hob die Hände zum Himmel und betete vor dem ganzen Heer: »Mächtige Pallas, erhöre mich, hohe Göttin, rette dein Pferd und mich selbst!« Und alle Griechen stimmten in sein Gebet mit ein.

Die Trojaner waren seit dem letzten Kampf die ganze Zeit über scheu hinter ihren Mauern geblieben. Umso lauter tobte selbst jetzt, da Trojas Verhängnis erfüllt werden sollte, der Streit unter den Göttern. In zwei getrennten Gruppen – eine, die auf der Seite der Griechen stand, die andere auf der Seite der Trojaner – fuhren sie zur Erde hinab und stellten sich für die Augen der Menschen unsichtbar am Fluss Xanthos in zwei Schlachtordnungen gegeneinander auf. Auch die Meeresgottheiten ergriffen Partei: Die Nereïden, die mit Achilles verwandt waren, hielten es mit den Griechen, andere Meeresgötter mit den Trojanern, und sie empörten die Flut gegen die Schiffe und trieben sie an Land auf das betrügerische Pferd zu. Beide wären gewiss zerstört worden, wenn das Schicksal es gestattet hätte. Unter den oberen Göttern begann unterdessen ein Kampf. Ares stürmte Pallas Athene entgegen, womit das Zeichen für den allgemeinen Kampf gegeben war. Die Götter stürzten sich gegenseitig aufeinander. Bei jeder Bewegung klirrten die goldenen Rüstungen, und das Meer warf sich mit gischtenden Wellen über das Ufer. Die Erde bebte unter den Füßen der Götter, und sie alle schrien laut, sodass der Schlachtruf der Götter bis zur Unterwelt hinabdrang und die Titanen im Tartaros davor erzitterten. Zwar hatten sich die Götter für ihren Kampf eine Zeit ausgesucht, in der Zeus, der Vater der Götter und Menschen, fern auf einer Reise war, weil die Regierung der Erde ihn an den Ozean berufen hatte, doch seinem scharfsichtigen Geist entging auch aus der Ferne nichts von dem, was auf der Erdoberfläche vor sich ging. Und so hatte er den Götterkampf kaum bemerkt, als er schon mit seinen geflügelten Windpferden auf dem Donnerwagen, den Iris lenkte, auf den Olymp zurückgekehrt war, um von dort aus seine Blitze unter die kämpfenden Götter zu schleudern. Da erzitterten die Götter und hörten sofort mit dem Kämpfen auf. Themis, die Göttin des Rechts, die als Einzige dem Kampf ferngeblieben war, trat unter die Götter und trennte sie, indem sie ihnen verkündete, dass Zeus die Vernichtung der Götter beschlossen hätte, wenn sie nicht gehorchten. Da bekamen die Götter Angst um ihre Unsterblichkeit, sie unterdrückten ihre Erbitterung und die einen kehrten auf den Olymp, die anderen in die Tiefen des Meeres zurück.

In der Zwischenzeit war das hölzerne Pferd im Lager der Griechen bereitgemacht worden und Odysseus ergriff in der Versammlung das Wort: »Jetzt geht es ums Ganze«, sprach er, »ihr Führer des griechischen Heeres! Jetzt muss sich zeigen, wer wirklich durch Kraft und Mut die anderen übertrifft. Denn nun ist es an der Zeit, im Bauch des Pferdes, das uns beherbergen wird, der dunklen Zukunft entgegenzugehen! Glaubt mir, es gehört mehr Mut dazu, in den Schlupfwinkel zu kriechen, als sich dem Tod in der offenen Schlacht zu stellen! Darum entschließe sich zu dem Wagestück, wer sich am tapfersten fühlt. Die anderen sollen vorerst nach Tenedos segeln! Ein wackerer Jüngling aber bleibe außerhalb des Pferdes zurück und tue, was ich geraten habe. Wer will sich diesem Auftrag unterziehen?«

Die Helden zögerten. Da erhob sich ein tapferer Grieche namens Sinon und sprach: »Ich bin bereit zu tun, was ihr verlangt. Wenn mich die Trojaner auch foltern und bei lebendigem Leib verbrennen sollten, mein Entschluss steht fest!« Da jubelte ihm das ganze Heer seinen Beifall zu, und mancher alte Held fragte sich: »Wer ist wohl dieser junge Mensch? Ich habe seinen Namen nie gehört, bisher hat keine tapfere Tat ihn ausgezeichnet. Gewiss treibt ihn ein Dämon, entweder den Trojanern oder uns selbst das Verderben zu bringen!« Nestor aber erhob sich und machte den Griechen Mut: »Jetzt, liebe Kinder, ist wackerer Mut am Platz, denn jetzt legen die Götter das Ziel der zehn Jahre währenden Mühen in unsere Hände. Darum rasch hinein in den Bauch des Pferdes. Ich selbst fühle noch die jugendliche Kraft in meinen Greisengliedern, von der ich beseelt war, als ich mit Iason das Argonautenschiff besteigen wollte und es auch bestiegen hätte, wenn mich König Peleus nicht davon abgehalten hätte!«

Noch vor allen anderen wollte sich Nestor nun durch die geöffnete Seitentür in den Bauch des hölzernen Pferdes schwingen, doch Neoptolemos, der Sohn des Achilles, beschwor ihn, diese Ehre ihm, dem Jüngling, abzutreten und angesichts seines Alters doch lieber die Führung der Übrigen zur Insel Tenedos zu übernehmen. Nur mir Mühe ließ sich Nestor davon überzeugen, und nun stieg der Jüngling in voller Rüstung als Erster in die geräumige Höhle. Menelaos, Diomedes, Sthenelos und Odysseus folgten ihm, dann Philoktetes, Ajax, Idomeneus, Meriones, Podaleirios, Eurymachos, Antimachos, Agapenor und wen sonst der Bauch des Pferdes noch zu fassen vermochte. Zuletzt stieg Epeios, der Erbauer des Pferdes, selbst hinein. Von innen wurde die Höhlung verschlossen und Epeios setzte sich vor den Riegel. Nun warteten sie im Bauch des Pferdes in tiefem Schweigen und saßen in dunkler Nacht zwischen Tod und Sieg.

Die anderen Griechen aber verbrannten die Lagerhütten. Danach segelten sie unter Agamemnon und Nestor zur Insel Tenedos. Vor der Insel warfen sie die Anker aus und warteten ungeduldig auf das verabredete Feuerzeichen.

Schon kurze Zeit später bemerkten die Trojaner den Rauch, der am Hellespont in die Lüfte stieg, und als sie von ihren Mauern aus scharf an den Strand spähten, waren die Schiffe der Griechen verschwunden. Voller Freude strömten sie in Scharen zum Meeresstrand, jedoch nicht, ohne sich vorsichtshalber in ihre Rüstungen zu hüllen, denn sie hatten immer noch Angst. Als sie nun dort, wo sich zuvor das Lager der Feinde befunden hatte, das hölzerne Pferd erblickten, stellten sie sich staunend darum auf, denn es war ein gewaltiges Werk. Während sie noch darüber stritten, was sie mit dem seltsamen Wunderding anfangen sollten, und die einen der Meinung waren, es in die Stadt zu schaffen und als Siegesdenkmal auf die Burg zu stellen, die anderen aber rieten, das unheimliche Gastgeschenk der Griechen im Meer zu versenken oder zu verbrennen – was die griechischen Helden im Bauch des Schiffes zu ihrer Qual mit anhören mussten –, da trat mit schnellen Schritten Laokoon, der trojanische Priester des Apollon, in die Mitte des gaffenden Volkes und rief schon von weitem: »Unselige Mitbürger, von welchem Wahnsinn seid ihr getrieben? Meint ihr, die Griechen wären wirklich einfach davongesegelt und ihre Gabe verbirgt keine List? Kennt ihr den Odysseus nicht? Entweder ist irgendeine Gefahr in dem Pferd verborgen oder es ist eine Kriegsmaschine, die von den in der Nähe lauernden Feinden gegen unsere Stadt getrieben werden wird! Was immer es aber sein mag, traut diesem Tier nicht!« Mit diesen Worten stieß er eine mächtige eiserne Lanze, die er einem der neben ihm stehenden Krieger aus der Hand riss, in den Bauch der Maschine. Der Speer zitterte im Holz, und aus der Tiefe tönte ein Widerhall wie aus einer Kellerhöhle, doch der Geist der Trojaner blieb verblendet.

Das hölzerne Pferd

Unterdessen zogen einige Hirten, die die Neugier dicht an das Pferd herangetrieben hatte, unter seinem Bauch den schlauen Sinon hervor und schleppten ihn als Gefangenen vor den König Priamos. Bald sammelten sich die trojanischen Kämpfer, die bisher um das Pferd herumgestanden hatten, um dieses neue Schauspiel. Er aber spielte waffenlos und ängstlich die Rolle, die Odysseus ihm aufgetragen hatte. Flehend streckte er die Arme erst gegen den Himmel und dann gegen die Trojaner aus, wobei er schluchzend rief: »Wehe mir, welchem Land, welchem Meer soll ich mich anvertrauen, ich, den die Griechen ausgestoßen haben und den die Trojaner niedermetzeln werden!« Diese Seufzer rührten selbst die, die ihn anfangs als gefangenen Feind gepackt und roh behandelt hatten. Alle Krieger traten voller Anteilnahme an ihn heran und forderten ihn auf zu sagen, wer er sei, und guten Muts zu sein, wenn er keine bösen Absichten hege. Da ließ er die geheuchelte Furcht endlich fahren und sprach: »Ich bin ein Grieche, das will ich ja gar nicht leugnen; wenn Sinon auch unglücklich ist, so soll er doch nicht zum Lügner werden. Vielleicht habt ihr schon von dem euböischen Fürsten Palamedes gehört, der auf Odysseus' Anschuldigungen hin von den Griechen gesteinigt worden ist, weil er von dem Feldzug auf eure Stadt abgeraten hatte. Als sein Verwandter zog ich in diesen Krieg, arm und ohne Stütze nach seinem Tod. Und weil ich es wagte, für die Ermordung meines Vetters Rache anzudrohen, zog ich den Hass des falschen Odysseus auf mich und wurde den ganzen Krieg hindurch von ihm geplagt. Er ruhte nicht, bis er mit dem verlogenen Seher Kalchas meinen Untergang verabredet hatte. Als nämlich meine Landsleute endlich die oft beschlossene und wieder verworfene Flucht ins Werk setzten und dieses hölzerne Pferd hier fertig gezimmert stand, schickten sie den Eurypylos zu einem Orakel des Apollon, weil sie bedenkliche Wunderzeichen am Himmel gesehen hatten. Der brachte dann aus dem Heiligtum des Gottes folgenden traurigen Spruch mit: ›Ihr habt bei eurem Auszug die empörten Winde mit dem Blut einer Jungfrau versöhnt, mit Blut müsst ihr auch den Rückweg erkaufen und einen Griechen opfern.‹ Den Kämpfern lief ein eisiger Schauer über den Rücken, als sie dies hörten. Da zog Odysseus den Seher Kalchas mit großem Lärm in die Versammlung und bat ihn, den Willen der Götter zu offenbaren. Fünf Tage lang schwieg der Betrüger und weigerte sich heuchlerisch einen Griechen auszuwählen, der sterben sollte. Schließlich aber nannte er meinen Namen, als ob ihn Odysseus dazu gezwungen hätte. Alle stimmten zu, denn jeder war nur froh, dass das Verderben von ihm selbst abgewendet war. Schon war der Schreckenstag gekommen. Ich wurde zum Opfer geschmückt, heilige Binden um mein Haupt gelegt, der Altar und das geschrotete Korn in Bereitschaft gehalten. Da zerriss ich die Binden, floh und versteckte mich, als sie fortgesegelt waren, im Schilf eines

DIE TROJASAGE

nahen Sumpfes. Dann kroch ich hervor und suchte mir ein Obdach unter dem Bauch ihres heiligen Pferdes. In meine Heimat und zu meinen Landsleuten kann ich nicht zurückkehren. Ich bin in eurer Hand und von euch hängt es ab, ob ihr mir edelmütig das Leben schenken oder mir den Tod geben wollt, der mich von der Hand meiner eigenen Volksgenossen bedroht hat.«

Die Trojaner waren gerührt, Priamos sprach gütige Worte zu dem Heuchler, sagte ihm, er solle die Griechen vergessen, und versprach ihm Asyl in seiner Stadt, wenn er ihnen nur verraten wolle, was es mit dem hölzernen Pferd auf sich habe, das er soeben »heilig« genannt hatte.

Sinon hob seine von den Fesseln befreiten Hände zum Himmel und betete mit geheuchelter Andacht: »Ihr Götter, denen ich schon geweiht war, du, Altar, und du, verfluchtes Schwert, das mich bedrohte, ihr seid meine Zeugen, dass die Bande, die mich bisher mit meinem Volk verbanden, zerrissen sind, und dass ich keinen Verrat begehe, wenn ich ihre Geheimnisse offenlege! Von Anfang an gründete sich alle Hoffnung der Griechen in diesem Krieg auf die Göttin Pallas Athene. Seitdem aber aus dem Tempel, den sie bei euch in Troja besitzt, ihr Bild, das Palladion, entwendet worden ist – und zwar, was ihr wohl bisher noch nicht wusstet, durch die Hände schlauer Griechen –, ging alles schlechter. Die Göttin war erzürnt und das Glück hatte die Waffen der Griechen verlassen. Da erklärte Kalchas, der Seher, dass sie auf der Stelle mit ihren Schiffen nach Hause segeln sollten, um dort selbst neue Befehle der Götter einzuholen. Ehe das Palladion nicht wieder an seinen Platz zurückgebracht worden sei, dürften sie auf keinen glücklichen Ausgang des Feldzuges hoffen. Daher beschlossen die Griechen zu fliehen, und diesmal taten sie es wirklich. Zuvor aber erbauten sie noch auf den Rat ihres Sehers hin dieses hölzerne Riesenpferd, das sie als Weihgeschenk für die beleidigte Göttin zurückließen, um ihren Zorn zu besänftigen. Kalchas ließ dieses Pferd deshalb so hoch bauen, damit ihr Trojaner es nicht durch eure Tore in eure Stadt bringen könnt, weil der Schutz der Athene dann euch zuteil werden würde. Wenn ihr euch aber an diesem Pferd vergreifen würdet – und das ist es, was sie hoffen –, dann wäre euer und eurer Stadt Verderben gewiss. In dieser Zuversicht wollen sie, sobald sie in der Heimat die Götterbefehle erhalten haben, hierher zurückkommen, um das Palladion der eroberten Stadt zurückgeben zu können.«

Dieses Lügengespinst war so überzeugend ausgedacht, dass Priamos und alle Trojaner dem Betrüger glaubten. Athene aber wachte über das Geschick ihrer Freunde, die noch immer in banger Erwartung im Bauch des Pferdes eingeschlossen saßen und in beständiger Todesangst schwebten, seit Laokoon seine Warnung ausgesprochen hatte. Aber durch ein entsetzliches Wunder wurden die Helden aus der Gefahr befreit. Ebenje-

458

Das hölzerne Pferd

ner Laokoon, der Priester des Apollon, hatte nach dem Tod des Poseidon-Priesters auch diese Würde erhalten und opferte nun gerade am Meeresufer einen stattlichen Stier für den Gott an seinem Altar. Da kamen von der Insel Tenedos durch das spiegelglatte Meer zwei ungeheure Seeschlangen auf den Strand zugeschwommen. Ihre Brust und die blutrote Mähne ragten aus dem Wasser, der Leib ringelte sich unter den Fluten. An Land angekommen züngelten und zischten sie und sahen sich mit feurigen Augen um. Die Trojaner, von denen die meisten noch immer um das hölzerne Pferd herumstanden, wurden leichenblass und ergriffen die Flucht. Die Seeschlangen aber krochen auf den Altar des Meeresgottes zu, wo Laokoon mit seinen zwei jungen Söhnen mit dem Opfer beschäftigt war. Zuerst wanden sie sich um die Leiber der beiden Jungen und bohrten ihre Giftzähne in ihr zartes Fleisch. Als sie laut aufschrien und ihr Vater ihnen mit gezogenem Schwert zu Hilfe kommen wollte, schlangen sie sich mit mächtigen Windungen auch ihm zweimal um den Leib und überragten ihn bald mit ihren hochgestreckten Hälsen und zischenden Häuptern. Sein Priestergewand troff von Eiter und Gift. Vergebens versuchte er mit bloßen Händen die Schlangen von seinem Leib zu reißen, und in der Zwischenzeit floh der bereits getroffene Stier blutend und brüllend vom Altar und schüttelte das Beil aus seinem Nacken. Laokoon erlag mit seinen beiden Kindern den Schlangenbissen. Nun krochen die Schlangen in weiten Krümmungen zum Tempel der Athene, der hoch über der Stadt aufragte, und bargen sich dort zu Füßen der Göttin unter ihrem Schild.

Die Trojaner sahen in diesem grässlichen Ereignis eine Bestrafung für die frevelhaften Zweifel ihres Priesters, und einige eilten zur Stadt und rissen die Mauer nieder, um dem unheilvollen Gast den Weg zu bahnen. Andere brachten Räder an den Füßen des hölzernen Pferdes an, wieder andere drehten dicke Seile und warfen sie um den Hals des riesigen hölzernen Tieres. Dann zogen sie es im Triumph in die Stadt. Jungen und Mädchen, ebenfalls die Hände an die Seile gelegt, sangen im Chor feierliche Hymnen dazu. Als das hölzerne Pferd über die erhöhte Schwelle des Tores rollen sollte, stockte viermal sein Lauf, und viermal dröhnte sein Bauch wie von Eisen. Doch die Trojaner waren mit Blindheit geschlagen und brachten das Ungeheuer jubelnd in ihre Stadt.

In dem rasenden Jubel, den alle ergriffen hatte, blieb nur der Geistesblick und das Gemüt der Seherin Kassandra, der gottbegabten trojanischen Königstochter, ungetrübt. Nie hatte sie Worte ausgesprochen, die nicht erfüllt worden waren. Doch sie hatte das Unglück, dass ihr niemand glauben wollte. So hatte sie auch jetzt unheilvolle Zeichen am Himmel und in der Natur gesehen. Mit flatternden Haaren, vom Geist der Wahrsagung getrieben, eilte sie aus dem Königspalast. Ihre Augen starrten in fiebriger Glut, ihr Nacken schwankte wie ein Ast im Wind, ein tiefer Seufzer entrang sich ihrer Brust. So rief sie durch die Gassen ihrer Stadt: »Ihr Elenden, seht ihr nicht, dass wir die Straße zum Hades hinunterwandern, dass wir am Abgrund des Verderbens stehen? Ich sehe die Stadt mit Feuer und Blut erfüllt, ich sehe es aus dem Bauch des Pferdes hervorquillen, das ihr jubelnd in unsere Stadt gebracht habt. Doch ihr glaubt mir nicht, und wenn ich unzählige Worte spräche. Ihr seid den Erinnyen geweiht, die Rache an euch nehmen wegen Helenas frevelhafter Ehe.«

Tatsächlich wurde Kassandra für ihre Weissagung nur verlacht und beleidigt, und hie und da sprach einer zu ihr: »Hat dich die jungfräuliche Scham nun völlig verlassen, Kassandra? Bist du nun völlig irrsinnig geworden, dass du dich auf offener Straße herumtreiben magst und nicht siehst, wie die Menschen dich verachten, törichte Schwätzerin? Geh in den Palast zurück, damit dir nichts geschieht!«

Die Zerstörung Trojas

Die halbe Nacht hindurch feierten die Trojaner bei Schmaus und Gelage. Syringen und Flöten ertönten, Tanz und Gesang lärmten ringsumher und dazwischen erschollen die Stimmen der Feiernden wild durcheinander. Die Becher wurden immer wieder randvoll mit Wein gefüllt und ausgetrunken, bis die Trinkenden zu lallen begannen und ihr Geist in dumpfer Betäubung versank. Schließlich, gegen Mitternacht, lagen sie alle in tiefem Schlaf. Nun stand Sinon, der mitgeschmaust und sich am Ende schlafend gestellt hatte, auf, schlich vor das Tor hinaus, zündete eine Fackel an und schwenkte sie, der Insel Tenedos zugekehrt, hoch durch die Luft. Dann löschte er sie wieder, schlich sich zu dem Pferd und klopfte leise an den hohlen Bauch, wie Odysseus ihm gesagt hatte. Als die Helden das Klopfen hörten, blickten sie Odysseus fragend an. Der aber riet ihnen, leise zu sein und mit aller Vorsicht auszusteigen. Er hielt die Ungeduldigsten zurück, öffnete leise den Riegel, streckte den Kopf ein wenig hinaus und spähte auf alle Seiten, ob nicht einer der Trojaner aufgewacht sei. Dann ließ er die Leiter herunter, stieg hinab wie ein Wolf, der sich zwischen Hirten und Schafen hindurch in den Stall schleicht, und die anderen folgten ihm einer nach dem anderen mit klopfendem Herzen. Als alle aus dem Bauch des Pferdes herausgeklettert waren, schüttelten sie ihre Lanzen, zogen ihre Schwerter und verbreiteten sich durch die Straßen und in die Häuser der Stadt.

Ein grässliches Gemetzel richteten sie unter den schlafenden und betrunkenen Trojanern an. Brandfackeln wurden in die Wohnungen geschleudert und bald loderten die Dächer der Häuser. Zugleich trieb ein

Die Zerstörung Trojas

günstiger Wind die Flotte der Griechen, die auf Sinons Zeichen hin von Tenedos aufgebrochen war, in den Hafen des Hellespont. Und bald darauf stürmte das gesamte Heer der Griechen durch die breite Lücke in der Mauer, durch welche tags zuvor das hölzerne Pferd hereingezogen worden war. Jetzt erfüllte sich die eroberte Stadt mit Trümmern und Leichen. Schwerverletzte krochen zwischen den Toten umher, und wenn noch einer unverletzt fliehen wollte, dann wurde ihm eine Lanze in den Rücken gestoßen. Das Winseln und Heulen ängstlicher Hunde vermischte sich mit dem Stöhnen der Verwundeten und dem Klagen der Frauen und Kinder.

Doch auch für die Griechen blieb dieser Kampf nicht unblutig, denn obwohl die meisten ihrer Feinde unbewaffnet waren, so wehrten sie sich doch, so gut sie konnten. Die einen schleuderten Becher, die anderen Tische oder brennende Holzscheite auf sie, andere bewaffneten sich mit Bratspießen, Beilen und Streitäxten – was ihnen gerade in die Hände fiel. Und so kamen auch zahlreiche Griechen zu Tode, während sie mit Feuer und Schwert in der Stadt wüteten, denn manche wurden von herabfallenden Trümmern erschlagen oder vom Feuer ergriffen. Als sie endlich den Palast des Priamos selbst stürmten, wohin viele Trojaner geflüchtet waren und sich mit Rüstungen, Lanzen und Schwertern versehen hatten, kamen viele von ihnen im Kampf gegen die Feinde, die sich verzweifelt verteidigten, ums Leben.

Während der Kampf wütete, wurde es durch den wachsenden Brand, der sich immer weiter über Häuser und Paläste ausdehnte, und die vielen Fackeln, die überall von den Griechen geschwungen wurden, immer heller in der Stadt, obwohl Nacht war. Dadurch wurden die Griechen aber immer sicherer und erbitterter, und so schlugen sie ohne zu zögern und in voller Absicht viele der ausgesuchtesten trojanischen Helden nieder. Diomedes erschlug den Koroibos, den Sohn des gewaltigen Mygdon, dann Eurydamas, den gewaltigen Schwertschwinger und Schwiegersohn des Antenor. Dann kam ihm Ilioneus, einer der älteren Trojaner entgegen. Er sank unter dem Schwert des griechischen Helden ins Knie, und während er fiel, umschlang er das Knie des Siegers und rief mit bebender Stimme: »Wer du auch sein mögest von den Griechen, lass ab von deinem Zorn! Denn nur der Sieg über einen jüngeren und kräftigen Mann kann einem Kämpfer Ruhm einbringen! So sage ich dir, so gewiss du selbst einmal ein Greis sein wirst, verschone mich!«

Einen Augenblick lang hielt Diomedes inne und besann sich, dann aber stieß er dem Gegner sein Schwert in die Kehle und sagte: »Freilich hoffe auch ich, alt zu werden. Aber jetzt gebrauche ich meine Kraft und schicke alle meine Feinde zum Hades!« So ging er hin und erschlug einen nach dem anderen. Ebenso wie er wüteten Ajax der Lokrer und Idomeneus. Neoptolemos aber suchte sich die Söhne des Priamos aus und tötete drei davon, dazu den Agenor, der einst den Kampf gegen seinen Vater Achilles gewagt hatte. Endlich stieß er auf König Priamos selbst, der an einem unter freiem Himmel für Zeus errichteten Altar lag und betete. Gierig zückte Neoptolemos sein Schwert, und Priamos blickte ihm furchtlos ins Gesicht. »Töte mich«, rief er, »Kind des tapferen Achilles. Nachdem ich so vieles ertragen habe und fast alle meine Kinder sterben sah, warum sollte ich länger das Licht der Sonne schauen wollen? Oh hätte mich doch schon dein Vater getötet! So labe denn du dein mutiges Herz an mir und entrücke mich aus allem Jammer!«

»Alter«, erwiderte Neoptolemos, »du forderst mich auf, das zu tun, wozu mein eigenes Herz mich antreibt!« Und damit trennte er mit einem Hieb das Haupt des alten Königs vom Rumpf. Sein Kopf rollte ein Stück über den Boden, und sein Leib lag zwischen anderen toten Trojanern.

Noch grausamer verfuhren die einfachen Krieger des griechischen Heeres. Sie hatten im Königspalast den Astyanax gefunden, Hektors zarten Sohn. Sie rissen ihn aus den Armen der Mutter und schleuderten ihn, voller Hass auf Hektor und sein Geschlecht, von der Zinne eines Turmes hinab. Seine Mutter schrie den Griechen entgegen: »Warum stürzt ihr nicht auch mich von der schrecklichen Mauer oder werft mich ins lodernde Feuer? Seit Achilles meinen Gemahl getötet hat, lebte ich nur noch für unser Kind. Befreit auch mich von der Qual, weiterleben zu müssen!« Aber die Mörder hörten nicht auf sie und gingen davon.

So fand sich der Tod bald in diesem Hause ein und bald in jenem, und nur ein einziges verschonte er: das Haus des alten Trojaners Antenor, der einst den Menelaos und den Odysseus beschützt und gastfreundlich bewirtet hatte, als sie nach Troja gekommen waren. Dafür ließen ihm die Griechen nun dankbar sein Leben und seinen Besitz.

Äneas, der herrliche Held, der vor kurzem noch mit unverwüstlicher Kraft beim Sturm der Stadt von der Mauer herab bis zum Letzten gekämpft hatte, handelte nun wie ein mutiger Seefahrer im Sturm, der schließlich sein Schiff verlassen muss und ein Rettungsboot besteigt. Er nahm seinen Vater Anchises auf seine kräftigen Schultern und seinen Sohn Askanios an der Hand und eilte davon. Der Junge drängte sich eng an seinen Vater und seine Füße berührten kaum die Erde, doch Äneas sprang mit schnellen Füßen über unzählige Leichen hinweg und führte seinen Sohn einen sicheren Weg. Aphrodite, seine Mutter, war bei ihm. Denn die Flammen zogen sich zurück, wohin er seinen Fuß auch setzte, die Rauchwolken teilten sich, Pfeile und Lanzen, die die Griechen nach ihm schleuderten, fielen auf die Erde, ohne ihn zu treffen.

An anderen Stellen raste der Mord. Menelaos fand vor den Gemächern seiner treulosen Gemahlin Helena den noch immer von dem Gelage betrunkenen Deïphobos, jenen Sohn des Priamos, der seit Hektors Tod die Stütze des Hauses und des Volkes und seit Paris' Tod Helenas Gemahl geworden war. Als Menelaos kam, taumelte er vom Boden auf und floh in die Gänge des Palastes. Menelaos aber holte ihn ein und stieß ihm seinen Speer in den Nacken. »Stirb du vor der Tür meiner Gattin!«, rief er mit donnernder Stimme. »Hätte meine Lanze doch nur den Unheilstifter Paris so getroffen! Der ist schon längst dahingeschlachtet. Und du wolltest dich nun an meiner Gattin ergötzen, du Frevler? Kein Verbrecher wird dem Arm der Themis, der Göttin der Gerechtigkeit, entgehen!« Mit diesen Worten stieß Menelaos den Leichnam zur Seite und ging, von zwiespältigen Gefühlen bewegt, um im Palast nach Helena zu suchen. Sie aber fürchtete den Zorn ihres rechtmäßigen Gatten und hielt sich zitternd in einem dunklen Winkel des Palastes verborgen. Erst spät gelang es ihm, sie zu entdecken. Als er sie sah, trieb ihn die Eifersucht, sie zu ermorden, aber Aphrodite hatte sie mit großer Schönheit geschmückt, stieß Menelaos das Schwert aus der Hand, verscheuchte den Zorn aus seiner Brust und erweckte die alte Liebe in seinem Herzen. Es war ihm unmöglich, beim Anblick ihrer überirdischen Schönheit das Schwert aufs Neue zu erheben. Einen Augenblick lang wurde er schwach, und er vergaß alles, was sie verschuldet hatte. Doch da hörte er hinter sich die Griechen, die den Palast durchtobten, und er schämte sich bei dem Gedanken, dass er nicht wie ein Rächer, sondern wie ein Gefangener vor Helena stand. Widerwillig hob er das Schwert, das er auf den Boden geworfen hatte, wieder auf, kämpfte seine Gefühle nieder und drang von neuem auf Helena ein. Doch es war ihm nicht ernst damit, und daher war ihm sein Bruder Agamemnon sehr willkommen, der plötzlich hinter ihm stand, die Hand auf seine Schulter legte und rief: »Hör auf, Menelaos! Es ziemt sich nicht, dass du deine Ehefrau, um die wir so viel Leid erlitten haben, erschlägst! Wie mir scheint, lastet die Schuld auch weniger auf Helena, sondern auf Paris, der das Gastrecht so schnöde gebrochen hat. Der aber und mit ihm sein ganzes Geschlecht und sein ganzes Volk sind ja bestraft und vernichtet worden!« Menelaos gehorchte ihm zögernd, aber mit Freuden.

Während sich dies auf der Erde zutrug, beklagten die Götter, die sich in dunkle Wolken gehüllt hatten, dass Troja gefallen war. Nur Hera, die Todfeindin der Trojaner, und Thetis, die Mutter des so früh gestorbenen Achilles, jubelten im Herzen vor Freude. Pallas Athene selbst, deren Willen doch die Zerstörung Trojas gewesen war, konnte ihre Tränen nicht zurückhalten, als sie sah, wie der schnelle Ajax es in ihrem Heiligtum wagte, ihre fromme Priesterin Kassandra, die in den Tempel geflohen war und sich um Schutz flehend an Athenes Bildsäule geklammert hatte, mit seinen rohen Händen anzufassen und sie an den Haaren aus dem Tempel herauszuzerren. Zwar durfte die Göttin die Tochter ihrer Feinde nicht unterstützen, doch ihre Wangen glühten vor Beschämung und Zorn. Sie ließ ihr Bildnis ertönen, der Boden ihres Tempels dröhnte. Sie hatte den Blick von dem Frevel abgekehrt und schwor in ihrem Herzen die frevlerische Tat zu rächen.

Noch lange dauerten der Brand und das Gemetzel an. Die Flammensäule Trojas stieg hoch in den Äther auf und verkündete den Bewohnern der Inseln und den Seefahrern, die über das Meer segelten, den Untergang der Stadt.

Menelaos und Helena
Polyxena

B is zum Morgen waren sämtliche Bürger der Stadt Troja niedergemacht oder gefangen genommen worden. Die Griechen stießen nirgends mehr auf Widerstand, konnten sich in Ruhe der unermesslichen Schätze der Stadt bemächtigen und brachten ihre Beute, die aus Gold, Silber, Edelsteinen, Hausrat aller Art, Frauen, Mädchen und Kindern bestand, an den Strand zu ihren Schiffen.

Mitten unter dieser Schar führte Menelaos seine Gattin Helena nicht ohne Beschämung, aber dennoch darüber zufrieden, dass er sie wiedererlangt hatte, aus dem brennenden Troja fort. Neben ihm ging Agamemnon, sein Bruder, mit der hohen Kassandra, die er den wilden Armen des Ajax entrissen hatte. Hektors Gattin Andromache wurde von Neoptolemos, dem Sohn des Achilles, fortgeführt. Odysseus schleppte die Königin Hekabe, die sich kaum aufrecht halten konnte und unter lauten Klagen ihr graues, mit Asche bestreutes Haar raufte, in die Gefangenschaft. Unzählige junge und alte Trojanerinnen folgten, hinter ihnen Mädchen und Kinder, Mägde und Fürstentöchter gemischt. Den ganzen Weg entlang erscholl ihr Klagen und Schluchzen. Nur Helena stimmte nicht mit ein, denn ein tiefes Schamgefühl hielt sie davon ab. Sie blickte mit ihren dunklen Augen zu Boden, und ihre Wangen färbte fliegende Röte. In ihrem Innersten aber bebte ihr das Herz und eine entsetzliche Furcht ergriff sie, wenn sie an das Schicksal dachte, das nun bei den Schiffen auf sie wartete. Todesblässe überzog ihre eben noch purpurroten Wangen, schnell zog sie ihren dicken Schleier über ihr Haupt und schritt zitternd an der Hand ihres Gatten.

Als sie aber bei den Schiffen angelangt waren, staunten alle Griechen über ihre liebliche Schönheit und sagten sich im Stillen, dass es wohl der Mühe wert gewesen war, dem Fürsten Menelaos um eines solchen Kampfpreises willen nach Troja zu folgen und dort zehn Jahre währende

Mühen und Gefahren auszuhalten. Und keinem kam in den Sinn, Hand an die schöne Frau zu legen. Sie ließen ihrem Oberhaupt den friedlichen Besitz seiner Gattin, und Aphrodite hatte dessen Herz längst milde gestimmt, sodass er ihr verziehen hatte.

Bei den Schiffen herrschte freudiger Jubel: Alle Griechen saßen fröhlich beim Mahl, in ihrer Mitte saß ein des Zitherspiels kundiger Sänger, der dem Heer die Taten seines größten Helden Achilles ins Gedächtnis rief. So feierten sie fröhlich bis in die Nacht, dann zog sich jeder in seine Lagerhütte zurück.

Als nun Helena mit ihrem Gemahl Menelaos allein in seiner Feldherrenhütte war, warf sie sich ihm zu Füßen, umschlang seine Knie und sprach: »Ich weiß, dass du jetzt das Recht hättest, deine treulose Gattin mit dem Tod zu bestrafen! Aber bedenke, edler Gemahl, dass ich deinen Palast in Sparta nicht freiwillig verlassen habe. Mit Gewalt hat Paris mich fortgeschleppt, als du abwesend von zu Hause warst und mir deinen Schutz nicht angedeihen lassen konntest. Und als ich selbst Hand an mich legen und den Strick um meinen Hals schlingen oder das Schwert in meine Brust stoßen wollte, da hielten die Dienerinnen mich zurück und beschworen mich, an dich und unser blühendes Töchterchen zu denken! Verfahre nun mit mir, wie es dein Wille ist. Reumütig und schutzflehend zugleich liege ich dir zu Füßen!«

Menelaos hob sie zärtlich vom Boden auf und antwortete ihr: »Denke nicht länger an das Vergangene, Helena, und fürchte dich nicht. Was geschehen ist, sei in die Nacht der Vergangenheit versenkt.« Damit schloss er sie in seine Arme und drückte den Kuss der Versöhnung auf ihre Lippen. Und beide weinten sie in süßer und wehmütiger Rührung.

Neoptolemos, der Sohn des Achilles, lag in dieser Stunde schon in tiefem Schlaf. Da trat im Traum der Geist seines Vaters zu ihm an sein Lager, ganz wie er im Leben gewesen war, der Schrecken der Trojaner und die Freude der Griechen. Er küsste Brust, Mund und Augen seines Sohnes und sprach: »Sei nicht traurig, mein Sohn, dass ich gestorben bin, denn ich lebe jetzt unter den seligen Göttern. Nimm dir fröhlich deinen Vater zum Beispiel im Kampf und im Rat. Im Kampf sollst du immer der Erste sein, in der Ratsversammlung aber schäme dich nicht, dich den weisen Worten der Älteren nachgiebig zu zeigen. Im Übrigen strebe nach Ruhm, wie dein Vater es getan hat, freue dich des Glücks und betrübe dich nicht zu sehr im Unglück. An meinem frühen Tod aber erkenne, wie nahe dem Menschen die Pforten des Todes sind, denn das ganze Menschengeschlecht ist wie die Frühlingsblumen: Die einen wachsen, die anderen vergehen. Nun aber sage dem Völkerfürsten Agamemnon, dass sie das Beste und Edelste der Beute mir opfern sollen, damit mein Herz sich auch an Trojas Untergang laben kann und mir zur Zufriedenheit im Olymp nichts fehle!«

DIE TROJASAGE

Nachdem er seinem Sohn diesen Befehl erteilt hatte, verschwand der selige Geist aus seinem Traum wie ein Hauch des Windes. Neoptolemos erwachte. Er fühlte Freude in seinem Herzen und ihm war, als hätte er mit seinem Vater selbst gesprochen.

Am nächsten Morgen sprangen die Griechen ungeduldig von ihrem Lager auf, denn sie waren voller Sehnsucht endlich nach Hause zurückzukehren. Gern hätten sie sofort die Schiffe zu Wasser gelassen, wenn der Sohn des Achilles nicht unter das versammelte Heer getreten wäre und ihren Eifer durch seine Rede gedämpft hätte: »Hört, ihr Griechen«, rief er mit seiner jugendlich kräftigen Stimme, »was der Geist meines unsterblichen Vaters, der mich im Traum besucht hat, mir heute Nacht aufgetragen hat: Ich soll euch verkünden, dass ihr das Beste und Edelste der trojanischen Beute ihm opfern sollt, damit sein Herz sich am Untergang der verhassten Stadt laben kann und auch er einen Siegespreis erhält. Bis ihr diese heilige Pflicht gegen den Toten nicht erledigt habt, dem ihr doch eigentlich die Eroberung der Stadt verdankt, sollt ihr diesen Strand nicht verlassen. Denn wenn Hektor nicht besiegt worden wäre, wärt ihr nie so weit gekommen!«

Ehrerbietig beschlossen die Helden dem Willen ihres verstorbenen Freundes zu folgen. Und aus Liebe zu Achilles versetzte Poseidon das Meer in so heftigen Aufruhr, dass es in turmhohen Wellen ans Ufer schlug und die Griechen gar nicht ablegen hätten können, selbst wenn sie es gewollt hätten. Als das Heer aber die empörte See erblickte und das Brausen des Sturmes hörte, da flüsterten sich die Männer gegenseitig zu: »Ja, Achilles stammt wahrhaftig von Zeus, dem Allerhöchsten, ab, denn seht ihr, wie sich die Elemente mit seinem Befehl verbünden!« Und so waren sie nur umso bereitwilliger, dem Gebot des Verstorbenen zu gehorchen, und sie strömten in Scharen auf das Grabmal des Helden zu, das den Meeresstrand hoch überragte.

Die Frage war nun aber: Was sollte geopfert werden? Was war das Beste und Edelste aus der trojanischen Beute? Jeder Grieche brachte seinen Anteil an Schätzen und Gefangenen herbei. Als man aber alles musterte, da erblassten Gold, Silber und Edelsteine samt allen Schätzen vor der himmlischen Schönheit der Jungfrau Polyxena, der Tochter des Königs Priamos, und der einstimmige Ruf ging durch das ganze griechische Heer, dass sie das Beste und Edelste an der trojanischen Beute sei. Als sich alle Blicke auf sie richteten, erbleichte die Jungfrau nicht, obgleich ihr der laute Klageruf ihrer Mutter Hekabe durchs Herz schnitt. Polyxena hatte Achilles manches Mal von den Mauern herab im Kampf gesehen, und obwohl er der Feind ihres Volkes war, hatten seine göttliche Gestalt und seine Heldenkraft ihr doch das Innerste bewegt. Es ging sogar die Sage, dass auch Achilles einst die schöne Jungfrau auf den Zinnen der Mauer erblickt hatte, als er im Kampf bis dicht an die Tore der belagerten Stadt vorgedrungen war. Da sei sein Herz für sie entbrannt, sodass er rief: »Wenn ich dich haben könnte, Tochter des Priamos – wer weiß, ob ich dann nicht versuchen würde zwischen den Griechen und deinem Vater Frieden zu stiften!« Zwar hatte der Held diese Worte, kaum dass er sie ausgesprochen hatte, bereut, denn er wusste ja, was er Griechenland schuldig war. Aber Polyxena – so erzählte das Gerücht – hatte diese Worte in ihrem Herzen verschlossen und sei seitdem in heimlicher Liebe zum Feind ihres Volkes entbrannt

Wie dem auch sei, Polyxena wankte nicht, als alle sie ansahen und sie als das Opfer bestimmt wurde, das allein würdig wäre dem größten Helden als edelster Teil der trojanischen Beute dargebracht zu werden. Schon war der Altar vor dem Grabmal des Achilles errichtet, und auch an Opfergeräten fehlte es nicht. Da sprang die Königstochter aus der Schar der gefangenen Frauen hervor, ergriff eine scharfe Klinge, die unter den anderen Gerätschaften bereitlag, stellte sich wie ein Opfer vor den Altar, stieß sich wortlos den Dolch ins Herz und sank lautlos zu Boden.

Da ging ein Schrei durch das ganze Heer der Griechen. Und Hekabe, die alte Königin, warf sich unter lautem Weinen über die Leiche ihrer Tochter.

In dem Augenblick, als Polyxena niedergesunken war und das Blut aus ihrer Brust quoll, legte sich das Meer und die Wellen ebneten sich zu einer spiegelglatten Fläche. Voller Mitleid eilte Neoptolemos herbei, half die geopferte Jungfrau vom Altar fortzutragen und trug Sorge, dass sie mit königlichen Ehren bestattet wurde. In der Versammlung aber erhob sich Nestor und sprach die Worte, die alle erfreuten: »Endlich, ihr lieben Landsleute«, rief er, »endlich ist die Stunde da, die uns die Heimkehr gestattet. Der Beherrscher der Meere hat die Wogen geglättet, nirgendwo erhebt sich die Flut. Achilles ist zufrieden gestellt, er nimmt das Opfer der Polyxena an. Auf denn, lasst uns an den Aufbruch denken und zieht die Schiffe ins Meer!«

Abfahrt von Troja
Ajax' des Lokrers Tod

Jubelnd wurde getan, was Nestor gesagt hatte: Die Schiffe wurden fertig gemacht und sämtliche Güter an Bord gebracht. Als Erstes wurden die weinenden und klagenden Gefangenen eingeschifft, dann folgten die Griechen selbst. Nur der Seher Kalchas schloss sich ihnen nicht an, sondern ermahnte sie vielmehr, die Fahrt noch nicht zu beginnen, denn sein wahrsagender Geist ließ ihn ein großes Unglück erahnen, das die Grie-

chen an den kapharischen Felsen bedrohte, die ein Vorgebirge der Insel
Euböa umgaben, an dem die Flotte auf ihrer Heimkehr nach Griechenland vorübersegeln musste. Doch niemand hörte auf ihn. Die Sehnsucht
nach der geliebten Heimat hatte die Herzen aller betört. Schließlich aber
zog Amphilochos, der Sohn des berühmten Sehers Amphiarios, den der
Boden vor Theben verschlungen hatte, den Fuß, den er schon ins Schiff
gesetzt hatte, zurück. In seinem Geist dämmerte die Sehergabe seines
Vaters auf, und es überkam ihn die gleiche Ahnung wie Kalchas. So blieb
er bei Kalchas zurück. Ihnen beiden war vom Schicksal bestimmt, dass
sie ihre griechische Heimat nicht mehr wieder sehen sollten. Stattdessen
sollten sie in den kilikischen und pamphylischen Städten Kleinasiens ihre
Wohnsitze gründen.

Die übrigen Griechen lösten unterdessen die Taue ihrer Schiffe und
lichteten eilig die Anker. Bald segelten sie auf dem freien Meer. Im Bug
der Schiffe lagen überall Waffen ihrer erschlagenen Feinde, unzählige
Siegeszeichen hingen von den Masten herab. Die Schiffe selbst hatten sie
bekränzt, und Kränze hatten sich die Sieger auch um ihre Schilde, Lanzen und Helme geflochten. So standen sie auf den Verdecken und gossen
Trankopfer von goldenem Wein ins Meer und flehten dabei inbrünstig zu
den Göttern, dass ihnen auf der Heimfahrt kein Unglück geschehen
möge. Doch ihr Gebet blieb nichtig. Der Wind trug es fort von den Schiffen und zerstreute es in den Lüften, ehe es sich bis in den Olymp emporschwingen konnte.

Wie die Griechen nun voller Hoffnung und Sehnsucht nach vorne blickten, so schauten die gefangenen trojanischen Frauen bekümmert auf das
rauchende Troja zurück und weinten und seufzten im Stillen ihren
Schmerz aus. Die Mädchen hatten ihre Hände im Schoß gefaltet, die jungen Frauen hielten Kinder in den Armen. Sie aber dachten nur an die
Brust der Mutter und empfanden ihr Unglück noch nicht. Mitten unter
den übrigen Gefangenen stand Kassandra, und ihre edle Gestalt ragte
hoch über die anderen empor. Doch sie weinte nicht. Sie spottete über die
Klage, die sich rings um sie her erhob, denn nun war geschehen, was sie
vorausgesagt hatte und wofür sie verlacht worden war. Nun war sie es,
die über ihre Mitgefangenen höhnte, auch wenn ihr Herz dabei über das
Unglück ihrer zerstörten Heimatstadt blutete.

Zwischen den Trümmern Trojas irrten wenige übrig gebliebene Bürger umher. Zumeist waren es Greise oder verwundete Männer – doch
unter ihnen war auch Antenor.

Er übernahm die Führung und leitete das schmerzhafte Werk der Lei-
chenbestattung, das nur langsam vor sich ging, denn die Toten waren
viele und die Lebenden nur wenige.

Diese wenigen türmten einen riesigen Holzstoß auf, und als er fertig war, legten sie alle Leichen darauf und zündeten den Scheiterhaufen unter Tränen und Wehklagen an.

Die Griechen hatten unterdessen bald das Grabmal des Achilles und die trojanische Küste hinter sich gelassen. Obwohl sie aber immer fröhlicher wurden, mischte sich auch Wehmut unter ihre Freude, wenn sie an die vielen gefallenen Freunde dachten. Eine Küste und eine Insel nach der anderen flog an ihren Blicken vorüber: Tenedos, Chryse, das Orakel des Phoibos Apollon, die heilige Killa, die Insel Lesbos, das Vorgebirge Lekton und schließlich der äußerste Vorsprung des Vorgebirges. Der Wind fuhr in die Segel, rauschend schäumte die Gischt, schwarz rollten die Wellen daher und weiß dehnte sich über das Meer der Pfad des Kielwassers aus, wenn die Wellen sich am Schiffsrumpf gebrochen hatten.

Die Sieger hätten Griechenlands Küste gewiss wohlbehalten erreicht, wenn ihnen nicht Pallas Athene wegen der Untat des Lokrers Ajax gegrollt hätte. Als sie nun die stürmische Küste Euböas erreicht hatten, sann die Göttin darauf, dem Ajax ein trauriges, unbarmherziges Los zu bereiten. Sie hatte dem Göttervater Zeus im Olymp den Frevel geklagt, den er in ihrem eigenen Tempel an ihrer Priesterin Kassandra begangen hatte, und wollte sich für das Verbrechen rächen. Zeus, der Verwalter der Gerechtigkeit auf Erden, setzte sich ihren Wünschen nicht entgegen, sondern gab der Jungfrau sogar die frischesten Donnerkeile der Zyklopen, die eben aus der Esse gekommen waren, und erlaubte seiner Tochter den Griechen einen verderblichen Sturm zu bereiten. Sogleich bewaffnete sich Athene, legte den glänzenden Ägispanzer an, aus dessen Mitte das Medusenhaupt mit den feurigen Schlangenhaaren starrte, und packte eines der Geschosse ihres Vaters, die zu ihren Füßen lagen und die außer dem großen Zeus kein anderer Gott aufzuheben vermag. Dann ließ sie den Olymp unter Donnerschlägen erbeben, goss Wolken rings um die Berge und hüllte Land und Meer in Finsternis. Darauf schickte sie ihre Botin Iris zu Äolos, dem Gott der Winde, hinab, dorthin, wo sich in den Abgründen der Erde die Höhle der Winde befindet, an welche die Wohnung des Äolos stößt. Athenes Botschafterin traf den Fürsten der Stürme zu Hause bei seiner Frau und seinen zwölf Kindern an. Er nahm den Befehl entgegen und gehorchte auf der Stelle. Mit seinen kräftigen Händen stieß er den großen Dreizack in den Berg, dort wo die Winde wohnen, und riss den Hügel auf. Wie Jagdhunde stürzten die Winde sogleich aus der Öffnung hervor. Er aber befahl ihnen, sich sofort zu einem finsteren Orkan zu vereinigen und zur Brandung der kapharischen Felsen zu fliegen, die die Küste von Euböa umlagern. Noch bevor ihr König ganz zu Ende gesprochen hatte, machten sich die Winde auf den Weg und die Flut des Meeres stöhnte unter ihnen. Wie Berge wälzten sich die Wellen voran, und den Griechen sank der Mut, als sie die haushohen Wellen auf sich

DIE TROJASAGE

zurollen sahen. Bald war an Rudern nicht mehr zu denken, die Segel hatte
der Sturm zerfetzt, und endlich erlahmte die Kraft der Steuermänner. Die
Dunkelheit der Nacht brach herein, und mit ihr schwand alle Hoffnung
auf Rettung. Auch Poseidon half Athene, der Tochter seines Bruders. Sie
aber raste erbarmungslos vom Olymp mit ihren Blitzen herab, die der
krachendste Donner begleitete. Jammern und Stöhnen erscholl von den
Schiffen; hier und dort barsten die Balken, wenn zwei Schiffe vom Sturm
gegeneinander geschleudert wurden. Und diejenigen, die Zusammenstö-
ßen durch Rudern zu entgehen versuchten, wurden vom Wind in die Tiefe
gerissen. Schließlich schleuderte Athene den schärfsten Donnerkeil, den
sie eben dafür aufgespart hatte, auf das Schiff des Ajax, dass es auf der
Stelle zerrissen wurde. Erde und Luft hallten wider von dem Knall, und
die Wogen drehten sich um das berstende Schiff. Scharenweise stürzten
die Menschen in die Flut und wurden von den Wellen verschluckt. Ajax
selbst aber schwamm auf einem Balken, bald teilte sein starker Arm die
Wellen, die sich vor dem kräftigen Schwimmer spalteten, bald trug ihn
eine mächtige Welle wie zum Gipfel eines himmelhohen Berges hinauf,
bald schleuderte sie ihn wieder in den tiefsten Abgrund hinab. Rings um
ihn her schlug der Blitz zischend in die Fluten, aber noch war es nicht
Athenes Wille, dass der Tod sich seiner erbarmen sollte. Auch war sein
Mut noch nicht erschöpft. Er klammerte sich an einen Felsen, der aus
dem Wasser ragte und war vermessen genug zu meinen, dass ihm die Rettung selbst dann gelingen würde, wenn alle olympischen Götter gezogen
kämen, um die Flut gegen ihn aufzubringen.

Der Erderschütterer Poseidon, der Ajax am nächsten war, hatte diese
Prahlerei verdrossen vernommen. In heftigstem Zorn erschütterte er
Meer und Erde zugleich. Die Felsabhänge des Vorgebirges Kaphareus
erbebten, und die Küsten donnerten unter der Peitsche des Herrschers.
Da wurde zuletzt der mächtige Felsblock, an welchem Ajax sich festge-
halten hatte, losgerissen und mit dem Lokrer ins Meer hinausgespült. Als
Ajax bereits versank, stürzte Poseidon noch einen Erdhügel auf ihn. So
unterlag er, zugleich von der Erde und vom Meer bezwungen.

Die Schiffe der Griechen irrten indessen schwankend und leck auf der
stürmischen See umher. Viele waren schwer beschädigt, viele von den
Wogen verschlungen worden. Das Meer tobte weiter und der Regen
strömte herab, als drohte dem nahen Land eine zweite deukalionische
Flut. Nun wurde auch noch die Steinigung des unglücklichen Palamedes
an den Griechen gerächt! Auf Euböa herrschte nämlich noch immer Nauplios, der Vater dieses Helden. Als er die griechische Flotte, die mit dem
fürchterlichen Sturm rang, an seiner Küste erblickte, erinnerte er sich an
die hinterlistige Ermordung seines geliebten Sohnes, um den er nun so
viele Jahre trauerte. Nie war die Rachlust in seinem Herzen zur Ruhe

470

Abfahrt von Troja

gekommen, und jetzt endlich hoffte er sie befriedigen zu können. Er eilte an den Strand, ließ am kapharischen Vorgebirge entlang den gefährlichsten Klippen brennende Fackeln aufstecken und täuschte auf diese Weise den Griechen Rettungszeichen vor, die mitleidige Uferbewohner für sie aufgestellt hätten. In dieser Hoffnung steuerten die Griechen geradewegs auf die Klippen zu und viele ihrer Schiffe fanden hier den Untergang.

Zugleich trat das Meer vor Troja, auf des grollenden Poseidons Befehl hin, über die Ufer und zerstörte alle Bollwerke und Mauern, welche die Griechen bei ihren Schiffen und vor der belagerten Stadt errichtet hatten. So war von der ungeheuren Unternehmung bald nichts mehr übrig als der Schutthaufen Trojas und einige Schiffe voll zurückkehrender Helden und gefangener Trojanerinnen, die vom Sturm zerstreut erst nach langen Drangsalen und Mühen die Küsten Griechenlands wieder erreichten, wo nur wenige Sieger von ungetrübter Glückseligkeit erwartet wurden.

DRITTER TEIL

DIE FOLGEN DES TROJANISCHEN KRIEGES

ERSTES BUCH

DIE LETZTEN TANTALIDEN

Agamemnons Geschlecht und Haus

Troja war gefallen. Die Reste der griechischen Flotte, die der Sturm auf dem Rückweg halb vernichtet hatte, hatten sich wieder zusammengefunden, und nun segelte jede Abteilung auf der nunmehr ruhigen See ihrer Heimat zu. Agamemnons Schiff war von der Herrscherin Hera beschützt worden und hatte keinen Schaden genommen. Zielstrebig steuerte er auf die Küste des Peloponnes zu. Schon näherte er sich dem spitzen Felsenhaupt des Vorgebirges Malea in Lakonien, als ihn plötzlich aufs Neue ein Orkan ergriff und alle seine Schiffe auf das offene Meer zurückwarf. Seufzend und mit erhobenen Händen flehte der Fürst zum Himmel und bat die Götter, ihn nach so vielen Qualen und nachdem er den Willen der Götter so mühsam erfüllte hatte, jetzt so nah bei der Heimat nicht mit so vielen Männern in den Tod gehen zu lassen. Er wusste nicht, dass der Sturm diesmal sein Freund war und dass warnende Götter ihn zu ihm gesandt hatten, denn es wäre besser für ihn gewesen, an die fernste Barbarenküste verschlagen zu werden, als seinen Fuß in den heimischen Königspalast in Mykene zu setzen.

Auf Agamemnons Geschlecht ruhte ein Fluch. Von seinem Urahn Tantalos her hatte sich sein Geschlecht unter Gräueln fortgepflanzt. Gemeine Gewalt hatte die einen seiner Glieder gestürzt, die anderen aber erhoben. Durch einen ungeheuren Frevel in seinem eigenen Haus sollte auch Agamemnon das Ende seines Lebens finden. Sein Urgroßvater Tantalos hatte den zum Mahl geladenen Göttern seinen Sohn Pelops gekocht und zum Schmausen vorgesetzt, und nur ein Wunder hatte diesen Stammhalter des Geschlechts ins Leben zurückgerufen. Pelops selbst, der sich ansonsten nichts weiter hatte zu Schulden kommen lassen, ermordete aber seinen Wohltäter Myrtilos, den Sohn des Hermes, und trug seinerseits auf diese Weise dazu bei, dass der Fluch weiter auf seinem Hause lastete. Myrtilos nämlich war der Stallmeister des Königs Oinomaos gewesen. Durch

DIE FOLGEN DES TROJANISCHEN KRIEGES

einen Sieg im Wagenrennen sollte Pelops dessen Tochter Hippodameia gewinnen und Myrtilos ließ sich überreden, am Wagen seines Herrn die eisernen Nägel durch wächserne auszutauschen. Dadurch ging der Wagen des Oinomaos zu Bruch und Pelops gewann und erhielt die Jungfrau. Als aber Myrtilos die versprochene Belohnung forderte, stürzte ihn Pelops ins Meer, um keinen Zeugen seines Betruges mehr zu haben. Vergebens versuchte Pelops nun den Gott Hermes, der über diesen Frevel erzürnt war, zu versöhnen: Er baute für den Sohn ein Grabmahl und für den Gott einen Tempel – doch er und sein Geschlecht waren der Rache des Gottes preisgegeben.

In den Söhnen des Pelops, Atreus und Thyestes, wirkte der Fluch machtvoll weiter. Atreus war König von Mykene, Thyestes König im südlicheren Teil des argolischen Landes. Der ältere Bruder, Atreus, besaß einen Widder, der ein goldenes Fell hatte, und dieses wollte sein jüngerer Bruder Thyestes besitzen. Deshalb verführte er die Gemahlin seines Bruders, Aërope, und erhielt von ihr das goldene Lamm. Als Atreus das doppelte Verbrechen seines Bruders aufdeckte, besann er sich nicht lange und handelte wie sein Großvater: Heimlich packte er die beiden kleinen Söhne des Thyestes, Tantalos und Pleisthenes, schlachtete sie und setzte sie seinem Bruder als grässliches Gastmahl vor. Ihr Blut gab er dem Vater mit Wein vermischt zu trinken. Den Sonnengott, der dies alles sah, ergriff ein solches Entsetzen, dass er seinen Wagen rückwärts lenkte. Thyestes aber floh vor seinem schrecklichen Bruder zu König Thesprotos nach Epirus. Das Land des Atreus wurde nun von Dürre und Hungersnot heimgesucht. Als er das Orakel befragte, erhielt er zur Antwort, dass die Plage erst dann aufhören werde, wenn der vertriebene Bruder zurückberufen sei. So machte sich Atreus selbst auf den Weg, den Thyestes in seiner Zufluchtsstätte aufzusuchen, und brachte ihn zusammen mit seinem Sohn Ägisthos in die Heimat zurück. Auch dieser Ägisthos war die Frucht einer Gräueltat, aber er hatte geschworen, seinen Vater an Atreus und dessen Kindern zu rächen. Das Erste vollführte er bald nachdem die Brüder zusammen nach Mykene zurückgekehrt waren. Denn ihre Versöhnung hatte nicht lange gedauert und Atreus ließ seinen Bruder in den Kerker werfen. Da bot Ägisthos in betrügerischer Absicht seinem Onkel an, seinen eigenen Vater umzubringen, weil die Umstände seiner eigenen Zeugung so abscheulich gewesen wären. Als Atreus ihn in den Kerker ließ, schmiedete er mit seinem Vater die Rachepläne. Dann zeigte er Atreus ein blutiges Schwert, und als der, froh über den Tod seines Bruders, ein Dankopfer am Meeresufer darbrachte, stieß ihm Ägisthos ebenjenes Schwert in den Leib. Thyestes kam aus seiner Kerkerhaft frei und bemächtigte sich für kurze Zeit des Königreiches seines Bruders, doch Agamemnon, der älteste Sohn des Atreus, stellte ihm nach und rächte nun

476

Die letzten Tantaliden

an ihm den Mord an seinem Vater. Äghistos blieb verschont. Die Götter hatten ihn von dem Fluch ausgenommen und so regierte er im südlichen Teil des Landes, dem ehemaligen Reich seines Vaters, als König.

Als nun Agamemnon in den Krieg gegen Troja gezogen war und seine Gemahlin Klytämnestra in tiefem Schmerz über die Opferung ihrer Tochter Iphigenie zu Hause saß, da hielt Ägisthos den Zeitpunkt für gekommen, auch den Agamemnon mit seiner Rache zu verfolgen. Er erschien im Königspalast in Mykene. Klytämnestras eigener Wunsch, sich an ihrem unmenschlichen Gatten zu rächen, brachte sie mit der Zeit so weit, Ägisthos' Verführungen nachzugeben, sodass sie mit ihm wie mit einem zweiten Gatten den Palast und das Reich des Agamemnon teilte. Zugleich lebten damals drei Geschwister der entrückten Iphigenie im Palast: die kluge Jungfrau Elektra, die etwa so alt war wie Iphigenie, eine jüngere Schwester mit Namen Chrysothemis und ein kleiner Junge, Orestes. Vor deren Augen ergriff nun Ägisthos von ihrer Mutter und dem Palast ihres Vaters Besitz. Als die Nachricht vom Ende des trojanischen Krieges eingetroffen war, war das verbrecherische Paar sehr darauf bedacht zu verhindern, dass Agamemnon sie mit seiner furchtbaren Kriegerschar überraschte. Deshalb war seit Jahren schon auf den Zinnen des Palastes ein Wächter aufgestellt worden, dem ein nächtliches Fackelzeichen von der Meeresgrenze des Landes die Rückkehr Agamemnons melden sollte. War die Nachricht erst einmal gekommen, so sollte es nicht an Mitteln fehlen, dem König Agamemnon einen festlichen Empfang zu bereiten und ihn in die Falle zu locken, noch bevor er die wahre Lage der Dinge in seiner Heimat erkannt hatte.

Endlich leuchtete die Fackel durch die Nacht. Der Wächter eilte von der Zinne herab und machte seiner Herrin Meldung. Voller Ungeduld erwarteten Klytämnestra und ihr Geliebter den Morgen, und die Sonne war noch nicht lange aufgegangen, als schon ein Herold, den Agamemnon abgesandt hatte, mit Olivenzweigen geschmückt auf den Palast von Mykene zugeschritten kam. Mit gespielter Freundlichkeit ging ihm die Königin entgegen. Doch sie sorgte dafür, dass sich der Bote im Königshaus nicht umsehen konnte. Und als er mit einer ausführlichen Schilderung seiner Siegesfreude Luft machen wollte, unterbrach sie ihn hastig und sprach: »Bemühe dich nicht, denn mein königlicher Gemahl wird mir ja selbst alles erzählen. Gehe nun zurück und sorge dafür, dass er bald kommt. Sage ihm, dass ich und die Stadt ihn voller Sehnsucht erwarten und dass ich selbst mich anschicken werde ihn nicht nur als meinen geliebten Gatten, sondern auch als den ruhmvollen Eroberer einer weltberühmten Stadt mit Würde zu empfangen.«

Agamemnons Ende

Nachdem König Agamemnon vom Sturm am Vorgebirge Malea zurückgeworfen worden war, trieb der Wind seine Flotte an die südliche Küste des Landes, wo einst sein Onkel Thyestes geherrscht hatte und wo sich jetzt der Fürstensitz des Ägisthos befand. Er warf die Anker und wartete auf günstigen Wind zur Einfahrt in einen sicheren Hafen. Kundschafter brachten ihm die Nachricht, dass Ägisthos, der König des Landes, seit Klytämnestra von Aulis zurückgekehrt war, in freundschaftlicher Nachbarschaft mit ihr gelebt habe und sogar seit geraumer Zeit nach Mykene berufen worden war, um im Namen der Königin Agamemnons Reich zu verwalten. Der Völkerfürst freute sich über diese Nachricht und fand daran nichts Beunruhigendes. Er dankte den Göttern, dass der alte Rachegeist aus seinem Haus gewichen war. Er selbst, der notgedrungen so viel griechisches und fremdes Blut vor Troja vergossen hatte, hatte kein Bedürfnis nach Blutrache mehr und er dachte nicht daran, den Mörder seines Vaters, der selbst nur gerechte Rache genommen hatte, zu strafen. Auch glaubte er, dass seine Gattin nach der langen Zeit beschwichtigt sei. Voller Zuversicht und guten Mutes lichtete er bei günstigem Wind die Anker und lief mit seinen Kriegern wohlbehalten in seinen Heimathafen ein.

Gleich nachdem er hier den Göttern ein Dankopfer für die Rettung und die glückliche Fahrt dargebracht hatte, folgte er mit seiner Kriegerschar dem Herold. Vor der Stadt Mykene kam ihm das ganze Volk entgegen, mit seinem Vetter Ägisthos an der Spitze, der im gesamten Land als der königliche Verwalter des Reiches galt. Darauf erschien, von den Frauen ihres Hauses begleitet und von den streng bewachten Kindern umgeben, die Königin Klytämnestra. Wie es bei geheuchelter Freude geschieht, empfing sie ihren Gemahl mit allen erdenklichen Ehrenbezeigungen und übertriebener Ehrfurcht. Statt ihn zu umarmen, warf sie sich vor ihm auf die Knie und ergoss sich in Lob und Glückwünschen. Agamemnon aber eilte freudig auf sie zu, hob sie vom Boden auf, umarmte sie und sprach: »Ledas Tochter, warum empfängst du mich wie eine Sklavin, die sich vor dem Barbarenherrn im Staube wälzt? Und was sollen diese prachtvollen gestickten Teppiche, die unter meinen Schritt gebreitet sind? So empfängt man unsterbliche Götter, aber keine schwachen sterblichen Menschen. Ehre mich so, dass die Götter mich nicht beneiden!«

Nachdem er seine Gattin so begrüßt und die Kinder umarmt und geküsst hatte, wandte er sich Ägisthos zu, der mit den Stadtoberhäuptern ein wenig abseits stand, reichte ihm brüderlich die Hand und dankte ihm freundlich, dass er das Land so sorgfältig verwaltet hatte. Dann löste er die Riemen seiner Schuhe und schritt barfüßig über die kostbaren Teppiche durch die ganze Stadt bis hin zu seinem Palast. In seinem Gefolge befand sich auch Kassandra, die weissagende Tochter des Priamos, die ihm zuteil geworden war, nachdem er sie aus den ruchlosen Händen des Ajax befreit hatte. Mit gebeugtem Haupt, den Blick zu Boden gesenkt, saß sie auf einem hohen Wagen. Als Klytämnestra die edle Gestalt der Jungfrau erblickte, beschlich sie ein Gefühl der Eifersucht, das gerade ihr am wenigsten zustand. Gewaltiger noch war aber der Schrecken, der sie befiel, als sie den Namen der Gefangenen erkundet und erfahren hatte, dass sie die wahrsagende Priesterin der Pallas Athene in ihrem durch ihren Ehebruch entweihten Haus beherbergen sollte. Es erschien ihr daher überaus gefährlich, noch länger mit der Ausführung ihres verruchten Planes zu warten, und sogleich hatte sie den Entschluss gefasst, die fremde Jungfrau zusammen mit ihrem Gatten binnen einer Stunde zu töten. Sorgfältig verbarg sie ihr Inneres vor der Seherin, und als der ganze Zug vor dem Königspalast in Mykene angekommen war, trat sie freundlich an den Wagen und rief ihr zu: »Steige herab, traurige Jungfrau, und sei nicht länger betrübt. Selbst Herakles, Alkmenes unbezwingbarer Sohn, musste einst in die Knechtschaft gehen und sein Haupt unter das Joch einer fremden Herrin beugen! Wem das Schicksal einen solchen Zwang zugedacht hat, der darf sich glücklich preisen, wenn er unter Herren kommt, die seit jeher reich sind. Denn wer das Glück erst kurz und unverhofft geerntet hat, pflegt hart zu seinen Sklaven zu sein. Sei getrost, du sollst alles bekommen, was dir zusteht!«

Kassandra verzog keine Miene bei diesen Worten. Reglos blieb sie auf dem Wagen sitzen, sodass die Dienerinnen sie nötigen mussten aufzustehen. Schließlich sprang sie auf wie ein gehetztes Wild. Sie wusste bereits alles, was ihr bevorstand. Auch war sie sicher, dass der Beschluss des Schicksals unabwendbar war, und selbst wenn sie ihm hätte entgehen können, so hätte sie den Feind ihres Volkes doch der Rachegöttin nicht entziehen wollen. Aber weil er dennoch ihr Retter war, verdross es sie nicht, mit ihm zu sterben.

Im Palast wurden Agamemnon und alle, die mit ihm gekommen waren, durch ein prächtiges Mahl weiter in Sicherheit gewiegt. Im Lauf des Mahles aber hätte er von den Knechten des Ägisthos wie ein Stier an der Futterkrippe erschlagen werden sollen. Da aber die Wahrsagerin erschienen war, beschlossen die Königin und ihr Ehebrecher, nicht diesen Hinterhalt zu legen, sondern rascher und im Stilleren zu Werke zu gehen.

Agamemnon, der müde von der Fahrt und von dem Weg zur Stadt voller Staub war, verlangte nach einem erfrischenden Bad, und Klytämnestra erklärte ihm mit liebevoller Zuvorkommenheit, dass sie längst schon die entsprechenden Vorkehrungen getroffen und ein warmes Bad für ihn bereitgehalten habe. Arglos betrat der König das Badegewölbe seines

DIE FOLGEN DES TROJANISCHEN KRIEGES

Palastes, legte Panzer, Waffen und alle Gewänder ab und bestieg wehrlos und nackt die Wanne. Da brachen Ägisthos und Klytämnestra aus ihrem Versteck hervor, warfen ein dichtes Netz über ihn und stachen wieder und wieder mit Dolchen auf ihn ein. Aus dem unterirdischen Gemach, wo sich die Bäder befanden, drang sein Hilferuf nicht bis in den Palast hinauf. Unmittelbar danach wurde Kassandra, die einsam durch die dunklen Vorhallen des Palastes irrte, niedergemacht.

Sobald das doppelte Verbrechen geschehen war, gedachten die Mörder, die sich ihrer Anhängerschaft sicher waren, die Tat nicht länger zu verheimlichen, und die beiden Leichname wurden im Palast aufgebahrt. Dann rief Klytämnestra die Stadtoberhäupter zu sich und sprach ohne Verstellung und Scheu: »Nehmt mir nicht übel, meine Freunde, dass ich mich zuvor so verstellt habe. Nur so habe ich dem Todfeind meines Hauses, dem Mörder meines geliebten Kindes, seine Blutschuld bezahlen können. Ich habe ihn ins Netz gelockt und wie einen Fisch gefangen. Mit drei Dolchstichen habe ich meine Tochter im Namen des unterirdischen Pluton gerächt. Ich leugne nicht, dass ich selbst meinen Gatten Agamemnon getötet habe. Denn er hat sein eigenes Kind, das mir das liebste war, wie ein Stück Schlachtvieh geopfert, um mit meinem Mutterschmerz die thrakischen Winde zu besänftigen. Verdient ein solcher Frevler zu leben? Verdient er ein so schönes und so frommes Land zu regieren? Ist es nicht gerechter, wenn Ägisthos euch befiehlt, der keinen Kindsmord auf dem Gewissen hat, der in Atreus und den Atriden nur Erbfeinde seines Vaters gerächt hat? Ja, es ist gut und richtig, dass ich ihm die Hand reiche, dass ich Palast und Thron mit ihm teile, mit ihm, der mir half das Werk der verletzten Mutterliebe, das Werk der Gerechtigkeit zu vollbringen. Er ist der Schild meiner Kühnheit. Solange er und seine Männer mich beschützen, wird niemand es wagen, mich wegen meiner Tat zur Rechenschaft zu ziehen. Was diese Sklavin betrifft«, sie deutete auf Kassandras Leichnam, »so war sie Agamemnons Geliebte. Sie hat die Strafe für ihren Ehebruch erhalten und soll den Hunden zum Fraß vorgeworfen werden.«

Die Stadtoberhäupter blieben stumm. An Gegenwehr war nicht zu denken, denn die bewaffneten Männer des Ägisthos hatten den Palast umstellt. Waffengeklirr und drohende Laute ertönten. Agamemnons Krieger, deren eine weit kleinere Schar aus dem verheerenden Krieg von Troja heimgekehrt war, hatten sich in der Stadt zerstreut und sorglos ihre Waffen abgelegt. Der wilde Anhang des Ägisthos aber zog in voller Rüstung durch die Stadt und metzelte jeden nieder, der sich gegen die grässliche Ermordung Agamemnons auflehnte.

Die Verbrecher dachten an alles, um ihre Herrschaft zu festigen. Alle Ehrenstellen, alle Kriegsämter wurden unter ihren treuesten Anhängern verteilt. Agamemnons Töchter betrachteten sie als ungefährliche Frauen.

Die letzten Tantaliden

Zu spät kam ihnen allerdings in den Sinn, dass ihnen in Orestes, dem jüngsten Kind des Agamemnon, ein Rächer erwachse. Und obwohl er erst zwölf war, hätten sie ihn gerne getötet, um sich nicht mehr vor einer späteren Strafe fürchten zu müssen. Seine kluge Schwester Elektra aber, die besonnener als die Mörder war, hatte unmittelbar nach der Tat Sorge für ihn getragen und ihn heimlich dem Sklaven, der ihn zu beaufsichtigen hatte, übergeben. Der hatte ihn ins Land Phokis gebracht und ihn dort dem befreundeten König Strophios als Unterpfand übergeben, der sein zweiter Vater wurde und ihn mit seinem eigenen Sohn Pylades sorgfältig erzog.

Agamemnon wird gerächt

Elektra führte in der Zwischenzeit im Königspalast ihres ermordeten Vaters das traurigste Leben. Nur die Hoffnung, einst ihren Bruder, wenn er zum Mann herangewachsen war, als Rächer in den Palast einkehren zu sehen, hielt sie aufrecht. Von ihrer Mutter wurde ihr die bitterste Feindschaft zuteil. Im eigenen Stammhaus musste sie mit dem Mörder ihres Vaters zusammenleben und ihm und ihrer Mutter in allem unterwürfig sein. Es lag in ihrer Hand, ob sie darben, oder das Notwendigste empfangen sollte. Auf Agamemnons Thron sah sie den Ägisthos in königlicher Hoheit sitzen, sah ihn in dessen prächtigsten Gewändern, welche die Vorratskammern des Palastes füllten, einhergehen und den Schutzgöttern des Hauses an derselben Stelle Trankopfer spenden, wo er seinen Blutsverwandten ermordet hatte. Und sie war Zeugin der zärtlichen Vertraulichkeit, mit der ihre Mutter ihm begegnete. Lächelnd ging Klytämnestra über ihre Gräueltaten hinweg und ordnete sogar alljährlich Freudentänze für den Jahrestag an, an dem sie ihren Gatten heimtückisch ermordet hatte, und brachte noch dazu den Rettungsgöttern jeden Monat reichliche Schlachtopfer dar. Bei all dem verzehrte sich Elektra in heimlichem Kummer, denn sie durfte nicht einmal weinen, wenn ihr danach war. »Was weinst du, Gottverhasste?«, rief ihr die Mutter dann zornig zu. »Starb etwa nur dein Vater allein? Hat außer dir wohl niemand zu trauern? Versinke doch in deinem törichten Kummer!« Zuweilen wurde ihr Gewissen aber durch das Gerücht, dass Orestes aus der Fremde käme, aufgerüttelt. Dann war sie am rücksichtslosesten gegen ihre unglückliche Tochter. »Du wärst doch schuld«, rief sie, »wenn er käme. Bist nicht du es gewesen, die ihn heimlich davongeschickt hat? Doch du wirst nicht froh darüber werden. Die verdiente Strafe wird dich ereilen, ehe du es denkst!« Und der verworfene Gatte Ägisthos pflichtete ihr noch bei. Dann verbarg sich Elektra in der dunkelsten Kammer des Palastes vor ihnen.

DIE FOLGEN DES TROJANISCHEN KRIEGES

So waren Jahre vergangen, und Elektra hatte die ganze Zeit hindurch auf ihren Bruder Orestes gewartet. Denn so jung er auch war, hatte er doch bei der Flucht seiner Schwester das Versprechen hinterlassen, zur rechten Zeit da zu sein, sobald er ein starker Mann geworden wäre. Jetzt aber zögerte der längst herangereifte Jüngling so lange, dass die nahen und fernen Hoffnungen allmählich im trostlosen Herzen der Jungfrau erloschen.

Bei ihrer jüngeren Schwester Chrysothemis, die inzwischen auch längst herangewachsen war, aber nicht das entschlossene Gemüt Elektras besaß, fand die treue Tochter Agamemnons keine Unterstützung ihrer Pläne und wenig Trost in ihrem Schmerz. Doch geschah dies nicht, weil Chrysothemis hartherzig gewesen wäre, sie war nur schwach. Und so kam sie eines Tages mit Opfergerät und Grabesspende für Verstorbene im Auftrag ihrer Mutter vor das Tor des Palastes gelaufen und trat ihrer Schwester in den Weg. Elektra warf ihr vor, dass sie stets tat, was ihre Mutter ihr aufgetragen hatte, und fand es beschämend, dass das Kind eines solchen Mannes seinen Vater vergessen und sich nur immerzu nach der ruchlosen Mutter richten konnte. Da erwiderte Chrysothemis: »Willst du denn nach so langer Zeit noch nicht lernen, Schwester, dich nicht mehr dem vergeblichen Kummer hinzugeben? Glaube mir, auch mich kränkt, was ich sehe, und nur aus Not ziehe ich meine Segel ein. Dich aber wollen sie, so habe ich von der Grausamen gehört, fern von zu Haus in einen tiefen Kerker werfen, sodass du das Sonnenlicht niemals mehr erblicken wirst, wenn du nicht endlich aufhörst zu klagen. Überlege es dir und beschuldige nicht mich!«

»Sollen sie es doch tun«, antwortete Elektra stolz und kalt, »ich fühle mich am wohlsten, wenn ich recht fern von euch allen bin! Aber wem bringst du dieses Opfer dar, Schwester?«

»Es ist von der Mutter für unseren verstorbenen Vater bestimmt.«

»Wie, für den Ermordeten?«, rief Elektra staunend. »Sag, wie kommt sie nun plötzlich auf diesen Gedanken?«

»Ein Alptraum«, entgegnete die jüngere Schwester. »Man sagt, sie habe im Traum unseren Vater gesehen, wie er den Herrscherstab, den er einst trug und den jetzt Ägisthos trägt, ergriff und in die Erde pflanzte. Alsbald erwuchs ein Baum mit Ästen und üppigen Zweigen aus ihm, der auf ganz Mykene seinen Schatten warf. Von diesem Traumbild erschreckt und voller Furcht schickte sie mich heute, wo Ägisthos nicht zu Hause ist, um den Geist des Vaters mit diesem Grabesopfer zu versöhnen.«

»Treue Schwester«, bat da plötzlich Elektra, »bring die Spende dieses feindseligen Weibes nicht ans Grab unseres Vaters! Gib das Opfer den Winden, vergrab es tief in den Sand, wo nichts davon die Ruhestätte unseres Vaters erreichen kann. Meinst du, der Tote im Grab würde das Wei-

Die letzten Tantaliden

hegeschenk seiner Mörderin frohen Mutes empfangen? Wirf alles hin, schneide dir und mir ein paar Locken des Haupthaares ab und bring ihm dieses, unser demütiges Haar und meinen Gürtel da – das Einzige, was ich habe –, als wohlgefälliges Opfer dar. Wirf dich dazu nieder und flehe zu ihm, dass er als Beistand gegen unsere Feinde aus dem Schoß der Erde heraufsteige, und dass Orestes bald kommen möge, um seine Mörder in den Staub zu treten. Dann wollen wir sein Grab mit reicheren Opfern schmücken!«

Chrysothemis, die zum ersten Mal von den Worten ihrer Schwester tief ergriffen war, versprach zu gehorchen und eilte mit dem Opfer der Mutter ins Freie.

Als sie kaum fort war, kam Klytämnestra aus den inneren Hallen des Palastes und begann in der üblichen Weise ihre ältere Tochter mit Beleidigungen zu verletzen: »Du bist heute ja ganz ausgelassen, scheint es, Elektra, weil Ägisthos, der dich sonst in Schranken hält, fort ist. Schämst du dich nicht, ganz anders als es einer Jungfrau geziemt und zu unser aller Schande, vor das Tor zu gehen und bei den Mägden, die da aus und ein gehen, über mich zu klagen? Und noch immer, weil dein Vater durch mich gestorben sei? Nun gut, ich leugne diese Tat nicht, aber nicht ich allein habe sie verrichtet, die Göttin der Gerechtigkeit stand mir zur Seite, und auf ihre Seite solltest auch du treten, wenn du vernünftig wärst. Erfrechte sich nicht dein Vater, den du unaufhörlich beweinst, deine Schwester Iphigenie zu seinem und zu Menelaos' Nutzen zu opfern? Ist ein solcher Vater nicht schändlich und sinnlos? Wenn die Tote zu uns sprechen könnte, würde sie mir gewiss Recht geben! Ob aber du, Törin, mich anklagst, das ist mir gleich!«

»Höre mich an«, erwiderte Elektra. »Du gestehst den Mord an meinem Vater. Das allein ist schon Schande genug, ob dieser Mord nun gerecht gewesen sein mag oder nicht. Aber du hast ihn nicht um der Gerechtigkeit willen erschlagen. Die Schmeichelei des verächtlichen Mannes, der dich jetzt besitzt, trieb dich dazu. Mein Vater opferte für das Heer und nicht für sich oder Menelaos. Und er hat es gezwungenermaßen und widerstrebend dem Volk zuliebe getan. Und selbst wenn er es für sich und seinen Bruder getan hätte – müsste er deswegen von deiner Hand sterben? Musstest du deshalb deinen Mordgenossen zum Gemahl nehmen und die schimpflichste Tat auf die verruchteste folgen lassen? Oder nennst du das auch Vergeltung für den Opfertod deines Kindes?«

»Schnöde Brut!«, rief ihr Klytämnestra glühend vor Zorn entgegen. »Bei der Göttin Artemis! Diesen Trotz wirst du mir büßen, wenn Ägisthos erst wieder zurück ist! Und nun sei still und lass mich in Ruhe opfern.«

Klytämnestra wandte sich von ihrer Tochter ab und trat an den Altar des Apollon, der wie vor allen Häusern der Griechen auch vor dem

Palast aufgestellt war, um das Haus und die Straße zu behüten. Das Opfer, das sie darbrachte, war dazu bestimmt, den Gott der Weissagung wegen ihres schrecklichen Traumes zu versöhnen, den sie in der Nacht gehabt hatte.

Und es schien, als wolle der Gott sie erhören. Noch ehe sie ihr Opfer beendet hatte, kam ein fremder Mann auf die Dienerinnen, die sie begleiteten, zugeschritten und fragte nach dem Palast des Ägisthos. Als die Mägde ihn an die Fürstin des Hauses verwiesen, beugte er sein Knie vor ihr und sprach: »Heil dir, oh Königin, ich bin gekommen, um dir eine gute Botschaft von deinem und deines Gemahls Freund zu überbringen. Mich sendet König Strophios aus Phokis: Orestes ist gestorben. – Hiermit ist mein Auftrag ausgeführt.«

»Dieses Wort ist mein Tod«, seufzte Elektra und sank an den Stufen des Palastes nieder.

»Was sagst du da, Freund«, sprach Klytämnestra hastig, indem sie den Altar mit einem Sprung verließ. »Achte nicht auf jene Närrin dort! Erzähle mir, erzähle!«

»Von Ruhmbegier getrieben«, hob der Fremde an, »war dein Sohn Orestes zu den heiligen Spielen nach Delphi gekommen. Als dort der Herold den Beginn des Wettlaufs verkündete, trat Orestes in den Kreis. Er war eine glänzende Erscheinung und wurde von allen bestaunt. Ehe man ihn noch recht seinen Anlauf nehmen sah, war er wie der Wind am Ziel und trug den Siegespreis davon. Und sooft der Kampfrichter Heroldsrufe zu den fünf Wettkämpfen ergehen ließ, sooft erschallte der Name des Siegers Orestes, des Sohnes Agamemnons, des Völkerfürsten vor Troja. Dies war der Anfang seiner Wettkämpfe. Doch wenn ihn die höhere Gewalt der Götter irremacht, so entgeht auch der Stärkste nicht seinem Los. Denn als nun am nächsten Tag wiederum bei Sonnenaufgang das Wettrennen der geflügelten Pferde seinen Anfang nahm, war auch er unter den vielen Wagenlenkern zur Stelle. Vor ihm waren ein Achaier, ein Spartaner und zwei erfahrene Pferdelenker aus Libyen auf dem Kampfplatz erschienen. Auf sie folgte Orestes mit thessalischen Pferden als Fünfter. Dann, mit einem Vierergespann von Braunen, kam ein Ätolier, als Siebter ein Wettrenner aus Magnesia, als Achter ein Ainian mit schönen Schimmeln, aus Athen ein Neunter, und auf dem zehnten und letzten Wagen saß ein Böotier. Nun schüttelten die Kampfrichter die Lose, die Wagen wurden in der Ordnung aufgestellt, die Trompete gab das Zeichen, und alle jagten dahin, schwangen die Zügel und feuerten die Pferde an. Die Wagen dröhnten, Staub wirbelte auf, jeder schwang heftig die Peitsche. Hinter jedem Wagen schnaubten bereits die Pferde des nächsten. Schon steuerte der Ainian auf die letzte Säule zu und drängte, sein linkes Pferd straff am Zügel haltend, die Nabe dorthin. Anfangs flogen auch die Wagen alle auf-

Die letzten Tantaliden

recht dahin, bis die Pferde des Ainian scheuten und gegen den Wagen des Lybiers rannten. Durch diesen einen Fehler brach ein Chaos aus. Wagen rammten Wagen, und bald war das Feld mit Trümmern bedeckt. Nur der kluge Athener wich seitwärts aus und bremste seine Pferde, während die anderen Wagen sich ineinander wühlten. Hinter diesen dreien kommend, trieb als Letzter Orestes seine Pferde an. Als der nun alle anderen gestürzt und nur noch den Athener im Rennen sieht, peitscht er seine Pferde an, und so fährt bald das kühne Paar miteinander um die Wette. Orestes war auf der langen Bahn auch wirklich glücklich vorwärts gekommen und ließ allmählich die Zügel lockerer, weil er auf sein Glück vertraute. Da schlingerte sein linkes Pferd und streifte kaum merklich die letzte Säule der Bahn. Und doch war der Stoß so stark, dass die Nabe brach und der Arme vom Wagen stürzte. Das Volk schrie laut auf, denn der schöne Jüngling wurde bald am Boden dahingeschleift, bald streckte er seine Glieder gen Himmel. Endlich bremsten die Wagenlenker mit Mühe sein Gespann. Der Leichnam wurde sofort auf dem Scheiterhaufen verbrannt, und wir Abgeordnete aus Phokis bringen in einer kleinen Urne die kläglichen Überreste seines stattlichen Leibes, damit sein Heimatland ihm ein Grab gönne!« Damit verstummte der Bote.

Klytämnestra aber quälten widerstrebende Gefühle. Eigentlich sollte sie sich über den Tod ihres gefürchteten Sohnes freuen, dennoch regte sich das Mutterblut mächtig in ihr, und ein unbezwingbarer Schmerz trübte ihr Gefühl der Sorglosigkeit, dem sie sich mit dieser Nachricht endlich hätte hingeben dürfen. Elektra dagegen war nur von grenzenlosem Jammer erfüllt. Mit lauten Klagen macht sie ihm Luft: »Wohin soll ich fliehen«, rief sie, als Klytämnestra mit dem Fremdling in den Palast gegangen war. »Jetzt erst bin ich einsam, jetzt erst bin ich meines Vaters beraubt! Nun muss ich wieder die Dienstmagd der abscheulichsten Menschen, der Mörder meines Vaters sein! Aber nein! Ich will künftig nicht mehr unter einem Dach mit ihnen leben! Lieber werfe ich mich selbst vor das Tor des Palastes hinaus und komme draußen im Elend um. Wird einer der Palastbewohner darüber zornig sein? Dann soll er herauskommen und mich töten! Das Leben kann mir nur noch Schmerz bereiten, und der Tod muss mich erfreuen!«

Allmählich verstummte ihre Klage und sie versank in dumpfes Brüten. Wohl mochte sie lange so auf der Marmortreppe am Eingang des Palastes gesessen haben, den Kopf auf ihre Knie gelegt, als auf einmal ihre junge Schwester Chrysothemis voller Freude dahergejagt kam und Elektra ungestüm mit einem Jubelschrei aus ihrem Kummer weckte. »Orestes ist gekommen!«, rief sie. »Er ist so leibhaftig da, wie du mich selbst hier vor dir stehen siehst!«

Elektra hob den Kopf, blickte die Schwester mit weit aufgerissenen

Augen an und sagte schließlich: »Redest du im Wahnsinn, Schwester? Und willst du meiner und deiner Leiden spotten?«

»Ich sage nur, was ich entdeckt habe«, sprudelte Chrysothemis heraus, lachend und weinend zugleich. »Höre, wie ich der Wahrheit auf die Spur kam: Als ich an das Grab unseres Vaters trat, da sah ich Spuren einer frischen Opferspende von Milch. Zugleich waren frische Blumen auf seiner Ruhestätte niedergelegt worden. Staunend und ängstlich spähte ich umher, und als ich niemanden sah, wagte ich weiter zu forschen. Da entdeckte ich am Rand des Grabmals eine frisch abgeschnittene Locke. Auf einmal stieg in meiner Seele, ich weiß nicht wie, das Bild unseres fernen Bruders Orestes auf, und mich ergriff eine Ahnung, dass er, nur er es sei, der diese Gaben niedergelegt hatte. Unter heimlichen Freundentränen nahm ich die Locke, und hier bringe ich sie. Sie muss, sie muss vom Haupt unseres Bruders sein!«

Elektra blieb bei dieser unsicheren Nachricht ungläubig sitzen und schüttelte ihr Haupt. »Ich bedaure dich deiner törichten Leichtgläubigkeit wegen«, sprach sie, »du weißt nicht, was ich weiß.« Und nun erzählte sie der Schwester, was der Phoker berichtet hatte, sodass der armen Chrysothemis, die sich von Wort zu Wort mehr um ihre Hoffnung betrogen fand, nichts weiter übrig blieb, als in Elektras Klagen mit einzustimmen. »Ohne Zweifel«, sagte Elektra, »rührt die Locke von einem Anteil nehmenden Freund her, der dem jämmerlich umgekommenen Bruder am Grab seines Vaters ein Andenken stiften wollte!« Und doch hatte sich die Heldenjungfrau unter diesen Gesprächen wieder gefasst. Da nun die letzte Hoffnung, den Vater durch die Hand seines Sohnes zu rächen, mit Orestes erloschen sei, machte sie ihrer Schwester den Vorschlag, die große Tat mit ihr zusammen selbst zu vollführen und den Verbrecher Ägisthos zu töten. »Bedenke doch!«, sagte sie. »Du liebst das Leben und das Glück, Chrysothemis. Nur glaube ja nicht, dass Ägisthos uns je erlauben wird uns zu vermählen, damit nicht aus uns Agamemnons Geschlecht von neuem emporwachse, um sich an ihm und den Seinen zu rächen! Wenn du aber meinen Rat befolgst, so verdienst du dir den Ruhm der Treue um Vater und Bruder, du wirst frei heranwachsen und leben und in einem würdigen Ehebund glücklich werden. Denn wer würde nicht gern eine so edle Frau heiraten? Dazu wird alle Welt uns beide preisen, am Festmahl und in der Volksversammlung werden wir für unsere beherzte Tat nur Ehre ernten! Darum folge mir, du Liebe, hilf dem Vater und dem Bruder, rette mich und rette dich selbst aus der Not!«

Aber Chrysothemis fand den Vorschlag ihrer plötzlich so begeisterten Schwester unvorsichtig, unklug und unausführbar. »Worauf gründet sich dein Vertrauen?«, fragte sie. »Stehen wir nicht den mächtigsten Feinden, deren Glück sich von Tag zu Tag mehr festigt, gegenüber? Es stimmt, dass wir ein hartes Schicksal tragen. Aber sieh dich vor, dass wir uns nicht noch unerträglicheres Leid zuziehen. Einen schönen Ruf könnten wir freilich gewinnen, aber nur durch einen schmählichen Tod. Und vielleicht ist Sterben auch nicht das Schlimmste, und es würde uns noch Schrecklicheres geschehen als der Tod. Darum flehe ich dich an, Schwester, bezwinge deine Wut, bevor wir rettungslos ins Verderben gehen! Was du mir anvertraut hast, will ich als das tiefste Geheimnis bewahren!«

»Deine Antwort überrascht mich nicht«, erwiderte Elektra mit einem tiefen Seufzen. »Ich wusste, dass du meinen Vorschlag weit von dir weisen würdest. So muss ich also ganz allein und mit meinen eigenen Händen ans Werk gehen. Gut, auch so soll es recht sein.« Chrysothemis umarmte sie weinend, aber die hohe Jungfrau blieb unerbittlich. »Geh nur«, sprach sie kalt, »und melde alles deiner Mutter.« Und als ihre Schwester weinend den Kopf schüttelte und davonging, rief sie ihr nach: »Geh! Geh! Niemals werde ich dir folgen!«

So saß sie noch immer starr auf der Schwelle des Palastes, als zwei Männer mit kleinem Gefolge und einer Totenurne dahergeschritten kamen. Der schönste und blühendeste von ihnen wandte sich an Elektra, fragte nach der Wohnung des Königs Ägisthos und gab sich als einer der Gesandten aus Phokis aus. Da sprang Elektra auf und streckte die Hände nach der Urne aus. »Bei den Göttern, Fremdling«, rief sie, »wenn ihn dieses Gefäß verhüllt, so gib es mir, auf dass ich mit seiner Asche den ganzen unglückseligen Stamm bejammere!«

»Wer sie auch sein mag«, sprach der Jüngling, der Elektra aufmerksam betrachtet hatte, »gebt ihr die Urne. Sicher hegt sie keine Feindschaft gegen den Toten. Sie ist wohl eine Freundin oder gar Verwandte von ihm!«

Elektra nahm die Urne in beide Hände, drückte sie wieder und immer wieder an ihr Herz und rief dazu in unverhohlenem Jammer: »Oh du Überrest des geliebtesten Menschen! Mit welch anderen Hoffnungen habe ich dich damals fortgeschickt und grüße dich jetzt, da du auf diese Weise zurückkehrst! Wäre ich doch besser gestorben, anstatt dich in die Ferne zu schicken. Dann wärst du am selben Tag wie dein Vater als Schlachtopfer hingesunken, wärst nicht in der Verbannung gestorben und nicht von Fremden bestattet worden! So war denn all meine hingebungsvolle Mühe umsonst! Alles ist mit dir gestorben. Der Vater ist tot, ich selbst bin tot, seitdem du nicht mehr lebst, die Feinde lachen, unsere Rabenmutter tobt in wilder Lust, denn jetzt muss sie deine Rache nicht mehr fürchten. Ach, nähmst du mich doch in deiner Urne mit auf! Ich bin vernichtet, lass mich dein Nichts mit dir teilen!«

Als die Jungfrau so jammerte, konnte sich der Jüngling, der die Gesandtschaft anführte, nicht länger zurückhalten. »Ist's möglich«, rief er,

DIE FOLGEN DES TROJANISCHEN KRIEGES

»diese Jammergestalt soll die edle Elektra sein? Oh gottlos, oh frevelhaft entstellter Leib! Wer hat dich so zugerichtet?«

Elektra sah ihn verwundert an und sprach: »Das kommt, weil ich den Mördern meines Vaters dienen muss, und meine Mutter mich dazu zwingt. Mit der Asche in dieser Urne ist all meine Hoffnung dahin!«

»Stell die Urne weg!«, rief der Jüngling mit tränenerstickter Stimme, und als Elektra sich weigerte und die Urne nur umso fester an ihr Herz drückte, da fuhr er fort: »Weg mit der leeren Urne, es ist doch alles nur Schein!«

Da rief die Jungfrau voller Verzweiflung: »Wehe mir! Wo ist dann sein Grab?«

»Nirgends!«, war die Antwort des Jünglings. »Den Lebendigen wird kein Grab gemacht!«

»So lebt er? Er lebt?«

»Er lebt so sehr wie ich selbst. Ich bin Orestes, bin dein Bruder. Du erkennst mich an diesem Mal, mit dem der Vater mich am Arm gezeichnet hat! Glaubst du nun, dass ich am Leben bin?«

»Oh Lichtstrahl in der Nacht!«, rief Elektra und lag in seinen Armen.

In diesem Augenblick kam der Mann aus dem Palast, der der Königin die falsche Todesbotschaft aus Phokis überbracht hatte. Es war der Pfleger des jungen Orestes, dem einst Elektra selbst den Jungen übergeben hatte, um ihn nach Phokis zu bringen. Als er sich mit kurzen Worten der Jungfrau zu erkennen gab, reichte sie ihm erfreut die Hand und sprach: »Oh du einziger Retter dieses Hauses! Welchen Dienst haben mir diese teuren Hände, diese treu bemühten Füße geleistet! Wie konntest du so lange unentdeckt verborgen bleiben? Wie gut habt ihr doch alles angelegt und verabredet!«

Doch der Pfleger beantwortete ihre ungestümen Fragen nicht. »Die Zeit wird kommen«, sagte er, »da ich dir alles in Ruhe erzählen kann, edle Königstochter! Jetzt aber drängt die Stunde zum Angriff, zur Rache! Noch ist Klytämnestra allein im Haus, noch bewacht sie kein Mann. Denn Ägisthos weilt noch in der Ferne. Wenn ihr aber nur noch einen Augenblick länger zögert, dann habt ihr mit vielen und Stärkeren den Kampf zu wagen!«

Orestes stimmte ihm zu und eilte mit seinem treuen Freund Pylades, dem Sohn des Königs Strophios aus Phokis, der mit ihm gekommen war, und mit allen anderen Begleitern in den Palast, und Elektra folgte ihm, nachdem sie flehend den Altar des Apollon umarmt hatte.

Nur wenige Minuten später war Ägisthos zurückgekehrt. Hastig trat er in den Palast und erkundigte sich nach den Phokern, die, wie er unterwegs erfahren hatte, die Freudenbotschaft von Orestes' Tod gebracht hatten. Die Erste, die ihm im Palast begegnete, war Elektra. Mit höhnendem

Die letzten Tantaliden

Übermut befragte er sie: »Sprich, du Hochfahrende, wo sind die Fremdlinge, die deine Hoffnung vernichtet haben?«

Elektra verstellte sich und antwortete ruhig: »Nun, sie sind drinnen, bei Klytämnestra.«

»Und ist es auch wirklich wahr, dass sie seinen Untergang gemeldet haben?«

»Oh ja«, erwiderte Elektra, »und nicht nur das. Sie haben Orestes sogar mitgebracht.«

»Dies ist das erste erfreuliche Wort, das ich aus deinem Munde höre!«, sprach Ägisthos mit höhnischem Lachen. »Doch sieh nur, da bringen sie ja den Toten schon!« Frohlockend ging er dem Orestes und seinen Begleitern entgegen, die einen verhüllten Leichnam aus dem Inneren des Palastes in die Vorhalle trugen. »Welch erfreulicher Anblick«, rief der König und starrte gierig darauf, »lüftet schnell das Tuch. Lasst mich ihn des Anstands halber beklagen, denn es ist ja doch verwandtes Blut!« Dies sagte er mit Spott in der Stimme.

Orestes aber entgegnete: »Lüfte du selbst das Tuch, Herrscher! Dir allein gebührt es, liebevoll anzusehen und zu begrüßen, was unter dieser Decke liegt!«

»Wohl«, antwortete Ägisthos, »aber ruft auch Klytämnestra herbei, damit auch sie sehen kann, was sie gern erblicken wird!«

»Klytämnestra ist nicht weit«, rief Orestes.

Da lüftete der König die Decke und fuhr mit einem Entsetzensschrei zurück: Nicht die Leiche des Orestes, wie er erwartet hatte, sondern der blutüberströmte Leichnam Klytämnestras bot sich seinem Blick. »Weh mir«, schrie er, »in welcher Männer Netze bin ich Unglückseliger geraten?«

Orestes aber donnerte ihn mit tiefer Stimme an: »Weißt du denn nicht schon lange, dass du zu Lebendigen und nicht zu Toten sprachst? Siehst du nicht, dass Orestes, der Rächer seines Vaters, vor dir steht?«

»Hör mich an!«, bat Ägisthos, der niedergesunken war. Aber Elektra beschwor ihren Bruder ihn nicht sprechen zu lassen. Sie stießen ihn in den Palast hinein, und an demselben Ort, wo einst Agamemnon im Bad ermordet worden war, fiel Ägisthos wie ein Opfertier unter den Streichen des Rächers.

Orestes und die Eumeniden

Orestes hatte, als er die Rachepflicht für den Vater an der Mutter und ihrem Geliebten erfüllt hatte, nach dem Willen der Götter gehandelt. Ein Orakel des Apollon hatte ihm befohlen zu tun, was er getan hat. Dennoch hatte ihn die Treue gegen den Vater zum Mörder seiner Mutter gemacht. Nach der Tat erwachte die Kindesliebe in seiner Brust, und sein Verbrechen gegen die Natur, das er in einem grässlichen Zwiespalt begangen hatte, ließ ihn den Rächerinnen solcher Frevel, den Erinnyen oder Rachegöttinnen anheim fallen, die die Griechen aus Furcht auch die Eumeniden – das bedeutet »die uns gnädig sein mögen« – nannten. Als Töchter der Nacht, schwarz und von entsetzlichem Aussehen, übermenschlich groß, mit blutunterlaufenen Augen, Schlangen in den Haaren, Fackeln in der einen, aus Schlangen geflochtene Peitschen in der anderen Hand – so verfolgten sie den Muttermörder auf Schritt und Tritt und sandten ihm die nagendsten Gewissensbisse und die quälendste Reue ins Herz.

Unmittelbar nach der Tat jagten die Eumeniden ihn vom Schauplatz fort. Wie ein vom Wahnsinn Getriebener verließ er die wieder gefundenen Schwestern, sein Zuhause in Mykene und seine Heimat. In dieser Not blieb aber sein treuer Freund Pylades an seiner Seite, den er in einem lichten Augenblick mit seiner Schwester Elektra verlobt hatte. Er kehrte nicht in seine Heimat Phokis zurück, sondern teilte alle Irrwanderungen mit seinem wahnsinnig gewordenen Freund. Außer dieser treuen Seele hatte Orestes keinen Beschützer in seinem Elend. Aber Apollon, der Gott, der ihm die Rache befohlen hatte, war bald sichtbar, bald unsichtbar neben ihm, und wehrte die ungestüm auf ihn eindringenden Erinnyen wenigstens von seinem Körper ab. Und sein Geist wurde ruhiger, wenn der Gott in seiner Nähe war.

So waren die Flüchtlinge auf ihren langen Irrfahrten schließlich in die Gegend von Delphi gekommen. Dort hatte Orestes im Tempel des Apollon selbst, den die Erinnyen nicht betreten durften, zumindest für den Augenblick eine Stätte der Ruhe gefunden. Der Gott stand voller Mitleid an seiner Seite, während er, von Müdigkeit und Gewissensangst erschöpft und auf seinen Freund Pylades gestützt, auf dem Boden des Heiligtums lag, um sich auszuruhen. Er sprach ihm Mut und Hoffnung zu: »Unglücklicher Sohn, tröste dich. Ich lasse dich nicht im Stich. Gleich ob ich nah oder fern bin, ich bin dein Wächter. Und nie werde ich feige deinen Feindinnen weichen. Du siehst, wie die grauenvollen alten Weiber, die sonst tief unten in der Finsternis des Tartaros weilen und deren Umgang Götter, Menschen und selbst Tiere scheuen, nun durch mich in bleischweren Schlaf versenkt, draußen fern von meinem Tempel liegen. Doch verlass dich nicht auf ihren Schlummer, er wird nicht lange dauern, denn mir ist immer nur kurze Macht über die greisen Göttinnen verliehen. Deswegen musst du bald weiter fliehen. Doch du sollst nicht länger ohne Ziel umherirren. Lenke deine Schritte nach Athen, der ehrwürdigen alten Stadt meiner Schwester Pallas Athene. Ich will dafür sorgen, dass du dort ein gerechtes Gericht erhältst, vor welchem du deine Stimme erheben und deine Sache verteidigen kannst. Habe keine Angst davor. Ich selbst scheide nun von dir, doch mein Bruder Hermes wird über dich wachen, damit meinem Schützling nichts geschieht.«

Bevor Apollon jedoch seinen Tempel und den Orestes verließ, war das Schattenbild Klytämnestras im Traum vor die Seelen der schlafenden Rachegöttinnen getreten und hatte ihnen die zornigen Worte zugehaucht: »Dürft ihr denn schlafen? Habt ihr mich verlassen, sodass ich ungerächt in der Nacht der Unterwelt umherirren muss? Ich habe das Grässlichste von meinem nächsten Blutsverwandten erlitten, und es gibt keinen Gott, der darüber zürnt, dass ich von meinem eigenen Sohn ermordet wurde? Wie viele Trankopfer, die ich euch ausgegossen habe, habt ihr getrunken, wie viele nächtliche Mahle habe ich euch aufgetischt. Das alles tretet ihr jetzt mit Füßen, und eure Beute lasst ihr entrinnen wie ein Reh, das mitten aus den Netzen davonhüpft. Hört mich an, ihr Unterirdischen! Ich bin's, Klytämnestra, die ihr zu rächen geschworen habt und die nun in euren Traum tritt, um euch an euren Schwur zu erinnern.«

Die schwarzen Göttinnen konnten nicht sogleich aus ihrem Zauberschlaf erwachen, sie schnarchten und schlummerten fort, und erst der Ruf des Schattens, der in ihren Traum drang, rüttelte sie wach: »Orestes, der Muttermörder, entgeht euch!« Die eine weckte die andere, und wie wilde Tiere jagten sie von ihrem Lager auf, stürmten selbst in den Tempel des Apollon und hatten gleich die Schwelle überschritten. »Sohn des Zeus«, schrien sie ihm entgegen, »du bist ein Betrüger! Du junger Gott trittst die alten Göttinnen, die Töchter der Nacht, mit Füßen, und du wagst es, uns diesen Götterverächter und Mutterfeind zu entziehen. Du hast ihn uns gestohlen und willst doch ein Gott sein! Ist das vor den Göttern recht?«

Apollon aber jagte die nächtlichen Göttinnen mit groben Worten aus seinem sonnigen Heiligtum: »Fort von dieser Schwelle«, rief er, »ihr Gräuelhaften! Ihr gehört in die Höhle des Löwen, wo Blut geschlürft wird, ihr Scherginnen des Schicksals, und nicht an den heiligen und reinen Ort des Orakels!«

Vergebens beriefen sich die Rachegöttinnen auf ihr Recht und ihr Amt. Der Gott erklärte, dass er Orestes schützen werde, weil er in seinem Auftrag als der fromme Sohn Agamemnons gehandelt habe. Damit vertrieb er die Eumeniden von der Schwelle seines Tempels, dass sie aus Angst vor der Macht des Gottes weit zurückwichen.

DIE FOLGEN DES TROJANISCHEN KRIEGES

Dann übergab er Orestes und seinen Freund der Obhut des Hermes, des Gottes, in dessen Schutz die Wanderer stehen, und kehrte in den Olymp zurück. Die beiden Freunde aber schlugen den Weg nach Athen ein, wie der Gott ihnen befohlen hatte, während die Erinnyen, aus Scheu vor der goldenen Rute des Götterboten Hermes, ihnen zunächst nur aus der Ferne zu folgen wagten. Allmählich aber wurden sie kühner, und als die beiden Freunde wohlbehalten in der Stadt Pallas Athenes angekommen waren, heftete sich ihnen die Schar der Rachegöttinnen dicht an die Fersen. Kaum hatten Orestes und sein Freund den Tempel der Athene erreicht, da stürmte auch schon der grauenvolle Chor durch die offenen Pforten herein.

Orestes hatte sich vor der Bildsäule der Göttin niedergeworfen, streckte seine ausgebreiteten Arme betend nach ihr aus und rief heftig bewegt: »Königin Athene, ich komme auf Apollons Befehl zu dir. Nimm einen Angeklagten gnädig auf, dessen Hände nicht mit unschuldigem Blut befleckt sind und der erschöpft ist von der ungerechten Flucht und abgestumpft vom Betteln in fremden Häusern. Über Städte und Einöden komme ich daher, dem Orakel deines Bruders gehorsam. Nun liege ich in deinem Tempel vor deinem Bild und erwarte dein Urteil, oh Göttin!«

Nun erhob auch der Chor der Erinnyen seine Stimme und schrie: »Wir sind dir auf der Spur, Verbrecher! Wie der Hund dem verwundeten Rehbock sind wir deinen Fußspuren gefolgt, die triefen vor Blut! Du sollst kein Asyl finden, Muttermörder! Dein rotes Blut wollen wir dir aus den Gliedern saugen und dann dein blasses Schattenbild in den Tartaros hinunterbringen! Weder Apollons noch Athenes Macht sollen dich von der ewigen Qual befreien! Meine Beute bist du, mir bist du geweiht und für meinen Altar bist du bestimmt! Auf, Schwestern, wir wollen unsren Reigen um ihn tanzen und seine besänftigte Seele mit unseren Gesängen in neuen Wahnsinn treiben!«

Und schon wollten sie ihre furchtbaren Gesänge anstimmen, als plötzlich ein überirdisches Licht im Tempel erstrahlte. Die Bildsäule war verschwunden, und an ihrer Stelle stand die Göttin Athene. Mit ernsten blauen Augen blickte sie auf die Menge in der Halle ihres Tempels herab und öffnete den unsterblichen Mund zu himmlischer Rede.

»Wer hat sich in mein Heiligtum gedrängt«, sprach die Göttin, »während ich am Skamander, von den Gebeten der abziehenden Griechen gerufen, das Beutelos betrachtete, das die frommen Söhne des Theseus durch ihre Opfer mir dort hinterließen? Welch ungewohnte Gäste muss ich in meinem Tempel sehen? Ein Fremdling umklammert meinen Altar, und Weiber, die keinem Menschen ähnlich sehen, stehen drohend hinter ihm? Redet, wer seid ihr und was wollt ihr?«

Orestes, der vor Angst nicht sprechen konnte, lag zitternd auf dem

Die letzten Tantaliden

Boden, doch die Erinnyen standen unverzagt hinter ihm und ergriffen sofort das Wort. »Tochter des Zeus«, sprachen sie, »wahrheitsgetreu sollst du alles aus unserem Mund erfahren. Wir sind die Töchter der schwarzen Nacht, und Erinnyen nennt man uns drunten zu Hause!«

»Wohl kenne ich euer Geschlecht«, sprach Athene, »und euer Ruf ist schon oft zu mir gedrungen. Ihr seid die Rächerinnen des Meineids und des Verwandtenmordes. Was kann euch in meinen reinen Tempel führen?«

»Dieser Mensch, der hier zu deinen Füßen durch seine Gegenwart deinen Altar besudelt!«, sprachen sie. »Er hat seine eigene Mutter getötet. Richte du selbst über ihn, wir werden dein Urteil ehren, denn wir wissen, dass du eine strenge und gerechte Göttin bist!«

»Wenn ich Richterin sein soll«, antwortete Pallas Athene, »dann sprich zunächst du, Fremdling. Was hast du gegen die Aussagen dieser Unterirdischen vorzubringen? Sage mir, woher du kommst, wer dein Vater ist und welches Schicksal du zu tragen hast. Dann büße das Verbrechen, dessen du beschuldigt wirst. Dies gestatte ich dir, weil du kniend vor meinem Altar liegst und ihn als demütiger Schutzflehender umfasst hältst! Aber antworte wahrheitsgetreu!«

Orestes wagte erst jetzt den Kopf zu heben. Er richtete sich auf, doch nur so weit, dass er noch immer vor der Göttin auf den Knien lag, und sprach: »Königin Athene! Vor allen Dingen sei dir die Sorge um dein Heiligtum genommem! Ich habe keinen unsühnbaren Mord begangen. Ich umfange deinen Altar nicht mit besudelten Händen! Ich bin in Argos geboren und meinen Vater kennst du gut. Es ist Agamemnon, der Völkerfürst, der Führer der griechischen Flotte vor Troja, mit dem du selbst die prächtige Stadt Troja zerstört hast. Als er nach Hause zurückkam, ist er keines ehrenhaften Todes gestorben. Meine Mutter, die ihn mit einem anderen betrog, hat ihn getäuscht und ihn im Bade umgebracht. Ich habe seitdem in der Verbannung gelebt. Nach langer Zeit bin ich ins Vaterland zurückgekommen und habe den Vater gerächt. Ich leugne es nicht: Ich habe den Mord an meinem geliebten Vater durch den Mord an meiner Mutter gerächt. Dein eigener Bruder Apollon ermutigte mich zu dieser Tat, und sein Orakel hat mir mit großer Seelenqual gedroht, wenn ich die Mörder meines Vaters nicht bestrafe. Nun sollst du Schiedsrichterin sein, oh Göttin, ob ich mit Recht oder Unrecht gehandelt habe. Auch ich unterwerfe mich deinem Richterspruch!«

Die Göttin schwieg zunächst nachdenklich. Dann sprach sie: »Die Sache, die entschieden werden soll, ist freilich so dunkel, dass ein menschliches Gericht nicht damit fertig würde. Es ist gut, dass ihr euch mit eurem Rechtsstreit an eine Unsterbliche gewandt habt. Zwar will ich sterbliche Richter berufen, doch ich selbst will dabei den Vorsitz führen

493

und bei einem schwankenden Urteil den Ausschlag geben. In der Zwischenzeit soll dieser Fremdling unangetastet unter meinem Schutz in dieser Stadt leben. Ihr aber, finstere, unerbittliche Göttinnen, befleckt diesen Boden nicht länger ohne Not mit eurer Gegenwart. Geht in euer unterirdisches Reich hinab und erscheint nicht eher wieder in diesem Tempel, als bis der anberaumte Tag gekommen ist. Einstweilen sammle jede Partei Zeugen und Beweise. Ich selbst aber will die besten Männer dieser Stadt, die meinen Namen führt, auswählen und zur Aburteilung dieses Streits bestellen.«

Nachdem die Göttin sodann den Verhandlungstag festgesetzt hatte, wurden die Parteien aus dem Tempel entlassen. Die Rachegöttinnen gehorchten Athene ohne zu murren, sie verließen Athen und stiegen wieder in die Unterwelt hinab. Orestes aber und sein Freund wurden von den Athenern freundlich aufgenommen und versorgt.

Als der Verhandlungstag gekommen war, berief ein Herold die ausgewählten Bürger Athens auf einen Hügel vor der Stadt, der dem Ares geheiligt war und daher Areopag genannt wurde. Dort erwartete sie Pallas Athene bereits, und auch die Klägerinnen und der Angeklagte hatten sich dort eingefunden. Aber noch ein Dritter war erschienen, er stand neben dem Angeklagten: Es war der Gott Apollon. Als die Erinnyen ihn erblickten, erschraken sie und riefen voller Zorn: »König Apollon, kümmere du dich um deine eigenen Angelegenheiten! Sprich, was hast du hier zu schaffen?«

»Dieser Mann«, erwiderte der Gott, »ist mein Schutzbefohlener. Im Tempel zu Delphi hat er sich unter meinen Schutz begeben, und ich habe ihn von dem Blut, das er vergossen hat, entsühnt. Darum ist es recht, dass ich ihm beistehe. So bin ich erschienen, um einerseits sein Zeuge zu sein, und andererseits sein Anwalt vor dem ehrwürdigen Gericht der Stadt. Denn ich war es, der ihm den Mord der Mutter als eine fromme, den Göttern gefällige Tat geraten hat!«

Unter diesen Worten trat der Gott noch näher an seinen Schutzbefohlenen heran. Pallas Athene erklärte nun die Verhandlung für eröffnet und forderte die Erinnyen auf, ihre Klage vorzubringen.

»Wir werden uns kurz fassen«, ergriff die Älteste unter ihnen das Wort, die als ihre Sprecherin auftrat. »Angeklagter! Beantworte unsere Fragen: Hast du deine Mutter umgebracht oder leugnest du die Tat?«

»Ich leugne nicht«, sprach Orestes, doch er erblasste bei dieser Frage.

»Dann sage: Wie hast du den Mord begangen?«

»Ich habe ihr das Schwert in die Kehle gebohrt.«

»Auf wessen Rat und Anstiftung hast du es getan?«

»Dessen, der neben mir steht«, erwiderte Orestes. »Der Gott hat mir's durch einen Orakelspruch befohlen. Und er ist hier, um es zu bezeugen.«

Die letzten Tantaliden

Nun verteidigte sich der Angeklagte kurz vor seinen Richtern, dass er in Klytämnestra nicht mehr seine Mutter, sondern nur noch die Mörderin seines Vaters gesehen habe, und sein Anwalt Apollon ließ eine lange und beredte Verteidigung folgen. Auch die Rachegöttinen blieben nicht stumm, und wenn der Gott den Richtern den Mord an Agamemnon mit düstersten Farben ausmalte, dann schilderten sie dagegen mit giftig funkelnden Augen den Frevel des Muttermordes. Und als ihre Rede zu Ende war, sagte ihre Sprecherin: »Jetzt haben wir alle unsere Pfeile aus dem Köcher versendet. Nun wollen wir ruhig erwarten, wie die Richter urteilen werden!«

Athene ließ die Stimmsteine unter den Richtern verteilen: jedem einen schwarzen für die Schuld, einen weißen für die Unschuld des Angeklagten. Die Urne, in welche die Steine gelegt werden sollten, wurde in die Mitte des Platzes gestellt. Bevor die Richter jedoch zur Abstimmung schritten, sprach die Göttin noch von ihrem erhöhten Platz herab, auf welchem sie als Vorsitzende des Gerichts auf ihrem Thronsessel Platz genommen hatte, indem sie sich erhob und in ihrer ganzen himmlischen Hoheit dastand: »Hört, was die Gründerin eurer Stadt bestimmt hat, Bürger von Athen, jetzt wo ihr zum ersten Mal über vergossenes Blut richten sollt! Dieser Gerichtshof soll für alle Zeit in euren Mauern bestehen bleiben. Hier auf dem heiligen Hügel des Ares, wo einst die feindlichen Amazonen im Krieg gegen Theseus ihr Lager aufgeschlagen hatten und dem Gott des Krieges ihre Opfer darbrachten, soll – nach dem Ort benannt – der Areopag sein Blutgericht halten und die Bürger zu aller Zeit in frommer Scheu zurückschrecken. Von den heiligsten Männern der Stadt gebildet stifte ich ihn. Ehrwürdig, streng und ohne Eigennutz soll er die Schlafenden im ganzen Land beschützen. Ihr Bürger sollt seine Würde achten und ihn beschützen als eine heilsame Stütze eurer Stadt, wie kein anderes Volk in Griechenland oder in einem anderen Land sie besitzt. Dies sei für die Zukunft angeordnet. Nun aber, ihr Richter, erhebt euch, gedenkt eures Eides und legt zur Entscheidung eure Steine in die Urne!«

Schweigend erhoben sich die Richter und traten der Reihe nach an die Urne, und die Stimmsteine rollten nacheinander hinein. Als alle abgestimmt hatten, traten ausgewählte, durch einen Eid verpflichtete Bürger hinzu und zählten die schwarzen und die weißen Steine ab. Da fand es sich, dass es ebenso viel schwarze wie weiße Steine gab und dass daher die Entscheidung der Göttin zukam, wie sie sich zu Beginn des Prozesses vorbehalten hatte. Athene erhob sich abermals und sprach: »Ich bin von keiner Mutter geboren, bin das Kind von Zeus allein und aus seiner Stirn entsprungen, bin eine männliche Jungfrau, die die Ehe nicht kennt, doch die geborene Beschützerin der Männer. Ich werde nicht auf die Seite des Weibes treten, das seinen Ehegatten verbrecherisch erschlagen hat, um

495

seinem verächtlichen Geliebten zu gefallen. Nach der Meinung meines Herzens hat Orestes richtig gehandelt. Er hat nicht seine Mutter getötet, sondern die Mörderin seines Vaters. Er soll siegen!« Damit verließ sie den Richterstuhl, ergriff einen weißen Stimmstein und legte ihn zu den anderen weißen Steinen. Dann kehrte sie zu ihrem Thron zurück und sprach feierlich: »Dieser Mann ist durch die Mehrheit der Stimmen von der Anklage des ungerechten Mordes freigesprochen!«

Als das Urteil gefällt war, bat Orestes die Göttin um das Wort und sprach tief bewegt: »Oh Pallas Athene, die du mein Geschlecht und mich, den des Heimatlands Beraubten, gerettet hast, in ganz Griechenland wird man deine Tat preisen und sagen: ›So ist denn jener wieder in den Palast seines Vaters zurückgekehrt, gerettet durch die Gerechtigkeit Athenes, Apollon und des Göttervaters, ohne dessen Willen dies dennoch nicht geschehen wäre. Ich aber ziehe heim und schwöre Volk und Land, dass für alle Zeiten niemand mehr aus Argos kommen soll, um Krieg gegen die frommen Athener zu führen! Ja, selbst wenn lange Zeit nach meinem Tod einer es wagen sollte, diesen meinen Eid zu verletzen, so wird mein Geist ihn noch von meiner Väter Gruft aus strafen und ihm Unheil auf seinen Weg senden, das ihn hindern wird seine verfluchten Pläne auszuführen. Lebe denn wohl, erhabene Schützerin des Reiches! Und du, frommes Volk der Athener, möge dir in jedem Krieg und in allen Dingen Sieg und Glück beschieden sein!«

Unter solchen Segenswünschen verließ Orestes den heiligen Hügel des Ares. Sein Freund Pylades, der während des ganzen Prozesses nicht von seiner Seite gewichen war, begleitete ihn. Die Rachegöttinnen wagten nicht sich über den Richterspruch der Göttin hinwegzusetzen und sich an dem Freigesprochenen zu vergreifen. Auch fürchteten sie sich vor Apollon, der bereit war die Befolgung des Urteils zu gewährleisten. Doch ihre Sprecherin erhob sich, und wie der Gott und die Göttin gleichsam übermenschlich groß, stand sie da, um mit der rauen Stimme der Töchter der Nacht Einspruch gegen das Urteil zu erheben: »Wehe uns! Ihr habt die uralten Gesetze in den Staub getreten! Ihr Jüngeren habt sie uns Älteren aus den Händen gerungen! Verachtet, machtlos und zürnend stehen wir da. Doch werdet ihr euer Urteil bereuen, Athener! Alles Gift unseres erzürnten Herzens werden wir über diesen Boden ergießen, wo die Gerechtigkeit mit Füßen getreten worden ist. Der Fraß soll über eure Pflanzen, das Verderben über alles Leben kommen. Mit Pest und Unfruchtbarkeit wollen wir das Land und eure Stadt heimsuchen, wir, die gekränkten, beschimpften Göttinnen der Nacht!«

Als Apollon diesen fürchterlichen Fluch vernahm, trat er in die Mitte und sprach zu den mächtigen Göttinnen, um sie zu besänftigen: »Folget mir, ihr Gnädigen! Seid nicht allzu zornig über das Urteil. Denn ihr seid doch nicht wirklich besiegt worden: In der Urne lagen ebenso viel schwarze Steine wie weiße. Das Urteil ist keine Schande für euch, nur die Barmherzigkeit hat gesiegt. Der Angeklagte hatte zwischen zwei heiligen Pflichten zu wählen, er musste eine von beiden verletzen, und die Berechtigung dazu hat ihn gerettet! Und das haben wir Götter getan, nicht die Richter dieses Landes. Zeus hat es außerdem gutgeheißen! Darum lasst euren Zorn nicht an diesem unschuldigen Volk aus. Ich verspreche euch in seinem Namen, dass ihr ein würdiges Heiligtum in seinem Land erhalten sollt, dass ihr auf glänzenden Altären der gerechten Stadt euren Sitz nehmen werdet, von allen Bürgern dieser Stadt verehrt als die unerbittlichen Göttinnen der gerechten Rache!«

Auch Athene bekräftigte, was Apollon versichert hatte: »Glaubt mir, ehrwürdige Göttinnen«, fügte sie hinzu, »wenn ihr euren Sitz in einem anderen Land aufschlagen werdet, werdet ihr dies bereuen und euch nach dem verschmähten Athen zurücksehnen. Die Bürger dieser Stadt sind bereit euch in hohen Ehren zu halten. Chöre von Männern und Frauen werden euch feiern, und neben dem Tempel des vergötterten Königs Erechtheus sollt ihr ein geweihtes Heiligtum erhalten! Kein Haus wird gesegnet sein, das euch nicht verehrt!«

Dergleichen Versprechungen besänftigten allmählich den Zorn der strengen Rachegöttinnen. Sie gelobten, ihren gnädigen Sitz in diesem Land zu nehmen und fühlten sich hoch geehrt, dass sie gleich neben Athene und Apollon Altäre und ein Heiligtum in der berühmtesten Stadt besitzen sollten. Schließlich waren sie sogar so milde gestimmt, dass auch sie vor den anwesenden Göttern das feierliche Versprechen ablegten, die Stadt zu beschützen, Stürme, Hitze und schreckliche Seuchen von ihr fern zu halten, die Herden des Landes zu schützen, die Ehen fruchtbar zu machen und im Einverständnis mit ihren Halbschwestern, den Moiren oder Schicksalsgöttinnen, auf alle Weise das Wohl der Stadt zu fördern. Sie wünschten dem Volk ewige Eintracht und Frieden, und ihr schwarzer Chor brach unter Danksagungen des göttlichen Geschwisterpaares auf und verließ, von der ganzen Bürgerschaft unter Lobesgesängen begleitet, den Areopag und die Stadt.

Iphigenie in Tauris

Von Athen hatten sich die beiden Freunde Orestes und Pylades – Ersterer nun wieder von seiner Schwermut genesen – zum Orakel des Apollon nach Delphi begeben. Dort befragte Orestes den Gott, was er weiter über ihn beschlossen hätte. Der Spruch der Priesterin lautete folgendermaßen: Die Not des Königssohnes von Mykene fände ihr Ende, wenn

Die Folgen des Trojanischen Krieges

er sich zu den Grenzen der taurischen Halbinsel, in der Nachbarschaft der Skythen, begeben würde, wo Apollons Schwester Artemis ein Heiligtum besitze. Dort solle er das Bildnis der Göttin, das nach der Sage des Barbarenvolkes vom Himmel gefallen war und dort verehrt wurde, durch List – oder welche Mittel auch immer – an sich nehmen und nach Athen bringen, denn die Göttin sehne sich nach dem milderen Griechenland und seinem Volk. Wenn dies glücklich ausgeführt sei, dann solle der landesflüchtige Jüngling am Ende seiner Not stehen.

Pylades verließ seinen Freund auch auf dieser harten Wanderung zu dem gefährlichen Unternehmen nicht. Denn das Volk der Taurier war ein wilder Menschenstamm, der Fremde, die ihr Land betraten, der Jungfrau Artemis zu opfern pflegte. Sie nahmen die Fremden gefangen, schlugen ihnen den Kopf ab, steckten ihn an einer Stange über den Rauchfang ihrer Hütten und machten ihn so zum Wächter ihres Hauses, der von der Höhe herab alles für sie überschauen sollte.

Der Grund, warum das Orakel den Orestes gerade in dieses wilde Land zu diesem grausamen Volk sandte, war aber folgender: Als Agamemnons und Klytämnestras Tochter Iphigenie auf Anraten des griechischen Sehers Kalchas vor allen Griechen am Strand von Aulis geopfert werden sollte und der Todesstreich gefallen war, der eine Hirschkuh anstatt der Jungfrau getroffen hatte, da hob die barmherzige Göttin Artemis das Mädchen aus den Augen der Griechen hinweg und trug es auf ihren Armen durch das Lichtermeer des Himmels über Meer und Land nach Taurien und ließ sie hier in ihrem eigenen Tempel nieder. Dort fand sie der König des Barbarenvolkes, Thoas mit Namen, und bestellte sie zur Priesterin des Artemistempels, wo sie im Dienst der Göttin nach der alten fürchterlichen Sitte des Volkes jeden Fremdling, der das Ufer betrat, der Landesgöttin opfern musste. Sie jedoch hatte das Opfer nur zu weihen, die Tötung im Tempel vollzogen niedriger gestellte Diener.

Jahre hatte Iphigenie bereits ihres traurigen Amtes gewaltet, fern von der Heimat und ohne Nachricht aus ihrem Vaterhaus. Der König und das Volk hatten sie während all dieser Zeit in Ehren gehalten, denn sie schätzten sie um ihrer milden, griechischen Sitte und um ihrer Liebenswürdigkeit willen. Da träumte sie einmal in der Nacht, sie wohne fern von diesem Barbarenstrand in ihrer Heimat Argos, und sie schlafe von den Sklavinnen des Elternhauses umringt. Da fing die Erde plötzlich zu zittern und zu beben an, und ihr war, als fliehe sie aus dem Palast, stände draußen und müsse sehen und hören, wie das Dach des Hauses zu wanken begann und der ganze Säulenbau, der von Grund auf erschüttert wurde, in sich zusammenbrach. Ein einziger Pfeiler ihres Vaterhauses blieb stehen. Mit einem Mal nahm der Pfeiler die Gestalt eines Menschen an und begann laut und deutlich zu sprechen. Seine Worte hatte die Jung-

Die letzten Tantaliden

frau jedoch vergessen, als sie erwachte. In ihrem Traum aber sah sie noch, dass sie ihres Priesterinnenamtes getreu, jenen Menschen, der ein Pfeiler ihres Vaterhauses gewesen war, dem Tod weihen musste und dazu bitterlich weinte.

An dem Morgen, der auf diese Nacht folgte, war Orestes mit seinem Freund Pylades an der taurischen Küste an Land gegangen, und beide schritten auf den Tempel der Artemis zu. Bald standen sie vor dem Gebäude, das eher einem Kerker als einem Götterhaus glich, und blickten staunend an der hohen Mauer, die es umgab, empor. Schließlich brach Orestes das Schweigen. »Du treuer Freund«, sprach er, »der auch diesen gefährlichen Weg mit mir geteilt hat, was sollen wir jetzt tun? Wollen wir die Treppe, die sich um den Tempel nach oben schlingt, erklimmen? Aber wenn wir oben sind – werden wir dann nicht wie in einem Labyrinth in dem unbekannten Gebäude umherirren? Und sicher werden uns eiserne Schlösser den Zugang zu den Gemächern versperren. Wenn wir aber an den Toren um Einlass bitten, dann werden uns die Wachen, die gewiss dort aufgestellt sind, ergreifen und wir müssen sterben. Denn wir wissen ja, dass am Altar dieser unerbittlichen Göttin alle Fremden getötet werden! Wäre es daher nicht ratsamer, auf unser Schiff zurückzukehren?«

»Ei«, erwiderte Pylades, »das wäre wahrhaftig das erste Mal, dass wir zusammen fliehen! Der Spruch des Apollon soll uns heilig sein. Doch es ist wahr, wir müssen fort von diesem Tempel. Das Klügste wäre es, uns in den Grotten am Meer zu verstecken, fern von unserem Schiff, damit keiner, der es erblickt, uns dem König melden kann und wir nicht von Waffengewalt übermannt werden. Wenn dann aber die Nacht anbricht, dann lass uns frisch ans Werk gehen. Die Lage des Tempels kennen wir nun. Irgendeine List wird uns hineinführen, und wenn wir das Götterbild erst einmal in unseren Händen halten, so ist mir vor dem Rückweg nicht mehr bang. Tapfere stürzen sich mutig in die Gefahr! Haben wir nicht eine unermesslich weite Strecke mit unseren Rudern zurückgelegt? Es wäre nun doch eine Schande, wenn wir am Ziel umkehren wollten, um ohne die Beute, die der Gott uns bezeichnet hat, heimzukehren!«

»Du hast Recht«, rief Orestes. »Wir wollen uns verstecken, bis der Tag vorüber ist, die Nacht kröne unser Werk!«

Die Sonne stand schon höher am Himmel, als ein Rinderhirt eilig vom Meeresstrand auf die Priesterin der Artemis, die auf der Schwelle ihres Tempels stand, zugelaufen kam. Er brachte die Meldung, dass ein paar Jünglinge, wohlgefällige Schlachtopfer der Göttin Artemis, an Land gegangen seien. »Bereite nur, erhabene Priesterin, das heilige Wasserbad vor«, sprach er, »je schneller, desto besser, und schicke dich zu deinem Werke an!«

DIE FOLGEN DES TROJANISCHEN KRIEGES

»Wo kommen die Fremden her?«, fragte Iphigenie traurig.

»Griechen«, erwiderte der Hirt. »Wir wissen nur, dass einer von ihnen Pylades heißt und dass sie unsere Gefangenen sind.«

»Lasst hören«, fragte die Priesterin weiter, »wo und wie habt ihr sie aufgegriffen?«

»Wir badeten eben unsere Rinder im Meer«, berichtete der Hirt, »und warfen eines ums andere ins Wasser, das strömend durch die Felsen fällt, die man die Symplegaden nennt. Es befindet sich dort ein hohler, durchbrochener, stets von Wasser beschäumter Felssturz, eine Grotte für die Schneckenfischer. Hier bemerkte einer von uns die beiden Jünglinge, und sie schienen ihm so schön, dass er sie für Götter hielt und sich vor ihnen niederwerfen wollte. Ein anderer aber, der neben ihm stand, ein frecher, ungläubiger Mensch, war nicht so töricht. Er lachte, als er seinen Kameraden das Knie beugen sah, und sprach: ›Siehst du denn nicht, dass es schiffbrüchige Seeleute sind, die in jener Grotte ihr Lager aufgeschlagen haben, um sich zu verstecken, weil sie wissen, dass Fremde, die an unseren Strand geraten, geopfert werden?‹ Die meisten stimmten ihm zu und wir wollten sie gefangen nehmen. Da trat der eine der Fremdlinge aus der Grotte heraus, schüttelte sein Haupt und warf es wild herum, seine Arme und Hände schlotterten. Unter lautem Stöhnen, als hätte der Wahnsinn ihn gepackt, rief er: ›Pylades, Pylades! Siehst du die schwarze Jägerin dort, den Drachen aus dem Hades, der mich umbringen will? Wie sie mit wilden züngelnden Schlangen auf mich zufährt? Und die andere da, die Feuer speit, die hat ja meine eigene Mutter im Arm und will sie auf mich schleudern! Wehe mir! Sie erwürgt mich! Wie soll ich ihr entkommen?‹ Von all diesen Schreckbildern«, fuhr der Hirte fort, »war weit und breit nichts zu sehen. Er hielt wohl das Gebrüll der Rinder und das Bellen der Hunde für die Stimmen der Erinnyen. Uns aber durchfuhr ein heftiger Schreck, zumal der Fremde nun auch sein Schwert gezogen hatte und sich wie rasend auf die Rinder warf. Da fassten wir uns, riefen mit unseren Muschelpfeifen das Landvolk zusammen und nahten uns geschlossen den bewaffneten Fremdlingen. Der Rasende, von dem der Wahnsinn allmählich gewichen war, stürzte mit Schaum vor dem Mund zu Boden. Während sein Freund ihm den Schaum abwischte und ihn in seinen eigenen Mantel hüllte, kamen wir näher. Dann aber sprang der Darniedergeworfene im vollen Bewusstsein wieder auf und wehrte sich seines Lebens. Zuletzt jedoch erlagen sie unserer Überzahl und wir kreisten sie ein. Mit Steinwürfen schlugen wir ihnen die Waffen aus der Hand und machten, dass sie erschöpft zu Boden sanken. Daraufhin nahmen wir sie gefangen und brachten sie zu König Thoas. Der hatte sie kaum zu Gesicht bekommen, als er auch schon befahl die Gefangenen als Todesopfer zu dir zu bringen. Du kannst dich glücklich preisen, wenn du noch

Die letzten Tantaliden

mehr solche als Opfer erhältst, denn es scheinen recht angesehene Griechen zu sein. Wenn du viele ähnlich prächtige tötest, dann büßt Griechenland deine Todesangst nach Gebühr, und du bist dafür gerächt, dass sie dich in der Bucht von Aulis töten wollten!«

Der Hirt schwieg und erwartete die Befehle der Priesterin, die ihm auch wirklich auftrug, die Fremden herbeizubringen. Als sie aber wieder allein war, sprach sie zu sich selbst: »Oh mein Herz, sonst warst du doch immer barmherzig gegen Fremde, und deinen griechischen Landsleuten schenktest du immer eine Träne! Nun aber, seit der Traum dieser Nacht mir die bittere Ahnung bereitet hat, dass mein geliebter Bruder Orestes das Sonnenlicht nicht mehr sieht, nun sollen alle, die mir nahen, mich grausam finden! Oh ihr Griechen, die ihr mich wie ein Lamm zum Opferaltar geschleppt habt, wo mein eigener Vater der Schlächter war! Oh, nie vergesse ich diese Schreckenszeit! Ja, wenn Zeus mir einmal mit frischem Wind den Mörder Menelaos herbeiführen wollte und die trügerische Helena ...«

Durch das Herannahen der Gefangenen wurde sie in ihrem Selbstgespräch unterbrochen. Als sie sah, dass sie gefesselt waren, rief sie ihren Führern entgegen: »Lasst den Fremden die Hände frei. Die heilige Weihe, die sie empfangen sollen, spricht sie von allen Banden los. Geht in den Tempel und bereitet alles vor.« Dann wandte sie sich an die Gefangenen: »Sprecht, wer ist euer Vater, wer eure Mutter und wer eure Schwester, wenn ihr eine habt, die jetzt, eines so schönen und stattlichen Bruderpaares beraubt, allein in der Welt stehen soll? Woher kommt ihr, beklagenswerte Fremde? Ich hattet sicher eine weite Fahrt bis zu dieser Küste. Doch bereitet euch auf eine noch weitere vor, denn jetzt geht eure Reise hinunter ins Schattenreich!«

Orestes erwiderte ihr: »Wer du auch immer sein magst, oh Weib, was beklagst du uns? Wer das Henkerbeil schwingt, dem mag es nicht anstehen sein Opfer zu trösten, bevor er es tötet. Und wem der Tod unausweichlich droht, dem ziemt es nicht zu jammern. Keine Tränen, weder von dir noch von uns! Lass das Geschick ergehen!«

»Welcher von euch beiden ist Pylades? Das lasst mich dennoch wissen!«, fragte nun die Priesterin.

»Dieser hier!«, sprach Orestes und deutete auf seinen Freund.

»Seid ihr Brüder?«

»Durch Liebe«, antwortete Orestes, »nicht durch Geburt!«

»Wie heißt dann aber du?«

»Nenne mich einen Elenden«, erwiderte er, »am besten ist's, ich sterbe namenlos. So werde ich nicht zum Gespött!«

Sein Trotz verärgerte die Priesterin und sie drang in ihn, ihr wenigstens seine Vaterstadt zu nennen. Als sie den Namen Argos hörte, zuckte es ihr durch die Glieder und sie rief: »Bei den Göttern, Freund, kommst du wirklich von dort?«

»Ja«, sprach Orestes, »von Mykene stamme ich, wo mein Haus einst beglückt war.«

»Wenn du aus Argos kommst, Fremdling«, fuhr Iphigenie erwartungsvoll fort, »dann bringst du sicher auch Nachrichten von Troja mit? Stimmt es, dass es zerstört wurde? Kam Helena zurück?«

»Ja, beides ist so, wie du es fragst!«

»Wie geht es dem Oberbefehlshaber? Agamemnon, deucht mich, hieß er, der Sohn des Atreus?«

Orestes schauderte bei dieser Frage. »Ich weiß nicht«, rief er und wandte sein Gesicht ab. »Sprich nicht davon, oh Weib!«

Aber Iphigenie bat ihn mit so weicher, flehender Stimme, dass er nicht widerstehen konnte. »Er ist tot«, sprach er. »Durch die Hand seiner Gemahlin starb er einen grauenhaften Tod!«

Ein Entsetzensschrei entfuhr der Priesterin. Doch dann fasste sie sich und fragte weiter: »Sage mir nur das eine noch: Lebt des armen Mannes Gemahlin noch?«

»Nicht mehr«, war die Antwort, »ihr eigener Sohn hat ihr den Tod gegeben, er übernahm das Amt des Rächers für seinen ermordeten Vater, doch es ergeht ihm schlecht dafür!«

»Ist noch ein anderes Kind Agamemnons am Leben?«

»Zwei Töchter: Elektra und Chrysothemis.«

»Und was weiß man von der ältesten, die geopfert wurde?«

»Dass eine Hirschkuh an ihrer Stelle starb, sie selbst aber spurlos verschwunden ist. Auch sie ist wohl schon lange tot!«

»Lebt der Sohn des Ermordeten noch?«, fragte die Jungfrau ängstlich.

»Ja«, sprach Orestes, »doch in Elend und als Vertriebener, überall und nirgends.«

»Oh ihr trügerischen Träume, weichet«, seufzte Iphigenie im Stillen. Dann befahl sie den Dienern sich zu entfernen, und als sie mit den Griechen allein war, flüsterte sie ihnen zu: »Hört nun etwas, Freunde, das zu eurem und meinem Nutzen gereichen soll, wenn wir uns verschwören. Ich will dich retten, Jüngling, wenn du einen Brief an die Meinigen in meine und deine Heimat Mykene bringen willst!«

»Wenn nicht auch mein Freund gerettet wird, will ich nicht gerettet werden!«, antwortete Orestes. »Denn auch im Unglück hat er mich nicht verlassen. Wie könnte ich ihn in der Todesnot verlassen?«

»Edler, brüderlich gesinnter Freund!«, rief die Jungfrau. »Oh wäre mein Bruder wie du. Denn auch ich habe einen Bruder, nur dass er meinen Augen fern ist. – Doch ich kann euch nicht beide verschonen, das würde der König niemals dulden. Stirb denn du allein und lass deinen Freund

Pylades ziehen; welcher von euch meinen Brief nach Hause bringt, ist mir gleich!«

»Wer wird mich opfern?«, fragte Orestes.

»Ich selbst, auf Befehl der Göttin«, antwortete Iphigenie.

»Wie – du, das schwache Mädchen, erhebst gegen Männer dein Schwert?«

»Nein, ich benetze deine Locken nur mit Weihwasser. Die Tempeldiener sind's, die dann das Schlachtbeil schwingen. Dein verbranntes Gebein empfängt sodann ein Felsenschild.«

»Ach, wenn mich doch meine Schwester bestatten könnte«, seufzte Orestes.

»Das ist freilich nicht möglich«, sagte die Jungfrau gerührt, »wenn deine Schwester im fernen Argos weilt. Doch, lieber Landsmann, sorge dich darum nicht, ich will deinen Scheiterhaufen mit Öl löschen und mit Honig beträufeln und deine Gruft schmücken, als wenn ich deine leibliche Schwester wäre. Jetzt aber lass mich gehen, dass ich den Brief an die Meinen schreibe!«

Als die beiden Jünglinge allein waren und die Diener nur von ferne ein Auge auf sie warfen, konnte Pylades nicht länger an sich halten: »Nein!«, rief er. »Ich kann nicht weiterleben, wenn du tot bist! Verlange diese Schande nicht von mir. Ich muss dir in den Tod folgen, genauso wie ich dir aufs weite Meer gefolgt bin. Phokis und Argos würden mich einen Feigling nennen. Alle Welt – denn die Welt ist böse – würde sagen, ich hätte dich verraten, dich getötet und nach deinem Reich und deinem Erbe getrachtet, zumal, da ich dein künftiger Schwager bin und ohne eine Mitgift um deine Schwester Elektra angehalten habe. Deshalb will und muss ich mit dir sterben!«

Orestes wollte von seinem Entschluss nichts hören. Sie stritten noch, als Iphigenie, den Brief in der Hand, zurückkam. Als sie Pylades hatte schwören lassen, dass er den Brief auch ganz gewiss den Ihren abliefern würde, und ihrerseits schwor, dass sie ihn retten würde, besann sie sich. Für den Fall, dass das Schreiben durch irgendeine unglückliche Begebenheit vernichtet würde, während der Überbringer mit dem Leben davonkäme, wollte sie ihm den Inhalt überdies auch noch mündlich mitteilen. »Melde«, sprach sie, »dem Orestes, dem Sohn des Agamemnon: Iphigenie, die in Aulis dem Opferaltar entrückt wurde, lebt und lässt dir Folgendes bestellen –«

»Was höre ich da!«, fiel Orestes ihr ins Wort. »Wo ist sie? Ist sie von den Toten auferstanden?«

»Hier steht sie«, sagte die Priesterin, »aber unterbrich mich nicht! ›Lieber Bruder Orestes! Hole mich aus der fernen Barbarei nach Argos zurück, ehe ich sterbe. Erlöse mich von dem Opferaltar, an dem ich im

Dienste der Göttin Fremdlinge töten muss. Wenn du es nicht tust, Orestes, dann sollst du und dein Haus verflucht sein!«

Lange konnten die beiden Freunde vor Staunen keine Worte finden, bis Pylades ihr schließlich das Blatt aus der Hand nahm, es Orestes reichte und rief: »Ich will den Eid auf der Stelle halten, den ich geleistet habe. Da nimm, Orestes, ich händige dir das Schreiben aus, das deine Schwester Iphigenie dir schickt!«

Orestes warf das Blatt zu Boden und umarmte die Wiedergefundene. Zunächst wehrte sie ihn ab, denn sie konnte es nicht glauben, bis Erzählungen über sehr persönliche Dinge aus dem Atridenhaus sie davon überzeugten, dass er tatsächlich ihr Bruder Orestes war. »Oh Geliebtester!«, rief sie jetzt. »Denn das bist du! Der Meine, mein Bruder! Aus dem geliebten Argos! Wie klein und zart warst du, als ich dich verließ, sorglos und glücklich lagst du im Arm deines Pflegers! Ja, glücklich, wie wir beide es in diesem Augenblick sind!«

Doch Orestes war schon zur Besinnung gekommen und seine Miene hatte sich verfinstert. »Jetzt sind wir glücklich, ja. Aber wie lange wird dieses Glück währen? Ist uns der Untergang nicht sicher?«

Da wurde auch Iphigenie unruhig. »Welchen Ausweg finde ich nun«, sagte sie bebend, »wie befreie ich dich aus dem Reich des Barbarenfürsten, wie kannst du unbeschadet nach Argos zurück, ohne mitsamt deinem Freund auf dem Opferaltar zu sterben? Schnell, erzähle mir alles von den entsetzlichen Ereignissen in unserem unglücklichen Haus, bevor der Herr dieses Reiches erscheint, der schon ungeduldig sein wird, weil die Gefangenen noch nicht gestorben sind!«

Orestes berichtete ihr in Kürze alles, was sich zugetragen hatte, schloss das Fürchterliche aber mit einer guten Nachricht, nämlich der Verlobung Elektras mit seinem Freund Pylades.

So aufmerksam Iphigenie Orestes' Erzählung auch verfolgte, so sehr hatte sie sich doch im Geiste mit der Rettung ihres geliebten Bruders beschäftigt, und zuletzt war ihr ein glücklicher Gedanke gekommen. »Ich habe«, rief sie, »wie mir scheint nun doch einen Ausweg gefunden! Dein Seelenleiden, das sich bei eurer Gefangennahme am Strand noch einmal regte, soll mir als Vorwand beim König dienen. Wie es ja der Wahrheit entspricht, sage ich ihm, dass du als Muttermörder aus Argos kommst. Du könntest daher kein der Göttin gefälliges Opfer sein, weil du unrein und noch nicht entsühnt bist. Erst ein Bad im Meer könnte dich von dem Blut reinwaschen, das von dem entsetzlichen Mord noch an dir klebe. Und dich, Pylades, bezeichne ich als Teilhaber an der Blutschuld. Weil du, Orestes, als Schutzflehender im Tempel das Bildnis der Göttin berührt hättest, sei auch dieses verunreinigt und bedürfe einer Reinigung in den Fluten des Meeres. Da nur mir als Priesterin allein vergönnt ist das hei-

Die letzten Tantaliden

lige Bildnis zu berühren, so trage ich es in eurer Begleitung selbst auf meinen Armen an den Meerestrand, dorthin, wo euer Schiff versteckt in der Bucht vor Anker liegt. Dies alles muss aber mit Überzeugung des Königs geschehen, denn hintergehen ließe sich der Wachsame nicht. Das weitere Gelingen des Planes, wenn wir das Schiff erst einmal erreicht haben, ist eure Sache, ihr Freunde!«

All das war zwischen den Geschwistern und ihrem Freund im Vorhof des Tempels besprochen worden, wo sich weder Diener noch Wachen aufhielten. Jetzt wurden die Gefangenen wieder den Aufsehern übergeben, und Iphigenie führte sie in das Innere des Tempels. Kurze Zeit später erschien Thoas, der König des Landes, mit einem stattlichen Gefolge und fragte nach der Tempelwächterin, denn der Verzug gefiel ihm nicht und er konnte nicht begreifen, warum die Leiber der Fremdlinge nicht schon längst auf den Hochaltären der Göttin brannten. Eben als er vor dem Tempel angekommen war, trat Iphigenie mit dem Bildnis der Göttin auf dem Arm heraus.

»Was ist das, Agamemnons Tochter!«, rief der König erstaunt. »Warum trägst du dieses Götterbild in deinen Armen fort?«

»Es ist Abscheuliches geschehen, oh Fürst«, erwiderte die Priesterin mit bewegter Miene. »Die Opfer, die am Strand gefangen genommen wurden, sind nicht rein. Als sie sich ihm näherten, um es schutzflehend zu umarmen, wandte sich das Standbild der Göttin ab und schloss die Augenlider! Wisse, dieses Paar hat ein grauenhaftes Verbrechen begangen!« Und nun berichtete sie dem König, was im Grunde wahr war, und stellte die Bitte an ihn, die Fremdlinge und das Bildnis entsühnen zu dürfen. Um keinen Verdacht in ihm zu erwecken, verlangte sie, dass die Fremden wieder gefesselt und ihre Häupter vor der Sonne verhüllt würden, weil sie Frevler waren. Zur Sicherheit bat sie um Sklaven, die im Gefolge des Königs erschienen waren. Ferner solle der König einen Boten in die Stadt senden – auch das hatte sie sich klug ausgedacht –, der den Bürgern befehle ihre Häuser nicht zu verlassen, bis die Entsündigung vorüber sei, um von der alles verpestenden Blutschuld nicht angesteckt zu werden. Der König selbst solle während ihrer Abwesenheit im Tempel bleiben und für dessen Ausräucherung Sorge tragen, damit die Priesterin das Heiligtum nach ihrer Rückkehr gereinigt wieder finde. Sobald die Fremdlinge erschienen, solle der König sein Antlitz verhüllen, damit nicht auch er von dem Gräuel befallen werde. »Und wenn es dir«, schloss Iphigenie ihre Anweisungen, »so scheinen möge, als bliebe ich sehr lange am Meeresstrand, dann werde nicht ungeduldig, oh Herrscher. Bedenke, welch großen Frevel es zu entsündigen gilt!«

Der König willigte in alles ein und verhüllte sein Haupt, als wenig später Orestes und Pylades aus dem Tempel geführt wurden. Bald darauf war

Iphigenie mit den Gefangenen und einigen Sklaven auf dem Weg zum Meer aus dem Gesichtskreis des Tempels verschwunden. Thoas begab sich hinein und ließ die von Iphigenie verlangte Räucherung vornehmen, die bei der Größe des Gebäudes geraume Zeit in Anspruch nahm.

Nach mehreren Stunden kam ein Boote vom Meeresufer gerannt. »Treulose Weiberseelen!«, fluchte er vor sich hin, als er schwitzend und keuchend vor der Pforte des Tempels stand und an das verschlossene Tor pochte. »Hallo, ihr da drinnen«, schrie er, »macht auf! Ich habe schlechte Nachricht für den König!« Die Türflügel öffneten sich, und Thoas selbst trat aus dem Tempel.

»Wer ist's«, sprach er, »der es wagt, den Frieden dieses heiligen Hauses mit seinem Lärmen zu stören?«

»Höre, oh König, welche Botschaft ich dir bringe!«, hob der Diener an. »Die Priesterin des Tempels, dieses Griechenweib, ist mitsamt den Fremden und dem Standbild unserer erhabenen Schutzgöttin aus dem Land geflohen! Das ganze Entsündigungsfest war eine Täuschung!«

»Was sagst du da!«, rief der König, der glaubte, er höre Unmögliches. »Welcher böse Geist hat dieses Weib ergriffen? Wer ist es, mit dem sie flieht?«

»Ihr Bruder Orestes«, erwiderte der Bote, »derselbe, den sie hier dem Opfertod geweiht zu haben schien. Höre, was sich zugetragen hat, und dann ersinne Mittel, wie wir die Flüchtigen wieder einfangen können, denn ihr Weg ist weit und dein Speer kann sie noch erreichen! – Als wir den Meeresstrand erreicht hatten, wo das Schiff des Orestes vor Anker lag, winkte Iphigenie uns, die wir die gefesselten Gefangenen führten, Halt zu machen, denn wir sollten dem heiligen Brandopfer und der Entsündigungsfeier fernbleiben. Sie selbst nahm den Fremden die Fesseln ab, ließ sie vorangehen und folgte ihnen. Damit es so aussah, als hätte die heilige Handlung nun wirklich begonnen, sang die Priesterin Zauberformeln und sprach in fremden Worten allerlei Gebete. Wir hatten uns unterdessen niedergelassen, um zu warten. Schließlich kam uns der Gedanke, dass die ungefesselten Gefangenen die wehrlose Frau getötet haben und geflohen sein könnten. Daher machten wir uns auf und eilten zu der Felsenbucht, die uns den Anblick der Priesterin und der Fremden entzogen hatte. Als wir das Ufer fast erreicht hatten, bemerkten wir ein griechisches Schiff mit etwa fünfzig Rudern. Die beiden Fremden standen noch am Ufer. Doch der Anker wurde gelichtet und alles zur Abfahrt bereitet. Da zögerten wir freilich nicht länger. Wir hatten den ganzen Betrug durchschaut und packten das Weib, das noch am Ufer stand. Orestes aber kämpfte mit Pylades für seine Schwester, die wir davonschleppen wollten, und verkündete laut, wer er sei und was er zu tun gedenke. Da uns nun aber auch die Schützen vom Schiff aus mit ihren Pfeilen

Die letzten Tantaliden

beschossen, waren wir zum Rückzug gezwungen. Zur gleichen Zeit warf eine mächtige Welle das Schiff ans Land, und es fehlte wenig, so wäre es gescheitert. Da nahm Orestes Iphigenie auf den Arm, die das Bildnis der Göttin Artemis auf ihren Armen trug, sprang ins Wasser und schnell die Leiter des Schiffes hinauf. Pylades war hinter ihm hergekommen, und als sich alle wohlbehalten auf dem Schiff befanden, brach das Schiffsvolk in dumpfen Jubel aus und ruderte frisch durch die salzige Flut. Solange das Schiff durch die Hafenbucht fuhr, glitt es gemächlich dahin. Als es aber die offene See erreicht hatte, sauste ein mächtiger Windstoß herab und trieb es trotz aller Anstrengungen der Ruderer ans Ufer zurück. Da sprang Agamemnons Tochter flehend auf und rief: ›Tochter Letos, jungfräuliche Artemis, du selbst verlangtest ja durch das Orakel deines Bruders Apollon nach Griechenland zurückgebracht zu werden. Rette mich mit dir dorthin, mich, deine Priesterin, und vergib mir den kühnen Betrug, den ich mir gegen den Herrscher dieses Landes erlaubt habe, dem zu dienen ich so lange gezwungen war. Du selbst hast ja auch einen Bruder und liebst ihn, du Himmlische, drum blicke auch auf unsere Geschwisterliebe gnädig herab!‹ Zu diesem Gebet stimmten die Ruderer den Paian, den flehenden Gesang, an, wie ihnen befohlen worden war. Dennoch trieb das Schiff immer weiter auf den Strand zu, und ich bin geradewegs hierher geeilt, um dir zu melden, was sich am Ufer zugetragen hat. Darum lass nun auf der Stelle Fangstricke und Fesseln an den Strand bringen, denn wenn sich das tobende Meer nicht beruhigt, dann können die Fremdlinge nicht fliehen. Der Meeresgott Poseidon denkt voller Zorn an die Zerstörung seiner Lieblingsstadt Troja zurück. Er ist ein Feind aller Griechen und ganz besonders des Geschlechts des Atreus. So wird er denn, wenn mich nicht alles täuscht, die Kinder Agamemnons in deine Gewalt geben!«

Ungeduldig hatte der König das Ende des langen Berichtes abgewartet und ließ nun auf der Stelle an alle Bewohner seines rauen Küstenlandes den Befehl ergehen, die Pferde aufzuzäumen, zum Strand zu reiten und das griechische Schiff, wenn die Wellen es an Land geschleudert hätten, festzumachen und mit dem Beistand der Göttin Artemis die flüchtigen Verbrecher einzufangen. Das Schiff solle mit allen seinen Ruderern versenkt werden, die beiden Fremdlinge und die treulose Priesterin aber wolle er vom schroffsten Felsen hinab ins Meer stürzen oder bei lebendigem Leib auf einen Pfahl spießen lassen.

Und schon jagte er an der Spitze seines riesigen Volkes zum Ufer, als plötzlich eine himmlische Erscheinung den Zug aufhielt und den König stehen zu bleiben zwang. Pallas Athene, die erhabene Göttin, war es, deren Riesengestalt von einer leuchtenden Wolke umgeben über der Erde schwebte und die dem Heereszug den Weg verstellte. Ihre Götter-

507

DIE FOLGEN DES TROJANISCHEN KRIEGES

stimme rollte wie Donner über die Häupter der Taurier hin: »Wohin jagst du, König Thoas, erhitzt und atemlos mit deinem Volk? Schenke den Worten einer Göttin Gehör! Lass dein Heer ruhen, lass meine Schützlinge in Freiheit ziehen. Das Schicksal selbst hat Orestes durch den Ausspruch Apollons hierher gerufen, damit er, von den Erinnyen befreit, seine Schwester in die Heimat zurückgeleite und das Bildnis der Artemis in meine geliebte Stadt Athen bringe, wie sie selbst gewünscht hat. Poseidon wird mir zuliebe die Flüchtigen auf ruhigem Meer dahintragen. In Athen wird Orestes das Bild der taurischen Artemis in einem heiligen Hain und einem neuen, prächtigen Tempel aufstellen. Iphigenie wird auch dort ihre Priesterin sein, dort sterben und dort ihre fürstliche Gruft finden. Du, oh Thoas, und du Volk der Taurier, gönnt ihnen ihr Geschick und zürnt nicht!«

König Thoas war ein frommer Verehrer der Götter. Er warf sich vor der Erscheinung nieder und betete: »Oh Pallas Athene! Wer ein Götterwort vernimmt und sein Ohr vor ihm verschließt, der irrt. Es bringt keine Ehre ein, gegen allmächtige Götter zu kämpfen. Mögen deine Schützlinge mit dem Bildnis der Göttin ziehen, wohin sie wollen, mögen sie das Bild glücklich in deinem Reich aufstellen. Ich senke meine Lanze vor den Göttern. – Lasst uns umwenden und in die Mauern unserer Stadt zurückkehren.«

Es geschah, wie Athene verkündet hatte. Die taurische Artemis erhielt ihren Tempel und behielt ihre Priesterin Iphigenie in Athen. Orestes bestieg in Mykene als glücklicher König den Thron seiner Väter. Mit Hermione, der einzigen Tochter des Menelaos und der Helena, gewann er auch das Königreich Sparta, und zuvor hatte er Argos erobert. So besaß er ein mächtigeres Reich, als sein Vater jemals besessen hatte. Seine Schwester Elektra setzte ihren Gemahl Pylades auf den Thron von Phokis. Chrysothemis heiratete nicht. Orestes selbst erreichte ein Alter von neunzig Jahren. Da aber regte sich der alte, erloschene Fluch, der auf den Nachkommen des Tantalos lastete, noch einmal: Eine Schlange biss ihn in die Ferse und er starb daran.

ZWEITES BUCH

IRRFAHRTEN DES ODYSSEUS

Telemachos und die Freier

Die Griechen waren von Troja heimgekehrt, und wer aus dem Krieg und dem Sturm auf der Rückfahrt mit dem Leben davongekommen war, befand sich jetzt glücklich oder unglücklich zu Hause. Nur Odysseus, der Sohn des Laërtes und Ithakas Fürst, war noch auf der Irrfahrt und von einem seltsamen Schicksal betroffen.

Nachdem er mancherlei Abenteuer bestanden hatte, saß er nun fern der Heimat auf einer rauen, mit Wäldern bedeckten Insel namens Ogygia. Eine erhabene Nymphe, die Göttin Kalypso, eine Tochter des Atlas, hielt ihn dort in ihrer Grotte gefangen, weil sie wollte, dass er ihr Mann würde. Er aber blieb seiner zurückgelassenen Gattin Penelope treu. Inzwischen beklagten ihn sogar die Götter im Olymp – nur Poseidon, der Gott des Meeres und alte Feind der Griechen, zürnte ihm unversöhnlich. Und wenn er auch nicht wagte Odysseus ganz zu vertilgen, so legte er seiner Heimfahrt doch allenthalben Hindernisse in den Weg und trieb ihn in die Irre. So war er es gewesen, der ihn auf diese ungastliche Insel verschlagen hatte.

Nun aber wurde doch im Götterrat beschlossen, dass Odysseus aus den Fesseln der Inselfürstin Kalypso befreit werden sollte. Auf die Fürbitte Athenes hin wurde der Götterbote Hermes auf die Insel hinabgeschickt, um der schönen Nymphe den unwiderruflichen Beschluss des Zeus zu verkünden, dass dem Odysseus die Wiederkehr in seine Heimat bestimmt sei.

Athene selbst band sich die ambrosischen goldenen Sohlen unter die Füße, die sie über Wasser und Land dahinschweben ließen, nahm ihre Lanze mit der scharfen erzenen Spitze zur Hand, womit sie so manchen Helden in der Schlacht bezwungen hatte, schwang sich stürmend vom felsigen Gipfel des Olymp herab und bald stand sie auf der Insel Ithaka, die an der Westküste Griechenlands liegt, am Palast des fernen Odysseus, vor

DIE FOLGEN DES TROJANISCHEN KRIEGES

der Schwelle des Hofes, da wo der Weg zum hohen Tor des Königshauses führte. Sie hatte ihre Gestalt gewandelt, und mit der Lanze in der Hand glich sie Mentes, dem König der Taphier.

Im Hause des Odysseus sah es traurig aus. Die schöne Penelope, die Tochter Ikarions, war mit ihrem jungen Sohn Telemachos nicht lange Meisterin über den verlassenen Palast geblieben. Als Odysseus noch immer nicht zurückgekommen war, nachdem sich schon längst die Nachricht vom Fall Trojas und der Heimkehr der Helden verbreitet hatte, festigte sich allmählich das Gerücht, dass er gestorben sei. Nun fanden sich von der Insel Ithaka selbst, wo noch andere Mächtige und Reiche neben Odysseus wohnten, nicht weniger als zwölf, von der Nachbarinsel Same vierundzwanzig, von Zakynthos zwanzig und von Dulichion sogar zweiundfünfzig Freier mit je einem Herold, einem Sänger, zwei geübten Köchen und großem Sklavengefolge bei Penelope ein. Unter dem Vorwand, um die junge Witwe werben zu wollen, breiteten sie sich in Haus und Gut des abwesenden Fürsten aus und trieben den frechsten Übermut. Und dieses Unwesen hatte nun schon über drei Jahre gedauert.

Als Athene in der Gestalt des Mentes dort ankam, fand sie die schwelgerischen Freier eben an der Pforte des Hauses mit Steinschieben beschäftigt; diejenigen, die nicht gerade den Stein schoben, lagen auf Fellen von Rindern ausgestreckt, die sie aus Odysseus' Ställen genommen und geschlachtet hatten. Herolde und Diener eilten geschäftig hin und her: Die einen mischten in gewaltigen Krügen den Wein unter das Wasser, andere säuberten die rings umher aufgestellten Tische mit Schwämmen und zerlegten das reichlich aufgetragene Fleisch. Der Sohn des Hauses, Telemachos, saß betrübt unter den Freiern und sehnte sich nach seinem Vater, dass er endlich käme, um die unverschämten Fürsten hinauszuwerfen und sich wieder seiner Habe zu bemächtigen. Als er die Göttin in der Gestalt des fremden Königs erblickte, eilte er ihr an der Pforte entgegen, nahm die rechte Hand des vermeintlichen Gastfreundes und hieß ihn willkommen.

Als sie beide in den gewölbten Saal des Palastes eingetreten waren und Athene ihre Lanze in den Speerkasten, der sich an der Hauptsäule befand, zu den Lanzen des Odysseus gelehnt hatte, führte Telemachos seinen Gast zu Tisch an einen Thronsessel mit schön gewirktem Polster, forderte ihn auf, sich zu setzen, und schob ihm einen Schemel unter die Füße. Er selbst rückte seinen Sessel daneben. Eine Dienerin brachte in einer goldenen Kanne Waschwasser für die Hände des Fremdlings. Dann wurden Brot und Fleisch aufgetragen und ein Herold füllte Wein in die goldenen Becher.

Bald darauf traten auch einer um den anderen die Freier ein und setzten sich alle auf stattliche Lehnsessel; die Herolde besprengten ihnen die

Hände, die Mägde reichten ihnen Brot in Körben, die Diener füllten ihnen die Becher bis zum Rand, und als ob sie nicht eben vom Schmausen kämen, machten sie sich über das köstliche Mahl her. Dann verlangten sie nach Reigentanz und Gesängen, der Herold reichte dem Sänger Phemios die Harfe, und da die dreisten Freier ihn dazu nötigten, schlug er die Saiten an und sang.

Während die Freier ihm zuhörten, neigte Telemachos sein Haupt nahe zu seinem Gast und flüsterte der verwandelten Göttin ins Ohr: »Ich hoffe, lieber Gastfreund, du wirst mir nicht übel nehmen, was ich nun sage? Aber siehst du, wie diese Menschen hier fremdes Gut verprassen, ohne uns zu entschädigen? Das Gut meines Vaters, der vielleicht ertrunken ist oder auf dem Meer umhertreibt! Er wird wohl nicht wieder heimkommen, sodass er sie bestrafen könnte! Du aber sage mir, edler Fremdling, wer bist du, wo wohnst du, wo sind deine Eltern? Warst du vielleicht schon der Gastfreund meines Vaters?«

»Ich bin«, erwiderte Athene, »Mentes, der Sohn des Anchialos«, und herrsche über die Insel Taphos. Ich kam mit dem Schiff hierher, um in Temesa Erz gegen Eisen einzutauschen. Frage deinen Großvater Laërtes, der, wie man sagt, fern der Stadt auf dem Lande lebt und voller Kummer ist. Er wird dir sagen, dass unsere Häuser seit der Altväter Zeiten in Gastfreundschaft miteinander verbunden sind. Ich kam, weil ich glaubte, dein Vater sei wieder daheim. Dem ist nun freilich nicht so, aber er ist gewiss noch am Leben. Vermutlich wird er irgendwo an eine wilde Insel verschlagen worden sein und nun gewaltsam dort festgehalten. Ja, mein weissagender Sinn sagt mir, dass er nicht mehr lange dort sein wird. Bald macht er sich los und kehrt heim! Du bist doch der leibliche Sohn deines Vaters, lieber Telemachos. Wie dein Gesicht dem seinen gleicht, vor allem die freundlichen Augen! Ich habe deinen Vater kennen gelernt, bevor er nach Troja fuhr. Seitdem sah ich ihn nicht mehr. Doch, sage mir, was ist denn das für ein Gewühl in deinem Haus? Feierst du denn ein Gastmahl oder ein Hochzeitsfest?«

Telemachos antwortete mit einem Seufzer: »Ach, lieber Gastfreund, früher war unser Haus wohl angesehen und begütert. Nun ist das anders. Alle diese Männer aus der Umgegend, die du hier siehst, umwerben meine Mutter und zehren unsere Habe auf. Sie aber kann eine Wiedervermählung, die sie verabscheuen würde, weder abschlagen noch vollziehen. In der Zwischenzeit verwüsten diese Schlemmer mein Haus und bald werden sie mich umbringen!«

Mit zornigem Schmerz antwortete die Göttin: »Wehe, wie sehr brauchst du deinen Vater, Jüngling! Ich rate dir gut zu überlegen, wie du diesen lästigen Schwarm aus dem Haus bringen kannst! Lass mich dir einen Rat geben: Sprich morgen ein Machtwort und sage ihnen, dass sich ein jeder

DIE FOLGEN DES TROJANISCHEN KRIEGES

in sein eigenes Haus zurückziehen soll. Deiner Mutter aber sage Folgendes: Wenn ihr das Herz danach steht, sich wieder zu vermählen, dann soll sie in den Palast ihres königlichen Vaters heimkehren. Dort kann die Hochzeit angeordnet werden. Du selbst aber rüste dein bestes Schiff mit zwanzig Ruderern aus und mach dich auf, deinen Vater zu suchen. Gehe als Erstes nach Pylos im Land Elis, und befrage dort den ehrwürdigen alten Nestor. Wenn du von ihm nichts erfahren kannst, dann wende dich nach Sparta, zu dem Helden Menelaos, denn er ist als letzter der Griechen heimgekehrt. Wenn du dort hören solltest, dass dein Vater noch lebt und dass er zurückkehren wird, nun, dann ertrag es noch ein Jahr. Wenn du aber hörst, dass er gestorben sei, dann kehre nach Hause zurück, opfere Totenopfer und errichte ein Denkmal für ihn. Wenn dann die Freier noch immer in deinem Haus sind, dann überlege, wie du sie durch eine List oder ganz offen töten kannst. Denn du bist doch nicht mehr unmündig und dem Kindesalter längst entwachsen. Hast du nicht gehört, welchen Ruhm der Jüngling Orestes erlangt hat, weil er Ägisthos, den Mörder seines Vaters, erschlagen hat? Du bist so groß und stattlich! Halte dich und sorge dafür, dass auch dich einst spätere Geschlechter loben!«

Telemachos dankte dem Gastfreund für seinen guten Rat und seine väterliche Gesinnung, und als er sich zum Aufbruch anschickte, wollte er ihm ein Gastgeschenk mit auf den Weg geben. Athene in Gestalt des Mentes versprach aber wiederzukommen und es auf dem Rückweg abzuholen. Dann enteilte die Göttin und verschwand, denn wie ein Vogel flog sie durch den Kamin. Telemachos staunte in tiefster Seele über das Verschwinden des Fremden. Er ahnte nun, dass es ein Gott gewesen war, und grübelte über seinen Rat nach.

Im Saal dauerten Gesang und Harfenspiel noch weiter an. Der Sänger berichtete von der traurigen Heimfahrt der Griechen von Troja, und alle Freier hörten ihm zu.

Droben im Söller saß unterdessen die einsame Penelope, und der Hall des Liedes drang bis zu ihr hinauf. Da stieg auch sie mit zwei Dienerinnen die Stufen aus ihrem Gemach hinab und trat zu den Freiern in den Saal, doch zuvor hatte sie sich in einen dichten Schleier gehüllt. Eine der Mägde blieb an ihrer Seite. Weinend sagte sie zu Phemios, dem Sänger: »Du weißt doch so viele herzerquickende Lieder, guter Sänger! Unterhalte sie damit! Aber diese Klagelieder, die mir beständig das Herz im Busen quälen, die lass sein! Denn auch so denke ich immer an den Mann, dessen Ruhm sich durch ganz Griechenland verbreitet hat und der noch immer nicht heimgekehrt ist!«

Doch Telemachos sagte begütigend zu ihr: »Zürne doch dem freundlichen Sänger nicht, dass er uns mit dem erfreut, was gerade sein Herz bewegt. Er selbst kann doch nichts dafür, denn Zeus ist es, der einem Sän-

Irrfahrten des Odysseus

ger die Lieder eingibt und seinen Geist beflügelt, wie er will. So lass ihn nur das Leid der Griechen besingen! Odysseus ist ja nicht der Einzige, der den Tag der Wiederkehr verlor; wie viele Griechen sind untergegangen! Gehe also ins Frauengemach zurück, Mutter, beschäftige dich mit deiner Spindel und dem Webstuhl und leite das Tagewerk deiner Frauen! Das Wort ist Sache der Männer und vor allem für mich, der ich die Herrschaft im Haus zu führen habe.«

Penelope wunderte sich über die entschlossenen Worte des Jungen, den sie vorher nie so hatte sprechen hören. Es schien, als sei er auf einmal zum Jüngling gereift. So ging sie in den Söller zurück und beweinte dort in der Einsamkeit ihren Gemahl. Den Freiern aber, die inzwischen betrunken waren und zu grölen begannen, trat Telemachos entgegen, und er rief in die Versammlung hinein: »Lasst euch meinetwegen das Essen schmecken, ihr Freier, aber lärmt nicht so! Denn es macht Freude, dem Sänger in Stille zuzuhören! Morgen wollen wir Ratsversammlung halten. Da will ich euch frank und frei den Vorschlag machen, nach Hause zu gehen, denn es wird Zeit, dass ihr euch an eurer eigenen Habe wärmt und nicht das Erbgut eines Fremden aufzehrt!«

Die Freier bissen sich auf die Lippen, als sie dies hörten, und konnten über die Rede des Jünglings nicht genügend staunen. Aber von seinem Vorschlag, zu Ikarion, dem Vater Penelopes umzuziehen, wollten sie nichts hören und zankten sich trotzig mit ihm herum. Schließlich brachen sie auf, und auch Telemachos ging zur Ruhe.

Am nächsten Morgen sprang er früh von seinem Lager auf, kleidete sich an und hängte sich das Schwert um die Schultern. Dann trat er aus der Kammer hinaus, gebot den Herolden eine Bürgerversammlung einzuberufen und lud auch die Freier dazu ein. Als das zahlreiche Volk sich eingefunden hatte, erschien der Fürstensohn, die Lanze in der Hand. Pallas Athene hatte seiner Erscheinung Anmut und Hoheit verliehen, sodass das ganze Volk staunte, als es ihn sah. Selbst die Ältesten machten ihm ehrerbietig Platz, und er setzte sich auf den Stuhl seines Vaters Odysseus.

Da hob als Erster der Held Ägyptos, der vom Alter gebückt und reich an Erfahrung war, die Hand. Sein ältester Sohn Antiphos war bereits mit Odysseus nach Troja gezogen, aber auf der Heimfahrt verunglückt, sein zweiter Sohn Eurynomos war unter den Freiern, und seine zwei jüngsten Söhne betrieben zu Hause das Geschäft ihres Vaters. Ägyptos also erhob sich und sprach: »Seit Odysseus fort ist, haben wir keine Versammlung mehr abgehalten. Wem ist denn auf einmal eingefallen, uns zusammenzurufen? Ist es ein älterer Mann oder ein Jüngerer und was veranlasst ihn dazu? Ist etwa ein Kriegsheer im Anmarsch? Oder hat er einen Antrag zum Besten des Landes zu machen? Nun, gewiss ist er ein biederer Mann. Zeus segne ihn, was immer er auch vorhaben mag!«

DIE FOLGEN DES TROJANISCHEN KRIEGES

Telemachos freute sich über das glückliche Vorzeichen, das in diesen Worten lag, erhob sich, trat mitten unter die Versammlung, und begann, nachdem der Herold Peisenor ihm das Zepter gereicht hatte, an Ägyptos gewandt zu sprechen: »Edler Greis! Der Mann, der euch zusammenkommen ließ, ist nicht fern: Ich bin's, denn Kummer und Sorge bedrängen mich. Erst habe ich meinen trefflichen Vater, euren Herrscher, verloren, und nun stürzt mein Haus ins Verderben und all meine Habe geht in Trümmer! Mit unerwünschter Werbung sieht sich meine Mutter Penelope von Freiern bedrängt! Sie weigern sich, sich meinem Vorschlag zu fügen und beim Vater meiner Mutter, bei Ikarion, um seine Tochter zu werben. Nein, von Tag zu Tag bedienen sie sich in unserem Haus, opfern Rinder zum Mahl, lassen sich unsere Schafe und Rinder schmecken und trinken ohne Scheu den funkelnden Wein aus meinem Keller. Was könnte ich gegen so viele ausrichten? Erkennt doch selbst, ihr Freier, dass dies ein Unrecht ist, schämt euch vor den Nachbarn und fürchtet die Rache der Götter! Wann hat euch mein Vater beleidigt, wann habe ich selbst euch Schaden zugefügt, dessen Ersatz von mir zu nehmen ihr berechtigt wärt? So aber ladet ihr mir unverdienten Schmerz auf die Seele!«

Telemachos vergoss Tränen und warf zornig sein Zepter auf die Erde. Die Freier aber saßen schweigend da und keiner, außer Antinoos, dem Sohn des Eupeithes, wagte es, ihm heftige Widerworte auf seine Rede zu geben. Er stand auf und rief: »Trotziger Jüngling, welche Beleidigungen erlaubst du dir gegen uns? Nicht die Freier sind schuld daran, sondern deine eigene Mutter. Drei Jahre sind nun vergangen, und sie spottet noch immer über unseren Wunsch! Allen verheißt sie ihre Gunst, mal sendet sie diesem, mal jenem Mann eine Botschaft zu, doch aufrichtig meint sie das alles nicht. Aber wir durchschauen ihre List. In ihrer Kammer hat sie ein großes Tuch zu weben begonnen und zu uns Freiern hat sie gesprochen: ›Ihr Jünglinge, wartet mit der Entscheidung und der Hochzeit nur so lange, bis ich das Leichengewand für meinen Schwiegervater Laërtes fertig gewebt habe. Denn, wenn er dereinst stirbt, soll keine Griechin mir vorwerfen können, dass der angesehne Mann als Leiche nicht festlich eingekleidet daläge!‹ Mit diesem frommen Vorwand gewann sie unsere Herzen. Nun saß sie auch wirklich den ganzen Tag da und arbeitete an ihrem großen Tuch – in der Nacht aber, da trennte sie heimlich alles wieder auf, was sie am Tag gewoben hatte. So entzog sie sich uns drei Jahre lang und täuschte uns edle Griechensöhne. Eine der Dienerinnen, die sie nachts beobachtet hatte, hat uns dies mitgeteilt, und so überraschten wir sie selbst, während sie damit beschäftigt war, ihre Arbeit aufzutrennen. Daraufhin zwangen wir sie ihr Werk zu vollenden. So antworten wir dir also, Telemachos, dass dir durchaus vergönnt sein soll deine Mutter zu ihrem Vater zu schicken. Doch du musst ihr auch gebieten, dass sie den-

Irrfahrten des Odysseus

jenigen heiraten muss, den ihr Vater oder sie selbst auserwählt. Wenn sie aber die edlen Griechen noch länger verhöhnen und betrügen will, dann zehren wir auch noch länger von deinem Gut, und wir werden nicht eher weichen, als bis deine Mutter einen Gatten gewählt hat.«

Darauf antwortete Telemachos: »Ich kann meine Mutter nicht mit Gewalt aus dem Hause jagen, sie, die mich geboren und aufgezogen hat, mag nun mein Vater noch leben oder tot sein. Weder ihr Vater Ikarion noch die Götter könnten dies billigen. Nein, wenn ihr sebst noch Gefühl für Recht und Unrecht habt, so verlasst mein Haus und verschafft euch eure Gastmähler anderswo, oder verzehrt zumindest eure eigene Habe und wechselt euch mit der Bewirtung ab. Wenn es euch aber behaglicher erscheint, das Erbe eines einzelnen Mannes ohne Wiedererstattung zu verschlingen – nun, so tut es! Ich werde jedoch zu den Göttern flehen, dass Zeus mir zur wohlverdienten Vergeltung verhelfe!«

Während Telemachos dies sagte, schickte Zeus ihm ein Himmelszeichen: Zwei Gebirgsadler schwebten mit ausgebreiteten Schwingen herab und kreisten umeinander. Als sie aber über der Versammlung waren, schauten sie drohend herab und begannen sich mit den Klauen Hals und Kopf zu zerkratzen. Dann flogen sie wieder höher und stürmten nach rechts über Ithakas Stadt. Dieses Zeichen deutete der anwesende alte Vogelschauer Halitherses als großes Verderben, das den Freiern drohe. Denn Odysseus sei noch am Leben und nahe schon, und alle Männer seien dem Tod geweiht. Der Freier Eurymachos, Polybos' Sohn, jedoch spottete über das Zeichen und sagte: »Geh nach Hause und verkünde deinen Kindern ihr Geschick, alberner Greis! Uns schüchterst du nicht ein. Viele Vögel fliegen unter den Strahlen der Sonne herum, aber nicht alle bedeuten etwas! Nichts ist so gewiss, als dass Odysseus in der Ferne starb!« Im Übrigen beharrten die Freier weiter darauf, dass Telemachos' Mutter selbst das Haus verlassen, zu ihrem Vater ziehen und dort wählen solle.

Da drang Telemachos nicht weiter in sie, sondern ließ ein Schiff mit zwanzig Ruderern bereitmachen, um in Pylos und in Sparta über seinen verschollenen Vater nachzuforschen. Wenn er am Leben sei, so wolle Telemachos noch ein Jahr zusehen; sei er tot, so möge ein anderer seine Mutter heiraten.

Jetzt erhob sich Mentor, ein Freund und Altersgenosse des Odysseus, dem Odysseus, als er in die Schlacht um Troja zog, die Sorge um sein Haus anvertraut hatte, sodass er unter der Oberaufsicht seines Vaters Laërtes alles in Ordnung hielt. Mentor ereiferte sich zornig gegen die Freier und rief: »Kein Wunder, wenn ein König alles Recht vergisst, stets zornig wäre und grausam frevelte! Denn die Menschen verdienen es nicht besser! Wer in diesem Kreis gedenkt denn noch des freundlichen und väterlichen

DIE FOLGEN DES TROJANISCHEN KRIEGES

Herrschers Odysseus? Ungestraft prassen die Freier von seinem Besitz. Und ich kann es ihnen nicht einmal verargen, da sie in dem Wahn handeln, dass Odysseus nicht mehr zurückkehren wird! Euch anderen aber, dem Volk, nehme ich es übel, die ihr stumm dasitzt und zuseht und nicht einmal versucht die frevelnden Freier im Zaum zu halten, obwohl ihr ihnen an Zahl hoch überlegen seid!«

Doch Leiokritos, einer der frechsten Freier, verspottete ihn: »Odysseus soll ruhig kommen, du alter Schadenfroh. Wir wollen doch mal sehen, ob er mit uns fertig wird, wenn er uns beim Mahl überrascht! Und glaubt mir nur, Penelope selbst, so sehr sie sich auch nach ihm zu sehnen scheint, würde sich am allerwenigsten über seine Ankunft freuen. Möge ihn das böse Verhängnis vertilgen! Aber jetzt lasst uns gehen, ihr Männer! Mögen Mentor und der alte Vogelschauer die Reise des Knaben Telemachos beschleunigen. Aber, was wollen wir wetten? Er sitzt noch nach Wochen unter uns und wartet hier in Ithaka selbst auf die Botschaft von seinem Vater. Nimmermehr vollendet er die Reise!«

Lärmend gingen die Freier auseinander, und die ganze Volksversammlung tat, ohne einen Beschluss gefasst zu haben, das Gleiche. Ein jeder ging nach Hause und die Freier lagerten sich wieder im Palast des Odysseus.

Telemachos bei Nestor

Telemachos ging ans Ufer des Meeres hinab, wusch seine Hände in der Flut und rief den unbekannten Gott, der tags zuvor in Menschengestalt in seinem Palast erschienen war. Da nahte sich ihm Pallas Athene, Mentor, dem Freund seines Vaters in Gestalt und Stimme ähnlich, und sprach: »Telemachos, wenn du auch weiterhin kühn und entschlossen sein wirst, und wenn der Geist deines Vaters, des klugen Odysseus, nicht ganz von dir gewichen ist, dann hoffe ich, dass du deinen Entschluss in die Tat umsetzen wirst! Ich bin ein alter Freund deines Vaters, ich will dafür sorgen, dass du ein schnelles Schiff bekommst und dich persönlich begleiten!«

Telemachos, der überzeugt davon war, dass Mentor selbst zu ihm gesprochen hatte, eilte entschlossen nach Hause. Unterwegs begegnete er dem jungen Freier Antinoos, der ihm lachend die Hand entgegenstreckte und sprach: »Unbändiger, trotziger Jüngling, zürne nicht länger! Iss und trink lieber wieder mit uns wie bisher! Lass die Bürger deine Reise vorbereiten, und wenn sie das Schiff und die Mannschaft ausgerüstet haben, dann kannst du meinetwegen nach Pylos fahren!«

Aber Telemachos erwiderte: »Nein, Antinoos, ich kann nicht mehr län-

Irrfahrten des Odysseus

ger schweigen und mit euch ausschweifenden Männern am Tisch sitzen! Ich bin kein Kind mehr. Ich habt es von nun an mit einem mutigen Mann zu tun, egal ob ich nach Pylos fahre oder hier auf unserer Insel bleibe! Aber ich will fahren, und nichts kann mich von meinem Entschluss abbringen.« Mit diesen Worten zog er leicht seine Hand aus der Hand des Freiers und eilte in die Vorratskammer seines Vaters hinab, wo Gold und Erz zuhauf lagen, kostbare Gewänder im Kasten ruhten, Krüge voll duftenden Öles und Fässer mit balsamischem Wein gefüllt an die Mauer gelehnt umherstanden. Hier traf er auf die alte Magd Eurykleia, die die Vorratskammer betreute, schloss hinter ihr die Pforte und sagte zu ihr: »Mütterchen! Schöpfe und fülle mir geschwind zwölf Henkelkrüge mit Wein voll und verschließe sie gut. Schütte mir auch zwanzig Maß fein gemahlenes Mehl in Schläuche und staple alles. Denn noch bevor die Nacht einbricht, wenn meine Mutter schon ihr Schlafgemach aufgesucht hat, komme ich und hole alles ab. Erst in zwölf Tagen, oder wenn sie mich selber vermisst, darfst du ihr sagen, dass ich fortgegangen bin, um meinen Vater zu suchen!« Unter Tränen versprach es ihm die Magd und erledigte alles, wie er ihr aufgetragen hatte.

Unterdessen hatte Athene die Gestalt des Telemachos selbst angenommen, Gefährten für die Reise geworben und von dem reichen Bürger Noëmon ein Schiff für die Reise geborgt. Dann betäubte sie die Freier, sodass ihnen die Becher aus der Hand fielen und sie in den tiefen Schlaf der Betrunkenen fielen. Dann schlüpfte sie wieder in die Gestalt des Mentor, gesellte sich zu Telemachos und ermunterte ihn, die Fahrt nicht länger aufzuschieben. Kurz danach standen beide am Meer, trafen dort die Gefährten, ließen die Verpflegung auf das Schiff bringen und gingen an Bord. Als die Wogen schon um den Kiel schlugen und der Wind die Segel blähte, brachten sie den Göttern ein Trankopfer dar und schossen bei günstigem Wind die ganze Nacht hindurch pfeilschnell dahin.

Bei Sonnenaufgang lag Nestors Stadt Pylos vor ihren Augen. Dort brachte gerade das Volk, das sich in neun Gruppen aufgeteilt hatte, dem Meeresgott neun schwarze Stiere zum Opfer dar, verbrannte sie für den Gott und verzehrte die Überreste. Da legten die Männer aus Ithaka an. Telemachos, den Athene als Mentor führte und dem sie guten Mut verliehen hatte, eilte unter die Versammlung des pylischen Volkes. Hier saß Nestor mit seinen Söhnen. Freunde bereiteten das Mahl vor und Diener steckten das Fleisch auf Spieße und brieten es. Als nun die Pylier sahen, dass Fremde an Land gegangen waren und auf sie zukamen, eilten sie ihnen sogleich entgegen, boten ihnen die Hände zum Gruß und luden Telemachos und seinen Führer an die Tafel ein. Insbesondere Peisistratos, der Sohn Nestors, nahm beide bei der Hand, nötigte sie freundlich am Gastmahl teilzunehmen und wies ihnen auf dicken Schaffellen am Strand

DIE FOLGEN DES TROJANISCHEN KRIEGES

den Ehrenplatz zwischen seinem Bruder Thrasymedes und seinem Vater Nestor an. Dann legte er ihnen von dem besten Fleisch vor, füllte zwei goldene Becher mit Wein, trank ihnen unter Handschlag zu und sprach zu der verborgenen Göttin Athene: »Bring mir dem Poseidon ein Trankopfer mit einem Gebet dar, oh Fremdling, und lass deinen jüngeren Freund das Gleiche tun! Denn alle Menschen brauchen die Götter!« Athene nahm den Becher, bat den Meeresgott um seinen Segen für Nestor, seine Söhne und alle Pylier, und für glückliche Erfüllung dessen, weswegen Telemachos seine Reise unternommen hatte. Dann goss sie den Trank zu Boden und forderte ihren jungen Begleiter auf, das Gleiche zu tun.

Darauf wandte man sich Trank und Speise zu. Und als Hunger und Durst gestillt waren, begann der alte Nestor ein freundliches Gespräch und erkundigte sich nach Herkunft und Absicht des Fremden.

Telemachos beantwortete ihm beides, und als er auf seinen Vater Odysseus zu sprechen gekommen war, sprach er seufzend: »Vergebens versuchten wir bisher sein Schicksal zu erkunden. Wir wissen nicht, ob er auf dem Festland von Feindeshand gestorben ist oder ob ihn das Meer verschlungen hat. Darum flehe ich dich an, mir seinen traurigen Tod zu verkünden, ob du nun Augenzeuge gewesen warst oder nur davon gehört hast. Schone mich nicht aus Mitleid, sondern berichte mir alles genau!«

»Lieber Jüngling«, antwortete Nestor, »so höre denn, wie alles gegangen ist.« Dann holte der Alte weit aus, wie es die Art der Greise ist, berichtete vom Tod der größten Helden vor den Mauern Trojas, dem Streit der beiden Atriden und schließlich von seiner eigenen Rückfahrt. Aber von Odysseus wusste er so wenig wie Telemachos selbst. Dagegen berichtete er ihm aber ausführlich vom Tod Agamemnons in Mykene und der Rache des Orestes. Schließlich riet er ihm nach Sparta zum Fürsten Menelaos zu gehen, der erst kürzlich von fernen Menschen, an deren Küste ihn der Sturm verschlagen hatte, zurückgekehrt sei. Da Menelaos am längsten von allen Griechenhelden auf der Fahrt gewesen sei, sei es auch am wahrscheinlichsten, dass er irgendwo etwas über das Schicksal des Odysseus erfahren hatte.

Athene, als Mentor, billigte den Vorschlag und erwiderte darauf: »Über unsere Gespräche ist es Abend geworden. Erlaube jetzt, oh lieber Greis, meinem jungen Freund dich in den Palast zu begleiten und dort zu ruhen. Ich selbst will nach unserem Schiff sehen und unsere Gefährten auffordern, alles Nötige anzuordnen. Dann will ich dort mein Nachtlager nehmen. Morgen früh fahre ich zum Volk der Kaukonen, wo ich eine Schuld einzufordern habe. Meinen Freund Telemachos aber sende du selbst« – Nestor hatte dies so angeboten – »mit deinem Sohn auf einem Wagen nach Sparta.«

Irrfahrten des Odysseus

So sprach Athene, und plötzlich verwandelte sie sich in einen Adler und flog zum Himmel empor. Alle blickten ihr staunend nach. Da ergriff Nestor Telemachos' Hand und sprach: »Du darfst niemals verzagen und trostlos werden, mein Lieber, da schon in deiner Jugend Götter an deiner Seite sind, um dich zu beschützen! Denn keine andre als Athene, die Tochter des Zeus, war deine Gefährtin, die auch deinen tapferen Vater vor allen anderen Griechen immer besonders geehrt hat!« Dann richtete der Alte ein frommes Gebet an die Göttin, gelobte ihr am nächsten Morgen ein Rind zu opfern und führte seinen Gast mit seinen Söhnen und Schwiegersöhnen zur Nachtruhe in den Königspalast nach Pylos. Hier wurde noch einmal ein Trankopfer dargebracht und ein Umtrunk genommen. Dann begab sich jeder zur Ruhe. Telemachos erhielt seine Lagerstatt in einem reich verzierten Bettgestell unter der hohen Halle des Hauses, und neben ihm legte sich Peisistratos, der tapfere Sohn des Nestor, zur Ruhe.

Kaum schimmerte die Morgenröte in den Palast, da erhob sich der rüstige Nestor von seinem Lager, trat vor die Schwelle und setzte sich auf die schönen weißen Marmorquader nieder, die als Ruhesitze an den Flügeltoren des Palastes angebracht waren, und wo schon sein Vater Neleus oft gesessen hatte. Seine sechs Söhne versammelten sich um ihn, und der letzte, Peisistratos, brachte auch den Gast aus Ithaka mit, der den König Nestor begrüßte, dann aber die Versammlung wieder verließ. Nun wurde die Kuh herbeigeholt, die Nestor Athene als Opfer versprochen hatte. Der Goldschmied Laërkes wurde gerufen, der die Hörner des Rindes vergolden musste, die Mägde im Palast bereiteten ein Festmahl, stellten Stühle auf und brachten Holz und frisches Wasser herbei. Vom Schiff herauf kamen Telemachos' Freunde. Nestors Söhne führten die Kuh an den vergoldeten Hörnern herbei, ein anderer trug Wasserbecken und Opfergerste, der vierte brachte die Axt, mit der das Opfer geschlachtet werden sollte, ein fünfter hielt die Schale hin, um das Blut aufzufangen. Als das Opfertier den Streich mit der Axt erhalten hatte, schlachtete es Peisistratos, während Nestors Gemahlin und seine Töchter zu der Göttin beteten. Die besten Stücke wurden für die Göttin verbrannt und dunkler Wein darauf geschüttet, das Übrige wurde an Spieße gesteckt und gebraten.

Telemachos war bei dem Opfer nicht dabei gewesen, er hatte sich entfernt, um sich in einem warmen Bad von der Reise zu erholen. Nun trat er, in einen schönen Leibrock gekleidet und in einen prächtigen Mantel gehüllt, wieder unter die Versammelten. Man setzte sich zum Schmaus und nach dem fröhlichen Mahl spannte man die schönsten Pferde vor den Wagen, der den jungen Gastfreund nach Sparta bringen sollte. Eine Magd legte Brot, Wein und andere Speisen hinein, und Telemachos stieg auf. Neben ihn setzte sich Peisistratos, nahm die Zügel und schwang die Peitsche. Die Pferde flogen dahin; bald lag die Stadt Pylos hinter ihnen, und den ganzen Tag ging es im Fluge weiter, ohne dass die Tiere ausruhen mussten.

Als die Sonne schon fast versank und die Wege schattiger wurden, kamen sie zu der Stadt Pherei, wo ein edler Griechenheld namens Diokles, der Sohn des Orsilochos, lebte. Er nahm die reisenden Fürstensöhne gastfreundlich auf und sie übernachteten bei ihm. Am nächsten Morgen fuhren sie weiter durch üppige Weizenfelder, und mit dem Abendschatten erreichten sie schließlich die große, zwischen Bergen gelegene Stadt Lakedaimon, auch Sparta genannt.

Telemachos in Sparta

Freunde und Nachbarn umgaben den Fürsten Menelaos beim fröhlichen Schmaus in seinem Palast in Sparta; ein Sänger spielte die Harfe, zwei Gaukler machten lustige Sprünge im Kreis: Der Landesherrscher feierte die doppelte Verlobung zweier Kinder, der lieblichen Hermione, Helenas Tochter, die damals Neoptolemos, dem mutigen Sohn des Achilles, als Braut gesandt werden sollte, und des Megapenthes, eines Sohnes von einer Nebenfrau, der mit einer edlen Spartanerin verlobt wurde. Unter diesem Getümmel hielten Telemachos und Peisistratos mit ihrem Wagen vor dem Königspalast. Ein Krieger des Menelaos, der sie erblickt hatte, meldete dem Fürsten die Ankunft der Fremden und fragte an, ob die Pferde ausgespannt oder die Fremden wegen der festlichen Feier in eine Herberge gebracht werden sollten. »Ei, Held Eteoneus«, antwortete ihm Menelaos ärgerlich, »du warst doch sonst nie ein Tor, heute aber redest du wie ein Kind. Wie viel Gastfreundschaft habe ich selbst schon bei anderen Menschen genossen – und ich sollte nun Fremdlinge abweisen? Lass schnell die Pferde ausspannen und bring die Männer zum Gastmahl herein!« Der Krieger verließ eilends mit einer Schar von Dienern den Saal und tat, wie ihm Menelaos geheißen hatte.

Die Gäste wurden in den prächtigen Palast geführt. Zunächst nahmen sie ein Bad, um sich den Staub des Weges abzuwaschen, dann brachte man sie zu König Menelaos, und sie nahmen an seiner Seite an der Tafel Platz. Staunend betrachtete Telemachos den prunkvollen Palast und die üppige Bewirtung und flüsterte seinem Freund ins Ohr: »Sieh nur, Peisistratos, das Erz, das rings um den gewölbten Saal glänzt, das Gold und Silber und das schimmernde Elfenbein! Welch unendlicher Reichtum! Zeus' Palast auf dem Olymp kann nicht prächtiger sein! Mich erfüllt dieser Anblick mit Staunen!«

Telemachos hatte nicht so leise gesprochen, dass Menelaos nicht die

Irrfahrten des Odysseus

letzten Worte gehört hätte. »Liebe Söhne«, sprach er lächelnd, »mit Zeus darf kein Sterblicher wetteifern! Sein Palast und sein Besitz sind unvergänglich! Aber eines ist wahr: Unter den Menschen wird sich nicht so leicht einer mit mir im Reichtum messen können. Unter vielen Leiden und Irrfahrten habe ich meine Reichtümer aufgehäuft, und ich brauchte acht Jahre, bis ich wohlbehalten wieder in die Heimat kam. Auf Kypros, in Phönizien, in Ägypten, Äthiopien und Libyen bin ich gewesen. Das ist ein Land, ihr Freunde! Dort kommen die Lämmer gleich mit Hörnern auf die Welt; die Schafe werfen dreimal im Jahr, und Fleisch, Milch und Käse gibt es immer genug! Während ich mir in diesen Ländern viel kostbare Habe sammelte, hat in Mykene ein anderer meinen Bruder erschlagen, ein Meuchelmörder, geleitet durch die List eines treulosen Weibes, sodass ich trotz all meines Besitzes doch nicht unbeschwert herrschen kann! Doch all dies habt ihr gewiss schon von euren Vätern gehört, wer immer sie sein mögen! Und gern wäre ich mit einem Drittel meines Besitzes zufrieden, wenn nur die Männer noch lebten, die vor Troja gefallen sind! Und doch – um keinen trauere ich so innig, wie um einen, der mir Schlaf und Speise verleidet, wenn ich an ihn denke! Denn kein andrer Grieche hat so viel durchgestanden wie Odysseus! Und nun weiß ich nicht einmal, ob er noch lebt oder tot ist!«

Ohne es zu wollen, rührte Menelaos den Telemachos mit seinen Worten so sehr, dass ihm die Tränen von den Wimpern herabrollten und er den Purpurmantel mit beiden Händen fest vor seine Augen drücken musste. Dem König von Sparta blieb das nicht verborgen, und bald erkannte er in dem Jüngling den Sohn des Odysseus.

Unterdessen wandelte auch die Fürstin Helena, schön wie eine Göttin, aus ihrem duftenden Frauengemach hervor. Sie war von anmutigen Dienerinnen umringt: Die eine stellte ihr den Sessel hin, eine andere breitete den wollenen Teppich darunter, die dritte brachte ihr einen silbernen Korb, das Gastgeschenk der Königin von Theben in Ägypten. Er war mit gesponnenem Garn gefüllt und die volle Spindel lag darüber. So setzte sich die Königin in den Sessel, stellte die Füße auf den Schemel, fragte ihren Gemahl neugierig nach den neu angekommenen Männern und fügte leise hinzu: »Denn auf der ganzen Welt sah ich noch keinen Menschen, der dem edlen Odysseus so ähnlich wäre wie der eine der Jünglinge hier!«

Menelaos antwortete ihr: »Auch mir kommt es so vor. Die Füße, die Hände und seine Augen, sein Haar – alles ist ihm ähnlich! Auch weinte er bitterlich, als ich vorhin unserer Not und des Odysseus gedachte!«

Peisistratos hatte dies gehört, und nun sagte er laut: »Es ist so, König Menelaos, dieser ist Telemachos, der Sohn des Odysseus. Aber er ist zu bescheiden, um offen mit dir zu sprechen. Nestor, mein Vater, hat ihn mit

DIE FOLGEN DES TROJANISCHEN KRIEGES

mir gesandt, denn er hofft von dir Auskunft über seinen Vater zu erhalten.«

»Ihr Götter!«, rief Menelaos. »So ist wirklich der Sohn des geliebtesten Mannes mein Gast! Des Mannes, dem ich selbst so gern alle Liebe erweisen würde, wenn er auf der Heimkehr in mein Haus käme!«

Als nun der König fortfuhr, so voller Sehnsucht von seinem alten Freund zu sprechen, da mussten alle weinen, Helena und Telemachos und Menelaos selbst, und auch Nestors Sohn weinte, denn er musste an seinen Bruder Antilochos denken, der vor Troja gefallen war, als er seinen Vater rettete.

Schließlich aber dachten sie, dass es fruchtlos und wenig heilsam sei, beim Abendschmaus betrübt zu sein. Und nachdem die Diener ihnen allen die Hände mit Wasser besprengt hatten, wollten sie zur Nachtruhe aufbrechen. Helena aber, die als Tochter des Zeus in allerlei Wunderkünsten erfahren war, warf zuvor noch schnell ein Mittel in den letzten Becher, den sie tranken, damit der Kummer und die Erinnerung an das Leid aus ihrer aller Seelen verschwand. Wenn ein Mensch von dieser Mischung trank, so benetzte den ganzen Tag über keine Träne seine Wangen, selbst wenn sein Vater oder seine Mutter gestorben wären. Da wurden sie alle fröhlich und redeten noch bis tief in die Nacht hinein. Schließlich wurde den Gästen unter der Halle ein Bett aus prächtigen Purpurpolstern und Teppichdecken bereitet. Menelaos und Helena aber begaben sich in das Innere des Palastes.

Am nächsten Morgen fragte der Fürst seine Gastfreunde über die weiteren Hintergründe ihrer Reise aus und erfuhr dabei, wie es um den Palast seines Freundes Odysseus in Ithaka stand. Als er hörte, wie sich die Freier dort ausgebreitet hatten, rief er entrüstet: »Ha! Diese Elenden, die im Lager des gewaltigen Mannes zu ruhen gedenken! Wie der Löwe zurückkommt, wenn eine Hirschkuh ihre Jungen in sein Nest gelegt hat, während er unten im grünen Tal weidet, so wird auch Odysseus zurückkommen und ihnen ein Ende voll Entsetzen bereiten! Denn hört, was mir der Meeresgott Poseidon in Ägypten über ihn geweissagt hat, als er, in mancherlei Gestalten verwandelt, endlich von mir gebunden und gezwungen wurde, mir die Schicksale der heimkehrenden Griechenhelden zu offenbaren. ›Den Odysseus, sprach der Gott, ›sah ich im Geist auf einer einsamen Insel Tränen der Sehnsucht vergießen. Dort hält ihn die Nymphe Kalypso mit Gewalt zurück, und er besitzt weder ein Schiff noch Ruderer, um in seine Heimat zurückzukehren.‹ Nun weißt du alles, lieber Jüngling, was ich dir über deinen Vater berichten kann. Bleib nur noch elf oder zwölf Tage bei uns, dann will ich dich mit kostbaren Geschenken entlassen.«

Aber Telemachos dankte und ließ sich nicht zurückhalten. Nun

Irrfahrten des Odysseus

schenkte ihm Menelaos einen silbernen Mischkrug mit goldenem Rand, der unvergleichlich schön gearbeitet und ein Werk des Gottes Hephaistos selbst war. Dann wurde den Abschied nehmenden Gästen noch ein köstliches Frühmahl aus Ziegen und Schafen bereitet.

Verschwörung der Freier

Während sich dies in Pylos und Sparta zutrug, vergnügten sich die Freier auf der Insel Ithaka wie eh und je Tag für Tag im Palast des Odysseus und vertrieben sich die Zeit mit Scheibenschießen, Speerwerfen und anderen Spielen. Einmal, als nur Antinoos und Eurymachos, die Vornehmsten und Schönsten unter ihnen, etwas abseits saßen, trat Noëmon, der Sohn des Phronios, zu ihnen und sagte: »Was meint ihr, wann Telemachos aus Pylos zurückkommt? Das Schiff, mit dem er unterwegs ist, ist meines, und nun benötige ich es selbst, um damit nach Elis zu segeln, wo ich mir gern ein Pferd aus meinem Gestüt holen würde, um es zuzureiten.«

Die beiden anderen staunten, denn sie hatten gar nicht gewusst, dass der Jüngling tatsächlich abgefahren war. Sie hatten gemeint, dass er sich auf seinen Landsitz, zu seinen Ziegenweiden und Schweineherden begeben hätte. Außerdem dachten sie, Telemachos hätte sich des Schiffes mit Gewalt bemächtigt, und fuhren zornig auf.

Noëmon aber besänftigte sie und sprach: »Ich habe ihm mein Schiff freiwillig gegeben. Wer hätte es einem so bekümmerten Mann auch abschlagen können? Das wäre gar zu hart gewesen. Zudem folgten ihm die edelsten Jünglinge, und als Führer war Mentor bei ihm – oder war es vielleicht ein Gott, der dessen Gestalt angenommen hat? Denn ich meine den Helden gestern Morgen hier gesehen zu haben!«

Mit diesen Worten ging Noëmon zurück ins Haus. Die Freier aber waren bestürzt und verdrossen über diese Neuigkeit. Sie sprangen auf und traten mitten unter die anderen, die sich eben von ihren Wettkämpfen ausruhten und sich im Kreis gelagert hatten. Zornig trat Antinoos in ihre Mitte und sprach mit funkelnden Augen: »Dieser Telemachos hat eine großes Unternehmen begonnen, trotzig ist er auf die Fahrt gegangen, die wir nie für möglich gehalten hätten! Möge ihn Zeus vertilgen, ehe er uns Schaden zufügt. Darum, wenn ihr mir einen Schnellsegler und zwanzig Ruderer besorgen wollt, ihr Freunde, so laure ich ihm auf der Meerstraße, die Ithaka von Same trennt, auf, und seine Entdeckungsreise soll schrecklich enden!« Alle riefen ihm Beifall zu und versprachen, ihm zu verschaffen, was er benötigte. Dann brachen die Freier auf und zogen sich in den Palast zurück.

DIE FOLGEN DES TROJANISCHEN KRIEGES

Doch sie waren nicht unbelauscht geblieben. Der Herold Medon, der sich in seinem Innern längst von den frechen Freiern abgewendet hatte, obgleich er in ihren Diensten stand, hatte alles gehört. Er eilte in Penelopes Gemächer und berichtete seiner Herrin alles, was er gehört hatte. Die Fürstin erbebte, als sie die schlimmen Nachrichten vernommen hatte, und blieb lange sprachlos; der Atem stockte ihr und ihre Augen waren mit Tränen gefüllt. Nach einer Weile sagte sie: »Herold! Warum ist mein Sohn auch abgereist? Reicht es ihm nicht, dass sein Vater untergegangen ist? Soll der Name unseres Hauses ganz von der Erde vertilgt werden?« Und da Medon ihr nichts weiter sagen konnte, sank sie weinend an der Schwelle ihres Gemaches nieder und ringsum schluchzten die Mägde mit ihr. »Warum ist er auf die Fahrt gegangen, ohne es mir zu sagen? Gewiss hätte ich ihn umstimmen können! Rufe mir doch einer Dolios, den alten Knecht des Hauses! Er soll gehen und dem Laërtes all dies berichten. Vielleicht weiß er als alter erfahrener Mann einen Rat!«

Da begann Eurykleia, die alte Magd, zu sprechen: »Und wenn du mich tötest, Herrin! Ich habe alles gewusst. Ich gab ihm, was er brauchte. Doch unter Eid musste ich ihm schwören, dir nichts von seiner Reise zu sagen, ehe nicht zwölf Tage vergangen wären oder du dich selbst nach ihm erkundigtest. Jetzt aber rate ich dir: Bade und schmücke dich, begib dich mit deinen Dienerinnen auf den Söller und flehe bei Athene, der Tochter des Zeus, um ihren göttlichen Schutz für deinen Sohn!«

Penelope befolgte den Rat der alten Frau und legte sich nach dem feierlichen Gebet traurig und ohne gegessen zu haben schlafen. Da sandte ihr Athene im Traum das Bild ihrer Schwester Iphthime, der Gemahlin des Helden Eumelos, die sie tröstete und ihr verkündete, dass ihr Sohn zurückkehren würde. »Sei getrost«, sprach sie, »deinen Sohn begleitet eine Führerin, um die ihn andere Männer beneiden dürften: Pallas Athene selbst ist an seiner Seite, sie wird ihn gegen die Freier schützen. Sie hat auch mich zu dir gesandt.« Nach diesen Worten verschwand die Gestalt an der verschlossenen Tür. Froh und zuversichtlich erwachte Penelope aus ihrem Schlaf. Sie vertraute auf den wahrheitverkündenden Morgentraum.

Unterdessen hatten die Freier ungehindert ihr Schiff bereitgemacht, und Antinoos war mit zwanzig tapferen Ruderern an Bord gegangen. Mitten in der Meerstraße, welche die Inseln Ithaka und Same voneinander trennt, lag eine Felseninsel, die von schroffen Klippen umgeben war. Darauf fuhren sie zu und legten sich dort in einen Hinterhalt.

Irrfahrten des Odysseus

Odysseus verlässt Kalypso
und scheitert im Sturm

Der Götterbote Hermes schwang sich aus dem Äther ins Meer, eilte wie eine Möwe durch die Wogen und kam, wie in der Götterversammlung beschlossen worden war, auf Ogygia, der Insel der Kalypso an. Auch fand er die Nymphe mit den schönen Locken zu Hause. Auf dem Herd brannte eine lodernde Flamme, und der Rauch des gespaltenen brennenden Zedernholzes zog würzig über die Insel. Kalypso aber sang mit tönender Stimme und spann dazu mit einer goldenen Spule einen prächtigen Stoff. Der Grotte, in der sich ihre Gemächer befanden, gab ein grünender Hain mit Erlen, Pappeln und Zypressen, in welchen bunte Habichte, Eulen und Krähen nisteten, seinen Schatten. Auch ein Weinstock wuchs über das Felsengewölbe dahin, voll von reifenden Trauben, die aus dem dichten Laub hervorblickten. Vier Quellen entsprangen in der Nähe und schlängelten sich an der Grotte vorbei dahin und dorthin und bewässerten saftige grüne Wiesen, auf denen Veilchen, Eppich und andere Kräuter und Blumen blühten.

Der Götterbote bewunderte die liebliche Lage der Nymphengrotte und ging hinein. Als Kalypso ihn sah, erkannte sie ihn sogleich. Denn so weit entfernt sie auch von einander wohnen mögen, so kennen die Götter einander doch. Den Odysseus traf Hermes dort jedoch nicht an. Er saß, wie er das immer tat, traurig am Strand und blickte mit Tränen in den Augen sehnsüchtig auf das öde Meer hinaus.

Als Kalypso die Botschaft des Gottes vernahm, den sie herzlich empfangen hatte, stutzte sie und sprach: »Oh ihr grausamen, eifersüchtigen Götter! Duldet ihr's denn gar nicht, dass sich eine Göttin einen Menschen zum Gemahl gewählt hat? Nehmt ihr mir den Umgang mit dem Manne übel, den ich vom Tod gerettet habe, als er, an den geborstenen Kiel seines Schiffes geklammert, an meine Küste geworfen wurde? Alle seine tapferen Freunde waren ertrunken, denn sein Schiff hatte der Blitz getroffen. Einsam schwamm er auf den Trümmern dahin. Ich nahm den armen Schiffbrüchigen freundlich auf, stärkte ihn mit Nahrung und versprach sogar, ihm Unsterblichkeit und ewige Jugend zu verleihen. Doch weil ich gegen einen Beschluss des Zeus nichts auszurichten vermag, so soll er denn wieder hinausfahren auf das weite Meer. Mutet mir aber nicht zu, dass ich ihn selbst fortschicken soll, denn es fehlt meinen Schiffen an Mannschaft und Rudergeräten. Ich will ihm aber meinen guten Rat mitgeben, damit er unversehrt das Ufer seines Heimatlandes erreicht.« Hermes war mit dieser Antwort zufrieden und eilte wieder in den Olymp zurück.

Kalypso aber ging an den Meeresstrand, wo der traurige Odysseus saß,

DIE FOLGEN DES TROJANISCHEN KRIEGES

trat nahe an ihn heran und sprach: »Armer Freund, dein Leben darf nicht weiterhin in Schwermut vergehen. Ich lasse dich ziehen. Auf, zimmere Balken, füge sie mit Erz zu einem Floß zusammen und umsäume sie mit hohen Brettern! Allerlei Labsal, Wasser, Wein und Speise lege ich dir hinein, versehe dich mit Gewändern und sende dir günstigen Wind vom Land. Mögen dich die Götter glücklich in deine Heimat geleiten!«

Misstrauisch blickte Odysseus die Göttin an und sprach: »Ich bin sicher, dass du etwas ganz anderes im Sinn hast, schöne Nymphe! Niemals werde ich ein Floß besteigen, wenn du mir nicht den großen Göttereid schwörst, dass du dir nicht irgendein Übel zu meinem Schaden ausgedacht hast!«

Aber Kalypso lächelte, streichelte ihn sanft und antwortete: »Mach dir keine so unnötigen Sorgen! Die Erde, der Himmel und der Styx sollen meine Zeugen sein, dass ich nichts Böses mit dir vorhabe! Ich rate dir nur, was ich selbst in der Not tun würde!« Mit diesen Worten ging sie voraus, Odysseus folgte ihr, und in der Grotte nahm sie noch den zärtlichsten Abschied von ihm.

Bald war das Floß gezimmert, und am fünften Tag blähte sich das Segel des Odysseus im Wind. Er saß am Ruder und steuerte erfahren durch die Flut. Er schlief nicht, sondern blickte beständig zum Himmel und richtete sich nach den Sternbildern, die Kalypso ihm beim Abschied angegeben hatte. So fuhr er siebzehn Tage über das Meer. Am achtzehnten erschien endlich das dunkle Gebirge des phäakischen Landes, das sich ihm entgegenstreckte und so trübe dalag wie ein Schild im dunklen Meer. Jetzt aber sah ihn Poseidon, der eben von Äthiopien heimkehrte und über die Berge der Solymer schritt. Er hatte an der letzten Ratsversammlung der Götter nicht teilgenommen und bemerkte nun, dass sie seine Abwesenheit genutzt hatten, um den Odysseus aus der Schlinge zu ziehen. »Nun«, sprach er zu sich selbst, »er soll mir trotzdem noch Kummer genug erleiden!« Er sammelte die Wolken, wühlte das Meer mit dem Dreizack auf und rief die Orkane herbei, dass sie miteinander kämpften, sodass Meer und Erde in Finsternis gehüllt wurden. Alle Winde pfiffen um das Floß des Odysseus, dass ihm Herz und Knie zitterten und er darüber zu jammern begann, dass er nicht unter den trojanischen Speeren gestorben war. Und während er noch so seufzte, schlug eine hohe Welle über ihm zusammen, sodass ihm das Ruder aus der Hand fuhr, er weit von seinem Floß geschleudert wurde und das Floß selbst in Trümmer ging. Mastbaum und Segelstangen trieben da und dort über das tobende Meer. Odysseus aber war in der Brandung untergegangen, und das nasse Gewand zog ihn immer tiefer hinab. Endlich kam er wieder an die Wasseroberfläche, spuckte das Salzwasser aus, das er geschluckt hatte, und schwamm den Trümmern des Floßes nach, deren größtes Stück er schließlich auch glücklich erreichte, und ließ sich mitten darauf nieder. Und wie er nun

Irrfahrten des Odysseus

auf dem zerschmetterten Floß dahintrieb wie eine Distel im Wind, da erblickte ihn die Meeresgöttin Leukothea, und der arme Dulder tat ihr Leid. Wie ein Wasserhuhn flog sie aus dem Strudel empor, setzte sich auf die Balken und sprach zu ihm: »Lass dir raten, Odysseus, zieh dein Gewand aus und überlass das Floß dem Sturm. Schnell, binde dir meinen Schleier unter die Brust und dann – verachte schwimmend alle Schrecken des Meeres!« Odysseus nahm den Schleier, die Göttin verschwand, und, obwohl er der Erscheinung misstraute, so gehorchte er dennoch dem Rat. Während Poseidon ihm die wildesten Wellen sandte, sodass das Bruchstück des Floßes vollends in Trümmer ging, setzte er sich rittlings auf einen einzigen Balken, zog das lange, schwere Gewand, das Kalypso ihm geschenkt hatte, aus und sprang mit dem Schleier umgürtet in die Flut.

Poseidon schüttelte ernst das Haupt, als er sah, dass der entschlossene Mann den Sprung tatsächlich wagte, und sprach: »So irre denn, von Jammer umgeben, durch die Meeresflut! Du wirst das Elend noch satt haben!« Mit diesen Worten verließ der Gott die See und zog sich in seinen Palast zurück.

Odysseus trieb nun noch zwei Tage und Nächte auf dem Meer umher, dann erblickte er endlich ein bewaldetes Ufer, wo die Brandung an Klippen donnerte. Und noch bevor er selbst den Entschluss fassen konnte, trug ihn eine Woge an die Küste. Mit beiden Händen klammerte er sich an eine Klippe – doch eine Welle schleuderte ihn wieder ins Meer zurück. Er versuchte sein Glück nun wieder mit Schwimmen und fand schließlich ein leicht zugängliches, seichtes Ufer und eine sichere Bucht, an der ein kleiner Fluss ins Meer mündete. Er flehte zum Gott dieses Flusses, und der erhörte ihn auch, besänftigte das Wasser und ermöglichte es ihm so, an Land zu schwimmen. Atemlos sank er am Ufer zusammen, aus Mund und Nase lief ihm das Meerwasser, und vollkommen erschöpft von der fürchterlichen Anstrengung verlor er das Bewusstsein. Als er wieder zu sich kam, nahm er den Schleier der Göttin Leukothea dankbar ab und warf ihn in die Wellen zurück, damit ihn seine Besitzerin wieder zurückbekam. Dann warf er sich nieder und küsste die wiedergewonnene Erde. Er fror, weil er nackt war, denn ein kühler Nachtwind wehte von Osten. Er beschloss den Hügel hinaufzugehen und sich unter den Bäumen ein Lager zu suchen. Zwischen zwei verschlungenen Olivenbäumen, die so dicht belaubt waren, dass kein Wind, kein Regen und auch kein Sonnenstrahl hindurchdrang, ließ er sich nieder. Er raffte die gefallenen Blätter zusammen, legte sich mitten hinein und deckte sich damit zu. Ein erholsamer Schlaf kroch bald über seine Augenlider und ließ ihn alles überstandene und bevorstehende Leid vergessen.

DIE FOLGEN DES TROJANISCHEN KRIEGES

Nausikaa

Während Odysseus erschöpft auf seinem Blätterlager lag und schlief, war seine Beschützerin Athene fürsorglich um ihn bedacht. Sie eilte auf die Insel Scheria der Phäaken, wo er sich nun befand. Dort herrschte der weise König Alkinoos, und Athene begab sich in seinen Palast, um das Schlafgemach der Nausikaa, der jungfräulichen Tochter des Königs aufzusuchen, die so schön und anmutig wie eine Göttin war. Von zwei Mägden, die ihre Betten an der Pforte hatten, bewacht, schlief sie in einer hohen, hellen Kammer. Leise wie ein Lufthauch nahte sich Athene ihrem Lager, trat an ihr Haupt, und in Gestalt einer ihrer Freundinnen sprach sie zu ihr im Traum: »Ei, du faules Mädchen, wie wird dich doch die Mutter schelten! Denn du hast dich gar nicht um deine schönen Gewänder gekümmert, die ungewaschen im Schrank liegen! Wenn es einmal Zeit für deine Vermählung ist und du etwas Schönes für dich selbst brauchst und für die Jünglinge, die deine Brautführer werden – was soll dann werden? Schöne Kleider zeichnen jedermann aus, und auch deine lieben Eltern freuen sich über nichts anderes so sehr! Auf! Erhebe dich mit der Morgenröte, um sie zu waschen. Ich will dich begleiten und dir helfen, damit du schneller fertig wirst. Du wirst doch nicht mehr lange unvermählt bleiben, denn schon seit einiger Zeit werben die Edelsten aus dem Volk um die schöne Königstochter!«

Da verließ der Traum das Mädchen. Eilig erhob sie sich von ihrem Lager und ging in die Kammer ihrer Eltern. Sie waren bereits aufgestanden. Ihre Mutter saß mit Dienerinnen am Herd und spann purpurne Seide, der König aber begegnete ihr unter der Pforte. Er hatte schon den Rat der edelsten Phäaken einberufen und wollte sich eben in die Versammlung begeben. Da nahm ihn die Tocher bei der Hand und sprach schmeichelnd: »Väterchen, willst du mir nicht einen Wagen anspannen lassen, damit ich meine kostbaren Gewänder zum Waschen an den Fluss bringen kann? Sie sind so schmutzig. Auch du willst in sauberen Kleidern im Rat erscheinen! Genauso wollen auch deine fünf Söhne, von denen drei noch unvermählt sind, in sauberen Kleidern umhergehen und geputzt beim Tanz erscheinen. Und das alles liegt doch an mir!« Dass sie aber an ihre eigene Hochzeit dabei dachte, das mochte sie sich und ihrem Vater nicht eingestehen.

Ihr Vater bemerkte es dennoch und sprach: »Geh, mein Kind, du sollst einen geräumigen Korbwagen und Maultiere erhalten. Befiehl nur deinen Knechten anzuspannen!«

Nun trug die Jungfrau die feinen Gewänder aus der Kammer und lud sie auf den Wagen. Die Mutter fügte Wein aus einem Schlauch, Brot und Gemüse hinzu, und als sich Nausikaa in den Sitz des Wagens geschwun-

528

Irrfahrten des Odysseus

gen hatte, reichte sie ihr noch die Ölflasche, damit sie sich mit ihren Dienerinnen baden und salben konnte.

Nausikaa war eine geschickte Wagenlenkerin. Sie nahm Zügel und Peitsche und lenkte den Wagen mit den Dienerinnen an das anmutige Flussufer. Hier spannten sie die Tiere ab, ließen die Maultiere im saftigen Gras weiden und trugen die Gewänder in großen Zubern an den Waschplatz. Dann wurde die Wäsche von den fleißigen Mädchen mit den Füßen gestampft, gewaschen und gewalkt, und schließlich wurden alle Kleider ordentlich am Meeresufer ausgebreitet, wo die rein gespülten Kiesel eine Steinbank bildeten. Darauf erfrischten sich die Mädchen selbst im Bad, und nachdem sie sich mit dem duftenden Öl gesalbt hatten, verzehrten sie fröhlich das mitgebrachte Mahl am grünen Ufer und warteten, bis die Wäsche in der Sonne getrocknet war.

Nach dem Mahl vergnügten sich die Jungfrauen mit Tanz und Ballspielen auf der Wiese, nachdem sie ihre Schleier und was sonst noch an ihren Kleidern hinderlich war, abgelegt hatten. Nausikaa aber stimmte als Erste einen Gesang an. In ihrer Schönheit und ihren edlen Gesichtszügen hob sie sich vor all den anderen Mädchen dabei ab. Die Jungfrauen stimmten mit ein, und ihre Fröhlichkeit war groß. Als nun die Königstochter einmal den Ball einer Freundin zuwerfen wollte, da lenkte ihn die Göttin Athene, die unsichtbar zugegen war, so, dass er das Mädchen verfehlte und in den strudelnden Fluss fiel. Die Mädchen schrien darüber auf, und Odysseus, der in der Nähe unter den Olivenbäumen schlief, erwachte. Horchend richtete er sich auf und sprach zu sich selbst: »Zu wem bin ich denn hier gekommen? Bin ich unter wilde Räuberhorden geraten? Mir war aber, als hörte ich fröhliche Mädchenstimmen, die wie Berg- oder Quellnymphen klangen! Da bin ich wohl doch in der Nähe von gesitteten Menschenkindern!«

Indem er mit seiner kräftigen Hand einen dicht belaubten Zweig aus dem Gehölz abbrach und damit seine Blöße bedeckte, tauchte er aus dem Dickicht auf, und, von der Not gedrängt, erschien er wie ein Berglöwe unter den zarten Jungfrauen. Vom Schlamm des Meeres war er noch ganz entstellt, und so meinten die Mädchen ein Seeungeheuer vor sich zu sehen und flüchteten auf die hohen waldigen Anhöhen des Strandes. Nur die Tochter des Alkinoos blieb stehen. Athene hatte ihr Mut eingeflößt und sie blickte den Fremdling an. Odysseus überlegte, ob er die Knie der Jungfrau umfassen oder sie aus ehrerbietiger Entfernung anflehen sollte, ihm ein Gewand zu schenken und ihm zu zeigen, wo die Menschen lebten. Das Letztere hielt er für angebrachter und er rief ihr daher von weitem zu: »Ob du eine Göttin oder eine Jungfrau bist, um Schutz flehend nahe ich mich dir! Wenn du eine Göttin bist, so achte ich dich wie Artemis, denn du bist so schön wie sie; wenn du eine Sterbliche bist, dann preise ich

DIE FOLGEN DES TROJANISCHEN KRIEGES

deine Eltern und deine Brüder glücklich. Das Herz muss ihnen im Leibe zittern über deine Schönheit, wenn sie sehen, wie solch ein wunderbares Geschöpf den Reigen tanzt. Und wie über alle Maßen glücklich ist der, der dich als Braut nach Hause führt! Mich aber sieh gnädig an, denn ich bin in unaussprechlichen Jammer gestürzt. Gestern waren es zwanzig Tage, seit ich von der Insel Ogygia abgefahren bin. Ein Sturm ergriff mein Floß, als Schiffbrüchiger wurde ich an diese Küste getrieben, die ich nicht kenne, und wo mich niemand kennt. Erbarme dich meiner. Gib mir etwas, womit ich meinen Körper bedecken kann, zeige mir die Stadt, in der du wohnst. Mögen dir die Götter dafür geben, was dein Herz begehrt, einen Gatten, ein Haus und Frieden und Eintracht dazu!«

Nausikaa entgegnete ihm: »Fremdling, du scheinst mir kein böser und kein törichter Mann zu sein. Da du dich an mich und mein Land gewendet hast, soll es dir weder an Kleidung noch an sonst etwas fehlen, was ein um Schutz Flehender erwarten kann. Ich will dir auch die Stadt zeigen und dir den Namen unseres Volkes sagen: Phäaken sind es, die diese Felder und dieses Reich bewohnen. Ich selbst bin die Tochter des hohen Königs Alkinoos.« Dann rief sie ihre Dienerinnen herbei, indem sie sie wegen des Fremdlings zu beruhigen versuchte. Die Mägde aber ermunterten sich gegenseitig, doch hinzugehen. Schließlich gehorchten sie der Fürstin, und nachdem sich Odysseus an einer verborgenen Stelle gebadet hatte, legten sie einen Leibrock und einen Mantel, die sie aus ihren Gewändern ausgesucht hatten, in das Gebüsch. Als der Held sich den Schmutz vom Leib gewaschen und sich gesalbt hatte, zog er die Kleider an, die ihm die Fürstentochter geschenkt hatte und die ihm sehr gut passten. Athene bewirkte dazu, dass er schöner anzusehen war: Von seinem Scheitel goss sie ihm schön gelocktes Haar, und Haupt und Schultern glänzten vor Anmut. So in Schönheit strahlend, trat er aus dem Ufergebüsch hervor und setzte sich seitwärts von den Jungfrauen.

Nausikaa betrachtete staunend die herrliche Gestalt und sagte zu ihren Begleiterinnen: »Dieser Mann wird gewiss nicht von allen Göttern verfolgt. Einer von ihnen muss mit ihm sein und hat ihn nun in das Land der Phäaken gebracht. Wie unansehnlich er anfangs schien, als wir ihn zuerst erblickten, und jetzt gleicht er wahrhaftig den Bewohnern des Himmels selbst! Gäbe es doch einen solchen Mann in unserm Volk und wäre er mir vom Geschick als Gemahl bestimmt! Auf, ihr Mädchen, gebt dem Fremden auch Trank und Speise!«

Nachdem Odysseus sich an der lange entbehrten Nahrung gestärkt hatte, wurde der Wagen wieder mit den gewaschenen und getrockneten Gewändern beladen, die Maultiere wurden angespannt und Nausikaa stieg wieder in den Wagensitz. Den Fremden aber ließ sie zu Fuß zusammen mit den Dienerinnen hinter dem Wagen folgen. »Das tu, solange es durch Wiesen und Äcker geht. Bald wirst du die Stadt sehen«, sagte sie freundlich zu ihm. »Eine hohe Mauer umgibt sie, ihre beiden Seiten – denn sie liegt am Meer – schließt ein großer Hafen mit einem schmalen Zugang ein. Dort befindet sich auch der Marktplatz mit einem prächtigen Tempel des Meeresgottes Poseidon, wo Seile, Segeltücher, Ruder und anderes Schiffsgerät verkauft werden. Mit Köcher und Bogen machen sich unsere Phäaken nicht viel zu schaffen, aber tüchtige Seeleute, das sind sie! Wenn wir nun zur Stadt kommen, dann würde ich gerne das Gerede der Leute vermeiden, denn dieses Volk ist übermütig. Da könnte wohl ein Bauer, der uns begegnet, sagen: ›Was folgt doch der Nausikaa für ein schöner, großer Fremdling? Wo hat sie den denn her? Er wird ganz sicher ihr Gemahl!‹ Das wäre mir peinlich. Mir selbst würde es auch nicht gefallen, wenn eine Freundin sich vor der öffentlichen Vermählung mit einem Fremden zeigen würde, ohne dass ihre Eltern es wüssten! Wenn du also an einen Pappelwald kommst, der der Athene heilig ist und wo ein Bach entspringt, der sich durch die Wiese schlängelt, kaum einen Heroldsruf von der Stadt entfernt, dann warte dort ein wenig – nur so lange, bis du annehmen kannst, dass wir die Stadt erreicht haben. Dann kannst du uns nachkommen. Du wirst den prächtigen Palast meines Vaters leicht aus den anderen Gebäuden herauskennen. Umfasse dort die Knie meiner Mutter, denn wenn sie dir gut gesonnen ist, dann kannst du sicher sein, dass du deine Heimat wieder sehen wirst!«

Nun fuhr Nausikaa mit dem Wagen voraus, doch langsam genug, dass Odysseus und die Mädchen dem Wagen folgen konnten. Am Hain der Athene blieb der Held zurück und betete flehend zu der Göttin, die seine Beschützerin war. Sie erhörte ihn auch. Doch weil sie die Nähe ihres Bruders Poseidon fürchtete, zeigte sie sich Odysseus nicht offen in diesem fremden Land.

Odysseus bei den Phäaken

Die Jungfrau war bereits im Palast ihres Vaters angekommen, als Odysseus den heiligen Hain verließ und ebenfalls den Weg zur Stadt einschlug. Athene entzog ihm auch jetzt ihre Hilfe nicht. Damit kein mutwilliger Phäake den wehrlosen Wanderer verletzen konnte, verbreitete sie Nacht um ihn herum, ohne dass er selbst es bemerkte. Kurz vor den Toren der Stadt jedoch konnte sie es doch nicht lassen, ihm in der sichtbaren Gestalt eines jungen Phäakenmädchens, das einen Wasserkrug trug, zu begegnen. »Töchterchen«, sprach der Held sie an, »möchtest du mir nicht den Weg zum Palast des Königs Alkinoos zeigen? Ich bin ein verirrter Fremdling, komme aus fernen Landen und kenne niemanden hier!«

DIE FOLGEN DES TROJANISCHEN KRIEGES

»Recht gern, guter Vater«, sagte die Göttin in Mädchengestalt, »mein Vater wohnt dort ganz in der Nähe. Aber lauf still neben mir her, denn die Leute sind hier den Fremden nicht sonderlich gewogen. Das Leben an der See macht sie hart.« Unter diesen Worten ging Athene schnell voran und Odysseus folgte ihr, ohne von den Phäaken gesehen zu werden. Ungehindert konnte er den Hafen, die Schiffe und die Mauern und Türme der Stadt bestaunen. Schließlich sprach Athene: »Dies ist, Fremder, der Palast des Königs Alkinoos. Geh nur getrost hinein, dem mutigen Mann gelingt alles! Doch eines lass mich dir sagen: Wende dich vor allem an die Königin. Sie heißt Arete und ist die Nichte ihres eigenen Gemahls. Der vorhergehende König nämlich, Nausithoos, ein Sohn Poseidons und der Periboia, der Tochter des Gigantenbeherrschers Eurymedon, hinterließ zwei Söhne: unseren König Alkinoos, und einen anderen, Rhexenor. Letzterer wurde nicht alt und hinterließ nur eine einzige Tochter, und das ist unsere Königin Arete. Alkinoos ehrt sie, wie eine Frau auf der Erde nur geehrt werden kann, und ebenso verehrt sie auch das Volk, denn sie ist voll Verstandes und Geistes, und selbst Streitigkeiten unter Männern vermag sie mit ihrer Weisheit zu schlichten. Wenn du ihre Gunst gewinnen kannst, wird alles gut gehen.«

Nachdem sie dies gesagt hatte, enteilte die Göttin. Odysseus stand still in die Betrachtung des prächtigen Palastes versunken. Das hoch aufragende Gebäude strahlte wie die Sonne. Von der Schwelle aus erstreckten sich zu beiden Seiten lange Mauern aus gediegenem Erz, mit Simsen aus bläulichem Stahl. Die inneren Gemächer wurden von einer goldenen Pforte verschlossen. Die Pfosten, die auf festen Sockeln ruhten, waren aus Silber und trugen silberne Kränze, der Ring an der Pforte war aus Gold. Goldene und silberne Hunde, die Hephaistos angefertigt hatte, standen zu beiden Seiten wie Palastwächter aufgestellt. Als Odysseus den Saal betrat, erblickte er ringsum Sessel, die mit fein gewebten Teppichen bedeckt waren, wo die Phäakenfürsten beim Königsmahl zu sitzen pflegten, denn dieses Volk liebte es zu essen und zu trinken. Auf hohen Gestellen standen goldene Bildsäulen: Jünglinge mit brennenden Fackeln in der ausgestreckten Hand, die beim nächtlichen Schmaus den Gästen leuchteten. Fünfzig Dienerinnen gab es im ganzen Palast. Die einen mahlten Getreide auf der Handmühle, die anderen webten, wieder andere saßen an der Spindel. Denn die Frauen waren dort ebenso gute Weberinnen wie die Männer Schiffsleute waren. Vor dem Palast breitete sich ein Garten aus, den eine Ringmauer umgab und in dem Bäume voll der saftigsten Birnen, Feigen und Granaten, Oliven und Äpfel standen. Sie trugen im Sommer und im Winter, denn im Land der Phäaken weht stets ein warmer Westwind, sodass auf den einen Bäumen Blüten prangen, während die anderen Früchte tragen. Auch gab es Weinpflanzungen dort, wo ein

Irrfahrten des Odysseus

Teil der Trauben im Sonnenschein reifte, während der Winzer andere schon schnitt, wieder andere erst aus den Blüten schwollen und noch andere sich allmählich färbten. Am anderen Ende des Gartens erstreckten sich schön angeordnete Beete voll duftender Blumen. Auch flossen zwei Bäche dort: Der eine schlängelte sich durch den Garten, der andere quoll unter der Schwelle des Hofes selbst vorbei, und aus ihm schöpften sich die Bürger ihr Wasser.

Nachdem Odysseus all diese Pracht eine gute Weile bewundert hatte, trat er in den Palast und begab sich eilig in den Saal des Königs. Hier hatten sich die vornehmen Phäaken zu einem Mahl versammelt. Weil es aber schon Abend war, schickten sie sich an schlafen zu gehen und spendeten eben zum Ausklang dem Hermes ein Trankopfer. Odysseus, noch in Nebel gehüllt, durchwanderte ihre Reihen, bis er vor dem Königspaar stand. Da zerfloss auf Athenes Wink das Dunkel um ihn her. Schutzflehend warf er sich vor Königin Arete nieder, umfing ihre Knie und rief: »Oh Arete, Rhexenors hohe Tochter, flehend liege ich vor dir und deinem Gemahl! Mögen die Götter euch Glück und Leben schenken, so gewiss ihr mir, dem Verirrten, die Wiederkehr in die Heimat bereiten werdet! Denn fern von den Meinigen streife ich schon lange in der Verbannung umher!« So sprach der Held und setzte sich am Herd neben dem brennenden Feuer in die Asche nieder.

Staunend verstummten die Phäaken bei diesem ungewöhnlichen Anblick, bis endlich der graue, welterfahrene Held Echeneos, der Älteste unter den Gästen, das Schweigen brach und vor der Versammlung an den König gewendet sprach: »Fürwahr, Alkinoos, es ziemt sich nicht, dass irgendwo auf der Erde ein Fremdling in der Asche sitzt. Gewiss denken die anderen ebenso wie ich und erwarten nur deinen Befehl. Lass darum den Fremden auf einem der schönen Sessel neben uns Platz nehmen und hebe ihn aus der Asche auf! Die Herolde sollen neuen Wein mischen, damit wir dem Zeus, dem Beschirmer des Gastrechts, auch noch ein Trankopfer bringen, und der Gast soll Speise und Trank erhalten!«

Dem guten König gefiel diese Rede. Er nahm den Helden bei der Hand, hob ihn auf und führte ihn zu einem Sessel an seiner Seite, und der Liebling des Königs selbst, sein Sohn Laodamas, musste für ihn Platz machen. Nun schmauste Odysseus selbst im Kreise der Helden. Als das Opfer für Zeus dargebracht war, erhob sich die Versammlung, und der König lud alle Gäste für den nächsten Tag zu einem Freudenmahl ein. Dem Fremdling aber versprach er, ohne auch nur nach seinem Namen oder seiner Herkunft zu fragen, ihn erst gastlich zu beherbergen und dann sicher in seine Heimat bringen zu lassen. Als er aber den Helden näher betrachtete, den Athene noch immer mit einem Schimmer überirdischer Hoheit umgeben hatte, da setzte er noch hinzu: »Solltest du aber einer der Unsterblichen sein, welche ja manchmal in sichtbarer Gestalt die Menschen bei ihren Festen besuchen – dann freilich brauchst du unsere Hilfe nicht, und es ist an uns, dich um deinen Schutz zu bitten!«

»Denke doch so etwas nicht«, antwortete Odysseus beschämt, »ich gleiche doch nicht den unsterblichen Göttern. Ich bin ein Sterblicher wie ihr alle! Ja, wenn ihr einen Menschen kennt, der euch der Unglücklichste auf Erden zu sein scheint, dann nehme ich es gern mit seinem Kummer auf! Und so wollte ich auch jetzt nichts anderes, als meinen Hunger an eurem Tisch zu stillen, und daran seht ihr wohl, dass ich ein recht armer, sterblicher Mensch bin!«

Als die Gäste aufgebrochen waren und das Königspaar allein mit dem Fremden im Saal zurückgeblieben war, betrachtete Arete die schönen Kleider des Mannes, erkannte darin ihre eigenen Stoffe und sprach: »Zuerst muss ich dich aber doch fragen, oh Fremdling, woher und wer du bist und wer dir diese Gewänder gegeben hat. Sagtest du nicht, dass du auf dem Meer umherirrend hierher gekommen seist?«

Odysseus antwortete mit einem getreulichen Bericht seiner Abenteuer auf Ogygia bei Kalypso und seiner traurigen letzten Fahrt und verschwieg auch die Begegnung mit Nausikaa und ihren Edelmut nicht.

»Nun, da hat meine Tochter schon recht gehandelt«, sprach Alkinoos lächelnd, als Odysseus' Bericht zu Ende war. »Aber eine Pflicht hat sie doch versäumt: Dich sogleich mit den Dienerinnen selbst in unser Haus zu führen!«

»Tadle deine treffliche Tochter deswegen nicht, oh König!«, antwortete Odysseus. »Denn sie wollte es gerne tun. Ich selbst weigerte mich aber aus Dummheit, denn ich fürchtete, du könntest Anstoß daran nehmen, wir Menschenkinder sind alle gar so argwöhnisch!«

»Nun, ich gerate nicht grundlos in Jähzorn«, antwortete ihm der König, »doch Ordnung in allen Dingen ist gut. Wenn aber die Götter es fügen wollten, dass ein Mann wie du meine Tochter zur Gemahlin begehrt – wie gerne würde ich dir Haus und Besitz gewähren, wenn du bei uns bliebest! Doch ich will niemanden zwingen bei mir zu bleiben. Deshalb sollst du noch morgen freies Geleit von mir erhalten. Ich gebe dir Schiff und Ruderer, fahre, wohin du möchtest, selbst wenn deine Heimat so weit entfernt wäre wie die weiteste Insel, bis zu der wir Schifffahrt treiben.«

Odysseus nahm dieses Versprechen mit innigem Dank auf, verabschiedete sich von seinen königlichen Wirten und erholte sich auf einem weichen Nachtlager von all den Mühseligkeiten, die er erduldet hatte.

Am nächsten Morgen rief König Alkinoos in aller Frühe sein Volk zu einer Versammlung auf dem Marktplatz zusammen, und sein Gast musste ihn begleiten. Seite an Seite setzten sie sich auf zwei schön behauene Steine. Inzwischen wandelte die Göttin Athene, in einen Herold verkleidet, durch die Straßen der Stadt und trieb die Stadtoberhäupter an, zur Versammlung zu kommen. Endlich füllte sich der Markt mit den Bürgern, die dort zusammenströmten. Alle blickten bewundernd auf den Sohn des Laërtes, dem Athene, seine Beschützerin, noch immer ein überirdisch edles Aussehen verliehen hatte. Der König empfahl den Fremdling in einer feierlichen Rede seinem Volk und forderte es auf, ihm ein gutes Ruderschiff mit zweiundfünfzig phäakischen Jünglingen zur Verfügung zu stellen. Zugleich lud er die anwesenden Stadtoberhäupter zu einem Festmahl zu Ehren des Fremden in seinen Palast ein und befahl auch Demodokos, den göttlichen Sänger, zu rufen, dem Apollon die Gabe des Liedes verliehen hatte, und der mit seinem begeisterten Gesang die Gäste erfreuen sollte.

Nachdem die Versammlung aufgehoben worden war, machten die Jünglinge, wie ihnen befohlen worden war, ein Schiff bereit, trugen Masten und Segel herbei, hängten die Ruder in lederne Schleifen und spannten die Segel auf. Dann begaben sie sich in den Königspalast. Hier drängten sich die Gäste bereits in den Hallen, Höfen und Sälen, denn Jung und Alt hatte sich eingefunden. Zwölf Schafe, acht Schweine und zwei Stiere waren für das Mahl geschlachtet worden, und der köstliche Festschmaus dampfte bereits. Auch den Sänger führte der Herold herbei, dem die Muse Gutes und Schlimmes beschert hatte: Das Augenlicht hatte sie ihm genommen, dafür aber sein Herz mit lichten Gesängen aufgehellt. Der Herold stellte ihm einen Sessel an eine Säule im Saal, mitten unter den Gästen, hängte die Harfe des Sängers über seinem Haupt an einen Nagel und führte ihm die Hand, damit der Blinde sie finden konnte. Vor ihn stellte er einen Tisch mit einem Korb voll Speisen und den immer vollen Becher, sodass er nach Herzenslust trinken konnte. Als das Mahl vorüber war, begann der Sänger aus den schon damals berühmt gewordenen Heldenliedern von Troja zu singen. Er sang von dem Streit zweier Helden, deren Name in aller Munde war: Achilles und Odysseus.

Als Odysseus hörte, wie sein Name in diesem Lied gefeiert wurde, musste er das Gesicht in seinem Gewand verbergen, damit niemand die Träne sah, die sich ihm aus dem Auge stahl. Wenn der Sänger schwieg, enthüllte er sein Gesicht und griff nach seinem Becher, wenn das Lied aber von neuem begann, verhüllte er es wieder. Niemand, außer dem König, der neben ihm saß und ihn tief aufseufzen hörte, bemerkte dies. Deshalb ließ er dem Gesang ein Ende machen und befahl, den Fremden auch durch Kampfspiele zu ehren. »Denn unser Gast«, sprach er, »soll den Seinigen zu Hause berichten können, wie wir Phäaken im Faustkampf, Ringen, Sprung und Wettlauf alle Sterblichen übertreffen!« Die Tafel wurde aufgehoben, und alle folgten dem Ruf ihres Königs. Eilig begab sich alles auf den Markt. Dort erhob sich eine Menge edler Jünglinge, da-

DIE FOLGEN DES TROJANISCHEN KRIEGES

runter auch drei Söhne des Alkinoos selbst, Laodamas, Halios und Klytoneos. Diese drei maßen sich zuerst in einem Wettlauf über eine Sandbahn miteinander, die sich weit vor ihnen erstreckte. Klytoneos erreichte als Erster das Ziel. Dann wurde der Ringkampf versucht, hier siegte der junge Held Euryalos; darauf kamen die Springer, hier zeigte sich Amphialos als der Überlegene. Im Scheibenschwingen gewann Elatreus, und im Faustkampf siegte der Königssohn Laodamas.

Der erhob sich jetzt in der Versammlung der Jünglinge und sprach: »Freunde, wir sollten doch sehen, ob auch der Fremdling etwas von unseren Kämpfen versteht. Er sieht sehr kräftig aus. Und scheint er auch von Kummer und Elend gebrochen, so mangelt es ihm doch nicht an Stärke!«

»Du hast Recht«, sprach jetzt Euryalos. »Gehe also und fordere ihn selbst zum Wettkampf heraus, Fürst!« Laodamas tat es mit freundlichen und höflichen Worten.

Doch Odysseus erwiderte: »Verlangt ihr das von mir, um mich zu kränken, ihr Jünglinge? Der Kummer nagt an mir und ich habe keine Lust zu kämpfen! Ich habe mich genug gemüht und vieles erduldet, und nun ist mein einziger Wunsch, endlich in die Heimat zurückzukehren!«

Laodamas antwortete ihm verdrossen: »Du gebärdest dich wirklich nicht wie ein Mann, der sich aufs Kämpfen versteht, Fremdling. Du magst ein Reeder oder Kaufmann sein, wie ein Held erscheinst du jedenfalls nicht.«

Odysseus runzelte die Stirn und sprach: »Dies ist keine feine Rede, mein Freund, und du erscheinst als ein recht trotziger Junge. Verleihen die Götter doch so manchen Männern nicht Schönheit und Weisheit zugleich. Mancher ist von unansehnlicher Gestalt, doch seinen Worten ist ein Reiz verliehen, dass alle, die sie hören, davon entzückt sind. Ein solcher ragt auch in der Volksversammlung hervor und man ehrt ihn wie einen Unsterblichen. Oft aber geschieht es, dass einer aussieht wie ein Gott, doch seine Worte haben wenig Witz. Dennoch bin ich kein Neuling im Wettkampf, und als ich in meiner Jugend noch auf die Kraft meiner Arme vertrauen konnte, nahm ich es mit den Stärksten auf. Jetzt haben mich Schlachten und Stürme freilich heruntergebracht. Doch du hast mich herausgefordert und ich werde mich stellen.«

Odysseus erhob sich, ohne seinen Mantel abzulegen. Er nahm eine Scheibe, die größer, schwerer und dicker war als die, die die jungen Phäaken gewöhnlich warfen, und er schleuderte sie mit so kräftigem Schwung, dass sie weit über das Ziel hinaussauste. Schnell machte Athene, die nun wie ein Phäake aussah, das Zeichen, wo die Scheibe aufgekommen war, und sprach: »Dein Zeichen soll auch ein Blinder erkennen, Mann, so weit liegt es von allen anderen ab! In dieser Wettkampfart wirst du sicher nie besiegt werden!« Odysseus freute sich, dass er einen

Irrfahrten des Odysseus

so guten Freund in diesem Volk gefunden hatte, und sprach erleichtert: »Nun, ihr Jünglinge, macht es mir nach, wenn ihr könnt! Und ihr, die ihr mich so schwer beleidigt habt, kommt her und versucht euch mit mir, in einem Wettkampf eurer Wahl, ich werde mich vor keinem drücken! Mit jedem will ich kämpfen – außer mit Laodamas, denn wer kämpft schon gern mit seinem Gastgeber? Besonders gut verstehe ich mich aufs Bogenschießen, und wenn viele mit mir um die Wette schössen, so wäre ich doch der Erste, der träfe. Nur einen kenne ich, den Griechen Philoktetes, der besser war als ich, damals vor Troja, sooft wir uns dort im Schießen übten. Auch mit dem Wurfspieß treffe ich nicht weniger sicher und schieße so weit wie ein anderer mit dem Pfeil. Nur im Wettlauf könnte ich vielleicht besiegt werden, selbst von euch, denn das stürmische Meer hat mich viel Kraft gekostet, zumal da ich tagelang ohne Nahrung war.«

Als die Jünglinge dies vernahmen, verstummten sie alle. Nur der König ergriff das Wort und sagte: »Du hast uns nun enthüllt, wie geübt du bist, oh Fremdling, und von nun an soll dich keiner mehr wegen deiner Stärke tadeln. Wenn du dann zu Haus bei deiner Gattin und deinen Kindern sitzt, dann denke an uns Männer zurück. Als Faustkämpfer und Ringer zeichnen wir uns freilich nicht aus, aber im Wettlauf siegen wir, und auf die Schifffahrt verstehen wir uns. Auch im Schmausen, Saitenspiel und Tanzen sind wir Meister. Den schönsten Schmuck, das weichste Lager, das angenehmste Bad – das findet man bei uns! Auf denn, ihr Tänzer, Seeleute, Läufer und Sänger! Zeigt dem Fremdling, was ihr könnt, damit er zu Hause etwas von euch zu erzählen hat! Und bringt auch die Harfe des Demodokos her!« Sogleich machte sich ein Herold auf und schaffte die Harfe herbei. Neun auserwählte Kampfordner ebneten den Platz für den Tanz und steckten die Schaubühne ab. Ein Spielmann stellte sich mit der Harfe in die Mitte, und der Tanz der blühendsten Jünglinge begann. Im schönsten Takt und im schnellsten Schwung hoben sie ihre Füße. Selbst Odysseus musste staunen, denn er hatte noch nie einen so behänden und anmutigen Tanz gesehen. Und der Sänger sang ein hübsches Lied mit den heitersten Geschichten aus dem Leben der Götter dazu. Nachdem der Reigentanz eine gute Weile gedauert hatte, ließ der König seinen Sohn Laodamas und den geschmeidigen Halios den Einzeltanz miteinander aufführen, denn niemand wagte es, sich mit diesen beiden zu messen. Sie nahmen einen zierlichen purpurroten Ball zur Hand. Der eine warf ihn, indem er sich nach hinten neigte, hoch in die Luft empor, und der andere fing ihn schwebend im Sprung wieder auf, ehe seine Füße den Boden berührten. Dann tanzten sie in leichten, wechselnden Schwüngen umeinander her, und die Jünglinge, die im Kreis um die beiden herumstanden, klatschten mit den Händen dazu. Odysseus wandte sich voller Bewunderung an den König und sprach: »In der Tat, Alkinoos, du kannst dich der

DIE FOLGEN DES TROJANISCHEN KRIEGES

geschicktesten Tänzer auf dem ganzen Erdboden rühmen. In dieser Kunst kommt euch niemand gleich!«

Alkinoos war stolz auf dieses Urteil. »Habt ihr's gehört«, rief er seinen Phäaken zu, »wie der Fremdling über uns urteilt? Er ist doch ein sehr verständiger Mann und verdient es wohl, dass wir ihm auch ein schönes Gastgeschenk reichen. Wohlan! Zwölf der Fürsten des Landes, und ich als dreizehnter, sollen ihm jeder einen Mantel und einen Leibrock bringen, und ein Pfund des wertvollsten Goldes dazu! Das wollen wir ihm schenken, damit er uns mit fröhlichem Herzen verlässt! Und außerdem soll Euryalos versuchen ihn mit freundlichen Worten wieder ganz mit uns zu versöhnen.« Alle Phäaken riefen ihm Beifall zu, und ein Herold ging, um die Geschenke zu holen. Euryalos aber nahm sein Schwert mit dem silbernen Heft und der elfenbeinernen Scheide, übergab es dem Gast und sprach: »Väterchen, wenn wir ein kränkendes Wort gegen dich haben fallen lassen, dann sollen es die Winde verwehen! Dir aber mögen die Götter eine glückliche Heimfahrt verleihen! Glück und Freude seien mit dir!«

»Auch dich«, antwortete Odysseus, »soll deine Gabe nie reuen!« Mit diesen Worten hängte er sich das prächtige Schwert um die Schulter.

Es war um Sonnenuntergang, als die Geschenke eintrafen und alle vor der Königin niedergelegt wurden. So ließ Alkinoos auch noch eine zierliche Lade für die Gewänder herbeischaffen. Die Gaben für Odysseus wurden hineingelegt und in den Palast getragen. Dort legte der König weitere schmuckvolle Gewänder hinzu, und außerdem ein prächtiges goldenes Gefäß. Für den Gast wurde ein Bad bereitet. Unterdessen zeigte ihm der König selbst all die kostbaren Geschenke in der offenen Lade und sagte: »Präge dir den Deckel gut ein und verschließe die Lade, damit dich ja keiner beraubt auf deiner Heimfahrt und die schöne Kiste davonträgt!«

Odysseus schloss den Deckel sorgfältig mit einem vielfach verschlungenen Knoten. Dann nahm er ein erholsames warmes Bad und wollte sich nun wieder zu den Männern gesellen, die bereits an der Tafel saßen. Doch am Eingang des Saales sah er die Jungfrau Nausikaa stehen, der er, seit er in die Stadt gekommen war, nicht mehr begegnet war, denn wie es der Anstand gebot, war sie den Männergesellschaften ferngeblieben und hatte sich in den Frauengemächern aufgehalten. Nun wollte sie aber den edlen Gast zum Abschied noch einmal grüßen. Nachdem sie lange und voller Bewunderung seine edle Heldengestalt betrachtet hatte, sprach sie ihn endlich an, indem sie ihn sanft aufhielt, als er den Saal betreten wollte. »Heil dir und Segen, edler Gast! Vergiss mich nicht, wenn du im Land deiner Väter bist, denn du hast mir dein Leben zu verdanken!«

Gerührt antwortete ihr Odysseus: »Du edle Nausikaa, wenn mich Zeus den Tag der Heimkunft erleben lässt, so werde ich dich, meine Retterin, jeden Tag wie eine Göttin anflehen!« Nun trat er in den Saal und setzte

Irrfahrten des Odysseus

sich an der Seite des Königs nieder. Hier waren die Diener eben dabei, das Fleisch zu schneiden und aus großen Mischkrügen den Wein einzuschenken. Auch der blinde Sänger Demodokos wurde wieder hereingeführt und nahm seinen alten Platz an der Mittelsäule des Saales ein. Da winkte Odysseus dem Herold, schnitt vom Rücken des vor ihm liegenden gebratenen Schweines das beste Stück ab, streckte es ihm auf einer Platte hin und sagte: »Herold, reiche dem Sänger dieses Fleisch. Wenn ich auch in der Verbannung bin, so möchte ich ihm doch etwas Liebes erweisen. Alle Menschen achten die Sänger, weil die Muse selbst sie den Gesang gelehrt hat und über ihnen waltet.« Dankbar nahm der blinde Sänger die Gabe an.

Nach dem Essen wandte sich Odysseus noch einmal an Demodokos: »Ich preise dich vor anderen Sterblichen, lieber Sänger«, sprach er zu ihm, »dass dich Apollon oder die Muse so schöne Lieder gelehrt hat! Wie lebendig und genau du das Schicksal der griechischen Helden zu schildern verstehst, als hättest du alles mit angesehen und mit angehört! Fahre nun fort und singe uns noch die schöne Geschichte vom hölzernen Pferd und was Odysseus dabei getan hat!« Gerne gehorchte der Sänger, und alles lauschte seinem Gesang. Als der Held nun hörte, wie seine Taten gepriesen wurden, musste er wieder heimlich weinen, aber nur Alkinoos bemerkte es. Er gebot daher dem Sänger zu schweigen und sprach zu den Phäaken: »Es ist besser, wenn die Harfe nun ruht, denn wahrlich, ihr Freunde, nicht jeden erfreut die Geschichte des Sängers. Seit wir beim Mahl sitzen und das Lied erklingt, hört unser schwermütiger Gast nicht auf, seinem Kummer nachzuhängen, und wir versuchen vergebens ihn aufzuheitern. Es muss einem empfindsamen Mann sein Gast ebenso lieb sein wie sein Bruder. Nun denn, Fremdling, sag uns doch, wer sind deine Eltern, welches ist dein Heimatland? Jeder Mensch hat einen Namen, ob er von edler oder von geringer Abkunft sei. Dein Heimatland und deine Geburtsstadt müssen wir ohnehin erfahren, wenn meine Phäaken dich heimbringen sollen. Sonst brauchen sie nichts. Wissen sie den Namen des Ortes, dann finden sie den Weg sogar durch Nacht und Nebel!«

Auf diese freundlichen Worte erwiderte der Held ebenso liebenswürdig: »Denke nur nicht, edler König, dass das Lied deines Sängers mich nicht erfreut! Es ist mir sogar eine Wonne, einem solchen Sänger zuzuhören, wenn er seine göttergleiche Stimme vernehmen lässt, und ich wüsste nichts Angenehmeres, als wenn ein ganzes Volk, das feiert, einem Sänger lauscht und dabei in langen Reihen sitzt, jeder Brot und Fleisch vor sich und einen Becher Wein! Ihr aber wünscht zu hören, was mich betrübt, ihr lieben Gastfreunde – da werde ich noch tiefer in Kummer und Gram versinken. Wo soll ich beginnen und womit enden? Doch hört nun, wer ich bin und woher ich komme!«

DIE FOLGEN DES TROJANISCHEN KRIEGES

Odysseus erzählt den Phäaken
seine Irrfahrten
(Kikonen – Lotophagen – Zyklopen – Polyphemos)

Ich bin Odysseus, der Sohn des Laërtes. Die Menschen kennen mich, und der Ruhm meiner Klugheit ist über die Erde verbreitet. Auf der sonnigen Insel Ithaka wohne ich, in deren Mitte sich das waldige Gebirge Neriton erhebt und wo rings umher die kleineren bewohnten Inseln Same, Dulichion und Zakynthos liegen. Meine Heimat ist zwar rau, doch sie bringt frische Männer hervor, und das Land der Väter ist für jeden das schönste Land! Wohlan nun, hört von meiner unglückseligen Heimfahrt von der trojanischen Küste.

Von Troja fort trug mich der Wind zu der Kikonenstadt Ismaros, die ich mit meinen Gefährten eroberte. Die Männer töteten wir, die Frauen, samt anderer Beute, wurden verteilt. Nach meinem Rat hätten wir uns eilig davongemacht. Doch meine unbesonnenen Begleiter blieben schwelgend bei der Beute sitzen, und die Kikonen, die geflohen waren, suchten Verstärkung bei ihren Brüdern im Landesinneren. Sie überfielen uns beim Schmaus am Strand. Von jedem unserer Schiffe blieben sechs Freunde tot am Ort zurück, wir anderen entkamen nur durch rasche Flucht.

Wir steuerten weiter nach Westen, froh, der Todesgefahr entronnen zu sein, aber tief betrübt über den Tod unserer Gefährten. Da sandte uns Zeus einen Orkan aus Norden. Meer und Erde hüllten sich in Wolken und Nacht. Mit gesenkten Masten flogen wir dahin, und ehe wir die Segel eingezogen hatten, brachen die Stangen und die Segel zerrissen in Fetzen. Endlich arbeiteten wir uns bis ans Ufer vor, und dort lagen wir zwei Tage und Nächte vor Anker, bis wir die Masten wieder aufgerüstet und neue Segel aufgezogen hatten. Dann fuhren wir weiter und waren voller Hoffnung bald in die Heimat zu gelangen. Dann aber, als wir um das Vorgebirge Malea, an der Südspitze des Peloponnes von Griechenland, fuhren, drehte der Wind plötzlich auf Nord und trieb uns seitwärts ab in die offene See hinaus. Da wurden wir nun neun Tage vom Sturm herumgeschleudert. Am zehnten gelangten wir ans Ufer der Lotophagen, die sich von nichts anderem als der Lotosfrucht ernähren. Hier gingen wir an Land und nahmen frisches Wasser an Bord. Zwei unserer Freunde sandten wir als Kundschafter aus, und ein Herold musste sie begleiten. Sie gelangten in die Volksversammlung der Lotophagen und wurden von diesem gutmütigen Volk, dem es gar nicht in den Sinn kam, etwas zu unserem Verderben zu unternehmen, auf das Freundlichste empfangen. Aber die Lotosfrucht, die sie ihnen zu kosten gaben, hat eine ganz eigentümliche Wirkung. Sie ist süßer als Honig, und wer sie einmal gekostet hat, der will

Irrfahrten des Odysseus

nichts mehr von Heimkehr wissen, sondern immer in diesem Land bleiben. So mussten wir denn unsere Gefährten suchen und sie, die weinten und widerstrebten, mit Gewalt aufs Schiff zurückbringen.

Auf der Weiterfahrt kamen wir nun zu dem wilden und grausamen Volk der Zyklopen. Sie bebauen nicht einmal ihr Land, sondern überlassen alles den Göttern. Und tatsächlich wächst dort alles Mögliche, ohne dass sie auch nur das Geringste daran tun: Weizen, Gerste, die edelsten Reben mit schwellenden Trauben, und Zeus gibt mit mildem Regen seinen Segen dazu. Auch kennen sie keine Gesetze und halten niemals Versammlung; alle wohnen in Erdhöhlen auf dem Felsengebirge. Dort richtet sich der Zyklop, ganz wie es ihm behagt, mit seinen Frauen und Kindern ein. Im Übrigen kümmert sich keiner um den anderen. Außerhalb der Bucht, in einiger Entfernung vom Land der Zyklopen, erstreckt sich eine bewaldete Insel, wo wilde Ziegen leben, die, von keinem Jäger gejagt, hier sorglos grasen. Kein Mensch wohnt auf dieser Insel. Und auch die Zyklopen, die keine Schiffe bauen können, kommen nicht dorthin. Bewohner könnten diese Insel leicht in ein blühendes Land verwandeln, denn der Boden ist dort sehr fruchtbar: Feuchte, schwellende Wiesen breiten sich über den Strand aus, das unbebaute Ackerland ist locker, der Boden fett, und es gäbe die besten Hügel für den Weinbau. Auch ist ein vor allen Winden geschützter Hafen da, so sicher, dass man die Schiffe weder anzubinden noch vor Anker zu legen braucht. Aus einer Felsenkluft quillt das klarste Wasser in die Bucht, und grüne Pappeln stehen rings umher. Dorthin geleitete ein Gott, der uns beschützte, über Nacht unsere Schiffe. Als der Morgen anbrach, gingen wir an Land und erlegten auf fröhlicher Jagd so viele Ziegen, dass ich jedem meiner zwölf Schiffe neun Ziegen zuteilen und noch eine zehnte für mich behalten konnte. Da saßen wir dann den ganzen Tag am lieblichen Ufer und ließen uns bis zum Abend das köstliche Ziegenfleisch und alten Wein schmecken, den wir bei den Kikonen erbeutet hatten und in Henkelkrügen mit uns führten.

Am nächsten Morgen bekam ich Lust, auch das gegenüberliegende Land auszukundschaften, von dessen Bewohnern, den Zyklopen, ich noch nicht wusste, wie sie geartet waren. Ich fuhr daher mit einigen Genossen auf meinem Schiff hinüber. Als wir an Land gingen, sahen wir am äußersten Meeresstrand eine hochgewölbte Felsenkluft, die ganz mit Lorbeergesträuch überwachsen war und in deren Schatten sich viele Schafe und Ziegen lagerten. Ringsumher war aus Steinen, die in den Boden gerammt worden waren, und Eichen und Fichten ein Gehege gebaut. In dieser Umzäunung hauste ein Mann von riesiger Gestalt, der die Herden einsam auf abgelegenen Weiden umhertrieb, nie mit anderen, auch nicht mit seinesgleichen, Umgang hatte und immer nur auf Boshaftigkeit sann. Das eben war ein Zyklop. Während wir nun das Ufer musterten, sahen wir all dies. Da wählte ich zwölf der tapfersten Gefährten aus, ließ die übrigen auf dem Schiff bleiben, um es zu bewachen, und nahm einen ledernen Schlauch voll köstlichen Weines, den mir ein Priester des Apollon in der Kikonenstadt Ismaros geschenkt hatte, weil wir ihn und sein Haus verschont hatten. Diesen Wein und einige andere gute Kost nahmen wir mit, um damit den Mann zu ködern, der auf den ersten Blick so unfreundlich und keinem Gesetz unterworfen erschien.

Als wir bei der Felsenkluft angekommen waren, trafen wir ihn nicht, weil er bei seinen Herden auf der Weide war. Wir gingen einfach in die Höhle und wunderten uns, wie sie eingerichtet war. Da standen Körbe, die von mächtigen Käselaiben strotzten, umher. In den Ställen, die ebenfalls in der Grotte angebracht waren, drängten sich junge Ziegen und Schafe, und jede Gattung hatte ein eigenes Gehege. Körbe lagen herum, Kübel voll Molken und Eimer zum Melken. Anfangs drangen die Gefährten in mich, wir sollten von dem Käse nehmen, so viel wir könnten, und uns dann davonmachen, oder Schafe und Ziegen zu unserem Schiff treiben und wieder auf die andere Insel übersetzen. Wäre ich ihrem Rat doch gefolgt! Ich aber war allzu begierig, den seltsamen Bewohner der Höhle zu sehen, und wollte lieber ein Gastgeschenk erwarten, als mit gestohlenen Dingen fortzugehen. Deswegen zündeten wir ein Feuer an und opferten. Dann nahmen wir ein wenig Käse und aßen. Nun warteten wir, bis der Hausherr heimkäme.

Endlich kam er. Auf seinen Schultern trug er eine ungeheure Last von trockenen Holzscheiten, die er gesammelt hatte, um sich ein Abendessen zu kochen. Er warf sie mit einem furchtbaren Poltern zu Boden, sodass wir alle vor Angst zusammenschreckten und uns im äußersten Winkel der Grotte versteckten. Da sahen wir dann, wie er seine fette Herde in die Kluft trieb, aber nur manche Tiere; Widder und Böcke blieben draußen im Gehege. Nun rollte er einen mächtigen Felsen vor den Eingang, den zweiundzwanzig vierrädrige Wagen nicht von der Stelle hätten bewegen können. Dann setzte er sich gemächlich auf den Boden, melkte der Reihe nach die Schafe und Ziegen, legte die Säugenden ans Euter, brachte die eine Hälfte der Milch mit Lab zum Gerinnen, formte Käse daraus und stellte sie in Körben zum Trocknen hin. Die andere Hälfte verwahrte er in großen Gefäßen, denn er trank jeden Tag davon. Als er mit allem fertig war, machte er ein Feuer, und dabei geschah es nun, dass er uns in unserem Winkel erblickte. Auch wir sahen jetzt erst seine grässliche riesige Gestalt ganz genau. Wie alle Zyklopen hatte er nur ein einziges funkelndes Auge in der Stirn, Beine wie tausendjährige Eichenstämme und Arme und Hände, die groß und stark genug waren, um mit Granitblöcken Ball zu spielen.

›Wer seid ihr, Fremdlinge!‹, fuhr er uns mit seiner rauen Stimme an, die

Irrfahrten des Odysseus

wie Donner im Gebirge klang. ›Von woher kommt ihr über das Meer gefahren? Ist die Seeräuberei euer Geschäft oder was treibt ihr?‹

Bei seinem Gebrüll bebte uns das Herz im Leib. Doch ich nahm mich zusammen und erwiderte: ›Ach nein, wir sind Griechen, kommen von der Zerstörung Trojas zurück und haben uns auf der Heimfahrt im Meer verirrt. So nahen wir deinen Knien und flehen dich um Schutz und eine Gabe an. Ja, achte die Götter, lieber Mann, und erhöre uns! Denn Zeus beschützt die Schutzflehenden und rächt ihre Misshandlung!‹

Aber der Zyklop erwiderte nur mit grässlichem Lachen: ›Du bist ein Dummkopf, Fremdling! Du weißt wohl nicht, mit wem du es zu tun hast! Meinst du wirklich, wir scheren uns um die Götter und ihre Rache? Was gilt den Zyklopen Zeus, der Donnerer, und alle Götter miteinander! Wir sind doch viel besser als sie! Und wenn ich nicht will, dann verschone ich weder dich noch deine Freunde! Aber sage mir jetzt, wo du das Schiff verankert hast, auf dem du hergekommen bist! Liegt es hier oder weiter weg?‹

So fragte der Zyklop voller Arglist. Ich aber war bald mit einer schlauen Erfindung bei der Hand. ›Mein Schiff, guter Mann‹, antwortete ich, ›hat der Erderschütterer Poseidon nicht weit von eurem Ufer an die Klippen geworfen und zertrümmert. Nur ich und diese zwölf Gesellen sind entronnen!‹

Auf diese Rede antwortete das Ungeheuer gar nicht, sondern streckte nur seine Riesenhände aus, packte zwei meiner Gefährten und warf sie wie junge Hunde zu Boden. Dann zerhackte er sie und fraß sich an ihnen satt wie ein Berglöwe. Wir anderen aber streckten die Hände zum Himmel empor und jammerten laut über diesen Frevel.

Nachdem sich der Unmensch seinen Wanst gefüllt und seinen Durst mit Milch gelöscht hatte, warf er sich der Länge nach auf den Boden der Höhle, und ich überlegte, ob ich nicht auf ihn losgehen und ihm das Schwert zwischen Zwerchfell und Leber in die Seite stoßen sollte. Aber schnell besann ich mich eines Besseren. Denn was hätte uns das geholfen? Wer hätte dann den unermesslichen Felsen vom Eingang der Höhle fortgewälzt? Wir hätten alle einen jämmerlichen Tod sterben müssen. So ließen wir ihn schnarchen und erwarteten in dumpfer Bangigkeit den Morgen.

Als der Zyklop wieder aufgestanden war, zündete er ein neues Feuer an und begann wieder zu melken. Als er fertig war, packte er noch einmal zwei meiner Begleiter und verzehrte sie zu unserem Entsetzen genau wie die anderen beiden. Dann schob er den Felsen zur Seite, trieb seine Herde hinaus, verließ selbst die Höhle und rollte den Felsen wieder davor. Wie hörten, wie er mit gellenden Pfiffen seine Herde in die Berge trieb, und blieben selbst in Todesangst zurück, denn jeder rechnete damit, der

Die Folgen des Trojanischen Krieges

Nächste zu sein, der gefressen würde. Ich selbst überlegte fortwährend, wie man dem Ungeheuer vergelten könnte, was es getan hatte. Schließlich kam mir ein Gedanke, der gar nicht so übel war. Im Stall lag die mächtige Keule des Zyklopen, die so lang und dick wie ein Schiffsmast war. Ich schlug mir einen Teil davon ab, bat meine Freunde ihn glatt zu schaben und spitze ihn auf einer Seite scharf zu. Ich versteckte den Pfeil sorgfältig im Mist, von dem es in der Höhle haufenweise gab. Dann losten meine Gefährten aus, wer es wagen sollte, mit mir zusammen dem Ungeheuer den Pfahl ins Auge zu stoßen, während es schliefe. Es traf gerade die vier tapfersten der Freunde, die ich mir selbst ausgewählt hätte, und der Fünfte war ich.

Am Abend kam der grässliche Hirt mit seiner Herde zurück. Diesmal ließ er keine Tiere im Vorhof, sondern trieb gleich alle in die Höhle, vielleicht aus Vorsicht, vielleicht auch, weil es, wie ihr bald hören werdet, ein Gott zu unseren Gunsten so fügte. Im Übrigen rollte er den Stein wieder vor die Öffnung und machte alles so wie am Tag zuvor. Auch fraß er wieder zwei von uns.

Inzwischen hatte ich eine Kanne mit dem schweren Wein aus meinem Schlauch gefüllt, näherte mich dem Ungeheuer und sprach: ›Da nimm, Zyklop, und trink! Zu Menschenfleisch schmeckt dieser Wein vortrefflich. Auch du sollst erfahren, welch köstliches Getränk wir an Bord hatten. Ich brachte ihn mit, um ihn dir zu schenken, wenn du Erbarmen mit uns hättest und uns ziehen ließest. Aber du bist ja ein ganz entsetzlicher Wüterich! Warum sollte dich künftig ein anderer Mensch besuchen! Nein, du hast uns zu schlecht behandelt!‹

Der Zyklop nahm die Kanne, ohne ein Wort zu sagen, und leerte sie mit gierigen Zügen. Man sah ihm das Entzücken an, in welches ihn die Süße und Kraft des Weines versetzte. Als er fertig war, sprach er zum ersten Mal freundlich zu uns: ›Fremdling, gib mir mehr davon zu trinken und sage mir, wie du heißt, damit ich dich auf der Stelle mit einem Gastgeschenk erfreuen kann. Denn wir Zyklopen haben ebenfalls Wein hier zu Lande. Damit aber auch du erfährst, wen du vor dir hast, sollst du wissen, dass mein Name Polyphemos ist.‹

Gern gab ich ihm von neuem zu trinken. Ja, dreimal schenkte ich ihm die Kanne voll, und dreimal trank er sie in seiner Dummheit leer. Als der Wein seine Sinne zu umnebeln begann, sagte ich schlau: ›Meinen Namen willst du wissen, Zyklop? Ich habe einen seltsamen Namen. Ich heiße der Niemand, alle Welt nennt mich Niemand. Mein Vater und meine Mutter nennen mich so, und meine Freunde auch.‹

Darauf antwortete der Zyklop: ›Dann sollst du jetzt dein Gastgeschenk erhalten: Den Niemand, den fresse ich als Letzten nach allen seinen Gefährten. Bist du mit deinem Geschenk zufrieden, Niemand?‹

Odysseus und seine Gefährten blenden Polyphemos

Die letzten Worte lallte der Zyklop nur noch, er begann zu schwanken und taumelte bald ganz zu Boden. Mit gekrümmtem, feisten Nacken streckte er sich schnarchend im Rausch aus. Jetzt steckte ich schnell den Pfahl in die glimmende Asche, bis er Feuer fing, und als er schon Funken sprühte, zog ich ihn heraus. Mit den vier Freunden, die das Los getroffen hatte, stieß ich ihm die Spitze tief ins Auge hinab. Grauenvoll heulte der Verletzte auf, so laut, dass das Gebrüll in der Höhle hallte. Zitternd vor Angst flohen wir in den äußersten Winkel der Grotte.

Polyphemos riss sich den Pfahl aus der Augenhöhle, schleuderte ihn von sich und tobte wie ein Rasender. Dann erhob er ein neuerliches Geschrei und rief die anderen Zyklopen, die im Gebirge wohnten. Die kamen von allen Seiten herbei, umstellten die Höhle und wollten wissen, was ihrem Bruder geschehen sei. Er aber brüllte aus der Höhle heraus: ›Niemand, Niemand bringt mich um, ihr Freunde! Niemand hat mich getäuscht!‹

Als die Zyklopen das hörten, sagten sie: ›Nun, wenn niemand dir etwas zuleide tut, warum schreist du dann so? Du wirst wohl krank sein. Aber gegen Krankheit haben wir Zyklopen kein Mittel!‹ Dann eilten sie wieder davon. Mir aber lachte das Herz im Leibe.

Der blinde Zyklop tappte unterdessen in seiner Höhle umher und winselte immer noch vor Schmerz. Er nahm den Felsen vom Eingang, setzte sich unter die Pforte und tastete mit den Händen umher, um jeden von uns zu fangen, der zusammen mit den Schafen davonlaufen wollte. Denn er hielt uns für so einfältig, dass wir es auf diese Weise versuchen würden. Ich aber tüftelte inzwischen an tausenderlei Plänen herum, bis ich den richtigen gefunden hatte. Dort standen nämlich gemästete Widder mit den dichtesten Fellen, die groß und stattlich waren. Ich band sie heimlich mit den Ruten des Weidengeflechts zusammen, auf dem der Zyklop schlief, immer drei und drei. Der mittlere trug unter seinem Bauch immer einen von uns Männern, der sich an seiner Wolle fest hielt, während die anderen beiden Widder jeweils die heimliche Last in der Mitte deckten. Ich wählte den stattlichsten Bock für mich, der hoch über die anderen herausragte. Ihn packte ich am Rücken, wälzte mich unter seinen Bauch und hielt die Hände fest in die gekräuselte Wolle gedreht. So unter den Widdern hängend, erwarteten wir seufzend den Morgen. Als es so weit war, sprangen die männlichen Tiere als Erste hüpfend aus der Höhle und auf die Weide. Nur die Weibchen blökten noch mit strotzenden Eutern in den Ställen. Ihr geplagter Herr betastete jedem Widder, der hinauswollte, sorgfältig den Rücken, ob keiner von uns darauf sitze, aber auf die Bäuche und meine List kam er in seiner Einfältigkeit nicht. Nun wandelte auch mein Bock langsam zum Eingang der Höhle, schwer beladen mit Wolle, noch schwerer mit mir, der ich mich unter allerlei Gedanken

Irrfahrten des Odysseus

dahintragen ließ. Auch ihn streichelte Polyphem und sprach: ›Gutes Widderchen, was trabst du so langsam hinter der übrigen Herde aus der Höhle heraus? Sonst bist du doch auch nicht der Letzte. An den Wiesenblumen und am Bach bist du immer der Erste, und abends bist du als Erster wieder im Stall! Betrübt dich das ausgestochene Auge deines Herrn? Ja, wenn du denken und sprechen könntest wie ich, dann würdest du mir sagen, in welchem Winkel sich der Verbrecher mit seinem Gesinde verbirgt! Dann würde ich ihn zerschmettern und ich würde wieder froh werden über das Leid, das Niemand über mich gebracht hat!‹

Nun ließ der Zyklop auch den Widder hinaus und wir waren alle draußen. Sobald wir ein Stück von der Höhle entfernt waren, machte ich mich als Erster von meinem Bock los und half dann auch meinen Freunden. Leider waren wir jetzt nur noch sieben. Wir umarmten uns herzlich und trauerten um unsere Gefährten. Doch ich gab ihnen ein Zeichen, ganz still zu sein und mit den geraubten Widdern so schnell wie möglich auf das Schiff zu gehen. Erst als wir wieder auf den Ruderbänken saßen und einen Heroldsruf vom Ufer entfernt dahinfuhren, rief ich dem Zyklopen, der mit seiner Herde den Hügel hinaufkletterte, meine Spottrede zu: ›Nun, Zyklop, du hast doch keines schlechten Mannes Begleiter in deiner Höhle gefressen! Endlich sind dir deine Freveltaten vergolten worden, und du hast die Strafe des Zeus und der Götter zu spüren bekommen!‹

Als der Wüterich dies hörte, wurde sein Zorn noch größer. Er riss einen ganzen Felsblock aus dem Gebirge heraus und warf ihn nach unserem Schiff. Er hatte so gut gezielt, dass er das Ende unseres Steuerruders nur knapp verfehlte. Doch von dem Felsblock brandete das Wasser auf und warf unser Schiff wieder ans Ufer zurück. Mit aller Kraft mussten wir uns in die Ruder legen, um dem Ungeheuer aufs Neue zu entfliehen und vorwärts zu kommen. Nun fing ich abermals an zu rufen, obwohl mich meine Freunde, die einen zweiten Wurf befürchteten, mit Gewalt davon abhalten wollten. ›Höre, Zyklop‹, rief ich, ›wenn dich je einmal ein Menschenkind fragt, wer dein Auge geblendet hat, dann sollst du ihm eine bessere Antwort als deinen Zyklopen geben! Sag ihm nur, der Zerstörer Trojas, Odysseus, hat dich geblendet, der Sohn des Laërtes, der auf der Insel Ithaka wohnt!‹

Heulend schrie der Zyklop herüber: ›Wehe mir! So hat sich denn die alte Weissagung an mir erfüllt! Denn einst befand sich unter uns ein Seher namens Telemos, der Sohn des Eurymos, der hier im Land der Zyklopen alt geworden ist. Er hat mir vorausgesagt, dass ich einst durch Odysseus mein Augenlicht verlieren würde. Ich meinte, dann würde ein stattlicher Kerl daherkommen, der so groß und stark ist wie ich selbst, und würde mit mir kämpfen. Und nun ist dieser Wicht gekommen, dieser Weichling, hat mich betrunken gemacht und mir im Rausch das Auge geblendet!

Aber komm« doch wieder, Odysseus! Dann will ich dich als Gast empfangen und vom Meeresgott sicheres Geleit für dich erflehen, denn ich bin Poseidons Sohn! Nur er und kein anderer kann mich heilen!‹ Nun begann er zu seinem Vater Poseidon zu beten, dass er mir meine Heimfahrt nicht vergönnen solle, und endete mit den Worten: ›Und wenn er doch jemals in seine Heimat zurückkommen sollte, dann sei es wenigstens so spät, so unglücklich und so verlassen wie möglich und auf einem fremden Schiff. Und zu Hause soll er nichts als Elend antreffen!‹

So betete er, und ich glaube der finstere Gott hat sein Gebet erhört. Polyphemos packte noch einen zweiten Felsblock und schleuderte ihn nach uns. Auch diesmal verfehlte er uns nur um ein weniges. Dennoch ruderten wir getrost voran. Bald waren wir wieder bei der Insel angekommen, wo die übrigen Schiffe sicher in der Bucht lagen, und die Freunde schon lange traurig in ihrem Lager am Strand auf uns gewartet hatten. Sie empfingen uns mit einem lauten Freudenschrei. Als wir an Land gingen, teilten wir als Erstes die Herde des Zyklopen, die wir geraubt hatten, auf. Den Widder aber, unter dessen Bauch ich entkommen war, schenkten meine Freunde mir. Ich brachte ihn sogleich dem Zeus zum Opfer dar und verbrannte ihm die Schenkel des Tieres. Der Gott verschmähte jedoch das Opfer und ließ sich nicht versöhnen. Sein Beschluss war, dass alle unsere Schiffe und außer mir auch alle meine Freunde untergehen sollten.

Doch davon wussten wir nichts. Vielmehr saßen wir den ganzen Tag, bis die Sonne im Meer versank, vergnügt beisammen und aßen und tranken sorglos miteinander. Dann legten wir uns am Strand zum Schlafen nieder und schliefen im Rauschen der Brandung ein. Sobald der Himmel sich aber wieder rötete, saßen wir alle wieder auf unseren Schiffen und ruderten weiter, der Heimat entgegen.«

Odysseus erzählt weiter
(Der Schlauch des Äolos – Die Lästrygonen – Circe)

Hierauf«, fuhr Odysseus fort, »gelangten wir an eine Insel, welche Äolos, der Sohn des Hippotes, ein vertrauter Freund der Götter, bewohnte. Diese Insel schwamm in der Flut. Eine unbezwingbare Mauer umgab sie mit starrendem Erz, ihr Sockel war ein glatter Fels, der die Insel wie ein Gürtel umgab. Dieser Äolos hatte sechs Söhne und sechs Töchter in seinem Palast und feierte mit ihnen und mit seiner Gattin alle Tage ein Fest. Der gute Fürst beherbergte uns einen ganzen Monat lang und fragte uns recht eifrig über Troja, über die Macht der Griechen und ihre Heimkehr aus. Über all das gab ich ihm genaue Auskunft, und als ich

Irrfahrten des Odysseus

ihn schließlich bat, nun unsere Heimkehr zu unterstützen, zeigte er sich in allem sehr willig und schenkte uns einen dick aufgeschwollenen Schlauch aus dem Leder eines neunjährigen Stieres. Darin waren sämtliche Winde eingeschlossen, die über die Erde wehen. Denn Äolos war von Zeus zum Verwalter der Winde bestellt worden und hatte von ihm die Macht erhalten, die Winde loszulassen und wieder zu besänftigen, wie er wollte. Er selbst band den Schlauch mit einem glänzenden Silberfaden an meinem Schiff fest und schnürte ihn so zusammen, dass kein bisschen Luft entweichen konnte. Er hatte aber dennoch immer noch genügend von den Winden aller Art für sich zurückbehalten. Das zeigte er uns sogleich. Denn als wir uns eingeschifft hatten, ließ er unseren Schiffen den sanftesten Westwind nachwehen, der uns schnell und leicht in unsere Heimat bringen sollte. Dies sollte aber nicht geschehen, denn unsere eigene Torheit stürzte uns in großes Unglück.

Wir waren neun Tage und Nächte lang über das Meer gesegelt, und in der zehnten Nacht befanden wir uns so nahe an meiner Heimatinsel Ithaka, dass wir die Wachtfeuer am Ufer sehen konnten. Ausgerechnet da musste mich müden Mann der Schlaf übermannen, denn ich hatte mich unaufhörlich damit beschäftigt, die Segel meines Schiffes auszurichten, um so schnell wie möglich die Heimat zu erreichen, und wollte dies keinem anderen überlassen. Während ich nun schlief, begannen meine Gefährten ein Gespräch darüber, was wohl in dem Schlauch sein mochte, den mir König Äolos zum Geschenk gemacht hatte. Und es stellte sich heraus, dass sie alle in dem Wahn befangen waren, ich hätte Gold und Silber in dem Sack, und schließlich sagte einer gierig: ›Der Odysseus ist doch überall hoch geachtet und geehrt! Wie viel Beute hat er nicht nur von Troja mitgebracht! Und wir, die wir die gleichen Gefahren und Mühen bestanden haben, kehren alle mit leeren Händen nach Hause zurück! Und jetzt hat ihm Äolos sogar noch einen Sack mit Gold und Silber geschenkt! Wie wäre es, wenn wir mal hineinschauen würden, damit wir sehen, wie viele Schätze darin verborgen sind?‹ Dieser üble Rat überzeugte die Gesellen sogleich. Der Schlauch wurde aufgebunden, und kaum war das Band los, brausten alle Winde zusammen daraus hervor, und der Sturm riss alle unsere Schiffe wieder hinaus auf die offene See.

Ich selbst schreckte über dem Heulen des Windes aus dem Schlaf. Als ich sah, was meine Gefährten angerichtet hatten, überlegte ich einen Augenblick, ob ich über Bord springen und mich von den Fluten in die Tiefe reißen lassen sollte. Doch dann fasste ich mich wieder und beschloss zu bleiben und alles, was da kommen sollte, zu ertragen.

Die Wut der Orkane warf uns an die Insel des Äolos zurück. Hier ließ ich meine Mannschaft auf dem Schiff und eilte mit einem einzigen Freund und dem Herold in den Palast des Fürsten, den ich mit seiner Gemahlin

DIE FOLGEN DES TROJANISCHEN KRIEGES

und seinen Kindern beim Mittagsmahl antraf. Sie staunten alle nicht wenig über unsere Rückkehr. Als sie aber den Grund dafür erfuhren, erhob sich der Verwalter der Winde zornig und rief mir entgegen: ›Verruchter Mensch, offenbar verfolgt dich die Rache der Götter! Einen solchen darf ich weder beherbergen noch geleiten! Verlasse mein Haus, Verworfener!‹ Mit diesem Fluch jagte er mich fort.

Voller Schwermut segelten wir weiter. Meinen Gesellen schwand der Mut beim Rudern. Denn nun waren wieder sieben Tage vergangen, und nirgendwo war Land in Sicht.

Schließlich aber kamen wir an eine Küste zu einer Stadt mit vielen Türmen. Sie hieß Telepylos und war der Sitz der Lästrygonen. Das alles wussten wir jedoch noch nicht, und von der Stadt sahen wir auch noch nichts. Der Hafen, in den wir einfuhren, war vortrefflich, sehr geschützt und von allen Seiten mit schroffen Felsen umgeben, sodass das Wasser in der Bucht stets ruhig und glatt war. Ich machte am Hafen fest, kletterte als Erster auf das felsige Ufer und schaute ins Landesinnere. Nirgendwo konnte ich bebaute Felder, Bauern oder Stiere entdecken. Nur Rauch sah ich von einer großen Stadt zum Himmel aufsteigen. Ich schickte zwei Freunde und einen Herold als Kundschafter aus. Sie gingen an Land und fanden bald einen Weg, der über eine bewaldete Anhöhe auf jenen Rauch zulief und sie schließlich in die Stadt führte. Vor der Stadt begegneten sie einer Jungfrau, die Wasser schöpfen wollte. Es war die Tochter des Lästrygonenkönigs Antiphates. Sie stieg eben zu der Quelle Artakia hinab, wo die Einwohner ihr Wasser holten. Das Mädchen, über dessen Größe sie sich nicht genügend wundern konnten, beschrieb ihnen freundlich den Weg zum Palast ihres Vaters und gab ihnen bereitwillig Auskunft über das Land, die Stadt und den Herrscher. Als sie nun aber in die Stadt und an den Palast kamen, erstarrten sie vor Entsetzen: Da stand die Gemahlin des Lästrygonenkönigs vor ihnen, so riesengroß wie ein Berg. Denn die Lästrygonen waren Riesen und Menschenfresser. Die Königin rief sogleich ihren Gemahl, und der griff zum Gruß nach dem einen Kundschafter und befahl sogleich, ihn für sich zum Abendessen zuzubereiten. Die zwei anderen flohen in Todesangst zu den Schiffen. Der König aber rief brüllend die ganze Stadt unter die Waffen, und über tausend Lästrygonen, lauter Riesen und Giganten, kamen heraus und schleuderten Felsen nach uns, sodass man auf den Schiffen nur noch berstende Balken und das Geschrei der Sterbenden hörte. Nur ich hatte mein Schiff so hinter einem Felsen festgemacht, dass die Steine es nicht treffen konnten. Als nun die übrigen Schiffe sanken, nahm ich von ihren Mannschaften auf mein Schiff auf, so viele noch am Leben waren, und entkam mit ihnen unversehrt aus dem Hafen.

Nun fuhren wir auf dem einzigen Schiff zusammengedrängt weiter und

Irrfahrten des Odysseus

kamen wieder an eine Insel. Sie trug den Namen Aiaia. Hier lebte eine sehr schöne Halbgöttin, die Tochter des Sonnengottes und der Okeanostochter Perse und Schwester des Königs Aietes. Sie hieß Circe und besaß einen prächtigen Palast auf der Insel. Wir aber wussten nichts von ihr. Wir fuhren in eine Bucht der Insel ein, legten unser Schiff vor Anker und legten uns, müde von der Anstrengung und voller Kummer und Verdruss im Ufergras nieder. Am dritten Morgen machte ich mich mit Schwert und Lanze bewaffnet auf, um das Land zu erkunden.

Ich bemerkte Rauch, und der stieg aus Circes Palast auf. Ich ging aber nicht gleich darauf zu. Gewarnt durch die früheren Gefahren kehrte ich erst zu meinen Freunden zurück und sandte Späher aus. Wir hatten alle auch schon lange nicht mehr richtig gegessen. Da erbarmte sich einer der Götter und schickte mir einen Hirsch mit hohem Geweih in den Weg, der durstig in raschen Sätzen aus dem Wald zum Bach hinunter stürzte. Ich erlegte ihn im Lauf und schleppte ihn zu unserem Schiff. Es erhob sich freudiger Jubel unter meinen Freunden, als sie den Hirsch auf meinen Schultern erblickten. Schnell wurde das Tier geschlachtet und ein Festschmaus zusammengestellt, indem man alles herbeischaffte, was auf dem Schiff an Brot und Wein zu finden war. Nun berichtete ich ihnen von dem Rauch, den ich gesehen hatte. Doch da sank meinen Freunden der Mut, denn sie mussten an die Höhle des Zyklopen und an den Hafen der Lästrygonen denken, wo uns die Hoffnung beide Male so grausam ins Verderben geführt hatte. Ich allein blieb mutig unter ihren Tränen. Ich teilte meine Gefährten in zwei Gruppen auf und gab der einen Gruppe mich selbst, der anderen den Eurylochos zum Anführer. Dann schüttelten wir Lose in einem Helm. Das Los traf den Eurylochos und er musste sich sogleich mit seinen zweiundzwanzig Männern, die ihm nur unter Seufzern folgten, dorthin auf den Weg machen, wo ich den Rauch hatte aufsteigen sehen.

Sie fanden bald schon den prächtigen Palast der Göttin Circe, der in einem anmutigen Tal der Insel versteckt lag. Doch wie staunten sie, als sie hinter der Umzäunung des Hofes und vor der Pforte des Palastes Wölfe mit spitzen Reißzähnen und Löwen mit zottigem Fell umherwandeln sahen! Voller Angst erblickten sie die schrecklichen Ungeheuer und überlegten, wie sie schleunigst von diesem unheimlichen Ort fliehen könnten – doch da umringten sie die wilden Tiere auch schon. Sie taten ihnen aber nichts zuleide und stürzten sich auch nicht, wie es solche Tiere zu tun pflegen, mit einem Satz auf sie, sondern sie kamen langsam und schmeichelnd näher und wedelten mit ihren Schwänzen, wie Hunde, die ihrem Herrn entgegengehen, wenn er gute Leckerbissen für sie hat. Diese Wölfe waren, wie wir später erfuhren, lauter durch Circes Zauberkünste verwandelte Menschen.

DIE FOLGEN DES TROJANISCHEN KRIEGES

Da die Tiere ihnen nichts taten, schöpften meine Freunde wieder Mut und gingen auf die Pforte des Palastes zu. Dort hörten sie die wohlklingende Stimme der Circe, die eine vortreffliche Sängerin war, erklingen. Sie sang zu ihrer Arbeit, denn sie wob gerade den Stoff für ein wunderbares Gewand, wie es nur Göttinnen zu weben verstehen. Der Erste, der einen Blick in den Palast geworfen hatte und sich des Anblicks erfreute, war der Held Polites, der mein guter Freund war. Auf sein Zuraten hin riefen unsere Gefährten die Bewohner heraus, und tatsächlich erschienen sie freundlich an der Pforte und baten alle herein. Nur ihr Anführer Eurylochos, der ein besonnener Mann war, ging nicht hinein. Gewarnt durch die früheren Vorfälle witterte er auch hier einen Betrug.

Die anderen führte Circe sehr liebenswürdig in ihren Palast und ließ sie auf hohen, schönen Sesseln Platz nehmen. Käse, Mehl, Honig und süßer pramnischer Wein wurden gebracht, und Circe begann daraus einen köstlichen Kuchenteig zu kneten. Allerdings mischte sie unbemerkt Unheil bringende Säfte in den Teig, die die Armen um ihren Verstand bringen und sie ihre Heimat vergessen lassen sollten. Sobald sie davon gekostet hatten, wurden sie alle in borstige Schweine verwandelt, fingen zu grunzen an und wurden von der Zauberin samt und sonders in einen Stall getrieben. Hier ließ ihnen Circe statt der Köstlichkeiten nur Eicheln, wie sie gewöhnliche Schweine fraßen, vorwerfen.

Eurylochos hatte dies zum Teil von weitem mit angesehen, zum Teil erschlossen. So schnell er konnte, eilte er zu unserem Schiff zurück, um uns das schreckliche Schicksal unserer Freunde zu verkünden. Als er aber bei uns ankam, konnte er anfangs gar nicht sprechen, weil ihm die entsetzliche Angst noch immer die Sprache raubte. Aus seinen Augen strömten Tränen, und seine Seele war ganz in Jammer versunken. Als wir alle verwundert in ihn drangen, er solle sprechen, fand er schließlich die Worte und berichtete das jämmerliche Schicksal unserer Freunde. Auf diese Schreckensbotschaft hin warf ich mir sofort mein Schwert und meinen Bogen um die Schultern und befahl ihm, mich sofort zum Palast zu führen. Er aber umschlang mir mit beiden Armen die Knie und flehte mich an, hier bleiben zu dürfen, und dass auch ich nicht hingehen solle. ›Glaub mir‹, schluchzte er, ›du wirst nicht wieder zurückkommen und auch keiner von den anderen. Lass uns von diesem verwünschten Strand fliehen!‹ Ich erlaubte ihm also hier zu bleiben, ich selbst aber beugte mich der Notwendigkeit und ging.

Unterwegs begegnete mir ein blühender Jüngling, der so schön war, wie ein Jüngling nur sein konnte, und streckte mir den goldenen Stab entgegen, an dem ich Hermes, den Boten der Götter, erkannte. Er nahm freundlich meine Hand und sprach: ›Armer Mann, was rennst du so durch diese waldige Gegend, die du nicht kennst? Deine Freunde sind bei der

Irrfahrten des Odysseus

Zauberin Circe in Schweineställe eingesperrt. Du willst gehen, um sie zu erlösen? Eher wirst auch du zu den anderen gesteckt werden! Nun gut, ich will dir ein Mittel geben, das dich schützen wird: Wenn du dieses Heilkraut bei dir trägst‹ – mit diesen Worten grub er eine schwarze Wurzel mit milchweißer Blüte aus dem Boden, die er Moly nannte – ›so kann dir ihr Zauber nicht schaden. Sie wird dir nämlich ein süßes Weinmus zubereiten, in das sie ihre Zaubermittel mischt. Dieses Kraut aber wird sie daran hindern, dich in ein Tier zu verwandeln. Wenn sie dich dann mit ihrem langen Zauberstab berührt, dann ziehe nur dein Schwert und stürme auf sie los, als wolltest du sie töten. So zwingst du ihr leicht einen heiligen Eid ab, dass sie keine Tücken an dir begehen wird. Dann kannst du ruhig bei ihr wohnen und alles tun, was sie von dir verlangt. Wenn ihr einander vertrauter geworden seit, dann wird sie dir deine Bitte nicht abschlagen und dir deine Freunde zurückgeben!‹

So sprach Hermes und verließ mich, um in den Olymp zurückzukehren. Ich selbst eilte aufgeregt und nachdenklich zum Palast der Zauberin. Als ich rief, öffnete sie die Pforte und bat mich freundlich einzutreten, was ich mit dem Herzen voller Zorn auch tat. Nun führte sie mich zu einem prächtigen Thronsessel, rückte mir einen goldenen Schemel unter die Füße und vermengte tatsächlich sogleich in einer goldenen Schale ihr Weinmus. Sie konnte kaum erwarten, dass ich es ausgetrunken hatte, und ohne im Mindesten daran zu zweifeln, dass ich auf der Stelle verwandelt werden würde, berührte sie mich mit ihrem Stab und sprach: ›Fort mit dir in den Schweinestall zu deinen Freunden!‹ Ich aber nahm mein Schwert und rannte wie mordgierig auf die Zauberin los. Da schrie sie laut auf, warf sich zu Boden, umfasste meine Knie und rief mir jammernd entgegen: ›Wehe mir! Wer bist du, Gewaltiger, dass dich mein Trank nicht verwandeln kann? Noch nie hat ein Mensch der Stärke meines Zaubers widerstanden. Bist du vielleicht der erfindungsreiche Odysseus selbst, dessen Ankunft, wenn er von Troja zurückkehrt, mir Hermes schon vor langer Zeit vorausgesagt hatte? Wenn du es bist, dann stecke dein Schwert in die Scheide und lass uns Freunde werden!‹

Ich aber blieb weiter in meiner drohenden Haltung und antwortete: ›Wie kannst du verlangen, Circe, dass ich dein Freund bin, wo du doch meine Gefährten in Schweine verwandelt hast? Muss ich da nicht vermuten, dass du nur deshalb so zuvorkommend zu mir bist, weil du auch mit mir etwas Übles vorhast? Ich kann nur dann dein Freund sein, wenn du mir schwörst, dass du mir auf keine Weise schaden wirst!‹ Die Göttin leistete auf der Stelle den Schwur, den ich verlangte. Nun war ich zufrieden und überließ mich unbesorgt der Nachtruhe.

Am frühen Morgen waren vier Dienerinnen, lauter schöne und edle Nymphen, damit beschäftigt, die Säle ihrer Herrin in Ordnung zu bringen.

DIE FOLGEN DES TROJANISCHEN KRIEGES

Die eine bedeckte die Thronsessel mit prachtvollen purpurnen Polstern, die zweite stellte silberne Tische vor die Sessel und setzte goldene Körbe darauf, die dritte mischte den Wein in einem silbernen Krug und verteilte goldene Becher über die Tische, von der vierten schließlich wurde frisches Quellwasser gebracht. Sie setzte auch einen Kessel auf den Dreifuß und schürte die Glut darunter, bis das Wasser kochte. Mit dem Wasser sollte ich baden. Und als ich danach noch gesalbt und angekleidet war, sollte ich in Circes Gesellschaft das Morgenmahl genießen. Obwohl der Tisch reichlich gedeckt war, rührte ich doch keine der Speisen an. Stumm und bekümmert saß ich meiner schönen Gastgeberin gegenüber. Als sie mich schließlich fragte, warum ich so still sei, antwortete ich: ›Welcher rechtschaffene Mann könnte mit Genuss speisen, solange er seine Freunde im Elend weiß? Wenn du willst, dass ich mit Freude bei dir genieße, dann lass mich meine lieben Gefährten sehen!‹

Circe ließ sich nicht lange bitten. Den Zauberstab in ihrer Hand verließ sie das Gemach. Draußen schloss sie die Stalltür auf und trieb alle meine Freunde heraus, die mich, der ich ihr nachgegangen war, in der Gestalt neunjähriger Schweine umwimmelten. Nun ging sie zwischen ihnen umher und bestrich jeden von ihnen mit einer anderen Flüssigkeit. Auf einmal schälten sie sich nun aus ihren borstigen Hüllen und wurden alle wieder zu Männern, und zwar zu jüngeren und schöneren, als sie zuvor gewesen waren. Voller Freude eilten sie auf mich zu und reichten mir die Hände. Als sie aber ihr elendes Schicksal bedachten, fingen sie alle zu weinen und zu klagen an. Nun sprach die Göttin schmeichelnd zu mir: ›Jetzt, lieber Held, habe ich ja deinen Willen getan. Tu du nun auch mir einen Gefallen und lass dein Schiff ans Ufer ziehen. Verstaue deine Ladung in den Felsengrotten und lass es dir dann mit deinen lieben Gefährten bei mir gut gehen!‹

Ihre schmeichelnden Worte gewannen mein Herz. Ich suchte das Schiff und meine Freunde, die dort zurückgeblieben waren, auf. Sie hatten mich schon lange für tot gehalten und kamen mir nun mit Freudentränen entgegengelaufen. Als ich ihnen den Vorschlag machte, das Schiff ans Ufer zu ziehen und bei der Göttin einzukehren, waren sogleich alle einverstanden, nur Eurylochos versuchte sie zurückzuhalten, indem er sprach: ›Seid ihr wirklich so versessen darauf, in euer Verderben zu laufen, dass ihr in den Palast der Zauberin gehen wollt, die uns alle in Löwen, Wölfe und Schweine verwandeln und zwingen wird, in dieser scheußlichen Gestalt ihren Palast zu hüten? Wie ist der Zyklop mit unseren Freunden umgegangen, als der Unverstand des Odysseus uns ihm in die Hände geliefert hat?‹

Als ich diese Beleidigung hörte, wollte ich das Schwert ziehen und ihm den Kopf vom Rumpf abschlagen, obwohl er ein naher Verwandter von

Circe entzaubert die Gefährten des Odysseus

DIE FOLGEN DES TROJANISCHEN KRIEGES

mir war. Die Freunde sahen die Bewegung, die ich machte, fielen mir in den Arm und brachten mich zur Besinnung. Nun brachen wir alle auf, und auch Eurylochos, den meine Drohung erschreckt hatte, wagte nicht mehr sich zu widersetzen.

Inzwischen hatte Circe unsere Freunde gebadet, mit Öl gesalbt und prächtig gekleidet, und wir fanden sie alle fröhlich beim Schmaus versammelt. Das gab ein Weinen und Umarmen und Begrüßen! Die Göttin munterte uns alle auf und tat uns so viel Liebes, dass wir von Tag zu Tag fröhlicher wurden und das ganze Jahr über bei ihr blieben. Als nun aber das Jahr zu Ende ging, da riefen mich meine Begleiter zu sich und forderten mich auf, endlich an die Heimkehr zu denken. Ihre Rede rührte mich, und so umschlang ich noch am selben Abend Circes Knie und flehte sie an, ihr Wort zu halten, und mich, wie sie versprochen hatte, in die Heimat ziehen zu lassen.

Die Zauberin antwortete: ›Du hast Recht, Odysseus, ich darf dich nicht zwingen bei mir zu bleiben. Aber bevor du heimkommst, müsst ihr noch einen Umweg machen. Ihr müsst das Reich des Hades und der Persephone, das Schattenreich, aufsuchen und die Seele des blinden Greises, des thebanischen Sehers Teiresias, über die Zukunft befragen. Denn ihm sind durch die Gunst der Proserpina auch im Tode noch sein voller Geist und seine Sehergabe geblieben. Die Seelen der anderen Toten sind alle nur wandelnde Schatten.‹

Als ich dies hörte, begann ich zu weinen und zu klagen. Mir graute vor der Wohnung der Toten und ich fragte, wer mich denn begleiten solle, denn eine Schifffahrt in die Unterwelt hat noch kein Mensch bei lebendigem Leib unternommen.

›Sorge dich nicht‹, antwortete mir die Göttin. ›Richte nur getrost deinen Mast auf und spanne die Segel aus! Der Nordwind wird euch dort hinbringen. Wenn du einmal das Ufer des Okeanos, des Stromes, der die Erde umgibt, erreicht hast, dann gelangst du an ein flaches Ufer, wo du Erlen, Pappeln und Weiden siehst. Dies ist Persephones Hain; dort ist auch der Eingang zur Unterwelt. Hier, in einem Tal bei einem Felsen, wo die schwarzen Ströme Pyriphlegethon und Kokytos, der ein Arm des Styx ist, sich in den Acheron oder die Unterwelt stürzen, wirst du eine Kluft finden. Durch diese Kluft hindurch führt der Weg in die Unterwelt. Da gräbst du eine Grube und bringst den Seelen ein Totenopfer von Honig, Milch, Wein, Wasser und Mehl dar, gelobst ihnen noch ein Schlachtopfer, wenn du nach Ithaka heimkommst, und außerdem noch einen schwarzen Widder für Teiresias. Dann opferst du weitere zwei schwarze Schafe, ein männliches und eine weibliches, und blickst dem vereinigten Strom durch die Kluft in die Tiefe nach, während deine Gefährten die Tiere für die Götter verbrennen und zu ihnen beten. Nun werden dir die Seelen der

Toten erscheinen, und die Luftgebilde werden ans Licht heraufdringen wollen und von dem Blut der Totenopfer kosten. Du aber wirst sie mit deinem Schwert abwehren und ihnen nicht erlauben näher zu kommen, bis du den Teiresias befragt hast. Denn der wird kommen und dir Aufschluss über deine Heimfahrt geben.‹

Diese Worte trösteten mich etwas. Am nächsten Morgen rief ich meine Freunde zu mir, um sie zum Aufbruch zu mahnen. Nun hatte sich einer von ihnen – er hieß Elpenor, war der jüngste von allen, aber weder besonders mutig noch besonders klug – am Vorabend mit Circes süßem Wein betrunken. Um Luft zu schöpfen, hatte er sich abseits seiner Gefährten auf das flache Dach des Palastes gelegt. Dort war er eingeschlafen und hatte da die ganze Nacht gelegen. Als er nun durch das Gewühl der Freunde, die zur Versammlung eilten, jäh aus dem Schlaf gerissen wurde, fuhr er auf und vergaß in seiner Benommenheit, wo er war. Anstatt zur Treppe zu gehen, taumelte er über das Dach hinaus und stürzte hinunter, sodass er sich das Genick brach und sein Geist auf der Stelle zum Hades fuhr.

Ich aber scharte meine Begleiter um mich und sprach: ›Ihr meint wohl, teure Freunde, es ginge nun geradewegs ins geliebte Heimatland zurück? Aber ach, es ist leider nicht so. Die Göttin Circe hat uns eine ganz andere Fahrt vorgegeben: Wir sollen in das schreckliche Reich des Hades hinunter und dort die Seele des thebanischen Sehers Teiresias über unsere Heimfahrt befragen!‹

Als meine Gefährten dies hörten, brach ihnen fast das Herz vor Kummer. Sie jammerten laut auf und rauften sich die Haare. Aber ihre Klage half ihnen nichts. Ich befahl ihnen aufzubrechen und mit mir zum Schiff zu gehen. Circe war schon vorausgeeilt. Sie hatte uns die beiden Opferschafe aufs Schiff bringen lassen und uns auch reichlich mit Honig, Wein und Mehl für das Opfer versorgt. Als wir ankamen, schlüpfte sie mit einem Abschiedsgruß leicht an uns vorüber. Wir aber ließen das Schiff zu Wasser, richteten den Mast und die Segel und setzten uns betrübt auf die Ruderbänke. Ein günstiger Fahrtwind, den uns Circe schickte, blies in die Segel, und bald waren wir wieder auf hoher See.«

Odysseus erzählt weiter
(Das Schattenreich)

Die Sonne tauchte ins Meer«, fuhr Odysseus nach einer Weile fort den Phäaken zu erzählen, »als wir, von einem wunderbaren Fahrtwind vorangetrieben, am Ende der Welt anlangten, am Ufer der Kimmerier, das in ewigem Nebel liegt und von Sonnenstrahlen niemals beleuchtet wird, am Strom Okeanos, der die Welt umgürtet. Wir kamen an den Felsen, wo die Totenflüsse zusammenfließen, wie Circe es beschrieben hatte, und opferten genau wie sie gesagt hatte. Sowie das Blut aus den Kehlen der Schafe in die Grube floss, tauchten tief aus der Unterwelt die Seelen der Abgeschiedenen aus der Felsenkluft empor, in welcher wir uns befanden. Jünglinge und Greise, Jungfrauen und Kinder kamen, auch viele Helden mit klaffenden Wunden und blutigen Rüstungen. In Scharen umflatterten sie mit hohlem grauenvollem Stöhnen wie Schatten die Opfergrube, sodass mich das Entsetzen packte. Schnell ermahnte ich die Gefährten die geopferten Schafe zu verbrennen und zu den Göttern zu flehen. Ich selbst zog das Schwert und hielt die Schatten zurück, damit sie nicht vom Opferblut leckten, bevor ich den Teiresias befragt hatte.

Zuallererst nahte sich mir die Seele des Elpenor, dessen Leib noch unbegraben in Circes Wohnung lag. Mit Tränen in den Augen klagte mir der Schatten sein Verhängnis und beschwor mich auf die Insel Aiaia zurückzufahren und ihn ehrenhaft zu begraben. Ich versprach es ihm, und das Schattenbild ließ sich nieder. So saßen wir in wehmütigem Gespräch, dort die Schattengestalt, hier ich, das Schwert quer über das Opferblut haltend. Bald gesellte sich auch Antikleia, die Mutter des Verstorbenen, zu uns, die noch gelebt hatte, als ich nach Troja aufbrach. Sie sah mich bittend und kummervoll an und entfernte sich dann mit ihrem Sohn.

Nun erschien die Seele des Thebaners Teiresias, mit einem goldenen Stab in der rechten Hand. Er erkannte mich sogleich und begann zu sprechen: ›Edler Sohn des Laërtes, was trieb dich dazu, das Sonnenlicht zu verlassen und diesen Ort des Entsetzens aufzusuchen? Aber ziehe nur dein gezücktes Schwert von der Opfergrube zurück, damit ich vom Opferblut trinke und dir dein Schicksal weissagen kann.‹ Als ich mein Schwert in die Scheide steckte und etwas zurückwich, trank der Schatten von dem schwarzen Blut und begann sogleich zu wahrsagen: ›Du willst von mir Aufschluss über eine glückliche Heimfahrt: Ein Gott wird sie dir erschweren und du kannst dich der Hand des Erderschütterers nicht entziehen, denn du hast ihn schwer beleidigt, indem du seinem Sohn Polyphemos das Auge ausgestochen hast. Dennoch soll dir die Rückkehr nicht ganz unmöglich sein. Halte nur dein und deiner Gefährten Herz im Zaum. Zuerst werdet ihr auf der Insel Thrinakia an Land gehen. Wenn ihr dort die heiligen Rinder und Schafe des Sonnengottes unberührt lasst, dann dürfte euch die Heimfahrt wohl gelingen. Verletzt ihr sie aber, dann sage ich deinem Schiff und deinen Freunden euer Verderben voraus. Wenn du selbst auch entrinnen wirst, so kommst du doch erst spät, elend, einsam und auf einem fremden Schiff nach Haus. Und auch dort wirst du nur Jammer vorfinden: übermütige Männer, die deine Habe verprassen und

Irrfahrten des Odysseus

um deine Frau Penelope freien. Wenn du die Männer aber durch List oder Gewalt bezwungen und getötet haben wirst und dir lange Zeit ein ruhiges Glück gelächelt hat, so nimm an deinem Lebensabend dein Ruder auf die Schulter und wandere fort und immer weiter fort, bis du zu den Menschen kommst, die das Meer nicht kennen, keine Schiffe haben und ihre Speisen mit keinem Salz würzen. Und wenn dir dort in der Fremde ein Wanderer begegnet und dir sagt, dass du die Schaufel des Worflers auf dem Rücken trägst, dann stoß das Ruder in die Erde, bring dem Poseidon ein Opfer und wandere wieder heim. Und schließlich, wenn dein Reich in voller Blüte steht, wird dich ein friedlicher Greisentod auf dem Meer hinwegnehmen.‹

Dies war der Inhalt seiner Weissagung. Ich dankte dem Seher, doch dann sah ich etwas, was mir eine Frage auf die Zunge legte: ›Was sehe ich dort?‹, sprach ich zu ihm. ›Das ist ja der Schatten meiner Mutter! Wie stumm sitzt sie am Opferblut, ohne mich anzuschauen! Was kann ich tun, ehrwürdiger Greis, damit sie mich erkennt?‹

›Lass sie nur vom Opferblut trinken‹, erwiderte der Seher, ›dann wird sie bald ihr Schweigen brechen.‹

Da wich ich von der Grube zurück und meine Mutter trank. Urplötzlich erkannte sie mich, blickte mich mit Tränen in den Augen an und sprach: ›Lieber Sohn, wie kamst du lebendig in die Todesnacht herab? Haben dich der Okeanos und die anderen furchtbaren Ströme nicht gehindert? Irrst du denn noch immer seit Trojas Fall umher und kommst nicht von deiner Heimat Ithaka?‹

Nachdem ich ihr alles erzählt hatte, fragte ich meine Mutter, wie sie gestorben war, denn ich hatte sie lebend verlassen, als ich nach Troja zog. Und mit pochendem Herzen erkundigte ich mich, wie es sonst zu Hause stand. Der Schatten erwiderte: ›Deine Gattin, nach der du so ängstlich fragst, lebt mit unerschütterlicher Treue in deinem Palast, und Tag und Nacht weint sie um dich. Kein andrer hält dein Zepter, sondern dein Sohn Telemachos verwaltet dein Gut. Dein Vater Laërtes hat sich aufs Land zurückgezogen und geht nicht mehr in die Stadt. Doch nicht in einer fürstlichen Kammer schläft er und nicht in einem weichen Bett; wie ein Knecht liegt er in ein schlechtes Kleid gehüllt den ganzen Winter über neben dem Herdfeuer auf dem Stroh. Im Sommer bettet er sich unter freiem Himmel auf ein Bündel Reisig, und dies tut er aus Kummer über dein Schicksal. Ich selbst bin an dem Gram über dich, mein lieber Sohn, gestorben, keine Krankheit hat mich dahingerafft.‹ Ihre Worte ließen mich vor Sehnsucht erbeben. Als ich sie aber in die Arme schließen wollte, zerstob sie wie ein Traumbild.

Nun kamen andere Schatten daher, viele waren die Gattinnen berühmter Helden. Sie tranken alle von dem Opferblut und erzählten mir, was ihnen geschehen war. Als diese Frauen wieder entschwunden waren, sah ich einen Schatten, dessen Anblick mich tief bewegte. Es näherte sich nämlich die Seele des Völkerfürsten Agamemnon. Schwermütig bewegte sich der große Schatten zur Opfergrube und trank von dem Blut. Da blickte er auf, erkannte mich und fing zu weinen an. Vergebens streckte er die Hände nach mir aus, seine Glieder hatten keine Kraft. Er sank in die Ferne zurück und antwortete von dort aus auf meine sehnlichen Fragen. ›Edler Odysseus‹, sprach er, ›nicht der Zorn des Meeresgottes hat mich ins Verderben geführt, wie du vielleicht glauben magst, und auch sonst haben mich keine Feinde im Kampf bezwungen. Wie man den Stier an der Krippe erschlägt, so hat mich mein Weib Klytämnestra mit ihrem Geliebten Ägisthos verbündet im Bad erschlagen, mich der ich voller Sehnsucht nach Frau und Kindern nach Hause gekommen war. Darum rate ich dir, Odysseus, sei nicht allzu freundlich zu deiner Frau, vertraue ihr nicht aus Zärtlichkeit jedes Geheimnis an. Du aber hast eine kluge und tugendhafte Frau, du Glücklicher! Und der kleine Junge, der an ihrer Brust lag, als wir Griechenland verließen, dein Telemachos, wird dich als Jüngling mit herzlicher Liebe empfangen. Mein ruchloses Weib hat mir nicht einmal vergönnt mich am Anblick meines Sohnes zu erfreuen, bevor sie mich ermordete! Dennoch rate ich dir, heimlich in Ithaka an Land zu gehen, denn man darf doch keiner Frau vertrauen!‹

Mit diesen finsteren Worten wandte sich der Schatten um und verschwand. Nun kamen die Seelen des Achilles und seines Freundes Patroklos, des Antilochos und des großen Ajax. Als Erster trank Achilles, erkannte mich und staunte. Ich erzählte ihm, warum ich gekommen war. Als ich aber den berühmtesten Griechen auch im Hades als Gebieter der Geister selig pries, erwiderte er missmutig: ›Sprich mir nichts Tröstliches vom Tod, Odysseus! Lieber würde ich als Tagelöhner auf der Erde die Felder bestellen und arm und ohne Erbe sein, als über die Toten zu herrschen!‹ Dann musste ich ihm vom Heldenleben seines Sohnes Neoptolemos erzählen, und als er viel Gutes und Rühmliches über ihn gehört hatte, wandelte der erhabene Schatten zufrieden und mit mächtigen Schritten wieder in die Tiefe und verlor sich darin.

Auch die anderen Seelen, die inzwischen von dem Blut getrunken hatten, sprachen mit mir. Nur Ajax, den ich einst im Streit um die Waffen des Achilles besiegt hatte und der sich deswegen getötet hatte, rückte ab und zürnte. Sanft sprach ich ihn an: ›Telamons Sohn, kannst du denn auch im Tod deinen Unmut nicht vergessen, in welchen dich die Rüstung des Achilles versetzte und die doch nur ein Fluch der Götter für die Griechen war? Denn um ihretwillen bist du, der fest wie ein Turm in der Schlacht gewesen bist, dahingesunken, sodass wir dich gleich nach Achilles betrauern mussten. Doch niemand ist schuld an deinem Tod. Es war ein

Irrfahrten des Odysseus

Verhängnis, das Zeus dir und uns geschickt hat. Darum, edler Fürst, über-
winde dich, komm und sprich mit mir!‹ Aber der Schatten antwortete
nicht. Er ging ins Dunkel zurück zu den anderen abgeschiedenen Seelen.

Nun erblickte ich auch Schatten von Helden, die schon vor langer Zeit
gestorben waren: den Totenrichter Minos; den gewaltigen Jäger Orion,
der die Keule in der Hand hielt und Schattenbilder von Luchsen und
Löwen aufscheuchte; den Tityos, dem für seine Frevel zwei Geier, von
jeder Seite einer, an der Leber fraßen; den Tantalos, der durstig mitten im
Wasser stand, dass es ihm das Kinn umspülte, aber sooft er trinken wollte
zurückwich und versiegte, sodass der schwarze Boden unter seinen
Füßen sichtbar wurde. Außerdem ragten Bäume voller Birnen, Feigen,
Granaten, Oliven und Äpfeln über seinen Kopf – wenn aber er, der hungrig war, sie pflücken wollte, da schwang ein Sturm die Äste aufwärts zu
den Wolken und seine Hand griff ins Leere. Auch den Sisyphos sah ich, in
seiner vergeblichen Qual. Er mühte sich ein riesiges Felsstück einen Berg
hinaufzuschieben. Er stemmte es mit Händen und Füßen und arbeitete
sich ab und wälzte den Stein den Hang hinauf. Sooft er jedoch glaubte, ihn
auf dem Gipfel zu haben, glitt ihm der Felsen aus den Händen und rollte
den Berg wieder hinab. Da begann seine Mühe von neuem. Der Schweiß
floss ihm von den Gliedern und sein Haupt war von einer Staubwolke
umhüllt. Neben ihm stand der Schatten des Herakles, doch nur sein
Schatten, denn er selbst lebte als Gemahl der Jugendgöttin Hebe ein seliges Leben unter den Göttern im Olymp. Sein Schatten aber stand dort,
finster wie die Nacht, hatte einen Pfeil in den Bogen gespannt und blickte
so schrecklich, als wolle er ihn gegen einen Feind abschnellen. Ein prächtiges Wehrgehenk, das mit allerlei Tiergestalten geschmückt war, hing
ihm über die Schultern.

Auch er verschwand, und nun kam noch ein ganzes Gedränge anderer
Heldenseelen. Gern hätte ich den Theseus und seinen Freund Peirithoos
gesehen, doch bei dem grauenvollen Getöse der endlosen Scharen überkam mich plötzlich eine solche Furcht, als reckte mir die Medusa ihr Gorgonenhaupt entgegen. Eilig verließ ich mit meinen Gefährten die Kluft
und suchte wieder unser Schiff auf. Dann segelten wir, wie ich es dem
Schatten Elpenors versprochen hatte, zu Circes Insel zurück.«

Odysseus erzählt weiter
(Die Sirenen – Skylla und Charybdis –
Thrinakia und die Herden des Sonnengottes –
Schiffbruch – Odysseus bei Kalypso)

Nachdem wir die Gebeine unseres verunglückten Gefährten auf der Insel Aiaia verbrannt und bestattet hatten«, fuhr Odysseus fort, »und nachdem wir für den Toten einen Grabhügel aufgehäuft und eine Gedenksäule darauf errichtet hatten, wurden wir von Circe sehr freundlich empfangen und bewirtet. Dann fuhren wir, vor allerlei Gefahren gewarnt und reichlich mit Lebensmitteln versorgt, weiter.

Das erste Abenteuer, das wir zu bestehen hatten und das Circe uns vorausgesagt hatte, erwartete uns bei der Insel der Sirenen. Die Sirenen sind Nymphen, die mit ihrem Gesang jeden bezaubern, der sie hört. Sie sitzen am grünen Ufer und singen dem Vorüberfahrenden ihre Zauberlieder zu. Wer sich zu ihnen hinüberlocken lässt, ist ein Kind des Todes. Man sieht daher am Ufer modernde Knochen genug umherliegen. Als wir die Insel dieser verführerischen Jungfrauen erreicht hatten, fuhr unser Schiff nicht mehr weiter, denn der Fahrtwind, der uns bis dahin sanft vorangetrieben hatte, hörte mit einem Mal zu wehen auf. Das Wasser lag blank wie ein Spiegel vor uns. Meine Begleiter holten die Segel ein, falteten sie und verstauten sie im Schiff, dann setzten sie sich an die Ruder, um das Schiff auf diese Weise vorwärts zu bringen. Ich aber dachte an die Worte der Circe, die mir all dies vorausgesagt hatte: ›Wenn du an die Insel der Sirenen kommst und ihr Gesang euch droht, dann verstopfe die Ohren deiner Männer mit Wachs, damit sie nichts davon vernehmen. Wenn du selbst aber ihre Stimmen hören möchtest, dann lass dich, an Händen und Füßen gefesselt, an den Mast binden. Und je sehnlicher du dann deine Freunde bittest, dich loszumachen, desto fester sollen sie deine Fesseln schnüren!‹

Ich zerschnitt also eine große Wachsscheibe und knetete sie mit meinen kräftigen Fingern. Anschließend strich ich meinen Reisegenossen das weiche Wachs in die Ohren. Ich aber stellte mich aufrecht an den Mast und ließ mich festbinden. Dann setzten sie sich wieder an die Ruder und ruderten getrost vorwärts.

Als die Sirenen unser Schiff heranschwimmen sahen, standen sie in der Gestalt verführerischer Mädchen am Ufer und stimmten mit wunderbar süßen Stimmen ihren hellen Gesang an, der lautete:

> *Komm, preisvoller Odysseus, erhabener Ruhm der Griechen,*
> *Lenke das Schiff ans Land, um unsere Stimme zu hören.*
> *Denn noch ruderte keiner vorbei im dunklen Schiffe,*

Odysseus und die Sirenen

Die Folgen des Trojanischen Krieges

Eh' er aus unserem Munde die honigsüße Stimme hörte;
jener sodann kehrt fröhlich zurück, und mehreres wissend.
Denn wir wissen dir alles, wie viel in den Ebenen Trojas
Argos' Söhne und die Trojaner vom Rat der Götter geduldet,
Alles was irgend geschah auf der viel ernährenden Erde.

Mir schwoll das Herz in der Brust vor Begierde sie zu hören. Ich gab meinen Freunden ein Zeichen, dass sie mich losbinden sollten. Aber sie mit ihren tauben Ohren stemmten sich nur umso härter in die Ruder, und zwei von ihnen, Eurylochos und Perimedes, kamen herbei und legten mir, wie ich zuvor befohlen hatte, noch stärkere Stricke an und schnürten die alten noch fester zusammen. Erst als wir glücklich vorbeigefahren und die Stimmen der Sirenen nicht mehr zu hören waren, nahmen sich meine Freunde das Wachs aus den Ohren und lösten dann meine Fesseln. Ich aber dankte ihnen herzlich für ihre Beharrlichkeit.

Kaum waren wir ein Stück weiter gerudert, als ich in der Ferne Gischt und eine mächtige Brandung bemerkte. Das war die Charybdis, ein täglich dreimal unter einem Fels hervorquellender und wieder zurückwallender Strudel, der jedes Schiff verschlingt, das in seinen Rachen gerät. Meinen Begleitern fuhren vor Schreck die Ruder aus der Hand. Ich aber sprang auf, eilte von Mann zu Mann durch das Schiff und machte meinen Gefährten Mut. ›Liebe Freunde‹, sagte ich, ›wir haben doch schon viele Gefahren bestanden. Was nun auch kommen mag, ein größeres Leid als in der Höhle des Zyklopen kann uns nicht mehr geschehen. Und auch da half euch meine Schlauheit heraus. Darum gehorcht mir nur alle. Bleibt fest auf euren Bänken sitzen und rudert mutig auf die Brandung los. Zeus hilft uns sicher aus dieser Not. Du aber, Steuermann, nimm alle deine Sinne zusammen und steure das Schiff durch Schaum und Brandung, so gut du kannst! Arbeite dich auf den Felsen zu, damit du nicht in den Strudel gerätst!‹ So hatte ich die Freunde vor dem Strudel Charybdis gewarnt, von dem Circe mir erzählt hatte. Aber von dem Ungeheuer Skylla, das gegenüber drohte, sagte ich wohlweislich noch nichts. Ich hatte Angst, dass meine Gefährten vor Schreck gleich wieder die Ruder loslassen würden und in den Schiffsbauch flöhen. Etwas anderes, was Circe mir geraten hatte, hatte ich jedoch vergessen: Sie hatte mir nämlich verboten, mich für einen Kampf gegen dieses Ungeheuer zu rüsten. Ich aber legte meine volle Rüstung an, nahm zwei Speere in die Hand und stellte mich so aufs Verdeck, um dem herankommenden Ungeheuer zu begegnen. Aber obwohl mir die Augen schon vom Umherspähen schmerzten, konnte ich doch nichts entdecken, und so fuhr ich denn voller Todesangst in den immer enger werdenden Meeresschlund hinein. Diese Skylla hatte mir Circe so geschildert: ›Sie ist kein sterblicher Gegner. Vielmehr ist sie ein

Irrfahrten des Odysseus

sterbliches Unheil, und man kann mit Tapferkeit nichts gegen sie ausrichten. Die einzige Rettung ist ihr zu entfliehen. Sie wohnt gegenüber der
Charybdis in einem Felsen, der sein spitziges Haupt in die Wolken reckt,
stets von dunklen Wolken umgeben ist und ganz aus glattem Gestein
besteht. Mitten in diesem Fels ist eine Höhle, schwarz wie die Nacht. Dort
haust die Skylla und gibt ihre Gegenwart nur durch ein fürchterliches Bellen kund, das über die Flut herüberhallt wie das Geschrei eines neugeborenen Hundes. Dieses Ungeheuer hat zwölf unförmige Füße und sechs
Schlangenhälse. Auf jedem grinst ein scheußlicher Kopf mit drei dichten
Reihen von Zähnen, die sie fletscht, um ihre Opfer zu zermalmen. Halb
steckt sie in der Felsenkluft, doch ihre Häupter streckt sie schnappend aus
dem Abgrund hervor, um Seehunde, Delfine und noch größere
Meerestiere zu fischen. Noch nie ist ein Schiff schadlos an ihr vorüberge-
kommen. Gewöhnlich hat sie, ehe sich's die Mannschaft versieht, in
jedem Rachen einen Mann zwischen den Zähnen, den sie sich aus dem
Schiff holt.‹

Dieses Bild hatte ich vor meiner Seele und hielt nun vergeblich Ausschau nach ihr. Unterdessen waren wir aber mit unserem Schiff ganz nah
an die Charybdis herangekommen, die das Meer mit ihrem gierigen
Rachen einschlürfte und dann wieder ausspie. Sie brauste wie ein Kessel
über dem Feuer, und wenn sie die Flut herausbrach, flog weiße Gischt
empor. Wenn sie dann aber die Woge wieder herunterschluckte, senkte
sich das trübe Wassergemisch ganz in die Tiefe, der Fels donnerte und
man konnte in einen Abgrund von schwarzem Schlamm hinuntersehen.

Während unsere Blicke nun mit starrem Entsetzen auf dieses Schauspiel gerichtet waren, wichen wir unwillkürlich mit unserem Schiff etwas
nach links aus, wobei wir unversehens der bisher nicht entdeckten Skylla zu nahe kamen, und plötzlich hatten ihre Rachen sechs unserer tapfersten Gefährten vom Schiff hinweggeschnappt. Ich sah sie mit schwe-
benden Händen und Füßen hoch in der Luft zwischen den Zähnen des
Ungeheuers. Noch aus seinem Rachen heraus riefen sie nach mir, dass
ich ihnen helfen solle, einen Augenblick später waren sie zermalmt. So
viel ich auf meiner Irrfahrt auch erduldet habe, etwas Schrecklicheres
habe ich niemals gesehen!

Jetzt aber waren wir glücklich zwischen dem Strudel der Charybdis
und dem Felsen der Skylla hindurch. In der Sonne leuchtend lag die Insel
Thrinakia vor uns, und schon vom Meer aus hörten wir das Brüllen der
heiligen Rinder des Sonnengottes und das Blöken seiner Schafe. Durch so
viel Unglück vorsichtig gemacht, dachte ich sofort an die Warnung des
Sehers Teiresias in der Unterwelt und sagte meinen Freunden, dass es
besser sei, die Insel des Helios zu meiden, weil Circe und Teiresias mir
vorausgesagt hätten, dass uns dort das allerjämmerlichste Schicksal

DIE FOLGEN DES TROJANISCHEN KRIEGES

drohe. Dies betrübte meine Begleiter über alle Maßen und Eurylochos sagte ärgerlich: ›Du bist doch ein grausamer Mann, Odysseus, hart wie Stahl bist du! Ist es dein Ernst, dass du uns nach all den Schrecken und Anstrengungen nicht gönnen willst an Land zu gehen, um uns bei Speise und Trank zu erholen, obwohl wir so erschöpft sind? Wir sollen tatsächlich weiter in die Nacht hineinfahren? Durch das schwarze Meer? Was, wenn nun aus der Dunkelheit der unbändige Südwind oder der pfeifende Westwind herangewirbelt käme? Lass uns doch wenigstens an diesem Ufer, das uns so gastlich zuwinkt, die Nacht verbringen!‹

Als ich diesen Widerspruch hörte, wurde mir deutlich, dass wirklich ein feindseliger Gott Böses über uns beschlossen hatte. Daher sagte ich nur: ›Eurylochos, es ist keine Kunst, in der Mehrheit einen Einzelnen niederzuzwingen. Ich gebe also nach. Doch ihr müsst mir den heiligen Eid leisten, dass ihr weder die Rinder noch die Schafe des Sonnengottes antasten werdet! Jeder muss sich mit dem begnügen, was Circe uns mitgegeben hat!‹ Das schworen mir alle, ohne zu murren. Wir steuerten unser Schiff in eine Bucht, aus der sich Süßwasser in die salzige Meeresflut ergoss. Wir alle gingen an Land, und schon nach kurzer Zeit hatten wir uns ein Nachtmahl zubereitet. Nach dem Essen beweinten wir die Freunde, die von der Skylla verschlungen worden waren, doch dann übermannte uns der Schlaf.

Die Nacht war vielleicht zu zwei Dritteln vorüber, als Zeus uns einen entsetzlichen Sturm sandte, sodass wir im Morgengrauen eilig unser Schiff in einer Meergrotte in Sicherheit bringen mussten. Noch einmal warnte ich die Gefährten davor, die heiligen Rinder zu schlachten, denn bei dieser ungünstigen Witterung sahen wir einem längeren Aufenthalt auf der Insel entgegen. Und tatsächlich blieben wir einen vollen Monat dort, weil beständiger Südwind blies, der manchmal von Ostwind abgelöst wurde. Der eine war aber so ungünstig für uns wie der andere. Solange wir noch Vorrat an Nahrungsmitteln und Wein von Circe hatten, litten wir keine Not. Als aber alles aufgezehrt war und uns Hunger befiel, begannen meine Begleiter zu fischen und Vögel zu schießen. Ich selbst lief am Ufer entlang und wartete, ob mir kein Gott oder Mensch begegnen wollte, der mir einen Ausweg aus meiner Not zeigte. Als ich ein Stück von meinen Freunden entfernt und wirklich allein war, wusch ich meine Hände in der Flut, damit sie rein waren, wenn ich betete, warf mich demütig auf die Knie und flehte alle Götter um Rettung an. Sie aber schickten mir einen wohltätigen Schlaf.

Während ich fort war, erhob sich Eurylochos unter meinen Begleitern und gab ihnen einen verderblichen Rat: ›Hört, was ich sage‹, sprach er. ›Zwar ist der Tod für jeden Menschen schrecklich, das entsetzlichste Geschick ist aber der Hungertod. Was zögern wir also noch, die schönsten

Irrfahrten des Odysseus

Rinder des Sonnengottes Helios den Göttern zu opfern und uns an dem, was übrig bleibt, satt zu essen? Wenn wir erst einmal wohlbehalten Ithaka erreicht haben, dann werden wir Helios schon wieder versöhnen, wenn wir ihm einen Tempel bauen und prächtige Weihgeschenke darin aufstellen. Wenn er uns aber in seinem augenblicklichen Zorn einen Sturm schickt und unser Schiff versenkt – dann ist es immer noch besser so zu sterben, als jämmerlich auf dieser Insel zu verschmachten!‹

Das hörten meine hungrigen Gefährten gern. Sofort machten sie sich auf und trieben die allerbesten Rinder aus der Herde des Sonnengottes, die in der Nähe weideten, herbei. Dann flehten sie zu den Göttern, schlachteten die Rinder und brachten die Eingeweide und die in Fett eingewickelten Lenden den Göttern dar. Wein für ein Trankopfer hatten sie nicht, weil er längst ausgetrunken war. Die reichlichen Überreste steckten sie an Spieße. Und eben setzten sie sich zum Mahl, als ich, dem die Götter den Schlaf wieder von den Augenlidern geschüttelt hatten, herankam. Ich hatte den Opferduft schon von weitem gerochen und klagte nun zum Himmel empor: ›Oh Vater Zeus und ihr anderen Götter! Der Schlaf, den ihr mir schicktet, war ein Fluch! Welch vermessene Tat haben meine Gefährten begangen, während ich schlief!‹

Inzwischen war dem Sonnengott bereits die Nachricht von dem großen Frevel, der an seinem Heiligtum verübt worden war, zugetragen worden. Zornig trat er in den Kreis der Götter und klagte die Täter an. Zeus selbst fuhr zürnend von seinem Thron auf, als er dies hörte, zumal Helios drohte den Sonnenwagen in den Hades hinabzulenken und der Erde nicht mehr zu leuchten, wenn die Verbrecher nicht bestraft würden. Da sagte Zeus zu ihm: ›Leuchte du nur weiter den Göttern und Menschen, Helios. Ich will das Schiff der verfluchten Räuber mit einem Donnerkeil zerschmettern, dass es in Trümmer gehe und im Abgrund versinke!‹ Dies hat mir die Göttin Kalypso später berichtet, die es durch ihren Freund, den Götterboten Hermes erfahren hat.

Als ich nun bei dem Schiff und meinen Gefährten angelangt war, fuhr ich sie im tiefsten Unmut an. Doch es war bereits zu spät. Die Rinder lagen geschlachtet vor mir. Aber entsetzliche Wunderzeichen ließen erkennen, dass dies ein schrecklicher Frevel gewesen war: Die Häute krochen umher, als wären sie lebendig, und das rohe und gebratene Fleisch an den Spießen brüllte, wie lebende Rinder brüllen. Meine hungrigen Begleiter aber störte das nicht. Sie schmausten ganze sechs Tage lang. Erst am siebten Tag, als das Unwetter vorüber zu sein schien, gingen wir wieder an Bord und fuhren aufs offene Meer hinaus. Als wir so dahinsegelten und das Land schon längst aus den Augen verloren hatten, breitete Zeus schwarzblaue Wolken über uns aus, und das Meer wurde immer dunkler. Plötzlich brach ein wütender Orkan aus Westen auf uns los, beide Taue

DIE FOLGEN DES TROJANISCHEN KRIEGES

des Mastbaumes rissen, sodass er krachend auf das Schiff stürzte und den Steuermann erschlug, dessen Leichnam von Bord geschleudert wurde und in den Wellen versank. Jetzt schlug ein Blitz in das Schiff. Der Donner krachte fürchterlich und alles stank nach Schwefel. Meine Freunde stürzten wie schwimmende Krähen aus dem Schiff, zappelten rund um das Schiff im Wasser und schließlich gingen sie alle unter. Ich blieb ganz allein zurück und irrte an Deck umher, bis die Seitenteile vom Kiel brachen. So fuhr das offene Wrack dahin. Ich aber besann mich, packte ein ledernes Seil, das noch am Mast hing, und band damit Mast und Kiel zusammen. Dann setzte ich mich darauf und ließ mich in der Götter Namen von dem tobenden Sturm fortschleudern.

Schließlich hörte der Orkan zu wüten auf und der Westwind legte sich. Nun erhob sich aber ein Südwind und versetzte mich in neuerliche Angst, denn ich war in Gefahr, wieder auf Skylla und Charybdis zugetrieben zu werden. Und genau so kam es auch: Der Morgen hatte kaum gedämmert, als ich den spitzen Felsen der Skylla und die grässliche, das Wasser einsaugende und wieder ausspuckende Charybdis gegenüber erblickte. Sobald ich bei ihr angelangt war, verschlang ihr Strudel mein Gefährt. Ich aber packte die Äste eines Feigenbaums, der von ihrem Felsen überhing, schmiegte mich daran und hing nun in der Luft wie eine Fledermaus. So schwebte ich über der Charybdis und wartete, bis ihr Strudel meinen Mast und Kiel wieder ausspuckte. Ich passte den richtigen Augenblick ab und mit einem Sprung saß ich wieder wie zuvor auf meinem Mast. Mit meinen Händen ruderte ich den schmalen Kiel von ihrem Strudel fort. Dennoch wäre ich verloren gewesen, wenn Zeus' Gnade mich nicht vor der Skylla verschont hätte. So aber fand ich schließlich aus dem Felsenschlund heraus.

Neun Tage lang trieb ich auf dem Meer. In der zehnten Nacht brachten mich gnädige Götter nach Ogygia, der Insel der Kalypso. Die erhabene Göttin pflegte und stärkte mich … doch warum soll ich euch davon erzählen? Denn schon gestern habe ich dir, edler König, und deiner Gemahlin dieses Abenteuer erzählt, das mein letztes war.«

Odysseus verabschiedet sich von den Phäaken

Odysseus verstummte und ruhte sich von seiner langen Erzählung aus. Auch die Phäaken, die ihm gespannt und ergriffen zugehört hatten, sagten nichts. Schließlich brach Alkinoos das Schweigen und sprach: »Heil dir, edelster der Gäste, den mein Königshaus jemals aufgenommen hat! Da du in meinen Palast gekommen bist, hoffe ich, dass du von nun an nicht mehr von deinem Weg in die Heimat abkommen wirst, und bald im

Irrfahrten des Odysseus

Hause deiner Väter alles Elend, das du erlitten hast, vergessen wirst! Hört nun auch ihr, liebe Freunde! Es liegen bereits kostbare Kleidungsstücke für unseren edlen Gast bereit, dazu kunstfertig geschmiedetes Gold und manch andere Geschenke von den Fürsten und mir. Ein jeder füge jetzt noch einen Dreifuß und ein Becken hinzu! Die Volksversammlung wird uns für diese großen Geschenke, die freilich dem Einzelnen schwer fallen würden, genügend entschädigen!«

Alle stimmten dem König von Herzen zu und die Versammlung wurde aufgehoben. Am nächsten Morgen dann brachten die Phäaken die zusätzlichen Geschenke auf das Schiff, und Alkinoos selbst verstaute alles sorgfältig unter den Bänken, damit die Ruderer nicht behindert würden. Anschließend kehrten alle in den Palast zurück und dort wurde das Abschiedsmahl aufgetragen.

Nach dem Opfer, das man Zeus von dem geschlachteten Rind darbrachte, begann der Festschmaus, und der von allen hoch geehrte blinde Sänger Demodokos sang feierliche Lieder dazu.

Odysseus aber war im Geiste abwesend. Oft schaute er durch das Fenster des Saales, und wie ein Bauer, der den ganzen Tag seinen Pflug über den Acker gezogen hat und nur noch nach seinem Abendessen verlangt, so sehnlich wünschte er, dass die Sonne bald untergehen möge. Schließlich sagte er rundheraus zu seinem Gastgeber: »Gepriesener Held Alkinoos, gieß das Trankopfer aus und lass mich gehen! Du hast doch schon alles, was ich mir nur wünschen könnte, für mich getan! Die Geschenke liegen auf meinem Schiff und alles ist für die Fahrt bereit. Die Götter sollen dich segnen! Ich aber möchte nur, dass ich meine Frau zu Hause antreffe, und dass mein Sohn und meine Verwandten gesund sind!«

Alle Phäaken stimmten aus vollem Herzen in seinen Wunsch ein. Alkinoos befahl dem Herold Pontonoos, alle Becher noch einmal zu füllen. Nun erhob sich ein jeder, und wie auf ein Zeichen hin brachten sie das Trankopfer für eine glückliche Heimkehr des Helden dar. Da reichte Odysseus seinen Becher der Königin Arete und sprach: »Lebe wohl für immer, edle Königin, bis an das Ende deiner Tage. Ich kehre nun heim. Freue du dich an deinem Haus, an deinen Kindern, an deinem Volk und an deinem edlen Gemahl!«

Mit diesen Worten schritt Odysseus über die Schwelle des Palastes. Auf Anordnung des Königs hin, der ihm zum Abschied herzlich die Hand gereicht hatte, begleitete ihn ein Herold zusammen mit drei Dienerinnen, die Königin Arete geschickt hatte. Auf dem Verdeck wurde ein weiches Fell ausgebreitet und Leinwand darüber gespannt. Stumm ging Odysseus an Bord und legte sich sogleich zum Schlafen nieder. Die Ruderer nahmen ihre Bänke ein. Das Schiff wurde losgemacht und wogte fröhlich unter dem Schlag der Ruder dahin.

DRITTES BUCH

HEIMKEHR DES ODYSSEUS

Odysseus kommt nach Ithaka

Der Schlaf, der Odysseus übermannt hatte, war süß, aber tief wie der Tod. Das Schiff flog dennoch schnell und sicher dahin. Es war, als wüsste es, welch kostbaren Schatz es mit Odysseus trug, der so klug wie die Götter war und mehr Leiden erduldet hatte als jemals ein Mensch zuvor. Sein Schlaf ließ ihn nun alles vergessen, was er Schreckliches auf dem Schlachtfeld oder auf dem Meer erlebt hatte.

Als der Morgenstern am Himmel stand und den Tag ankündigte, steuerte das Schiff bereits in voller Fahrt auf die Insel Ithaka zu und bald lief es in die sichere Bucht ein, die dem Meeresgott Phorkys gewidmet war. Zwei Landzungen mit zackigen Felsen liefen hier zu beiden Seiten in das Meer hinaus und bildeten einen sicheren Hafen. In der Mitte der Bucht stand ein schattiger Ölbaum und daneben befand sich eine liebliche Grotte, in deren düsterer Tiefe Meeresnymphen wohnten. Steinerne Krüge und Urnen, in welchen die Bienen Honig bereiten, standen dort aufgereiht. Auch Webstühle aus Stein, die mit purpurnen Fäden bespannt waren, woraus die Nymphen wundervolle Gewänder webten, konnte man dort sehen.

Zwei Quellen, die niemals versiegten, rannen durch die Grotte, die einen zweifachen Eingang hatte: einen für die Menschen und eine verborgene Pforte für die unsterblichen Nymphen, durch die niemals ein Sterblicher trat.

Bei dieser Grotte legten die Phäaken an, hoben den schlafenden Odysseus mitsamt seinem Fell aus dem Schiff und legten ihn unter den Ölbaum in den Sand. Anschließend luden sie auch alle Geschenke aus, die Alkinoos und seine Fürsten ihm mitgegeben hatten, und legten alles sorgfältig ein wenig abseits des Weges, damit Odysseus nicht beraubt würde, während er schlief. Den Helden zu wecken wagten sie nicht, denn es schien ihnen, als hätten die Götter selbst ihn in Schlaf ver-

Heimkehr des Odysseus

senkt. Sie setzten sich wieder an ihre Ruder und fuhren in ihre Heimat zurück.

Der Meeresgott Poseidon aber grollte den Phäaken, dass sie ihm mithilfe der Pallas Athene seine Beute entrissen hatten, und bat den Göttervater Zeus um Erlaubnis, sich an ihrem Schiff rächen zu dürfen. Zeus gewährte es ihm, und als das Schiff schon ganz nahe an der Insel Scheria, dem Land der Phäaken, war und mit geblähten Segeln auf die Insel zusteuerte, stieg Poseidon aus den Wellen empor, schlug das Schiff mit seiner flachen Hand und verschwand wieder in der Flut. Das Schiff aber wurde mit allem, was sich darauf befand, in einen Felsen verwandelt und verwurzelte sich auf dem Meeresgrund. Die Phäaken, die auf die Nachricht, dass ihre Landsleute zurückkämen, hin an den Strand geeilt waren, konnten gar nicht genug staunen, als das Schiff, das eben noch in voller Fahrt gewesen war, plötzlich still stand. Alkinoos aber sprach: »Wehe uns, nun erfüllt sich gewiss die uralte Weissagung an uns, von der mein Vater mir erzählt hat. Er sagte, Poseidon sei zornig auf uns, weil wir, die wir geschickte Seefahrer sind, jeden Fremdling glücklich in seine Heimat bringen. Einst aber werde ein phäakisches Schiff, das ebenfalls von einem solchen Geleit zurückkehre, von ihm am Ufer versteinert und unsere Stadt von einem Felskamm umschlossen. So wollen wir künftig keinem Fremden mehr, der als Schutzflehender in unsere Stadt kommt, unser Geleit geben. Dem Poseidon aber wollen wir zwölf Stiere opfern, damit er sich erbarmt und unsere Insel nicht ganz mit Felsgebirge umgibt!«

Die Phäaken erschraken, als sie dies hörten, und bereiteten in aller Eile das Opfer vor.

Am Strand von Ithaka war Odysseus unterdessen aus seinem Schlaf erwacht. Doch weil er so lange fort gewesen war, erkannte er Ithaka nicht mehr. Zudem hatte Pallas Athene ihn selbst in einen Nebel eingehüllt, damit er von niemandem erkannt würde, bevor nicht die Freier von seiner Hand ihre Unverschämtheit gebüßt hätten. Alles, was er sah, die gewundenen Pfade, die Buchten, die in den Himmel ragenden Felsen, die Bäume mit ihren hohen Wipfeln, kam ihm fremd vor. Er fuhr auf, blickte sich bang um, schlug sich an die Stirn und rief: »Ich Unglücklicher! In welche neue Fremde bin ich jetzt wieder gekommen? Und unter welche Art von Menschen? Wo soll ich nun hin mit all meinen Geschenken? Wäre ich doch bei den Phäaken geblieben, wo ich so freundlich aufgenommen worden bin! Obwohl selbst sie mich nun verraten haben! Sie haben versprochen mich nach Ithaka zu bringen und mich stattdessen hier auf diesem fremden Land ausgesetzt. Zeus, der Rächer, möge es ihnen vergelten! Sicher haben sie auch etwas von meinen Geschenken gestohlen!«

Odysseus sah sich um, doch da entdeckte er die Dreifüße und Becken, das Gold, die Kleider – alles in bester Ordnung zusammengestellt. Er zählte alles durch und stellte fest, dass nichts fehlte. Als er nun nachdenklich und voller Heimweh am Strand umherirrte, gesellte sich die Königin Athene in Gestalt eines zarten Jünglings zu ihm, der zwar ein Schafhirt, aber so prächtig wie ein Königssohn gekleidet war und einen Spieß in der Hand hielt. Odysseus war froh einem Menschen zu begegnen und fragte ihn freundlich, wo er sich hier befinde, ob es eine Insel oder Festland sei. »Du musst von weit her kommen«, antwortete die Göttin, »wenn du den Namen dieses Landes nicht weißt. Ich versichere dir, man kennt es im Westen und im Osten. Zwar ist es gebirgig und man kann hier nicht reiten wie auf dem griechischen Festland um Argos, doch es ist dennoch nicht arm. Wein und Getreide gedeihen gut, Ziegen und Rinder gibt es zuhauf, dazu die schönsten Wälder und Quellwasser genug. Auch durch seine Bewohner ist dieses Land berühmt geworden. Frage nur die Trojaner, die ja fern genug sind. Sie werden dir etwas von der Insel Ithaka zu erzählen wissen!«

Wie herzlich froh war Odysseus, als er den Namen seines Heimatlandes hörte! Doch er hütete sich, dem vermeintlichen Hirten zu sagen, wer er war. Er behauptete, er käme mit seinem halben Besitz von der fernen Insel Kreta und habe die andere Hälfte seinen Söhnen zurückgelassen. Weil er den Dieb seiner Habe getötet habe, sei er gezwungen gewesen, aus der Heimat zu fliehen. So erfand er eine weitläufige Geschichte. Als er zu Ende war, lächelte Pallas Athene, fuhr ihm streichelnd über die Wange und verwandelte sich plötzlich in eine schöne Jungfrau. »Wahrhaftig«, sprach sie, »wer dich in deiner Listigkeit noch übertreffen sollte, müsste ein Ausbund an Schlauheit sein, selbst wenn es ein Gott wäre! Sogar in deinem eigenen Land verstellst du dich noch! Aber gut, du bist der Klügste unter den Menschen, wie ich die Weiseste unter den Göttern bin. Mich hast du aber trotzdem nicht erkannt und nicht gemerkt, dass ich in allen Gefahren bei dir war und dir das Wohlwollen der Phäaken zuwege brachte. Jetzt aber bin ich gekommen, um dir zu helfen deine Geschenke zu verbergen, dich darauf vorzubereiten, welche Prüfungen dich in deinem eigenen Palast erwarten, und mit dir darüber zu beraten.«

Staunend blickte Odysseus an der Göttin empor und antwortete: »Wie sollte dich ein Mensch erkennen, erhabene Tochter des Zeus, wenn du ihm in so unterschiedlichen Gestalten erscheinst! Seit der Zerstörung Trojas habe ich dich nicht mehr in deiner eigenen Gestalt gesehen! Nur, dass du es warst, die mir im Land der Phäaken den Weg in die Stadt gezeigt hat, das habe ich bemerkt. Nun aber beschwöre ich dich bei deinem Vater: Sage mir, ist es auch wirklich wahr, dass ich in meinem geliebten Heimatland bin? Tröstest du mich nicht nur mit einer Täuschung?«

»Überzeuge dich nur selbst davon«, antwortete Athene. »Erkennst du

Heimkehr des Odysseus

nicht die Bucht des Phorkys, den Ölbaum und die Grotte der Nymphen, wo du so manche Sühneopfer dargebracht hast? Und jenes dunkle Waldgebirge? Es ist das Neriton, das dir sehr wohl bekannt ist!« Schnell teilte Athene den Nebel vor den Augen des Helden, und sein Heimatland lag klar vor ihm. Da warf sich Odysseus voller Freude auf die mütterliche Erde, um sie zu küssen, und betete zu den Nymphen, den Schutzgöttinnen des Ortes, an dem er sich befand.

Athene half ihm die Habe, die er mitgebracht hatte, in einer Höhle zu verbergen, und als alles gut versteckt und ein Stein davor gewälzt war, setzten sich die Göttin und der Held unter den Olivenbaum und beratschlagten, wie die Freier bestraft werden könnten, von deren frecher Werbung in seinem eigenen Haus und der Treue seiner Gattin Athene ihm zuvor ausführlich berichtet hatte. »Wehe mir«, rief Odysseus, als er dies alles vernommen hatte. »Wenn du mich nicht gewarnt hättest, hätte mich ein ebenso schmählicher Tod erwartet wie den Agamemnon in Mykene. Wenn du mir aber deine Hilfe gewährst, dann fürchte ich einzelner Mann selbst dreihundert Feinde nicht!«

»Sei getrost, mein Freund, ich werde dich nicht verlassen«, erwiderte die Göttin. »Vor allem will ich dafür Sorge tragen, dass kein Mensch auf dieser Insel dich erkennt. Ich mache dich kahl und ausgemergelt, deinen Leib hülle ich in einen Kittel, in welchem dich jeder nur mit Abscheu betrachtet, deine strahlenden Augen mache ich blöde, sodass du nicht nur den Freiern, sondern auch deiner eigenen Frau und deinem Sohn ganz entstellt erscheinst. Als Erstes aber sollst du deinen treusten Untertan aufsuchen, den Hirten, der die Schweine hütet und mit treuer Seele an dir hängt. Bei der Quelle Arethusa am Koraxfelsen wirst du ihn finden, während er seine Herde hütet. Dort setzt du dich zu ihm und erkundigst dich nach allem, was vor sich geht. Ich eile in der Zwischenzeit nach Sparta und rufe deinen lieben Sohn Telemachos zurück, der dort beim Fürsten Menelaos nach deinem Schicksal geforscht hat.«

»Warum hast du ihm nicht einfach alles gesagt?«, fragte Odysseus etwas ärgerlich. »Wo du doch alles wusstest? Sollte vielleicht auch er elend im Ozean umherirren, so wie ich, während Fremde sein Gut verprassen?«

Aber die Göttin sprach ihm Mut und Trost zu. »Habe keine Angst um deinen Sohn, mein Lieber! Ich selbst habe ihn begleitet. Er sollte diese Reise machen, um sich in der Fremde Erfahrung und Ruhm zu erwerben, damit auch er den Freiern als ein Mann entgegentreten kann. Es geht ihm gut. Er befindet sich im Palast des Menelaos und hat dort alles, was sein Herz begehrt. Zwar haben ihm die Freier auf dem Wasser einen Hinterhalt gelegt, um ihn umzubringen, bevor er Ithaka wieder betritt, doch ich fürchte nicht um ihn. Ehe dies geschieht, werden noch viele von den Freiern selbst zu Tode kommen!«

So sprach die Göttin und berührte Odysseus leicht mit ihrem Stab, worauf ihm sogleich die Glieder zusammenschrumpften und er in einen zerlumpten, schmutzigen Bettler verwandelt wurde. Sie reichte ihm den Bettelstab und einen speckigen, geflickten Beutel und verschwand.

Odysseus bei dem Schweinehirten

In dieser Gestalt wanderte der vollkommen unkenntlich gemachte Held über das waldige Gebirge bis zu der Stelle, die ihm seine Beschützerin genannt hatte, und wo er tatsächlich den treuesten seiner Untertanen, den Schweinehirten Eumaios, antraf. Er fand ihn auf der Hochebene des Gebirges, wo er seiner Herde aus schweren Steinen, die er selbst herbeigeschleppt hatte, ein Gehege gebaut und mit Hagedorn umpflanzt hatte. Darin befanden sich zwölf Kofen, in welchem jeweils fünfzig Zuchtschweine lagen. Die männlichen Schweine, die weit weniger waren, lagen außerhalb der Ställe. Denn Tag für Tag ließen die Freier bei ihm einen gemästeten Eber zu ihren Schmäusen anfordern. Deshalb gab es nur noch dreihundertsechzig. Bewacht wurde die Herde von vier Hunden, die so wild wie reißende Wölfe aussahen.

Der Schweinehirt war gerade damit beschäftigt, sich schönes Stierleder zu Sohlen zu schneiden. Seine Knechte hatten sich alle zerstreut. Drei waren mit Schweinen auf der Weide, und den vierten hatte er in die Stadt geschickt, um den übermütigen Freiern den Eber zu bringen, den sie verlangt hatten.

Als Erste bemerkten die Hunde den herannahenden Odysseus und stürzten bellend auf ihn los. Odysseus legte den Stab aus der Hand und setzte sich. Und nun hätte er gewiss auf seinem eigenen Gehöft die Demütigung erfahren müssen, von seinen eigenen Hunden angefallen zu werden, wenn nicht der Schweinehirt aus seiner Hütte geeilt wäre und den Tieren Einhalt geboten hätte. Dann wandte er sich zu seinem Herrn, den er für einen Bettler hielt, und sprach: »Es hätte wirklich wenig gefehlt, oh Greis, und die Hunde hätten dich zerfleischt, und du hättest mir zu dem Kummer, den ich schon habe, noch weitere Trübsal beschert! Es reicht doch schon, dass ich machtlos um meinen armen fernen Herrn jammern muss. Denn ich sitze hier und mäste seine fettesten Schweine für andere Leute zum Schmaus, während er selbst vielleicht im Elend nicht einmal ein Stückchen trockenes Brot zu essen hat und in der Fremde umherirrt – wenn er überhaupt noch am Leben ist! Komm in meine Hütte, armer Mann, und lass dich mit Wein und Speise stärken, und wenn du satt bist, dann sage mir, woher du kamst und was du erlitten hast, dass du gar so jämmerlich aussiehst!«

Heimkehr des Odysseus

Beide traten in die Hütte. Der Schweinehirt streute für den Ankömmling Laub und Reisig auf den Boden, breitete seine eigene Decke, ein großes, zottiges Gämsfell, darüber und hieß ihn sich niederzulassen. Als Odysseus dankbar seine Freude über einen so gütigen Empfang äußerte, antwortete ihm Eumaios: »Man darf keinen Gast verschmähen, auch den geringsten nicht. Ich kann dir freilich nur wenig geben. Wenn mein guter Herr hier geblieben wäre, dann hätte ich es sicher besser. Er hätte mir ein Haus, ein Gut und eine Frau gegeben und ich könnte Fremde ganz anders bewirten. Nun aber ist er zugrunde gegangen. Unheil soll Helenas Geschlecht verschlingen, denn sie hat so viele Tapfere ins Verderben gestürzt!«

Der Schweinehirt band sich seinen Kittel um und ging zu dem Kofen, in dem Scharen von Ferkeln lagen. Er nahm zwei davon und schlachtete sie zu Ehren seines Gastes, schnitt das Fleisch in Stücke, steckte es an Spieße, bestreute es mit weißem Mehl und legte das frisch Gebratene am Spieß seinem Gast vor. Aus einem Krug goss er süßen alten Wein in eine hölzerne Kanne, setzte sich dem Fremdling gegenüber und sagte: »Iss nun, fremder Mann, so gut wir es eben haben! Es ist halt Ferkelfleisch, denn die Mastschweine essen mir die Freier weg, diese gewalttätigen Menschen, die weniger Götterfurcht im Herzen haben als die frechsten Seeräuber! Wahrscheinlich haben sie gehört, dass mein Herr gestorben sei, sodass sie gar nicht wirklich um seine Gattin werben, sondern einfach nur die Habe verprassen. Mehrmals am Tag schlachten sie und leeren dazu ein Weinfass nach dem anderen. Ach, mein Herr war so reich wie zwanzig andere zusammen! Zwölf Rinderherden, ebenso viele Schaf-, Schweine- und Ziegenherden besitzt er auf dem Land. Allein in dieser Gegend gibt es elf Ziegenherden, die wackere Männer für ihn hüten. Auch sie müssen den Männern alle Tage den auserlesensten Geißbock abliefern. Ich bin sein Oberhirt für die Schweine, und ich muss Tag für Tag den besten Eber auswählen und den Unersättlichen schicken!«

Während der Hirt so sprach, schlang Odysseus hastig und gedankenlos das Fleisch in sich hinein und trank den Wein in großen Zügen, ohne zu sprechen. Sein Geist war einzig und allein mit der Rache beschäftigt, die er an den Freiern nehmen wollte. Als er satt war und der Hirt seinen Becher noch einmal füllte, trank er ihm freundlich zu und sprach: »Beschreibe mir doch einmal deinen Herrn, lieber Freund! Es könnte doch sein, dass ich ihn kenne oder ihm einmal begegnet bin, denn ich bin weit herumgekommen!«

Der Schweinehirt aber antwortete ihm: »Glaubst du etwa, ich würde einem herumirrenden Mann, der mir etwas von meinem Herrn erzählen will, so einfach glauben? Es ist schon oft genug geschehen, dass Landstreicher vor meine Herrin und ihren Sohn getreten sind und sie mit Mär-

DIE FOLGEN DES TROJANISCHEN KRIEGES

chen über unseren armen Herrn zu Tränen gerührt haben, bis sie schließlich einen Mantel, einen Leibrock und etwas zu essen bekommen haben! Ihm aber haben gewiss Hunde und Vögel schon lange das Fleisch von den Knochen verzehrt oder die Fische haben es gefressen und seine Knochen liegen am Meeresstrand. Ach, ich werde niemals mehr einen so gütigen Herrn bekommen, er war gar zu freundlich zu mir! Wenn ich an ihn denke, so ist mir nicht zumute, als dächte ich an einen Gebieter. Nein, wie ein älterer Bruder erscheint er mir.«

»Nun, mein Lieber«, antwortete ihm Odysseus, »weil dein ungläubiges Herz so zuversichtlich seine Rückkehr leugnet, sage ich dir nur eines: Ich schwöre dir, Odysseus kommt zurück. Meinen Lohn, den Mantel und den Leibrock aber, verlange ich erst, wenn er da ist. Denn so arm ich auch bin, mit einer falschen Geschichte möchte ich mir nichts verdienen, denn Lügner hasse ich bis auf den Tod. So höre denn, was ich dir bei Zeus und diesem deinem gastlichen Tische schwöre: Wenn dieser Monat vorbei ist, wird er in seinen Palast zurückkommen und die frechen Freier bestrafen, die es wagen, seine Frau und seinen Sohn zu quälen!«

»Oh Greis«, erwiderte Eumaios, »ich werde dir ebenso wenig einen Lohn für diese Botschaft zu entrichten haben, wie Odysseus nach Haus zurückkehrt. Fasele nicht, trink in Ruhe deinen Wein und sprich von etwas anderem. Deinen Eid lass gut sein! Von Odysseus erhoffe ich mir nichts mehr. Nur sein Sohn Telemachos macht mir jetzt Sorge, und ich hoffe in ihm einst seinen Vater wieder zu erkennen. Aber ein Gott oder Mensch hat ihn betört. Er ist nach Pylos gefahren, um nach seinem Vater zu forschen. Unterdessen legten sich die Freier auf einem Schiff in einen Hinterhalt, und wenn er zurückkommt, werden sie in ihm den letzten Abkömmling des uralten Geschlechts des Akrisios töten. Doch nun, Greis, erzähle mir von dir. Wer bist du, und was führte dich nach Ithaka?«

Odysseus machte sich den Scherz und erzählte dem Schweinehirten ein langes Märchen, in dem er sich für den verarmten Sohn eines reichen Mannes von der Insel Kreta ausgab und die schillerndsten Abenteuer von sich erzählte. Auch den Krieg vor Troja habe er mitgemacht und den Odysseus dort kennen gelernt. Auf der Heimkehr habe ihn der Sturm an die Küste der Thesproten verschlagen, bei deren König er wieder etwas von Odysseus gehört haben wollte. Der sei Gast jenes Fürsten gewesen und habe ihn erst kurz bevor er selbst gekommen sei wieder verlassen, um in Dodona das Orakel zu befragen.

Als er mit seiner langen Lügengeschichte zu Ende war, sprach der Schweinehirt ganz gerührt: »Unglücklicher Fremdling, wie hast du mir das Herz bewegt mit der Schilderung deiner Irrfahrten. Nur eines glaube ich nicht, nämlich das, was du von Odysseus erzählst. Warum denkst du dir solche Lügen aus! Mir ist es verleidet, nach meinem Herrn zu fragen und zu forschen, seit mich ein Ätolier angelogen hat, der wegen eines Totschlags flüchtig war, in mein Gehege kam und mir beteuerte, dass er ihn bei Idomeneus auf der Insel Kreta angetroffen habe, wo er seine vom Sturm zerschmetterten Schiffe ausgebessert und gesagt habe, er komme im Sommer oder doch spätestens im Herbst mit seinen Gefährten und reicher Habe zurück. Darum mache dir nicht erst die Mühe, dir meine Gunst mit solchen Lügen zu erschmeicheln. Das Gastrecht hast du ohnehin!«

»Guter Hirt«, antwortete Odysseus, »ich schlage dir einen Vergleich vor. Wenn Odysseus wirklich zurückkommt, dann sollst du mich mit Mantel und Leibrock nach Dulichion entlassen, wohin ich gerne möchte. Wenn aber dein Herr nicht kommt, dann hetze deine Knechte auf mich, dass sie mich zur Abschreckung von einer Klippe ins Meer stürzen, damit anderen Bettlern die Lust zu lügen vergeht.«

»Ei, das wäre nicht sehr rühmlich für mich«, fiel ihm der Schweinehirt ins Wort, »wenn ich einen Gast, den ich in meine Hütte geführt und bewirtet habe, hinterher von der Klippe stürzen würde! Da könnte ich ja mein Leben lang nicht mehr zu Zeus beten! Doch es wird bald Zeit für das Abendessen und meine Knechte werden heimkehren. Dann wollen wir wieder fröhlich sein.« Tatsächlich kamen bald darauf die Knechte mit ihren Herden herbei und trieben die grunzenden Schweine in den Kofen. Jetzt befahl der Hirt zu Ehren seines Gastes ein fünfjähriges Mastschwein zu schlachten. Ein Teil davon wurde unter Gebeten den Nymphen und dem Gott Hermes geopfert, einen anderen Teil reichte er den Knechten, und das beste Rückenstück wurde seinem Gast zuteil, obgleich er in seinen Augen nur ein Bettler war.

Das rührte Odysseus in der Seele. Dankbar rief er: »Möge dich, guter Eumaios, Zeus so lieben, wie du mich, der ich so zerlumpt bin, geehrt hast!« Der Schweinehirt sagte freundlich, er solle sich's schmecken lassen. Während sie sich fröhlich in der Hütte satt aßen, schoben sich draußen dicke Wolken vor den Mond, der Westwind brauste und bald regnete es in Strömen. Odysseus begann in seinen Bettlerlumpen zu frieren. Um herauszufinden, ob der Schweinehirt in seiner Aufmerksamkeit so weit gehen würde, ihm seinen warmen Mantel abzutreten, fing er wieder an ihm eine recht erlogene Geschichte zu erzählen.

»Hört, Eumaios und ihr anderen Hirten! Der gute Wein macht mich nun einmal redselig und entlockt mir Worte, die vielleicht besser verschwiegen blieben. Als wir uns damals vor Troja einmal in einen Hinterhalt gelegt hatten, wir drei – Odysseus, Menelaos und ich – mit einer Schar von Kriegern, duckten wir uns, der Stadt gegenüber, unter unsere Rüstungen ins Schilf, und es wurde Nacht. Der Nordwind kam mit einem Schneegestöber, und bald hatte der Frost unsere Schilde mit einem Eisrand überzogen. Den beiden anderen machte das nicht viel, denn sie hatten sich in

DIE FOLGEN DES TROJANISCHEN KRIEGES

ihre Mäntel gewickelt und schliefen, von der Kälte unangefochten, unter ihren Schilden. Ich dagegen hatte meinen Mantel unbedachterweise bei den Freunden zurückgelassen, denn auf eine solche Kälte war ich nicht gefasst gewesen. Nun fehlte noch ein Drittel der Nacht und die schneidendste Morgenkälte stand mir noch bevor. Schließlich stieß ich meinen Nachbarn, den schlafenden Odysseus, mit dem Ellenbogen an und weckte ihn mit den Worten: ›Du, wenn die Nacht noch lange dauert, dann bringt mich der Frost um. Ein böser Dämon hat mich verführt ohne Mantel zu gehen!‹ Als Odysseus das hörte, der bekanntlich im Erteilen von Ratschlägen so gut wie im Kämpfen war, flüsterte er mir zu: ›Still, dass keiner uns hört! Dir soll bald geholfen sein!‹ Dann richtete er sich auf, stützte sein Haupt auf den Ellenbogen und rief über die Schlafenden hinweg: ›Freunde, die Götter haben mir einen Traum zur Warnung gesendet: Wir haben uns zu weit von den Schiffen entfernt. Will nicht einer gehen und Agamemnon sagen, er solle uns noch mehr Kampfgefährten schicken?‹ Sogleich sprang Thoas, der Sohn des Andraimon, dienstbeflissen vom Boden auf, legte seinen Mantel ab und eilte zu den Schiffen. Ich aber wickelte mich behaglich ein und schlief getrost bis zur Morgendämmerung. Ja, wenn ich noch so jung und stattlich wäre wie damals, so würde mir aus Liebe wie aus Scheu wohl auch irgendein Schweinehirt hier im Gehege seinen Mantel zum Schutz gegen den Nachtfrost leihen. Jetzt kümmert sich freilich kein Mensch um mich in meinen Lumpen!«

»Das ist ja ein schönes Gleichnis«, sagte Eumaios lachend, »das du uns da erzählt hast, Fremder, darum soll es dir auch jetzt weder an Kleidung noch an irgendetwas anderem fehlen. Morgen musst du dich zwar wieder mit deinen Lumpen begnügen, denn wir können nichts entbehren. Wenn aber der Sohn des Odysseus zurückkehren sollte, dann wird er dir gewiss einen Mantel und einen Leibrock schenken und dich dort hinbringen lassen, wohin du möchtest.« Nun machte Eumaios nicht weit vom Feuer entfernt aus Schafpelzen und Ziegenhäuten ein Lager für seinen Gast bereit. Nachdem Odysseus sich darauf niedergelegt hatte, deckte er ihn mit einem dicken, großen Mantel zu, den er selbst bei den heftigsten Winterstürmen anzuziehen pflegte.

So lag Odysseus also warm gebettet. Neben ihm legten sich die Knechte nieder. Eumaios selbst aber ging hinaus, denn er wollte seine Schweine nicht allein lassen. Er ergriff seine Waffen, hängte sich das Schwert um die Schulter und hüllte sich in einen Mantel. Als Unterlage nahm er ein dichtes Ziegenfell mit, und in der Hand trug er einen scharfen Spieß, um Hunde und Männer abzuwehren, falls jemand ihn angreifen würde. So legte er sich gegen den schneidenden Nordwind geschützt vor die Verschläge. Odysseus war noch wach, als der Schweinehirt die Hütte verließ. Er blickte ihm teilnahmsvoll nach und freute sich tief in seinem Herzen,

Heimkehr des Odysseus

dass er einen so treuen und ehrlichen Knecht hatte, der den Besitz seines Herrn, den er längst für verloren hielt, mit so gewissenhafter Sorgfalt verwaltete. In diesem Gefühl überließ sich der Held dem erholsamen Schlaf.

Telemachos verlässt Sparta

Die Göttin Pallas Athene wandte sich inzwischen nach Sparta und fand dort die beiden Jünglinge aus Pylos und aus Ithaka bei dem Fürsten Menelaos auf ihr Nachtlager hingestreckt. Peisistratos, der Sohn des Nestor, lag in süßem Schlaf. Telemachos aber lag wach, denn vor Kummer über das Schicksal seines Vaters konnte er nicht schlafen. Da sah er auf einmal die Tochter des Zeus vor seinem Bett stehen, die sprach: »Es ist nicht gut, Telemachos, wenn du so lange in der Ferne und fort von zu Hause bleibst, während zügellose Männer in deinem Palast deinen Besitz untereinander aufteilen. Bitte den Fürsten Menelaos, dass er dich unverzüglich entlässt, bevor auch noch deine Mutter den Freiern in die Hände fällt. Denn ihr Vater und ihre Brüder bedrängen sie bereits, dass sie den Eurymachos zum Manne wählen soll, der alle anderen mit seinen Geschenken übertroffen und noch mehr dazu angeboten hat. Wenn sie ihn aber heiratet, dann wird es dir schlecht ergehen! Fahre also, so schnell du kannst, zurück. Im äußersten Fall kannst du deinen Besitz einer treuen Dienerin übergeben, bis die Götter dir eine würdige Gemahlin bescheren. Und noch etwas musst du wissen: In der Meerenge zwischen Ithaka und Same liegen die tapfersten Freier in einem Hinterhalt. Sie wollen dich umbringen, bevor du dein Vaterland wieder betrittst. Nimm also einen anderen Weg und fahre nur in der Nacht. Ein Gott wird für guten Wind sorgen. Wenn du die Küste von Ithaka erreicht hast, dann schicke deine Genossen sogleich in die Stadt. Du selbst aber gehe unverzüglich zu dem treuen Hirten, der deine Schweine hütet. Bei ihm bleibst du bis zum Morgen und von dort aus meldest du deiner Mutter Penelope, dass du wohlbehalten aus Pylos zurückgekommen bist!«

Nachdem sie dies gesagt hatte, flog Athene wieder zum Olymp empor. Telemachos aber weckte Nestors Sohn und rief: »Wach auf, Peisistratos, spann die Pferde an und lass uns aufbrechen!«

»Wie«, antwortete er, »wir werden doch wohl nicht in der Dunkelheit auf Fahrt gehen wollen? Warte doch bis morgen früh! Dann legt uns König Menelaos schöne Geschenke in den Wagen und entlässt uns mit freundlichen Worten!«

Während sie weiter verhandelten, wann sie abreisen sollten, erschien die Morgenröte, und Menelaos erhob sich sogar noch vor den Jünglingen von seinem Lager. Als ihn Telemachos durch die Halle wandeln sah, klei-

DIE FOLGEN DES TROJANISCHEN KRIEGES

dete er sich schnell an, trat auf den Fürsten zu und bat ihn, wieder nach Hause fahren zu dürfen. Freundlich entgegnete der Fürst: »Lieber Gast, ich bin weit davon entfernt, dich zu halten, wenn du dich nach Hause sehnst. Es ist ebenso schlimm, einen Eilenden aufzuhalten wie einen Zögernden anzutreiben. Aber warte noch, bis ich dir Geschenke übergeben habe und ein Mahl für dich zubereitet ist.«

»Edler Fürst«, antwortete Telemachos, »nur deshalb wünsche ich heimzukehren, damit ich nicht selbst ins Verderben laufe, während ich nach meinem Vater forsche, denn es warten allerlei Gefahren auf mich und im Palast wird mein Erbgut aufgezehrt.«

Als Menelaos dies hörte, kümmerte er sich in aller Eile um das Mahl und begab sich mit Helena und Megapenthes in die Vorratskammer. Hier wählte er einen goldenen Becher aus, seinem Sohn Megapenthes gab er einen schönen silbernen Krug zu tragen, und aus dem Kasten suchte Helena das schönste und größte ihrer selbst gewebten Gewänder hervor. Mit diesen Geschenken kehrten sie zu ihrem Gastfreund zurück. Menelaos reichte ihm den Becher, sein Sohn stellte den Krug vor ihn und Helena ging mit dem Gewand auf ihren Händen auf ihn zu und sprach: »Nimm dieses Geschenk als ein Andenken aus Helenas Hand. An deinem Hochzeitstag soll deine junge Braut es tragen. Bis dahin soll es im Gemach deiner Mutter liegen. Du aber kehre wohlgemut in das Haus deines Vaters zurück!«

Telemachos nahm die Geschenke mit ehrerbietigem Dank entgegen, und sein Freund Peisistratos legte sie in den Wagen, wobei er jedes einzelne bewunderte. Dann führte Menelaos die Gäste für das Abschiedsessen in den Saal. Als sie schon auf dem Wagen saßen, trat Menelaos mit einem vollen Becher in der rechten Hand noch einmal vor die Pferde, brachte den Göttern ein Trankopfer für die glückliche Reise dar, trank den Jünglingen noch einmal zu, sagte ihnen Lebewohl und ließ einen Gruß an seinen Freund Nestor bestellen. Und während Telemachos sich noch bedankte und äußerte, dass er sich nur wünsche, sein Vater Odysseus sei unterdessen in den Palast heimgekehrt, damit er ihm von Menelaos' Gastfreundschaft berichten könne, da flog von rechts ein Adler mit einer Hofgans in den Klauen gerade vor die Pferde der Jünglinge. Alle freuten sich, als sie dieses Zeichen sahen. Helena aber sprach: »Hört meine Weissagung, Freunde! Wie der Adler, der aus seinem Nest im Gebirge kam, diese Gans erlegt hat, die sich bei uns fett gefressen hat, so wird Odysseus nach langer Irrfahrt und Qual als Rächer in die Heimat zurückkehren, um die gemästeten Freier ins Verderben zu stürzen, wenn er nicht schon zurückgekehrt ist.«

»Wenn Zeus es so fügen sollte«, antwortete Telemachos, »dann, edle Fürstin, will ich dich stets wie eine Göttin anflehen!«

Heimkehr des Odysseus

Nun fuhren die beiden Gäste eilig mit ihrem Wagen davon. Am Abend übernachteten sie, wiederum gastlich aufgenommen, bei dem Helden Diokles in Pherai, und am zweiten Tag erreichten sie glücklich Pylos. Bevor sie aber in die Stadt hineinfuhren, bat Telemachos seinen Freund: »Lieber Peisistratos, so befreundet unsere Väter auch sind und so nah uns diese Reise einander gebracht hat – nimm mir nicht übel, wenn ich nicht mitkomme. Denn ich fürchte, dass dein alter Vater mich vor lauter Liebe zwingen wird, bei euch zu bleiben, und du weißt ja selbst, wie dringend ich nach Hause muss.«

Peisistratos hatte für seine Bitte Verständnis, fuhr an der Stadt vorüber und brachte seinen Freund geradewegs an den Strand zu seinem Schiff. Hier nahm er herzlich Abschied von ihm und sprach: »Gehe nur rasch an Bord und lege ab. Denn wenn mein Vater hört, dass du hier bist, dann kommt er selbst und nötigt dich in seinen Palast einzukehren.«

Telemachos befolgte seinen Rat. Die Mannschaft ging an Bord und setzte sich auf die Ruderbänke, er selbst aber stellte sich noch am Strand hinter das Steuerruder des Schiffes und brachte seiner Beschützerin Athene ein Opfer dar.

Dabei kam ein Mann mit hastigen Schritten herbeigeeilt, streckte seine Hände nach Telemachos aus und sprach: »Bei deinem Opfer, Jüngling, bei den Göttern und deinem und der Deinigen Wohlergehen flehe ich zu dir: Sage mir wer du bist und woher du kommst!«

Als Telemachos ihm kurz Auskunft erteilt hatte, fuhr er fort zu bitten: »Auch ich bin auf Wanderschaft. Ich bin der Seher Theoklymenos, mein Geschlecht stammt aus Pylos, ich selbst aber lebte in Argos. Dort hab ich im Streit und Jähzorn einen Mann aus einem mächtigen Geschlecht erschlagen und bin seinen Brüdern und Verwandten, die mir den Tod geschworen haben, entkommen. Nun muss ich wie ein Verbannter durch die Welt irren. Du aber, guter Jüngling, betrachte mich als einen Schutzflehenden und nimm mich mit auf deinem Schiff, denn meine Verfolger sind mir auf den Fersen!«

Telemachos nahm den Fremdling gern auf sein Schiff auf und versprach ihm, auch in Ithaka für seinen Lebensunterhalt zu sorgen. Er erhielt den Speer des Fremden und legte ihn auf dem Verdeck nieder. Dann bestieg er selbst mit dem Seher das Schiff und setzte sich mit ihm ans Steuerruder. Die Taue wurden gelöst, der Mast aufgerichtet, die weißen Segel aufgespannt, und unter dem Sausen des günstigsten Windes flog das Schiff davon.

DIE FOLGEN DES TROJANISCHEN KRIEGES

Gespräche beim Schweinehirten

Am Abend dieses Tages saß Odysseus mit Eumaios und den anderen Hirten in der Hütte des Schweinehirten auf Ithaka fröhlich beim Abendschmaus. Um herauszufinden, wie lange Eumaios ihm wohl Herberge geben würde, sagte er nach dem Essen zu ihm: »Morgen, mein Freund, will ich an meinem Bettelstab in die Stadt gehen, um euch nicht mehr länger zur Last zu fallen. Gib mir jemanden mit, der mir den Weg zeigen kann, denn ich will im Namen der Götter durch die Stadt irren und sehen, wo ich ein wenig Wein und Brot erhalte. Auch möchte ich gern in den Palast des Königs Odysseus gehen und dort seiner Gemahlin Penelope sagen, was ich von ihm weiß. Vielleicht werde ich sogar den Freiern meine Dienste anbieten, wenn sie mir dafür eine Unterkunft und etwas zu essen geben. Denn ich verstehe mich gut aufs Holzhacken, Feuerschüren, Bratspießwenden, Auftragen und Ausschenken und ähnliche Dienste, wie sie Vornehme von den einfachen Leuten in Anspruch zu nehmen pflegen.«

Aber der Schweinehirt runzelte die Stirn und erwiderte: »Was sagst du da? Willst du dich vollends ins Verderben stürzen? Meinst du, die trotzigen Freier warten gerade auf dich? Die haben ganz andere Diener als dich! Jünglinge in den zierlichsten Kleidern, mit blühendem Aussehen, die von Salben duften, stehen ihnen zur Verfügung und bedienen die prächtigen Tische, auf denen sich immer Brot und Wein türmen. Bleib lieber bei uns, wo deine Gesellschaft weder mich noch meine Leute stört und warte auf den guten Sohn des Odysseus, der dich mit allem versorgen wird, was du brauchst!«

Odysseus nahm das Angebot dankbar an und bat darauf den Hirten, ihm auch zu erzählen, wie es den Eltern seines Herrn gehe, ob sie noch lebten oder schon in den Hades hinabgestiegen seien. »Laërtes, der Vater, lebt noch«, antwortete Eumaios, »aber er betrauert untröstlich seinen verschollenen Sohn und seine Frau, die der Kummer um den Verlorenen ins Grab gebracht hat. Auch ich traure um diese gute Frau, denn sie hat mich mit ihrer Tochter Ktimene fast wie einen Sohn aufgezogen. Als die Tochter später nach Same verheiratet wurde, stattete mich Odysseus' Mutter reichlich aus und schickte mich hierher aufs Land. Nun muss ich freilich vieles entbehren und ernähre mich, so gut ich kann, von meinem Amt hier. Penelope, die jetzige Königin, kann nichts für mich tun. Sie ist von den Freiern umgeben, die jeden ihrer Schritte bewachen, sodass ein ehrlicher Diener gar nicht bis zu ihr durchdringen kann.«

»Guter Schweinehirt«, fragte Odysseus weiter, »woher stammst nun eigentlich du, und wie bist du in den Dienst des Palastes gekommen?«

Der Hirt goss seinem Gast den Becher wieder voll und erwiderte:

Heimkehr des Odysseus

»Trink, mein guter Alter, und hör dir die lange Geschichte in aller Ruhe an. Es zwingt uns ja niemand, früh zu Bett zu gehen und wir können die ganze Nacht hindurch schwatzen. Nun: Hinter Ortygia liegt eine nicht sonderlich bevölkerte, aber fruchtbare und gesunde Insel mit Namen Syria, auf der es zwei Städte gibt. Über beide herrschte mein Vater Ktesios, der Sohn des Ormenos, als mächtiger Fürst. Als ich noch ein kleiner Junge war, landeten dort böse phönizische Seefahrer, die allerlei niedliche Waren auf ihrem Schiff zum Verkauf mitbrachten und lange an unserer Küste blieben. Wir hatten damals eine phönizische Frau bei uns zu Hause. Sie war schön und schlank und wegen ihrer Geschicklichkeit sehr beliebt. Mein Vater hatte sie als Sklavin erstanden. Sie wurde mit einem phönizischen Krämer verlobt, den sie aufrichtig liebte. Er versprach ihr, sie als seine Frau in ihrer beider Heimat nach Sidon zu bringen, und die treulose Sklavin versprach ihm dafür, aus dem Haus meines Vaters nicht nur Gold zuhauf als Lohn für die Überfahrt mitzubringen, sondern auch noch etwas ganz Besonderes: ›Ich erziehe nämlich‹, sagte sie, ›den kleinen Sohn des Fürsten. Er ist schon recht gescheit für sein Alter und läuft so mit, wenn ich Erledigungen außer Haus zu machen habe. Den bringe ich euch aufs Schiff, denn ich bin sicher, dass er euch einen guten Gewinn einbringen wird.‹

Dann ging sie in den Palast zurück, als ob nichts gewesen wäre, denn die Kaufleute blieben noch ein ganzes Jahr auf der Insel. Als sie sich schließlich mit ihrem schwer beladenen Schiff zur Heimfahrt aufmachten, erschien ein listiger Mann mit einem goldenen Halsband im Palast meines Vaters und bot es zum Verkauf an. Während die Frauen des Palastes das Halsband bestaunten und um den Preis gefeilscht wurde, gab der Mann – er war ein Bote der Phönizier – der Frau ein heimliches Zeichen. Gleich nachdem er das Haus verlassen hatte, nahm sie mich an der Hand und entführte mich aus dem Palast. Im Vorsaal fand sie die Tische für Gäste meines Vaters gedeckt. Ich sah, wie sie schnell drei goldene Becher einsteckte und in ihrem Gewand verbarg. In meiner Einfalt dachte ich mir nichts dabei, sondern folgte ihr einfach. Die Sonne ging gerade unter, als wir zum Hafen kamen und mit der Mannschaft an Bord gingen.

Unter günstigem Wind legten wir ab. Wir mochten vielleicht sechs Tage unterwegs gewesen sein, als das verräterische Weib vom Pfeil der Artemis getroffen, wie man sagt, plötzlich tot zu Boden fiel. Man warf sie einfach über Bord, und ich kleines Kind blieb allein, ohne einen Menschen, der sich meiner angenommen hätte, auf dem Schiff zurück. Die Phönizier aber gingen in Ithaka an Land, wo mich der alte Laërtes den Händlern abkaufte. Auf diese Weise erblickte ich zum ersten Mal diese Insel.«

»Nun«, sprach Odysseus, »du darfst nicht ganz unzufrieden mit deinem Schicksal sein, denn Zeus hat dir zu dem Schlechten doch auch Gutes be-

583

DIE FOLGEN DES TROJANISCHEN KRIEGES

schert und dich einem freundlichen Mann in die Hände gegeben, der es dir an nichts fehlen ließ und auf dessen Gut du noch immer gemächlich lebst! Ich Armer dagegen irre umher!«

Unter solchen Gesprächen verging die Nacht und sie schliefen nur noch wenig, bis die Morgenröte sie wieder weckte.

Telemachos kommt heim

Am Morgen dieses Tages ging Telemachos mit seinen Begleitern in Ithaka an Land. Auf Athenes Rat hin schickte er sie sogleich in die Stadt und versprach ihnen sich am folgenden Morgen mit einem üppigen Mahl für die Reise zu bedanken. Dann machte er sich auf den Weg zu dem Hirten. Doch da fragte ihn Theoklymenos: »Und wohin soll ich mich jetzt wenden, mein Sohn? Wer in der Stadt wird mich aufnehmen? Soll ich vielleicht geradewegs in den Palast deiner Mutter gehen?«

»Wenn es in unserem Hause so wäre wie immer, würde ich dir unbedenklich dazu raten. So aber würdest du von den Freiern ja doch nicht vorgelassen, während meine Mutter im einsamsten Gemach des Hauses an einem Gewand näht. Da wäre es klüger, wenn du zu Eurymachos gehst. Er ist der Sohn des auf Ithaka hoch angesehenen Polybos und der Erste unter denen, die um meine Mutter werben!« Während er noch sprach, flog ein Habicht mit einer Taube vorüber, deren Gefieder er rupfte. Da nahm der Seher den Jüngling an der Hand, zog ihn beiseite und sagte ihm ins Ohr: »Sohn, wenn meine Kunst mich nicht ganz täuscht, dann gilt dieses Zeichen deinem Haus. Nie wird ein anderes Geschlecht auf Ithaka walten: Ihr seid die ewigen Beherrscher dieses Landes!«

Bevor Telemachos von Theoklymenos Abschied nahm, empfahl er ihn noch seinem vertrautesten Freund, dem Peiraios, dem Sohn des Klytios, dass er den Fremden freundlich aufnehmen und versorgen solle, bis er selbst in die Stadt käme. Dann ging er, und die Gefährten fuhren weiter.

Unterdessen richteten Odysseus und der Schweinehirt in der Hütte das Frühstück, und die Knechte trieben die Schweine hinaus. Als sie behaglich beim Essen saßen, hörten sie draußen Schritte. Die Hunde wurden laut, jedoch ohne zu bellen, und es schien, als schmeichelten sie jemandem, der kam. »Gewiss«, sagte Odysseus zu dem Hirten, »besucht dich ein Freund oder Bekannter. Denn Fremden gegenüber verhalten sich deine Hunde ganz anders, das habe ich selbst zu spüren bekommen.«

Er hatte noch nicht ganz ausgeredet, als sein geliebter Sohn Telemachos in der Tür stand. Dem Schweinehirten fiel vor Freude der Becher aus der Hand. Er eilte seinem jungen Herrn entgegen, umarmte ihn und bedeckte weinend sein Gesicht mit Küssen, als wäre er vom Tode aufer-

Heimkehr des Odysseus

standen. Telemachos wollte erst eintreten, nachdem er erfahren hatte, dass sich im Haus seiner Mutter nichts Neues ereignet hatte. Dann überreichte er dem Hirten seine Lanze und ging in die Hütte. Sein Vater Odysseus wollte ihm seinen Platz überlassen, Telemachos aber hielt ihn zurück und sagte freundlich: »Bleib nur sitzen, Fremder, der Mann wird mir schon einen Platz zuweisen.«

Unterdessen bereitete Eumaios seinem jungen Herrn ein weiches Polster aus grünem Laub, auf das er einen Schafpelz deckte. Nun setzte sich Telemachos zu den beiden, und der Schweinehirt trug eine Schüssel mit gebratenem Fleisch auf, stellte einen Brotkorb dazu und mischte Wein in der hölzernen Kanne. So schmausten sie zu dritt. Da fragte Telemachos den Hirten, wer denn der Fremdling sei, und der berichtete ihm kurz, was der Fremde ihm vorgefabelt hatte. »Er hat sich jetzt«, schloss er seine Antwort, »aus einem thesprotischen Schiff geflüchtet und kam in meine Hütte. Ich übergebe ihn dir, tu mit ihm, was du willst.«

»Dein Wort ängstigt mich«, erwiderte Telemachos. »Wie könnte ich den Mann in meinem Haus aufnehmen, so wie es dort aussieht? Behalte ihn lieber bei dir. Ich werde ihm Schuhe, Kleider und ein zweischneidiges Schwert schicken und auch genügend zu essen, damit er dir und deinen Knechten nicht zur Last fällt. Nur kann ich nicht einwilligen, dass er sich unter die Freier begibt, denn sie schalten und walten in meinem Hause gar zu unverschämt.«

Odysseus, der Bettler, drückte seine Verwunderung darüber aus, dass sich die Freier über seinen Kopf hinweg so viele Unarten erlauben konnten, und er fragte den Telemachos: »Hasst dich denn etwa das Volk oder liegst du mit Brüdern im Streit oder erniedrigst du dich gar freiwillig so? Wenn ich so jung wäre wie du und Odysseus' Sohn, oder wenn er selbst zurückkäme – noch ist die Hoffnung dazu ja nicht ganz verloren! –, dann wollte ich wahrhaftig lieber in meinem Hause sterben, als so etwas mit anzusehen!«

Telemachos erwiderte: »Nein, lieber Gast, das Volk hasst mich nicht, und ich habe auch keine Brüder, die mich anfeinden würden. Ich bin das einzige Kind. Aber feindselig gesinnte Männer von allen Nachbarinseln und von Ithaka selbst werben in einer Unzahl um meine Mutter. Sie weicht ihnen zwar aus, doch abwehren kann sie sie nicht. Wenn es so weitergeht, wird mein Besitz in Kürze verzehrt und verwüstet sein.« Dann wandte er sich an den Schweinehirten und sprach: »Du aber, Väterchen, tu mir den Gefallen und eile zu Penelope, meiner Mutter, in die Stadt und sag ihr, dass ich zurück bin, aber so, dass es ja kein Freier hört!«

»Soll ich«, fragte Eumaios, »nicht den Umweg zu deinem Großvater Laërtes machen und auch ihm sagen, dass du wieder da bist? Seit du nach Pylos gefahren bist, so hört man, soll er nichts mehr gegessen und getrunken haben. Auch kümmere er sich nicht mehr um sein Feld. Er sitze nur in seinem Kummer da und werde immer dünner!«

»So traurig es ist«, antwortete Telemachos, »kann ich dich doch den Umweg nicht machen lassen. Denn meine Mutter muss so schnell wie möglich erfahren, dass ich wieder da bin!« Da legte der Schweinehirt seine Sohlen an, nahm seine Lanze und eilte fort.

Odysseus gibt sich seinem Sohn zu erkennen

Pallas Athene, die Göttin, hatte nur den Augenblick abgewartet, wo Eumaios die Hütte verlassen haben würde. Da erschien sie in Gestalt einer schönen Jungfrau in der Tür. Doch sie war nur für Odysseus und die Hunde sichtbar, nicht für Telemachos. Die Hunde aber bellten nicht, sondern verkrochen sich winselnd auf der anderen Seite des Hofes. Sie winkte Odysseus und er verstand. Auf der Stelle verließ er die Hütte. An der Hofmauer fand er seine Beschützerin stehen, die zu ihm sprach: »Du musst dich nicht mehr länger vor deinem Sohn verbergen, Odysseus. Geht zusammen in die Stadt, um die Freier ins Verderben zu stürzen. Ich selbst werde euch nicht lange fehlen, denn ich glühe vor Begierde diese Frevler zu bekämpfen!« Nun berührte die Göttin den Bettler mit ihrem goldenen Stab und ein Wunder geschah: Wie früher umgaben Mantel und Leibrock die wieder verjüngte Gestalt des Helden. Sein Wuchs strebte empor, sein Gesicht bräunte sich, seine Wangen wurden voller, die Haare dicht, und um das Kinn kräuselte sich erneut sein schwarzer Bart. Nachdem sie dies vollbracht hatte, verschwand Athene.

Als Odysseus wieder in die Hütte trat, sah sein Sohn ihn staunend an, denn er glaubte einen Gott zu sehen. Mit abgewandten Augen sagte er: »Fremdling, du siehst ganz anders aus als vorhin. Du hast andere Kleider an und dein ganzes Aussehen ist verändert. Du musst einer der Götter sein! Lass dir opfern und erbarme dich unser!«

»Nein, ich bin kein Gott«, rief Odysseus, »erkenne mich doch, Kind, ich bin dein Vater, um den du so lange besorgt warst!« Die Tränen, die er die ganze Zeit gewaltsam zurückgehalten hatte, stürzten ihm nun aus den Augen. Er eilte auf seinen Sohn zu und umarmte ihn unter Küssen.

Aber Telemachos konnte es noch immer nicht glauben. »Nein, nein«, rief er, »du bist nicht mein Vater Odysseus, ein böser Dämon täuscht mich, damit ich nur noch tiefer ins Leid sinke. Wie könnte sich ein Mensch aus eigener Kraft so verwandeln!«

»Staune deinen heimkehrenden Vater doch nicht so grenzenlos an, lieber Sohn«, erwiderte Odysseus, »ich bin es, der nach zwanzig Jahren in die Heimat zurückkommt, und kein anderer. Das Wunder ist ein Werk der

Heimkehr des Odysseus

Göttin Athene. Sie hat mich so umgeschaffen, dass ich mal ein Bettler bin, mal ein Jüngling. Denn für einen Gott ist es einfach, einen Menschen erst zu erniedrigen und dann zu erhöhen.«

Erst jetzt wagte Telemachos seinen Vater unter heißen Tränen zu umarmen. Aus beiden brach der lang erlittene Kummer heraus und sie weinten so herzzerreißend, dass ihre Klage klang wie der Ruf der Vögel, denen man die Jungen geraubt hat, ehe sie flügge geworden sind. Als sie sich ausgeweint hatten, fragte Telemachos seinen Vater, auf welchem Weg er in die Heimat gekommen sei. Odysseus beschrieb es ihm und schloss: »Und jetzt bin ich hier, mein Sohn, damit wir über den Mord unserer Feinde beraten. Nenne mir die Freier der Reihe nach, damit ich weiß, wie viele es sind, und ob wir beide sie alleine niederkämpfen können oder uns nach Verbündeten umsehen müssen.«

»Ich habe zwar immer von deinem Ruhm gehört, mein Vater«, erwiderte Telemachos, »und dass dein Arm so stark sei wie dein Rat klug. Das aber war ein stolzes Wort, denn niemals könnten wir beide gegen so viele etwas ausrichten. Es sind nicht nur zehn oder zwanzig, sondern viel mehr; aus Dulichion allein zweiundfünfzig der mutigsten Jünglinge mit sechs Dienern; aus Same vierundzwanzig, aus Zakynthos zwanzig, aus Ithaka selbst zwölf. Dann sind noch der Herold Medon, ein Sänger und zwei Köche bei ihnen. Lass uns deshalb, wenn es möglich ist, weitere Verteidiger suchen!«

»Bedenke«, sprach Odysseus darauf, »dass Athene und Zeus unsere Verbündeten sind, die uns nicht lange auf ihre Hilfe werden warten lassen, wenn es im Palast erst einmal zum offenen Kampf gekommen ist. Du selbst, mein lieber Sohn, gehe morgen früh in die Stadt und zu den Freiern zurück wie immer. Mich wird der Schweinehirt in die Stadt bringen, nachdem ich wieder in den alten Bettler umgewandelt worden bin. Und was immer sie mir dann antun mögen, ob sie mich beleidigen, mich bewerfen oder mich an den Füßen über die Schwelle ziehen – du musst es ungerührt ertragen. Wenn du versuchst sie mit Worten zu besänftigen, werden sie nicht auf dich hören. Ihr Verderben ist beschlossen. Auf ein Zeichen von mir wirst du dann die Rüstungen, die in unserem Saal hängen, in einer der oberen Kammern des Hauses verbergen. Wenn die Freier danach fragen, dann sagst du nur, du hättest sie wegschaffen lassen, weil sie durch den Rauch des Kamins ihren Glanz verloren hätten. Für uns beide lässt du nur zwei Schwerter, zwei Speere und zwei Schilde zurück, damit wir sie verwenden können, falls jene in der Verblendung, die ihnen die Götter senden werden, es wagen, sich an uns zu vergreifen. Im Übrigen darf niemand erfahren, dass Odysseus zurückgekehrt ist, auch Laërtes und der Schweinehirt nicht, nicht einmal deine Mutter. Wir wollen unterdessen unsere Dienstmannen und unser Gesinde überprü-

DIE FOLGEN DES TROJANISCHEN KRIEGES

fen und sehen, welche von ihnen uns noch treu sind und wer uns vergessen hat und dich nicht achtet.«

»Lieber Vater«, erwiderte Telemachos, »du sollst mich nicht nachlässig finden, aber ich glaube nicht, dass dir dies viel helfen wird. Es dauert viel zu lange, bis du jeden Einzelnen ausgehorcht hast. In der Zwischenzeit verprassen die Freier deinen Besitz. Zwar will ich es selbst übernehmen, die Frauen im Haus auszukundschaften, aber die Männer auf den einzelnen Höfen – das heben wir uns lieber für später auf, wenn du wieder Herr über deinen Palast bist.« Odysseus stimmte seinem Sohn zu und freute sich, dass er so besonnen war.

Vorgänge in der Stadt und im Palast

Das Schiff, das den Telemachos und seine Gefährten von Pylos nach Ithaka gebracht hatte, war inzwischen im Hafen der Stadt eingelaufen, und die Begleiter des Königssohnes hatten einen Herold zu seiner Mutter Penelope gesandt, um ihr die Nachricht von der Heimkehr ihres Sohnes zu überbringen. Mit derselben Nachricht kam zur gleichen Zeit der Schweinehirt vom Land, und beide trafen sich im Haus des Königs. Da sagte der Herold vor allen Dienerinnen zu Penelope: »Dein Sohn, oh Königin, ist zurückgekommen.« Eumaios aber sagte ihr im Stillen und ohne Zeugen, was ihm sein junger Herr aufgetragen hatte, insbesondere, dass sie durch eine Magd auch seinem Großvater Laërtes die gute Nachricht zukommen lassen sollte. Als der Schweinehirt alles ausgerichtet hatte, eilte er wieder heim zu seinen Schweinen. Die Freier aber erfuhren die Nachricht von Telemachos' Heimkehr, die der Herold gebracht hatte, durch die treulosen Dienerinnen. Unmutig setzten sie sich zusammen auf die Bänke vor dem Tor, und Eurymachos sprach hier in der Versammlung: »Wir hätten es doch nie für möglich gehalten, dass der Knabe diese Fahrt so entschlossen vollenden würde. Lasst uns nur geschwind ein Schiff ausrüsten, einen Schnellsegler, damit unsere Freunde, die da im Hinterhalt liegen, erfahren, dass sie vergeblich auf ihn gewartet haben und wieder heimkehren dürfen.«

Während Eurymachos sprach, hatte Amphinomos, ein anderer Freier, sich umgesehen und einen Blick zum Hafen geworfen, den man vom Hof des Palastes aus sehen konnte. Er entdeckte das Schiff der Freier, die Telemachos auflauern wollten, wie es eben mit vollen Segeln in den Hafen einlief. »Wir brauchen keine Botschaft an unsere Freunde mehr«, rief er, »hier sind sie ja schon. Entweder hat ein Gott sie von Telemachos' Heimkehr benachrichtigt oder sie haben ihn verfolgt, ohne ihn einzuholen.« Da erhoben sich die Freier und eilten an das Ufer. Anschließend lie-

588

Heimkehr des Odysseus

ßen sie den Marktplatz sperren, um dort mit den Neuankömmlingen eine Versammlung unter Ausschluss der Öffentlichkeit abzuhalten. Antinoos, der die Verschwörer angeführt hatte, ergriff das Wort: »Wir können nichts dafür, dass der Mann uns entronnen ist, Freunde! In der Nacht hatten wir Wachposten auf den Uferhöhen aufgestellt, und wir kreuzten ununterbrochen auf der Meerenge, nur darauf bedacht, Telemachos abzufangen und in aller Stille umzubringen. Ihn aber muss ein Unsterblicher heimgeleitet haben, denn wir haben nicht einmal sein Schiff gesehen! Stattdessen wollen wir ihm jetzt hier in der Stadt den Untergang bereiten. Denn der Jüngling wird klug und wächst uns allmählich über den Kopf. Wenn wir nicht aufpassen, wird uns am Ende noch das Volk aufsässig. Falls er es unter die Leute bringt, dass wir ihm auflauern, um ihn umzubringen, fallen sie vielleicht noch über uns her und jagen uns aus dem Land. Wir müssen ihn aus dem Weg räumen, bevor es so weit kommt. Seinen Besitz teilen wir untereinander auf, den Palast lassen wir seiner Mutter und ihrem zukünftigen Gemahl. Wenn ihr mit meinem Plan nicht einverstanden seid und ihn leben und im Besitz seiner Güter lassen wollt, nun, dann wollen wir seine Habe auch nicht länger verzehren. Dann soll jeder von uns von seiner Heimat aus mit Brautgeschenken um die Fürstin werben, und sie wähle den, der ihr am meisten gibt und vom Schicksal begünstigt wird!«

Als er ausgesprochen hatte, blieben die Freier lange stumm. Schließlich erhob sich Amphinomos aus Dulichion, der Sohn des Nisos. Er war der edelste und aufrichtigste unter den Freiern und durch seine Klugheit wusste er sich selbst der Königin Penelope zu empfehlen. »Freunde«, sprach er, »ich bin dagegen, dass wir den Telemachos heimlich umbringen. Es ist doch etwas Grässliches, mit dem letzten Abkömmling ein ganzes Königshaus auszurotten! Lasst uns lieber zuvor die Götter befragen. Wenn ein günstiger Ausspruch des Zeus erfolgt, dann bin ich selbst bereit ihn zu töten. Wenn es uns die Götter aber verwehren, dann rate ich euch dringend, es nicht zu tun!«

Mit diesem Vorschlag waren die Freier einverstanden. Sie schoben ihren Mordplan auf und kehrten in die Stadt zurück. Allerdings hatte sie auch diesmal ihr Herold Medon belauscht, der ein heimlicher Anhänger Penelopes war, und der Königin von allem Nachricht gegeben. Sie eilte daraufhin mit ihren Dienerinnen zu den Freiern in den Saal hinab. In aufgewühlter Gemütsverfassung sprach sie den Urheber des tückischen Vorschlags an: »Antinoos, du frecher Unheilsstifter, zu Unrecht rühmt dich Ithakas Volk als den klügsten unter deinen Genossen. Nie bist du das gewesen! Du gehst über die Stimme der Unglücklichen hinweg, die Zeus selbst sogar beachtet, und du bist verwegen genug, meinen Sohn töten zu wollen. Erinnerst du dich nicht mehr, wie dein Vater Eupeithes schutz-

DIE FOLGEN DES TROJANISCHEN KRIEGES

flehend in unser Haus kam, weil er Seeräuberei gegen unsere Verbündeten getrieben hatte? Seine Verfolger wollten ihn töten und ihm das Herz aus dem Leibe reißen. Odysseus aber war es, der die Tobenden abhielt und besänftigte. Und du, sein Sohn, willst nun zum Dank das Gut des Odysseus verzehren, wirbst um seine Frau und willst sein einziges Kind ermorden? Du tätest besser daran, auch die anderen von solchem Frevel zurückzuhalten.«

An seiner Stelle antwortete Eurymachos: »Edle Penelope, sorge dich nicht um das Leben deines Sohnes. Solange ich lebe, wird es keiner wagen, Hand an ihn zu legen. Denn auch mich hat Odysseus manchmal auf den Knien geschaukelt, als ich noch ein Kind war, und mir einen guten Bissen in den Mund gegeben. Deshalb liebe ich seinen Sohn mehr als alle anderen Menschen. Den Tod soll er nicht zu fürchten haben, jedenfalls nicht durch die Freier. Kommt er aber von den Göttern, so kann ihn freilich niemand abwenden!« So sprach der Heuchler mit der freundlichsten Miene. Im Herzen aber sann er auf nichts als Verderben.

Penelope kehrte wieder in ihr Gemach zurück, warf sich aufs Lager und weinte um ihren Gemahl, bis ihr der Schlaf die Augen zudrückte.

Telemachos, Odysseus und Eumaios kommen in die Stadt

Am Abend desselben Tages kam der Schweinehirt in seine Hütte zurück, während Odysseus und sein Sohn Telemachos gerade damit beschäftigt waren, ein geschlachtetes Schwein zum Abendessen zuzubereiten. Odysseus war von Athene wieder in den alten Bettler verwandelt worden, sodass Eumaios ihn nicht erkennen konnte.

»Da bist du ja endlich, Schweinehirt«, rief Telemachos. »Welche Nachrichten bringst du aus Ithaka? Lauern mir die Freier noch immer auf, oder sind sie von ihrem Hinterhalt zurück?«

Eumaios berichtete ihm, was er von den beiden Schiffen gesehen hatte, und Telemachos winkte fröhlich lächelnd seinem Vater, jedoch so, dass es Eumaios nicht bemerkte. Nun schmausten sie vergnügt und legten sich zur Ruhe.

Am anderen Morgen machte sich Telemachos bereit, um in die Stadt zu gehen, und sagte zu Eumaios: »Alter, ich muss jetzt nach meiner Mutter sehen. Komm du mit diesem armen Fremdling nach, damit er sich in den umliegenden Häusern etwas Brot und Wein erbetteln kann. Ich kann unmöglich alle Last der Welt auf meine Schultern laden und habe genug an meinem eigenen Kummer zu tragen. Wenn der Greis nun beleidigt ist, kann ich ihm auch nicht helfen!«

Heimkehr des Odysseus

Odysseus, der sich nicht genug über die geschickte Verstellung seines Sohnes wundern konnte, sagte nun seinerseits: »Lieber Jüngling, ich möchte eh nicht länger hier bleiben. Ein Bettler hat es in der Stadt immer besser als auf dem Land. Geh also. Und wenn ich mich in meinen Lumpen noch ein wenig am Feuer gewärmt habe und die Luft milder geworden ist – denn ich habe gehört, dass die Stadt noch ein gutes Stück entfernt liegt –, dann soll mich dein Hirt begleiten.«

Nun eilte Telemachos in die Stadt. Es war noch ziemlich früh, als er vor seinem Palast ankam, und die Freier hatten sich noch nicht eingefunden. Er lehnte seine Lanze an eine Säule am Eingang und schritt über die steinerne Schwelle in den Saal. Hier war die Magd Eurykleia gerade dabei, schöne Felle auf die stattlichen Thronsessel zu legen. Als sie Telemachos sah, eilte sie mit Freudentränen in den Augen auf ihn zu und hieß ihn willkommen. Auch die anderen Mägde umringten ihn und küssten ihm Hände und Schultern. Jetzt kam auch seine Mutter Penelope, schlank wie Artemis und schön wie Aphrodite trat sie aus der Kammer. Weinend schloss sie ihren Sohn in die Arme und küsste ihm Gesicht und Augen. Dann fragte sie ihn unter Tränen, ob er etwas über das Schicksal seines Vaters erfahren hätte.

»Ach Mutter«, antwortete Telemachos, der seine Gefühle mit Gewalt zurückdrängen musste und sich zwang die Wahrheit nicht zu verraten, »ich bin doch eben selbst erst dem Verderben entronnen! Wühle mir doch nicht auch noch den Kummer um meinen Vater wieder auf! Bade dich, lege reine Gewänder an und gelobe den Göttern kostbare Dankopfer oben in deinem Gemach, wenn sie uns einst Vergeltung gönnen. Ich selbst gehe nun zum Markt, um einen Fremdling abzuholen, der mich auf der Fahrt begleitet hat.«

Penelope tat, was er gesagt hatte. Telemachos nahm seinen Speer. Von seinen Hunden begleitet begab er sich auf den Markt. Athene hatte ihm besondere Anmut verliehen, sodass alle Bürger ihn bestaunten, als er kam, und auch die Freier scharten sich sogleich um ihn und sagten ihm allerlei Schmeicheleien, während sie in Wahrheit nur darüber nachdachten, wie sie ihn umbringen könnten. Telemachos blieb jedoch nicht bei ihnen. Er setzte sich zu drei Freunden seines Vaters, Mentor, Antiphos und Halitherses. Nun brachte Peiraios seinen Gastfreund Theoklymenos, und Telemachos begrüßte sie beide. Peiraios aber wandte sich an seinen Freund und sprach: »Lieber Telemachos, schicke doch Dienerinnen in mein Haus, damit sie die Geschenke abholen, die dir Menelaos mitgegeben hat!«

»Mein Freund«, entgegnete Telemachos, »bei dir sind die Sachen besser aufgehoben, denn wir wissen ja noch nicht, wie die Sache ausgeht. Wenn mich die Freier tatsächlich ermorden, dann teilen sie mein Erbgut auf, und ich gönne ihnen die prächtigen Gaben nicht. Da weiß ich sie lieber bei dir. Wenn es mir aber gelingt, sie zu verderben, dann komm und bring uns die Schätze!«

Nun nahm Telemachos den landesflüchtigen Seher Theoklymenos an der Hand und führte ihn in seinen Palast. Dort nahmen beide ein erfrischendes Bad und genossen in Penelopes Gesellschaft, die an ihrer Spindel saß, das Frühstück im Saal. Da sagte Telemachos' Mutter traurig zu ihrem Sohn: »Ich sollte wohl besser in mein Gemach hinaufgehen und dort einsam weinen. Denn du willst mir ja doch nicht erzählen, was du über deinen Vater gehört hast!«

»Liebe Mutter«, antwortete Telemachos, »ich würde dir doch gerne alles erzählen, was ich gehört habe, wenn es nur etwas Erfreulicheres wäre. Zwar hat Nestor mich sehr liebenswürdig in Pylos aufgenommen, doch von meinem Vater konnte er mir nichts berichten. Er schickte mich aber zusammen mit seinem eigenen Sohn nach Sparta. Dort wurde ich von dem großen Helden Menelaos gastfreundlich aufgenommen. Und ich sah auch die Königin Helena, um welche Trojaner und Griechen so vieles erduldet haben. Hier erfuhr ich dann endlich etwas über meinen Vater, nämlich was der Meergott Proteus dem Menelaos in Ägypten mitgeteilt hatte. Der hatte ihn tief bekümmert auf der Insel Ogygia gesehen. Dort hält die Nymphe Kalypso den Odysseus gewaltsam zurück, und er hat weder ein Schiff noch Ruderer, um nach Hause zu fahren.«

Als Theoklymenos bemerkte, wie tief all dies Penelope bewegte, unterbrach er den Telemachos und sagte: »Königin, er weiß nicht alles. Höre meine Weissagung: Odysseus hält sich bereits irgendwo hier in der Heimat auf und plant die Rache an den Freiern. Dies hat mir ein Vogelzeichen gesagt.«

»Möge sich dein Wort erfüllen, edler Gast«, antwortete Penelope mit einem Seufzer, »mein Dank dafür soll nicht ausbleiben.«

Während diese drei sich so unterhielten, vertrieben sich die Freier wie üblich draußen die Zeit mit Scheibenschießen und Speerwerfen, bis der Herold sie zum Mittagsmahl in den Palast rief. Zugleich waren nun auch der Schweinehirt Eumaios und sein Gast zur Stadt aufgebrochen. Odysseus, als Bettler, hatte seinen speckigen Beutel umgehängt und einen Stab in der Hand. So wanderten sie dahin. Das Gehöft hatten sie in die Obhut der Knechte gegeben. Schon hatten sie den Stadtbrunnen erreicht, der von den Vorfahren des Odysseus schön in den Felsen gebaut und mit einem Pappelhain umpflanzt worden war. Aus den Steinen sprang der hohe helle Wasserstrahl. Hier begegneten sie dem Hirten Melanthios mit seinen beiden Knechten, wie er die zwei besten Ziegen für den Braten der Freier in die Stadt hineintrieb. Als er die beiden erblickte, begann er lauthals zu schimpfen. »Wahrhaftig, es stimmt schon, wenn man sagt, dass ein

Odysseus wird von seinem Haushund erkannt

Taugenichts den anderen führt, und ›Gleich und Gleich gesellt sich gern‹. Wohin bringst du diesen gefräßigen Bettler, der vor den Türen herumlungert und um Brocken bettelt, verfluchter Schweinehirt? Wenn du ihn mir als Hüter meines Geheges geben wolltest, damit er die Ställe ausmisten und die Zicklein füttern könnte, dann würde er sogar noch Fleisch um seine dürren Lenden wachsen sehen! Aber er hat ja sicher nichts gelernt und kann nichts weiter, als sich den Bauch zu füllen.« Dann trat er ihn böswillig in die Seite, doch Odysseus wich nicht einmal zurück. Natürlich überlegte er, ob er ihm nicht einen Schlag mit seinem Stab versetzen sollte, sodass er gar nicht mehr aufstände, aber er beherrschte sich und ertrug die Beleidigung. Eumaios hingegen hielt seine wütenden Worte nicht zurück, und an den Brunnen gewendet sagte er: »Ihr heiligen Nymphen der Quelle! Töchter des Zeus! Wenn Odysseus euch jemals kostbare Opfer gebracht hat, dann erfüllt mir meine Bitte, dass der Held Odysseus endlich heimkehre! Er würde diesem unverschämten Müßiggänger seinen Übermut bald austreiben, denn so einer ist der unbrauchbarste Hirt von der Welt, denn er versteht sich auf nichts anderes, als den ganzen Tag in der Stadt herumzulungern!«

»Du Hund!«, erwiderte Melanthios schimpfend. »Du hättest es verdient, dass man dich drüben auf den Inseln als Sklave verkaufte! Soll doch der Pfeil des Apollon oder der Dolch der Freier deinen Telemachos treffen, auf dass er zugrunde gehe wie sein Vater!«

Unter solchen Beleidigungen ging er weiter und setzte sich im Palast mitten unter die Freier an die Tafel, gerade dem Eurymachos gegenüber, denn sie mochten ihn und gaben ihm immer etwas von ihrem Braten ab.

Nun waren auch Odysseus und der Schweinehirt vor dem Palast angekommen. Als Odysseus seinen Palast nach so langer, langer Zeit wieder sah, war er tief bewegt. Er nahm die Hand seines Begleiters und sprach: »Wahrhaftig, Eumaios, das muss der Palast des Odysseus sein! Was für ein stattliches Gebäude! Wie schön ist der Vorhof mit Mauern und Zinnen abgeschlossen; welch mächtige Torflügel bilden den Eingang. Wahrlich, diese Burg ist unbezwinglich! Und es ist wohl so, dass da drinnen ein großes Gastmahl begangen wird. Es duftet ja bis zu uns heraus nach den Speisen, und die Harfe des Sängers, der den Schmaus mit seinen Liedern würzt, schallt aus dem Saal!«

Sie berieten sich kurz und beschlossen, dass der Schweinehirt allein vorausgehen und sich umsehen sollte, während Odysseus draußen vor dem Tor wartete. Da hob ein alter Haushund an der Tür den Kopf von seinem Lager, als er ihre Stimmen hörte. Er hieß Argos. Odysseus selbst hatte ihn noch aufgezogen, bevor er nach Troja aufbrach. Gewöhnlich begleitete er die Männer auf der Jagd. Jetzt aber war er alt und niemand beachtete ihn mehr. Er lag vor der Tür auf einem Misthaufen voller Ungeziefer. Als Argos Odysseus bemerkte, erkannte er ihn trotz seiner Verkleidung. Er senkte die Ohren und wedelte mit dem Schwanz, aber um näher heranzugehen, war er bereits zu schwach. Odysseus wischte sich heimlich eine Träne aus den Augen, als er es bemerkte. Dann sprach er zu dem Schweinehirten, indem er seinen Schmerz verbarg: »Der Hund, der hier auf dem Mist liegt, scheint einmal ein prächtiger Hund gewesen zu sein. Man sieht es immer noch an seinem Wuchs!«

»Freilich«, erwiderte Eumaios, »er war der Lieblingsjagdhund meines unglücklichen Herrn. Du hättest ihn sehen sollen, wie er im Gestrüpp dem Wild nachspürte! Aber seit sein Herr fort ist, liegt er hier verachtet und die Mägde geben ihm nicht einmal mehr das nötige Futter.«

Der Schweinehirt ging in den Palast. Der Hund aber, nachdem er nach zwanzig Jahren seinen Herrn wieder gesehen hatte, senkte seinen Kopf und starb.

Odysseus als Bettler im Saal

Der Erste, der den Schweinehirten im Palast bemerkte, war Telemachos. Eumaios schaute sich vorsichtig um, nahm einen leeren Stuhl und setzte sich auf einen Wink seines Herrn ihm gegenüber. Der Herold brachte ihm sogleich Fleisch und Brot. Kurz nach ihm wankte auch Odysseus an seinem Stab herein, setzte sich auf der Schwelle des Saales nieder und lehnte sich an einen der schön geschnitzten Türpfosten aus Zypressenholz. Als Telemachos ihn sah, nahm er ein ganzes Brot und eine Hand voll Fleisch und gab beides dem Schweinehirten mit den Worten: »Hier, mein Freund, gib das dem Fremdling und sage ihm, dass er sich nicht schämen soll bei den Freiern zu betteln.«

Odysseus nahm die Gabe segnend mit beiden Händen entgegen, legte sie sich vor die Füße auf seinen Ranzen und begann zu essen. Der Sänger Phemios hatte das ganze Mahl mit seinem Lied begleitet. Jetzt war er verstummt und man hörte nur noch das Grölen der Schmausenden im Saal. In diesem Augenblick näherte sich die Göttin Athene unsichtbar dem Odysseus und sagte ihm, dass er die Freier anbetteln solle, um die redlicheren von den unverschämten unterscheiden zu können. Und doch hatte die Göttin ihnen allen gleichermaßen das Verderben zugedacht. Keiner sollte eines sanfteren Todes sterben als der andere. Odysseus tat, was Athene ihm befohlen hatte, ging bettelnd von Mann zu Mann und streckte seine Hand so selbstverständlich hin, als wäre er das Betteln seit langem gewöhnt. Manche hatten Mitleid und gaben ihm etwas, aber alle fragten sich, wo der Mann wohl herkomme. Da sagte der Ziegenhirt

DIE FOLGEN DES TROJANISCHEN KRIEGES

Melanthios zu ihnen: »Ich habe den Burschen vorhin schon gesehen. Der Schweinehirt hat ihn mitgebracht!«

Den fuhr der Freier Antinoos nun zornig an: »Du elender Schweinehirt, sag, warum hast du diesen Menschen in die Stadt geführt? Haben wir nicht Landstreicher genug, dass du uns auch noch diesen Fresser in den Saal schleppst?«

»Harter Mann«, erwiderte Eumaios gelassen, »den Seher, den Arzt, den Baumeister, den Sänger, der uns mit seinen Liedern erfreut, sie alle lädt man eitel in die Paläste der Großen ein. Den Bettler hat niemand eingeladen, er kommt von selbst, aber man stößt ihn auch nicht hinaus! Und das soll auch mit diesem nicht geschehen, solange Telemachos und Penelope in diesem Palast leben.«

Telemachos aber gebot ihm zu schweigen und sagte: »Bemühe dich nicht, Eumaios. Du kennst doch die schlechte Angewohnheit dieses Mannes, andere zu beleidigen. Ich aber sage dir, Antinoos: Du bist nicht mein Vormund, sodass du mir befehlen dürftest diesen Fremden aus dem Haus zu jagen. Gib ihm dagegen etwas und spare nicht an meinem Eigentum! Aber du willst es ja lieber selbst verzehren, als anderen etwas davon abzugeben.«

»Sieh einer an, wie der sture Knabe mich beleidigt!«, rief Antinoos. »Wollte jeder Freier dem Bettler eine solche Gabe reichen wie ich, er würde drei Monate lang das Haus nicht wieder betreten.« Damit nahm er seinen Schemel, und als Odysseus auf dem Weg zurück zur Schwelle eben an ihm vorüberging und auch ihn noch um eine Gabe anflehte, wobei er ihm etwas von langen Bettelfahrten durch Ägypten und Kypros vorjammerte, rief er unwillig: »Welcher Dämon hat uns nur diesen aufdringlichen Schmarotzer gesandt! Weiche von meinem Tisch, damit ich dir dein Ägypten und Kypros nicht segne!« Und als sich Odysseus murrend zurückzog, warf ihm Antinoos den Fußschemel nach, dass der ihn an der rechten Schulter, dicht neben dem Genick, traf. Odysseus zuckte nicht einmal, sondern stand fest wie ein Fels und schüttelte nur schweigend sein Haupt. Dann kehrte er an die Schwelle zurück, legte den mit Almosen gefüllten Ranzen auf den Boden und klagte, während er sich niedersetzte, über die Kränkung, die Antinoos ihm angetan hatte. Der aber rief dem Bettler zu: »Schweig und friss oder verschwinde, sonst wird man dich über die Schwelle zerren, bis du an sämtlichen Gliedern blutest!«

Diese Rohheit empörte nun selbst die Freier. Einer von ihnen erhob sich und sprach: »Antinoos, es war nicht richtig, dass du den Unglücklichen beworfen hast. Vielleicht ist er ein Himmelsbote, der die Gestalt eines Menschen angenommen hat? Denn so etwas geschieht ja manchmal!« Aber Antinoos achtete nicht auf diese Warnung. Telemachos aber

Heimkehr des Odysseus

sah schweigend mit an, wie sein Vater misshandelt wurde, und drängte seinen Zorn zurück.

Durch das geöffnete Fenster konnte Penelope alles mitverfolgen, was im Saal geschah. So hörte sie auch, wie es dem Bettler dort erging, und sie hatte Mitleid mit ihm. Sie ließ in aller Stille den Schweinehirten zu sich rufen und befahl ihm, dass er den Bettler zu ihr schicken solle. »Vielleicht«, fügte sie hinzu, »kann er mir ja etwas über meinen Gemahl sagen, oder er hat ihn sogar selbst gesehen, denn er scheint weit in der Welt herumgekommen zu sein!«

»Ja, wenn die Freier ihm nur zuhören wollten, dann könnte er vieles erzählen. Drei Tage beherberge ich ihn schon, und was er zu berichten hat, entzückt mein Herz, als wäre es das Lied eines Sängers. Er stammt von Kreta und ist, wie er behauptet, durch väterliches Gastrecht mit deinem Gemahl verbunden. Und er will erfahren haben, dass Odysseus gegenwärtig im Land der Thesproter lebt und bald mit reicher Habe heimkehren wird.«

»Geh«, sagte Penelope bewegt, »rufe mir den Fremdling herbei, denn er soll es mir selbst erzählen!«

Eumaios meldete dem Bettler Penelopes Befehl. Der aber erwiderte: »Wie gerne würde ich der Königin alles erzählen, was ich von Odysseus weiß, und ich weiß viel von ihm. Aber die Freier machen mir Angst. Jetzt, wo ich durch den Wurf des bösen Mannes so gekränkt worden bin, hat sich weder Telemachos noch sonst einer meiner angenommen. Darum soll Penelope sich noch ein wenig gedulden, bis die Sonne untergegangen ist. Dann will ich an ihrem Herd sitzen, denn mich friert in meinen Lumpen!« So ungeduldig Penelope auch auf den Bericht des Bettlers wartete, so hatte sie doch Verständnis für seine Gründe.

Eumaios kehrte wieder in den Saal zurück und flüsterte seinem jungen Herrn ins Ohr: »Ich gehe nun wieder zu meinen Ställen zurück, Herr. Kümmere du dich hier um das Nötige, vor allem aber um dich selbst, und sei vor den arglistigen Freiern auf der Hut!« Auf Telemachos' Bitte hin blieb der Schweinehirt noch bis zum Abend, dann aber brach er auf und versprach mit auserlesenen Schweinen zurückzukommen.

Odysseus und der Bettler Iros

Die Freier waren noch immer beisammen, als ein anderer berüchtigter Bettler aus der Stadt den Saal betrat. Er war ein ungeheurer Vielfraß, groß von Gestalt, aber schwach. Sein Name war Arnaios, doch die Jugend der Stadt hatte ihm den Namen Iros gegeben, was »Bote« bedeutet, denn er pflegte gegen Bezahlung Botendienste zu tun. Die Eifersucht führte ihn

DIE FOLGEN DES TROJANISCHEN KRIEGES

her, denn er hatte von seinem Nebenbuhler erfahren, und so kam er, um Odysseus zu verjagen. »Weiche von der Tür, Greis!«, rief er beim Eintreten. »Siehst du denn nicht, wie mir alle winken, dass ich dich am Fuß hinauszerren soll? Geh lieber freiwillig und zwinge mich nicht dazu!«

Odysseus blickte ihn finster an und sprach: »Hier ist genügend Platz für uns beide. Du scheinst genauso arm zu sein wie ich. Neide mir nichts, denn auch ich gönne dir deinen Anteil. Reize mich nicht, und fordere mich nicht zum Faustkampf heraus. So alt ich auch sein mag, würdest du dir doch eine blutige Nase holen und morgen hätte das Haus endlich Ruhe vor dir.«

Jetzt fing Iros nur noch ärger zu poltern an: »Was schwatzt du da, Fresser? Was plauderst du wie ein Hökerweib? Ein paar Schläge von mir rechts und links werden dir den Kiefer zerschmettern, dass dir die Zähne ausfallen! Willst du es wirklich mit einem Jüngling wie mir aufnehmen?«

Unter lautem Lachen wandten sich die Freier den beiden streitenden Bettlern zu und Antinoos sprach: »Wisst ihr was, Freunde, seht ihr die Blutwürste dort auf dem Feuer? Wir wollen sie den beiden als Kampfpreis aussetzen. Wer von den beiden siegt, soll sich davon nehmen, so viel er mag, und kein andrer Bettler außer ihm darf künftig diesen Saal betreten!«

Alle Freier stimmten ihm zu. Odysseus aber stellte sich als ein vom Elend geschwächter Greis und verlangte den Freiern das Versprechen ab, sich nicht zu Gunsten des Iros in den Kampf einzumischen. Das gelobten sie ihm gerne, und Telemachos stand auf und sprach: »Fremdling, besiege den andern, wenn du kannst. Ich bin hier der Herr im Haus, und wer dich verletzt, der bekommt es mit mir zu tun!«

Auch dazu nickten die Freier beifällig. Nun gürtete Odysseus sein Gewand und krempelte die Ärmel auf. Da erschienen – denn Athene hatte ihn unbemerkt kräftiger gemacht – sehnige Schenkel und Arme, breite Schultern und ein mächtiger Brustkorb, sodass die Freier staunten und einer zum anderen sagte: »Was für Glieder der Greis aus seinen Lumpen hervorstreckt! Ich denke, dem armen Iros wird es übel ergehen!« Der war sogleich eingeschüchtert. Seine Glieder schlotterten und die Diener mussten ihn schon beinah zwingen sein Gewand zu gürten. Antinoos, der sich etwas ganz anderes von diesem Wettkampf erwartet hatte, wurde ärgerlich und sprach: »Angeber, wärst du doch nie geboren worden, dass du vor diesem schwächlichen Greis erzitterst! Ich sage dir, wenn du nicht gewinnst, dann wirst du mit dem Schiff nach Epirus zu König Echetos, dem Schrecken aller Menschen, gebracht. Der schneidet dir die Nase und die Ohren ab, um sie den Hunden vorzuwerfen!« So schrie Antinoos, dem Iros aber bebten die Glieder nur noch mehr. Dennoch schob man ihn vor, und beide Bettler hoben nun die Fäuste zum Kampf. Odysseus erwog

Heimkehr des Odysseus

einen Augenblick, den Elenden mit einem einzigen Schlag zu töten, besann sich aber, ob es nicht besser sei, ihm nur einen leichten Streich zu versetzen, um kein Misstrauen bei den Freiern zu erwecken. Letzteres schien ihm klüger, und so gab er ihm, als Iros ihn mit der Faust an der rechten Schulter getroffen hatte, nur eine leichte Schlappe hinter das Ohr. Dennoch brach er ihm den Knochen, sodass sich Iros zappelnd auf dem Boden wand. Unter dem unbändigen Lachen und Klatschen der Freier zog ihn Odysseus über den Vorhof durch das Haupttor hinaus, lehnte ihn an die Mauer des Hofes, drückte ihm den Stab in die Hand und sagte voller Spott: »Da bleib sitzen und verscheuche Hunde und Schweine!« Dann ging er in den Saal zurück und setzte sich mit seinem Beutel wieder auf die Schwelle.

Sein Sieg hatte den Freiern Achtung eingeflößt. Lachend kamen sie zu ihm, reichten ihm die Hände und sprachen: »Mögen Zeus und die Götter dir geben, was du begehrst, Fremdling, dafür dass du uns diesen lästigen Burschen vom Hals geschafft hast!« Odysseus nahm dies als ein gutes Vorzeichen. Antinoos selbst legte ihm einen mächtigen Ziegenmagen vor, der mit Fett und Blut gefüllt war, Amphinomos brachte zwei Brote aus dem Korb herbei, füllte einen Becher mit Wein, trank dem Sieger zu und sagte: »Auf dein Wohlergehen, fremder Vater, auf dass du von allem Kummer befreit sein mögest!«

Odysseus sah ihm ernst in die Augen und erwiderte: »Amphinomos, du scheinst mir ein recht kluger Jüngling zu sein und bist der Sohn eines angesehenen Mannes. Nimm dir zu Herzen, was ich dir sage: Es gibt nichts Hinfälligeres auf Erden als den Menschen. Solange er die Gunst der Götter hat, meint er, dass ihm niemals etwas Böses geschehen wird. Wenn dann aber doch etwas geschieht, dann hat er nicht den Mut, es zu ertragen. Ich selbst habe das erfahren und habe, im Vertrauen auf die Kraft meiner Jugend, in glücklichen Tagen auch so manches getan, was ich nicht hätte tun sollen. Darum warne ich einen jeden davor, in Übermut zu freveln, und rate ihm die Gaben der Götter demütig zu empfangen. So ist es auch nicht klug, dass die Freier so stur sind und weiter die Gattin jenes Mannes bedrängen, der zweifellos bald nach Hause kommen wird und vielleicht schon ganz nahe ist! Möge dich, Amphinomos, ein guter Dämon von hier fortführen, ehe du ihm begegnest!« Odysseus goss eine Spende aus, trank und gab den Becher dann dem Jüngling zurück. Der Freier senkte nachdenklich sein Haupt und schritt betrübt durch den Saal, als habe er eine schreckliche Vorahnung. Dennoch entkam auch er dem Verhängnis nicht, das ihm Athene bestimmt hatte.

DIE FOLGEN DES TROJANISCHEN KRIEGES

Penelope vor den Freiern

Jetzt gab Pallas Athene der Königin den Gedanken ein, vor den Freiern zu erscheinen, jedem das Herz mit Sehnsucht zu erfüllen und sich durch ihr Verhalten vor ihrem Gemahl – von dessen Anwesenheit sie freilich noch nichts ahnte – und ihrem Sohn in ihrer ganzen Seelenhoheit und Treue zu zeigen. Die alte, vertraute Magd lobte ihren Entschluss. »Geh nur, Tochter«, sagte sie, »und berate deinen Sohn mit dem rechten Wort zur rechten Zeit. Aber gehe nicht so, wie du jetzt bist, wo deine schönen Augen verweint sind. Bade und salbe dich erst und zeige dich dann den Freiern.«

Penelope aber schüttelte den Kopf. »Mute mir das nicht zu, meine Gute. Die Lust mich zu schmücken ist mir vergangen, seit Odysseus mit seinen Schiffen nach Troja fuhr. Aber rufe mir meine Dienerinnen Autonoë und Hippodameia, dass sie mich begleiten. Denn allein zu den Männern hinabzugehen verbietet der Anstand.«

Während die Magd fortging, um die Dienerinnen zu holen, versenkte Athene die Gattin des Odysseus einen Augenblick lang in süßen Schlummer und verlieh ihr die Gaben überirdischer Schönheit. Dann verschwand die Göttin wieder. Die beiden Dienerinnen kamen geräuschvoll hereingeeilt, sodass Penelope erwachte und rief: »Ei, wie sanft habe ich geschlafen. Wenn die Götter mir doch nur auf der Stelle einen so sanften Tod schicken würden, damit ich nicht länger um meinen Gemahl Sorge haben und so viel Kummer hier im Hause ausstehen müsste!« Mit diesen Worten stand sie aus ihrem Sessel auf und begab sich zu den Freiern hinab. Dort blieb sie in der Pforte des gewölbten Saales stehen. Die Wangen mit dem Schleier umhüllt erschien sie in jugendlicher Schönheit. Zu beiden Seiten standen die Dienerinnen sittsam neben ihr. Als die Freier sie sahen, schlug ihnen das Herz im Leibe und jeder wünschte und gelobte sich, sie als seine Gemahlin heimzuführen. Die Königin aber wandte sich an ihren Sohn und sprach: »Telemachos, ich erkenne dich nicht wieder! Als kleiner Junge zeigtest du mehr Verstand als jetzt, wo du groß und schön als der Sohn des edelsten Mannes vor mir stehst. Welche Tat hast du soeben im Saal begehen lassen? Hast du geduldet, dass ein armer Fremdling, der in unserem Hause Ruhe suchte, auf das Unwürdigste gekränkt wurde? Das muss uns ja vor allen Menschen Schande bringen!«

»Ich verüble dir deine Worte nicht, gute Mutter«, erwiderte Telemachos, »und ich gebe zu, dass du Recht hast. Aber diese feindseligen Männer um mich herum betäuben mich, und nirgends finde ich einen, der mich unterstützen würde. Immerhin ist der Kampf des Fremden mit Iros gar nicht ausgegangen, wie es die Freier wollten. Wenn sie doch genauso dazu gebracht würden, ihre Köpfe hängen zu lassen wie jener Elende draußen am Tor!« Das hatte er so leise gesagt, dass die Freier ihn nicht hören konnten. Eurymachos aber rief ganz berauscht von Penelopes Schönheit: »Ikarions Tochter, wenn alle in Griechenland dich sehen könnten, dann würden morgen wahrhaftig noch mehr Freier zum Schmaus bei dir erscheinen. So weit übertriffst du alle anderen Frauen an Schönheit und Geist!«

»Ach, Eurymachos«, antwortete Penelope, »meine Schönheit ist dahin, seit mein Gemahl mit den Griechen nach Troja fuhr. Käme er wieder zurück, ja, dann würde ich wieder aufblühen. Jetzt aber trauere ich. Ach, als Odysseus das Ufer verließ und mir zum letzten Mal die Hand reichte, da sprach er: ›Liebe Frau, die Griechen werden, denke ich, wohl nicht alle gesund von Troja heimkehren. Man sagt, dass die Trojaner gute Kämpfer sind. So weiß denn auch ich nicht, ob mein Dämon mich zurückführen oder dort wegraffen wird. Kümmere dich um das Haus und nimm dich zärtlich meiner Eltern an. Und wenn dein Sohn herangewachsen ist und ich nicht mehr heimkehre, dann kannst du dich vermählen, wenn du willst, und unser Haus verlassen.‹ So sprach er und nun wird alles wahr. Weh mir, der entsetzliche Tag der Hochzeit rückt immer näher, und unter welchem Kummer gehe ich ihm entgegen! Denn diese Freier haben ganz andere Sitten, als man sie sonst bei Brautwerbern findet. Gewöhnlich bringen sie Rinder und Schafe zum Schmaus als Geschenk für die Braut, anstatt das fremde Gut zu verprassen!«

Voller inniger Lust hörte Odysseus diese klugen Worte. Für die Freier aber antwortete Antinoos: »Edle Königin, gern wird dir jeder von uns die kostbarsten Gaben bringen, und wir bitten dich, entziehe dich unseren Geschenken nicht. Aber wir gehen nicht eher fort, als bis du dir den Bräutigam aus unsrer Mitte auserwählt hast.« Alle Freier stimmten ihm zu. Diener wurden abgeschickt, und bald trafen die Geschenke ein. Von Antinoos wurde ein farbenprächtiges Gewand herbeigetragen, von Eurymachos ein Paar Ohrringe, jeder mit drei Diamanten besetzt; aus Peisanders Palast kam ein Halsband, und so überreichte ihr auch jeder der anderen Freier ein besonderes Geschenk. Penelopes Dienerinnen kamen herbei, um die Geschenke entgegenzunehmen, dann stieg sie mit ihnen wieder in ihr Gemach empor.

Odysseus wird abermals verhöhnt

Bis der Abend hereinbrach, vergnügten sich die Freier nun mit Tanz. Als es dunkel wurde, stellten die Mägde drei Feuerlampen im Saal auf und bemühten sich sehr die Glut anzufachen. Da trat Odysseus zu ihnen und sagte: »Ihr Mägde des allzu lange abwesenden Odysseus, ihr tätet besser daran, droben bei eurer ehrwürdigen Fürstin zu sitzen, die Spindel zu drehen und Wolle zu kämmen. Um das Feuer im Saal kümmere ich mich schon. Selbst wenn die Freier bis zum Morgengrauen tanzen – ich werde nicht müde. Ich bin ans Dudeln gewöhnt!«

Die Mägde sahen einander an und brachen in Gelächter aus. Dann sagte Melantho, eine schöne junge Dienerin, die von Penelope wie ihr eigenes Kind aufgezogen worden war, aber jetzt mit dem Freier Eurymachos gemeinsame Sache machte: »Du elender Bettler, du bist ein rechter Narr, dass du nicht in eine Herberge zum Schlafen gehst, sondern uns hier, wo so viele edlere Männer sind als du, Vorschriften machen willst. Bist du betrunken oder bist du einfach so dumm? Ist dir der Ruhm zu Kopf gestiegen, weil du den Iros besiegt hast? Pass bloß auf, dass dir nicht einer, der stärker ist als du, die Knochen bricht und dich hinauswirft!«

»Du Hündin«, antwortete Odysseus finster, »ich gehe und melde deine frechen Worte dem Telemachos, damit er dich in Stücke hackt.«

Die Mägde meinten, er habe diese Drohung ernst gemeint, und stoben eilig auseinander. Nun stellte sich Odysseus selbst an die Lampe, fachte die Flammen an und hing seinen Rachegedanken nach. Athene aber verleitete die Freier zum Spott. Laut sagte Eurymachos zu den übrigen Freiern, die daraufhin zu lachen begannen: »Der Mann ist wahrhaftig als eine lebendige Leuchte von einem Gott in den Saal geschickt worden; leuchtet denn nicht sein Kahlkopf, auf dem wirklich kein einziges Härchen mehr zu sehen ist, ganz wie eine Fackel?« Und an Odysseus gerichtet sagte er: »Hör, Bursche, hättest du nicht Lust mein Knecht zu werden, mir auf meinen Gütern die Dornen einzusammeln und Dornen zu pflanzen? An Verpflegung soll es dir nicht fehlen. Aber ich sehe schon, du ziehst es vor zu betteln und dir den Bauch mit Almosen zu füllen, denn das kostet keinen Schweiß.«

»Eurymachos«, antwortete Odysseus mit fester Stimme, »ich wollte, es wäre Frühling und wir mähten miteinander um die Wette Gras auf der Wiese, du hieltest eine Sense und ich auch, und wir müssten beide nüchtern bis spät in die Nacht arbeiten. Dann würden wir ja sehen, wer länger durchhält! Oder ich wollte, wir ständen beide am Pflug. Dann könntest du sehen, wie ich die Furche ziehe! Oder es wäre Krieg und ich trüge Schild und Helm und zwei Lanzen dazu. Du würdest mich in den vordersten Reihen kämpfen sehen und es käme dir gewiss nicht in den Sinn, mich höhnend an meinen Magen zu erinnern! Du bildest dir ein, groß und gewaltig zu sein, weil du dich erst mit wenigen und nicht einmal mit den Edelsten gemessen hast. Aber wenn Odysseus in die Heimat zurückkäme, dann würden dir diese Hallen, so weit sie der Werkmeister auch gebaut hat, bald zu eng werden für die Flucht!«

Jetzt wurde Eurymachos erst richtig böse. »Elender!«, schrie er. »Auf

Heimkehr des Odysseus

der Stelle sollst du den Lohn für deine betrunkenen Reden erhalten!« Er packte einen Fußschemel und schleuderte ihn auf Odysseus. Der aber warf sich zu den Knien des Amphinomos nieder, sodass der Schemel ihn verfehlte und stattdessen den Mundschenk an der rechten Hand traf. Dem rutschte die Weinkanne aus der Hand und er selbst stürzte mit einem Schrei rücklings zu Boden.

Die Freier fluchten über den Fremdling, weil er auf solche Weise ihr Vergnügen störte, bis Telemachos seine Gäste höflich, aber bestimmt aufforderte, sich zur Nachtruhe zu begeben. Da erhob sich Amphinomos und sprach: »Telemachos hat Recht, widersetzt euch seiner Aufforderung nicht. Und künftig soll keiner – weder ihr noch ein Diener im Palast – den Fremdling angreifen oder beleidigen. Füllt die Becher noch einmal zur Opferspende, und dann lasst uns zur Ruhe gehen. Der Fremdling aber bleibe hier unter dem Schutz des Telemachos, zu dem er sich geflüchtet hat.« Die Freier taten, was Amphinomos geraten hatte, und bald verließen sie den Saal.

Odysseus mit Telemachos und Penelope allein

Nun befanden sich nur noch Odysseus und sein Sohn im Saal. »Schnell, lass uns jetzt die Rüstungen verräumen!«, sagte Odysseus. Telemachos aber rief die alte Magd heraus und sagte: »Mütterchen, sorge dafür, dass keine der Mägde herauskommt, bis ich die Waffen meines Vaters in die Kammer getragen habe, denn hier schwärzt sie der Ruß.«

»Gut, dass du endlich auch einmal daran denkst, das Haus und deine Habe zu pflegen, mein Sohn. Aber wer soll die Fackel für dich voraustragen, wenn ich keine Dienerin mit dir gehen lassen darf?«, antwortete Eurykleia.

»Der Fremdling dort«, erwiderte Telemachos lächelnd. »Wer aus meinem Brotkorb isst, darf hier nicht untätig sein!«

Nun trugen Vater und Sohn die Helme, die Schilde, die Lanzen und alles Übrige in die Kammer. Pallas Athene schritt mit einer goldenen Lampe voran und verbreitete überall Helligkeit. »Welch ein Wunder«, sagte Telemachos leise zu seinem Vater, »wie schimmern die Wände des Hauses! Wie deutlich erkenne ich alles! Fürwahr, es muss ein Gott bei uns sein, ein Himmelsbewohner!«

»Sei still, Sohn«, antwortete ihm Odysseus, »und forsche nicht weiter. Es ist so der Brauch der Unsterblichen. Lege dich jetzt schlafen, ich selbst will noch ein wenig aufbleiben und Mutter und Dienerinnen auf die Probe stellen.«

Telemachos ging fort. Nun trat Penelope aus ihrer Kammer. Sie war schön wie Artemis und Aphrodite. Sie stellte sich ihren prunkvoll mit Silber und Elfenbein ausgelegten Sessel ans Feuer und setzte sich auf den Schafspelz, der ihn bedeckte. Dann erschienen einige Dienerinnen, um den Tisch abzuräumen und für Beleuchtung und Heizung des Saales zu sorgen. Nun geschah es, dass Melantho den Odysseus zum zweiten Mal verhöhnte. »Fremdling«, sagte sie, »du wirst doch wohl nicht über Nacht im Palast bleiben und hier herumlungern wollen? Gib dich mit deinesgleichen zufrieden und pack dich auf der Stelle fort, wenn du nicht willst, dass dir diese Fackel nachfliegt!«

Odysseus schaute sie finster an und entgegnete: »Warum bist du nur so erbittert auf mich? Weil ich in Lumpen gehe und bettle? Ist das nicht das Schicksal, das alle Umherirrenden teilen? Einst war auch ich ein glücklicher Mann und wohnte in einem reichen Haus, und ich gab dem wandernden Fremdling, was er brauchte, und wenn er noch so schäbig aussah. Diener und Dienerinnen hatte ich ebenfalls genug. Doch das alles hat Zeus mir genommen. Bedenke, dass es auch dir eines Tages so ergehen könnte. Was, wenn die Fürstin einmal ernstlich zornig auf dich wäre? Oder wenn gar Odysseus heimkäme? Noch wäre es nicht unmöglich! Oder wenn Telemachos, der kein Kind mehr ist, an seiner Stelle handelte?«

Penelope hatte gehört, was der Bettler gesagt hatte, und schimpfte die übermütige Dienerin: »Schamloses Weib, ich kenne deine böse Seele und weiß, was du tust! Du sollst mit deinem Kopf dafür büßen! Du hast doch selbst gehört, dass ich den Fremdling ehre und ihn in meinen Gemächern über meinen Gemahl befragen will. Und dennoch wagst du ihn zu verhöhnen?«

Melantho schlich eingeschüchtert davon. Nun brachte die alte Magd einen Stuhl für den Bettler, und Penelope begann das Gespräch: »Vor allen Dingen, Fremdling, sage mir, woher du stammst und wer dein Vater war!«

»Königin«, antwortete Odysseus, »du bist eine untadelige Frau, auch der Ruhm deines Gatten ist groß, dein Volk, dein Land, alles ist hoch angesehen. Du aber frage mich nach allem, nur nicht nach meinem Geschlecht und meiner Heimat. Ich habe zu viel Schreckliches erlitten, als dass ich daran erinnert werden dürfte. Wenn ich all dies aufzählen sollte, dann würde ich mit Recht von den Dienerinnen oder gar dir selbst gescholten!«

Hierauf wandte Penelope ein: »Du siehst, Fremdling, dass es auch mir nicht besser ergangen ist, seit mein geliebter Gemahl mich verlassen hat. Du kannst ja selbst die Männer zählen, die um mich werben und mich bedrängen und denen ich seit drei Jahren durch eine List entgangen bin, die ich jetzt nicht mehr weitertreiben kann.« Nun erzählte sie ihm von dem Stoff, den sie webte, und wie der Betrug von den Mägden aufgedeckt worden war. »Und jetzt«, schloss sie, »kann ich der Vermählung nicht

Heimkehr des Odysseus

mehr länger ausweichen. Meine Eltern drängen mich, mein Sohn ist zornig über die Verschwendung seines Erbgutes. So also ergeht es mir. Nun denn, verschweige mir nicht dein Geschlecht, du bist doch nicht der fabelhaften Eiche oder einem Felsen entsprossen!«

»Wenn du mich zwingst, so will ich es dir sagen«, erwiderte Odysseus. Und nun begann der Schalk sein altes Lügenmärchen von Kreta zu erzählen. Er berichtete so überzeugend, dass Penelope in Tränen zerfloss und Odysseus in tiefster Seele Leid tat. Dennoch blieben seine Augen kalt und er war besonnen genug, seine eigenen Tränen zurückzuhalten. Als die Königin sich ausgeweint hatte, begann sie von neuem: »Jetzt muss ich dich aber doch ein wenig prüfen, Fremdling, ob es auch wirklich wahr ist, dass du meinen Gemahl in deinem Haus bewirtet hast. Sage mir doch, welches Gewand er trug, wie er aussah und wie sein Gefolge war.«

»Das ist viel verlangt, denn es ist ja schon so lange her! Zwanzig Jahre sind vergangen, seit der Held bei uns auf Kreta war. Doch soweit ich mich erinnere, war sein Gewand purpurn, doppelt und mit einer goldenen Spange daran. Vorne war eine prächtige Stickerei angebracht, ein Rehlein, das zwischen den Klauen eines Hundes zappelt. Unter dem Mantel schaute der feinste, schneeweiße Leibrock hervor. Ein buckliger Herold mit lockigem Haar und braunem Gesicht war bei ihm. Er hieß Eurybates.«

Nun musste Penelope aufs Neue weinen, denn dies alles traf zu. Odysseus tröstete sie mit einem neuen Märchen, in das er jedoch so manche Wahrheit mischte, von Thrinakia und seinem Aufenthalt im Land der Phäaken. Dies alles wollte der Bettler vom König der Thesproten erfahren haben, wo sich Odysseus vor seiner Reise zum Orakel von Dodona zuletzt aufgehalten habe. Auch habe der Held dort große Schätze hinterlegt, und deshalb sei es so gut wie sicher, dass er wieder dorthin kommen werde.

Penelope glaubte das nicht. »Ich ahne«, sprach sie mit gesenktem Kopf, »dass dies niemals geschehen wird.« Nun wollte sie den Mägden befehlen, dem Fremden die Füße zu waschen und ihm ein gutes warmes Lager zu bereiten. Odysseus schlug jedoch den Dienst der verhassten Jungfrauen ab und wollte nur weiter wie bisher auf seinem schlechten Stroh liegen. »Nur wenn du ein altes redliches Mütterchen hast, Königin«, sagte er, »das so viel erduldet hat im Leben wie ich selbst, dann mag es mir die Füße waschen.«

»So steh denn auf, ehrliche Eurykleia«, rief Penelope, »wasche dem Fremden die Füße, der gerade so alt ist wie dein Herr. Ach«, sagte sie mit einem Blick auf den Bettler, »solche Füße, solche Hände hat jetzt vielleicht auch Odysseus, denn die Menschen altern früh, wenn sie unglücklich sind!«

Die alte Magd weinte bei diesen Worten, und als sie begann dem

Fremdling die Füße zu waschen und ihn dabei genauer betrachtete, sagte sie: »Es haben uns schon viele Fremde besucht. Aber noch nie war ihm einer in Stimme und Aussehen so ähnlich wie du!«

»Ja, das haben alle gesagt, die uns beide zusammen gesehen haben«, antwortete Odysseus gleichgültig, während er am Feuer saß und die Wanne, die für die Fußwaschung bestimmt war, mit heißem und kaltem Wasser füllte. Als sie sich an die Arbeit machte, rückte Odysseus vorsichtig ins Dunkle, denn er hatte schon seit seiner frühen Jugend über dem rechten Knie eine tiefe Narbe, wo ihn einmal ein Eber auf der Jagd verletzt hatte, und fürchtete nun, dass sie ihn daran erkennen würde. Und so war es auch. Sobald die Magd mit den Händen über diese Stelle fuhr, erkannte sie die Narbe und ließ vor Schrecken und Freude das Bein in die Wanne gleiten, dass das Wasser überschwappte. Atem und Stimme stockten ihr und ihre Augen füllten sich mit Tränen. Schließlich rief sie: »Odysseus, mein Sohn, du bist es! Ich habe es mit meinen Händen gefühlt!«

Aber Odysseus drückte ihr mit seiner rechten Hand die Kehle zu, mit der linken zog er sie an sich und flüsterte: »Mütterchen, willst du mich umbringen? Es stimmt, was du sagst, aber noch darf es niemand im Palast wissen! Wenn du nicht schweigst und es mir deshalb nicht gelingt, die Freier niederzukämpfen, dann erwartet dich dasselbe Schicksal wie die gottlosen Mägde!«

»Was sagst du da«, antwortete die alte Magd ungerührt, als er sie wieder losgelassen hatte, »weißt du nicht, dass mein Herz hart wie Fels und Eisen ist? Nimm dich nur vor den anderen Mägden in Acht! Ich kann dir alle nennen, die dich verachten.«

»Das brauchst du nicht«, sprach Odysseus, »ich kenne sie schon, du kannst ganz beruhigt sein!«

In der Zwischenzeit hatte Eurykleia ein zweites Fußbad bereitet, denn das erste war ganz verschüttet worden. Nachdem er nun gebadet und gesalbt war, besprach sich Penelope noch eine Weile mit ihm. »Ich bin unentschlossen, guter Fremdling«, sagte sie, »ob ich bei meinem Sohn bleiben soll, da mein Gemahl ja vielleicht doch noch lebt und er für ihn das Gut verwaltet, oder ob ich doch den edelsten unter den Freiern, der die prächtigste Brautgabe bietet, heiraten soll. Solange Telemachos noch ein Kind war, konnte ich mich deshalb nicht verheiraten. Jetzt aber, da er ein Jüngling ist, möchte er selbst, dass ich das Haus verlasse, weil sein Erbgut sonst noch vollends verprasst wird. – Jetzt aber erkläre mir noch einen Traum, guter Mann, da du so klug zu sein scheinst: Ich habe zwanzig Gänse im Haus und sehe ihnen mit Freude zu, wie sie ihren mit Wasser vermischten Weizen fressen. Nun kommt ein Adler vom Gebirge her und bricht meinen Gänsen die Hälse. Alle liegen getötet wild durcheinander im Palast, der Raubvogel aber schwingt sich in die Lüfte. Ich fange laut zu schluchzen an. Dann kommen Frauen aus der Nachbarschaft, um mich zu trösten. Auf einmal kommt auch der Adler zurück, setzt sich auf das Gesims und fängt an mit menschlicher Stimme zu sprechen. ›Sei getrost, Ikarions Tochter, dies ist eine Erscheinung und kein Traum. Die Freier sind die Gänse, ich selbst aber, der ich ein Adler war, bin Odysseus. Ich bin zurückgekommen, um alle Freier umzubringen.‹ So spricht der Vogel und ich wache auf. Ich ging sofort, um nach meinen Gänsen zu sehen, aber sie standen ganz ruhig am Trog und fraßen.«

»Fürstin«, erwiderte der falsche Bettler, »es ist so, wie Odysseus dir im Traum gesagt hat. Die Erscheinung kann gar keine andere Bedeutung haben: Er wird kommen und nicht einer unter den Freiern wird am Leben bleiben.«

Aber Penelope seufzte und sprach: »Träume sind doch nur Schäume, und morgen kommt der entsetzliche Tag, an dem ich vom Palast des Odysseus Abschied nehmen muss. Da werde ich den Wettkampf bestimmen. Mein Gemahl pflegte manchmal zwölf Äxte hintereinander aufzustellen. Dann nahm er einigen Abstand und schoss seinen Pfeil durch alle zwölf hindurch. Welcher von den Freiern nun dieses Kunstwerk mit dem Bogen des Odysseus, den ich immer noch aufbewahre, vollbringt, dem werde ich folgen.«

»Tu das«, sprach Odysseus entschlossen. »Bestimme morgen gleich den Wettkampf. Denn eher wird Odysseus zurückkehren, als dass die Freier seinen Bogen spannen und durch die zwölf Löcher der Äxte hindurchschießen.«

Die Nacht und der Morgen im Palast

Die Königin sagte dem Fremdling Gute Nacht, Odysseus begab sich in den Vorsaal, wo ihm Eurykleia ein Bett bereitet hatte. Über eine ungegerbte Stierhaut waren Schafpelze ausgebreitet und als Decke diente ihm ein Mantel. Lange wälzte er sich schlaflos auf dem Lager, denn die schändlichen Mägde, die sich mit den Freiern vergnügten, stürmten scherzend und lachend an ihm vorüber, dass Odysseus sich tief empörte. Doch dann schlug er sich an die Brust und sagte sich: »Dulde es, mein Herz, du hast wahrhaftig schon Schlimmeres ertragen! Weißt du nicht mehr, wie du bei dem Zyklopen saßest und ihm zusehen musstest, wie er deine Gefährten fraß? Ertrag es!« So bezwang er sein Herz. Doch er warf sich noch lange von einer Seite auf die andere und sann auf Rache gegen die Freier, bis sich Athene in Gestalt einer Jungfrau über ihn neigte und seinen bangen Gedanken, wie er mit so vielen fertig werden sollte, ein Ende machte. »Kleinmütiger«, sprach sie zu ihm, »man verlässt sich sogar

DIE FOLGEN DES TROJANISCHEN KRIEGES

schon auf einen weniger mächtigen Freund, auf einen Menschen, der nicht so reich an Entschlossenheit und Kraft ist; ich aber bin eine Göttin und beschütze dich in jeder Gefahr. Und wenn dich fünfzig Scharen voller Mordlust umzingeln, du wirst dennoch gewinnen! Schlafe nun, denn am Ende wirst du dem Kummer entrinnen!« Mit diesen Worten bedeckte sie seine Augen mit süßem Schlaf.

Penelope allerdings erwachte nach einem kurzen Schlummer. Sie setzte sich auf und begann laut zu weinen. Unter Tränen richtete sie ihr Gebet an die Göttin Artemis: »Heilige Tochter des Zeus«, rief sie flehend, »träfe doch dein Pfeil auf der Stelle mein Herz oder trüge mich der Sturmwind fort und würfe mich ans fernste Ufer des Okeanos, ehe ich meinem Gemahl Odysseus untreu werden und mich einem schlechten Mann vermählen muss! Das Leiden ist erträglich, wenn man den Tag durchweint und doch die Nacht über Ruhe hat. Mich aber quält ein Dämon selbst im Schlaf mit den schrecklichsten Träumen! So war mir eben noch, als stünde Odysseus neben mir, prächtig anzusehen, ganz so wie damals, als er mit dem Kriegsheer fortzog. Und ich freute mich so, denn ich war sicher, dass er wirklich da war!« So schluchzte Penelope und Odysseus hörte sie weinen. Da fürchtete er, dass er zu früh erkannt werden könnte. Schnell raffte er sich auf, verließ den Palast und betete unter freiem Himmel zu Zeus um ein günstiges Vorzeichen für seine Pläne. Da erschien ein gewaltiges Licht am Himmel, und ein plötzlicher Donner rollte über den Palast hin. In der Mühle des Palastes hielt die Müllerin, die die ganze Nacht hindurch gemahlen hatte, inne, blickte zum Himmel empor und rief: »Wie Zeus doch donnert, obwohl weit und breit keine Wolke zu sehen ist! Er hat wohl einem Menschen ein Zeichen gewährt! Oh Vater der Götter und Menschen, möchtest du doch auch meinen Wunsch erfüllen und die verfluchten Freier vertilgen, die mich Tag und Nacht das Mehl zu ihren Gelagen bereiten lassen!« Odysseus freute sich über das gute Vorzeichen und kehrte in den Palast zurück.

Hier wurde es allmählich laut, denn die Mägde kamen und machten Feuer auf dem Herd. Telemachos warf sich in die Kleider, trat an die Schwelle der Frauengemächer und rief der alten Magd, wobei er sich verstellte: »Mütterchen, habt ihr den Gast auch mit Speise und Lager geehrt oder liegt er unbeachtet da? Meine Mutter weiß wohl nicht, was sie tut, dass sie den schlechten Freiern so viel Ehre erweist, während sie den besseren Mann ungeehrt lässt!«

»Du tust meiner Herrin unrecht«, antwortete Eurykleia, »der Fremdling trank so lange und so viel Wein wie ihm beliebte, und zu essen wollte er nichts mehr. Man bot ihm ein bequemes Lager an, aber auch das verschmähte er und ließ sich kaum ein schlechtes gefallen.«

Nun eilte Telemachos, von seinen Hunden begleitet, auf den Markt in die Volksversammlung. Die alte Magd aber befahl den Dienerinnen, alles für den bevorstehenden Schmaus des Neumondfestes vorzubereiten. Auch die Diener der Freier stellten sich ein, um in der Vorhalle Holz zu hacken. Der Schweinehirt kam mit den fettesten Schweinen herbei und grüßte seinen ehemaligen Gast auf das Freudlichste. Melanthios brachte zusammen mit zwei Hirten die auserlesensten Ziegen. Im Vorübergehen sprach er zu Odysseus in höhnischem Ton: »Alter Bettler, bist du immer noch da und weichst nicht von der Tür? Wir werden wohl nicht eher Abschied voneinander nehmen, als bis du meine Fäuste gekostet hast! Gibt es denn gar keine anderen Schmäuse, die dich locken könnten?« Odysseus erwiderte auf diese Beleidigungen nichts, sondern schüttelte nur den Kopf.

Nun betrat ein ehrenhafter Mann den Palast. Es war Philoitios, der den Freiern auf seinem Schiff ein Rind und gemästete Ziegen gebracht hatte. Er sagte zu dem Schweinehirten, als er ihn traf: »Eumaios, wer ist denn der Fremdling, der jüngst in dieses Haus kam? Er sieht unserem König Odysseus so ähnlich! Es kann wohl geschehen, dass das Elend auch einmal Könige zu Bettlern macht!« Dann ging er auf den verkleideten Helden zu, reichte ihm die Hand und sprach: »Fremder Vater, so unglücklich du auch scheinst, aber möge es dir wenigstens in Zukunft wohl ergehen! Der Schweiß brach mir aus, als ich dich sah, und Tränen traten in meine Augen, denn ich musste an Odysseus denken, der jetzt wohl ebenfalls in Lumpen gehüllt in der Welt umherirrt, wenn er überhaupt noch lebt! Als ich ein Jüngling war, hat er mich zum Hüter seiner Rinder gemacht, deren Zucht vortrefflich gedeiht. Aber leider muss ich sie für andere bringen! Ich hätte schon längst aus Ärger dieses Land verlassen, wenn ich nicht immer noch Hoffnung hätte, dass Odysseus einst zurückkehrt und sie alle verjagt!«

»Kuhhirt«, erwiderte Odysseus, »du scheinst kein schlechter Mann zu sein. Ich schwöre dir bei Zeus: Noch heute und so lange du im Palast bist, kehrt Odysseus heim und du selbst wirst sehen, wie er die Freier abschlachtet!«

»Möge Zeus es wahr werden lassen!«, sagte der Hirt. »Meine Hände sollen dabei nicht fehlen!«

Der Festschmaus

Nachdem sie in ihrer Versammlung über Telemachos' Ermordung beraten hatten, fanden sich auch die Freier nach und nach im Palast ein. Die Tiere wurden geschlachtet, gebraten und aufgetragen; Diener mischten den Wein in Krügen, der Schweinehirt verteilte die Becher, Philoitios die Körbe mit Brot, den Wein schenkte Melanthios ein und das Mahl begann.

Dem Odysseus hatte Telemachos wohlweislich einen Platz an der Schwelle des Saales angewiesen. Er saß auf einem schlechteren Stuhl vor einem armseligen Tischchen. Hier ließ er ihm gebratene Innereien auftragen, dann füllte er seinen Becher und sprach: »Esse hier in Ruhe, ich warne jeden davor, dich zu beleidigen!« Selbst Antinoos ermahnte seine Freunde den Fremdling in Frieden zu lassen, denn er hatte gemerkt, dass er unter dem Schutz des Zeus stand. Athene aber stachelte die Freier auf, über ihn zu spotten.

Unter den Freiern befand sich ein niederträchtiger Mann mit Namen Ktesippos von der Insel Same. Er lächelte höhnisch und sprach zu den Freiern: »Hört mir zu, ihr Freier! Zwar hat der Fremdling längst wie auch wir seinen Anteil bekommen und es wäre nicht recht, wenn Telemachos einen so vornehmen Gast überginge. Dennoch will ich ihm ein besonderes Gastgeschenk verehren. Damit soll er die Magd bezahlen, die ihm den Schmutz vom Leib gewaschen hat!« Er zog einen Kuhfuß aus dem Korb und schleuderte ihn nach dem Bettler. Odysseus aber wich dem Knochen aus und drängte seinen Zorn mit einem grässlichen inneren Lächeln zurück. Der Knochen prallte gegen die Wand.

Jetzt stand Telemachos auf und rief: »Schätze dich glücklich, Ktesippos, dass du den Fremden nicht getroffen hast. Andernfalls hätte dich meine Lanze durchbohrt, und dein Vater hätte eine Leichenfeier statt der Hochzeit für dich ausrichten können! Erlaube sich keiner von euch eine solche Tat in meinem Palast! Lieber bringt mich selbst um, als dass ihr den Fremden beleidigt! Es ist besser zu sterben, als solche Taten ansehen zu müssen!« Alle verstummten, als sie so ernste Worte hörten. Schließlich stand Agelaos, der Sohn des Damastor, auf und sprach: »Telemachos hat Recht! Aber er und seine Mutter sollen nun im Guten mit sich reden lassen. Solange tatsächlich noch Hoffnung bestand, dass Odysseus in die Heimat zurückkehren würde, war es begreiflich, wenn man die Freier hinhielt. Jetzt aber ist es sicher, dass er nicht mehr kommt. Nun denn, Telemachos, geh zu deiner Mutter und befehle ihr den edelsten unter den Freiern, der zugleich die meisten Gaben bietet, zu erwählen, damit du in Zukunft ungestört dein väterliches Erbe genießen kannst!«

Telemachos erhob sich und sprach: »Beim Zeus! Auch ich will die Wahl nicht länger hinauszögern! Ich rate im Gegenteil schon lange meiner Mutter zu, sich einen von ihren Bewerbern zu erwählen. Doch mit Gewalt kann ich sie nicht aus dem Haus treiben!«

Auf diese Worte hin brachen die Freier in unbändiges Gelächter aus, denn Pallas Athene verwirrte bereits ihren Geist, sodass sie grinsend ihre Gesichter verzerrten. Auch verzehrten sie das Fleisch halb roh und blutig; plötzlich füllten sich ihre Augen mit Tränen und sie fielen von der größten Ausgelassenheit in die tiefste Schwermut. Dies alles entging dem Seher Theoklymenos nicht. »Was ist mit euch, ihr Armen?«, sprach er. »Eure Häupter sind ja wie in Nacht gehüllt, eure Augen sind voll Wasser und aus eurem Munde kommen Klagen! Und was sehe ich – an allen Wänden trieft Blut, Halle und Vorhof wimmeln von Gestalten des Hades und die Sonne am Himmel ist ausgelöscht!« Die Freier verfielen nun aber wieder in ihre vorige Lustigkeit und begannen aus Leibeskräften zu lachen. Schließlich sprach Eurymachos zu den anderen: »Dieser Fremdling, der sich erst seit kurzem in unserer Mitte befindet, ist wahrhaftig ein rechter Narr. Schnell, ihr Diener, wenn er hier im Saal nichts als Nacht sieht, dann führt ihn hinaus!«

»Ich brauche keine Begleitung, Eurymachos«, antwortete Theoklymenos entrüstet, indem er aufstand. »Meine Augen, Ohren und Füße sind gesund. Auch ist *mein* Verstand noch auf dem rechten Platz. Ich gehe aus freien Stücken, denn der Geist weissagt mir das Unheil, das euch naht, und dem keiner von euch entkommen wird.« So sprach er und verließ eilig den Palast. Er ging zu Peiraios, seinem vorigen Gastfreund, und fand bei ihm die freundlichste Aufnahme.

Die Freier aber verhöhnten Telemachos weiter. »Schlechtere Gäste als du«, sagte einer von ihnen, »hat doch noch keiner beherbergt: einen ausgehungerten Bettler und einen Narren, der wahrsagt! Wahrhaftig, du solltest mit ihnen durch Griechenland reisen und sie für Geld auf den Märkten vorführen!«

Telemachos schwieg und warf seinem Vater einen Blick zu, denn er wartete nur auf das Zeichen, um loszubrechen.

Der Wettkampf mit dem Bogen

Nun war auch für Penelope die Zeit gekommen. Sie nahm einen schönen Schlüssel aus Erz mit elfenbeinernem Griff zur Hand, eilte damit von ihren Dienerinnen begleitet in eine abgelegene Kammer, wo allerlei kostbare Gerätschaften des Königs Odysseus aus Erz, Gold und Eisen aufbewahrt wurden. Unter anderem lag hier auch sein Bogen mit dem Köcher voller Pfeile. Beides waren Geschenke eines lakedaimonischen Gastfreundes. Nachdem Penelope die Pforte aufgeschlossen hatte, schob sie die Riegel zurück, die dabei krachten, wie ein Stier im Feld brüllt. Die Türflügel öffneten sich, Penelope trat ein und musterte die Kästen, in denen Kleider und Geräte verwahrt lagen. Sie fand Bogen und Köcher an einem Nagel hängen, streckte sich und nahm beide ab. Da überwältigte sie der Schmerz, sie warf sich auf einen Stuhl und mit Bogen und Köcher

Die Folgen des Trojanischen Krieges

auf dem Schoß saß sie weinend dort. Nach einer langen Weile erhob sie sich und die Waffen wurden in eine Lade gelegt, mit welcher ihr die Dienerinnen folgten. So trat sie in den Saal der Freier, gebot ihnen zu schweigen und sprach: »Wohlan, ihr Freier, wer mich erwerben will, der gürte sich und trete zum Wettkampf an! Hier ist der große Bogen meines erhabenen Gemahls: Wer durch die Löcher von zwölf hintereinander aufgestellten Äxten hindurchschießt, dem will ich als Gemahlin folgen und diesen Palast meines ersten Gatten mit ihm verlassen!«

Sie befahl dem Schweinehirten, den Freiern Bogen und Pfeile vorzulegen. Weinend nahm Eumaios die Waffen und breitete sie vor ihnen aus, und da brach auch der Rinderhirt in Tränen aus. Dies reizte den Antinoos. »Dumme Bauern!«, schimpfte er. »Warum macht ihr mit euren Tränen unserer Königin das Herz schwer! Esst euch satt oder weint draußen vor der Tür! Wir Freier aber wollen uns dem schweren Wettstreit stellen, denn es scheint mir nicht einfach, diesen Bogen zu spannen. Unter uns gibt es keinen Mann wie Odysseus. Ich erinnere mich noch gut an ihn, obwohl ich damals noch ein kleines Kind war.« Dies sagte Antinoos, doch im Innern stellte er sich den Bogen schon gespannt vor und sah die Pfeile zwischen den Äxten hindurchfliegen. Ihm war nun der erste Pfeil aus der Hand des Odysseus beschieden.

Jetzt erhob sich Telemachos und sprach: »Zeus muss mir wahrhaftig den Verstand genommen haben! Meine Mutter erklärt sich bereit, dieses Haus zu verlassen und einem Freier zu folgen, und ich lache dazu! Nun ihr Freier, ihr kämpft nun um eine Frau, wie es in ganz Griechenland keine zweite mehr gibt! Doch das wisst ihr selbst und ich muss meine Mutter nicht vor euch loben. So spannt den Bogen! Ich selbst hätte große Lust mich an dem Wettkampf zu beteiligen. Denn wenn ich euch besiegte, würde meine Mutter das Haus nicht verlassen!« Er warf seinen Purpurmantel und sein Schwert ab und bohrte die Äxte eine nach der anderen in den Boden. Alle bewunderten seine Kraft und seine Genauigkeit. Dann griff er selbst nach dem Bogen und stellte sich damit auf die Schwelle. Dreimal versuchte er den Bogen zu spannen, dreimal versagte ihm die Kraft. Nun zog er die Sehne zum vierten Mal an und jetzt wäre es ihm gelungen. Doch ein Wink des Vaters hielt ihn zurück. »Ihr Götter!«, rief er. »Entweder bin ich ein Schwächling oder ich bin noch zu jung und nicht imstande mich gegen einen, der mich beleidigt hat, zu wehren! So versucht es denn ihr anderen, die ihr stärker seid als ich!« Er lehnte den Bogen gegen den Pfosten und setzte sich wieder auf den Thronsessel.

Mit triumphierender Miene erhob sich jetzt Antinoos und sprach: »Auf denn, ihr Freunde, fangt an! Der Reihe nach von hinten!«

Da stand als Erster Leiodes auf, der ihr Opferer war und immer im hintersten Winkel am großen Mischkrug saß. Er war der Einzige, dem der

Heimkehr des Odysseus

Unfug der Freier zuwider war und der die ganze Rotte hasste. Er trat auf die Schwelle und bemühte sich vergebens den Bogen zu spannen. Schlaff ließ er die Hände wieder sinken. »Tu es ein anderer«, sagte er, »ich bin nicht der Rechte. Und vielleicht ist keiner in der Runde, der es vermag!« Mit diesen Worten lehnte er Bogen und Köcher an den Pfosten. Aber Antinoos trat böse auf ihn zu: »Dies ist eine ärgerliche Rede, Leiodes. Nur weil du den Bogen nicht spannen kannst, soll es auch kein anderer können? Auf, Melanthios«, sagte er zu dem Ziegenhirten, »zünde ein Feuer an, stelle uns den Sessel davor und bringe uns eine tüchtige Scheibe Speck aus der Kammer. Wir wollen den ausgetrockneten Bogen wärmen und ölen, dann wird es besser gehen!« Es geschah, wie er befohlen hatte, doch es war vergebens. Umsonst bemühte sich ein Freier nach dem anderen den Bogen zu spannen. Zuletzt waren nur noch Antinoos und Eurymachos, die beiden Tapfersten, übrig.

Odysseus gibt sich den guten Hirten zu erkennen

Nun geschah es, dass sich der Schweinehirt und der Kuhhirt begegneten, als sie den Palast verließen, und der Held Odysseus ihnen auf dem Fuße folgte. Als sie die Pforte und den Vorhof hinter sich gelassen hatten, holte er sie ein und sprach leise und vertraulich zu ihnen: »Ihr, Freunde, ich würde gerne mit euch reden, wenn ich mich auf euch verlassen kann. Sonst schwiege ich lieber. Sagt, wie wäre es, wenn nun ein Gott den Odysseus plötzlich aus der Fremde zurückbrächte? Würdet ihr die Freier verteidigen oder ihn? Sagt es mir ehrlich, ganz so, wie es euch ums Herz ist.«

»Oh Zeus im Olymp«, rief der Kuhhirt, »wenn mir dieser Wunsch erfüllt würde und der Held käme, dann solltest du sehen, wie sich meine Arme regen würden!« Ebenso flehte Eumaios zu allen Göttern, dass sie den Odysseus nach Hause führen möchten.

Als er nun sicher war, wie sie im Herzen gesinnt waren, da sprach er: »Nun denn, ihr Kinder, dann hört: Ich selbst bin Odysseus! Nach zwanzig Jahren komme ich zurück, unaussprechliche Leiden liegen hinter mir. Und ich sehe, dass ich euch beiden als Einzigen im ganzen Gesinde willkommen bin. Dafür will ich auch jedem von euch eine Frau geben, sobald ich die Freier bezwungen habe, und euch in der Nähe meines Palastes Äcker schenken und Häuser bauen. Telemachos soll euch wie Brüder behandeln. Damit ihr auch glaubt, dass ich es wirklich bin: Seht hier die Narbe jener Wunde, die mir einst ein Eber auf der Jagd geschlagen hat.«

Da begannen die beiden Hirten zu weinen, umarmten ihren Herrn und küssten ihn. Auch Odysseus küsste die treuen Knechte, dann aber sprach

DIE FOLGEN DES TROJANISCHEN KRIEGES

er: »Lasst euch nichts anmerken, liebe Freunde, damit uns keiner im Palast verrät. Und es ist besser, wenn wir einzeln wieder hineingehen. Sicher werden es die Freier nicht gestatten wollen, dass auch mir der Bogen gereicht wird. Dann gehst du, Eumaios, einfach mit dem Bogen durch den Saal und reichst ihn mir. Zugleich befiehlst du den Frauen die Pforte des Hintergemachs fest zu verriegeln. Und wenn man auch Tumult und Stöhnen aus dem Saal hört, so soll sich dennoch keine aus der Tür wagen, sondern bei ihrer Arbeit bleiben. Dir, treuer Philoitios, sei das Hoftor anvertraut: Riegle es fest zu und binde das Seil um das Schloss.«

Nachdem er diese Anweisungen gegeben hatte, begab sich Odysseus in den Saal zurück, und die Hirten folgten ihm einer nach dem anderen. Eurymachos war gerade dabei, unermüdlich den Bogen über dem Feuer zu drehen, aber es gelang ihm nicht, die Sehne zu spannen, und verdrossen seufzend sagte er: »Wie mich das kränkt! Nicht so sehr Penelopes wegen, denn es gibt noch andere Griechinnen genug in Ithaka und anderswo, sondern dass wir gegen den Helden Odysseus wie Schwächlinge erscheinen! Dafür werden uns unsere Enkel noch verspotten!«

Antinoos aber wies seinen Freund zurecht und sagte: »Rede nicht so, Eurymachos, heute feiert das Volk ein großes Fest. Da ziemt es sich ohnehin nicht, einen Bogen zu spannen. Legen wir die Waffe weg und trinken lieber! Die Äxte können ja stehen bleiben. Morgen opfern wir dem Apollon und vollbringen den Bogenkampf!«

Jetzt wandte sich Odysseus an die Freier und sprach: »Ihr tut wohl daran, heute auszuruhen, denn morgen wird euch Apollon hoffentlich den Sieg verleihen. Einstweilen gestattet es mir, den Bogen zu erproben und zu versuchen, ob meinen elenden Gliedern noch etwas von der alten Kraft geblieben ist!«

»Fremdling«, fuhr Antinoos bei diesen Worten auf, »bist du ganz von Sinnen? Oder bist du betrunken vom Wein? Willst du einen Streit anzetteln wie der Zentaur Eurytion auf Peirithoos' Hochzeit? Bedenke, dass er als Erster das Verderben fand! So wird auch dich das Unheil treffen, falls du den Bogen spannst, und du wirst keinen Fürsprecher mehr unter uns finden!«

Nun mischte sich auch Penelope ein. »Antinoos«, sprach sie sanft, »es wäre nicht recht, den Fremdling vom Wettkampf auszuschließen! Fürchtest du etwa, der Bettler könnte mich als Gattin heimführen, wenn es ihm gelänge den Bogen zu spannen? Er selbst wird sich wohl kaum diese Hoffnung machen. Macht euch um ihn nur keine Sorgen! Denn es wäre wirklich unmöglich!«

»Das ist nicht unsere Angst, oh Königin«, antwortete Eurymachos. »Wir fürchten nur die Nachrede bei den Griechen. Man wird sagen, dass nur schlechte Männer, von denen keiner vermocht hat, den Bogen des Odysseus zu spannen, um seine Gattin geworben haben. Zuletzt aber sei ein Bettler dahergekommen, der den Bogen mühelos gespannt und durch die Äxte geschossen habe!«

»Der Fremdling ist besser, als ihr glaubt«, sprach Penelope daraufhin. »Seht nur, wie groß er ist und wie gedrungen sein Körperbau. Auch er kann sich rühmen aus einem edlen Geschlecht zu stammen. Gebt ihm also den Bogen. Wenn er ihn spannt, soll er nichts weiter als einen Mantel und einen Leibrock von mir erhalten, einen Speer, ein Schwert und Sohlen unter seine Füße. Damit soll er ziehen, wohin sein Herz begehrt.«

Nun fiel Telemachos ein und sagte: »Mutter, niemand hat über den Bogen zu gebieten als ich, und keiner wird mich davon abhalten, selbst wenn ich ihn dem Fremdling schenken wollte. Du aber, Mutter, geh jetzt in dein Frauengemach zu Webstuhl und Spindel. Der Bogen ist Sache der Männer.« Staunend fügte sich Penelope der entschlossenen Rede ihres Sohnes.

Nun brachte der Schweinehirt den Bogen, während die Freier ein wütendes Geschrei erhoben: »Wo willst du mit dem Bogen hin, du Rasender? Willst du von deinen eigenen Hunden bei den Schweineställen zerrissen werden?« Erschrocken legte er den Bogen weg.

Telemachos aber rief mit drohender Stimme: »Hierher mit dem Bogen, Alter, du hast nur einem zu gehorchen, sonst jage ich dich mit Steinen hinaus, obgleich ich der Jüngere bin. Wäre ich nur den Freiern überlegen, wie ich es dir bin!«

Die Freier lachten und der Zorn fiel von ihnen ab. Nun reichte der Schweinehirt dem Bettler den Bogen, dann befahl er der alten Magd, die Pforten des Hintergemachs zu verriegeln, und Philoitios eilte aus dem Palast und verschloss sorgfältig die Pforte des Vorhofs.

Odysseus aber betrachtete den Bogen von allen Seiten, ob nicht zwischenzeitlich Würmer das Holz zerfressen hätten oder ihm sonst etwas fehlte, und die Freier raunten einander zu: »Der Mann scheint sich nicht übel auf den Bogen zu verstehen! Er hatte wohl selbst einen ähnlichen zu Hause oder will er sich einen danach bauen? Seht doch, wie er ihn in den Händen dreht!«

Nachdem Odysseus den gewaltigen Bogen von allen Seiten geprüft hatte, spannte er ihn nur leichthin, wie der Sänger die Saiten eines Lautenspiels, griff mit der rechten Hand in die Sehne und versuchte ihre Spannkraft. Sie gab einen hellen Ton wie das Zwitschern einer Schwalbe von sich. Da durchzuckte die Freier ein Schmerz und sie erblassten. Zeus aber donnerte in guter Vorbedeutung vom Himmel. Da nahm Odysseus mutig einen Pfeil, spannte ihn in den Bogen und schnellte ihn, mit sicherem Auge zielend, ab. Der Schuss verfehlte keine einzige Axt; der Pfeil flog vom vordersten Öhr hindurch bis durch das letzte. Dann sprach der

Held: »Nun, der Fremdling in deinem Palast hat dir keine Schande gebracht, Telemachos! Ich bin immer noch stark, so sehr mich die Freier auch verhöhnt haben! Jetzt aber ist es an der Zeit, dass wir ihnen den Abendschmaus geben, bevor es Nacht wird, dann sollen Lautenspiel und Gesang folgen, und was das festliche Mahl sonst noch verschönern kann!«

Mit diesen Worten gab Odysseus seinem Sohn das heimliche Zeichen. Schnell warf sich Telemachos sein Schwert um, griff zum Speer und stellte sich gewappnet neben den Stuhl seines Vaters.

Die Rache

Da streifte sich Odysseus die Lumpen von den Armen, und, den Bogen und den Köcher voller Pfeile in der Hand, sprang er auf die hohe Schwelle. Da schüttete er die Pfeile vor seinen Füßen aus und rief in die Versammlung hinab: »Der erste Wettkampf wäre nun vollbracht, ihr Freier! Nun folgt der zweite. Und jetzt wähle ich mir ein Ziel, wie es noch kein Schütze getroffen hat; und doch gedenke ich es nicht zu verfehlen.« So sprach er und zielte mit dem Bogen auf Antinoos. Der hob eben einen goldenen Pokal und führte ihn ahnungslos zum Mund. Da fuhr ihm der Pfeil in die Kehle, der Becher fiel aus seiner Hand, während er zur Seite sank, wobei er den Tisch, der voller Speisen stand, umwarf. Als die Freier erkannten, was geschehen war, sprangen sie tobend von ihren Thronsesseln auf. Sie suchten alle Wände des Saales mit ihren Blicken nach Waffen ab, doch da war nicht Schild noch Speer zu sehen. Nun machten sie sich mit grimmigen Worten Luft: »Was schießt du auf Männer, verfluchter Fremdling? Unseren edelsten Gefährten hast du getötet. Aber dies ist dein letzter Schuss gewesen und bald werden dich die Geier fressen.« Sie meinten nämlich, er habe ihn unabsichtlich getroffen, und ahnten noch nicht, dass ihnen allen das gleiche Schicksal bevorstand.

Odysseus aber rief mit donnernder Stimme zu ihnen hinunter: »Ihr Hunde, ihr meint, ich komme nicht mehr von Troja zurück. Deswegen verprasst ihr meine Habe, verführt meine Dienerinnen und habt um meine eigene Frau geworben, obwohl ich noch am Leben bin, und scheutet weder Götter noch Menschen! Jetzt aber ist die Stunde eures Verderbens gekommen!«

Als sie dies hörten, wurden die Freier bleich und es ergriff sie Entsetzen. Jeder sah sich um, wohin er fliehen könnte. Nur Eurymachos blieb gefasst und sprach: »Wenn du wirklich Odysseus von Ithaka bist, dann hast du das Recht uns zu schelten, denn im Palast und auf dem Land hat sich vieles zugetragen, was nicht recht war. Doch der, der dies alles verschuldet hat, den hast du ja bereits getötet. Denn Antinoos ist der Anstif-

Heimkehr des Odysseus

ter gewesen. Er wollte nicht einmal ernsthaft um deine Gattin werben, sondern nur König von Ithaka werden und deinen Sohn heimlich ermorden. Doch er hat ja nun seine Strafe. Du aber lass deine Stammesgenossen leben, lass dich versöhnen! Jeder von uns wird dir zwanzig Rinder als Entschädigung für das, was wir verzehrt haben, bringen, auch Erz und Gold, so viel dein Herz begehrt, bis du uns wieder gewogen bist!«

»Nein, Eurymachos«, antwortete Odysseus finster, »und wenn ihr mir euer ganzes Erbgut bötet und noch mehr dazu. Ich werde nicht ruhen, als bis ihr alle eure Übeltaten mit dem Tod gebüßt habt. Tut, was ihr wollt, kämpft oder flieht – keiner wird mir entrinnen!«

Da packte die Freier die Angst. Noch einmal sprach Eurymachos, nun aber zu seinen Freunden: »Liebe Männer, diesen Mann kann niemand mehr aufhalten. Zieht eure Schwerter und wehrt seine Pfeile mit den Tischen ab. Dann werfen wir uns auf ihn und drängen ihn hinaus. Danach wollen wir unsere Freunde in der Stadt zusammenrufen.« Er zog sein Schwert und sprang mit grässlichem Gebrüll empor. Da durchbohrte ihn Odysseus' Pfeil. Das Schwert fiel ihm aus der Hand, er wälzte sich mitsamt dem Tisch zu Boden, warf Speisen und Becher zur Erde und schlug tot auf dem Boden auf. Nun stürmte Amphinomos auf Odysseus zu, um sich mit dem Schwert durch den Eingang Bahn zu brechen. Doch Telemachos' Speer traf ihn in den Rücken. Nach dieser Tat entzog sich Telemachos durch einen Sprung dem Gewühl der Freier und stellte sich zu seinem Vater auf die Schwelle. Zugleich brachte er ihm einen Schild, zwei Lanzen und einen eisernen Helm. Dann eilte er selbst in die Rüstkammer. Hier suchte er für sich und die Freunde noch weitere vier Schilde, acht Lanzen und vier Helme mit wallenden Pferdeschweifen aus. Damit bewaffneten sich er selbst und die beiden treuen Hirten. Die vier Rüstungen brachten sie dem Odysseus, und so standen sie nun alle vier nebeneinander.

Solange Odysseus noch Pfeile hatte, streckte er mit jedem Schuss einen Freier nieder, dass sie übereinander fielen. Dann lehnte er den Bogen an den Türpfosten, warf sich schnell den vierfachen Schild über die Schultern, setzte sich den Helm aufs Haupt und ergriff zwei mächtige Lanzen. In dem Saal befand sich noch eine Seitenpforte, die über einen Gang in den Hausflur führte. Die Öffnung der Pforte war aber eng und fasste nur einen einzigen Mann. Dieses Pförtchen hatte Odysseus von Eumaios bewachen lassen, nun aber, da auch er gegangen war, um sich zu bewaffnen, war die Pforte frei. Einer der Freier, Agelaos, bemerkte es. »Wie wäre es, Freunde«, rief er, »wenn wir durch die Seitenpforte in die Stadt flüchteten, um das Volk aufzuwiegeln? Dann hätte der Mann bald ausgewütet!«

»Sei nicht dumm!«, sagte Melanthios, der Ziegenhirt, der in der Nähe stand und auf der Seite der Freier war. »Pforte und Gang sind so eng, dass

DIE FOLGEN DES TROJANISCHEN KRIEGES

nur ein einzelner Mann durchkann. Und wenn sich nur einer von den vieren davor stellt, dann wehrt er uns alle ab. Lass mich heimlich hinausschlüpfen, dann bringe ich euch Waffen!« Nach und nach brachte Melanthios auf diese Weise zwölf Schilde und ebenso viele Helme und Lanzen.

Völlig überraschend sah nun Odysseus seine Feinde in Rüstungen und mit langen Speeren in den Händen. Er erschrak und sprach zu seinem Sohn Telemachos: »Das hat uns eine der falschen Mägde oder der Ziegenhirt beschert!«

»Ach, Vater, ich selbst bin schuld daran«, erwiderte Telemachos, »denn ich habe vorhin die Tür zur Rüstkammer in der Eile nur angelehnt!« Der Schweinehirt eilte hinauf, um die Kammer zu verschließen. Durch die offene Tür sah er den Ziegenhirt, wie er schon wieder neue Waffen besorgte. Mit dieser Mitteilung eilte er an die Schwelle zurück. »Soll ich ihn überwältigen?«, fragte er seinen Herrn.

»Ja«, erwiderte Odysseus. »Nimm den Kuhhirten mit. Überfallt ihn in der Kammer, bindet ihm Hände und Füße auf den Rücken und hängt ihn mit einem starken Seil an die Mittelsäule der Kammer. Dann schließt die Tür und kommt zurück.«

Die Hirten gehorchten. Sie überraschten den Verräter, als er eben hinausgehen wollte, packten und fesselten ihn, knüpften an einen Haken in der Decke ein langes Seil, schlangen es um seinen Leib und zogen ihn an der Säule bis dicht an den Balken empor. »Wir haben dich sanft gebettet«, sagte der Schweinehirt, »schlafe wohl!« Nun verschlossen sie die Pforte und kehrten auf ihre Posten zu den Helden zurück.

Unverhofft gesellte sich zu den vieren ein Fünfter: Es war Athene in Mentors Gestalt, und Odysseus erkannte die Göttin voller Freude. Als die Freier den fünften Streiter bemerkten, rief Agelaos zornig hinauf: »Mentor, ich sage dir, lass dich durch Odysseus nicht verleiten die Freier zu bekriegen, sonst ermorden wir neben Vater und Sohn auch noch dich und dein ganzes Haus!«

Athenes Wut entflammte bei diesen Worten. Sie spornte den Odysseus an, denn kämpfen wollte sie nicht, und sprach: »Dein Mut scheint mir nicht mehr der zu sein, mein Freund, den du zehn Jahre lang vor Troja bewiesen hast. Durch deinen Rat fiel diese Stadt, und nun, wo es darum geht, in deiner eigenen Heimat Palast und Gut zu verteidigen, verzagst du vor den Freiern?« Nun schwang sie sich in Gestalt eines Vogels empor und saß als eine Schwalbe auf dem rußigen Balken der Decke.

»Der Angeber Mentor ist wieder fort«, rief Agelaos seinen Freunden zu, »die vier sind wieder allein. Lasst uns nun überlegen, wie wir vorgehen! Werft eure Lanzen nicht alle auf einmal, sondern ihr sechs da zuerst. Und zielt alle auf Odysseus! Wenn er erst gefallen ist, dann kümmern uns die

618

Odysseus tötet die Freier

DIE FOLGEN DES TROJANISCHEN KRIEGES

anderen wenig!« Aber Athene vereitelte ihnen den gewaltigen Wurf: Die Lanze des einen durchbohrte den Pfosten, eine andere fuhr in die Tür, die übrigen blieben in der Wand stecken.

Jetzt rief Odysseus seinen Freunden zu: »Gut gezielt und geschossen!« Dann warfen alle vier ihre Lanzen und alle erreichten ihr Ziel. Einen Augenblick lang flüchteten sich die noch übrigen Freier in den äußersten Winkel des Saales. Bald aber wagten sie sich wieder vor und schossen neue Lanzen ab, doch nur der Speer des Amphimedon streifte Telemachos am Knöchel einer Hand, und die Lanze des Ktesippos ritzte dem Schweinehirten die Schulter über dem Schild. Beide wurden dafür von den Verletzten durch Lanzenwürfe getötet, und der Schweinehirt begleitete seinen Wurf mit den Worten: »Nimm dies, du Lästerer, für den Kuhfuß, mit dem du meinen Herrn beschenkt hast, als er noch im Saal gebettelt hat!«

Den Eurydamas hatte der Wurf des Odysseus niedergestreckt. Jetzt erstach er Agelaos mit seiner Lanze. Telemachos jagte dem Leiokritos den Speer durch den Bauch. Athene schüttelte ihren Unheil bringenden Ägisschild von der Decke herab und jagte den Freiern Entsetzen ein, dass sie wie kleine Vögel auf der Flucht vor den Klauen des Habichts im Saal hin und her irrten. Odysseus und seine Freunde waren von der Schwelle herabgesprungen und wüteten im Saal.

Einer der Freier, Leiodes, warf sich dem Odysseus zu Füßen, umklammerte seine Knie und rief: »Erbarme dich! Nie habe ich Mutwillen in deinem Haus getrieben! Ich habe die anderen bezähmen wollen, aber sie hörten nicht auf mich. Ich bin ihr Opferer und habe nichts getan. Muss denn auch ich sterben?«

»Wenn du ihr Opferer bist«, erwiderte Odysseus finster, »dann hast du immerhin für sie gebetet!« Und er schlug ihm den Kopf ab.

In der Nähe der Pforte stand der Sänger Phemios, die Harfe in den Händen. Er überlegte in seiner Todesangst, ob er versuchen solle, sich durch das Pförtchen in den Hof zu retten, oder den Odysseus anflehen solle, ihn leben zu lassen. Er entschloss sich zu Letzterem, legte die Harfe zwischen Milchkrug und Sessel zu Boden und warf sich vor Odysseus nieder. »Erbarme dich meiner«, rief er und umschlang seine Knie. »Du würdest es bereuen, wenn du den Sänger erschlägst, der Götter und Menschen mit seinem Lied erfreut. Ich bin der Schüler eines Gottes, und wie ein Gott will ich dich feiern! Dein Sohn kann mir bezeugen, dass ich nicht freiwillig hierher gekommen bin und dass sie mich gezwungen haben zu singen!« Odysseus hob das Schwert, doch er zögerte. Da sprang Telemachos hinzu und rief: »Halt, Vater, tue ihm nichts, er ist unschuldig. Und auch den Herold Medon wollen wir verschonen, wenn er nicht schon von dir oder den Hirten erschlagen worden ist! Schon als ich noch ein Kind war, hat er mich gut gepflegt, und er war uns immer gut gesonnen!«

Medon, der in eine frische Rinderhaut gehüllt unter seinem Sessel versteckt lag, hörte die Fürbitte, wickelte sich los und warf sich Telemachos flehend zu Füßen. Da musste der finstere Held Odysseus lächeln und sprach: »Seid getrost ihr beide, Sänger und Herold, Telemachos' Bitte schützt euch. Geht hinaus und verkündet den Menschen, wie viel besser es sei, gerecht als treulos zu handeln.« Da eilten beide aus dem Saal und setzten sich, noch immer vor Todesangst zitternd, im Vorhof nieder.

Bestrafung der Mägde

Odysseus blickte umher und sah keinen lebenden Feind mehr. Alle lagen hingestreckt da, wie Fische, die der Fischer aus dem Netz geschüttet hat. Da ließ Odysseus die alte Magd durch seinen Sohn rufen. Sie fand ihren Herrn wie einen Löwen unter den Leichen stehen, der Stiere gerissen hat und dessen Augen funkeln. So stand Odysseus, an Händen und Füßen mit Blut bedeckt. Eurykleia jubelte, denn sein Anblick war groß und fürchterlich.

»Freue dich«, rief ihr der Held ernst entgegen, »aber juble nicht, denn kein Mensch soll über Erschlagene jubeln! Diese hier hat das Gericht der Götter gefällt, nicht ich. Jetzt aber nenne mir die Dienerinnen des Palastes, die mich verraten haben, und die, die mir treu geblieben sind!«

»Es gibt fünfzig Dienerinnen im Haus«, antwortete sie. »Zwölf von ihnen haben sich von euch abgewendet. – Nun aber lass mich meine schlafende Herrin aufwecken, oh König, und ihr die Freudenbotschaft verkünden!«

»Wecke sie noch nicht«, sagte Odysseus, »sondern schicke mir die zwölf treulosen Mägde herunter.« Eurykleia gehorchte, und zitternd erschienen die Dienerinnen. Da rief Odysseus seinen Sohn und die treuen Hirten zu sich und sprach: »Tragt nun die Leichname hinaus und lasst die Dienerinnen mit Hand anlegen. Dann sollen sie die Tische und Stühle mit Schwämmen säubern und den ganzen Saal reinigen. Wenn dies geschehen ist, führt mir die Mägde hinaus zwischen Küche und Hofmauer und macht sie alle mit dem Schwert nieder, dafür, dass sie sich mit den Freiern eingelassen haben!«

Wehklagend und weinend drängten sich die Frauen zusammen, aber Odysseus trieb sie zur Arbeit an und blieb hinter ihnen her, bis sie die Toten hinausgetragen, Sessel und Tische gesäubert, den Estrich gereinigt und den Unrat vor die Tür geschleppt hatten. Dann trieben sie die Hirten zwischen Küche und Hofmauer, von wo es kein Entrinnen gab. Nun sprach Telemachos: »Diese schändlichen Weiber, die mich und meine

Mutter entehrt haben, sollen keines ehrenhaften Todes sterben!« Mit diesen Worten knüpfte er ein Seil zwischen zwei Pfeiler, und bald hingen die Mägde, mit der Schlinge um den Hals, alle zwölf nebeneinander, wie eine Schar Drosseln im Netz und zappelten nur noch kurze Zeit mit den Füßen in der Luft.

Jetzt wurde auch der boshafte Ziegenhirt Melanthios über den Vorhof herbeigeschleppt und in Stücke gehauen. Als Telemachos und die Hirten dies vollbracht hatten, war das Werk der Rache beendet, und sie kehrten zu Odysseus in den Saal zurück.

Anschließend befahl Odysseus der alten Magd Eurykleia Glut und Schwefel auf einer Pfanne zu bringen und Saal, Haus und Vorhof zu räuchern. Bevor sie dies aber tat, brachte sie ihrem königlichen Herrn Mantel und Leibrock. »Du sollst mir, lieber Sohn und unser aller Herr«, sprach sie, »nicht mehr in Lumpen hier im Saal stehen, du, die herrliche Heldengestalt!« Odysseus aber ließ die Kleider noch liegen und sagte ihr, sie solle sich an das Räuchern machen.

Während sie dies tat, rief sie auch die treu gebliebenen Dienerinnen herbei. Bald schon drängten sie sich um ihren geliebten Herrn, hießen ihn unter Freudentränen willkommen, legten ihr Gesicht in seine Hände und überhäuften ihn mit Küssen. Odysseus aber weinte und schluchzte vor Freude, denn jetzt erkannte er, wer ihm treu geblieben war.

Odysseus und Penelope

Als das Mütterchen mit dem Räuchern fertig war, stieg es zu Penelope empor, um ihrer geliebten Herrin endlich zu verkünden, dass ihr Gemahl Odysseus in die Heimat zurückgekommen sei. Sie trat vor Penelopes Lager und weckte sie mit den Worten: »Liebe Tochter, wach auf, denn nun sollst du mit deinen eigenen Augen sehen, worauf du von Tag zu Tag gewartet hast: Odysseus ist wieder da! Odysseus ist endlich im Palast! Er hat die lästigen Freier, die dich so sehr geängstigt und seine Habe verzehrt haben, erschlagen!«

Penelope rieb sich den Schlaf aus den Augen und sprach: »Mütterchen, was redest du da! Die Götter haben dich mit Blödheit geschlagen. Was weckst du mich mit deiner Lügengeschichte aus dem schönsten Schlaf? Seit Odysseus fort ist, habe ich nicht mehr so fest geschlafen! Hätte mich eine andere geweckt, ich hätte sie beschimpft und fortgeschickt! Und auch zu dir bin ich nur deines Alters wegen milde. Aber jetzt geh hinunter in den Saal!«

»Tochter, spotte nicht«, entgegnete die alte Magd. »Der Fremdling ist's, der Bettler, den alle im Saal verspottet haben. Dein Sohn Telemachos

Heimkehr des Odysseus

wusste es längst, doch er sollte das Geheimis wahren, bis die Rache an den Freiern vollendet war.«

Als sie dies hörte, sprang die Fürstin vom Lager und schmiegte sich an die Alte. Unter einem Strom von Tränen sprach sie: »Mütterchen, wenn du wirklich die Wahrheit sagst und Odysseus im Palast ist, dann sage mir, wie konnte er die vielen Freier überwältigen?«

»Ich selbst habe es weder gesehen noch gehört«, antwortete Eurykleia, »denn wir Frauen saßen ängstlich in fest verschlossenen Gemächern. Doch das Stöhnen hörte ich wohl. Und als mich schließlich dein Sohn herbeirief, da sah ich deinen Gemahl im Saal stehen, von Leichen umringt, denn die Freier lagen alle tot auf dem Boden. Jetzt aber ist das ganze Haus von reinigendem Schwefel durchräuchert worden. Du kannst ohne Grausen hinabsteigen.«

»Ich kann es noch immer nicht glauben!«, sprach Penelope. »Es war ein Gott, der die Freier erschlagen hat. Aber Odysseus – ach nein, er ist fern, er ist nicht mehr am Leben!«

»Ungläubiges Herz!«, entgegnete die alte Magd mit einem Kopfschütteln. »Dann gebe ich dir also noch einen Beweis. Du kannst doch die Narbe, die vom Biss eines Ebers herrührt; nun, damals, als ich auf deinen Befehl hin dem Bettler die Füße wusch, da erkannte ich sie und wollte es dir auf der Stelle verkünden. Er aber hielt mir die Kehle zu und erlaubte es mir nicht.«

»So lass uns denn hinabgehen«, sagte Penelope, zugleich vor Furcht und Hoffnung zitternd. Und so stiegen beide miteinander in den Saal hinab. Hier setzte sich Penelope wortlos im Schein des Herdfeuers dem Odysseus gegenüber. Er selbst saß mit gesenkten Augen an der Säule und wartete, dass sie ihn ansprach. Aber Staunen und Zweifel machten die Königin stumm: Bald meinte sie ihn zu erkennen, bald schien er ihr wieder fremd und ihre Augen ruhten auf den Lumpen des Bettlers. Schließlich trat Telemachos an sie heran und sprach halb lächelnd, halb vorwurfsvoll: »Böse Mutter, wie kannst du so gleichgültig sein? Setze dich doch zum Vater, forsche und frage ihn aus! Welche andere Frau würde sich so verhalten, wenn ihr Mann nach zwanzig Jahren und so vielen Leiden zurückkäme? Hast du denn statt des Herzens einen Stein in der Brust?«

»Ach, lieber Sohn«, erwiderte Penelope, »ich bin in Staunen verloren. Ich kann ihn nicht ansprechen, ich kann ihm nicht ins Gesicht sehen! Und doch ist er es wirklich, er ist's, mein Odysseus. Er ist zurückgekommen in sein Haus! Wir werden einander schon erkennen, denn wir haben geheime Zeichen, die niemand außer uns kennt!«

Da wandte sich Odysseus mit sanftem Lächeln an seinen Sohn und sprach: »Lass die Mutter mich nur versuchen. Sie verachtet mich, weil ich

DIE FOLGEN DES TROJANISCHEN KRIEGES

in gar so hässliche Lumpen gehüllt bin. Nun, wir wollen sehen, wie wir sie überzeugen. Jetzt aber tut anderes Not. Wer auch nur einen einzigen Mann aus dem Volk getötet hat, der verlässt fliehend Haus und Heimat, selbst wenn der Getötete nur wenige Rächer hinterlässt. Wir aber haben die Stützen des Landes, die edelsten Jünglinge der Insel und der Umgebung getötet. Was sollen wir tun?«

»Vater«, sagte Telemachos, »dies musst du dir selbst überlegen, denn du giltst in der ganzen Welt als der klügste Ratgeber!«

»So will ich euch denn sagen«, erwiderte Odysseus, »was ich für das Klügste halte. Du, die Hirten und alle, die im Haus sind, ihr nehmt vor allen Dingen ein Bad und schmückt euch auf das Vortrefflichste. Auch die Dienerinnen sollen ihre besten Gewänder anlegen. Der Sänger aber nimmt die Harfe zur Hand und spielt uns allen zum Tanz auf. Wer dann am Palast vorüberkommt, wird meinen, dass das Fest noch immer im Gange ist, sodass sich die Nachricht von der Ermordung der Freier nur langsam in der Stadt verbreiten wird und wir Zeit haben unsere Besitzungen auf dem Land zu erreichen. Dann wird ein Gott uns eingeben, was weiter zu tun ist.«

Bald hallte das ganze Haus wider von Harfenspiel, Tanz und Gesang. Auf der Straße liefen die Bürger zusammen und sagten: »Nun besteht kein Zweifel mehr! Penelope hat sich wieder verheiratet und im Palast wird das Hochzeitsfest gefeiert. Die schlechte Frau – hätte sie nicht warten können, bis der Gemahl ihrer Jugend zurückgekehrt ist?« Gegen Abend zu verlief sich endlich das Volk.

Odysseus hatte unterdessen gebadet und sich gesalbt. Athene goss ihm nun wieder Anmut um das Haupt: Sein dunkles Haar war voll und lockig, und er sah aus wie ein Gott. So trat er in den Saal und setzte sich Penelope gegenüber wieder in seinen Thronsessel. »Seltsame Frau«, sprach er, »die Götter haben dir doch ein gefühlloses Herz verliehen. Keine andere Frau würde so hartnäckig ihren Mann verleugnen, wenn er im zwanzigsten Jahr nach so viel Kummer heimkehrt. So wende ich mich denn an dich, Eurykleia, Mütterchen, dass du mir irgendwo mein Lager bereitest. Denn diese hier hat ein eisernes Herz in der Brust!«

»Unbegreiflicher Mann!«, sprach jetzt Penelope. »Nicht Stolz, nicht Verachtung, auch kein ähnliches Gefühl hält mich von dir zurück. Ich weiß noch recht gut, wie du ausgesehen hast, als du Ithaka auf dem Schiff verlassen hast. Wohl denn, Eurykleia, mach ihm ein bequemes Lager außerhalb des Schlafgemachs!«

So erprobte Penelope ihren Gemahl. Er aber blickte unwillig auf und sprach: »Das war eine Kränkung, Frau! Kein Mensch kann meine Bettstatt verrücken, selbst wenn er seine ganze Jugendkraft verausgabt! Ich selbst habe es mir gezimmert, und es ist ein großes Geheimnis dabei! Mitten auf dem Platz, wo wir den Palast erbauten, stand ein prächtiger Olivenbaum, der wie eine Säule gewachsen war. Da ließ ich die Räume so anlegen, dass der Baum innerhalb des Schlafgemachs zu stehen kam. Als nun die Kammer schön aus Stein gebaut und die Decke aus Holz glänzend gebohnert war, kappte ich die Krone des Baumes, dann begann ich den Stamm von der Wurzel ab zu behauen und zu glätten. So bildete ich den Fuß des Bettes und meißelte das Bett selbst bis zur Vollendung aus. Dann legte ich Gold, Silber und Elfenbein auf und spannte starke Stierhäute für die Betten darin. Dies ist unser Lager, Penelope! Ob es noch steht, weiß ich nicht. Wer es aber umgestellt hat, der musste den Ölbaum von seiner Wurzel trennen!«

Penelope zitterten die Knie, als sie dies Zeichen erkannte. Weinend erhob sie sich, lief auf ihren Gatten zu, fiel ihm um den Hals, küsste ihn wieder und wieder und begann: »Odysseus, du bist immer so gut, so klug gewesen! Sei mir nicht böse! Die ewigen Götter haben Leid über uns verhängt, weil es ihnen zu selig erschien, wenn wir unser junges Leben in Eintracht miteinander verbringen und uns sanft dem Alter nahen sollen. Du darfst mir nicht übel nehmen, dass ich dich nicht auf der Stelle zärtlich willkommen geheißen habe. Mein armes Herz war in beständiger Angst, dass mich doch irgendein schlauer Betrüger täuschen könnte. Jetzt, nachdem du mir beschrieben hast, was kein Mensch außer dir und mir und unserer alten Pförtnerin Aktoris wissen kann, ist mein hartes Herz besiegt und überzeugt!«

Die halbe Nacht verging den Gatten unter gegenseitigen Erzählungen des unendlichen Elends, das sie beide in den zwanzig vergangenen Jahren erduldet hatten, und die Königin wurde nicht müde, bis ihr Gemahl ihr den ausführlichsten Bericht über all seine Irrfahrten abgestattet hatte.

Schließlich begaben sich alle im Palast zur ersehnten Ruhe und suchten Erholung von den erschütternden Begebenheiten des Tages.

Odysseus und Laërtes

Am nächsten Morgen hatte sich Odysseus in aller Frühe reisefertig gemacht. »Liebe Frau«, sprach er zu Penelope, »beide haben wir den Kelch des Leidens bis zur Neige gelehrt. Du, weil du mein Ausbleiben beweintest, und ich, weil ich durch Zeus und andere Götter von der Heimkehr abgehalten wurde. Jetzt, nachdem wir beide wieder vereinigt und unsere Herrschaft und unser Besitz uns wieder gesichert sind, sorge du für all das, was mir im Palast noch geblieben ist. Was uns die Freier verschwenderisch verprasst haben, das werden uns teils ihre Brautgeschenke, teils Beute und Gaben, die ich aus der Fremde mitbringe, reich-

DIE FOLGEN DES TROJANISCHEN KRIEGES

lich ersetzen, sodass unsere Höfe bald wieder gefüllt sein werden. Ich
selbst aber will mich jetzt auf das Landgut hinausbegeben, wo mein guter
alter Vater mich schon so lange betrauert. Da sich das Gerücht, dass die
Freier ermordet worden sind, aber doch allmählich in der Stadt verbreiten wird, rate ich dir, dass du dich mit deinen Dienerinnen in die Frauengemächer zurückziehst und niemandem die Möglichkeit bietest dich
zu sehen oder dich zu befragen.«

Nun warf sich Odysseus sein Schwert um die Schulter und weckte seinen Sohn Telemachos und die beiden Hirten, die alle drei auf seinen
Befehl hin ebenfalls die Waffen ergriffen. Dann eilten sie im ersten Morgenlicht durch die Stadt. Ihre Beschützerin Pallas Athene hüllte sie in
dichten Nebel, sodass niemand sie erkannte.

Schon nach kurzer Zeit hatten sie den schön gelegenen Hof des alten
Laërtes erreicht. In der Mitte des Hofes lag, von Wirtschaftsgebäuden
umgeben, das Wohnhaus. Hier aßen und schliefen die Knechte, die das
Feld für ihn bestellten. Dort wohnte auch eine alte Sizilierin, die den alten
Mann auf dem einsamen Landgut mit größter Sorgfalt pflegte. Als sie nun
vor dem Wohnhaus standen, sprach Odysseus zu seinem Sohn und zu den
Hirten: »Geht einstweilen hinein und schlachtet ein auserlesenes Mastschwein für unser Mittagsmahl. Ich selbst will aufs Feld hinausgehen, wo
der gute Vater ohne Zweifel bei der Arbeit ist, und ihn auf die Probe stellen, ob er mich wohl noch erkennt. Dann kehre ich gleich mit ihm zurück
und wir feiern zusammen das fröhliche Mahl.«

Er schlug den Weg zu den Pflanzungen seines Vaters ein. Erst sah er
sich vergeblich nach dem Oberknecht Dolios, seinen Söhnen und den
übrigen Knechten um. Sie waren alle ins Feld hinausgegangen, um Dorn-
sträucher zu suchen und damit die Einfriedungen um die Baumpflanzung
herzustellen. Als der König dort angekommen war, fand er endlich seinen
alten Vater selbst zwischen den schönen Reihengängen seiner Bäume stehen, damit beschäftigt, ein kleines Bäumchen umzupflanzen. Der alte
Mann sah selbst fast wie ein Knecht aus: Er hatte einen groben, schmutzigen, an vielen Stellen geflickten Leibrock an, um die Beine trug er ein
paar alte Felle aus Ochsenleder, um sich damit gegen die Dornen zu
schützen. An den Händen trug er Handschuhe, auf dem Kopf eine Mütze
aus Ziegenfell. Als Odysseus seinen Vater so elend, vom Alter gebeugt und
mit den Spuren des tiefsten Kummers im Gesicht erblickte, musste er sich
vor Schmerz gegen einen Birnbaum lehnen und bitterlich weinen. Am
liebsten hätte er seinen Vater unter Küssen umarmt und ihm gleich
gesagt, dass er sein Sohn und in die Heimat zurückgekehrt sei. Doch er
konnte der Versuchung nicht widerstehen auch seinen Vater auszufor-
schen und sein Herz auf die Probe zu stellen. So trat er denn an den alten
Mann heran, während der eifrig die Erde um den jungen Baumspross auf-

626

Heimkehr des Odysseus

lockerte, und sagte: »Alter Mann, du scheinst dich recht gut auf den Gartenbau zu verstehen. Reben, Oliven-, Feigen-, Birn- und Äpfelbäume sind aufs Beste gepflegt. Auch den Blumen- und Gemüsebeeten fehlt es nirgends an der nötigen Sorge. Aber an einem fehlt es dir doch, und nimm es mir nicht übel, dass ich dir's ehrlich sage: Du selbst scheinst nicht gehörig gepflegt zu werden, Alter, dass du in so dreckiger und hässlicher Kleidung herumläufst! Das ist nicht recht von deinem Herrn. Denn ich glaube nicht, dass es an deiner eigenen Trägheit liegt. Betrachtet man deine Gestalt und Größe, dann findet man gar nichts Knechtisches an dir, du hast vielmehr ein königliches Aussehen. Ein Mann wie du würde verdienen, gebadet und satt auszuruhen, wie man es den Alten gönnen würde. Deshalb sage mir doch, wer ist dein Herr, für wen bestellst du diesen Garten? Und ist dieses Land wirklich Ithaka, wie mir ein Mann, dem ich eben begegnet bin, gesagt hat? Es war übrigens ein unfreundlicher Mensch. Er gab mir keine Antwort, als ich ihn fragte, ob der Gastfreund noch lebt, den ich hier besuchen will. In meiner Heimat habe ich nämlich vor langer Zeit einen Mann beherbergt – es ist noch nie ein lieberer Mann über meine Schwelle gekommen. Der stammte von Ithaka und erzählte mir, dass er der Sohn von König Laërtes sei; ich bewirtete ihn aufs Beste und übergab ihm ein stattliches Ehrengeschenk, als er wieder fortging. Feinstes Gold, einen silbernen Krug mit den schönsten Blumengewinden aus demselben Metall, zwölf Teppiche, ebenso viele Leibröcke und Mäntel und vier ordentliche und geschickte Mägde, die er sich selbst aussuchen durfte.«

Dies erzählte der erfindungsreiche Odysseus. Sein Vater aber hatte bei dieser Nachricht aufgeblickt. Tränen waren ihm in die Augen getreten und er sprach: »Du bist wirklich in das Land gekommen, nachdem du fragst, guter Fremdling. Aber es wohnen launische frevelhafte Menschen darin, die du mit all deinen Geschenken nicht zufrieden stellen könntest. Der Mann, den du suchst, ist nicht mehr da. Hättest du ihn noch lebend auf Ithaka angetroffen, wie reichlich hätte er dir dann deine schönen Geschenke vergolten! Aber sage mir, wie lange ist es her, dass dein unglücklicher Gastfreund dich besucht hat? Denn es war mein armer Sohn, der jetzt vielleicht irgendwo tief unten auf dem Meeresgrund liegt, oder dessen Fleisch die wilden Tiere und die Raubvögel verzehrt haben. Nicht die Eltern haben ihm das Totenhemd angezogen, nicht seine edle Gattin Penelope hat schluchzend an seiner Bahre geweint und ihm die Augen zugedrückt. Aber wer und woher bist du denn, wo ist dein Schiff, wo sind deine Gefährten? Oder kamst du als Reisender und bist allein an unserem Ufer ausgestiegen?«

»Ich will dir nichts vorenthalten, edler Greis«, antwortete Odysseus, »ich bin Eperitos, der Sohn des Apheidas aus Alybas. Ein Sturm hat mich von Sikanien an eure Küste getrieben, wo mein Schiff nahe der Stadt vor Anker liegt. Fünf Jahre ist es her, dass dein Sohn Odysseus meine Heimat verlassen hat. Er ging frohen Mutes und Glücksvögel begleiteten ihn. Wir gedachten uns noch oft als Gastfreunde zu sehen und uns gegenseitig schöne Gaben zu verehren.«

Dem alten Laërtes wurde schwarz vor Augen, mit beiden Händen griff er in die schwarze Erde, streute sie auf sein schneeweißes Haupt und begann laut zu klagen. Da ging Odysseus dann doch das Herz über. Er stürzte auf seinen Vater zu, umarmte ihn unter Küssen und rief: »Ich selbst bin es, Vater, ich selbst bin der, nach dem du fragst. Nach zwanzig Jahren bin ich zurückgekommen. Trockne deine Tränen, gib allem Kummer Abschied, denn ich sage es dir rundheraus: Ich habe alle Freier im Palast erschlagen!«

Da blickte ihn Laërtes staunend an und rief: »Wenn du wirklich Odysseus bist, wenn du mein heimgekehrter Sohn bist, dann gib mir einen sicheren Beweis dafür, dass ich dir glauben kann!«

»Dann betrachte diese Narbe hier«, sagte Odysseus, »die mir ein Eber damals auf der Jagd geschlagen hat, als ihr mich selbst, du und meine Mutter, zu ihrem guten alten Vater Autolykos schicktet, weil ich die Gaben, die er mir einst versprochen hatte, bei ihm abholen sollte. Doch ich will dir noch einen Beweis geben: Ich werde dir die Bäume zeigen, die du mir einst geschenkt hast. Denn als ich noch ein kleines Kind war und dich in den Garten begleitete, da gingen wir zwischen den Reihen auf und ab und du zeigtest und nanntest mir die verschiedenen Gattungen. Dreizehn Birnbäume hast du mir geschenkt, zehn Apfelbäume, vierzig kleine Feigenbäume und fünfzig Weinreben dazu, die jeden Herbst voll prächtiger Trauben hängen müssen.«

Der alte Mann konnte nun nicht länger zweifeln. An der Brust seines Sohnes sank er in Ohnmacht. Odysseus hielt ihn aufrecht in seinen starken Armen. Dann, als er wieder zu Bewusstsein gekommen war, rief Laërtes mit lauter Stimme: »Zeus und all ihr Götter, ja, ihr lebt noch, sonst wären die Freier nicht bestraft worden! Aber jetzt ängstigt mich eine neue Sorge um dich, mein Sohn. Die edelsten Häuser in Ithaka und den Inseln sind durch deine Tat verwaist: Die Stadt und alle Nachbarn werden sich gegen dich erheben!«

»Sei guten Mutes, lieber Vater«, sprach Odysseus, »und sorge dich jetzt nicht darum. Komm mit mir ins Haus, dort warten schon dein Enkel Telemachos, der Kuhhirt und der Schweinehirt mit einem Essen auf uns.«

So gingen die beiden zusammen in das Landhaus, wo sie den Telemachos und die Hirten mit dem Zerlegen des Fleisches beschäftigt fanden und der rote Festwein in den Pokalen perlte. Noch vor dem Essen wurde Laërtes mithilfe seiner alten Dienerin gebadet und gesalbt, und zum ers-

Heimkehr des Odysseus

ten Mal nach langen Jahren legte er nun wieder sein schönes fürstliches Gewand an. Während er sich ankleidete, nahte sich ihm unsichtbar die Göttin Pallas Athene und verlieh auch ihm einen aufrechten Wuchs und ein majestätisches Aussehen. Als er wieder zu den anderen trat, blickte sein Sohn Odysseus verwundert an ihm empor und sprach: »Vater, sicherlich hat einer der unsterblichen Götter deine Erscheinung verherrlicht!«

»Ja, bei allen Göttern«, sagte Laërtes, »wäre ich so jung und kräftig, wie ich mich heute fühle, gestern bei dir im Saal gewesen und hätte an deiner Seite gekämpft – es wäre wahrhaftig so mancher Freier vor mir ins Knie gesunken!«

So wechselten sie freudige Gespräche und setzten sich endlich alle ums Mahl. Jetzt kam auch der alte Dolios mit seinen Söhnen müde von der Feldarbeit zurück. Als sie eintraten, sahen sie den König Odysseus am Tisch sitzen, erkannten ihn sogleich und blieben vor Staunen wie angewurzelt stehen. Odysseus aber sprach sie freundlich an: »Komm, Alter, setze dich mit deinen Söhnen zu uns, wir warten schon lange auf euch! Nehmt euch ein andermal Zeit zum Staunen!« Da eilte Dolios mit ausgebreiteten Armen auf den Helden zu, ergriff seine Hand und bedeckte sie mit Küssen. »Lieber Herr, Glück dir und Segen«, rief er, »nachdem du unser aller Wunsch erfüllt hast und endlich heimgekommen bist! Sag, weiß es Penelope schon oder sollen wir ihr eine Botschaft zukommen lassen?«

»Sie weiß alles«, antwortete Odysseus, »du musst dich nicht bemühen.« Da setzte sich Dolios zum Mahl. Seine Söhne drängten sich um Odysseus, drückten ihm die Hände und hießen ihn willkommen. Dann nahmen auch sie neben ihrem Vater Platz und alle schmausten fröhlich zusammen.

Athene schlägt den Aufruhr in der Stadt nieder

In der Stadt Ithaka verbreitete sich unterdessen mit Windeseile das Gerücht, welch grausiges Verhängnis die Freier getroffen habe. Von allen Seiten her strömten nun die nächsten Verwandten der Gefallenen zum Palast des Odysseus, wo die Leichname an einer abgelegenen Stelle des Hofes aufgeschichtet lagen. Unter lauten Klagen und Drohungen trugen sie ihre Toten hinaus und bestatteten sie. Die, die von anderen Städten und Inseln gekommen waren, wurden auf schnellen Fischerkähnen in ihre Heimat gesendet. Dann versammelten sich die Väter, Brüder und weiteren Verwandten der Freier auf dem Markt. Dort ergriff Eupeithes vor den zahlreichen Versammelten das Wort. Er war der Vater des Anti-

DIE FOLGEN DES TROJANISCHEN KRIEGES

noos, des jüngsten und trotzigsten der Freier, des Ersten, der durch Odysseus' Pfeil gefallen war. Eupeithes war ein mächtiger, hoch angesehener, noch rüstiger Mann, dem unheilbarer Schmerz um den Tod seines Sohnes an der Seele nagte. Er weinte vor dem Volk und sprach: »Freunde, gedenkt des vielfachen Unglücks, das der Mann, den ich vor euch anklage, über Ithaka und die Nachbarstädte gebracht hat! Vor zwanzig Jahren schleppte er so viele tapfere Männer auf seinen Schiffen mit sich fort – er verlor die Schiffe und die Männer. Als er schließlich allein wieder nach Hause kam, hat er die edelsten Jünglinge unseres Volkes erschlagen. Auf, bevor sich der Verbrecher auf den Peloponnes nach Pylos oder nach Elis rettet! Verfolgt ihn und schnappt ihn euch! Sonst können wir vor Scham niemandem mehr ins Auge blicken! Selbst unsere letzten Nachkommen müssten sich noch dafür schämen, wenn wir, ihre Ahnen, die Mörder unserer leiblichen Söhne und Brüder nicht bestraft hätten. Ich für meinen Teil könnte nicht mehr ruhigen Gewissens weiterleben; bald schön zöge mich der Schatten meines Sohnes mit zu sich hinab! Darum also: Ihnen nach, wenn ihr Männer seid! Packen wir Vater und Sohn, bevor sie uns über das Meer entkommen!«

Mitleid ergriff die Versammelten, als sie den Mann so unter Tränen sprechen hörten. Da kamen Phemios, der Sänger, und der Herold Medon aus dem Palast und traten in den Kreis. Alle staunten, dass die beiden, die sie ebenfalls für tot gehalten hatten, noch am Leben waren. Medon, der Herold, bat um das Wort und sprach zu dem versammelten Volk: »Männer von Ithaka, hört, was ich sage. Was Odysseus getan hat, das hat er, ich kann es euch beschwören, nicht ohne das Einverständnis der Götter getan. Ich selbst habe den Gott gesehen, der ihm in Mentors Gestalt immer zur Seite war und ihm entweder Mut einflößte oder selbst im Saal unter den Freiern tobte und ihnen den Verstand nahm. Dieser Gott hat es vollbracht, dass sie allesamt gestorben sind!«

Alle ergriff Entsetzen, als sie hörten, was Medon da sagte. Als sie sich langsam wieder gefasst hatten, ergriff Halitherses das Wort, ein älterer Mann, der es als Einziger der Anwesenden verstand, in die Vergangenheit zurückzublicken und in die Zukunft zu sehen. »Hört, worauf ich euch aufmerksam machen will, ihr Einwohner von Ithaka. Ihr selbst seid schuld an allem, was geschehen ist. Warum wart ihr so träge, warum habt ihr meinen und Mentors Rat nicht befolgt und habt eure großspurigen Söhne nicht im Zaum gehalten, als sie Tag für Tag die Habe des abwesenden Mannes verprassten und unwürdige Forderungen an seine Gemahlin stellten, als ob er niemals mehr zurückkäme? Ihr selbst habt euch all das zuzuschreiben, was im Palast vorgefallen ist. Und wenn ihr klug seid, dann werdet ihr es sein lassen, den Mann zu verfolgen, der sich nur gegen die Feinde seines Hauses gewehrt hat.

Heimkehr des Odysseus

Wenn ihr es aber doch tut, dann kommt Unheil über euch, das ihr selbst herausfordert.«

Halitherses trat in die Menge zurück und in der Versammlung erhoben sich Murmeln und Streit. Die eine Hälfte fuhr zornig auf, die andere wollte weiter beraten. Erstere schlugen sich auf die Seite des Eupeithes. Sie warfen sich in ihre Rüstungen und versammelten sich vor der Stadt, um mit Eupeithes an der Spitze ein Heer zu bilden. Mit ihm machten sie sich auf, den Tod seines Sohnes und der anderen Freier zu rächen.

Sobald Pallas Athene vom Olymp herab bemerkte, dass sie auszogen, um gegen Odysseus zu kämpfen, trat sie vor ihren Vater Zeus und sprach: »Herr der Götter, sage mir, welchen weisen Entschluss du gefällt hast: Willst du denn auch die friedlicheren Bürger Ithakas mit Krieg und Streit bestrafen, oder gedenkst du den Streit der beiden Parteien in Frieden beizulegen?«

»Warum fragst du Dinge, die bereits beschlossen sind, Tochter!«, antwortete Zeus. »Hast du nicht selbst mit meinem Willen den Beschluss gefasst und vollzogen, dass Odysseus schließlich als Rächer in seine Heimat zurückkehren soll? Nachdem dir dies gewährt worden ist, tue auch weiterhin, was dir gefällt. Mein Rat aber ist dieser: Nachdem Odysseus die Freier nun bestraft hat, soll ein heiliger Bund geschlossen werden, dass er für immer König bleibe. Wir aber wollen dafür sorgen, dass die Ermordung ihrer Söhne und ihrer Brüder aus der Erinnerung aller Betroffener getilgt werde. Gegenseitige Liebe soll unter allen herrschen wie zuvor, Einigkeit und Wohlstand sollen von Dauer sein.«

Die Entscheidung des Zeus war der Göttin hochwillkommen. Sie verließ die Felsen des Olymp, flog durch die Lüfte und ließ sich auf der Insel Ithaka nieder.

Der Sieg des Odysseus

Auf dem Landgut des Laërtes war das Mahl vorüber. Aber alle saßen noch am Tisch, als Odysseus nachdenklich zu seinen Freunden sprach: »Ich vermute, unsere Gegner werden in der Stadt nicht gerade gefeiert haben. Es könnte daher nicht schaden, wenn einer aus dem Haus sich aufmacht, um die Straße auszukundschaften.« Sogleich stand einer der Söhne des Dolios auf und ging hinaus. Er brauchte gar nicht weit zu gehen, um den Heerhaufen zu erblicken, der im Anmarsch war. Erschrocken kehrte er zu seinen Freunden ins Haus zurück und rief: »Sie kommen, Odysseus, sie kommen! Sie sind schon ganz in der Nähe! Legt sofort eure Rüstungen an!« Da sprangen sie auf, um sich sogleich zu bewaffnen. Odysseus, sein Sohn und die Hirten waren vier, die Söhne des Dolios

DIE FOLGEN DES TROJANISCHEN KRIEGES

sechs, dazu kamen, so grauköpfig sie auch bereits waren, Dolios und Laërtes selbst. Auch sie hatten sich gerüstet. Odysseus stellte sich an die Spitze und der kleine Trupp trat vor das Haus.

Kaum waren sie draußen, da gesellte sich in Mentors Gestalt der gewaltigste Verbündete zu ihnen: Es war die erhabene Göttin Pallas Athene. Ihr Anblick verlieh Odysseus, der sie sofort erkannte, die freudigste Hoffnung. »Telemachos«, sprach er zu seinem Sohn, »erfülle nun die Erwartungen, die dein Vater in dich setzt. Zeige dich dort in der Schlacht, wo die tapfersten Männer kämpfen, und mache deinem Stamm Ehre, der sich von jeher durch Tapferkeit und Mut unter allen Sterblichen ausgezeichnet hat.«

»Kannst du nach der Schlacht mit den Freiern noch an meiner Kampfeslust zweifeln, Vater?«, erwiderte Telemachos. »Du wirst sehen, dass ich deinem Stamm keine Schande machen werde!« Über diese Worte freute sich Laërtes, der Vater und Großvater. »Was für ein Tag, ihr Götter«, rief er, »wie jubelt mein Herz! Drei sind es, die nun einen Wettkampf an Tapferkeit beginnen: Vater, Sohn und Enkel!«

Da näherte sich Pallas Athene dem Greis und flüsterte ihm ins Ohr: »Sohn des Akrisios, der du mir vor allen deinen Kampfgefährten lieb bist, richte dein Gebet an Zeus und seine Tochter. Dann wage einen kühnen Lanzenwurf.« Auf diese Weise gab Athene dem Alten Mut. Er flehte zu Zeus und Athene und warf die Lanze. Sein Wurf verfehlte nicht das Ziel. Er traf den Anführer Eupeithes, sodass er tot mit seinen Waffen in den Staub sank. Odysseus, Telemachos und alle Übrigen kämpften mit Schwert und Lanze, und sie hätten die Feinde niedergemacht, wenn nicht plötzlich Pallas Athene ihre Göttinnenstimme hätte ertönen lassen, sodass alle im Kämpfen innehielten: »Lasst ab, ihr Ithaker, lasst ab vom unseligen Krieg! Hört mit dem Blutvergießen auf!«

Die Herankommenden packte blankes Entsetzen, als sie die Donnerstimme hörten, die Waffen fielen ihnen aus der Hand, wie vom Sturm gewendet drehten sie um und flohen in die Stadt zurück, um nur ihr Leben zu retten. Odysseus und seine Männer aber waren nicht erschrocken. Sie schwangen ihre Lanzen und Schwerter und stürzten den anderen hinterher. Odysseus an ihrer Spitze schrie fürchterlich wie ein Adler, der sich auf die Beute stürzt. Vor ihnen allen her aber zog wie im Gewitterflug Athene, noch immer in Mentors Gestalt.

Doch der Entschluss des Zeus sollte erfüllt und der Friede nicht länger gestört werden. Sein Blitz fuhr vor der Göttin in den Boden und die Unsterbliche selbst bebte vor dem Stahl zurück. »Sohn des Laërtes«, sagte sie zu Odysseus, »lass nun ab vom Kampf, bezähme dein Herz, sonst wirst du dem allmächtigen Donnerer missfallen!«

Willig gehorchten Odysseus und seine Schar, und Athene zog mit ihnen

Heimkehr des Odysseus

allein in die Stadt zurück und auf den Marktplatz von Ithaka. Herolde wurden ausgesendet, um das ganze Volk zur Versammlung zu rufen. Und nun erfüllte sich das Versprechen des Zeus: Aus allen Herzen war der Groll gewichen. Pallas Athene selbst erneuerte den Bund des ewigen Landfriedens zwischen Odysseus und den Stadtoberhäuptern, und sie huldigten zusammen mit dem ganzen Volk dem Odysseus als ihrem König und Schutzherrn. Jubelnde Scharen begleiteten ihn zum Palast zurück. Penelope, der die Botschaft des Sieges und des Friedens überbracht worden war, trat ihm bekränzt und festlich geschmückt mit allen ihren Dienerinnen entgegen.

Das wieder vereinte Ehepaar verlebte lange glückliche Jahre. Erst in späterer Zeit erfüllte sich an Odysseus, was ihm Teiresias einst in der Unterwelt von seinen letzten Schicksalen geweissagt hatte.

VIERTES BUCH

ÄNEAS
DIE FLÜCHTLINGE VERLASSEN TROJA

Äneas verlässt die trojanische Küste

Seinen Vater Anchises auf den Schultern, seinen Sohn Askanios an der Hand, geschützt von seiner Mutter Aphrodite war der trojanische Held Äneas dem Brand seiner eroberten Vaterstadt entkommen und am Fuß des Idagebirges, dort, wo es ins Meer ausläuft, in der kleinen Hafenstadt Antandros angekommen. Hier sammelten sich zahlreiche befreundete Flüchtlinge um ihn: Männer, Frauen und Kinder, alles unglückliche Menschen, die ihre Heimat verloren hatten und bereit waren unter Äneas' Führung eine neue zu suchen.

Ohne zu wissen, wohin das Schicksal sie bringen würde, begannen sie mit Hilfe der geretteten Ware eine Flotte zu zimmern. Zu Frühlingsbeginn waren sie fertig und die Segel wurden gesetzt. Der Älteste unter ihnen, der greise Held Anchises selbst, gab das Zeichen zum Aufbruch und nahm als Erster auf immer Abschied von seinem Geburtsland. Weinen und Klagen tönte von den Schiffen, als sie sich von der Heimatküste losrissen, die bald den Blicken entschwunden war.

Nach einer Fahrt von mehreren Tagen ging die Flotte dort an der thrakischen Küste an Land, wo vor langer Zeit König Lykurgos, der wilde Verächter des Dionysos, geherrscht hatte. Die jetzigen Bewohner dieser Gegend aber hatten, so lange der Staat der Trojaner noch bestand, die gleichen Götter verehrt wie sie und waren diesem Volk freundschaftlich verbunden gewesen. Das gute Verhältnis hatte jedoch eine grausame Störung erlitten. Denn als Trojas Glück zu wanken begann und der Telamonier Ajax vom Schiffslager der Griechen aus einen Streifzug über das Meer gegen die mit Priamos verbündeten Thraker unternommen hatte, lieferte Polymnestor, der treulose König dieses Landes, Polydoros, den jungen Sohn der trojanischen Königs, den Griechen aus. Auf diese Weise hatte er sich den Frieden erkauft. Der Jüngling aber wurde von den Griechen vor Trojas Mauern unter den Augen seines Vaters gesteinigt und getötet.

Doch Äneas wusste nicht, an welchem Ufer er mit seinen Schiffen vor Anker gegangen war. Voller Freude, eine einladende Küste erreicht zu haben, betrat er mit seinen Freunden das Land. Ohne von den Einheimischen gehindert zu werden, ließen sie sich nieder und legten den Grund für eine neue Stadt, in der sie sich von ihren Schicksalsschlägen erholen wollten. Äneas, als der Anführer der Auswanderer, nannte diese Stadt nach sich selbst Ainos.

Die Bauten schritten voran. Der fromme Held wollte den Schutz der Götter für sein Werk erflehen. Deshalb opferte er dem Göttervater Zeus und seiner Mutter Aphrodite einen makellosen Stier am Ufer. In der Nähe befand sich ein einladender Hügel, auf welchem Kornellen und Myrten über und über wuchsen. Dorthin hatte sich Äneas begeben, um die frisch errichteten Altäre mit Laub und Zweigen zu bedecken. Da wurde ihm ein Grauen erregendes Wunder zuteil: Sobald er einen Strauch ausreißen wollte, quollen schwarze Blutstropfen daraus hervor und flossen auf den grünen Waldboden, sodass selbst dem Helden das Blut in den Adern gefror. Ängstlich warf er sich auf die Erde und flehte zu den Nymphen des Waldes und zu Dionysos, dem Schutzgott des thrakischen Landes, die Schrecken abzuwenden, die dieses Wunderzeichen ihm androhten. Dann raffte er sich auf, packte mit neuer Kraft ein drittes Bäumchen und versuchte es, die Knie auf den Boden gestemmt, zu entwurzeln. Da ließ sich ein klägliches Stöhnen aus dem Boden vernehmen, und schließlich hörte er eine Stimme, die verloren klang. »Was quälst du mich, unglücklicher Äneas? Meine Seele wohnt in diesem Boden, in den Wurzeln und Ästen dieses Waldes, wo ich als Kind einst ahnungslos spielte. Ich bin Polydoros, der Sohn des Priamos, ein Verwandter von dir. Von meinem Pflegevater wurde ich an die Griechen verraten und unter deinen Augen unter Trojas Mauern zerschmettert. Mein Gebein ist von mitleidigen Thrakern aufgesammelt und hier bestattet worden. Verletze meine Ruhestätte nicht. Du selbst aber geh wieder fort von diesem Ufer, wo dir und allen Trojanern Unheil droht, denn noch herrscht das Geschlecht des Verräters in diesem Land.«

Als Äneas sich von seinem ersten Schrecken erholt hatte, kehrte er zurück und berichtete seine Erscheinung zuerst seinem Vater und dann den anderen Oberhäuptern des Flüchtlingsvolkes. Alle waren sich einig, dass sie diese Stätte des entweihten Gastrechts wieder verlassen mussten. Die begonnenen Arbeiten wurden eingestellt, und nachdem sie dem unglücklichen Polydoros ein Totenfest gefeiert hatten, ließen sie ihre Schiffe wieder zu Wasser. Günstiger Wind führte sie bald auf das offene Meer hinaus, und nach einer glücklichen Fahrt trafen sie mitten im

DIE FOLGEN DES TROJANISCHEN KRIEGES

Meer auf eine liebliche kleine Insel, die dort zwischen anderen Inseln lag und sich lachend aus den Fluten erhob. Ihr Name war Delos. Einst war sie eine schwimmende Insel gewesen. Apollon war auf ihr geboren worden und hatte sich ihrer, als sie wie unentschlossen um die anderen Inseln und Küsten umherirrte, mitleidig angenommen und sie in der Mitte der Kykladeninseln auf dem Meeresgrund verwurzelt, dass sie von da an den Stürmen trotzen und glückliche Bewohner nähren konnte. Die Menschen, die dort wohnten, hatten ihre Stadt dankbar dem Apollon geweiht und waren gastliche, gutmütige Leute. Dorthin steuerte Äneas mit seiner Flotte, und ein sicherer Hafen nahm die müden Seefahrer auf.

Sie gingen an Land und betraten in tiefer Ehrfurcht die Stadt. König Anios, der zugleich Priester des Phoibos Apollon war, schritt ihnen mit der heiligen Binde um die Schläfen und dem Lorbeer in der Hand entgegen. In dem alten Anchises erkannte er einen Gastfreund. Unter Handschlag und Gruß wurden Äneas und seine Gefährten aufgenommen und sogleich begaben sich alle zum Tempel des Schutzgottes der Insel. Äneas warf sich in tiefer Ehrfurcht vor Apollons Heiligtum nieder und betete mit erhobenen Händen: »Gib uns, du großer Beschützer des trojanischen Volkes, ein eigenes Haus, gönne uns eine Stadt, die die unsere bleiben wird. Lass das Geschlecht deiner Schützlinge nicht aussterben und hilf ihnen ein zweites Troja zu gründen! Sprich, wer soll unser Führer sein? Wohin schickst du uns? Gib uns ein Zeichen, großer Gott, offenbare dich uns!«

Kaum war Äneas verstummt, als die Schwelle des Tempels, der Lorbeerhain, der den Tempel umgab, und das ganze Gebirge ringsumher sichtlich und spürbar erbebte. Und aus den offenen Hallen ertönte vom Dreifuß des Orakels her: »Ihr werdet in den Schoß eines Landes zurückkehren, das schon den Stamm eurer Ahnen getragen hat. Sucht eure alte Mutter auf. Von dort aus wird das Haus des Äneas in seinen spätesten Enkeln alle Länder der Erde beherrschen.«

Als die Stimme des Gottes ertönte, hatten sich alle demütig zur Erde niedergeworfen. Nun, nachdem sie den guten Ausspruch vernommen hatten, sprangen sie jubelnd wieder auf, ein freudiges Getümmel entstand, und sie fragten einander, welches Land Apollon wohl gemeint haben mochte und wo die neue Heimat der Irrenden sei.

Da erhob sich der ehrwürdige Held Anchises, der die Vergangenheit seines Volkes kannte, und sprach: »Lasst mich eure Hoffnung deuten. Mitten im inselreichen Meer liegt eine Insel, aus welcher Zeus, der Göttervater selbst, abstammt. Sie heißt Kreta und ist zugleich die Wiege unseres Volkes. Wie auch Trojas Hauptgebirge, heißt die bewaldete Bergkette, die sich durch das Inselland zieht, Idagebirge. Zu seinen Füßen erstreckt

636

sich das fruchtbarste Land, und mit hundert Städten ist die Insel geschmückt. Von dort soll unser Stammvater Teukros ins trojanische Land gekommen sein, von dort kam all unsere Gottesverehrung, und gewiss führt uns Apollons Befehl auch jetzt dorthin. Wir wollen ihm folgen! Die Reise ist nicht allzu weit. Wenn Zeus uns guten Wind beschert, so befinden wir uns am dritten Morgen vor Kreta.«

Den Flüchtlingen wird Italien versprochen

Über diese Deutung waren die Auswanderer hocherfreut. Bevor sie wieder an Bord gingen, schlachteten sie für den Meeresgott Poseidon und für Apollon, der sie mit seinem Orakel getröstet hatte, je einen Stier, den mächtigsten Winden opferten sie Lämmer: ein schwarzes dem wilden Sturm und ein weißes dem Zephyr. Dann verließen sie den Hafen von Delos und ihre Schiffe flogen mit dem günstigsten Wind über die Wellen. Es war das Inselmeer der Kykladen. Das Gewässer schien von Inseln zu wimmeln, die sich überall mit ihren schneeweißen Marmorfelsen aus den Fluten erhoben. Der heiterste Himmel begünstigte die Fahrt und die Schiffe segelten um die Wette dahin. Von allen Seiten ertönte fröhlicher Jubel.

Am dritten Morgen hatte die Flotte, wie Anchises prophezeit hatte, tatsächlich den heiteren Strand der Insel Kreta erreicht. Und als die Flüchtlinge an Land gegangen und von den Kretern wohlwollend aufgenommen worden waren, ging Äneas voller Ungeduld erneut daran, die Grundmauern für die ersehnte Stadt zu legen. Die Schiffe waren an Land gezogen worden, und unter den fleißigen Händen der Trojaner stiegen bald Häuser und Mauern empor. Sie begannen sich wohnlich einzurichten. Äneas gab der Stadt nach Pergamos, der Burg von Troja, den Namen Pergamos, und auch seine Stadt erhielt eine gesonderte Burg auf einem Hügel. Schon beschäftigte sich die Siedlung mit den ersten bürgerlichen Einrichtungen: Unter den jungen Auswanderern wurden Ehen geschlossen, Ackerland wurde aufgeteilt und die Oberhäupter traten zusammen, um über die Gesetze des sich gründenden Volkes zu beraten. Doch dann stürzten die Flüchlinge erneut ins Unglück: Ein glühend heißer Sommer dorrte sämtliche Äcker aus. Die Saat ging ein, Gras und Kräuter verdorrten und auf den Bäumen verwelkten die Blüten ohne Früchte. Ein schreckliches Sterben raffte die Menschen dahin, und wen der Tod verschonte, der schleppte sich krank herum. In einer Versammlung, in der der zusammenschmelzende Haufen über seine trostlose Lage beriet, stand Anchises bekümmert auf und riet seinen Unglücksgefährten, wieder an Bord zu gehen und zur Insel Delos zurückzufahren, um dort von neuem das Ora-

DIE FOLGEN DES TROJANISCHEN KRIEGES

kel des Apollon anzuflehen, dass er ihnen weiteren Aufschluss darüber gebe, wohin sie ferner fahren sollten und welches Ziel ihrer Not bestimmt sei. Alle stimmten ihm zu und beschlossen, alles, was sich bewegen ließ, auf die Schiffe zu verladen, dann sofort die Anker zu lichten und die fast vollendete Stadt zu verlassen.

Als alle Vorbereitungen getroffen waren und unter fortdauerndem Elend die letzte Nacht herankam, welche sie unter Kretas unglücklichem Himmel zubringen sollten, lag Äneas von Sorgen müde und dennoch schlaflos auf seinem Bett in finsterem Grübeln. Als der Vollmond eben durch die Wolken brach und mit seinen Strahlen Äneas' Schlafgemach erhellte, hatte er eine Erscheinung: Er sah sämtliche trojanische Hausgötter vor sich, die er aus dem Feuer, das seine Stadt verwüstete, gerettet hatte. Ihr Mund tat sich auf, und mit Stimmen, die er nie zuvor gehört hatte, sagten sie ihm tröstende Worte: »Apollon selbst schickt uns zu dir. Vertraue uns. Aus Trojas Brand folgten wir dir und deiner Flotte und fuhren mit dir durch das stürmische Meer. Wir werden einen Wohnsitz für dein Geschlecht finden, deinen Enkeln Ruhm und ihrer Stadt die Weltherrschaft verleihen. Du bist auserwählt diese Ansiedlung für deine Enkel vorzubereiten und musst deshalb die Beschwerden der langen Flucht auf dich nehmen. Den Ort, an dem du dich nun niedergelassen hast, musst du freilich verlassen. Nicht dieses Ufer hat das Orakel von Delos gemeint, nicht auf Kreta solltest du deine Siedlung gründen. Nein, weit von hier liegt das Land, in das der Götterspruch dich führt. Die Griechen nennen es Hesperien. Es ist ein uraltes Land, mächtig durch die Waffen seiner Bewohner und reich durch seinen fruchtbaren Boden. Seine ersten Bewohner hießen Oinotrier. Von den jüngeren soll es jetzt, nach seinem König Italos, Italien und sein Volk Italervolk genannt werden. Dies ist die Niederlassung, die euch von euren Ahnen her gehört. Von dort stammen eure Väter Dardanos und Iasios, die ältesten Begründer eures Geschlechts. Wohlan, mach dich auf, melde deinem alten Vater wohlgemut dieses unzweifelhafte Wort: Nach Italien soll er gehen, denn Zeus verweigert euch Kreta.«

Dem Äneas war vor Angst kalter Schweiß auf die Stirn getreten, solange die Götter vor ihm standen und sprachen. Als sie aber verschwunden waren, fühlte er sich von ihren Worten auf wunderbare Weise getröstet. Er stand auf, streckte die flachen Hände betend empor und brachte den heimischen Göttern auf seinem Altar ein Trankopfer dar. Nachdem er dies guten Mutes vollbracht hatte, eilte er zu seinem alten Vater und berichtete ihm ausführlich von seiner nächtlichen Erscheinung. Da verstand Anchises, warum er sich geirrt hatte, denn er erkannte nun den doppelten Ursprung der Trojaner, die sowohl von Dardanos als auch von Teukros abstammten. »Lieber Sohn«, sprach er, »jetzt erst erinnere ich mich, dass die Seherin Kassandra allein es war, die mir unser künftiges Schicksal richtig vorausgesagt hatte. Sie verkündete unserem Geschlecht ein Land, das sie Hesperien oder Italien nannte. Das geschah aber, als Troja noch sicher stand. Wer dachte damals im Ernst daran, dass jemals teukrische Männer ihre Heimat verlassen und an die ferne Küste Hesperiens auswandern würden? Ja, wer achtete damals überhaupt auf das, was Kassandra sagte, da man sie für eine Närrin und nicht für eine Seherin hielt! Nun aber wollen wir uns dem Wort des Apollon fügen und seinem Hinweis folgen!«

In der Zwischenzeit hatte sich das Volk zur Abfahrt nach Delos versammelt, wie beschlossen worden war. Als es nun von der neuen Weisung des Gottes hörte, brach es in Jubel aus. Alle machten sich bereit, nur wenige Kranke und Gesunde blieben in der neu gegründeten Siedlung, wodurch sie erhalten blieb. Denn auch für sie kamen glücklichere Zeiten, die kleinen Überbleibsel vermehrten sich und selbst in späteren Tagen blühte auf der Insel Kreta noch die Trojanerstadt Pergamos.

Die anderen aber hissten die Segel, und bald steuerte die Flotte wieder aufs offene Meer hinaus.

Sturm und Irrfahrten
Die Harpyien

Als kein Land mehr zu sehen und ringsum nur Himmel und Wasser war, zog sich über den Schiffen ein grauer Wolkenberg zusammen, der Nacht und Sturm brachte, und das Meer färbte sich schwarz. Sofort brachten Orkane das Meer in Aufruhr, Wellenberge stiegen auf, die Flotte wurde auseinander geworfen und die Schiffe trieben zerstreut und verloren über die strudelnden Abgründe dahin. Die schwarzen Wetterwolken verdunkelten das Tageslicht und hüllten alles in eine dunkle Regennacht, die nur die dicht aufeinander folgenden Blitze erhellten. Das fürchterliche Unwetter dauerte drei Tage lang, und während dieser Zeit wusste selbst der erfahrene Steuermann Palinuros nicht mehr, wo sich die Flotte in dem blinden Dunkel befand und wohin die Schiffe getrieben wurden. Am vierten Tag legte sich der Sturm endlich ein wenig und ein Gebirge erschien am fernen Horizont. Dieser Anblick machte den Verzweifelten wieder Mut. Als sie näher gekommen waren, holten sie die Segel ein, warfen sich in die Ruder und arbeiteten sich mit aller Kraft durch die noch immer brodelnde See.

Das Land, das die Verirrten aufnahm, war eine der beiden Strophadeninseln, die im großen ionischen Meer dem Peloponnes gegenüberliegen. Es war ein ungastliches, wegen seiner schauerlichen Bewohner, den

DIE FOLGEN DES TROJANISCHEN KRIEGES

Harpyien, verrufenes Land. Seit die gefräßigen Ungeheuer König Phineus verlassen hatten und von seinem unglücklichen Tisch verscheucht worden waren, hatten sie sich an dieser Küste niedergelassen. Es wurde bereits berichtet, dass diese grauenhaften Scheusale Vögel mit Jungfrauengesichtern, beständig hungrig und entsetzlich anzusehen waren. An den Händen hatten sie Krallen, womit sie alle Speisen packten, deren sie habhaft werden konnten, und mit dem ekelhaften Ausfluss ihrer Leiber besudelten sie jeden Ort, an dem sie erschienen.

Äneas und seine Gefährten wussten von diesen Bewohnerinnen der ihnen unbekannten Küste nichts. Sie liefen in den Hafen ein, der sich vor ihnen auftat, und waren glücklich, als sie endlich wieder festen Boden unter den Füßen hatten. Auf den ersten Blick bot dieses Ufer auch nichts Unheimliches. Rinder- und Ziegenherden grasten gemächlich ohne jeden Hirten auf der Weide. Und weil sie ausgehungert waren, zögerten die Flüchtlinge nicht lange. Sie töteten einige Rinder, brachten Zeus und den Göttern ein Schlachtopfer dar und setzten sich zum Mahl an das Ufer. Doch sie hatten nicht lange ihre Freude daran. Plötzlich hörten sie von den nahen Hügeln her lauten Flügelschlag wie von vielen Vögeln. Als hätte der Sturm sie hergeweht, fegten plötzlich die Harpyien herbei, fielen über die Speisen her, zerrten daran herum und besudelten alles mit ihrer abscheulichen Berührung. Überall ertönte ihr grässliches Geschrei und mit ihm verbreitete sich ihr stinkender Atem. Die Tafelnden flohen mit ihrer Opfermahlzeit an eine abgelegene Stelle, unter einen hohen Felsen, der rundum von schattigen Bäumen eingeschlossen war. Hier zündeten sie Feuer auf neu errichteten Altären an und trugen auch ihr Mahl wieder auf. Aber aus den heimlichsten Winkeln und aus einer ganz anderen Himmelsrichtung kam nun wieder derselbe Schwarm, machte sich mit seinen Krallenfüßen an die Beute und befleckte das Mahl auf jede erdenkliche Weise. Äneas und die Seinigen griffen schließlich zum äußersten Mittel. Sie verbargen ihre Schwerter und Schilde ringsumher im Gras, und als sich die hässlichen Vögel wieder herniedersenkten und das Ufer umflatterten, brachen sie auf das Zeichen eines ihrer Gefährten hin los und versuchten die Untiere mit ihren Schwertern zu erlegen. Doch es war unmöglich, ihr Gefieder zu durchdringen. Durch eilige Flucht entzogen sie sich den Schwerthieben und ließen ihre Beute angefressen und besudelt zurück. Nur eine der Harpyien, Kelaino mit Namen, setzte sich auf den höchsten Felsen und stieß einen prophetischen Fluch aus: »Ist es nicht genug, dass ihr unsere Rinder und Ziegen getötet habt, ihr trojanischen Fremdlinge? Müsst ihr uns unschuldige Harpyien zudem noch aus unserer Heimat vertreiben? Nun, so hört die Prophezeiung, die Phoibos Apollon mir anvertraut hat und die ich euch als Rachegöttin verkünde: Ihr fahrt nach Italien, ihr werdet es auch erreichen, sein Hafen wird euch aufnehmen. Doch ihr umgebt die euch verheißene Stadt nicht eher mit Mauern, als bis euch eine grässliche Hungersnot, die Strafe für das Unrecht, das ihr an uns begangen habt, euch zwingt an euren eigenen Tischen zu nagen und sie aufzuessen.« Sie schwang die Flügel und flog in den Wald zurück.

Den Trojanern gefror das Blut in den Adern vor Schrecken. Sie wussten nicht, ob sie es mit unbedeutenden Vögeln oder mit mächtigen Göttinnen zu tun hatten. Schließlich hob Anchises seine Hände flehend zum Himmel und betete zu den Göttern, dass sie das Unheil abwenden mögen. Dann riet er seinen Gefährten schnell an Bord zu gehen und zu fliehen.

Äneas an der Küste Italiens
Sizilien und der Zyklopenstrand
Tod des Anchises

Nach langen Irrfahrten und mancherlei Abenteuern erschien endlich ein flacher Küstenstreifen in der Ferne. »Italien«, rief als Erster der Held Achates, der das Land vor den anderen erblickt hatte. »Italien!«, fielen seine Gefährten jubelnd ein. Der alte Anchises bekränzte einen großen Becher und füllte ihn bis zum Rand mit Wein. Im Heck des Schiffes stehend bat er die Götter um günstigen Wind und leichte Fahrt. Gleich begann der Wind kräftiger zu wehen, der Küstenstreifen vor ihren Augen kam immer näher, und auf einem Hügel des Landes grüßte sie ein schöner Tempel. Zuversichtlich rollten sie die Segel ein und steuerten die Schiffe dem Strand zu. Von der östlichen Brandung des Meeres ausgehöhlt bildete der Hafen einen Bogen, an vorgelagerten Klippen spritzte die Meeresflut schäumend auf, eine Mauer aufgetürmter Felsen senkte zu beiden Seiten ihre Arme ins Meer hinab und der Tempel, der in der Mitte der Bucht gelegen war, trat in den Hintergrund. Hier sahen sie als erstes Vorzeichen vier schneeweiße Pferde am Ufer, die im hohen Gras weideten.

»Pferde bedeuten Krieg«, rief Anchises, »dieses Land droht uns mit Krieg, so einladend es auch aussieht. Lasst uns Athene, die auf uns herniederblickt, anbeten und schnell mit unseren Schiffen umkehren!« Sie taten, was der alte Mann gesagt hatte, und segelten wieder auf das offene Meer hinaus. Nun fuhren sie an manchen Küsten vorüber, immer nach Süden zu, vorbei am Meerbusen von Tarent, an der Stadt Kroton mit ihrem Heratempel. Schon tauchte in der Ferne Sizilien mit seinem Ätna auf, schon von weitem hörten sie das gewaltige Tosen des Meeres und der Brandung, die sich an den Felsen brach. Aus einem tiefen Abgrund sprudelte die Flut empor, schäumendes Wasser stäubte in die Luft. »Das ist die

DIE FOLGEN DES TROJANISCHEN KRIEGES

Charybdis«, rief Anchises, »das grässliche Felsenriff! Werft euch in die Ruder, reißt uns aus der Todesgefahr!« Eifrig wichen alle Schiffe nach links, Palinuros allen voran. Bald flogen die Schiffe auf den Wogen zum Himmel empor, und wenn die Wellen sich brachen, versanken sie wie in die Unterwelt. Als sie dieser Gefahr glücklich entronnen waren, gerieten sie ahnungslos an den Strand der Zyklopen, wo ein großer Hafen sie aufnahm. In der Nähe hörten sie den Feuer speienden Berg Ätna donnern, der bald schwarze Wolken, Rauch und glühende Asche in die Luft wirbelt, bald im tiefsten Grund brodelnd und siedend sein Inneres, Steine und geschmolzene Felsen, hinaufschleudert. Der Leib des Giganten Enkelados, den Zeus mit seinem Blitz versengt hat, soll hier in den Gründen der Erde liegen, und der mächtige Ätna, der über ihn geworfen wurde, sendet, wie man sagt, den Flammenhauch des Riesen aus seinem Schlund empor. Und wenn Enkelados, unter der drückenden Last ermattet, sich herumwälzt, bebt die ganze Insel von dumpfer Erschütterung, und Rauch hüllt den Himmel in seinen Schleier.

Äneas und seine Gefährten waren bei Nacht an die Insel verschlagen worden, dazu war der Berg von Wäldern verdeckt. Auch war der dunkle Himmel bewölkt, und die Wolken verbargen den Mond und die Sterne. So hörten sie die ganze Nacht hindurch nur ein furchtbares Tosen, ohne die Ursache dafür erraten zu können. Als der Morgenstern am Himmel stand und Eos, die Morgenröte, die Schatten vertrieb, sahen die Flüchtlinge, die am Strand ihr Lager aufgeschlagen hatten, einen seltsamen Mann. Er kam plötzlich aus den Wäldern hervor, war ganz in Lumpen gehüllt und bot ein Bild des Jammers. Flehend streckte er die Hände nach ihnen aus. Er war über und über schmutzig, die Fetzen seines Gewandes waren mit Dornen zusammengeheftet und sein langer Bart flatterte im Wind. Und doch konnte man ihn an seinem jämmerlichen Aufzug noch als Griechen, der vor Troja gekämpft hatte, erkennen. Als er nun seinerseits die trojanischen Rüstungen erblickte, stutzte er einen Augenblick und zögerte, ob er weitergehen sollte. Doch dann rannte er entschlossen weiter auf das Ufer zu und flehte weinend zu den Ankömmlingen hinüber: »Bei den Gestirnen, bei den Göttern, beim Himmelslicht beschwöre ich euch, Trojaner, nehmt mich mit, wohin ihr auch gehen mögt. Ich gebe zu, dass ich einer aus dem griechischen Heer bin, gegen eure Stadt gekämpft und mitgeholfen habe sie zu zerstören. Nun, wenn ihr unversöhnlich seid, reißt mich in Stücke und versenkt mich auf dem Meeresgrund. Dann wird mir wenigstens der Trost zuteil, von Menschenhand zu sterben!« Der Unglückliche umschlang die Knie des Äneas und drückte sich fest an ihn. Da forderten sie ihn auf zu sagen, wer er sei und welches Schicksal ihn getroffen habe. Der ehrwürdige Greis Anchises reichte ihm selbst die Hand und nötigte ihn vom Boden aufzustehen. Allmählich fiel die Furcht von dem Armen ab. »Ich

Äneas · Die Flüchtlinge verlassen Troja

stamme«, begann er, »von Ithaka und war ein Gefährte des schlauen Helden Odysseus. Achaimenides heiße ich. Weil mein Vater Adamastos arm war, entschloss ich mich, am Feldzug gegen Troja teilzunehmen. Das war mein Unglück. Zwar bin ich den Gefahren des Krieges glücklich entronnen. Doch dann, als Odysseus und meine anderen Begleiter – jedenfalls die, die der Zyklop noch nicht gefresen hatte – durch eine List aus der Höhle des Zyklopen entkamen, wurde ich, der ich krank und elend in einem Winkel der Höhle lag, dort vergessen. Ich musste mit ansehen, wie das Ungetüm meine Freunde einen nach dem anderen verschlang und ich hatte mitgeholfen den einäugigen Zyklopen zu blenden. Nur durch ein Wunder bin ich später aus seiner Höhle entkommen, doch von dem ungeschlachten Volk der Zyklopen umzingelt brachte ich viele Tage in Hunger und Todesangst zu. Und auch ihr, unglückliche Fremde, müsst gleich wieder eure Schiffe besteigen, wenn ihr nicht ebenfalls eine Beute der abscheulichen Riesen werden wollt, denn es irren noch hundert andere wie Polyphemos in diesem ungastlichen Gebirge umher. Seit drei Monaten friste ich mein Leben zwischen Höhlen und wilden Lagern, ich nähre mich von Wurzeln und Beeren und verstecke mich stets vor den Riesen, vor dessen tosenden Tritten und brüllenden Stimmen ich zittere. Da sah ich eure Flotte auf das Ufer zusteuern, und ich brach auf, um mich dieser Flotte zu ergeben, wer immer es auch sein mochte.«

Nachdem Achaimenides dies alles berichtet hatte, bemerkten die Trojaner auch schon den Zyklopen Polyphemos auf einer Anhöhe. Der klobige Riese mit seinem geblendeten Auge hielt einen behauenen Fichtenstamm als Stock in der Hand und lief inmitten seiner Schafherde, die der einzige Trost in seinem Unglück war, umher. Als er das Meer erreicht hatte, watete er ins Wasser, das ihm noch nicht einmal bis zur Hüfte reichte. Er bückte sich und wusch stöhnend und zähneknirschend sein Auge aus. Bei diesem grässlichen Anblick beeilten sich die Trojaner zu fliehen. Sie nahmen den beklagenswerten Flüchtling mit auf ihr Schiff, obwohl er ihr Feind gewesen war. So leise wie möglich schlugen sie die Seile durch, mit denen sie die Schiffe festgemacht hatten. Nun hörte aber der Riese, der noch immer im Wasser stand, den Ruderschlag, und er lief auf das Geräusch zu. Nur mit Mühe entging das letzte Schiff seinen haschenden Händen, und als er vergebens in die Luft griff, erhob er ein so ungeheures Gebrüll, dass die Klüfte des Ätna wie von Donner widerhallten und das ganze Zyklopenvolk, aufgeschreckt durch diesen Schrei, zum Ufer herabgelaufen kam. Wie hohe Eichen oder Zypressen ragten ihre Häupter in den Himmel, und sie schickten der absegelnden Flotte drohende Blicke nach. Um der Skylla und Charybdis zu entgehen, segelten sie unter der Anleitung von Achaimenides an der Küste entlang, der diesen Weg zuvor mit Odysseus zurückgelegt hatte.

DIE FOLGEN DES TROJANISCHEN KRIEGES

Auf dieser Fahrt traf den Äneas ein großer Schmerz. Sein alter Vater Anchises, den die Anstrengungen, Gefahren und Schrecken der Reise ermattet hatten, sollte Italien, das gelobte Land seiner Sehnsucht nicht mehr erreichen. Er wurde zusehends schwächer, seine Sinne schwanden, schließlich konnte er nicht mehr sprechen. Ohne nur ein Lebewohl sagen zu können, gab er in den Armen seines Sohnes den Geist auf, als sie eben in den Hafen der sizilianischen Stadt Trepanon eingelaufen waren. Die trojanischen Flüchtlinge begingen für den ehrwürdigen Vater ihres Führers ein feierliches Leichenbegräbnis. Äneas aber hing nicht lange der Trauer nach, denn die Verheißung der Götter drängte ihn, das Volk, das ihn als seinen Beschützer auserwählt hatte, in das Land der Ahnen zu führen und dort das versprochene Reich zu gründen.

Äneas wird nach Karthago verschlagen

Kaum hatte die Flotte Sizilien hinter sich gelassen und segelte weiter fröhlich auf hoher See dahin, als Hera, die alte Feindin der Trojaner, die vom Olymp auf die Schiffe herabblickte, zu sich sprach: »Wie? Was ich wollte, sollte nun auf halbem Wege stecken bleiben? Troja sollte nicht völlig zerstört und sein Volk nicht mit der Wurzel ausgerottet sein? Soll dieser Schwiegersohn des Priamos und dann sein Enkel wirklich von Italien Besitz ergreifen? Pallas Athene konnte die heimkehrende Flotte der Griechen zerschlagen und Orkane über das Meer toben lassen, nur um die Schuld Ajax des Lokrers zu rächen – und ich, die Königin der Götter und Gemahlin und Schwester des Zeus soll jahrelang dieses eine Volk vergeblich bekämpfen?« Solche Gedanken bewegte sie in ihrem zornigen Herzen. Dann eilte sie in das Gebiet der Stürme, zu der Grotte des Äolos, des Königs der Winde. Auf ihren Befehl und ihr Bitten hin, ließ er sämtliche Winde aus ihren Verliesen los. Sie stürzten wie Heere zur Schlacht hinaus, wirbelten durch die Länder, legten sich, Ost und Süd, West und Nord zugleich, auf das Meer und peitschten die Wogen, wo die Flotte der Trojaner schwamm. Ein Jammergeschrei erhob sich unter den Männern, die Taue rasselten, und es zuckte Blitz auf Blitz, während die Donner durch den Himmel rollten. In diesem Augenblick pries Äneas all jene glücklich, die im Krieg um Troja gefallen waren, er beneidete seine Freunde Sarpedon und Hektor um den Tod durch die Hand des Diomedes und des großen Achilles. Doch sein Seufzen verwehte der Nordorkan, der die Segel der Schiffe nach vorn riss und die Schiffe selbst auf fürchterlichen Wasserbergen bis in die Wolken schleuderte. Die Ruder barsten, die Wellen schlugen über die Decks und die Schiffe legten sich wie sterbend zur Seite. Drei davon warf der Südwind auf verborgene Klippen, drei stieß der Ostwind

Äneas · Die Flüchtlinge verlassen Troja

auf seichte Sandbänke; über ein anderes wälzte sich eine ungeheure Welle und warf den Steuermann kopfüber ins Meer, dann drehte der Sog das Schiff dreimal um sich selbst und verschlang es. Auch das mächtige Schiff des Ilioneus und Achates, das Schiff des Abas und Aletes überwältigte der Sturm, und das Meerwasser drang durch die Fugen der Planken.

Jetzt erst bemerkte der Meeresgott Poseidon den brausenden Aufruhr und wunderte sich über die losgelassenen Orkane. Er hob sein ruhiges Haupt aus den wilden Wogen und blickte um sich. Da sah er die Flotte des Äneas überall auf dem Meer zerstreut und die Schiffe seiner Lieblinge, der Trojaner, von Wogen bedeckt und in Regenwasser gehüllt. Auf der Stelle erkannte er die Ränke seiner Schwester Hera hinter dem Sturm. Er rief den Ost und den West gebieterisch zu sich und sprach zu ihnen: »Wie kommt ihr dazu, so ohne meinen Befehl Himmel und Meer untereinander zu mischen und die Wogen bis an die Sterne zu türmen? Ich werde euch! – Doch für diesmal sei eure einzige Strafe, die Meeresflut auf der Stelle zu verlassen. Geht und sagt eurem Herrn, nicht ihm sei der Dreizack und die Herrschaft über die See verliehen worden, sondern mir. Ihm gehören Felsen und Grotten. Dort mag er im verschlossenen Kerker über euch herrschen, bis man euch braucht!«

Während er sprach, glättete er die schwellenden Wogen, verscheuchte die Wolken und heiterte den Himmel auf, dass die Sonne wieder schien. Seine Meeresgötter mussten die Schiffe, die zwischen Klippen geraten waren, aus den schroffen Felsen befreien. Er selbst hob die, die auf eine Sandbank aufgelaufen waren, mit seinem Dreizack wie mit einem Hebel und machte sie wieder flott. Darauf glitt er mit seinem Wagen, der von Seepferden gezogen wurde, leicht über den Meeresspiegel dahin, und das brausende Meer verstummte überall dort, wohin der Gott die Pferde lenkte und einen Blick über das Wasser warf.

Die erschöpften Seefahrer sahen eine Küste vor sich, rafften ihre letzten Kräfte zusammen und steuerten dem Land entgegen. Es war die Küste Afrikas. Bald liefen sie in einen sicheren Hafen ein. Auf der einen Seite lagen sonnige Wälder auf sanften Hügeln, auf der anderen ein Gehölz voll schwarzer Schatten an einer steilen Anhöhe, im Hintergrund der Bucht eine Felsengrotte mit Quellen und Moosbänken. Dorthin fuhr der Held Äneas mit den sieben Schiffen, die von seiner Flotte übrig geblieben waren. Die Trojaner gingen an Land und lagerten sich in ihren triefenden Gewändern entlang des Ufers. Der Held Achates schlug Feuer an einem Stein, fing die Glut mit trockenen Blättern auf, nährte sie mit dürren Zweigen und fachte sie zur Flamme an. Dann wurde das vom Wasser halb verdorbene Getreide aus den Schiffen geladen, dazu die Geräte, die sie zum Backen verwendeten, und das gerettete Korn mit dem Mühlstein gemahlen.

DIE FOLGEN DES TROJANISCHEN KRIEGES

Unterdessen kletterte Äneas mit seinem treuen Waffenträger Achates auf einen Felsen und ließ seinen Blick über das weite Meer schweifen, um zu sehen, ob er nicht weitere Schiffe seiner Flotte entdecken könne. Doch kein Schiff begegnete seinem Blick. Nur drei Hirsche sah er unten am Strand, denen eine ganze Herde folgte. Die Nachzügler weideten bis tief in ein Tal hinein. Schnell ließ sich Äneas seinen Bogen reichen und er erlegte den Anführer der Herde, einen Hirsch mit hohem Geweih, und er ruhte nicht, bis er sechs weitere Tiere getötet hatte. Somit hatte er für jedes seiner Schiffe eines. Die Beute wurde eingeholt und unter den Freunden verteilt. Auch stattliche Krüge mit Wein ließ Äneas aus den Schiffen holen, die ein Gastfreund ihm an der sizilianischen Küste geschenkt hatte. Mit dem süßen Wein flößte er Trost in die bekümmerten Herzen. »Freunde«, sprach er, »wir sind nun doch schon lange mit Unglück vertraut, und wir haben schon Schlimmeres als dies hier erfahren. Darum lasst uns hoffen, dass ein Gott auch diesem Elend ein Ende bereiten wird. Ruft euch nur euren alten Mut zurück. Später werdet ihr euch gern an all diese Leiden erinnern. Denkt immer nur daran, dass das Ziel aller Not und aller Gefahren Italien ist, und dass uns dort ein zweites Troja emporblühen wird!« Freilich trug auch Äneas Kummer im Herzen, als er diese Worte der Hoffnung sprach, und er musste seinen tiefen Schmerz gewaltsam zurückdrängen. In der Zwischenzeit schlachteten und brieten die Genossen das Wildbret, genossen Fleisch und Wein und sprachen zwischen Furcht und Hoffnung von ihren Gefährten.

Aphrodite wird von Zeus mit Rom getröstet und erscheint ihrem Sohn

Zeus, der Göttervater, stand auf der Zinne des Olymp, blickte über Meer und Land und Völker und sah schließlich auf die afrikanische Küste, in das libysche Reich der Königin Dido hinab, wo Äneas eben mit seinen Schiffen angelegt hatte. Mit Tränen in den Augen trat Aphrodite zu ihrem in Nachdenken versunkenen Vater. Traurig sagte sie: »Was hat dir mein Äneas getan, allmächtiger Beherrscher der Menschen und der Götter, dass ihm nun der ganze Erdkreis um Italien verschlossen bleibt, nachdem er schon so viel Unglück erleiden musste? Hast du nicht selbst mir gesagt, dass von dort, aus dem erneuerten Blut des trojanischen Stammvaters, einst das römische Volk entstehen und die Herrschaft über Land und Meer erhalten wird? Nur dies versöhnte mich über den Untergang Trojas. Warum willst du das nun nicht mehr?«

Der Vater lächelte die Göttin liebevoll an, gab ihr einen Kuss und sprach mit dem Blick, mit welchem er die Wolken vom Himmel ver-

Äneas · Die Flüchtlinge verlassen Troja

scheucht: »Sei getrost, Töchterchen, es bleibt alles, wie ich bestimmt habe. Laviniums Mauern in Italien werden sich erheben, in einem mächtigen Krieg wird Äneas dort siegen, aufmüpfige Völker bändigen und Gesetz und Ordnung bringen. Drei Jahre lang wird er in Latium herrschen, sein Sohn Askanios, der später Iulos genannt werden wird, wird den Herrschaftssitz nach Alba Longa verlegen. Drei Jahrhunderte wird dort das Geschlecht des Priamos auf dem Thron sitzen, bis eine Priesterin der Hestia aus dem Königshaus dem Kriegsgott Zwillingsbrüder zur Welt bringt. Einer von ihnen, Romulus, den eine Wölfin säugen wird, erbaut dann für seinen Vater Ares eine neue Stadt. Er wird der Stifter des römischen Volkes werden. Die Römer aber mache ich zu Herren der Welt, und ihrer Herrschaft sei kein Ende gesetzt. Selbst Hera – denn sie ist es, die deinen Sohn jetzt quält – wird sich mit seinen Enkeln versöhnen und sie begünstigen. Der größte Römer wird ein Nachkomme des Iulos sein und Julius heißen. Sein Ruhm wird sich bis zu den Sternen erheben, er, dein Nachkomme, wird im Himmel unter den Göttern aufgenommen werden. Unter den Menschen aber wird ewiger Friede herrschen, wenn die Kriege erst zu Ende sind, eiserne Riegel werden die Pforten der Zwietracht verschließen, die, mit hundert Ketten gefesselt, vergebens mit den blutigen Zähnen knirschen wird.«

Nun sandte Zeus sofort seinen Sohn, den Götterboten Hermes, nach Karthago, damit die Trojaner dort gastlich aufgenommen würden. Dieses Land war ein uralter Sitz phönizischer Siedler, und Hera beschützte das Reich mit besonderem Wohlwollen. Ihre Rüstung, ihre Wagen waren dort aufbewahrt, und längst wünschte sich die Göttin hier ein Weltreich zu gründen. Jetzt herrschte Dido, die Witwe des Phöniziers Sychaios, über dieses libysche Reich. Sie hatte die neue Stadt Karthago erbaut.

Am nächsten Morgen machte sich Äneas, nur von seinem Freund Achates begleitet und mit zwei Wurfspießen bewaffnet, auf, um das neue Land zu erforschen, an dessen Küste der Sturm ihn geworfen hatte. Da begegnete ihm mitten im Wald seine Mutter Aphrodite in Gestalt einer bewaffneten Jägerin, die sich wie eine Jungfrau aus Sparta gab: Ein Bogen hing ihr über den Schultern, das Haar flatterte offen im Wind, das leichte Gewand reichte nur bis ans Knie. »Sagt mir doch, ihr Jünglinge«, sprach sie die beiden Helden an, »habt ihr keine meiner Gespielinnen gesehen, sie tragen Luchspelze und Köcher?«

»Nein«, entgegnete ihr Äneas. »Aber wer bist du, Jungfrau? In deinem Gesicht und in deiner Stimme liegt etwas Übermenschliches – bist du eine Nymphe oder Göttin? Doch wer du auch seist, sag uns, in welchem Land wir sind! Der Sturm hat uns an diese Küste verschlagen und wir irren schon lange in der Welt umher.«

Hierauf erwiderte Aphrodite lächelnd: »Wir tyrischen Mädchen kleiden

DIE FOLGEN DES TROJANISCHEN KRIEGES

uns immer so, und ich bin nicht Apollons Schwester, nur weil du mich mit
dem Köcher bewaffnet siehst. Du bist unter Tyriern, Fremdling, in einem
Reich der Phönizier, in der Nähe von Agenors Stadt. Dennoch ist der Teil
der Welt, in dem du dich befindest, Afrika, das Land ist libysch und das
Volk wild und kriegerisch. Eine Königin, Dido, herrscht über uns. Auch
sie stammt aus Tyros. Dort war sie die geliebte Gattin des reichen Phöniziers Sychaios. Aber ihr Bruder Pygmalion, der König von Tyros, ein
unmenschlicher Tyrann, hasste seinen Schwager. Gleichgültig, dass
seine Schwester ihn liebte, erschlug er ihren Gatten heimlich am Altar
der Götter, denn er war gierig auf sein Gold. Der bleiche Schatten des
Ermordeten erschien seiner Gemahlin im Traum und offenbarte ihr, was
wirklich geschehen war; er hatte eine tiefe Schwertwunde in der Brust.
Dann riet er ihr, so schnell wie möglich aus dem Land zu fliehen und
beschrieb ihr, wo die unterirdische Stelle war, an der der alte geheime
Gold- und Silberschatz des Königs lag, den sie nun für ihre Flucht benötigen würde. Dido tat, was er ihr gesagt hatte, und der Hass auf den Tyrannen versammelte viele Gefährten um sie. Jedes Schiff, das bereitlag,
wurde mit dem Gold des Pygmalion beladen. So gelangten sie an die Küste
Afrikas und an den Ort, wo du jetzt die gewaltigen Mauern der neuen
Stadt Karthago und ihrer Burg, die hoch in den Himmel ragt, erblicken
wirst. Erst kaufte sie nur ein Stück Land, das Byrsa oder Stierhaut genannt
wurde, denn sie wollte nur so viel Feld, wie sie mit einer Stierhaut
umspannen konnte. Sie schnitt die Haut aber in so dünne Streifen, dass
sie die ganze Fläche einschloss, die jetzt Byrsa, Karthagos Burg, ein-
nimmt. Von dort aus erwarb sie mit ihrem Gold immer mehr Land, und
ihr königlicher Geist gründete das mächtige Reich, über das sie jetzt
herrscht. Nun wisst ihr, wo ihr seid, ihr Männer. Aber wer seid ihr? Woher
kommt ihr und wohin wandert ihr?«

Nun berichtete ihr Sohn Äneas alles, was sich seit der Zerstörung Trojas zugetragen hatte. Doch bald unterbrach Aphrodite seine Klage mit den
Worten: »Wenn meine Eltern mich nicht umsonst die Kunst des Vogelflu-
ges gelehrt haben, dann verkünde ich dir die Rettung der verschollenen
Schiffe aus deiner Flotte und die Rückkehr deiner Freunde. Denn ich sah
zwölf Schwärme über den Himmel ziehen, die kurz zuvor der Vogel des
Zeus, ein Adler, auseinander gescheucht hatte. In einem langen Zug versuchte der eine Teil, das Land zu erreichen, der andere Teil war schon
dort – wie ein Teil deiner Gefährten bereits den Hafen erreicht hat,
während der andere mit geblähten Segeln darauf zusteuert. Du aber gehe
nun weiter auf dem Weg, den du eingeschlagen hast.« So sprach die Jungfrau und wandte sich ab. Ihr Nacken erstrahlte von überirdischem Licht,
ihre ambrosischen Locken verbreiteten einen himmlischen Duft, ihr
Kleid wallte glänzend auf die Knöchel hinab. Ihre ganze Gestalt erschien

übermenschlich, die Art wie sie sich entfernte, zeigte, dass sie eine Göttin war. Jetzt erkannte Äneas plötzlich seine Mutter und rief sie zurück. Sie aber hüllte die Wanderer in Nebel ein, sodass niemand sie sehen und ihre Absichten erkennen konnte. Sie selbst schwebte hoch durch die Lüfte nach Paphos, ihrem Lieblingssitz.

Äneas in Karthago

Die beiden Wanderer schritten rasch in Nebel gehüllt dahin. Bald hatten sie den Hügel erstiegen, der sich hoch über der Stadt erhob und auf die gegenüberliegende Burg hinuntersah. Staunend betrachtete Äneas den stolzen Palast, der sich vor seinen Augen dort erhob, wo früher nur armselige Bauernhütten gestanden hatten, und das hohe steinerne Stadttor, die gepflasterten Straßen, den Lärm und das Gewühl darauf. Noch war die Stadt aber nicht fertig und die Tyrier waren emsig am Werk: Die einen waren mit den Stadtmauern beschäftigt, die anderen mit der Vollendung der Burg, zu deren Höhen sie Quadersteine emporwälzten; andere zogen erst Furchen auf der Erde, um den Platz zu kennzeichnen, wo später ihr Haus stehen sollte. Der größte Teil der Einwohnerschaft war auf dem Marktplatz versammelt, wählte den Senat und die Richter des Volkes und beratschlagte über die Gesetze des neuen Staates. Noch andere gruben bereits an den Häfen, andere legten den Grund zu einem Theater und schlugen dazu mächtige Säulen als Schmuck der künftigen Bühne aus dem Felsen. Das Ganze erschien wie ein Bienenschwarm.

Durch den Nebel, der sie umgab, unsichtbar gemacht, befanden sich Äneas und seine Begleiter bald mitten unter den geschäftigen Menschen und gingen unerkannt zwischen ihnen umher. Im Stadtinneren befand sich ein schöner, schattiger Hain, dort wo die Phönizier nach langen Stürmen und Fahrten auf dem Meer ein Glückszeichen ausgegraben hatten, das ihnen Hera sandte. Es war ein Pferdekopf, der ihnen Kriegsglück und Nahrung verhieß. An dieser Stelle ließ Königin Dido der Hera einen prächtigen Tempel erbauen. Stufen, Torpfosten und Türflügel, alles war aus Erz. Erst hier, in diesem Hain, fasste Äneas allmählich wieder Mut, und trotz seiner verzweifelten Lage keimte wieder Hoffnung in ihm auf. Denn während er sich in dem prächtigen Tempel umschaute und über die wunderbaren Kunstwerke staunte, die sich darin befanden, stieß er auf eine Reihe von Wandgemälden, die Begebenheiten aus dem Trojanischen Krieg darstellten: Priamos, Agamemnon und Menelaos, Achilles, Rhesos und Diomedes, fliehende Griechen und wieder Trojaner, der Junge Troilos, wie er von seinen Pferden geschleift wird, Trojanerinnen mit fliegendem Haar im Tempel der Pallas, Hektors Leiche, Penthesilea mit ihren

Amazonen – all dies erblickte der Held Äneas, und am Ende erkannte er sogar sich selbst, wie er von der Mauer herab einen ungeheuren Stein auf die Feinde schleudert.

Als er die Wandgemälde voller Schmerz und Freude betrachtete, kam Königin Dido selbst, von einem großen Gefolge tyrischer Jünglinge umgeben, zum Tempel. Sie erstrahlte von jugendlicher Schönheit. Von bewaffneten Männern umringt setzte sie sich auf einen hohen Thron unter der Wölbung des Portals. Dort verteilte sie die Arbeit an die Bürger, sprach Recht und gab Gesetze. Da erblickten Äneas und Achates plötzlich mitten im Gedränge ihre verschollenen Freunde und Gefährten, den Sergestos, den Kloanthos und viele andere Trojaner, die der Sturm von ihnen getrennt und an andere Küsten verschlagen hatte. Freude und Angst ergriff sie bei diesem Anblick. Einerseits barsten sie vor Ungeduld ihnen die Hand zum herzlichen Gruß zu reichen, andererseits verstörte sie das Unbegreifliche an der Sache. Deshalb blieben sie in ihrem Nebelgewölk, wo sie waren, und warteten ab, ob sie nicht vielleicht auch so den Hergang der Dinge erfahren würden. Denn, wie sie sahen, waren es jeweils auserwählte Männer von jedem Schiff. Sie traten aus der Menge heraus und begaben sich in die Vorhalle des Tempels.

Als die Königin ihnen das Wort erteilte, begann Ilioneus zu sprechen: »Edle Königin, wir sind arme Trojaner, die der Sturm von Meer zu Meer geworfen hat. Unsere Flotte war unterwegs nach dem fernen Italien, als überraschend ein Orkan aufkam und uns gegen die Klippen schleuderte, wo viele unserer Schiffe ohne Zweifel zugrunde gegangen sind. Was von unserer Flotte übrig blieb, hat eure Küste erreicht. Aber was sind das für Menschen, unter die wir geraten sind? Welches Barbarenvolk duldet solche Gebräuche? Man verbietet uns den Strand zu betreten, man droht uns mit Krieg und mit der Verbrennung unserer Schiffe. Wenn ihr von Menschlichkeit nichts wisst, so fürchtet wenigstens die Götter! Unser Führer war Äneas, der größte und frömmste aller Helden! Wenn das Schicksal uns diesen Mann erhalten hat, so werdet ihr den Dienst, den ihr uns erweist, niemals bereuen. Darum gestattet uns die Leck geschlagenen Schiffe an Land zu ziehen und in euren Wäldern Schiffsbalken und Ruder zu zimmern. Wenn wir unseren König und unsere Freunde wieder finden, dann dürfte uns wohl die Fahrt nach dem verheißenen Italien glücken. Hat ihn aber die libysche Flut verschlungen, dann ist unsere Hoffnung dahin. Nun, dann gib uns wenigstens sicheres Geleit, mächtige Königin, dass wir wieder zu unserem Gastfreund am sizilischen Strand, von dem wir herkommen, zurückkehren können.«

Die Königin senkte vor den Männern den Blick auf die Erde und antwortete: »Verbannt die Angst aus euren Herzen, Trojaner. Mein Schicksal ist so hart und mein Reich so jung, dass ich gezwungen bin die Grenzen

Äneas · Die Flüchtlinge verlassen Troja

des Landes durch strenge Wachen zu sichern. Doch wir wissen viel von Trojas Stadt und ihrem unglücklichen Volk, ihren Helden, ihrem Waffenruhm und ihrer furchtbaren Zerstörung. Unsere Stadt ist nicht so abgelegen, dass wir nichts von ihrem Schicksal erführen, und unsere Herzen sind nicht so kalt, dass es uns nicht rührte. Ob ihr euch nun Italien zum Wohnsitz erwählt oder die Insel Sizilien, in beiden Fällen sichere ich euch meine Unterstützung zu. Ich werde euch mit allem Nötigen versehen und euch in Frieden ziehen lassen. Es sei denn, dass ihr euch lieber hier, in unserem Land, ansiedeln wolltet! Ist das der Fall, so steht euch frei, hier eine Stadt zu gründen, und meine Gesetze sollen euch denselben Schutz gewähren wie meinen eigenen Untertanen. Was euren König betrifft, so werde ich sofort Späher zu Land und zu Wasser aussenden, um zu erfahren, ob er nicht irgendwo gestrandet ist.«

Die beiden von einer Wolke umhüllten Helden brannten vor Begierde den Nebel zu durchbrechen, als sie dies vernahmen. »Hörst du das?«, flüsterte Achates seinem erhabenen Freund zu. »Die Schiffe, die Freunde, alle sind gerettet. Nur einer fehlt, den wir selbst im Meer versinken sahen. Sonst ist alles so, wie deine Mutter uns vorausgesagt hat.« Kaum hatte er dies gesagt, teilte sich die Wolke und verschwand in den offenen Äther. Da stand nun Äneas im heitersten Licht, strahlend wie ein Gott. Seine Mutter hatte ihm schönes, wallendes Lockenhaar auf das Haupt, die frische Röte der Jugend auf die Wangen und in den Blick ein offenes Strahlen gezaubert. Wie ein Wunder stand er vor allen da, wandte sich zur Königin und sprach: »Da bin ich, nach dem ihr sucht, aus Libyens Wellen gerettet, ich, der Trojaner Äneas! Edle, großmütige Königin, die du die Trümmer meines stolzen Volkes erbarmungsvoll in deine Stadt aufgenommen hast, keiner von allen Trojanern, die über die ganze Erde verstreut sind, kann dir würdigen Dank erweisen. Mögen die Götter ihn dir zuteil werden lassen! Selig sind die Eltern, die dich gezeugt haben! So lange die Erde besteht, wird dein Name bei uns von Ruhm erstrahlen, wo immer wir uns auch niederlassen werden!« Mit diesen Worten eilte Äneas auf seine Freunde zu und reichte ihnen die Hände.

Als sich Dido von ihrer ersten Verwunderung erholt hatte, sprach sie: »Sohn der Göttin, welches Schicksal verfolgt dich durch solche Gefahren? Du bist also jener Äneas, welchen einst die erhabene Göttin Aphrodite an den Wellen des Simoeis durch Anchises geboren hat! Vieles habe ich durch meinen Vater Belos vom Schicksal deines Volkes und deines Geschlechts vernommen. Als er auf Kypros Krieg führte, kam der Grieche Teukros, Telamons Sohn zu ihm, der dort nach dem Trojanischen Krieg eine Siedlung gegründet hatte; er erzählte viel von euren Heldentaten. Zwar war er euer Feind im Krieg, doch zugleich war er ein Blutsverwandter, denn auch er rühmte sich, vom alten Geschlecht der Teukrer

abzustammen. Seine Mutter Hesione, welche Telamon als eine Kriegsgefangene von seinem Freund Herakles zum Geschenk erhalten hatte, war
eine Tochter des trojanischen Königs Laomedon. Nun aber, ihr Männer,
tretet getrost in unsere Häuser ein. Auch ich bin eine Verbannte, auch ich
fand erst nach langer Mühsal in diesem Lande Ruhe. Ich kenne diese Art
von Kummer und weiß solchen Unglücklichen beizustehen.«

Dido führte den Helden Äneas unverzüglich in ihren Palast. Sie ordnete
prächtige Opferfeste in allen Tempeln an. Der Palast wurde mit königlichem Prunk ausgeschmückt und in den schönsten Sälen ein Festmahl
aufgetragen. Kunstvolle Purpurteppiche prangten überall, schweres Sil-
bergeschirr stand auf den Tischen und allerorten glänzten goldene Po-
kale mit kunstvollen Verzierungen.

Doch dem edlen Äneas ließ seine Vaterliebe keine Ruhe. Er schickte
seinen treuen Freund Achates zu den Schiffen zurück, damit er seinem
Sohn Askanios die gute Nachricht überbringe und ihn selbst herbei-
brächte. Auch befahl er, allerlei Ehrengeschenke, die er aus den Trümmern Trojas gerettet hatte, herzuschaffen: einen prächtigen Mantel mit
goldgestickten Bildern, den Schleier Helenas, der ein Wundergeschenk
ihrer Mutter Leda war und den sie aus Sparta mitgebracht hatte, das Zepter der Ilione, der ältesten Tochter des Priamos, eine Halskette aus Perlen
und eine Krone aus Gold und Edelsteinen. Mit diesen Aufträgen eilte
Achates zu den Schiffen.

Dido und Äneas

Aber die göttliche Mutter des Helden war noch nicht beruhigt über
sein Schicksal. Sie fürchtete die doppelzüngigen Tyrier und das
berüchtigte Königshaus. Auch dass gerade Hera, die Todfeindin des
Äneas, Schutzgöttin des Landes war, machte ihr schwere Sorgen. Und so
ersann sie eine List: Ihr Sohn, der Liebesgott, sollte die Gestalt von Äneas'
Sohn Askanios annehmen und an seiner Stelle in Karthagos Palast
erscheinen. Wenn nun Dido den hübschen kleinen Jungen beim königlichen Festschmaus auf ihren Schoß nahm und ihn herzte und küsste, dann
sollte ihr Eros das heimliche Feuer und das betörende Gift der Liebe ein-
hauchen.

Der Liebesgott gehorchte seiner Mutter, legte in aller Eile seine Flügel
ab und lief kurz darauf, vergnügt über die Rolle, die er zu spielen hatte,
der Königsstadt entgegen. Er sah aus wie Askanios, und Achates, der ihn
an der Hand hielt, ahnte nichts von dem kleinen Betrug. Den wirklichen
Askanios hatte Aphrodite im Schlaf in den Hain Idalion entführt und ihn
dort in duftenden Majoran in den Schatten gelegt.

Äneas · Die Flüchtlinge verlassen Troja

Als Achates mit dem kleinen Gott an der Hand in Karthagos Palast eintraf, hatte sich die Königin schon auf einem goldenen, mit Teppichen gepolsterten Thron in der Mitte des Saales niedergelassen. Äneas und die trojanischen Helden kamen von allen Seiten herbei und lagerten sich entlang der Tische auf purpurne Polster. Diener reichten Wasser für die Hände und Handtücher herum und trugen das Brot auf. Fünfzig Mägde standen in langen Reihen vor den dampfenden Speisen an flammenden Herden in der Küche; andere hundert Mägde und ebenso viele schön gekleidete Diener türmten die Speisen auf den Tischen auf und stellten die goldenen Becher vor die Gäste. Auch die Tyrier kamen jetzt in Scharen herbei und ließen sich auf den Wink ihrer Königin hin an den Tafeln nieder. Die Geschenke des Äneas wanderten von Hand zu Hand und wurden von allen bestaunt und bewundert. Dann richteten sich aller Blicke auf den kleinen, vermeintlichen Askanios, der sich mit Umarmungen an den Hals seines Vaters warf, ihn mit Küssen überdeckte und wunderkluge Worte dazu sprach. Vor allem die arme Dido, die von dem Gott bereits dem Verderben geweiht war, konnte sich an ihm gar nicht satt sehen, und sie blickte bald den Jungen, bald die Geschenke mit immer funkelnderen Augen an. Der kleine Liebesgott riss sich schließlich von Äneas los und eilte auf die Königin zu. Dido nahm ihn arglos auf die Arme, blickte ihn liebevoll an und herzte ihn zärtlich, ohne zu ahnen, welch ein mächtiger Gott sich an sie schmiegte. Eros aber, der die listigen Befehle seiner Mutter befolgte, verwischte allmählich das Bild ihres verstorbenen Gemahls in ihrer Erinnerung und erweckte die erstorbenen Gefühle in ihrer Brust zu neuem Leben.

Das Mahl ging zu Ende, die Gerichte wurden abgetragen, gewaltige Weinkrüge aufgestellt und die Becher aufs Neue gefüllt. Das Rauschen der Stimmen wälzte sich durch die Säle des Palastes; die Nacht war herbeigekommen, und flammende Kronleuchter hingen von den goldgetäfelten Decken herab. Jetzt ließ sich Dido die prächtigste Schale, schwer von Gold und Edelsteinen, reichen und füllte sie bis zum Rand mit Wein, denn aus ihr tranken die tyrischen Könige. Dido erhob sich und hielt dabei die Schale hoch in ihrer Rechten. Augenblicklich verstummte der Lärm. »Zeus«, sprach sie mit feierlicher Stimme, »mächtiger Beschützer des Gastrechts, lass dies einen guten Tag für die Tyrier und unsere trojanischen Freunde sein, sodass selbst unsere Enkel später noch mit Freude daran denken werden! Auch du, Freudengeber Dionysos, und du, huldreiche Hera, seid mit uns!« Nun goss sie das Trankopfer auf den Tisch, nippte dann selbst an der goldenen Schale und reichte sie dem tyrischen Oberhaupt, das neben ihr saß. Nun machte der Pokal bei Tyriern und Trojanern die Runde und dazu sang ein lockiger Sänger zur goldenen Zither Gesänge über den Ursprung der Welt, der Menschen und Tiere. Als der

DIE FOLGEN DES TROJANISCHEN KRIEGES

Gesang zu Ende war, hing Dido mit pochendem Herzen an den Lippen des Äneas, der sein Schicksal erzählte, und in langen Zügen schlürfte sie das Gift der süßen Liebe.

Didos Liebe betört den Äneas

Das Gesicht und die Worte des Helden gruben sich tief in das Herz der Königin ein. Nachdem die Gäste längst den Palast verlassen hatten und sie wenige schlaflose Stunden auf ihrem Lager zugebracht hatte, suchte sie das Gemach ihrer geliebten Schwester und vertrautesten Freundin Anna auf und schüttete ihr ihr Herz aus. »Mich ängstigen wunderbare Träume«, sprach sie. »Welch ein einzigartiger Gast hat unseren Palast betreten, welche Pracht, welcher Mut, welcher Blick! Man sieht ihm an, dass er von den Göttern abstammt! Und welches Schicksal hat er erlitten, welche Kriege durchkämpft, welche Fahrten bestanden! Wahrhaftig, Schwester, wenn ich nicht unwiderruflich beschlossen hätte, kein zweites Mal zu heiraten, seit der Tod mich um meine erste Liebe betrogen hat – der Schwäche für ihn könnte ich vielleicht unterliegen. Aber eher soll die Erde mich verschlingen oder der Blitz mich treffen, bevor ich meinem ermordeten Mann die Treue breche. Er hat meine Liebe mit sich fortgenommen, er soll sie auch im Grab behalten.« Tränen erstickten ihre Stimme und sie konnte nicht weitersprechen.

Ihre Schwester blickte sie mitleidig an und erwiderte: »Dido, ich liebe dich mehr als mein Leben – willst du denn deine ganze schöne Jugend hindurch in Trauer verjammern? Denkst du denn gar nicht darüber nach, wo du hier lebst: Dass du auf der einen Seite von kriegerischen Gaetulern, von wilden Numidenstämmen, von ungastlichen Sandbänken, und auf der anderen Seite von wasserlosen Wüsten eingeschlossen bist? Und welche Kriege dir von Tyros und deinem unversöhnlichen Bruder drohen? Glaube mir, durch die Gunst unserer Schutzgöttin Hera ist es geschehen, dass die trojanischen Schiffe hier gestrandet sind. Schwester, wie mächtig würde unsere Stadt, wie mächtig das Reich durch eine solche Heirat werden! Wie würde der Ruhm der Phönizier sich mehren, wenn er von den Waffen der Trojaner begleitet würde! Sei klug, liebe Schwester, opfere den Göttern, bitte die Gäste zu bleiben, versuche Äneas mit allen Mitteln davon zu überzeugen, solange ihre Schiffe noch beschädigt und die Winde ungünstig sind!«

Mit diesen Worten entflammte Anna Didos glühende Seele noch mehr und betäubte alle Scheu in ihrem Herzen. Die beiden Schwestern gingen zusammen in den Tempel und opferten den Göttern. Dann führte Dido den geliebten Helden durch ihre Stadt, zeigte ihm den sidonischen

Kriegsglanz und feierte ihrem Gast zu Ehren ein neues Mahl. Wieder liebkoste sie den Askanios, der seinem Vater wie aus dem Gesicht geschnitten war, und wieder konnte sie sich an den Erzählungen des trojanischen Helden nicht satt hören.

Dies war der Göttermutter Hera im Olymp nicht entgangen. Sie hielt nun den richtigen Zeitpunkt, den Helden für immer um das verheißene Italien zu betrügen und das Volk der Trojaner sich in fremden Stämmen verlieren zu lassen, für gekommen. Sie suchte ihre Tochter Aphrodite auf und sprach entschieden, aber doch freundlich zu ihr: »Wahrhaftig, du und dein Sohn, ihr habt einen schönen Sieg davongetragen. Doch wozu noch längerer Streit? Lass uns eine Ehe stiften und somit ewigen Frieden schließen. Du hast, was du von ganzem Herzen wünschtest: Dido glüht vor Liebe zu Äneas. Lass uns die Völker verschmelzen. Sie soll ihrem trojanischen Gatten dienen, und die Tyrier sollen sein Hochzeitsgeschenk sein.«

Aphrodite durchschaute die wahren Absichten der Heuchlerin wohl, doch sie erwiderte harmlos: »Wie könnte ich so dumm sein, dir dies zu verweigern, Mutter? Wie sollte ich es wagen, mich in endlosem Kampf mit dir zu messen? Ich fürchte nur, Zeus könnte die Vereinigung der beiden Völker nicht gestatten. Aber da du ja seine Gemahlin bist, steht es dir zu, ihn durch deine Bitten geneigt zu machen. Was immer du nun zuwege bringst, es ist mir recht.«

»Lass das nur meine Sorge sein«, erwiderte Hera vergnügt, »das Wichtigste ist nun die Ehe. Ich werde die Geschicke lenken. Vollendeten Tatsachen wird Zeus sich nicht entgegenstellen.« Freundlich und scheinbar mit Hera einig nickte Aphrodite. Doch im Innersten war sie entrüstet über den Betrug.

Am nächsten Morgen veranstaltete Dido zu Ehren ihrer fremden Gäste eine große Jagd. Auserwählte Jünglinge, die mit Schlingen, Netzen und Jagdspeeren bewaffnet waren, verließen, von Reitern und Spürhunden begleitet, die Tore. Vor dem Palast stand das Reitpferd der Königin bereit. Es war mit Gold geschmückt und mit purpurnen Decken behängt. An der Pforte warteten die Fürsten der Phönizier. Endlich trat Dido umgeben von ihrem großen Jagdgefolge heraus. Sie trug ein bunt besticktes sidonisches Jägerkleid und darüber einen mit einer goldenen Schnalle geschürzten purpurnen Rock. Ein goldenes Diadem lag um ihre Stirn, von der Schulter hing ihr der goldene Köcher. Vier Trojaner befanden sich in ihrem Zug, darunter auch der muntere Askanios. Schließlich schloss sich der Schönste von allen, Äneas, mit seinen vertrautesten Freunden an.

Als die Jagdgesellschaft das Gebirge erreicht hatte, zerstreute sie sich sogleich auf dem unwegsamen Gelände. Bald sah man Gämsen und Hirsche auf den felsigen Hügeln, die in stäubender Flucht ihre Berge verließen, sich ängstlich zusammendrängten und über die offenen Felder rannten. Mitten im Tal tummelte der Junge Askanios sein mutiges Pferd und flog damit bald an diesen, bald an jenen Jägern vorüber. Die Gämsen und Hirsche waren zu harmlos für ihn; er hoffte, ein wilder Eber käme gelaufen, oder ein Löwe mit gelber Mähne zeige sich vor den Hügeln.

Die Jäger waren so sehr in ihr Vergnügen vertieft, dass sie nicht merkten, wie sich der Himmel zu verdunkeln begann. Erst, als der Wind durch die Bäume brauste und es in Strömen zu regnen und zu hageln begann, nahmen sie das drohende Unwetter, das sich über ihnen zusammengebraut hatte, wahr. Überrascht und verwirrt suchten die Tyrier und Trojaner, die sich über Felder und Wälder zerstreut hatten, Schutz vor dem Gewitter. Während nun die schwellenden Gebirgsbäche die einen von den anderen abschnitten, fanden sich die Königin Dido und der trojanische Held Äneas in derselben Grotte zusammen, denn Hera hatte es so gewollt. Mit dem Aufruhr der Natur, beim Leuchten der Blitze und dem Krachen des Donners entfesselte sich auch die bisher zurückgehaltene Neigung der Königin. Sie verwarf alle Scheu und gestand Äneas ihre glühende Liebe. Da vergaß der betörte Äneas alle göttlichen Verheißungen. Er erwiderte ihre Zärtlichkeit und besiegelte die Ausbrüche ihrer Leidenschaft mit einem leichtsinnigen Schwur.

Äneas verlässt Karthago auf Zeus' Befehl

Das Unwetter war vorüber, die Jagdgesellschaft hatte sich wieder zusammengefunden, und Äneas kehrte an Didos Seite in die Stadt und den Palast zurück. Ein Freudenfest folgte auf das andere, niemand dachte mehr an Abfahrt und der Winter kam heran.

Jetzt machte sich Pheme, die Göttin des Gerüchts, auf und durchflog die libyschen Städte. Pheme, ein Wesen von seltsam beweglicher Gestalt, ist eine Tochter der Mutter Erde und die jüngste Schwester der Giganten. Sooft sie aus ihrer Verborgenheit hervorkommt, ist sie anfangs ganz klein und schüchtern, doch je weiter sie geht, desto mehr gewinnt sie an Kraft und Größe, sie erhebt sich bald in die Lüfte, und während ihre Füße über den Boden gleiten, verbirgt sich ihr Kopf in den Wolken. Ihre Gestalt ist grässlich; ihr Kopf ist mit Flaumfedern bedeckt, und so viele Federn sie hat, so viele funkelnde Augen hat sie auch, so viele Zungen und Mäuler, die niemals schweigen, und so viele stets gespitzte Ohren. Nachts fliegt sie zwischen Himmel und Erde umher, rauscht durch die Schatten, und nie macht sie die Augen zu, um zu schlafen. Am Tag aber lauscht sie, an Giebel und Häuser und Türme gekauert, und erschreckt Stadt und Land mit ihrem krächzenden Ruf, wobei es ihr gleichgültig ist, ob sie die Wahrheit verkündet oder Lüge und Betrug.

Dieses hässliche Wesen verbreitete auch jetzt mancherlei Gerüchte über die Länder Afrikas und erzählte schadenfroh alles durcheinander, was geschah oder nicht geschah: Ein Fremder sei gekommen, ein Mann aus Troja namens Äneas. Ihn habe sich die schöne Königin Dido zum Gemahl auserwählt. Deshalb vernachlässige sie jetzt ihre Pflichten, die Regierung gleite ihr aus den Händen, und das Paar durchschwelge in Pracht und Verschwendung den Winter. Solche Märchen ließ die hässliche Göttin durch den Mund des Volkes gehen. Dann wandte sie sich plötzlich nach Numidien, zu dem dortigen König Iarbas, dessen Heiratsantrag Dido erst vor kurzem abgewiesen hatte. Was er hörte, versetzte ihn in höchsten Zorn. Er war der Sohn des Zeus und einer libyschen Nymphe und hatte seinem Vater hundert prächtige Tempel in Numidien erbaut. Stets waren dort Priester mit Opferungen beschäftigt und immer waren die Pforten mit Blumen bekränzt. Wütend warf sich König Iarbas vor die Altäre und flehte mit erhobenen Händen zum Himmel empor: »Allmächtiger Zeus, dem alle maurischen Völker dienen, du siehst all das und sendest keine Blitze? Ein landflüchtiges Weib, das sich für Geld ein Städtchen gegründet hat, der ich ein Ufer zum Pflügen und Land aus meinem Gebiet überlassen habe, ein solches Weib hat mich verschmäht, gibt sich nun dem Trojaner hin und lässt den Weichling genießen, was sie mir geraubt hat? Und wir sind so töricht, weiterhin in deinem Tempel zu opfern und an deine Weltherrschaft zu glauben!«

So betete er am Altar seines Vaters. Zeus hörte ihn und richtete seinen Blick vom Olymp auf Karthago. Dann rief er seinen Sohn Hermes zu sich. Zornig sprach er: »Was hat Äneas im feindlichen Land zu schaffen? Nicht dazu habe ich ihn zweimal vor den Griechen und aus so vielen Stürmen gerettet. Rom soll er mir gründen! Auf der Stelle soll er weitersegeln, dies ist mein Wille! Und du sollst es ihm verkünden!« Wie ein Vogel eilte der Gott mit seinen fliegenden Sohlen durch die Luft. Bald war er in Karthago und fand hier den Äneas, wie er eben den Bau neuer Paläste überwachte. Sein Schwert funkelte vor Edelsteinen, und sein Mantel, den Dido selbst gefertigt hatte, glühte vor Purpur. Er glich von Kopf bis Fuß einem tyrischen Fürsten und sah nicht mehr wie ein Trojaner aus. Da stellte sich Hermes, der für alle anderen unsichtbar war, neben ihn und warf ihm sein Verhalten vor: »Weibersklave, nun stehst du da, hast deine Bestimmung und dein Reich vergessen und baust einer Fremden die Stadt! Weißt du nichts mehr von deinem Sohn Askanios und dem Römischen Reich, das du gründen sollst? Zeus hat mich vom Olymp herabgeschickt, damit ich dich bestrafe und fortjage!«

Ehe sich Äneas von seiner Betäubung erholen konnte, war der Gott bereits entflogen, doch sein Gebot hallte noch in ihm nach, sodass er an nichts anderes mehr denken konnte als an rasche Flucht. Nachdem er seinen Vorsatz von allen Seiten geprüft und erwogen hatte, rief er seine vertrautesten Gefährten an einem einsamen Ort zu sich und befahl ihnen, in aller Stille die Schiffe bereitzumachen, die Gefährten am Strand zu versammeln, die Waffen in Bereitschaft zu halten und den Grund für ihr Tun sorgfältig zu verheimlichen. Er selbst wolle die günstigste Stunde abwarten, um Dido so schonend wie möglich den Beschluss des Schicksals beizubringen, noch ehe sie den vom Himmel erzwungenen Treuebruch ahnte.

Aber wer kann sich vor einem liebenden Herzen verstellen? Die Königin merkte, dass sie hintergangen wurde, war sie doch schon in Sorge, selbst als alles noch sicher war. Jetzt hatte ihr die tückische Pheme berichtet, dass sich die Trojaner zur Abfahrt bereitmachten. Wie eine Wahnsinnige irrte sie durch die Stadt. Schließlich trat sie vor ihren Geliebten selbst und sprach voller Verzweiflung: »Treuloser, du hofftest, mir dein Verbrechen verheimlichen und dich stillschweigend davonmachen zu können? Meine Liebe, meine Hand, mein Tod können dich nicht halten? Mitten im Winter betreibst du die Fahrt und willst dich lieber den Nordwinden in den Arm werfen, als sanft in meinen Armen zu liegen? Warum gehst du fort von mir, Äneas? Bei diesen Tränen, bei diesem Handschlag, bei unserer Liebe beschwöre ich dich, wenn ich dir nur etwas Gutes getan habe, wenn etwas an mir dir lieb gewesen ist, dann gehe nicht! Erbarme dich meines sinkenden Hauses! Um deinetwillen hassen mich die Völker Libyens, ja die Tyrier selbst. Um deinetwillen habe ich die Entsagung aufgegeben, die mich unsterblich machte. Gastfreund – denn mein Gatte bist du nicht mehr –, wem lässt du die Sterbende zurück? Soll ich warten, bis mein Bruder Pygmalion die Stadtmauern stürmt oder bis der Numidier Iarbas mich als Gefangene davonschleppt?«

Äneas aber, den Zeus verwarnt hatte, betrachtete sie mit kaltem Blick und drängte seinen Schmerz zurück. Schließlich erwiderte er: »Solange sich mein Geist in diesen Gliedern regt, werde ich deine Wohltaten nicht vergessen, Dido. Glaube nicht, dass ich mich wie ein Dieb davonstehlen wollte. Doch wir sind nicht verheiratet und ich bin nicht deshalb zu dir gekommen. Wenn das Geschick mir erlaubte mein Leben nach meinem Willen einzurichten, so würde ich als Erstes meine geliebte Heimat Troja wieder aufbauen und das Geschlecht des Priamos zurück an die Macht bringen. Doch Apollon hat mir befohlen nach Italien zu segeln. Dort ist mein Herz und mein Schatz, dort ist das Land meiner Väter. Darf ich meinen Sohn um das verheißene Reich betrügen? Zeus selbst verbietet es mir. Sein Bote Hermes ist mir leibhaftig erschienen. So quäle uns beide nicht länger mit Klagen. Nicht freiwillig gehe ich fort nach Italien!«

Äneas · Die Flüchtlinge verlassen Troja

Schon lange sah Dido den Äneas mit rollenden Augen von der Seite an. Nun maß sie ihn vom Scheitel bis zur Sohle und dann brach es aus ihr heraus: »Du bist nicht der Sohn einer Göttin, nicht Dardanos ist dein Ahn – aus den Felsen des Kaukasos bist du entsprossen, hyrkanische Tiger haben dich gesäugt! Hast du angesichts meiner Tränen nur einmal geseufzt? Hast du mich nur einmal beweint und bedauert? Als Bettler, der an den Strand geworfen wurde, habe ich dich aufgenommen, deine Flotte, deine Gefährten habe ich dir aus dem Rachen des Todes zurückgegeben und mit dir meine Herrschaft geteilt: Und nun schützt du ein Orakel und sogar die Ankunft eines Götterboten und einen göttlichen Befehl vor, als wäre diesen an deinem Treuebruch etwas gelegen! Nun wohl, ich streite nicht mit dir, ich halte dich nicht! Suche dein Italien im Sturm! Wenn es noch Götter gibt, wird meine Rache dich in den Klippen finden! Mein Schatten wird dich verfolgen, und wenn du büßt, was du getan hast, dann werde ich es in der Tiefe des Hades vernehmen!« Die Stimme versagte der Unglücklichen und der Atem stockte ihr. Dienerinnen fingen sie in ihren Armen auf.

Äneas fühlte sehr wohl die Versuchung, Didos Kummer durch liebevollen Trost zu lindern, und seine eigene große Liebe zu ihr bewegte ihn tief. Doch er wankte nicht. Er blieb dem Gebot der Götter treu und ging zu seiner Flotte, die bald bereit war in See zu stechen. Vom Turm ihres Palastes aus musste Dido mit ansehen, wie das Ufer von den abziehenden Trojanern wimmelte. »Anna«, sprach sie zu ihrer Schwester, die herbeigerufen worden war, »siehst du das Getümmel entlang des ganzes Strandes? Hörst du, wie die Segel knattern im Wind, siehst du, wie die Trojaner ihre Schiffe schmücken? Ach, wenn ich dies geahnt hätte, dann hätte ich es auch ertragen. Daher bitte ich dich um einen Gefallen, Schwester. Dich hat der Verräter ja immer geehrt, dir hat er seine geheimsten Gefühle anvertraut. Geh zu ihm und sprich ihn mit stolzen Worten an. Frag ihn, ob ich denn eine Griechin sei, die in Aulis Trojas Untergang beschworen hat. Frag ihn, ob ich die Asche seines Vaters Anchises frevelnd in der Luft zerstreut habe, dass er solche Rache an mir nimmt! Sag ihm, dass er wenigstens bessere Winde für die Fahrt abwarten soll. Ich verlange ja nicht, dass er auf Italien verzichtet, ich will nur eine Frist für meine wahnsinnige Liebe, will nur so lange Zeit, bis ich mein Schicksal verstanden habe und es betrauern kann!«

Die besorgte Schwester ging und trug dem Helden Didos Klagen noch einmal vor. Ihn aber konnte kein Menschenwort mehr erweichen. Ein Gott verschloss dem sonst so gefühlvollen Mann, der für jeden Kummer offen war, das Ohr.

Jetzt erst erkannte Dido den Willen des Schicksals und wünschte sich den Tod. Sie wollte den Himmel über sich nicht mehr sehen. Ihr Wunsch

DIE FOLGEN DES TROJANISCHEN KRIEGES

zu sterben wurde noch bekräftigt durch das schreckliche Zeichen, das der Himmel ihr bei ihrem nächsten Opfer vor Augen stellte: Der aus einer Schale ausgegossene helle Wein verwandelte sich in schwarzes Blut. Von diesem Vorzeichen erzählte sie niemandem, auch ihrer Schwester nicht. Seit sie es empfangen hatte, überlegte sie nur noch, wie sie die anderen täuschen und sich selbst auf sicherstem Weg den Tod bereiten könne. Deshalb trat sie mit heiterer Miene, Hoffnung in den Augen und das grässliche Vorhaben sorgfältig verbergend vor ihre Schwester und sprach: »Schätze mich glücklich, liebe Anna! Ich habe ein Mittel gefunden, das mir entweder den Treulosen zurückbringt oder mich von meiner Liebe befreit. Eine Äthiopierin, die in den Hesperidengärten des Tempels diesen Göttinnen dient, ist hier und verspricht mir, durch ihren Zaubergesang entweder das Herz des Geliebten zu gewinnen oder mein eigenes von dieser Liebe loszulösen. Dazu hat sie aber gewisse Gebräuche vorgeschrieben. Ich nehme in einer Sache, die mich so nah betrifft, nicht gerne Zuflucht zu magischen Künsten. Deshalb beschwöre ich dich, liebste Schwester, errichte mir im inneren Schlosshof heimlich einen Scheiterhaufen, wie es die Zauberin vorgeschrieben hat, lege die Waffen des untreuen Mannes, die er in seinem Gemach zurückgelassen hat, darauf, auch seine Gewänder und die Stoffe, auf denen er lag. Alles, was von ihm übrig ist, will ich vertilgen, und außerdem ordnet es die Priesterin so an.«

Nachdem Dido dies gesagt hatte, verstummte sie und Totenblässe zog über ihr Gesicht. Ihre Schwester Anna ahnte indessen nicht, dass dieser seltsame neue Opferbrauch Didos Selbstmordabsicht verschleiern sollte. Sie wusste nicht, von welcher Raserei ihre Schwester ergriffen war, und ging, um ihren Auftrag auszuführen.

Sobald aber der Holzstoß aufgetürmt war, erschien die Königin selbst, bekränzte ihn mit Zypressenzweigen und legte Blumenketten rings um ihn her. Dann legte sie Schwert, Gewänder und Bildnis des Äneas darauf. Ringsum waren Altäre errichtet. Die fremde Seherin rief mit fliegendem Haar alle Götter der Unterwelt an und goss einen eigenen Höllentrank auf dem Scheiterhaufen aus. Kräuter, die mit Sicheln im Mondschein abgemäht worden waren, wurden darauf geworfen, und noch allerlei Beschwörungen vorgenommen. Dann kehrte die trauernde Göttin zur letzten Nachtruhe auf Erden in ihren Palast zurück.

Unterdessen lag Äneas, nachdem die Abfahrt beschlossen war, im Heck seines Schiffes und schlief. Da erschien ihm noch einmal der Gott Hermes und ermahnte ihn im Traum: »Sohn der Göttin, wie kannst du in einer so gefährlichen Lage schlummern? Siehst du nicht, wie viele Gefahren dich umringen? Hörst du die günstigen Westwinde nicht? Betrug, grässlichen Frevel der Rachgier wälzt die verlassene Königin in ihrem Herzen.

660

Äneas · Die Flüchtlinge verlassen Troja

Willst du nicht fliehen, solange du noch kannst?« Erschrocken sprang Äneas von seinem Lager auf und trieb seine Gefährten an, sofort abzulegen.

Die Morgendämmerung war inzwischen angebrochen, die Königin hatte den Söller bestiegen, sah den Strand leer und die Flotte mit geblähten Segeln auf hoher See. Voller Schmerzen schlug sie mit der Hand an ihre Brust, raufte sich die Locken, und nach langem Jammern und Klagen rief sie ihre Amme Barke und befahl ihre teure Schwester Anna herbeizurufen. Sobald sie allein war, stürmte sie in den inneren Burghof und bestieg, von Wahnsinn getrieben, das hohe Gerüst, auf dem das Schwert ihres treulosen Geliebten lag. Sie zog das Schwert aus der Scheide, warf sich auf das Bett und die Kleider Äneas', die dort ausgebreitet lagen, und sprach von dem hohen Holzstoß herab ihre Abschiedsworte in die einsamen Lüfte: »Ihr süßen Überbleibsel glücklicher Tage, nehmt dies Leben von mir, erlöst mich von aller Betrübnis! Dido hat ausgelebt, hat den vorgeschriebenen Lauf des Schicksals zu Ende geführt. Nicht als ein kleiner Schatten wird sie zur Unterwelt hinabsteigen! Ich habe eine prachtvolle Stadt gegründet, ich habe Mauern erblickt, die unter meiner Herrschaft errichtet wurden, ich habe meinen Gemahl Sychaios gerächt und meinen feindseligen Bruder bestraft! In allem wäre ich glücklich gewesen, wäre der Trojaner nicht an Libyens Küste gestrandet!« Sie konnte vor Schmerz nicht weitersprechen, drückte ihr Gesicht in sein Kissen und stieß sich das Schwert in die Brust.

Auf ihr Stöhnen hin eilten die Dienerinnen aus dem Palast und sahen sie über dem Schwert zusammengesunken. Lautes Klagegeschrei tönte durch die Gemächer und tobte durch die erschütterte Stadt. Mitten im Lauf – denn sie war auf den Ruf der Alten mit den letzten Opfergeräten herbeigeeilt – erfuhr Anna von der entsetzlichen Tat. Sie schlug sich die Brust mit den Fäusten, zerfleischte ihr Antlitz mit den Nägeln und stürzte durch das Gedränge in den Hof des Palastes. »Schwester, Schwester!«, rief sie der Sterbenden schon von weitem zu. »Was hast du getan, wie hast du mich betrogen? Warum hast du mich nicht mit dir sterben lassen? Nun hast du mich doch getötet! Das Volk, deine Väter, die ganze Stadt hast du hingemordet!« Unter solchen Klagen stieg sie auf den Holzstoß empor und umarmte ihre kaum noch atmende Schwester, die mit Mühe den Blick erhob. Dreimal versuchte sie vergebens sich aufzurichten, dann hauchte sie zusammengesunken den Geist in den Armen ihrer Schwester aus.

FÜNFTES BUCH

ÄNEAS
DIE TROJANISCHEN FLÜCHTLINGE LANDEN IN ITALIEN

Der Tod des Palinuros
Landung in Italien – Latinus – Lavinia

Äneas musste Didos Ende, das sein Leichtsinn herbeigeführt hatte, mit neuerlichen Irrfahrten und wiederholten Unglücksfällen büßen, obwohl die Götter selbst ihm befohlen hatten sie zu verlassen. Ein Sturm verschlug ihn wiederum nach Sizilien, wo er von König Akestes, dessen Mutter eine Trojanerin war, gütig aufgenommen wurde, und der für Äneas' Vater Anchises, den er ein Jahr zuvor bei Trepanon begraben hatte, an dessen Todestag herrliche Leichenspiele feierte. In der Zwischenzeit jedoch warfen die trojanischen Frauen, von Heras Botin Iris angestachelt, Brandfackeln auf die Schiffe, weil sie der Seefahrten überdrüssig waren. Vier der schönsten Schiffe verbrannten, die übrigen rettete Zeus durch einen Regenguss.

In der darauf folgenden Nacht erschien dem bekümmerten Helden Äneas sein Vater Anchises im Traum und überbrachte ihm den Befehl des Zeus, die älteren Frauen und Männer, die nicht mehr kämpfen konnten, auf Sizilien zurückzulassen. Er selbst solle mit dem Kern der Mannschaft nach Italien segeln.

Äneas gehorchte. Er gründete zu Ehren des Königs, der ihn so gastlich aufgenommen hatte, die Stadt Akesta in Sizilien und bevölkerte sie mit den Alten seiner Flotte. Er selbst brach mit den kräftigsten Männern, den Jünglingen, Frauen und Jungfrauen auf. Diesmal gewährte ihm Poseidon, auf Bitten der Liebesgöttin Aphrodite hin, ein ruhiges Meer und eine sichere Fahrt. Schließlich wurde die Mannschaft bei dem günstigsten Wind und dem blauesten Himmel so sorglos, dass sogar die Ruderer sich in einer klaren Nacht unter ihre Ruderbänke legten und schliefen. Der verführerische Gott des Schlafes hatte sich von den am hellen Nachthimmel flackernden Gestirnen des Äthers herabgesenkt. In der Gestalt des

Helden Phorbas erschien er dem wachsamen Steuermann Palinuros, der an Deck am Steuerruder saß. »Sohn des Iasios«, sprach er ihn leise an, »siehst du nicht, wie das Meer selbst die Flotte treibt und die sanft wehende Luft dich einlädt dir endlich auch einmal ein Stündchen Ruhe zu gönnen? Lege dich doch nieder und erhole deine müden Augen. Komm, lass mich ein wenig deine Arbeit für dich übernehmen!«

Palinuros war kaum mehr imstande den schläfrigen Blick zu erheben und sprach: »Was sagst du da? Ich soll dem tückischen Element vertrauen, wenn es Ruhe heuchelt? Ich, den der heitere Himmel so oft betrogen hat?« So sprach er und klammerte sich an das Ruder, wobei er sich zwang den Blick auf die Sterne zu richten. Aber der Gott träufelte ihm mit einem Zweig ein paar Tropfen vom Wasser der Lethe auf seine Schläfe, und plötzlich schlossen sich seine Augen. Da gab ihm der Gott einen Stoß und Palinuros stürzte mitsamt dem Steuer kopfüber in die Wellen. Der Schlaf erhob sich wie ein Vogel in die Luft. Der arme Steuermann erwachte in den Wogen, versinkend rief er seine schlafenden Gefährten vergeblich um Hilfe.

Unter dem Schutz des Meeresgottes fand die Flotte auch ohne Steuermann den Weg, und schließlich erreichte sie Italiens Küste. Äneas fuhr am Ufer entlang und lief in den Hafen von Caieta ein. Damals hieß der Hafen noch anders. Er erhielt seinen Namen nach der alten treuen Amme des Äneas, Kaieta, die nach der Landung dort starb und feierlich an diesem Ort beigesetzt wurde. Dann ging Äneas noch einmal mit seinen Gefährten an Bord und gelangte glücklich in den Hafen von Ostia. Hier sah er vom Meer aus einen großen Wald. Zwischen seinen Bäumen brach sich der Strom Tiber, gelb von dem Sand, den er mit sich führte, unter reißenden Wirbeln seine Bahn ins Meer.

Das italische Land, wo sich die trojanischen Auswanderer nun befanden, war das alte Latium, das Gebiet der Laurenter. Über seine ruhigen Städte und Ländereien herrschte ein schon alternder König mit Namen Latinus. Er war ein Sohn des Faunus und ein Urenkel des Gottes Saturnus. Das Schicksal hatte diesem König keinen Sohn gegönnt. Aber um seine einzige, schöne Tochter Lavinia warben viele Fürstensöhne aus Latium und ganz Italien, und vor allem der schönste aller Jünglinge, Daunus, der Sohn des Rutulerkönigs. Ihn bevorzugte Königin Amata, die Mutter der Lavinia, vor allen anderen. Aber erschreckende Götterzeichen ließen dringend von dieser Verbindung abraten. In den hohen Höfen der latinischen Königsburg stand ein Lorbeerbaum, den der alte König schon dort vorgefunden und dem Gott Apollon geweiht hatte, als er den Palast erbauen ließ. Einst besetzte plötzlich ein dichter Bienenschwarm, der mit lautem Summen durch die Lüfte herbeigeflogen kam, die Spitze des Baumes. Füße an Füße klammernd hing der ganze Schwarm wie eine Blumendolde plötzlich von den grünen Ästen des Baumes herab. Man rief einen Seher herbei, der das Zeichen deuten sollte. Der sprach: »Ich sehe einen Mann und ein Heer aus fernen Landen herbeiziehen, aus einer Himmelsrichtung in eine andere Himmelsrichtung, und sehe ihn als Herrscher dieses Palastes!« Dann geschah wiederum ein Zeichen: Als Lavinia mit ihrem Vater am Altar stand und er die Opferflamme entfachte, da schien es, als fingen Lavinias Locken Feuer, als brenne ihr Haar, als glühe ihre goldene Krone und verstreue, in Rauch und Flammen gehüllt, Glut durch den ganzen Palast. Dies wurde nun für ein wirklich bedeutsames und grauenhaftes Vorzeichen gehalten. Lavinia selbst – so lautete die Deutung der Seher – gehe zwar einem erhabenen Geschick und großem Ruhm entgegen, dem Volk aber sagten sie einen furchtbaren Krieg voraus. Latinus befragte das Orakel seines Vaters Faunus. Aber auch dies weissagte ihm einen fremden Schwiegersohn, aus dessen Stamm ein Geschlecht erwachsen werde, dem die Herrschaft der ganzen Welt bestimmt sei.

Am Ufer des Tiber legten sich Äneas, sein Sohn Askanios und die übrigen Fürsten der Trojaner im Schatten eines hohen Baumes nieder und bereiteten ein Mahl. In der Eile nahmen sie sich nicht einmal die Zeit die Geräte aus den Schiffen zu holen, sondern sie buken große Weizenfladen, worauf sie die Speisen wie auf Tischen und Tellern ausbreiteten. Als der kleine Vorrat, den sie ausgeladen hatten, verzehrt, aber ihr Hunger noch nicht gestillt war, bissen sie herzhaft in die Weizenfladen. Da sagte der kleine Askanios lachend: »Wir essen ja unsere eigenen Tische!« Dieser Scherz klang allen unangenehm im Ohr. Äneas aber sprang freudig auf und rief: »Heil dir, du fremdes Land! Du bist es, das mir vom Geschick verheißen wurde! Auf heitere Weise wird nun erfüllt, was uns die Harpyie Kelaino als etwas Entsetzliches prophezeit hatte. Der Hunger werde uns an unbekannten Ufern, so krächzte sie, zwingen unsere eigenen Tische zu essen. Wohlan, es ist bereits geschehen. Der Spruch, den auch mein Vater Anchises mir geweissagt hatte, hat sich erfüllt. Wenn dies geschieht, so sagte er, dann ist das Ende der Mühseligkeiten da, dann baut Häuser!«

Daraufhin erkundeten die Fremdlinge das fruchtbare Land, und bald stießen sie auf Behausungen. Sie fragten, wer das Volk und wer König des Landes sei, und schnell wurde eine Gesandtschaft an König Latinus beschlossen.

Lavinia wird Äneas zugesprochen

Äneas wählte von allen Schiffen die edelsten Männer, hundert an der Zahl, als Redner oder Gesandte aus, die zu König Latinus geschickt werden sollten. Wie Schutzflehende hielten sie bebänderte Ölzweige in den Händen, als sie wenig später die Stadt der Latiner betraten. Vor der Stadt tummelte sich die Jugend zu Pferd und zu Wagen, andere unterhielten sich mit Speerwerfen und Bogenschießen, mit Faustkampf oder Wettrennen. Als nun die fremden Gesandten kamen, eilte ein berittener Bote voraus in die Stadt und brachte dem alten König die unerwartete Botschaft, dass eine große Schar stolzer Männer in friedlicher Absicht unterwegs zur Stadt sei. Der König befahl sogleich, sie in seinen Palast zu rufen, und versammelte all seine Angehörigen um den Thron seiner Ahnen.

Der Palast des Königs war groß und prächtig, er lag über der Stadt. Hundert Säulen trugen ihn und ein heiliger Hain umgab ihn mit hohen, Ehrfurcht gebietenden Bäumen. Latinus saß auf einem hohen Thron und ließ die Trojaner rufen. Als sie eingetreten waren, sprach er freundlich zu ihnen: »Euer Volk ist mir nicht unbekannt, und euer Erscheinen wurde mir angekündigt, als ihr noch lange auf dem Meer umherirrtet. Ob ihr nun durch Stürme hierher verschlagen oder absichtlich gekommen seid – auf jeden Fall seid ihr an keiner ungastlichen Küste gelandet. Erkennt in uns Latinern das friedliche Geschlecht des Saturnus, das von sich aus gut ist und den alten frommen Gebräuchen des Gottes mit edler Freiheit folgt! Auch erinnere ich mich noch – selbst wenn viele Jahrhunderte die Sage verdunkelt haben –, dass euer Ahnherr Dardanos aus dieser, unserer Gegend stammen soll.«

Ilioneus, der zum Sprecher auserwählt worden war, erwiderte ihm: »Kein Orkan hat uns an deine Küste gezwungen, erhabener Sohn des Faunus, kein falscher Stern hat uns in die Irre geführt! Aus freiem Willen haben wir dein Ufer erreicht, denn wir wollten es so. Wir sind aus einem herrlichen Reich vertrieben worden, und der Erzvater unseres Geschlechts ist Zeus selbst. Auch unser Fürst und Anführer Äneas, der Sohn der Göttin Aphrodite, ist ein Enkel des Zeus, und er selbst ist es, der uns in deinen Palast gesendet hat. Den Sturm, der Troja niedergerissen hat, kennt alle Welt. Dir ist er ebenfalls nicht unbekannt geblieben. Dieser Verwüstung sind wir entflohen und flehen euch an um einen Ort, an dem wir den Göttern unserer Heimat wieder Tempel errichten können, um ein sicheres Ufer, um Wasser und Luft, die ein gemeinsames Gut aller Menschen sind. Italien wird es niemals bereuen, Troja in seinen Schoß aufgenommen zu haben. Denn Dardanos stammt von hier und ruft uns hierher zurück. Es war der Befehl der Götter, der uns trieb, dieses Land zu suchen. Damit du aber siehst, dass wir wirklich die sind, für die wir uns ausgeben, wird dir unser Führer Äneas Geschenke überreichen, die wir für dich mitgebracht haben, und die freilich nur geringe Überreste aus Trojas Trümmern sind: Diesen goldenen Pokal, aus welchem Anchises, der Vater unseres Helden, sein Trankopfer zu verrichten pflegte; dieses Gewand des hohen Königs Priamos, das er trug, wenn er vor dem versammelten Volk Recht sprach, nicht zuletzt seinen heiligen Kopfschmuck, sein Zepter und andere Gewänder, die das kunstvolle Werk trojanischer Frauen sind!«

Während Ilioneus sprach, hatte der alte König Latinus die Augen still zu Boden gesenkt, wie einer, der in tiefes Nachdenken versunken ist. Er gab wenig auf die kostbaren Geschenke Acht, welche die Gesandten vor den Stufen seines Thrones ausbreiteten; er bedachte bei sich den Orakelspruch seines Vaters Faunus. Auf einmal wurde ihm klar, dass dieser und kein anderer der verheißene Bräutigam seiner Tochter und dazu ausersehen war, mit ihm gemeinsam über das Reich zu herrschen. Er würde der Stammvater des Geschlechts sein, das dazu bestimmt war, über die ganze Welt zu herrschen. Da hellte sich seine Miene auf, er hob seinen Kopf und sprach: »Mögen die Götter unser Werk und ihre Verheißung segnen. Was ihr wünscht, sollt ihr erhalten, Trojaner, und auch ich nehme eure Geschenke an. Nun soll Äneas selbst zu mir kommen und sich vor einem Freund nicht scheuen. Ihr aber überbringt ihm meine Botschaft: Ich habe nur eine Tochter. Das Orakel meines Vaters und andere Wunderzeichen erlauben mir nicht, sie mit einem einheimischen Mann zu vermählen. Nach der Weissagung soll der Mann meiner Tochter aus einem fremden Land kommen.«

Nun ließ der König aus seinen Ställen, wo an hohen Krippen dreihundert der prächtigsten Pferde standen, für jeden Trojaner ein mit Purpur bedecktes Pferd herbeibringen. Goldene Ketten hingen den Pferden bis an die Brust hinab, Geschirr und Zaumzeug waren aus Gold. Für Äneas selbst aber sandte er einen Wagen mit einem Doppelgespann schnaubender Pferde, die aus göttlichem Samen gezeugt worden waren.

Hera entfacht Krieg – Amata – Turnus
Die Jagd der Trojaner

Das Glück des Äneas konnte seine Feindin Hera nicht gleichgültig mit ansehen. Sie rief die Erinnye Alekto aus der Unterwelt herauf, um die Eintracht im Keim zu ersticken.

Alekto schwebte als Erstes nach Latium und ergriff Besitz von dem stillen Gemach der Amata. Sie warf der Königin, der ohnehin schon bittere Sorgen über das Herannahen der Trojaner und die ersehnte Vermählung ihrer Tochter Lavinia mit dem Rutulerfürsten Turnus das Herz zernagten, heimlich eine Natter aus ihrem Schlangenhaar auf die Brust. Von diesem Scheusal angefressen, sollte sie das ganze Haus in Verwirrung bringen. Die Schlange verwandelte sich sofort in Amatas goldenen Halsring, in ihren langen Schleier, ihren Haarreif und durchschlüpfte und umirrte ihr so alle Glieder. Unbemerkt träufelte sie zugleich ihr Gift auf Amatas Haut, sodass es ihren ganzen Leib durchrieselte. Solange es noch nicht ins Knochenmark eingedrungen war, zeigte sich seine volle Wirkung nicht. Es äußerte sich nicht anders, als wie natürliche Gemütsbewegungen sich zu äußern pflegen. Amata brach in Tränen aus und begann über die Vermählung ihrer Tochter zu klagen. »Grausamer Gatte«, sagte sie zu sich selbst, »weder mit mir noch mit deiner Tochter hast du Mitleid! Wo bleibt deine sonstige Sorge um die Angehörigen, wo das heilige Versprechen, das du deinem Blutsverwandten Turnus so oft gegeben hast! An heimatlose Flüchtlinge verschenkst du unser Kind!«

Und auch ihrem Gemahl selbst machte sie solche Vorwürfe. Als sie aber sah, dass er fest und unwiderruflich auf seinem Beschluss beharrte, da erst durchströmte sie das Schlangengift der Erinnye ganz, und sie tobte wie wahnsinnig durch die Stadt. Nun war Alekto zufrieden, denn sie hatte das Werk, das Hera ihr aufgetragen hatte, vollbracht. Sogleich schwang sie sich in die Hauptstadt der Rutuler, welche Danaë, die Geliebte des Zeus, gegründet haben soll und die von alters her den Namen Ardea trug. Hier fand sie in den innersten Gemächern des Palastes den Fürsten Turnus in tiefem Schlaf. Da legte Alekto ihre Erinnyenkleider ab und nahm die Gestalt einer alten Frau an. Sie hatte hässliche Runzeln auf der Stirn und unter ihrem Schleier quollen graue Haare hervor, um welche sich ein Olivenzweig schlang. Auf diese Weise glich sie ganz und gar der alten Kalybe, der Tempelpriesterin Heras. In dieser Gestalt trat sie vor den schlafenden Jüngling und sprach: »Ist es denn möglich, Turnus, kannst du denn so gleichgültig mit ansehen, wie alle deine Hoffnung vereitelt und das Zepter, das dich erwartete, an trojanische Landstreicher verschenkt wird? Zeus sendet mich zu dir: Du sollst dein Volk bewaffnen, sollst ausziehen zum freudigen Kampf, am Strand ihre bunten Schiffe verbrennen und am Ende sie selbst vernichten!«

Lachend erwiderte der Jüngling im Traum: »Alte! Dass die Flotte der Trojaner in den Tiber eingelaufen ist und Hera meiner gedenkt, wusste ich schon längst. Das andere sind Schreckbilder, mit denen dich dein Alter quält. Kümmere du dich um die Götterbilder und den Tempel und überlasse Krieg und Frieden den Männern!«

Die Erinnye durchbebte ein Zorn bei diesen Worten und der Jüngling empfand ihren Schauder auf der Stelle. Er hörte des Zischen ihrer Schlangen, sein Blick erstarrte und er wollte noch etwas erwidern, als die nächt-

DIE FOLGEN DES TROJANISCHEN KRIEGES

liche Gestalt plötzlich übermenschlich groß geworden war, ihn, der sich aufgerichtet hatte, mit einem Stoß auf sein Lager zurückwarf, aus ihrem Haar zwei Schlangen hervorzog, sie wie eine Peitsche knallen ließ und dazu mit Schaum vor den Lippen sprach: »Meinst du noch immer, ich sei ein verschimmeltes altes Weib und verstünde nichts vom Zwist der Könige? Erkenne die Rachegöttin in mir, die Krieg und Tod in ihren Händen hält!« Gerade sah der Jüngling noch, wie sie ihre Fackel schwang, dann warf sie sie auf seine nackte Brust, sodass sie ihn qualmend verbrannte. Der Schweiß brach ihm aus. »Waffen!«, schrie er, noch vom Schlaf benommen. Als er wach war, durchwühlte er selbst sein Bett und dann sein Haus nach Waffen. Rasende Kriegswut brodelte in seiner Brust. Sobald der Morgen angebrochen war, rief er die Oberhäupter seines Volkes zum Kampf gegen den treulosen König Latinus und die Trojaner.

Während Turnus seine Landsleute aufstachelte, flog die Erinnye zuletzt noch ans Ufer des Tiber, wo Askanios eben mit seinen Begleitern in den dichten Wäldern bei der Jagd war. Hier beseelte Alekto die Spürhunde mit plötzlicher Wut, gab ihnen eine Witterung und hetzte sie hinter einem Hirsch her. Der war besonders schön und trug ein prächtiges, hohes Geweih. Die Söhne des Tyrrhus, der der Oberhirt des Königs Latinus war, hüteten ihn, denn er war vom Euter seiner Mutter weggenommen und in den Wäldern des Königs aufgezogen worden. Die Tochter des Tyrrhus, Silvia, hatte sich das Tier gezähmt und kümmerte sich um seine Pflege. Der Hirsch ließ sich willig von ihr streicheln, war an den Tisch seines Herrn gewöhnt, streifte frei durch die Wälder und kam jeden Abend freiwillig zu seinem Hirten zurück.

Auf die Spur dieses zahmen Hirschen hatte die Erinnye die Hunde des Askanios gehetzt, als das Tier eben den Tiber hinabschwamm, um sich zu kühlen. Askanios fasste das prächtige Wild ins Auge, schoss einen Pfeil ab und verwundete den Hirschen tief. Der Tier fuhr aus dem Wasser, kam blutend noch bis zum Haus seines Herrn, schleppte sich ächzend in den Stall und winselte laut, wie einer, der um Mitleid fleht. Als Erste entdeckte Silvia ihren Liebling und rief mit lautem Geschrei die Bauern aus der Umgebung zu Hilfe. Die kamen sogleich mit Fackeln und Keulen bewaffnet herbei. Tyrrhus selbst rief seinen Gesellen, der gerade eine Eiche mit einem Beil spaltete. Und als Alekto den Zeitpunkt für gekommen hielt, stellte sie sich auf den Giebel des Hauses, blies durch das Horn und ließ den lauten Hirtenruf ertönen. Von allen Seiten strömten jetzt wütende Bauern herbei. Aber auch dem Askanios kam die trojanische Mannschaft zu Hilfe. Bald waren es auf der anderen Seite nicht mehr bloß mit Prügeln bewaffnete Haufen, sondern es hatten sich zwei regelrechte Schlachtreihen gebildet: Schwerter wurden gezogen und die Bogen wurden gespannt.

ASKANIOS VERWUNDET DEN HIRSCH DER SILVIA

DIE FOLGEN DES TROJANISCHEN KRIEGES

Der erste Pfeil der Trojaner, die sich gegen die anstürmenden Feinde
zur Wehr setzten, traf den ältesten Sohn des Tyrrhus, Almo, und verwundete ihn tödlich. Nun begann ein allgemeines Gemetzel. Der ehrenhaf-
teste und reichste Bauer in ganz Latium, der alte Galaesus, der fünf Rin-
der- und fünf Schafherden besaß und hundert Pflüge auf seinen Äckern
hatte, war vorgetreten, weil er zwischen den Feinden vermitteln wollte.
Doch er wurde nicht angehört, sondern von einem Pfeilhagel niedergestreckt. Nun stürzten die überwältigten Hirten aus dem Kampf in die Stadt
und trugen ihre Toten, den Almo, den Galaesus und viele andere, klagend
durch die Tore. Sie riefen die Götter laut um Hilfe an, eilten zum Königspalast und versammelten sich um Latinus, ihren Herrn. Auch Turnus fand
sich schreiend und tobend ein und forderte vor dem König, dass er die
Trojaner fortjagen solle. Latinus aber stand unbeweglich wie ein Fels in
der Brandung. Dennoch vermochte er dem blindwütigen Toben auf die
Dauer nicht Widerstand zu leisten. »Wehe mir«, rief er schließlich, »ich
fühle es wohl, ein Sturm reißt uns fort. Armes Volk, du wirst gegen den
Willen der Götter kämpfen und diesen Frevel mit deinem eigenen Blut
bezahlen. Auch du, Turnus, wirst dem Strafgericht des Himmels nicht entgehen! Ich aber glaubte schon im Hafen zu sein und hoffte mein Leben in
Ruhe zu beenden. Nun gönnt ihr mir nicht einmal einen friedlichen Tod!«
    Der Götterkönigin Hera, Trojas Feindin, dauerte der Verzug zu lange.
In der Stadt der Latiner stand ein Tempel des Krieges, der mit zweifachen
Pfosten und von hundert eisernen Riegeln verschlossen war. Sein Hüter
war Janus, der uralte Städtegott der Latiner. Wenn die Volksoberhäupter
blutige Kämpfe auf Leben und Tod beschlossen, dann öffnete der König
selbst im feierlichen Kriegsgewand die knarrenden Pforten. Nun forderte
das Volk seinen König auf, dies zu tun. Er aber verweigerte diesen grässlichen Dienst und zog sich in die tiefste Einsamkeit seines Palastes
zurück. Da schwang sich Hera vom Himmel herab, stieß mit eigener Hand
an die widerstrebenden Pfosten, drehte die Angeln, und die Pforten des
Kriegstempels fuhren donnernd auseinander.

Ausbruch des Krieges
Äneas sucht Hilfe bei Euander

Ganz Italien, so ruhig und friedlich es vorher gewesen war, geriet in
plötzlichen Kriegsbrand. In allen Häusern wurden die Schilde geglättet, die Speere gespitzt, die Äxte am Schleifstein gewetzt. Die Trompeten
riefen zum Marsch, die Fahnen flatterten. Alle Männer ergriffen die Waffen, die einen zogen zu Fuß ins Feld, die anderen hoch zu Ross. Streitwagen flogen hinter schnaubenden Pferden her, die Ebenen glänzten von

Äneas · Die trojanischen Flüchtlinge landen in Italien

Gold und Eisen, von Rüstungen und Schwertern. Aus allen Städten Italiens kamen die ersten Sprösslinge der alten Heldengeschlechter hervor, deren Ahnen zum Teil Götter und Göttersöhne waren. Unter den Ersten marschierte Turnus in männlicher Schönheit, seine prunkvollen Waffen in der Hand, seine Kampfgefährten um einen Kopf überragend. Ein dreifacher Busch flatterte auf seinem Helm, auf dem die Feuer speiende Schimäre abgebildet war. Sein Schild trug ein Bild der Io, wie sie eben zur Kuh wird, ihres Hüters Argos, ihres Vaters und des Flussgottes Inachos, der seinen Strom aus der Urne gießt. Hinter Turnus und seinen Helden drängten sich die Latiner und Rutuler, Aurunker, Sikaner und eine Menge ausonischer Völkerschaften. Fußvolk mit Schilden, vor allem Mezentius mit seinem Sohn Lausus, Aventinus, der Sohn des Herakles und der Rhea, Catillus und Coras, die Brüder des Tiburtus aus Tibur und viele andere. Dann kam die Reiterei der Volsker in glänzenden Erzpanzern, angeführt von ihrer jungfräulichen Fürstin Camilla. Sie hatte ihre Hände niemals an den Webstuhl gewöhnt, sondern das Kämpfen gelernt. Auf ihrem schnellen Pferd war sie mit den Winden um die Wette gelaufen. Sie flog so geschwind dahin, dass sie über die Felder reiten konnte, ohne einen Halm zu berühren, und über das Meer, ohne sich die Füße zu benetzen. Alt und Jung blickte ihr verwundert nach, wie sie mit ihrer Schar durch Städte und Dörfer zog, den königlichen Purpur über die Schultern geworfen, das reiche Haar mit einer goldenen Nadel aufgebunden, Köcher und Bogen über der Schulter und die scharfe Lanze in der Hand.

Diese gewaltigen Kriegsrüstungen bereiteten Äneas und den Trojanern schwere Sorgen. Da erschien Äneas der Flussgott Tiberinus im Traum. In einem meerblauen Gewand, die Haare mit einem Schilfkranz bedeckt, stieg er als alter Mann zwischen den Pappeln aus dem Strom empor. »Göttlicher Held«, sprach er, »verzage nicht. Der Groll der Götter gegen dich hat sich gelegt. Damit du nicht meinst, ein nichtiges Trugbild zu sehen, will ich dir ein Zeichen geben. Unter den Eichen am Ufer wirst du ein Mutterschwein finden, das dreißig Frischlinge geboren hat. Dort ist die Stelle, wo dein Sohn Askanios in dreißig Jahren die verheißene Stadt Alba, die Mutterstadt Roms, gründen wird. Für jetzt aber höre, wie du dich gegen die Gefahr schützen kannst, die dir droht. Nicht weit von hier, im Land der Tusker, haben sich griechische Pelasger, die von dem alten König Pallas abstammen, unter ihrem Fürsten Euander angesiedelt und auf einem Berg die Stadt Pallanteum gegründet. Wenn sie auch Griechen sind, musst sie doch nicht fürchten, denn sie sind unversöhnliche Feinde der Latiner. Mit ihnen musst du dich verbünden, und sie werden an deiner Seite kämpfen. Opfere der Göttermutter Hera, sobald du erwachst, und besiege ihren Zorn durch Demut. Dann mach dich sogleich auf den Weg zu Euander.«

671

DIE FOLGEN DES TROJANISCHEN KRIEGES

Der Gott verschwand, Äneas erwachte und tat, was der Gott ihm geraten hatte. Er wählte zwei Schiffe aus seiner Flotte und seine besten Freunde aus. Noch bevor sie ablegten, bewahrheitete sich das Zeichen, das der Flussgott Äneas angekündigt hatte. Am Waldrand erblickten sie ein Schwein mit dreißig Jungen unter einer mächtigen Eiche. Äneas opferte das Schwein und ihre Jungen der mächtigen Göttin Hera und besänftigte mit diesem Opfer ihren Groll. Dann schiffte er sich auf dem Tiber ein, der, von dem Flussgott gebändigt, glatt und eben wie ein Spiegel vor ihm lag. Die Wellen selbst staunten und der Uferwald wunderte sich, als sie bunte Schiffe und Männer mit glänzenden Schilden fast ohne zu rudern heraufziehen sahen.

Einen Tag und eine Nacht fuhren sie durch die weiten Flusswindungen zwischen grünen Hainen auf dem ruhigen Wasser dahin, bis sie am nächsten Morgen in der Ferne Mauern, Häuser und eine Burg auf einem hohen Berg erblickten. Sogleich richteten sie ihren Bug aufs Ufer, gerade dorthin, wo der Berg, auf welchem die Stadt Pallanteum lag, in den Fluss auslief.

Es war gerade der Tag, an welchem der Arkadierkönig Euander, seinen Sohn Pallas an der Seite, mit dem kleinen Rat seiner Stadt und den angesehensten Jünglingen, in einem benachbarten Hain des Herakles ein feierliches Opfer darbrachte. Weihrauch und Blut dampften auf den Altären, und das Opfermahl hatte schon begonnen. Als nun die Arkadier die hohen Schiffe zwischen den dunklen Uferwäldern herbeischwimmen sahen, erschraken sie und wollten von ihrem Mahl aufspringen und fliehen. Doch der mutige Jüngling Pallas verbot ihnen das Fest zu unterbrechen, ergriff seine Lanze, lief ihnen entgegen und rief noch vom Hügel herab: »Was führt euch auf diese ungewohnte Bahn, ihr Männer, woher seid ihr? Was wollt ihr? Bringt ihr uns Krieg oder Frieden?«

Äneas antwortete, als er noch an Deck seines Schiffes stand, indem er das Friedenszeichen, den Olivenzweig, hoch in seiner Hand hielt: »Was du siehst, sind Trojaner, Jüngling, Männer, die zum Kampf gegen die Latiner gerüstet sind, welche uns Flüchtlinge gewaltsam aus ihrem Land vertreiben wollen. Wir kommen zu König Euander, um ihn um sein Bündnis und um Hilfe zu bitten.«

Als Pallas den großen Namen der Trojaner hörte, staunte er und rief in freudiger Bestürzung: »Ich grüße dich, Gast, wer du auch seist. Tritt vor meinen Vater und fühle dich in unserem Haus willkommen!«

Pallas hatte Äneas die Hand geschüttelt, als er an Land gekommen war. Bald wiederholte er sein Gesuch vor dem König der Arkadier, allerdings noch immer, ohne seinen Namen zu nennen. Der König aber hatte sein Gegenüber lange gemustert, und schließlich entgegnete er: »Wie gern nehme ich dich auf, tapferer Sohn Trojas, denn ich kenne dein Geschlecht

Äneas · Die trojanischen Flüchtlinge landen in Italien

und deinen Namen. Rede, Stimme und Gestalt deines großen Vaters Anchises stehen mir wieder vor Augen, und ich erinnere mich noch gut an den Helden Priamos. Auf der Fahrt nach Salamis, unterwegs, um das Reich seiner Schwester Hesione, der Gemahlin Telamons, zu besuchen, kam er auch durch unser Arkadien gezogen. Mir sprosste damals der erste Flaum um die jungen Wangen, und mit Ehrfurcht sah ich den König und seine Volksoberhäupter, vor allem aber den herrlichen Anchises. Ich konnte meinen Wunsch ihn anzusprechen und ihm die Hand zu reichen nicht bezähmen. Er folgte mir als Gastfreund in unseren Palast, und zum Abschied schenkte er mir Köcher und Pfeile, ein prächtiges Kriegsgewand und zwei vergoldete Zäume, die jetzt mein Sohn Pallas besitzt. Darum dürft ihr euch ohnehin als meine Verbündeten betrachten, und schon morgen früh sollt ihr mit unserer Verstärkung in euer Lager zurückkehren. Heute aber feiert mit uns dieses schöne Jahresfest, das wir nicht verschieben dürfen.« Er befahl die abgeräumten Becher und Speisen wieder zurückzubringen, und die Trojaner mussten auf den Rasenbänken Platz nehmen. Den Äneas selbst aber führte er zu einem gepolsterten Sessel aus Ahorn, über den ein zottiges Löwenfell gebreitet war. Der Priester des Altars und ausgewählte Jünglinge trugen geröstetes Stierfleisch und Brot auf und reichten großzügig Wein herum.

König Euander verschönerte das üppige Mahl mit einer Erzählung über den Anlass des Opfers. Er wies mit der Hand auf eine Felsenkluft und erklärte seinen Gästen, dass dort der grässliche Halbmensch Cacus, der Sohn des Hephaistos, gehaust hatte, der dem Herakles die erbeutete Rinderherde des Riesen Geryones stahl und von Herakles bezwungen wurde. Für den Sieg über dieses Untier brachten die dankbaren Arkadier dem Herakles als Schutzgott dieser Gegend noch immer ein jährliches Dankesopfer dar.

Über dieser Erzählung war es Abend geworden, und nachdem das Opfer vollendet war, begaben sich alle in die Stadt. Diese aber war nur klein. Wer hätte jemals gedacht, dass einst die Weltstadt Rom an ihrer Stelle stehen sollte? Die Arkadier waren ein ländliches Hirtenvolk und hatten keine Schätze aus ihrer Heimat mitgebracht. Doch ihren Mut und ihre starken Arme konnten sie den Trojanern zum Beistand bieten. Dem Äneas gefiel es deshalb im Haus des Euander, wenn es auch mehr einer Hütte als einem Palast glich, und er sank auf einem weichen Lager aus Blättern, über welche ein zottiges Bärenfell ausgebreitet worden war, in sanften Schlummer.

DIE FOLGEN DES TROJANISCHEN KRIEGES

Der Schild des Äneas

Unterdessen ging Hephaistos, durch die Bitten seiner Gattin Aphrodite angetrieben, in die Ätnakluft der Zyklopen, um die Waffen des Äneas zu schmieden, die ihm den Sieg über die Latiner verschaffen sollten. Er nahte sich der donnernden Höhle, die ganz von Feueressen durchflammt war. Gewaltige Schläge auf den Amboss dröhnten hallend weit hinaus in die Ferne, im Gewölbe sprühten zischende Schlacken und aus den Öfen atmete unaufhörliche Glut. Dort in der weiten Kluft schmiedeten die rußigen Zyklopen Brontes, Steropes und Pyrakmon und ihre unzähligen Knechte mit aufgestülpten Ärmeln Tag und Nacht das Eisen. Die einen waren gerade an einem halb fertigen Blitzstrahl, der mit zwölf Zacken geschmiedet wurde, und schweißten eben die drei Hagelspitzen, die drei Regenspitzen, die drei Glutspitzen und die drei Sturmwindspitzen daran und mischten Flamme, Donner und Entsetzen darunter. Die anderen fertigten Räder und Wagen für den Kriegsgott Ares, wieder andere aus Gold und Drachenschuppen den glatten Ägisschild der Pallas Athene mit dem Medusenhaupt.

»Weg mit all dem«, rief Hephaistos, als er in die Höhle trat, »ihr müsst nun etwas anderes herstellen, Zyklopen! Für den tapfersten Mann sollt ihr jetzt die Waffen schmieden; jetzt geht es um Kraft, Können und Erfahrung: Geht unverzüglich ans Werk!« Die Zyklopen waren bereits an die knappen Befehle ihres Herrn gewöhnt und machten sich rasch an die Arbeit. Bald flossen Erz und Gold in Strömen, in den Öfen schmolz der Stahl. Ein gewaltiger Schild wurde geformt und sieben Mal Schicht auf Schicht geschmiedet. Einige setzten die Blasebälge in Bewegung, andere kühlten das zischende Erz im Löschtrog. Dann wurde die Masse mit der Zange umgedreht und die Hämmernden schwangen die Arme im Takt und schlugen auf den Amboss, dass die Höhle schmetterte.

Am anderen Morgen übergab Euander, der bereits ein alter Mann war und daher nicht selbst mit in den Krieg ziehen konnte, dem scheidenden Gastfreund vierhundert arkadische Reiter, darunter den Trost und die Hoffnung seines Alters, seinen eigenen Sohn Pallas. Dazu beschenkte er alle Trojaner mit Pferden. Äneas selbst erhielt das prächtigste, das mit einem gelben Löwenfell, dessen Klauen vergoldet waren, bedeckt war. Dann ergriff Euander die Hand seines Sohnes, drückte sie an seine Brust und sprach unter Tränen: »Ach, wenn Zeus mir doch die vergangenen Lebensjahre zurückbrächte. Jetzt kann ich nur dich und unseren Freund den Göttern anempfehlen. Mögen sie mich erhören, mögen sie dir eine glückliche Wiederkehr bereiten! Auf dass keine Schreckensbotschaft je mein Ohr verwunde!« Nach diesem Abschied sank der Alte zusammen und die Diener trugen ihn in sein Haus zurück.

Äneas · Die trojanischen Flüchtlinge landen in Italien

Die Reiter aber zogen durch die geöffneten Tore hinaus, mit ihnen Äneas und ein Teil der trojanischen Männer. Die anderen hatte er mit den Schiffen auf dem Strom zurückfahren lassen. Als sie in einem entlegenen Tal zwischen finsteren Tannenwäldern angekommen waren, ruhten sie und ihre Pferde von dem langen anstrengenden Ritt aus. Äneas hatte sich von seinen Männern abgesondert und lag an einem kühlen Wasser unter einer Eiche. Diesen Augenblick wählte seine Mutter Aphrodite, um sich mit den frisch geschmiedeten Waffen aus den Wolken des Äthers herabzusenken. Sie legte sie ihrem Sohn zu Füßen, machte sich ihm sichtbar und sprach: »Sieh her, Kind, welch ein Geschenk dir mein Gemahl bereitet hat. Jetzt darfst du nicht mehr länger zögern die stolzesten Laurenter, ja den wilden Rutuler Turnus selbst zum Kampf herauszufordern.«

Äneas staunte. Glücklich über die Gegenwart seiner göttlichen Mutter und der großen Ehre, konnte er sich an den blitzenden Waffen gar nicht satt sehen und drehte bald den buschigen Helm, bald das Schwert, bald den Panzer aus Erz, der so rot wie die untergehende Sonne strahlte, bald die goldenen Beinschienen und den schlanken Speer in seinen Händen. Am längsten aber blieb sein Blick auf dem kunstreichen, mit unerschöpflicher Bilderpracht übersäten Schild haften. Hier hatte der Gott des Feuers eine ganze Reihe von Begebenheiten abgebildet. Vergeblich bemühte sich Äneas, die Bilder zu erkennen, denn es waren die Schicksale und Triumphe der Römer, des Volkes, das erst in später Zukunft dem Stamm seines Sohnes entsprießen sollte: In der Mitte des Schildes war eine Wölfin dargestellt, die Zwillingsbrüder säugte, die sie liebevoll beleckte. Jedes Kind aus unserer heutigen Zeit hätte dem Äneas sagen können, dass diese Zwillinge Romulus und Remus waren. Außerdem war eine Stadt abgebildet, wo in einem hohen Theater Frauen von Männern davongetragen wurden: Es war Rom und der Raub der Sabinerinnen; dann vor Zeus' Altar zwei bewaffnete Herrscher mit Sühneopfern und Bundesschalen in der Hand: Romulus und Tatius. Nicht weit davon entfernt schleifte ein König mit seinem Vierergespann einen Verbrecher zu Tode: Es waren Tullus Hostilius und der falsche Mettius. Auf einer halb eingestürzten Brücke stand ein einäugiger Verteidiger, und durch den Strom schwamm eine Jungfrau, während ein zorniger Kriegerkönig am Ufer gegenüber thronte: Cocles, Cloelia und Porsenna, der Etrusker. In einer hohen befestigten Stadt mit Palästen und Tempeln stand ein bewaffneter Wächter und silberne Gänse flatterten durch goldene Hallen, während am Fuße des Berges Barbaren auf der Lauer standen: Manlius und die Gallier. Und so folgte eine Geschichte auf die andere, bis hin zu Catilina, Cato, Caesar und Augustus. Äneas wusste von all diesen Dingen noch nichts und freute sich an seinem Schild, wie sich ein Kind an einem Bilderbuch freut. Dann

DIE FOLGEN DES TROJANISCHEN KRIEGES

legte er seine himmlischen Waffen an, nahm den Schild in die linke Hand, und in dem Gefühl, unter dem Schutz der hohen Götter zu stehen, ging er zu seinen Männern zurück.

Turnus im Lager der Trojaner

Während sich dies in Tuskien ereignet hatte, hatte Hera, deren Groll gegen Äneas noch immer nicht besänftigt war, ihre Botin Iris zu Turnus geschickt. Sie meldete dem Anführer der Feinde, dass Äneas sein Lager, seine Gefährten und seine Flotte verlassen und sich in Euanders Reich begeben hatte, und befahl ihm das trojanische Lager zu stürmen. Turnus befolgte auf der Stelle ihren Befehl. Der Held Messapus stürmte voran, Tyrrhus und seine Söhne bildeten die Nachhut, und Turnus selbst blieb im Kern des Heeres. So zogen sie über die freien Felder an das Ufer des Tiber.

Kaïkos, der Wächter der vordersten trojanischen Warte, sah plötzlich dunklen Staub über dem Feld aufwirbeln. »Brüder«, rief er in das Lager zurück, »ein Schwarm, der sich nähert, verfinstert die Luft. Bringt die Waffen! Schnell auf die Lagermauern, der Feind ist da!« Auf diese Nachricht hin stürzten die über das Gelände zerstreuten Trojaner durch alle Tore ins Lager zurück und sammelten sich, wie Äneas es für einen solchen Fall befohlen hatte, bevor er abfuhr, auf den Schanzen und Mauern, obgleich der Zorn sie lieber in den offenen Kampf getrieben hätte. Sie versperrten also die Tore und taten gehorsam, was ihr Führer ihnen befohlen hatte: Sie erwarteten den Feind auf den Zinnen ihrer hohen Türme.

Turnus aber eilte dem Heer, das ihm zu langsam vorwärts kam, mit zwanzig auserlesenen Reitern voran und erschien auf einem gefleckten Schimmel unvermutet vor den Mauern des Lagers. »Wer wagt sich zuerst an den Feind?«, fragte er, rückwärts gewandt, seine kleine Schar und schleuderte den Speer. Jubelnd taten seine Gefährten dasselbe und verhöhnten die Trojaner als Feiglinge, weil sie sich hinter ihren hohen Mauern verschanzt hatten und es nicht wagten, ins offene Feld zum Kampf herabzusteigen. Indessen spähte Turnus, den goldenen Helm mit dem roten Federbusch auf dem Haupt, ringsum die Mauern des Lagers aus und suchte einen unbemerkten Zugang, wie ein Wolf, der um den Schafstall schleicht, wütend, dass sie drinnen in Sicherheit sitzen. Schließlich fiel ihm die Flotte ins Auge, die sich von Dämmen und Wellen geschützt, geborgen an eine Seite des Lagers lehnte. Jubelnd stachelte er seine Gefährten an, die Schiffe in Brand zu stecken, ergriff selbst als Erster eine der brennenden Fackeln, die aus anliegenden Hütten geraubt worden waren, und sofort taten es ihm die anderen gleich. Und rettungslos wäre

676

Äneas · Die trojanischen Flüchtlinge landen in Italien

nun die Flotte der Trojaner verbrannt worden, wenn nicht ein göttliches Wunder das Feuer von den Schiffen abgewendet hätte. Schon damals nämlich, als Äneas am Fuß des Idagebirges in Troja die Flotte zimmerte, die ihn in das fremde Land tragen sollte, flehte Kybele, die Mutter aller Götter, zu Zeus: »Sohn, gib mir, was ich von dir verlange! Ich habe dem Äneas, weil er eine Flotte braucht, bereitwillig meinen schönen Hain von Ahornblättern und Kiefern fällen lassen. Nun aber quält mich die Sorge, dass meine geliebten Bäume, wenn sie zu Schiffen umgewandelt sind, ein Raub der Stürme werden könnten. Darum erhöre meine Bitte, lass es dem Holz zugute kommen, dass es auf dem Ida gewachsen ist, und schütze die Schiffe vor aller Gefahr!«

»Das kann ich nicht«, erwiderte Zeus, »ich kann von sterblichen Händen Erbautem keine Unsterblichkeit auf Erden verleihen. Doch was ich für sie tun kann, will ich gerne tun. Alle, die ihr Ziel erreichen, werde ich von ihrer sterblichen Form befreien, und wie die Töchter des Nereus sollen sie als Göttinnen des Meeres ein seliges Leben in den Fluten führen.«

Dieses Versprechen erfüllte sich jetzt. Als Turnus die Fackeln in die Schiffe werfen wollte, zogen von Osten her leuchtende Wolken über den Himmel, und der grauenvolle Hall einer Stimme ließ die Trojaner und Rutuler erzittern. »Bemüht euch nicht so ängstlich, ihr Trojaner«, rief die Stimme, »meine Schiffe zu beschützen. Eher wird Turnus das Meer verbrennen als sie! Ihr aber, Schiffe, schwimmt erlöst dahin, seid Meeresgöttinnen. Die Mutter der Götter will es so!« Bei diesen Worten wurden die Schiffe plötzlich lebendig, zerrissen ihre Seile, mit welchen sie angebunden waren, tauchten mit den Schnäbeln wie Delphine ins Meer und schwammen, als sie wieder aufgetaucht waren, in Gestalt schöner Meeresjungfrauen durch die Flut. Da ergriff die Rutuler Entsetzen. Messapus, ihr vorderster Anführer, schreckte auf seinem Wagen zusammen, während seine Pferde scheuten, ja selbst der Tiber zog sich mit seinen Wellen schaudernd vom Meer zurück. Nur der tollkühne Turnus gab die Hoffnung noch nicht auf. »Merkt ihr nicht, Freunde«, sprach er, dass dieses Wunder in Wahrheit gegen die Trojaner gerichtet ist? Zeus selbst hat ihnen die Hilfe genommen, jede Hoffnung der Heimkehr ist ihnen mit der Verwandlung ihrer Schiffe abgeschnitten und wir brauchen gar keine Fackeln mehr! Das Land aber ist in unseren Händen. Tausende in ganz Italien bewaffnen sich für uns! Ich fürchte mich nicht vor den Göttersprüchen und Verheißungen, derer sie sich rühmen. Auch mir ist ein Schicksal vorbestimmt, und es lautet auf Vernichtung dieses verruchten Geschlechts!«

Auf seine Worte ließ Turnus ebenso unverdrossene Taten folgen. Dem Messapus wurde das Geschäft übertragen, die Tore mit Kriegern zu umstellen und die Wälle rings mit Feuern zu umzingeln, und unter ihm versahen unter vierzehn Hauptmännern je hundert Jünglinge den Dienst. Die anderen lagerten sich feiernd ins Gras und taten sich beim Weinkrug gütlich. Dies beobachteten die Trojaner von ihren Wällen herab und hielten ihre Zinnen auf das Vorsichtigste mit Bewaffneten besetzt. Nicht ohne Besorgnis bewachten sie die Brücken und brachten den nötigen Vorrat an Geschossen herbei. Die Leitung des Ganzen hatten Mnestheus und Serestos, die Äneas vor seiner Abfahrt als Hauptmänner eingesetzt hatte. Und so hielt das gesamte Heer innerhalb der Lagermauern Wache.

Nisos und Euryalos

Im trojanischen Heer gab es zwei kühne Jünglinge: Nisos und Euryalos. Nisos war einer der besten Speerwerfer und Pfeilschützen und hatte sich Äneas und seinen Auswanderern im Idagebirge angeschlossen; Euryalos war der schönste unter den teukrischen Jünglingen, der erste Flaum sprosste um seine jugendlichen Wangen. Beide waren durch innigste Freundschaft miteinander verbunden, stürzten sich immer gemeinsam in die Schlacht und bewachten auch jetzt zusammen eines der Tore. Da begann Nisos: »Ich möchte doch wissen, ob es die Götter sind, die unseren Tatendrang wecken! Mir ist diese träge Ruhe jedenfalls lästig und es drängt mich, etwas zu unternehmen. Schau nur, wie sich die Rutuler in Sicherheit wiegen! Nur hier und da haben sie Feuer gemacht, fast alle liegen von Wein und Schlaf begraben da, und ringsum herrscht das tiefste Schweigen. Hör dir an, welcher Plan mir gekommen ist: Alle bei uns fordern, dass Äneas zurückgerufen werde und dass man ihm zuverlässige Boten schicken solle. Ich dachte nun, ich könnte am Fuß des Hügels dort den Weg ins Tuskerland und den Berg von Pallanteum wohl finden!«

Als Euryalos den Vorschlag seines Freundes hörte, staunte er, denn auch er war von jugendlicher Gier nach Ruhm beseelt. »So willst du mich denn«, sprach er, »als Teilnehmer deiner Tat verschmähen? Außerdem: Wie könnte ich dich allein in eine solche Gefahr ziehen lassen! Nein, so hat mich mein Vater Opheltes nicht erzogen! Auch ich achte das Leben gering und erkaufe gerne dafür den Ruhm!«

»Das habe ich niemals bezweifelt!«, erwiderte Nisos. »Aber wenn mich irgendein Unfall oder ein Gott – wie es bei solchen Entschlüssen oft geschieht – ins Verderben stürzt, dann wünsche ich mir, dass du zumindest weiterlebst! Dein junges Leben ist wertvoller als meines. Und ich wüsste auch gerne, dass du meinen Leichnam aus der Schlacht rettest oder freikaufst und bestattest, oder – wenn mir dieses Glück nicht beschieden wäre – mir wenigstens ein Totenopfer brächtest und einen Gedenkstein

Äneas · Die trojanischen Flüchtlinge landen in Italien

errichtetest. Und wie könnte ich auch deiner Mutter, die es als Einzige von so vielen Müttern abgelehnt hat, in Sizilien zurückzubleiben, und dir auf dem weiten Weg gefolgt ist, so bitteren Schmerz bereiten?«

Aber Euryalos erwiderte: »Du hältst mir umsonst all diese nichtigen Beweggründe vor. Mein Entschluss steht fest. Schnell, lass uns gehen!« Er weckte die nächsten Wachtposten, die zur Ablösung bestimmt waren, dann eilten sie sogleich vor den hohen Rat der Trojaner. Denn die Fürsten des Heeres berieten sich bis tief in die Nacht hinein über die wichtigsten Angelegenheiten der neuen Siedlung. Und während die Fürsten nun mitten im Lager, an die Speere gelehnt und auf die Schilde gestützt, im Kreis standen und beratschlagten, was zu tun sei und wer dem Äneas die Nachricht bringen solle, da baten Nisos und Euryalos dringend um Zutritt. Askanios, der trotz seiner Jugend seinen Vater im Rat vertrat, ließ sie eintreten und erteilte Nisos als dem Älteren das Wort.

»Hört uns an«, sprach Nisos zu den Helden, »und tut unseren Vorschlag nicht wegen unserer Jugend ab. Wir haben die Gegend ausgekundschaftet. Dort, am Scheideweg des Tores, das wir bewachen, nahe des Meeres, gibt es Lücken in den Wachtfeuern der Feinde. Dort könnte man sich durchschleichen. Wenn ihr es uns erlaubt, dann wollen wir als Boten zu Äneas gehen, und ihr sollt uns bald mit Begleitern und Beute zurückkehren sehen.«

Voller Bewunderung hörten sich die Heeresführer den Entschluss der Jünglinge an. »Nun, ihr Götter«, rief Aletes, der Älteste von allen, »noch habt ihr nicht vor, die Trojaner zu vernichten, wenn ihr uns so entschlossene Jünglingsherzen erweckt!« Und er legte beiden seine Hand auf die Schultern.

Dann rief der zarte Jüngling Askanios: »Guter Nisos, lieber Euryalos, auf euch ruhen mein Glück und meine Hoffnung. Macht, dass ich meinen Vater wieder sehe! Wenn er zurück ist, fürchte ich nichts mehr. Zwei silberne Becher, zwei kostbare Dreifüße, Gold und den schönen alten Krug, den Dido meinem Vater geschenkt hat, das alles sollt ihr jetzt schon haben, und wenn wir siegen, noch viel mehr. Hast du das prächtige Pferd gesehen, Nisos, das Turnus reitet, und seine goldene Rüstung? Sie sollen dir gehören. Zwölf Gefangene wird euch mein Vater schenken, Männer mit vollen Rüstungen, Frauen und köstliche Güter von den Feldern des Latinus. Dich aber, Euryalos, dich begrüße ich jetzt schon von ganzem Herzen als Kampfgefährten und unzertrennlichen Freund.«

Nun ergriff Euryalos das Wort: »Kein Tag soll kommen«, sprach er, »an dem ich mich meines tapferen Entschlusses unwürdig zeige. Aber wichtiger als alle Geschenke ist mir eines, worum ich dich bitten möchte, Askanios: Meine Mutter, die wie du vom alten Königsgeschlecht des Priamos abstammt, hat sich nicht abhalten lassen mit mir auszuwandern, und ich verlasse sie, ohne von ihr Abschied zu nehmen, denn ich könnte ihre Tränen nicht ertragen. Nimm du dich ihrer an, tröste sie in der Not, wenn das Schicksal mich nicht zurückkehren lässt!«

Bei diesen Worten regte sich in Askanios die Liebe zu seinem Vater noch heftiger, er begann zu weinen und versprach Euryalos unter Tränen alles. Auch die Heeresfürsten ergriff tiefe Rührung; Mnestheus zog sich die Löwenhaut von der Schulter und warf sie dem Nisos um, Aletes tauschte mit ihm den Helm, und Euryalos empfing aus der Hand des Askanios dessen eigenes Schwert mit goldenem Griff, in einer Scheide aus Elfenbein.

So bewaffnet wurden sie von allen Edlen, Jünglingen und Alten bis ans Tor begleitet. Bald waren sie über die Gräben hinaus und kamen in der Dunkelheit der Nacht an die schlafenden Posten der Rutuler. Die lagen betrunken zwischen Wagenrädern, Riemen und herumliegenden Waffen über den Rasen verstreut. »Die Gelegenheit ruft«, sprach Nisos leise zu seinem jungen Freund, »halte du mir den Rücken frei, ich will aufräumen und uns eine Gasse machen!«

Während er so mit gedämpfter Stimme sprach, erschlug er den ersten Wächter, den Vogelschauer des Königs Turnus, der aus voller Kehle schnarchend dalag, samt drei sorglosen Knechten; dann den Waffenträger des Remus, den er mitten unter seinen Pferden überraschte, und schließlich seinen Herrn. Auch Euryalos blieb nicht untätig. Beide tobten sie wie Löwen und richteten ein furchtbares Gemetzel unter den Wächtern an. Ja, Euryalos drang schon bis zu den Wachtfeuern des Rutulerfeldherrn Messapus vor, aber Nisos rief ihn zurück. »Siehst du nicht«, sprach er warnend, »dass die Morgendämmerung schon anzubrechen droht? Wir haben ja Rache genommen und uns einen Weg gebahnt!« So ließen sie jegliche Beute liegen, und Euryalos nahm nur den Pferdeschmuck des Rhamnes mit, schlang sich seinen Schwertgurt um die Schulter und setzte sich freudig den bebuschten Helm des Messapus aufs Haupt, den er bei den Wachtfeuern aufgelesen hatte. Daraufhin verließen sie das feindliche Lager und gelangten aufs freie Feld hinaus.

Um dieselbe Zeit aber zogen dreihundert bewaffnete Reiter unter ihrem Anführer Volscens über die Latinerstraße, unterwegs, um dem Fürsten Turnus eine Botschaft von ihrem König zu bringen. Sie waren schon beinahe am Wall des Lagers angekommen, als sie in der Ferne die beiden eilenden Gestalten bemerkten. Vor allem der unbesorgte Euryalos war an seinem im Morgenrot leuchtenden Helm leicht zu erkennen. »Ihr bewaffneten Männer«, rief Volscens sie an, »wo lauft ihr hin?« Die beiden antworteten nicht, sondern flohen in den Wald und vertrauten auf die Dämmerung. Aber die Reiter, die auch die Nebenwege kannten, brachen durchs Gehölz und versperrten alle Ausgänge. Der Wald war mit dichten

Äneas · Die trojanischen Flüchtlinge landen in Italien

Eichen und wilden Sträuchern bewachsen, und kaum sichtbar schimmerte der Pfad durch das Dickicht. Euryalos war durch seine Beute behindert, und die Furcht täuschte ihn über die Richtung des Weges.

Nisos aber entkam glücklich aus dem Wald und eilte schon sorglos auf die Seen zu, die später den Namen Albanerseen erhielten. Jetzt erst blieb er stehen und sah sich vergebens nach seinem Freund um. »Euryalos«, rief er verzweifelt, »wo bist du, Armer, wo finde ich dich?« Als er ihn nirgends erblickte, warf er sich von neuem in das dichte Gestrüpp. Dort hörte er bald trampelnde Hufe, Lärm und die Trompeten der Nachhut, und es dauerte nicht lange, da sah er das ganze Reitergeschwader, das Euryalos mit sich fortschleppte. Was sollte er tun? Gab es Hoffnung, dass er den armen Jüngling befreien könnte? Oder sollte er die Hoffnung gleich aufgeben und sich in sein Schwert stürzen? Da hielt er inne, holte weit zum Speerwurf aus, und zum Mond emporblickend, der blass am Morgenhimmel stand, betete er: »Luna, Beschützerin der Wälder, Latonas Tochter, wenn je mein Vater für dich geopfert hat und wenn ich selbst dir je meine Jagdbeute geweiht habe, dann lenke meinen Speer und lass mich diese Rotte zerstreuen!« Nun schleuderte er mit aller Kraft seine Lanze. Sie fuhr dem Rutuler Sulmo in den Rücken, dass er sterbend vom Pferd stürzte. Erschrocken sahen sich die Reiter um. Da flog das zweite Geschoss des Nisos und traf Tagus, einen anderen Rutuler. Volscens, der Anführer der Reiter geriet in Wut, denn er konnte den Speerwerfer nirgends erblicken. Grimmig rief er: »So bezahle denn du für beide mit deinem Blut!«, zog sein Schwert und stürmte auf Euryalos los.

Vor Entsetzen schreiend brach Nisos jetzt aus seinem Versteck hervor. »Ich bin der Täter«, rief er, »richte dein Schwert nur auf mich, ich bin der Urheber des Betrugs! Ich schwöre euch, der dort ist unschuldig, nur Liebe zu seinem unseligen Freund war sein Vergehen!« Sein Rufen kam zu spät. Volscens hatte dem Jungen schon das Schwert durch die Brust gestoßen. Euryalos wälzte sich im Todeskampf, sein Hals neigte sich auf die Schulter, wie eine purpurne Blume, die vom Pflug durchschnitten dahinsinkt. Da warf sich Nisos auf den Feind, stieß den Andrang der Reiter rechts und links zurück, ging gerade auf den Anführer Volscens los und durchbohrte ihn mit seinem Schwert. Dann warf er sich über den Leib seines getöteten Freundes und ruhte, ganz von den Geschossen der Reiter durchbohrt, über dem Leichnam im Frieden des Todes.

Die Reiterschar zog den erschlagenen Feinden die Rüstung ab, trug ihre Leichname mit dem Anführer Volscens in das Lager des Turnus, und bald mussten die Trojaner von den Türmen ihres Lagers herab mit Grausen die Leichen der beiden Jünglinge erblicken, die sie mit so zuversichtlicher Hoffnung hatten gehen lassen. Die Nachricht von dem Unglück verschonte auch die Mutter des Euryalos nicht und erreichte sie, als sie

DIE FOLGEN DES TROJANISCHEN KRIEGES

am Webstuhl saß. Das Schiffchen fiel ihr aus den Händen, sie raufte sich das Haar, sie rannte ungeachtet der Gefahr zu dem Wall in die vordersten Reihen der Streiter und brach dort in ein Klagegeheul aus, dass es die härtesten Krieger erschütterte. Unter vielen Tränen befahlen schließlich Askanios und der weise Ilioneus zwei alten Helden sie fortzubringen und in ihre Wohnung zu begleiten.

Der Sturm des Turnus wird abgewehrt

Schmetternd ertönten die Trompeten der Rutuler. Ein Schrei lief durch das Lager, und von den Bergen antwortete das Echo. Von allen Seiten stürmten die Feinde heran, rückten unter Schilddächern vor, füllten die Gräben aus und rissen die Schanzen nieder. Schon wurde die Sturmleiter an die Mauern gelegt. Die Trojaner dagegen, die durch die lange Belagerung ihrer Stadt in der Verteidigung wohl geübt waren, warfen Geschosse aller Art, wälzten Steine und Felsblöcke auf die Schilddächer und stießen die, die emporkletterten, mit Spießen hinab. Schon setzten die anrückenden Rutuler den Kampf nicht mehr fort, sondern wichen ein Stück von der Mauer zurück und versuchten mit Lanzenwürfen die Gegner von der Mauer zu vertreiben. Schließlich richteten sie all ihre Streitkräfte auf einen hoch aufragenden Turm, der durch Hängebrücken mit der Lagermauer verbunden war. Den zu erobern, bemühten sich die Rutuler nun um die Wette, die Trojaner aber verteidigten ihn, indem sie Steine von der Zinne wälzten oder Pfeile durch die Schießscharten schossen. Am Ende schleuderte Turnus eine Brandfackel, die sich an einer Seite des Turmes verfing und die Vertäfelung ergriff. Noch ehe die Verteidiger fliehen konnten, stürzte der Turm in sich zusammen und schlug krachend zu Boden. Die einen fielen mit ihm, andere wurden von Holztrümmern aufgespießt, und viele von denen, die unverletzt davongekommen waren, sahen sich bald von den Truppen des Turnus umzingelt und wurden niedergeschlagen. Schließlich aber wehrten die Trojaner den Sturm erfolgreich ab. Askanios, der bisher nur fliehendes Wild mit seinen Pfeilen erlegt hatte, durchbohrte den Remulus mit einem sicheren Pfeilschuss. Die Trojaner jubelten, und die erschreckten Feinde wichen zurück. Askanios wollte sie verfolgen. Da stellte sich ihm Apollon selbst, in der Gestalt des alten Waffenträgers seines Großvaters, in den Weg und sprach: »Sohn des Äneas, dir soll genügen, dass du einen Helden ungestraft getötet hast. Diesen Grundstock deines Ruhmes hat Apollon dir vergönnt, von jetzt an aber meide den Krieg!« Die trojanischen Fürsten erkannten den Gott und hielten Askanios vom Kämpfen ab. Sie selbst stürzten sich von neuem ins Gefecht und der Schlachtruf tönte um die äußersten Bollwerke der

Äneas · Die trojanischen Flüchtlinge landen in Italien

Mauer. Als die innerhalb der Tore aufgestellten trojanischen Wächter hörten und sahen, wie ihre Freunde draußen so mutig kämpften, fassten Pandaros und Bitias, die Söhne Alkanor vom Berg Ida, die stark und schlank waren wie die Tannen in ihrer Heimat, den trotzigen Entschluss, das ihnen vom Feldherrn anvertraute Tor zu öffnen und so den Feind hinter die Mauern zu locken. Sie selbst aber standen mit blinkenden Schwertern rechts und links des Eingangs, und von ihren hohen Helmen nickten die Federbüsche. Als die Rutuler sahen, dass sich die Tore öffneten, stürmten sie, ohne sich zu besinnen, hinein. Aber vier oder fünf ihrer Helden und ein ganzes Gefolge von Kriegern fielen unter den Stößen und Schlägen der beiden Jünglinge oder wurden in die Flucht geschlagen.

Jetzt wagten die Trojaner schon, sich in dichteren Scharen zusammenzurotten, und die Rutuler wurden weiter zurückgedrängt. Als Turnus, der auf einer anderen Seite kämpfte, die Nachricht von dieser neuen Wendung des Kampfes erhielt, stürzte er in höchstem Zorn mit einer Truppe von auserwählten Kriegern herbei und stürmte auf das geöffnete Lagertor zu. Seine mächtige Lanze, die er aus einiger Entfernung geschleudert hatte, durchbohrte den Bitias. Die Trojaner flohen hinter das Tor zurück, und die Rutuler drängten nach. Da stemmte Pandaros seine Schultern gegen die Torflügel und schob sie zurück, sodass das Tor wieder verschlossen war und viele Trojaner draußen im Gefecht und viele Rutuler hinter den Mauern eingesperrt zurückblieben. Aber Pandaros hatte nicht bedacht, dass sich auch Turnus unter den Eingeschlossenen befand und nun wütete wie ein Tiger, den man in einen Stall gesperrt hat. Voller Entsetzen erkannten die Trojaner das schreckliche Gesicht und die riesigen Glieder. Nur Pandaros, der ein Riese war wie er, erschrak nicht. Erbittert über die Ermordung seines Bruders, stellte er sich ihm entgegen und rief: »Hier bist du nicht im Palast der Schwiegermutter, sondern du stehst im Lager des Feindes und wirst nie wieder hinauskommen!«

Turnus lächelte nur und erwiderte ganz ruhig: »Komm, wenn du es wagst, und kämpfe mit mir. Und wenn du ein Hektor wärst, so solltest du doch deinen Achilles finden!« Hierauf schleuderte Pandaros seinen Wurfspieß, aber Hera lenkte das Geschoss ab und die Lanze blieb im Torflügel stecken. Nun bäumte sich Turnus auf und schwang sein Schwert: »Meinem Schwert wirst du nicht entkommen«, rief er und in einem Streich ließ er seine Waffe tödlich auf Pandaros niedergehen.

Zitternd stoben die Trojaner auseinander. Und wäre dem Sieger jetzt der Gedanke gekommen, das Tor wieder zu öffnen und seine Freunde hereinzulassen, so wäre es um die neue Ansiedlung der Trojaner geschehen gewesen. So aber ließ er sich blind von seiner Mordlust leiten und drang tiefer und tiefer in das Lager ein. Schon war die Verwirrung bis zu Serestos und Mnestheus vorgedrungen, die in der Mitte des Lagers ihre

Die Folgen des Trojanischen Krieges

Befehle erteilten. Und Mnestheus war der Erste, der seine in heller Flucht begriffenen Freunde wieder zur Besinnung brachte: »Wo wollt ihr hin, seid ihr von Sinnen? Ihr habt doch nur dieses eine Lager! Soll ein einzelner Mann, der innerhalb eurer Mauern eingeschlossen ist, ungestraft ein solches Gemetzel unter euch anrichten? Habt ihr das Land eurer Väter, euren Führer Äneas und die Götter eurer Heimat so schamlos vergessen?« So redete er den Fliehenden ins Gewissen, dass sie sich wieder eng zusammendrängten und dem Ansturm standhielten. Den Turnus hatte der Kampf allmählich ermüdet, doch er konnte nun nicht mehr hoffen an das Tor zurückzukommen. So kämpfte er sich mühsam vorwärts, dorthin wo das Lager ohne Mauern an den Fluss angrenzte. An den Sandbänken des Stromes angelangt drängte er noch immer die Gegner erfolgreich zurück. Dann aber flogen aus der Ferne von allen Seiten Geschosse nach ihm, sein Helm schepperte von den Steinen, die darauf prallten und den Busch zerfetzten, sein Schild steckte voller Speere und wurde so schwer, dass er ihn kaum mehr halten konnte. So war er kämpfend am Flussufer angekommen. Nun kehrte Turnus dem Feind zum ersten Mal den Rücken und warf sich in voller Rüstung in die Wellen des Tiberstroms, der ihn willig aufnahm und sanft aus dem Lager, zurück zu seinen Männern trug.

Äneas kommt ins Lager zurück

Zeus hatte in einer Götterversammlung die Klagen seiner Gemahlin Hera und die Fürbitten seiner Tochter Aphrodite angehört und beschlossen, dass sich die Götter nicht mehr in den Kampf zwischen Trojanern und Rutulern einmischen sollten, und so dauerte die Belagerung des trojanischen Lagers weiter an.

In der Zwischenzeit war Äneas mit seiner Heeresabteilung und der arkadischen Reiterei in der blühenden tuskischen Stadt Agylla angekommen. Hier war der grausame König Mezentius vertrieben worden, und da er zu Turnus geflohen war, lebte die Stadt in Todesfeindschaft mit Rutulern und Latinern. Deshalb wurde Äneas dort von dem jetzigen Herrscher, dem König Tarchon, mit offenen Armen empfangen, sobald er gesagt hatte, wer er war und dass seine Männer sich zum Krieg gegen Turnus und Mezentius rüsteten. Der König vereinigte nicht nur seine eigene Streitmacht mit ihm, sondern rief auch alle verbündeten etrurischen Städte auf, an dem Kampf teilzunehmen. Es dauerte nicht lange und Äneas sah sich an der Spitze einer furchtbaren Flotte und segelte, nachdem er arkadische und tuskische Reiter auf dem Landweg vorausgeschickt hatte, mit dreißig Schiffen von der etrurischen Meeresküste

Äneas · Die trojanischen Flüchtlinge landen in Italien

ab. Als er nun in der Nacht vorsichtshalber selbst am Steuerruder saß und den Kurs seines Schiffes, dem die anderen folgten, angab, umringte ihn plötzlich ein Chor tanzender Nymphen. Es waren die Schiffe der Trojaner, die Kybele vor kurzem an der Mündung des Tiber verwandelt hatte, um sie vor den Brandfackeln des Turnus zu retten. Da sie nun mit Leben und einer Seele erfüllt waren, erkannten sie ihren Herrn. Die Redegewandteste ergriff sein Schiff mit der Rechten, ragte mit dem Rücken aus dem Wasser hervor, streichelte besänftigend die Wellen mit der Linken und sprach: »Wachst du, Göttersohn? Oh wache und lass den Wind in die Segel blasen! Wir sind Fichten vom Idagebirge, deine treuen Schiffe, Kybele hat uns den Fackeln der Rutuler entzogen und uns in Meeresgöttinnen verwandelt. Beeile dich, Freund, dein Sohn Askanios wird von den Rutulern belagert, und um die Mauern eures Lagers tobt der Kampf. Zwar sind deine Reiter bereits dort eingetroffen und stehen vor dem Lager, aber Turnus weiß es und ist entschlossen Kämpfer zwischen sie und das Lager zu werfen. Auf denn, beflügle deine Fahrt! Wenn der Tag anbricht, wirst du in der Tibermündung sein. Dann ergreife den funkelnden, goldenen Schild, den Hephaistos dir gab, und strecke ihn dem Lager deiner Gefährten entgegen. Sei getrost, der morgige Tag wird dir den Sieg verleihen!«

Als sie wieder hinabtauchte, gab sie seinem Schiff einen Stoß, dass es schneller als Lanzen und Pfeile durch die Wellen fuhr. Als hätten sie Flügel, eilten auch die anderen Schiffe dem Schiff ihres Feldherrn nach, und mit dem ersten Morgenlicht erblickte der Sohn des Anchises sein Lager. Er tat, was die Nymphe ihm befohlen hatte, ergriff seinen flammenden Schild, stellte sich damit in den Bug des Schiffes, hielt ihn mit der Linken hoch und streckte ihn seinen Freunden entgegen. Wie die Sonne, die aus den Fluten taucht, leuchtete er den Trojanern, die den Schiffszug von ihren Mauern herab bemerkten, entgegen. Sie brachen in Jubel aus, und ihre Lanzenwürfe verdoppelten sich. Die Rutuler und ihre Fürsten begriffen den Grund für die plötzliche Begeisterung ihrer Feinde nicht, bis sie auf einmal hinter sich das Meer von Segeln angefüllt und eine Flotte anlegen sahen. Da leuchtete ihnen wie ein blutroter Komet Äneas im Schmuck seiner Götterwaffen entgegen. Sein Helm leuchtete wie Feuer, Glut entströmte seinem Federbusch und sein Schild spie weit und breit Feuerstrahlen aus.

Dennoch schwand das Selbstvertrauen des tollkühnen Turnus nicht. Er hoffte der anlegenden Flotte zuvorzukommen und sie vom Ufer zu verdrängen. »Die Stunde, die ihr so sehnlich herbeigewünscht habt, ist gekommen!«, rief er seinen Männern zu. »Jetzt könnt ihr eure Gegner zermalmen, der Kriegsgott selbst hat sie euch in die Hände gelegt. Denkt an eure Frauen und Kinder, setzt den Taten eurer Väter die Krone auf!

DIE FOLGEN DES TROJANISCHEN KRIEGES

Solange die, die an Land gehen, noch von der Schifffahrt schwanken, sollt ihr sie am Strand empfangen! Das Glück ist auf der Seite der Kühnen!«

Unterdessen wurden die landenden Trojaner und ihre Verbündeten aus dem Schiff des Äneas teils auf Brücken an Land gesetzt, teils schwangen sie sich mithilfe der Ruder ans Ufer oder ließen sich von den Wellen tragen. Der König Tarchon aber, der mit der übrigen Flotte folgte, suchte eine Stelle am Ufer aus, wo das Meer an der Flussmündung flach am Strand auslief. Dorthin befahl er plötzlich die Schiffsschnäbel zu richten und rief seinen Gefährten zu: »Jetzt, meine Freunde, rudert frisch darauf los, bohrt euch mit den Kielen eine Furche ins Feindesland, mag das Schiff auch kentern – wenn es nur den Strand erreicht!« Als die Etrusker dies hörten, ruderten sie drauflos und trieben die Schiffe vorwärts, bis sie das Trockene erreicht hatten und alle Kiele unversehrt im Sand aufsaßen. Nur Tarchons eigenes Schiff nicht. Es war an einer schrägen Sandbank hängen geblieben, die sich unter den Fluten hinzog. Lange schwankte das Schiff und bot den Wellen Trotz. Dann aber brachen die Planken und das Schiff schüttete seine ganze Ladung an Männern in die Flut, mitten unter zerbrochene Ruder und umherschwimmende Balken hinein. Nur mit Mühe retteten sich Tarchon und seine Männer an Land.

Äneas kämpft mit Turnus
Turnus tötet den Pallas

Als Turnus sah, dass die Feinde an Land gegangen waren, stand er von der Belagerung ab, zog eilig sein Heer zusammen, stellte es am Ufer entlang auf und ließ die Hörner zum Angriff blasen. Aber auch Äneas hatte seine Männer, Trojaner und Verbündete, geordnet und warf sich zuerst, um den Kampf spielend zu beginnen, auf die Scharen des latinischen Hirtenvolkes und richtete eine große Niederlage unter ihnen an. Dann wandte er sich gegen die Helden der Feinde selbst, und bald wurde auf beiden Seiten erbittert gekämpft. Heer stieß an Heer, Fuß hing an Fuß, Mann drängte sich an Mann und lange schwankte die Schlacht.

Abseits des Hauptkampfes, wo ein Waldstrom Felsen in den Weg gewälzt und entwurzelte Bäume ans Ufer geworfen hatte, kämpfte Pallas, der junge Sohn des Königs Euander, mit seinen Arkadiern. Der holperige Boden erlaubte es ihnen nicht zu reiten, und weil sie den Kampf zu Fuß nicht gewöhnt waren, boten sie schließlich den Rutulern und Latinern, die sie bedrängten, den Rücken. Nur allmählich brachten die Rufe ihres jungen Führers sie wieder zum Stehen. »Beim Ruhm und den Siegen meines Vaters, bei meiner eigenen Hoffnung beschwöre ich euch, ihr Männer«, schrie er, »haltet stand, vertraut euren Armen und nicht euren

Äneas · Die trojanischen Flüchtlinge landen in Italien

Füßen! Wir haben keine Wahl! Entweder vorwärts ins trojanische Lager oder rückwärts in die See!« Mit diesen Worten führte er sie aufs Neue gegen den Feind und er selbst kämpfte wie ein wilder Löwe. Nun sammelte sich die Streitkraft seiner Gefährten wieder um ihn und Schritt für Schritt gewannen die Arkadier an Boden, bis ihnen Lausus, der heldenmütige Sohn des Mezentius, Einhalt gebot. Die Arkadier zogen sich zu ihren Freunden, den Etruskern und Trojanern, zurück, aber unter allen wütete der italische Held mit seinen tödlichen Hieben. Schließlich sahen sich Lausus und Pallas einander gegenüber. Beide Jünglinge waren etwa gleich alt, beide glichen einander in der Schönheit ihrer Gestalt, und beiden war ein früher Tod in diesem Treffen vorherbestimmt. Doch keiner sollte von der Hand des anderen fallen, denn beide erwartete das Verhängnis unter den Händen eines größeren Feindes.

Turnus, der mit seinem Streitwagen durch das Heer flog, erblickte das Paar, als es eben voller Kampfeslust aufeinander losging. »Halt«, rief er von seinem Wagen herab, »ich allein will mit Pallas kämpfen, mir allein ist sein Leben bestimmt. Wollte Euander doch zusehen!«

Verwundert sah Pallas in die Richtung, aus der der Ruf erschollen war. Dann maß er seinen Gegner mit großen Augen und rief schließlich mutig zu ihm empor: »Entweder erbeute ich heute eine Feldherrnrüstung oder einen ruhmvollen Tod. In beides wird mein Vater sich ergeben, also spare dir deine Drohungen!« Nun schritt er in die Mitte der Gasse, die sich nach Turnus' Zuruf unter den Kriegern aufgetan hatte. Auch Turnus sprang wie ein Löwe, der eine Beute erblickt hat, von seinem Doppelgespann. Als Pallas ihn auf Schussweite vor sich sah, schleuderte er den Speer mit all seiner Kraft und riss sofort das Schwert aus der Scheide. Er hatte gut gezielt. Die Lanze durchschlug den Rand des Schildes, doch Turnus' Riesenleib streifte sie nur.

Jetzt wiegte Turnus lange seinen Wurfspieß mit der scharfen Eisenspitze in der Hand und sprach dazu: »Nun sieh, ob mein Geschoss nicht besser trifft!« Dann flog sein Speer und fuhr dem Jüngling durch Schild, Panzer und Brust bis tief ins Herz. Vergebens zog er den Speer aus seiner Wunde. Seine Seele verließ seinen Leib mit dem Blut, das er vergoss, und er sank tot zu Boden. Turnus setzte den linken Fuß auf den Toten und nahm ihm seinen schönen Gürtel ab, auf welchem der Kampf der Zentauren in geschmiedetem Gold abgebildet war. »Das Begräbnis«, sprach er dann, »verweigere ich dem Jüngling nicht. Bringt ihn zu seinem Vater Euander, ihr Arkadier!«

Turnus bestieg seinen Streitwagen und fuhr eilig zurück. Klagend trugen die Arkadier ihren getöteten Königssohn vom Schlachtfeld. Die Etrusker und Trojaner, die von den vordringenden Rutulern niedergemäht worden waren, flohen ihnen nach.

Äneas, der auf der anderen Seite kämpfte, hatte die Nachricht erhalten, dass seine Männer zurückgewichen waren. Da sammelte er seine mutigsten Gefährten um sich, brach sich mit dem Schwert Bahn durch die Reihen der Feinde und suchte Turnus. Im Geiste sah er Euanders gastlichen Tisch und den schönen Jüngling Pallas vor sich, den ihm dessen Vater unter so vielen Tränen anvertraut hatte. Schmerz und Rachgier tobten in seinem Herzen. Vier Söhne des Sulmo und vier Söhne des Ufens ließ er ergreifen und aus der Schlacht führen, denn sie sollten als Sühneopfer für Pallas sterben. Er verschonte keinen, der ihm in den Weg trat. Wie ein rasender Bergstrom wütete er dahin.

Zum gleichen Zeitpunkt brach der Jüngling Askanios, der nur den günstigsten Augenblick abgewartet hatte, mit den eingeschlossenen Trojanern aus dem Lager hervor.

Turnus wird von Hera gerettet
Lausus und Mezentius werden von Äneas erschlagen

Die Rutuler wären verloren gewesen, wenn Hera nicht Zeus im Olymp angefleht hätte Turnus, ihren Führer, vor Äneas retten und aus der Schlacht entführen zu dürfen. »Wenn du nur Aufschub seines Todes verlangst, dann soll es geschehen!«, sprach er. »Wenn du aber den Ausgang des gesamten Krieges abzuwenden vermeinst, dann hegst du eine vergebliche Hoffnung.«

Weinend erwiderte Hera: »Wenn du es doch nur gewähren würdest! Soll mein unschuldigster Schützling so traurig enden? Doch ich danke dir schon für den Aufschub. Vielleicht bringt dich deine Milde doch noch zu einem gnädigeren Beschluss.«

Von Wolken umgeben ließ Hera sich vom Sturm durch die Lüfte tragen, und bald hatte sie das Lager der Laurenter erreicht. Hier schuf sie aus einer hohlen Wolke ein wesenloses Schattenbild, das Äneas täuschend ähnlich war, bekleidete es mit einem Schatten von Panzer, Schild und Helm, die der prächtigen Rüstung des Göttersohnes nachgebildet waren, verlieh ihm den Schritt eines Wandelnden und den Hall seiner Stimme, nicht aber seinen Geist. So flog die Gestalt dahin wie ein Traumbild, das unsere Sinne trügt, mischte sich unter die vordersten Reihen der Kämpfenden, reizte Turnus mit Geschossen, die gegen ihn gerichtet waren, und forderte ihn zum Kampf heraus.

Turnus eilte der Gestalt entgegen und warf die Lanze nach ihr. Da wandte sie sich um und bot ihm den Rücken. Mit gezogenem Schwert und unter höhnischen Rufen folgte ihm Turnus und bemerkte nicht, dass er die Schlachtlinie bereits verlassen hatte. Eines der etruskischen Schiffe

Äneas · Die trojanischen Flüchtlinge landen in Italien

lag am Strand. Dorthin begab sich das fliehende Abbild des Äneas und schien sich ängstlich darauf in einem Winkel zu verbergen. Turnus folgte ihm ebenso schnell und sprang auf das Vorderdeck. Jetzt hatte Hera erreicht, was sie wollte. Kaum hatte Turnus die Planken berührt, da riss das Tau und die Ebbe trug das Schiff hinaus auf See.

Unterdessen wütete der echte Äneas weiter im Kampf und suchte vergeblich nach seinem Feind. Sein Schattenbild aber verließ den Winkel, in dem es sich geborgen hatte, und flatterte in die Luft, ohne dass Turnus es sah. Als auch er seinen Feind nicht fand und von der Strömung fortgerissen wurde, blickte er ratlos an Land zurück, undankbar für seine Rettung: »Allmächtiger Zeus«, rief er und hob die Hände zum Himmel, »meinst du, ich hätte solche Schande verdient? Willst du mich so hart bestrafen? Alle meine Freunde habe ich in dem grausamen Kampf auf Tod oder Leben verlassen! Wie könnte ich nun zu ihnen zurückkehren? Oh dass der Meeresgrund sich unter mir auftäte, dass die Winde mein Schiff an einer Klippe zerschellten!« Erst wollte er sich in sein Schwert stürzen und hatte es schon aus der Scheide gezogen, doch dann schien es ihm vernünftiger, doch zu versuchen zu seinen Männern zurückzukehren. So sprang er, bewaffnet wie er war, ins Meer. Aber Hera trieb ihm die Wellen entgegen. Die Meeresflut nahm ihn mit sich fort, und erst bei seiner Vaterstadt Ardea spülten ihn die Wellen an Land.

Vor den Mauern des Lagers wüteten die Kämpfe weiter. Die Trojaner befanden sich im Vorteil und jubelten bereits. Doch der vertriebene König von Agylla, der Etrusker Mezentius, der wildeste Verbündete der Rutuler, brach nun vor und stürzte sich auf die Feinde. Bald war das Gleichgewicht des Kampfes wiederhergestellt. Doch da erblickte Äneas den furchtbaren Feind aus der Ferne und eilte auf ihn zu. Der aber blieb in Schussweite vor Äneas stehen, ergriff mit der Linken die Hand seines Sohnes Lausus, der die ganze Zeit an seiner Seite gekämpft hatte, mit der Rechten schwenkte er seinen Speer und rief: »Du, mein Sohn Lausus, sollst das Siegeszeichen über diesen Räuber werden, wenn erst einmal seine Prachtrüstung an dir prangt!« Er warf seinen Speer, doch der prallte vom Schild des Äneas ab. Äneas aber stürmte heran und verwundete Mezentius schwer.

Tränen liefen Mezentius' Sohn über die Wangen, als er seinen Vater verwundet sah. Er brach vor und warf sich zwischen seinen Vater und Äneas, der bereits zum tödlichen Schwerthieb ausgeholt hatte. Lausus' Gefährten folgten ihm, und alle warfen Lanzen auf Äneas, sodass er sich mit seinem Schild decken musste. Da rief er dem Lausus zu: »Wahnsinniger, was rennst du in den Tod? Deine Liebe täuscht dich über deine Kräfte!« Als aber Lausus nicht zurückweichen wollte, packte Äneas ein solcher Zorn, dass er ihn mit seinem Schwert erschlug.

Jetzt aber, da er in das erbleichende Gesicht des sterbenden Jünglings sah, keimte Mitleid in seinem eigenen Vaterherz auf. Er streckte die Hand nach dem Sterbenden aus und rief: »Unglückseliger Jüngling, du hättest eine bessere Gabe für dein rühmliches Tun verdient. Ich will dich nicht deiner Rüstung berauben. Wie du bist, sollst du bei deinen Vätern ruhen dürfen. Wenigstens auf diese Weise sollst du erkennen, dass du einem großmütigen Feind erlegen bist.« Äneas hob ihn selbst von der Erde auf und forderte seine erschrockenen Genossen auf, den Leichnam in Empfang zu nehmen.

Der verwundete Mezentius hatte sich unterdessen an den Tiberstrand gerettet. Seine jungen Kampfgenossen standen um ihn her. Schwach und keuchend stillte er selbst das Blut seiner Wunde mit dem Wasser des Flusses und immer wieder fragte er nach seinem Sohn Lausus.

Da nahte sich die weinende Schar seiner Freunde, die den toten Jüngling auf seinem Schild herbeitrugen. Mezentius verstand sogleich die Bedeutung ihrer Klagen. Als sie angekommen waren, streute er Staub auf sein graues Haar, streckte die Hände zum Himmel und umklammerte dann den Leichnam. »Geliebter Sohn«, rief er, »konnte mich der Drang zu leben so betören, dass ich dich statt meiner in die Hand des Feindes rennen ließ? Muss dein Tod mein Leben sein? Aber ich will mit dieser Qual nicht weiterleben!« Und er richtete sich auf, so gut er konnte, und verlangte sein Pferd. Es war seine Freude und sein Trost. Noch aus allen Gefechten hatte es ihn als Sieger zurückgetragen. Nun stand es mit gesenktem Haupt, und es schien, als trauerte es ebenfalls. »Wir haben lange gelebt, guter Rhoebus«, sprach er zu seinem Pferd. »Aber heute noch wirst du als Sieger mit mir den Lausus rächen – oder mit mir sterben. Denn du wirst, so hoffe ich, keinen Trojaner tragen wollen.« So trieben ihn Schmerz, Wahnsinn und Mut wieder in den Kampf.

»Das geben Zeus und Apollon«, rief Äneas erfreut, als er den Gegner wieder auf sich zureiten sah, »dass du den Zweikampf mit mir wieder aufnimmst!« Und er eilte ihm mit erhobenem Speer entgegen.

Mezentius rief ihm zu: »Glaubst du mich noch schrecken zu können, nachdem du mir den Sohn entrissen hast? Ich fürchte den Tod nicht, ich frage nach keinem Gott. Sterben will ich. Doch zuvor sende ich dir dies!« Und er warf seinen ersten Speer, dann einen zweiten und einen dritten.

Äneas fing die Geschosse mit seinem Schild eines um das andere ab. Dann stürmte er vor. Erst traf er das Pferd des Mezentius mit einer Lanze. Das Tier bäumte sich auf, streckte seine Vorderhufe in die Lüfte, warf seinen Reiter ab und deckte ihn im Fallen mit seinem Rücken. Äneas riss sein Schwert aus der Scheide und rief höhnend auf Mezentius herab: »Wo ist nun der wilde Mezentius, wohin hat er sich verkrochen?«

»Grausamer«, stöhnte der Gefallene vom Boden empor, »spottest du

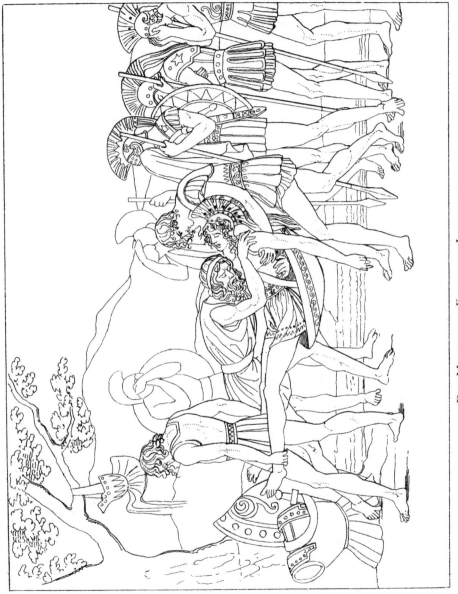

Des Mezentius Klage um Lausus

selbst noch im Tod über mich, obwohl ich im Kampf sterbe? Doch ich bitte dich um eines: Du weißt, dass mich der wilde Hass meiner früheren Untertanen verfolgt. Schütze mich vor ihrer Wut! Gönne mir ein Grab mit meinem Sohn!« Mit diesen Worten bot er seinen Hals dem Schwert des Feindes dar und sein Leben war dahin.

SECHSTES BUCH

ÄNEAS
TROJANER UND LATINER BEGRÜNDEN DAS RÖMISCHE VOLK

Waffenstillstand

Die Morgenröte stand über dem Schlachtfeld, auf dem die Trojaner gesiegt hatten. Äneas errichtete eine Siegestrophäe auf einem Hügel: Um den Stamm einer riesigen Eiche, von dem alle Äste abgehauen waren, wurde die glänzende Rüstung des Feldherrn Mezentius gehängt. Alle trojanischen Truppenführer versammelten sich um das Denkmal und Äneas weihte die Beute unter feierlichen Gebeten Ares, dem Kriegsgott.

Anschließend begaben sie sich in das Lager, wo der alte Akoites, der als Waffenträger und Gefährte seinem geliebten Zögling Pallas gefolgt war, an dessen Leichnam die Totenwache hielt. Um ihn her stand eine Schar von Dienern, Trojanern und Trojanerinnen mit gelöstem Haar, die an seiner Trauer Anteil nahmen. Als Äneas durch die Pforte trat, erhob sich lauter Jammer und alle Anwesenden schlugen sich die Brust. Äneas blickte in das bleiche Angesicht des Pallas, sah die Speerwunde auf seiner Brust und rief, wobei ihm Tränen über die Wangen liefen: »Unglückseliger Jüngling, hat dir das trügerische Glück, das dich so schmeichlerisch begleitete, nicht vergönnt das Reich zu sehen, das zu gründen du deinen Freunden geholfen hast, und als Sieger in deine Heimat zurückzukehren! Das war es nicht, was ich deinem Vater Euander versprochen habe, als er mich zum Abschied umarmte und sprach: ›Hüte dich, denn du ziehst gegen ein hartes und streitbares Volk in den Kampf!‹«

Er befahl die Leiche auf ein Geflecht von Eichenzweigen zu legen, ins Freie zu tragen und den Jüngling mit seiner Bahre auf einem hohen Grashügel niederzulassen. Dort lag Pallas wie eine welkende Hyazinthenblüte, von der Schönheit und Farbenschimmer noch nicht ganz gewichen sind.

Äneas selbst brachte zwei purpurne, mit Gold durchwobene Feiergewänder, die Dido selbst gewebt hatte, herbei. In das eine hüllte er den

Leib des Jünglings, das andere schlang er um sein Lockenhaupt. In diesem Schmuck sollte der Tote zu seinem Vater nach Pallanteum zurückgebracht werden. Dem Zug schlossen sich erbeutete Gefangene, geschmückte und gerüstete Pferde, Akoites, der alte Diener des Jünglings, der sich das Haar raufte und sich die Brust mit Fäusten schlug, und zuletzt Aithon, das Streitross des Königssohnes an. Mit gesenktem Kopf schritt es einher, und es vergoss Tränen wie ein Mensch. Dann schlossen sich die Fürsten der Etrusker und Arkadier und ein Trauergefolge von Trojanern an. Äneas sah dem Zug nach, bis er aus seinen Augen verschwand, rief dem Toten einen letzten Gruß zu und kehrte wieder in das Lager zurück.

Unterdessen waren Gesandte aus der Stadt des Latinus eingetroffen. Sie hielten Ölzweige in den Händen und baten um die Erlaubnis ihre Toten bestatten zu dürfen. Äneas gewährte ihnen die Bitte sogleich und sprach: »Welche Verblendung, ihr Latiner, hat euch unsere Freundschaft verschmähen lassen und in diesen großen Krieg verwickelt! Ihr bittet um Frieden für eure Toten? Wie gern würde ich ihn auch den Lebenden geben! Niemals wäre ich in euer Land gekommen, wenn es mir nicht vom Schicksal angewiesen worden wäre! Auch führe ich keineswegs Krieg gegen euer Volk! Nur euer König hat unseren Bund abgelehnt und sich lieber den Waffen des Turnus anvertraut. Wenn Turnus diesen Krieg bis zum Letzten führen und die Trojaner durchaus nicht in diesem Lande dulden will, so soll er sich in seine Rüstung werfen und gegen mich kämpfen, Mann gegen Mann. Dann soll derjenige Recht behalten, dem ein Gott und seine Faust das Leben lässt. Jetzt aber geht und bestattet eure armen Mitbürger.«

Als die Gesandten so milde Worte aus dem Mund des Trojanerfürsten hörten, sahen sie einander schweigend vor Staunen an. Schließlich sprach der alte Drances, der von jeher ein Feind des Turnus war: »Held von Troja, was soll ich mehr an dir bewundern, deine kriegerische Tugend oder deine Gerechtigkeit? Wir gehen nun, um unserer Vaterstadt voller Dank deinen Willen zu bekunden und, wenn möglich, König Latinus mit dir zu versöhnen.« Alle Gesandten bekräftigten seine Worte mit beifälligen Rufen.

Es wurde ein Waffenstillstand auf zwölf Tage geschlossen, und nun konnten Latiner und Trojaner unter seinem Schutz ungefährdet in den Wäldern auf den Berghöhen umherschweifen, um Holz für die Scheiterhaufen zu fällen.

Inzwischen war das Gerücht über Pallas' Tod bis zur Stadt des Euander vorgedrungen, wo man bisher nur von den Siegen des Königssohnes gehört hatte. Unaussprechliche Niedergeschlagenheit bemächtigte sich des Königs und aller Bürger. Mit Leichenfackeln in den Händen stürzten die Arkadier zu den Toren hinaus und von dem langen Fackelzug leuchtete der Weg. Auf der anderen Seite kam ihnen die wehklagende Schar der Phrygier mit dem Leichnam entgegen.

Als die Frauen der Arkadier den Zug auf die Häuser der Stadt zukommen sahen, schallte lautes Weinen durch die Straßen. Nun konnte auch König Euander nichts mehr halten. Er ging dem Zug entgegen, und als die Bahre niedergestellt wurde, warf er sich über die Leiche seines Sohnes und ließ seinem Schmerz in lautem Schluchzen und Klagen freien Lauf.

Volksversammlung der Latiner

Trojaner und Latiner hatten ihre Toten unter Tränen und Opfern bestattet. Der tiefste Kummer aber währte bei den Latinern. Trauernde Mütter, Witwen, Schwestern und Söhne, die ihrer Väter beraubt waren, irrten durch die Stadt und verfluchten den Krieg und die Verlobung des Turnus. Draces, der Abgesandte, verstärkte diese Stimmung noch, indem er versicherte, dass es Äneas nur um Turnus gehe und er ihn zur Entscheidung des Krieges zum Zweikampf herausfordern wolle. Auf der anderen Seite aber wurde auch Turnus von seinen Anhängern eifrig verteidigt. Ihn deckte der mächtige Name der Königin Amata, und sein eigener Ruhm und die Siege, die er errungen hatte, verherrlichten ihn in den Augen des Volkes.

Die Niedergeschlagenheit der Latiner wurde indessen durch eine Botschaft, in der eine lang gehegte Hoffnung zerschlagen wurde, noch vertieft. Im unteren Teil Italiens, in Daunien, hatte sich der große Griechenheld Diomedes, der Sohn des Tydeus, niedergelassen, der auf der Rückkehr von Troja durch die Nachstellungen seiner treulosen Gattin von seiner Heimat Ätolien zurückgehalten wurde, und hatte dort die Stadt Argyripa gegründet. Gleich bei Ausbruch des Krieges hatte Turnus zu diesem alten Feind der Trojaner einen Rutulerhelden namens Venulus abgesandt. Der sollte ihm melden, dass sich Trojaner unter der Führung von Äneas, dem Schwiegersohn des trojanischen Königs Priamos, im Land der Latiner festgesetzt hätten, um ein zweites Troja zu gründen. Turnus bat Diomedes daher um Hilfe gegen die verhassten Trojaner. Mitten in jene Aufregung hinein nun kam Venulus, der Botschafter des Turnus, aus der griechischen Siedlung des Diomedes zurück und brachte keine günstige Antwort.

Damit war die letzte Hoffnung des alten Königs Latinus geschwunden. Vom Kummer niedergebeugt berief er die Volksoberhäupter zu einer Versammlung in seinen Königspalast, setzte sich mit umdüsterter Stirn auf

DIE FOLGEN DES TROJANISCHEN KRIEGES

seinen Herrscherthron und befahl dem zurückgekehrten Boten, Bericht zu erstatten.

»Bürger«, begann Venulus, »wir sahen den Helden Diomedes und seine Siedlung unter den Eichenwäldern des Berges Garganus auf der schönen Anhöhe gelegen. Als wir ihm unsere Namen und unsere Heimat nannten und unsere Geschenke vor ihm ausbreiteten, berichteten wir ihm, wer uns mit Krieg bedrohte. Da erwiderte uns der große Fürst freundlich: ›Oh ihr glücklichen Völker Ausoniens, die ihr unter der Obhut des guten Saturnus lebt, welches Schicksal stört euch aus der Ruhe auf? Wir Besieger Trojas sind die elendsten aller Menschen. Selbst Priamos würde noch Mitleid mit uns haben, wenn er sähe, wie schwer wir unseren Übermut büßen müssen. Der Lokrer Ajax hat im Meer sein Grab gefunden; Agamemnon wurde in seinem eigenen Haus erschlagen; Menelaos irrt in Ägypten umher; Odysseus zittert vor den Zyklopen. Auch mir haben die Götter die Wiederkehr in meine Heimat missgönnt – erspart mir den Bericht! Ich bin kein Mann des Glückes mehr, seit ich es gewagt habe, die Göttin Aphrodite im Kampf zu verwunden! Darum fordert mich nicht zu neuen Kämpfen auf. Seit Troja gefallen ist, bin ich kein Feind der Trojaner mehr, und ich denke auch nicht gern an all die Übel zurück, die ich ihnen zugefügt habe. Überreicht eure Geschenke dem Äneas! Ich habe mich im Kampf mit ihm gemessen: Glaubt mir's, er ist ein gewaltiger Mann, wenn er sich mit seinem Schild emporbäumt und die Lanze wirft. Wären nach Hektors Tod noch zwei Männer wie er in Troja gewesen, dann hätte die Welt nicht von unserem Sieg zu berichten. Darum reicht ihm die Hände zum Frieden, solange noch Zeit ist, denn seinen Waffen seid ihr nicht gewachsen!‹«

Als Venulus seinen Bericht beendet hatte, gab es ein murrendes Tosen in der Volksversammlung, wie wenn ein Sturzbach durch die Felsen rauscht. Als endlich wieder Stille einkehrte, sprach König Latinus von seinem hohen Thron herab: »Wir führen einen unglückseligen Krieg, ihr Männer, gegen unbezwingbare Männer, gegen ein Göttergeschlecht. Deshalb nehmt euch zu Herzen, was ich euch jetzt verkünden werde. Nicht fern von hier besitze ich ein altes Gebiet, das von Rutulern und Aurunkern bebaut wird. Das will ich den Trojanern abtreten und sie in Frieden anerkennen. Dort können sie sich ansiedeln und die verheißene Stadt gründen. Wenn sie es aber vorziehen, ein anderes Land aufzusuchen, so wollen wir ihnen Erz, Werkzeug und unsere Hilfe beim Schiffsbau anbieten, damit sie sich fünfzig Ruderschiffe ausrüsten können. Außerdem sollen sich hundert Gesandte mit Friedenszweigen in der Hand und aus den edelsten Geschlechtern von Latium aufmachen, um ihnen Gold, Elfenbein und Mantel und Thron als Reichskleinodien zu übergeben.«

Äneas · Trojaner und Latiner begründen das Römische Volk

Da erhob sich Draces, der ein reicher und wortgewandter Mann war und schon seit geraumer Zeit den Ruhm des Turnus mit Argwohn betrachtete, und rief: »Vortrefflicher König, es fehlt nur eines noch! Du solltest zu den kostbaren Geschenken, die du den Trojanern zu überbringen befiehlst, auch noch die Hand deiner Tocher Lavinia hinzufügen und so den Frieden mit einem ewigen Bund besiegeln!«

Da aber erzürnte sich Turnus, der sich eben erst unter die Volksversammlung gemischt hatte. Aufgebracht rief er: »Oh Draces, wann immer der Krieg Fäuste verlangt, bist du mit der Zunge da! Es geht jetzt aber nicht darum, den Ratssaal mit Worten zu erfüllen! Die Feinde umringen unsere Stadt und es will gekämpft sein! Was soll uns Diomedes helfen, wenn wir selbst, Latium und das ganze Volskerland, das sich für uns erhoben hat, es nicht vermögen? Wenn es sich aber nur um meine Seele handelt: Die ist euch längst geweiht. Wenn es wahr ist, dass Äneas nur mich herausfordert, dann soll er kommen!«

Während die Latiner sich auf solche Weise über die Lage ihres Reiches stritten, rückte Äneas mit seinem gesamten Gefolge näher. Und plötzlich stürmte die Botschaft durch den Palast, dass die Trojaner und Etrusker vom Tiber herangezogen kämen.

Neuerlicher Kampf – Camilla fällt

Die Versammlung stob auseinander und alle stürzten sich hastig auf die Mauern. Die Stadttore wurden mit Gräben verschanzt, Steine wurden aufgehäuft, Pallisaden in den Boden gerammt, das Schlachthorn schmetterte, Mütter und Männer stellten sich bunt durcheinander auf den Mauerkranz. Auf einem hohen Wagen fuhr Königin Amata und an ihrer Seite ihre Tochter Lavinia, die Ursache so vielen Leides, zum Palast der Stadt, um dort im Tempel der Athene zu beten und zu opfern.

Turnus aber rüstete sich eilig zum Kampf. Bald stand er trotzig in seinen schuppigen Erzharnisch gerüstet. Er legte sich goldene Schienen an die Beine und schnallte sich das Schwert an die Seite. Dann setzte er sich den goldenen Helm auf und eilte, funkelnd vom Kopf bis zu den Sohlen und voller Hoffnung auf den Sieg, vom Palast hinab.

Unter dem Tor begegnete ihm Camilla, hinter sich den Zug ihrer Volsker. Als sie Turnus erblickte, sprang sie vom Pferd und sprach zu ihm: »Turnus, im vollen Vertrauen auf meine Stärke gelobe ich heute, mich der Schar des Äneas zu widersetzen und mich ihm mit meinen volskischen Reitern entgegenzuwerfen.«

Dieses Angebot war dem Helden hoch willkommen. »Dein Mut«, erwiderte er, »erhebt dich, oh Jungfrau, hoch über dein Geschlecht und in den

DIE FOLGEN DES TROJANISCHEN KRIEGES

Rat der Männer. Von nun an sollst du das ganze Kriegswerk mit mir teilen. Meine Späher melden mir, dass Äneas seine leichten Reitergeschwader vorausgesandt hat. Er selbst bewegt sich mit dem schweren Heerhaufen über den Bergrücken auf die Stadt zu. Dort will ich ihm in einem bewaldeten Hohlweg einen Hinterhalt legen und beide Schlünde des engen Pfades mit Kriegern besetzen. Du aber sollst die etruskischen Reiter mit deiner Reiterei empfangen, und ich schicke den Helden Messapus mit den latinischen Geschwadern mit dir. Der Oberbefehl jedoch sei dir selbst anvertraut, unvergleichliche Jungfrau!«

Nachdem er diese Anordnungen gegeben hatte, ging Turnus seiner eigenen Wege. Durch ein enges Tal mit vielen Windungen, das zu beiden Seiten von düsteren, bewaldeten Hängen umgrenzt war, führte ein schmaler Fußpfad. Darüber, oben auf dem Gipfel, lag zwischen Wäldern verborgen ein ebenes Feld, wo sich ein sicherer Hinterhalt aufstellen ließ und von wo aus man nach Belieben rechts oder links angreifen oder aber von oben herab Steine ins Tal niedergehen lassen konnte. Dorthin zog Turnus mit seiner Schar und verteilte die Männer über die Höhe in den Wäldern um die Schluchten herum.

Während dies geschah, rückten die Trojaner und ihre etruskischen Verbündeten mit den Reitergeschwadern immer näher an die Mauern. Gegenüber erschienen die Latiner, Messapus mit seinem Bruder Coras an der Spitze, die Volsker unter der Führung von Camilla. Als die Heere einander auf Speerwurfweite nahe gekommen waren, standen sie einen Augenblick still. Dann brachen sie plötzlich unter Gebrüll vorwärts, feuerten ihre Pferde an und von allen Seiten flogen Geschosse wie Schneeflocken durch die Luft, sodass es ganz dunkel wurde. Sobald die feindlichen Scharen Speer gegen Speer miteinander kämpften, gerieten die Reihen der Latiner ins Wanken. Bald warfen sie ihre Schilde auf den Rücken und lenkten ihre Pferde in die Stadt zurück. Doch ihre Flucht war nur vorgetäuscht. Sobald sie die Mauern erreicht hatten, drehten sie wieder um und warfen sich, wie die Ebbe, die in die Flut umschlägt, mit erneutem wilden Geschrei auf die Etrusker, die sie verfolgten und nun ihrerseits wieder zurückwichen. So geschah es zweimal, und erst beim dritten Mal wurde das Treffen zu einer regelrechten Schlacht, wo Mann gegen Mann kämpfte.

Mitten in dem Kampfgewühl tobte freudig die Volskerin Camilla, die wie eine Amazone gekleidet war. Bald schoss sie einen Pfeil vom Bogen ab, bald warf sie Lanzen mit der Hand, bald griff sie zur Streitaxt, und auf ihrer Schulter schallte klirrend ihr goldener Köcher. Selbst wenn sie ihr Pferd einmal zur Flucht wendete, so schickte sie doch noch im Fliehen einen Pfeil zurück. Ein auserlesenes Gefolge von Jungfrauen umgab sie, bei ihr waren Larina, Tulla und Tarpeia, die sie sich selbst zur Gesell-

698

Äneas · Trojaner und Latiner begründen das Römische Volk

schaft auserkoren hatte und die im Krieg wie im Frieden ihre treuen Begleiterinnen waren. Nun begegnete ihr im Kampf auch einer der tapfersten Apenninbewohner, der streitbare Sohn des Aunus, ein Ligurer. Der Anblick der furchtbaren Jungfrau schreckte ihn, und als er sah, dass es ihm nicht mehr möglich war, dem Kampf zu entrinnen, sann er auf eine neue List und rief: »Was ist denn so Besonderes daran, wenn ein Weib sich einem tapferen Pferd anvertraut! Steig ab und versuche den Zweikampf mit mir, dann wollen wir sehen, ob dein windiges Prahlen standhält!«

Diese Worte waren ein Stachel im Herz der Jungfrau. Sie übergab ihrer nächsten Gefährtin das Pferd und stellte sich dem Jüngling, nur mit Schwert und Schild bewaffnet, zum Kampf. Der Jüngling aber glaubte seine List gelungen. Ohne abzusteigen gab er seinem Pferd die Sporen und floh. »Betrüger!«, rief Camilla, als sie ihn fliehen sah. »Du wirst die Künste deiner Heimat umsonst versucht haben und deine List wird dich nicht zu dem schelmischen Äneas zurückbringen!« Zugleich eilte sie fliegenden Schrittes dem Pferd voran, fiel ihm in die Zügel und stieß dem Reiter von vorn das Schwert in den Leib.

Aber auf der Gegenseite erhob sich ein gewaltiger Held, es war der Etruskerkönig Tarchon. Bald trieb er auf seinem Pferd zurückweichende Scharen vor sich her, bald feuerte er seine Männer mit ermunternden Zurufen an, nannte jeden mit Namen, spornte die Zurückgedrängten zu neuem Kampf an und trieb, unbekümmert um den Tod, sein Pferd mitten in die Schlacht. Hier stieß er auf den Venulus und warf sich ihm stürmisch entgegen, riss ihn vom Pferd und trug ihn, indem er ihn mit dem rechten Arm umschlang, auf seinem eigenen Pferd im Flug davon.

Staunend und rufend blickten die Latiner dem Tarchon hinterher, wie er versuchte seinem Feind im Reiten zwischen den Fugen der Rüstung eine tödliche Wunde zu versetzen. Venulus aber wehrte sich und hielt sich die Hand vor die Kehle. So war das Paar wie ein Adler anzusehen, der eine geraubte Schlange durch die Luft entführt. Das Tier ringelt sich, bäumt sich immer höher auf und stößt ein Zischen aus, der Vogel aber lässt es nicht aus seinem krummen Schnabel und peitscht die Luft mit seinen Flügeln. Die Etrusker folgten dem Glück und Beispiel ihres Führers und stürmten wieder mutiger voran.

Auch Camilla fand einen kühnen Gegner in den Reihen der Etrusker. Der Held Arruns schwirrte mit seinem Speer um die schnelle Amazone und wich ihr nicht von der Seite, wohin die Kampfeswut sie auch führte. Nun verfolgte Camilla gerade den phrygischen Kybelepriester Chloreus, dessen schuppiger Erzpanzer mit seinem Geflecht sich wie ein gefiedertes Gewand um seinen Leib legte und den ein Überwurf von dunklem Purpur bedeckte. Ein goldener Helm strahlte auf seinem Haupt, ein

DIE FOLGEN DES TROJANISCHEN KRIEGES

Köcher aus Gold klirrte um seine Schultern, und vom Bogen schoss er die schärfsten Pfeile. Sein fremdländisches Waffengeschmiede gefiel der Jungfrau, und deshalb verfolgte sie ihn, sei es nun, um die trojanische Rüstung als Siegesbeute in einem italischen Tempel aufzuhängen, sei es, um selbst in dem erbeuteten Gold zu prangen. Als sie nun ihre gesamte Aufmerksamkeit auf diesen Feind gerichtet und den Arruns aus den Augen gelassen hatte, warf der unversehens seinen Speer und betete dabei zu Apollon, dass er die Schmach der Verbündeten tilgen und ihn selbst nicht einer Frau unterliegen lassen solle. Apollon gewährte ihm den halben Wunsch. Die Volsker, die sich dort befanden, hörten die Lanze daherrauschen und suchten mit den Blicken ihre Königin. Sie aber dachte an nichts, bis ihr das Geschoss in die Brust drang. Zitternd eilte die Schar ihrer Gefährtinnen herbei und sie fingen ihre Herrin mit den Armen auf. Arruns aber, der über seine Tat selbst erschrocken war, floh, bebend vor Freude und Furcht, noch ehe ihn die Pfeile verfolgten, und mischte sich hastig fliehend unter die Reiter. Er stahl sich fort wie ein Wolf, der einen Hirten getötet hat und mit eingezogenem Schwanz in den Wald flüchtet. Camilla aber zog sterbend an dem Speer, dessen Spitze ihr eine tiefe Wunde geschlagen hatte, ihre Augen brachen, der Purpur ihrer Wangen wich aus ihrem Gesicht. Mit schwacher Stimme sprach sie zu Acca, der liebsten ihrer Gespielinnen: »Geh schnell, du Liebe, und überbring dem Turnus meine letzten Befehle, denn um mich her wird alles Nacht: Hinfort soll er den Kampf leiten und die Stadt vor den Trojanern beschützen!« Sie ließ die Zügel aus ihren Händen fahren und glitt, noch immer widerstrebend, zu Boden, neigte dann ihr Haupt und verschied.

Die Volsker erhoben verzweifeltes Geschrei bei ihrem Tode, und nachdem sie gefallen war, entbrannte die Schlacht noch wilder. Da traf auch Arruns, den Mörder Camillas, ein Pfeil, der von unsichtbarer Hand abgeschossen worden war. Er kam von Artemis, die ihre geliebte Jägerin rächte. Die Freunde des Toten kämpften über seinen Leichnam hinweg weiter und er blieb vergessen im Staub liegen.

Nach dem Tod ihrer Anführerin begann nun als Erstes Camillas Reitergeschwader zu fliehen, dann folgten auch die Rutuler. Eine schwarze Wolke von aufgewirbeltem Staub wälzte sich den Stadtmauern entgegen, von den Zinnen stiegen die Klageschreie der Mütter in die Lüfte. Fast zugleich mit den Feinden, die sie verfolgten, erreichten die Scharen die Tore und unter Gemetzel drangen die Sieger in die Stadt ein. An anderen Stellen wurden die Stadttore von verzweifelten Bürgern vor den Flüchtenden geschlossen, und diese erlagen, da sie ausgesperrt und den Feinden ausgesetzt waren, vor den Toren.

Unterdessen drang die Schreckensmeldung bis zu Turnus in das dunkle Tal des Waldes, denn Acca suchte ihn in seinem Hinterhalt auf und berichtete ihm vom Tod ihrer Herrin und der verlorenen Schlacht. Von Wut und Schmerz im Innersten zerrissen stürmte Turnus auf der Stelle in die Ebene hinab. Kaum hatte er sein Versteck verlassen, als Äneas mit seinen Männern vom Gebirge her unbesorgt in das Tal vordrang und von der Stadt aus sichtbar wurde, als er kurze Zeit später aus dem dichten Wald heraustrat. Da sah er das Heer des Turnus vor sich herziehen. Auch Turnus hörte das Pferdeschnauben hinter sich, wandte sich um und erkannte den grimmigen Äneas. Er stellte sich in Schlachtordnung ihm gegenüber auf. Und wenn die Sonne nicht schon im Sinken gewesen wäre, hätten die beiden Heere auf der Stelle den Entscheidungskampf ausgefochten.

Unterhandlung
Versuchter Zweikampf – Friedensbruch
Äneas wird heimtückisch verwundet

Als Turnus bemerkte, dass alle Latiner, die von den Feinden gedemütigt worden waren, ihre Blicke allein auf ihn gerichtet hatten und ihn an sein Versprechen zu erinnern schienen, überzog die Schamröte sein Gesicht und sein Herz schlug ihm wieder stolzer in der Brust. Wie ein verwundeter Löwe seine Mähne schüttelt und mit knirschenden Zähnen den Speer des Jägers, der ihm im Leibe sitzt, zerbricht, so kehrte die Kühnheit des Jünglings zurück. Er trat vor seinen Schwiegervater Latinus und sprach: »An mir soll der Verzug nicht liegen, wenn nur die feigen Trojaner ihr Wort halten! Lass Opfertiere herbeischaffen, Vater, und schließe den Bund. Entweder schickt mein Arm den asiatischen Flüchtling noch heute zum Orkus hinab und rächt unsere Schande oder ich erliege seinem Schwert. Dann soll er deine Tocher Lavinia als seine Gemahlin heimführen!«

Latinus antwortete ihm mit ruhigem Herzen: »Je mehr du an trotziger Tapferkeit alle besiegst, hochherziger Jüngling, desto mehr ist es meine Pflicht, dich zu beraten und alle Glücksfälle des Schicksals sorgfältig zu überlegen! Von deinem Vater Daunus her besitzt du ein großes Reich, und durch Eroberungen hast du ihm noch manche Stadt hinzugefügt. Durch Latinus werden dir Gold und Gunst zuteil. Latium hat noch genügend andere Bräute, die ebenfalls edler Abstammung sind. Lass mich dir die ganze Wahrheit sagen, so schmerzlich sie für dich auch sein mag: Die Warnung der Götter und Menschen hinderte mich meine Tochter einem von den vorigen Freiern zu geben. Dir zuliebe und durch Verwandtschaft und die Tränen meiner Gattin getrieben, überwand ich alle Zweifel, nahm dich als Schwiegersohn an und habe mich auf diesen unseligen

DIE FOLGEN DES TROJANISCHEN KRIEGES

Krieg eingelassen. Du siehst unser Schicksal. Du allein stehst dem Frieden im Weg. Verzichte auf meine Tochter und verlange nicht von mir, es erst auf den zweifelhaften Ausgang eines Zweikampfes ankommen zu lassen. Denk an all das Leid, das der Krieg uns beschert hat! Erbarme dich auch deines alten Vaters, den der Kummer um dich in seiner Vaterstadt Ardea verzehrt!«

Doch Turnus war durch keine Worte umzustimmen, ja er wurde durch diese sanfte Rede nur noch wütender. Nicht einmal die Bitten, die Tränen und Umarmungen der Königin wirkten auf sein Herz. Da kam schließlich, durch die Klagen ihrer Mutter aufgeschreckt, auch seine Braut Lavinia herbeigeeilt. Tränen flossen über ihre heißen Wangen und die große Verschämtheit jagte ihr Glut über das Gesicht. Turnus sah seine Geliebte an, und einen Augenblick lang verwirrten sich seine Gedanken. Aber die Hoffnung, den verhassten Nebenbuhler zu besiegen, entflammte ihn noch mehr zum Kampf, und er sprach zu der Königin: »Mutter, ich bitte dich, verfolge mich nicht mit deinen Tränen und deinen bangen Ahnungen! Turnus bleibt keine Wahl!« Dann rief er einen seiner Kampfgefährten und sagte zu ihm: »Du, Idmon, eile zu dem trojanischen Führer und überbringe ihm meine Botschaft, die ihn nicht freuen wird. Er soll seine Trojaner morgen früh nicht aufs Schlachtfeld führen, wie ich auch meine Rutuler nicht. Die Heere sollen ruhen, aber wir beide werden mit unserem Blut den Krieg entscheiden, sobald die Sonne aufgegangen ist. Nur auf diese Weise soll das Schlachtfeld entscheiden, wem Lavinia als Gattin folgen wird.«

In den Palast zurückgekehrt ließ Turnus seine schneeweißen Pferde bereitmachen, die so schnell waren wie der Wind. Er selbst wappnete sich, ergriff seine unbesiegte Lanze und übte mit rollenden Augen den Stoß. Und auch Äneas, der über die Botschaft des Rutulers zufrieden war, legte seine göttliche Rüstung an.

Kaum lagen die höchsten Gipfel der Berge im ersten Sonnenlicht, als schon Rutuler und Trojaner das Feld für den Zweikampf ihrer Feldherrn vor den Mauern der mächtigen Latinerstadt abmaßen und in der Mitte Rasenaltäre für die ihnen gemeinsamen Götter errichteten. Wasser und Feuer für die Opfer, Kränze für die Priester und Tiere wurden herbeigebracht. Dann strömte das gesamte Heer der Italer vor die Tore der Stadt. Von der anderen Seite eilte das verbündete Heer der Trojaner und Etrusker herbei. Auf ein Zeichen hin zog sich jeder auf seinen Platz zurück und für den Kampf blieb ein geräumiges Feld. Die Krieger rammten ihre Spieße in den Boden und lehnten ihre Schilde daran. Auch das übrige Volk kam nun vor die Mauern, selbst schwache Mütter und gebückte Greise besetzten als Zuschauer die Türme und Dächer der Stadt.

Jetzt nahten die Könige. Latinus kam auf einem vierspännigen Prunkwagen einhergefahren. Von seiner Stirn blitzte ein Diadem mit zwölf gol-

702

Äneas · Trojaner und Latiner begründen das Römische Volk

denen Strahlen als ein Zeichen, dass er vom Sonnengott abstammte. Turnus erschien mit einem Zweiergespann von weißen Pferden und schüttelte zwei Wurfspieße in der Hand. Auf der anderen Seite eilte Äneas aus dem trojanischen Lager hervor, und seine Rüstung und sein Schild strahlten wie Sterne. An seiner Seite schritt Askanios, sein kräftig heranblühender Sohn.

Ein Priester in reinem Gewand brachte ein borstiges Ferkel und ein langwolliges Lamm und stellte die Tiere an die brennenden Altäre. Die Fürsten wandten sich mit ihrem Angesicht der aufgegangenen Sonne zu, streuten gesalzenes Mehl auf die Opfer, schoren ihnen die Scheitel und gossen das Dankopfer auf die Altäre. Dann beschworen sowohl Äneas als auch Latinus mit feierlichen Gebeten den Vertrag: Würde Äneas besiegt, so sollten die Trojaner Latium auf der Stelle räumen und sich nach Pallanteum, der Stadt Euanders, zurückziehen. Wenn Äneas aber siegte, dann sollten sich Italer und Trojaner frei und selbstständig vereinen, Latinus Herrscher sein, Äneas die Tochter des Königs erhalten, für sich und sein Volk eine Stadt erbauen und sie nach der Königstochter Lavinia nennen.

Den Rutulern schien der Kampf ungleich zu sein. Ungeduldig waren ihre Herzen in Aufruhr, denn sie hielten den Ausgang des Kampfes angesichts der Heldenkraft des Äneas für ungewiss. Und ihre Bedenken nahmen noch zu, als sie ihren Führer Turnus bleich, mit eingefallenen Wangen und mit gesenktem Haupt vor den Altar treten sahen. Auch seine Schwester Iuturna, die eine unsterbliche Nymphe war, bemerkte dies. Schnell nahm sie die Gestalt des Helden Camer an, der durch mächtige Ahnen und eigene Taten in großem Ansehen bei den Rutulern stand, und mischte sich mitten unter das Heer. »Rutuler«, flüsterte sie, »schämt ihr euch nicht, nur eine einzige Seele für euch alle, die ihr doch so streitbar seid, dem Tod darzubieten? Sind wir unseren Gegnern etwa an Kraft nicht gewachsen? Zählt doch die Trojaner, Arkadier und Etrusker: Wenn wir Mann gegen Mann kämpfen würden, würde kaum jeder Rutuler einen Gegner finden! Freilich wird Turnus ruhmvoll zu den Göttern emporsteigen, an deren Altar er sich weiht, wenn er fällt; wir aber werden das Land unserer Väter verlieren, um unbeugsamen Zwingherrn dienstbar zu sein, und es geschieht uns recht: Warum saßen wie auch untätig im Gras, während wir doch hätten kämpfen können!«

So sprach Iuturna und sie tat noch mehr. Sie schickte den Italern ein günstiges Vorzeichen vom Himmel, das die Sinne betörte: Ein Goldadler des Zeus schwebte durch den lichten Äther, scheuchte die Ufervögel des Stromes auf, warf sich plötzlich zu den Wellen hinab und packte den schönsten Schwan mit den Klauen. Die Rutuler blickten staunend zum Himmel auf, wo plötzlich alle Vögel sich von der Flucht umwandten und

DIE FOLGEN DES TROJANISCHEN KRIEGES

in einem Schwarm, der die Luft verdunkelte, ihren Feind, den Adler, der sich mit seiner Beute in den Himmel hob, verfolgten. Von der Übermacht bezwungen und von der Last seiner Beute erschöpft, ließ er schließlich den Raub aus seinen Klauen fahren und in den Fluss fallen, schwang sich wieder empor und verschwand. Rutuler und Latiner begrüßten diese Erscheinung mit Freudengeschrei, legten die Hand an den Schwertgriff und lauschten ihrem Seher Tolumnius, der ihnen das Zeichen günstig deutete und sie aufforderte zu den Waffen zu greifen. Zugleich warf er selbst als Erster sein Geschoss auf die Feinde, die ihnen gegenüberstanden, dass es zischend durch die Luft fuhr. Dann erhob sich Lärm, in die Reihen geriet Verwirrung und alle Herzen kamen in Aufruhr. Ihm gegenüber standen nämlich neun schöne, schlanke Brüder, Söhne des Arkadiers Gylippos und einer einzigen edlen etruskischen Mutter. Einen von diesen stattlichen Jünglingen hatte der Speer des Tolumnius niedergestreckt. Nun schwangen die acht Brüder des Gefallenen von Schmerz entbrannt ihre Lanzen und zogen die Schwerter und die Rutuler stürzten sich auf sie. Darauf brachen alle Arkadier, Trojaner und Etrusker los. Die Altäre wurden umgerannt, ein Sturm von Pfeilen brauste durch die Luft, ein eiserner Speerhagel prasselte nieder. Latinus selbst floh mit den Götterbildern, weil die Abmachung gebrochen worden war. Unter den Heeren aber erhob sich ein furchtbares Morden.

Äneas streckte seine rechte Hand in den Himmel, warf sich ungeschützten Hauptes unter seine Männer und rief: »Wo rennt ihr hin, Freunde, welche plötzliche Zwietracht hat sich erhoben? Zügelt eure Wut! Der Bund ist doch geschlossen, die Bedingungen sind festgesetzt. Wer hindert uns Anführer am Zweikampf?« Doch während er noch sprach, traf ihn ein Pfeil von unbekannter Hand und er musste verwundet den Kampfplatz verlassen.

Sowie Turnus sah, dass Äneas den Platz räumte und die Führer der Trojaner in Verwirrung gerieten, verlangte er Pferde und Waffen, schwang sich auf den Wagen, trieb seine Pferde in die Schlacht und richtete mit seinen Speeren Verheerung unter den Feinden an.

Währenddessen brachten Mnestheus und Achates in Begleitung von Askanios den verwundeten Äneas ins Lager zurück. Er blutete und musste sich auf seinen Speer stützen. Vergebens bemühte er sich den Pfeil, der ihm im Leibe saß, herauszuziehen. Da erschien Iapyx, der Arzt. Als alter Mann war er in der Heilkunst sehr erfahren und gebrauchte kein gewaltsames Mittel, sondern versuchte den Pfeil durch Heilkräuter zu lockern. Doch auch seine Künste zeigten keine Wirkung. Und während er sich noch vergeblich bemühte, den Pfeil herauszuziehen, sah man schon die Staubwolke der feindlichen Reiter, ihre Geschosse drangen bereits ins Lager ein und ihr Kampfgebrüll ertönte immer lauter.

Äneas wird geheilt – Neue Schlacht
Sturm auf die Stadt

Da erbarmte sich Aphrodite ihres Sohnes, der in Gefahr war. Sie pflückte auf dem Idagebirge der Insel Kreta das wunderbare Kraut Diktamnos mit seinen saftigen Blättern und purpurnen Blüten, hüllte sich in eine dichte Wolke und brachte es ins Lager. Dort träufelte sie heimlich seinen Saft in den Kessel, in welchem die Heilkräuter des Arztes brodelten, mischte noch einige Tropfen Ambrosia und das duftende Panaceenkraut dazu.

Iapyx ahnte von all dem nichts. Aber als er die Wunde noch einmal mit seinem Kräutersaft auswusch, da wich plötzlich der Schmerz aus dem Leib des Äneas und die Wunde hörte auf zu bluten. Der Pfeil folgte wie von selbst und ohne Zwang der Hand des Arztes und fiel heraus. Dem geheilten Äneas waren sichtlich die Kräfte zurückgekehrt. »Worauf wartet ihr?«, rief der Arzt vergnügt. »Bringt dem Helden sogleich seine Waffen! Dies ist nicht nach menschlicher Macht und den Gesetzen der Heilkunst geschehen, das hat ein Größerer als ich getan, und zu noch größeren Taten treibt er dich nun an, oh König!«

Äneas lechzte nach dem Kampf. Ungeduldig legte er Schienen und Panzer an und war froh, als er endlich den Helm auf seinem Haupt sitzen hatte und seinen Speer in der Hand schwang. In voller Rüstung umarmte er seinen Sohn Askanios und sprach: »Lerne von mir die Tapferkeit, mein Kind, und die wahre Beharrlichkeit, das Glück aber lerne von anderen!« Dann schritt der gewaltige Held vor die Tore des Lagers. Antheus und Mnestheus drängten mit dichter Reiterschar nach, das gesamte Heer strömte aus dem Lager und eine Staubwolke verkündete Turnus, dass sich das Heer näherte. Da lief ihm ein Schauder durch Mark und Bein. Auch seine Schwester Iuturna wandte sich mit ihm bebend vor Furcht zur Flucht, und bald tobte Äneas in der Schlacht wie ein Sturmwind. Da fiel der Seher Tolumnius, der als Erster seinen Speer auf die Feinde geschleudert hatte.

Die Halbgöttin Iuturna aber stieß auf ihrer Flucht Metiscus, den Wagenlenker ihres Bruders, vom Sitz, schwang sich in dessen Gestalt selbst zu ihrem Bruder empor, ergriff die Zügel und schwirrte nun wie eine Schwalbe mitten durch das feindliche Heer, bald da, bald dorthin treibend, dann wieder vor und zurück, sodass niemand ihn zum Kampf anhalten konnte. Äneas verfolgte ihn dennoch, blieb ihm unaufhörlich auf der Spur und rief ihn aus der Ferne über die Köpfe des Feindes hinweg zum Kampf. Sooft er aber nahe kam, wendete Iuturna den Wagen zur Seite und ermüdete Äneas auf diese Weise. Nun rannte der Latiner Messapus, der eben zwei Speere in der linken Hand wiegte, herbei und

DIE FOLGEN DES TROJANISCHEN KRIEGES

schleuderte einen davon mit sicherem Schwung auf den Trojaner. Äneas blieb stehen und duckte sich hinter dem Schild. Zwar flog der Speer über ihm vorbei, doch so, dass er ihm den Helmbusch abriss. Da rief Äneas die Götter zu Zeugen des gebrochenen Bundes auf und stürzte sich schonungslos mitten unter die Feinde.

Nun legte ihm seine Mutter ins Herz, unverzüglich seine Streitmacht seitwärts zu wenden und die Latiner durch einen unerwarteten Ansturm in Verwirrung zu stürzen. Während er den Wagen des Turnus noch immer verfolgte, fiel sein Blick auf die Mauern, und er musterte die Stadt, die bis dahin vom Krieg verschont geblieben war. Plötzlich rief er seine Helden Mnestheus, Sergestos und Serestos herbei und besetzte die Anhöhen. Das übrige Heer der Trojaner zog den Helden nach und drängte sich um seinen Führer.

Da stand nun Äneas in ihrer Mitte und sprach von einer Erhöhung herab: »Zögert nicht, meine Befehle zu erfüllen. Zeus ist auf unserer Seite. Wenn sich die Feinde heute nicht unterwerfen, dann stürze ich die Stadt des Latinus und mache ihre rauchenden Giebel dem Erdboden gleich! Soll ich etwa warten, bis es dem Turnus beliebt mit mir zu kämpfen? Nein, hier vor euch liegt das Ziel des Krieges. Eilt mit Fackeln herbei und mahnt sie mit Flammen an ihr Bündnis!« Auf der Stelle bildete das Heer einen Keil und strömte dicht gedrängt auf die Stadt zu. Sturmleitern wurden angelegt, die Fackeln leuchteten, an den Toren tobte der Ansturm und die Wachen fielen, Pfeile und Lanzen flogen über die Mauern. Vor aller Augen erhob Äneas seine Rechte zum Himmel, wies die ganze Schuld dem König Latinus zu und rief die Götter als Zeugen für den Vertragsbruch an.

Nun brach unter den erschrockenen Bürgern ein Streit aus. Die einen verlangten, dass man die Trojaner in die Stadt lassen und König Latinus zum Friedensschluss zwingen solle, andere schleppten Waffen herbei, um die Mauern zu verteidigen. Als Königin Amata vom Dach des Palastes aus den Feind heranstürmen sah und beobachtete, wie die Mauern mit Brandfackeln erstürmt wurden, ohne dass sich Turnus oder irgendein Rutuler dagegenstellte, klagte sie sich selbst als die Urheberin allen Unheils an, zerriss sich ihr purpurnes Gewand und erhängte sich an einem Deckenbalken ihres Gemachs. Als die Frauen der Latiner von diesem Ende ihrer Fürstin erfuhren, klagten und jammerten sie laut. Lavinia, ihre Tochter, raufte sich die goldenen Locken und zerschlug sich Brust und Wangen. Bald verbreitete sich die Nachricht in der ganzen Stadt. Latinus, ihr verzweifelter Gatte, zerriss sein Gewand, lief klagend durch den Palast und machte sich Vorwürfe, weil er den Trojaner nicht gleich in die Stadt aufgenommen und zu seinem Schwiegersohn bestimmt hatte.

Turnus stellt sich zum Zweikampf und unterliegt
Ende

Turnus setzte unterdessen an der Flanke des Schlachtfeldes noch einigen Fliehenden nach, doch seine Pferde ermüdeten allmählich. Da scholl ihm aus der Ferne verworrenes Geschrei und Getöse aus der zerrütteten Stadt entgegen, und er begann zu ahnen, dass sich dort ein großes Unglück ereignet haben müsse. Er fiel seiner Schwester, die noch immer in Gestalt des Wagenlenkers Metiscus neben ihm auf dem Wagen saß, in die Zügel, zog sie an und hielt die Pferde zurück. Iuturna aber sprach ärgerlich zu ihm: »Was besinnst du dich, Turnus, willst du auf der Bahn des Sieges stehen bleiben? Lass uns die Trojaner weiter verfolgen, um die Verteidigung der Häuser sollen sich andere kümmern!«

Turnus blickte sie lange staunend an und sprach: »So habe ich mich doch nicht getäuscht! Längst war mir, als ob nicht mein Wagenlenker Metiscus neben mir säße, sondern als wenn du es wärst, geliebte Schwester! Selbst als deine List das Bündnis der Könige trennte, habe ich dich schon erkannt! Auch jetzt verbirgst du dich mir umsonst, oh Göttliche! Aber sage mir, wer sandte dich vom Olymp herab und ließ dich um meinetwillen die Not der Sterblichen erleiden? Bist du etwa dazu abgesandt, dem Tod deines Bruders beizuwohnen? Denn welche andere Aussicht hätte ich denn! Die edelsten und tapfersten Rutuler sind gefallen! Und nun muss ich auch noch mit ansehen, wie die Stadt gestürmt und verwüstet wird? Muss ich da nicht mit meiner Faust die Worte des neidischen Draces widerlegen, darf ich mich da schimpflich dem Kampf entziehen? Mein Land, mein Volk sollte den Turnus fliehen sehen? Ist denn der Tod etwas gar so Unseliges? Ihr Götter der Unterwelt, seid ihr mir wenigstens geneigt, wenn die Neigung der Himmlischen sich von mir abkehrt! Rein, und ohne dass mir etwas vorzuwerfen wäre, will ich, des Ruhmes meiner Ahnen würdig, zu euch hinabsteigen!«

Kaum hatte er diese Worte ausgesprochen, da kam der Rutuler Saces, dem das Gesicht von einer Wunde blutete, auf seinem Pferd herangestürmt und rief Turnus flehend zu: »Komm, Turnus, komm, du bist unsere letzte Hoffnung! Äneas ist in der Stadt und bedroht den Palast. Brandfackeln fliegen auf die Häuser, der König zweifelt schon, wen er zum Schwiegersohn nehmen soll und die Königin hat sich selbst getötet. Nur Messapus und Atinas halten das Heer noch an den Toren auf!«

Turnus hielt die Pferde wieder an und starrte, zwischen Scham, Kummer und rasender Liebe hin und her gerissen, mit irrem Blick in die Ferne. Schließlich sah er die Latinerstadt. Und dort loderte, von Stockwerk zu Stockwerk des hölzernen Mauerturmes eine Feuersäule empor. Es war der Turm, den er selbst aus riesigen Balken gezimmert, auf Räder

DIE FOLGEN DES TROJANISCHEN KRIEGES

gesetzt und durch mächtige Zugbrücken mit der Stadt verbunden hatte. »Jetzt, Schwester, jetzt verlässt uns das Glück. Halte mich nicht länger auf. Lass uns gehen, wohin das strenge Geschick mich ruft! Ich bin entschlossen mit Äneas zu kämpfen. Es mag kommen, was da kommen will, aber du sollst mich nicht ruhmlos sehen!«

Er sprang vom Wagen, ließ seine trauernde Schwester zurück, stürzte durch die Lanzen der Feinde dahin und durchbrach die Reihen der Trojaner wie ein Felsblock, der vom Gipfel des Berges losgerissen in die Tiefe hinabrollt und Wälder, Herden und Männer im Sturm mit sich fortreißt. So stürmte Turnus auf die Stadtmauern zu, wo der Kampf am dichtesten war, winkte mit der Hand und begann zu rufen: »Rutuler, hört auf zu kämpfen! Haltet eure Speere zurück, ihr Latiner! Ich allein bin es, der mit den Waffen über das Bündnis entscheiden muss!«

Als die Kämpfenden dies hörten, entstand eine Gasse, und Äneas, der den Ruf des Turnus vernommen hatte, verließ die Anhöhe, brach alles andere ab und eilte freudig und mit klirrenden Waffen herbei. Selbst der alte Latinus musste staunen, als er die beiden gewaltigen Männer, die aus zwei verschiedenen Erdteilen stammten, so aufeinander zuschreiten sah, um den Streit mit einem Zweikampf zu entscheiden.

Die beiden aber stürzten in entfesseltem Lauf hervor, wo die Kämpfer zurückgewichen waren, um einen offenen Platz frei zu lassen, warfen ihre Speere gegeneinander und rannten dann mit Schild und Schwert zum Kampf an, dass der Boden bebte. Nun folgte Schlag auf Schlag, die Kämpfenden riefen Glück und Tapferkeit zu Hilfe. Endlich reckte Turnus seinen ganzen Leib und holte zuversichtlich zu einem entscheidenden Schwerthieb aus. Trojaner und Latiner, beide in banger Erwartung, schrien laut auf. Aber die Klinge brach Turnus mitten im Schlag und drohte ihn auszuliefern, wenn er nicht floh. Als er nämlich seinen Streitwagen bestiegen hatte, nachdem der Kampf von neuem ausgebrochen war, da hatte Turnus in der Eile statt des Wunderschwertes, das er von seinem Vater geerbt hatte, das Schwert seines Wagenlenkers Metiscus ergriffen. Es taugte auch gut, solange er nur auf den Rücken flüchtiger Trojaner einschlug – aber es war eben doch nur ein von Menschen geschmiedetes Schwert, und als es auf die von dem Gott Hephaistos gefertigte Rüstung des Äneas auftraf, da brach die Klinge wie brüchiges Eisen mitten im Schlag, und die Stücke lagen glänzend im Staub.

Nun begann Turnus unsicher zu kreisen und warf sich bald da, bald dorthin zur Flucht, doch entrinnen konnte er nicht. Denn auf zwei Seiten standen dicht geschlossen die Trojaner, auf der dritten lag ein Sumpf, und auf der vierten versperrten ihm die Stadtmauern, die sich hinter den Latinern und Rutulern erhoben, den Weg. Zudem verfolgte ihn Äneas, obwohl er von der alten Pfeilwunde noch ermüdet war.

Äneas · Trojaner und Latiner begründen das Römische Volk

Jetzt erst erhob sich unter den Heeren, die zusahen, ein rechtes Geschrei. Die Ufer und Hügel rings umher erschollen, und der Ruf stieg donnernd zum Himmelsgewölbe empor. Auf der Flucht rief der ängstliche Turnus diesen und jenen Rutuler mit Namen an und verlangte, dass ihm sein eigenes Schwert gebracht würde. Äneas aber drohte jeden zu töten, der sich ihm näherte, und zudem die Stadt zu zerstören. So kreisten sie fünfmal um den Platz, denn der Kampfpreis war hoch.

In einem wilden Ölbaum, der sich auf dem Kampfplatz befand und dem Faunus geweiht war und wo glücklich gelandete Seefahrer Weihgeschenke aufzuhängen pflegten, steckte noch der Speer des Äneas und hatte sich in der Wurzel des Baumes verfangen. Als Äneas daran vorbeieilte, kam ihm der Gedanke den Speer herauszuziehen und den Feind, den er im Lauf nicht einholen konnte, mit der Lanze zu verfolgen. Außer sich vor Schrecken sah Turnus dies und richtete ein Gebet an den einheimischen Gott Faunus: »Oh Faun und gütige Göttin des italischen Bodens, wenn ich euch immer die gebührenden Ehren erwiesen habe, dann erbarmt euch meiner jetzt und haltet den Speer des Gegners fest!« Die Landesgötter erhörten sein Flehen, und Äneas bemühte sich vergebens die Lanze aus dem Stamm herauszuziehen. Während Äneas sich auf diese Weise abmühte, rannte nun Iuturna, die Schwester des Turnus, wieder in der Gestalt des Wagenlenkers Metiscus, herbei und übergab ihrem Bruder sein rechtes, gefeites Schwert. Aphrodite aber entrüstete sich darüber, dass einer gewöhnlichen Nymphe ein so kühnes Werk gestattet sei, trat ebenfalls herbei und half dem Äneas den Speer aus dem Stamm zu ziehen.

Nun waren beide Kämpfer mit frischen Waffen versehen und von neuem Mut beseelt. Beide richteten sich hoch auf, der eine schwang sein Schwert, der andere holte weit mit dem Speer aus, und so standen sie einander mit fliegendem Atem zum letzten Kampf gegenüber. Da sprach Zeus, der dem Kampf von den goldenen Wolken des Olymp aus zusah, zu seiner Gemahlin Hera: »Beendigen wir endlich diesen Krieg! Du weißt und bekennst es ja selbst, dass Äneas vom Geschick des Himmels bestimmt ist! Wozu stärkst du nun seinen Feind und gibst ihm durch Iuturna sein Schwert wieder in die Hand? Du hast die Trojaner über Land und Meer verfolgt, den Krieg entfacht, den Palast in Trauer versenkt und das Brautfest durch Jammer gestört. Ich verbiete dir noch weiteres zu versuchen!«

Hera antwortete ihrem erzürnten Gemahl, wobei sie zu Boden blickte: »Weil dein Befehl mir heilig war, habe ich wider Willen die Erde und den Turnus verlassen. Hätte ich dir nicht gehorchen wollen, so sähest du mich jetzt nicht hier in den Wolken das Unrecht erdulden, sondern ich stände, mit Flammen umgürtet, ganz vorne im Kampf. Dass ich der Nymphe

Iuturna geraten habe, ihrem Bruder in der Not beizustehen, ist wahr; doch ich schwöre beim Styx, dass sie ihrem Bruder ohne mein Zutun das Schwert gereicht hat! Nun bitte ich dich nur um eines: Wenn Turnus erlegen ist und Äneas die Königstochter heimführt, dann zwinge die Latiner nicht ihren alten Volksnamen aufzugeben und sich Trojaner zu nennen! Und zwinge sie auch nicht, ihre Sprache zu vertauschen, fremde Gewänder, Sitten und Gebräuche anzunehmen! Lass sie das Volk bleiben, das sie gewesen sind! Lass den Römerstamm aus italischen Wurzeln emporwachsen! Troja aber sei und bleibe gefallen mitsamt seinem Namen!«

Lächelnd erwiderte Zeus seiner Gemahlin: »Kind des Kronos, geliebte Schwester, welchen Zorn wälzt du noch immer in deinem Innern? Bezähme doch deinen vergeblichen Groll! Was du wünschst, soll dir auch erfüllt werden: Latium soll seinen Namen, seine Sitten und seine Sprache beibehalten. Der Trojaner soll sich mit dem Volk verschmelzen und sich nur auf diese Weise ansiedeln. Er soll die Opferbräuche des Landes annehmen, er soll ganz zum Latiner werden. Die Römer, das neue Geschlecht, das aus dem vermählten Blut der Italer und Teukrer entstehen wird, sollen das Volk sein, das dir, oh Hera, die meiste Ehre erweisen wird!«

Nun entschloss sich Zeus die Schwester des Turnus aus dem Kampf zu entfernen. An seinem Thron standen stets die drei Diren bereit, sie waren Zwillingskinder und Töchter der Rache, mit Schlangengürteln und Windsflügeln bewehrt. Zeus sandte sie immer dann zu den Sterblichen, wenn er Seuchen, Krieg und andere Todesnot unter ihnen entfachen wollte. Eine von ihnen schickte er nun vom Äther hinab und befahl ihr, der Nymphe als Unheil bringendes Zeichen zu begegnen. Die Dire flog wie ein Pfeil zur Erde hinab, und sobald sie die beiden feindlichen Heere erblickte, zog sie sich schnell in die Gestalt eines kleinen Käuzchens zusammen, wie es als Unglücksvogel auf Scheiterhaufen oder verlassenen Häusergiebeln zu sitzen pflegt. In dieser Gestalt umflatterte die Dire das Haupt des Turnus, kreiste zu seinem Schild hinab und schlug auch diesen mit seinen Flügeln. Turnus sträubten sich die Haare, und seine Glieder wurden bei diesem unheilvollen Anblick starr. Iuturna aber raufte sich das Haar und schlug sich an die Brust, denn sie erkannte die Übermacht des Zeus und fluchte ihrer eigenen Unsterblichkeit. Sie bedeckte ihren Leib mit dem grünen Flutengewand und tauchte verzweifelt in den nahen Tiber.

Äneas drang nun heran, schüttelte wütend seinen baumlangen Speer und rief dem Gegner zu: »Was zögerst du noch, Turnus, was sträubst du dich noch länger? Nicht zum Wettkampf, sondern zum Zweikampf haben wir uns getroffen! Nimm nun all deinen Mut und dein Können zusammen!«

Äneas · Trojaner und Latiner begründen das Römische Volk

Turnus schüttelte den Kopf und entgegnete: »Nicht deine hitzigen Worte sind es, die mich schrecken, du Unerbittlicher! Es sind das Götterzeichen und die Feindschaft des Zeus!« Mehr sagte er nicht, sondern fasste einen gewaltigen Stein ins Auge, der neben ihm auf dem Boden lag. Zwölf Männer hätten ihn kaum auf ihren Nacken stemmen können. Den packte der Rutulerheld mit der Hand, richtete sich auf und wollte ihn im Laufen gegen seinen Feind schleudern, doch er kannte sich selbst nicht mehr: Er fühlte seine Arme kraftlos werden, seine Knie schlottern und sein Blut zu Eis erstarren. Der Feldstein wirbelte durch die Luft ins Leere, verfehlte sein Ziel und fiel kraftlos zu Boden. Es war wie im Traum, wenn man einen Anlauf nimmt, dann aber weder gehen noch sprechen kann. Turnus wandte sich unwillkürlich zur Flucht, nackte Angst hatte ihn gepackt. Vergebens sah er sich nach seinem Wagen und seiner Schwester um und er erwartete den Speerwurf des Feindes.

Äneas zögerte nicht und schleuderte nach Leibeskräften die Todeslanze, die wie ein Blitzstrahl dahergesaust kam. Durch Schild und Panzer fuhr sie dem gewaltigen Turnus in die Hüfte, und er sank zusammenbrechend in die Knie.

Die Rutuler ächzten so laut, dass der Wald ringsumher davon widerhallte. Turnus lag gedemütigt auf dem Boden, streckte flehend seine Rechte zu dem Sieger empor und sprach: »Ich habe es so verdient. Ich verlange keine Schonung für mich – nutze deinen Vorteil aus! Doch wenn der Kummer meines Vaters dich zu rühren vermag – er ist mir, was Anchises dir war –, dann erbarme dich seiner. Gib mich oder meinen entseelten Leib den Meinigen zurück! Ich gebe mich ja besiegt. Lavinia sei dein. Mache deinem Hass ein Ende!«

Äneas stand und holte zum tödlichen Schlag aus, seine Blicke gingen über den, der vor ihm auf dem Boden lag, hinweg, doch er hielt seine Hand zurück. Und schon wollte seine Seele sich zum Mitleid kehren, als er, zum Unheil des Besiegten, hoch an dessen Schulter das Wehrgehenk des Pallas erblickte, des arkadischen Fürstensohnes und holden Jünglings, den Turnus erschlagen hatte. Da entbrannten sein Schmerz und sein Zorn aufs Neue und er rief: »Wie? Du, den der Raub der Meinigen schmückt, sollst mir entrinnen? Pallas, Pallas opfert dich mit diesem Stoß und nimmt Rache an dem verfluchten Blut!« So sprach Äneas und hieb stürmisch sein Schwert in die ihm entgegengestreckte Brust des Feindes. Turnus sank zu Boden. Kälte rieselte durch seine Glieder und unwillig floh sein Schatten aus dem erstarrenden Leib hinab zur Unterwelt.

ANHANG

Das Weltbild der Antike

NAMENSÜBERSICHT
der bedeutendsten griechischen Gottheiten
und deren römische Entsprechungen

Aphrodite
(Göttin der Liebe und Schönheit)
→ *Venus*

Apollon
(Gott der Künste und der Weissagung)
→ *Apollo*

Ares
(Gott des Krieges) → *Mars*

Artemis
(Göttin der Jagd, Begleiterin der
Frauen) → *Diana*

Athene
(Göttin der Weisheit) → *Minerva*

Demeter
(Göttin der Erde und der Fruchtbarkeit) → *Ceres*

Dionysos
(Gott des Weines und der Ekstase)
→ *Bacchus*

Eros
(Gott der Liebe) → *Amor, Cupido*

Hades
(Beherrscher der Unterwelt) → *Pluton*

Helios (Sonnengott) → *Sol*

Hephaistos
(Gott des Feuers und der Schmiedekunst) → *Vulcanus*

Hera
(Beherrscherin des Himmels,
Beschützerin der Ehe) → *Juno*

Hermes
(Götterbote, Beschützer der Reisen-
den, Führer der Seelen in den Hades)
→ *Merkur*

Poseidon
(Hauptgott der Meere und des
Wassers) → *Neptun*

Selene
(Mondgöttin) → *Luna*

Zeus
(Göttervater im Olymp) → *Jupiter*

ANHANG

ANMERKUNGEN UND WORTERKLÄRUNGEN

Achaia

Gebiet im Norden des Peloponnes, das von den *Achaiern* besiedelt wurde.

Achaier

Ein vor etwa 4000 Jahren nach Griechenland eingewanderter, historisch belegter Volksstamm. Die Achaier besiedelten den Südosten Thessaliens und die nördliche Küste der peloponnesischen Halbinsel. *Homer* bezeichnet in seinen Epen alle Griechen als Achaier.

Achilles

Sohn des Sterblichen Peleus und der Meeresgöttin Thetis. Gilt als der tapferste griechische Held im Trojanischen Krieg. Um Achilles ranken sich zahlreiche Sagen mit weit reichender Bedeutung: Wahrscheinlich beruhen die Achilles-Sagen auf historischen Auseinandersetzungen mit Stämmen der Urgesellschaft, in welchen das Mutterrecht galt. Sie sind ein Symbol für den Niedergang des Mutterrechts und deren Verdrängung durch das Patriarchat. (Vgl. *Penthesilea* und *Polyxena*)

Eine Sagenvariante über die Unverwundbarkeit des Achilles lautet, dass seine Mutter Thetis ihn in die Wasser des Unterweltsflusses Styx getaucht habe. Dabei musste sie ihn an der Ferse festhalten und die Ferse ist somit verwundbar geblieben. Daher der Name Achillessehne.

Adler

Hier Symbol des *Zeus*, im Allgemeinen ein Symbol des Himmels, der Sonne und göttlicher Herrschaft. Auch u.a. bei Völkern Sibiriens und nordamerikanischen Indianerstämmen von großer Bedeutung. Eine besondere Rolle spielt der Adler als Symbol im Römischen Reich: Man war davon überzeugt, dass die Seele eines jeden verstorbenen römischen Kaisers nach seinem Tod in einen Adler übergehe. Deshalb ließen die Römer bei der Bestattung des Kaisers über dem Scheiterhaufen einen Adler auffliegen, damit er die Seele des Kaisers in den Himmel trage.

Wenn Zeus zur Bestrafung einen Adler an Prometheus' Leber fressen lässt, dann demonstriert er auf diese Weise seine Herrschaft.

Ägis, Ägisschild

Aus Ziegenfell gearbeiteter, rot gefärbter Brustschild der Göttin *Athene*. Als Ornamente trug die Ägis Orakelschlangen und das Haupt der *Medusa*. Dieser Brustschild war untrennbar mit Macht und Herrschaft verbunden, beinhaltete sogar die Macht selbst, sodass sogar *Zeus* sie benötigte, um seine Herrschaft über die anderen Götter ausüben zu können. Die ältere Tradition schreibt die Ägis aber Athene zu.

Äneas

Sohn der Göttin *Aphrodite* und des Sterblichen Anchises. War ein Mitglied des trojanischen Königshauses und einer der wichtigsten Kämpfer im Tro-

716

janischen Krieg. Seine eigentliche Bedeutung liegt aber in den Ereignissen
nach dem Krieg. Er führte die trojanischen Flüchtlinge nach Italien und
seine Nachkommen gründeten Rom.

Afrikanische Syrten
Große Syrte und Kleine Syrte. Beides
sind Einbuchtungen des Mittelmeeres
an der nordafrikanischen Küste. Die
Große Syrte wird heute auch Golf von
Sidra genannt, die Kleine Syrte, west-
lich von Tunesien, Golf von Gabes.

Agora
Das griechische Wort »Agora« bedeutet
›Marktplatz‹. Die Agora war ursprünglich ein öffentlicher Versammlungsplatz und zugleich der Mittelpunkt des
öffentlichen Lebens, oftmals von Ver-
waltungsgebäuden, Läden und sakra-
len Bauten umgeben.

Alekto
Eine der *Erinnyen.*

Alexander von Makedonien
Alexander der Große (356-323 v. Chr.).
Einer der berühmtesten Feldherren
der Antike. Historische Person außerhalb der Sagenwelt.

Amazonen
In der griechischen Sage aus Frauen
bestehendes Volk im Norden von
Kleinasien, das Männer nur zur Fort-
pflanzung duldete. Verehrte die Göttin
Artemis. Im Trojanischen Krieg kämpften die Amazonen auf trojanischer
Seite. Ihre Anführerin *Penthesilea*
wurde im Kampf von *Achilles* getötet.

Ambrosia
Nach der Sage ein Getränk der Götter,
das Unsterblichkeit verleiht. Ähnliches
findet sich auch in Indien, Persien und
Ägypten. Stets wurde dieses Getränk
auch dort mit dem Mond und mit dem
weiblichen Blut in Verbindung gebracht. Der ältere Name des Druiden-
zauberers Merlin lautet »Ambrosius«.

Andromeda
Ursprünglich die See-Königin der Phi-
lister. »Andromeda« war auch ein griechischer Titel und bedeutet ›Beherrscherin der Männer‹. Die Sagengestalt
erwarb ihn durch die Heirat mit Perseus. Erst im klassischen griechischen
Mythos wurde Andromeda zum Opfer
umgedeutet.

Aphrodite
(lat. Venus) Göttin der Liebe.

Apis
Hauptsächlich verehrter ägyptischer
Stiergott, Gott der Fruchtbarkeit. In
Gestalt eines Stieres von einem Mond-
strahl gezeugt, der auf eine Kuh fiel.

Apollon
(lat. Apollo) Einer der höchsten Götter
in der griechischen und römischen
Mythologie. Hauptgott der Weissagung,
der Künste und des Bogenschießens.
Konnte Übel über die Menschen bringen, es aber auch wieder nehmen. Zwil-
lingsbruder der Göttin *Artemis.*

Areopag

»Areshügel«. Hügel in Athen, der dem Kriegsgott *Ares* geweiht war. An diesem Ort versammelte sich bereits in der Frühzeit der Rat des Adels, um die Staatsgeschäfte zu leiten und Gericht zu halten.

Ares

(lat. Mars) Gott des Krieges, wurde später mit dem römischen Gott Mars gleichgesetzt. Einer der Götter des Olymp. Ares war eine rein kriegerische Gestalt, die nur über das Schlachtfeld stürmend an Kampf und Blutvergießen Vergnügen fand, ohne dabei strategisch zu denken. Deshalb konnte *Athene* ihn überlisten.

Arethusa

Waldnymphe. Als sie im Fluss Alpheios in Elis badete, verliebte sich der Flussgott in sie und verfolgte sie in der Gestalt eines Jägers über das Meer hin bis nach Sizilien. Sie fand Zuflucht auf der Insel Ortygia bei Syrakus, wo die Göttin *Artemis* sie in eine Quelle verwandelte.

Argiver

Bewohner von *Argos*, bei *Homer* oft Bezeichnung für die Griechen überhaupt.

Argolis

Fruchtbares Gebiet im Osten des Peloponnes. Zur Argolis zählen z. B. die Städte Nemea, Mykene, Argos, Tiryns, Epidauros und Troizen.

Argos

Zu unterscheiden sind:
1. Das hundertäugige Ungetüm, das *Io* bewachte, als sie in eine Kuh verwandelt worden war, und das von Hermes erschlagen wurde. Hera soll seine hundert Augen danach an die Pfauenschwanzfedern gesetzt haben.
2. Der Sohn des *Zeus* und der *Niobe*. Er erbte das Königreich des Phoroneus und nannte es Argos.
3. Der Fürsprecher Iasons bei König Aietes in Kolchis in der Argonautensage. Er war der älteste Sohn des Phrixos und der Chalkiope.
4. Der Erbauer des Schiffes »Argo«, auf dem die Argonauten nach Kolchis auszogen, um das *Goldene Vlies* zu holen.

Argos

Stadt auf dem Peloponnes in der Landschaft *Argolis*.

Artemis

(lat. Diana) Göttin der Jagd und des Bogenschießens. Zugleich ist sie aber auch die Beschützerin der wilden Tiere, der Kinder und alles Schwachen. Artemis ist die Zwillingsschwester des *Apollon*. Sie steht für bewusste Jungfräulichkeit und deren kompromisslose Verteidigung. Wenn eine Frau eines plötzlichen Todes starb, dann hieß es, sie sei vom Pfeil der Artemis getroffen worden. Ähnlich wie Apollon bei den Männern galt Artemis als Todesbringerin bei den Frauen.

Askanios

Sohn des trojanischen Helden *Äneas*, trägt auch den Namen »Iulos«. Er begleitete seinen Vater auf der Flucht nach Italien und gründete dort die Stadt Alba Longa. Nach der Darstellung des römischen Dichters Vergil

Anmerkungen und Worterklärungen

(15.10.70 v. Chr. – 21.9.19 v. Chr., Verfasser der »Aeneis«, dem römischen Nationalepos) nannten sich die römischen Kaiser nach seinem Namen Iulos »Julius«, um damit zu bekräftigen, dass sie von Äneas und der Göttin Venus (*Aphrodite*) abstammten.

Asklepios

(lat. Aesculapius) Gott der Heilkunst. Sohn des *Apollon* und der Koronis. Wurde von dem Zentauren Chiron aufgezogen und in der Heilkunde unterwiesen. Asklepios versuchte Wunderheilungen an Toten und wurde von Zeus dafür zur Strafe mit einem Donnerkeil erschlagen. Das Attribut des Asklepios ist ein von einer Schlange umwundener Stab, der Äskulapstab. Dieser Stab ist auch heute noch das Arztsymbol.

Atalante

Eine berühmte Jägerin und Jungfrau aus Überzeugung, ebenso wie die Göttin *Artemis*. Atalante wurde als Säugling von ihrem Vater ausgesetzt, weil er keine Tochter wollte, von einer Bärin gesäugt und dann von Jägern aufgezogen. Nach einer Interpretation des Mythos war diese Bärin die Göttin Artemis selbst in Gestalt des Tieres.

Athene

(lat. Minerva) In der klassischen griechischen Mythologie ist sie die Göttin der Weisheit und der Künste und eine der großen Göttinnen des Olymp. Galt – im Gegensatz zu *Artemis* – als Begleiterin der Männer, denen sie auch in Schlachten zur Seite stand. Ihr Symbol war eine Eule, das Sinnbild für Weisheit. Der klassische Mythos berichtet, sie sei dem Haupt des *Zeus* entsprungen. Verfolgt man aber ihre Herkunft über den klassischen Mythos hinaus, so zeigt sich die Variante, dass sie aus *Libyen* stammt, wo sie eine dreifache Göttin war, und aus der Gebärmutter des Tritonis-Sees hervorging.

Ausonien

Ebenso wie Hesperia oder Oinotria Bezeichnung für Italien.

Bacchantinnen

Priesterinnen des Gottes *Dionysos*. Der Begriff leitet sich von dessen Beinamen »Bakchos« ab. Eine andere Bezeichnung für Bacchantinnen ist »Mänaden«, ›die Rasenden‹. Bei kultischen Umzügen für den Weingott Dionysos streiften sie tanzend, trommelnd und Fackeln schwingend, nur mit Fellen bekleidet als wilde Frauen durch Wälder und Gebirge. Sie verzehrten ihre Opfer, bestehend aus jungen Tieren, angeblich roh.

Barbaren

Ursprünglich bezeichneten die Griechen alle Nichtgriechen als Barbaren, aber nur aufgrund ihrer rau klingenden, für Griechen unverständlichen Sprache. Die Bezeichnung »bar-bar« war zunächst rein lautmalerisch gemeint. Erst allmählich bildete sich die verächtliche Bedeutung des Wortes heraus, so wie wir es heute im Sinne von ›roher, ungebildeter Mensch‹ verwenden. In Byzanz wurden »Ungläubige« so bezeichnet.

719

Bienen

In der Antike galten alle Insekten als mächtig und geheimnisvoll, weil sie fliegen können, ihre Gestalt wandeln und sehr komplexe und merkwürdige Bauten anlegen. Besonders den Bienen wurde große Verehrung entgegengebracht.

Cacus

Räuber und gewaltiger Riese aus der römischen Sagenwelt. Cacus wurde von *Herakles* erschlagen, nachdem er ihm die Rinder des Geryones geraubt hatte, mit welchen Herakles durch Italien zog.

Caesar

Julius Caesar (100 – 44 v. Chr.). Römischer Staatsmann und Feldherr. Historische Person außerhalb der Sagenwelt.

Catilina

Verarmter römischer Patrizier. Plante eine Verschwörung, um die alleinige Herrschaft zu erlangen. Catilina fand zahlreiche Anhänger, seine Umsturzpläne wurden aber durch den Konsul Cicero vereitelt. Historische Person und Begebenheiten außerhalb der Sagenwelt.

Cato

Konservativer römischer Staatsmann (234–149 v. Chr.). Sah die größte Gefahr für Rom in der politischen und wirtschaftlichen Stärkung Karthagos. Er soll daher jede seiner Reden im Senat mit dem Ausspruch »Ceterum censeo Carthaginem esse delendam« (»Im Übrigen bin ich der Meinung, Karthago sollte zerstört werden«) abgeschlossen haben. Historische Person außerhalb der Sagenwelt.

Chalyber

Volk im Südosten des Schwarzen Meeres, das man für den Erfinder der Eisengewinnung hält.

Chariten

s. *Grazien*

Charybdis

Ein Strudel an der Straße von Messina bei Sizilien. In der klassisch-griechischen Mythologie ein Meeresungeheuer, das dreimal täglich brüllend das Wasser einsog und Schiffe verschlang. (Vgl. *Skylla*)

Dämon

Bei *Homer* dient der Begriff als Bezeichnung der Götter, besonders wenn diese Götter nicht näher bestimmt sind. Im übertragenen Sinn wird das Wort »Dämon« auch in der Bedeutung ›Schicksal‹, ›Verhängnis‹, ›merkwürdiges oder unverhofftes Ereignis‹ gebraucht.

Delos

In der Sage eine schwimmende Insel. Heute Mikra oder Dilos. Kleine Insel im Mittelpunkt der Kykladen. Zahlreiche archäologische Ausgrabungen (Apollonheiligtum, Marktplätze, Tempel, ein Theater).

Delphin

Der Name leitet sich aus dem griechischen Wort »delphinos« ab, das auch ›Schoß‹ bedeutet. Der Delphin galt als

720

Anmerkungen und Worterklärungen

Sinnbild der Menschenfreundlichkeit. Die pragmatischen Römer jedoch brieten aus seinem Fleisch Würste. Wurde zunächst *Demeter* als Totemtier, dann Poseidon als Symbol oder Attribut zugeordnet. Die *Nereïden* oder Meeresnymphen ritten oft auf dem Rücken von Delphinen über das Wasser. Auf römischen und frühchristlichen Grabmälern wurde der Delphin als ein Seelenführer dargestellt, der die Toten auf seinem Rücken sicher ins Jenseits bringt.

Demeter
(lat. Ceres) Eine der Göttinnen des Olymp, auch wenn sie sich lieber auf Erden und besonders in Eleusis aufhielt. Im klassischen Mythos ist sie die große Erdmutter, die Beschützerin der Fruchtbarkeit und die Göttin der eleusischen *Mysterien*. Tochter von Kronos und Rhea. Zuvor wurde sie mit der ägyptischen *Isis* und der phrygischen *Kybele,* aber auch mit ihrer eigenen Mutter Rhea gleichgesetzt. Ebenso wie die ältesten asiatischen Urgöttinnen wurde sie als eine Trinität interpretiert, die zugleich Jungfrau, Mutter und altes Weib bzw. Schöpferin, Erhalterin und Zerstörerin war.

Demodokos
Hoch geehrter blinder Sänger am Hof des Phäakenkönigs Alkinoos. Wird von *Homer* in seinem Epos »Odyssee« erwähnt.

Dido
Gründerin Karthagos, Königin und Priesterin. Sie wurde auch mit der *Aphrodite* von Zypern gleichgesetzt.

Eine Variante des Mythos von Dido und *Äneas* besagt, dass Dido Äneas opfern wollte, er aber entkam und sie statt seiner in den Tod ging.

Dionysos
(lat. Bacchus) Gott des Weines und der Ekstase. Sein Kult versprach Erlösung. Dionysos ist thrakisch-phrygischen Ursprungs und seine Sagen spiegeln die Kämpfe, mit welchen die Einführung seines Kultes in Griechenland verbunden war, wider.

Dioskuren
Hier sind Kastor und Polydeukes, die Zwillingssöhne des *Zeus* und der *Leda,* gemeint. Ursprünglich stellt der Begriff eine Verbindung zu den Himmelsgottheiten dar. Mit dem griechischen Wort »dioskuroi« wurde das tiergestaltige Zweiergespann bezeichnet, das den Wagen zieht, auf dem die Sonne über das Himmelsgewölbe gefahren wird. Später wurden die Helfer der Himmelsgötter zu Nothelfern der Menschen. So auch Kastor und Polydeukes: Sie galten als Beschützer im Kampf und Retter in Seenot. Im übertragenen Sinne bezeichnet das Wort »Dioskuren« heute ein unzertrennliches Freundespaar.

Dodona
Heiligtum und Orakel des *Zeus.*

Doppelaxt
Die Amazonenkönigin *Penthesilea* erhielt von Eris, der Göttin der Zwietracht, eine Doppelaxt als Geschenk. Aber auch für die Begründerinnen des Frauenstaates auf Lesbos, deren

721

Frauen nur die Göttin in der Natur und in sich selbst verehrten, war die Doppelaxt als Symbol von Bedeutung.

Dreifuß

Ursprünglich eine frühe Form des griechischen Opferaltars, der bei Zeremonien unter freiem Himmel verwendet wurde. Im weiteren Sinne aber jedes dreibeinige Gestell oder Gefäß. Meist ein Metallbecken mit drei Beinen. Im normalen Hausgebrauch wurden Dreifüße zum Erhitzen von Wasser benutzt. Dreifüße aus teuren Materialien mit aufwendiger Verarbeitung galten auch als Kultgegenstände, wie z.B. im Orakel von Delphi, als Kampfpreise oder als Weihgeschenke für Götter.

Dreizack

Die Bedeutung des Dreizacks hat sich über lange Zeiträume und über verschiedene Kulturen hinweg immer wieder gewandelt und fortentwickelt. In Indien ist er dem Gott Shiva zugehörig und symbolisiert die drei Aspekte der Zeit (Vergangenheit, Gegenwart und Zukunft). Bei den chaldäischen Göttern wurde der Dreizack mit dem Blitz gleichgesetzt und gelangte auf diesem Weg in die griechisch-römische Mythologie. Dort galt der Blitz bzw. Dreizack als Verbindung mit der Erde, denn er fuhr vom Himmel herab, um die Abgründe zu ›befruchten‹. Poseidon, eigentlich der Meeresgott, trägt den Beinamen »Erderschütterer«, denn er verwendet seinen Dreizack auch, um die Erde aufzureißen.

Echetos

König Echetos von Epirus. In *Homers* »Odyssee« als Mann von furchtbarer Grausamkeit dargestellt. Er blendete seine eigene Tochter und ließ sie in einen Kerker werfen, wo sie Bronzekörner mahlen musste. Deshalb wird er als »Schrecken aller Menschen« bezeichnet.

Echidna

So genanntes Ungeheuer, halb Drache, halb schöne Frau. Mutter unter anderem der *Hydra*, der Sphinx und des *Zerberus*.

Eiche

Bei zahlreichen indogermanischen Völkern, vor allem aber bei den keltischen Druiden, als heiliger Baum verehrt. Oftmals den Himmels-, Donneroder Blitzgöttern zugeordnet, möglicherweise weil Eichen den Blitz anziehen. Wegen der Härte des Holzes ein Symbol für Stärke. Im Orakel von *Dodona* glaubte man im Rauschen der Eiche die Stimme des *Zeus* zu hören.

Eisenhut

Giftige Pflanze, die ursprünglich der Unterweltsgöttin *Hekate* geweiht war. Vor allem der Blaue Eisenhut fand später in der Heilkunde Verwendung. Der Eisenhut war oftmals Bestandteil von Hexenrezepten.

Eleusis

s. *Mysterien*

Elle

Vom Unterarm abgeleitetes Längenmaß, das bereits im Altertum ge-

Anmerkungen und Worterklärungen

bräuchlich war. Die Länge war nicht eindeutig festgelegt und konnte zwischen 55 und 87 cm schwanken.

Elysium

Entweder das Land der Seligen am Westrand des *Erdkreises*, ein paradisisches Gefilde, oder ein abgetrennter Teil der Unterwelt, in dem die Schatten bestimmter *Heroen* oder besonders frommer oder gerechter Menschen in ewigem Glück leben.

Epigonen

In der griechischen Mythologie nur die Nachkommen der Sieben gegen Theben. Das Wort »Epigonen« bedeutet ›Nachgeborene‹ und wird ganz allgemein für Menschen verwendet, die etwas nachahmen, ohne es mit eigener Gestaltung zu erfüllen.

Erdkreis

Die ältesten Griechen stellten sich die Erde noch als eine Scheibe vor, die von einem Strom, dem *Okeanos*, umgeben war. (Vgl. Karte »Weltbild der Antike«)

Erebos

Erebos (die Finsternis) ist der Sohn des Chaos. Das Wort »Erebos« bezeichnet die Unterwelt.

Eridanos

Der norditalienische Fluss Po.

Erinnyen

(lat. Furien) Mächtige Rachegöttinnen der Unterwelt, die erbarmungslos alles Unrecht verfolgen. Oftmals werden sie als alte Frauen dargestellt. Es sind: Alekto (die nie Ablassende), Megaira (die Neiderin) und Tisiphone (die den Mord Rächende).

Faunus

s. *Pan*

Fenchel

Die Staude des Riesenfenchels, mit welchem auch Prometheus das Feuer für die Menschen vom Himmel holte, war vielen Göttern oder Helden heilig. In Mittelalter und Renaissance behielt der Fenchel seine Bedeutung im so genannten Heidentum bei, später auch im Hexenwesen, vor allem in Italien, wo er als Waffe für rituelle Scheingefechte diente. Interessant ist dabei auch, dass das Mark des Fenchels tatsächlich feuerbeständig ist.

Fisch

Ein sehr ambivalentes Symbol, das sowohl auf Göttliches als auch auf Dämonisches, auf Leben als auch auf Tod, auf Männliches als auch auf Weibliches hinweisen kann. Fische wurden bereits im alten Ägypten verehrt. In der Mythologie können sie auch in der Gestalt von Seeungeheuern erscheinen. Oftmals wurden Fische den antiken Göttern der Unterwelt als Opfer dargebracht.

Flussgottheit

Innerhalb eines Weltbildes, in dem die Natur belebt und selbst göttlich war, erfuhren auch Naturerscheinungen und die darin manifestierten Gottheiten Verehrung. So zum Beispiel der heilige Ganges in Indien oder der Fluss Boyne in Irland. In der griechischen Mythologie gab es zahlreiche Flussgottheiten. Dort galt es als Frevel, einen Fluss zu überschreiten, ohne ihm vorher zu opfern (vgl. den trojanischen Fluss Skamander, der sich gegen Achilles erhob). Der Styx, der in die Unterwelt führte und bei welchem alle Götter ihre Eide schworen, galt als Fluss des Todes und der Wiedergeburt. Später wurden die Eigenschaften des Styx auf den biblischen Jordan übertragen.

Furien
s. *Erinnyen*

Gadeira
Cadix.

Gaia
(lat. terra) Urmutter Erde. Das erste Wesen, das dem Urchaos entsprang. Wurde als älteste aller Gottheiten angesehen.

Gallier
Wichtigster Stamm der Kelten.

Geheimlehre
s. *Mysterien*

Glaukos
Zu unterscheiden sind v.a.:
1. Meeresgott, nach einer Variante Sohn des Poseidon.
2. Sohn des Sisyphos.
3. Sohn des *Minos.*

Goldenes Vlies
Das Fell eines goldenen Widders. Widder gelten in vielen alten Kulturen auf der ganzen Welt als Symbol der Zeugungskraft, Fruchtbarkeit und körper-

lichen Stärke. Als gehörntes Tier kann der Widder mit Sonnenkulten in Verbindung stehen. Das Sternbild Widder ist das erste Zeichen im Tierkreis.

Gorgo
›Das schreckliche Antlitz‹. Vgl. *Medusa* und *Gorgonen.* Die Gorgo war eine Schutzmaske und symbolisierte die weibliche Weisheit.

Gorgonen
Töchter des *Phorkys* und der *Keto.* Galten in der klassischen Mythologie als Ungeheuer. Die drei Gorgonen sind: Stheno (die Starke), Euryale (die weit Springende) und *Medusa* (die Herrscherin). Abgesehen von Medusa waren sie alterslos und unsterblich. Wer sie ansah, wurde von ihrem Blick versteinert.

Graien
Töchter des *Phorkys* und der *Keto.* Der Name »Graien« bedeutet ›Greisinnen‹ oder ›Graue‹, denn eigentlich waren sie von jugendlichem Aussehen, aber grauhaarig von Geburt an. Die drei Graien waren Enyo (die Kriegerische), Pemphredo (die Wespe) und Deino (die Schreckliche). Sie hatten gemeinsam nur ein Auge und einen Zahn. Schwestern der *Gorgonen.*

Granatapfel
Wegen seiner leuchtenden roten Farbe ein Symbol für Fruchtbarkeit, Liebe, Leben und für den Schoß, der Leben gebärt. Attribut der *Aphrodite*, der Hera und anderer Muttergöttinnen. Ab der 18. Dynastie wurde den Toten in Ägypten ein Granatapfel als Symbol der Auf-

Anmerkungen und Worterklärungen

erstehung ins Grab gelegt. »Granatäpfel des Hades«: Im Mythos der *Persephone* darf Persephone die Unterwelt nicht mehr verlassen, weil sie dort einen Granatapfel gegessen hat. Der Granatapfel ist hier ein Symbol für den Liebesgenuss.

Grazien

(Die griechische Bezeichnung lautet Chariten.) Göttinnen im Gefolge der *Aphrodite*. In der Regel treten sie in der Dreizahl auf und gelten als Personifizierungen von Anmut, Schönheit und Freundschaft. Sie werden aber auch als die Spenderinnen der himmlischen Gnade der Aphrodite aufgefasst, die zur biblischen Nächstenliebe wurde (vgl. das lateinische Wort »caritas«).

Großes Weltmeer

s. *Okeanos*

Haar

In früheren Zeiten wurden dem Haar magische Kräfte zugesprochen. Aufgrund seines Wachstums galt es als der Träger von Lebenskraft, bei den Griechen sogar als der Sitz des Lebens selbst. Daher ließen sich Priester und Krieger ihr Haar nicht schneiden, um ihre körperlichen und geistigen Kräfte nicht zu verlieren. In den östlichen Religionen glaubte man, dass durch das Lösen von Frauenhaaren kosmische Kräfte freigesetzt werden könnten.

Hades

(lat. Pluto) Gott der Unterwelt und das Schattenreich selbst.

Harpyien

So genannte monströse vogelartige Frauen bzw. sehr große Vögel mit weiblichem Gesicht, die als Ungeheuer galten. Möglicherweise sind sie Schwestern der *Iris*. Die Harpyien sind: Aello (Windstoß), Okypete (Schnellfliegende), Kelaino (dunkel wie eine Gewitterwolke) und Podarge (Schnellfüßige). Sie werden aber auch als weibliche Todesgeister ähnlich der nordischen Walküren interpretiert.

Hebe

(lat. Iuventas) Göttin der ewigen Jugend, eine Tochter des *Zeus* und der Hera, Mundschenkin der Götter auf dem Olymp. Sie reichte den Göttern den Nektar der Unsterblichkeit.

Hekate

Erdgöttin mit unterirdischen Bezügen, Göttin des Zaubers und der Geister, zugleich Mondgöttin – eine Göttin mit allumfassender Macht.

Heliaden

›Kinder des Helios‹, ›Kinder der Sonne‹. Helios hatte eine große Anzahl Kinder von verschiedenen Frauen, darunter den König Aietes von Kolchis, von welchem die Argonauten das *Goldene Vlies* holten. Als Phaethon mit dem Sonnenwagen abgestürzt war, saßen seine Halbschwestern vier Monate lang am Fluss *Eridanos* und trauerten um ihn, bis die Götter sie aus Barmherzigkeit in Pappeln verwandelten. Ihre Tränen, die in den Fluss tropften, wurden von der Sonne zu Bernstein getrocknet.

Helikon

Mittelgebirge im westlichen Böotien. Die höchste Erhebung erreicht 1748 m. Gilt als der Sitz der *Musen*.

Hellespont

Dardanellen. Langer, schmaler Sund zwischen Ägäis bzw. thrakischem Meer und Marmarameer.

Herakles

(lat. Hercules) Beliebtester und wohl auch bedeutendster griechischer Held von sprichwörtlicher Stärke. Herakles war eine Erlösergestalt, die manche auch als einen Vorläufer der Christusfigur betrachten. Die Milchstraße soll entstanden sein, als Herakles von der Himmelsbeherrscherin Hera gestillt wurde, denn er sog dabei so kräftig, dass sich ein Milchstrahl über den Himmel ergoss. Dieser Milchstrahl bildete der Sage nach die Milchstraße.

Heraklessäulen

Die beiden Vorgebirge jeweils auf der afrikanischen und der europäischen Seite an der Straße von Gibraltar. Eine Variante des Mythos berichtet, dass Herakles sie selbst errichtet habe.

Heroen

Griechische Sagenhelden, die selbst zwar keine Götter waren, aber von einem göttlichen Elternteil abstammten. Heroen waren Wesen zwischen Gott und Mensch.

Hesperiden

Nymphen, die jenseits des *Okeanos* im äußersten Westen den Garten der Götter bewachten, vor allem aber mithilfe des Drachen Ladon die goldenen Äpfel des ewigen Lebens, die in diesem Garten wuchsen.

Hestia

(lat. Vesta) Eine der ältesten Göttinnen. Göttin des Herdes und des Zuhauses für jeden Menschen, wobei ›Zuhause‹ als der Mittelpunkt der Welt betrachtet werden darf. Sie war die älteste der drei Töchter des Kronos und der Rhea. Blieb unverheiratet, obwohl sie die Wahl hatte, sich mit Poseidon oder *Apollon* zu vermählen. Auch ihre Priesterinnen, in Rom Vestalien genannt, mussten unvermählt bleiben. Sie hüteten das ewige Feuer auf dem Altar der Hestia.

Homer

Legendärer blinder Sänger, bei den Griechen Symbol des Dichters schlechthin. Homer wurde im 8. Jhd. v. Chr. vermutlich in Kleinasien geboren, sonst liegen keine gesicherten biographischen Erkenntnisse über ihn vor. Im Zustand des Enthusiasmus soll er seine Eingebungen empfangen und somit göttliche Weisheit kundgetan haben. Ihm werden die Epen »Ilias« und »Odyssee« zugeschrieben, die beide den trojanischen Sagenkreis zum Inhalt haben. Die Figuren der Helden, wie *Achilles* und Odysseus, sowie das gesamte Werk sind sehr symbolhaft gestaltet. Die Götter erscheinen als vielschichtige höhere Kräfte, die auf alle Geschehnisse ihren Einfluss ausüben können. Der Mensch wird dagegen als ein Wesen dargestellt, das sein Schicksal größtenteils selbst verschuldet und lernen muss, dass Frieden nur durch

Anmerkungen und Worterklärungen

versöhnliche Einstellung und Mäßigung erlangt werden kann. Emotionen spielen in den Epen des Homer eine große Rolle als Grundbedingtheiten des Lebens.

Horen

Manche interpretieren den Namen als ›Jahreszeiten‹, manche als ›Stunden‹. Die Horen waren Wächterinnen des Himmels, die die Wolken vor dem Tor des Olymp beiseite schoben, wenn die Götter in ihren Wagen ausfuhren. Aber auch den Menschen waren diese Göttinnen wohlgesinnt.

Hydra

Eine Wasserschlange mit Hundekörper und mehreren Köpfen, einer von ihnen unsterblich. Die Hydra zu töten war eine von *Herakles'* Aufgaben.

Hyperboreer

Sagenhaftes Volk, das fern von Griechenland in ewiger Glückseligkeit im äußersten Norden, in einer Art Märchenland lebte. Der Gott *Apollon* soll im Winter dort verweilt haben und die Hyperboreer brachten dafür Opfergaben in sein Heiligtum auf der Insel *Delos*.

Iberia

Spanien.

Ida, Idagebirge

Zu unterscheiden sind:
1. Das zentrale Gebirgsmotiv *Kretas*.
2. Ein Gebirgszug südlich von Troja. Hier hat Paris sein berühmtes Urteil über die drei Göttinnen Hera, *Aphrodite* und *Athene* gefällt, das schließlich den Trojanischen Krieg auslöste.

Inachos

Gott des Flusses Inachos in der *Argolis*, Sohn des *Okeanos* und der *Tethys*. Er galt als alter König von *Argos* und Stammvater des Fürstengeschlechts, das dort herrschte.

Io

Ursprünglich repräsentierte Io die gehörnte, Milch spendende, weiße Mondgöttin, der Mond gilt als Mutter des Universums. »Io« war u.a. eine andere Bezeichnung für die Göttin Hera. Vermutlich wurde die Erzählung, Hera habe Io durch eine Bremse über die ganze Welt jagen lassen, erst später hinzugefügt, um eine Erklärung für die Verbreitung der weißen Mondgöttin zu geben. (Vgl. *Isis* und *Mond*)

Iris

»Iris« bedeutet ›Regenbogen‹. Im klassischen Mythos ist die Göttin des Regenbogens eine Botin, die die Botschaften der Götter überbringt. In zahlreichen weiteren Mythologien, wie z.B. jenen Skandinaviens, Mesopotamiens, Persiens und Japans, ist der Regenbogen eine Brücke zwischen Himmel und Erde.

Isis

Ägyptische Schöpfergöttin, aus der alles entstand. Wurde später auch in der gesamten griechischen Welt verehrt und als *Io* bezeichnet.

Iulos

s. *Askanios*

Iuturna

Italische Wassernymphe, Tochter des Königs Daunus von Ardea in Latium.

Iuturna hatte Macht über Quellen und Flüsse.

Janus

Zweigesichtige alte römische Gottheit. Das eine Gesicht ist jugendlich, das andere bärtig dargestellt, beide blicken in entgegengesetzte Richtungen. Janus ist der Gott der Anfänge, der Übergänge, des Durchgangs und der Tore und Türen. Die Bezeichnung des Monats Januar ist von seinem Namen abgeleitet.

Kadmeer

Nachkommen des Kadmos.

Kastor und Polydeukes

s. *Dioskuren*

Keto

Tochter des Pontos (das Meer) und der *Gaia* (die Erde). Der Name »Keto« bedeutet ›Wal‹ bzw. ›Seeungeheuer‹. Schwester des *Phorkys*, mit dem sie sich auch vermählte. Sie gebar die drei *Graien* und die *Gorgonen*. Nach manchen Darstellungen ist sie auch die Mutter von *Echidna* und dem Drachen Ladon.

Kimmerier

Homer erwähnt die Kimmerier als mythisches Volk, das am Ufer des *Okeanos* in ewiger Finsternis lebt.

Kleopatra

Frau des *Phineus*, aus Thrakien, Schwester der Söhne des Boreas. Sie ist nicht mit der aus der römischen Geschichte bekannten Kleopatra, der Geliebten Julius Caesars, identisch.

Klytios

Zu unterscheiden sind:
1. Der Argonaut Klytios und Sohn des Königs Eurytos von Oichalia.
2. Bruder des Königs Priamos von Troja und trojanischer Ältester.
3. Der Gigant, den *Hekate* in der Gigantenschlacht mit Fackeln tötete.

Kreta

Auf der Insel Kreta bildete sich mit der kretisch-mykenischen Kultur zwischen 2600 v. Chr. und 1150 v. Chr. die älteste Hochkultur Europas heraus. Sie übte etwa seit dem 16. Jhd. v. Chr. starken Einfluss auf das griechische Festland aus.

Kybele

(lat. Magna Mater) Große Mutter der Götter. Eine alte phrygische Göttin, die in der griechischen Mythologie angepasst und übernommen wurde. Als die Große Göttermutter vom Berg *Ida* wurde Kybele mit Rhea, der Mutter des *Zeus*, gleichgesetzt. Sie personifizierte die Mutter Erde.

Kypros

Zypern.

Labyrinth

Eine Reise in ein Labyrinth war im übertragenen Sinn als eine Reise in das Jenseits und die Rückkunft in das Diesseits zu betrachten.

Lästrygonen

Volk von Menschen fressenden Riesen.

Lat

Muttergöttin des vorrömischen Latiums. Das italienische Wort »latte« für ›Milch‹ soll von der Milch gebenden Göttin abgeleitet sein.

Latona

s. *Leto*

Leda

Im klassischen griechischen Mythos die Tochter des ätolischen Königs Thestios. *Zeus* näherte sich ihr in Gestalt eines Schwans und zeugte Helena, die dann aus einem Ei geboren sein soll. Nach anderen Interpretationen, die ältere Traditionen aufgreifen, soll Leda ein weiterer Name für die Göttin *Lat* und Helena die irdische Erscheinung der Mondgöttin sein.

Lethe

In der Unterwelt der Strom des Vergessens. Von seinen Wassern mussten die ins Totenreich Kommenden trinken, um ihr früheres Leben zu vergessen.

Leto

(lat. Latona) Leto war als Tochter des Koios und der Phoibe eine *Titanin*. Mutter des *Apollon* und der *Artemis*, also der Sonne und des Mondes. Sie wird in ihrer Herkunft auch als eine griechische Form der Fruchtbarkeitsgöttin *Lat* interpretiert.

Libyen

In der griechischen Antike Bezeichnung für Afrika. Erst später wurde der Name auf den Nordosten Afrikas beschränkt.

Löwe

Meist ein Symbol der Sonne und der Stärke. Seit den *Herakles*-Mythen gilt das Überwinden eines Löwen als symbolische Demonstration von Stärke. Doch auch in älteren Traditionen wurden zum Beispiel die babylonische Göttin Ishtar oder die große Göttermutter *Kybele* in der Begleitung von Löwen bzw. Löwinnen dargestellt.

Lorbeer

Immergrüne Pflanze, daher ein Symbol der Unsterblichkeit, aber auch des Sieges und des Friedens. Lorbeer war der Göttlichkeit und der Prophezeiung und in der klassischen griechischen Antike dem Gott *Apollon* zugeordnet. Allerdings ist auch dieser Hergang ein Symbol für die Verdrängung des Göttinnenkultes durch die patriarchalischen Götter: Die *Artemis*-Priesterin Daphne entzog sich Apollons Versuch sie zu vergewaltigen, indem sie sich in einen Lorbeerbaum verwandelte. Das griech. Wort für ›Lorbeer‹ lautet »daphne«.

Lotophagen

Legendäres freundliches und sinnliches Volk, auch »Lotosesser« genannt, als dessen Heimat *Libyen* galt. Die Beschreibung des Landes passt aber auf jeden tropischen Ort unterhalb des südlichen Meeres. Die wohlschmeckende *Lotos*-Speise der Lotophagen erwirkte Vergessen.

Lotos

Die Verehrung der Lotosblume hat eine weit zurückreichende Tradition, vor allem in Indien, China und Ägypten. Die Lotosblume trägt Knospe,

Blüte und Samenbeutel in sich und symbolisiert Jungfrau, Mutter und Greisin zugleich. Sie gilt als das Sinnbild für die Gesamtheit aller geistigen Offenbarung und ist das wichtigste Pflanzensymbol im Buddhismus.

Luna
Lateinischer Name der Mondgöttin.

Mäander
Längster Fluss im westlichen Kleinasien, heute türkisch Menderes. Sein Mündungsverlauf ist sehr gewunden, daher vermutlich die Bezeichnung »Mäander« für das sich in sich selbst windende und dennoch voranfließende Ornament.

Manen
In der römischen Religion Bezeichnung der Geister der Toten in der Unterwelt.

Manto
Das Wort »Manto« oder »Mante« bedeutet ursprünglich ›Prophetin‹ oder ›vom Mond Inspirierte‹ und war die Bezeichnung der Orakelpriesterinnen im alten Theben. Im klassischen griechischen Mythos wurde Manto zur Tochter des thebanischenen Sehers Teiresias gemacht, die selbst die Sehergabe besaß und ihrerseits den Seher Mopsos gebar.

Medusa
Das griechische Wort »Medusa« bedeutet ›Herrin‹. Sie ist die sterbliche der drei *Gorgonen*, deren Blick die Menschen versteinerte. Medusa wird in ihrer Herkunft auch als eine libysche

Schlangengöttin interpretiert, die die weibliche Weisheit personifizierte.

Memphis
Tochter des Nilgottes.

Minos
In der griechischen Sage mächtiger König von *Kreta* und Herrscher der Meere. Er unterwarf sich weite Teile Griechenlands und lebte vor dem Trojanischen Krieg. Minos war ein Sohn des *Zeus* und der Europa, Bruder von *Rhadamanthys* und Sarpedon. Die gegenüber Griechenland eigenständige minoische Kultur Kretas ist nach ihm benannt.

Minotauros
Ungeheuer in Gestalt eines Menschen mit dem Kopf eines Stieres. Sohn der kretischen Königin Pasiphaë und eines Stiers. In der Kunst des Hinduismus und Buddhismus erscheint ebenfalls eine stierköpfige Männergestalt. Es ist Yama, der König, der die Wege der Unterwelt bewacht.

Moira, Moiren
(lat. Parzen) Drei Schicksalsgöttinnen, Töchter der Nyx, der *Nacht*. Klotho spinnt den Schicksalsfaden, Lachesis teilt das Lebenslos zu und Atropos schneidet den Schicksalsfaden ab. Die Moiren wurden zum Teil als alte Frauen dargestellt. Viele klassische Autoren stellen sie über die Götter, in anderen Überlieferungen sind sie aber auch Töchter des *Zeus* und der *Themis*. Verschüttete Spuren der dreifachen Göttin als Schicksalsgöttinnen, die Vergangenheit, Gegenwart und Zukunft

Anmerkungen und Worterklärungen

beherrschen, finden sich in fast allen Mythologien.

Mond

Schon bei den Ägyptern galt der Mond als die »Mutter des Universums«, und in vielen Naturvölkern fand der Mond größere Verehrung als die Sonne. Der Mondkult liegt in den Mythologien sehr tief verankert und ist von großer Bedeutung.

Musen

In der Antike die Schutzgöttinnen der schönen Künste, der Musik und der Literatur, später auch der Wissenschaften und aller geistigen Tätigkeiten. Im Allgemeinen werden die Musen als geflügelt dargestellt. Sie wohnten hauptsächlich in den Bergen, v.a. auf dem *Helikon*. Es sind in der Regel: Kalliope (epische Dichtung), Klio (Geschichte), Euterpe (Flötenspiel), Terpsichore (Chordichtung, Tanz), Erato (Liebesdichtung, Gesang und Tanz), Melpomene (Tragödie), Thalia (Komödie), Polyhymnia (heilige Gesänge) und Urania (Astronomie).

Mutter Erde

s. *Gaia*

Myrmidonen

In der griechischen Sage ein Volksstamm aus Thessalien.

Myrte

Die Pflanze war der Göttin *Aphrodite* heilig. In Rom stand sie für eheliche Einheit.

Mysterien

Geheime Götterkulte, die nur Eingeweihten zugänglich waren und im Gegensatz zu den Staatskulten standen. Im klassischen Griechenland fanden solche Geheimkulte vor allem durch das Zusammenströmen der orientalischen und der griechischen Religion ihre Ausprägung. In der Regel sind die Kultgötter Vegetationsgöttinnen, wie *Demeter* in Eleusis oder *Kybele* in Samothrake.

Nacht

Die griechische Göttin Nyx ist die Göttin der Nacht und gehört zu den ältesten griechischen Gottheiten, die es überhaupt gab. Sie entstand aus dem Urchaos (ebenso wie *Erebos, Gaia,* Tartaros und Eros). Nyx, die Nacht, gebar ohne männliche Mitwirkung u.a.: *Thanatos,* den Tod, Hypnos, den *Schlaf, Nemesis,* die Vergeltung, und Eris, die Zwietracht. Mit ihrem Bruder *Erebos* brachte sie den Tag (Hemera) und die Luft (Äther) hervor. Selbst *Zeus* muss vor Nyx zurückstecken.

Naiaden

Wassernymphen.

Nemesis

Göttin der Vergeltung für böse Taten.

Nereïden

Meeresnymphen. Es sind die fünfzig Töchter des Meeresgottes *Nereus* und der Doris.

Nereus

»Der alte Mann des Meeres«. Eine Meeresgottheit, die älter als Poseidon ist und oftmals mit Proteus gleichgesetzt wurde. Nereus war der Sohn des Pontos (das Meer) und der *Gaia* (die Erde). Er war in der Lage seine Gestalt zu wandeln und besaß die Gabe der Weissagung.

Niobe

Ursprünglich eine anatolische Berggöttin.

Nymphen

Weibliche Geister, die göttlichen oder halb göttlichen Ursprungs waren. Sie wohnten in bestimmten Naturerscheinungen und galten als unsterblich, ihr Aussehen war jugendlich und schön, oft befanden sie sich in Begleitung von Göttern (besonders in der Gesellschaft von *Pan*, Hermes, *Artemis*, *Apollon* und *Dionysos*) und waren Liebesabenteuern nicht abgeneigt. Man unterschied Nymphen, die in der Erde wohnten, Baumnymphen, Wassernymphen und Bergnymphen. Ähnlich wie die Feen in den späteren Volksmärchen konnten sie gut oder böse sein.

Okeanos

(lat. Oceanus, daraus dt. Ozean) Einerseits *Titan* als Sohn der *Gaia* und des *Uranos*, bei *Homer* sogar »Vater der Götter«, da Okeanos wesentlich älter ist als *Zeus*. Andererseits Herrscher über den Sagenstrom Okeanos, der sich um den *Erdkreis* schlang. Diesen Strom stellte man sich auch als eine Schlange vor, die die Erde umgürtet und ihren Schwanz im Maul hält.

Orkus

Der römische Gott der Unterwelt und die Unterwelt selbst. Entspricht dem griechischen *Hades*.

Pan

(lat. Faunus) Gott des Weidelandes, Schutzgott der Hirten.

Pandora

Ursprünglich eine Fruchtbarkeitsgöttin. Ihre Büchse, aus der sich die Übel über die Menschheit ergossen, soll anfänglich ein Füllhorn gewesen sein. Erst in der klassischen griechischen Mythologie wurde Pandora als erster Frau – ähnlich wie Eva in der christlichen Religion – Schuld am Leiden der Menschheit zugewiesen.

Parzen

s. *Moira, Moiren*

Penthesilea

Amazonenkönigin. Wurde im Trojanischen Krieg von *Achilles* erschlagen. Penthesileas Tod gilt als Symbol für die Verdrängung des Mutterrechts. (Vgl. *Achilles*)

Persephone

(lat. Proserpina) Tochter des *Zeus* und der *Demeter*, Gemahlin des *Hades* und Herrscherin der Unterwelt. Ursprünglich war sie eine Göttin des Wachstums und der Fruchtbarkeit wie ihre Mutter Demeter. Hades entführte Persephone mit Einwilligung des Zeus in die Unterwelt. Durch den Zorn ihrer Mutter bewogen willigte Zeus ein, dass sie die Hälfte des Jahres, bzw. vier Monate, bei Hades in der Unterwelt bleiben müsse, in der übrigen Zeit aber wieder auf die Erde kommen dürfe. Hades machte seine Ansprüche dadurch geltend, dass Persephone in der Unterwelt von *Granatäpfeln* gegessen hatte. Persephones Entführung und ihre sich stets von neuem vollziehende Wiedergeburt symbolisieren die Wiederkehr des Lebens, auch im Jahreskreis.

Pfeil der Artemis
s. *Artemis*

Phäaken
In der Sage ein glückliches, sorglos lebendes Seefahrervolk. Jedes ihrer Schiffe gelangte schnell und ohne Steuermann an sein Ziel. Die Phäaken lebten auf der mythischen Insel Scheria.

Phineus
Zu unterscheiden sind:
1. Der Onkel und Freier der *Andromeda* aus der Perseus-Sage.
2. Der thrakische Seher und König, den die Argonauten von den *Harpyien* befreien.

Phorkys
Sohn des Pontos (das Meer) und der *Gaia* (die Erde). Einer der »Alten vom Meer«. Vater der *Gorgonen*, der *Graien*, der *Echidna*, des hundertköpfigen Drachen Ladon, der die Äpfel der *Hesperiden* bewachte, möglicherweise auch der *Sirenen,* der Tritonen, der Hesperiden und der *Skylla.*

Pisa
Nicht die italienische Stadt Pisa ist gemeint, sondern die griechische Königsstadt in Elis.

Pluton
(lat. Pluto) Wird dem *Hades* gleichgesetzt.

Polyxena
Tochter des trojanischen Königs Priamos. Wurde dem *Achilles* geopfert. Der Sagenversion, dass sie freiwillig in den Tod ging, weil sie Achilles liebte, steht die Variante entgegen, dass sie gegen ihren Willen geopfert wurde.

Porsenna
Etruskischer König von Clusium (heute Chiusi). Nach der römischen Sage soll er um 500 v. Chr. Rom belagert haben. Dabei war sein Ziel, die Tarquiner wieder einzusetzen, die von dort vertrieben worden waren.

Proserpina
Lateinische Bezeichnung für *Persephone.*

Rhadamanthys
Weithin bekannt als weiser und gerechter Richter. Nach seinem Tod richtete er über die Toten in der Unterwelt, nach einer anderen Variante der Sage war er Richter im *Elysium.*

Schatten
Die Griechen betrachteten den Schatten als einen Teil der Seele. Man dachte, nach dem Tod müsse der Schatten ohne Kraft, Stimme und Blut in der Unterwelt weiterleben. Deshalb

sind die Schatten in der Unterwelt gierig nach Blut.

Schicksalsgöttinnen
s. *Moira, Moiren*

Schlaf
Der Gott des Schlafes ist Hypnos (lat. Somnius). Er ist der Bruder des *Thanatos* (der Tod), der Sohn der Nyx (die *Nacht*) und der Vater der Träume. Die Wasser der *Lethe*, die Wasser des Vergessens, flossen durch seine Höhle. Dort lagerte er von seinen unzähligen Söhnen, den Träumen, umgeben. (Vgl. *Traumgott*)

Selene
(lat. Luna) Göttin des Mondes.

Silen
Sohn des *Pan* oder des Hermes und einer *Nymphe*. Silen war ein zweibeiniges Mischwesen, ein Mensch mit Pferdeohren, -schweif und -hufen, auch sein Gesicht hatte einen tierischen Ausdruck. Er liebte Tanz und Musik und war Begleiter der *Nymphen*, nach anderen Darstellungen Begleiter der *Bacchantinnen* bei den Umzügen des *Dionysos*. Bekannt wurde er auch für seine praktische Lebensweisheit.

Sirenen
Vogelartige Frauen. Lebten auf einer Insel nahe der Straße von Messina bei Sizilien. Sie sangen so süß, dass jeder Seefahrer, der sie hörte, unentrinnbar von ihnen angezogen wurde und ins Meer sprang, sodass der Boden um den Sirenenfelsen von den ausgebleichten Gebeinen der toten Seefahrer übersät war. Die Sirenen standen in Beziehung zu *Persephone,* der Herrscherin der Unterwelt, und waren deren Gefährtinnen. Weil sie zugelassen hatten, dass *Hades* Persephone entführte, soll Persephone sie zur Strafe in jene vogelartigen Wesen verwandelt haben. Ihre Gesänge wurden als Weissagungen, die sich auf den Hades bezogen, gedeutet.

Skylla
Meeresungeheuer in der Straße von Messina. Ursprünglich eine schöne *Nymphe*, die ihre Tage im Meer verbrachte, mit den Meeresnymphen spielte und alle Liebhaber verschmähte. Als der Meeresgott *Glaukos* sich in Skylla verliebte, bat er Circe ihm einen Zaubertrank zu mischen, um Skylla gewinnen zu können. Circe aber verliebte sich ihrerseits in Glaukos, der ihre Zuneigung nicht erwiderte. Zur Strafe verwandelte Circe Skylla in ein Ungeheuer mit sechs Köpfen und drei Reihen Zähnen in jedem Maul. Gegenüber der Skylla lauerte das Meeresungeheuer *Charybdis*. Beide waren eine todbringende Bedrohung für alle Seefahrer. Skylla und Charybdis sind daher sprichwörtlich geworden für zwei unvermeidliche, gleich große Übel.

Talent
In der griechischen Antike höchste Masse- und Geldeinheit. In Attika beläuft sich ein Talent auf 26,2 kg.

Tethys

Titanin. Tochter des *Uranos* und der *Gaia.* Lebte mit ihrem Gemahl *Okeanos* in den abgelegensten Winkeln der Erde. Mutter unzähliger Söhne, der *Flussgötter,* und dreitausend Töchter, der Okeaniden.

Thanatos

Gott des Todes, fungierte wie ein Todesengel: Er suchte die Sterblichen auf, wenn deren Todesstunde nahte, schnitt ihnen eine Locke ab, die er dem *Hades* überreichte, und führte sie fort.

Themis

Göttin der Gerechtigkeit und der Ordnung.

Thyrsosstab

Ein Zeichen des *Dionysos* und seines Gefolges. Es heißt, dass Wasser zu Wein wurde, wenn Dionysos es mit seinem Thyrsosstab berührte. Später wurde dieses Wunder in der Bibel in der Hochzeit von Kanaa übernommen. Stab mit Efeu oder einem Pinienzapfen an der Spitze, meist auch mit Weinlaub umwunden, manchmal ein Fenchelstängel mit Fichtenzapfen. Die *Bacchantinnen* verwendeten den Thyrsosstab als Waffe.

Titanen

Ein sehr altes griechisches Göttergeschlecht, die Kinder des Himmels (*Uranos*) und der Erde (*Gaia*), und riesenhafte Wesen. Einer der Titanen war Kronos. Da Uranos seine Kinder hasste, sperrte er sie im Erdinnern ein, woraufhin Kronos ihn entmannte.

Traumgott

Der Gott der Träume ist Morpheus, ein Sohn des *Schlafes.* Er ließ den Schlafenden menschliche Gestalten erscheinen. Sein Name leitet sich von griech. »morphé«, ›Gestalt‹, ab.

Tusker

Etrusker.

Tuskien

Etwa das Gebiet der heutigen Toskana.

Uranos

Der Himmel. Wurde von *Gaia* aus sich selbst heraus, ohne das Zutun eines Mannes, hervorgebracht. Danach vereinigte sie sich mit ihm. Aus dieser Verbindung entstand das Geschlecht der *Titanen.*

Volsker

Volksstamm der Italiker in Mittelitalien.

Wacholder

Eine Pflanze, die zu den Zypressengewächsen gehört. Seine Früchte werden als Räuchermittel, Gewürz und als Heilmittel verwendet. (Vgl. *Zypresse*)

Widder

s. *Goldenes Vlies*

Zerberus

Wachhund der Unterwelt. Seine Aufgabe war jeden zu verschlingen, der versuchte aus dem *Hades* zu fliehen. Außerdem verhinderte er, dass lebende Sterbliche in sein Reich eindrangen.

Zeus

Der oberste Gott im Olymp gilt in der klassischen griechischen Mythologie zwar als der »Vater aller Götter und Menschen«, er hat jedoch keinen Menschen erschaffen.

Zypresse

In den Beschreibungen der Orphik, der antiken Geheimlehre vom Leben nach dem Tod, erblickte eine Seele, die in die Unterwelt einging, als Erstes eine weiße Zypresse. Sie neigte sich über den Fluss *Lethe*, das Wasser des Vergessens. Möglicherweise legte *Dido* aus diesem Grund Zypressenzweige über ihren Scheiterhaufen.

WEITERFÜHRENDE, DEN ANMERKUNGEN ZUGRUNDE LIEGENDE LITERATUR

Grant, Michael/Hazel, John, *Lexikon der antiken Mythen und Gestalten*, München 1983.

Irmscher, Johannes/Johne, Renate (Hrsg.), *Lexikon der Antike*, Leipzig 1985.

Lurker, Manfred (Hrsg.), *Wörterbuch der Symbolik*, Stuttgart 1985.

Ranke-Graves, Robert von, *Griechische Mythologie*, Reinbek bei Hamburg 1999.

Walker, Barbara, *Das geheime Wissen der Frauen*, München 1997.

Dies., *Die geheimen Symbole der Frauen*, München 1997.

NAMENSREGISTER

Abanter 251
Abas 645
Abderos 138
Ableros 308
Acca 700
Achaimenides 643
Achates 641, 645, 646,
  647, 650, 651, 652, 653,
  704
Acheloos 155, 220, 221
Achilles 64, 249 ff., 254,
  257, 259 f., 263 f.,
  267 f., 270 ff., 275 f.,
  281 ff., 286 f., 289 f.,
  300, 307, 312, 317 f.,
  324 ff., 329, 335, 344 f.,
  349 ff., 354, 356 ff.,
  372 ff., 385 ff., 402 ff.,
  407, 409 ff., 433 f.,
  436 f., 442 f., 446,
  453 ff., 462 ff., 469, 520,
  535, 560, 644, 649, 683,
  716 f., 724, 726, 732 f.
Adamas 342
Adamastos 643
Admetos 64, 145 ff., 251,
  394
Adrastos 193, 197, 200 ff.,
  207 ff., 217 f., 266, 308
Aëlla 138
Aërope 476
Ägisthos 476, 477, 478,
  479, 480, 481, 482, 483,
  484, 486, 487, 488, 489,
  512, 560
Ägyptos 513, 514
Äneas 245, 266, 270, 271,
  279, 280, 302, 303, 304,
  309, 331, 336, 341, 346,
  356, 359, 360, 362, 375,
  376, 377, 378, 394, 423,
  435, 447, 450 ff., 462,
  634–638, 640 ff.,
  644–666, 670 ff.,
  674–679, 682, 684, 685,
  686, 688, 689, 690, 692,
  693, 694, 696–699,
  701–711, 716, 718 f.,
  721
Äolos 21, 161, 162, 309,
  424, 469, 548, 549, 644
Äthops 418
Ätolier 154, 205, 251, 307,
  348, 484, 577

Agamemnon 246, 248 ff.,
  254 ff., 267, 271, 274,
  276, 281 ff., 286 ff.,
  296 ff., 304, 308, 316 f.,
  319 ff., 329, 331 f., 335,
  343 f., 351, 370, 372 f.,
  392 ff., 397, 405, 415,
  423, 425 f., 428, 430,
  432 f., 443, 447, 451,
  456, 463 ff., 475 ff., 484,
  486, 489, 491, 493 f.,
  498, 502 f., 505, 507,
  518, 560, 573, 578, 649,
  696
Agapenor 220 f., 251, 456
Agauë 39, 44
Agelaos 241, 610, 617 f.,
  620
Agenor 32 ff., 37 ff., 72,
  74, 221, 265, 300,
  331 f., 341, 346, 356,
  386, 450, 462, 648
Aietes 63 f., 70, 74, 78,
  551, 718, 725
Aigeus 164, 168 ff.
Aigialeus 217 f.
Aigle 107
Ainian 484, 485
Ainos 635
Aipytos 234 ff.
Aisakos 241
Aisepos 421
Aison 62, 63
Aisyetes 253
Aithe 394
Aithon 693
Aithra 164 f., 176, 179, 293
Ajax 64, 152, 250, 263 f.,
  267, 271, 275 f., 278,
  281, 283, 294, 298, 300,
  304, 308, 312, 316–319,
  321, 323, 325–328, 334,
  337–340, 342 f.,
  346–352, 355, 358–362,
  364, 396 f., 410–413,
  423, 425–435, 451, 456,
  461, 463 f., 467, 469 f.,
  479, 560, 634, 644, 696
Akademos 180
Akamas 176, 181, 266,
  303, 308, 331
Akarnan 220 f.
Akastos 109, 270
Akesta 662

Akestes 662
Akoites 40, 692 f.
Akrisios 44, 49, 576, 632
Aktoris 625
Alekto 666 ff., 717, 723
Aletes 645, 679, 680
Alexander 138, 717
Alexandros 242
Alkanor 683
Alkathoos 341
Alkestis 64, 146 f., 149,
  251
Alkibia 410
Alkimedon 354, 360, 451
Alkimenes 109
Alkimos 374, 402
Alkinoos 102, 104 ff.,
  528 f., 530–534,
  536–539, 568–571, 721
Alkippe 139
Alkmaion 201, 217 ff.
Alkmene 123 f., 128, 130,
  225, 227, 229 f., 479
Alkon 428
Alkyoneus 130
Almo 191, 596, 602, 670
Alpheios 136, 718
Alphenor 121
Althaia 115
Amata 663, 666 f., 694,
  697, 706
Amazonen 28, 65, 74,
  76 f., 138 f., 152, 163,
  172 f., 202, 293, 408,
  409, 410, 411, 412, 414,
  416, 495, 650, 717, 721,
  732
Amphialos 536
Amphiaraos 201, 204 f.,
  208 f., 217 f., 221
Amphidamas 77
Amphilochos 217, 468
Amphimachos 251, 266,
  340
Amphimedon 620
Amphinomos 588, 589,
  599, 603, 617
Amphion 119 ff.
Amphios 266, 304
Amphitryon 123 ff.
Amphoteros 220 f.
Amykos 71
Amymone 133
Anchialos 304, 511

737

ANHANG

Anchises 266, 341, 376,
450, 451, 462, 634, 636,
637, 638, 641, 642, 644,
651, 659, 662, 664, 666,
673, 685, 711, 716
Andraimon 251, 578
Andromache 275, 312,
314, 359, 391, 406, 409,
464
Andromeda 47, 49, 717,
733
Anios 636
Ankaios 76, 79, 96, 105,
114, 251
Anna 654, 659, 660, 661
Antaios 140
Anteia 161
Antenor 244, 245, 253,
278, 293, 294, 295, 297,
311, 319, 331, 332, 370,
386, 411, 450, 461, 462,
468
Antheus 705
Antigone 185, 190 f.,
196 f., 204 f., 211 ff.
Antikleia 558
Antilochos 304, 308, 328,
341, 349, 350, 361, 362,
394, 395, 396, 418, 419,
420, 421, 522, 560
Antimachos 278, 280, 332,
456
Antinoos 514, 516, 523,
524, 589, 596, 598, 599,
601, 610, 612, 613, 614,
616
Antiphates 550
Antiphos 251, 263, 266,
300, 513, 591
Aphareus 91, 341
Apheidas 627
Aphrodite 11, 19, 36, 61,
65, 67, 84, 102, 129,
170, 176, 201, 218, 221,
243, 244, 246, 266, 281,
295, 296, 301, 302, 303,
306, 344, 345, 347, 372,
375, 377, 384, 391, 394,
450, 462, 463, 465, 591,
604, 634, 635, 646, 647,
648, 651, 652, 655, 662,
665, 674, 684, 696, 705,
709, 715 ff., 719, 721,
724, 725, 727, 731
Apis 28, 717
Apollon 37, 39, 49, 50 f.,
62, 72, 91, 109, 119 f.,
124, 128 f., 134, 146,

150, 169 ff., 184, 187,
191 f., 217 ff., 221, 240,
241, 266, 268, 273, 274,
281, 282, 286, 300, 301,
303, 304, 306, 316 ff.,
323, 330, 336, 346 ff.,
352, 355–359, 361,
375–378, 381, 384 ff.,
388, 390, 394 f., 397 f.,
406, 421 f., 441, 450,
456 f., 459, 469, 483,
488–494, 496 f., 499,
507, 535, 539, 542, 594,
614, 636–640, 648, 658,
663, 682, 690, 700, 715,
717–720, 726 f., 729,
732
Apsyrtos 80, 96 f., 112
Archemoros 203
Archeptolemos 323
Ares 62, 64, 77, 79, 84, 91,
129, 137 f., 141, 152,
208, 251, 266, 281, 299,
301, 303, 304, 306, 307,
308, 341, 359, 375, 376,
384, 409, 410, 414, 439,
440, 447, 451, 454, 494,
495, 496, 647, 674, 692,
715, 718
Arestor 25, 64
Aretaon 308
Arete 104, 532, 533, 534,
569
Aretos 360
Argeia 200 f., 232
Argiope 262
Argiver 154, 204, 206,
208 ff., 218 f., 223, 225,
227 ff., 234, 246, 251,
281, 718
Argonauten 62–72, 74–81,
84 ff., 94, 96 f., 99 f.,
102, 104 f., 108 f., 136,
164, 261, 270, 455, 718,
725, 733
Argos 25 ff., 44, 49, 64, 78,
81, 83–87, 97, 193, 197,
200 f., 208, 210, 218,
221–224, 228, 230, 233,
234, 248, 251 f., 256,
281, 287, 310, 314, 493,
496, 498, 501, 503 f.,
508, 564, 572, 581,
594 f., 671, 718, 727
Ariadne 170, 171, 175
Arion 217
Aristodemos 232 f.
Aristomachos 231 f.

Arkadier 21, 114 f., 317,
672 f., 686 f., 693 f.,
703 f.
Arkesilaos 251
Arnaios 597
Arruns 699 f.
Arsinoë 219 ff.
Artemis 27, 97 ff., 113,
119, 129, 133 f., 139,
163, 176 f., 179, 205,
246, 254, 259, 260, 275,
303, 312, 370, 375, 385,
413, 483, 497 ff., 506 ff.,
529, 583, 591, 604, 608,
700, 715, 717 ff., 729,
732 f.
Asios 266, 336, 341 f., 356
Askalaphos 143, 250, 341
Askanios 266, 462, 634,
647, 652 f., 655 ff., 664,
668, 671, 679 f., 682,
685, 688, 703 ff., 718,
727
Asklepios 268, 436, 719
Asteropaios 380, 397
Astyanax 312, 406, 462
Astynome 275, 276
Astynoos 301
Astyoche 264
Atalante 113 ff., 205, 208,
719
Athamas 78
Athene 11 ff., 17, 19, 38 f.,
45, 51, 58, 64, 66, 75 f.,
81, 99, 113, 123, 128 ff.,
136, 142, 154, 160,
162 f., 172, 192, 206,
210, 228, 230, 240 ff.,
247, 261, 267 f., 281,
283, 288 f., 296 f.,
299 ff., 303, 306–309,
311, 316, 323, 328,
330 f., 334, 342, 344,
350, 361, 365, 373, 375,
378, 381, 384, 388, 389,
395 f., 409, 423, 430,
438, 440, 450, 453, 454,
458 f., 463, 469 f., 479,
490, 492–497, 508 ff.,
512 f., 517 ff., 524,
528 ff., 533, 571 ff., 579,
581, 587, 590 f., 595,
598 ff., 602 f., 607, 610,
618 f., 624, 626, 629,
631 ff., 644, 674, 697,
713, 715 f., 725, 492 f.,
496, 507, 511, 516,
518 f., 524, 529, 534 ff.,

738

Namensregister

572, 586, 572, 586, 587, 632, 641, 716, 718 f.
Athener 50, 53 f., 164, 169, 172 f., 176, 180 ff., 192, 195, 217, 222, 224 f., 230, 267, 299, 342, 485, 494, 496
Atinas 707
Atlas 45 f., 99, 120, 128, 142, 509
Atreus 231, 246, 248, 251, 257, 281 f., 287, 289, 293, 299, 308, 312, 319, 332, 343, 370, 372, 415, 433, 443 f., 454, 476, 480, 502, 504, 507, 518
Augeias 80, 135, 136, 153
Augustus 675
Aunus 699
Autolykos 145, 628
Automedon 326, 354, 360 f., 374, 402, 404, 441
Autonoë 600
Aventinus 671
Axios 380
Axylos 308

Balios 354
Barke 661
Bebryken 71 f.
Bellerophontes 161 ff., 309
Belos 651
Bia 19
Bianor 332
Bistonier 148
Boreas 70, 72, 74 f., 394, 409, 728
Bremusa 410
Briseïs 275, 283, 325, 372, 424
Brises 275 f., 284, 325, 370, 372
Brontes 674
Busiris 142
Butes 102

Cacus 673, 720
Caesar 675, 720, 728
Camer 703
Camilla 671, 697, 698 ff.
Catilina 675, 720
Catillus 671
Cato 675, 720
Chalkiope 80 f., 84 ff., 90, 718
Chalyber 74, 77, 720

Chariklo 206
Charis 367
Chariten 345, 425, 720, 725
Charybdis 102, 562, 564, 565, 568, 642, 643, 720, 734
Chiron 20, 62 f., 134 f., 249, 257, 335, 354, 413, 719
Chloreus 699
Chromios 301, 360
Chromis 266
Chrysaor 45, 140
Chryseïs 275
Chryses 273–276, 281–284, 286
Chrysippos 182
Chrysothemis 477, 482 f., 485 ff., 502, 508
Circe 100 f., 548, –554, 556 ff., 561 f., 564 ff., 734
Cloelia 675
Cocles 675
Coras 671, 698

Dädalus 58–61, 151
Damastes 167
Damastor 610
Danaë 44, 46, 49, 667
Danaer 251
Danaos 251, 265
Dardaner 239
Dardanos 239, 398, 410, 638, 659, 665
Dares 300
Daunus 701, 727
Deïaneira 143, 154, 155, 156 f., 158, 159, 225, 227
Deïdameia 250, 254, 437
Deïoneus 166
Deïphobos 150, 441, 450, 463
Deïphontes 234
Deïpyle 200
Deïpyros 341
Delphier 52, 54, 55
Demeter 82, 113, 117, 144, 217, 715, 721, 731, 732
Demodokos 535, 537, 539, 569, 721
Demokoon 300
Demoleon 378
Demophon 181, 222–228, 230

Derimacha 410
Deukalion 21 ff., 89, 175 f., 251, 470
Dido 646–662, 679, 693, 721, 736
Diktys 44
Diokles 304, 520, 581
Diomedeia 276
Diomedes 137, 217, 248, 250 f., 262, 267, 276 f., 299–304, 307–312, 317, 320, 322, 323 f., 327–331, 333, 335, 343, 351, 369, 384, 394, 395, 397, 410, 415, 425 f., 429, 434, 436 ff., 444, 450, 456, 461, 644, 649, 694, 696, 697
Dione 119, 303
Dionysos 39 f., 42 ff., 53 f., 98, 113, 130, 134, 170 f., 175, 201, 634 f., 653, 715, 719, 721, 732, 734 f.
Diores 251
Dioskuren 154, 721, 728
Diren 710
Dirke 204 f., 207
Dolionen 68 f.
Dolios 524, 626, 629, 631 f.
Dolon 327–331
Dorier 57
Doros 57
Drances 693
Dryopen 69
Dymas 241

Echemmon 301
Echemos 231
Echeneos 533
Echepolos 300
Echetos 722
Echidna 131, 133, 162, 185, 722, 728, 733
Echion 39, 44
Eëtion 275, 326, 379, 397
Eidyia 81
Eioneus 329
Elatos 308
Elatreus 536
Elektra 477, 481–490, 502 ff., 508
Elephenor 181 f., 251, 300
Elpenor 557 f., 561
Endymion 94
Enkelados 129 f., 642
Ennomos 266

739

ANHANG

Eos 408, 417–421, 436,
642
Epaphos 28
Epeios 396 f., 454, 456
Eperitos 627
Ephialtes 130
Epigonen 217 ff., 263, 723
Epikles 338
Epimetheus 19
Epistrophos 251, 266
Erebos 128, 723, 731
Erechtheus 49, 51, 58,
164, 180, 497
Erechthiden 54, 55
Ereuthalion 317
Erginos 127 f.
Eriboia 431
Erichthonios 51, 57, 239
Erinnyen 11, 85, 101, 116,
191–194, 198, 370, 432,
460, 490 ff., 494, 500,
508, 667, 717, 723 f.
Eriphyle 201, 218 f., 508
Eris 242, 375, 721, 731
Eros 81, 652 f., 715, 731
Eryalos 355
Eteokles 185, 190, 193 f.,
204 f., 208–212, 218
Eteoneus 520
Etrusker 675, 686, 687,
689, 693, 697 ff., 702 ff.,
735
Euadne 217
Euaimon 251
Euander 670–674, 676,
686 ff., 692 ff., 703
Euandra 410
Eudoros 354
Eueres 206
Eumaios 574–578, 582,
585 f., 588, 590, 592,
594–597, 609, 612 ff.,
617
Eumedes 328
Eumelos 251, 394 f., 524
Eumeniden 191 f., 489,
490 f.
Eumolpos 124, 143
Euneos 320, 379
Eupeithes 514, 589,
629–632
Euphemos 64, 75, 107,
109, 266
Europa 32–37, 730
Euryalos 217, 251, 308,
396, 536, 538, 678–681
Eurybates 284, 288, 325,
605

Eurydamas 301, 461, 620
Eurydike 203, 216, 240
Eurykleia 517, 524, 591,
603, 605–608, 621–624
Eurylochos 551 f., 554,
556, 564, 566
Eurymachos 450, 456,
515, 523, 579, 584, 588,
590, 594, 601 f., 611,
613 f., 616 f.
Eurymedon 298, 322, 335,
532
Eurymos 547
Eurynome 367
Eurynomos 513
Eurypylos 251, 264, 267,
317, 323, 334 f., 349,
351, 435 f., 438 ff., 450,
457
Eurysakes 431
Eurysthenes 232 f.
Eurystheus 130 f.,
133–139, 141–144,
221 ff., 225, 227–231
Eurytion 174, 614
Eurytos 124, 130, 144 f.,
150, 157, 166, 728

Faunus 663–666, 709,
723, 732
Furien 11, 36, 191, 723 f.

Gaetuler 654
Gaia 12, 17, 128 f., 141,
724, 728, 731 ff.,
735
Galaesus 670
Gallier 675, 724
Gerenier 154
Geryones 139 f., 152, 673,
720
Giganten 68, 80, 91 f.,
124, 128–131, 160, 205,
532, 550, 642, 656, 728
Glauke 110
Glaukos 70, 161, 163, 266,
309 f., 336 ff., 346,
355 f., 358, 423, 425,
724
Gorgonen 45, 440, 561,
724, 728, 730, 733
Gorgythion 323
Graien 44, 724, 728, 733
Graikos 251
Grazien 33, 720, 725
Guneus 251
Gylippos 704

Hades 85, 98, 129, 132,
143 f., 146, 152, 154,
180 f., 213, 224, 229,
306, 326, 348, 356, 358,
377, 388, 390, 392 f.,
399, 422, 436, 460 f.,
500, 556 f., 560, 567,
582, 659, 715, 725,
732–735
Haimon 214
Halios 536 f.
Halitherses 515, 591,
630 f.
Harmonia 201
Harpalykos 124
Harpinna 118
Harpyien 409, 439, 639 f.,
725, 733
Hebe 124, 160, 228, 297,
561, 645, 725
Hekabe (Hekube) 241,
265 f., 310 f., 356, 387,
391, 399 f., 406, 411,
449, 464, 466 f.
Hekamede 335, 343
Hekate 80, 83, 86 ff., 90,
97, 268, 722, 725, 728
Hektor 241, 243, 245, 266,
270 f., 275, 279, 280,
283, 291 f., 295, 300,
304, 306, 309–312, 314,
316–319, 322 ff., 326,
328 f., 331 ff., 336–340,
342 f., 345–352,
355–364, 366 f., 370,
374 f., 378–381, 385 ff.,
388–391, 394, 398 f.,
403–407, 409 f., 413,
415, 420, 422 f., 428,
431 f., 447, 449, 462 ff.,
466, 644, 649, 683, 696
Helena 179 ff., 244,
246 ff., 252 f., 255 f.,
265 f., 277 ff., 288,
291–296, 311 f., 319 f.,
332, 387, 407, 416, 434,
448 f., 460, 462, 463 ff.,
501 f., 508, 520 ff., 575,
580, 592, 652, 729
Helenos 244, 266, 309,
316, 336, 342, 440, 450
Heliaden 100, 725
Helios 29–32, 100 f., 128,
140, 565, 567, 715, 725
Helle 63
Hellen 251, 309
Hellenen 251

740

Namensregister

Hephaistos 80, 102, 128, 130, 136, 281, 300 f., 344, 364, 367 ff., 375, 382, 417, 428, 523, 532, 673, 674, 685, 708, 715
Hera 24 f., 28, 33, 62, 76, 80, 86 f., 90, 94 f., 98–102, 105, 120, 123, 130 f., 138, 140 f., 153, 160, 174, 208, 229, 241 ff., 281 f., 286, 288, 297, 306 f., 316, 322 ff., 331, 344–347, 355, 364, 374 f., 376 f., 379, 382, 384 f., 398, 422, 449, 463, 475, 644 f., 647, 649, 652–655, 656, 666 f., 670 ff., 676, 683 f., 688 f., 709 f., 715, 718, 724–727
Herakles 20, 64, 67–70, 76, 91, 107, 123–151, 244, 248, 253, 261–264, 306, 323, 344 f., 347, 376 f., 434 f., 442, 444, 446 ff., 479, 561, 652, 671 ff., 720, 726 f., 729
Herakliden 221 f., 225 ff., 230–234, 236, 251
Hermes 19, 26 f., 34, 45, 49, 63, 80, 128, 130, 138, 143, 242, 281, 354, 375, 385, 398, 400, 402, 405, 475 f., 491, 509, 525, 533, 552 f., 567, 577, 647, 657 f., 660, 715, 718, 732, 734
Hermione 246, 508, 520
Hesione 139, 152 f., 241, 244 ff., 252 f., 652, 673
Hesperiden 20, 107, 141, 142, 660, 726, 733
Hestia 647, 726
Hiketaon 293
Hippasos 333
Hippodamas 378
Hippodameia 117 f., 173 f., 179, 275, 411, 476, 600
Hippokoon 150, 154, 330
Hippolochos 163, 309
Hippolyte 138 f., 173, 175, 408
Hippolytos 130, 176 ff.
Hippomedon 201, 203, 205, 208
Hipponoos 266
Hippotes 232 f., 548

Hippothoos 266
Hodios 266, 325
Homer 13, 219, 281, 716, 718, 720 ff., 726 ff., 732
Horen 29 f., 306, 408, 425, 727
Hydra 133, 135, 152, 185, 722, 727
Hylas 64, 69 f.
Hyllos 156, 158 ff., 227 f., 230 ff.
Hylonome 175
Hypenor 301
Hyperboreer 134, 727
Hyperenor 358
Hypsenor 341
Hypsipyle 201 ff., 320
Hyrnetho 234

Ialmenos 250
Iapetos 17, 18
Iapyx 706 f.
Iarbas 657 f.
Iardanos 150
Iasion 113, 239
Iasios 638, 663
Iason 62 ff., 66 f., 69 f., 76, 78–84, 86–92, 94–101, 104 ff., 108–112, 114, 138, 168, 261, 320, 379, 455, 718
Idaios 280, 294, 300 f., 318, 320, 400, 402, 405
Idas 84, 90 f.
Idmon 704
Idomeneus 251, 294, 298, 312, 317, 321, 323, 334, 340 f., 348, 359, 361, 373, 410, 426, 428, 456, 461, 577
Ikarion 510, 513 ff., 601, 607
Ikaros 58 f., 151
Ilione 652
Ilioneus 121, 461, 645, 650, 665 f., 682
Ilos 239, 240, 329, 333
Imbrios 340
Inachos 25, 671, 727
Ino 63
Io 24–28, 208, 671, 718, 727
Iobates 161 ff.
Iokaste 182 f., 185 f., 188 ff., 201
Iolaos 131, 133, 144, 160, 222–230
Iole 145, 157, 160, 231

Ion 53–57
Ionier 57, 151
Iphidamas 332
Iphigenie 254–260, 477, 483, 497 ff., 501–506, 508
Iphikles 154, 222
Iphiklos 251, 270
Iphis 217
Iphition 378
Iphitos 145, 150, 154
Iphthime 524
Iris 74 f., 101, 129, 292, 324, 332, 347, 364, 365, 394, 398, 455, 469, 662, 676, 725, 727
Iros 597–600, 602
Isander 163
Isis 13, 28, 721, 727
Ismene 185, 191, 193 f., 196, 204, 212 ff., 217
Ismenos 120, 204, 209
Italer 638, 702 f., 710
Italos 638
Iulos 647, 718 f., 727
Iuturna 703, 705, 707, 709 f., 727 f.
Ixion 173, 174

Janus 670, 728
Julius 647, 719 f., 728

Kadmeer 206, 728
Kadmos 206 f., 728
Kaieta 663
Kaïkos 676
Kalaïs 70, 74
Kalchas 249 f., 254, 256, 260, 282, 290, 339, 437, 441, 444, 452, 453, 457 f., 467 f., 498
Kallirrhoë 220 f.
Kalybe 667
Kalypso 99, 509, 522, 525 ff., 534, 562, 567 f., 592
Kapaneus 201, 205, 208 f., 217, 251, 299, 450
Karier 266
Kassandra 243, 266, 279, 341, 406, 459, 460, 463 f., 468 f., 479 f., 639
Kastor 64, 92, 100, 114, 124, 154, 180, 245 f., 248, 258, 294, 721, 728
Kaukonen 518
Kebriones 356, 357
Kekrops 51, 172

741

ANHANG

Kelaino 640, 664, 725
Kelten 100, 724
Kephallener 299
Kepheus 46 f., 154
Kerkopen 151
Kerkyon 167
Kerynitis 133
Keto 141, 724, 728
Keyx 156, 221
Kikonen 358, 540 ff.
Kimmerier 557, 728
Kleodaios 231 f.
Kleodoros 448
Kleomestra 253
Kleopatra 74, 728
Klite 69
Kloanthos 650
Klonia 410
Klonios 251
Klotho 117, 730
Klymene 29, 293
Klytämnestra 248, 254,
    256–261, 282, 477–481,
    483 ff., 488 f., 491, 494,
    498, 560
Klytios 77, 130, 220 f.,
    293, 584, 728
Klytoneos 536
Kokalos 60 f.
Kolcher (Kolchier) 64,
    78 f., 80 f., 84, 85, 86,
    90 ff., 96–99, 104 f.
Koloneer (Koloniten) 192,
    194, 196, 272 f.
Koon 332, 370
Kopreus 133, 222 ff.,
    350
Koroibos 461
Kratos 19
Kreon 110, 127 f.,
    185–190, 193–196,
    204–209, 212–216
Kresphontes 232–236
Kreter 61, 267, 294, 298,
    340 f., 397, 637
Kretheus 62, 78
Krethon 304
Krëusa 49–57, 266, 279
Kronos 18, 417, 710, 721,
    726, 735
Ktesios 583
Ktesippos 610, 620
Ktimene 582
Kybele 677, 685, 699, 721,
    728, 729, 731
Kyknos 141, 270–273
Kyllaros 175
Kynyras 331

Kypselos 234 f.
Kyzikos 68 f.

Labdakos 182
Ladon 107, 141 f., 726,
    728, 733
Laërkes 354, 360
Laërtes 273, 293, 299,
    326, 428, 437, 442, 509,
    511, 514 f., 519, 524,
    535, 540, 547, 558 f.,
    582 f., 585, 587 f.,
    625–629, 631 f.
Lästrygonen 548, 550 f.,
    728
Laïos 182 ff., 186–189, 204
Lampos 293
Laodamas 218, 533, 536 f.
Laodameia 163, 270
Laodike 266, 292, 310
Laodokon 362
Laodokos 297
Laokoon 456, 458, 459
Laomedon 139, 152 f.,
    652, 240 f., 244 f., 384,
    415, 432
Laothoë 276, 380
Lapithen 173 ff.
Larina 698
Latinus 662–666, 668, 670,
    679, 693 f., 696,
    701–704, 706
Latona 681, 729
Laurenter 663, 675, 688
Lausus 671, 687 f., 690
Lavinia 662–665, 667, 697,
    701 ff., 706, 711
Leda 71, 179, 246, 259,
    478, 652, 721, 729
Leiodes 612 f., 620
Leiokritos 516, 620
Leonteus 336, 397
Lethe 663, 729, 734, 736
Leto 119 ff., 303, 375, 385,
    507, 729
Leukos 300
Leukothea 527
Libya 28, 33, 109
Lichas 157 ff.
Lityerses 151
Lokrer 250, 267, 342, 346,
    359, 451, 461, 467,
    469 f., 644, 696
Lotophagen 540, 729
Luna 681, 715, 730, 734
Lykaon 21, 266, 297,
    301 f., 375, 379 f.
Lykier 163, 266, 302, 304,

306, 309, 332, 337 f.,
    340, 346, 355 f., 358,
    423, 425
Lykomedes 181, 250, 372,
    437, 443
Lykurgos 202, 634
Lynkeus 64, 107
Lysianassa 141

Machaon 251, 268, 298,
    334 f., 343 ff.
Maimalos 354
Maionier 219, 266
Makaria 225 ff.
Manen 129, 730
Manlius 675
Manto 119, 206, 219, 730
Mariandyner 74
Medea 80–91, 94–101,
    104 ff., 108–112, 168
Medon 524, 587, 589,
    620 f., 630
Medusa 44 f., 47 f., 57,
    143, 154, 162, 331, 447,
    561, 716, 724, 730
Megapenthes 520, 580
Megara 128, 144 f., 167
Meges 251, 328, 372
Mekistheus 217, 251, 396
Melanippe 139
Melanippos 350, 372
Melanthios 592, 594, 596,
    609 f., 613, 617 f., 622
Melantho 602, 604
Meleagros 64, 113–116,
    143, 155
Memnon 415–421, 427
Memphis 28, 730
Menelaos 245–251,
    253–259, 261, 263 f.,
    267, 277, 279 f., 283,
    291–298, 304, 308, 317,
    323, 327 f., 334, 342,
    349, 358–362, 373,
    394 f., 415, 423, 430,
    432 ff., 443, 447, 451,
    456, 462–465, 483, 501,
    508, 512, 518, 520–523,
    573, 577, 579 f., 591 f.,
    649, 696
Menesthes 304
Menestheus 180 ff., 222,
    250, 299, 337 f.
Menesthios 354
Menippos 410
Menoikeus 182, 205,
    206 f.
Menoites 272

742

Namensregister

Menoitios 64, 144
Menon 451
Mentes 358, 510 ff.
Mentor 515–518, 523, 591,
  618, 630, 632
Meriones 251, 298, 317,
  323, 328, 340 f., 348,
  359, 361, 372, 393–397,
  410, 456
Merope 183 f., 188, 234 ff.
Merops 241
Messapus 676 f., 680, 698,
  705, 707
Messenier 236
Metion 58
Metiscus 705, 707 ff.
Mettius 675
Mezentius 671, 684,
  687–690, 692
Midas 151
Miltiades 182
Minos 58–61, 137, 168 ff.,
  175, 341, 561, 724, 730
Minotauros 58 f., 169 f.,
  730
Minyer 127 f.
Mnestheus 678, 680,
  683 f., 704 ff.
Moira 370, 436, 730, 732,
  734
Molion 333
Molorchos 131
Molosser 21
Mopsos 76, 87, 730
Musen 119, 185, 726, 731
Mydon 304
Mygdon 461
Myrmidonen 250, 257,
  267, 271, 326, 351, 354,
  362, 369, 373, 392 f.,
  450 f., 731
Myrtilos 118, 475, 476
Mysier 69 f., 263, 266,
  438, 440

Naiaden 101, 731
Nastes 266
Nauplios 249, 470
Nausikaa 528–531, 534,
  538
Neleus 64, 150, 154,
  519
Nemesis 217, 274, 731
Neoptolemos 373, 436,
  438–446, 450 f., 453,
  455, 462, 464, 466 f.,
  520, 560
Nephele 63

Nereïden 46, 363, 454,
  721, 731
Nereus 46, 102, 109, 141,
  247, 272, 424 f., 677,
  731, 732
Nessos 156, 159
Nestor 64, 114, 154, 245,
  248, 251, 267, 284, 287,
  290 f., 298, 304, 308,
  317, 319, 321 f., 325,
  327 f., 330, 334 f., 341,
  343, 349, 350, 361,
  372 f., 394, 396, 418 f.,
  421, 423, 425 f., 428,
  435 f., 440, 455 f., 467,
  512, 516–519, 521 f.,
  579 f., 592
Niobe 119–122, 205, 718,
  732
Nireus 251, 435
Nisos 589, 678–681
Noëmon 517, 523
Numiden 654
Nymphen 12, 33, 39, 45,
  90, 107, 141, 155, 421,
  425 f., 553, 562, 570,
  573, 577, 594, 635, 685,
  726, 732, 734

Odysseus 13, 246, 249 ff.,
  256, 259, 261 ff, 267 f.,
  273 f., 276 ff., 280,
  283 f., 286, 288 f.,
  293 ff., 299 f., 304, 306,
  308, 317, 322, 325–331,
  333 ff., 343, 351, 369 f.,
  372 f., 396, 415,
  428–431, 433 f., 436 ff.,
  441–444, 446, 450–453,
  455 ff., 460, 462, 464,
  509 f., 513, 515 f., 518,
  521 ff., 525–540, 547 ff.,
  553–557, 560, 562, 566,
  568–578, 580, 582–588,
  590 ff., 594–618,
  620–633, 643, 696, 726
Ödipus 182–199, 206, 210,
  215, 217, 262 f.
Oïkleus 152 f., 219
Oïleus 64, 77, 339, 359
Oineus 154 ff., 200, 205,
  233, 309, 415
Oinomaos 117 ff., 341,
  475 f.
Oinone 243, 448 f.
Oinotrier 638
Oionos 154
Okeanos 284, 344 f., 551,

  556, 558 f., 608, 723,
  725–728, 732, 735
Omphale 150 ff., 165
Opheltes 201–204, 678
Orestes 232, 255, 258,
  260, 325, 477, 481–486,
  488–499, 501–506, 508,
  512, 518
Orion 561
Ormenos 583
Orpheus 64 f., 72, 102,
  104, 107, 258
Orsilochos 304, 520
Orythaon 422
Othryoneus 341
Othrys 245
Oxylos 233 f.

Päonier 355, 381
Paian 308, 507
Palamedes 249, 251 ff.,
  273 f., 429, 457, 470
Pallantiden 181
Pallas 12, 38, 130, 164,
  168, 181, 240, 261,
  288 f., 297, 299 f., 307,
  311, 328, 330 f., 350,
  373, 375 ff., 384, 388,
  453 f., 458, 463, 469,
  479, 490, 492 ff., 496,
  507 f., 513, 516, 524,
  571 f., 579, 600, 603,
  610, 626, 629, 631 ff.,
  644, 649, 671–674,
  686 ff., 692 f., 711
Pammon 266, 378
Pan 27, 723, 732, 734
Pandaros 266, 297, 301 f.,
  307, 319, 683
Pandion 164, 338
Pandora 19, 732
Panopeus 396
Panthoos 245, 279, 366
Panthos Thymoitos 293
Paris 241–248, 252 f.,
  263–266, 268, 277–280,
  291 f., 294, 296 f., 311,
  314, 319 f., 322, 332 ff.,
  336, 341 f., 387, 407,
  416, 418, 423, 434, 446,
  448 f., 463, 465, 727
Parthenopaios 201, 205,
  208
Parzen 420, 730, 732
Patroklos 64, 250, 270,
  284, 326, 335, 349,
  351 f., 354–367, 369,
  372 ff., 379 f., 390,

743

ANHANG

392 ff., 396 ff., 404,
411 f., 414, 420, 423 f.,
426, 560
Pedasos 275
Pegasos 45, 162 f.
Peiraios 584, 591, 611
Peirithoos 64, 143, 173,
174 f., 179, 251, 336,
561, 614
Peisandros 342, 354
Peisenor 514
Peisistratos 517, 519, 581
Pelasger 23, 49, 671
Pelegon 380
Peleus 64, 78, 83, 99, 106,
152, 242, 249, 250, 257,
259, 283, 326, 335, 352,
354, 359, 360, 363, 367,
370, 373 f., 376, 393,
403, 421 ff., 425, 438,
455, 716
Pelias 62 ff., 76, 90, 97,
109
Peloponnesier 232, 248,
251
Pelops 108, 116–119, 133,
153, 164, 182, 224, 231,
248, 475, 476
Peloros 129
Penelope 249, 509 f.,
512 ff., 516, 524, 559,
579, 582, 585, 588–592,
596 f., 600–608, 611,
614 f., 622–625, 627,
629, 633
Penthesilea 407–415, 649,
716 f., 721, 732
Pentheus 39 f., 42 ff.
Perigune 166
Periklymenos 208 f.
Perimedes 564
Periphas 308, 359
Periphetes 166, 350
Persephone 76, 129,
143 f., 179, 556, 725,
732 ff.
Perseus 44–49, 123, 130,
717, 733
Peteos 180, 299
Phäaken 102, 105, 572,
733
Phädimos 121
Phädra 175–179
Phaethon 28–31, 100, 725
Phaia 167
Phainops 301, 361
Phegeus 219 ff., 300
Pheme 656, 658

Phemios 511 f., 595, 620,
630
Pheres 146, 419
Philoitios 609, 614 f.
Philoktetes 160, 251,
261 f., 429, 434,
441–444, 446 f., 451 ff.,
456, 537
Philonoë 163
Phineus 47 f., 72, 74–78,
84, 97, 640, 728, 733
Phobos 173
Phönix 250, 325 ff., 354,
361, 373, 395, 423, 438
Phönizier 37, 39 f., 583,
647 ff., 654 f.
Phoker 184, 267, 486, 488
Pholos 134 f.
Phorbas 663
Phorkys 44 f., 141, 266,
570, 573, 724, 728, 733
Phrixos 63 f., 78–81, 83,
97 f., 718
Phronios 523
Phrontis 95
Phrygier 239, 245, 274,
694
Phyleus 136, 153, 251
Phylla 118
Phytaliden 167
Pidytes 308
Pieriden 425
Pittheus 164 f.
Pluton 130, 143 f., 179 f.,
347, 375, 480, 715, 733
Podaleirios 251, 268,
434 ff., 446, 456
Podarge 354, 725
Podargos 394
Podarkes 153, 251, 410,
415
Podes 361
Poias 261, 443, 446
Polites 266, 342, 450, 552
Polybios 331
Polybos 183 f., 188, 515,
584
Polybotes 130
Polydamas 245, 331,
336 f., 342, 346, 356,
361, 366, 387, 416, 447
Polydektes 44
Polydeukes 64, 71 f., 92,
100, 114, 154, 180,
245 f., 248, 258, 294,
721, 728
Polydoros 266, 276–281,
634, 635

Polyktor 400
Polymnestor 634
Polyneikes 185, 190, 193,
196 f., 200 f., 204 f.,
208, 210 f., 212, 215 f.,
218, 232
Polyphemos 69 f., 540,
544, 546, 548, 558, 643
Polyphontes 235 f.
Polyxena 464, 466 f., 716,
733
Polyxenos 251
Pontonoos 569
Porphyrion 129 f.
Porsenna 675, 733
Poseidon 11, 21 f., 33, 45,
51, 62, 64, 106, 109,
117 f., 129 f., 137, 139,
141, 151, 162 f., 164,
172, 177, 196, 217, 240,
271 f., 281, 291, 322,
336, 339 f., 343–347,
375–378, 381, 384 f.,
395, 438, 459, 466,
470 f., 507, 509, 518,
522, 526 f., 531 f., 543,
548, 559, 571, 637, 645,
662, 715, 721, 722, 724,
726, 732
Priamos 153, 241, 243 ff.,
251 ff., 264 ff., 268,
270 f., 274–280, 288,
290, 292–295, 297 f.,
300, 302 f., 306, 309,
312, 316, 320, 323, 325,
332, 340 ff., 375–379,
381, 385, 387 f., 390 f.,
398 ff., 402, 404–411,
413, 415 ff., 421, 440 f.,
449, 457, 458, 461 f.,
466 f., 479, 634 f., 644,
647, 649, 652, 658, 666,
673, 679, 694, 696, 728,
733
Proitos 161 f.
Prokles 232 f.
Prokrustes 167
Promachos 217
Prometheus 17–20, 22,
78 f., 87, 89, 128, 142,
716
Pronoos 221, 355
Proserpina 556, 732 f.
Protesilaos 267, 270–273,
351, 355
Proteus 592, 732
Prothoë 138
Prothoënor 251

744

Namensregister

Prothoos 251
Pygmalion 648, 658
Pylades 481, 488, 490,
    496–506, 508
Pylaimenes 266, 304
Pylaios 266
Pylier 154, 267, 421, 517 f.
Pyraichmes 266, 355
Pyrakmon 674
Pyrene 141
Pyrrha 21 ff., 251
Pyrrhos 434, 436 ff.

Remulus 682
Remus 675, 680
Rhadamanthys 730, 733
Rhamnes 680
Rhea 671, 721, 726, 728
Rhesos 649, 327, 329 f.,
    429
Rhexenor 532 f.
Rhoebus 690
Rhoitos 129
Römer 647, 675, 710, 716,
    721
Romulus 647, 675
Rutuler 663, 667, 671, 675,
    677 f., 680–689, 694,
    696, 700, 702 ff.,
    706–709, 711

Saces 707
Sarpedon 163, 266, 304,
    306, 336 ff., 346, 355 f.,
    358, 397, 644, 730
Saturnus 663, 665, 696
Satyrn 27
Schedios 251
Schimäre 162 f., 185, 671
Selene 94, 715, 734
Semele 39, 201
Serestos 678, 683, 706
Sergestos 650, 706
Sikaner 671
Silen 134, 734
Silvia 668
Simoeis 239, 267, 268,
    300, 307, 375, 381, 382,
    450, 651
Simoeisios 300
Sinis 166
Sinon 455, 457 f., 460 f.
Siphylos 116, 122
Sirenen 102, 562, 564,
    733 f.
Sirius 87, 387
Sisyphos 309, 561, 724
Skamander 239, 265,

267 f., 307, 324, 334,
    356, 375, 379–382, 386,
    388, 405, 441, 492, 724
Skiron 167
Skylla 102, 562, 564 ff.,
    568, 643, 720, 733 f.
Sokos 333
Solymer 163, 526
Spartaner 234, 249, 484,
    520
Spercheios 354, 393
Sphinx 184 ff., 722
Stentor 307
Sterope 154, 674
Steropes 674
Sthenelos 76, 299, 301 ff.,
    322, 325, 333, 395, 450,
    456
Strophios 481, 484, 488
Stymphaliden 136, 137
Styx 29 f., 74, 345, 347,
    526, 556, 710, 716, 724
Sulmo 681, 688
Syleus 151
Syrinx 26 f.

Tagus 681
Talaos 200
Talos 58, 60, 108
Talthybios 254, 260, 284,
    292, 318
Tantaliden 475
Tantalos 116 f., 119, 121,
    231, 248, 475, 476, 508,
    561
Taphier 510
Tarchon 684, 686, 699
Tarpeia 698
Tatius 675
Taurier 498, 507, 508
Teiresias 39, 119, 124,
    187 f., 206 f., 215, 218,
    556 ff., 565, 633, 730
Teisamenos 232 f.
Teisiphonos 411
Tekmessa 276, 431, 432,
    433
Telamon 64, 70, 80, 82 f.,
    152 f., 244, 250, 253,
    271, 275, 308, 317 f.,
    410, 425, 428, 431 f.,
    560, 634, 651, 652, 673
Telemachos 249, 289,
    509–523, 559 f., 573,
    576, 579 ff., 584–592,
    594–598, 600, 602 ff.,
    606, 608–613, 615–618,
    620–624, 626, 628, 632

Telemos 547
Teleon 102
Telephos 262 ff., 268 ff.
Temenos 232 ff.
Termeros 141
Tethys 727, 735
Teukrer 239, 273, 651, 710
Teukros 239, 250, 273,
    308, 323, 338, 340, 348,
    356, 397, 426, 431 ff.,
    435, 450, 637 f., 651
Teuthrantios 263
Teuthras 262, 276
Thalpios 251
Thanatos 146, 148 f., 731,
    734 f.
Theano 311, 411
Thebaner 40, 119, 124,
    127 f., 182, 186, 189,
    196, 206, 208 f., 211,
    217 f., 558
Themis 23, 141, 730, 735,
    347, 455, 463, 735
Theoklymenos 581, 584,
    591 f., 611
Thermodessa 410
Thersandros 217 f., 262 f.
Thersites 414 f.
Theseus 64, 137, 143,
    164–182, 192, 194 ff.,
    198 f., 204, 217, 222 f.,
    246, 251, 492, 495, 561
Thesproten 576, 605
Thesprotos 476
Thessalier 267, 342
Thessalos 109, 251, 263
Thestios 115, 729
Thestor 254, 355
Thetis 30 f., 101 f., 242,
    249 f., 272, 284, 286 f.,
    323, 344 f., 350, 352,
    354, 359, 363, 364, 367,
    368, 369, 377, 398, 420,
    422–428, 463, 716
Thoas 65, 202, 251, 317,
    340, 348, 372, 498, 500,
    505–508, 578
Thootes 338 f.
Thraker (Thrakier) 65,
    72, 137, 303, 308, 329,
    330, 399, 634 f.
Thrasymedes 328, 419,
    518
Thyestes 476, 478
Thymbraios 333
Thymoites 415
Tiberinus 671
Tiburtus 671

745

ANHANG

Tiphys 64, 70, 75 f.
Tisander 109
Titanen 20, 120, 128, 142,
    414, 428, 454, 735
Tithonos 417
Tityos 128, 561
Tlepolemos 248, 251, 263,
    506
Tolumnius 704 f.
Toxaichmes 452
Triton 107 ff., 240, 733
Troilos 244, 266, 427, 649
Trojaner 163, 239, 243,
    245, 252 f., 265, 267,
    270 f., 275, 277–281,
    283, 286, 288, 291–304,
    306–310, 312, 314, 316,
    318–326, 328, 330–335,
    337, 339–342, 344–352,
    354, 355–362, 364 ff.,
    370, 374–377, 379–382,
    384–387, 391, 399 f.,
    406–413, 415–418, 420,
    422 f., 425, 428 ff., 432,
    434 f., 438 ff., 447 f.,
    450–464, 471, 564, 572,
    592, 601, 634 f., 637 ff.,
    641–645, 647, 649 f.,
    651, 653–659, 661 f.,
    664–668, 670–674,
    676–679, 681–690,
    692 ff., 696 ff., 700–704,
    706–710
Trophonios 52
Tros 239
Tulla 698
Turnus 666 ff., 670 f.,

675 ff., 679–689, 693 f.,
    697 f., 700–711
Tusker 671, 678, 735
Tychios 318
Tydeus 200 f., 205, 208 f.,
    217, 248, 299, 307, 309,
    322, 415, 425, 434, 437,
    694
Tyndareos 154, 179 f.,
    246, 258
Typhon 128, 131, 133,
    162, 185
Tyrier 648, 649, 652, 653,
    655 f., 658
Tyrrhus 668, 670, 676

Ufens 688
Ukalegon 293
Uranos 12, 17, 20, 128,
    732, 735

Venulus 694, 696, 699
Volscens 680 f.
Volsker 671, 697 f., 700,
    735

Xanthos 162, 354, 374 f.,
    430, 440, 454
Xuthos 50–57

Zephyros 354, 374, 394,
    439
Zerberus 143, 144, 160,
    185, 722, 735
Zetes 70, 74
Zeus 11, 13, 17–22, 24 ff.,
    28, 32–37, 39 f., 44,

46 f., 50, 57, 64, 70, 72,
    74, 81, 87, 95, 96,
    98–101, 104 f., 108,
    116 ff., 120, 123 ff.,
    128–132, 139, 141 f.,
    144, 146, 149–153,
    157 ff., 163, 172, 178 f.,
    182, 209 f., 221 f., 224,
    228, 233, 239–243,
    245 f., 248, 266, 268,
    282, 284, 286 ff., 290,
    295, 297, 301 ff., 306 ff.,
    310 f., 314, 316–327,
    332 ff., 337–341,
    343–351, 354 ff., 359 ff.,
    364, 366, 370, 372 f.,
    375 ff., 380 ff., 384–390,
    392, 398 ff., 403 f.,
    409 f., 413 f., 417 f.,
    420, 424, 428, 431,
    440, 446, 453, 455, 462,
    466, 469, 491 f., 495,
    497, 501, 509, 512 f.,
    515, 519 f., 533, 538,
    540 f., 543, 547 ff., 561,
    564, 566–569, 571 f.,
    576 f., 579 f., 583, 587,
    589, 594, 599, 604,
    608 ff., 612 f., 615, 625,
    628, 631 ff., 635–638,
    640, 642, 644, 646 ff.,
    653, 655–658, 662,
    665, 667, 674 f., 677,
    688 ff., 703, 706,
    709 ff., 715 f., 718 f.,
    721 f., 725, 728 f.,
    736

ORTSREGISTER

Achaia 50, 251, 716
Acheloos 155, 220 f.
Acheron 144, 556
Ägypten 12 f., 28, 141 f.,
 521 f., 592, 596, 696,
 723 f., 729
Äthiopien 28, 46, 521, 526
Ätna 641 ff., 674
Ätolien 154, 207, 233, 694
Afrika 645, 648, 657, 717,
 729
Agrigent 61
Agylla 684, 689
Aiaia 558, 562
Aigai 339
Aigina 109
Ainos 635
Akarnanien 221
Akesta 662
Alba Longa 647, 718
Albanersee 681
Alpheios 136, 718
Alybas 627
Amyklai 150
Anaphe 109
Antandros 634
Apennin 699
Aphidnai 179 f.
Ardea 667, 689, 702, 727
Aresinsel 77
Arethusa 573, 718
Aretia 77
Argissa 251
Argiverland 130, 210
Argolis 131, 133, 251, 718,
 727
Argos 25 ff., 44, 49, 64, 78,
 81, 83–87, 97, 178, 193,
 197, 200 f., 208, 210,
 218, 221–224, 228, 230,
 233 f., 248, 251 f., 256,
 281, 287, 310, 314, 493,
 496, 498, 501, 503 f.,
 508, 564, 572, 581, 594,
 671, 718, 727
Argyripa 694
Arisbe 379
Arkadien 27, 113, 133 f.,
 136 f., 154, 156, 179,
 219, 234 f., 251, 673
Artakia 550
Asien 28, 32, 150, 162, 263
Asopos 217

Athen 12, 49, 50 f., 53–59,
 64, 164 f., 168 f., 171 ff.,
 175 f., 180 ff., 192, 195,
 198 f., 204, 217,
 221–227, 229 f., 432,
 484, 490 f., 494 f., 497,
 507 f., 718
Athos 129
Attika 58, 137, 143, 167,
 169, 171, 179 ff., 734
Aulis 151, 250 f., 254, 260,
 289, 478, 498, 500, 503,
 659
Ausonien 696, 719

Batieia 268
Bithynien 69
Böotien 184, 218, 250 f.,
 726
Bosporus 28
Byrsa 648

Caieta 663
Chryse 261, 273 f., 282,
 286, 469

Daulia 184
Daunien 694
Delos 40, 60, 120,
 636–639, 720, 727
Delphi 49, 50 ff., 54 f., 57,
 129, 131, 150, 160, 170,
 182 ff., 186, 191, 194,
 207, 219, 220 f., 231 f.,
 484, 490, 494, 497, 722
Dia 170
Dodona 64, 207, 576, 605,
 721 f.
Doliche 151
Drios 171
Dulichion 251, 510, 540,
 577, 587, 589

Echedoros 141
Elektris 99
Eleusis 143, 167, 176,
 721 f., 731
Elis 117 f., 135, 153, 221,
 233 f., 251, 512, 523,
 630, 718, 733
Ephesos 151
Epidaurien 178
Epidauros 166, 718

Epirus 221, 476, 598, 722
Eridanos 32, 100, 141,
 723, 725
Erymanthos 134
Erytheia 139 f.
Eryx 61
Euböa 50, 145, 157 f., 181,
 249 ff., 468 ff.
Euenos 156

Garganus 696
Gargaron 268
Gargettos 181

Halys 97
Hamaxitos 274
Hebros 129
Helikon 132, 726, 731
Hellespont 63, 67, 317,
 421, 424, 446, 454, 456,
 461, 726
Hesperien 638 f.

Iberien 139 f.
Ida, Idagebirge 239,
 241 ff., 245, 268, 322,
 324, 333, 337, 339,
 344 ff., 361, 375 f., 393,
 400, 414, 417, 421, 424,
 426, 438, 448 ff., 454,
 677, 683, 727 f.
Idalion 652
Ikaria 60, 151
Ilion, Ilios 239 f., 268, 294,
 400, 461
Illyrien 140
Imbros 339, 379
Indien 39, 717, 722 f.,
 729
Iolkos 62, 65, 89, 90, 109
Ismaros 540, 542
Ismenos 120, 204, 209
Ister 97, 99, 134
Italien 140, 637–641, 644,
 646 f., 650 f., 655,
 658 f., 662 f., 665,
 670 f., 677, 694,
 717–720, 723
Ithaka 246, 249, 293, 437

Kallichoros 76
Kallikolone 268, 376
Kalliste 109

ANHANG

Kalydon 113, 116, 154, 200
Kaphareus 470
Karthago 644, 647 ff., 652 f., 656 f., 720 f.
Kenaion 159
Kephissos 37, 167
Kilikien 275
Killa 273, 281, 469
Kios 69
Kithäron 44, 127, 183, 188, 190 f.
Kleonai 131
Kokytos 556
Kolchis 63, 78, 80, 89, 138, 718
Kolonis 271
Kolonos 191 f., 195 f., 198
Koraxfelsen 573
Korinth 109 f., 117, 161, 166, 168, 183, 184, 188 f., 231
Kos 130, 220, 344
Kranae 248, 252
Kreta 35, 58–61, 108, 116, 137, 140, 151, 169, 170, 175 f., 239, 251, 273, 572, 576 f., 597, 605, 636–639, 705, 727 f., 730
Kroton 641
Kykladen 636 f., 720
Kynthos 120
Kyphos 251
Kypros 331, 521, 596, 651, 728
Kytaia 79
Kythera 245 f.
Kyzikos 68

Ladon 27, 134
Lakedaimon 233 f., 520
Lakonien 137, 475
Larissa 148
Latium 647, 663, 666, 670, 696 f., 701, 703, 710, 727, 729
Lavinia 662–665, 667
Lavinium 647
Lekton 469
Lemnos 65 ff., 202 f., 262, 320, 379, 429, 434, 441, 447
Lerna 23, 133, 160, 185, 205
Lesbos 248, 275, 325, 426, 469, 721

Libyen 45, 141, 658, 661, 719, 729
Lokri 232, 342
Lydien 150 f., 165
Lykien 161 ff., 297, 301, 310, 355
Lyrnessos 275, 370, 376

Mäander 58, 151, 730
Maionien 40, 150
Makedonien 138, 717
Malea 134, 475, 478, 540
Marathon 137, 173, 231
Megara 167
Mekone 18
Meliböa 251
Melos 60
Memnos 98
Messene 233 ff.
Methone 251
Metora 273
Mykene 130, 134 f., 137, 205, 221, 224, 228, 231, 248, 254, 261, 350, 475–479, 482, 490, 497, 501 f., 508, 518, 521, 573, 718
Mysien 239, 262, 268, 275, 435

Naupaktos 232
Naxos 41 f., 170
Nemea 131 f., 201 ff., 718
Neriton 540, 573
Nil 28, 730

Oeta 444
Ogygia 509, 525, 530, 534, 568, 592
Oichalia 145 f., 157, 166, 251, 728
Oita 129, 160
Okeanos 284, 344 f., 551, 556, 558 f., 608, 723, 725–728, 732
Olymp 11, 19, 21, 23 f., 28, 34, 109, 116, 129 f., 146, 153, 160, 163, 172, 199, 228, 242, 282, 286, 288, 297, 303, 306, 308, 316, 324, 337, 341, 344 f., 347, 355, 364, 367, 375 f., 382, 384 f., 388, 398, 405, 408 f., 414, 420–423, 436, 439 ff., 449, 455, 465, 468, 470, 491, 509, 520, 525, 553, 561, 579, 613,

631, 644, 646, 655, 657, 688, 707, 709, 715, 718 f., 721, 725, 727, 736
Opus 367
Orchomenos 78, 128, 251
Orkus 701, 732
Ormenion 251
Ortygia 583, 718
Ossa 129
Ostia 663
Ozean 45, 87, 140, 367, 369, 417, 455, 573, 732

Päonien 245
Pallanteum 671, 672, 678, 693, 703
Paphlagonien 97
Parnassos 22, 54
Paros 60
Pelion 64, 129, 439
Peloponnes 105, 131, 137, 143, 154, 164 f., 182, 193, 222, 227, 230, 231, 232, 233, 234, 475, 540, 630, 639, 716, 718
Pelopsinsel 108
Peneios 136
Pergamos 239, 268, 406, 637, 639
Pherai 146, 149, 251, 304, 581
Phlegra 128
Phönizien 32, 34, 521
Phokis 22, 219 f., 251, 481, 484 f., 487 f., 490, 503, 508
Phrygien 116, 120, 239, 293
Phylake 251
Pisa 117, 151, 733
Plakos 275
Pleuron 155
Pontos 12, 138, 408, 728, 732 f.
Pylos 121, 140, 150, 154, 234, 245, 247 f., 251, 512, 515 ff., 519 f., 523, 576, 579, 581, 585, 588, 592, 630
Pyriphlegethon 556

Rhegion 140
Rhodanos 100
Rhodope 129
Rhodos 248, 251
Rhoiteion 266

Ortsregister

Rom 646, 657, 671, 673, 675, 717, 720, 726, 731, 733

Salamis 244, 246, 250, 253, 431, 432, 673
Same 17, 510, 523 f., 540, 579, 582, 587, 610, 666
Samothrake 239, 731
Scheria 528, 571, 733
Seriphos 44
Sidon 32, 311, 583
Sigeion 266, 438
Sikanien 628
Simoeis 239, 267 f., 300, 307, 375, 381 f., 450, 651
Sipylos 121
Sizilien 60 f., 102, 130, 140, 641, 644, 651, 662, 679, 718, 720, 734
Skamander 239, 265, 267, 268, 307, 324, 334, 356, 375, 379–382, 386, 388, 405, 441, 492, 724
Skyros 181 f., 250, 373, 434, 436, 442 f.
Sparta 150, 154, 179, 234, 245–249, 254, 465, 508, 512, 515, 518 f., 520 f., 523, 573, 579, 592, 647, 652
Spercheios 354, 393
Strophadeninseln 639
Stymphalis 136
Syme 251
Syria 583
Syrten 105, 717

Tainaros 143
Taphos 511
Tauris 497
Tegea 179, 220 f., 231
Telepylos 550
Temesa 511
Tenedos 271, 281, 339, 438, 452 f., 455 f., 459, 460 f., 469
Theben 37, 39 f., 43, 90, 119 f., 123, 127 f., 144, 182, 184 ff., 190, 193, 195 ff., 200 f., 204 f., 208, 210 f., 215, 217 ff., 275, 299, 307, 354, 397, 468, 521, 723, 730
Thermodon 76, 138, 408
Thesprotia 207
Thessalien 62, 128, 141, 146, 174, 211, 251, 261, 716
Thrakien 65, 140, 148, 278, 339, 344, 440, 728
Thrinakia 558, 562, 565, 605
Tiber 663 f., 667 f., 671 f., 676 f., 684 f., 690, 697, 710
Tilphussa 218
Tiryns 123, 131 f., 144 f., 161, 718
Trachis 156, 160, 221
Trepanon 644, 662
Trikka 251
Troas 239
Troizen 144, 164 f., 176 f., 718

Troja 13, 139, 152 f., 163, 182, 231 f., 239–242, 244 f., 248 f., 251 ff., 259, 261 ff., 265–268, 270 f., 273, 276, 280, 287, 289, 290, 295, 297, 302, 304, 308 f., 311 f., 314, 316 f., 320–325, 336, 339, 340, 342, 344, 347, 351, 356, 363, 367 f., 375, 384, 387, 403, 406 ff., 410, 415, 423, 425, 429, 432, 434–438, 440, 442 ff., 446, 452, 458, 462 ff., 468, 240 f., 259, 265, 275, 292, 303, 309, 317, 390, 400, 427, 440, 444, 471, 477 f., 480, 484, 493, 502, 507, 509, 511 ff., 515, 521, 522, 535, 537, 540, 548 f., 553, 558 f., 576 f., 594, 600 f., 616, 618, 636 f., 639, 642 f., 644, 646, 657 f., 665, 677, 693 f., 696, 710, 727 f.
Tuskien 676, 735
Tyros (Tyrus) 32, 648, 654

Xanthos 162, 354, 374 f., 430, 440, 454

Zakynthos 510, 540, 587
Zypern 141, 721, 728

749

SCHLAGWORTVERZEICHNIS

Äpfel der Hesperiden
141, 733
Äther 21, 24, 43, 74 f., 102,
374, 425, 464, 525, 651,
663, 675, 703, 710, 731
Amazonen 28, 74, 76 f.,
138 f., 152, 163, 172 f.,
202, 293, 408 f., 411 f.,
495, 650, 717, 721, 732
Ambrosia 30, 116, 240,
249, 339, 356, 369,
373 f., 423, 705, 717

Bacchantinnen 42 f., 719,
734 f.
Baumnymphe 27, 732

Chariten 345, 425, 720,
725

Dirke 204 f., 207
Drache 12, 37 f., 45, 51,
56 f., 64, 74, 78, 82,
88–92, 95, 107, 112,
128, 141–144, 147, 155,
160, 162, 168, 206 f.,
209, 234, 290, 331, 722,
726, 728, 733

Echidna 131, 133, 162,
185, 722, 728, 733
Erinnyen (Eumeniden)
11, 85, 101, 116,
191–194, 198, 370, 432,
460, 490 ff., 494, 500,
508, 667, 717, 723 f.

Furien 11, 36, 191, 723 f.

Gestirne 35, 128, 368,
642, 663
Giganten 68, 80, 91 f.,
124, 128–131, 160, 205,
532, 550, 642, 656, 728
Goldenes Vlies 724, 735
Gorgonen 45, 306, 440,
561, 724, 728, 730, 733
Graien 44, 724, 728, 733
Grazien 33, 720, 725

Hades 85, 98, 129, 132,
143 f., 146, 152, 154,
180 f., 213, 224, 229,
306, 326, 348, 356, 358,

377, 388, 390, 392 f.,
399, 422, 436, 460 f.,
500, 556 f., 560, 567,
582, 611, 659, 715, 725,
732–735
Harpyien 72, 74, 409, 439,
639, 640, 725, 733
Heliaden 100, 725
Heraklessäulen 140, 726
Heroen 68, 124, 723, 726
Hesperiden 20, 107,
141 f., 660, 726, 733
Horen 29, 30, 306, 408,
425, 727
Hydra 133, 135, 152, 185,
722, 727
Hyperboreer 134, 727

Lindwurm 207
Lotophagen 540, 729

Manen 129, 730
Moira 370, 436
Moiren 108, 115, 130, 448,
497, 730, 732, 734
Musen 119, 185, 726, 731
Mysterien 176, 180, 721 f.,
724, 731

Naiaden 101, 731
Nektar 86, 116
Nereïden 46, 454, 721,
731
Nymphe 12, 27, 33, 39, 45,
69 f., 90, 102, 107, 141,
155, 185, 202, 206, 239,
243, 271 f., 421, 425,
509, 522, 525 f., 553,
562, 570, 573, 577, 592,
594, 635, 647, 657, 685,
703, 709 f., 726, 732,
734

Okeanos 284, 344 f., 551,
556, 558 f., 608, 723,
725–728, 732, 735
Olymp 11, 21, 24, 28, 34,
109, 116, 129, 130, 146,
153, 160, 163, 228, 242,
282, 286, 288, 297, 303,
306, 308, 316, 324, 337,
341, 344 f., 347, 355,
364, 367, 375 f., 382,
384 f., 388, 398, 405,

408 f., 414, 417,
420–423, 436, 439 ff.,
449, 455, 465, 468 ff.,
509, 520, 525, 553, 561,
579, 613, 631, 644, 646,
655, 657, 688, 707, 709,
715, 718 f., 721, 725,
727, 736
Olympische Spiele 153,
172
Orakel 37, 39, 44, 46,
49 f., 52, 62, 64, 68, 72,
106, 117, 129, 131, 141,
150, 160, 164, 169, 170,
173, 182 ff., 186, 188 f.,
191–194, 200, 207 f.,
218 f., 225 f., 230–233,
268, 274, 448, 457, 469,
476, 489, 491–494,
497 f., 507, 576, 605,
636 ff., 659, 664, 666,
716, 721, 722
Orkus 701, 732

Palladion 240, 458
Parzen 420, 730, 732
Pieriden 425

Rachegöttinnen 11, 72,
191, 374, 408, 491 f.,
494, 496 f., 723

Satyr 27
Schimäre 162 f., 185,
671
Seher 39, 52, 74, 76, 107,
119, 124, 163, 187, 188,
201, 204–210, 215,
217 ff., 224 f., 228,
232 f., 241, 244, 249 f.,
254, 256, 259 f., 266,
282, 290, 312, 316, 339,
342, 434, 437, 440 f.,
444, 452 f., 457 ff.,
467 f., 547, 559, 581,
584, 592, 596, 611, 664,
704 f., 730, 733
Sirenen 102, 562, 564,
733 f.
Sonnenwagen 18, 29,
30 f., 100, 128, 567, 725
Sphinx 184 ff., 722
Sternbild 31, 109, 120,
248, 526

Stymphaliden 136, 137
Styx 29 f., 74, 345, 347,
    526, 556, 710, 716, 724
Symplegaden 74 f., 500
Syrinx 26 f.

Tartaros 108, 128, 321,
    454, 490, 492, 731
Thyrsosstab 42 ff., 130,
    735
Titan 20, 120, 128, 142,
    418, 729, 732, 735

Unterwelt 28 f., 42, 74 ff.,
    83, 87, 90, 95, 108, 117,
    128 f., 143 f., 147, 154,
    160, 179 f., 198 f., 212,
    214 ff., 218, 224, 229,
    321, 393, 404, 414, 431,
    439, 454, 494, 556, 558,
    565, 633, 642, 660 f.,
    666, 707, 715 f.,
    722–725, 729 f.,
    732–736

Weltachse 21

Zentaur 20, 62, 113,
    134 f., 143, 156, 158,
    173 ff., 249, 335, 354,
    413, 687, 719
Zephyr 102, 354, 374, 394,
    439, 637
Zyklop 21, 146, 256, 469,
    540–544, 546 ff., 551,
    554, 564, 607, 641 ff.,
    674, 696

ABBILDUNGSVERZEICHNIS

Asmus Jakob Carstens (1754–1798):
Die Argonauten vertreiben die Harpyien, Seite 73
Iason pflügt mit den Ochsen des Königs Aietes, Seite 93
Die Argonauten zwischen Skylla und Charybdis, Seite 103
Philoktetes und Odysseus, Seite 445

John Flaxman (1755–1826):
Ajax verteidigt die Schiffe der Griechen, Seite 353
Achilles schleift Hektors Leiche, Seite 401
Odysseus tötet die Freier, Seite 619

Bonaventura Genelli (1798–1868):
Prometheus, Seite 16
Diomedes verwundet Äneas und Aphrodite, Seite 305
Hektor und Paris bei Helena, Seite 313
Hektors Abschied von Andromache, Seite 315
Thetis tröstet den weinenden Achilles, Seite 285
Thetis überreicht dem Achilles neue Waffen, Seite 371
Achilles im Kampf mit dem Stromgott Skamander, Seite 383
Circe entzaubert die Gefährten des Odysseus, Seite 555
Odysseus und die Sirenen, Seite 563
Odysseus wird von seinem Haushund erkannt, Seite 593

Anne Louis Girodet-Trioson (1767–1824):
Odysseus und seine Gefährten blenden Polyphemos, Seite 545
Askanios verwundet den Hirsch der Silvia, Seite 669
Des Mezentius Klage um Lausus, Seite 691

Gustav Schwab (1792–1850) studierte Theologie, Philologie und Philosophie in Tübingen, bevor er Gymnasiallehrer und Pfarrer wurde. Mit Adalbert von Chamisso und Ludwig Uhland befreundet, zählt er zu den Vertretern der sogenannten schwäbischen Romantik. Er schrieb Romanzen, Balladen und volksliedhafte Gedichte. Sein größtes Verdienst ist die Sammlung und Herausgabe alter, verstreut überlieferter Texte, die bis dahin nur Gelehrten zugänglich waren. 1836/37 veröffentlichte er die deutschen Volksbücher, denen 1838–40 sein Hauptwerk, »Die schönsten Sagen des klassischen Altertums«, folgte.

Sonja Hartl wurde 1963 in München geboren. Sie studierte deutsche, italienische und französische Literatur in Bamberg und Padua, wo sie sich insbesondere mit der Kunst der italienischen Renaissance auseinandersetzte. Heute arbeitet sie als freie Lektorin, Herausgeberin und Autorin und lebt in Bamberg.

Schwab, Gustav:
Sagen des klassischen Altertums
Herausgegeben und bearbeitet von Sonja Hartl
ISBN 978 3 522 17913 3

Einbandgestaltung: Michael Kimmerle und
Kai Twelbeck, Stuttgart
Bildquellen: AKG, Berlin
Einbandtypografie: Michael Kimmerle, Stuttgart
Texttypografie: Marlis Killermann, Winnenden
Karten: Roman Lang, Stuttgart
Schrift: Walbaum und Rusticana
Satz: KCS GmbH, Buchholz/Hamburg
Reproduktionen: immedia 23, Stuttgart
Druck und Bindung: Friedrich Pustet, Regensburg
© 2007 by Thienemann Verlag,
(Thienemann Verlag GmbH), Stuttgart/Wien
Printed in Germany. Alle Rechte vorbehalten.
5 4 3 2 1* 07 08 09 10

www.thienemann.de

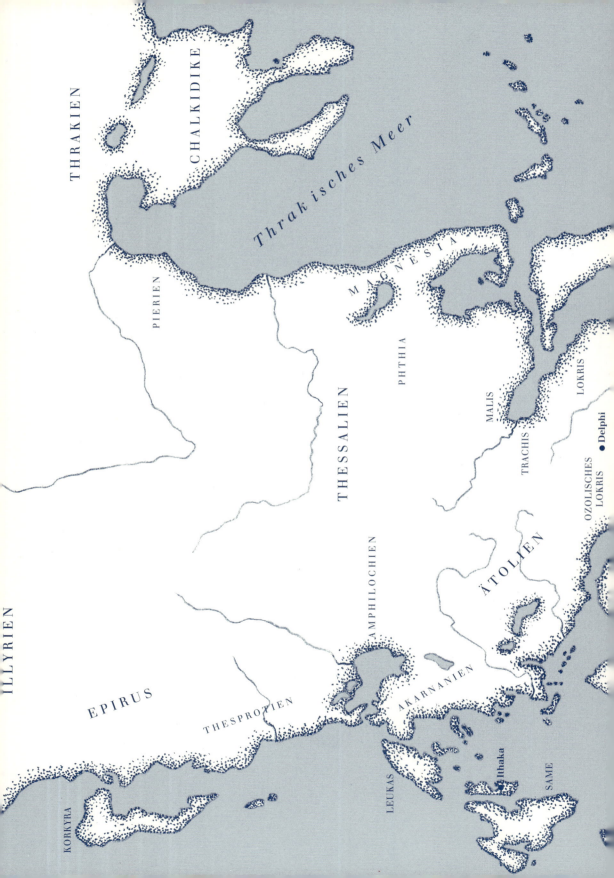